河南

HENAN STATISTICAL YEARBOOK

统计年鉴

2008

总第25期 No.25

河南省统计局
国家统计局河南调查总队 编

Compiled by Henan Statistics Bureau
Henan General Team of Investigation under the NBS

中国统计出版社
China Statistics Press

（京）新登字041号

图书在版编目（CIP）数据
河南统计年鉴.2008/河南省统计局、国家统计局河南调查总队编
—北京：中国统计出版社，2008.
ISBN 978-7-5037-5393-0

Ⅰ.河…
Ⅱ.河…
Ⅲ.统计资料-河南省-2008-年鉴
Ⅳ.C832.61-54

中国版本图书馆CIP数据核字(2008)第054624号

河南统计年鉴——2008

作　　者/ 河南省统计局、国家统计局河南调查总队
责任编辑/ 郑淼淼　熊　威
E-mail / yearbook@stats.gov.cn
责任校对/ 朱　涛
封面设计/ 梁裕宇
出版发行/ 中国统计出版社
通信地址/ 北京市西城区三里河月坛南街57号　中国统计出版社
邮　　编/ 100826
电　　话/ (010)63376907
印　　刷/ 河南豫统印刷有限公司
经　　销/ 新华书店
开　　本/ 890×1240毫米 1/16
字　　数/ 148万字
印　　张/ 48.75
印　　数/ 1-3000
版　　别/ 2008 年8月第 1 版
版　　次/ 2008 年8月第 1 次印刷
书　　号/ ISBN 978-7-5037-5393-0/F·2634
定　　价/ 320元

《河南统计年鉴－2008》

编委会和编辑部工作人员名单

2008
河南统计年鉴
2008

Editorial Board and Staff

编辑说明

一、《河南统计年鉴2008》是一部全面反映河南省经济和社会发展情况的资料性年刊。本书收录了全省和各市(县)2007年经济和社会各方面大量的统计数据，以及重要历史年份的全省主要统计数据。

二、全书内容分为29个部分，即，1、行政区划和自然资源；2、综合；3、国民经济核算；4、人口；5、从业人员和职工工资；6、固定资产投资；7、能源；8、财政；9、物价；10、人民生活；11、城市概况；12、农业；13、工业；14、建筑业；15、交通运输和邮电通信业；16、国内贸易；17、对外贸易和旅游；18、金融业；19、房地产业；20、部分服务业；21、文化产业；22、科技；23、教育；24、体育和卫生；25、社会保障；26、环境保护；27、其他社会活动； 28、各县（市）主要统计指标；29、全国及各省市区主要统计指标。各篇前有简要说明，篇末附有《主要统计指标解释》。

三、本年鉴的资料来源，大部分来自年度统计报表，一部分来自抽样调查。

四、 资料中所使用的度量衡单位均采用国际统一标准计量单位。

五、本年鉴部分数据合计数或相对数由于单位取舍不同而产生的计算误差均未作机械调整。

六、本年鉴各表中，有关对全表的注解均在该表上方，对表中部分指标的注解则在该表下方。凡带续表的资料，对部分指标的注解一律在最后一张续表的下方。

七、本年鉴表中的符号使用说明：“空格”表示该项统计指标数据不详或无该项数据；“#”表示其中的主要项。

Preface

I. Henan Statistical Yearbook 2008, is an annual statistical publication, which comprehensively reflects the development of economy and society in Henan. It widely covers various aspects datum of Henan province and city (county) in 2007, and large numbers of main indicators in historically important years.

II. The yearbook contains the following twenty-nine parts, l. Divisions of Administrative Areas and Natural Resources; 2.General Survey; 3.National Accounts; 4.Population; 5.Employment and Wages; 6.Investment in Fixed Assets, 7.Energy; 8.Government Finance; 9.Price Indices; 10.People's Livelihood; 11.General Survey of Cities; 12.Agriculture; 13.Industry; 14.Construction; 15.Transportation, Postal and Telecommunication Services; 16. Domestic Trade; 17.Foreign Trade and Tourism; 18.Financial Intermediation; 19.Real Estate Development; 20.Partial Service Industry; 21.Culture Industry; 22.Science and Technology; 23.Education; 24.Sports and Public Health; 25. Social Security; 26. Environmental Protection; 27.Other Social Activities; 28.Main Indicators of County and City; 29. Main Indicators of the Whole Nation and 31 Provinces (Municipality、 Autonomous Regions). there is brief description at the beginning of each chapter, and Explanatory Notes on Main Statistical Indicators are at the end of each chapter.

III. The major data sources of this publication are obtained from annual statistical reports, and some from sample surveys.

IV. The units of measurement used in this yearbook are internationally standard measurement units.

V. Statistical discrepancies due to rounding are not adjusted in this yearbook.

VI. The notes concerning the whole table are placed at the upper part of the table, while the notes concerning individual indicators are placed at the lower part. If the table occupied more than one page, the footnotes of the individual indicators are placed at the end of the last page.

VII. Notations used in this yearbook: " (Blank)" indicates that the data are unknown or are not available; "#"Indicates a major breakdown of the total.

目录索引

目　　录

CONTENTS

一、行政区划和自然资源

Divisions of Administrative Areas and Natural Resources

二、综合

General Survey

三、国民经济核算

National Accounts

四、人口

Population

五、从业人员与职工工资

Employment and Wages

六、固定资产投资
Investment in Fixed Assets

七、能源

Energy Sources

十、人民生活

People□s Livelihood

十一、城市概况

General Survey of Cities

十三、工业
Industry

十四、建筑业

Construction

十六、国内贸易
Domestic Trade

十七、对外经济贸易和旅游
Foreign Trade and Economic Cooperation, and Tourism

十八、金融业

Financial Intermediation

十九、房地产业

Real Estate

二十一、文化产业
Culture

二十二、科技
Science and Technology

二十三、教育

Education

二十八、各县（市）主要统计指标
Main Indicators by County and City

二十九、全国及各省、市、区主要统计指标
Main Indicators of the whole Nation and 31 Provinces (Municipality, Autonomous, Regions)

行政区划与自然资源

Dicisions of Administrative Areas and Natural Resources

◎ 资料整理：史新旺 孔令惠

【简要说明】

一、主要内容

本篇包括行政区划资料，自然状况和自然资源资料。

二、资料来源

行政区划资料，是根据国务院批准的，截止到上年末行政区划变更的情况，由河南省民政厅提供。自然状况包括土地、山脉、河流等数据资料，根据有关历史资料整理。自然资源包括森林、水利、气象、矿产等资料，其中，森林资源数据由河南省林业厅提供；水利资源数据由河南省水利厅提供；气象资料由河南省气象局提供；矿产资源数据由河南省国土资源厅提供。本篇资料由河南省统计局社会与科技统计处编辑整理。

1-1　全省行政区划(2007年底)

Administrative Division of Henan Province(End of 2007)

单位：个 (unit)

市　City	市 City	省辖市 Cities Under the Jurisdi-cation of Province	县级市 Cities at County Level	县 County	市辖区 Districts Under the Juris-dication of City	镇 Town-ships	乡 Town-ships	街　道 办事处 Urban Subdi-strict Offices	居　民 委员会 Neighbo-urhood Commi-ttees	村　民 委员会 Village Commi-ttees
全　省 Total	**38**	**17**	**21**	**88**	**50**	**848**	**1044**	**464**	**3428**	**47533**
郑　州　市 Zhengzhou	6	1	5	1	6	72	22	74	608	2286
开　封　市 Kaifeng	1	1		5	5	34	56	25	148	2385
洛　阳　市 Luoyang	2	1	1	8	6	62	81	36	217	2979
平顶山市 Pingdingshan	3	1	2	4	4	34	58	44	197	2586
安　阳　市 Anyang	2	1	1	4	4	43	49	43	198	3275
鹤　壁　市 Hebi	1	1		2	3	12	12	13	83	879
新　乡　市 Xinxiang	3	1	2	6	4	54	68	28	207	3496
焦　作　市 Jiaozuo	3	1	2	4	4	36	22	45	169	1815
濮　阳　市 Puyang	1	1		5	1	16	59	7	68	2932
许　昌　市 Xuchang	3	1	2	3	1	35	43	20	242	2159
漯　河　市 Luohe	1	1		2	3	27	21	3	64	1244
三门峡市 Sanmenxia	3	1	2	3	1	27	35	12	107	1360
南　阳　市 Nanyang	2	1	1	10	2	118	88	30	329	4512
商　丘　市 Shangqiu	2	1	1	6	2	61	115	14	198	4669
信　阳　市 Xinyang	1	1		8	2	66	113	21	222	3038
周　口　市 Zhoukou	2	1	1	8	1	82	88	30	136	4812
驻马店市 Zhumadian	1	1		9	1	58	114	14	151	2652
济　源　市 Jiyuan	1		1			11		5	84	454

1-2 各市、县(市、区)名称(2007年底)
Name of Administrative Area (End of 2007)

市 Cities	县(市、区)数(个) Counties (unit)	市辖县 Counties Under the Jurisdiction of Cities	市辖区 Districts Under the Jurisdiction of Cities	县级市 Cities at County Level
郑州市 Zhengzhou	12	中牟 Zhongmou	中原区、二七区、管城回族区、 金水区、上街区、惠济区 Zhongyuan,Erqi,Guancheng Huizu, Jinshui,Shangjie,Huiji	巩义市 Gongyi 荥阳市 Xingyang 新郑市 Xinzheng 登封市 Dengfeng 新密市 Xinmi
开封市 Kaifeng	10	杞县、通许、尉氏、开封、兰考 Qixian,Tongxu,Weishi,Kaifeng,Lankao	龙亭区、顺河回族区、鼓楼区、禹王台区、金明区 Longting,Shunhe Huizu,Gulou,Yuwangtai,Jinming	
洛阳市 Luoyang	15	孟津、新安、栾川、嵩县、汝阳、宜阳、 洛宁、伊川 Mengjin,Xin'an,Luanchuan,Songxian, Ruyang,Yiyang,Luoning,Yichuan	老城区、西工区、瀍河回族区、 涧西区、吉利区、洛龙区 Laocheng,Xigong,Chanhe Huizu, Jianxi,Jili,Luolong	偃师市 Yanshi
平顶山市 Pingdingshan	10	宝丰、叶县、鲁山、郏县 Baofeng,Yexian,Lushan,Jiaxian	新华区、卫东区、湛河区、石龙区 Xinhua,Weidong,Zhanhe,Shilong	汝州市 Ruzhou 舞钢市 Wugang
安阳市 Anyang	9	安阳、汤阴、滑县、内黄 Anyang,Tangyin,Huaxian,Neihuang	文峰区、北关区、殷都区、龙安区 Wenfeng,Beiguan,Yindu,Longan	林州市 Linzhou
鹤壁市 Hebi	5	浚县、淇县 Xunxian,Qixian	鹤山区、山城区、淇滨区 Heshan,Shancheng,Qibin	
新乡市 Xinxiang	12	新乡、获嘉、原阳、延津、封丘、长垣 Xinxiang,Huojia,Yuanyang, Yanjin,Fengqiu,Changyuan	红旗区、卫滨区、凤泉区、牧野区 Hongqi,WeiBin,Fengquan,Muye	卫辉市Weihui 辉县市Huixian
焦作市 Jiaozuo	10	修武、博爱、武陟、温县 Xiuwu,Boai,Wuzhi,Wenxian	解放区、中站区、马村区、山阳区 Jiefang,Zhongzhan,Macun,Shanyang	沁阳市Qinyang 孟州市Mengzhou
濮阳市 Puyang	6	清丰、南乐、范县、台前、濮阳 Qingfeng,Nanle,Fanxian,Taiqian,Puyang	华龙区 Hualong	
许昌市 Xuchang	6	许昌、鄢陵、襄城 Xuchang,Yanling,Xiangcheng	魏都区 Weidu	禹州市Yuzhou 长葛市Changge
漯河市 Luohe	5	舞阳、临颍、 Wuyang,Linying	源汇区、郾城区、召陵区 Yuanhui，Yancheng, Zhaoling	
三门峡市 Sanmenxia	6	渑池、陕县、卢氏 Mianchi,Shanxian,Lushi	湖滨区 Hubin	义马市Yima 灵宝市Lingbao
南阳市 Nanyang	13	南召、方城、西峡、镇平、内乡、 淅川、社旗、唐河、新野、桐柏 Nanzhao,Fangcheng,Xixia,Zhenping,Neixiang Xichuan,Sheqi,Tanghe,Xinye,Tongbai	卧龙区、宛城区 Wolong,Wancheng	邓州市 Dengzhou
商丘市 Shangqiu	9	虞城、民权、宁陵、睢县、夏邑、 柘城 Yucheng,Minquan,Ningling,Suixian,Xiayi, Zhecheng	梁园区、睢阳区 LiangYuan,Suiyang	永城市 Yongcheng
信阳市 Xinyang	10	息县、淮滨、潢川、光山、固始、 商城、罗山、新县 Xixian,Huaibin,Huangchuan,Guangshan,Gushi, Shangcheng,Luoshan,Xinxian	浉河区、平桥区 Shihe,Pingqiao	
周口市 Zhoukou	10	扶沟、西华、商水、太康、鹿邑、 郸城、淮阳、沈丘 Fugou,Xihua,Shangshui,Taikang,Luyi, Dancheng,Huaiyang,Shenqiu	川汇区 Chuanhui	项城市 XiangCheng
驻马店市 Zhumadian	10	确山、泌阳、遂平、西平、上蔡、 汝南、平舆、新蔡、正阳 Queshan,Biyang,Suiping,Xiping,Shangcai Runan,Pingyu,Xincai,Zhengyang	驿城区 Yicheng	
济源市 Jiyuan	1			济源市 Jiyuan

1–3　自然资源
Natural Resources

项　目	Item	2006	2007
地理位置	**Geographical Position**		
东经	East Longitude	110°21′～116°390′	110°21′～116°391′
北纬	North Latitude	31°23′～36°22′	31°23′～36°23′
土地	**Land**		
土地面积(万平方公里)	Land Area(10 000sq.km)	16.70	16.70
#山区	Mountain Area	4.44	4.44
丘陵	Hills	2.96	2.96
平原	Plain	9.30	9.30
#耕地面积(千公顷)	Cultivated Land (1 000 hectares)	7926.6	7926.1
在山区、丘陵面积中	In Mountains and Hills		
太行山脉	Taihang Mountains	0.83	0.83
伏牛山脉	Funiu Mountains	4.97	4.97
桐柏山脉	Tongbai Mountains	0.21	0.21
大别山脉	Dabie Mountains	1.39	1.39
按四大水系分	By Major River System		
淮河流域	Huaihe River	8.83	8.83
黄河流域	Yellow River	3.62	3.62
海河流域	Hai River	1.53	1.53
长江流域	Yangtse River	2.72	2.72
林木资源	**Forest Resources**		
有林地面积(万公顷)	Forest Area(10 000 hectares)	270.3	270.3
森林覆盖率(%)	Forest-coverage Rate(%)	16.2	16.2
活立木蓄积量(亿立方米)	Standing Stock Volume(100 million cu.m)	1.34	1.34
气候	**Climate**		
平均气温(摄氏度)	Average Temperature(℃)	13.4～16.6	13.1～16.7
年降水总量(毫米)	Total precipitation(mm)	332～1318	365～1490
日照时数(小时)	Sunshine Hours(Hours)	1501～2418	1341～2259
水利资源	**Water Resources**		
水资源总量(亿立方米)	Water Resources (100 million cu.m)	321.78	465.16
地下水资源量	Groundwater	183.22	202.98
地表水资源量	Surface water	214.54	348.72
人均水资源量(立方米)	Per Capita Water Resources(cu.m)	343	496
矿产资源(保有储量)	**Mineral Resources (Ensured Reserves)**		
煤炭(亿吨)	Coal(100 million tons)	260.23	265.97
铁矿(矿石,亿吨)	Iron Ore(100 million tons)	11.97	12.51
铝矿(铝土矿矿石,亿吨)	Aluminium(100 million tons)	5.72	6.14
钼矿(钼,万吨)	Molybdenum(10 000 tons)	372.58	364.71
金矿(金,吨)	Gold mine(ton)	237.32	241.81

主要统计指标解释

森林覆盖率 指一个国家或地区森林面积占土地总面积的百分比。森林覆盖率是反映森林资源的丰富程度和生态平衡状况的重要指标。在计算森林覆盖率时，森林面积包括郁闭度 0.2 以上的乔木林地面积和竹林地面积，国家特别规定的灌木林地面积、农田林网以及四旁(村旁、路旁、水旁、宅旁)林木的覆盖面积。

活立木总蓄积量 指一定范围内土地上全部树木蓄积的总量，包括森林蓄积、疏林蓄积、散生木蓄积和四旁树蓄积。

水资源总量 指评价区内降水形成的地表和地下产水总量，不包括过境水量。

水资源总量=地表水资源量 ＋ 地下水资源量 － 地表水和地下水资源重复量。

地表水资源量 指评价区内河流、湖泊、冰川等地表水体中可以逐年更新的动态水量，即当地天然河川径流量。

地下水资源量 指评价区内降水和地表水对饱水岩土层的补给量。

降水量 指评价区内的年平均降水量。取自水利部门水资源公报。降水量在计量单位上又包括亿立方米和毫米，亿立方米反映降水总量的概念，毫米反映平均降水的多少。

Explanatory Notes on Main Statistical Indicators

Forest Coverage Rate Forest Coverage Rate refers to the ratio of area of afforested land to total land area. It is a very important indicator that reflects the status of abundance of forest resource and balance of the ecosystem. Forest area includes the area of trees and bamboo grow with canopy density above 0.2, the area of shrubby tree according to regulations of the government, the area of forest land inside farm land and the area of trees planted by the side of villages, farm houses and along roads and rivers.

Total Standing Stock Volume refers to the total stock volume of trees growing in land, including trees in forest, trees in sparse forest, scattered trees and trees planted by the side of villages, farm houses and along roads and rivers.

Water Resource refers to sum of Surface Water and Ground Water. Water Resource is as follows:

Water Resource= Surface Water + Ground Water – repetitious volume of Surface Water and Ground Water

Surface Water refers to different forms of water existing in rivers, lakes, swamps, glaciers, icecaps and so on. It is also called land water.

Ground Water refers to water deposited underground in crannies and holes of saturated rock soil and in water-eroded caves.

Volume of Precipitation refers to the Average Volume of Precipitation in this Area. The Data comes from the communique of water conservancy administration. There are two measure units of this Index, one is 100 million cu.m, and the other is millimeter. 100 million cu.m means Total Volume of Precipitation, and millimeter means average deepness of Precipitation.

综合
General Survey

● 资料整理：乔旭明 朱 涛 党元生 赵 钰

【简要说明】

一、主要内容

本篇包括基本单位资料，国民经济综合资料，全省四大区域资料，贫困县资料及企业景气资料。

二、资料来源

基本单位资料主要包括所有法人单位和产业活动单位数，是根据名录库中各部门的单位审批登记资料和经常性统计调查中查到的新增、变动和消亡单位情况，由河南省统计局普查中心编辑整理。

国民经济综合资料是通过对各篇章主要统计指标及其速度、结构和效益等加工计算的，由河南省统计局综合处编辑整理。

河南省四大区域资料包括中原城市群（郑州、开封、洛阳、平顶山、新乡、焦作、许昌、漯河、济源）、豫北地区（安阳、鹤壁、濮阳）、豫西豫西南（三门峡、南阳）、黄淮地区（商丘、信阳、周口、驻马店）的主要经济指标，贫困县资料包括全省44个扶贫开发重点县主要经济指标，由河南省统计局综合处编辑整理。

企业景气资料由国家统计局河南调查总队根据企业景气调查制度编辑整理。

2–1 基本单位数

Institutional Units

单位：个 (unit)

年份 Year	法人单位数 Institutional Units	单产业法人 Single Sector	多产业法人 Multi-sector	产业活动单位数 Establishments Units	#多产业法人的活动单位 Establishments Units of Multi-sector
1997	217803	200130	17673	336064	135934
1998	232775	216381	16394	347599	131218
1999	223741	208188	15553	334889	126701
2000	225806	210590	15216	336330	125740
2001	267883	253315	14568	374810	121495
2002	266230	251907	14323	371791	119884
2003	272024	258155	13869	374699	116544
2004	277950	265289	12661	383093	117804
2005	286207	273891	12316	387463	113572
2006	305722	293714	12008	403819	110105
2007	322828	310887	11941	421567	110680

2-2 按三次产业分的基本单位数及构成

Institutional Units and Composition By Industry

年 份 Year	单位数 (个) Number of Enteprised (unit)	第一产业 Primary Industry		第二产业 Secondary Industry		第三产业 Tertiary Industry	
		绝对数 Value	构成(%) Composition(%)	绝对数 Value	构成(%) Composition(%)	绝对数 Value	构成(%) Composition(%)
法人单位 Institutional Units							
1997	217803	4101	1.9	85488	39.2	128214	58.9
1998	232775	5032	2.2	97576	41.9	130167	55.9
1999	223741	4904	2.2	90576	40.5	128261	57.3
2000	225806	5035	2.2	90865	40.3	129906	57.5
2001	267883	4782	1.8	88965	33.2	174136	65.0
2002	266230	4604	1.7	87495	32.9	174131	65.4
2003	272024	10803	4.0	89839	33.0	171382	63.0
2004	277950	8660	3.1	91370	32.9	177920	64.0
2005	286207	8334	2.9	97446	34.1	180427	63.0
2006	305722	8600	2.8	106732	34.9	190390	62.3
2007	322828	9570	3.0	114560	35.5	198698	61.5
产业活动单位 Establishments Units							
1997	336064	4936	1.5	93405	27.8	237723	70.7
1998	347599	5801	1.7	104649	30.1	237149	68.2
1999	334889	5641	1.7	96979	29.0	232269	69.3
2000	336330	5755	1.7	97001	28.8	233574	69.5
2001	374810	5386	1.5	94602	25.2	274822	73.3
2002	371791	5159	1.4	92909	25.0	273723	73.6
2003	374699	13518	3.6	94607	25.3	266574	71.1
2004	383093	10811	2.8	96284	25.1	275998	72.1
2005	387463	9924	2.6	101636	26.2	275903	71.2
2006	403819	10054	2.5	110784	27.4	282981	70.1
2007	421567	10957	2.6	118568	28.1	292042	69.3

2-3 各市基本单位数(2007年)
Institutional Units By Cities (2007)

单位：个 (unit)

市	City	法人单位数 Institutional Units	单产业法人 Single Sector	多产业法人 Multi-sector	产业活动单位数 Establishments Units	#多产业法人的活动单位 Establishments Units of Multi-sector
全省	**Total**	**322828**	**310887**	**11941**	**421567**	**110680**
郑州市	Zhengzhou	46182	44767	1415	54573	9806
开封市	Kaifeng	14275	13632	643	19150	5518
洛阳市	Luoyang	28235	27056	1179	36231	9175
平顶山市	Pingdingshan	14795	14099	696	20692	6593
安阳市	Anyang	19529	18930	599	24165	5235
鹤壁市	Hebi	5548	5232	316	7548	2316
新乡市	Xinxiang	18475	17920	555	23575	5655
焦作市	Jiaozuo	13269	12858	411	16239	3381
濮阳市	Puyang	16571	16252	319	20659	4407
许昌市	Xuchang	18302	17892	410	22047	4155
漯河市	Luohe	7683	7256	427	10488	3232
三门峡市	Sanmenxia	10462	9845	617	14452	4607
南阳市	Nanyang	35468	34355	1113	47665	13310
商丘市	Shangqiu	16011	15327	684	23763	8436
信阳市	Xinyang	17643	16601	1042	24153	7552
周口市	Zhoukou	16343	15592	751	24873	9281
驻马店市	Zhumadian	21062	20389	673	27851	7462
济源市	Jiyuan	2975	2884	91	3443	559

2–4 按登记注册和机构类型分的基本单位数(2007年)

Institutional Units By Registration Status and Type of Organization(2007)

单位：个 (unit)

类型	Grouped	法人单位数 Institutional Units	单产业法人 Single Sector	多产业法人 Multi-sector	产业活动单位数 Establishments Units	#多产业法人的活动单位 Establishments Units of Multi-sector
总　计	**Total**	**322828**	**310887**	**11941**	**421567**	**110680**
内资	Domestic-Funded Enterprises	321134	309255	11879	418551	109296
国有	State-owned	55604	48369	7235	118982	70613
集体	Collective-owned	31653	29747	1906	50654	20907
股份合作	Cooperative	2453	2351	102	3587	1236
联营	Pool Enterprises	892	870	22	1059	189
国有联营	State Joint Ownership	65	65		100	35
集体联营	Collective Joint Ownership	386	376	10	450	74
国有与集体联营	Joint State-collective	65	59	6	116	57
其他联营	Other Joint Ownership	376	370	6	393	23
有限责任公司	Limited liability Enterprises	23498	22613	885	27734	5121
国有独资公司	State-funded Corporations	314	246	68	770	524
其他有限责任公司	Other Limited Liability Corporations	23184	22367	817	26964	4597
股份有限公司	Share-holding Corporations Ltd.	4300	3993	307	8280	4287
私营	Private enterprise	134503	133524	979	137718	4194
私营独资	Private-funded	81238	81073	165	82413	1340
私营合伙	Private Partnership	13429	13376	53	13578	202
私营有限责任公司	Private Limited Liability Corporations	35272	34595	677	36891	2296
私营股份有限公司	Private Share-holding Corporations Ltd.	4564	4480	84	4836	356
其他	Other	68231	67788	443	70537	2749
港、澳、台商投资	Enterprises With Investment from Hong Kong, Macao and Taiwan	729	699	30	1353	654
合资经营(港或澳、台资)	Joint-venture Enterprises With Funds from Hong Kong, Macao and Taiwan	406	387	19	475	88
合作经营(港或澳、台资)	Cooperative Enterprises With Funds from Hong Kong, Macao and Taiwan	71	70	1	72	2
港、澳、台商独资经营	Enterprises with Sole Investment from Hong Kong, Macao and Taiwan	227	219	8	647	428
港、澳、台商投资股份有限公司	Share-holding Corporations Ltd. with Investment from Hong Kong, Macao and Taiwan	25	23	2	159	136
外商投资	Enterprises With Foreign Investment	965	933	32	1663	730
中外合资经营	Joint-venture Enterprises	596	584	12	658	74
中外合作经营	Cooperation Enterprises	78	74	4	100	26
外资	Enterprises with Sole Foreign Investment	258	246	12	854	608
外商投资股份有限公司	Share-holding Corporations Ltd. with Foreign Investment	33	29	4	51	22
按机构类型分	**By Type of Organization**	**322828**	**310887**	**11941**	**421567**	**110680**
企业	Enterprises	190753	185165	5588	233099	47934
事业单位	Institutions	35550	32360	3190	77854	45494
机关	Agencies and Organization	12523	9812	2711	24407	14595
社会团体	Caste	3314	3272	42	3487	215
民办非企业单位	Non-Enterprises run by local people	18726	18704	22	18704	
其他组织机构	Others	61962	61574	388	64016	2442

2-5 按行业分的基本单位数(2007年)

Institutional Units By Sector(2007)

单位：个 (unit)

行业	Sector	法人单位数 Institutional Units	单产业法人 Single Sector	多产业法人 Multi-sector	产业活动单位数 Establishments Units	#多产业法人的活动单位 Establishments Units of Multi-sector
全省总计	**Total**	**322828**	**310887**	**11941**	**421567**	**110680**
农、林、牧、渔业	Farming, Frestry, Animal Husbandy and Fishery	9570	9484	86	10957	1473
农业	Agriculture	1217	1191	26	1296	105
林业	Forestry	760	753	7	970	217
畜牧业	Animal Husbandy	4512	4500	12	4558	58
渔业	Fishery	345	343	2	369	26
农、林、牧、渔服务业	Service Activities for Farming, Frestry, Animal Husbandy and Fishery	2736	2697	39	3764	1067
采矿业	Mining	7893	7840	53	8130	290
煤炭开采和洗选业	Mining and washing of coal	1612	1588	24	1712	124
石油和天然气开采业	Extraction of petroleum and natural gas	24	18	6	62	44
黑色金属矿采选业	Mining of ferrous metal ores	1182	1178	4	1192	14
有色金属矿采选业	Mining of non-ferrous metal ores	1118	1107	11	1133	26
非金属矿采选业	Mining and processing of nonmetal ores	3914	3906	8	3987	81
其他采矿业	Mining of other ores n.e.c	43	43		44	1
制造业	Manufacturing	97862	97257	605	99922	2665
农副食品加工业	Processing of food from agricultural products	11407	11360	47	11803	443
食品制造业	Manufacture of foods	3201	3168	33	3268	100
饮料制造业	Manufacture of beverage	2030	2004	26	2132	128
烟草制品业	Manufacture of tobacco	35	32	3	40	8
纺织业	Manufacture of textile	3185	3154	31	3229	75
纺织服装、鞋、帽制造业	Manufacture of textile wearing apparel, footware, and caps	1401	1385	16	1439	54
皮革、毛皮、羽毛(绒)及其制品业	Manufacture of leather, fur, feather and its products	1182	1172	10	1212	40
木材加工及木、竹、藤、棕、草制	Processing of timbers, manufacture of wood, bamboo, rattan, palm, and straw products	5728	5723	5	5771	48
家具制造业	Manufacture of furniture	2550	2539	11	2566	27
造纸及纸制品业	Manufacture of paper and paper products	2200	2187	13	2233	46
印刷业和记录媒介的复制	Printing,reproduction of recording media	1710	1696	14	1803	107
文教体育用品制造业	Manufacture of articles for culture,education and sport activity	234	234		236	2
石油加工、炼焦及核燃料加工业	Processing of petroleum ,coking,Processing of nucleus fuel	368	360	8	393	33
化学原料及化学制品制造业	Manufacture of chemical raw material and chemical products	4782	4737	45	4859	122
医药制造业	Manufacture of medicines	887	879	8	898	19
化学纤维制造业	Manufacture of chemical fiber	120	118	2	125	7
橡胶制品业	Manufacture of rubber	738	732	6	769	37
塑料制品业	Manufacture of plastic	3236	3225	11	3285	60
非金属矿物制品业	Manufacture of non-metallic mineral products	27289	27223	66	27634	411
黑色金属冶炼及压延加工业	Manufacture and processing of ferrous metals	1079	1068	11	1090	22
有色金属冶炼及压延加工业	Manufacture and processing of non-ferrous metals	1226	1215	11	1262	47
金属制品业	Manufacture of metal products	3532	3506	26	3648	142

2–5 续表 1 continued

单位：个 (unit)

行业	Sector	法人单位数 Institutional Units	单产业法人 Single Sector	多产业法人 Multi-sector	产业活动单位数 Establishments Units	#多产业法人的活动单位 Establishments Units of Multisector
通用设备制造业	Manufacture of general purpose machinery	6370	6313	57	6489	176
专用设备制造业	Manufacture of special purpose machinery	4452	4409	43	4530	121
交通运输设备制造业	Manufacture of transport equipment	2504	2450	54	2658	208
电气机械及器材制造业	Manufacture of electrical machinery and equipment	2122	2096	26	2198	102
通信设备、计算机及其他电子设备	Manufacture of communication equipment ,computer and other electronic equipment	421	416	5	433	17
仪器仪表及文化、办公用机械制造	Manufacture of measuring instrument and machinery for cultural activity and office work	580	573	7	591	18
工艺品及其他制造业	Manufacture of artwork, other manufacture n.e.c	2990	2982	8	3018	36
废弃资源和废旧材料回收加工业	Recycling and disposal of waste	303	301	2	310	9
电力、燃气及水的生产和供应业	Production and distribution of electricity,gas and water	1090	980	110	2177	1197
电力、热力的生产和供应业	Production and supply of electric power and heat power	573	491	82	1598	1107
燃气生产和供应业	Production and distribution of gas	97	89	8	121	32
水的生产和供应业	Production and distribution of water	420	400	20	458	58
建筑业	Construction	7715	7509	206	8339	830
房屋和土木工程建筑业	Construction of Building and civil engineering	4463	4319	144	4890	571
建筑安装业	Architectural installation	946	917	29	1045	128
建筑装饰业	Architectural decoration	1702	1678	24	1769	91
其他建筑业	Other construction	604	595	9	635	40
交通运输、仓储和邮政业	Traffic,transport, storage and post	2882	2401	481	6781	4380
铁路运输业	Transport via railway	15	12	3	72	60
道路运输业	Transport via road	1380	1158	222	2509	1351
城市公共交通业	Urban public traffic	350	168	182	675	507
水上运输业	Water transport	47	43	4	53	10
航空运输业	Air transport	10	9	1	21	12
管道运输业	Transport via pipeline				2	2
装卸搬运和其他运输服务业	Loading, unloading, portage and other transport services	431	397	34	559	162
仓储业	Storage	608	592	16	693	101
邮政业	Post	41	22	19	2197	2175
信息传输、计算机服务和软件业	Information transfer, computer services and software	2497	2436	61	4766	2330
电信和其他信息传输服务业	Telecom and other information transfer services	413	364	49	2651	2287
计算机服务业	Computer services	1477	1471	6	1497	26
软件业	Software industry	607	601	6	618	17
批发和零售业	Wholesale and retail trade	37450	34886	2564	57463	22577
批发业	Wholesale	20314	19215	1099	25702	6487
零售业	Retail trade	17136	15671	1465	31761	16090
住宿和餐饮业	Accommodation and Restaurants	5882	5566	316	7225	1659
住宿业	Accommodation	2104	1910	194	2643	733
餐饮业	Restaurants	3778	3656	122	4582	926
金融业	Finance	1796	982	814	10830	9848
银行业	Bank	1351	633	718	9396	8763

2–5 续表 2 continued

单位：个 (unit)

行业	Sector	法人单位数 Institutional Units	单产业法人 Single Sector	多产业法人 Multi-sector	产业活动单位数 Establishments Units	#多产业法人的活动单位 Establishments Units of Multi-sector
证券业	Securities	43	40	3	80	40
保险业	Insurance	247	157	90	1119	962
其他金融活动	Other financial activities	155	152	3	235	83
房地产业	Real estate	5111	5016	95	5319	303
租赁和商务服务业	Tenancy and business services	8620	8422	198	10392	1970
租赁业	Tenancy	345	339	6	387	48
商务服务业	Business service	8275	8083	192	10005	1922
科学研究、技术服务和地质勘查业	Scientific research, technical service and geologic perambulation	4527	4427	100	5666	1239
研究与试验发展	Research and experimental development	540	521	19	577	56
专业技术服务业	Professional technique services	2552	2517	35	2961	444
科技交流和推广服务业	Services of science and technique intercommunion and generalization	1306	1277	29	1979	702
地质勘查业	Geologic perambulation	129	112	17	149	37
水利、环境和公共设施管理业	Management of water conservancy, environment and public establishment	1979	1908	71	2583	675
水利管理业	Management of water conservancy	792	764	28	1085	321
环境管理业	Environmental management	368	354	14	520	166
公共设施管理业	Management of public establishment	819	790	29	978	188
居民服务和其他服务业	Resident services and other services	2556	2487	69	3240	753
居民服务业	Resident services	1552	1500	52	2058	558
其他服务业	Other services	1004	987	17	1182	195
教育	Education	17127	14808	2319	49023	34215
卫生、社会保障和社会福利业	Sanitation, social security and social welfare	30031	29818	213	32080	2262
卫生	Sanitation	28572	28370	202	30059	1689
社会保障业	Social security	623	619	4	829	210
社会福利业	Social welfare	836	829	7	1192	363
文化、体育和娱乐业	Culture, sports and entertainment	2814	2737	77	3721	984
新闻出版业	Journalism and publishing activities	148	137	11	171	34
广播、电视、电影和音像业	Broadcasting,movies,television and audiovisual activities	637	604	33	1032	428
文化艺术业	Culture and art	1584	1554	30	2007	453
体育	Sports activities	143	143		153	10
娱乐业	Entertainment	302	299	3	358	59
公共管理和社会组织	Public management and social organization	75426	71923	3503	92953	21030
中国共产党机关	Chinese Communist Party organs	1822	1774	48	1869	95
国家机构	Organ of state	16900	13850	3050	33887	20037
人民政协和民主党派	People's Political Consultative Conference and democratic parties	239	237	2	240	3
群众团体、社会团体和宗教组织	Mass communities, social communities and religion organizations	5649	5557	92	6136	579
基层群众自治组织	Grass roots self-government organizations	50816	50505	311	50821	316

2-6 各市非公有制企业数(2007年)

Non-State-Owned Industrial Enterprises By Cities (2007)

单位：个 (unit)

市 City	全部企业数 Number of Corporation Enterprise	非公有制企业数 Number of Non-stated-owned Enterprise	非公有制占全部比例(%) Number of Non-stated-owned Enterprise as % to Total Enterprise
全省 Total	**190753**	**152290**	**79.8**
郑州市 Zhengzhou	35422	28520	80.5
开封市 Kaifeng	8894	6885	77.4
洛阳市 Luoyang	15942	12840	80.5
平顶山市 Pingdingshan	8751	7016	80.2
安阳市 Anyang	11524	9797	85.0
鹤壁市 Hebi	2489	1786	71.8
新乡市 Xinxiang	10884	8069	74.1
焦作市 Jiaozuo	7589	6232	82.1
濮阳市 Puyang	7040	5455	77.5
许昌市 Xuchang	10611	9597	90.4
漯河市 Luohe	4828	3744	77.5
三门峡市 Sanmenxia	5191	3668	70.7
南阳市 Nanyang	21238	17042	80.2
商丘市 Shangqiu	8438	7248	85.9
信阳市 Xinyang	8538	5784	67.7
周口市 Zhoukou	8301	6681	80.5
驻马店市 Zhumadian	13696	10976	80.1
济源市 Jiyuan	1377	950	69.0

2-7 国民经济和社会发展总量和速度指标

指标	Item	1978	1989	1997	2000
人口与就业	**Population and Employment**				
人口(万人)	**Population (10 000 persons)**				
年底总人口	Population (year-end)	7067	8491	9243	9488
#城镇人口	Urban	963	1308	1811	2201
#男性人口	Male	3599	4366	4751	4895
就业(万人)	**Employment (10 000 persons)**				
年底从业人员	Employment(year-end)	2807	3943	4820	5572
#在岗职工	Staff and Workers	420	681	841	718
城镇登记失业人数	Registered Unemployed in Urban Areas	15.74	23.22	19.90	21.40
宏观经济	**Macroeconomy**				
国民核算	**National Accounting**				
生产总值(亿元)	Gross Domestic Product (100 million yuan)	162.92	850.71	4041.09	5052.99
第一产业	Primary Industry	64.86	289.95	1008.55	1161.58
第二产业	Secondary Industry	69.45	317.13	1861.28	2294.15
#工业	Industry	59.20	281.71	1641.08	2000.04
第三产业	Tertiary Industry	28.61	243.63	1171.26	1597.26
人均生产总值(元)	Per Capita GDP (yuan)	232	1012	4389	5450
固定资产投资(亿元)	**Investment in Fixed Assets (100 million yuan)**				
全社会固定资产投资总额	Total Investment in Fixed Assets		187.68	1165.19	1475.72
#城镇投资	Urban		115.72	795.89	951.76
#工业投资	Industry			365.52	343.04
#基础设施投资	Infrastructure		24.20	328.42	509.22
能源(万吨标准煤)	**Energy (10 000 tons of SCE)**				
能源生产总量	Total Energy Production	4434	8031	8558	6591
能源消费总量	Total Energy Consumption	3353	5112	6711	7919
财政(亿元)	**Public Finance (100 million yuan)**				
地方财政一般预算收入	Financial Revenue of the Local Government	33.73	80.97	192.63	246.47
地方财政一般预算支出	Financial Expenditures of the Local Government	27.67	87.67	290.84	445.53
物价总指数(以上年为100)	**Price Indices (preceding year=100)**				
居民消费价格总指数	General Consumer Price Index	100.1	118.7	103.5	99.2
商品零售价格总指数	General Retail Price Index	100.1	118.7	100.6	98.5
农业生产资料价格总指数	Means of Agricultural Production Price Index	97.9	116.8	99.3	99.6
利用外资(万美元)	**Utilization of Foreign Capital (USD 10 000)**				
实际利用外商直接投资	Actually Utilized Direct Foreign Investments		4266	64735	53999
产 业	**Industry**				
农林牧渔业	**Farming Forestry, Animal Husbandry and Fishery**				
耕地面积(千公顷)	Cultivated Areas (1 000 hectares)	7157	6944	6773	6875
主要农产品产量	Output of Major Farm Products				
粮食(万吨)	Grain (10 000 tons)	2097.4	3149.44	3894.66	4101.50
棉花(万吨)	Cotton (10 000 tons)	22.42	52.72	79.00	70.38
油料(万吨)	Oil-bearing Crops (10 000 tons)	24.16	118.48	276.66	392.55
烟叶(万吨)	Tobacco (10 000 tons)	29.95	45.35	41.60	27.60
水果(万吨)	Fruits (10 000 tons)	47.11	76.75	269.26	364.73
年底大牲畜存栏头数(万头)	Large Animals (year-end) (10 000 heads)	515.03	1111.56	1420.87	1445.73
年底生猪存栏头数(万头)	Hogs (year-end) (10 000 heads)	1724.9	1680.22	2931.91	3787.69
年底羊存栏只数(万只)	Sheep and goats (year-end) (10 000 heads)	989.7	1371.77	2326.01	2961.36
肉类(万吨)	Meat (10 000 tons)	45.64	121.53	403.00	517.00
工业	**Industry**				
规模以上工业增加值(亿元)	value-added of All State-owned and Above Designated Size Enterprises(100 million yuan)				1154.39
主要工业产品产量	Output of Major Industrial Products				
机制纸及纸板(万吨)	Machine-Made Paper and Paperboards (10 000 tons)	17.13	144.46	254.48	290.06
原煤(万吨)	Coal (10 000 tons)	5845	8858	10520	7578
原油(万吨)	Crude Oil (10 000 tons)	167.44	953.15	587.13	562.18
发电量(亿千瓦小时)	Electricity (100 million kwh)	130.68	302.82	630.83	694.93

Principal Aggregate Indicators on National Economic and Social Development and Growth Rates

2002	2005	2006	2007	2007年为以下各年% 2007as % of the Following years							年均增长速度(%) Average Annual Growth Rate	
				1978	1989	1997	2000	2002	2005	2006	1998-2002	2003-2007
9613	9768	9820	9869	139.6	116.2	106.8	104.0	102.7	101.0	100.5	0.8	0.5
2480	2994	3189	3389	351.9	259.1	187.1	154.0	136.7	113.2	106.3	6.5	6.4
4946	5045	5074	5100	141.7	116.8	107.3	104.2	103.1	101.1	100.5	0.8	0.6
5522	5662	5719	5773	205.7	146.4	119.8	103.6	104.5	102.0	100.9	2.8	0.9
694	681	692	699	166.4	102.6	83.1	97.3	100.7	102.6	101.0	-3.8	0.1
25.04	33.02	35.40	33.07	210.1	142.4	166.2	154.5	132.1	100.2	93.4	4.7	5.7
6035.48	10587.42	12362.79	15012.46	2157.9	699.9	289.7	224.9	188.4	131.1	114.6	9.0	13.5
1288.36	1892.01	1916.74	2217.66	537.3	271.9	174.1	145.2	131.7	111.4	103.8	5.7	5.7
2768.75	5514.14	6724.61	8282.83	3890.5	1167.2	358.7	272.6	222.2	139.0	118.1	10.0	17.3
2412.18	4896.01	6031.21	7508.33	4175.3	1201.2	370.3	282.6	230.9	142.0	119.6	9.9	18.2
1978.37	3181.27	3721.44	4511.97	3837.3	657.0	279.6	214.1	176.6	128.8	114.1	9.6	12.0
6487	11346	13313	16012	1585.9	616.0	279.3	222.3	186.9	130.4	114.7	8.4	13.3
1820.45	4378.69	5907.74	8010.11		4268.0	687.5	542.8	440.0	182.9	135.6	8.5	33.8
1226.45	3528.29	4843.76	6609.16		5711.3	830.4	694.4	538.9	187.3	136.4	7.3	40.6
407.74	1668.16	2406.37	4087.73			1118.3	1191.6	1002.5	245.0	169.9	-1.0	58.4
628.57	1277.75	1552.76	1526.89		6309.5	464.9	299.8	242.9	119.5	98.3	14.7	23.5
8321	14522	15002	14604	329.4	181.8	170.6	221.6	175.5	100.6	97.3	-0.6	11.9
9055	14625	16235	17841	532.1	349.0	265.8	225.3	197.0	122.0	109.9	6.2	14.5
296.72	537.65	679.17	862.08	2555.8	1064.7	447.5	349.8	290.5	160.3	126.9	9.0	23.8
629.18	1116.04	1440.09	1870.61	6760.4	2133.7	643.2	419.9	297.3	167.6	129.9	16.7	24.3
100.1	102.1	101.3	105.4									
99.2	101.7	100.9	104.4									
100.8	107.9	101.2	106.1									
45165	122960	184526	306162		7176.8	472.9	567.0	677.9	249.0	165.9	-6.9	46.6
7263	7201	7202	7202	100.6	103.7	106.3	104.8	99.2	100.0	100.0	1.4	-0.2
4209.98	4582.00	5112.30	5245.22							102.6	1.6	
76.49	67.70	81.00	75.00							92.6	-0.6	
420.68	449.60	460.07	483.98							105.2	8.7	
27.49	28.84	22.95	23.94							104.3	-8.0	
427.01	555.69	591.78	663.49							112.1	9.7	
1409.78	1508.80	1114.26	1081.93							97.1	-0.2	
3800.00	4439.00	3953.30	4185.50							105.9	5.3	
3378.02	3988.00	1913.90	1940.90							101.4	7.7	
570.01	689.00	584.60	542.90							92.9	7.2	
1430.75	3200.23	4150.60	5438.06			451.1	351.0	280.1	153.3	124.2	10.0	22.8
355.05	562.18	784.32	989.71	5777.6	685.1	388.9	341.2	278.8	176.0	126.2	6.9	22.8
9921	18761	18532	18917	323.6	213.6	179.8	249.6	190.7	100.8	102.1	-1.2	13.8
568.06	507.16	492.06	485.08	289.7	50.9	82.6	86.3	85.4	95.6	98.6	-0.7	-3.1
909.68	1414.68	1590.25	1910.97	1462.3	631.1	302.9	275.0	210.1	135.1	120.2	7.6	16.0

2–7 续表 1

指标	Item	1978	1989	1997	2000
生铁(万吨)	Pig Iron (10 000 tons)	109.72	161.44	362.00	508.88
钢(万吨)	Steel (10 000 tons)	54.22	159.00	334.16	404.84
成品钢材(万吨)	Steel Products (10 000 tons)	30.94	124.91	329.31	405.62
农用化肥(折纯量)(万吨)	Chemical Fertilizer (10 000 tons)	51.92	131.84	237.89	258.56
水泥(万吨)	Cement (10 000 tons)	352.85	1153.30	3417.00	3723.00
平板玻璃(万重量箱)	Plate Glass (10 000 weight cases)	184.20	981.57	1546.18	2425.41
主营业务收入(亿元)	Sales Revenue (100 million yuan)				3297.78
利润总额(亿元)	Total Profits (100 million yuan)				139.97
建筑业	**Construction**				
施工房屋面积(万平方米)	Floor Space of Buildings Under Construction (10 000 sq.m)		1355.50	4984.41	5308.29
竣工房屋面积(万平方米)	Floor Space of Buildings Completed (10 000 sq.m)		594.60	2447.91	2629.33
运输和邮电	**Transportation,Posts and Telecommunications**				
客运量(万人)	Passengers (10 000 persons)	11177	52328	69863	83912
#铁路	Railways	4319	5476	3843	4727
公路	Highways	6781	46634	65786	79017
货运量(万吨)	Freight (10 000 tons)	18206	38245	56113	60678
#铁路	Railways	6722	9089	9996	10172
公路	Highways	11321	28811	45542	50133
邮电业务总量(亿元)	Business Volume of Post and Telecommunications Service (100 million yuan)	0.71	2.28	64.31	186.94
批发和零售贸易业、住宿和餐饮业	**Wholesale and Retail Trades、Accommodation and Catering Trade**				
社会消费品零售总额(亿元)	Total Retail Sales of Consumer Goods (100 million yuan)	71.79	310.85	1427.53	1869.80
对外贸易和国际旅游	**Foreign Trade and International Tourism**				
进出口总额(万美元)	Total Exports and Imports (USD 10 000)	11843	98539	189699	227486
进口额	Imports	1612	16642	61036	78148
出口额	Exports	10231	81897	128663	149338
接待旅游者人数(万人次)	Number of foreign tourists (10 000 person-times)		7.03	17.50	32.50
旅游外汇收入(万美元)	Foreign Exchange Earnings from Tourism (USD 10 000)			9500	12390
金融	**Finance**				
金融机构年底存款余额(亿元)	Deposits of National Banking System (100 million yuan)			3271.76	4753.41
金融机构年底贷款余额(亿元)	Loans of National Banking System (100 million yuan)			3320.89	4356.94
教育、科技、文化	**Education, Science and Technology and Culture**				
教育	**Education**				
专任教师数(万人)	Number of Full-time Teachers (10 000 persons)				
高等学校	Institutions of Higher Education	0.54	1.38	1.65	2.02
中等专业学校	Specialized Secondary Schools	0.32	1.16	1.56	1.66
普通中学	Regular Secondary School	29.34	23.84	26.38	30.86
小学	Primary Schools	42.88	43.76	41.12	45.93
在校学生数(万人)	Students Enrollment (10 000 persons)				
高等学校	Institutions of Higher Education	2.73	8.01	13.60	26.24
中等专业学校	Specialized Secondary Schools	3.39	12.70	29.03	33.48
普通中学	Regular Secondary School	521.62	349.05	480.21	638.14
小学	Primary Schools	1140.26	969.82	1169.96	1130.63
科技	**Science and Technology**				
当年经费使用总额(亿元)	Expenditures Development in Current Year (100 million yuan)			27.34	62.03
技术市场成交额(亿元)	Volume of Transaction in Technical Markets (100 million yuan)			15.78	21.16
文化	**Culture**				
总印数	Total Printed Copies				
书籍(万册)	Number of Books Published (10 000 copies)		30158	39489	35077
杂志(万册)	Number of Magazines Issued (10 000 copies)		8307	9907	10721
报纸(万张)	Number of Newspapers Issue (10 000 copies)		70008	94416	129104

continued

2002	2005	2006	2007	2007年为以下各年% 2007as % of the Following years							年均增长速度(%) Average Annual Growth Rate	
				1978	1989	1997	2000	2002	2005	2006	1998-2002	2003-2007
604.56	973.00	1460.75	1925.40	1754.8	1192.6	531.9	378.4	318.5	197.9	131.8	10.8	26.1
672.22	1226.62	1740.84	2264.65	4176.8	1424.3	677.7	559.4	336.9	184.6	130.1	15.0	27.5
593.60	1337.40	1772.99	2474.97	7999.3	1981.4	751.6	610.2	416.9	185.1	139.6	12.5	33.1
308.30	396.64	440.87	523.98	1009.2	397.4	220.3	202.7	170.0	132.1	118.9	5.3	11.2
4481.30	6210.70	7413.59	9271.00	2627.5	803.9	271.3	249.0	206.9	149.3	125.1	5.6	15.6
2920.37	3894.92	3463.80	3588.00	1947.9	365.5	232.1	147.9	122.9	92.1	103.6	13.6	4.2
4159.57	10114.21	13809.07	18936.82				574.2	455.3	187.2	137.1		35.4
183.85	643.39	1141.80	1941.51				1387.1	1056.0	301.8	170.0		60.2
7118.44	10813.15	14472.92	19015.67		1402.9	381.5	358.2	267.1	175.9	131.4	7.4	21.7
3630.82	4787.12	6530.01	9177.8		1543.5	374.9	349.1	252.8	191.7	140.5	8.2	20.4
90334	98099	108060	122557	1096.5	234.2	175.4	146.1	135.7	124.9	113.4	5.3	6.3
5085	5842	6313	6585	152.5	120.3	171.4	139.3	129.5	112.7	104.3	5.8	5.3
85078	91920	101345	115460	1702.7	247.6	175.5	146.1	135.7	125.6	113.9	5.3	6.3
68397	78827	86608	101410	557.0	265.2	180.7	167.1	148.3	128.6	117.1	4.0	8.2
12148	14806	15190	16010	238.2	176.1	160.2	157.4	131.8	108.1	105.4	4.0	5.7
55743	62684	69898	83537	737.9	289.9	183.4	166.6	149.9	133.3	119.5	4.1	8.4
220.20	556.50	721.47	933.16		40928.2	1451.0	499.2	423.8	167.7	129.3		33.5
2292.75	3358.43	3880.47	4597.54	6404.2	1479.0	322.1	245.9	200.5	136.9	118.5	9.9	14.9
320351	773604	985717	1280493	10812.2	1299.5	675.0	562.9	399.7	165.5	129.9	11.0	31.9
108475	263511	316097	441347	27378.8	2652.0	723.1	564.8	406.9	167.5	139.8	12.2	32.4
211876	510093	663497	839145	8202.0	1024.6	652.2	561.9	396.1	164.5	125.3	10.5	31.7
41.01	60.05	75.74	88.0885		1253.0	503.4	271.0	214.8	146.7	116.3	18.6	16.5
14549	21604	27376	31801			334.7	256.7	218.6	147.2	116.2	8.9	16.9
6451.59	10003.96	11492.55	12576.42			384.4	264.6	194.9	125.7	109.4	14.5	14.3
5553.58	7434.53	8567.33	9545.48			287.4	219.1	171.9	128.4	111.4	10.8	11.4
2.85	4.63	5.29	5.88	1088.9	426.1	356.4	291.1	206.3	127.0	111.2	11.6	15.6
1.39	1.10	1.18	1.39	434.9	120.0	89.2	83.8	100.1	126.5	117.9	-2.3	0.0
35.06	37.30	37.64	37.88	129.1	158.9	143.6	122.7	108.0	101.6	100.6	5.9	1.6
49.62	47.55	47.82	48.3	112.6	110.4	117.5	105.2	97.3	101.6	101.0	3.8	-0.5
46.80	85.19	97.41	109.52	4011.7	1367.3	805.3	417.4	234.0	128.6	112.4	28.0	18.5
33.76	48.16	50.97	57.76	1703.7	454.8	199.0	172.5	171.1	119.9	113.3	3.1	11.3
733.35	758.22	742.22	719.83	138.0	206.2	149.9	112.8	98.2	94.9	97.0	8.8	-0.4
1104.59	986.84	997.09	1018.71	89.3	105.0	87.1	90.1	92.2	103.2	102.2	-1.1	-1.6
70.15	132.91	188.87	233.88			855.5	377.0	333.4	176.0	123.8	20.7	27.2
19.40	26.37	23.84	26.52			168.1	125.3	136.7	100.5	111.2	4.2	6.5
33819	27260	24755	22605		75.0	57.2	64.4	66.8	82.9	91.3	-3.1	-7.7
12678	9323	8828	8425		101.4	85.0	78.6	66.5	90.4	95.4	5.1	-7.8
156095	197896	201574	209779		299.7	222.2	162.5	134.4	106.0	104.1	10.6	6.1

2–7 续表 2

指标	Item	1978	1989	1997	2000
家庭、生活、环境	**Family, People's Livelihood and Environment**				
家庭	**Family**				
家庭总户数(万户)	Total Number of Households (10 000 households)	1431	1934	2342	2573
城镇居民平均每户家庭人口(人)	Average Household Size in Urban Areas (person)		3.70	3.29	3.23
农村居民平均每户家庭人口(人)	Average Household Size in Rural Areas (person)	5.91	4.88	4.37	4.14
婚姻	**Marriages and Divorces**				
登记结婚(万对)	Registered Marriages (10 000 couples)		69.93	71.77	66.18
登记离婚(民政部门)(万对)	Registered Divorces (10 000 couples)		4.04	7.07	2.65
生活	**People's Livelihood**				
城乡居民储蓄存款年底余额(亿元)	Balance of Savings Deposit of Rural and Urban Residents (year-end) (100 million yuan)	9.81	276.34	2243.00	3182.08
城镇居民人均可支配收入(元)	Per Capita Annual Disposable Income of Urban Households (yuan)			4093.62	4766.26
城镇居民人均消费性支出(元)	Per Capita Annual Living Expenditure of Urban Residents(yuan)	274.00	963.97	3378.02	3830.71
农民人均纯收入(元)	Per Capita Net Income of Rural Residents (yuan)	104.71	457.06	1733.89	1985.82
农民人均生活消费支出(元)	Per Capita Living Expenditure of Rural Households (yuan)	81.70	390.05	1270.52	1315.83
工资	**Wages**				
在岗职工工资总额(亿元)	Total Wages of Staff and Workers (100 million yuan)	24.30	108.70	434.08	495.66
在岗职工平均工资(元)	Average Wage of Staff and Workers (yuan)	590	1628	5225	6930
卫生	**Health Care**				
医院、卫生院数(个)	Number of Hospitals (unit)	2476	2810	3001	3027
卫生机构床位数(万张)	Number of Beds in Health Institutions (10 000 units)	10.20	17.96	18.92	19.86
#医院、卫生院	Hospitals	9.73	16.25	17.58	18.34
卫生技术人员数(万人)	Number of Medical Technical Personnel (10 000 persons)	11.44	21.85	26.20	26.84
#医生	Doctors	4.38	9.61	10.67	11.11
市政建设	**City Construction**				
供水总量(万立方米)	Volume of Tap Water Supply (10 000 cu.m)		143523	212004	191706
排水管道长度(公里)	Length of Sewer Pipelines (km)			5166	6070
城市煤气、天然气家庭用量(万立方米)	Volume of Coal Gas and Natural Gas Supply in Urban Areas (10 000 cu.m)			21181	30100
公共汽(电)车总数(标台)	Total Number of Public Buses and Trolley Buses (unit)		1610	5231	7235
道路长度(公里)	Length of Paved Roads (km)		2523	4246	4920
公共绿地面积(公顷)	Areas of Green Land (hectare)			3706	6286
灾害	**Disaster**				
火灾发生数(起)	Number of Fire Disasters (time)			7073	10050
火灾损失折款(万元)	Fire Loss (10 000 yuan)			5026.00	6718.93
交通事故发生数(起)	Number of Traffic Accidents (time)			13317	30889
交通事故损失折款(万元)	Loss of Traffic Accidents (10 000 yuan)			6582	9230

注：1.本表价值量指标除邮电业务总量2001年以来为2000年不变价，1990-2000年按1990年不变价格计算，以前年度按1980年不变价格计算，其他价值量指标均按当年价格计算。(下同)。生产总值、工业增加值、邮电业务总量、城乡居民收入、在岗职工平均工资发展(增长)速度均按可比价格计算。
2.1994年始财政收入为分税制后新口径数据(下同),发展(增长)速度按可比口径计算。
3.在岗职工、工资1997年及以前年度为职工口径(下同)。
4.进出口总额1992年及以后年度为海关数，其他为有关部门数(下同)。
5.表中2006年和2007年的农业数据已根据第二次农业普查有关资料进行修正。

continued

2002	2005	2006	2007	2007年为以下各年% 2007as % of the Following years							年均增长速度(%) Average Annual Growth Rate	
				1978	1989	1997	2000	2002	2005	2006	1998-2002	2003-2007
2533	2740	2790	2851	199.2	147.4	121.7	110.8	112.6	104.0	102.2	1.6	2.4
3.07	2.97	2.94	2.90		78.4	88.1	89.8	94.5	97.6	98.6	-1.4	-1.1
4.14	4.19	4.12	4.14	70.1	84.8	94.7	100.0	100.0	98.8	100.5	-1.1	
61.08	51.33	54.77	60.10		85.9	83.7	90.8	98.4	117.1	109.7	-3.2	-0.3
2.87	6.08	6.71	7.85		194.3	111.0	296.2	273.5	129.0	117.0	-16.5	22.3
4202.57	6488.55	7367.37	7812.24	79635.5	2827.0	348.3	245.5	185.9	120.4	106.0	13.4	13.2
6245.40	8667.97	9810.26	11477.05			255.0	205.2	157.4	124.2	111.0	10.1	9.5
4504.68	6038.02	6685.18	7826.72	2856.5	811.9	231.7	204.3	173.7	129.6	117.1	5.9	11.7
2215.74	2870.58	3261.03	3851.60		323.2	189.3	160.8	145.8	126.0	112.2	5.4	7.9
1451.51	1891.57	2229.28	2676.41	3275.9	686.2	210.7	203.4	184.4	141.5	120.1	2.7	13.0
622.42	949.97	1152.05	1431.35	5890.3	1316.8	329.7	288.8	230.0	150.7	124.2	7.5	18.1
9174	14282	16981	20935	770.1	556.8	364.5	257.6	195.5	137.5	117.0	14.6	14.4
3094	3260	3292	3281	132.5	116.8	109.3	108.4	106.0	100.6	99.7	0.6	1.2
19.73	21.40	22.52	23.95	234.8	133.4	126.6	120.6	121.4	111.9	106.3	0.8	4.0
18.75	20.23	21.23	22.61	232.4	139.1	128.6	123.3	120.6	111.8	106.5	1.3	3.8
26.48	28.92	30.07	29.79	260.4	136.3	113.7	111.0	112.5	103.0	99.1	0.2	2.4
10.17	11.11	11.55	11.59	264.6	120.6	108.6	104.3	114.0	104.3	100.3	-1.0	2.6
187039	183436	181590	167348		116.6	78.9	87.3	89.5	91.2	92.2	-2.5	-2.2
7188	10201	11606	12398			240.0	204.3	172.5	121.5	106.8	6.8	11.5
46030	31384	35224	36918			174.3	122.7	80.2	117.6	104.8	16.8	-4.3
8712	12514	12575	13071		811.9	249.9	180.7	150.0	104.5	103.9	10.7	8.5
5739	7090	8460	8650.70		342.9	203.7	175.8	150.7	122.0	102.3	6.2	8.6
10373	12644	14066	15493			418.1	246.5	149.4	122.5	110.1	22.9	8.4
14220	7394	6343	3701			52.3	36.8	26.0	50.1	58.3	15.0	-23.6
4471.00	2672.00	2211.20	2116.94			42.1	31.5	47.3	79.2	95.7	-2.3	-13.9
45648	23804	18408	16335			122.7	52.9	35.8	68.6	88.7	27.9	-18.6
14733	10682	6871	6490			98.6	70.3	44.0	60.8	94.4	17.5	-15.1

a) Figures in value terms in this table are Calculated at current prices, except that on the business transaction of post and telecommunications service since 2001 is calculated at 2000 constant prices.1990~2000 is calculated at 1990 constant prices.Figures on postal and telecommunication services before 1990 were calculated at 1980 constant prices,and those since 1991 were calculated at constant prices.The indices and growth rates of the follow indicators are calculated at GDP, value added of industry, Business volume of post and telecommunications, per capita income of urban and rural residents,comparable prices: wages of Fully Employed Staff and workers(the same as following tables)

b) Total financial revenue since tax reform began to be implemented in 1994(the same as following tables).The indices in this table are calculated at comparable prices.

c)Before 1997,Data of Number and Wage of Fully Employed Staff and workers Refer to Total Employed persons(the same as following tables).

d)Since 1992,the data of imports and exports in foreign trade begin to be obtained from custom statistics(the same as following tables).

e)Data of Agrucultural in 2006、2007 are Amended base on The second agricultural General Investigation of China.

2-8 国民经济和社会发展结构指标

Structural Indicators on National Economic and Social Development

单位：% (%)

指 标	Item	1995	1997	2000	2002	2005	2006	2007
人口与就业	**Population and Employment**							
人口	**Population**							
城乡结构	Urban and Rural Structure							
市镇	Urban	17.2	19.6	23.2	25.8	30.7	32.5	34.3
乡村	Rural	82.8	80.4	76.8	74.2	69.3	67.5	65.7
性别结构	Sexual Structure							
男	Male	51.1	51.4	51.6	51.5	51.6	51.7	51.7
女	Female	48.9	48.6	48.4	48.5	48.4	48.3	48.3
就业	**Employment**							
从业人员产业结构	Industrial Structure							
第一产业	Primary Industry	62.4	60.3	64.0	61.5	55.4	53.3	50.6
第二产业	Secondary Industry	20.6	21.0	17.5	18.8	22.1	23.6	25.8
第三产业	Tertiary Industry	17.0	18.7	18.5	19.7	22.5	23.1	23.6
城镇新就业人员安置去向结构	Structure of Employment Newly							
国有单位	State-owned Units	45.9	38.3	59.9	30.9	17.6	13.1	11.9
城镇集体单位	Urban Collective Owned Units	13.0	13.4	20.0	8.7	3.0	2.6	2.2
其他单位	Units of Other Types of Ownership	5.9	5.2	18.7	20.3	21.1	17.7	16.9
从事个体及私营劳动	Private Enterprises and Self-Employed	35.2	43.1	1.4	40.1	58.3	66.6	68.9
宏观经济	**Macro Economy**							
国民核算	**National Accounting**							
生产总值产业结构	Industrial Structure							
第一产业	Primary Industry	25.5	25.0	23.0	21.3	17.9	15.5	14.8
第二产业	Secondary Industry	46.7	46.1	45.4	45.9	52.1	54.4	55.2
工 业	Industry	42.1	40.6	39.6	40.0	46.2	48.8	50.0
建筑业	Construction	4.6	5.4	5.8	5.9	5.8	5.6	5.2
第三产业	Tertiary Industry	27.8	29.0	31.6	32.8	30.0	30.1	30.0
支出法生产总值结构	Domestic Expenditure Structure							
最终消费	Total Consumption	53.2	53.1	54.3	56.1	50.6	49.4	45.5
居民消费	Resident Consumption	41.9	41.9	41.4	40.5	36.1	34.4	32.1
农村居民	Agricultural Households	27.2	26.5	23.5	22.2	14.7	13.3	11.8
城镇居民	Nonagricultural Households	14.6	15.4	17.8	18.3	21.4	21.1	20.3
政府消费	Government Consumption	11.4	11.2	13.0	15.6	14.5	15.0	13.4
资本形成总额	Total Investment	41.3	41.5	41.6	41.0	47.4	51.1	55.7
固定资本形成	Fixed Assets	29.4	31.1	32.5	33.4	42.6	48.5	53.6
存货增加	Stock	12.0	10.5	9.2	7.5	4.8	2.6	2.2
货物和服务净出口	Net Export of Goods and Services	5.4	5.4	4.0	2.9	2.0	-0.5	-1.2
固定资产投资	**Investment**							
全社会固定资产投资结构	Structure of Total Investment in Fixed Assets							
城镇	Urban	74.6	68.3	64.5	67.4	80.6	82.0	82.5
农村	Rural	25.4	28.8	32.5	30.4	19.4	18.0	17.5
城镇固定资产投资产业结构	Structure of Investment in Fixed Assets of Urban							
第一产业	Primary Industry		0.4	1.5	1.4	1.6	1.4	3.6
第二产业	Secondary Industry		46.6	36.6	33.6	47.5	50.0	51.4
#工 业	Industry		45.1	36.0	33.2	47.3	49.7	51.0
第三产业	Tertiary Industry		53.0	61.9	65.0	50.9	48.5	45.0
能源	**Energy Sources**							
能源生产总量结构	Structure of Energy Sources Products							
原煤	Coal	87.5	87.9	83.7	85.2	91.3	91.7	91.8
原油	Base oil	10.2	9.8	12.2	9.8	5.0	4.7	4.8
天然气	Gas	1.6	1.7	2.8	2.8	1.8	1.7	1.4
水电	Water and Electricity	0.7	0.6	1.4	2.3	1.9	2.0	2.0

2–8 续表 1 continued

单位：% (%)

指 标	Item	1995	1997	2000	2002	2005	2006	2007
财政	**Government Finance**							
地方财政一般预算收入结构	Structure of Government Revenue							
#各项税收	Taxes	83.0	79.0	79.1	81.6	68.0	69.5	72.5
地方财政一般预算支出结构	Structure of Government Expenditures							
#农林水事务	Capital Construction	8.5	8.1	7.7	7.1	7.4	6.9	8.2
科学技术	Supporting Agricultural Production	1.6	1.6	1.5	1.3	1.2	1.3	1.3
教科文卫	and Agricultural Operating Expenses	28.1	25.9	24.3	26.5	24.2	23.9	28.0
实际利用外商直接投资	**Actually Used Direct Investment by forign Enterprises**							
#独资经营	Foreign Investment Enterprises	10.6	21.8	8.3	21.8	39.3	48.4	49.3
合资经营	Joint Ventures Enterprises	87.8	46.6	50.5	65.5	44.5	44.4	32.0
合作经营	Cooperative Operation Enterprises	1.7	31.6	11.6	12.6	8.3	4.7	6.1
产 业	**Industrial**							
农业	**Agriculture**							
农林牧渔业增加值结构	Structure of Value-added							
农 业	Farming	67.1	65.0	64.7	58.0	56.5	58.0	60.3
林 业	Forestry	3.7	3.5	3.6	3.0	2.7	2.8	2.9
牧 业	Animal Husbandy	28.3	30.6	30.5	34.6	37.0	35.3	33.2
渔 业	Fishery	0.9	0.9	1.2	1.2	1.3	1.5	1.4
农林牧渔服务业	Service activities for Farming, forestry, Animal Husbandy and Fishery				3.2	2.5	2.4	2.2
工业	**Industry**							
工业增加值结构	Structure of Value-added of the Industry							
规模以上	Enterprises above Designated Size			56.4	57.0	65.4	68.8	72.4
规模以下	Enterprises Below Designated size			16.4	16.2	13.4	12.1	11.0
城乡个体	Individual Owned Industry			27.2	26.8	21.3	19.1	16.6
工业增加值轻重工结构	Structure of Value-added of the Industry							
轻工业	Light Industry			37.5	38.8	34.9	34.4	34.6
重工业	Heavy Industry			62.5	61.2	65.1	65.6	65.4
运输业	**Transportation**							
货运量运输方式结构	Structure of Freight Traffic							
#铁 路	Railways	19.4	17.8	16.8	17.8	18.8	17.5	15.8
公 路	Highways	79.6	81.2	82.6	81.5	79.5	80.7	82.4
水 运	Waterways	0.6	0.8	0.6	0.7	1.7	1.8	1.8
客运量运输方式结构	Structure of Freight Ton -Kilometers							
#铁 路	Railways	6.9	5.5	5.6	5.6	6.0	5.8	5.4
公 路	Highways	92.8	94.2	94.2	94.2	93.7	93.8	94.2
水 运	Waterways	0.1	0.2	0.1	0.1	0.1	0.1	0.1
批发零售贸易、住宿和餐饮业	**Wholesale and Retail Trades、Accommodation and Catering Trade**							
社会消费品零售总额结构	Composition of Retail Sales of Consumer Goods							
批发零售和贸易业	Wholesale and Retail Trade	86.0	84.8	84.9	83.2	84.0	83.0	81.7
住宿和餐饮业	Accommodation and Catering Trade	9.1	12.1	11.7	13.6	13.9	15.2	16.6
其它	Others	4.9	3.1	3.4	3.2	2.1	1.8	1.7

注：表中2006年和2007年的农业数据已根据第二次农业普查有关资料进行修正。
Data of Agricultural in 2006、2007 are Amended base on The second agricultural General Investigation of China.

2-8 续表 2 continued

单位：% (%)

指 标	Item	1995	1997	2000	2002	2005	2006	2007
国际旅游	**International Tourism**							
国际旅游人数结构	Structure of Tourists							
外国人	Foreigners	56.5	77.0	56.0	62.0	57.8	59.9	63.1
港澳台同胞	Compatriots form Hong Kong,Macao and Taiwan	39.5	18.9	44.0	38.0	42.2	40.1	36.9
教育、科技	**Education, Science**							
教育	**Education**							
专任教师结构	Full-time Teachers by Type							
普通高等学校	Regular Institutions of Higher Education	2.3	2.3	2.5	3.2	5.1	5.8	6.3
中等专业学校	Specialized Secondary Schools	2.1	2.2	2.1	1.6	1.2	1.3	1.5
普通中学	Regular Secondary Schools	36.9	37.3	38.3	39.4	41.2	40.9	40.5
小学	Primary Schools	58.7	58.2	57.1	55.8	52.5	52.0	51.7
在校学生结构	Structure of Student Enrollment							
普通高等学校	Regular Institutions of Higher Education	0.8	0.8	1.4	2.4	4.5	5.2	5.7
中等专业学校	Specialized Secondary Schools	1.4	1.7	1.8	1.8	2.6	2.7	3.0
普通中学	Regular Secondary Schools	28.0	28.4	34.9	38.2	40.4	39.3	37.8
小学	Primary Schools	69.7	69.1	61.8	57.6	52.5	52.8	53.5
科技	**Science and Technology**							
科技经费筹集结构	Structure of Funding for Scientific and Technological Expenditure							
#政府资金	Govement Funds		21.6	22.3	23.4	20.4	16.6	14.9
企业资金	Funds Self-raised by Enterprises		49.4	60.3	61.9	69.8	72.3	74.6
事业单位资金	Funds Self-raised by Institutions			4.6	6.0	2.7	3.8	2.9
金融机构贷款	Bank Loans		16.7	10.1	6.4	5.4	5.8	6.7
生活、环境	**People's Livelihood and Environment**							
生活	**People's Livelihood**							
城镇居民消费结构	Consumption Structure of Urban Residents							
食品类	Food	50.1	44.6	36.2	33.7	34.2	33.1	34.6
衣着类	Clothing	16.4	14.5	12.0	12.7	13.4	13.8	13.4
日用品及其他	Articles for Daily Use and Others	27.5	30.5	37.5	42.5	41.6	42.1	41.8
居住	Residence	6.0	10.4	14.3	11.1	10.8	11.0	10.2
农村居民消费结构	Consumption Structure of Rural Residents							
食品类	Food	58.6	54.6	49.7	48.0	45.4	40.9	38.0
衣着类	Clothing	8.3	8.0	6.6	6.5	7.0	7.2	7.1
日用品及其他	Articles for Daily Use and Others	18.9	21.3	28.0	27.4	30.8	32.0	31.9
居住	Residence	14.2	16.1	15.7	18.1	16.8	19.9	23.0
环境	**Environment**							
污染治理资金使用结构	Uses of Funds in Pollution Treatment							
#治理废水	Waste Water Treatment	59.0	79.1	43.1	41.9	49.2	38.2	36.6
治理废气	Waste Gas Treatment	23.8	17.7	49.8	41.9	34.2	51.7	54.6
治理固体废物	Solid Wastes Treatment	15.0	2.7	5.0	3.9	11.7	6.7	2.3
治理噪声	Noise Abatement	1.3	0.2	0.2	0.7	0.2	0.2	0.2

2–9 主要社会经济指标人均水平

Major Per Capita Indicators of Society and Economy

本表价值量指标均按当年价格计算。
The data in value terms in the table are calculated at current prices.

指　标	Item	1995	1997	2000	2002	2005	2006	2007
人口密度（人/平方公里）	**Population Density (person/sq.km)**	**545**	**553**	**568**	**576**	**585**	**588**	**591**
生产总值(元)	**Gross Domestic Product (yuan)**	**3297**	**4389**	**5450**	**6487**	**11346**	**13313**	**16012**
全社会固定资产投资额(元)	**Total Investment in Fixed Assets (yuan)**	**888**	**1265**	**1564**	**1899**	**4494**	**6032**	**8137**
人民生活(元)	**People's Livelihood (yuan)**							
在岗职工平均工资	Average Wage of Staff and Workers	4344	5225	6930	9174	14282	16981	20935
城镇居民人均可支配收入	Per Capita Annual Disposable Income of Urban Households	3299	4094	4766	6245	8668	9810	11477
城镇居民人均消费性支出	Per Capita Annual Living Expenditure of Urban Residents	2674	3378	3831	4505	6038	6685	7827
农民人均纯收入	Per Capita Net Income of Rural Residents	1232	1734	1986	2216	2871	3261	3852
农民人均生活消费支出	Per Capita Living Expenditure of Rural Households	929	1271	1316	1452	1892	2229	2676
居民储蓄额	Balance of Savings Deposit of Rural and Urban Residents	1600	2427	3354	4372	6643	7502	7916
农林牧渔业	**Farming,Forestry, Farming of Animals and Fishing**							
农林牧渔业增加值(元)	Value-added of Farming Forestry, Animal Husbandry and Fishery (yuan)	842	1092	1229	1301	1942	2093	2253
主要农产品产量(千克)	Output of Major Farm Products (kg)							
粮食	Grain	382	423	435	439	470	522	533
#小麦	Wheat	194	258	237	235	265	300	304
棉花	Cotton	8.5	8.6	7.5	8.0	6.9	8.3	7.6
油料	Oil- bearing Crops	33	30	42	44	46	47	49
猪、牛、羊肉	Pork, Beef and Mutton	33	38	48	51	61	51	45
牛奶	Milk			1.7	3.8	10.7	15.1	21.0
禽蛋	Poultry Eggs	15	22	29	32	39	34	34
工业	**Industry**							
规模以上工业增加值(元)	value-added of Enterprises Above Designated Size (yuan)			1223	1493	3285	4238	5524
主要工业产品产量	Output of Major Industrial Products							
原煤(千克)	Coal (kg)	1140	1142	803	1035	1926	1892	1922
原油(千克)	Crude Oil (kg)	66	64	60	59	52	50	49
发电量(千瓦小时)	Electricity (kwh)	604	685	736	949	1452	1624	1941
钢(千克)	Steel (kg)	31	36	43	70	126	178	230
成品钢材(千克)	Steel Products (kg)	29	36	43	62	137	181	251
水泥(千克)	Cement (kg)	369	371	394	468	637	757	942
社会消费品零售总额(元)	**Total Retail Sales of Consumer Goods (yuan)**	**1057**	**1550**	**1981**	**2392**	**3447**	**3962**	**4670**
财政	**Finance**							
地方财政一般预算收入(元)	Financial Revenue of the Local Government(yuan)	138	209	261	310	552	693	876
地方财政一般预算支出(元)	Financial Expenditures of the Local Government (yuan)	229	316	472	656	1145	1470	1900
教育和卫生	**Education and Health Care**							
每万人拥有大学生(含研究生)(人)	Number of Doctors per 10 000 Persons (Include Postgraduates) (person)	14	15	28	50	89	102	113
每千人拥有医院、卫生院床位(张)	Number of Hospital Beds per 1 000 Persons (unit)	1.93	1.90	1.93	1.94	2.07	2.16	2.43
每千人拥有医生(人)	Number of Doctors per 1 000 Persons (person)	1.16	1.15	1.17	1.06	1.14	1.18	1.17

注：表中2006年和2007年的农业数据已根据第二次农业普查有关资料进行修正。

Data of Agricultural in 2006、2007 are Amended base on The second agricultural General Investigation of China.

2−10 国民经济和社会发展比例和效益指标
Indicators on Proportions and Efficiency in National Economic and Social Development

本表价值量指标均按当年价格计算。
The data in value terms in the table are calculated at current prices.

指 标	Item	1995	1997	2000	2002	2005	2006	2007
人口	**Population**							
出生率(‰)	Birth Rate (?	14.4	14.0	13.1	12.4	11.6	11.6	11.3
死亡率(‰)	Death Rate (□)	6.3	6.3	5.9	6.4	6.3	6.3	6.3
自然增长率(‰)	Natural Growth Rate (?	8.13	7.67	7.14	6.03	5.25	5.32	4.90
城市化水平(%)	Standard of Urbanization (%)	17.2	19.6	23.2	25.8	30.7	32.5	34.3
就业	**Employment**							
城镇每一就业者负担人口(人)	Number of Dependents per Urban Employee (person)	1.77	1.71	1.94	2.02	1.94	1.92	1.90
城镇登记失业率(%)	Unemployment Rate in Urban Areas (%)	2.1	2.0	2.6	2.9	3.5	3.5	3.4
国民核算	**National Accounting**							
经济增长贡献率(%)	Contribution Rate to GDP (%)							
第一产业	Primary Industry	19.0	16.4	10.2	10.6	9.8	9.0	4.1
第二产业	Secondary Industry	56.1	52.7	62.6	55.8	62.2	64.1	67.0
第三产业	Tertiary Industry	24.9	30.8	27.2	33.6	28.0	26.9	28.9
全社会劳动生产率(元/人.年)	Overall Labor Productivity (yuan/person.year)	6673	8545	9377	10935	18824	21959	26127
第一产业	Primary Industry	2687	3520	3382	3748	5926	6624	7429
第二产业	Secondary Industry	15560	18622	24282	27208	46086	51688	58371
第三产业	Tertiary Industry	11184	13556	15827	18597	25738	28737	33621
人均生产总值(元)	Per Capita GDP (yuan)	3297	4389	5450	6487	11346	13313	16012
固定资产投资	**Investment in Fixed Assets**							
全社会固定资产投资率(%)	Proportion of Investment in fixed Assets to GDP (%)	26.9	28.8	29.2	30.2	41.4	47.3	53.4
全社会房屋建筑面积竣工率(%)	Rate of Total Floor Space of Buildings Completed in Construction (%)	82.5	83.7	77.6	72.8	67.4	61.5	61.5
财政	**Finance**							
财政收入相当于生产总值比例(%)	Proportion of Government Revenue to GDP (%)	4.2	4.8	4.9	4.9	5.1	5.4	5.7
利用外资	**Utilization of Foreign Capital**							
实际利用外商直接投资额相当于签订利用外资额比例(%)	Proportion of Foreign Capital Actually Used to Total Amount of Foreign Capital for Utilization by Signed Contracts or Agreements (%)	55.3	74.6	77.2	44.3	52.3	54.8	63.3
能源	**Energy**							
能源生产弹性系数	Elasticity Ratio of Energy Production	0.31		.	1.57	0.78	0.23	
能源消费弹性系数	Elasticity Ratio of Energy Consumption	0.27	0.09	0.77	0.87	0.84	0.76	0.68
单位GDP能耗(吨标准煤/万元)	Energy Consumption per 10 000 yuan GDP (ton of SCE/10 000yuan)		1.65			1.38	1.34	1.29
单位GDP电耗(千瓦时/万元)	Electricity Consumption per 10 000 yuan GDP (kwh/10 000yuan)					1277.7	1257.5	1302.2
单位工业增加值能耗(吨标准煤/万元)	Energy Consumption per 10 000 yuan Add-value Industry(ton of SCE/10 000yuan)					4.02	3.78	3.45
农业	**Agriculture**							
人均耕地面积(公顷)	Per Capita Cultivated Land (hectare)	0.07	0.07	0.07	0.08	0.07	0.07	0.07
每公顷耕地农业机械总动力(千瓦)	Total Power of Agricultural Machinery per Hectare of Cultivated Land (kw)	4.6	6.4	8.4	9.0	11.0	11.5	12.1
每公顷播种面积农产量(千克)	Output of Farm Crops per Hectare of Sown Area (kg)							
粮食	Grain	3935	4386	4542	4691	5006	5407	5540
棉花	Cotton	770	910	903	964	866	1083	1071
油料	Oil-bearing Crops	2344	2289	2630	2737	2800	3090	3232
工业	**Industry**							
规模以上工业企业效益(%)	Main Economic Beneficial Indicators of Enterprises Above Designed Size (%)							

注：表中2006年和2007年的农业数据已根据第二次农业普查有关资料进行修正。
Data of Agricultural in 2006, 2007 are Amended base on The second agricultural General Investigation of China.

2–10 续表 continued

指 标	Item	1995	1997	2000	2002	2005	2006	2007
	Industrial Enterprises (%)							
成本费用利润率	Ratio of Profits to Industrial Cost			4.5	4.7	6.9	9.1	11.6
资产负债率	AssetsLiability Ratio			66.4	63.9	61.6	60.3	57.8
总资产贡献率	Ratio of Total Assets to Industrial Output Value			8.6	9.4	15.7	20.7	23.5
产品销售率	Proportion of Products Sold			98.0	98.3	98.4	97.0	98.3
全员劳动生产率(元/人)	Overall Labor Productivity (yuan/person)			33643	44368	88950	111021	142201
建筑业	**Construction**							
技术装备率(元/人)	Value of Machinery per Laborer (yuan/person)	3955	3974	5302	8871	8531	9466	9038
对外经济贸易和国际旅游	**Foreign Trade and International Tourism**							
进出口总额相当于生产总值比例(%)	Proportion of Total Imports & Exports to GDP (%)	6.2	3.9	3.7	4.4	5.9	6.3	6.5
每一来豫游客支出(美元)	Expenditure per International Tourist in Henan (USD)	404	543	381	354	360	361	361
金融保险	**Finance**							
金融机构存款相当于生产总值比例 (%)	Bank Deposits as Percentage of GDP (%)	71.3	81.0	94.1	106.9	94.5	92.0	83.8
金融机构贷款相当于生产总值比例 (%)	Bank Loans as Percentage of GDP (%)	72.6	82.2	86.2	92.0	70.2	68.6	63.6
教育	**Education**							
小学适龄人口入学率(%)	Rate of School-age Children Enrollment (%)	99.2	99.6	99.8	99.9	99.7	99.9	99.9
小学毕业生升学率(%)	Rate of Graduates of Primary Schools Entering Junior Secondary Schools (%)	85.6	92.7	95.4	100.5	98.8	99.7	100.0
初中毕业生升学率(%)	Rate of Graduates of Junior Secondary Schools Entering Senior Secondary Schools (%)	45.1	43.0	41.4	47.6	60.2	60.4	68.9
学校教师负担系数	Student-teacher Ratio(in percentage)							
大学生	Undergraduate	7.9	8.2	13.2	16.4	17.5	18.8	17.7
普通中等专业学校	Specialized Secondary Schools	15.2	18.6	20.1	24.3	43.7	43.3	41.5
普通中学	Regular Secondary Schools	16.9	18.2	20.7	20.9	20.3	19.7	19.0
小学生	Primary School Students	26.5	28.5	24.6	22.3	20.8	20.9	21.1
科技	**Science and Technology**							
科技经费筹集额相当于生产总值比例(%)	R&D Expenditures as Percentage of GDP (%)	1.2	0.8	1.2	1.1	1.2	1.4	1.6
家庭	**Family**							
负担少儿系数(%)	Dependency Ratio of Children				34.8	28.8	29.2	28.3
负担老年系数(%)	Dependency Ratio of the Aged				10.7	11.4	11.3	10.5
生活	**Family**							
城乡居民收入比例(农民人均纯收入为1)	Proportion of Growth Rate of Annual Income of Urban Residents to the Growth Rate of Annual Net Income of Rural Residents (Per Capita Net Income of Rural Residents=1)	2.7	2.4	2.4	2.8	3.0	3.0	3.0
恩格尔系数(%)	Angle modulus							
城镇居民	Urban Household	50.1	44.6	36.2	33.7	34.2	33.1	34.6
农村居民	Rural Household	58.6	54.6	49.7	48.0	45.4	40.9	38.0

2-11 四大经济区域主要经济指标(2007年)
Major Indicators of Four Economy Areas (2007)

指标	Item	全 省 Total	中原城市群 ZhongYuanCityGity 绝对值 absolute value	增长(%) Growth Rate (%)	占全省比重(%) as % of the Province	黄淮地区 Between yellow River and Huai river 绝对值 absolute value	增长(%) Growth Rate (%)	占全省比重(%) as % of the Province
生产总值(亿元)	GDP (100 million yuan)	15012.46	8610.51	15.8	57.4	2930.71	13.0	19.5
人均生产总值 (元)	Per Capita GDP (yuan)	16012	21778	15.6	154.5	9187	13.2	65.2
地方财政一般预算收入(亿元)	Financial Revenue of the Local(100 million yuan)	862.08	544.75	26.4	69.3	87.99	28.5	11.2
地方财政一般预算支出(亿元)	Financial Expenditures of the Local Government (100 million yuan)	1870.61	813.35	27.9	52.6	380.88	34.3	24.6
全社会固定资产投资(亿元)	Total Investment in Fixed Assets (100 million yuan)	8010.11	4567.35	35.1	57.0	1604.11	35.6	20.0
#城镇固定资产投资(亿元)	Investment in Fixed Assets in Urban(100 million yuan)	6609.16	3860.31	36.2	58.4	1228.41	37.1	18.6
粮食产量(万吨)	Output of Grain(10 000 tons)	5245.22	1823.67	5.5	33.2	2393.58	5.2	43.6
规模以上工业增加值(亿元)	Value Added of Industry above Designated Size (100 million yuan)	5438.06	3431.13	29.3	63.1	626.66	32.9	11.5
规模以上工业主营业务收入(亿元)	Sales Revenue of Industry above Designated Size (100 million yuan)	18936.82	12006.81	36.5	63.4	2116.71	39.5	11.2
规模以上工业利润(亿元)	Total Profits	1941.51	1268.81	74.6	65.4	216.35	89.3	11.1
社会消费品零售总额(亿元)	Total Retail Sales of Consumer Goods (100 million yuan)	4597.54	2628.72	18.6	57.3	987.24	17.6	21.5
进出口总额(亿美元)	Total Exports and Imports (USD 10 000)	128.05	97.18	29.9	75.9	6.08	8.2	4.7
#出口额	Exports (USD 10 000)	83.91	64.18	26.8	76.5	3.09	-12.0	3.7
实际利用外商直接投资(亿美元)	Actually Utilized Direct Foreign Investments (USD 10 000)	30.62	23.65	78.5	77.3	2.35	29.8	7.7
国际旅游收入(万美元)	Foreign Exchange Earnings from Tourism (USD 10 000)	31801	28611	15.3	90.0	733	24.1	2.3
城镇居民人均可支配收入(元)	Per Capita Annual Disposable Income of Urban Households (yuan)	11477	11565	17.9	100.8	9590	22.9	83.6
农村居民人均纯收入(元)	Per Capita Net Income of RuralResidents(yuan)	3852	4752	18.5	123.4	3379	18.1	87.7
金融机构各项存款余额(亿元)	Deposits of National Banking System (100 million yuan)	12576.42	8018.74	8.9	63.8	2221.59	12.9	17.7
#城乡居民储蓄存款余额(亿元	Balance of Savings Deposit of Rural and Urban Residents (year-end) (100 million yuan)	7812.24	4398.89	4.3	56.3	1754.30	10.3	22.5

2-11 续表1 continued

指标	Item	豫北地区 Nouth of HeNan			豫西豫西南 South and southwest of He Nan		
		绝对值 absolute value	增长(%) Growth Rate (%)	占全省比重(%) as % of the Province	绝对值 absolute value	增长(%) Growth Rate (%)	占全省比重(%) as % of the Province
生产总值(亿元)	GDP (100 million yuan)	1608.40	17.1	10.7	1894.75	14.6	12.6
人均生产总值（元）	Per Capita GDP (yuan)	15853	17.8	112.5	15534	14.9	110.2
地方财政一般预算收入(亿元)	Financial Revenue of the Local(100 million yuan)	79.63	24.9	10.1	74.19	28.0	9.4
地方财政一般预算支出(亿元)	Financial Expenditures of the Local Government (100 million yuan)	162.35	28.1	10.5	190.40	29.7	12.3
全社会固定资产投资(亿元)	Total Investment in Fixed Assets (100 million yuan)	843.68	39.9	10.5	991.00	33.3	12.4
#城镇固定资产投资(亿元)	Investment in Fixed Assets in Urban(100 million yuan)	707.45	39.5	10.7	809.70	33.5	12.3
粮食产量(万吨)	Output of Grain(10 000 tons)	665.88	8.3	12.1	603.58	6.2	11.0
规模以上工业增加值(亿元)	Value Added of Industry above Designated Size (100 million yuan)	763.05	29.7	14.0	616.56	29.9	11.3
规模以上工业主营业务收入(亿元)	Sales Revenue of Industry above Designated Size (100 million yuan)	2634.79	35.0	13.9	2178.51	41.2	11.5
规模以上工业利润(亿元)	Total Profits	242.59	50.5	12.5	213.76	53.2	11.0
社会消费品零售总额(亿元)	Total Retail Sales of Consumer Goods (100 million yuan)	389.05	18.1	8.5	579.42	17.7	12.6
进出口总额(亿美元)	Total Exports and Imports (USD 10 000)	16.97	43.1	13.3	7.82	37.9	6.1
#出口额	Exports (USD 10 000)	9.88	34.5	11.8	6.76	37.9	8.1
实际利用外商直接投资(亿美元)	Actually Utilized Direct Foreign Investments (USD 10 000)	1.90	42.2	6.2	2.71	32.1	8.9
国际旅游收入(万美元)	Foreign Exchange Earnings from Tourism (USD 10 000)	1405	40.3	4.4	1077	10.8	3.4
城镇居民人均可支配收入(元)	Per Capita Annual Disposable Income of Urban Households (yuan)	11250	20.3	98.0	10712	19.1	93.3
农村居民人均纯收入(元)	Per Capita Net Income of RuralResidents(yuan)	4260	19.0	110.6	4024	18.0	104.5
金融机构各项存款余额(亿元)	Deposits of National Banking System (100 million yuan)	1163.36	8.3	9.3	1141.54	10.0	9.1
#城乡居民储蓄存款余额(亿元)	Balance of Savings Deposit of Rural and Urban Residents (year-end) (100 million yuan)	833.96	4.4	10.7	825.09	8.5	10.6

注：城乡居民收入增速未扣除物价因素。

a)Growth Rate of Urban and Rural Income by Area has recouped Price Indices.

2-12 44个扶贫开发重点县主要指标(2007年)
Main Indicators of 44 Major County of Assisting the Poor and Development (2007)

县 市 Region		年底总人口(万人) Population (year-end) (10 000 persons)	生产总值(亿元) Cross Domestic Products (100 million yuan)	人均生产总值(元) Per Capita GDP (yuan)	地方财政一般预算收入(万元) Financial Revenue (10 000 yuan)	人均地方财政一般预算收入(元) Financial Revenue per persons (yuan)	居民储蓄存款(亿元) Savings Deposit Balance in Urban and Rural Areas (100 million yuan)	人均居民储蓄(元) Savings Deposit Balance in Urban and Rural Areas per persons (yuan)	农民人均纯收入(元) Per Capita Net Income of Rural Residents (yuan)
开发重点县合计 Total Number of Developmental Major County		**3560.50**	**3023.48**	**9350**	**846004**	**238**	**1464**	**4112**	**3197**
国家级扶贫开发重点县 National Major County of Assiting the Poor and Development		**2365.04**	**1980.20**	**9224**	**563777**	**239**	**986.37**	**4171**	**3175**
兰考县	Lankao	76.24	71.09	9607	13711	180	27.27	3577	2976
栾川县	Luanchuan	32.70	107.77	32762	101168	3099	44.60	13640	3286
嵩县	Songxian	54.90	62.92	12565	23169	423	21.66	3946	3144
汝阳县	Ruyang	42.76	48.52	12774	24068	564	18.00	4210	3373
宜阳县	Yiyang	66.11	76.58	12567	26568	403	22.53	3407	3450
洛宁县	Luoning	45.00	52.19	12703	20018	445	15.06	3348	3145
鲁山县	Lushan	85.47	53.18	6422	29000	340	39.97	4677	2476
滑县	Huaxian	125.79	94.33	8308	20282	162	48.70	3871	4009
封丘县	Fengqiu	74.33	46.56	6324	12008	162	27.46	3694	3436
范县	Fanxian	49.67	45.38	9464	12347	249	22.85	4601	2829
台前县	Taiqian	35.02	31.78	9829	4683	134	17.89	5110	2709
卢氏县	Lushi	36.48	23.82	6662	14069	386	19.37	5310	2681
南召县	Nanzhao	62.77	70.23	11907	18501	296	24.78	3947	3257
淅川县	Xichuan	74.31	87.38	13308	23096	312	30.20	4064	3357
社旗县	Sheqi	65.12	54.15	8930	11071	170	16.93	2600	3082
桐柏县	Tongbai	43.85	70.98	17363	23037	526	24.64	5620	2732
民权县	Minquan	85.21	72.17	9410	8019	94	25.32	2972	2960
睢县	Suixian	80.53	67.64	9063	8518	106	28.26	3510	3205
宁陵县	Ningling	59.23	39.23	7096	7266	123	19.86	3353	2939
虞城县	Yucheng	108.90	91.95	9257	13568	125	33.30	3058	3016
光山县	Guangshan	80.85	59.10	8705	15163	188	43.70	5405	3789
新县	Xinxian	33.68	39.37	13777	8810	262	21.59	6409	3989
商城县	Shangcheng	72.34	53.56	9096	10798	150	35.58	4919	3576
固始县	Gushi	158.75	112.42	8757	28872	182	77.42	4877	3852
淮滨县	Huaibin	67.46	49.60	8781	8081	120	23.97	3552	3079
沈丘县	Shenqiu	123.40	79.98	7077	15666	127	50.88	4123	3020
淮阳县	Huaiyang	133.43	73.11	5965	14019	105	43.01	3223	2844
上蔡县	Shangcai	139.12	78.40	6103	12666	91	52.80	3796	3370
平舆县	Pingyu	95.98	61.48	7060	13366	140	43.06	4486	3317
确山县	Queshan	51.00	48.14	10299	12603	248	27.86	5462	3369
新蔡县	Xincai	104.63	57.19	6113	9566	91	37.83	3615	3084
省级扶贫开发重点县 Provincal Major County of Assiting the Poor and Development		**1195.46**	**1043.28**	**9599**	**282227**	**237**	**477.66**	**3996**	**3251**
伊川县	Yichuan	74.64	183.01	25911	81169	1084	32.43	4345	3929
叶县	Yexian	87.42	83.15	9818	25075	288	31.40	3592	3596
原阳县	Yuanyang	65.79	51.98	7983	14486	221	22.29	3388	3528
濮阳县	Puyang	107.25	111.44	10655	31416	294	44.36	4136	3576
舞阳县	Wuyang	56.69	55.39	10361	17406	308	28.31	4993	2871
方城县	Fangcheng	102.26	73.35	7955	19330	189	29.56	2891	3716
夏邑县	Xiayi	113.80	77.15	7430	8758	77	49.83	4379	2756
罗山县	Luoshan	71.15	56.01	9669	10360	146	43.85	6163	3654
潢川县	Huangchuan	79.96	79.84	12073	17826	224	36.14	4520	3968
息县	Xixian	93.95	62.17	8121	12227	131	49.79	5300	3229
商水县	Shangshui	114.68	65.43	6269	12096	106	37.38	3260	2884
郸城县	Dancheng	130.80	79.44	6633	15078	116	42.27	3231	3261
泌阳县	Beiyang	97.07	64.92	7407	17000	175	30.05	3096	3259

2-13 企业景气指数(2007年)

Climate Index of Enterprises (2007)

指数	Index	第一季度 the first quarter 本期 current	第一季度 the first quarter 预期 Foresee	第二季度 the second quarter 本期 current	第二季度 the second quarter 预期 Foresee	第三季度 the third quarter 本期 current	第三季度 the third quarter 预期 Foresee	第四季度 the fourth quarter 本期 current	第四季度 the fourth quarter 预期 Foresee
企业家信心指数	**Confidence State of Enterprises**								
乐观	Optimism	43.74	47.46	41.57	44.27	43.66	46.99	44.99	45.34
一般	Common	49.85	46.52	51.41	48.01	48.35	44.96	44.96	44.53
不乐观	No Optimism	6.41	6.02	7.02	7.71	7.98	8.06	10.05	10.13
景气指数	Climate Index	137.33	141.43	134.56	136.56	135.68	138.93	134.94	135.21
企业综合经营状况	**Synthetical Management State of Enterprises**								
良好	Good	43.51	51.93	43.83	47.69	44.03	48.08	43.06	44.33
一般	Common	48.56	43.75	46.66	45.79	46.28	45.87	47.62	47.97
不佳	Bad	7.93	4.32	9.51	6.52	9.69	6.05	9.32	7.69
景气指数	Climate Index	135.58	147.61	134.32	141.18	134.34	142.03	133.74	136.64
生产情况	**Production of Enterprises**								
增加	Add	37.00	50.81	45.72	39.05	44.35	39.95	43.87	35.09
持平	Unchanged	31.43	40.06	34.25	48.69	37.83	50.25	35.62	48.00
减少	Abate	31.57	9.13	20.03	12.26	17.83	9.80	20.50	16.92
景气指数	Climate Index	105.42	141.68	125.69	126.79	126.52	130.15	123.37	118.17
盈利(亏损)变化	**Profits after Tax Enterprises**								
增加	Add	37.10	43.22	40.35	38.06	38.29	40.14	38.98	34.98
持平	Unchanged	41.36	46.03	37.99	48.75	40.70	49.07	36.80	49.50
减少	Abate	21.54	10.74	21.66	13.19	21.01	10.79	24.23	15.52
景气指数	Climate Index	115.55	132.48	118.68	124.87	117.27	129.34	114.75	119.46
资金情况	**Fund of Enterprises**								
充足	Plenty	17.65	17.74	18.03	18.59	18.57	19.34	18.57	18.28
一般	Common	43.61	44.92	41.33	43.35	40.90	43.32	40.55	41.92
紧张	Uptight	38.74	37.35	40.65	38.06	40.54	37.34	40.88	39.80
景气指数	Climate Index	78.91	80.38	77.38	80.53	78.03	82.00	77.68	78.49
货款拖欠情况	**Outstanding Loans of Enterprises**								
减少	Abate	26.02	25.22	21.15	23.84	20.46	19.25	23.08	20.01
持平	Unchanged	57.92	64.73	59.11	67.65	61.70	70.55	59.26	69.49
增加	Add	16.06	10.06	19.74	8.52	17.84	10.21	17.66	10.49
景气指数	Climate Index	109.97	115.15	101.40	115.32	102.62	109.03	105.43	109.53
劳动力情况	**Workers of Enterprises**								
增加	Add	23.89	27.75	23.22	21.93	25.94	20.85	21.31	18.03
持平	Unchanged	62.15	63.27	64.49	68.06	63.55	69.56	67.36	68.16
减少	Abate	13.95	8.98	12.29	10.01	10.51	9.60	11.33	13.81
景气指数	Climate Index	109.94	118.77	110.92	111.91	115.42	111.24	109.98	104.21
投资情况	**Investment of Enterprises**								
增加	Add	24.60	32.76	34.20	31.72	32.40	26.86	33.73	25.42
持平	Unchanged	60.26	59.71	56.24	59.38	56.49	62.99	55.48	61.67
减少	Abate	15.14	7.54	9.56	8.90	11.10	10.15	10.80	12.91
景气指数	Climate Index	109.47	125.22	124.64	122.82	121.30	116.72	122.93	112.51

主要统计指标解释

可比价格 指计算各种总量指标所采用的扣除了价格变动因素的价格，可进行不同时期总量指标的对比。按可比价格计算总量指标有两种方法：一种是直接用产品产量乘某一年的不变价格计算；另一种是用价格指数进行缩减。

不变价格 指以同类产品某年的平均价格作为固定价格，用于计算各年的产品价值。按不变价格计算的产品价值消除了价格变动因素，不同时期对比可以反映生产的发展速度。新中国成立后，随着工农业产品价格水平的变化，国家统计局先后五次制定了全国统一的工业产品不变价格和农业产品不变价格。从 1952 年到 1957 年使用 1952 年工（农）业产品不变价格，从 1957 年到 1970 年使用 1957 年不变价格，从 1971 年到 1980 年使用 1970 年不变价格，从 1981 年到 1990 年使用 1980 年不变价格，从 1991 年开始使用 1990 年不变价格。

平均增长速度 我国计算平均增长速度有两种方法：一种是习惯上经常使用的“水平法”，又称几何平均法，是以间隔期最后一年的水平同基期水平对比来计算平均每年增长（或下降）速度；另一种是“累计法”，又称代数平均法或方程法，是以间隔期内各年水平的总和同基期水平对比来计算平均每年增长（或下降）速度。在一般正常情况下，两种方法计算的平均每年增长速度比较接近；但在经济发展不平衡、出现大起大落时，两种方法计算的结果差别较大。本《年鉴》内所列的平均增长速度，除固定资产投资用“累计法”计算外，其余均用“水平法”计算。从某年到某年平均增长速度的年份，均不包括基期年在内。如建国四十三年的平均增长速度是以 1949 年为基期计算的，则写为 1950-1992 年平均增长速度，其余类推。

企业（单位）登记注册类型 是以在工商行政管理机关登记注册的各类企业为划分对象，以工商行政管理部门对企业登记注册的类型为依据，将企业登记注册类型分为内资企业、港澳台商投资企业和外商投资企业三大类。内资企业包括国有企业、集体企业、股份合作企业、联营企业、有限责任公司、股份有限公司、私营公司和其他企业；港澳台商投资企业和外商投资企业分别包括合资经营企业、合作经营企业、独资经营企业和股份有限公司。对不在工商行政管理部门进行登记注册的行政机关、事业单位和社会团体，主要按其经费来源和管理方式进行划分。

国有企业 指企业全部资产归国家所有，并按《中华人民共和国企业法人登记管理条例》规定登记注册的非公司制的经济组织。不包括有限责任公司中的国有独资公司。

集体企业 指企业资产归集体所有，并按《中华人民共和国企业法人登记管理条例》规定登记注册的经济组织。

股份合作企业 指以合作制为基础，由企业职工共同出资入股，吸收一定比例的社会资产投资组建，实行自主经营，自负盈亏，共同劳动，民主管理，按劳分配与按股分红相结合的一种集体经济组织。

联营企业 指两个及两个以上相同或不同所有制性质的企业法人或事业单位法人，按自愿、平等、互利的原则，共同投资组成的经济组织。联营企业包括国有联营企业、集体联营企业、国有与集体联营企业和其他联营企业。

有限责任公司 指根据《中华人民共和国公司登记管理条例》规定登记注册，由两个以上、五十个以下的股东共同出资，每个股东以其所认缴的出资额对公司承担有限责任，公司以其全部资产对其债务承担责任的经济组织。有限责任公司包括国有独资公司以及其他有限责任公司。

股份有限公司 指根据《中华人民共和国公司登记管理条例》规定登记注册，其全部注册资本由等额股份构成并通过发行股票筹集资本，股东以其认购的股份对公司承担有限责任，公司以其全部资产对其债务承担责任的经济组织。

私营企业 指由自然人投资设立或由自然人控股，以雇佣劳动为基础的营利性经济组织。包括按照《公司法》、《合伙企业法》、《私营企业暂行条例》规定登记注册的私营有限责任公司、私营股份有限公司、私营合伙企业和私营独资企业。

其他内资企业 指上述企业之外的其他内资经济组织。

与港澳台商合资经营企业 指港澳台地区投资者与内地企业依照《中华人民共和国中外合资经营企业法》及有关法律的规定，按合同规定的比例投资设立、分享利润和分担风险的企业。

与港澳台商合作经营企业 指港澳台地区投资者与内地企业依照《中华人民共和国中外合作经营企业法》及有关法律的规定，依照合作合同的约定进行投资或提供条件设立、分配利润和分担风险的企业。

港澳台商独资经营企业 指依照《中华人民共和国外资企业法》及有关法律的规定，在内地由港澳台地区投资者全额投资设立的企业。

港澳台商投资股份有限公司 指根据国家有关规定，经外经贸部依法批准设立，其中港、澳、台商的股本占公司注册资本的比例达25%以上的股份有限公司。凡其中港、澳、台商的股本占公司注册资本的比例小于25%的，属于内资企业中的股份有限公司。

中外合资经营企业 指外国企业或外国人与中国内地企业依照《中华人民共和国中外合资经营企业法》及有关法律的规定，按合同规定的比例投资设立、分享利润和分担风险的企业。

中外合作经营企业 指外国企业或外国人与中国内地企业依照《中华人民共和国中外合作经营企业法》及有关法律的规定，依照合作合同的约定进行投资或提供条件设立、分配利润和分担风险的企业。

外资企业 指依照《中华人民共和国外资企业法》及有关法律的规定，在中国内地由外国投资者全额投资设立的企业。

外商投资股份有限公司 指根据国家有关规定，经外经贸部依法批准设立，其中外资的股本占公司注册资本的比例达25%以上的股份有限公司。凡其中外资股本占公司注册资本的比例小于25%的，属于内资企业中的股份有限公司。

行政机关、事业单位和社会团体 参照企业登记注册类型，主要按其经费来源和管理方式划分。具体规定如下：

⑴行政机关：包括国家机关和政党机关，原则上均列为“国有”。但有特殊规定的，如供销社等，则列为“集体”。

⑵事业单位：包括经国家机构编制部门和有关业务主管部门批准成立的各类事业单位，不包括实行企业化管理的事业单位。事业单位的划分办法如下：

①由国家财政预算拨款或列入财政预算外资金管理以及经费主要来源于国有主管部门或国有上级单位的事业单位，列为“国有”。

②经费主要来源于集体单位的事业单位，列为“集体”。

③公民个人（或个人合伙）开办的事业单位，列为“私营”。

④上述以外的其他事业单位，如果其经费来源不明确，按管理方式进行归类。

⑶社会团体：包括经民政部门批准成立以及未纳入社会团体管理条例范围的工会、妇联等各类社会团体。社会团体的划分办法如下：

①未纳入民政部社会团体管理条例范围的工会、妇联、共青团、青联、工商联、科协、侨联等社会团体，国家拨款设立的基金会或基金管理组织以及经费主要来源于国有业务主管部门或国有上级单位的社会团体，列为“国有”。

②经费主要来源于集体单位的社会团体，列为“集体”。

③公民个人（或个人合伙）开办的社会团体，划为“私营”。

④上述以外的其他社会团体，如果其经费来源不明确，改按管理方式进行归类。

法人单位 指具备：

⑴依法成立、有自己的名称、组织机构和场所、能够独立承担民事责任；

⑵独立拥有和使用（或授权使用）资产、承担负债、有权与其它单位签订合同；

⑶会计上独立核算、能够编制资产负债表。法人单位包括企业法人、事业单位法人、机关法人、会团体法人和其他法人。

单产业法人 指只在一个地点，主要从事一种生产经营活动的法人单位。

多产业法人 指坐落于两个及两个以上地点、或主要从事两种及两种以上生产经营活动的，按照单位划分规定可以划分为两个或两个以上产业活动单位的法人单位。

产业活动单位 是法人单位的附属单位。产业活动单位应具备下列条件：

⑴在一个场所从事一种或主要从事一种社会经济活动；

⑵相对独立组织生产经营和业务活动；

⑶能够掌握收入和支出等业务核算资料。

景气指数 又称景气度，它是对企业景气调查中的定性指标通过定量方法加以汇总，综合反映某一特定调查群体或某一社会经济现象所处的状态或发展趋势的一种指标。企业的景气指数是根据调查企业中，选择“好”或“上升”或“乐观”的企业与选择

"差"或"下降"或"不乐观"的企业的所占份额(一般以主营业务收入对比重加权,下同)之差来计算的,统一用纯正数形式表示,以100作为景气指数的临界值,其数值范围在0-200之间；当景气指数大于100时,表明经济状况趋于上升或改善,处于景气状态；当景气指数小于100时,表明经济状况趋于下降或恶化,处于不景气状态。其具体计算方法为：(选择"好"的企业份额一选择"差"的企业份额)×100+100。

企业家信心指数 是根据企业家对企业外部市场经济环境与宏观政策的认识、看法、判断与预期(通常为对"乐观"、"一般"、"不乐观"的选择)而编制的指数,用以综合反映企业家对宏观经济环境的感受与信心。

Explanatory Notes on Main Statistical Indicators

Comparable Prices refer to prices that are used to remove the factors of price change in calculating economic aggregates, so as to facilitate comparison of aggregates over time. Two methods are used for calculating economic aggregates at comparable prices: One is Multiplying the output of products by their constant prices of certain year, and other is Deflation of data at current prices by relevant price index.

Constant Price refers to the average price of a given product in certain year, which is used for comparison of over output value time. As the output value at constant prices removes the factor of price changes, it reflects the trend of production development over time. Since 1949,with the changes in general price level, the State Statistical Bureau has issued nationally unified constant prices five times: the 1952 constant prices for 1949-1957;the 1957 constant prices for 1957-1971; the 1970 constant prices for 1971-1981; the 1980 constant prices for 1981-1990;and the 1990 constant prices have been used since 1991.

Average Annual Growth Rate Two methods for calculating average annual growth rate are applied in China, one is often called "level approach" or the method of calculating geometric average, which is derived by comparing the level of the last year of the interval with that of the beginning year; the other is called" cumulative approach" or algebraic average or equation method, which is derived by the summation of the actual figure of each year in the interval divided by the figure in the base year.

Usually the results calculated by the two methods are fairly close, but they differed sharply when uneven economic development occurred with striking fluctuations in growth.

The average annual growth rates listed in this statistical yearbook are calculated by" level approach" except for the growth rate of investment in fixed assets. The base years are not listed when the years are listed for average annual growth rates. For instance, the average annual growth rate of 43 years since 1949 is listed as average annual growth rate of 1950-1992 without listing the base year 1949.And the analogy of this is also the same for the rest of the years.

Registration Status of Enterprises Enterprises are classified into 3 categories, namely domestic-funded enterprises, enterprises with investment from Hong Kong, Macau and Taiwan, and enterprises with foreign investment, in the light of the registration status of an enterprise in industrial and commercial administration agencies. Domestic-funded enterprises include state-owned enterprises, collective-owned enterprises, cooperative enterprises, joint ownership enterprises, limited liability corporations, share-holding corporations Ltd., private enterprises and other enterprises. Included in the enterprises with investment from Hong Kong, Macau and Taiwan and enterprises with foreign investment are joint-venture enterprises, cooperative enterprises, sole investment enterprises and share-holding corporations Ltd. For government agencies, institutions and social organizations which are not requested to be registered in industrial and commercial administration agencies, they are classified mainly by their sources of funds and way of management.

State-owned Enterprises refer to non-corporation economic units where the entire assets are owned by the state and which have registered in accordance with the Regulation of the People's Republic of China on the Management of Registration of Corporate Enterprises. Excluded from this category are sole state-funded corporations in the limited liability corporations.

Collective-owned Enterprises refer to economic units where the assets are owned collectively and which have registered in accordance with the Regulation of the People's Republic of China on the Management of Registration of Corporate Enterprises.

Cooperative Enterprises refer to a form of collective economic units (enterprises) where capitals come mainly from employees as their shares, with certain proportion of capital from the outside, where production is organized on the basis of independent operation, independent accounting for profits and losses, joint work, democratic management, and a distribution system that integrates remuneration according to work with dividend according to capital share.

Joint Ownership Enterprises refer to economic units established by two or more corporate enterprises or corporate institutions of the same or different ownership, through joint investment on the basis of equality, voluntary participation and mutual benefits. They include state joint ownership enterprises, collective joint ownership enterprises, joint state-collective enterprises, and other joint ownership enterprises.

Limited Liability Corporations refer to economic units established with investment from 2-50 investors and registered in accordance with the Regulation of the People's Republic of China on the Management of Registration of Corporations, each investor bearing limited liability to the corporation depending on its share of investment, and the corporation bearing liability to its debt to the maximum of its total assets. Limited liability corporations include exclusive state-funded limited liability corporations and other limited liability corporations.

Share-holding Corporations Ltd. refer to economic units registered in accordance with the Regulation of the People's Republic of China on the Management of Registration of Corporations, with total registered capitals divided into equal shares and raised through issuing stocks. Each investor bears limited liability to the corporation depending on the holding of shares, and the corporation bears liability to its debt to the maximum of its total assets.

Private Enterprises refer to profit-making economic units invested and established by natural persons, or controlled by natural persons using employed labor. Included in this category are private limited liability corporations, private share-holding corporations Ltd, private partnership enterprises and private-funded enterprises registered in accordance with the Corporation Law, Partnership Enterprises Law and Interim Regulations on Private Enterprises.

Other Domestic-funded Enterprises refer to domestic-funded economic units other than those mentioned above.

Joint-venture Enterprises with Funds from Hong Kong, Macau and Taiwan refer to enterprises jointly established by investors from Hong Kong, Macau and Taiwan with enterprises in the mainland of China in accordance with the Law of the People's Republic of China on Sino-foreign Joint Venture Enterprises and other relevant laws, where the share of investment, profits and risks is stipulated in the contract.

Cooperative Enterprises with Funds from Hong Kong Macao and Taiwan, established by investors from Hong Kong, Macao and Taiwan with enterprises in the mainland of China in accordance with the Law of the People's Republic of China on Sino-foreign Cooperative Enterprises and other relevant laws, where the investment or provision of facilities, and the share of profits and risks is stipulated in the cooperative contract.

Enterprises with Sole (exclusive) Investment from Hong Kong, Macao and Taiwan refer to enterprises established in the mainland of China with exclusive investment from investors from Hong Kong, Macao and Taiwan in accordance with the Law of the People's Republic of China on Foreign-Funded Enterprises and other relevant laws.

Share-holding Corporations Ltd. with Investment from Hong Kong, Macao and Taiwan refer to share-holding corporations Ltd. established with the approval from the Ministry of Foreign Trade and Economic Relations in line with relevant state regulations, where the share of investment from Hong Kong, Macau or Taiwan businessmen exceeds 25% of the total registered capital of the corporation. In case the share of investment from Hong Kong, Macao or Taiwan is less than 25% of the total registered capital, the enterprise is to be classified as domestic-funded share-holding corporation Ltd.

Joint-venture Enterprises with Foreign Investment refer to enterprises jointly established by foreign enterprises or foreigners with enterprises in the mainland of China in accordance with the Law of the People's Republic of China on Sino-foreign Joint Venture Enterprises and other relevant laws, where the share of investment, profits and risks is stipulated in the contract.

Cooperation Enterprises with Foreign Investment refer to enterprises jointly established by foreign enterprises or foreigners with enterprises in the mainland of China in accordance with the Law of the People's Republic of China on Sino-foreign Cooperative Enterprises and other relevant laws, where the investment or provision of facilities, and the share of profits and risks is stipulated in the cooperative contract.

Enterprises with Sole (exclusive) Foreign Investment refer to enterprises established in the mainland of China with exclusive investment from foreign investors in accordance with the Law of the People's Republic of China on Foreign-Funded Enterprises and other relevant laws.

Share-holding Corporations Ltd. with Foreign Investment refer to share-holding corporations Ltd. Established with the approval from the Ministry of Foreign Trade and Economic Relations in line with relevant state regulations, where the share of investment from foreign investors exceeds 25% of the total registered capital of the corporation. In case the share of foreign investment is less than 25% of the total registered capital, the enterprise is to be classified as domestic-funded share-holding corporation Ltd.

Government Agencies, Institutions and Social Organizations are classified into following categories by source of funds and way of management taking reference of the registration status of enterprises:

(1) Government agencies: include state and party agencies, classified in principle as “state-owned”. There are exceptions, such as supply and marketing cooperatives, which are classified, as “collective”.

(2) Institutions: include institutions of various types established with the approval by organization and staffing departments of the government, but exclude institutions where enterprise management system is introduced. Institutions are further classified as follows:

(a) Institutions whose main budget is listed in the government budget appropriations or extra-budget funds, or allocated from the budget of their competent government agencies. Such institutions are classified as “state-owned”.

(b) Institutions whose budget mainly comes from collective units. Such institutions are classified as “collective”.

(c) Institutions other than those mentioned above whose source of budget is not clear. Such institutions are classified by way of management.

(3) Social organizations: include social organizations established with the approval from the Ministry of Civil Affairs, and organizations that are not covered by social organization management regulations such as trade unions, women’s federations etc. Social organizations are further classified as follows:

(a) Social organizations that are not covered by social organization management regulations of the Ministry of Civil Affairs such as trade unions, women's federations, communist youth leagues, youth associations, industrial and commerce associations, scientists associations, overseas Chinese associations, etc., foundations and fund management organizations established with funds from the state, and social organizations whose funds mainly come from the budget of their competent government agencies. Such institutions are classified as "state-owned".

(b) Social organizations whose budget mainly comes from collective units. Such institutions are classified as "collective".

(c) Social organizations established by individual or a group of citizens, which are classified as "private".

(d) Social organizations other than those mentioned above whose source of budget is not clear. Such organizations are classified by way of management.

Artificial person Refer to unit that have following conditions:

(1) legally Established, have own name, organization ,location and can undertake a civil case responsibility independently by law.

(2) independently Own and use(or authorizable usage) a property, undertake liabilities and can make a bargain with other units.

(3) can independently account and workout balance sheet. artificial person unit includes business artificial person, artificial person, organization artificial person, meeting group artificial person and other.

Single sector Artificial person Refer to the unit that have only one location and be engaged in one kind of production management activity .

Multi- sector Artificial person Refer to the unit that have 2 or 2^{+} locations, or mainly be engaged in 2 kinds or 2^{+} kinds of production management activity, and who can be divided 2 or 2^{+} Establishments units.

Establishments unit Refer to the subsidiary unit of artificial person unit. it should have following conditions:

(1) Be engaged in only one kind of social economic activities in exclusive condition.

(2) Opposite independently organize management and business activity

(3) predominate data of businesses, such as income and expenditure...etc.

Business Climate Index It is a qualitative index which, by adding up certain quantitative figures, reflects the status or tendency the investigated group or social economic phenomenon is in. The difference between the proportion of the enterprises whose business climate indices show good or "upward "or "optimistic "and that of those whose business climate indices show "bad "or "downward "or "not optimistic" is obtained by working out the difference between their major business earnings, usually expressed in positive numbers. The critical point of the business climate index is 100, with the scope between O and 200.When it is above 100,the index show that the economic status is in an upward trend or being ameliorated, and that the condition is in good health. When it is below 1 ∞,the index show that the economic status is in a downward trend or being deteriorated, and that the condition is in bad health. Tee formula for calculating business climate index is:

Business Climate Index=The Proportion of "Good "Enterprises/The Proportion of "Bad "Enterprises×100+100.

Entrepreneur Confidence Index The Index is formulated on the Entrepreneur's opinions, judgment, and expectation (usually expressed as "optimistic," "ordinary ", or "not optimistic") about exterior market economic environment and macro- policies. And it is used for reflecting the feeling and confidence of Entrepreneurs.

国民经济核算
National Accounts

● 资料整理：张喜峥

【简要说明】

一、主要内容

本篇包括地区生产总值资料，资产负债表，资金流量表。

二、资料来源

地区生产总值资料是根据不同产业部门、不同支出构成的特点和资料来源情况而采用不同方法计算的。本年鉴公布的地区生产总值以及与之有关的指标数据，如果遇到普查，在能够获得更详细的基础资料的情况下，地区生产总值历史数据还会发生变动。2005年，根据第一次经济普查资料，按照《经济普查年度GDP核算方案》的要求，重新计算了经济普查年度（2004年）地区生产总值数据，并利用趋势离差法，修订了地区生产总值历史数据。本年鉴中的数据是修订以后的数据，2005年以后的数据是在修订后的2004年数据的基础上计算出来的。本年鉴所列分省辖市数据来自各省辖市统计局的国民经济核算资料。由于采取分级核算，各省辖市数据相加不等于全省数据。由河南省统计局国民经济核算处编辑整理。

资产负债表采用国际上通用的矩阵结构。主栏为资产和负债项目，包括三个部分：非金融资产项目、金融资产与负债项目和资产负债差额项目。宾栏为机构部门和经济总体，并下设使用项和来源项，其中使用项目记录资产，来源项目记录负债和资产负债差额。由河南省统计局国民经济核算处编制。

资金流量表表式与国际上通用的表式相似，是机构部门与交易项目的矩阵表式。主栏为交易项目，主要反映分配方式和融资工具；宾栏按机构部门分类。机构部门分类是根据机构单位具有的基本特征所进行的部门分类。资金流量表把参与资金活动的主体分为非金融企业、金融机构、政府、住户、国内省外和国外六个部门。每一部门下设资金来源与资金运用两栏。现行的资金流量表分为两大部分，一部分为实物交易，另一部分为金融交易。由河南省统计局国民经济核算处编制。

3-1 历年生产总值

Gross Domestic Product over the Years

本表按当年价格计算。

Data in this table are calculated at current prices.

单位:亿元 (100 million yuan)

年份 Year	生产总值 Gross Domestic Product	第一产业 Primary Industry	第二产业 Secondary Industry	工业 Industry	建筑业 Construction	第三产业 Tertiary Industry	人均生产总值(元) Per Capita GDP (yuan)
1952	36.09	22.46	8.23	4.77	3.46	5.40	83
1957	52.55	24.27	18.08	6.87	11.21	10.20	110
1962	43.02	17.00	14.05	8.54	5.51	11.97	88
1965	62.96	29.58	19.10	16.27	2.83	14.28	122
1970	97.19	44.49	36.06	30.04	6.02	16.64	164
1975	127.77	55.71	50.34	41.54	8.80	21.72	191
1978	162.92	64.86	69.45	59.20	10.25	28.61	232
1979	190.09	77.30	80.52	68.64	11.88	32.27	267
1980	229.16	93.23	94.44	80.51	13.93	41.49	317
1981	249.69	106.04	95.79	82.61	13.18	47.86	340
1982	263.30	108.18	102.76	88.62	14.14	52.36	353
1983	327.95	143.49	116.36	100.35	16.01	68.10	433
1984	370.04	155.28	136.29	116.66	19.63	78.47	482
1985	451.74	173.43	170.07	144.39	25.68	108.24	580
1986	502.91	179.02	202.15	174.47	27.68	121.74	635
1987	609.60	220.22	230.25	195.75	34.50	159.13	756
1988	749.09	240.72	299.83	258.38	41.45	208.54	910
1989	850.71	289.95	317.13	281.71	35.42	243.63	1012
1990	934.65	325.77	331.85	288.58	43.27	277.03	1091
1991	1045.73	334.61	388.09	336.26	51.83	323.03	1201
1992	1279.75	353.92	545.21	481.11	64.10	380.62	1452
1993	1660.18	410.45	764.20	678.36	85.84	485.53	1865
1994	2216.83	546.68	1058.89	948.78	110.11	611.26	2467
1995	2988.37	762.99	1394.98	1256.52	138.46	830.40	3297
1996	3634.69	937.64	1677.62	1496.72	180.90	1019.43	3978
1997	4041.09	1008.55	1861.28	1641.08	220.20	1171.26	4389
1998	4308.24	1071.39	1937.83	1692.35	245.48	1299.02	4643
1999	4517.94	1123.14	1981.07	1729.29	251.78	1413.73	4832
2000	5052.99	1161.58	2294.15	2000.04	294.11	1597.26	5450
2001	5533.01	1234.34	2510.45	2182.78	327.67	1788.22	5959
2002	6035.48	1288.36	2768.75	2412.18	356.57	1978.37	6487
2003	6867.70	1198.70	3310.14	2876.93	433.21	2358.86	7376
2004	8553.79	1649.29	4182.10	3644.40	537.70	2722.40	9201
2005	10587.42	1892.01	5514.14	4896.01	618.13	3181.27	11346
2006	12362.79	1916.74	6724.61	6031.21	693.40	3721.44	13172
2007	15012.46	2217.66	8282.83	7508.33	774.50	4511.97	16012

注：1. 2000年以来人均GDP按常住人口计算。
2. 2005年以后第一产业含农林牧渔服务业。

a)Data of Per capita GDP since 2000 are calculated at resident population.

b)Add-value of Primary Industry since 2005 inculde Service for Farming Forestry Animal Husbandry and Fishery.

3-2 历年生产总值指数(上年=100)

Indices of Gross Domestic Product over the Years (preceding year=100)

本表按可比价格计算。

The indices in this table are calculated at comparable prices.

(上年=100) (preceding year=100)

年份 Year	生产总值 Gross Domestic Product	第一产业 Primary Industry	第二产业 Secondary Industry	工业 Industry	建筑业 Construction	第三产业 Tertiary Industry	人均生产总值 Per Capita GDP
1952	106.1	101.1	138.3	158.1	112.0	129.2	105.0
1957	109.2	105.9	119.0	96.3	152.0	116.0	107.1
1962	100.5	118.4	70.8	76.4	55.9	100.2	99.2
1965	124.5	129.4	128.7	130.8	120.5	104.5	122.1
1970	117.3	106.0	145.8	147.1	140.7	109.7	113.8
1975	106.3	102.9	111.9	112.7	108.5	106.1	104.4
1978	111.3	110.6	112.1	116.4	92.6	111.3	109.5
1979	108.7	101.7	112.6	113.5	107.6	119.7	106.9
1980	115.4	109.2	117.2	116.6	121.3	126.9	113.7
1981	107.8	111.7	101.3	102.2	95.9	113.7	106.3
1982	104.3	100.5	106.1	105.7	108.6	109.0	102.7
1983	123.8	130.2	113.5	113.9	111.2	131.3	121.9
1984	110.1	105.5	115.0	115.0	115.1	110.7	108.5
1985	113.5	100.8	117.0	116.8	117.7	131.9	111.9
1986	104.6	92.1	114.0	115.7	103.2	108.6	103.0
1987	115.0	116.9	108.6	106.9	120.2	123.5	112.9
1988	109.8	97.4	120.1	121.8	109.6	109.4	107.6
1989	107.0	109.2	103.5	105.5	90.1	110.3	104.8
1990	104.5	105.4	102.3	100.1	119.4	106.8	102.5
1991	106.9	97.4	113.3	113.8	109.3	110.4	105.2
1992	113.7	101.5	125.4	126.5	117.1	111.1	112.3
1993	115.8	110.4	122.1	123.1	113.5	111.6	114.6
1994	113.8	101.3	121.6	122.5	113.7	113.1	112.8
1995	114.8	111.9	117.2	117.7	112.2	113.1	113.8
1996	113.9	111.3	116.0	115.3	123.2	112.4	113.0
1997	110.4	107.6	110.9	110.0	120.0	111.8	109.6
1998	108.8	107.0	109.2	108.7	113.5	109.4	107.9
1999	108.1	107.2	107.8	108.0	106.3	109.3	107.3
2000	109.5	104.5	111.8	111.6	113.1	109.2	108.5
2001	109.0	105.5	109.9	109.6	111.6	110.3	108.9
2002	109.5	104.5	111.6	111.7	110.6	109.9	109.2
2003	110.7	97.5	117.0	117.1	116.7	110.1	110.6
2004	113.7	112.8	116.2	117.0	111.0	110.4	113.9
2005	114.2	107.5	117.6	118.7	109.4	112.8	113.8
2006	114.4	107.3	117.7	118.7	110.5	112.9	113.7
2007	114.6	103.8	118.1	119.6	105.1	114.1	114.7

3-3 历年生产总值指数(1952=100)

Indices of Gross Domestic Product over the Years (1952=100)

本表按可比价格计算。

The indices in this table are calculated at comparable prices.

(1952=100) (1952=100)

年 份 Year	生产总值 Gross Domestic Product	第一产业 Primary Industry	第二产业 Secondary Industry	工 业 Industry	建筑业 Construction	第三产业 Tertiary Industry	人均生产总值 Per Capita GDP
1952	100.0	100.0	100.0	100.0	100.0	100.0	100.0
1957	133.0	115.6	210.3	154.5	315.8	199.7	121.0
1962	82.1	58.6	156.7	188.2	97.5	209.6	73.5
1965	135.3	102.1	285.1	354.1	155.1	258.7	114.2
1970	200.4	132.4	619.8	769.9	338.1	308.0	147.1
1975	251.8	159.5	805.4	1012.7	417.4	417.6	163.6
1978	306.4	174.3	1102.8	1440.6	472.6	537.5	190.1
1979	333.0	177.3	1241.7	1635.0	508.5	643.4	203.2
1980	384.3	193.6	1455.3	1906.4	616.8	816.5	231.0
1981	414.3	216.2	1474.2	1948.4	591.5	928.3	245.6
1982	432.1	217.3	1564.1	2059.4	642.4	1011.9	252.2
1983	534.9	283.0	1775.3	2345.7	714.3	1328.6	307.4
1984	589.0	298.5	2041.6	2697.6	822.2	1470.7	333.6
1985	668.5	300.9	2388.6	3150.8	967.7	1939.9	373.3
1986	699.2	277.1	2723.1	3645.4	998.7	2106.8	384.5
1987	804.1	324.0	2957.2	3897.0	1200.5	2601.8	434.1
1988	882.9	315.5	3551.6	4746.5	1315.7	2846.4	467.0
1989	944.7	344.5	3675.9	5007.6	1185.4	3139.6	489.4
1990	987.2	363.1	3760.4	5012.6	1415.4	3353.1	501.6
1991	1055.3	353.7	4260.5	5704.3	1547.0	3701.8	527.7
1992	1199.9	359.0	5342.7	7215.9	1811.5	4112.7	592.6
1993	1389.5	396.3	6523.4	8882.8	2056.1	4589.8	679.1
1994	1581.3	401.5	7932.5	10881.4	2337.8	5191.1	766.0
1995	1815.3	449.3	9296.9	12807.4	2623.0	5871.1	871.7
1996	2067.6	500.1	10784.4	14766.9	3231.5	6599.1	985.0
1997	2282.6	538.1	11959.9	16243.6	3877.8	7377.8	1079.6
1998	2483.5	575.8	13060.2	17656.8	4401.3	8071.3	1164.9
1999	2684.7	617.3	14078.9	19069.3	4678.6	8821.9	1249.9
2000	2939.7	645.1	15740.2	21281.3	5291.5	9633.5	1356.1
2001	3204.3	680.6	17298.5	23324.3	5905.3	10625.8	1476.8
2002	3508.7	711.2	19305.1	26053.2	6531.3	11677.8	1612.7
2003	3884.1	693.4	22587.0	30508.3	7622.0	12857.3	1783.6
2004	4416.2	782.2	26246.1	35694.7	8460.4	14194.5	2031.5
2005	5043.3	840.9	30865.4	42369.6	9255.7	16011.4	2311.8
2006	5769.5	902.3	36328.6	50292.7	10227.5	18076.9	2628.5
2007	6611.8	936.6	42904.1	60150.1	10749.1	20625.7	3014.9

3-4　历年生产总值分产业构成
Composition of Gross Domestic Product over the Years

本表按当年价格计算。
Data in this table are calculated at current prices.
单位：%　　　　(%)

年 份 Year	生产总值 Gross Domestic Product	第一产业 Primary Industry	第二产业 Secondary Industry	工 业 Industry	建筑业 Construction	第三产业 Tertiary Industry
1952	100.0	62.2	22.8	13.2	9.6	15.0
1957	100.0	46.2	34.4	13.1	21.3	19.4
1962	100.0	39.5	32.7	19.9	12.8	27.8
1965	100.0	47.0	30.3	25.8	4.5	22.7
1970	100.0	45.8	37.1	30.9	6.2	17.1
1975	100.0	43.6	39.4	32.5	6.9	17.0
1978	100.0	39.8	42.6	36.3	6.3	17.6
1979	100.0	40.7	42.3	36.1	6.2	17.0
1980	100.0	40.7	41.2	35.1	6.1	18.1
1981	100.0	42.5	38.3	33.1	5.2	19.2
1982	100.0	41.1	39.0	33.6	5.4	19.9
1983	100.0	43.7	35.5	30.6	4.9	20.8
1984	100.0	42.0	36.8	31.5	5.3	21.2
1985	100.0	38.4	37.6	31.9	5.7	24.0
1986	100.0	35.6	40.2	34.7	5.5	24.2
1987	100.0	36.1	37.8	32.1	5.7	26.1
1988	100.0	32.1	40.0	34.5	5.5	27.9
1989	100.0	34.1	37.3	33.1	4.2	28.6
1990	100.0	34.9	35.5	30.9	4.6	29.6
1991	100.0	32.0	37.1	32.1	5.0	30.9
1992	100.0	27.7	42.6	37.6	5.0	29.7
1993	100.0	24.7	46.0	40.8	5.2	29.3
1994	100.0	24.6	47.8	42.8	5.0	27.6
1995	100.0	25.5	46.7	42.1	4.6	27.8
1996	100.0	25.8	46.2	41.2	5.0	28.0
1997	100.0	24.9	46.1	40.6	5.5	29.0
1998	100.0	24.9	45.0	39.3	5.7	30.1
1999	100.0	24.9	43.8	38.3	5.5	31.3
2000	100.0	23.0	45.4	39.6	5.8	31.6
2001	100.0	22.3	45.4	39.5	5.9	32.3
2002	100.0	21.3	45.9	40.0	5.9	32.8
2003	100.0	17.5	48.2	41.9	6.3	34.3
2004	100.0	19.3	48.9	42.6	6.3	31.8
2005	100.0	17.9	52.1	46.3	5.8	30.0
2006	100.0	15.5	54.4	48.8	5.6	30.1
2007	100.0	14.8	55.2	50.0	5.2	30.0

3-5 三次产业贡献率

Share of the Three Industries to the Increase of GDP

本表按可比价格计算。
Data in this table are calculated at constant prices.

单位：%　　(%)

年份 Year	生产总值 Gross Domestic Product	第一产业 Primary Industry	第二产业 Secondary Industry	#工业 Industry	第三产业 Tertiary Industry
1981	100.0	61.5	6.9	10.2	31.6
1982	100.0	4.9	55.3	44.4	39.8
1983	100.0	51.7	22.4	19.7	26.0
1984	100.0	23.5	54.1	46.5	22.4
1985	100.0	2.6	47.6	40.6	49.9
1986	100.0	-62.4	117.2	113.4	45.2
1987	100.0	36.0	24.2	17.0	39.8
1988	100.0	-8.8	82.4	76.9	26.4
1989	100.0	37.8	22.0	30.0	40.2
1990	100.0	35.5	21.8	1.2	42.7
1991	100.0	-13.0	69.8	64.0	43.2
1992	100.0	3.4	72.2	66.7	24.3
1993	100.0	18.4	60.1	56.2	21.6
1994	100.0	2.5	70.7	66.2	26.9
1995	100.0	19.0	56.1	52.4	24.9
1996	100.0	18.7	56.7	49.4	24.6
1997	100.0	16.4	52.7	43.7	30.8
1998	100.0	17.5	52.8	45.0	29.7
1999	100.0	19.1	48.8	44.7	32.0
2000	100.0	10.2	62.6	55.4	27.2
2001	100.0	14.0	49.7	42.2	36.3
2002	100.0	10.6	55.8	49.2	33.6
2003	100.0	-5.0	74.6	65.2	30.4
2004	100.0	17.5	58.4	53.3	24.1
2005	100.0	9.8	62.2	58.1	28.0
2006	100.0	9.0	64.1	59.8	26.9
2007	100.0	4.1	67.0	65.0	28.9

注：产业贡献率指各产业增加值增量与GDP增量之比。
a) Share of the three industries refers to the proportion of the increment of every industrial value added to the increment of GDP.

3–6 三次产业对生产总值增长的拉动

Contribution of the Three Industries to GDP Growth

本表按可比价格计算。
Data in this table are calculated at current prices.

单位：百分点 (percent)

年 份 Year	生产总值 Gross Domestic Product	第一产业 Primary Industry	第二产业 Secondary Industry	#工 业 Industry	第三产业 Tertiary Industry
1981	7.8	4.8	0.5	0.8	2.5
1982	4.3	0.2	2.4	1.9	1.7
1983	23.8	12.3	5.3	4.7	6.2
1984	10.1	2.4	5.5	4.7	2.3
1985	13.5	0.3	6.4	5.5	6.7
1986	4.6	-2.9	5.4	5.2	2.1
1987	15.0	5.4	3.6	2.5	6.0
1988	9.8	-0.9	8.1	7.5	2.6
1989	7.0	2.6	1.5	2.1	2.8
1990	4.5	1.6	1.0	0.1	1.9
1991	6.9	-0.9	4.8	4.4	3.0
1992	13.7	0.5	9.9	9.1	3.3
1993	15.8	2.9	9.5	8.9	3.4
1994	13.8	0.3	9.7	9.1	3.7
1995	14.8	2.8	8.3	7.8	3.7
1996	13.9	2.6	7.9	6.9	3.4
1997	10.4	1.7	5.5	4.5	3.2
1998	8.8	1.5	4.7	4.0	2.6
1999	8.1	1.6	4.0	3.6	2.6
2000	9.5	1.0	5.9	5.3	2.6
2001	9.0	1.3	4.5	3.8	3.3
2002	9.5	1.0	5.3	4.7	3.2
2003	10.7	-0.5	8.0	7.0	3.2
2004	13.7	2.4	8.0	7.3	3.3
2005	14.2	1.4	8.8	8.3	4.0
2006	14.4	1.3	9.2	8.6	3.9
2007	14.6	0.6	9.8	9.5	4.2

注：产业拉动指GDP增长速度与各产业贡献率之乘积。
a) Contribution of the three industies to GDP growth refers to the growth rate of GDP multiplying the industrial shares.

3-7 历年全员劳动生产率

Over all Labor Productivity by Year

单位：元/人.年 (yuan/person.year)

年 份 Year	全员劳动生产率 Over all Labor Productivity	第一产业 Primary Industry	第二产业 Secondary Industry	第三产业 Tertiary Industry
1979	669	334	2748	1385
1980	790	393	3180	1788
1981	837	437	3120	1892
1982	851	433	3288	1870
1983	1019	560	3548	2092
1984	1115	600	3802	2115
1985	1316	674	3784	2646
1986	1413	696	3706	2761
1987	1652	852	3889	3102
1988	1946	918	4703	3538
1989	2165	1080	4812	4150
1990	2328	1174	4990	4831
1991	2519	1163	5707	5438
1992	2994	1205	7717	6046
1993	3803	1400	9977	7274
1994	5011	1893	12666	8726
1995	6673	2687	15560	11184
1996	7947	3327	17503	12791
1997	8545	3520	18622	13556
1998	8774	3659	19643	13049
1999	8854	3593	21136	13604
2000	9377	3382	24282	15827
2001	9980	3506	25432	17256
2002	10935	3748	27208	18597
2003	12422	3562	31205	21383
2004	15381	5015	37583	23466
2005	18824	5926	46086	25738
2006	21725	6194	51688	28737
2007	26127	7429	58371	33621

3–8 分行业增加值及指数

Value-added and Index by Sector

本表增加值按当年价格计算，指数按可比价格计算。
Value-added in this table are calculated at current prices. The indices in this table are calculated at comparable prices.

单位:亿元 (100 million yuan)

行 业	Sector	2006		2007	
		增加值 Value-added	指数 (上年=100) Index (preceding year=100)	增加值 Value-added	指数 (上年=100) Index (preceding year=100)
生产总值	**Gross Domestic Product**	**12362.79**	**114.4**	**15012.46**	**114.6**
第一产业	Value-added of the Primary Industry	1916.74	107.3	2217.66	103.8
农业	Farming	1196.85	107.7	1337.48	104.4
林业	Forestry	57.72	107.4	63.56	104.7
牧业	Animal Husbandry	595.04	106.6	736.62	102.0
渔业	Fishery	20.21	118.6	30.50	112.7
农林牧渔服务业	Service for Farming 、Forestry、Animal Husbandry and Fishery	46.92	102.3	49.50	106.7
第二产业	Value-added of the Secondary Industry	6724.61	117.7	8282.83	118.1
工业	Industry	6031.21	118.7	7508.33	119.6
采矿业	Mining	892.31	119.8	1036.67	110.0
制造业	Manufacturing	4754.01	118.6	6036.40	121.4
电力、燃气及水的生产和供应业	Production and distribution of electricity, gas and water	384.89	117.1	435.26	120.9
建筑业	Construction	693.40	110.5	774.50	105.1
第三产业	Value-added of the Tertiary Industry	3721.44	112.9	4511.97	114.1
交通运输、仓储和邮政业	Traffic,transport, storage and post	739.29	108.9	866.73	112.0
信息传输、计算机服务和软件业	Information transfer, computer services and software	180.36	120.1	205.73	113.4
批发和零售业	Wholesale and retail trade	682.40	109.7	765.76	107.5
住宿和餐饮业	Accommodation and Restaurants	377.94	122.6	493.40	114.4
金融业	Finance	219.72	113.6	302.31	123.9
房地产业	Real estate	348.70	114.2	447.44	116.5
租赁和商务服务业	Tenancy and business services	92.94	102.5	107.53	112.2
科学研究、技术服务和地质勘查业	Scientific research, technical service and geologic perambulation	81.17	106.2	93.87	112.2
水利、环境和公共设施管理业	Management of water conservancy, environment and public establishment	33.42	102.7	43.05	122.2
居民服务和其他服务业	Resident services and other services	168.63	122.7	180.94	104.1
教育	Education	271.10	115.8	367.66	128.7
卫生、社会保障和社会福利业	Sanitation, social security and social welfare	146.44	108.2	174.43	115.5
文化、体育和娱乐业	Culture, sports and entertainment	37.74	111.5	49.05	126.1
公共管理和社会组织	Public management and social organization	341.59	114.8	414.07	115.0

3-9 各市生产总值(2007年)

Gross Domestic Product by City(2007)

本表按当年价格计算。

Data in this table are calculated at current prices.

市	City	生产总值(亿元) Gross Domestic Product (100 million yuan)	第一产业 Primary Industry	第二产业 Secondary Industry	工业 Industry	建筑业 Construction	第三产业 Tertiary Industry	人均生产总值(元) Per Capita GDP (yuan)
郑州市	Zhengzhou	2486.75	79.38	1314.57	1170.27	144.30	1092.79	34069
开封市	Kaifeng	555.44	135.68	240.03	219.74	20.29	179.73	11855
洛阳市	Luoyang	1595.32	144.13	969.81	864.62	105.19	481.38	25120
平顶山市	Pingdingshan	821.16	80.64	514.74	487.54	27.21	225.78	16976
安阳市	Anyang	807.82	111.86	487.75	440.74	47.02	208.21	15526
鹤壁市	Hebi	274.43	36.39	172.82	164.23	8.59	65.23	19195
新乡市	Xinxiang	779.68	110.68	416.89	361.69	55.21	252.11	14095
焦作市	Jiaozuo	856.00	68.99	562.22	528.54	33.68	224.80	25230
濮阳市	Puyang	526.14	72.03	342.73	311.20	31.53	111.39	14976
许昌市	Xuchang	855.40	111.25	548.10	517.59	30.51	196.05	19968
漯河市	Luohe	437.02	59.42	292.86	280.18	12.68	84.75	17601
三门峡市	Sanmenxia	518.42	42.12	342.00	324.35	17.66	134.30	23201
南阳市	Nanyang	1376.33	302.04	714.78	641.40	73.38	359.50	13814
商丘市	Shangqiu	765.67	223.95	322.15	275.96	46.18	219.57	10014
信阳市	Xinyang	699.03	180.81	282.07	231.29	50.78	236.15	10539
周口市	Zhoukou	798.54	242.49	339.67	301.89	37.78	216.38	8051
驻马店市	Zhumadian	667.48	193.66	272.45	247.90	24.55	201.37	8665
济源市	Jiyuan	223.74	11.92	159.97	151.99	7.98	51.85	33199

注：人均生产总值按常住人口计算。

a) Per Capita GDP are calculated at residents population.

3-10 各市生产总值指数(2007年)

Indices of Gross Domestic Product by City(2007)

本表按可比价格计算。

The indices in this table are calculated at comparable prices.

(上年=100) (preceding year=100)

市	City	生产总值 Gross Domestic Product	第一产业 Primary Industry	第二产业 Secondary Industry	工业 Industry	建筑业 Construction	第三产业 Tertiary Industry	人均生产总值 Per Capita GDP
郑州市	Zhengzhou	115.9	102.1	118.9	120.8	105.2	113.4	114.3
开封市	Kaifeng	113.0	104.0	115.6	116.7	104.8	117.4	113.4
洛阳市	Luoyang	116.2	104.6	119.2	121.1	104.8	113.8	116.3
平顶山市	Pingdingshan	116.2	104.2	118.1	118.9	105.1	116.6	116.2
安阳市	Anyang	118.1	103.9	121.8	123.7	105.9	117.2	118.3
鹤壁市	Hebi	119.1	104.7	122.9	124.0	104.8	117.1	121.0
新乡市	Xinxiang	116.6	104.3	120.6	123.5	104.4	115.6	117.2
焦作市	Jiaozuo	117.0	104.4	119.6	120.8	103.8	114.9	117.1
濮阳市	Puyang	114.6	104.9	117.0	118.7	102.3	113.8	115.5
许昌市	Xuchang	114.8	103.9	116.9	117.7	104.7	115.5	114.3
漯河市	Luohe	113.0	94.6	117.5	118.3	100.7	111.7	113.5
三门峡市	Sanmenxia	118.7	103.8	122.7	124.0	103.9	114.6	120.4
南阳市	Nanyang	113.1	104.1	115.1	116.3	105.0	117.3	113.1
商丘市	Shangqiu	112.9	104.0	116.1	118.2	104.8	117.4	112.7
信阳市	Xinyang	113.1	104.3	116.5	119.3	105.1	116.8	113.1
周口市	Zhoukou	112.3	103.3	115.0	116.3	105.4	118.9	112.5
驻马店市	Zhumadian	113.7	104.0	116.8	117.9	106.2	119.3	114.6
济源市	Jiyuan	118.5	103.4	120.4	121.5	102.6	117.2	117.0

3-11 各市第三产业增加值(2007年)
Value-added of the Tertiary Industry by City (2007)

本表按当年价格计算。
Data in this table are calculated at current prices.

单位:亿元 (100 million yuan)

市	City	合计 Total	交通运输仓储及邮政业 Traffic, transport, storage and post	信息传输计算机服务和软件业 Information transfer, computer services and software	批发和零售业 Wholesale and retail trade	住宿和餐饮业 Accommodation and Restaurants	金融业 Finance	房地产业 Real estate	租赁和商务服务业 Tenancy and business services
郑州市	Zhengzhou	1092.79	195.40	81.63	183.52	87.28	141.14	120.24	62.57
开封市	Kaifeng	179.73	33.66	13.45	31.37	19.28	3.10	12.11	2.65
洛阳市	Luoyang	481.38	108.27	22.69	76.24	45.05	29.33	27.52	10.16
平顶山市	Pingdingshan	225.78	43.98	8.80	40.51	20.44	19.73	13.17	2.84
安阳市	Anyang	208.21	29.60	11.78	44.06	17.76	10.51	17.22	3.43
鹤壁市	Hebi	65.23	8.52	2.85	13.29	5.95	4.39	6.62	0.59
新乡市	Xinxiang	252.11	73.94	20.69	30.94	17.08	17.08	27.95	4.01
焦作市	Jiaozuo	224.80	81.19	8.33	29.71	14.08	17.74	14.50	3.43
濮阳市	Puyang	111.39	12.16	6.62	17.59	15.28	4.55	12.33	3.40
许昌市	Xuchang	196.05	48.27	8.45	30.22	31.99	11.51	12.42	2.42
漯河市	Luohe	84.75	9.11	3.75	18.45	11.99	6.34	7.30	0.66
三门峡市	Sanmenxia	134.30	42.29	5.54	22.00	7.72	5.74	7.00	2.69
南阳市	Nanyang	359.50	62.64	19.53	63.00	46.32	12.86	30.49	6.76
商丘市	Shangqiu	219.57	45.49	11.76	34.41	19.50	5.16	22.76	1.57
信阳市	Xinyang	236.15	41.58	14.43	40.75	27.13	9.89	34.47	2.54
周口市	Zhoukou	216.38	30.64	13.07	39.50	28.95	5.26	24.43	0.85
驻马店市	Zhumadian	201.37	27.09	14.52	41.47	22.24	6.06	22.99	1.72
济源市	Jiyuan	51.85	19.52	1.95	5.53	5.78	2.25	3.58	1.24

市	City	科学研究、技术服务和地质勘查业 Scientific research, technical service and geologic perambulation	水利、环境和公共设施管理业 Management of water conservancy, environment and public establishment	居民服务和其他服务业 Resident services and other services	教育 Education	卫生、社会保障和社会福利业 Sanitation, social security and social welfare	文化、体育和娱乐业 Culture, sports and entertainment	公共管理和社会组织 Public management and social organization
郑州市	Zhengzhou	29.69	5.41	28.71	52.12	28.25	14.45	62.39
开封市	Kaifeng	1.25	3.34	6.90	22.57	9.41	1.68	18.95
洛阳市	Luoyang	50.46	6.80	19.40	26.38	14.41	4.56	40.11
平顶山市	Pingdingshan	1.29	2.06	11.97	18.36	10.88	5.89	25.87
安阳市	Anyang	1.71	2.32	14.28	18.61	14.46	1.33	21.14
鹤壁市	Hebi	0.35	1.11	3.95	5.66	3.90	0.41	7.64
新乡市	Xinxiang	4.99	3.32	6.65	15.06	8.93	2.12	19.36
焦作市	Jiaozuo	0.86	5.27	11.63	11.99	6.19	1.36	18.51
濮阳市	Puyang	0.95	2.14	6.74	8.45	7.54	0.90	12.74
许昌市	Xuchang	1.31	0.19	14.21	13.37	7.19	1.23	13.26
漯河市	Luohe	0.42	0.87	6.76	6.54	2.61	0.98	8.97
三门峡市	Sanmenxia	1.41	0.74	8.65	9.62	6.19	0.99	13.74
南阳市	Nanyang	3.09	5.17	20.12	30.90	20.44	2.68	35.52
商丘市	Shangqiu	0.65	0.82	10.62	23.60	17.30	0.93	25.01
信阳市	Xinyang	1.51	2.10	7.54	19.25	12.24	1.99	20.73
周口市	Zhoukou	0.67	0.66	7.75	22.75	12.68	1.12	28.07
驻马店市	Zhumadian	1.51	1.51	7.19	18.76	10.94	1.34	24.02
济源市	Jiyuan	0.27	0.40	2.53	2.59	2.04	0.50	3.66

3-12 各市第三产业增加值指数(2007年)

Indices of Value-added of the Tertiary Industry by City (2007)

本表按可比价格计算。

The indices in this table are calculated at comparable prices.

(上年=100) (preceding year=100)

市	City	合 计 Total	交通运输仓储及邮政业 Traffic, transport, storage and post	信息传输计算机服务和软件业 Information transfer, computer services and software	批发和零售业 Whole-sale and retail trade	住宿和餐饮业 Accomm-odation and Restau-rants	金融业 Fina-nce	房地产业 Real estate	租赁和商务服务业 Tenancy and business services
郑州市	Zhengzhou	113.4	112.3	121.0	109.2	113.6	112.7	118.3	111.6
开封市	Kaifeng	117.4	122.4	129.2	105.2	117.7	102.8	107.6	110.9
洛阳市	Luoyang	113.8	112.5	134.4	106.5	108.5	101.4	103.9	112.1
平顶山市	Pingdingshan	116.6	115.4	117.3	107.1	118.3	132.5	109.9	113.0
安阳市	Anyang	117.2	116.7	128.9	107.8	113.5	129.6	107.1	123.0
鹤壁市	Hebi	117.1	114.3	125.6	107.1	113.1	105.0	128.3	116.1
新乡市	Xinxiang	115.6	113.0	119.4	111.3	124.5	127.0	110.0	117.5
焦作市	Jiaozuo	114.9	109.9	93.8	108.7	117.0	149.3	112.8	118.2
濮阳市	Puyang	113.8	122.5	123.1	105.8	118.3	95.2	102.3	116.1
许昌市	Xuchang	115.5	114.0	118.6	107.5	112.1	120.5	120.1	124.6
漯河市	Luohe	111.7	115.5	124.9	107.4	105.3	102.6	109.6	97.0
三门峡市	Sanmenxia	114.6	117.1	125.7	108.8	103.4	101.5	107.1	115.2
南阳市	Nanyang	117.3	116.5	124.7	106.5	120.2	131.4	108.9	118.3
商丘市	Shangqiu	117.4	120.7	126.0	107.3	109.0	107.5	110.2	127.3
信阳市	Xinyang	116.8	117.7	127.2	103.7	131.4	112.0	114.7	112.9
周口市	Zhoukou	118.9	116.7	130.8	107.5	108.9	116.7	113.4	90.0
驻马店市	Zhumadian	119.3	127.0	134.6	108.1	112.0	104.4	134.7	118.2
济源市	Jiyuan	117.2	117.1	108.2	106.5	114.4	110.8	108.5	135.5

市	City	科学研究、技术服务和地质勘查业 Scientific research, technical service and geologic perambulation	水利、环境和公共设施管理业 Management of water conservancy, environment and public establishment	居民服务和其他服务业 Resident services and other services	教育 Education	卫生、社会保障和社会福利业 Sanitation, social security and social welfare	文化、体育和娱乐业 Culture, sports and enterta-inment	公共管理和社会组织 Public manage-ment and social organi-zation
郑州市	Zhengzhou	111.1	109.0	115.6	114.9	113.5	114.0	113.9
开封市	Kaifeng	132.7	117.0	115.5	138.7	132.5	128.5	108.1
洛阳市	Luoyang	126.9	123.2	109.5	125.0	121.0	113.9	122.4
平顶山市	Pingdingshan	113.6	112.0	109.4	131.1	115.8	136.7	119.2
安阳市	Anyang	125.9	120.0	121.7	125.1	123.7	116.9	124.4
鹤壁市	Hebi	118.8	133.6	115.0	128.3	126.1	119.7	123.0
新乡市	Xinxiang	111.8	106.8	114.0	126.0	119.3	113.4	112.5
焦作市	Jiaozuo	113.3	117.5	119.8	119.4	122.3	126.9	125.1
濮阳市	Puyang	116.1	113.5	116.0	117.5	118.2	118.9	121.6
许昌市	Xuchang	120.3	144.6	123.3	125.8	117.4	121.6	116.3
漯河市	Luohe	111.3	111.2	142.5	112.6	113.3	142.8	110.2
三门峡市	Sanmenxia	122.2	117.3	116.2	122.6	124.2	107.4	119.2
南阳市	Nanyang	118.6	124.8	114.9	126.0	126.1	123.4	123.5
商丘市	Shangqiu	105.7	156.0	120.0	127.4	132.4	106.4	119.0
信阳市	Xinyang	147.3	113.9	115.6	115.0	116.6	151.0	126.4
周口市	Zhoukou	115.7	117.2	121.3	139.6	131.8	104.3	132.1
驻马店市	Zhumadian	119.3	123.8	119.4	125.8	120.4	119.7	117.6
济源市	Jiyuan	128.7	125.9	127.0	130.4	131.2	130.0	127.2

3-13 非公有制经济增加值(2007年)

Value-added of Non-Public-Owned (2007)

行业	Sector	增加值（亿元）Value-added of Non-Public-Owned (100 million yuan)	指数 (%) Index of Value-added of Non-Public-Owned (%)	占GDP比重 (%) Value-added of Non-Public-Owned as percentage of GDP(%)
总计	**Total**	**8721.82**	**116.9**	**58.1**
第一产业	Value-added of the Primary Industry	756.20	102.1	34.1
第二产业	Value-added of the Secondary Industry	5581.48	120.4	67.4
工业	Industry	5000.53	121.9	66.6
建筑业	Construction	580.95	109.2	75.0
第三产业	Value-added of the Tertiary Industry	2384.14	114.2	52.8
交通运输、仓储和邮电业	Traffic,transport, storage and post	450.31	113.7	52.0
批发和零售业	Wholesale and retail trade	582.36	107.1	76.1
住宿和餐饮业	Accommodation and Restaurants	443.83	117.9	90.0
金融业	Finance	40.42	114.0	13.4
房地产业	Real estate	412.52	116.6	92.2
其他服务业	Others	454.69	118.8	27.8

3-14 各市非公有制经济增加值(2007年)

Value-added of Non-Public-Owned by city(2007)

本表按当年价格计算。
Data in this table are calculated at current prices.

市	City	增加值（亿元）Value-added of Non-Public-Owned (100 million yuan)	指数 (%) Index of Value-added of Non-Public-Owned (%)	占GDP比重 (%) Value-added of Non-Public-Owned as percentage of GDP(%)
全省	**Total**	**8721.82**	**116.9**	**58.1**
郑州市	Zhengzhou	1442.30	116.3	58.0
开封市	Kaifeng	329.74	115.1	59.4
洛阳市	Luoyang	704.63	117.9	44.2
平顶山市	Pingdingshan	420.56	118.9	51.2
安阳市	Anyang	390.84	119.0	48.4
鹤壁市	Hebi	160.97	126.5	58.7
新乡市	Xinxiang	460.08	119.3	59.0
焦作市	Jiaozuo	489.15	121.2	57.1
濮阳市	Puyang	279.28	124.1	53.1
许昌市	Xuchang	571.95	117.4	66.9
漯河市	Luohe	244.54	120.9	56.0
三门峡市	Sanmenxia	231.43	132.2	44.6
南阳市	Nanyang	767.50	114.9	55.8
商丘市	Shangqiu	414.96	120.1	54.2
信阳市	Xinyang	362.62	115.8	51.9
周口市	Zhoukou	458.98	113.3	57.5
驻马店市	Zhumadian	370.62	120.6	55.5
济源市	Jiyuan	150.39	118.9	67.2

3-15 历年支出法生产总值

Gross Domestic Product by Expenditure Approach over the Years

本表按当年价格计算。

Data in this table are calculated at current prices.

单位:亿元 (100 million yuan)

年 份 Year	支出法生产总值 Gross Domestic Product by Expenditure Approach	最终消费支出 Final Consumption	居民消费支出 Household Consumption	农村居民 Rural Households	城镇居民 Urban Households	政府消费支出 Government Consumption	资本形成总额 Gross Capital Formation	固定资本形成总额 Fixed Capital Formation	存货增加 Changes in Inventories	货物和服务净流出 Net Export of Good and Services
1952	36.09	29.50	27.93	24.61	3.32	1.57	6.63	4.90	1.73	-0.04
1957	52.55	36.87	33.94	27.82	6.12	2.93	16.49	11.17	5.32	-0.81
1962	43.02	40.12	36.46	25.28	11.18	3.66	3.41	8.24	-4.83	-0.51
1965	62.96	42.36	38.13	25.93	12.20	4.23	14.91	12.21	2.70	5.69
1970	97.19	56.98	52.56	38.24	14.32	4.42	39.21	26.05	13.16	1.00
1975	127.77	80.08	68.60	49.67	18.93	11.48	46.34	35.85	10.49	1.35
1978	162.92	107.07	94.34	70.45	23.89	12.73	52.49	40.66	11.83	3.36
1980	229.16	151.48	135.23	104.36	30.87	16.25	69.20	57.70	11.50	8.48
1985	451.74	275.95	231.11	166.16	64.95	44.84	173.43	138.19	35.24	2.36
1990	934.65	527.43	447.97	309.33	138.64	79.46	364.81	225.73	139.08	42.41
1991	1045.73	572.63	479.04	325.30	153.74	93.59	421.32	279.06	142.26	51.78
1992	1279.75	641.79	531.59	357.89	173.70	110.20	571.96	346.67	225.29	66.00
1993	1660.18	878.69	672.23	451.86	220.37	206.46	682.64	485.98	196.66	98.85
1994	2216.83	1196.17	927.84	593.55	334.29	268.33	879.39	670.84	208.55	141.27
1995	2988.37	1590.89	1251.49	814.10	437.39	339.40	1235.62	877.41	358.21	161.86
1996	3634.69	1936.99	1537.04	1001.52	535.52	399.95	1485.58	1079.31	406.27	212.12
1997	4041.09	2146.53	1694.84	1072.61	622.23	451.69	1677.86	1254.89	422.97	216.70
1998	4308.24	2217.62	1717.39	1051.61	665.78	500.23	1845.87	1413.55	432.32	244.75
1999	4517.94	2347.13	1781.18	1029.81	751.37	565.95	1924.38	1469.87	454.51	246.43
2000	5052.99	2745.80	2090.01	1189.26	900.75	655.79	2104.00	1641.43	462.57	203.19
2001	5533.01	3086.15	2266.65	1273.91	992.74	819.50	2257.24	1790.76	466.48	189.62
2002	6035.48	3386.68	2446.93	1341.23	1105.70	939.75	2474.19	2018.58	455.61	174.61
2003	6867.70	3891.70	2870.19	1245.07	1625.12	1021.51	2786.46	2431.76	354.70	189.54
2004	8553.79	4568.52	3370.21	1441.79	1928.42	1198.31	3745.50	3217.10	528.40	239.77
2005	10587.42	5353.67	3817.86	1554.22	2263.64	1535.81	5019.81	4506.75	513.06	213.94
2006	12362.79	6102.27	4251.50	1641.85	2609.65	1850.77	6322.82	6001.50	321.32	-62.30
2007	15012.46	6831.27	4820.00	1768.68	3051.32	2011.27	8366.37	8043.35	323.02	-185.18

3-16 历年最终消费支出指数

Indices of Final Consumption over the Years

本表按可比价格计算。
The indices in this table are calculated at comparable prices.

年 份 Year	以1952年为100 (1952=100)					以上年为100 (preceding year=100)				
	最终消费支出 Final Consumption	居民消费支出 Household Consumption	农村居民 Rural Households Consumption	城镇居民 Urban Households Consumption	政府消费支出 Government Consumption	最终消费支出 Final Consumption	居民消费支出 Household Consumption	农村居民 Rural Households Consumption	城镇居民 Urban Households Consumption	政府消费支出 Government Consumption
1952	100.0	100.0	100.0	100.0	100.0					
1957	124.9	121.3	113.1	184.2	186.3	100.0	99.9	96.6	120.0	100.3
1962	123.1	117.7	93.9	301.9	220.1	100.6	102.6	103.2	101.1	84.6
1965	133.5	126.8	95.7	368.1	255.1	105.7	105.7	105.9	105.1	106.3
1970	186.6	181.3	146.3	451.5	277.7	109.5	110.1	111.6	106.4	102.7
1975	267.3	240.9	195.0	597.8	734.4	105.9	103.3	102.9	104.3	124.8
1978	356.3	330.7	276.2	750.8	812.6	118.3	118.7	118.3	119.9	115.7
1980	480.5	451.7	392.6	908.9	984.2	113.7	114.2	116.4	107.5	109.4
1985	800.0	706.8	587.0	1640.3	2436.3	118.8	117.8	115.2	125.7	124.1
1990	1001.2	869.5	697.5	2226.8	3312.6	104.6	103.8	102.9	106.7	108.0
1991	1061.3	912.1	729.6	2351.5	3723.4	106.0	104.9	104.6	105.6	112.4
1992	1146.2	974.1	763.2	2593.7	4285.6	108.0	106.8	104.6	110.3	115.1
1993	1405.2	1165.0	905.2	3141.0	5939.8	122.6	119.6	118.6	121.1	138.6
1994	1583.7	1262.9	974.9	3439.4	7852.4	112.7	108.4	107.7	109.5	132.2
1995	1761.1	1401.8	1089.0	3783.3	8794.7	111.2	111.0	111.7	110.0	112.0
1996	1993.6	1600.9	1287.2	4097.3	9621.4	113.2	114.2	118.2	108.3	109.4
1997	2167.0	1721.0	1347.7	4593.1	10891.4	108.7	107.5	104.7	112.1	113.2
1998	2290.5	1791.6	1385.4	4873.3	12133.0	105.7	104.1	102.8	106.1	111.4
1999	2476.0	1900.9	1417.3	5443.5	13953.0	108.1	106.1	102.3	111.7	115.0
2000	2840.0	2176.5	1618.6	6249.1	16073.9	114.7	114.5	114.2	114.8	115.2
2001	3172.3	2346.3	1736.8	6780.3	19947.7	111.7	107.8	107.3	108.5	124.1
2002	3508.6	2562.2	1815.0	7743.1	22840.1	110.6	109.2	104.5	114.2	114.5
2003	3971.7	2941.4	1864.0	9787.3	24918.5	113.2	114.8	102.7	126.4	109.1
2004	4337.1	3215.0	1983.3	10922.6	27161.2	109.2	109.3	106.4	111.6	109.0
2005	4749.1	3478.6	2040.8	12244.2	30746.5	109.5	108.2	102.9	112.1	113.2
2006	5418.7	3930.8	2232.6	14129.8	35911.9	114.1	113.0	109.4	115.4	116.8
2007	5841.4	4284.6	2328.6	15811.2	37779.3	107.8	109.0	104.3	111.9	105.2

3-17 历年支出法生产总值构成

Structure of Gross Domestic Product by Expenditure Approach over the Years

本表按当年价格计算。

Data in this table are calculated at current prices.

年 份 Year	比重 (支出法生产总值=100) Proportion (Gross Domestic Product by Expenditure Approach=100)			比重 (最终消费支出=100) Proportion (Final Consumption Expenditure=100)	
	最终消费支出 Final Consumption	资本形成总额 Gross Capital Formation	货物和服务净流出 Net Export of Good and Services	居民消费支出 Household Consumption	政府消费支出 Government Consumption
1952	81.7	18.4	-0.1	94.7	5.3
1957	70.1	31.4	-1.5	92.1	7.9
1962	93.3	7.9	-1.2	90.9	9.1
1965	67.3	23.7	9.0	90.0	10.0
1970	58.6	40.4	1.0	92.2	7.8
1975	62.7	36.3	1.0	85.7	14.3
1978	65.7	32.2	2.1	88.1	11.9
1980	66.1	30.2	3.7	89.3	10.7
1985	61.1	38.4	0.5	83.8	16.2
1990	56.4	39.0	4.6	84.9	15.1
1991	54.7	40.3	5.0	83.7	16.3
1992	50.1	44.7	5.2	82.8	17.2
1993	52.9	41.1	6.0	76.5	23.5
1994	53.9	39.7	6.4	77.6	22.4
1995	53.2	41.4	5.4	78.7	21.3
1996	53.3	40.9	5.8	79.4	20.6
1997	53.1	41.5	5.4	79.0	21.0
1998	51.5	42.8	5.7	77.4	22.6
1999	52.0	42.6	5.4	75.9	24.1
2000	54.4	41.6	4.0	76.1	23.9
2001	55.8	40.8	3.4	73.4	26.6
2002	56.1	41.0	2.9	72.3	27.7
2003	56.7	40.6	2.7	73.8	26.2
2004	53.4	43.8	2.8	73.8	26.2
2005	50.6	47.4	2.0	71.3	28.7
2006	49.4	51.1	-0.5	69.7	30.3
2007	45.5	55.7	-1.2	70.6	29.4

3-18 支出法生产总值

Gross Domestic Product by Expenditure Approach and Structure

本表按当年价格计算。
Data in this table are calculated at current prices.

单位：亿元 (100 million yuan)

项目	Item	2006	2007
支出法生产总值	**Gross Domestic Product by Expenditure Approach**	**12362.79**	**15012.46**
最终消费支出	**Final Consumption**	**6102.27**	**6831.27**
居民消费支出	Household Consumption	4251.50	4820.00
农村居民	Rural Households	1641.85	1768.68
食品类支出	Food	685.73	690.66
衣着类支出	Clothing	120.20	128.59
居住类支出	Residence	110.78	121.05
家庭设备、用品及服务类支出	Household Facilities,Articles and Service	79.05	92.44
医疗保健类支出	Medical treatment and medical Service	105.75	117.40
公共医疗消费支出	Public medical treatment	3.75	29.20
交通和通信类支出	Transport, Post and Communication Services	157.14	173.65
文教娱乐用品及服务类支出	Recreation,education and Cultural services	168.40	162.95
金融中介服务虚拟支出	Dummy Consumption for finance agency service	29.33	39.36
金融机构实际服务消费支出	Financial organization serbices	3.59	5.30
保险服务消费支出	Insurance	12.43	15.25
自有住房服务虚拟支出	Dummy Consumption for owned housing service	128.55	150.63
其他商品和服务类支出	Miscellaneous and Services	37.15	42.20
城镇居民	Urban Households	2609.65	3051.32
食品类支出	Food	741.13	887.61
衣着类支出	Clothing	307.55	345.26
居住类支出	Residence	246.56	255.89
家庭设备、用品及服务类支出	Household Facilities,Articles and Service	144.20	180.03
医疗保健类支出	Medical treatment and medical Service	174.16	205.41
公共医疗消费支出	Public medical treatment	53.23	74.39
交通和通信类支出	Transport, Post and Communication Services	254.95	281.40
文教娱乐用品及服务类支出	Recreation,education and Cultural services	283.40	307.04
金融中介服务虚拟支出	Dummy Consumption for finance agency service	69.13	85.64
金融机构实际服务消费支出	Financial organization serbices	9.16	11.53
保险服务消费支出	Insurance	17.93	43.38
自有住房服务虚拟支出	Dummy Consumption for owned housing service	146.56	221.01
实物消费支出	Dummy Consumption for practicality	77.13	54.32
其他商品和服务类支出	Miscellaneous and Services	84.56	98.41
政府消费支出	Government Consumption	1850.77	2011.27
资本形成总额	**Gross Capital Formation**	**6322.82**	**8366.37**
固定资本形成总额	Fixed Capital Formation	6001.50	8043.35
第一产业	Primary Industry	219.10	283.25
第二产业	Secondary Industry	2702.65	4060.56
第三产业	Tertiary Industry	3079.75	3699.54
存货增加	Changes in Inventories	321.32	323.02
第一产业	Primary Industry	110.35	107.63
第二产业	Secondary Industry	182.31	187.42
第三产业	Tertiary Industry	28.66	27.97
货物和服务净流出	**Net Export of Good and Services**	**-62.30**	**-185.18**

3-19 各市支出法生产总值(2007年)

Gross Domestic Product by Expenditure Approach by City (2007)

本表按当年价格计算。

Data in this table are calculated at current prices.

单位:亿元 (100 million yuan)

市	City	支出法生产总值 Gross Domestic Product by Expenditure Approach	最终消费支出 Final Consumption	居民消费支出 Household Consumption	农村居民 Rural Households	城镇居民 Urban Households	政府消费支出 Government Consumption	资本形成总额 Gross Capital Formation	货物和服务净流出 Net Export of Good and Services
郑州市	Zhengzhou	2486.75	1065.19	680.60	177.93	502.67	384.60	1280.33	141.23
开封市	Kaifeng	555.44	287.41	214.01	75.15	138.86	73.40	270.20	-2.17
洛阳市	Luoyang	1595.32	555.73	359.00	106.30	252.70	196.74	823.03	216.56
平顶山市	Pingdingshan	821.16	373.82	263.73	89.44	174.29	110.09	408.68	38.66
安阳市	Anyang	807.82	362.30	264.95	134.11	130.84	97.35	402.58	42.95
鹤壁市	Hebi	274.43	108.17	74.11	21.23	52.88	34.07	165.72	0.54
新乡市	Xinxiang	779.68	362.33	281.48	102.79	178.69	80.85	480.61	-63.26
焦作市	Jiaozuo	856.00	349.38	245.28	99.94	145.35	104.10	530.99	-24.37
濮阳市	Puyang	526.14	239.50	176.81	74.66	102.15	62.69	224.18	62.46
许昌市	Xuchang	855.40	362.02	265.00	116.72	148.28	97.02	456.97	36.40
漯河市	Luohe	437.02	223.26	144.27	77.83	66.44	78.99	200.36	13.40
三门峡市	Sanmenxia	518.42	157.13	106.90	48.10	58.80	50.23	324.49	36.80
南阳市	Nanyang	1376.33	688.71	516.45	199.07	317.38	172.26	1293.74	-606.12
商丘市	Shangqiu	765.67	434.99	321.63	164.31	157.32	113.36	439.13	-108.45
信阳市	Xinyang	699.03	474.74	357.97	169.03	188.93	116.78	533.50	-309.22
周口市	Zhoukou	798.54	469.49	348.20	187.80	160.40	121.29	433.46	-104.41
驻马店市	Zhumadian	667.48	410.83	298.24	171.78	126.47	112.59	290.29	-33.65
济源市	Jiyuan	223.74	58.21	42.44	13.58	28.87	15.76	132.70	32.83

3-20 各市支出法生产总值指数(2007年)
Indices of Gross Domestic Product by Expenditure Approach by City (2007)

本表按可比价格计算。

The indices in this table are calculated at comparable prices.

(上年=100) (preceding year=100)

市	City	支出法生产总值 Gross Domestic Product by Expenditure Approach	最终消费支出 Final Consumption	居民消费支出 Household Consumption	农村居民 Rural Households	城镇居民 Urban Households	政府消费支出 Government Consumption	资本形成总额 Gross Capital Formation
郑州市	Zhengzhou	115.9	114.3	110.3	112.4	109.6	121.2	118.3
开封市	Kaifeng	113.0	123.9	125.3	118.3	129.4	120.0	112.8
洛阳市	Luoyang	116.2	115.0	113.1	101.7	118.7	118.4	116.4
平顶山市	Pingdingshan	116.2	115.3	112.0	105.3	115.8	124.0	118.8
安阳市	Anyang	118.1	113.1	112.8	112.6	113.0	113.8	122.2
鹤壁市	Hebi	119.1	111.9	106.7	107.9	106.2	124.7	127.2
新乡市	Xinxiang	116.6	111.4	112.3	100.9	120.1	108.4	123.8
焦作市	Jiaozuo	117.0	115.3	112.8	109.4	115.2	121.6	134.1
濮阳市	Puyang	114.6	115.6	116.1	118.9	114.2	114.1	117.1
许昌市	Xuchang	114.8	109.8	110.5	102.8	117.5	108.1	120.1
漯河市	Luohe	113.0	111.1	107.8	105.4	110.6	117.0	114.8
三门峡市	Sanmenxia	118.7	113.3	117.9	113.4	121.8	104.6	126.1
南阳市	Nanyang	113.1	116.3	112.0	109.5	113.7	131.5	122.2
商丘市	Shangqiu	112.9	105.3	105.3	105.1	105.6	106.6	128.2
信阳市	Xinyang	113.1	120.0	116.0	112.0	119.7	133.9	133.7
周口市	Zhoukou	112.3	112.3	111.6	102.4	124.1	114.3	124.7
驻马店市	Zhumadian	113.7	116.4	115.2	113.6	117.3	120.0	115.9
济源市	Jiyuan	118.5	107.6	107.5	101.7	110.5	108.0	128.3

3-21 居民消费水平及指数

Per Capita Consumption and Indices

本表绝对数按当年价格计算，指数按可比价格计算。

Value items in this table are calculated at current prices, while tempos are calculated at comparable prices.

年 份 Year	居民消费水平(元) Annual Per Capita Consumption (yuan)			城乡消费水平对比(农民=1) Urban/Rural Consumption Rural (Rural Residents=1)	居民消费水平指数 Indices of Annual Per Capita Consumption					
					以上年为100 (preceding year=100)			以1952年为100 (1952=100)		
	全体居民 Rural & Urban Residents	农村居民 Rural Residents	城镇居民 Urban Residents		全体居民 Rural & Urban Residents	农村居民 Rural Residents	城镇居民 Urban Residents	全体居民 Rural & Urban Residents	农村居民 Rural Residents	城镇居民 Urban Residents
1952	64	60	132	2.2				100.0	100.0	100.0
1957	71	62	186	3.0	97.9	94.2	125.1	110.3	104.1	141.3
1962	75	56	287	5.1	101.3	99.9	122.1	105.2	85.9	194.8
1965	74	55	291	5.3	103.6	104.0	100.1	106.7	82.4	220.6
1970	88	70	326	4.7	106.8	108.2	103.2	132.7	108.7	258.5
1975	102	80	362	4.5	101.5	101.0	103.1	156.4	128.9	287.4
1978	135	109	428	3.9	116.9	116.7	116.3	205.4	175.1	337.9
1980	187	159	471	3.0	112.5	115.5	98.6	271.8	244.4	347.9
1985	297	240	750	3.1	116.2	114.5	116.4	395.0	347.1	475.7
1990	523	413	1273	3.1	101.8	101.3	111.7	441.5	381.5	513.9
1991	550	429	1362	3.2	103.2	103.3	101.8	455.6	394.1	523.1
1992	603	469	1478	3.2	105.1	103.8	106.0	478.9	409.0	554.5
1993	755	590	1769	3.0	118.4	118.3	114.2	567.0	483.8	633.2
1994	1032	776	2493	3.2	107.4	107.8	101.7	609.0	521.6	644.0
1995	1381	1067	3045	2.9	110.1	111.9	102.7	670.5	583.7	661.4
1996	1682	1313	3548	2.7	113.3	118.2	103.0	759.7	689.9	681.2
1997	1841	1404	3963	2.8	106.7	104.5	107.7	810.6	720.9	733.7
1998	1851	1373	4106	3.0	103.3	102.5	102.7	837.3	738.9	753.5
1999	1905	1339	4521	3.4	105.3	101.9	109.0	881.7	753.0	821.3
2000	2215	1551	5090	3.3	113.5	113.6	111.8	1000.7	855.4	918.2
2001	2381	1647	5562	3.4	106.9	106.1	108.0	1069.8	907.6	991.7
2002	2553	1734	5986	3.5	108.6	105.1	109.9	1161.8	953.9	1089.9
2003	3083	1819	6585	3.6	108.6	104.7	109.3	1261.7	998.7	1191.2
2004	3625	2156	7394	3.4	109.5	108.8	105.6	1381.5	1086.6	1257.9
2005	4092	2372	8145	3.4	107.7	105.1	105.2	1487.9	1142.0	1323.3
2006	4530	2556	8810	3.4	112.3	111.6	108.3	1670.9	1274.5	1433.2
2007	5141	2833	9743	3.4	109.1	107.3	105.8	1823.0	1367.5	1516.3

3-22 各市居民消费水平及指数(2007年)
Per Capita Consumption and Indices by City(2007)

本表绝对数按当年价格计算，指数按可比价格计算。
Value items in this table are calculated at current prices, while tempos are calculated at comparable prices.

市 City	居民消费水平(元) Annual Per Capita Consumption (yuan)			指数(以上年为100) Indices (preceding year=100)		
	全体居民 Rural & Urban Residents	农村居民 Rural Residents	城镇居民 Urban Residents	全体居民 Rural & Urban Residents	农村居民 Rural Residents	城镇居民 Urban Residents
全省 Total	**5141**	**2833**	**9743**	**109.1**	**107.3**	**105.8**
郑州市 Zhengzhou	9324	6170	11384	108.8	113.0	106.8
开封市 Kaifeng	4568	2503	8252	125.8	121.9	123.7
洛阳市 Luoyang	5653	2808	9852	113.3	108.1	108.3
平顶山市 Pingdingshan	5305	2897	9252	111.5	108.0	109.4
安阳市 Anyang	4924	3193	11090	112.2	112.2	111.6
鹤壁市 Hebi	5184	3295	6733	108.3	105.5	111.2
新乡市 Xinxiang	5089	2933	8816	112.4	104.2	113.7
焦作市 Jiaozuo	7229	5223	9825	112.9	114.7	108.2
濮阳市 Puyang	4906	2987	9249	115.8	120.1	110.7
许昌市 Xvchang	5845	4009	9138	110.0	106.8	107.9
漯河市 Luohe	5658	4657	7563	107.2	108.0	103.7
三门峡市 Sanmenxia	4802	3087	8802	117.6	113.5	120.4
南阳市 Nanyang	4770	2643	9632	111.4	111.6	106.7
商丘市 Shangqiu	4206	3137	6532	105.1	108.6	97.3
信阳市 Xinyang	4498	2977	8282	115.2	111.7	117.8
周口市 Zhoukou	3511	2474	6892	111.8	107.3	105.8
驻马店市 Zhumadian	3872	2966	6614	116.1	132.0	63.5
济源市 Jiyuan	6297	3569	9832	106.1	104.9	102.9

3-23 生产总值构成项目

Structure of Gross Domestic Product

本表按当年价格计算。

Data in this table are calculated at current prices.

单位:亿元 (100 million yuan)

年 份 Year	生产总值 Gross Domestic Product	劳动者报酬 Compensation of Laborers	生产税净额 Net Taxes on Production	固定资产折旧 Depreciation of Fixed Assets	营业盈余 Operating Surplus
1978	162.92	91.39	24.03	16.23	31.27
1980	229.16	134.18	28.57	22.77	43.64
1985	451.74	266.09	60.91	53.62	71.12
1990	934.65	576.24	107.04	119.13	132.24
1991	1045.73	627.13	140.99	141.93	135.68
1992	1279.75	727.03	186.24	184.36	182.12
1993	1660.18	891.85	221.30	233.82	313.21
1994	2216.83	1353.68	251.78	297.03	314.34
1995	2988.37	1822.82	344.76	333.82	486.97
1996	3634.69	2136.19	430.47	465.52	602.51
1997	4041.09	2264.52	477.78	530.06	768.73
1998	4308.24	2273.50	425.50	563.32	1045.92
1999	4517.94	2319.04	509.06	577.36	1112.48
2000	5052.99	2498.84	582.76	654.29	1317.10
2001	5533.01	2703.99	628.58	726.80	1473.64
2002	6035.48	2828.60	709.58	791.59	1705.71
2003	6867.70	2995.93	836.00	892.88	2142.89
2004	8553.79	3830.53	1036.6	954.67	2731.99
2005	10587.42	4691.11	1270.84	1220.15	3405.32
2006	12362.79	5100.69	1497.77	1335.52	4428.81
2007	15012.46	6167.59	2026.05	1579.84	5238.98

3-24 生产总值分产业构成项目(2007年)
Structure of Gross Domestic Product by Sector (2007)

本表按当年价格计算。
Data in this table are calculated at current prices.

单位：亿元 (100 million yuan)

产业	Industry	增加值 Value-added	劳动者报酬 Compensation of Laborers	生产税净额 Net Taxes on Production	固定资产折旧 Depreciation of Fixed Assets	营业盈余 Operating Surplus
生产总值	**Gross Domestic Product**	**15012.46**	**6167.59**	**2026.05**	**1579.84**	**5238.98**
第一产业	**Primary Industry**	**2217.66**	**2117.11**	**35.04**	**65.51**	
农业	Farming	1337.48	1276.84	21.14	39.50	
林业	Forestry	63.56	60.68	1.00	1.88	
牧业	Animal Husbandry	736.62	703.23	11.64	21.75	
渔业	Fishery	30.50	29.11	0.48	0.91	
农林牧渔服务业	Farming, Forestry, Animal Husbandry and Fishery	49.50	47.25	0.78	1.47	
第二产业	**Secondary Industry**	**8282.83**	**2431.23**	**1521.21**	**769.32**	**3561.07**
工业	Industry	7508.33	2052.60	1441.36	724.12	3290.25
采矿业	Mining and Quarrying	1036.67	327.20	179.86	102.77	426.84
制造业	Manufacturing	6036.40	1599.33	1162.07	463.05	2811.95
电力、煤气及水的生产和供应业	Production & Supply of Power, Gas & Water	435.26	126.07	99.43	158.30	51.46
建筑业	Construction	774.50	378.63	79.85	45.20	270.82
第三产业	**Tertiary Industry**	**4511.97**	**1619.25**	**469.80**	**745.01**	**1677.91**
交通运输、仓储和邮政业	Traffic,transport, storage and post	866.73	188.97	125.48	111.76	440.52
信息传输、计算机服务和软件业	Information transfer, computer services and software	205.73	24.16	10.81	79.49	91.27
批发和零售业	Wholesale and retail trade	765.76	156.47	139.85	58.51	410.93
住宿和餐饮业	Accommodation and Restaurants	493.40	67.21	29.35	21.70	375.14
金融业	Finance	302.31	131.42	77.21	17.18	76.50
房地产业	Real estate	447.44	43.04	49.09	311.67	43.64
租赁和商务服务业	Tenancy and business services	107.53	36.25	7.11	16.62	47.55
科学研究、技术服务和地质勘查业	Scientific research, technical service and geologic perambulation	93.87	60.59	5.60	9.85	17.83
水利、环境和公共设施管理业	Management of water conservancy, environment and public establishment	43.05	26.35	1.06	11.60	4.04
居民服务和其他服务业	Resident services and other services	180.94	26.02	9.83	7.56	137.53
教育	Education	367.66	338.29	3.16	37.81	-11.60
卫生、社会保障和社会福利业	Sanitation, social security and social welfare	174.43	121.10	5.98	15.66	31.69
文化、体育和娱乐业	Culture, sports and entertainment	49.05	25.12	4.28	6.78	12.87
公共管理和社会组织	Public management and social organization	414.07	374.26	0.99	38.82	

3-25 各市生产总值构成项目(2007年)

Structure of Gross Domestic Product by City (2007)

本表按当年价格计算。

Data in value terms in this table are calculated at current prices.

单位：亿元 (100 million yuan)

市	City	生产总值 Gross Domestic Product	劳动者报酬 Compensation of Laborers	生产税净额 Net Taxes on Production	固定资产折旧 Depreciation of Fixed Assets	营业盈余 Operating Surplus
郑 州 市	Zhengzhou	2486.75	667.87	458.33	301.39	1059.15
开 封 市	Kaifeng	555.44	304.35	41.04	43.99	166.07
洛 阳 市	Luoyang	1595.32	562.10	226.97	215.02	591.24
平 顶山 市	Pingdingshan	821.16	279.25	113.11	75.32	353.49
安 阳 市	Anyang	807.82	251.55	167.18	85.33	303.77
鹤 壁 市	Hebi	274.43	107.17	43.24	26.10	97.92
新 乡 市	Xinxiang	779.68	293.24	114.00	119.35	253.09
焦 作 市	Jiaozuo	856.00	252.04	169.31	102.82	331.82
濮 阳 市	Puyang	526.14	209.57	69.94	84.02	162.61
许 昌 市	Xuchang	855.40	268.29	174.26	58.42	354.44
漯 河 市	Luohe	437.02	142.51	71.35	66.08	157.09
三 门峡 市	Sanmenxia	518.42	178.34	63.04	64.52	212.51
南 阳 市	Nanyang	1376.33	561.38	176.74	147.20	491.02
商 丘 市	Shangqiu	765.67	361.87	90.80	94.59	218.41
信 阳 市	Xinyang	699.03	305.90	77.28	90.10	225.74
周 口 市	Zhoukou	798.54	352.79	103.17	82.01	260.56
驻 马店 市	Zhumadian	667.48	289.14	67.84	81.71	228.78
济 源 市	Jiyuan	223.74	32.91	47.55	42.19	101.10

3-26 资 产 负 债 表(2006年)

单位：亿元

项 目	Item	非金融企业部门 Non-financial Enterprises			
		小计 Subtotal		#国有单位 State-owned Units	
		使 用 Utilization	来 源 Source	使 用 Utilization	来 源 Source
非金融资产	**Non-Financial Capital**	**13693.70**		**4644.49**	
固定资产	Fixed Assets	10921.42		3908.81	
其中：在建工程	Under Construction Project	819.71		273.28	
存货	Inventories	2346.42		548.97	
其中:产成品和商品库存	Products and Inventory	700.24		416.15	
其他非金融资产	Other Non-Financial Capital	425.85		186.72	
其中：无形资产	Intangible Assets	311.07		149.51	
金融资产与负债	**Financial Capital and Debt**	**6598.58**	**7480.74**	**1572.85**	**4549.62**
国内金融资产与负债	Domestic Financial Capital and Debt	6513.00	7356.74	1556.99	4499.79
通货	Currency in Circulation	630.45		278.22	
存款	Savings Deposits	2584.06		509.85	
长期	Long Period Savings Deposits	15.37		12.71	
短期	Short Period Savings Deposits	2568.69		497.14	
贷款	Loans		3690.03		1981.14
长期	Long Period Loans		94.81		66.12
短期	Short Period Loans		3595.22		1915.02
股票及其他股权	Stocks and Other Stock Rights	1060.62	599.60	434.79	271.56
证券(不含股票)	Securities (Not Including Stocks)	23.45	29.76	12.92	10.81
保险准备金	Reserves for Insurance Business	108.07		30.95	
其他	Others	2106.35	3037.35	290.26	2236.28
国外金融资产与负债	Foreign Financial Capital and Debt	85.58	124.00	15.86	49.83
直接投资	Direct Investment	57.90	84.38	5.93	24.21
证券投资	Securities				
其他投资	Other Investment	27.68	39.62	9.93	25.62
资产负债差额	**Surplus of Capital Debt**		**12811.53**		**1667.72**
资产、负债与差额总计	**Total of assets、Debts and Net-worth**	**20292.27**	**20292.27**	**6217.34**	**6217.34**

Balance Sheet (2006)

(100 million yuan)

金融机构部门 Financial Institutions				政府部门 Governments		住户部门 Households	
		#国有单位 State-owned Units					
使 用 Utilization	来 源 Source	使 用 Utilization	来 源 Source	使 用 Utilization	来 源 Source	使 用 Utilization	来 源 Source
559.02		**361.50**		**3833.61**		**12909.79**	
320.34		222.51		3621.17		10863.01	
0.02		0.01					
				57.22		1939.20	
						1303.88	
238.68		138.99		155.23		107.57	
83.15		60.17		9.87			
14040.29	**14545.81**	**4969.65**	**5243.18**	**1669.95**	**2106.82**	**10083.62**	**4756.47**
13804.53	14487.81	4925.47	5207.29	1669.95	2105.94	10080.16	4753.25
211.73		138.46		17.36		1048.34	
	11492.55		3975.00	1541.24		7367.24	
	5066.87		2352.00	27.34		5024.16	
	6425.68		1623.00	1513.90		2343.09	
8567.33		4710.45			141.19		4736.11
4160.57		2527.11			108.06		3957.71
4406.76		2183.34			33.13		778.40
110.89	0.02	25.51				955.84	
19.43	27.86	7.40	17.03	5.68	13.30	244.68	
	567.65		210.46			459.58	
4895.16	2399.74	43.66	1004.80	105.68	1951.45	4.47	17.14
235.76	57.99	44.18	35.89		0.88	3.46	3.23
5.42		2.29					
230.34	57.99	41.88	35.89		0.88	3.46	3.23
	53.50		**87.97**		**3396.74**		**18236.94**
14599.30	**14599.30**	**5331.15**	**5331.15**	**5503.56**	**5503.56**	**22993.41**	**22993.41**

3-26 续表1

单位：亿元

项　目	Item	省内部门 Regional Sectors 使用 Utilization	省内部门 Regional Sectors 来源 Source	#国有单位 State-owned Units 使用 Utilization	#国有单位 State-owned Units 来源 Source
非金融资产	**Non-Financial Capital**	**30996.11**		**8839.60**	
固定资产	Fixed Assets	25725.94		7752.48	
其中：在建工程	Under Construction Project	819.73		273.29	
存货	Inventories	4342.84		606.18	
其中:产成品和商品库存	Products and Inventory	2004.12		416.15	
其他非金融资产	Other Non-Financial Capital	927.33		480.94	
其中：无形资产	Intangible Assets	404.10		219.56	
金融资产与负债	**Financial Capital and Debt**	**32392.44**	**28889.84**	**8212.45**	**11899.62**
国内金融资产与负债	Domestic Financial Capital and Debt	32067.64	28703.74	8152.41	11813.02
通货	Currency in Circulation	1907.87		434.03	
存款	Savings Deposits	11492.55	11492.55	2051.10	3975.00
长期	Long Period Savings Deposits	5066.87	5066.87	40.06	2352.00
短期	Short Period Savings Deposits	6425.68	6425.68	2011.04	1623.00
贷款	Loans	8567.33	8567.33	4710.45	2122.33
长期	Long Period Loans	4160.57	4160.57	2527.11	174.18
短期	Short Period Loans	4406.76	4406.76	2183.34	1948.15
股票及其他股权	Stocks and Other Stock Rights	2127.35	599.62	460.29	271.56
证券(不含股票)	Securities (Not Including Stocks)	293.24	70.92	26.00	41.14
保险准备金	Reserves for Insurance Business	567.65	567.65	30.95	210.46
其他	Others	7111.66	7405.68	439.60	5192.53
国外金融资产与负债	Foreign Financial Capital and Debt	324.80	186.10	60.04	86.60
直接投资	Direct Investment	63.32	84.38	8.22	24.21
证券投资	Securities				
其他投资	Other Investment	261.48	101.72	51.81	62.39
资产负债差额	**Surplus of Capital Debt**		**34498.70**		**5152.43**
资产、负债与差额总计	**Total of assets、Debts and Net-worth**	**63388.55**	**63388.55**	**17052.05**	**17052.05**

continued

(100 million yuan)

国内省外 Domestic & Outside province		国外部门 Rest of the World		总计 Total	
使用 Utilization	来源 Source	使用 Utilization	来源 Source	使用 Utilization	来源 Source
				30996.11	
				25725.94	
				819.73	
				4342.84	
				2004.12	
				927.33	
				404.10	
417.86	**3781.76**	**186.10**	**324.80**	**32996.40**	**32996.40**
417.86	3781.76			32485.50	32485.50
	1907.87			1907.87	1907.87
				11492.55	11492.55
				5066.87	5066.87
				6425.68	6425.68
				8567.33	8567.33
				4160.57	4160.57
				4406.76	4406.76
75.00	1602.73			2202.35	2202.35
48.84	271.16			342.08	342.08
				567.65	567.65
294.02				7405.68	7405.68
		186.10	324.80	510.90	510.90
		84.38	63.32	147.70	147.70
		101.72	261.48	363.20	363.20
	-3363.90		**-138.70**		**30996.11**
417.86	**417.86**	**186.10**	**186.10**	**63992.51**	**63992.51**

3-27 资金流量表(金融交易，2006年)

单位：亿元

指标	Item	非金融企业部门 Non-financial Enterprises		金融机构部门 Financial Institutions	
		使用 Utilization	来源 Source	使用 Utilization	来源 Source
净金融投资	**Net Financial Investment**	**-622.35**		**85.14**	
资金运用	**Total Utilization**	**553.42**		**1306.32**	
资金来源	**Total Sources**		**1175.77**		**1221.18**
通货	Currency in Circulation	-46.93		-67.78	
国内	National currency	-46.93		-67.78	
国外	Foreign currency				
存款	Savings Deposits	514.15			1483.57
活期存款	Demand Deposits	297.65			297.65
定期存款	Time Deposits	94.00			94.00
住户储蓄存款	Households Savings Deposits				874.36
财政存款	Treasury Deposits				96.89
外汇存款	Savings Deposits of Foreign Exchanges	-2.98			-4.81
其他	Other Deposits	125.48			125.48
贷款	Loans		1072.64	1113.19	
短期贷款	Short Period Loans		610.71	614.26	
中长期贷款	Medium Period and Long Period Loans		514.40	551.40	
财政贷款	Treasury Loans				
外汇贷款	Loans of Foreign Exchanges		-15.70	-15.70	
其他贷款	Other Loans		-36.77	-36.77	
证券	Securities	70.51		119.82	
债券	Bonds		25.00	39.44	
股票	Stocks	70.51	33.37	109.57	
保险准备金	Reserves for Insurance Business	12.41			132.76
结算资金	Settlement Funds		9.70	74.01	
金融机构往来	Flow Between Financial Institutions			127.96	
准备金	Reserve Funds			-69.47	
库存现金	Cash in hand			8.59	
中央银行贷款	Loans from the Central Bank				-33.43
其他(净)	Others				-361.72
国外直接投资	Foreign direct investment	3.28	93.43		
其他对外债权债务	Other credit and debt				
储备资产	Reserve assets				
国际收支误差与遗漏	Errors and Omission of Balanceof Payment				

Flow of Funds Table (Financial Transaction, 2006)

(100 million yuan)

政府部门 Governments		住户部门 Households		省内合计 Regional Sum		国内省外 Domestic & Outside province		国　外 Rest of the World		总　计 Total	
使　用 Utilization	来　源 Source	使　用 Utilization	来　源 Source	使　用 Utilization	来　源 Source	使　用 Utilization	来　源 Source	使　用 Utilization	来　源 Source	使　用 Utilization	来　源 Source
96.89		**1072.21**		**631.89**		**-722.04**		**90.15**		**0.00**	
96.89		**1112.76**		**3069.39**		**-395.15**		**93.43**		**2767.67**	
			40.55		**2437.50**		**326.89**		**3.28**		**2767.67**
		-32.63		-147.34			-147.34			-147.34	-147.34
		-32.63		-147.34			-147.34			-147.34	-147.34
96.89		872.53		1483.57	1483.57					1483.57	1483.57
				297.65	297.65					297.65	297.65
				94.00	94.00					94.00	94.00
		874.36		874.36	874.36					874.36	874.36
96.89				96.89	96.89					96.89	96.89
		-1.83		-4.81	-4.81					-4.81	-4.81
				125.48	125.48					125.48	125.48
			40.55	1113.19	1113.19					1113.19	1113.19
			3.55	614.26	614.26					614.26	614.26
			37.00	551.40	551.40					551.40	551.40
				-15.70	-15.70					-15.70	-15.70
				-36.77	-36.77					-36.77	-36.77
		152.51		342.84			342.84			342.84	342.84
		26.94		66.38	25.00	12.50	53.88			78.88	78.88
		125.57		305.65	33.37	16.68	288.96			322.33	322.33
		120.35		132.76	132.76					132.76	132.76
				74.01	9.70		64.31			74.01	74.01
				127.96			127.96			127.96	127.96
				-69.47			-69.47			-69.47	-69.47
				8.59			8.59			8.59	8.59
					-33.43	-33.43				-33.43	-33.43
					-361.72	-361.72				-361.72	-361.72
				3.28	93.43			93.43	3.28	96.71	96.71

3-28 资金流量表(收入分配，2006年)

单位：亿元

交易项目	Transaction	非金融企业部门 Non-financial Enterprises 使用 Utilization	非金融企业部门 Non-financial Enterprises 来源 Source	金融机构部门 Financial Institutions 使用 Utilization	金融机构部门 Financial Institutions 来源 Source
净出口	**Net Exports**				
增加值	**Value Added**		**7071.85**		**219.72**
劳动者报酬	**Compensation of Laborers**	**2429.63**		**108.27**	
工资及工资性收入	Wages and Related Income	2394.45		104.71	
单位社会保险付款	Employer's Contribution of Social Securities	35.18		3.56	
生产税净额	**Taxes on Production, Net**	**1091.31**		**37.06**	
生产税	Taxes on Production	1091.31		37.06	
生产补贴	Subsidies to Production				
财产性收入	**Income from Properties**	**251.10**	**98.10**	**246.73**	**260.80**
利息	Interest	234.96	98.10	246.73	260.80
红利	Dividend	16.14			
土地租金	Rent on Land Use				
其他	Others				
初次分配总收入	**Total Income from Primary Distribution**		**3397.91**		**88.46**
经常转移	**Current Transfer**	**183.28**	**22.69**	**55.97**	**1.17**
收入税	Taxes on Income	183.28		4.99	
社会保险缴款	Payment to Social Security				
社会保险福利	Welfare of social Security				
社会补助	Allowances				
其他	Others		22.69	50.98	1.17
可支配总收入	**Total Disposable Income**		**3237.32**		**33.66**
最终消费	**Final Consumption Expenditure**				
居民消费	Household Consumption				
政府消费	Government Consumption				
总储蓄	**Savings**		**3237.32**		**33.66**
资本转移	**Capital Transfer**		**178.70**		
投资性补助	Investment Allowances		178.70		
其他	Other				
资本形成总额	**Gross Capital Formation**	**5206.69**		**3.85**	
固定资本形成总额	Gross Fixed Capital Formation	4995.63		3.85	
存货增加	Changes in Inventories	211.06			
其他非金融资产获得减处置	**Minus Items from OtherNon-financial Capital**				
净金融投资	**Net Financial Investment**	**-1790.67**		**29.81**	

Flow of Funds Table (Income and Distribution, 2006)

(100 million yuan)

政府部门 Governments		住户部门 Households		省内合计 Regional Sum		国内省外 Domestic & Outside province		国 外 Rest of the World		总 计 Total	
使 用 Utilization	来 源 Source	使 用 Utilization	来 源 Source	使 用 Utilization	来 源 Source	使 用 Utilization	来 源 Source	使 用 Utilization	来 源 Source	使 用 Utilization	来 源 Source
							581.08		**-523.19**		**57.89**
	857.29		**4347.11**		**12495.97**						**12495.97**
602.95		**2086.99**	**5227.84**	**5227.84**	**5227.84**					**5227.84**	**5227.84**
600.13		2086.99	5186.28	5186.28	5186.28					5186.28	5186.28
2.82			41.56	41.56	41.56					41.56	41.56
12.53	**1130.22**	**358.97**		**1499.87**	**1130.22**		**369.65**			**1499.87**	**1499.87**
12.53	1130.22	358.97		1499.87	1130.22		369.65			1499.87	1499.87
	22.20	**12.29**	**206.11**	**510.12**	**587.21**	**85.44**	**7.29**			**595.56**	**595.56**
	21.19	12.29	129.58	493.98	509.67	15.95	0.26			509.93	509.93
	1.01		76.53	16.14	77.54	69.49	7.03		1.06	85.63	85.63
	1394.23		**7322.81**		**12203.41**		**872.58**		**-522.13**		**12553.86**
455.61	**1112.47**	**286.83**	**453.82**	**981.69**	**1590.15**	**795.99**	**189.68**	**2.44**	**0.29**	**1780.12**	**1780.12**
	90.07	60.13		248.40	90.07		158.33			248.40	248.40
	226.41	226.41		226.41	226.41					226.41	226.41
267.57			267.57	267.57	267.57					267.57	267.57
40.56			40.56	40.56	40.56					40.56	40.56
147.48	795.99	0.29	145.69	198.75	965.54	795.99	31.35	2.44	0.29	997.18	997.18
	2051.09		**7489.80**		**12811.87**		**266.27**		**-524.28**		**12553.86**
1862.42		**4347.50**		**6209.92**						**6209.92**	
		4347.50		4347.50						4347.50	
1862.42				1862.42						1862.42	
	188.67		**3142.30**		**6601.95**		**266.27**		**-524.28**		**6343.94**
178.70				**178.70**	**178.70**					**178.70**	**178.70**
178.70				178.70	178.70					178.70	178.70
162.39		**971.01**		**6343.94**						**6343.94**	
162.39		845.45		6007.32						6007.32	
		125.56		336.62						336.62	
-152.42		**2171.29**		**258.01**		**266.27**		**-524.28**			

主要统计指标解释

国内生产总值（GDP） 指按市场价格计算的一个国家(或地区)所有常住单位在一定时期内生产活动的最终成果。国内生产总值有三种表现形态，即价值形态、收入形态和产品形态。从价值形态看，它是所有常住单位在一定时期内生产的全部货物和服务价值超过同期投入的全部非固定资产货物和服务价值的差额，即所有常住单位的增加值之和；从收入形态看，它是所有常住单位在一定时期内创造并分配给常住单位和非常住单位的初次收入之和；从产品形态看，它是所有常住单位在一定时期内最终使用的货物和服务价值减去货物和服务进口价值。在实际核算中，国内生产总值有三种计算方法，即生产法、收入法和支出法。三种方法分别从不同的方面反映国内生产总值及其构成。

三次产业 三产业的划分是世界上较为常用的产业结构分类，但各国的划分不尽一致。我国的三次产业划分是：

第一产业是指农业、林业、畜牧业、渔业和农林牧渔服务业。

第二产业是指采矿业，制造业，电力、煤气及水的生产和供应业，建筑业。

第三产业是指除第一、二产业以外的其他行业。

支出法生产总值 是从最终使用的角度反映一个国家(或地区)一定时期内生产活动最终成果的一种方法，包括最终消费支出、资本形成总额及货物和服务净出口三部分。计算公式为：

支出法生产总值=最终消费支出+资本形成总额+货物和服务净出口

最终消费支出 指常住单位为满足物质、文化和精神生活的需要，从本国经济领土和国外购买的货物和服务的支出。它不包括非常住单位在本国经济领土内的消费支出。最终消费支出分为居民消费支出和政府消费支出。

居民消费支出 指常住住户在一定时期内对于货物和服务的全部最终消费支出。居民消费支出除了直接以货币形式购买的货物和服务的消费支出外，还包括以其他方式获得的货物和服务的消费支出，即所谓的虚拟消费支出。居民虚拟消费支出包括如下几种类型：单位以实物报酬及实物转移的形式提供给劳动者的货物和服务；住户生产并由本住户消费了的货物和服务，其中的服务仅指住户的自有住房服务；金融机构提供的金融媒介服务；保险公司提供的保险服务。

政府消费支出 指政府部门为全社会提供的公共服务的消费支出和免费或以较低的价格向居民住户提供的货物和服务的净支出，前者等于政府服务的产出价值减去政府单位所获得的经营收入的价值，后者等于政府部门免费或以较低价格向居民住户提供的货物和服务的市场价值减去向住户收取的价值。

资本形成总额 指常住单位在一定时期内获得减去处置的固定资产和存货的净额，包括固定资本形成总额和存货增加两部分。

固定资本形成总额 指常住单位在一定时期内获得的固定资产减处置的固定资产的价值总额。固定资产是通过生产活动生产出来的，且其使用年限在一年以上、单位价值在规定标准以上的资产，不包括自然资产。可分为有形固定资本形成总额和无形固定资本形成总额。有形固定资本形成总额包括一定时期内完成的建筑工程、安装工程和设备工器具购置(减处置)价值，以及土地改良、新增役、种、奶、毛、娱乐用牲畜和新增经济林木价值。无形固定资本形成总额包括矿藏的勘探、计算机软件等获得减处置。

存货增加 指常住单位在一定时期内存货实物量变动的市场价值，即期末价值减期初价值的差额，再扣除当期由于价格变动而产生的持有收益。存货增加可以是正值，也可以是负值，正值表示存货上升，负值表示存货下降。存货包括生产单位购进的原材料、燃料和储备物资等存货，以及生产单位生产的产成品、在制品和半成品等存货。

货物和服务净出口 指货物和服务出口减货物和服务进口的差额。出口包括常住单位向非常住单位出售或无偿转让的各种货物和服务的价值；进口包括常住单位从非常住单位购买或无偿得到的各种货物和服务的价值。由于服务活动的提供与使用同时发生，一般把常住单位从非常住单位得到的服务作为进口，非常住单位从常住单位得到的服务作为出口。货物的出口和进口都按离岸价格计算。

劳动者报酬 指劳动者因从事生产活动所获得的全部报酬。包括劳动者获得的各种形式的工资、奖金和津贴，既包括货币形式的，也包括实物形式的，还包括劳动者所享受的公费医疗和医药卫生费、上下班交通补贴、单位支付的社会保险费、住房公积金等。对于个体经济来说，其所有者所获得的劳动报酬和经营利润不易区分，这两部分统一作为劳动者报酬处理。

生产税净额 指生产税减生产补贴后的余额。生产税指政府对生产单位从事生产、销售和经营活动以及因从事生产活动使用某些生产要素(如固定资产、土地、劳动力)所征收的各种税、附加费和规费。生产补贴与生产税相反，指政府对生产单位的单方面转移支出，因此视为负生产税，包括政策亏损补贴、价格补贴等。

固定资产折旧 指一定时期内为弥补固定资产损耗按照规定的固定资产折旧率提取的固定资产折旧，或按国民经济核算统一规定的折旧率虚拟计算的固定资产折旧。它反映了固定资产在当期生产中的转移价值。各类企业和企业化管理的事业单位的固定资产折旧是指实际计提的折旧费；不计提折旧的政府机关、非企业化管理的事业单位和居民住房的固定资产折旧是按照统一规定的折旧率和固定资产原值计算的虚拟折旧。原则上，固定资产折旧应按固定资产当期的重置价值计算，但是目前我国尚不具备对全社会固定资产进行重估价的基础，所以暂时只能采用上述办法。

营业盈余 指常住单位创造的增加值扣除劳动者报酬、生产税净额和固定资产折旧后的余额。它相当于企业的营业利润加上生产补贴，但要扣除从利润中开支的工资和福利等。

机构单位 指有权拥有资产和承担负债，能够独立地从事经济活动并与其他实体进行交易的经济实体。

机构部门 将相同性质的机构单位归并在一起，就形成机构部门。资金流量核算将常住机构单位划分为以下四个机构部门：非金融企业部门、金融机构部门、政府部门、住户部门。与常住单位发生经济往来关系的非常住单位组成国外部门，在资金流量核算中也视同机构部门。

非金融企业与非金融企业部门 非金融企业指主要从事市场货物生产和提供非金融市场服务的常住企业，它主要包括从事上述活动的各类法人企业。所有非金融企业归并在一起，就形成非金融企业部门。

金融机构与金融机构部门 金融机构指主要从事金融媒介以及与金融媒介密切相关的辅助金融活动的常住单位，它主要包括中央银行、商业银行和政策性银行、非银行信贷机构和保险公司。所有金融机构归并在一起，就形成金融机构部门。

政府单位与政府部门 政府单位指在我国境内通过政治程序建立的、在一特定区域内对其他机构单位拥有立法、司法和行政权的法律实体及其附属单位。政府单位的主要职能是利用征税和其他方式获得的资金向社会和公众提供公共服务。通过转移支付，对社会收入和财产进行再分配。它主要包括各种行政单位和非营利性事业单位。所有政府单位归并在一起，就形成政府部门。

住户与住户部门 住户指共享同一生活设施、部分或全部收入和财产集中使用、共同消费住房、食品和其他消费品与消费服务的常住个人或个人群体。所有住户归并在一起，就形成住户部门。

非常住单位与国外部门 所有不具有常住性的机构单位都是非常住单位。将所有与我国常住单位发生交易的非常住单位归并在一起，就形成国外部门。

初次分配总收入 初次分配是生产活动形成的净成果在参与生产活动的生产要素的所有者及政府之间的分配。生产活动的净成果是增加值。生产要素包括劳动力、土地、资本。劳动力所有者因提供劳动而获得劳动报酬；土地所有者因出租土地而获得地租；资本的所有者因资本的形态不同而获得不同形式的收入：借贷资本所有者获得利息收入；股权所有者获得红利或未分配利润；政府因直接或间接介入生产过程而获得生产税或支付补贴。初次分配的结果形成各个机构部门的初次分配总收入。各部门的初次分配总收入之和就等于国民总收入，亦即国民生产总值。

经常转移 转移是一个机构单位向另一个机构单位提供货物、服务或资产，而同时并没有从后一机构单位获得任何货物、服务或资产作为回报的一种交易。经常转移包括扣除资本转移外的所有转移。其形式有收入税、社会保险付款、社会补助和其他经常转移。

可支配总收入 在初次分配总收入的基础上，通过经常转移的形式对初次分配总收入进行再次分配。再分配的结果形成各个机构部门的可支配总收入。各部门的可支配总收入之和称为国民可支配总收入。

总储蓄 指可支配总收入用于最终消费后的余额。各部门的总储蓄之和称为国民总储蓄。

资本转移 指一个部门无偿地向另一个部门支付用于非金融投资的资金，是一种不从对方获取任何对应物作为回报的交易。资本转移具有不同于经常转移的两个特征，一是转移的目的是用于投资，而不是用于消费；二是资本转移其实物形式往往涉及除存货和现金以外资产所有权的转移；其现金形式往往涉及除存货以外的资产的处置。资本转移包括投资性补助和其他资本转移。

净金融投资 它反映机构部门或经济总体资金富余或短缺的状况。从实物交易角度看，它是指总储蓄加资本转移收入减资本转移支出减非金融投资后的差额。从金融交易角度看，它是金融资产的增加额减金融负债的增加额之后的差额。

通货 指以现金形式存在于市场流通中的货币，包括本币和外币。

存款 指金融机构接受客户存入的货币款项，存款人可随时或按约定时间支取款项的信用业务。包括活期存款、定期存款、住户储蓄存款、财政存款、外汇存款和其他存款等。

贷款 指金融机构将其所吸收的资金，按一定的利率贷放给客户并约期归还的信用业务。包括短期贷款、中长期贷款、财政贷款、外汇贷款和其他贷款。

证券 包括债券和股票。由债券购买者承购的或因销售产品而拥有的，可在金融市场上交易并代表一定债权的书面证明。包括政府债券、金融债券、企业债券、商业票据、支付固定收入但不提供法人企业残余价值分享权的优先股等。股票购买者及直接投资者对其投资企业净资产所拥有的权益。股票是股份公司签发的证明股东投资并按其所持股份享有权益和承担义务的权益性证券。其他股权是机构单位以直接投资的方式用除股票、债权性证券以外的土地、房屋及建筑物、机器设备、存货、资源资产等实物资产，商标、专利权、土地使用权、特许使用权、商誉等无形资产及货币资金直接向其他单位进行的投资。通常以股权证、出资证明书、参与证或类似的单据为凭证。

保险准备金 指对人寿保险准备金和养恤基金的净权益、保险费预付款和未结索赔准备金。

结算资金 指金融机构用于结算目的汇兑在途的资金。

金融机构往来 指各金融机构之间的资金往来，包括同业存放款和同业拆借款。

准备金 指各金融机构在中央银行的存款及缴存中央银行的法定准备金。

中央银行贷款 指中央银行向各金融机构的贷款。

经常项目 包括货物、服务、收益及经常性转移。

货物进出口 指通过我国海关进出口的货物。货物的进出口值都按离岸价格估价。离岸价格可视为进口商在出口商边境领取货物时支付的购买者价格。当进口商领取该货物时，该货物已装载到进口商自己的运载工具或其他运载工具，出口商已为该货物支付了出口税或获得了出口退税。

服务进出口 指常住单位与非常住单位之间相互提供的服务。包括运输服务、旅游服务、通讯服务、建筑服务、保险服务、金融服务、计算机和信息服务、咨询服务、广告、宣传服务、电影音像服务、专有权力使用费和特许费、其他商务服务、政府服务。

收益 指常住单位与非常住单位之间因相互提供生产要素而产生的收入，包括劳动者报酬和投资收益。其中投资收益包括直接投资、证券投资和其他投资的收益和支出，以及直接投资收益的再投资。

资本项目 包括移民转移、债务减免等资本性转移。

金融项目 包括直接投资、证券投资和其它投资。

直接投资 指外国、港澳台地区在我国和我国在外国、港澳台地区以独资、合资、合作及合作勘探开发方式进行的投资。

证券投资 指我国对外国、港澳台地区发行的股票、债券等有价证券和我国购买外国、港澳台地区发行的股票、债券等有价证券。

其它投资 指除直接投资和证券投资以外的所有对外金融资产与负债交易项目。包括外国提供给我国和我国提供给外国的贸易信贷、贷款、货币和存款以及其他资产。

储备资产增减额 指我国在黄金储备、外汇储备、在国际货币基金组织的储备头寸、特别提款权、使用基金信贷等方面本年末与上年末余额之间的差额。负号表示储备资产增加，正号表示储备资产减少。

Explanatory Notes on Main Statistical Indicators

Gross Domestic Product (GDP) refers to the final products at market prices produced by all resident units in a country (or a region) during a certain period of time. Gross domestic product is expressed in three different perspectives, namely value, income, and products respectively. GDP in its value perspective refers to the total value of all goods and services produced by all resident units during a certain period of time, minus the total value of input of goods and services of the nature of non-fixed assets; in other words, it is the sum of the value-added of all resident units. GDP from the perspective of income includes the primary income created by all resident units and distributed to resident and non-resident units. GDP from the perspective of products refers to the value of all goods and services for final consumption by all resident units minus the net exports of goods and services during a given period of time. In the practice of national accounting, gross domestic product is calculated from three approaches, namely production approach, income approach and expenditure approach, which reflect gross domestic product and its composition from different angles.

Three Industries Classification of economic activities into three strata of industry is a common practice in the world, although the grouping varies to some extent form country to country. In China economic activities are categorized into the following three strata of industry:

Primary industry refers to agriculture, forestry, animal husbandry and fishery and services in support of these industries.

Secondary industry refers to mining and quarrying, manufacturing, production and supply of electricity, water and gas, and construction.

Tertiary industry refers to all other economic activities not included in the primary or secondary industries.

GDP by Expenditure Approach refers to the method of measuring the final results of production activities of a country (region) during a given period from the perspective of final uses. It includes final consumption expenditure, gross capital formation and net export of goods and services. The formula for computation is.:

GDP by expenditure approach = final consumption expenditure + gross capital formation + net export of goods and services

Final Consumption Expenditure refers to the total expenditure of resident units for purchases of goods and services from both the domestic economic territory and abroad to meet the needs of material, cultural and spiritual life. It does not include the expenditure of non-resident units on consumption in the economic territory of the country. The final consumption expenditure is broken down into household consumption expenditure and government consumption expenditure.

Household Consumption Expenditure refers to the total expenditure of resident households on the final consumption of goods and services. In addition to the consumption of goods and services bought by the households directly with money, the household consumption expenditure also includes expenditure on goods and services obtained by the households in other ways, i.e. the so-called imputed consumption expenditure, which includes the following: (a) the goods and services provided to households by employers in the form of payment in kind and transfer in kind; (b) goods and services produced and consumed by the households themselves, in which the services refer only to the owner-occupied housing; (c) financial intermediate services provided by financial institutions; (d) insurance services provided by insurance companies.

Government Consumption Expenditure refers to the consumption expenditure spent for the provision of public services provided by the government to the whole country and the net expenditure on the goods and services provided by the government to households free of charge or at reduced prices. The former equals to the output value of the government services minus the value of operating income obtained by the government departments. The latter equals to the market value of the goods and services provided by the government free of charge or at reduced prices to the households minus the value received by the government from the households.

Gross Capital Formation refers to the fixed assets acquired less disposals and the net value of inventory, thus including gross fixed capital formation and changes in inventories.

Gross Fixed Capital Formation refers to the value of acquisitions less those disposals of fixed assets during a given period. Fixed assets are the assets produced through production activities with unit value above a specified amount and which could be used for over one year. Natural assets are not included. Gross fixed capital formation can be categorized into total tangible fixed capital formation and total intangible fixed capital formation. Total tangible fixed capital formation includes the value of the construction projects and installation projects completed and the equipment, apparatus and instruments purchased (less those disposed) as well as the value of land improved, the value of draught animals, breeding stock and animals for milk, for wool and for recreational purposes and the newly increased forest with economic value. Total intangible fixed capital formation includes the prospecting of minerals and the acquisition of computer software minus the disposal of them.

Changes in Inventories refers to the market value of the change in the physical volume of inventory of resident units during a given period, i.e. the difference between the values at the beginning and at the end of the period minus the gains due to the change in prices. The changes in inventories can have a positive or a negative value. A positive value indicates an increase in inventory while a negative value indicates a decrease in inventory. The inventory includes raw materials, fuels and reserve materials purchased by the production units as well as the inventory of finished products, semi-finished products and work-in-progress.

Net Export of Goods and Services refers to the exports of goods and services subtracting the imports of goods and services. Exports include the value of various goods and services sold or gratuitously transferred by resident units to non-resident units. Imports include the value of various goods and services purchased or gratuitously acquired resident units from non-resident units. Because the provision of services and the use of them happen simultaneously, the acquisition of services by resident units from abroad is usually treated as import while the acquisition of services by non-resident units in this country is usually treated as export. The exports and imports of goods are calculated at FOB.

Laborers Remuneration refers to the total payment of various forms to labourers for the productive activities they are engaged in. It includes wages, bonuses and allowances, which the labourers earn in cash and in kind. It also includes the free medical services provided to the labourers and the medicine expenses, transport subsidies and social insurance, and housing fund paid by the employers. As regards the individual economy, since labourers remuneration is not easily distinguishable from the operating profit, both parts are treated as labourer remuneration.

Net Taxes on Production refers to taxes on production less subsidies on production. The taxes on production refers to the various taxes, extra charges and fees levied on the production units on their production, sale and business activities as well as on the use of some factors of production, such as fixed assets, land and labour in the production activities they are engaged in. In contrast to taxes on production, subsidies on production refer to the unilateral government transfer to the production units and are therefore regarded as negative taxes on production. They include subsidies on the loss due to implementation of government policies, price subsidies, etc.

Depreciation of Fixed Assets refers to the depreciation of fixed assets in a given period, drawn in accordance with the stipulated depreciation rate for the purpose of compensating the wear-and-tear loss of the fixed assets or the depreciation of fixed assets imputed in accordance with the stipulated unified depreciation rate in the national economic accounting system. It reflects the value of transfer of the fixed assets in the production of the current period. The depreciation of fixed assets in various enterprises and institutions managed as enterprises refers to the depreciation expenses actually drawn. In government agencies and institutions not managed as enterprises which do not draw the depreciation expenses, as well as for the houses of residents, the depreciation of fixed assets is the imputed depreciation, which is calculated in accordance with the stipulated unified depreciation rate. In principle, the depreciation of fixed assets should be calculated on the basis of the re-purchased value of the fixed assets. However, currently the conditions in China do not facilitate the revaluation of all the fixed assets. Therefore, only the above-mentioned methods can be adopted at present.

Operating Surplus refers to the balance of the value added created by the resident units after deducting the labourers remuneration, net taxes on production and the depreciation of fixed assets. It is equivalent to the business profit of the enterprises plus subsidies to production, but the wages and welfare expenses paid from the profits should be deducted.

Institutional Units refer to economic entities that are in a position to own assets and incur liabilities; to engage independently in economic activities; and to conduct transactions with other entities.

Institutional Sectors refer to groups of institutional units that are homogenous in nature and have been grouped together. The following 4 institutional sectors are identified in the flow of funds accounts: non-financial corporations, financial institutions, general government and households. and also treated as an institutional sector is the rest of the world, which is composed of non-resident units that have economic relations with resident units.

Non-Financial Corporations and the Sector of Non-Financial Corporations refer to resident corporations that are engaged in the production of goods and the provision of non financial services in the market, mainly covering corporate enterprises of various types engaged in the above-mentioned activities. All non-financial corporations make up the sector of non-financial corporations.

Financial Institutions and the Sector of Financial Institutions refer to resident institutions that are engaged in the financial intermediary services or auxiliary financial activities that are closely related with financial intermediary services, mainly covering the Central Bank, commercial banks, policy banks, non-banking credit institutions and insurance companies. All financial institutions together make up the sector of financial institutions.

General Government and the Sector of General Governments refer to legal entities and their auxiliary units within the territory of China that are established through the political process and are empowered with legislative, administrative or judicial rights over other institutional within specific regions. The main function of general government is to acquire funds through taxation or other means in order to provide public services to society and households, and to conduct redistribution of income and properties of society through transfer payment. General government cover mainly administrative and non-profit institutional units of various types. All general government together make up the sector of general governments.

Households and the Sector of Households refer to resident individuals or groups of resident individuals who share common living facilities, pool together entire or part of their income and properties for their common disposal, and share their housing, food and other consumer goods and services. All households together make up the sector of households.

Non-resident Units and the Rest of the World Non-resident units refer to units that are of a non-resident nature. All non-resident units that have transactions with resident units together make up the rest of the world.

Total Income from Primary Distribution refers to the distribution of net results from production activities among the owners of factors of production and the governments. The net results from production activities is the value-added. Factors of production include labour force, land and capital. Owners of labour force gain remuneration by providing labour. Owners of land receive rents from leasing of land. Owners of capitals get income of various forms depending on the type of capital: owners of loan capital receive income from interests. Share holders receive dividends or non-distributed profits. Government either obtains production tax or pays subsidies in participating directly or indirectly in the production processes. Results of primary distribution generate the total income from primary distribution of each sector, and the sum of the total income of primary distribution of all sectors make up the Gross National Income, or the Gross National Product.

Current Transfers to the transaction in the form of provision of goods, services or assets by an institutional unit to another institutional unit without receiving any goods, services or assets in return from the recipient. Current transfers refer to all kinds of transfers other than capital transfers. They include income tax, payment to social securities, social allowances and other current transfers.

Total Disposable Income Total income from primary distribution is re-distributed through current transfer, resulting in the total disposable income of various institutional sectors. The sum of total disposable income of all institutional sectors makes up the total national disposable income.

Total Savings refer to total disposable income subtracting final consumption. Total savings of all sectors make up the total national savings.

Capital Transfer refers to the free payment from one sector to another sector of non-financial investment capital, and is a transaction that seeks no return from the recipient. Capital transfer differs from current transfer in 2 aspects: 1) The purpose of the capital transfer is investment rather than consumption. 2) Capital transfer features the transfer of the ownership of assets other than inventory and cash, and capital transfer in its monetary form involves the disposal of assets other than inventory. Capital transfer includes investment subsidies and other capital transfers.

Net Financial Investment reflects the surplus or shortage of capitals of institutional sectors or of the economy in general. It refers to total savings plus the income from capital transfer minus payment for capital transfer and the non-financial investment from the point of view of physical transaction. In terms of monetary transaction, it is the difference between the increase in financial assets minus the increase of the financial liabilities.

Currency refers to currency that is in circulation in the market, including local and foreign currencies.

Deposits refer to credit transactions by which financial institutions accept deposits from clients who could withdraw their deposit at any time or by an agreed time frame. They include demand deposit, time deposit, savings deposit, fiscal deposit, foreign exchange deposit and other deposits.

Loans refer to credit transactions by which financial institutions lend their capital to clients at certain level of interest rates, which the latter will repay by an agreed time frame. They include short-term loan, medium- and long-term loan, fiscal loan, foreign exchange loan and other loans.

Securities Include Shares and bond. refer to written certificates representing creditors' rights as purchased by bond holders or as acquired by selling products, which can be transacted at the financial markets. They include government bonds, financial bonds, corporation bonds, commercial drafts, preferential stocks that provide fixed income without the right to share the residual value of corporations, and so on. the rights of stockholders and direct investors on the net assets of corporations they have invested in. Shares refer to negotiable securities on creditor's rights, issued by share companies certifying the investment by stockholders and their rights and duties in accordance with the amount of stocks that they hold. Other holding rights refer to the direct investment by institutional units in other units with currency capital or with assets, in forms other than shares and negotiable securities on creditor's rights, including such tangible assets such as land, buildings, machines and equipment, inventory, resources, etc., and such intangible assets as trade marks, patents, monopolies, rights on land use, licenses, commercial reputation, etc.. Documents of proof of holding rights usually include certificates on creditor's right, certificates on investment or on participation, etc.

Insurance Reserve Funds consists of net equity of households in life insurance reserves and in pension funds reserves, prepayments of insurance premiums, and reserves for outstanding claims.

Settlement Fund refers to fund in float of financial institutions for settlement.

Inter- financial Institutions Accounts refer to flow of capital between financial institutions, consisting of nostro accounts, inter-bank lending.

Required and Excessive Reserves refer to financial institutions' deposits with the People's Bank of China.

Central Bank Lending refer to lending to financial institutions by the People's Bank of China

Current Account includes goods, services, income and current transfers.

Import and Export of Goods refer to imported or exported goods through Chinese customs. Both import and export of goods are valued at free on board (f.o.b.) prices. Free on board prices can be regarded as the purchaser's prices paid by importers when claiming goods at the border of the exporters. When the importer claim the imported goods, the goods have been loaded in importer's carriers or other carriers, and the exporter has paid export duty or received export redeem.

Import and Export of Services refer to services provided between resident and non-resident units, including services on transportation, tourism, communications, construction, insurance, finance, computer and information, consultancy, advertising and publicity, as well as film, audio and video services, royalty for patents, trademarks and other special rights, other commercial services, and government services.

Income refers income from provision of factors of production between resident and non-resident units, including compensation of labour and earnings from investment. Earnings from investment include earnings from and expenses on direct investment, security investment and other investment, as well as reinvestment of earnings from direct investment.

Capital Account includes capital transfers such as immigration transfer, reduction or exemption of debts, etc.

Financial Account includes direct investment, security investment and other investments.

Direct Investment refers to investment by foreign investors or investors from Hong Kong, Macao and Taiwan in China, or by Chinese investors in foreign countries or in Hong Kong, Macao and Taiwan, in forms of exclusive investment, joint investment, contracted operation and cooperative development,.

Security Investment refers to the issue of stocks and securities by China in foreign countries or in Hong Kong, Macao and Taiwan, and the purchase by Chinese units of stocks and securities issued in foreign countries or in Hong Kong, Macao and Taiwan.

Other Investment refers to all external transactions on financial assets and liabilities other than direct investment and security investment, including trade credits, loans, currency, deposits and other assets, provided by foreign countries to China and by China to foreign countries.

Reserve Assets, Net Increase refers to the difference between the end of the reference year and the end of the previous year, in gold reserve, foreign exchange reserve, special drawing rights in the International Monetary Fund, and the use of the Fund's credits. An increase in reserve assets is expressed in a negative figure and a decrease in the reserve assets is expressed in a positive figure.

人口
Population

● 资料整理：刘晓峰 史新旺

【简要说明】

一、主要内容

本篇包括历年人口及自然变动资料，城镇化资料、人口结构主要分类资料，五次人口普查主要指标，婚姻登记情况等资料。

二、资料来源

1971-1981年、1983-1989年、2000年总人口数是根据1982年、1990年、2000年人口普查数据调整的。1990-1999、2001-2007年数据是人口变动抽样调查调整数。市镇、乡村人口1953、1964、1982、1990、1995、2000、2005年数据是根据当年人口普查（或抽样调查）数据调整的，普查年度之间年份是根据两次普查间平均每年增幅调整的。2007年数据是根据1‰人口抽样调查和3%人口抽样调查结果推算。婚姻登记情况由省民政厅提供。本篇资料由河南省统计局人口与就业处编辑整理。

4-1 历年总人口(年底数)

Total Population over the Years(Year-end)

单位:万人 (10 000 persons)

年 份 Year	总人口数 Total Population	按性别分 By Sex 男 Male	 女 Female	性别比 (女=100) Sex Ratio (Female=100)	按城乡分 By Residence 城镇 Urban	 乡村 Rural	城镇化率 (%) Urban Proportion (%)	人口密度 (人/平方公里) Population Density (person/sq.km)
1957	4840	2469	2371	104.1	449	4391	9.3	290
1962	4940	2485	2455	101.2	518	4422	10.5	296
1965	5240	2648	2592	102.1	585	4655	11.2	314
1970	6026	3055	2971	102.8	730	5296	12.1	361
1975	6758	3436	3322	103.4	883	5875	13.1	405
1978	7067	3599	3468	103.8	963	6104	13.6	423
1979	7189	3662	3527	103.8	994	6195	13.8	431
1980	7285	3710	3575	103.8	1021	6264	14.0	436
1981	7397	3768	3629	103.8	1050	6347	14.2	443
1982	7519	3835	3684	104.1	1084	6435	14.4	450
1983	7632	3902	3730	104.6	1111	6521	14.6	457
1984	7737	3960	3777	104.9	1137	6600	14.7	463
1985	7847	4022	3825	105.2	1164	6683	14.8	470
1986	7985	4097	3888	105.4	1196	6789	15.0	478
1987	8148	4184	3964	105.5	1232	6916	15.1	488
1988	8317	4272	4045	105.6	1269	7048	15.3	498
1989	8491	4366	4125	105.9	1308	7183	15.4	508
1990	8649	4440	4209	105.5	1342	7307	15.5	518
1991	8763	4501	4262	105.6	1389	7374	15.9	525
1992	8861	4554	4307	105.7	1434	7427	16.2	531
1993	8946	4602	4344	105.9	1477	7469	16.5	536
1994	9027	4643	4384	105.9	1520	7507	16.8	541
1995	9100	4651	4449	104.5	1564	7536	17.2	545
1996	9172	4715	4457	105.8	1687	7485	18.4	549
1997	9243	4751	4492	105.8	1811	7432	19.6	553
1998	9315	4787	4528	105.7	1937	7378	20.8	558
1999	9387	4825	4562	105.8	2064	7323	22.0	562
2000	9488	4895	4593	106.6	2201	7287	23.2	568
2001	9555	4915	4640	105.9	2334	7221	24.4	572
2002	9613	4946	4667	105.9	2480	7133	25.8	576
2003	9667	4980	4687	106.3	2630	7037	27.2	579
2004	9717	5000	4717	106.0	2809	6908	28.9	582
2005	9768	5045	4723	106.8	2994	6774	30.7	585
2006	9820	5074	4746	106.9	3189	6631	32.5	588
2007	9869	5100	4769	106.9	3389	6480	34.3	591

注：1.1971-1981年、1983-1989年、2000年总人口数是根据1982年、1990年、2000年人口普查数据调整的。

2.1990-1999、2001-2007年数据是人口变动抽样调查调整数。

3.城镇、乡村人口1953、1964、1982、1990、1995、2000、2005年数据是根据当年人口普查(抽样调查)数据调整的，其他年份是根据两次普查间平均每年增幅调整的。2004、2006和2007年是根据人口与城镇化抽样调查推算的。

a)Data in 1971-1981，1983-1989 and 2000 were adjusted on the basis of the 1982，1990 and 2000 National Population Censuses.

b)Data in 1990-1999 、2001- 2007 have been calculated and adjusted on the basis of the annual National Sample Surveys on Population changes.

c)Urban Population and Rural Population in 1953、1964、1982、1990、1995、2000 、2005 were adjusted on the basis of the National Population Censuses(Spot Check),Data in other years were adjusted on the basis of the average increase rate between the two censuses. Data in 2004,2006 and 2007 were calculated on the basis of the Spot Check of population and Urbanization.

4–2 历年人口自然变动情况

Natural Changes of Population over the Years

单位：万人 (10 000 persons)

年 份 Year	年平均人口数 Average Person Per Year	出生人口数 Number of Birth	出生率 (? Birth Rate (□)	死亡人口数 Number of Death	死亡率 (? Death Rate (□)	自然增加人口数 Number of Natural Growth	自然增长率 (? Natural Growth Rate (?
1957	4787	161	33.7	56	11.8	105	21.9
1962	4872	183	37.5	39	8.0	144	29.5
1965	5170	187	36.1	44	8.5	143	27.7
1970	5943	211	35.5	45	7.6	166	27.9
1975	6703	158	23.7	51	7.7	107	16.0
1978	7012	154	21.9	44	6.3	110	15.6
1979	7128	153	21.5	45	6.4	108	15.2
1980	7237	145	20.0	46	6.3	99	13.7
1981	7341	151	20.6	48	6.6	103	14.1
1982	7458	153	20.6	46	6.2	107	14.4
1983	7576	154	20.4	48	6.3	106	14.1
1984	7685	145	18.9	48	6.3	97	12.6
1985	7792	157	20.1	48	6.1	109	14.0
1986	7916	187	23.7	51	6.4	136	17.2
1987	8067	212	26.2	51	6.3	161	19.9
1988	8233	214	26.0	48	5.8	166	20.1
1989	8404	223	26.5	48	5.8	175	20.8
1990	8570	214	24.9	56	6.5	158	18.4
1991	8706	172	19.8	58	6.6	114	13.2
1992	8812	159	18.1	61	7.0	98	11.1
1993	8904	141	15.9	56	6.4	85	9.5
1994	8987	138	15.4	57	6.3	81	9.0
1995	9064	130	14.4	57	6.3	73	8.1
1996	9136	130	14.3	58	6.4	72	7.8
1997	9208	129	14.0	58	6.3	71	7.7
1998	9279	131	14.2	59	6.4	72	7.8
1999	9351	132	14.1	60	6.4	72	7.7
2000	9438	123	13.1	56	5.9	67	7.1
2001	9522	126	13.2	59	6.3	67	6.9
2002	9584	119	12.4	61	6.4	58	6.0
2003	9640	116	12.1	62	6.5	54	5.6
2004	9692	113	11.7	63	6.5	50	5.2
2005	9743	112	11.6	61	6.3	51	5.3
2006	9794	113	11.6	61	6.3	52	5.3
2007	9845	111	11.3	62	6.3	49	4.9

注：1971-1981年、1984-1989年、2000年数据是根据1982年、1990年、2000年人口普查数据调整的，1990-1999、2001-2007年数据是人口变动抽样调查调整数。

a)Data in1971-1981，1984-1989 and 2000 were adjusted on the basis of the 1982，1990 and 2000 National Population Censuses.Data in 1990-1999、2001- 2007 have been adjusted on the basis of the annual National Sample Surveys Population changes.

4-3 各市总户数、总人口数（2007年底）

Number of Households and Population by City(End of 2007)

分市数据是各市根据2007年人口与城镇化抽样调查汇总数据和公安年报及有关数据推算的。

Data by city were computative on the basis of the 2007 National Population Censuses celerity collect and annual reports of the Bureau of Public Security.

市 City	总户数(万户) Total Number of Households (10 000 households)	总人口数(万人) Total Population (10 000 persons)	按性别分 By Sex		按城乡分 By Residence		年平均人口数(万人) Average popolation (10 000 persons)	城镇化水平(%) Urban Proportion (%)	常住人口(万人) Residents popolation (10 000 persons)	年平均常住人口(万人) Average Residents (10 000 persons)	人口密度(人/平方公里) Population Density (person /sq.km)
			男 Male	女 Female	城镇 Urban	乡村 Rural					
全 省 Total	**2851**	**9869**	**5100**	**4769**	**3389**	**6480**	**9845**	**34.3**	**9360**	**9376**	**591**
郑州市 Zhengzhou	187	660	336	324	404	256	658	61.3	736	730	886
开封市 Kaifeng	134	482	249	233	173	309	481	35.9	468	469	748
洛阳市 Luoyang	190	650	334	316	267	383	648	41.1	634	635	428
平顶山市 Pingdingshan	143	499	261	238	193	306	497	38.8	484	484	632
安阳市 Anyang	157	539	275	264	193	346	538	35.8	519	520	728
鹤壁市 Hebi	45	145	75	70	67	78	145	46.0	142	143	665
新乡市 Xinxiang	158	558	285	273	208	350	557	37.3	552	553	683
焦作市 Jiaozuo	94	345	176	169	150	195	344	43.6	339	339	847
濮阳市 Puyang	94	361	185	176	116	245	360	32.1	349	351	847
许昌市 Xuchang	130	454	235	219	163	291	453	35.8	429	428	910
漯河市 Luohe	73	256	132	124	91	165	255	35.7	247	248	977
三门峡市 Sanmenxia	69	223	115	108	95	128	223	42.4	221	223	212
南阳市 Nanyang	345	1085	569	516	360	725	1083	33.2	995	996	408
商丘市 Shangqiu	248	824	423	401	248	576	822	30.1	764	765	770
信阳市 Xinyang	245	799	419	380	249	550	796	31.2	663	663	409
周口市 Zhoukou	300	1081	560	521	281	800	1079	26.0	990	992	904
驻马店市 Zhumadian	221	844	439	405	219	625	842	25.9	764	770	560
济源市 Jiyuan	19	68	35	33	31	37	68	45.0	68	67	351

4−4 各市人口年龄结构（2007年底）

Composition of Population by Age and City(End of 2007)

全省数据是根据2007年国家1‰人口抽样调查汇总数据推算的，分市数据是根据2007年省人口与城镇化抽样调查汇总数据推算(下表同)。
Data of total in this table are estimated from the National Sample Survey of 1□ population in 2007.Data by City are estimated from the Provincial Sample Survey of Population and Urbanization in 2007 (the next table is the same).

市 City	总人口数（万人）Total Population (10 000 persons)	0−14岁 Age 0-14	15−64岁 Age 15-64	65岁及以上 Age 65+	占总人口比重 (%) % to Total Population 0−14岁 Age 0-14	15−64岁 Age 15-64	65岁及以上 Age 65+
全　　省 Total	**9869**	**2011**	**7111**	**747**	**20.4**	**72.1**	**7.6**
郑　州　市 Zhengzhou	660	108	493	59	16.4	74.8	8.9
开　封　市 Kaifeng	482	90	353	39	18.7	73.3	8.0
洛　阳　市 Luoyang	650	129	466	56	19.8	71.6	8.6
平顶山市 Pingdingshan	499	84	368	46	17.0	73.8	9.3
安　阳　市 Anyang	539	101	399	39	18.8	73.9	7.3
鹤　壁　市 Hebi	145	30	105	10	20.7	72.5	6.8
新　乡　市 Xinxiang	558	102	416	40	18.3	74.5	7.2
焦　作　市 Jiaozuo	345	66	252	27	19.3	73.0	7.8
濮　阳　市 Puyang	361	67	268	26	18.6	74.3	7.1
许　昌　市 Xuchang	454	83	331	41	18.3	72.8	8.9
漯　河　市 Luohe	256	43	189	24	16.9	73.9	9.2
三门峡市 Sanmenxia	223	36	171	16	16.1	76.7	7.2
南　阳　市 Nanyang	1085	208	786	92	19.2	72.4	8.5
商　丘　市 Shangqiu	824	171	589	65	20.7	71.4	7.9
信　阳　市 Xinyang	799	183	540	76	22.9	67.6	9.5
周　口　市 Zhoukou	1081	248	748	85	22.9	69.2	7.9
驻马店市 Zhumadian	844	185	577	82	21.9	68.4	9.8
济　源　市 Jiyuan	68	12	52	4	17.2	76.2	6.6

4−5 各市人口抚养系数(2007年底)

Dependency Ratio of Population by City (End of 2007)

单位：(%) (%)

市 City	少年儿童系数 Ratio of Children	老年系数 Ratio of the aged	老少比 Ratio of the aged to Children	少年儿童抚养系数 Children Dependency Ratio	老年抚养系数 The Aged Dependency	抚养系数 Dependency Ratio
全　　省 Total	**20.4**	**7.6**	**37.1**	**28.3**	**10.5**	**38.8**
郑　州　市 Zhengzhou	16.4	8.9	54.2	21.9	11.9	33.8
开　封　市 Kaifeng	18.7	8.0	43.1	25.4	11.0	36.4
洛　阳　市 Luoyang	19.8	8.6	43.4	27.6	12.0	39.6
平顶山市 Pingdingshan	17.0	9.3	54.9	23.0	12.6	35.6
安　阳　市 Anyang	18.8	7.3	38.8	25.4	9.9	35.3
鹤　壁　市 Hebi	20.7	6.8	32.6	28.6	9.3	37.9
新　乡　市 Xinxiang	18.3	7.2	39.5	24.5	9.7	34.2
焦　作　市 Jiaozuo	19.3	7.8	40.2	26.4	10.6	37.0
濮　阳　市 Puyang	18.6	7.1	37.9	25.1	9.5	34.6
许　昌　市 Xuchang	18.3	8.9	49.0	25.1	12.3	37.4
漯　河　市 Luohe	16.9	9.2	54.5	22.8	12.5	35.3
三门峡市 Sanmenxia	16.1	7.2	44.9	21.0	9.4	30.5
南　阳　市 Nanyang	19.2	8.5	44.1	26.5	11.7	38.1
商　丘　市 Shangqiu	20.7	7.9	38.2	29.0	11.1	40.1
信　阳　市 Xinyang	22.9	9.5	41.4	33.8	14.0	47.9
周　口　市 Zhoukou	22.9	7.9	34.4	33.2	11.4	44.6
驻马店市 Zhumadian	21.9	9.8	44.5	32.0	14.3	46.3
济　源　市 Jiyuan	17.2	6.6	38.4	22.5	8.7	31.2

4–6 历年市总户数、总人口数(年底数)

Number of Households and Population in Cities over the Year(Year-end)

本表为公安年报数。
Data in this table are taken from the annual reports of the Bureau of Public Security.

年份 Year	市数 (个) City (unit)	总户数 (万户) Total Number of Households (10 000 households)	总人口数 (万人) Total Population (10 000 persons)	男 Male	女 Female	性别比 (女=100) Sex Ratio (Female=100)	非农业人口 Non-agricultural 人口数 (万人) Population (10 000 persons)	占总人口% % to Total Population
1957	16	56	270	144	126	113.5	177	65.6
1962	14	74	370	194	176	110.7	222	59.9
1965	14	78	408	214	194	109.9	255	62.4
1970	14		461				277	60.0
1975	14	103	535	282	253	111.6	319	59.6
1978	14	125	599	317	282	112.2	349	58.3
1979	14	125	594	313	281	111.4	365	61.5
1980	16	136	635	334	301	110.7	398	62.7
1981	17	148	667	351	316	111.3	416	62.3
1982	17	162	714	377	337	111.9	434	60.8
1983	18	193	839	440	399	110.3	454	54.1
1984	18	202	861	451	410	110.2	475	55.1
1985	18	212	882	462	420	109.9	498	56.4
1986	18	223	907	474	433	109.6	515	56.7
1987	18	215	835	438	397	110.1	530	63.5
1988	24	339	1347	700	647	108.2	600	44.5
1989	25	365	1423	739	684	108.0	629	44.2
1990	26	381	1471	762	709	107.5	649	44.1
1991	27	407	1572	815	757	107.6	674	42.9
1992	27	422	1605	830	775	107.1	700	43.6
1993	28	453	1698	878	820	107.1	737	43.4
1994	36	520	2449	1260	1189	106.0	894	36.5
1995	36	663	2488	1278	1210	105.6	911	36.6
1996	38	708	2684	1378	1306	105.5	970	36.1
1997	38	754	2832	1452	1380	105.2	1012	35.7
1998	38	801	2974	1524	1450	105.2	1051	35.4
1999	38	811	3001	1537	1464	105.0	1075	35.8
2000	38	829	3044	1559	1485	105.0	1120	36.8
2001	38	840	3082	1580	1502	105.2	1179	38.3
2002	38	867	3143	1610	1533	105.1	1209	38.5
2003	38	885	3199	1638	1561	105.0	1259	39.4
2004	38	909	3252	1667	1585	105.1	1351	41.6
2005	38	964	3386	1735	1651	105.1	1362	40.2
2006	38	985	3455	1771	1684	105.2	1393	40.3
2007	38	1004	3510	1799	1711	105.1	1418	40.4

4-7 历年市人口自然变动情况

Natural Changes of Population in Cities over the Years

本表为公安年报数。
Data in this table are taken from the annual reports of the Bureau of Public Security.

单位：万人 (10 000 persons)

年 份 Year	年平均人口数 Average Person Per Year	出生人口数 Number of Birth	出生率(‰) Birth Rate (‰)	死亡人口数 Number of Death	死亡率(‰) Death Rate (‰)	自然增加人口数 Number of Natural Growth	自然增长率(‰) Natural Growth Rate (‰)
1957	260	11	43.8	2	9.0	9	34.8
1962	377	13	35.0	2	6.6	11	28.4
1965	402	14	33.9	3	6.5	11	27.4
1975	532	9	16.8	3	5.5	6	11.3
1978	590	9	15.1	3	5.1	6	10.0
1979	585	8	14.0	3	5.0	5	9.0
1980	626	6	10.3	3	4.9	3	5.4
1981	655	8	12.8	3	4.9	5	7.9
1982	704	11	15.6	3	4.8	8	10.8
1983	830	10	12.7	4	5.1	6	7.6
1984	852	10	11.5	4	5.0	6	6.5
1985	872	10	11.0	4	4.9	6	6.1
1986	898	12	13.1	4	4.7	8	8.4
1987	824	12	15.1	3	4.3	9	10.7
1988	1326	23	17.5	6	4.9	17	12.6
1989	1385	24	17.2	7	4.9	17	12.3
1990	1447	27	19.0	8	5.2	19	13.7
1991	1558	23	14.7	8	4.9	15	9.8
1992	1589	20	12.6	8	5.0	12	7.6
1993	1652	18	10.9	8	4.8	10	6.1
1994	2074	23	11.3	12	6.0	11	5.3
1995	2469	23	9.3	13	5.1	10	4.2
1996	2586	25	9.5	14	5.4	11	4.2
1997	2758	26	9.6	13	4.8	13	4.8
1998	2903	30	10.3	14	4.8	16	5.5
1999	2988	28	9.4	14	4.7	14	4.7
2000	3022	34	11.3	16	5.3	18	6.0
2001	3063	28	9.0	13	4.3	15	4.7
2002	3112	28	9.1	14	4.4	14	4.7
2003	3171	28	8.9	15	4.6	13	4.3
2004	3225	34	10.6	15	4.7	19	5.9
2005	3319	34	10.2	14	4.2	20	6.0
2006	3420	39	11.4	15	4.3	24	7.0
2007	3482	45	12.9	14	3.9	31	9.0

4–8 历年县人口自然变动情况

Natural Changes of Population in Counties over the Years

单位：万人 (10 000 persons)

年 份 Year	年平均人口数 Average Person Per Year	出生人口数 Number of Birth	出生率(‰) Birth Rate (‰)	死亡人口数 Number of Death	死亡率(‰) Death Rate (‰)	自然增加人口数 Number of Natural Growth	自然增长率(‰) Natural Growth Rate (‰)
1957	4527	150	33.1	54	12.0	96	21.1
1962	4495	170	37.7	37	8.2	133	29.6
1965	4767	173	36.3	41	8.6	132	27.7
1975	6171	149	24.3	48	7.9	101	16.4
1978	6422	145	22.6	41	6.4	104	16.1
1979	6543	145	22.2	42	6.5	103	15.7
1980	6611	139	20.9	43	6.5	96	14.5
1981	6686	143	21.4	45	6.7	98	14.7
1982	6755	143	21.2	43	6.4	100	14.8
1983	6799	144	21.3	44	6.5	100	14.9
1984	6835	135	19.8	44	6.4	91	13.4
1985	6921	147	21.2	44	6.3	103	15.0
1986	7022	175	25.0	47	6.7	128	18.3
1987	7196	200	27.5	48	6.6	152	20.9
1988	7142	191	27.6	42	6.0	149	21.6
1989	7019	199	28.3	41	5.9	158	22.4
1990	7123	187	26.1	48	6.8	139	19.4
1991	7148	149	20.9	50	7.0	99	13.9
1992	7223	139	19.2	53	7.3	86	11.9
1993	7252	123	17.0	48	6.6	75	10.3
1994	6913	115	16.6	45	6.5	70	10.1
1995	6595	107	16.3	44	6.8	63	9.5
1996	6550	105	16.0	44	6.7	61	9.3
1997	6450	103	16.0	45	7.0	58	9.0
1998	6376	101	15.8	45	7.1	56	8.8
1999	6363	104	16.3	46	7.2	58	9.1
2000	6416	89	13.9	40	6.2	49	7.6
2001	6459	98	15.2	46	7.1	52	8.1
2002	6472	91	14.0	47	7.3	44	6.7
2003	6469	88	13.6	47	7.3	41	6.3
2004	6467	79	12.2	48	7.4	31	4.8
2005	6424	78	12.1	47	7.3	31	4.8
2006	6329	74	11.7	46	7.3	28	4.4
2007	6363	66	10.4	48	7.5	18	2.9

4–9 历年镇人口数(年底数)

Population in Town over the Year(Year-end)

本表为公安年报数。

Data in this table are taken from the annual reports of the Bureau of Public Security.

单位:万人 (10 000 persons)

年 份 Year	总人口数 Total Population	非农业人口 Non-agricultural Population		农业人口 Agricultural Population	
		人口数 Population	占总人口% % to Total Population	人口数 Population	占总人口% % to Total Population
1957	217	94	43.1	123	56.9
1962	152	94	61.8	58	38.2
1965	168	101	59.8	67	40.2
1975	232	120	51.7	112	48.3
1978	255	132	51.6	123	48.4
1979	278	160	57.7	118	42.3
1980	260	161	61.8	99	38.2
1981	263	165	62.8	98	37.2
1982	311	176	56.5	135	43.5
1983	336	184	54.8	152	45.2
1984	366	199	54.4	167	45.6
1985	558	232	41.6	326	58.4
1986	767	247	32.2	520	67.8
1987	1195	278	23.2	917	76.8
1988	1314	275	20.9	1039	79.1
1989	1461	295	20.2	1166	79.8
1990	1616	322	19.9	1294	80.1
1991	1641	336	20.5	1305	79.5
1992	1702	365	21.4	1337	78.6
1993	1830	409	22.3	1421	77.7
1994	2515	523	20.8	1992	79.2
1995	2820	564	20.0	2256	80.0
1996	3174	609	19.2	2565	80.8
1997	3419	646	18.9	2773	81.1
1998	3725	672	18.0	3053	82.0
1999	3899	691	17.7	3208	82.3
2000	4134	715	17.3	3419	82.7
2001	4276	737	17.2	3539	82.8
2002	4308	753	17.5	3555	82.5
2003	4268	736	17.2	3532	82.8
2004	4330	838	19.3	3492	80.7
2005	4505	841	18.7	3664	81.3
2006	4445	817	18.4	3628	81.6
2007	4505	820	18.2	3685	81.8

4–10 五次人口普查主要指标

Main Indicators on National Population Censuses in 1953,1964,1982,1990 and 2000

单位：万人 (10 000 persons)

项　目	Item	1953	1964	1982	1990	2000
全省总人口	**Total Population**	**4378.5**	**5032.6**	**7442.3**	**8553.4**	**9255.8**
按性别分的人口	**Population By Sex**					
男　性	Male	2231.5	2549.1	3795.0	4380.3	4775.3
女　性	Female	2147.0	2483.5	3647.3	4173.1	4480.5
按年龄分的人口	**Population By Age**					
0岁—6岁	Age 0-6	913.9	920.3	1026.6	1268.5	765.1
7岁—12岁	Age 7-12	510.9	846.4	1165.1	943.1	1211.2
育龄妇女(15—49岁)	Women at Childbearing Age (Age 15-49)	1017.0	1108.7	1780.6	2278.6	2495.7
劳动年龄人口	Population within Working Age					
(男16—59　女16—54)	(Male Age 16-59 and Female Age 16-54)	2289.7	2482.0	3927.4	4985.0	5600.9
男60岁女55岁以上人口	Males Aged 60 and Females Aged 55 and Over	457.7	448.5	738.7	898.5	1105.0
按民族分的人口	**Population By Nationality**					
汉　族	Han Nationality	4337.9	4980.9	7362.3	8452.5	9143.3
各少数民族	Minority Nationality	40.6	51.7	80.0	100.9	112.5
按城乡分的人口	**Population By Residence**					
城镇总人口	Urban Population	310.6	551.7	1172.5	1302.9	2144.7
乡村总人口	Rural Population	4067.9	4480.9	6269.8	7250.5	7111.1
按文化程度分的人口	**Population By Educational Level**					
#大学和相当于大学	University		9.3	24.5	72.6	247.5
高中	Senior Secondary School		44.0	470.1	606.1	928.4
初中	Junior Secondary School		208.5	1427.0	2269.8	3646.0
小学	Primary School		1229.6	2321.8	2971.9	3072.6
文盲和半文盲(12周岁以上)	Illiterate and Semi-literate(Age 12 and Over)		2146.8	2015.0	1395.8	543.2

注：1.第五次人口普查数据为快速汇总数据，其中文盲和半文盲人口是指15岁及以上。
2.第五次人口普查总人口指根据《第五次人口普查办法》规定的常住人口。(下同)。

a)Data of the fifth Population Census were fast collected results, Thereinto:Illiterate and Semi-literate were age 15 and over.

b)Total Population of the fifth Population Census refers to Population of resident according with 《Way of the fifth National Population Census》. (the same as following in tables)。

4–11 分年龄、性别的人口结构(2007年)
Population Construction by Age and Sex (2007)

本表数据为2007年11月1日人口变动抽样调查机器汇总数据。总人口抽样比为0.5‰。(4-12，4-13表同)
Data in this table are the sumed data obtained from Sample Survey on Population in Nov.1.2007.The Sampling fraction is 0.5‰.
(4-12,4-13 are the same)

年龄	Age	占常住人口比重 (%) percentage to Population(%)	男 Male	女 Female	性别比 (女=100) Sex Ratio (Female=100)
合　计	**Total**	**100.0**	**51.0**	**49.1**	**103.9**
0-4岁	0-4 Age	6.0	3.4	2.6	130.3
5-9岁	5-9 Age	7.1	4.1	3.0	134.2
10-14岁	10-14 Age	7.2	4.1	3.2	129.3
15-19岁	15-19 Age	9.8	5.3	4.6	116.3
20-24岁	20-24 Age	6.2	3.1	3.2	97.5
25-29岁	25-29 Age	6.2	3.0	3.2	92.4
30-34岁	30-34 Age	6.5	3.2	3.3	95.3
35-39岁	35-39 Age	9.6	4.7	4.9	96.4
40-44岁	40-44 Age	10.0	4.8	5.2	93.7
45-49岁	45-49 Age	6.2	3.0	3.3	90.4
50-54岁	50-54 Age	7.7	3.9	3.8	103.1
55-59岁	55-59 Age	5.9	3.0	2.9	105.2
60-64岁	60-64 Age	3.9	1.9	1.9	99.9
65-69岁	65-69 Age	2.7	1.4	1.3	103.6
70-74岁	70-74 Age	2.3	1.1	1.3	86.0
75-79岁	75-79 Age	1.4	0.6	0.7	84.4
80-84岁	80-84 Age	0.8	0.3	0.5	66.5
85-89岁	85-89 Age	0.3	0.1	0.2	41.8
90-94岁	90-94 Age	0.1	0.0	0.0	38.9
95岁及以上	Above 95 Age	0.0		0.0	

4-12 6岁及6岁以上分年龄、性别、受教育程度的人口结构(2007年)

Population Construction of 6 and over by Age,Sex and Educational Attainment (2007)

单位：% (%)

年龄	Age	6岁及6岁以上人口 6 and over	男 Male	女 Female	未上过学 No-Schooling	男 Male	女 Female	小学 Primary School	男 Male	女 Female	初中 Junion Secondary School	男 Male	女 Female
合 计	**Total**	**100.0**	**100.0**	**100.0**	**7.5**	**4.3**	**10.7**	**27.1**	**25.5**	**28.8**	**48.7**	**50.8**	**46.5**
6-9岁	6-9 Age	100.0	100.0	100.0	3.1	3.4	2.6	94.4	94.3	94.5	1.9	1.7	2.2
10-14岁	10-14 Age	100.0	100.0	100.0	0.9	1.1	0.7	53.2	54.0	52.1	44.3	43.3	45.5
15-19岁	15-19 Age	100.0	100.0	100.0	0.6	0.6	0.6	4.2	3.7	4.7	56.1	55.9	56.3
20-24岁	20-24 Age	100.0	100.0	100.0	0.9	0.8	1.0	3.9	3.2	4.5	62.5	59.9	65.1
25-29岁	25-29 Age	100.0	100.0	100.0	0.6	0.5	0.7	5.3	4.7	5.9	69.0	68.1	69.8
30-34岁	30-34 Age	100.0	100.0	100.0	1.1	0.8	1.4	9.6	6.7	12.4	67.3	68.7	66.0
35-39岁	35-39 Age	100.0	100.0	100.0	1.7	1.2	2.3	12.5	7.3	17.4	68.7	71.1	66.3
40-44岁	40-44 Age	100.0	100.0	100.0	1.6	0.7	2.5	15.5	8.9	21.7	66.9	69.8	64.1
45-49岁	45-49 Age	100.0	100.0	100.0	4.0	1.7	6.1	23.3	14.2	31.5	52.6	56.8	48.9
50-54岁	50-54 Age	100.0	100.0	100.0	7.8	3.1	12.6	34.3	24.3	44.6	45.5	54.6	36.0
55-59岁	55-59 Age	100.0	100.0	100.0	12.2	6.8	17.8	48.0	42.2	54.2	31.6	39.5	23.3
60-64岁	60-64 Age	100.0	100.0	100.0	20.6	11.5	29.6	47.1	46.9	47.3	25.5	32.0	18.9
65岁及以上	Above 65 Age	100.0	100.0	100.0	49.5	30.7	65.8	36.4	46.5	27.7	10.2	16.0	5.2

年龄	Age	高中 Senior Secondary School	男 Male	女 Female	大学专科 College	男 Male	女 Female	大学本科 University	男 Male	女 Female	研究生 Graduate	男 Male	女 Female
合 计	**Total**	**12.7**	**15.0**	**10.5**	**3.1**	**3.4**	**2.7**	**0.9**	**1.0**	**0.8**	**0.1**	**0.1**	**0.0**
6-9岁	6-9 Age	0.6	0.6	0.7									
10-14岁	10-14 Age	1.5	1.4	1.6	0.0	0.1		0.0	0.1		0.1	0.1	0.1
15-19岁	15-19 Age	36.4	37.0	35.8	2.3	2.4	2.1	0.5	0.4	0.5			
20-24岁	20-24 Age	20.2	23.5	17.1	8.9	8.9	9.0	3.4	3.6	3.2	0.1	0.1	0.1
25-29岁	25-29 Age	14.9	16.3	13.5	8.1	7.8	8.2	1.9	2.0	1.8	0.3	0.4	0.1
30-34岁	30-34 Age	13.8	15.6	12.2	6.1	6.8	5.5	2.0	1.4	2.5	0.1	0.1	0.1
35-39岁	35-39 Age	11.8	13.7	9.9	4.0	4.9	3.1	1.3	1.7	0.9	0.1	0.0	0.1
40-44岁	40-44 Age	12.3	15.7	9.1	2.8	3.6	2.1	0.9	1.2	0.6	0.0	0.1	
45-49岁	45-49 Age	16.8	23.1	11.2	2.7	3.6	1.9	0.5	0.6	0.4	0.0	0.1	
50-54岁	50-54 Age	10.4	14.8	6.0	1.8	2.8	0.7	0.3	0.4	0.1			
55-59岁	55-59 Age	6.5	9.7	3.1	1.4	1.5	1.2	0.3	0.2	0.4			
60-64岁	60-64 Age	4.9	6.8	2.9	1.2	1.7	0.8	0.7	1.0	0.4			
65岁及以上	Above 65 Age	2.6	4.6	0.9	1.0	1.7	0.4	0.3	0.5	0.1			

4–13 15岁及以上分年龄、性别、婚姻状况的人口结构（2007年）
Population Construction of 15 and over by Age, Sex and Marital Status (2007)

单位：%　　　　(%)

年龄	Age	15岁及15岁以上人口 15 and over	男 Male	女 Female	未婚 Never married	男 Male	女 Female	初婚有配偶 First Married	男 Male	女 Female
合　计	**Total**	**100.0**	**100.0**	**100.0**	**20.0**	**22.9**	**17.3**	**72.7**	**71.4**	**73.9**
15–19岁	15-19 Age	100.0	100.0	100.0	98.0	98.1	98.0	1.9	1.8	2.0
20–24岁	20-24 Age	100.0	100.0	100.0	69.0	74.6	63.6	30.4	24.8	36.0
25–29岁	25-29 Age	100.0	100.0	100.0	16.2	20.6	12.1	82.1	77.5	86.4
30–34岁	30-34 Age	100.0	100.0	100.0	3.5	5.0	1.9	94.2	91.8	96.4
35–39岁	35-39 Age	100.0	100.0	100.0	1.8	3.3	0.4	94.8	93.4	96.1
40–44岁	40-44 Age	100.0	100.0	100.0	0.9	1.7	0.1	95.4	94.9	95.8
45–49岁	45-49 Age	100.0	100.0	100.0	1.1	2.1	0.1	94.3	93.5	95.0
50–54岁	50-54 Age	100.0	100.0	100.0	1.3	2.4	0.2	92.7	91.9	93.4
55–59岁	55-59 Age	100.0	100.0	100.0	2.1	4.0	0.1	87.4	86.3	88.5
60–64岁	60-64 Age	100.0	100.0	100.0	2.1	4.1		83.5	84.9	82.2
65岁及以上	Above 65 Age	100.0	100.0	100.0	2.0	4.3		60.1	70.1	51.4

年龄	Age	再婚有配偶 Re-married	男 Male	女 Female	离婚 Divorced	男 Male	女 Female	丧偶 Widowed	男 Male	女 Female
合　计	**Total**	**1.4**	**1.3**	**1.5**	**0.6**	**0.9**	**0.4**	**5.3**	**3.5**	**7.0**
15–19岁	15-19 Age	0.1	0.1	0.0						
20–24岁	20-24 Age	0.3	0.3	0.3	0.2	0.3	0.1	0.0	0.1	
25–29岁	25-29 Age	0.8	0.9	0.7	0.7	0.9	0.6	0.1	0.1	0.2
30–34岁	30-34 Age	1.3	1.6	1.1	0.9	1.4	0.4	0.1	0.1	0.1
35–39岁	35-39 Age	1.9	1.4	2.4	1.1	1.6	0.6	0.4	0.4	0.5
40–44岁	40-44 Age	1.8	1.7	1.9	0.8	0.9	0.6	1.1	0.7	1.5
45–49岁	45-49 Age	2.0	2.0	1.9	0.6	0.8	0.3	2.1	1.5	2.6
50–54岁	50-54 Age	1.6	1.7	1.6	0.8	1.2	0.4	3.6	2.9	4.4
55–59岁	55-59 Age	2.2	1.8	2.6	0.6	0.9	0.3	7.7	7.0	8.5
60–64岁	60-64 Age	1.9	1.3	2.5	0.8	1.3	0.2	11.7	8.3	15.1
65岁及以上	Above 65 Age	1.6	1.9	1.3	0.4	0.6	0.3	35.9	23.1	47.0

4-14 育龄妇女分年龄、孩次的生育状况(2007年)

Age-specific Fertility Rate of Childbearing Women by Age of Mother and Birth Order(2007)

本表是2007年人口变动情况抽样调查样本数据，抽样比为0.5‰。

Data in this table are botained from the 2007 Sample Survey on Population Changes.The sampling fraction is 0.5‰.

年龄	平均育龄妇女人数（人）Average Number of Childbearing Women(person)	出生人数（人）Births (person)				生育率（‰）Fertility Rate (‰)			
			一孩 1st Birth	二孩 2ed Birth	三孩及以上 3rd Birth and Above		一孩 1st Birth	二孩 2ed Birth	三孩及以上 3rd Birth and Above
总计 Total	**12745**	**551**	**341**	**199**	**11**	**43.23**	**26.76**	**15.61**	**0.86**
15-19	**2101**	**4**	**4**			**1.90**	**1.90**		
15	365								
16	391								
17	513	1	1			1.95	1.95		
18	477	1	1			2.10	2.10		
19	355	2	2			5.63	5.63		
20-24	**1459**	**119**	**108**	**10**	**1**	**81.56**	**74.02**	**6.85**	**0.69**
20	363	8	7		1	22.04	19.28		2.75
21	328	23	23			70.12	70.12		
22	266	26	25	1		97.74	93.98	3.76	
23	257	25	23	2		97.28	89.49	7.78	
24	245	37	30	7		151.02	122.45	28.57	
25-29	**1491**	**149**	**99**	**48**	**2**	**99.93**	**66.40**	**32.19**	**1.34**
25	316	39	34	5		123.42	107.59	15.82	
26	306	27	15	11	1	88.24	49.02	35.95	3.27
27	301	31	21	10		102.99	69.77	33.22	
28	300	27	16	10	1	90.00	53.33	33.33	3.33
29	268	25	13	12		93.28	48.51	44.78	
30-34	**1539**	**95**	**36**	**55**	**4**	**61.73**	**23.39**	**35.74**	**2.60**
30	262	20	8	11	1	76.34	30.53	41.98	3.82
31	288	26	9	16	1	90.28	31.25	55.56	3.47
32	323	19	9	10		58.82	27.86	30.96	
33	331	14	7	7		42.30	21.15	21.15	
34	335	16	3	11	2	47.76	8.96	32.84	5.97
35-39	**2252**	**87**	**31**	**53**	**3**	**38.63**	**13.77**	**23.53**	**1.33**
35	395	15	4	11		37.97	10.13	27.85	
36	449	18	4	13	1	40.09	8.91	28.95	2.23
37	500	16	3	12	1	32.00	6.00	24.00	2.00
38	417	16	8	7	1	38.37	19.18	16.79	2.40
39	491	22	12	10		44.81	24.44	20.37	
40-44	**2390**	**57**	**39**	**18**		**23.85**	**16.32**	**7.53**	
40	434	16	11	5		36.87	25.35	11.52	
41	497	11	5	6		22.13	10.06	12.07	
42	470	10	7	3		21.28	14.89	6.38	
43	441	10	9	1		22.68	20.41	2.27	
44	548	10	7	3		18.25	12.77	5.47	
45-49	**1513**	**28**	**13**	**14**	**1**	**18.51**	**8.59**	**9.25**	**0.66**
45	417	4	1	3		9.59	2.40	7.19	
46	185	4	1	3		21.62	5.41	16.22	
47	267	9	6	3		33.71	22.47	11.24	
48	283	2	2			7.07	7.07		
49	361	9	3	5	1	24.93	8.31	13.85	2.77

4−15 婚姻登记情况
Basic Statistics on Marriages

项 目	Item	1990	1995	2000	2005	2006	2007
准予登记结婚(万对)	**Registered Marriages (10 000 couples)**	**74.26**	**72.03**	**66.18**	**51.33**	**54.77**	**60.10**
初婚(万人)	First Marriages (10 000 person)	144.56	139.39	127.82	96.42	103.19	113.58
再婚(万人)	Remarriages (10 000 person)	3.97	4.67	4.53	6.25	6.36	6.61
离婚(万对)	**Divorces (10 000 couples)**			**8.60**	**9.10**	**10.01**	**11.21**
#民政部门	Civil Administration Department	1.94	2.24	2.65	6.08	6.71	7.85

4−16 各市婚姻登记情况
Basic Statistics on Marriages by City

单位：对 (couples)

市	City	2006			2007		
		准予登记结婚 Registered Marriages	离婚 Divorces	#民政部门 Civil Administration Department	准予登记结婚 Registered Marriages	离婚 Divorces	#民政部门 Civil Administration Department
全 省	**Total**	**547738**	**100098**	**67148**	**600956**	**112118**	**78524**
郑 州 市	Zhengzhou	64982	14298	11564	66873	16330	13484
开 封 市	Kaifeng	25813	4543	3540	28792	4889	3807
洛 阳 市	Luoyang	39806	6891	4659	44411	8705	6170
平 顶 山 市	Pingdingshan	33645	6803	4872	34210	7088	5147
安 阳 市	Anyang	24862	5568	3226	29470	6266	4149
鹤 壁 市	Hebi	5962	1593	1019	6802	1600	1069
新 乡 市	Xinxiang	31826	6481	4381	34353	6948	4958
焦 作 市	Jiaozuo	21577	4601	3461	23635	4593	3724
濮 阳 市	Puyang	18669	2293	1352	21424	3049	1968
许 昌 市	Xuchang	31126	5815	3273	32775	6631	3870
漯 河 市	Luohe	16786	2594	1737	16864	3204	2257
三 门 峡 市	Sanmenxia	12797	2414	1558	12660	2855	1829
南 阳 市	Nanyang	64771	10073	4565	76840	12171	6268
商 丘 市	Shangqiu	37327	5537	3622	46235	5489	4268
信 阳 市	Xinyang	30592	6051	3832	32724	6747	4365
周 口 市	Zhoukou	32074	3768	2589	39830	4203	2857
驻 马 店 市	Zhumadian	49902	10252	7375	47696	10527	7641
济 源 市	Jiyuan	5221	685	523	5362	823	693

主要统计指标解释

人口数　指一定时点、一定地区范围内的有生命的个人的总和。

年度统计的年末人口数指每年 12 月 31 日 24 时的人口数。

常住人口　指实际经常居住在某地区一定时间（指半年以上）的人口。按人口普查和抽样调查规定，主要包括：1、在本地居住，户口也在本地的人口；2、户口在外地，但在本地居住半年以上者，或离开户口地半年以上而调查时在本地居住的人口；3、调查时居住在本地，但在任何地方都没有登记常住户口，如手持户口迁移证、出生证、退伍证、劳改劳教释放证等尚未办理常住户口的人，即所谓“口袋户口”的人。

出生率(又称粗出生率)　指在一定时期内(通常为一年)平均每千人所出生的人数的比率，一般用千分率表示。计算公式为：

出生率＝年出生人数／年平均人数×1000‰

式中：出生人数指活产婴儿，即胎儿脱离母体时(不管怀孕月数)，有过呼吸或其他生命现象。年平均人数指年初、年底人口数的平均数，也可用年中人口数代替。

死亡率(又称粗死亡率)　指在一定时期内(通常为一年)一定地区的死亡人数与同期平均人数(或期中人数)之比，一般用千分率表示。计算公式为：

死亡率＝年死亡人数／年平均人数×1000‰

人口自然增长率　指在一定时期内(通常为一年)人口自然增加数(出生人数减死亡人数)与该时期内平均人数(或期中人数)之比，一般用千分率表示。计算公式为：

人口自然增长率＝（本年出生人数－本年死亡人数）／年平均人数×1000‰＝人口出生率－人口死亡率

性别比　总人口中男性人数与女性人数之比。通常用每 100 个女性人口相应有多少男性人口表示。其计算公式为：

性别比＝男性人口数/女性人口数×100%

总负担系数　指被抚养人口（0–14岁和65岁以上人口）与15–64岁人口的比例。计算公式为：

总负担系数=被抚养人口/15–64岁人口*100

负担老年系数　指老年人口（65岁以上人口）与15–64岁人口的比例。计算公式为：

负担老年系数=老年人口/15–64岁人口*100

负担少年系数　指少年儿童与 15–64 岁人口的比例。计算公式为：

负担少年系数=少年儿童人口/15–64 岁人口*100

Explanatory Notes on Main Statistical Indicators

Total Population refers to the total number of people alive at a certain point of time within a given area.

The annual statistics on total population is taken at midnight, the 3lst of December.

Resident Population refers to the population actual living in a certain area for six months or more. According to the census and sample surveys, it includes the following main items : 1, Population live in this area, with the local resident registered; 2, Population with the resident registered of other area, live this area over half a year or Less than half a year but Leaving the area where they resident registered over half a year; 3, Population live in the local area, but have no resident registered, only have Migration Certificate 、Birth certificate 、Legionnaires card 、Release card from Re-education through labor or haven not yet requisition the resident registered ,so-called "pocket-registered "population.

Birth Rate (or Crude Birth Rate) refers to the ratio of the number of births to the average population during a certain period of time (usually a year), which is often expressed in‰. The following formula is used:

Birth Rate=Number of Births/Average Number of Population×1000‰

Number of births refers to live births i.e. the births when babies had showed any vital phenomena regardless of the length of pregnancy.

Annual Average Number of Population is the average of the number of population at the beginning of the year and that at the end of the year. Sometimes it is substituted for with the mid year population.

Death Rate (or Crude Death Rate) refers to the ratio of the number of deaths to the average population (or mid year population) during a certain period of time (usually a year), which is often expressed in‰. The following formula is used:

Death Rate umber of Deaths

=Number of Deaths/Annual Average Number of Population×1000‰

Natural Growth Rate of Population refers to the ratio of natural increase in population (number of births minus number of deaths) in a certain period of time (usually a year) to the average population (or mid year population) of the same period, which is often expressed in‰. The following formulas are applied:

Natural Growth of Population

=(Number of Births—Number of Deaths)/Average Number of Population×1000‰

Natural Growth Rate of Population=Birth Rate—Death Rate

Sex Ratio Refers to the Proportion of Male to Female Among the Total Population Which is often described as the proportion of 100 females to males. the following formula is used:

Sex Ratio=Number of Males/Number of Females×100%

Total Dependency Ratio refers to the ratio of number of dependents to the total population aged 15-64, the number of dependents being population aged 0-14 and population aged 65 and over. The total dependency ratio is calculated as follows:

Total Dependency Ratio = Number of Dependents/Population Aged 15-64×100%

The Aged Dependency Ratio refers to the ratio of the number of the aged population to the total population aged 15-64, the aged being population aged 65 and over. The aged dependency ratio is calculated as follows:

The Aged Dependency Ratio = Number of the Aged Population/ Population Aged 15-64×100%

The Juvenile and Children Dependency Ratio refers to the ratio of the number of the juvenile and children to the total population aged 15-64, the juvenile and children being population aged 0-14. The juvenile and children dependency ratio is calculated as follows:

The Juvenile and Children Dependency Ratio = Number of Juvenile and Children/ Population Aged 15-64×100%

从业人员与职工工资
Employment and Wages

● 资料整理：王利生

【简要说明】

一、主要内容

本篇包括人员就业情况、从业人员劳动报酬和在岗职工工资资料，城镇登记失业情况等。

二、资料来源

就业基本情况及分组、职工工资等资料，采用全面调查方法，由河南省统计局人口处编辑整理。其中，私营企业及个体工商业就业人员，由河南省工商行政管理局提供。职业介绍服务机构及劳动力交流情况、城镇登记失业人数，由河南省劳动和社会保障厅提供。

5-1 历年从业人员数(年底数)

Number of Employed Persons at the Year-end over the Years

单位:万人 (10 000 persons)

年 份 Year	合计 Total	按登记注册类型分 by Status of Registration						按三次产业分 by Type of Industry		
		职工人数 Number of Staff and Workers	国有单位 State-owned Units	城镇集体单位 Urban Collective-owned Units	其他单位 Units of Other Types of Ownership	城镇个体私营企业及其他 Urban Self-Employed and Private Enterprises and others	乡村从业人员 Number of Employed Person in Rural Area	第一产业 Primary Industry	第二产业 Secondary Industry	第三产业 Tertiary Industry
1952	1683	45	44	1		42	1596	1511	74	98
1957	1829	123	108	15		4	1702	1577	111	141
1962	2021	182	143	39		11	1828	1698	82	241
1965	2172	205	155	50		9	1958	1796	91	285
1970	2481	252	211	41			2229	2037	150	294
1975	2689	328	270	58		1	2360	2279	230	180
1978	2807	420	346	74		3	2384	2262	296	249
1979	2873	441	363	78		3	2429	2366	290	217
1980	2929	462	379	83		7	2460	2378	304	247
1981	3039	497	407	90		11	2531	2470	310	259
1982	3146	502	407	95		14	2630	2530	315	301
1983	3289	524	425	99		18	2747	2598	341	350
1984	3346	548	419	129		26	2772	2578	376	392
1985	3520	593	454	139		34	2893	2571	523	426
1986	3598	618	469	149		31	2949	2574	568	456
1987	3782	645	488	156	1	41	3096	2596	616	570
1988	3916	670	508	161	1	34	3212	2648	659	609
1989	3943	681	512	168	1	36	3226	2719	659	565
1990	4086	693	521	171	1	34	3359	2833	671	582
1991	4216	722	544	177	1	52	3442	2921	689	606
1992	4332	746	571	172	3	65	3521	2955	724	653
1993	4400	771	599	162	10	94	3535	2910	808	682
1994	4448	788	604	158	26	102	3558	2865	864	719
1995	4509	815	617	162	36	116	3578	2814	929	766
1996	4638	842	640	161	41	139	3657	2822	988	828
1997	4820	841	603	177	61	161	3818	2909	1011	900
1998	5000	748	485	149	114	185	4067	2947	962	1091
1999	5205	723	467	137	119	171	4311	3305	913	987
2000	5572	718	455	137	126	142	4712	3564	977	1031
2001	5517	704	448	134	122	125	4688	3478	997	1042
2002	5522	694	417	123	153	137	4691	3398	1038	1086
2003	5536	683	388	114	181	158	4695	3332	1084	1120
2004	5587	677	398	93	185	193	4718	3246	1142	1200
2005	5662	681	395	88	198	229	4752	3139	1251	1272
2006	5719	692	392	84	216	249	4777	3050	1351	1318
2007	5773	699	386	81	232	259	4815	2920	1487	1366

注：1.自1993年始从业人员中含其他从业人员。
2.1998年及以后年度职工为在岗职工，均与有关年度不尽可比。
a)Number of employed persons since 1993 included other employed persons.
b)Data of Employed since 1998 are staff and workers, can't compare with some relative years.

5-2 各种分组的从业人员数（年底数）

Number of Employed Persons at the Year-end by Groups

单位：万人 (10 000 persons)

项　目	Item	2005	2006	2007
经济活动人口	**Economically Active Population**	**5695.4**	**5754.1**	**5805.8**
#从业人员合计	**Total Number of Employed persons**	**5662.4**	**5718.7**	**5772.7**
按国民经济行业分	**Grouped by Sector**			
农、林、牧、渔业	Farming, Forestry, Animal Husbandry and Fishery	3138.8	3050.0	2920.3
采矿业	Mining	50.0	50.2	51.3
制造业	Manufacturing	732.5	800.4	884.1
电力、燃气及水的生产和供应业	Production and distribution of electricity,gas and water	22.7	22.2	21.6
建筑业	Construction	446.6	477.8	529.9
交通运输、仓储和邮政业	Traffic,transport, storage and post	187.3	188.9	198.7
信息传输、计算机服务和软件业	Information transfer, computer services and software	17.1	20.7	24.2
批发和零售业	Wholesale and retail trade	343.7	362.3	378.7
住宿和餐饮业	Accommodation and Restaurants	123.5	129.1	139.5
金融业	Finance	20.9	20.7	22.3
房地产业	Real estate	7.7	8.8	9.8
租赁和商务服务业	Tenancy and business services	14.0	15.3	16.3
科学研究、技术服务和地质勘查业	Scientific research, technical service and geologic perambulation	11.1	11.4	11.6
水利、环境和公共设施管理业	Management of water conservancy, environment and public establishment	10.6	11.3	11.7
居民服务和其他服务业	Resident services and other services	291.4	301.9	300.8
教育	Education	107.2	109.6	111.6
卫生、社会保障和社会福利业	Sanitation, social security and social welfare	33.4	34.4	35.5
文化、体育和娱乐业	Culture, sports and entertainment	6.9	8.2	8.2
公共管理和社会组织	Public management and social organization	97.1	95.5	96.6
按三次产业分	**by Type of Industry**			
第一产业	Primary Industry	3138.8	3050.0	2920.3
第二产业	Secondary Industry	1251.7	1350.6	1487.0
第三产业	Teriary industry	1271.9	1318.1	1365.4
按城乡分	**by Urban and Rural Areas**			
城镇从业人员	Urban Employed Persons	910.1	941.8	958.1
#国有单位	State-owned Units	404.8	401.6	396.7
城镇集体单位	Urban Collective Owned Units	91.2	85.9	82.9
股份合作单位	Share Holding Units	8.5	8.4	10.4
联营单位	Joint Owned Units	1.2	1.6	1.7
有限责任公司	Limited Liability Corporations	131.5	146.7	154.3
股份有限公司	Share-holding Corporations Ltd.	42.8	43.3	45.5
私营企业	Private Enterprises	72.9	87.7	88.5
港澳台商投资单位	Units Funded by Entrepreneurs from Hong Kong, Macao & Taiwan	7.4	8.0	10.2
外商投资单位	Foreign Funded Units	8.4	9.6	11.0
个体	Self-employed Individuals	136.6	142.8	150.5
乡村从业人员	Rural Employed Persons	4752.4	4776.9	4814.6

5-3 按城乡分的从业人员数(2007年底)

Number of Employed Persons at the Year-end in Urban and Rural Areas (2007)

单位:万人 (10 000 persons)

项目	Item	合计 Total	城镇 Urban Area	#国有单位 State-owned Units	#集体单位 Collecti-veowned Units	#私营 Private Enterp-rises	#个体 Selfem-ployed indiv-iduals	乡村 Rural Area
从业人员总计	**Total Number of Employed persons**	**5772.72**	**958.16**	**396.65**	**82.93**	**88.50**	**150.48**	**4814.56**
按国民经济行业分	**Grouped by Sector**							
农、林、牧、渔业	Farming, Forestry,animal Husbandry and Fishery	2920.29	10.40	6.93	0.79	1.18	0.54	2909.89
采矿业	Mining	51.33	51.33	14.79	1.45	0.74	0.18	
制造业	Manufacturing	884.14	202.63	28.36	15.37	29.53	15.99	681.51
电力、燃气及水的生产和供应业	Production and distribution of electricity,gas and water	21.61	21.61	15.02	0.17	0.43	0.03	
建筑业	Construction	529.90	84.02	19.27	14.75	5.81	0.42	445.88
交通运输、仓储和邮政业	Traffic,transport, storage and post	198.65	38.66	25.56	2.04	1.67	6.03	159.99
信息传输、计算机服务和软件业	Information transfer, computer services and software	24.25	8.18	2.65	0.05	2.81	0.79	16.07
批发和零售业	Wholesale and retail trade	378.70	158.97	19.31	11.40	29.75	86.11	219.73
住宿和餐饮业	Accommodation and Restaurants	139.50	32.56	4.58	1.54	2.48	20.04	106.94
金融业	Finance	22.32	22.32	10.29	5.62			
房地产业	Real estate	9.82	9.82	1.91	0.38	2.87	0.01	
租赁和商务服务业	Tenancy and business services	16.29	16.29	4.86	2.61	4.95	0.90	
科学研究、技术服务和地质勘查业	Scientific research, technical service and geologic perambulation	11.56	11.56	10.61	0.18			
水利、环境和公共设施管理业	Management of water conservancy, environment and public establishment	11.70	11.70	11.30	0.11			
居民服务和其他服务业	Resident services and other services	300.75	26.20	1.09	0.22	5.78	18.62	274.55
教育	Education	111.60	111.60	84.63	24.34			
卫生、社会保障和社会福利业	Sanitation,social security and social welfare	35.51	35.51	32.70	1.59	0.11	0.16	
文化、体育和娱乐业	Culture, sports and entertainment	8.22	8.22	6.74	0.08	0.39	0.66	
公共管理和社会组织	Public management and social organization	96.58	96.58	96.05	0.24			
按三次产业分	**by Type of Industry**							
第一产业	Primary Industry	2920.29	10.40	6.92	0.79	1.18	0.54	2909.89
第二产业	Secondary Industry	1486.98	359.59	77.44	31.73	36.53	16.62	1127.39
第三产业	Teriary Industry	1365.45	588.16	312.29	50.41	50.79	133.32	777.29

5-4 各市分城乡的从业人员数(2007年底)

Number of Employed Persons at the Year-end by Residence and City (2007)

单位：万人 (10 000 persons)

市 City	合计 Total	城镇 Urban Area	国有经济 State-owned Units	集体经济 Collective-owned Units	其他单位合计 Total of Others	内资 Internal Funded Economic Units
全省 Total	**5772.72**	**958.16**	**396.65**	**82.93**	**239.60**	**218.40**
郑州市 Zhengzhou	395.50	165.50	51.39	5.47	43.70	37.95
开封市 Kaifeng	284.22	45.00	17.31	4.48	6.52	6.22
洛阳市 Luoyang	384.67	81.41	30.85	5.31	15.74	14.10
平顶山市 Pingdingshan	305.24	64.55	19.07	4.65	23.34	22.08
安阳市 Anyang	335.32	54.74	19.82	5.82	17.94	17.12
鹤壁市 Hebi	84.29	20.73	5.75	1.37	8.94	8.60
新乡市 Xinxiang	292.31	54.98	23.61	4.91	14.98	12.57
焦作市 Jiaozuo	200.39	59.17	14.84	3.46	14.19	13.45
濮阳市 Puyang	235.76	53.35	16.02	1.94	13.81	13.25
许昌市 Xuchang	275.06	49.61	14.43	4.37	9.17	8.39
漯河市 Luohe	155.18	30.99	9.36	2.46	9.65	7.01
三门峡市 Sanmenxia	124.10	29.82	12.42	1.79	9.46	8.85
南阳市 Nanyang	637.80	99.49	38.95	7.97	22.87	21.21
商丘市 Shangqiu	495.05	60.39	23.93	7.14	6.43	6.27
信阳市 Xinyang	465.50	69.44	28.75	6.52	7.31	7.21
周口市 Zhoukou	667.66	88.94	32.78	5.94	5.36	4.98
驻马店市 Zhumadian	548.29	70.70	21.13	7.81	6.58	5.89
济源市 Jiyuan	38.58	11.55	3.00	0.11	3.60	3.24

市 City	港澳台投资经济 Economic Units Funded by Entrepreneurs from Hong Kong, Macao and Taiwan	外商投资经济 Foreign Funded Economic Units	城镇私营经济 Urban Private Economic Units	城镇个体 Urban Self-Employed Individuals	乡村 Rural Area
全省 Total	10.24	10.96	88.50	150.48	4814.56
郑州市 Zhengzhou	2.27	3.48	28.95	35.99	230.00
开封市 Kaifeng	0.10	0.20	5.76	10.93	239.22
洛阳市 Luoyang	0.42	1.22	15.05	14.46	303.26
平顶山市 Pingdingshan	0.69	0.57	3.47	14.02	240.69
安阳市 Anyang	0.42	0.40	3.83	7.33	280.58
鹤壁市 Hebi	0.28	0.06	1.92	2.75	63.56
新乡市 Xinxiang	0.46	1.95	4.59	6.89	237.33
焦作市 Jiaozuo	0.52	0.22	14.73	11.95	141.22
濮阳市 Puyang	0.37	0.19	6.01	15.57	182.41
许昌市 Xuchang	0.58	0.20	6.78	14.86	225.45
漯河市 Luohe	2.52	0.12	3.16	6.36	124.19
三门峡市 Sanmenxia	0.26	0.35	0.99	5.16	94.28
南阳市 Nanyang	0.81	0.85	7.90	21.80	538.31
商丘市 Shangqiu	0.09	0.07	6.18	16.71	434.66
信阳市 Xinyang	0.08	0.02	4.82	22.04	396.06
周口市 Zhoukou	0.06	0.32	15.47	29.39	578.72
驻马店市 Zhumadian	0.16	0.53	9.62	25.56	477.59
济源市 Jiyuan	0.15	0.21	0.47	4.37	27.03

5-5 各市分三次产业的从业人员数(2007年底)

Number of Employed Persons at the Year-end by Three Industries and city (2007)

市	City	经济活动人口(万人) Economically Active Population (10 000 persons)	从业人员(万人) Number of Employed Persons (10 000 persons)	第一产业 Primary Industry	第二产业 Secondary Industry	第三产业 Tretiary Industry	从业人员构成(以从业人员为100) Composition in Percentage (Total=100) 第一产业 Primary Industry	第二产业 Secondary Industry	第三产业 Tretiary Industry
全　省	**Total**	**5805.79**	**5772.72**	**2920.29**	**1486.98**	**1365.45**	**50.6**	**25.8**	**23.7**
郑　州　市	Zhengzhou	400.31	395.50	107.91	138.05	149.54	27.3	34.9	37.8
开　封　市	Kaifeng	286.57	284.22	178.20	50.41	55.61	62.7	17.7	19.6
洛　阳　市	Luoyang	388.24	384.67	169.04	106.67	108.96	43.9	27.7	28.3
平顶山市	Pingdingshan	306.76	305.24	155.37	76.92	72.95	50.9	25.2	23.9
安　阳　市	Anyang	336.83	335.32	154.87	109.49	70.96	46.2	32.7	21.2
鹤　壁　市	Hebi	84.89	84.29	32.77	27.98	23.54	38.9	33.2	27.9
新　乡　市	Xinxiang	294.41	292.31	139.92	89.28	63.11	47.9	30.5	21.6
焦　作　市	Jiaozuo	202.29	200.39	83.65	64.32	52.42	41.7	32.1	26.2
濮　阳　市	Puyang	236.67	235.76	116.79	61.17	57.80	49.5	25.9	24.5
许　昌　市	Xuchang	275.93	275.06	121.47	84.61	68.98	44.2	30.8	25.1
漯　河　市	Luohe	155.62	155.18	75.62	44.89	34.67	48.7	28.9	22.3
三门峡市	Sanmenxia	125.11	124.10	65.35	26.98	31.76	52.7	21.7	25.6
南　阳　市	Nanyang	641.47	637.79	343.12	153.67	141.00	53.8	24.1	22.1
商　丘　市	Shangqiu	497.05	495.05	275.73	116.78	102.54	55.7	23.6	20.7
信　阳　市	Xinyang	466.96	465.50	226.79	100.34	138.37	48.7	21.6	29.7
周　口　市	Zhoukou	670.29	667.66	360.23	155.53	151.90	54.0	23.3	22.8
驻马店市	Zhumadian	549.58	548.29	304.78	116.90	126.61	55.6	21.3	23.1
济　源　市	Jiyuan	39.00	38.58	13.17	11.40	14.01	34.1	29.5	36.3

5-6 各种分组的在岗职工人数(2007年底)

Number of Fully Employed Staff and Workers at the Year-end by Groups (2007)

单位:万人 (10 000 persons)

类 别	Type	合计 total	国有单位 State-owned Units	城镇集体单位 Urban Collective-owned Units	其他单位 Other Units
总 计	**Total**	**699.00**	**386.24**	**80.39**	**232.37**
按企业、事业、机关分	**Grouped by Enterprises, Institutions and Agencies**				
企 业	Enterprises	425.07	141.38	53.92	229.77
事 业	Institutions	188.67	159.92	26.15	2.60
机 关	Agencies & Organizations	85.26	84.94	0.32	
按三次产业分	**Grouped by Industry**				
第一产业	Primary Industry	8.50	6.76	0.77	0.97
第二产业	Secondary Industry	297.23	73.40	30.54	193.29
第三产业	Teriary industry	393.27	306.08	49.08	38.11
按国民经济行业分	**Grouped by Sector**				
农、林、牧、渔业	**Farming, Forestry,animal Husbandry and Fishery**	**8.50**	**6.76**	**0.77**	**0.97**
农业	Farming	3.40	2.96	0.03	0.41
林业	Forestry	0.92	0.89	0.01	0.02
畜牧业	Animal Husbandry	0.61	0.39	0.07	0.15
渔业	Fishery	0.28	0.09		0.19
农、林、牧、渔服务业	Service activities for Farming, forestry, animal Husbandry and fishery	3.29	2.43	0.66	0.20
采矿业	**Mining**	**49.73**	**14.27**	**1.44**	**34.02**
制造业	**Manufacturing**	**154.10**	**27.73**	**15.09**	**111.28**
电力、燃气及水的生产和供应业	**Production and distribution of electricity, gas and water**	**20.85**	**14.74**	**0.16**	**5.95**
建筑业	**Construction**	**72.55**	**16.66**	**13.85**	**42.04**
房屋和土木工程建筑业	Construction of Building and civil engineering	61.88	13.65	12.51	35.72
建筑安装业	Architectural installation	6.44	2.09	1.03	3.32
建筑装饰业	Architectural decoration	2.17	0.47	0.10	1.60
其他建筑业	Other construction	2.06	0.45	0.21	1.40
交通运输、仓储和邮政业	**Traffic,transport, storage and post**	**30.25**	**24.97**	**1.97**	**3.31**
铁路运输业	Transport via railway	10.71	10.11	0.43	0.17
道路运输业	Transport via road	10.77	7.85	0.76	2.16
城市公共交通业	Urban public traffic	3.25	2.57	0.18	0.50
水上运输业	Water transport	0.35	0.05	0.27	0.03

5-6 续表 1 continued

单位:万人 (10 000 persons)

类　　别	Type	合计 total	国有单位 State-owned Units	城镇集体单位 Urban Collective-owned Units	其他单位 Other Units
航空运输业	Air transport	0.20	0.02		0.18
管道运输业	Transport via pipeline				
装卸搬运和其他运输服务业	Loading, unloading, portage and other transport services	0.92	0.51	0.26	0.15
仓储业	Storage	1.55	1.36	0.07	0.12
邮政业	Post	2.50	2.50		
信息传输、计算机服务和软件业	**Information transfer, computer services and software**	**4.21**	**2.43**	**0.04**	**1.74**
电信和其他信息传输服务业	Telecom and other information transfer services	3.95	2.33	0.03	1.59
计算机服务业	Computer services	0.13	0.10	0.01	0.02
软件业	Software industry	0.13			0.13
批发和零售业	**Wholesale and retail trade**	**41.74**	**18.74**	**10.99**	**12.01**
批发业	Wholesale	23.18	13.14	5.74	4.30
零售业	Retail trade	18.56	5.60	5.25	7.71
住宿和餐饮业	**Accommodation and Restaurants**	**9.80**	**4.41**	**1.51**	**3.88**
住宿业	Accommodation	6.71	3.50	0.98	2.23
餐饮业	Restaurants	3.09	0.91	0.53	1.65
金融业	**Finance**	**18.23**	**8.66**	**5.33**	**4.24**
银行业	Bank	14.86	7.45	5.31	2.10
证券业	Securities	0.14	0.04		0.10
保险业	Insurance	3.12	1.12	0.01	1.99
其他金融活动	Other financial activities	0.11	0.05	0.01	0.05
房地产业	**Real estate**	**6.79**	**1.89**	**0.32**	**4.58**
#房地产开发经营	Real estate development and operation	4.62	0.92	0.22	3.48
物业管理	Real estate management	1.27	0.27	0.08	0.92
房地产中介服务	Intermediate service of real estate	0.21	0.14	0.01	0.06
租赁和商务服务业	**Tenancy and business services**	**10.12**	**4.77**	**2.41**	**2.94**
租赁业	Tenancy	0.29	0.08	0.10	0.11
商务服务业	Business service	9.83	4.69	2.31	2.83
科学研究、技术服务和地质勘查业	**Scientific research, technical service and geologic perambulation**	**11.23**	**10.42**	**0.18**	**0.63**
研究与试验发展	Research and experimental development	2.95	2.85	0.01	0.09
专业技术服务业	Professional technique services	5.38	4.87	0.10	0.41
科技交流和推广服务业	Services of science and technique intercommunion and generalization	1.38	1.22	0.06	0.10
地质勘查业	Geologic perambulation	1.52	1.48	0.01	0.03

5-6 续表 2 continued

单位:万人 (10 000 persons)

类别	Type	合计 total	国有单位 State-owned Units	城镇集体单位 Urban Collective-owned Units	其他单位 Other Units
水利、环境和公共设施管理业	**Management of water conservancy, environment and public establishment**	**11.44**	**11.05**	**0.11**	**0.28**
水利管理业	Management of water conservancy	3.30	3.28	0.01	0.01
环境管理业	Environmental management	4.58	4.47	0.03	0.08
公共设施管理业	Management of public establishment	3.56	3.30	0.07	0.19
居民服务业和其他服务业	**Resident services and other services**	**1.76**	**1.06**	**0.21**	**0.49**
居民服务业	Resident services	1.07	0.63	0.09	0.35
其他服务业	Other services	0.69	0.43	0.12	0.14
教育	**Education**	**110.67**	**84.06**	**24.15**	**2.46**
#初等教育	Primary education	46.94	26.80	19.63	0.51
中等教育	Secondary education	51.95	46.49	4.40	1.06
高等教育	Higher education	7.56	7.17		0.39
卫生、社会保障和社会福利业	**Sanitation, social security and social welfare**	**34.54**	**32.09**	**1.54**	**0.91**
卫生	Sanitation	32.99	30.63	1.46	0.90
社会保障	Social security	0.79	0.79		
社会福利业	Social welfare	0.76	0.67	0.08	0.01
文化、体育和娱乐业	**Culture, sports and entertainment**	**7.00**	**6.57**	**0.08**	**0.35**
新闻出版业	Journalism and publishing activities	1.81	1.67		0.14
广播、电影、电视和音像业	Broadcasting,movies,television and audiovisual activities	2.23	2.15	0.02	0.06
文化艺术业	Culture and art	2.46	2.38	0.05	0.03
体育	Sports activities	0.32	0.31		0.01
娱乐业	Entertainment	0.18	0.06	0.01	0.11
公共管理和社会组织	**Public management and social organization**	**95.49**	**94.96**	**0.24**	**0.29**
#中国共产党机关	Chinese Communist Party organs	3.68	3.68		
国家机构	Organ of state	88.84	88.84		
人民政协和民主党派	People's Political Consultative Conference and democratic parties	0.52	0.52		
群众团体、社会团体和宗教组织	Mass communities, social communities and religion organizations	1.39	1.24	0.01	0.14

5-7 各市按登记注册类型分的在岗职工人数(2007年底)

Number of Fully Employed Staff and Workers at the Year-end by Status of registration and City (2007)

单位:万人 (10 000 persons)

市 City	合计 Total	国有单位 State-owned Units	城镇集体单位 Urban Collective-owned Units	其他单位 Other Units	内资 Internal Funded Economic Units	港澳台投资 Economic Units Funded by Entrepreneurs from Hong Kong,Macao and Taiwan	外商投资 Foreign Funded Economic Units
全 省 Total	**699.00**	**386.24**	**80.39**	**232.37**	**212.12**	**10.14**	**10.11**
郑 州 市 Zhengzhou	97.23	50.30	4.84	42.09	37.09	2.25	2.75
开 封 市 Kaifeng	27.92	17.05	4.43	6.44	6.14	0.10	0.20
洛 阳 市 Luoyang	49.91	29.64	4.95	15.32	13.76	0.42	1.14
平 顶 山 市 Pingdingshan	46.00	18.76	4.55	22.69	21.43	0.69	0.57
安 阳 市 Anyang	40.23	17.62	5.64	16.97	16.15	0.42	0.40
鹤 壁 市 Hebi	15.86	5.67	1.28	8.91	8.59	0.26	0.06
新 乡 市 Xinxiang	42.89	23.22	4.80	14.87	12.50	0.46	1.91
焦 作 市 Jiaozuo	31.52	14.31	3.44	13.77	13.04	0.51	0.22
濮 阳 市 Puyang	30.96	15.72	1.92	13.32	12.76	0.37	0.19
许 昌 市 Xuchang	27.73	14.23	4.36	9.14	8.36	0.58	0.20
漯 河 市 Luohe	20.94	9.29	2.37	9.28	6.65	2.51	0.12
三 门 峡 市 Sanmenxia	23.13	12.19	1.74	9.20	8.59	0.26	0.35
南 阳 市 Nanyang	67.64	37.84	7.78	22.02	20.37	0.81	0.84
商 丘 市 Shangqiu	36.94	23.55	7.09	6.30	6.15	0.08	0.07
信 阳 市 Xinyang	41.73	28.43	6.44	6.86	6.76	0.08	0.02
周 口 市 Zhoukou	43.30	32.16	5.83	5.31	4.93	0.06	0.32
驻 马 店 市 Zhumadian	34.07	20.23	7.51	6.33	5.67	0.13	0.53
济 源 市 Jiyuan	6.61	2.95	0.11	3.55	3.18	0.15	0.22

5-8 各市按三次产业分的在岗职工人数(2007年底)
Number of Fully Employed Staff and Workers at the Year-end by City and Three Industries (2007)

单位:万人 (10 000 persons)

市 City	合计 Total	第一产业 Primary Industry	第二产业 Secondary Industry	第三产业 Tretiary Industry
全 省 Total	**699.00**	**8.49**	**297.24**	**393.27**
郑 州 市 Zhengzhou	97.23	0.34	45.48	51.41
开 封 市 Kaifeng	27.92	0.26	8.35	19.31
洛 阳 市 Luoyang	49.91	0.33	22.76	26.82
平 顶 山 市 Pingdingshan	46.00	0.15	25.64	20.21
安 阳 市 Anyang	40.23	0.29	22.39	17.55
鹤 壁 市 Hebi	15.86	0.21	9.68	5.97
新 乡 市 Xinxiang	42.89	0.69	19.04	23.16
焦 作 市 Jiaozuo	31.52	0.37	16.69	14.46
濮 阳 市 Puyang	30.96	0.13	16.60	14.23
许 昌 市 Xuchang	27.73	0.23	12.04	15.46
漯 河 市 Luohe	20.94	0.13	10.60	10.21
三 门 峡 市 Sanmenxia	23.13	0.19	12.59	10.35
南 阳 市 Nanyang	67.64	1.25	26.66	39.73
商 丘 市 Shangqiu	36.94	0.47	10.14	26.33
信 阳 市 Xinyang	41.73	1.02	12.82	27.89
周 口 市 Zhoukou	43.30	1.54	11.22	30.54
驻 马 店 市 Zhumadian	34.07	0.84	9.51	23.72
济 源 市 Jiyuan	6.61	0.04	3.74	2.83

5-9 各市分行业在岗职工人数(2007年底)

Number of Fully Employed Staff and Workers at the Year-end by Sector and City (2007)

单位:万人 (10 000 persons)

市 City	合计 Total	农林牧渔业 Farming, Forestry, Animal Husbandry and Fishery	采矿业 Mining	制造业 Manufacturing	电力、燃气及水的生产和供应业 Production and Supply of Electricity,Gas and Water	建筑业 Construction	交通运输仓储及邮政业 Traffic, transport, storage and post	信息传输计算机服务和软件业 Information transfer, computer services and software	批发和零售业 Wholesale and retail trade	住宿和餐饮业 Accommodation and Restaurants
郑　州　市 Zhengzhou	97.23	0.34	7.17	19.57	2.73	16.00	2.82	0.91	4.90	2.98
开　封　市 Kaifeng	27.92	0.26		5.85	0.72	1.78	0.82	0.11	2.34	0.43
洛　阳　市 Luoyang	49.91	0.33	1.48	15.30	3.18	2.81	1.96	0.19	2.02	0.61
平顶山市 Pingdingshan	46.00	0.15	11.72	10.40	1.09	2.44	1.24	0.15	2.11	0.53
安　阳　市 Anyang	40.23	0.29	1.27	10.12	1.10	9.90	0.86	0.16	2.04	0.51
鹤　壁　市 Hebi	15.86	0.21	4.83	3.32	0.39	1.13	0.24	0.08	0.63	0.16
新　乡　市 Xinxiang	42.89	0.69	0.29	13.51	1.07	4.17	0.99	0.21	3.10	0.41
焦　作　市 Jiaozuo	31.52	0.37	2.90	11.06	1.21	1.52	0.67	0.22	1.27	0.30
濮　阳　市 Puyang	30.96	0.13	6.07	3.30	0.67	6.56	0.70	0.11	1.01	0.19
许　昌　市 Xuchang	27.73	0.24	1.86	7.49	0.72	1.97	0.71	0.33	1.08	0.33
漯　河　市 Luohe	20.94	0.13	0.04	8.56	0.33	1.66	0.25	0.04	0.95	0.16
三门峡市 Sanmenxia	23.13	0.19	5.80	3.71	1.35	1.73	0.64	0.10	1.62	0.28
南　阳　市 Nanyang	67.64	1.26	2.47	16.56	1.48	6.14	2.21	0.58	5.53	0.90
商　丘　市 Shangqiu	36.94	0.47	2.92	2.90	1.15	3.16	1.52	0.28	2.43	0.31
信　阳　市 Xinyang	41.73	1.02	0.48	5.94	1.43	4.96	1.60	0.38	3.26	0.53
周　口　市 Zhoukou	43.30	1.54		7.32	1.19	2.71	1.37	0.07	4.24	0.36
驻马店市 Zhumadian	34.07	0.84	0.06	5.85	0.75	2.85	1.04	0.25	2.68	0.36
济　源　市 Jiyuan	6.61	0.04	0.33	2.64	0.27	0.51	0.17	0.03	0.27	0.11

市 City	金融业 Finance	房地产业 Real estate	租赁和商务服务业 Tenancy and business services	科学研究、技术服务和地质勘查业 Scientific research, technical service and geologic perambulation	水利、环境和公共设施管理业 Management of water conservancy, environment and public establishment	居民服务和其他服务业 Resident services and other services	教育 Education	卫生、社会保障和社会福利业 Sanitation, social security and social welfare	文化、体育和娱乐业 Culture, sports and entertainment	公共管理和社会组织 Public management and social organization
郑　州　市 Zhengzhou	3.35	2.03	1.44	2.78	1.89	0.49	11.41	3.77	2.42	10.23
开　封　市 Kaifeng	0.95	0.30	0.31	0.29	0.55	0.14	5.87	1.88	0.23	5.09
洛　阳　市 Luoyang	1.26	0.43	0.87	2.15	0.82	0.09	7.30	2.53	0.40	6.18
平顶山市 Pingdingshan	0.89	0.27	1.12	0.38	0.76	0.06	5.26	1.59	0.29	5.55
安　阳　市 Anyang	0.87	0.21	0.50	0.34	0.58	0.05	5.48	1.57	0.23	4.15
鹤　壁　市 Hebi	0.34	0.10	0.07	0.11	0.33	0.02	1.51	0.55	0.09	1.75
新　乡　市 Xinxiang	0.87	0.45	0.33	0.74	0.62	0.21	6.51	2.52	0.38	5.82
焦　作　市 Jiaozuo	0.81	0.12	0.23	0.27	0.59	0.05	4.00	1.58	0.25	4.10
濮　阳　市 Puyang	0.89	0.21	1.62	0.28	0.45	0.12	3.58	1.12	0.21	3.74
许　昌　市 Xuchang	0.68	0.26	0.23	0.32	0.49	0.04	4.77	1.54	0.23	4.44
漯　河　市 Luohe	0.81	0.15	0.19	0.13	0.38	0.03	2.86	1.13	0.20	2.94
三门峡市 Sanmenxia	0.53	0.06	0.33	0.19	0.20	0.01	2.66	0.78	0.14	2.81
南　阳　市 Nanyang	1.64	0.65	1.40	1.29	1.24	0.16	11.81	3.69	0.57	8.06
商　丘　市 Shangqiu	0.87	0.07	0.21	0.26	0.40	0.06	9.61	2.59	0.29	7.44
信　阳　市 Xinyang	1.02	0.42	0.58	0.87	0.91	0.04	9.02	2.21	0.43	6.63
周　口　市 Zhoukou	1.46	0.22	0.10	0.24	0.50	0.03	10.25	2.60	0.29	8.81
驻马店市 Zhumadian	0.89	0.49	0.27	0.48	0.49	0.06	7.83	2.59	0.30	5.99
济　源　市 Jiyuan	0.10	0.04	0.08	0.08	0.24	0.01	0.81	0.28	0.04	0.56

5-10 劳动力市场情况
Market of Labour Force

指 标	Item	2000	2002	2005	2006	2007
职业介绍服务机构(个)	Number of Labour Exchanges (unit)	1351	1180	1443	1536	1629
劳动保障部门办	Run by Labour Departments	921	868	874	874	874
其他组织及公民办	Run by Other Organs and Private	430	312	569	662	755
本年求职登记人数(万人)	Number of Job Seekers Registered This Year (10 000 persons)	114.77	81.31	143.29	146.36	148.23
本年介绍成功人数(万人)	Number of Persons Actually Employed This Year (10 000 persons)	52.06	42.50	82.35	111.62	118.31

5-11 各市专业技术人员数
Number of Scientific and Technical Personnel by City

单位：万人 (10 000 persons)

市	City	2005	2006	2007
全 省	**Total**	**196.83**	**204.11**	**206.05**
郑 州 市	Zhengzhou	27.71	26.96	28.57
开 封 市	Kaifeng	7.89	7.61	8.09
洛 阳 市	Luoyang	15.34	15.69	15.64
平 顶 山 市	Pingdingshan	10.35	10.09	10.09
安 阳 市	Anyang	9.66	10.49	10.84
鹤 壁 市	Hebi	3.51	3.76	3.78
新 乡 市	Xinxiang	13.52	14.10	13.70
焦 作 市	Jiaozuo	9.08	8.88	8.94
濮 阳 市	Puyang	7.01	7.36	7.98
许 昌 市	Xuchang	7.25	8.46	8.25
漯 河 市	Luohe	3.94	4.04	3.62
三 门 峡 市	Sanmenxia	6.35	6.74	6.59
南 阳 市	Nanyang	17.27	17.81	17.51
商 丘 市	Shangqiu	14.25	14.66	13.92
信 阳 市	Xinyang	13.99	14.50	14.95
周 口 市	Zhoukou	15.34	17.11	17.13
驻 马 店 市	Zhumadian	11.95	12.77	13.14
济 源 市	Jiyuan	1.10	1.99	1.98

5-12 各种分组的专业技术人员数

Number of Scientific and Technical Personnel by groups

单位:万人 (10 000 persons)

类别	Type	2006	#女性 Female	2007	#女性 Female
总计	**Total**	**204.11**	**90.22**	**206.05**	**91.80**
按企业、事业、机关分	**Grouped by Enterprises, Institutions and Agencies**	204.11	90.22	206.05	91.80
企业	Enterprises	69.23	23.80	70.19	24.33
事业	Institutions	122.95	62.07	124.64	63.22
机关	Agencies & Organizations	11.93	4.35	11.22	4.25
按三次产业分	**Grouped by Industry**				
第一产业	Primary Industry	1.68	0.48	1.58	0.46
第二产业	Secondary Industry	44.12	13.58	44.81	14.17
第三产业	Teriary industry	158.31	76.16	159.66	77.17
按国民经济行业分	**Grouped by Sector**				
农、林、牧、渔业	**Farming, Forestry,animal Husbandry and Fishery**	**1.68**	**0.48**	**1.58**	**0.46**
农业	Farming	0.51	0.08	0.50	0.08
林业	Forestry	0.11	0.03	0.12	0.04
畜牧业	Animal Husbandry	0.11	0.03	0.09	0.02
渔业	Fishery	0.11	0.07	0.11	0.07
农、林、牧、渔服务业	Service activities for Farming, forestry, animal Husbandry and fishery	0.84	0.27	0.76	0.25
采矿业	**Mining**	**5.22**	**1.65**	**5.11**	**1.95**
制造业	**Manufacturing**	**23.50**	**8.44**	**23.07**	**8.29**
电力、燃气及水的生产和供应业	**Production and distribution of electricity, gas and water**	**4.38**	**1.33**	**4.31**	**1.36**
建筑业	**Construction**	**11.02**	**2.17**	**12.31**	**2.57**
房屋和土木工程建筑业	Construction of Building and civil engineering	9.23	1.83	10.12	2.13
建筑安装业	Architectural installation	1.28	0.26	1.53	0.31
建筑装饰业	Architectural decoration	0.26	0.05	0.30	0.07
其他建筑业	Other construction	0.25	0.04	0.36	0.06
交通运输、仓储和邮政业	**Traffic,transport, storage and post**	**3.17**	**1.04**	**3.30**	**1.07**
铁路运输业	Transport via railway	0.63	0.16	0.77	0.19
道路运输业	Transport via road	1.45	0.50	1.46	0.48
城市公共交通业	Urban public traffic	0.20	0.06	0.22	0.06
水上运输业	Water transport	0.05	0.01	0.05	0.01
航空运输业	Air transport	0.10	0.04	0.09	0.04
管道运输业	Transport via pipeline				
装卸搬运和其他运输服务业	Loading, unloading, portage and other transport services	0.12	0.04	0.12	0.05
仓储业	Storage	0.29	0.11	0.29	0.12
邮政业	Post	0.32	0.11	0.30	0.12
信息传输、计算机服务和软件业	**Information transfer, computer services and software**	**1.35**	**0.56**	**1.23**	**0.47**
电信和其他信息传输服务业	Telecom and other information transfer services	1.27	0.54	1.12	0.44
计算机服务业	Computer services	0.05	0.01	0.03	0.01
软件业	Software industry	0.04	0.01	0.08	0.02
批发和零售业	**Wholesale and retail trade**	**5.87**	**2.37**	**5.36**	**2.05**
批发业	Wholesale	3.48	1.31	3.27	1.21
零售业	Retail trade	2.39	1.06	2.09	0.84
住宿和餐饮业	**Accommodation and Restaurants**	**1.14**	**0.47**	**1.11**	**0.46**
住宿业	Accommodation	0.76	0.31	0.78	0.32
餐饮业	Restaurants	0.38	0.15	0.33	0.13

5-12 续表 continued

单位:万人 (10 000 persons)

类别	Type	2006	#女性 Female	2007	#女性 Female
金融业	**Finance**	**7.47**	**3.34**	**7.84**	**3.53**
银行业	Bank	6.97	3.14	7.27	3.32
证券业	Securities	0.06	0.03	0.04	0.02
保险业	Insurance	0.41	0.16	0.49	0.18
其他金融活动	Other financial activities	0.03	0.01	0.04	0.01
房地产业	**Real estate**	**1.37**	**0.47**	**1.50**	**0.49**
#房地产开发经营	Real estate development and operation	1.08	0.34	1.21	0.37
物业管理	Real estate management	0.13	0.06	0.16	0.06
房地产中介服务	Intermediate service of real estate	0.04	0.02	0.04	0.01
租赁和商务服务业	**Tenancy and business services**	**1.15**	**0.44**	**1.23**	**0.48**
租赁业	Tenancy	0.03	0.01	0.03	0.01
商务服务业	Business service	1.12	0.43	1.20	0.47
科学研究、技术服务和地质勘查业	**Scientific research, technical service and geologic perambulation**	**5.13**	**1.78**	**5.36**	**1.82**
研究与试验发展	Research and experimental development	1.52	0.52	1.55	0.55
专业技术服务业	Professional technique services	2.37	0.84	2.66	0.90
科技交流和推广服务业	Services of science and technique intercommunion and generalization	0.60	0.24	0.49	0.17
地质勘查业	Geologic perambulation	0.64	0.18	0.66	0.20
水利、环境和公共设施管理业	**Management of water conservancy, environment and public establishment**	**1.29**	**0.48**	**1.38**	**0.52**
水利管理业	Management of water conservancy	0.62	0.21	0.70	0.23
环境管理业	Environmental management	0.20	0.08	0.20	0.08
公共设施管理业	Management of public establishment	0.47	0.19	0.48	0.21
居民服务业和其他服务业	**Resident services and other services**	**0.27**	**0.12**	**0.22**	**0.09**
居民服务业	Resident services	0.14	0.07	0.13	0.06
其他服务业	Other services	0.13	0.05	0.09	0.03
教育	**Education**	**91.19**	**44.81**	**92.64**	**45.79**
#初等教育	Primary education	41.25	21.28	41.22	21.32
中等教育	Secondary education	42.92	19.96	43.45	20.39
高等教育	Higher education	4.47	1.93	5.41	2.40
卫生、社会保障和社会福利业	**Sanitation, social security and social welfare**	**23.01**	**14.18**	**23.28**	**14.44**
卫生	Sanitation	22.78	14.07	23.06	14.33
社会保障	Social security	0.15	0.07	0.15	0.08
社会福利业	Social welfare	0.07	0.04	0.07	0.03
文化、体育和娱乐业	**Culture, sports and entertainment**	**2.51**	**1.15**	**2.43**	**1.03**
新闻出版业	Journalism and publishing activities	0.38	0.15	0.49	0.20
广播、电影、电视和音像业	Broadcasting,movies,television and audiovisual activities	1.09	0.51	0.88	0.34
文化艺术业	Culture and art	0.95	0.45	0.94	0.44
体育	Sports activities	0.06	0.02	0.08	0.03
娱乐业	Entertainment	0.03	0.01	0.04	0.02
公共管理和社会组织	**Public management and social organization**	**13.39**	**4.94**	**12.79**	**4.93**
#中国共产党机关	Chinese Communist Party organs	0.17	0.05	0.16	0.05
国家机构	Organ of state	12.99	4.79	12.37	4.74
人民政协和民主党派	People's Political Consultative Conference and democratic parties	0.01		0.01	
群众团体、社会团体和宗教组织	Mass communities, social communities and religion organizations	0.16	0.05	0.12	0.05

5-13 各市按行业分的专业技术人员数(2007年底)

Number of Scientific Technical Personnel at the Year-end by Sector and City (2007)

单位：人 (person)

市 City	合计 Total	农林牧渔业 Farming, Forestry, Animal Husbandry and Fishery	采矿业 Mining	制造业 Manufacturing	电力、燃气及水的生产和供应业 Production and Supply of Electricity,Gas and Water	建筑业 Construction	交通运输仓储及邮政业 Traffic, transport, storage and post	信息传输计算机服务和软件业 Information transfer, computer services and software	批发和零售业 Wholesale and retail trade	住宿和餐饮业 Accommodation and Restaurants
总　　计 Total	**2060475**	**15798**	**51115**	**230705**	**43145**	**123090**	**32956**	**12259**	**53568**	**11095**
郑　州　市 Zhengzhou	285652	991	6566	32048	7286	32205	4886	3869	9167	3525
开　封　市 Kaifeng	80933	349		6599	863	3631	2288	214	1823	238
洛　阳　市 Luoyang	156422	847	1458	24398	3648	9607	2438	704	2343	634
平顶山市 Pingdingshan	100901	193	6393	13663	2376	4539	1005	597	2136	687
安　阳　市 Anyang	108378	480	425	16458	2224	13141	1026	494	3931	250
鹤　壁　市 Hebi	37811	238	5067	4601	1188	1746	506	272	1198	311
新　乡　市 Xinxiang	136966	2852	81	19971	1907	7458	1490	722	5409	569
焦　作　市 Jiaozuo	89445	1516	3798	14872	2258	3768	1022	689	1530	423
濮　阳　市 Puyang	79822	162	8791	5368	1544	6611	467	320	1510	342
许　昌　市 Xuchang	82483	348	924	11731	1408	3733	1252	536	919	459
漯　河　市 Luohe	36193	9		5467	956	2480	102	68	702	46
三门峡市 Sanmenxia	65927	557	7650	4801	3994	5008	902	318	2320	445
南　阳　市 Nanyang	175100	1209	6218	20847	2379	7292	2150	500	4977	1031
商　丘　市 Shangqiu	139161	782	3469	3740	2352	3639	1420	861	2846	465
信　阳　市 Xinyang	149462	2233	152	8951	2750	7693	1883	1006	4319	743
周　口　市 Zhoukou	171292	978		22481	3520	4116	1168	227	3893	150
驻马店市 Zhumadian	131423	1954	39	9026	1586	4979	1514	777	3337	411
济　源　市 Jiyuan	19753	100	71	5060	906	736	248	51	574	203

市 City	金融业 Finance	房地产业 Real estate	租赁和商务服务业 Tenancy and business services	科学研究、技术服务和地质勘查业 Scientific research, technical service and geologic perambulation	水利、环境和公共设施管理业 Management of water conservancy, environment and public establishment	居民服务和其他服务业 Resident services and other services	教育 Education	卫生、社会保障和社会福利业 Sanitation, social security and social welfare	文化、体育和娱乐业 Culture, sports and entertainment	公共管理和社会组织 Public management and social organization
总　　计 Total	78364	14972	12280	53644	13789	2164	926441	232845	24340	127905
郑　州　市 Zhengzhou	15648	4674	4049	17398	2339	666	92851	26885	8232	12367
开　封　市 Kaifeng	2658	377	400	968	474	150	40907	12822	591	5581
洛　阳　市 Luoyang	6964	1297	1469	12632	789	95	63478	17028	1562	5031
平顶山市 Pingdingshan	4207	544	437	1581	659	39	46769	10849	1198	3029
安　阳　市 Anyang	4058	578	412	1719	789	37	46855	11173	889	3439
鹤　壁　市 Hebi	1824	287	95	559	202	15	12912	4031	441	2318
新　乡　市 Xinxiang	4968	1395	979	3282	981	187	54407	18318	1306	10684
焦　作　市 Jiaozuo	3625	441	239	1058	673	57	34876	11486	1064	6050
濮　阳　市 Puyang	3728	376	279	935	758	294	30956	7523	954	8904
许　昌　市 Xuchang	2417	452	291	1309	257	51	39942	10952	791	4711
漯　河　市 Luohe	1557	406	157	379	461	28	15695	4544	579	2557
三门峡市 Sanmenxia	2729	258	530	1047	359	39	24532	5619	581	4238
南　阳　市 Nanyang	3550	998	587	3486	1403	93	85705	20822	1527	10326
商　丘　市 Shangqiu	4612	71	202	1015	568	86	85240	18116	847	8830
信　阳　市 Xinyang	5640	924	815	2854	1509	99	80302	13881	1385	12323
周　口　市 Zhoukou	5634	383	138	875	530	9	91350	18224	1054	16562
驻马店市 Zhumadian	3908	852	470	1962	870	82	71541	18425	1109	8581
济　源　市 Jiyuan	626	155	190	374	168	21	7308	1955	191	816

5-14 城镇登记失业和新就业人数

Number of Unemployed and Newly Employed persons in Urban Areas

单位：万人 (10 000 persons)

分类	Type	2000	2002	2005	2006	2007
城镇登记失业人数	**Number of Unemployed**	**21.40**	**25.04**	**33.02**	**35.40**	**33.07**
登记失业率(%)	Registered Rate of Unemployment	2.6	2.9	3.5	3.5	3.4
城镇新就业人数	**Number of New Employed**	**33.58**	**50.82**	**83.00**	**115.07**	**124.58**
按来源分	by Source					
城镇劳动力	Urban Labour	11.01	27.85	58.46	86.52	95.36
乡村劳动力	Rural Labour	6.03	7.75	10.88	13.76	13.68
大中专技校毕业生	Graduates from Universities,Specialized Secondary School and Technical Schools	9.96	7.22	8.08	9.08	9.65
转业复员军人	Retired Armymen	2.83	1.99	1.81	1.67	1.58
其他	Others	3.75	6.01	3.77	4.04	4.31
按安置去向分	by Assignment					
国有单位	State-owned Units	20.10	15.68	14.61	15.10	14.85
城镇集体单位	Urban Collective-owned Units	6.73	4.42	2.50	2.97	2.79
其他单位	Other Units	6.29	10.35	17.54	20.39	21.09
从事个体及私营劳动	Urban Self-Employed and Private Enterprises	0.46	20.37	48.35	76.61	85.85

5-15 各市城镇登记失业人数及失业率

Number of Unemployed and Unemployment Rate in Urban Area by City

市 City	年底登记失业人数（人） Number of Unemployed End of the year (person)				登记失业率(%) Registered Rate of Unemployment(%)			
	2002	2005	2006	2007	2002	2005	2006	2007
郑州市 Zhengzhou	29679	46414	56273	48061	2.6	3.0	3.5	3.0
开封市 Kaifeng	20466	21511	10524	23500	4.0	3.9	3.8	3.8
洛阳市 Luoyang	21456	25348	31116	35729	3.1	3.6	3.8	3.5
平顶山市 Pingdingshan	11938	19310	20835	15163	2.3	3.3	3.4	3.5
安阳市 Anyang	17751	19641	16820	15121	3.3	4.0	3.9	3.5
鹤壁市 Hebi	2987	4695	4693	6045	1.9	2.9	3.0	3.7
新乡市 Xinxiang	19372	20686	20942	20991	3.1	3.3	3.3	3.3
焦作市 Jiaozuo	11959	13580	25880	18990	3.3	3.8	3.7	3.8
濮阳市 Puyang	14050	12786	15914	9090	3.3	4.1	3.9	2.5
许昌市 Xuchang	6238	9495	9305	8732	2.2	3.1	3.1	3.0
漯河市 Luohe	5852	6047	5031	4420	2.8	3.1	2.4	2.1
三门峡市 Sanmenxia	8970	10704	11177	10061	3.1	3.8	3.8	3.3
南阳市 Nanyang	27148	33085	34426	36784	3.3	3.4	3.2	3.1
商丘市 Shangqiu	18201	24156	24736	20025	3.1	3.8	3.8	3.4
信阳市 Xinyang	14681	17453	17623	14635	3.3	3.4	3.3	3.0
周口市 Zhoukou	10870	26436	30138	26343	2.2	3.7	3.9	3.4
驻马店市 Zhumadian	12007	15585	15579	12858	2.8	3.3	3.8	3.0
济源市 Jiyuan	368	3334	3047	4166	0.4	2.8	2.4	2.9

5-16 分行业单位从业人员劳动报酬(2007年)
Earnings of Employed Persons by sector(2007)

单位：万元 (10 000 yuan)

类 别	Type	单位从业人员劳动报酬 Earnings of Employed Persons	在岗职工工资总额 Fully Employed Staff and Workers	其他从业人员劳动报酬 other persons	#聘用的离退休人员 employed persions who was Retired or Resigned	#聘用的港澳台和外籍人员 employed persions from Hong Kong, Macao & Taiwan, and forign nationality
总 计	**Total**	**14545028**	**14313529**	**231499**	**20753**	**3438**
按企业、事业、机关分	**Grouped by Enterprises, Institutions and Agencies**					
企 业	Enterprises	8642597	8446025	196572	14473	2634
事 业	Institutions	4032872	4006245	26627	5833	779
机 关	Agencies & Organizations	1869559	1861259	8300	447	25
按经济类型分	By Registration status					
内资企业	Domestic Funded Enterprises	14117801	13897691	220110	19982	1323
国有	State-owned	8617141	8498670	118471	11694	1027
集体	Collective-owned	1274968	1250060	24908	1035	3
股份合作	Cooperative	169365	164288	5077	130	
联营	Joint Ownership	21789	21015	774	167	
有限责任公司	Limited Liability Corporations	2964411	2925010	39401	5157	146
股份有限公司	Share Holding Enterprises	959642	930880	28762	910	49
私营	Private					
其他	Other	110485	107768	2717	889	98
港澳台商投资	Enterprises with Funds from Hong Kong,Macao and Taiwan	202211	200690	1521	457	634
外商投资	Foreign Funded	225016	215149	9867	314	1481
按国民经济行业分	**Grouped by Sector**					
农、林、牧、渔业	Farming, Forestry,animal Husbandry and Fishery	96360	95259	1101	23	
采矿业	Mining	1544944	1529307	15637	348	
制造业	Manufacturing	2700796	2669864	30932	5048	1764
电力、燃气及水的生产和供应业	Production and distribution of electricity,gas and water	546546	543530	3016	942	2
建筑业	Construction	1214434	1141269	73165	3316	9
交通运输、仓储和邮政业	Traffic,transport, storage and post	686083	680980	5103	62	6
信息传输、计算机服务和软件业	Information transfer, computer services and software	120980	117956	3024	252	
批发和零售业	Wholesale and retail trade	576175	567881	8294	382	52
住宿和餐饮业	Accommodation and Restaurants	134113	131447	2666	161	438
金融业	Finance	651567	608227	43340	547	
房地产业	Real estate	127146	125004	2142	484	235
租赁和商务服务业	Tenancy and business services	175294	171592	3702	501	
科学研究、技术服务和地质勘查业	Scientific research, technical service and geologic perambulation	283783	277864	5919	2555	56
水利、环境和公共设施管理业	Management of water conservancy, environment and public establishment	198706	197516	1190	39	11
居民服务和其他服务业	Resident services and other services	27920	27571	349	33	52
教育	Education	2511599	2500308	11291	1748	786
卫生、社会保障和社会福利业	Sanitation, social security and social welfare	732132	722371	9761	3680	2
文化、体育和娱乐业	Culture, sports and entertainment	143898	142178	1720	145	
公共管理和社会组织	Public management and social organization	2072552	2063405	9147	487	25
按三次产业分	**by Type of Industry**					
第一产业	Primary Industry	96360	95259	1101	23	
第二产业	Secondary Industry	6006720	5883971	122749	9655	1775
第三产业	Teriary industry	8441948	8334299	107649	11075	1663

5-17 各市单位从业人员劳动报酬(2007年)
Earnings of Employed Persons by sector in Cities(2007)

单位：万元 (10 000 yuan)

市 City	单位从业人员劳动报酬 Earnings of Employed Persons	在岗职工工资总额 Fully Employed Staff and Workers	其他从业人员劳动报酬 other persons	#聘用的离退休人员 enployed persions who was Retired or Resigned	#聘用的港澳台和外籍人员 enployed persions from Hong Kong, Macao & Taiwan, and forign nationality
全　省 Total	**14545028**	**14313529**	**231499**	**20753**	**3438**
郑　州　市 Zhengzhou	2197294	2148933	48361	5491	1346
开　封　市 Kaifeng	399465	397026	2439	356	4
洛　阳　市 Luoyang	980320	958879	21441	3371	520
平　顶　山　市 Pingdingshan	926015	915962	10053	465	30
安　阳　市 Anyang	754097	714151	39946	2178	195
鹤　壁　市 Hebi	263337	262125	1212	197	3
新　乡　市 Xinxiang	606099	599753	6346	1583	343
焦　作　市 Jiaozuo	595520	586535	8985	760	240
濮　阳　市 Puyang	597436	590073	7363	415	20
许　昌　市 Xuchang	431264	427735	3529	458	94
漯　河　市 Luohe	298327	293079	5248	219	1
三　门　峡　市 Sanmenxia	456118	450554	5564	596	134
南　阳　市 Nanyang	1092122	1059675	32447	2494	98
商　丘　市 Shangqiu	624952	617876	7076	399	2
信　阳　市 Xinyang	634271	627443	6828	448	5
周　口　市 Zhoukou	553274	547613	5661	640	307
驻　马　店　市 Zhumadian	490745	477140	13605	502	96
济　源　市 Jiyuan	120080	119026	1054	169	2

5-18 各市按行业分城镇单位就业人员劳动报酬(2007年)

Earning of Employed Persons in Urban Units and Related Indices by City(2007)

单位：万元 (10 000 yuan)

市 City	平均工资 Average Wage	农林牧渔业 Farming, Forestry, Animal Husbandry and Fishery	采矿业 Mining	制造业 Manufacturing	电力、燃气及水的生产和供应业 Production and Supply of Electricity,Gas and Water	建筑业 Construction	交通运输仓储及邮政业 Traffic, transport, storage and post	信息传输计算机服务和软件业 Information transfer, computer services and software	批发和零售业 Wholesale and retail trade	住宿和餐饮业 Accommodation and Restaurants
郑州市 Zhengzhou	2197294	5697	157975	369733	83194	268626	52114	34638	81597	42132
开封市 Kaifeng	399465	2541		67568	14047	24600	10977	1703	27799	4790
洛阳市 Luoyang	980320	4192	29996	283629	75024	50448	27980	6159	28246	6525
平顶山市 Pingdingshan	926015	1517	311709	182762	28593	36915	14411	2769	27350	5455
安阳市 Anyang	754097	3510	23002	207435	22852	159711	11395	2732	19204	4302
鹤壁市 Hebi	263337	1127	110300	29249	9439	12934	2523	1369	5543	1287
新乡市 Xinxiang	606099	6634	3848	152106	18356	48002	13231	4501	27113	3894
焦作市 Jiaozuo	595520	4801	70357	184750	30643	22348	8086	5266	15881	3674
濮阳市 Puyang	597436	1060	208976	46252	15932	92007	8105	2551	12766	1576
许昌市 Xuchang	431264	2273	35518	108553	12760	23120	8059	6344	13275	3433
漯河市 Luohe	298327	945	394	115924	6268	18690	2892	969	10377	1645
三门峡市 Sanmenxia	456118	2311	140801	52430	32864	27121	10780	3109	21281	2787
南阳市 Nanyang	1092122	12322	102563	215961	27390	71540	26482	10125	58646	10211
商丘市 Shangqiu	624952	5382	113877	29785	22367	42713	18985	5705	29391	2503
信阳市 Xinyang	634271	12438	5013	72555	25309	64334	19127	9098	36731	5830
周口市 Zhoukou	553274	8467		67008	22257	27990	16790	1393	34763	2729
驻马店市 Zhumadian	490745	6631	582	65314	9454	36109	9646	4371	29165	3145
济源市 Jiyuan	120080	553	4694	45986	9311	7457	2258	566	3431	1261

市 city	金融业 Finance	房地产业 Real estate	租赁和商务服务业 Tenancy and business services	科学研究、技术服务和地质勘查业 Scientific research, technical service and geologic perambulation	水利、环境和公共设施管理业 Management of water conservancy, environment and public establishment	居民服务和其他服务业 Resident services and other services	教育 Education	卫生、社会保障和社会福利业 Sanitation, social security and social welfare	文化、体育和娱乐业 Culture, sports and entertainment	公共管理和社会组织 Public management and social organization
郑州市 Zhengzhou	173325	35764	28391	82089	40235	7213	301533	85299	54500	293239
开封市 Kaifeng	19814	4611	4076	3769	7391	1438	91027	29675	3709	79930
洛阳市 Luoyang	46263	7431	15470	52616	9717	1067	152462	45757	6634	130704
平顶山市 Pingdingshan	32892	4438	11073	6212	8428	733	108365	28584	4426	109383
安阳市 Anyang	27290	3424	5634	6683	9931	820	119577	34995	4073	87527
鹤壁市 Hebi	8316	1012	712	1737	3282	245	30667	9145	1294	33156
新乡市 Xinxiang	17978	5792	4686	15285	8483	1871	127574	41200	5555	99990
焦作市 Jiaozuo	25328	2219	2866	4565	9815	1069	83641	29261	4120	86830
濮阳市 Puyang	23518	2700	20204	5721	4961	2581	62420	18015	3061	65030
许昌市 Xuchang	19471	3550	2692	4567	6193	537	84006	23383	3185	70345
漯河市 Luohe	16234	2241	1701	2057	4689	331	45372	16878	2853	47867
三门峡市 Sanmenxia	18868	797	4374	4226	2752	202	55914	14013	1981	59507
南阳市 Nanyang	38275	10645	23957	21919	20921	2415	215821	74741	8711	139477
商丘市 Shangqiu	18313	761	2528	3539	5754	786	169875	40902	3596	108190
信阳市 Xinyang	23597	6670	7609	12658	12477	498	155058	42051	6246	116972
周口市 Zhoukou	30278	2699	1402	3638	4344	484	173950	41820	4234	109028
驻马店市 Zhumadian	20107	5064	2838	8482	7828	694	143751	45538	3928	88098
济源市 Jiyuan	2453	638	782	1230	2564	166	19617	4184	620	12309

5–19 历年职工工资及指数

Wages and Related Indices of Staff and Workers over the Years

年 份 Year	工资总额(亿元) Total Wages (100 million yuan)	国有单位 State-owned Units	城镇集体单位 Urban Collective-owned Units	其他单位 Other Units	平均工资(元) Average Wage (yuan)	国有单位 State-owned Units	城镇集体单位 Urban Collective-owned Units	其他单位 Other Units	平均工资指数(以上年为100) Index of Average Wage (Preceding year=100) 全部职工 Total Staff and Workers	国有单位 State-owned Units	城镇集体单位 Urban Collective-owned Units	其他单位 Other Units
1952	1.43	1.43			347	347						
1957	5.90	5.90			546	546						
1962	8.33	8.33			538	538				130.4		
1965	10.89	9.07	1.82		503	599		369	86.2	102.6		
1970	12.87	11.18	1.69		547	573		424	98.9	98.7	102.9	
1975	18.12	15.37	2.75		561	581		488	100.5	98.4	104.7	
1978	24.30	20.65	3.64		590	609		496	104.8	105.4	99.8	
1979	27.63	23.60	4.03		644	668		533	108.8	109.4	107.1	
1980	32.93	28.14	4.79		730	759		597	106.9	107.2	105.7	
1981	35.43	30.33	5.09		742	772		604	99.3	99.3	98.8	
1982	37.40	31.82	5.59		754	789		604	99.8	100.4	98.2	
1983	39.19	33.36	5.82		767	805		606	98.9	99.2	97.5	
1984	46.24	37.76	8.47	0.01	866	921	686	809	110.5	111.9	110.8	
1985	57.85	47.06	10.76	0.02	1015	1080	804	1014	110.1	110.1	110.0	117.7
1986	69.57	56.97	12.57	0.03	1159	1245	882	1079	106.9	107.9	102.7	99.6
1987	78.98	64.34	14.58	0.06	1258	1347	974	1559	100.7	100.4	102.4	134.0
1988	95.90	78.66	17.18	0.07	1470	1582	1110	1520	96.2	96.7	93.8	80.2
1989	108.70	89.48	19.12	0.09	1628	1767	1191	1724	96.4	97.2	93.4	98.7
1990	123.86	102.52	21.19	0.15	1825	1997	1288	2128	111.5	112.5	107.6	122.8
1991	138.18	113.58	24.33	0.27	1964	2132	1433	2477	102.4	101.6	105.9	110.8
1992	165.51	138.38	26.51	0.62	2269	2473	1583	2544	107.3	107.7	102.6	95.4
1993	200.82	168.89	28.90	3.03	2646	2860	1821	3097	105.4	104.6	104.0	110.1
1994	275.18	229.87	35.66	9.66	3545	3851	2295	4038	105.2	105.7	98.9	102.3
1995	347.70	284.17	47.79	15.75	4344	4677	3007	4644	104.8	103.9	112.1	98.4
1996	407.43	332.03	54.77	20.63	4924	5265	3485	5197	103.5	102.8	105.8	102.2
1997	434.08	336.34	66.05	31.69	5225	5643	3797	5209	103.6	104.7	106.4	97.9
1998	431.01	299.76	63.36	67.88	5781	6204	4258	5976	119.9	120.4	117.5	117.2
1999	445.61	307.17	62.31	76.13	6194	6594	4639	6384	110.9	110.0	112.8	110.6
2000	495.66	338.39	66.44	90.84	6930	7453	4913	7212	112.9	114.1	106.9	114.0
2001	553.40	381.92	75.73	95.75	7916	8573	5726	7889	113.4	114.2	115.7	108.6
2002	622.42	400.42	80.84	141.15	9174	9864	6664	9335	116.1	115.3	116.6	118.5
2003	720.52	436.31	88.51	195.69	10749	11397	7894	11160	115.2	113.6	116.5	117.5
2004	801.95	497.47	79.62	224.86	12114	12701	8686	12588	106.9	105.7	104.4	107.0
2005	949.97	575.63	90.29	284.05	14282	14877	10383	14852	115.5	114.7	117.1	115.6
2006	1152.05	690.58	103.21	358.26	16981	17886	12483	17088	117.5	118.8	118.8	113.7
2007	1431.35	849.87	125.01	456.48	20935	22345	15850	20333	117.0	118.5	120.5	112.9

注：1.本表平均工资指数按实际工资计算，即扣除了职工生活费用价格变动因素。
2.1998年及以后年度工资总额为在岗职工口径，与以前年度不尽可比(下同)。
a)Indices of average wage in this table were calculated on practical wage ,change factor of employee maintenance price was taken out.
b)Total wages funds since 1998 were totalized by all employed staff and workers ,and can't compared with former years (the same as in the following tables).

5–20 各种分组的在岗职工工资总额和平均工资

Total Wages and Average Wage of Fully Employed Staff and Workers by Groups

类　别	Type	工资总额(亿元) Total wages (100 million yuan)		平均工资(元) Average Wage (yuan)	
		2006	2007	2006	2007
总　计	**Total**	**1152.05**	**1431.35**	**16981**	**20935**
按企业、事业、机关分	**Grouped by Enterprises, Institutions and Agencies**				
企　业	Enterprises	709.51	844.60	17249	20445
事　业	Institutions	306.02	400.62	16702	21486
机　关	Agencies & Organizations	136.52	186.13	16279	22119
按国民经济行业分	**Grouped by Sector**				
农、林、牧、渔业	Farming, Forestry,animal Husbandry and Fishery	8.08	9.53	9534	11410
采矿业	Mining	125.12	152.93	26076	31231
制造业	Manufacturing	228.48	266.99	14982	17667
电力、燃气及水的生产和供应业	Production and distribution of electricity,gas and water	46.62	54.35	22144	26453
建筑业	Construction	89.80	114.13	14404	16914
交通运输、仓储和邮政业	Traffic,transport, storage and post	60.53	68.10	19685	22669
信息传输、计算机服务和软件业	Information transfer, computer services and software	11.01	11.80	24436	28660
批发和零售业	Wholesale and retail trade	50.88	56.79	11727	13956
住宿和餐饮业	Accommodation and Restaurants	12.09	13.14	11880	13767
金融业	Finance	46.82	60.82	26988	33945
房地产业	Real estate	8.85	12.50	15658	19090
租赁和商务服务业	Tenancy and business services	15.36	17.16	15440	17439
科学研究、技术服务和地质勘查业	Scientific research, technical service and geologic perambulation	25.14	27.79	22713	25203
水利、环境和公共设施管理业	Management of water conservancy, environment and public establishment	14.81	19.75	13641	17582
居民服务和其他服务业	Resident services and other services	2.53	2.76	15534	15998
教育	Education	185.30	250.03	17213	22846
卫生、社会保障和社会福利业	Sanitation, social security and social welfare	56.97	72.24	17180	21191
文化、体育和娱乐业	Culture, sports and entertainment	12.20	14.22	18266	20716
公共管理和社会组织	Public management and social organization	151.48	206.34	16238	21909
按三次产业分	**by Type of Industry**				
第一产业	Primary Industry	8.08	9.53	9427	11410
第二产业	Secondary Industry	490.02	588.40	16762	20423
第三产业	Teriary industry	653.95	833.43	16718	21521

5-21 各种分组的在岗职工工资总额(2007年)

Total Wages Bill of Fully Employed Staff and Workers by Groups (2007)

单位:万元 (10 000 yuan)

类　　别	Type	工资总额 Average Wage	国有单位 State-owned Units	集体单位 Collecti-veowned Units	其他单位 Others Units
总　　计	**Total**	**14313529**	**8498670**	**1250060**	**4564799**
按隶属关系分	**Grouped by administration**				
中　央	Centre		1623113		
省、自治区、直辖市	Province		984920		
市	City		1744975		
县及县以下	County and below		4089818		
其　他	Others		55844		
按企业、事业、机关分	**Grouped by Enterprises, Institutions and Agencies**				
企　业	Enterprises	8446025	3220260	720385	4505380
事　业	Institutions	4006245	3423141	523685	59419
机　关	Agencies & Organizations	1861259	1855269	5990	
按国民经济行业分	**Grouped by Sector**				
农、林、牧、渔业	**Farming, Forestry,animal Husbandry and Fishery**	**95259**	**76292**	**7762**	**11205**
农业	Farming	30738	25622	312	4803
林业	Forestry	11582	11194	138	250
畜牧业	Animal Husbandry	6729	4216	800	1713
渔业	Fishery	3672	972	36	2665
农、林、牧、渔服务业	Service activities for Farming, forestry, animal Husbandry and fishery	42538	34288	6476	1774
采矿业	**Mining**	**1529307**	**435286**	**24512**	**1069509**
制造业	**Manufacturing**	**2669864**	**521419**	**193185**	**1955260**
电力、燃气及水的生产和供应业	**Production and distribution of electricity, gas and water**	**543530**	**383477**	**2662**	**157391**
建筑业	**Construction**	**1141269**	**310588**	**190598**	**640083**
房屋和土木工程建筑业	Construction of Building and civil engineering	940570	231782	170267	538520
建筑安装业	Architectural installation	130427	55655	16251	58521
建筑装饰业	Architectural decoration	37434	13730	1256	22448
其他建筑业	Other construction	32838	9421	2824	20594
交通运输、仓储和邮政业	**Traffic,transport, storage and post**	**680980**	**612187**	**21399**	**47393**
铁路运输业	Transport via railway	378642	372814	3169	2657
道路运输业	Transport via road	156129	118717	8724	28688
城市公共交通业	Urban public traffic	49009	40336	2035	6638
水上运输业	Water transport	4279	806	3351	122

5-21 续表 1 continued

单位:万元 (10 000 yuan)

类别	Type	工资总额 Average Wage	国有单位 State-owned Units	集体单位 Collecti-veowned Units	其他单位 Others Units
航空运输业	Air transport	5644	305	5	5335
装卸搬运和其他运输服务业	Loading, unloading, portage and other transport services	12977	7309	3370	2298
仓储业	Storage	25102	22742	745	1615
邮政业	Post	49198	49158		40
信息传输、计算机服务和软件业	**Information transfer, computer services and software**	**117956**	**53417**	**646**	**63893**
电信和其他信息传输服务业	Telecom and other information transfer services	112815	51550	476	60788
计算机服务业	Computer services	2209	1808	168	234
软件业	Software industry	2932	59	2	2871
批发和零售业	**Wholesale and retail trade**	**567881**	**301985**	**105876**	**160021**
批发业	Wholesale	346952	226827	55640	64485
零售业	Retail trade	220929	75158	50236	95536
住宿和餐饮业	**Accommodation and Catering Trade**	**131447**	**60158**	**16872**	**54417**
住宿业	Accommodation	89729	46539	11366	31823
餐饮业	Catering Trade	41718	13619	5506	22594
金融业	**Finance**	**608227**	**327336**	**116574**	**164317**
银行业	Bank	506453	291221	115966	99266
证券业	Securities	9330	3015	101	6213
保险业	Insurance	86704	30653	424	55628
其他金融活动	Other financial activities	5740	2447	83	3210
房地产业	**Real estate**	**125004**	**37175**	**5779**	**82050**
#房地产开发经营	Real estate development and operation	92826	19849	3903	69073
物业管理	Real estate management	16105	4413	1535	10157
房地产中介服务	Intermediate service of real estate	3581	2315	162	1105
租赁和商务服务业	**Tenancy and business services**	**171592**	**84684**	**31745**	**55163**
租赁业	Tenancy	4988	1334	1188	2467
商务服务业	Business service	166604	83350	30557	52696
科学研究、技术服务和地质勘查业	**Scientific research, technical service and geologic perambulation**	**277864**	**262212**	**3413**	**12239**
研究与试验发展	Research and experimental development	77264	74576	181	2508
专业技术服务业	Professional technique services	135363	125824	2168	7370
科技交流和推广服务业	Services of science and technique intercommunion and generalization	26833	24053	894	1887
地质勘查业	Geologic perambulation	38404	37759	170	474

5-21 续表 2 continued

单位:万元 (10 000 yuan)

类别	Type	工资总额 Average Wage	国有单位 State-owned Units	集体单位 Collectiveowned Units	其他单位 Others Units
水利、环境和公共设施管理业	**Management of water conservancy, environment and public establishment**	**197516**	**191458**	**1249**	**4809**
水利管理业	Management of water conservancy	61946	61756	119	71
环境管理业	Environmental management	65723	63432	366	1925
公共设施管理业	Management of public establishment	69847	66270	764	2813
居民服务业和其他服务业	**Resident services and other services**	**27571**	**17759**	**2852**	**6960**
居民服务业	Resident services	16066	9204	1719	5143
其他服务业	Other services	11505	8555	1133	1817
教育	**Education**	**2500308**	**1952471**	**496455**	**51383**
#初等教育	Primary education	984807	574030	401032	9746
中等教育	Secondary education	1182096	1068332	93622	20141
高等教育	Higher education	237736	224474	34	13228
卫生、社会保障和社会福利业	**Sanitation, social security and social welfare**	**722371**	**680857**	**23776**	**17738**
卫生	Sanitation	687295	647165	22598	17531
社会保障	Social security	17367	17324	18	25
社会福利业	Social welfare	17709	16368	1160	182
文化、体育和娱乐业	**Culture, sports and entertainment**	**142178**	**134851**	**705**	**6621**
新闻出版业	Journalism and publishing activities	46273	42842	40	3391
广播、电影、电视和音像业	Broadcasting,movies,television and audiovisual activities	42316	41355	79	881
文化艺术业	Culture and art	43785	43088	408	289
体育	Sports activities	6918	6713	24	181
娱乐业	Entertainment	2886	853	154	1879
公共管理和社会组织	**Public management and social organization**	**2063405**	**2055058**	**4000**	**4347**
#中国共产党机关	Chinese Communist Party organs	91741	91699		
国家机构	Organ of state	1910899	1905063		
人民政协和民主党派	People's Political Consultative Conference and democratic parties	15224	15224		
群众团体、社会团体和宗教组织	Mass communities, social communities and religion organizations	32223	29754	261	2208
按三次产业分	**Grouped by Industry**				
第一产业	Primary Industry	95259	76292	7762	11205
第二产业	Secondary Industry	5883971	1650772	410955	3822244
第三产业	Teriary industry	8334299	6771606	831343	731350

5–22 各种分组的在岗职工平均工资(2007年)

Average Wage of Fully Employed Staff and Workers by Groups(2007)

单位:元 (yuan)

类别	Type	平均工资 Average Wage	国有单位 State-owned Units	集体单位 Collectiveowned Units	其他单位 Others Units
总　计	**Average**	**20935**	**22345**	**15850**	**20333**
按隶属关系分	**Grouped by administration**				
中　央	Centre		34652		
省、自治区、直辖市	Province		28763		
市	City		22968		
县及县以下	County and below		18532		
其　他	Others		21533		
按企业、事业、机关分	**Grouped by Enterprises, Institutions and Agencies**				
企　业	Enterprises	20445	23241	13703	20297
事　业	Institutions	21486	21670	20165	23515
机　关	Agencies & Organizations	22119	22133	18392	
按国民经济行业分	**Grouped by Sector**				
农、林、牧、渔业	**Farming, Forestry,animal Husbandry and Fishery**	**11410**	**11423**	**10451**	**12086**
农业	Farming	9157	8720	11766	12261
林业	Forestry	12774	12684	16023	16026
畜牧业	Animal Husbandry	11433	11385	11648	11456
渔业	Fishery	13310	12129	11219	13836
农、林、牧、渔服务业	Service activities for Farming, forestry, animal Husbandry and fishery	13207	14241	10188	9990
采矿业	**Mining**	**31231**	**31429**	**17282**	**31737**
制造业	**Manufacturing**	**17667**	**19120**	**12985**	**17943**
电力、燃气及水的生产和供应业	**Production and distribution of electricity, gas and water**	**26453**	**26327**	**16331**	**27052**
建筑业	**Construction**	**16914**	**19186**	**14522**	**16774**
房屋和土木工程建筑业	Construction of Building and civil engineering	16412	17558	14302	16722
建筑安装业	Architectural installation	21070	26665	17131	18552
建筑装饰业	Architectural decoration	18333	30682	17764	14732
其他建筑业	Other construction	17007	20846	14070	16110
交通运输、仓储和邮政业	**Traffic,transport, storage and post**	**22669**	**24681**	**10867**	**14509**
铁路运输业	Transport via railway	35327	36844	7370	15684
道路运输业	Transport via road	14674	15287	11711	13473
城市公共交通业	Urban public traffic	15176	15804	11032	13472
水上运输业	Water transport	12080	15927	12389	3677

5-22 续表 1 continued

单位:元 (yuan)

类别	Type	平均工资 Average Wage	国有单位 State-owned Units	集体单位 Collectiveowned Units	其他单位 Others Units
航空运输业	Air transport	28521	14060	5625	30415
装卸搬运和其他运输服务业	Loading, unloading, portage and other transport services	14192	14589	12746	15420
仓储业	Storage	16442	17012	10058	13948
邮政业	Post	20004	20002		22389
信息传输、计算机服务和软件业	**Information transfer, computer services and software**	**28660**	**22286**	**16997**	**38013**
电信和其他信息传输服务业	Telecom and other information transfer services	29237	22458	15626	39661
计算机服务业	Computer services	17659	18598	22973	11350
软件业	Software industry	22208	13767	8000	22515
批发和零售业	**Wholesale and retail trade**	**13956**	**16564**	**9785**	**13749**
批发业	Wholesale	15349	17684	9901	15511
零售业	Retail trade	12215	13907	9660	12770
住宿和餐饮业	**Accommodation and Catering Trade**	**13767**	**13882**	**11507**	**14518**
住宿业	Accommodation	13645	13533	11857	14607
餐饮业	Catering Trade	14037	15223	10845	14394
金融业	**Finance**	**33945**	**38314**	**22016**	**40283**
银行业	Bank	34439	39534	21984	48078
证券业	Securities	66169	67610	25923	67171
保险业	Insurance	29096	28150	38153	29591
其他金融活动	Other financial activities	63141	55872	16235	76417
房地产业	**Real estate**	**19090**	**20148**	**18470**	**18690**
#房地产开发经营	Real estate development and operation	20974	22373	17937	20800
物业管理	Real estate management	12906	16355	19886	11275
房地产中介服务	Intermediate service of real estate	17356	16833	17554	18534
租赁和商务服务业	**Tenancy and business services**	**17439**	**18311**	**13613**	**19135**
租赁业	Tenancy	17571	18451	11518	22736
商务服务业	Business service	17435	18308	13710	18994
科学研究、技术服务和地质勘查业	**Scientific research, technical service and geologic perambulation**	**25203**	**25630**	**19427**	**19789**
研究与试验发展	Research and experimental development	26753	26787	20056	26380
专业技术服务业	Professional technique services	25706	26358	21774	18768
科技交流和推广服务业	Services of science and technique intercommunion and generalization	19590	19793	15199	19715
地质勘查业	Geologic perambulation	25580	25898	20530	13534

5-22 续表 2 continued

单位:元 (yuan)

类别	Type	平均工资 Average Wage	国有单位 State-owned Units	集体单位 Collecti-veowned Units	其他单位 Others Units
水利、环境和公共设施管理业	**Management of water conservancy, environment and public establishment**	**17582**	**17632**	**11515**	**18003**
水利管理业	Management of water conservancy	19041	19057	14238	16349
环境管理业	Environmental management	14683	14526	12292	24216
公共设施管理业	Management of public establishment	19932	20386	10861	15347
居民服务业和其他服务业	**Resident services and other services**	**15998**	**17107**	**13732**	**14572**
居民服务业	Resident services	15175	14775	18955	14903
其他服务业	Other services	17308	20605	9684	13710
教育	**Education**	**22846**	**23494**	**20708**	**21736**
#初等教育	Primary education	21158	21599	20566	20777
中等教育	Secondary education	23042	23265	21485	19648
高等教育	Higher education	31962	31790	25769	35228
卫生、社会保障和社会福利业	**Sanitation, social security and social welfare**	**21191**	**21501**	**15586**	**19803**
卫生	Sanitation	21114	21412	15602	19942
社会保障	Social security	22268	22273	19444	20917
社会福利业	Social welfare	23431	24639	15237	11799
文化、体育和娱乐业	**Culture, sports and entertainment**	**20716**	**20916**	**9085**	**19561**
新闻出版业	Journalism and publishing activities	26155	26274	19048	24843
广播、电影、电视和音像业	Broadcasting,movies,television and audiovisual activities	19305	19496	5746	15485
文化艺术业	Culture and art	18161	18430	8640	11217
体育	Sports activities	22124	22113	21909	22600
娱乐业	Entertainment	16156	15822	11478	16881
公共管理和社会组织	**Public management and social organization**	**21909**	**21940**	**16844**	**15782**
#中国共产党机关	Chinese Communist Party organs	25237	25243		
国家机构	Organ of state	21718	21742		
人民政协和民主党派	People's Political Consultative Conference and democratic parties	29441	29441		
群众团体、社会团体和宗教组织	Mass communities, social communities and religion organizations	23502	24228	20575	16942
按三次产业分	**Grouped by Industry**				
第一产业	Primary Industry	11410	11423	10451	12086
第二产业	Secondary Industry	20423	22968	13891	20478
第三产业	Teriary industry	21521	22438	17127	19807

5-23 各市在岗职工工资总额(2007年)

Total Wages Bill of Fully Employed Staff and Workers by City (2007)

单位：万元 (10 000 yuan)

市	City	工资总额 total Wages	按登记注册类型分 国有单位 Stateowned Units	城镇集体单位 Urban Collective-owned Units	其他单位 Other Units	内资 Internal Funded Units
全省	**Total**	**14313529**	**8498670**	**1250060**	**4564799**	**4148961**
郑州市	Zhengzhou	2148933	1317325	69386	762222	661579
开封市	Kaifeng	397026	264144	52588	80294	75878
洛阳市	Luoyang	958879	627383	80873	250623	220897
平顶山市	Pingdingshan	915962	335831	60950	519181	494251
安阳市	Anyang	714151	331577	83371	299203	283128
鹤壁市	Hebi	262125	94695	14811	152619	149433
新乡市	Xinxiang	599753	365583	52430	181740	144424
焦作市	Jiaozuo	586535	274885	59569	252081	240029
濮阳市	Puyang	590073	321678	23417	244978	238920
许昌市	Xuchang	427735	241644	63128	122963	112770
漯河市	Luohe	293079	143120	22444	127515	78132
三门峡市	Sanmenxia	450554	230442	28641	191471	181392
南阳市	Nanyang	1059675	675228	101438	283009	257378
商丘市	Shangqiu	617876	360294	102329	155253	152229
信阳市	Xinyang	627443	469173	77624	80646	79234
周口市	Zhoukou	547613	432419	58174	57020	53025
驻马店市	Zhumadian	477140	299163	102863	75114	63319
济源市	Jiyuan	119026	57683	1404	59939	54952

市	City	by Status of Registration 港澳台投资 Economic Units Funded by Entrepreneurs from Hong Kong, Macao and Taiwan	外商投资 Foreign Funded Economic Units	按三次产业分 by Type of Industry 第一产业 Primary Industry	第二产业 Secondary Industry	第三产业 Teriary industry
全省	**Total**	**200690**	**215149**	**95259**	**5883971**	**8334299**
郑州市	Zhengzhou	44897	55745	5661	851768	1291504
开封市	Kaifeng	1416	3000	2527	105699	288800
洛阳市	Luoyang	6246	23480	4168	428134	526577
平顶山市	Pingdingshan	11238	13692	1495	557166	357301
安阳市	Anyang	10231	5844	3507	383832	326812
鹤壁市	Hebi	2431	755	1127	161709	99289
新乡市	Xinxiang	4396	32920	6354	219802	373597
焦作市	Jiaozuo	8099	3953	4767	307056	274712
濮阳市	Puyang	4082	1976	1055	359748	229270
许昌市	Xuchang	7721	2473	2270	179502	245963
漯河市	Luohe	47868	1515	945	139638	152496
三门峡市	Sanmenxia	4826	5252	2259	252279	196016
南阳市	Nanyang	9286	16345	11995	394134	653546
商丘市	Shangqiu	2306	718	5374	206144	406358
信阳市	Xinyang	977	435	12401	164148	450894
周口市	Zhoukou	400	3594	8284	114182	425147
驻马店市	Zhumadian	1755	10041	6558	102954	367628
济源市	Jiyuan	3106	1881	553	67219	51254

5-24 各市在岗职工平均工资(2007年)

Average Wage of Fully Employed Staff and Workers by City (2007)

单位：元 (yuan)

市 City	平均工资 Average Wages	按登记注册类型分 国有单位 Stateowned Units	城镇集体单位 Urban Collective-owned Units	其他单位 Other Units	内资 Internal Funded Units
全 省 Total	**20935**	**22345**	**15850**	**20333**	**20255**
郑 州 市 Zhengzhou	23025	26763	15209	19274	19040
开 封 市 Kaifeng	14434	15679	12217	12635	12525
洛 阳 市 Luoyang	19517	21499	16571	16631	16327
平 顶 山 市 Pingdingshan	20098	18079	13695	23024	23195
安 阳 市 Anyang	18535	19272	15093	18938	18865
鹤 壁 市 Hebi	16741	16865	11845	17357	17651
新 乡 市 Xinxiang	14795	16732	11723	12783	12108
焦 作 市 Jiaozuo	19036	19610	17594	18800	18873
濮 阳 市 Puyang	19551	20891	12391	19000	19301
许 昌 市 Xuchang	15601	17090	14573	13746	13744
漯 河 市 Luohe	14297	15549	9924	14115	12103
三 门 峡 市 Sanmenxia	19871	19306	16957	21160	21444
南 阳 市 Nanyang	16001	18070	13188	13371	13182
商 丘 市 Shangqiu	16879	15353	14443	25648	25784
信 阳 市 Xinyang	15167	16618	12203	11906	11875
周 口 市 Zhoukou	12759	13532	10158	10885	10915
驻 马 店 市 Zhumadian	14134	14872	13664	12288	11554
济 源 市 Jiyuan	18234	19718	13312	17142	17526

市 City	by Status of Registration 港澳台投资 Economic Units Funded by Entrepreneurs from Hong Kong, Macao and Taiwan	外商投资 Foreign Funded Economic Units	按三次产业分 by Type of Industry 第一产业 Primary Industry	第二产业 Secondary Industry	第三产业 Teriary industry
全 省 Total	**20212**	**22101**	**11410**	**20423**	**21521**
郑 州 市 Zhengzhou	20354	21489	17510	19829	25803
开 封 市 Kaifeng	14009	15344	10253	12851	15172
洛 阳 市 Luoyang	15375	20713	12808	19091	19962
平 顶 山 市 Pingdingshan	16334	24769	9797	21912	17869
安 阳 市 Anyang	25145	15196	12220	18367	18843
鹤 壁 市 Hebi	9286	11651	5327	16938	16831
新 乡 市 Xinxiang	9689	17933	9587	12143	17158
焦 作 市 Jiaozuo	16918	18647	12967	18860	19395
濮 阳 市 Puyang	11031	13659	7836	22493	16315
许 昌 市 Xuchang	14161	12663	9612	15173	16024
漯 河 市 Luohe	19469	12689	7237	13644	15047
三 门 峡 市 Sanmenxia	18815	15768	12074	20411	19356
南 阳 市 Nanyang	11587	19477	9986	15227	16698
商 丘 市 Shangqiu	27956	10753	11515	20833	15484
信 阳 市 Xinyang	12466	19092	12238	12996	16264
周 口 市 Zhoukou	6873	11148	5456	10302	14023
驻 马 店 市 Zhumadian	13969	19797	7737	11067	15573
济 源 市 Jiyuan	20638	8925	15229	18179	18348

5-25 各市分行业在岗职工工资总额(2007年)

Total Wages Bill of Fully Employed Staff and Workers by Sector and City(2007)

单位:万元 (10 000 yuan)

市 City	合计 Total	农林牧渔业 Farming, Forestry, Animal Husbandry and Fishery	采矿业 Mining	制造业 Manufacturing	电力、燃气及水的生产和供应业 Production and Supply of Electricity,Gas and Water	建筑业 Construction	交通运输仓储及邮政业 Traffic, transport, storage and post	信息传输计算机服务和软件业 Information transfer, computer services and software	批发和零售业 Wholesale and retail trade	住宿和餐饮业 Accommodation and Catering Trade
郑州市 Zhengzhou	2148933	5661	157954	361925	82954	248935	52091	34326	81227	41185
开封市 Kaifeng	397026	2527		67108	14047	24544	10973	1573	27364	4781
洛阳市 Luoyang	958879	4168	29810	278268	74169	45887	27335	5787	27756	6463
平顶山市 Pingdingshan	915962	1495	311552	181345	28529	35740	14216	2626	27283	5369
安阳市 Anyang	714151	3507	22988	206602	22851	131391	11045	2732	18905	4253
鹤壁市 Hebi	262125	1127	110300	29128	9439	12842	2523	1368	5505	1287
新乡市 Xinxiang	599753	6354	3848	150467	18342	47145	13113	4172	26821	3879
焦作市 Jiaozuo	586535	4767	70351	184043	30438	22224	8083	5266	15853	3671
濮阳市 Puyang	590073	1055	208805	45841	15932	89170	8020	2442	11316	1568
许昌市 Xuchang	427735	2270	35518	108278	12705	23001	8050	6283	13265	3431
漯河市 Luohe	293079	945	394	115824	6245	17175	2794	969	10197	1642
三门峡市 Sanmenxia	450554	2259	140663	51787	32837	26992	10722	3109	21187	2738
南阳市 Nanyang	1059675	11995	87852	210545	27101	68636	25762	10125	56743	10066
商丘市 Shangqiu	617876	5374	113674	29379	22367	40724	18216	5280	28786	2491
信阳市 Xinyang	627443	12401	5003	72010	25036	62099	19076	8342	36184	5752
周口市 Zhoukou	547613	8284		65076	21442	27664	16786	1275	34049	2656
驻马店市 Zhumadian	477140	6558	574	63101	9304	29975	9167	4103	28587	3036
济源市 Jiyuan	119026	553	4683	45770	9309	7457	1983	566	3372	1248

市 City	金融业 Finance	房地产业 Real estate	租赁和商务服务业 Tenancy and business services	科学研究、技术服务和地质勘查业 Scientific research, technical service and geologic perambulation	水利、环境和公共设施管理业 Management of water conservancy, environment and public establishment	居民服务和其他服务业 Resident services and other services	教育 Education	卫生、社会保障和社会福利业 Sanitation, social security and social welfare	文化、体育和娱乐业 Culture, sports and entertainment	公共管理和社会组织 Public management and social organization
郑州市 Zhengzhou	166267	35246	27213	78214	40067	7116	298500	83979	53373	292700
开封市 Kaifeng	19746	4596	4073	3748	7293	1437	90913	29109	3698	79496
洛阳市 Luoyang	43406	6982	15047	51227	9588	1053	150831	44895	6568	129639
平顶山市 Pingdingshan	27359	4410	11016	6170	8427	733	107850	28142	4424	109276
安阳市 Anyang	21010	3366	5582	6556	9873	801	118910	34101	3791	85887
鹤壁市 Hebi	8309	961	711	1730	3282	245	30051	9081	1291	32945
新乡市 Xinxiang	17803	5590	4619	15261	8375	1862	127263	40480	5513	98846
焦作市 Jiaozuo	19310	2197	2822	4515	9808	1066	82488	28910	4113	86610
濮阳市 Puyang	22627	2696	20173	5680	4952	2567	62188	17219	3059	64763
许昌市 Xuchang	17222	3488	2684	4562	6187	528	83663	23205	3170	70225
漯河市 Luohe	13459	2232	1664	2057	4687	331	45346	16634	2850	47634
三门峡市 Sanmenxia	15592	795	4336	4165	2688	202	55621	13720	1957	59184
南阳市 Nanyang	36068	10030	23821	21817	20821	2415	215117	73535	8685	138541
商丘市 Shangqiu	17701	741	2511	3519	5627	783	169287	40227	3537	107652
信阳市 Xinyang	22708	6670	7289	12572	12467	497	154793	41609	6246	116689
周口市 Zhoukou	29689	2698	1402	3632	4321	483	173769	41536	4210	108641
驻马店市 Zhumadian	18466	4976	2801	8454	7543	599	143220	45211	3917	87548
济源市 Jiyuan	2263	638	772	1226	2564	166	19530	4087	620	12219

5-26 各市分行业在岗职工平均工资(2007年)

Average Wage of Fully Employed Staff and Workers by Sector and City(2007)

单位:元 (yuan)

市 City	平均工资 Average Wage	农林牧渔业 Farming, Forestry, Animal Husbandry and Fishery	采矿业 Mining	制造业 Manufacturing	电力、燃气及水的生产和供应业 Production and Supply of Electricity,Gas and Water	建筑业 Construction	交通运输仓储及邮政业 Traffic, transport, storage and post	信息传输计算机服务和软件业 Information transfer, computer services and software	批发和零售业 Wholesale and retail trade	住宿和餐饮业 Accommodation and Restaurants
郑州市 Zhengzhou	23025	17510	23085	18942	30652	17408	18639	39546	17174	14443
开封市 Kaifeng	14434	10253		11653	19507	14053	13463	14301	11744	11655
洛阳市 Luoyang	19517	12808	21118	18350	23846	16746	14159	30142	14001	10681
平顶山市 Pingdingshan	20098	9797	26661	17554	26608	15285	11564	17331	13083	10255
安阳市 Anyang	18535	12220	18704	20631	20979	15340	12851	17592	9712	8546
鹤壁市 Hebi	16741	5327	22899	9030	24128	11533	11046	17739	8829	8231
新乡市 Xinxiang	14795	9587	13559	11681	18065	12022	13785	20686	9681	10083
焦作市 Jiaozuo	19036	12967	24278	16977	26037	16182	12290	24366	12640	12339
濮阳市 Puyang	19551	7836	34989	14420	25688	14320	11751	22569	11344	8476
许昌市 Xuchang	15601	9612	19060	14722	17747	12130	11598	19298	12350	10332
漯河市 Luohe	14297	7237	10920	13791	18792	11705	11053	25698	10850	10338
三门峡市 Sanmenxia	19871	12074	24340	14319	24582	16574	16933	34936	13695	10077
南阳市 Nanyang	16001	9986	35820	13049	18482	11775	11722	17765	10546	11449
商丘市 Shangqiu	16879	11515	40675	10189	19452	13278	12034	18953	11939	8143
信阳市 Xinyang	15167	12238	10411	12205	17574	12869	11971	22028	11132	10932
周口市 Zhoukou	12759	5456		8962	18148	10476	12281	17369	8151	7651
驻马店市 Zhumadian	14134	7737	10012	10956	12436	10950	9053	16463	10788	8474
济源市 Jiyuan	18234	15229	14325	17586	34695	14920	11876	19646	12711	11536

市 city	金融业 Finance	房地产业 Real estate	租赁和商务服务业 Tenancy and business services	科学研究、技术服务和地质勘查业 Scientific research, technical service and geologic perambulation	水利、环境和公共设施管理业 Management of water conservancy, environment and public establishment	居民服务和其他服务业 Resident services and other services	教育 Education	卫生、社会保障和社会福利业 Sanitation, social security and social welfare	文化、体育和娱乐业 Culture, sports and entertainment	公共管理和社会组织 Public management and social organization
郑州市 Zhengzhou	51999	18258	19654	28796	21533	15293	26597	22604	22665	29383
开封市 Kaifeng	20937	15392	12999	12837	13301	10798	15756	15489	15852	16032
洛阳市 Luoyang	35307	16692	18409	24256	12321	12811	20906	17966	16448	21186
平顶山市 Pingdingshan	30733	16364	10141	16393	11197	11861	20684	17936	15327	19877
安阳市 Anyang	24269	16212	11196	19575	17055	16655	21799	21889	16495	20901
鹤壁市 Hebi	24983	10141	10101	15626	10025	11050	20102	16816	14094	19051
新乡市 Xinxiang	21217	13810	15225	21300	14138	9110	20703	16823	15706	17969
焦作市 Jiaozuo	24295	19409	19129	18382	17338	20464	20863	18447	16640	21378
濮阳市 Puyang	25608	13176	12557	20647	11610	21161	17477	15767	14524	17500
许昌市 Xuchang	25424	13492	11624	14435	12757	14719	17612	15205	13802	15910
漯河市 Luohe	16734	15427	9309	15702	12630	12229	15951	14816	14760	16257
三门峡市 Sanmenxia	29756	14646	13411	22430	14224	13635	21251	17966	14211	21320
南阳市 Nanyang	22620	16104	17025	17323	16862	15177	18379	20194	15428	17461
商丘市 Shangqiu	20257	10302	12013	13842	13945	12184	17657	15626	12455	14524
信阳市 Xinyang	22219	15653	12739	14474	13842	14284	17281	19047	14839	17714
周口市 Zhoukou	20398	12831	14035	15440	8767	18011	17038	16110	14735	12388
驻马店市 Zhumadian	20853	10332	10204	17374	15363	9309	18333	17649	13129	14636
济源市 Jiyuan	21846	15373	10229	16279	10901	9976	24594	14458	15987	21784

主要统计指标解释

经济活动人口 指在 16 岁以上，有劳动能力，参加或要求参加社会经济活动的人口；包括从业人员和失业人员。

从业人员 指在16周岁及以上，从事一定社会劳动并取得劳动报酬或经营收入的人员。这一指标反映了一定时期内全部劳动力资源的实际利用情况，是研究我国基本国情国力的重要指标。

各单位的从业人员 指在各级国家机关、政党机关、社会团体及企业、事业单位中工作，取得工资或其他形式的劳动报酬的全部人员。包括在岗职工、再就业的离退休人员、民办教师以及在各单位中工作的外方人员和港澳台方人员、兼职人员、借用的外单位人员和第二职业者。不包括离开本单位仍保留劳动关系的职工。各单位的就业人员反映了各单位实际参加生产或工作的全部劳动力。

城镇私营和个体从业人员 城镇私营就业人员指在工商管理部门注册登记，其经营地址设在县城关镇(含县城关镇)以上的私营企业就业人员，包括私营企业投资者和雇工。城镇个体就业人员指在工商管理部门注册登记，并持有城镇户口或在城镇长期居住，经批准从事个体工商经营的就业人员，包括个体经营者和在个体工商户劳动的家庭帮工和雇工。

城镇登记失业人员 指有非农业户口，在一定的劳动年龄内(16周岁至退休年龄)，有劳动能力，无业而要求就业，并在当地就业服务机构进行求职登记的人员。

城镇登记失业率 城镇登记失业人员与城镇单位就业人员(扣除使用的农村劳动力、聘用的离退休人员、港澳台及外方人员)、城镇单位中的不在岗职工、城镇私营业主、个体户主、城镇私营企业和个体就业人员、城镇登记失业人员之和的比。计算公式为：

城镇登记失业率=城镇登记失业人数/（城镇单位就业人员−使用的农村劳动力−聘用的离退休人员−聘用的港澳台及外方人员）+不在岗职工+城镇私营业主+城镇个体户主+城镇私营企业及个体就业人员+城镇登记失业人数×100%

职工 指在国有、城镇集体、联营、股份制、外商和港、澳、台投资、其他单位及其附属机构工作，并由其支付工资的各类人员。不包括下列人员：(1)乡镇企业就业人员；(2)私营企业就业人员；(3)城镇个体劳动者；(4)离休、退休、退职人员；(5)再就业的离、退休人员；(6)民办教师；(7)在城镇单位中工作的外方及港、澳、台人员；(8)其他按有关规定不列入职工统计范围的人员。(1998年及以后的数据均为在岗职工数据，其他相关指标如职工工资总额，职工平均工资等指标也从1998年按此口径进行了相应调整)。

国有单位 指资产归国家所有的经济组织。包括按《中华人民共和国企业法人登记管理条例》规定登记注册的非公司制的经济组织，以及中央、地方各级国家机关、事业单位和社会团体。

集体单位 指生产资料归集体所有，并按《中华人民共和国企业法人登记管理条例》规定登记注册的经济组织。

其他单位 包括股份合作单位、联营单位、有限责任公司、股份有限公司、港澳台商投资单位以及外商投资单位等其他登记注册类型单位。

在岗职工 指在本单位工作并由单位支付工资的人员，以及有工作岗位，但由于学习、病伤产假等原因暂未工作，仍由单位支付工资的人员。

工资总额 指各单位在一定时期内直接支付给本单位全部职工的劳动报酬总额。工资总额的计算原则应以直接支付给职工的全部劳动报酬为根据。各单位支付给职工的劳动报酬以及其他根据有关规定支付的工资，不论是计入成本的还是不计入成本的，不论是按国家规定列入计征奖金税项目的，还是未列入计征奖金税项目的，不论是以货币形式支付的还是以实物形式支付的，均包括在工资总额内。

平均工资 指企业、事业、机关单位的职工在一定时期内平均每人所得的货币工资额。它表明一定时期职工工资收入的高低程度，是反映职工工资水平的主要指标。计算公式为：

平均工资=报告期实际支付的全部职工工资总额/报告期全部职工平均人数

平均工资指数 指报告期职工平均工资与基期职工平均工资的比率，是反映不同时期职工货币工资水平变动情况的相对数。计算公式为：

平均工资指数=报告期职工平均工资/基期职工平均工资×100%

平均实际工资指数 职工平均实际工资指扣除物价变动因素后的职工平均工资。职工平均实际工资指数是反映实际工资变动情况的相对数，表明职工实际工资水平提高或降低的程度。计算公式为：

平均实际工资指数=报告期职工平均工资指数/报告期城镇居民消费价格指数×100%

专业技术人员 指从事专业技术工作的人员以及从事专业技术管理工作且已在1983年以前评定了专业技术职称或在1984年以后聘任了专业技术职务的人员。专业技术人员具体指工程技术人员、农业技术人员、科研人员(自然科学研究、社会科学研究及实验技术人员)、卫生技术人员、教学人员(含高等院校、中等专业学校、技工学校、中学、小学)、民用航空飞行技术人员、船舶技术人员、经济人员、会计人员、统计人员、翻译人员、图书资料、档案、文博人员、新闻、出版人员、律师、公证人员、广播电视播音人员、工艺美术人员、体育人员、艺术人员及政工人员。

Explanatory Notes on Main Statistical Indicators

Economically Active Population refers to the population aged 16 and over who are capable to work, are participating in or willing to participate in economic activities, including employed persons and unemployed persons.

Employed Persons refer to the persons aged 16 and over who are engaged in social working and receive remuneration payment or earn business income. This indicator reflects the actual utilization of total labour force during a certain period of time and is often used for the research on China economic situation and national power.

Persons Employed in Various Units refer to all the persons working in government agencies of various levels, political and party organizations, social organizations, enterprises and institutions, and receiving wages or other forms of payment. They include fully-employed staff and workers, re-employed retirees, teachers in schools run by the local people, foreigners and Chinese compatriots from Hong Kong, Macao, and Taiwan working in various units, part-time employees, employees of other units working temporarily at current posts, and employees holding the second job, but exclude staff and workers who have left their working units while keeping their labour contract (employment relation) unchanged. This indicator reflects the total number of laborers actually engaged in production or other operations in various units.

Persons Employed in Private Enterprises and Self-Employed Individuals in Urban Areas Persons employed in private enterprises refer to the persons employed in the private enterprises which have been registered at the departments of industrial and commercial administration and are situated at a county town (i.e. a town where the county government is located) for business operation or at urban areas with the level higher than a county town. The self-employed individuals in urban areas refer to persons who hold the certificates of residence in urban areas or have resided in the urban areas for a long time and have been registered at the departments of industrial and commercial administration and approved to be engaged in individual industrial or commercial business, including self-employed persons as well as helpers and hired labourers who work in the individual households engaged in industrial or commercial business.

Registered Urban Unemployed Persons refer to the persons with non-agricultural household registration at certain working ages (16-50 years for male and 16-45 years for females), who are capable of work, unemployed and willing to work, and have been registered at the local employment service agencies to apply for a job.

Registered Urban Unemployment Rate refers to the ratio of the number of the registered unemployed persons to the sum of the number of persons employed in various units (minus the rural labour force, retirees, and Hong Kong, Macao, Taiwan or foreign employees they employ) laid-off workers in urban units, owners and employees in urban private enterprises, urban self-employed individuals and the registered urban unemployed persons. The formula is as follows:

Registered urban unemployment rate = number of registered urban unemployed persons÷(number of persons employed in urban units - rural labour force employed retirees employed - Hong Kong, Macao, Taiwan or foreign employees employ + laid-off workers + owners and employees in urban private enterprises + self-employed individuals in urban areas + registered urban unemployed persons) × 100%.

Staff and Workers refer to persons working in, and receive payment from units of state ownership, collective ownership, joint ownership, share-holding ownership, foreign ownership, and ownership by entrepreneurs from Hong Kong, Macao, and Taiwan, and other types of ownership and their affiliated units. They do not include 1) persons employed in township enterprises, 2) persons employed in private enterprises, 3) urban self-employed persons, 4) retirees, 5) re-employed retirees, 6) teachers in the schools run by the local people, 7) foreigners and persons from Hong Kong, Macao and Taiwan who work in urban units, and 8) other persons not to be included by relevant regulations. (Data of 1998 and afterward refer to fully employed staff and workers. Other related statistics such as total wage bill and average wage are adjusted since 1998 accordingly).

State-owned Units refer to economic units whose assets are owned by the state. Included are non-corporation units registered according to Regulation of the People's Republic of China on the Registration of Enterprises and Corporations, state organs, institutions and social organizations at the central and local levels.

Collective-Owned Units refer to economic units registered according to Regulation of the People抯 Republic of China on the Registration of Enterprises and Corporations where the means of production are collectively owned.

Units of Other Types of Ownership refer to units registered with other types of ownership, including cooperative units, joint ownership units, limited companies, share holding corporations, units invested by entrepreneurs from Hong Kong, Macao, and Taiwan, and foreign-invested units.

Fully Employed Staff and Workers refer to persons who work in, and receive wages from their working units, as well as persons who have their work posts, but are temporarily absent from work for reasons of study or on sick, injury or maternal leave and still receive wages from their working units.

Total Wages Bill refers to the total remuneration payment to staff and workers in various units during a certain period of time. The calculation of total wages is based on the total remuneration payment to the staff and workers. Therefore, all the wages and salaries and other payments to staff and workers are included in the total wages regardless of their sources, category, and forms (in kind or cash). (Total wages of staff and workers in this yearbook include only total wages of fully employed staff and workers, excluding the living allowances distributed to those who have left their working units while keeping their labour contract/employment relation unchanged).

Average Wage refers to the average wage in money terms per person during a certain period of time for staff and workers in enterprises, institutions, and government agencies, which reflects the general level of wage income during a certain period of time and is calculated as follows:

Average Wage = Total Wages of Staff and Workers at Reference Time /Average Number of Staff and Workers at Reference Time.

Average Wage Indices refers to the ratio of average wage of staff and workers in the report period to that in the base period, which reflects the change of wage of staff and workers at the different period. It is calculated as follows:

Average Wage Indices = Average Wage of Staff and Workers at Reference Time / Average Wage of Staff and Workers at Base Period x 100%

Average Real Wage Indices average real wage of staff and workers refers to the average wage of staff and workers after removing the effects of the price changes and average real wage indices of staff and workers refers to the change of real wage, which reflects the relative increasing or decreasing level of real wage of staff and workers, which is calculated as follows:

Average Real Wage Indices = Average Wage Indices of Staff and Workers at the Reference Time / Urban Consumer Price Indices at Reference Time x 100%

Professional Personnel refers to the persons who are engaged in special professional work or in professional management who got the titles of a professional post before 1983 or who were appointed to professional positions since 1984. Professional personnel specifically refers to engineering professionals, agricultural professionals, scientific research professionals (natural science researchers, social science researchers and laboratory technicians), health professionals, teaching professionals (including institutions of higher education, specialized secondary schools, technical schools, regular secondary schools, and primary schools), civil aviation professionals, nautical professionals, economic professionals, accounting professionals, statistical professionals, interpretation professionals, library professionals, archives professionals, professionals of culture, arts and cultural relics, newsman and publishing professionals, lawyers, notary professionals, radio and television announcers, industrial arts professionals, sports professionals, artists and political professionals.

固定资产投资
Investment in Fixed Assets

● 资料整理：邱 倩 程 鹏

【简要说明】

一、主要内容

本篇包括固定资产投资的规模、结构和比例关系、资金来源、投资效果及大型项目等资料。

二、统计范围

固定资产投资统计范围包括：城乡建设项目投资，房地产开发投资。自1997年起，除房地产开发投资、农村非农户投资、个人投资及城镇和工矿区私人建房投资外，固定资产投资的统计起点由5万元提高到50万元。自2006年起，城镇和工矿区私人建房投资改为按项目统计，起点为50万元。

三、资料来源

农村个人固定资产投资资料采用抽样调查方法，由国家统计局河南调查总队提供；除此以外的固定资产投资统计资料均为全面统计报表，由河南省统计局固定资产投资统计处编辑整理。

6-1 全社会固定资产投资总额

Total Investment in Fixed Assets in the Whole Country

年 份 Year	全社会固定资产投资总额(亿元) Total Investment in Fixed Assets (100 million yuan)	城镇投资 Urban Invest-ment	#工业投资 Industry Invest-ment	#基础设施投资 Infras-tructure	#房地产开发投资 Real Estate Development	农村投资 Rural Invest-ment	非农户 Non-Farm Households	农户 Farm Households	#民间投资 civilian Invest-ment
"一五"时期 the"First five-year Plan"Period									
"二五"时期 the"Second five-year Plan"Period									
"三五"时期 the"Third five-year Plan"Period									
"四五"时期 the"Fourth five-year Plan"Period									
"五五"时期 the"Fifth five-year Plan"Period									
#1978									
1980									
"六五"时期 the"Sixth five-year Plan"Period	376.05			56.05					166.66
#1985	126.95	71.14		18.72		55.81	11.50	44.32	62.38
"七五"时期 the"Seventh five-year Plan"Period	903.21	534.00		126.11		369.21	59.42	309.79	434.88
#1989	187.68	115.72		24.20		71.96	8.81	63.15	88.06
1990	206.12	123.25	87.77	29.42	3.43	82.87	16.08	66.79	97.89
"八五"时期 the"Eighth five-year Plan"Period	2458.78	1786.59	971.45	588.20	150.30	672.19	308.12	364.07	916.91
1991	256.46	158.76	115.46	38.12	4.07	97.70	16.62	81.08	112.18
1992	318.83	214.33	133.83	55.03	8.78	104.50	35.74	68.76	129.68
1993	450.43	337.91	181.93	107.55	25.27	112.52	57.31	55.21	155.58
1994	628.03	475.36	238.54	163.30	49.61	152.67	84.96	67.71	215.51
1995	805.03	600.23	301.69	224.20	62.56	204.80	113.49	91.31	303.96
"九五"时期 the"Ninth five-year Plan"Period	6220.92	4159.15	1714.86	1931.27	312.98	1932.34	999.35	932.99	2901.17
1996	1003.61	731.90	357.97	290.86	54.84	271.71	149.71	122.00	427.83
1997	1165.19	795.89	365.52	328.42	51.75	335.59	183.59	152.00	539.44
1998	1252.22	831.39	337.88	382.03	58.10	409.12	216.02	193.10	595.69
1999	1324.18	848.21	310.45	420.74	70.41	435.97	225.03	210.94	639.42
2000	1475.72	951.76	343.04	509.22	77.87	479.95	225.00	254.95	698.79
"十五"时期 the"Tenth five-year Plan"Period	13237.05	9959.65	4209.02	4324.86	1074.09	3185.19	1492.88	1692.31	6883.37
2001	1627.99	1076.76	373.95	581.51	102.84	505.24	229.11	276.13	781.97
2002	1820.45	1226.45	407.74	628.57	138.36	552.78	257.36	295.42	911.76
2003	2310.54	1693.27	675.30	828.88	185.56	612.27	290.48	321.79	1228.28
2004	3099.38	2434.88	1083.87	1008.15	258.82	664.50	315.73	348.77	1526.42
2005	4378.69	3528.29	1668.16	1277.75	388.52	850.40	400.20	450.20	2434.94
"十一五"时期 the"eleventh five-year Plan"Period									
2006	5907.74	4843.76	2406.37	1552.76	581.95	1063.98	555.78	508.20	3600.76
2007	8010.11	6609.16	3656.02	1526.89	837.11	1400.95	809.41	591.54	5573.14

1.按现行统计报表制度的规定,对以往年份的投资构成数据进行了调整,以前发布的数据若与本《年鉴》不一致的,请以此为准(下同)。

2.1997-2003年全社会投资总额中含规模为5-50万元地方项目投资,其他指标均不包括(下同)。

3.2005年及以前年度全社会、城镇投资及各种分组中包括城镇工矿区私人建房投资(下同)。

a)Data of some Construction indicators of Investment were adjusted based on using system, so some figures are not comparable with the previous yearbook.(the same as in following tables)

b)Data of Investment in fixed assets in 1997~2003 contained local projects from 50000 to 500000 Yuan,other indicators didn't contained these projects (the same as in following tables)

c)Fixed Assets in the Whole Country and in the Urban Area, as well as investment by Group in and before 2005 included the Housing Investment by Individuals in Urban Areas and in Industrial and Mining Areas.

6-2 各种分组的全社会固定资产投资

Total Investment in Fixed Assets in the Whole Country by Group

项 目	Item	2002	2003	2004	2005	2006	2007
投资总额(亿元)	**Total Investment (100 million yuan)**	**1820.45**	**2310.54**	**3099.38**	**4378.69**	**5907.74**	**8010.11**
按登记注册类型分	**By Registration status**						
国有经济	State-Owned Units	864.87	991.00	1127.34	1367.02	1608.59	1715.78
集体经济	Collective-Owned Units	66.15	74.98	139.91	211.06	321.38	510.04
#农村	Rural	38.24	43.16	46.91	56.51	86.42	154.65
城乡个人	Individuals	352.72	389.73	431.41	542.88	562.92	660.82
#农村	Rural	295.42	321.79	348.77	450.20	508.20	591.54
联营经济	Joint-Ownership Economic Units	2.39	3.29	7.77	9.05	9.26	24.13
股份制经济	Share Holding Economic Units	248.31	474.78	836.72	1273.80	1778.97	2408.84
港澳台投资经济	Economic Units Funded by Entrepreneurs from Hong Kong, Macao and Taiwan	46.71	57.20	81.73	119.08	130.98	169.95
外商投资经济	Foreign Funded Economic Units	30.48	71.72	92.35	130.77	148.74	140.55
私营经济	Privately Owned Enterprises	144.44	199.38	332.97	592.87	1075.78	2002.80
其他经济	Others	23.15	43.47	49.15	132.14	271.11	377.20
按隶属关系分	**Grouped by Administrative Relationship**						
中央	Central Investment	223.92	224.83	224.42	203.66	231.30	234.13
地方	Local Investment	1555.31	2081.76	2874.96	4175.03	5676.44	7775.98
按资金来源分	**Grouped by Source of Funds**						
国家预算内资金	State Budgetary Appropriation	120.25	115.73	109.06	141.39	119.72	133.39
国内贷款	Domestic Loans	360.25	503.08	599.44	681.54	699.89	789.98
债券	Bond			6.00			1.50
利用外资	Foreign Investment	29.25	35.87	50.11	64.36	74.41	77.95
自筹资金	Fundraising	1096.59	1445.12	1952.38	3039.11	4437.93	6374.13
其他资金	Others	172.89	205.74	382.38	452.28	575.81	633.16
按构成分	**Grouped by Use of Funds**						
建筑安装工程	Construction and Installation	1210.05	1483.67	2024.36	2923.85	3828.83	5358.62
设备、工具、器具购置	Purchase of Equipment and Instruments	373.94	531.47	727.44	999.94	1472.44	1971.81
其他费用	Others	195.24	290.40	347.57	454.90	606.47	679.68
房屋建筑面积(万平方米)	**Floor Space of Buildings (10 000 sq.m)**						
施工面积	Floor Space Under Construction	18252	24260	22566	26647	29673	40350
#住宅	Residential Buildings	12783	14114	15778	17343	19291	25778
竣工面积	Floor Space Completed	13295	15761	15827	17957	18235	24368
#住宅	Residential Buildings	10256	11116	12285	12916	13018	16243

6-3 分产业全社会固定资产投资

Total Investment in Fixed Assets in the Whole Country by Sector

单位：亿元 (100 million yuan)

产 业	Branch	2002	2003	2004	2005	2006	2007
总 计	**Total**	**1820.45**	**2310.54**	**3099.38**	**4378.69**	**5907.74**	**8010.11**
第一产业	**Primary Industry**	**113.35**	**149.06**	**128.20**	**166.56**	**215.42**	**286.01**
农、林、牧、渔业	Farming, Forestry,Animal Husbandry and Fishery	113.35	149.06	128.20	166.56	215.42	286.01
第二产业	**Secondary Industry**	**544.44**	**857.55**	**1304.11**	**1970.39**	**2739.86**	**4115.69**
工业	Industry	528.46	836.23	1294.71	1944.28	2716.58	4087.73
建筑业	Construction	15.98	21.33	9.40	26.11	23.28	27.97
第三产业	**Tertiary Industry**	**1121.45**	**1298.93**	**1667.06**	**2241.73**	**2952.46**	**3608.42**
交通运输、仓储和邮政业	Traffic,Transport, Storage and Post	342.10	368.94	415.01	541.43	696.68	508.38
信息传输、计算机服务和软件业	Information Transfer, Computer Services and Software	49.73	49.74	61.82	67.48	53.91	59.01
批发和零售业	Wholesale and Retail Trade	31.34	40.96	81.58	114.20	191.03	235.83
住宿和餐饮业	Accommodation and Restaurants	4.85	15.09	23.57	43.63	48.14	77.90
金融业	Finance	4.61	2.90	2.19	4.47	3.90	7.23
房地产业	Real estate	402.21	437.85	629.66	884.10	1199.26	1802.21
租赁和商务服务业	Tenancy and Business Services	9.37	10.26	16.72	26.78	20.41	24.08
科学研究、技术服务和地质勘查业	Scientific Research, Technical Service and Geologic Perambulation	13.25	7.94	8.32	24.80	20.39	19.06
水利、环境和公共管理业	Management of Water Conservancy,Environment and Public Establishment	105.28	155.50	183.91	237.91	340.67	456.66
居民服务和其他服务业	Resident Services and Other Services	7.64	25.16	45.07	58.25	47.88	38.08
教育	Education	55.77	80.37	101.35	108.79	139.41	149.50
卫生、社会保障和社会福利业	Sanitation, Social Security and Social Welfare	16.97	18.17	21.48	32.91	43.24	63.26
文化、体育和娱乐业	Culture, Sports and Entertainment	7.53	14.10	15.45	39.40	44.60	69.59
公共管理和社会组织	Public Management and Social Organization	70.81	71.94	60.92	57.59	102.94	97.63

6-4 各市按城乡及三次产业分的全社会固定资产投资(2007年)
Total Investment in Fixed Assets in the Whole Country by Rural and Urban Area and by Industry(2007)

单位：亿元 (100 million yuan)

市 City	合计 Total	城镇 Urban Area	农村 Rural Area	农村非农户 Non-Agricultural Households	农村农户 Agricultural Households	第一产业 Primary Industry	第二产业 Secondary Industry	#工业 Industry	第三产业 Tertiary Industry
全省 Total	**8010.11**	**6609.16**	**1400.95**	**809.41**	**591.54**	**286.01**	**4115.69**	**4087.73**	**3608.42**
郑州市 Zhengzhou	1367.31	1135.77	231.54	158.09	73.45	32.97	615.57	612.42	718.77
开封市 Kaifeng	220.29	164.06	56.23	32.32	23.91	14.49	132.04	131.73	73.77
洛阳市 Luoyang	841.69	747.31	94.38	62.63	31.76	30.27	482.85	474.57	328.57
平顶山市 Pingdingshan	365.32	311.44	53.88	35.23	18.65	11.50	184.99	182.61	168.83
安阳市 Anyang	429.53	356.19	73.34	47.57	25.77	24.57	224.36	223.59	180.60
鹤壁市 Hebi	161.78	141.25	20.53	12.89	7.64	5.11	111.59	111.39	45.08
新乡市 Xinxiang	581.93	512.18	69.75	36.60	33.15	27.25	356.47	355.69	198.20
焦作市 Jiaozuo	491.34	419.92	71.42	47.92	23.50	14.25	298.67	297.48	178.42
濮阳市 Puyang	252.36	210.01	42.35	27.72	14.63	9.73	177.76	175.42	64.86
许昌市 Xuchang	397.22	318.11	79.11	47.78	31.33	4.53	251.79	240.88	140.90
漯河市 Luohe	187.55	159.67	27.88	12.22	15.66	12.65	116.81	115.20	58.10
三门峡市 Sanmenxia	291.37	255.47	35.90	27.92	7.98	10.95	191.39	190.56	89.03
南阳市 Nanyang	699.63	554.23	145.40	80.51	64.89	29.37	348.77	348.26	321.49
商丘市 Shangqiu	400.73	322.16	78.57	39.28	39.29	19.13	204.87	201.13	176.73
信阳市 Xinyang	504.43	406.22	98.21	46.79	51.42	35.05	100.59	98.20	368.78
周口市 Zhoukou	400.26	279.96	120.30	47.04	73.26	25.12	150.58	149.36	224.57
驻马店市 Zhumadian	298.69	220.07	78.62	28.40	50.22	22.53	121.25	118.15	154.92
济源市 Jiyuan	114.70	91.85	22.85	18.49	4.36	1.21	63.10	63.09	50.39

6-5 各市按构成分的全社会固定资产投资及房屋面积(2007年)

Total Investment in Fixed Assets in the Whole Country and Floor Space of Buildings by Composition in Cities(2007)

市 City	固定资产投资总额(亿元) Total Investment in Fixed Assets(100 million yuan)					房屋面积(万平方米) Floor Space of Buildings (10 000 sq.m)			
	合计 Total	建筑工程 Const-ruction	安装工程 Instal-lation	设备、工具、器具购置 Purchase of Equipment and Instruments	其他费用 Others	施工面积 Floor Space Under Construction	#住宅 Residential Buildings	竣工面积 Floor Space Completed	#住宅 Residential Buildings
全 省 Total	**8010.11**	**5021.92**	**336.71**	**1971.81**	**679.68**	**40350.30**	**25778.07**	**24368.40**	**16242.89**
郑州市 Zhengzhou	1367.31	819.26	49.70	326.16	172.19	8022.45	4594.47	3051.62	1763.00
开封市 Kaifeng	220.29	108.17	13.88	80.49	17.76	1106.06	604.63	855.68	458.99
洛阳市 Luoyang	841.69	542.35	50.77	169.72	78.86	3221.65	2184.96	1763.03	1242.66
平顶山市 Pingdingshan	365.32	232.62	16.85	74.92	40.94	1942.91	1351.74	1115.89	779.46
安阳市 Anyang	429.53	246.98	9.41	139.66	33.50	2181.86	1296.89	1370.88	853.77
鹤壁市 Hebi	161.78	88.24	5.42	55.74	12.39	704.68	435.16	398.91	247.33
新乡市 Xinxiang	581.93	385.84	21.01	138.41	36.66	2174.70	1274.59	1304.18	860.52
焦作市 Jiaozuo	491.34	256.91	26.75	181.36	26.31	2250.21	1289.92	1295.19	831.55
濮阳市 Puyang	252.36	133.43	15.41	84.28	19.24	705.06	447.24	569.13	335.95
许昌市 Xuchang	397.22	214.11	13.64	135.18	34.29	2156.65	1119.64	1428.04	778.73
漯河市 Luohe	187.55	111.73	2.17	59.93	13.72	765.15	502.85	447.71	275.36
三门峡市 Sanmenxia	291.37	143.83	21.27	99.72	26.56	959.18	684.16	362.28	241.33
南阳市 Nanyang	699.63	445.58	52.72	158.44	42.89	2390.94	1733.69	1708.81	1316.52
商丘市 Shangqiu	400.73	236.56	18.03	107.08	39.07	2160.71	1506.74	1438.81	1080.98
信阳市 Xinyang	504.43	405.57	3.67	41.20	54.01	3274.30	2361.23	2115.07	1577.99
周口市 Zhoukou	400.26	315.45	9.56	56.91	18.66	2809.28	2035.30	2385.67	1841.03
驻马店市 Zhumadian	298.69	212.71	4.25	67.13	14.60	2215.49	1425.63	1557.03	1055.76
济源市 Jiyuan	114.70	65.05	6.37	37.04	6.25	522.01	352.24	254.74	151.41

6–6 各市分行业全社会固定资产投资(2007年)

单位：亿元

市 City	合 计 Total	农、林、牧、渔业 Farming, Forestry, Animal Husbandry and Fishery	工 业 Industry	建筑业 Construction	交通运输、仓储和邮政业 Traffic, Transport, Storage and Post	信息传输、计算机服务和软件业 Information Transfer, Computer Services and Software	批发和零售业 Wholesale and Retail Trade	住宿和餐饮业 Accom-Modation and Restaurants
全　　省 Total	**8010.11**	**286.01**	**4087.73**	**27.97**	**508.38**	**59.01**	**235.83**	**77.90**
郑　州　市 Zhengzhou	1367.31	32.97	612.42	3.15	68.42	6.56	36.31	10.24
开　封　市 Kaifeng	220.29	14.49	131.73	0.31	5.71	1.91	8.64	3.22
洛　阳　市 Luoyang	841.69	30.27	474.57	8.28	24.01	6.25	12.82	13.71
平顶山市 Pingdingshan	365.32	11.50	182.61	2.38	48.55	0.59	10.59	4.29
安　阳　市 Anyang	429.53	24.57	223.59	0.77	27.62	3.12	20.20	3.17
鹤　壁　市 Hebi	161.78	5.11	111.39	0.20	2.47	0.01	4.67	0.84
新　乡　市 Xinxiang	581.93	27.25	355.69	0.79	32.75	0.89	14.79	6.64
焦　作　市 Jiaozuo	491.34	14.25	297.48	1.19	21.84	1.02	17.38	5.65
濮　阳　市 Puyang	252.36	9.73	175.42	2.35	7.01	0.60	6.08	1.23
许　昌　市 Xuchang	397.22	4.53	240.88	10.90	30.23	0.82	6.87	3.72
漯　河　市 Luohe	187.55	12.65	115.20	1.61	12.69	0.34	6.82	2.67
三门峡市 Sanmenxia	291.37	10.95	190.56	0.83	16.18	2.49	3.05	2.66
南　阳　市 Nanyang	699.63	29.37	348.26	0.51	74.01	16.48	26.09	8.34
商　丘　市 Shangqiu	400.73	19.13	201.13	3.74	21.61	5.85	18.87	1.91
信　阳　市 Xinyang	504.43	35.05	98.20	2.39	51.18	5.95	11.18	3.66
周　口　市 Zhoukou	400.26	25.12	149.36	1.21	25.77	4.78	20.15	3.27
驻马店市 Zhumadian	298.69	22.53	118.15	3.10	23.26	1.36	7.64	1.56
济　源　市 Jiyuan	114.70	1.21	63.09	0.01	16.73		5.07	1.15

Investment in Fixed Assets in the Urban Area by Sector and City (2007)

(100 million yuan)

金融业 Finance	房地产业 Real Estate	租赁和商务服务业 Tenancy and Business Services	科学研究、技术服务和地质勘查业 Scientific Research, Technical Service and Geologic Perambulation	水利、环境和公共管理业 Management of Water Conservancy, Environment and Public Establishment	居民服务和其他服务业 Resident Services and Other Services	教育 Education	卫生、社会保障和社会福利业 Sanitation, Social Security and Social Welfare	文化、体育和娱乐业 Culture, Sports and Entertainment	公共管理和社会组织 Public Management and Social Organization
7.23	**1802.21**	**24.08**	**19.06**	**456.66**	**38.08**	**149.50**	**63.26**	**69.59**	**97.63**
1.15	435.22	7.50	6.26	62.34	4.50	37.34	10.05	22.43	10.43
0.10	35.35	0.03	0.28	8.59	1.56	4.13	1.36	2.06	0.84
0.75	185.15	1.52	1.84	47.39	4.34	7.54	7.54	6.24	9.49
0.54	63.89	0.80	0.05	26.22	1.77	2.96	2.90	2.71	2.98
	89.55	1.37	0.02	15.38	1.91	3.25	3.29	3.24	8.52
0.02	21.80	0.27	0.12	7.70		2.25	1.83	0.37	2.74
0.01	88.83	0.90	2.00	29.25	2.15	10.84	2.98	3.02	3.17
0.95	83.18	0.12	0.04	29.97	2.31	5.09	2.90	4.47	3.50
0.30	34.78	0.07	1.03	5.06	0.86	3.18	1.08	0.76	2.83
0.37	64.18	3.35	0.68	9.28	7.28	7.74	1.80	2.05	2.55
0.42	19.66	0.10	1.20	3.14	1.95	2.52	1.85	1.99	2.77
0.03	40.67	1.03	0.46	13.58	0.84	1.37	0.97	3.64	2.07
0.15	92.62	2.82	1.17	51.82	2.49	11.43	7.26	8.15	18.67
0.19	82.51	1.32	1.97	19.94	1.24	11.63	3.89	2.24	3.56
1.60	182.21	0.56	0.85	70.17	1.12	17.87	4.60	2.56	15.32
0.25	114.14	0.75	0.78	30.44	1.09	11.31	6.68	1.08	4.40
0.41	85.91	1.57	0.23	16.51	0.22	8.87	2.14	1.84	3.41
	15.74		0.08	9.89	0.23	0.19	0.11	0.81	0.40

6-7 城镇固定资产投资
Investment in Fixed Assets in Urban Area

项 目	Item	2002	2003	2004	2005	2006	2007
投资总额(亿元)	**Total Investment (100 million yuan)**	**1226.45**	**1693.27**	**2434.88**	**3528.29**	**4843.76**	**6609.16**
按控股情况分	by Shore-holding						
国有控股	State-holding		1126.13	1381.52	1642.75	1994.74	2030.83
集体控股	Collective-holding		31.93	185.91	224.90	370.27	580.23
港澳台商控股	Hong Kong, Macao and Taiwan-holding		54.58	68.67	116.41	102.50	161.70
外商控股	Foreign-holding		69.95	84.02	126.57	117.89	117.12
私人及其他控股	Private and others-holding		410.68	714.76	1417.66	2258.37	3719.28
按资金来源分	Grouped by Source of Funds						
国家预算内资金	State Budgetary Appropriation	94.12	97.61	104.21	107.98	108.36	116.13
国内贷款	Domestic Loans	337.37	480.47	583.95	675.09	684.71	759.98
债券	Bond			6.00			1.50
利用外资	Foreign Investment	22.78	29.15	48.01	62.95	67.85	76.37
自筹资金	Fundraising	581.96	858.69	1351.56	2258.86	3478.86	5094.20
其他资金	Others	190.21	227.36	341.15	423.41	503.97	560.98
按隶属关系分	Grouped by Administrative Relationship						
中央	Central Investment	223.92	224.83	224.42	203.66	231.30	233.68
地方	Local Investment	1002.52	1468.44	2210.46	3324.63	4612.46	6375.48
按构成分	Grouped by Use of Funds						
建筑安装工程	Construction and Installation	843.93	1103.48	1586.74	2385.64	3117.91	4307.32
设备、工器具购置	Purchase of Equipment and Instruments	224.10	344.00	536.01	748.26	1196.93	1693.39
其他费用	Others	158.41	245.79	312.12	394.39	528.91	608.45
按建设性质分	Grouped by Type of Construction						
#新建	New Construction	488.52	817.43	1259.08	1961.62	2929.72	3946.16
扩建	Expansion	283.49	411.97	558.13	666.80	791.82	1133.28
改建和技术改造	Reconstruction	207.36	223.85	211.43	343.53	390.14	523.52
新增固定资产(亿元)	**Newly Increased Fixed Assets (100 million yuan)**	**940.96**	**1078.24**	**1347.29**	**2429.67**	**3434.69**	**5137.08**
房屋建筑面积(万平方米)	**Floor Space of Buildings (10 000 sq.m)**						
施工面积	Floor Space Under Construction	7452	8939	11499	14064	17145	24283
#住宅	Residential Buildings	4400	4960	6239	7310	8387	12445
竣工面积	Floor Space Completed	3712	4118	5391	6592	6989	10185
#住宅	Residential Buildings	2456	2466	3112	3574	2957	4377

6-8 分行业城镇固定资产投资

Investment in Fixed Assets in Urban Area by Sector

单位：亿元 (100 million yuan)

产 业	Branch	2002	2003	2004	2005	2006	2007
总 计	**Total**	**1226.45**	**1693.27**	**2434.88**	**3528.29**	**4843.76**	**6609.16**
第一产业	**Primary Industry**	**16.76**	**27.35**	**34.02**	**56.66**	**69.88**	**134.39**
农、林、牧、渔业	Farming, Forestry, Animal Husbandry and Fishery	16.76	27.35	34.02	56.66	69.88	134.39
第二产业	**Secondary Industry**	**412.32**	**681.03**	**1088.62**	**1675.70**	**2422.67**	**3672.54**
工业	Industry	407.74	675.30	1083.87	1668.16	2406.37	3656.02
轻工业	Light Industry	88.01	132.93	234.06	401.48	637.38	1004.90
重工业	Heavy Industry	319.73	542.37	849.80	1266.68	1769.00	2651.12
#能源工业	Energy Industry	185.61	269.32	392.64	497.84	573.66	657.11
建筑业	Construction	4.58	5.73	4.76	7.54	16.29	16.52
第三产业	**Tertiary Industry**	**797.37**	**984.89**	**1312.24**	**1795.93**	**2351.21**	**2802.23**
交通运输、仓储和邮政业	Traffic,Transport, Storage and Post	279.09	320.10	373.87	468.35	568.40	426.06
信息传输、计算机服务和软件业	Information Transfer, Computer Services and Software	49.73	48.83	59.87	64.98	52.91	57.87
批发和零售业	Wholesale and Retail Trade	16.48	26.45	61.01	103.49	160.89	200.66
住宿和餐饮业	Accommodation and Restaurants	4.85	8.60	18.96	36.83	43.97	72.33
金融业	Finance	4.38	2.72	2.12	4.44	3.74	6.65
房地产业	Real estate	193.78	254.20	418.36	611.27	858.99	1265.99
租赁和商务服务业	Tenancy and Business Services	9.37	9.29	11.49	26.40	17.42	19.80
科学研究、技术服务和地质勘查业	Scientific Research, Technical Service and Geologic Perambulation	10.27	7.76	7.92	19.04	17.77	17.45
水利、环境和公共管理业	Management of Water Conservancy, Environment and Public Establishment	105.28	148.93	173.20	230.94	311.91	396.12
居民服务和其他服务业	Resident Services and Other Services	0.92	1.51	4.95	7.73	16.87	16.83
教育	Education	40.90	66.42	93.79	105.51	130.93	133.45
卫生、社会保障和社会福利业	Sanitation, Social Security and Social Welfare	12.02	14.11	19.77	30.17	38.44	53.14
文化、体育和娱乐业	Culture, Sports and Entertainment	7.53	12.39	13.97	29.18	40.36	59.13
公共管理和社会组织	Public Management and Social Organization	62.78	63.59	52.94	57.58	88.62	76.76

6–9 分行业城镇固定资产投资资金来源（2007年）

单位：亿元

指　　标	Item	资金来源 Sources of Funds	国家预算内资金 State Budget
总　　计	**Total**	**6950.09**	**116.13**
农、林、牧、渔业	**Farming, Forestry,Animal Husbandry and Fishery**	**137.82**	**12.18**
农业	Farming	25.79	1.37
林业	Forestry	14.49	1.59
畜牧业	Animal Husbandry	53.17	0.30
渔业	Fishery	4.14	0.50
农、林、牧、渔服务业	Service Activities for Farming, Forestry, Animal Husbandry and Fishery	40.22	8.42
工业	**Industry**	**3749.67**	**18.72**
采矿业	Mining	405.85	2.48
煤炭采选业	Mining and Washing of Coal	204.47	0.44
石油和天然气开采业	Extraction of Petroleum and Natural Gas	68.51	2.04
黑色金属矿采选业	Mining of Ferrous Metal Ores	17.58	
有色金属矿采选业	Mining of Non-ferrous Metal Ores	82.40	
非金属矿采选业	Mining and Processing of Nonmetal Ores	31.36	
其他采矿业	Mining of Other Ores n.e.c	1.52	
制造业	Manufacturing	2951.96	2.71
农副食品加工业	Processing of Food from Agricultural Products	180.64	0.34
食品制造业	Manufacture of Foods	106.97	0.02
饮料制造业	Manufacture of Beverage	77.55	0.14
烟草加工业	Manufacture of Tobacco	3.93	
纺织业	Manufacture of Textile	169.06	
纺织服装、鞋、帽制造业	Manufacture of Textile Wearing Apparel, Footware, and Caps	56.95	
皮革、毛皮、羽毛(绒)及其制品业	Manufacture of Leather, Fur, Feather and Its Products	40.71	
木材加工及竹、藤、棕、草制品业	Processing of Timbers, Manufacture of Wood, Bamboo, Rattan, Palm, and Straw Products	55.04	
家具制造业	Manufacture of Furniture	27.48	0.05
造纸及纸制品业	Manufacture of Paper and Paper Products	83.90	0.08
印刷业和记录媒介的复制	Printing,Reproduction of Recording Media	24.30	
文教体育用品制造业	Manufacture of Articles for Culture,Education and Sport Activity	7.15	
石油加工、炼焦及核燃料加工业	Processing of Petroleum ,Coking, Processing of Nucleus Fuel	37.10	
化学原料及化学制品制造业	Manufacture of Chemical Raw Material and Chemical Products	291.36	1.32
医药制造业	Manufacture of Medicines	73.27	0.03
化学纤维制造业	Manufacture of Chemical Fiber	12.10	
橡胶制品业	Manufacture of Rubber	22.35	
塑料制品业	Manufacture of Plastic	73.48	0.01
非金属矿物制品业	Manufacture of Non-metallic Mineral Products	448.67	0.36
黑色金属冶炼及压延加工业	Manufacture and Processing of Ferrous Metals	137.26	
有色金属冶炼及压延加工业	Manufacture and Processing of Non-ferrous Metals	223.78	
金属制品业	Manufacture of Metal Products	100.91	
普通机械制造业	Manufacture of General Purpose Machinery	187.17	0.11
专用设备制造业	Manufacture of Special Purpose Machinery	170.59	0.04
交通运输设备制造业	Manufacture of Transport Equipment	139.24	0.17
电气机械及器材制造业	Manufacture of Electrical Machinery and Equipment	102.46	
通信设备、计算机及其他电子设备制造业	Manufacture of Communication Equipment , Computer and Other Electronic Equipment	38.93	

Sources of Funds of Investment in Fixed Assets in the Urban Area by Sector(2007)

(100 million yuan)

国内贷款 Domestic Loans	债券 Bond	利用外资 Foreign Investment	自筹资金 Self-raising Funds	其他资金 Others
759.98	**1.50**	**76.37**	**5094.20**	**901.91**
6.46		**1.33**	**103.86**	**13.99**
1.34		0.22	20.34	2.52
0.18		0.51	10.33	1.88
3.42		0.34	46.39	2.74
0.70		0.17	2.67	0.10
0.83		0.09	24.13	6.75
397.08	**1.50**	**61.14**	**3102.80**	**168.44**
40.73		1.00	350.96	10.68
15.69			182.41	5.93
17.84			48.63	
5.71			10.68	1.19
0.86		1.00	79.33	1.22
0.64			28.39	2.33
			1.52	
222.89	1.50	57.62	2542.46	124.78
11.93		1.82	152.99	13.57
6.26		5.36	90.99	4.35
4.27		2.89	67.50	2.74
0.06		0.50	3.32	0.06
14.98		7.46	135.27	11.36
2.96		1.07	49.80	3.12
1.61		1.15	36.79	1.16
1.94		0.65	47.74	4.70
0.89		0.66	23.64	2.25
9.37		0.73	70.73	2.99
1.78		0.08	20.95	1.49
0.85		0.38	5.65	0.26
7.47		0.14	29.45	0.05
30.05		5.02	243.38	11.60
3.82		0.41	66.80	2.22
1.95		0.54	9.09	0.53
0.69			20.32	1.34
7.50	1.50	0.03	62.10	2.35
22.84		5.16	406.99	13.32
2.53			133.31	1.43
41.34		8.55	164.95	8.93
6.27		0.33	90.34	3.98
9.16		0.95	170.34	6.61
13.74		0.52	148.89	7.40
9.65		0.50	122.31	6.61
4.16		1.22	94.80	2.29
1.07		10.07	22.21	5.59

6-9 续表

单位：亿元

指　　标	Item	资金来源 Sources of Funds	国家预算内资金 State Budget
仪器仪表及文化、办公用机械制造业	Manufacture of Measuring Instrument and Machinery for Cultural Activity and Office Work	13.00	
工艺品及其他制造业	Manufacture of Artwork, Other Manufacture n.e.c	30.00	0.05
废气资源和废旧材料回收加工业	Recycling and Disposal of Waste	16.60	
电力、煤气及水的生产和供应业	Production and Distribution of Electricity,Gas and Water	391.86	13.53
电力、热力生产和供应业	Production and Supply of Electric Power and Heat Power	318.96	8.68
燃气生产和供应业	Production and Distribution of Gas	18.01	0.17
水的生产和供应业	Production and Distribution of Water	54.89	4.67
建筑业	**Construction**	**16.77**	**0.73**
#房屋和土木工程建筑业	Construction of Building and Civil Engineering	12.92	0.02
建筑安装业	Architectural Installation	0.79	
交通运输、仓储和邮政业	**Traffic,Transport, Storage and Post**	**408.33**	**14.96**
#铁路运输业	Transport Via Railway	8.49	1.01
道路运输业	Transport Via Road	322.75	8.02
城市公共交通业	Urban Public Traffic	2.59	0.23
仓储业	Storage	50.60	3.38
邮政业	Post	0.86	
信息传输、计算机服务和软件业	**Information Transfer, Computer Services and Software**	**57.62**	**0.05**
#电信和其他信息传输服务业	Telecom and Other Information Transfer Services	56.02	0.05
计算机服务业	Computer Services	0.21	
批发和零售业	**Wholesale and Retail Trade**	**206.48**	**0.54**
#批发业	Wholesale	80.67	0.49
住宿和餐饮业	**Accommodation and Restaurants**	**74.61**	
#住宿业	Accommodation	49.43	
金融业	**Finance**	**6.46**	**0.06**
#保险业	Insurance	0.69	
房地产业	**Real Estate**	**1515.16**	**6.34**
租赁和商务服务业	**Tenancy and Business Services**	**20.86**	**0.39**
#商务服务业	Business Service	19.68	0.39
科学研究、技术服务和地质勘查业	**Scientific Research, Technical Service and Geologic perambulation**	**16.75**	**1.07**
#研究与实验发展	Research and Experimental Development	4.53	0.04
地质勘查业	Geologic Perambulation	2.38	
水利、环境和公共管理业	**Management of Water Conservancy, Environment and public Establishment**	**391.50**	**39.73**
水利管理业	Management of Water Conservancy	61.71	21.34
环境管理业	Environmental Management	55.99	4.73
公共设施管理业	Management of Public Establishment	273.80	13.65
居民服务和其他服务业	**Resident Services and Other Services**	**17.11**	**0.06**
#居民服务业	Resident Services	12.32	0.06
教育	**Education**	**139.29**	**7.27**
卫生、社会保障和社会福利业	**Sanitation, Social Security and Social Welfare**	**54.81**	**2.83**
#卫生	Sanitation	47.58	1.20
文化、体育和娱乐业	**Culture, Sports and Entertainment**	**57.14**	**3.43**
#文化艺术业	Culture and Art	19.43	1.92
公共管理和社会组织	**Public Management and Social Organization**	**79.70**	**7.79**
#国家机构	Organ of State	66.09	7.59

continued

(100 million yuan)

国内贷款 Domestic Loans	债券 Bond	利用外资 Foreign Investment	自筹资金 Self-raising Funds	其他资金 Others
1.53		0.68	10.08	0.71
2.02		0.68	25.96	1.30
0.21		0.10	15.79	0.50
133.46		2.52	209.37	32.98
126.02		0.30	157.42	26.53
1.46		0.40	12.73	3.25
5.97		1.82	39.22	3.20
0.42			**14.64**	**0.98**
0.28			11.80	0.83
0.04			0.75	
195.32			**180.83**	**17.23**
4.40			2.95	0.13
185.45			114.65	14.64
0.11			2.08	0.17
2.14			43.10	1.98
			0.86	
0.47			**51.75**	**5.36**
0.47			50.31	5.20
			0.21	
7.46		**1.44**	**180.51**	**16.53**
3.39		1.04	67.37	8.38
1.41		**0.56**	**67.18**	**5.47**
0.80			44.75	3.88
0.45			**5.56**	**0.39**
			0.61	0.09
101.07		**10.26**	**806.71**	**590.80**
0.08			**17.20**	**3.20**
0.07			16.14	3.08
0.10			**15.05**	**0.53**
0.10			4.35	0.04
			2.38	
23.86		**0.54**	**279.84**	**47.53**
1.88		0.41	28.07	10.00
4.09			43.66	3.52
17.90		0.13	208.11	34.02
0.57			**15.81**	**0.67**
0.49			11.17	0.60
15.06		**1.04**	**103.26**	**12.66**
3.82			**44.70**	**3.46**
3.72			39.74	2.93
4.28			**44.36**	**5.06**
0.77			15.18	1.57
2.07		**0.07**	**60.15**	**9.61**
1.79			48.70	8.00

6-10 按行业和注册类型分城镇固定资产投资(2007年)

单位：亿元

指标	Item	投资额 Total Investment	中央 Central Investment	地方 Local Investment	内资 Domestic Investment
总计	**Total**	**6609.16**	**233.68**	**6375.48**	**6300.36**
农、林、牧、渔业	**Farming, Forestry,Animal Husbandry and Fishery**	**134.39**	**0.51**	**133.88**	**133.74**
农业	Farming	25.42		25.42	25.42
林业	Forestry	14.39	0.14	14.25	14.39
畜牧业	Animal Husbandry	52.46		52.46	51.82
渔业	Fishery	3.83		3.83	3.83
农、林、牧、渔服务业	Service Activities for Farming, Forestry, Animal Husbandry and Fishery	38.30	0.37	37.93	38.28
工业	**Industry**	**3656.02**	**193.00**	**3463.02**	**3455.70**
采矿业	Mining	405.92	72.80	333.12	404.34
煤炭采选业	Mining and Washing of Coal	203.25	1.82	201.43	203.25
石油和天然气开采业	Extraction of Petroleum and Natural Gas	68.40	68.09	0.31	68.40
黑色金属矿采选业	Mining of Ferrous Metal Ores	18.01		18.01	18.01
有色金属矿采选业	Mining of Non-ferrous Metal Ores	83.46	2.88	80.57	82.14
非金属矿采选业	Mining and Processing of Nonmetal Ores	31.28		31.28	31.01
其他采矿业	Mining of Other Ores n.e.c	1.52		1.52	1.52
制造业	Manufacturing	2847.36	88.30	2759.06	2700.74
农副食品加工业	Processing of Food from Agricultural Products	175.21	0.10	175.11	172.61
食品制造业	Manufacture of Foods	102.62		102.62	99.66
饮料制造业	Manufacture of Beverage	77.84		77.84	64.77
烟草加工业	Manufacture of Tobacco	3.44	0.77	2.67	3.44
纺织业	Manufacture of Textile	166.91	0.86	166.05	156.10
纺织服装、鞋、帽制造业	Manufacture of Textile Wearing Apparel, Footware, and Caps	52.90		52.90	50.25
皮革、毛皮、羽毛(绒)及其制品业	Manufacture of Leather, Fur, Feather and Its Products	37.39		37.39	35.52
木材加工及竹、藤、棕、草制品业	Processing of Timbers, Manufacture of Wood, Bamboo, Rattan, Palm, and Straw Products	53.48		53.48	52.88
家具制造业	Manufacture of Furniture	27.02		27.02	25.67
造纸及纸制品业	Manufacture of Paper and Paper Products	82.34		82.34	81.61
印刷业和记录媒介的复制	Printing,Reproduction of Recording Media	23.39		23.39	20.88
文教体育用品制造业	Manufacture of Articles for Culture,Education and Sport Activity	6.13		6.13	5.43
石油加工、炼焦及核燃料加工业	Processing of Petroleum ,Coking,Processing of Nucleus Fuel	37.56	12.21	25.35	36.72
化学原料及化学制品制造业	Manufacture of Chemical Raw Material and Chemical Products	291.21	5.94	285.27	256.35
医药制造业	Manufacture of Medicines	69.51		69.51	67.55
化学纤维制造业	Manufacture of Chemical Fiber	9.39		9.39	7.96
橡胶制品业	Manufacture of Rubber	21.83		21.83	20.90
塑料制品业	Manufacture of Plastic	74.83	8.20	66.62	74.31
非金属矿物制品业	Manufacture of Non-metallic Mineral Products	435.79	0.31	435.48	426.69
黑色金属冶炼及压延加工业	Manufacture and Processing of Ferrous Metals	132.13		132.13	131.67
有色金属冶炼及压延加工业	Manufacture and Processing of Non-ferrous Metals	197.66	27.19	170.47	179.26
金属制品业	Manufacture of Metal Products	98.66	0.25	98.40	96.28
普通机械制造业	Manufacture of General Purpose Machinery	184.96	2.40	182.56	182.97
专用设备制造业	Manufacture of Special Purpose Machinery	164.74	13.44	151.29	163.91
交通运输设备制造业	Manufacture of Transport Equipment	134.03	13.90	120.12	127.45
电气机械及器材制造业	Manufacture of Electrical Machinery and Equipment	97.92	0.49	97.43	88.10
通信设备、计算机及其他电子设备制造业	Manufacture of Communication Equipment , Computer and Other Electronic Equipment	33.67	0.48	33.19	20.69

Investment in Fixed Assets in Urban Area by Registration Status and Sector(2007)

(100 million yuan)

港澳台商投资 Units with Funds from Hong Kong, Macao and Taiwan	外商投资 Foreign Funded Units	国有控股 State holds the majority of shares	集体控股 Collective holds the majority of shares	私人控股 Private holds the majority of shares	港澳台控股 Hong Kong, Macao and Taiwan holds the majority of shares	外商控股 Foreign holds the majority of shares
169.73	**139.07**	**2030.83**	**580.23**	**3719.28**	**161.70**	**117.12**
0.02	**0.63**	**49.40**	**17.89**	**67.09**	**0.02**	
		10.37	4.18	10.88		
		10.29	1.77	2.32		
	0.63	2.82	3.97	45.66		
			1.70	2.13		
0.02		25.92	6.26	6.10	0.02	
126.68	**73.64**	**781.00**	**299.80**	**2387.48**	**121.47**	**66.26**
0.28	1.30	162.57	49.85	192.19	0.28	1.03
		71.18	42.65	89.42		
		68.09	0.20	0.11		
		4.53	0.27	13.22		
0.28	1.03	17.90	3.75	60.49	0.28	1.03
	0.27	0.87	2.98	27.43		
				1.52		
80.75	65.87	367.12	211.55	2129.72	80.19	58.78
1.95	0.66	7.40	19.46	146.06	1.95	0.35
0.39	2.57	2.97	6.53	90.25	1.49	1.37
2.44	10.64	3.76	5.73	54.03	3.54	10.78
		1.54	0.68	0.80		0.42
2.48	8.32	15.58	12.19	128.08	2.45	8.61
1.60	1.06	0.40	1.80	48.05	1.60	1.06
0.58	1.30	1.43	2.97	32.32	0.30	0.38
0.33	0.27	0.49	4.14	48.24	0.33	0.27
0.08	1.28		1.41	24.50	0.08	1.04
	0.73	11.30	11.94	58.19	0.18	0.73
0.34	2.17	0.16	1.28	19.52	2.31	0.12
0.25	0.45		0.93	4.50	0.25	0.45
	0.84	16.06	1.93	18.72		0.84
34.04	0.82	83.49	23.77	152.42	30.15	1.38
1.66	0.31	2.90	10.73	55.25	0.28	0.35
	1.43	3.61	0.41	5.36		
0.92	0.01	0.57	0.77	20.47		0.01
0.43	0.08	10.48	4.70	59.22	0.43	
7.82	1.29	27.43	45.12	353.74	7.82	1.68
0.46		46.60	2.34	82.72	0.46	
6.90	11.50	63.06	4.73	111.30	8.15	10.41
2.02	0.36	1.23	7.30	87.86	2.24	0.02
0.13	1.86	5.31	11.95	166.47	0.14	1.10
0.40	0.43	25.02	10.54	128.51	0.24	0.43
0.67	5.90	22.06	6.04	99.51	0.57	5.85
2.41	7.41	6.42	5.51	76.17	2.60	7.22
11.46	1.52	0.83	1.38	18.59	11.46	1.41

6-10 续表

单位：亿元

指　　标	Item	投资额 Total Invest-ment	中　央 Central Invest-ment	地　方 Local Invest-ment	内　资 Domestic Invest-ment
仪器仪表及文化、办公用机械制造业	Manufacture of Measuring Instrument and Machinery for Cultural Activity and Office Work	12.77	1.01	11.76	12.19
工艺品及其他制造业	Manufacture of Artwork, Other Manufacture n.e.c	27.91	0.55	27.36	26.92
废气资源和废旧材料回收加工业	Recycling and Disposal of Waste	14.15	0.20	13.95	12.03
电力、煤气及水的生产和供应业	Production and Distribution of Electricity,Gas and Water	402.74	31.90	370.84	350.63
电力、热力生产和供应业	Production and Supply of Electric Power and Heat Power	330.04	31.70	298.34	280.16
燃气生产和供应业	Production and Distribution of Gas	17.87	0.17	17.70	16.20
水的生产和供应业	Production and Distribution of Water	54.83	0.04	54.80	54.27
建筑业	**Construction**	**16.52**	**6.14**	**10.39**	**16.33**
#房屋和土木工程建筑业	Construction of Building and Civil Engineering	12.72	5.45	7.27	12.72
建筑安装业	Architectural Installation	0.79	0.69	0.10	0.79
交通运输、仓储和邮政业	**Traffic,Transport, Storage and Post**	**426.06**	**2.48**	**423.57**	**425.08**
#铁路运输业	Transport Via Railway	6.83		6.83	6.70
道路运输业	Transport Via Road	344.41	0.09	344.32	344.41
城市公共交通业	Urban Public Traffic	2.59		2.59	2.59
仓储业	Storage	48.09	1.74	46.35	47.24
邮政业	Post	0.84		0.84	0.84
信息传输、计算机服务和软件业	**Information Transfer, Computer Services and Software**	**57.87**	**13.83**	**44.03**	**40.67**
#电信和其他信息传输服务业	Telecom and Other Information Transfer Services	56.27	13.83	42.43	39.07
计算机服务业	Computer Services	0.21		0.21	0.21
批发和零售业	**Wholesale and Retail Trade**	**200.66**		**200.66**	**197.88**
#批发业	Wholesale	77.08		77.08	77.08
住宿和餐饮业	**Accommodation and Restaurants**	**72.33**	**0.38**	**71.95**	**69.54**
#住宿业	Accommodation	47.61	0.38	47.23	45.57
金融业	**Finance**	**6.65**	**0.55**	**6.10**	**6.65**
#保险业	Insurance	0.69		0.69	0.69
房地产业	**Real Estate**	**1265.99**	**4.92**	**1261.08**	**1186.46**
租赁和商务服务业	**Tenancy and Business Services**	**19.80**	**0.68**	**19.12**	**19.73**
#商务服务业	Business Service	18.62	0.68	17.94	18.55
科学研究、技术服务和地质勘查业	**Scientific Research, Technical Service and Geologic perambulation**	**17.45**	**3.56**	**13.89**	**17.45**
#研究与实验发展	Research and Experimental Development	5.46	2.69	2.77	5.46
地质勘查业	Geologic Perambulation	2.33	0.12	2.22	2.33
水利、环境和公共管理业	**Management of Water Conservancy, Environment and public Establishment**	**396.12**	**7.35**	**388.77**	**394.56**
水利管理业	Management of Water Conservancy	67.66	5.08	62.58	67.66
环境管理业	Environmental Management	54.25	1.10	53.15	53.15
公共设施管理业	Management of Public Establishment	274.20	1.17	273.03	273.75
居民服务和其他服务业	**Resident Services and Other Services**	**16.83**		**16.83**	**16.83**
#居民服务业	Resident Services	12.23		12.23	12.23
教育	**Education**	**133.45**	**0.10**	**133.35**	**131.71**
卫生、社会保障和社会福利业	**Sanitation, Social Security and Social Welfare**	**53.14**	**0.04**	**53.10**	**53.14**
#卫生	Sanitation	46.45	0.04	46.41	46.45
文化、体育和娱乐业	**Culture, Sports and Entertainment**	**59.13**		**59.13**	**58.13**
#文化艺术业	Culture and Art	21.25		21.25	21.25
公共管理和社会组织	**Public Management and Social Organization**	**76.76**	**0.14**	**76.63**	**76.76**
#国家机构	Organ of State	63.99	0.14	63.85	63.99

continued

(100 million yuan)

港澳台商投资 Units with Funds from Hong Kong, Macao and Taiwan	外商投资 Foreign Funded Units	国有控股 State holds the majority of shares	集体控股 Collective holds the majority of shares	私人控股 Private holds the majority of shares	港澳台控股 Hong Kong, Macao and Taiwan holds the majority of shares	外商控股 Foreign holds the majority of shares
0.50	0.09	3.78	2.27	6.13	0.50	0.09
0.41	0.58	2.10	2.46	22.36	0.60	0.39
0.10	2.02	1.12	0.54	10.37	0.10	2.02
45.64	6.47	251.31	38.40	65.57	41.00	6.46
44.74	5.14	210.64	24.52	49.30	40.44	5.14
0.37	1.30	6.89	2.16	7.15	0.37	1.30
0.54	0.02	33.79	11.73	9.12	0.19	0.01
	0.20	**8.72**	**1.41**	**6.20**		**0.20**
		7.25	1.36	4.11		
		0.69		0.10		
0.85	**0.13**	**349.83**	**15.67**	**59.58**	**0.85**	**0.13**
	0.13	5.83		0.87		0.13
		315.71	7.48	21.22		
		1.66	0.21	0.72		
0.85		17.89	4.27	25.07	0.85	
		0.34	0.25	0.25		
6.44	**10.75**	**35.32**	**3.40**	**2.32**	**5.90**	**10.92**
6.44	10.75	35.32	3.40	0.72	5.90	10.92
				0.21		
2.23	**0.55**	**29.44**	**31.79**	**137.25**	**1.63**	**0.55**
		16.20	12.52	48.36		
0.81	**1.97**	**7.33**	**4.72**	**58.60**	**0.81**	**0.87**
0.07	1.97	6.60	2.95	37.13	0.07	0.87
		3.56	**1.25**	**1.84**		
		0.10	0.09	0.50		
30.18	**49.36**	**213.97**	**139.22**	**849.01**	**28.44**	**35.35**
0.07		**6.08**	**3.48**	**10.18**	**0.07**	
0.07		6.08	3.06	9.42	0.07	
		11.97	**1.58**	**3.89**		
		4.29	0.46	0.71		
		1.54	0.17	0.62		
1.10	**0.46**	**307.46**	**29.03**	**57.02**	**1.16**	**1.45**
		62.90	3.63	1.13		
1.10		32.85	3.69	16.62	1.10	
	0.46	211.71	21.72	39.27	0.06	1.45
		3.01	**1.16**	**12.65**		
		2.91	0.96	8.37		
0.55	**1.19**	**86.15**	**10.26**	**35.30**	**0.55**	**1.19**
		37.88	**4.15**	**11.11**		
		33.29	3.13	10.02		
0.80	**0.20**	**36.74**	**6.32**	**15.08**	**0.80**	**0.20**
		16.88	2.19	2.18		
		62.97	**9.10**	**4.70**		
		58.47	3.55	1.96		

6-11 各市按三次产业分的城镇固定资产投资(2007年)

Investment in Fixed Assets in the Urban Area by Type of Industry and City(2007)

单位：亿元 (100 million yuan)

市 City	投资总额 Total Investment	第一产业 Primary Industry	第二产业 Secondary Industry	#工业 Industry	第三产业 Tertiary Industry
全 省 Total	**6609.16**	**134.39**	**3672.54**	**3656.02**	**2802.23**
郑 州 市 Zhengzhou	1135.77	6.30	535.45	532.49	594.03
开 封 市 Kaifeng	164.06	5.12	109.04	108.93	49.90
洛 阳 市 Luoyang	747.31	13.39	463.38	457.29	270.55
平 顶 山 市 Pingdingshan	311.44	4.59	161.87	161.59	144.98
安 阳 市 Anyang	356.19	11.03	195.83	195.51	149.34
鹤 壁 市 Hebi	141.25	3.52	103.65	103.50	34.08
新 乡 市 Xinxiang	512.18	17.72	336.66	336.02	157.80
焦 作 市 Jiaozuo	419.92	6.21	264.37	263.81	149.35
濮 阳 市 Puyang	210.01	4.20	159.11	159.09	46.70
许 昌 市 Xuchang	318.11	1.63	202.52	201.81	113.96
漯 河 市 Luohe	159.67	3.53	108.59	108.04	47.55
三 门 峡 市 Sanmenxia	255.47	6.73	175.08	174.28	73.66
南 阳 市 Nanyang	554.23	10.86	312.01	311.82	231.35
商 丘 市 Shangqiu	322.16	7.16	177.41	176.94	137.59
信 阳 市 Xinyang	406.22	19.04	88.30	86.96	298.88
周 口 市 Zhoukou	279.96	7.56	126.46	125.72	145.94
驻 马 店 市 Zhumadian	220.07	5.67	102.73	102.14	111.67
济 源 市 Jiyuan	91.85	0.13	50.08	50.08	41.65

6–12 各市按建设性质分的城镇固定资产投资(2007年)

Investment in Fixed Assets in the Urban Area by Type of Construction and City(2007)

单位：亿元 (100 million yuan)

市 City	投资总额 Total Investment	#新建 New Construction	#扩建 Expansion	#改建和技术改造 Reconstruction
全　　省 Total	**6609.16**	**3946.16**	**1133.28**	**523.52**
郑　州　市 Zhengzhou	1135.77	539.10	171.28	103.51
开　封　市 Kaifeng	164.06	88.80	23.22	33.56
洛　阳　市 Luoyang	747.31	377.57	124.72	103.20
平顶山市 Pingdingshan	311.44	170.05	73.88	27.33
安　阳　市 Anyang	356.19	220.88	61.47	25.52
鹤　壁　市 Hebi	141.25	99.05	24.79	6.38
新　乡　市 Xinxiang	512.18	251.19	167.04	26.36
焦　作　市 Jiaozuo	419.92	269.20	73.69	38.45
濮　阳　市 Puyang	210.01	148.86	33.27	8.02
许　昌　市 Xuchang	318.11	208.11	52.16	26.49
漯　河　市 Luohe	159.67	115.38	21.63	5.98
三门峡市 Sanmenxia	255.47	138.98	54.43	37.05
南　阳　市 Nanyang	554.23	379.31	94.79	27.99
商　丘　市 Shangqiu	322.16	257.51	30.12	5.42
信　阳　市 Xinyang	406.22	286.65	41.86	13.94
周　口　市 Zhoukou	279.96	193.59	32.52	14.81
驻马店市 Zhumadian	220.07	139.43	33.03	15.44
济　源　市 Jiyuan	91.85	59.22	19.38	4.07

6–13 各市按构成性质分的城镇固定资产投资(2007年)

Investment in Fixed Assets in Urban Area by Composition of Funds and City(2007)

单位：亿元 (100 million yuan)

市 City	投资总额 Total Investment	建筑工程 Construction	安装工程 Installation	设备购置 Purchase of Equipment	其他费用 Others
全　　省 Total	**6609.16**	**3998.18**	**309.14**	**1693.39**	**608.45**
郑　州　市 Zhengzhou	1135.77	674.26	44.28	266.83	150.40
开　封　市 Kaifeng	164.06	77.03	11.29	60.17	15.57
洛　阳　市 Luoyang	747.31	465.88	48.71	158.47	74.25
平顶山市 Pingdingshan	311.44	191.60	16.04	66.29	37.52
安　阳　市 Anyang	356.19	200.76	8.65	117.17	29.62
鹤　壁　市 Hebi	141.25	74.59	5.35	50.24	11.07
新　乡　市 Xinxiang	512.18	334.69	19.30	124.59	33.58
焦　作　市 Jiaozuo	419.92	217.79	23.87	154.62	23.64
濮　阳　市 Puyang	210.01	106.64	13.99	72.15	17.22
许　昌　市 Xuchang	318.11	166.15	10.96	111.42	29.57
漯　河　市 Luohe	159.67	93.39	1.81	52.21	12.26
三门峡市 Sanmenxia	255.47	119.86	20.40	91.53	23.67
南　阳　市 Nanyang	554.23	335.69	47.75	134.18	36.61
商　丘　市 Shangqiu	322.16	183.88	15.69	87.85	34.74
信　阳　市 Xinyang	406.22	329.49	3.40	25.28	48.05
周　口　市 Zhoukou	279.96	216.06	8.15	42.97	12.79
驻马店市 Zhumadian	220.07	155.23	3.66	48.13	13.05
济　源　市 Jiyuan	91.85	51.90	5.84	29.29	4.82

6-14 分行业城镇固定资产投资(2007年)

单位：亿元

行业	Sector	投资总额 Total Investment	按构成分 建筑工程 Construction
总计	**Total**	**6609.16**	**3998.18**
农、林、牧、渔业	**Farming, Forestry,Animal Husbandry and Fishery**	**134.39**	**97.13**
农业	Farming	25.42	19.15
林业	Forestry	14.39	8.32
畜牧业	Animal Husbandry	52.46	34.21
渔业	Fishery	3.83	2.85
农、林、牧、渔服务业	Service Activities for Farming, Forestry, Animal Husbandry and Fishery	38.30	32.61
工业	**Industry**	**3656.02**	**1634.65**
采矿业	Mining	405.92	217.92
煤炭采选业	Mining and Washing of Coal	203.25	100.55
石油和天然气开采业	Extraction of Petroleum and Natural Gas	68.40	38.64
黑色金属矿采选业	Mining of Ferrous Metal Ores	18.01	12.54
有色金属矿采选业	Mining of Non-ferrous Metal Ores	83.46	49.39
非金属矿采选业	Mining and Processing of Nonmetal Ores	31.28	15.84
其他采矿业	Mining of Other Ores n.e.c	1.52	0.97
制造业	Manufacturing	2847.36	1257.29
农副食品加工业	Processing of Food from Agricultural Products	175.21	86.12
食品制造业	Manufacture of Foods	102.62	48.09
饮料制造业	Manufacture of Beverage	77.84	32.72
烟草加工业	Manufacture of Tobacco	3.44	1.92
纺织业	Manufacture of Textile	166.91	68.18
纺织服装、鞋、帽制造业	Manufacture of Textile Wearing Apparel, Footware, and Caps	52.90	26.01
皮革、毛皮、羽毛(绒)及其制品业	Manufacture of Leather, Fur, Feather and Its Products	37.39	17.34
木材加工及竹、藤、棕、草制品业	Processing of Timbers, Manufacture of Wood, Bamboo, Rattan, Palm, and Straw Products	53.48	26.32
家具制造业	Manufacture of Furniture	27.02	14.71
造纸及纸制品业	Manufacture of Paper and Paper Products	82.34	30.57
印刷业和记录媒介的复制	Printing,Reproduction of Recording Media	23.39	10.19
文教体育用品制造业	Manufacture of Articles for Culture,Education and Sport Activity	6.13	3.46
石油加工、炼焦及核燃料加工业	Processing of Petroleum ,Coking,Processing of Nucleus Fuel	37.56	17.62
化学原料及化学制品制造业	Manufacture of Chemical Raw Material and Chemical Products	291.21	106.00
医药制造业	Manufacture of Medicines	69.51	32.20
化学纤维制造业	Manufacture of Chemical Fiber	9.39	3.17
橡胶制品业	Manufacture of Rubber	21.83	8.60
塑料制品业	Manufacture of Plastic	74.83	34.49
非金属矿物制品业	Manufacture of Non-metallic Mineral Products	435.79	211.01
黑色金属冶炼及压延加工业	Manufacture and Processing of Ferrous Metals	132.13	43.71
有色金属冶炼及压延加工业	Manufacture and Processing of Non-ferrous Metals	197.66	65.18
金属制品业	Manufacture of Metal Products	98.66	49.20
普通机械制造业	Manufacture of General Purpose Machinery	184.96	92.75
专用设备制造业	Manufacture of Special Purpose Machinery	164.74	79.32
交通运输设备制造业	Manufacture of Transport Equipment	134.03	60.82
电气机械及器材制造业	Manufacture of Electrical Machinery and Equipment	97.92	47.42
通信设备、计算机及其他电子设备制造业	Manufacture of Communication Equipment , Computer and Other Electronic Equipment	33.67	11.38
仪器仪表及文化、办公用机械制造业	Manufacture of Measuring Instrument and Machinery for Cultural Activity and Office Work	12.77	7.46

Investment in Fixed Assets in the Urban Area by Sector (2007)

(100 million yuan)

By Use of Funde			按建设性质分	By Type of Construction	
安装工程 Installation	设备购置 Purchase of Equipment	其他费用 Others	#新 建 New Construction	#扩 建 Expansion	#改建和技术改造 Reconstruction and Technical Alteration
309.14	**1693.39**	**608.45**	**3946.16**	**1133.28**	**523.52**
1.42	**17.07**	**18.77**	**112.92**	**18.11**	**3.06**
0.27	2.50	3.50	20.17	4.80	0.46
0.05	0.38	5.64	11.93	2.18	0.27
0.74	10.40	7.10	47.32	4.93	0.20
0.04	0.38	0.56	3.07	0.76	
0.32	3.41	1.96	30.43	5.45	2.13
256.30	**1507.50**	**257.57**	**2320.00**	**874.63**	**386.14**
28.53	119.84	39.63	197.44	78.72	118.99
15.05	66.10	21.54	55.15	39.51	100.04
7.56	16.66	5.54	67.75	0.65	
0.42	3.97	1.08	7.46	10.14	0.18
3.96	20.76	9.35	47.54	20.42	15.50
1.30	12.15	2.00	18.03	8.00	3.27
0.23	0.21	0.12	1.52		
172.30	1235.48	182.29	1845.65	710.53	229.62
6.02	71.55	11.52	128.84	36.69	6.06
3.41	41.44	9.69	76.31	20.48	4.57
3.75	35.62	5.75	50.02	19.12	7.13
0.24	1.14	0.14	1.25	1.42	0.77
6.68	85.41	6.64	112.10	41.20	7.71
2.00	20.74	4.15	41.25	9.82	1.10
1.29	16.56	2.20	24.13	11.36	0.85
1.78	21.87	3.51	40.75	7.14	5.16
1.44	9.11	1.77	16.97	8.27	0.33
3.95	43.28	4.54	45.19	26.72	9.30
1.01	10.35	1.85	15.55	5.85	0.14
0.22	1.92	0.54	5.57	0.38	0.18
3.64	15.14	1.16	14.67	9.80	12.84
27.98	140.43	16.80	189.86	66.37	32.95
3.24	29.04	5.04	41.26	21.57	5.15
0.71	4.76	0.75	5.80	2.33	0.80
1.40	10.44	1.40	14.62	4.71	1.08
3.33	32.97	4.04	46.38	15.25	10.22
25.95	168.01	30.81	285.01	96.67	47.56
12.22	71.50	4.70	73.91	51.65	6.00
22.29	93.87	16.32	112.24	66.91	17.34
5.34	39.08	5.04	73.89	16.22	5.84
9.35	71.13	11.74	111.21	54.63	13.79
8.72	65.81	10.89	94.50	48.91	15.21
7.06	57.34	8.80	88.31	31.29	7.09
4.19	39.30	7.01	65.54	24.10	4.67
1.29	19.33	1.67	30.01	2.74	0.92
0.33	3.98	1.00	10.22	1.66	0.79

6-14 续表

单位：亿元

行业	Sector	投资总额 Total Investment	按构成分 建筑工程 Construction
工艺品及其他制造业	Manufacture of Artwork, Other Manufacture n.e.c	27.91	15.82
废气资源和废旧材料回收加工业	Recycling and Disposal of Waste	14.15	5.52
电力、煤气及水的生产和供应业	Production and Distribution of Electricity,Gas and Water	402.74	159.43
电力、热力生产和供应业	Production and Supply of Electric Power and Heat Power	330.04	109.16
燃气生产和供应业	Production and Distribution of Gas	17.87	11.07
水的生产和供应业	Production and Distribution of Water	54.83	39.20
建筑业	**Construction**	**16.52**	**7.21**
#房屋和土木工程建筑业	Construction of Building and Civil Engineering	12.72	5.70
建筑安装业	Architectural Installation	0.79	0.06
交通运输、仓储和邮政业	**Traffic,Transport, Storage and Post**	**426.06**	**372.13**
#铁路运输业	Transport Via Railway	6.83	6.46
道路运输业	Transport Via Road	344.41	315.55
城市公共交通业	Urban Public Traffic	2.59	0.79
仓储业	Storage	48.09	34.21
邮政业	Post	0.84	0.41
信息传输、计算机服务和软件业	**Information Transfer, Computer Services and Software**	**57.87**	**21.58**
#电信和其他信息传输服务业	Telecom and Other Information Transfer Services	56.27	21.03
计算机服务业	Computer Services	0.21	0.07
批发和零售业	**Wholesale and Retail Trade**	**200.66**	**155.31**
#批发业	Wholesale	77.08	59.67
住宿和餐饮业	**Accommodation and Restaurants**	**72.33**	**56.34**
#住宿业	Accommodation	47.61	36.39
金融业	**Finance**	**6.65**	**4.93**
#保险业	Insurance	0.69	0.60
房地产业	**Real Estate**	**1265.99**	**1030.65**
租赁和商务服务业	**Tenancy and Business Services**	**19.80**	**14.17**
#商务服务业	Business Service	18.62	13.64
科学研究、技术服务和地质勘查业	**Scientific Research, Technical Service and Geologic perambulation**	**17.45**	**13.43**
#研究与实验发展	Research and Experimental Development	5.46	4.51
地质勘查业	Geologic Perambulation	2.33	1.72
水利、环境和公共管理业	**Management of Water Conservancy, Environment and public Establishment**	**396.12**	**323.27**
水利管理业	Management of Water Conservancy	67.66	52.50
环境管理业	Environmental Management	54.25	36.03
公共设施管理业	Management of Public Establishment	274.20	234.74
居民服务和其他服务业	**Resident Services and Other Services**	**16.83**	**11.83**
#居民服务业	Resident Services	12.23	9.13
教育	**Education**	**133.45**	**110.15**
卫生、社会保障和社会福利业	**Sanitation, Social Security and Social Welfare**	**53.14**	**37.16**
#卫生	Sanitation	46.45	31.99
文化、体育和娱乐业	**Culture, Sports and Entertainment**	**59.13**	**44.91**
#文化艺术业	Culture and Art	21.25	15.36
公共管理和社会组织	**Public Management and Social Organization**	**76.76**	**63.32**
#国家机构	Organ of State	63.99	52.05

continued

(100 million yuan)

By Use of Funde			按建设性质分 By Type of Construction		
安装工程 Installation	设备购置 Purchase of Equipment	其他费用 Others	#新 建 New Construction	#扩 建 Expansion	#改建和技术改造 Reconstruction and Technical Alteration
0.78	8.96	2.35	18.34	7.22	1.95
2.70	5.43	0.49	11.97	0.04	2.14
55.48	152.18	35.65	276.91	85.38	37.52
52.03	135.12	33.72	228.99	64.84	34.27
1.18	4.65	0.96	14.10	3.29	0.17
2.27	12.40	0.97	33.82	17.24	3.08
0.10	**8.35**	**0.86**	**7.25**	**1.22**	**0.84**
0.06	6.65	0.31	5.37	0.71	0.57
	0.70	0.03	0.10		
3.05	**24.85**	**26.02**	**327.71**	**59.90**	**31.68**
0.02	0.19	0.15	5.58	0.75	0.49
0.74	7.89	20.24	267.12	43.89	29.27
	1.75	0.05	0.78	0.17	0.16
0.74	9.29	3.84	37.28	9.01	1.70
0.04	0.21	0.18	0.71	0.12	
8.07	**25.31**	**2.91**	**33.22**	**16.20**	**5.76**
7.92	24.84	2.47	31.68	16.20	5.74
	0.14		0.16		0.02
4.85	**24.30**	**16.21**	**171.43**	**16.35**	**10.59**
1.58	10.24	5.59	65.01	8.51	2.70
2.68	**6.89**	**6.41**	**57.41**	**4.76**	**9.58**
1.89	4.69	4.64	38.65	2.48	6.11
0.06	**0.74**	**0.91**	**5.57**	**0.25**	**0.12**
0.02	0.06	0.02	0.68	0.02	
18.93	**14.26**	**202.16**	**355.38**	**15.62**	**9.29**
0.35	**2.51**	**2.77**	**16.64**	**0.63**	**2.18**
0.34	1.94	2.70	15.81	0.53	2.18
0.32	**1.93**	**1.76**	**14.74**	**1.47**	**0.61**
0.07	0.76	0.12	4.76	0.53	0.01
0.01	0.10	0.50	2.04		
6.09	**21.49**	**45.26**	**270.90**	**73.57**	**49.43**
0.22	0.88	14.07	45.00	14.22	7.76
2.92	12.38	2.91	40.77	4.54	8.78
2.95	8.23	28.28	185.13	54.80	32.90
0.64	**3.03**	**1.32**	**13.23**	**1.58**	**1.16**
0.43	1.56	1.11	9.25	1.51	0.93
1.62	**10.65**	**11.03**	**91.15**	**29.70**	**3.08**
0.60	**10.85**	**4.53**	**38.07**	**6.57**	**3.06**
0.53	10.53	3.40	31.98	6.29	3.03
2.42	**6.96**	**4.84**	**48.54**	**4.63**	**3.79**
1.58	2.41	1.90	17.90	0.72	1.08
1.64	**6.71**	**5.10**	**61.99**	**8.08**	**3.16**
1.33	6.11	4.49	53.02	5.01	2.62

6-15 各市分行业城镇固定资产投资(2007年)

单位：亿元

市 City	合 计 Total	农、林、牧、渔业 Farming, Forestry, Animal Husbandry and Fishery	工 业 Industry	建筑业 Construction	交通运输、仓储和邮政业 Traffic, Transport, Storage and Post	信息传输、计算机服务和软件业 Information Transfer, Computer Services and Software	批发和零售业 Wholesale and Retail Trade	住宿和餐饮业 Accommodation and Restaurants
全 省 Total	**6609.16**	**134.39**	**3656.02**	**16.52**	**426.06**	**57.87**	**200.66**	**72.33**
郑 州 市 Zhengzhou	1135.77	6.30	532.49	2.96	53.33	6.41	31.27	9.50
开 封 市 Kaifeng	164.06	5.12	108.93	0.11	3.15	1.91	7.12	3.18
洛 阳 市 Luoyang	747.31	13.39	457.29	6.10	17.67	5.90	11.75	13.32
平 顶 山 市 Pingdingshan	311.44	4.59	161.59	0.28	45.55	0.59	8.43	3.07
安 阳 市 Anyang	356.19	11.03	195.51	0.32	24.96	3.12	17.99	2.89
鹤 壁 市 Hebi	141.25	3.52	103.50	0.15	1.33	0.01	4.00	0.80
新 乡 市 Xinxiang	512.18	17.72	336.02	0.64	29.48	0.42	13.26	6.53
焦 作 市 Jiaozuo	419.92	6.21	263.81	0.56	16.24	0.98	15.91	5.63
濮 阳 市 Puyang	210.01	4.20	159.09	0.02	4.96	0.57	4.98	1.20
许 昌 市 Xuchang	318.11	1.63	201.81	0.71	27.32	0.82	4.81	3.38
漯 河 市 Luohe	159.67	3.53	108.04	0.56	9.99	0.34	6.44	2.47
三 门 峡 市 Sanmenxia	255.47	6.73	174.28	0.80	12.74	2.48	2.24	2.52
南 阳 市 Nanyang	554.23	10.86	311.82	0.19	61.89	16.45	20.93	7.51
商 丘 市 Shangqiu	322.16	7.16	176.94	0.46	16.46	5.80	16.35	1.85
信 阳 市 Xinyang	406.22	19.04	86.96	1.34	40.98	5.94	9.08	3.32
周 口 市 Zhoukou	279.96	7.56	125.72	0.74	21.16	4.78	17.08	3.27
驻 马 店 市 Zhumadian	220.07	5.67	102.14	0.59	19.29	1.35	5.42	1.28
济 源 市 Jiyuan	91.85	0.13	50.08		16.30		3.60	0.61

Investment in Fixed Assets in the Urban Area by Sector and City (2007)

(100 million yuan)

金融业 Finance	房地产业 Real Estate	租赁和商务服务业 Tenancy and Business Services	科学研究、技术服务和地质勘查业 Scientific Research, Technical Service and Geologic Perambulation	水利、环境和公共管理业 Management of Water Conservancy, Environment and Public Establishment	居民服务和其他服务业 Resident Services and Other Services	教育 Education	卫生、社会保障和社会福利业 Sanitation, Social Security and Social Welfare	文化、体育和娱乐业 Culture, Sports and Entertainment	公共管理和社会组织 Public Management and Social Organization
6.65	**1265.99**	**19.80**	**17.45**	**396.12**	**16.83**	**133.45**	**53.14**	**59.13**	**76.76**
0.94	364.42	5.56	6.26	45.56	2.84	32.12	8.82	18.30	8.70
0.10	18.58	0.03	0.20	8.05	0.36	3.83	1.18	1.62	0.59
0.75	152.69	1.24	1.52	40.32	1.32	6.07	5.96	5.47	6.56
0.52	50.21	0.55	0.05	25.11	1.33	2.69	2.50	2.05	2.34
	68.06	1.37	0.02	13.78	1.22	3.17	2.91	2.99	6.88
0.02	15.41	0.08	0.12	7.26		2.23	1.41	0.36	1.06
	61.51	0.90	1.99	23.25	1.78	10.48	2.84	2.96	2.39
0.95	66.34	0.12	0.04	28.28	1.81	4.42	2.56	3.65	2.42
0.30	24.29		0.85	4.25	0.35	2.43	0.66	0.72	1.13
0.37	51.53	3.25	0.68	9.01	0.81	6.83	0.86	1.94	2.35
0.42	15.43		1.20	3.14		2.38	1.63	1.85	2.26
0.03	32.23	1.03	0.38	12.81	0.72	1.33	0.89	2.54	1.72
0.10	42.32	2.11	1.03	41.35	1.30	9.63	5.27	7.17	14.31
0.19	54.82	1.16	1.17	18.51	0.92	11.36	3.56	1.99	3.45
1.50	134.89	0.53	0.85	65.19	0.82	16.08	3.89	2.24	13.57
0.05	50.97	0.75	0.77	25.83	0.81	9.77	6.14	1.06	3.52
0.41	51.46	1.14	0.23	15.84	0.22	8.44	1.96	1.48	3.13
	10.85		0.08	8.58	0.23	0.17	0.10	0.76	0.38

6–16 各市城镇能源工业投资

Investment Energy Industry in Urban Area by City

单位：亿元 (100 million yuan)

年份 Year / 市 City	合计 Total	煤炭开采及洗选业 Mining and Washing of Coal	石油及天然气开采业 Extraction of Petroleum and Natural Gas	石油及炼焦加工业 Processing of Petroleum and Coking	电力、热力及燃气的生产和供应业 Production and Supply of Electric Power、Heat Power and Gas
2000	188.01	18.70	43.95	1.79	123.56
2001	188.04	15.58	56.96	3.55	111.94
2002	185.61	20.45	55.30	0.58	109.27
2003	269.32	24.15	61.24	3.67	180.25
2004	392.64	41.81	73.79	17.80	259.23
2005	497.84	102.88	55.37	18.84	320.75
2006	573.66	136.61	55.33	25.28	356.44
2007	657.11	203.25	68.40	37.56	347.91
郑州市 Zhengzhou	122.92	67.22	0.39	0.71	54.60
开封市 Kaifeng	2.30			0.15	2.15
洛阳市 Luoyang	92.57	31.35		16.85	44.36
平顶山市 Pingdingshan	61.39	33.63		3.02	24.75
安阳市 Anyang	23.61	10.78		6.07	6.77
鹤壁市 Hebi	27.78	3.50	0.65		23.63
新乡市 Xinxiang	38.48	4.44	0.56	0.14	33.34
焦作市 Jiaozuo	18.36	7.53		1.78	9.05
濮阳市 Puyang	42.07		39.40	0.32	2.35
许昌市 Xuchang	38.99	22.62	0.31	2.05	14.01
漯河市 Luohe	6.43			0.18	6.25
三门峡市 Sanmenxia	21.99	9.93		0.28	11.79
南阳市 Nanyang	74.07		27.09	0.28	46.71
商丘市 Shangqiu	41.63	11.03		1.68	28.92
信阳市 Xinyang	7.62	0.20			7.43
周口市 Zhoukou	5.55			0.54	5.01
驻马店市 Zhumadian	6.14	0.50		0.51	5.13
济源市 Jiyuan	25.21	0.54		3.00	21.67

6-17 分行业城镇投资项目个数及新增固定资产(2007年)

Number of Projects of Investment in Fixed Assets in the Urban Area and Newly Increased Fixed Assets by Sector (2007)

行业	Sector	在建规模(亿元) Investment in Projects under Construction (100 million yuan)	#新开工规模 Started in This Year	施工项目(个) Number of Projects under Con-struction (unit)	#新开工 Started in This Year	全部投产项目(个) Number of Projects Completed and Put into Use (unit)	新增固定资产(亿元) Newly Increased Fixed Assets (100 million yuan)
总计	**Total**	**11048.00**	**5676.29**	**24493**	**20468**	**18148**	**5137.08**
农、林、牧、渔业	**Farming, forestry, animal Husbandry and fishery**	191.89	150.03	932	845	765	115.91
农业	Farming	37.06	28.85	160	143	125	22.99
林业	Forestry	20.33	14.81	125	111	99	10.98
畜牧业	Animal Husbandry	75.99	63.86	354	327	295	42.48
渔业	Fishery	5.14	3.52	23	19	18	3.00
农、林、牧、渔服务业	Service Activities for Farming, Forestry, Animal Husbandry and Fishery	53.36	38.99	270	245	228	36.46
工业	**Industry**	**6916.14**	**3730.54**	**13700**	**11571**	**10185**	**2943.20**
采矿业	Mining	687.45	348.79	1060	866	815	290.30
煤炭采选业	Mining and Washing of Coal	415.65	129.94	499	359	371	140.55
石油和天然气开采业	Extraction of Petroleum and Natural Gas	73.14	71.50	12	10	10	36.70
黑色金属矿采选业	Mining of Ferrous Metal Ores	31.36	20.27	69	63	54	14.13
有色金属矿采选业	Mining of Non-ferrous Metal Ores	128.35	93.76	276	247	215	69.65
非金属矿采选业	Mining and Processing of Nonmetal Ores	36.98	31.85	201	185	164	27.75
其他采矿业	Mining of Other Ores n.e.c	1.96	1.46	3	2	1	1.52
制造业	Manufacturing	5082.30	3174.79	11883	10168	8866	2324.71
农副食品加工业	Processing of Food from Agricultural Products	262.68	181.17	897	784	651	158.60
食品制造业	Manufacture of Foods	168.69	128.00	488	414	341	84.40
饮料制造业	Manufacture of Beverage	137.45	86.17	293	238	215	61.88
烟草加工业	Manufacture of Tobacco	15.69	1.51	9	4	5	2.14
纺织业	Manufacture of Textile	312.20	212.78	643	512	503	156.00
纺织服装、鞋、帽制造业	Manufacture of Textile Wearing Apparel, Footware, and Caps	87.14	60.94	271	239	176	39.18
皮革、毛皮、羽毛(绒)及其制品业	Manufacture of Leather, Fur, Feather and Its Products	61.04	49.69	179	154	130	30.92
木材加工及竹、藤、棕、草制品业	Processing of Timbers, Manufacture of Wood, Bamboo, Rattan, Palm,and Straw Products	67.43	57.87	375	354	303	46.32
家具制造业	Manufacture of Furniture	32.72	29.32	230	218	196	24.45
造纸及纸制品业	Manufacture of Paper and Paper Products	129.07	79.27	282	235	225	58.34
印刷业和记录媒介的复制	Printing,Reproduction of Recording Media	38.57	21.43	141	109	101	23.79
文教体育用品制造业	Manufacture of Articles for Culture, Education and Sport Activity	11.61	10.14	42	37	28	3.32
石油加工、炼焦及核燃料加工业	Processing of Petroleum ,Coking, Processing of Nucleus Fuel	64.77	22.15	66	49	50	19.69
化学原料及化学制品制造业	Manufacture of Chemical Raw Material and Chemical Products	667.55	355.83	774	654	548	173.42
医药制造业	Manufacture of Medicines	132.76	78.28	279	216	187	56.07
化学纤维制造业	Manufacture of Chemical Fiber	16.27	10.73	26	20	16	5.48
橡胶制品业	Manufacture of Rubber	43.82	37.72	114	104	83	22.01
塑料制品业	Manufacture of Plastic	124.93	69.70	397	342	301	65.08
非金属矿物制品业	Manufacture of Non-metallic Mineral Products	681.76	494.37	2251	2046	1760	360.95
黑色金属冶炼及压延加工业	Manufacture and Processing of Ferrous Metals	242.82	96.18	167	130	120	123.77
有色金属冶炼及压延加工业	Manufacture and Processing of Non-ferrous Metals	518.96	243.57	326	278	226	221.19
金属制品业	Manufacture of Metal Products	139.44	105.49	562	488	416	77.84
普通设备制造业	Manufacture of General Purpose Machinery	298.74	197.49	1029	858	811	146.30
专用设备制造业	Manufacture of Special Purpose Machinery	255.37	191.06	776	660	602	131.28
交通运输设备制造业	Manufacture of Transport Equipment	229.56	137.17	476	385	328	105.55
电气机械及器材制造业	Manufacture of Electrical Machinery and Equipment	179.30	119.40	421	349	278	75.51
通信设备、计算机及其他电子设备制造业	Manufacture of Communication Equipment, Computer and Other Electronic Equipment	73.70	28.25	91	63	56	15.59

6-17 续表 continued

行业	Sector	在建规模(亿元) Investment in Projects under Construction (100 million yuan)	#新开工规模 Started in This Year	施工项目(个) Number of Projects under Con-struction (unit)	#新开工 Started in This Year	全部投产项目(个) Number of Projects Completed and Put into Use (unit)	新增固定资产(亿元) Newly Increased Fixed Assets (100 million yuan)
仪器仪表及文化、办公用机械制造业	Manufacture of Measuring Instrument and Machinery for Cultural Activity and Office Work	20.27	16.72	59	48	43	8.83
工艺品及其他制造业	Manufacture of Artwork, Other Manufacture n.e.c	42.59	28.39	166	132	124	22.60
废气资源和废旧材料回收加工业	Recycling and Disposal of Waste	25.37	24.02	53	48	43	4.20
电力、煤气及水的生产和供应业	Production and Distribution of Electricity, Gas and Water	1146.40	206.96	757	537	504	328.19
电力、热力生产和供应业	Production and Supply of Electric Power and Heat Power	990.99	150.14	437	333	290	261.26
燃气生产和供应业	Production and Distribution of Gas	45.48	14.96	92	62	57	15.96
水的生产和供应业	Production and Distribution of Water	109.93	41.86	228	142	157	50.98
建筑业	**Construction**	**23.32**	**11.81**	**69**	**57**	**49**	**13.28**
#房屋和土木工程建筑业	Construction of Building and Civil Engineering	18.89	9.31	48	38	34	10.51
建筑安装业	Architectural Installation	1.11	0.15	2	1		0.06
交通运输、仓储和邮政业	**Traffic,Transport, Storage and Post**	**1158.39**	**241.72**	**982**	**783**	**688**	**372.02**
#铁路运输业	Transport Via Railway	51.50	44.16	17	14	7	2.21
道路运输业	Transport Via Road	983.56	121.40	665	512	451	301.02
城市公共交通业	Urban Public Traffic	3.44	0.89	17	11	14	2.61
仓储业	Storage	83.67	55.73	238	208	180	42.93
邮政业	Post	1.29	0.75	8	5	8	0.89
信息传输、计算机服务和软件业	**Information Transfer, Computer Services and Software**	**85.68**	**47.87**	**164**	**133**	**130**	**56.73**
#电信和其他信息传输服务业	Telecom and Other Information Transfer Services	82.19	47.22	151	123	120	55.33
计算机服务业	Computer Services	0.21	0.17	7	7	7	0.21
批发和零售业	**Wholesale and Retail Trade**	**344.79**	**184.33**	**1220**	**1026**	**929**	**169.83**
#批发业	Wholesale	139.67	70.73	424	340	303	72.77
住宿和餐饮业	**Accommodation and Restaurants**	**119.13**	**79.05**	**496**	**445**	**390**	**57.46**
#住宿业	Accommodation	89.24	55.08	264	223	192	36.83
金融业	**Finance**	**13.27**	**6.14**	**43**	**29**	**28**	**4.24**
#保险业	Insurance	1.43	0.29	6	5	5	0.28
房地产业	**Real Estate**	**733.62**	**494.58**	**2325**	**1973**	**1701**	**773.71**
租赁和商务服务业	**Tenancy and Business Services**	**35.21**	**19.69**	**88**	**62**	**60**	**16.09**
#商务服务业	Business Service	32.55	19.19	84	59	57	15.36
科学研究、技术服务和地质勘查业	**Scientific Research, Technical Service and Geologic Perambulation**	**52.10**	**20.86**	**111**	**77**	**77**	**12.87**
#研究与实验发展	Research and Experimental Development	22.74	1.71	25	15	17	3.33
地质勘查业	Geologic Perambulation	5.83	1.97	16	9	12	2.20
水利、环境和公共管理业	**Management of Water Conservancy, Environment and Public Establishment**	**705.15**	**397.15**	**2010**	**1623**	**1430**	**301.85**
水利管理业	Management of Water Conservancy	147.37	43.72	238	191	175	41.09
环境管理业	Environmental Management	105.03	60.67	218	178	146	35.95
公共设施管理业	Management of Public Establishment	452.74	292.76	1554	1254	1109	224.81
居民服务和其他服务业	**Resident Services and Other Services**	**20.66**	**17.57**	**199**	**187**	**170**	**14.81**
#居民服务业	Resident Services	15.40	12.41	146	134	129	10.63
教育	**Education**	**286.78**	**105.74**	**747**	**567**	**564**	**138.78**
卫生、社会保障和社会福利业	**Sanitation, Social Security and Social Welfare**	**106.56**	**52.42**	**377**	**321**	**252**	**40.00**
#卫生	Sanitation	96.16	43.27	301	248	198	35.65
文化、体育和娱乐业	**Culture, Sports and Entertainment**	**119.12**	**57.64**	**320**	**252**	**226**	**45.58**
#文化艺术业	Culture and Art	51.60	22.34	115	89	77	12.63
公共管理和社会组织	**Public Management and Social Organization**	**136.19**	**59.14**	**710**	**517**	**504**	**60.74**
#国家机构	Organ of State	120.09	47.26	571	397	391	52.03

6-18 各市城镇投资项目个数和在建规模(2007年)

Number of Projects of Investment in Fixed Assets in the Urban Area and Investment in Projects under Construction (2007)

市 City	施工项目(个) Number of Projects under Construction (unit)	#新开工 Started in This Year	全部建成投产项目(个) Number of Projects Completed and Put into Use (unit)	全部建成投产率(%) Rate of Construction Projects Completed and Put into Use (%)	在建设规模(亿元) Investment in Projects under Construction (100 million yuan)	#新开工 Started in This Year
2000	7264	4935	4394	60.5	2604.88	731.42
2001	7232	4980	4357	60.2	2826.56	803.55
2002	7001	4950	4153	59.3	3101.23	1103.76
2003	7689	5789	4193	54.5	4400.74	2105.80
2004	9345	7069	5679	60.8	5253.61	2476.18
2005	13493	10468	8864	65.7	7138.40	3083.68
2006	17230	13989	12339	71.6	8779.04	3686.06
2007	24493	20468	18148	74.1	11048.00	5676.29
郑州市 Zhengzhou	2890	2402	2139	74.0	1646.61	766.95
开封市 Kaifeng	926	839	778	84.0	248.75	180.81
洛阳市 Luoyang	2745	2352	2347	85.5	1230.69	602.17
平顶山市 Pingdingshan	1247	1032	893	71.6	654.54	211.09
安阳市 Anyang	876	719	667	76.1	555.27	304.35
鹤壁市 Hebi	500	408	373	74.6	257.43	123.95
新乡市 Xinxiang	2193	1728	1794	81.8	901.18	440.07
焦作市 Jiaozuo	1483	1247	1145	77.2	693.75	445.43
濮阳市 Puyang	939	892	811	86.4	340.01	225.82
许昌市 Xuchang	1598	1307	1194	74.7	576.61	302.64
漯河市 Luohe	456	374	235	51.5	315.40	221.71
三门峡市 Sanmenxia	673	547	479	71.2	520.29	248.86
南阳市 Nanyang	2724	2303	1698	62.3	946.57	461.66
商丘市 Shangqiu	1280	1099	698	54.5	486.50	256.51
信阳市 Xinyang	1523	1220	1092	71.7	620.39	371.26
周口市 Zhoukou	1031	830	826	80.1	393.55	223.32
驻马店市 Zhumadian	1220	1011	854	70.0	388.26	198.25
济源市 Jiyuan	186	157	125	67.2	164.75	55.76

6–19 各市城镇施工、竣工房屋建筑面积及竣工价值(2007年)
Floor Space and Value of Urban Buildings under Construction and Completed by City (2007)

市 City	施工房屋建筑面积(万平方米) Floor Space Under Construction (10 000 sq.m)	#住宅 Residential Buildings	竣工房屋建筑面积(万平方米) Floor Space Completed (10 000 sq.m)	#住宅 Residential Buildings	竣工房屋价值(亿元) Value of Buildings Completed (100 million yuan)	#住宅 Residential Buildings
2000	5955.25	3848.39	3212.27	2212.04	200.38	119.45
2001	6517.25	4101.58	3466.28	2351.13	223.42	132.78
2002	7452.05	4400.27	3711.93	2456.03	252.91	142.17
2003	8938.96	4959.64	4117.94	2466.17	302.15	159.35
2004	11499.44	6238.89	5391.44	3111.75	385.17	203.73
2005	14063.51	7309.86	6591.83	3574.14	529.20	252.47
2006	17145.12	8386.82	6989.42	2956.88	643.08	264.80
2007	24283.11	12444.93	10184.79	4377.29	1034.06	427.42
郑州市 Zhengzhou	6274.01	3201.34	1826.11	762.04	209.70	94.36
开封市 Kaifeng	571.39	205.43	330.10	60.82	36.51	5.22
洛阳市 Luoyang	2242.48	1312.81	948.06	525.63	101.62	55.15
平顶山市 Pingdingshan	1130.16	722.92	388.35	215.14	33.21	16.58
安阳市 Anyang	1363.79	669.69	618.41	282.46	74.49	27.74
鹤壁市 Hebi	484.18	255.00	195.81	69.27	19.14	6.18
新乡市 Xinxiang	1384.08	583.11	547.84	174.04	45.59	16.73
焦作市 Jiaozuo	1424.42	544.18	577.09	152.83	65.34	14.32
濮阳市 Puyang	363.44	170.46	224.23	69.92	20.60	6.71
许昌市 Xuchang	1382.87	542.05	768.11	277.25	71.53	25.95
漯河市 Luohe	385.86	164.78	183.07	44.28	22.04	5.53
三门峡市 Sanmenxia	724.39	487.57	243.46	156.35	24.00	14.56
南阳市 Nanyang	938.41	446.59	379.28	114.86	37.84	11.32
商丘市 Shangqiu	1109.24	574.45	419.04	152.59	37.23	13.45
信阳市 Xinyang	2080.88	1428.63	1146.29	784.78	104.19	68.17
周口市 Zhoukou	1084.64	459.09	705.50	294.98	71.00	25.44
驻马店市 Zhumadian	1104.27	550.89	592.47	214.02	49.51	17.52
济源市 Jiyuan	234.59	125.94	91.54	26.02	10.51	2.46

6-20 城镇投资项目新增生产能力

Newly Increased capability of Production through Urban Investment

生产能力(或效益)名称	Item	2005	2006	2007
煤炭开采(万吨/年)	Coal Mining (10 000 tons/year)	590.00	177.00	375.00
洗煤(万吨/年)	Coal Washing (10 000 tons/year)	308.19	509.00	1135.90
焦炭(万吨/年)	Coke (10 000 tons/year)	375.15	295.00	705.80
天然石油开采(万吨/年)	Petroleum Extraction (10 000 tons/year)	69.12	68.47	56.77
发电机组容量(万千瓦/年)	Capacity of Power Generating Sets (10 000 kw/year)	458.10	630.50	844.50
#水电	Hydropower	3.61	3.57	31.44
火电	Thermal Power	454.49	626.93	813.06
输电线路(11万伏以上的)(公里)	Transmission Line(≥110 000V) (km)	850.99	828.55	1361.16
生铁(万吨/年)	Pig Iron (10 000 tons/year)	204.90	345.56	325.62
粗钢(万吨/年)	Crude Steel (10 000 tons/year)	249.00	359.00	8.00
钢材(万吨/年)	Steel (10 000 tons/year)	491.00	586.26	833.34
氧化铝(吨/年)	Aluminum Oxide (ton/year)	300000	1681000	1608540
精甲醇(吨/年)	Extracted Methanol (ton/year)	1101000	373600	979527
合成氨(吨/年)	Man-Made Ammonia (ton/year)	460600	435000	495788
水泥(万吨/年)	Cement (10 000 tons/year)	1304.20	2036.80	4773.80
棉纺锭(锭)	Fusiform Cotton (ingot)	1016000	3172600	5016560
新建公路(公里)	Length of New Highways (km)	1923	1607	2449
#高速公路	Expressways	920	761	1117
改建公路(公里)	Length of Reconstructed Highways (km)	3321.31	2297.88	7373.78
有效灌溉面积(万亩)	Effective Irrigated Area (10 000 a.)	200.73	70.89	87.54
各类院校学生席位	Students Capacity of Universities and Colleges	440267	298073	294179
医院病床床位(张)	Number of Hospital Beds (unit)	9478	8946	17616
候机楼(座)	Terminal (unit)			1
(平方米)	(sq.m)			128899
自来水供水能力(万吨/日)	Tap Water Supply Capacity (10 000tons/day)	114.01	165.30	227.20
城市污水处理能力(万吨/日)	the Capability of Sewage Treatment in Urban Area (10 000tons/day)	69.50	121.78	135.00
城市排水管道铺设长度(公里)	Length of City drainpipe (km)	291.71	245.98	373.32
城市道路扩建长度(公里)	Ampliative Length of Urban Street (km)	685.55	600.50	513.08
城市防洪堤长度(公里)	the length of Levee in Urban Area (km)	16.60	55.38	128.00

6-21 城镇大型项目投资情况(2007年)
Urban Investment of Major Projects(2007)

单位：万元 (10 000 yuan)

单位名称 Unit Names	计划总投资 Total investment Planed	累计完成投资 Accumnlative Investment Actually Completed	本年完成投资 Real investment completed in this year	本年新增固定资产 Newly Increased Fixed Assets This Year
永城煤电(集团)有限责任公司(新桥矿)	98915	120172	57028	45000
中国石油化工股份有限公司中原油田分公司(油气勘探)	57558	57558	57558	57558
中国石油化工股份有限公司中原油田分公司(油气开发)	233749	233749	233749	233749
河南石油勘探局(更新改造)	168935	168935	168935	168935
河南石油勘探局(其他投资)	76677	63605	63605	63605
中原石油勘探局(基本建设)	82309	82309	82309	80309
郑州宏业纺织有限公司(高档优质棉纱纺织生产线)	147000	67310	67310	
濮阳市龙丰纸业有限公司(林纸一体化纸机工程)	180000	89910	86250	
中国石油化工股份有限公司洛阳分公司(油品质量升级改造工程)	230815	151054	121933	
河南神马氯碱发展有限公司(年产30万吨离子膜烧碱及30万吨 PVC项目二期工程)	90533	79482	79482	
洛阳天昌生物工程有限公司(生物柴油厂建设)	52670	52670	51370	52670
河南省中原大化集团有限责任公司(年产50万吨甲醇项目)	259000	254208	63738	15560
河南开祥化工有限公司(年产100万吨甲醇项目)	600000	403846	251331	
永城煤电(集团)有限责任公司(甲醇厂)	212008	268202	102760	100000
开封晋开化工有限公司(18万吨合成氨、30万吨尿素生产项目)	88000	65392	65392	4582
昊华骏化集团有限公司(年产36万吨醋酸化学原料生产项目)	118689	88763	77963	77693
河南神马尼龙化工有限公司(20万吨尼龙六六盐成套项目)	130000	78290	58793	
洛阳中硅高科技有限公司(2000吨多晶硅高技术产业化项目)	140000	95230	95230	
中国昊华宇航化工有限责任公司(昊华宇航双二十工程)	98009	98009	82034	98009
新乡卫辉市春江水泥有限公司(干法水泥生产线)	75000	57500	57500	33500
安阳钢铁集团有限责任公司(安钢2800立方米高炉)	96230	96230	96230	96230
郑州拓普扎制技术有限公司(年产200万吨冷扎精密带钢项目)	170000	87000	76805	
舞阳钢铁有限责任公司(100万吨宽厚板生产线扩建工程)	347500	338437	167786	
安阳钢铁集团有限责任公司(150吨转炉及热连轧带钢工程)	384741	365054	123608	365054
安阳市新普钢铁公司(新建炼铁、100万吨转炉炼钢、轧钢项目)	85000	83000	53000	
河南安阳永兴钢铁有限责任公司(3500mm中板线及配套设施)	169200	169200	169200	169200
河南豫光金铅集团有限责任公司(二期10万吨/年锌资源综合利用工程)	85000	61970	55970	35300
洛阳香江万基铝业有限公司(氧化铝二期扩建)	150000	117700	117700	
东方希望(三门峡)铝业有限公司(年产120万吨氧化铝)	459000	434149	168055	434149
洛阳新安电力集团有限公司(有色金属合金项目)	405002	404002	78239	388104
中铝洛阳铜业有限公司(高精度电子铜板带)	217000	93190	91962	

6-21 续表 continued

单位：万元 (10 000 yuan)

单位名称 Unit Names	计划总投资 Total investment Planed	累计完成投资 Accumnlative Investment Actually Completed	本年完成投资 Real investment completed in this year	本年新增固定资产 Newly Increased Fixed Assets This Year
天瑞集团三门峡铝业有限公司(年产20万吨铝合金铸件项目)	360000	95100	95100	
汝州市天瑞集团(火车轮铸造项目)	64600	64600	64600	64600
中国船舶重工业集团公司第七二五研究所(七二五所研发基地)	57000	50917	50917	
晶诚(郑州)科技有限公司(晶诚科学园)	300000	115448	99279	
郑州泰祥热电股份有限公司(2*135MW热电机组)	125000	89750	53150	850
河南鑫旺电力有限公司(27万千瓦时火力发电)	110000	98634	63595	
华阳孟津电厂(一期工程)	500000	52000	52000	
洛阳伊川龙泉坑口自备发电有限公司(坑口电厂)	400000	400000	127978	355643
平顶山姚孟第二发电有限公司(2×600MW机组扩建工程)	453732	374800	176317	
鹤壁丰鹤发电有限公司(电厂三期)	451860	386511	180875	
华电新乡发电有限公司(华电新乡宝山发电项目)	499839	451202	156181	89153
河南华能沁北发电有限责任公司(沁北电厂二期工程)	424321	329117	200065	
河南能信热电有限公司(东城区新电厂)	202000	187284	89972	
南阳热电有限责任公司(热电联产项目)	179000	137025	97124	
南阳天益发电有限责任公司(鸭电二期项目)	429083	352605	202041	
民权电厂一期工程(2×60万千瓦发电机组)	509220	247678	203694	203694
河南宝泉抽水蓄能发电有限公司(抽水蓄能电站项目)	432724	242734	77881	26732
河南省新郑国际机场管理有限公司(航站楼改扩建工程)	140672	132000	56300	132000
中原国际小商品城筹建指挥部(小商品城建设项目)	400000	117400	56200	
平顶山煤业(集团)有限责任公司(棚户区改造工程)	110000	101788	86074	
义马煤业(集团)有限公司(棚户区改造工程)	137325	52561	52561	
河南省燕山水库管理局(燕山水库建设工程)	189792	180086	113726	
小浪底水利枢纽建设管理局(西霞院反调节水库)	219651	234111	50804	
济源钢铁(集团)有限公司(循环经济综合改造二期工程)	50000	50000	50000	50000
郑州至石人山高速公路	876806	816066	416007	
洛南高速公路南阳段	456569	377958	178807	213000
沪陕线内乡至西坪高速公路	437751	431578	149271	431578
济源至邵原高速公路	340584	237752	130448	
洛南高速公路平顶山段	330299	249294	123192	
新蔡至驻马店高速公路	253721	286502	116508	286502
新乡至长垣高速公路	205013	207495	93778	207495
安阳至南乐高速公路	223290	159158	86020	
连霍线刘江至广武段改建工程	165894	132148	85707	
泌阳至桐柏高速公路	176770	148519	78925	
沪陕线南阳至内乡高速公路	234943	232559	77540	232559
驻马店至泌阳高速公路	255371	252047	77376	252047
获嘉至新乡高速公路	214170	210600	72863	210600
许亳高速公路鹿邑段	155113	138476	64754	126525
平顶山至临汝高速公路	325511	326401	64401	326401
禹州至登封高速公路	198307	198596	62120	198596
大广高速公路新县段	229752	210499	62082	38981
洛南高速公路洛阳段	120644	76556	60610	
大广高速公路光山段	144779	142811	58551	142811
大广高速公路平舆至正阳段	225004	218177	56096	218177
许亳高速公路太康段	136280	134397	52035	134397

6-22 城镇大型项目能力(或效益)情况(2007年)
Newly Increased Capacity (or Benefit) of Major Urban Projects(2007)

单位名称 Names	能力(或效益)名称 Names of Capacity or Benefit	计量单位 Measurement unit	建设规模 Construction scale	施工规模 scale under construction	本年新增生产能力 Newly Increased capability of Production in this year
永城煤电(集团)有限责任公司(新桥矿)	煤炭开采	万吨/年	120		
中国石油化工股份有限公司中原油田分公司(油气开发)	天然原油开采	万吨/年	31	31	31
	天然气开采	亿立方米/年	1	1	1
河南石油勘探局(更新改造)	天然原油开采	万吨/年	14	14	14
濮阳市龙丰纸业有限公司(林纸一体化纸机工程)	机制纸	万吨/年	20	20	
中国石油化工股份有限公司洛阳分公司(油品质量升级改造工程)	石油加工:焦化设备能力	万吨/年	140	140	
河南神马氯碱发展有限公司(年产30万吨离子膜烧碱及30万吨	烧碱	万吨/年	20	20	
PVC项目二期工程)	塑料树脂及共聚物349	万吨/年	20	20	
河南省中原大化集团有限责任公司(年产50万吨甲醇项目)	精甲醇	万吨/年	50	50	50
河南开祥化工有限公司(年产100万吨甲醇项目)	精甲醇	万吨/年	100	50	25
永城煤电(集团)有限责任公司(甲醇厂)	精甲醇	万吨/年	50	50	
开封晋开化工有限公司(18万吨合成氨、30万吨尿素生产项目)	合成氨	万吨/年	20	20	
河南神马尼龙化工有限公司(20万吨尼龙六六盐成套项目)	塑料树脂及共聚物349	万吨/年	10	10	
中国昊华宇航化工有限责任公司(昊华宇航双二十工程)	塑料树脂及共聚物349	吨/年	8000	8000	8000
新乡卫辉市春江水泥有限公司(干法水泥生产线)	水泥	万吨/年	140	140	
安阳钢铁集团有限责任公司(安钢2800立方米高炉)	生铁	万吨/年	225	225	225
郑州拓普扎制技术有限公司(年产200万吨冷扎精密带钢项目)	冷轧(拔)钢材	万吨/年	200	100	
	冷轧薄板	万吨/年	200	100	
舞阳钢铁有限责任公司(100万吨宽厚板生产线扩建工程)	热轧钢材	万吨/年	100	100	100
	7.特厚板	万吨/年	100	100	100
安阳钢铁集团有限责任公司(150吨转炉及热连轧带钢工程)	热轧钢材	万吨/年	350	350	350
	13.热轧薄宽钢带	万吨/年	350	350	350
安阳市新普钢铁公司(新建炼铁、100万吨转炉炼钢、轧钢项目)	热轧钢材	万吨/年	100	25	
	10.热轧薄板报	万吨/年	100	25	
河南安阳永兴钢铁有限责任公司(3500mm中板线及配套设施)	热轧钢材	万吨/年	100	100	100
	9.中板	万吨/年	100	100	100
河南豫光金铅集团有限责任公司(二期10万吨/年锌资源综合利用工程)	锌冶炼	万吨/年	10	10	
	其中:电解锌	万吨/年	10	10	
洛阳香江万基铝业有限公司(氧化铝二期扩建)	氧化铝	万吨/年	40	40	40
东方希望(三门峡)铝业有限公司(年产120万吨氧化铝)	氧化铝	万吨/年	120	80	80
中铝洛阳铜业有限公司(高精度电子铜板带)	铜冶炼	万吨/年	10	10	
天瑞集团三门峡铝业有限公司(年产20万吨铝合金铸件项目)	铝加工	万吨/年	20	20	
郑州泰祥热电股份有限公司(2*135MW热电机组)	火力发电	万千瓦	27	27	
河南鑫旺电力有限公司(27万千瓦时火力发电)	火力发电	万千瓦	27	13.5	
华阳孟津电厂(一期工程)	火力发电	万千瓦	120	120	
洛阳伊川龙泉坑口自备发电有限公司(坑口电厂)	火力发电	万千瓦	90	90	90
平顶山姚孟第二发电有限公司(2×600MW机组扩建工程)	火力发电	万千瓦	120	120	120
鹤壁丰鹤发电有限公司(电厂三期)	火力发电	万千瓦	120	120	120
华电新乡发电有限公司(华电新乡宝山发电项目)	火力发电	万千瓦	132	44	44
河南华能沁北发电有限责任公司(沁北电厂二期工程)	火力发电	万千瓦	120	120	120
河南能信热电有限公司(东城区新电厂)	火力发电	万千瓦	40	40	
南阳热电有限责任公司(热电联产项目)	火力发电	万千瓦	42	42	
南阳天益发电有限责任公司(鸭电二期项目)	火力发电	万千瓦	120	120	60
民权电厂一期工程(2×60万千瓦发电机组)	火力发电	万千瓦	60	60	
河南宝泉抽水蓄能发电有限公司(抽水蓄能电站项目)	水力发电	万千瓦	120	40	40
河南省新郑国际机场管理有限公司(航站楼改扩建工程)	候机楼	座	1	1	1
		万平方米	12.89	12.89	12.89
河南省燕山水库管理局(燕山水库建设工程)	水库容量(总库容)	亿立方米	9.25	9.25	
小浪底水利枢纽建设管理局(西霞院反调节水库)	水库容量(总库容)	亿立方米	1.62	1.62	

6-22 续表 continued

单位名称 Names	能力(或效益)名称 Names of Capacity or Benefit	计量单位 Measurement unit	建设规模 Construction scale	施工规模 scale under construction	本年新增生产能力 Newly Increased capability of Production in this year
郑州至石人山高速公路	新建公路	公里	182.2	182.2	
	其中:高速公路	公里	182.2	182.2	
洛南高速公路南阳段	新建公路	公里	98.1	98.1	55.3
	其中:高速公路	公里	98.1	98.1	55.3
沪陕线内乡至西坪高速公路	新建公路	公里	82.0	82.0	82.0
	其中:高速公路	公里	82.0	82.0	82.0
济源至邵原高速公路	新建公路	公里	59.7	59.7	59.7
	其中:高速公路	公里	59.7	59.7	59.7
洛南高速公路平顶山段	新建公路	公里	59.9	59.9	
	其中:高速公路	公里	59.9	59.9	
新蔡至驻马店高速公路	新建公路	公里	82.3	82.3	82.3
	其中:高速公路	公里	82.3	82.3	82.3
新乡至长垣高速公路	新建公路	公里	49.1	49.1	49.1
	其中:高速公路	公里	49.1	49.1	49.1
安阳至南乐高速公路	新建公路	公里	64.4	64.4	
	其中:高速公路	公里	64.4	64.4	
连霍线刘江至广武段改建工程	新建公路	公里	40.5	40.5	
	其中:高速公路	公里	40.5	40.5	
泌阳至桐柏高速公路	新建公路	公里	36.4	36.4	
	其中:高速公路	公里	36.4	36.4	
沪陕线南阳至内乡高速公路	新建公路	公里	68.3	68.3	68.3
	其中:高速公路	公里	68.3	68.3	68.3
驻马店至泌阳高速公路	新建公路	公里	81.2	81.2	81.2
	其中:高速公路	公里	81.2	81.2	81.2
获嘉至新乡高速公路	新建公路	公里	50.4	50.4	50.4
	其中:高速公路	公里	50.4	50.4	50.4
许亳高速公路鹿邑段	新建公路	公里	48.2	48.2	44.0
	其中:高速公路	公里	48.2	48.2	44.0
平顶山至临汝高速公路	新建公路	公里	106.5	106.5	
	其中:高速公路	公里	106.5	106.5	
禹州至登封高速公路	新建公路	公里	48.4	48.4	48.4
	其中:高速公路	公里	48.4	48.4	48.4
大广高速公路新县段	新建公路	公里	35.1	35.1	6.5
	其中:高速公路	公里	35.1	35.1	6.5
洛南高速公路洛阳段	新建公路	公里	27.2	27.2	
	其中:高速公路	公里	27.2	27.2	
大广高速公路光山段	新建公路	公里	31.8	31.8	31.8
	其中:高速公路	公里	31.8	31.8	31.8
大广高速公路平舆至正阳段	新建公路	公里	52.1	52.1	52.1
	其中:高速公路	公里	52.1	52.1	52.1
许亳高速公路太康段	新建公路	公里	41.2	41.2	41.2
	其中:高速公路	公里	41.2	41.2	41.2

6-23 农村固定资产投资完成情况(2007年)

Actually Investment Completed in Fixed Assets in Rural Area (2007)

项目	Item	合计 Total	农村非农户 Non-Farm Households	农村农户 Farm Households
农村投资总额(亿元)	**Total (100 million yuan)**	**1400.95**	**809.41**	**591.54**
按资金来源分	**Grouped by Source of Funds**			
国家资金	State Budgetary Appropriation	17.26	17.26	
国内贷款	Domestic Loans	30.00	23.68	6.31
利用外资	Foreign Investment	1.58	1.58	
自筹资金	Fundraising	1279.93	709.56	570.37
其他资金	Others	72.18	57.32	14.86
按投资构成分	**Grouped by Use of Funds**			
建筑工程	Construction	1023.75	513.59	510.15
安装工程	Installation	27.56	26.46	1.10
设备工器具购置	Purchase of Equipment and Instruments	278.42	210.09	68.33
其他	Others	71.23	59.27	11.96
按投资方向分	**Grouped by Type of Industry**			
农、林、牧、渔业	Farming, Forestry, Animal Husbandry and Fishery	151.61	93.48	58.14
采矿业	Mining	64.46	63.12	1.33
制造业	Manufacturing	348.84	345.53	3.30
电力煤气及水的生产和供应业	Production and Distribution of Electricity,Gas and Water	18.41	16.74	1.67
建筑业	Construction	11.45	1.76	9.68
交通运输仓储和邮电业	Traffic,Transport, Storage and Post	82.32	53.78	28.54
信息传输。计算机服务和软件	Information Transfer, Computer Services and Software	1.15	1.15	
批发和零售	Wholesale and Retail Trade	35.17	32.73	2.44
住宿和餐饮	Accommodation and Restaurants	5.57	5.57	
金融业	Finance	0.59	0.59	
房地产业	Real Estate	536.21	67.73	468.48
租赁和商务服务业	Tenancy and Business Services	4.27	4.27	
科学研究、技术服务和地质勘探业	Scientific Research, Technical Service and Geologic Perambulation	1.62	1.62	
水利、环境和公共设施管理业	Management of Water Conservancy, Environment and Public Establishment	60.54	60.54	
居民服务和其他服务业	Resident Services and Other Services	21.32	4.11	17.21
教育	Education	16.05	16.05	
卫生、社会保障和社会福利业	Sanitation, Social Security and Social Welfare	10.06	10.06	
文化、体育和娱乐业	Culture, Sports and Entertainment	10.46	9.72	0.74
公共管理和社会组织	Public Management and Social Organization	20.87	20.87	
本年施工房屋面积(万平方米)	**Floor Space Under Construction of Buildings (10000 sq.m)**	**16067**	**2616**	**13451**
#住宅	Residential Buildings	13333	700	12633
本年竣工房屋面积(万平方米)	**Floor Space of Buildings Completed (10000 sq.m)**	**14184**	**1648**	**12536**
#住宅	Residential Buildings	11866	290	11576

6–24 国有土地供应及收益情况

Statistics on Right of Use Sealed and Transferred on State-Owned Land

指 标	Item	2002	2003	2004	2005	2006	2007
国有土地使用权出让	**Lease of the Use Right of State-owned Land**						
地块(宗)	Number of Blocks (block)	3547	3306	3449	2711	3251	3190
面积(公顷)	Area of Totally Leased Land (hectare)	3043	4826	6198	4503	7047	8207
出让金总额(亿元)	Total Revenue from Leasing of the Use Right (100 million yuan)	35.82	77.44	121.37	128.10	205.53	238.84
国有土地使用权划拨	**Administrative Allocation of the Use Right of State-owned Land**						
地块(宗)	Number of Blocks (block)	778	808	587	611	573	564
面积(公顷)	Area of Totally Leased Land (hectare)	1243	1975	1966	1564	2771	1964

6–25 各市国有土地供应及收益情况(2007年)

Statistics of Accommodate and Income for State-owned Land by City(2007)

市 City	实现流转的土地数量(公顷) Total Land Area Trans-ferred (hectare)	#出让 Lease of the Use Right of State-owned Land			#划拨 Administrative Allocation of the Use Right		#租赁 Rent of the Use Right of State-owned Land		
		宗数(宗) Number of Blocks (block)	面积(公顷) Area of Totally Leased Land (hectare)	收入(万元) Revenue (10 000 yuan)	宗数(宗) Number of Blocks (block)	面积(公顷) Area of Totally Leased Land (hectare)	宗数(宗) Number of Blocks (block)	面积(公顷) Area of Totally Leased Land (hectare)	租金(万元) Rent (10 000 yuan)
全 省 Total	**10490**	**3190**	**8207**	**2388401**	**564**	**1964**	**2894**	**236**	**989**
郑州市 Zhengzhou	1922	510	1318	559123	65	524	16	52	10
开封市 Kaifeng	418	98	249	106249	48	170			
洛阳市 Luoyang	1063	254	969	174658	30	94			
平顶山市 Pingdingshan	401	141	343	73343	21	57			
安阳市 Anyang	698	170	550	147355	31	137	55	12	49
鹤壁市 Hebi	362	84	295	86149	14	49	44	18	46
新乡市 Xinxiang	760	193	686	155012	24	74			
焦作市 Jiaozuo	522	108	408	94755	24	111	1	3	131
濮阳市 Puyang	209	115	171	74513	21	13	119	25	548
许昌市 Xuchang	252	74	119	51041	4	9	2518	124	198
漯河市 Luohe	189	69	186	57491	2	3			
三门峡市 Sanmenxia	512	102	213	53760	18	245	6	0	1
南阳市 Nanyang	455	170	438	120789	10	15	135	3	5
商丘市 Shangqiu	431	184	363	96376	72	69			
信阳市 Xinyang	661	339	502	151885	27	160			
周口市 Zhoukou	821	230	706	186923	23	114			
驻马店市 Zhumadian	794	335	679	188026	124	115			
济源市 Jiyuan	19	14	13	10953	6	6			

主要统计指标解释

全社会固定资产投资 是以货币形式表现的在一定时期内全社会建造和购置固定资产的工作量以及与此有关的费用的总称。该指标是反映固定资产投资规模、结构和发展速度的综合性指标，又是观察工程进度和考核投资效果的重要依据。全社会固定资产投资按登记注册类型可分为国有、集体、个体、联营、股份制、外商、港澳台商、其他等。

城镇固定资产投资 指城镇各种登记注册类型的企业、事业、行政单位及个体户进行的计划总投资(或实际需要总投资)50万元及50万元以上的建设项目投资、房地产开发投资。县城及以上区域内发生的投资，县及县以上各级政府及主管部门直接领导、管理的建设项目和企事业单位的投资均为城镇固定资产投资。

农村投资 包括在农村区域范围内进行固定资产投资活动的企业、事业、行政单位及农村个人投资。

固定资产投资的资金来源 根据固定资产投资的资金来源不同，分为国家预算内资金、国内贷款、利用外资、自筹资金和其他资金来源。

⑴国家预算内资金：指中央财政和地方财政中由国家统筹安排的基本建设拨款和更新改造拨款，以及中央财政安排的专项拨款中用于基本建设的资金和基本建设拨款改贷款的资金等。

⑵国内贷款：指报告期内企、事业单位向银行及非银行金融机构借入的用于固定资产投资的各种国内借款。包括银行利用自有资金及吸收的存款发放的贷款、上级主管部门拨入的国内贷款、国家专项贷款(包括煤代油贷款、劳改煤矿专项贷款等)、地方财政专项资金安排的贷款、国内储备贷款、周转贷款等。

⑶利用外资：指报告期内收到的用于固定资产投资的国外资金，包括统借统还、自借自还的国外贷款，中外合资项目中的外资，以及对外发行债券和股票等。国家统借统还的外资指由我国政府出面同外国政府、团体或金融组织签订贷款协议、并负责偿还本息的国外贷款。

⑷自筹资金：指建设单位报告期内收到的，用于进行固定资产投资的上级主管部门、地方和企、事业单位自筹资金。

⑸其他资金来源：指报告期内收到的除以上各种拨款、借款、自筹资金之外，其他用于固定资产投资的资金。

固定资产投资按国民经济行业分 根据建设项目建成投产后的主要产品种类或主要用途及社会经济活动性质来确定国民经济行业。一般情况下，一个建设项目或一个企业、事业单位只能属于一种国民经济行业。

固定资产投资按建设性质分 根据整个建设项目情况来确定。建设项目的性质一般分为新建、扩建、改建和技术改造、迁建、恢复。房地产开发单位、农村投资不划分建设性质。

⑴新建：一般是指从无到有、“平地起家”新开始建设的单位。有的单位原有的基础很小，经过建设后其新增加的固定资产价值超过原有固定资产价值(原值)三倍以上的也算新建。

⑵扩建：一般是指为扩大原有产品的生产能力，在厂内或其他地点增建主要生产车间(或主要工程)、独立的生产线或分厂的企业；事业单位和行政单位在原单位增建业务用房(如学校增建教学用房、医院增建门诊部或病床用房、行政机关增建办公楼等)也作为扩建。

⑶改建和技术改造：指现有企业、事业单位，对原有设施进行技术改造或更新（包括相应配套的辅助性生产、生活福利设施）的建设项目。现有企业、事业单位为适应市场变化的需要，而改变企业的主要产品种类（如军工企业转产民用品等）的建设项目，应作为改建。原有产品生产作业线由于各工序（车间）之间能力不平衡，为填平补齐充分发挥原有生产能力而增建不增加本企业主要产品设计能力的车间，也应作为改建。技术改造是指企业、事业单位在现有基础上，用先进的技术代替落后的技术，用先进的工艺和装备代替落后的工艺和装备，以改变企业落后的技术经济面貌，实现以内涵为主的扩大再生产，达到提高产品质量、促进产品更新换代、节约能源、降低消耗、扩大生产规模、全面提高社会经济效益的目的。技术改造具体包括以下内容：机器设备和工具的更新改造；生产工艺改革、节约能源和原材料的改造；厂房建筑和公共设施的改造；劳动条件和生产环境的改造等。

固定资产投资按构成分 固定资产投资活动按其工作内容和实现方式分为建筑安装工程，设备、工具、器具购置，其他费用三个部分。

(1)建筑安装工程(建筑安装工作量)：指各种房屋、建筑物的建造工程和各种设备、装置的安装工程。包括各种房屋建造工程，各种用途设备基础和各种工业窑炉的砌筑工程；为施工而进行的各种准备工作和临时工程以及完工后的清理工作等；铁路、道路的铺设，矿井的开凿及石油管道的架设等；水利工程；防空地下建筑等特殊工程；以及各种机械设备的安装工程；为测定安装工程质量，对设备进行的试运工作。在安装工程中，不包括被安装设备本身的价值。

(2)设备、工具、器具购置：指购置或自制达到固定资产标准的设备、工具、器具的价值，固定资产的标准按财务部门规定。新建单位、扩建单位的新建车间按照设计和计划要求购置或自制的全部设备、工具、器具，不论是否达到固定资产标准均计入“设备、工具、器具购置”中。

(3)其他费用：指在固定资产建造和购置过程中发生的，除建筑安装工程和设备、工具、器具购置以外的各种应摊入固定资产的费用。

施工项目 指报告期内曾进行建筑或安装工程施工活动的建设项目，包括报告期内新开工项目、报告期以前开工跨入报告期继续施工的项目以及报告期施过工并在报告期内全部建成投产或停缓建的项目。

全部建成投产项目 工业项目是指设计文件规定形成生产能力的主体工程及其相应配套的辅助设施全部建成，经负荷试运转，证明具备生产设计规定合格产品的条件，并经过验收鉴定合格或达到竣工验收标准，与生产性工程配套的生活福利设施可以满足近期正常生产的需要，正式移交生产的建设项目。非工业项目是指设计文件规定的主体工程和相应的配套工程全部建成，能够发挥设计规定的全部效益，经验收鉴定合格或达到竣工验收标准，正式移交使用的建设项目。

新增生产能力（或工程效益） 指通过固定资产投资活动而增加的设计能力或工程效益，它是用实物形态表示的固定资产投资的成果。新增生产能力的计算，是以能独立发挥生产能力或工程效益的单项工程(或项目)为对象。当单项工程(或项目)建成，经有关部门鉴定合格，正式移交投入生产，即可计算新增生产能力。

新增生产能力(或工程效益)有以下几种表现形式：

(1)以建设项目或单项工程建成后的年产能力表示，如煤炭开采、石油开采等。

(2)以建设项目或单项工程建成后处理原料的能力表示，如选矿工程的年处理矿石能力、洗煤厂年洗原煤能力等。

(3)以新增的主要设备数量或容量表示，如棉纺锭锭数、发电机组容量等。

(4)以建筑物容积、容量、面积或长度表示，如水库容量、铁路公路里程等。

新增生产能力(或工程效益)的数量一般按设计能力计算。设计能力是指设计文件中规定的在正常情况下能够达到的生产能力，而不论投产后的实际产量如何。以设备数量、建筑物容积、面积、长度等表示的新增生产能力或工程效益，则按建成的实际数量计算。

新增固定资产 指报告期内已经完成建造和购置过程，并已交付生产或使用单位的固定资产价值。该指标是表示固定资产投资成果的价值指标，也是反映建设进度，计算固定资产投资效果的重要指标。

房屋建筑面积 指房屋建筑物勒脚以上外墙外围的水平截面面积，包括房屋建筑物的有效面积和结构面积。该指标是从实物形态上反映建设规模和建设成果的重要指标之一，也是检查工程形象进度、计算工程造价、分析投资效果、研究施工任务和建筑材料之间平衡情况的重要依据。

住宅建筑面积 指施工和竣工房屋建筑面积中供居住用的房屋建筑面积。

施工面积 指报告期内施工的全部房屋建筑面积。包括本期新开工的面积和上期开工跨入本期继续施工的房屋面积，以及上期已停建在本期复工的房屋面积。本期竣工和本期施工后又停缓建的房屋，其建筑面积仍计入本期施工房屋面积中。

竣工面积 指在报告期内房屋建筑按照设计要求已全部完工，达到住人和使用条件，经验收鉴定合格（或达到竣工验收标准），可正式移交使用的各栋房屋建筑面积的总和。

Explanatory Notes on Main Statistical Indicators

Total Investment in Fixed Assets in the Whole Country refers to the volume of activities in construction and purchases of fixed assets and related fees, expressed in monetary terms. It is a comprehensive indicator which shows the size, structure and growth of the investment in fixed assets, providing basis for observing the progress of construction projects and evaluating results of investment. Total investment in fixed assets in the whole country includes, by type of ownership, the investment by the state-owned units, collective units, individuals, joint ownership units, share-holding units, as well as investment by businessmen from foreign countries and from Hong Kong, Macao and Taiwan, and by other units.

Urban Investment in Fixed Assets refers to construction projects involving a total planned (or required) investment of 500,000 yuan and over by urban enterprises and institutions of various types of ownership, by administrative units and by individuals, investment in real estate development, and housing investment by individuals in urban areas and in industrial and mining areas. In other words, all investments that take place in county towns and urban areas, investment in construction projects under the direct leadership and management of government agencies at and above county levels and investments by enterprises and institutions at and above county levels are covered in urban investment in fixed assets.

Investment in Rural Areas refers to investment in fixed assets by enterprises, institutions and individuals in rural areas.

Sources of Funds for Investment in Fixed Assets Including budgetary appropriation, domestic loans, foreign investment, self-raised funds, and others.

(1) State budgetary appropriation refers to appropriation in the budget of the central and local governments earmarked for capital construction and for innovation projects, and the special appropriation from the budget of the central government for capital construction and for the transfer fund to banks to be issued as loans for capital construction projects.

(2) Domestic loans refer to various funds borrowed by enterprises and institutions from banks and non-bank financial institutions assets, including loans issued by banks from their self-owned funds and deposit, loans appropriated by higher responsible authorities, special loans by government (including loan for replacing petroleum with coal, special loan for reform-through-labour coal mines), loans arranged by local government from special funds, domestic reserve loan, and working loan, etc.

(3) Foreign Investment refers to foreign funds received during the reference period for the purpose of investment in fixed assets, including foreign funds borrowed and managed by the government, by individual units, foreign fund in joint venture program, and issue of bonds and stocks at the international financial markets. The foreign funds borrowed and managed by the government refer to foreign loans borrowed by the government from foreign governments, organizations, or financial institutions under official agreements signed by both parties, under which government is responsible for the repayment of both the principal and interests of the foreign loans.

(4) Self-raised funds refer to funds received by construction enterprises from their higher responsible authorities, local governments, or raised by enterprises or institutions themselves for the purpose of investment in fixed assets during the reference period.

(5) Others refer to funds received during the reference period which are not included in the above-mentioned sources.

Investment in Fixed Assets by Sector The classification of construction projects by sector is determined by the major products or the purpose of the projects when they are put into production or use, and by the nature of their social economic activities. In general, one project or one enterprise or institution can only be classified into one sector.

Investment in Fixed Assets by Type of Construction The construction projects in general can be classified by the type of construction into new construction, expansion, reconstruction and moving away. In capital construction, the type of construction is determined by the condition of the project. In investment in innovation, in other investment by state-owned units and investment by collective-owned units, the type of construction is determined by the condition of the whole enterprise or institutions. Investment by type of construction is not applied to investment by real-estate development units, investment in rural areas and investment in housing by urban individuals.

(1) New construction in general refers to newly constructed units. In the case in which the value of the original fixed assets is quite small, and the value of newly added fixed assets exceeds the original ones by three times, the expansion construction is considered as new construction.

(2) Expansion refers to construction of new major production workshop or independent production line within a factory or in other locations, or construction of a branch factory so as to increase the production capacity of the original products. Newly constructed business houses in institutions and administrative organizations (such as the newly constructed teaching buildings in schools, clinics or bed building in hospitals, and office buildings in administrative agencies, etc.) are also classified as expansion.

(3) Reconstruction refers to technical innovation and transformation of the existing equipment and technical conditions undertaken by enterprises and institutions for the purposes of technological advancement, improvement in product quality, enlarging variety of products, promoting new generation of products, reducing production consumption and cost, promoting comprehensive utilization of resources, strengthening treatment of waste gas, waste water and solid wastes, and safety in production, etc. through application of new technologies and techniques, use of new equipment and new materials (including accessory facilities for production or for living and welfare purposes).Construction of new workshops for improving existing production capacity rather than increasing production capacity is also considered as reconstruction.

Investment in Fixed Assets by Structure refers to the three major parts of investment activities, i.e. construction and installation, purchase of equipment and instrument, and other expenses.

(1) Construction and installation (work volume of construction and installation) refers to the construction of various houses and buildings and installation of various kinds of equipment and instruments, including construction of various houses, equipment foundations and industrial kilns and stoves, preparation works for project construction, and clearing up works post project construction, pavement of railways and roads, drilling of mines and putting up of oil pipes, construction of projects of water conservancy, construction of underground air-raid shelters and construction of other special projects, installation of various machinery equipment, testing operation for pre-testing the quality of installation projects. The value of equipment installed is not included in the value of installation projects.

(2) Purchase of equipment and instruments refers to the total value of equipment, tools, and vessels purchased or self-produced which come up to standards for fixed assets. Equipment, tools and vessels purchased or self-produced for new workshops by newly established or expanded units are categorized as "purchase of equipment and instruments" no matter whether they come up to the standards for fixed assets or not.

(3)Other expenses refer to expenses occurring during the construction or purchase of fixed assets other than construction, installation or purchase of equipment and instruments.

Projects Under Construction refer to projects having construction and installation activities undertaken in the reference period, including projects started in the reference period, or continued from the previous period, or completed and put into production or suspended in the reference period.

Projects Completed and Put into Use Industrial projects refer to the major projects and accessory facilities completed which result in forming production capacity and have been checked and accepted while the living and welfare facilities have been completed and can ensure normal production and formally put into production. Non-industrial projects refer to the major projects and accessory facilities completed which possess the designed capacity and have been checked, accepted and formally put into production.

Newly Increased Production Capacity refers to the increase of designed capacity and project efficiency through investment in fixed assets, which reflects the accomplishment of investment in fixed assets in kind. The calculation of newly increased production capacity is based on individual project, which operates independently and efficiently. When an individual project is completed and checked and accepted and put into production, it is counted as newly increased production capacity.

The newly increased production capacity and project efficiency are usually expressed in one of the following forms:

(1) Annual production capacity, such as extraction of coal and petroleum;

(2) Raw material processing capacity, such as ore dressing capacity of ore dressing projects, the capacity of coal washing factory;

(3) Number or capacity of major equipment increased, such as the number of cotton spindles increased and the capacity of generating sets increased;

(4) Physical measures of construction, such as volume, capacity, area, and length, for instance, the capacity of reservoirs, the length of railways or highways.

Newly increased production capacity in terms of quantity is calculated in designed capacity in general, which refers to the production capacity of a project under normal conditions designed in construction documents regardless of the actual output.

Newly Increased Fixed Assets refer to the newly increased value of fixed assets, constructed or purchased, that have been transferred to the investors. This is an indicator that demonstrates the results of investment in fixed assets in monetary terms, and an important indicator to reflect the speed of construction and to calculate the efficiency of investment.

Floor Space of Buildings under Construction refers to total floor space of the horizontal section of outer walls above the plinth of the building, including the effective area and the area occupied by the structure. This indicator is one of the important indicators in physical terms to reflect the scale and accomplishment of the construction industry, and important basis for monitoring the progress, calculating the cost, analyzing the efficiency and studying the supply of building materials in relation with the construction projects.

Floor Space of Residential Buildings refers to the floor space of the residential buildings among the total space of buildings under construction or completed.

Floor Space under Construction refers to total floor space of all buildings under construction during the reference period, including floor space of newly started buildings during the reference period, floor space of construction extended from the previous period to the current period, and floor space of construction suspended during the previous period and resumed in the current period. Floor space of construction completed in the current period, and floor space of construction started and then suspended in the current period are also included in the floor space under construction of the current year.

Floor Space of Buildings Completed refers to the floor space of all buildings completed in the reference period, which have been appraised and accepted (or come up to the designed standards) and have been transferred to the owners for use.

能源
Energy Sources

◉ 资料整理：刘俊华 刘秋香 赵清贤

【简要说明】

一、主要内容

本篇包括能源生产、消费及品种构成，能源生产和消费弹性系数、能源加工转换效率、单位能耗、规模以上工业分行业主要能源品种的购进、消费及库存，主要耗能工业企业单位产品能源消耗，公路运输能源消耗和成品油购进、销售和库存等资料。

二、统计范围

能源统计范围为全社会。单位工业增加值能耗的统计范围是规模以上工业法人企业。能源加工转换效率表中，电力折算标准煤系数采用当量值计算，每千瓦小时折0.1229千克标准煤。

三、资料来源

能源生产总量及构成数据来自工业产品产量统计，一次能源生产量与工业统计数字一致。其他表的数据均来自历年能源平衡表以及规模以上工业企业购进、消费、库存统计年报。能源生产与消费弹性系数分别以能源生产、消费增长速度与国内生产总值增长速度相比求得。由河南省统计局能源统计处编辑整理。公路运输能源消耗资料由河南省地方经济社会调查队服务业调查处编辑整理。成品油购进、销售和库存资料由河南省统计局贸易外经处编辑整理。

7-1 历年能源生产总量及构成

Total Production of Energy and Its Composition over the Year

年 份 Year	能源生产总量 (万吨标准煤) Total Energy Production (10 000 tons of SCE)	占能源生产总量的比重 (%) As Percentage of Total Energy Production			
		原 煤 Coal	原 油 Crude Oil	天然气 Natural Gas	电力 Electricity
1949	64	100.0			
1952	236	100.0			
1957	434	100.0			
1962	1182	99.9			0.1
1965	1359	100.0			
1970	2209	99.9			0.1
1975	3214	99.4			0.6
1978	4434	93.7	5.4		0.9
1979	4536	91.9	7.1		1.0
1980	4402	91.3	7.5	0.1	1.1
1981	4760	87.4	11.1	0.5	1.0
1982	4998	85.3	12.8	0.7	1.2
1983	5456	83.8	14.1	0.9	1.2
1984	5981	82.8	15.3	0.9	1.0
1985	6909	81.5	16.4	1.2	0.9
1986	7261	80.3	17.3	1.6	0.8
1987	7361	79.3	18.1	1.9	0.7
1988	7624	78.6	18.3	2.3	0.8
1989	8031	80.0	17.0	2.2	0.8
1990	8071	81.3	15.6	2.3	0.8
1991	7999	81.9	15.2	2.2	0.7
1992	8058	82.8	14.4	2.1	0.7
1993	8037	83.7	13.6	1.9	0.8
1994	8085	85.0	12.1	2.0	0.9
1995	8454	87.5	10.2	1.6	0.7
1996	8757	88.1	9.6	1.6	0.7
1997	8558	87.9	9.8	1.7	0.6
1998	8080	87.0	10.4	2.0	0.2
1999	6947	85.1	11.6	2.5	0.3
2000	6591	83.7	12.2	2.8	1.4
2001	7238	84.0	11.2	2.9	1.9
2002	8321	85.2	9.8	2.8	2.3
2003	10634	88.3	7.4	2.3	2.0
2004	13079	90.1	5.7	1.7	2.2
2005	14522	91.3	5.0	1.8	1.9
2006	15002	91.7	4.7	1.7	2.0
2007	14604	91.8	4.8	1.4	2.0

注：电力折算标准煤数根据当年平均发电煤耗计算。

a)Data of Electricity is calculated by Average consume of coal on Power.

7–2 历年能源消耗总量及构成

Total Consumption of Energy and Its Composition over the Year

年 份 Year	能源消耗总量 (万吨标准煤) Total Energy Consumption (10 000 tons of SCE)	占能源消耗总量的比重 (%) As Percentage of Total Energy Consumption			
		煤炭 Coal	原 油 Crude Oil	天然气 Natural Gas	水电 Hydropower
1949	24	100.0			
1952	172	100.0			
1957	325	95.6	0.6		3.8
1962	596	85.2	1.9		10.5
1965	761	85.7			12.8
1970	1290	80.6	4.5		14.9
1975	2615	75.6	5.6		12.1
1978	3353	71.6	6.8		17.1
1979	3228	68.9	6.9		19.8
1980	3389	65.1	6.8	0.2	21.3
1981	3612	66.1	6.7	0.6	20.1
1982	3560	66.7	6.7	0.9	22.2
1983	4035	66.8	6.5	1.1	20.8
1984	4474	65.2	6.4	1.2	20.0
1985	4618	65.4	6.6	1.8	19.6
1986	4709	63.1	8.0	1.9	21.8
1987	5006	61.0	7.8	2.1	22.2
1988	5292	59.7	7.6	2.6	21.0
1989	5112	55.3	11.0	2.3	26.6
1990	5206	55.2	11.4	2.4	26.9
1991	5363	54.8	9.1	1.9	28.5
1992	5583	54.3	8.0	2.3	31.8
1993	5862	50.0	9.9	1.9	31.4
1994	6225	47.6	10.7	2.2	32.5
1995	6473	45.8	11.1	1.7	34.9
1996	6654	44.1	10.9	1.6	36.6
1997	6711	43.8	9.6	1.7	39.3
2005	14624	87.6	8.8	2.2	1.8
2006	16235	88.4	8.0	2.5	1.8
2007	17841	88.0	7.9	2.5	1.6

注：1997年以前煤炭为原煤口径，水电消费为电力口径。

a)Before 1997 ,Data of Coal are crude Coal，and Hydropower are Electricity.

7-3 综合能源消费量

Overall Energy Balance Sheet

单位：万吨标准煤 (10 000 tons of SCE)

项　　目	Item	2005	2006	2007
能源消费总量	**Total Energy Consumption**	**14625**	**16235**	**17841**
农、林、牧、渔、水利业	Farming,Forestry,Animal Husbandry, Fishery and Water Conservancy	461	483	472
工　业	Industry	11485	12981	14522
建筑业	Construction	65	68	69
交通运输、仓储和邮政业	Transport, Storage and Post	650	678	772
批发、零售业和住宿、餐饮业	Wholesale, Retail Trade and Hotel, Restaurants	164	181	175
其他	Others	228	247	248
生活消费	Residential Consumption	1571	1597	1582
在总量中：	**Consumption by Usage**			
终端消费	Final Consumption	13654	15227	16682
#工业	Industry	10524	11986	13372
加工转换损失量	Losses in Processing and Transformation	552	618	706
#洗选煤	Washing of Coal	264	322	373
炼焦	Coking	196	241	249
炼油	Petroleum Refining	30	15	3
损失量	Other Losses	419	391	453

注：电力、热力按等价值计算.
a) Electric power and heat are converted on the basic of equal caloric value.

7-4 历年能源生产弹性系数

Elasticity Ratio of Energy Production over the Year

年份 Year	能源生产比上年增长(%) Growth Rate of Energy Production over Preceding Year (%)	电力生产比上年增长(%) Growth Rate of Electricity Production over Preceding Year (%)	国内生产总值比上年增长(%) Growth Rate of Gross Domestic Product(GDP) over Preceding Year (%)	能源生产弹性系数 Elasticity Ratio of Energy Production	电力生产弹性系数 Elasticity Ratio of Electricity Production
1980	-3.0		15.4		
1981	8.1	13.6	7.8	1.04	1.74
1982	5.0	4.1	4.3	1.16	0.95
1983	9.2	5.6	23.8	0.39	0.24
1984	9.6	5.8	10.1	0.95	0.57
1985	15.5	5.3	13.5	1.15	0.39
1986	5.1	12.3	4.6	1.11	2.67
1987	1.4	12.0	15.0	0.09	0.80
1988	3.6	0.1	9.8	0.37	0.01
1989	5.3	5.6	4.4	1.20	1.27
1990	0.5	5.4	4.5	0.11	1.20
1991	-0.9	11.3	6.9		1.64
1992	0.7	16.2	13.7	0.05	1.18
1993	-0.3	8.8	15.8		0.56
1994	0.6	10.3	13.8	0.04	0.75
1995	4.6	12.8	14.8	0.31	0.86
1996	3.6	8.5	13.9	0.26	0.61
1997	-2.3	6.2	10.4		0.60
1998	-5.6	0.0	8.8		0.00
1999	-14.0	4.4	8.1		0.55
2000	-5.1	6.6	9.5		0.70
2001	9.8	12.8	9.0	1.09	1.42
2002	15.0	14.4	9.5	1.57	1.52
2003	27.8	12.7	10.7	2.60	1.19
2004	23.0	24.2	13.7	1.68	1.77
2005	11.0	11.3	14.2	0.78	0.80
2006	3.3	12.6	14.4	0.23	0.88
2007	-2.7	19.9	14.6		1.36

7–5 历年能源消费弹性系数

Elasticity Ratio of Energy Consumption over the year

年 份 Year	能源消费比上年增长 (%) Growth Rate of Energy Consumption over Preceding Year (%)	电力消费比上年增长 (%) Growth Rate of Electricity Consumption over Preceding Year (%)	国内生产总值比上年增长 (%) Growth Rate of Gross Domestic Product(GDP),over Preceding Year (%)	能源消费弹性系数 Elasticity Ratio of Energy Consumption	电力消费弹性系数 Elasticity Ratio of Electricity Consumption
1980	5.0		15.4	0.32	
1981	6.6	5.6	7.8	0.85	0.72
1982	-1.4	32.3	4.3		7.51
1983	13.3	-3.2	23.8	0.56	
1984	10.9	6.5	10.1	1.08	0.64
1985	3.2	5.6	13.5	0.24	0.41
1986	2.0	7.0	4.6	0.43	1.52
1987	6.3	10.6	15.0	0.42	0.71
1988	5.7	12.1	9.8	0.58	1.23
1989	-3.4	9.8	4.4		2.23
1990	1.8	2.2	4.5	0.40	0.49
1991	3.0	9.3	6.9	0.43	1.35
1992	4.1	15.7	13.7	0.30	1.15
1993	5.0	7.5	15.8	0.32	0.47
1994	6.2	8.8	13.8	0.45	0.64
1995	4.0	13.2	14.8	0.27	0.89
1996	2.8	8.3	13.9	0.20	0.60
1997	0.9	6.5	10.4	0.09	0.63
1998	7.9	-0.5	8.8	0.90	-0.06
1999	1.9	3.4	8.1	0.23	0.42
2000	7.3	6.8	9.5	0.77	0.71
2001	5.7	12.7	9.0	0.63	1.41
2002	8.2	14.7	9.5	0.87	1.55
2003	17.0	13.7	10.7	1.59	1.28
2004	23.4	22.3	13.7	1.71	1.63
2005	11.9	7.6	14.2	0.84	0.53
2006	11.0	10.6	14.4	0.76	0.73
2007	9.9	21.5	14.6	0.68	1.47

7–6 平均每天能源消费量
Average Daily Energy Consumption by Variety

能源品种	Item	1995	2000	2002	2005	2006	2007
合计 （万吨标准煤）	**Total (10 000 tons of SCE)**	**17.73**	**21.70**	**24.81**	**40.07**	**44.48**	**48.88**
原煤 （万吨）	Coal (10 000 tons of SCE)	23.33	26.58	32.37	55.38	65.08	72.83
焦炭 （万吨）	Coke (10 000 tons of SCE)	1.08	1.17	1.39	2.72	3.27	3.94
原油 （万吨）	Crude Oil (10 000 tons of SCE)	1.10	1.67	1.65	1.83	1.91	1.96
汽油 （万吨）	Gasoline (10 000 tons of SCE)	0.39	0.33	0.33	0.64	0.68	0.58
煤油 （万吨）	Kerosene (10 000 tons of SCE)	0.04	0.04	0.04	0.04	0.04	0.05
柴油 （万吨）	Diesel Oil (10 000 tons of SCE)	0.37	0.42	0.52	0.90	0.95	1.26
燃料油 （万吨）	Fuel Oil (10 000 tons of SCE)	0.14	0.16	0.19	0.21	0.19	0.17
天然气 （亿立方米）	Natural Gas (100 million cu.m)	0.03	0.03	0.04	0.06	0.08	0.09
电力 （亿千瓦小时）	Electricity (100 million kwh)	1.57	1.97	2.54	3.80	4.20	5.11

7–7 人均生活能源消费量
Average Daily Energy Consumption for Non-Production Purpose

能源品种	Item	1995	2000	2002	2005	2006	2007
平均每人生活消费能源（千克标准煤）	**Average Daily Energy Consumption(kg of SCE)**	**112.97**	**121.27**	**122.31**	**161.29**	**163.02**	**160.69**
原煤 （千克）	Coal (kg)	119.76	95.36	93.91	112.90	112.31	99.24
液化石油气 （千克）	Liquefied Petroleum gas(kg)	0.91	2.18	2.11	2.62	2.55	2.44
天然气 （立方米）	Natural Gas (cu.m)	2.63	2.00	2.90	5.49	5.11	5.08
热力 （百万千焦）	Heat power (million kJ)	0.02	0.09	0.10	0.17	0.19	0.22
电力 （千瓦小时）	Electricity (kwh)	46.28	80.05	99.51	128.91	145.99	168.66

7—8 历年能源加工转换效率

Efficiency of Energy Conversion over the year

单位：% (%)

年份 Year	总效率 Total Efficiency	发电及供热 Electricity Generation and Heating by Power Stations	炼焦 Coking	炼油 Petroleum Refining
1995	59.73	33.58	93.35	96.93
1996	61.21	35.64	91.90	97.71
1997	61.61	36.27	94.79	95.69
1998	67.84	35.41	99.40	99.40
1999	63.57	36.54	95.44	95.44
2000	61.78	36.03	96.71	96.71
2001	61.26	35.49	96.06	96.06
2002	59.47	36.36	98.31	98.31
2003	58.34	34.34	97.90	97.90
2004	58.36	33.45	94.38	94.38
2005	60.97	34.18	96.81	96.81
2006	64.94	36.10	99.08	99.08
2007	66.22	38.10	89.43	99.67

7—9 各市单位GDP能耗

Energy Consumption for GDP by City

单位：吨标准煤/万元 (ton of SCE/10 000yuan)

市	City	2005	2006 指标值 Index	2006 比上年升降(±%) Change(±%)	2007 指标值 Index	2007 比上年升降(±%) Change(±%)
全　　省	**Total**	**1.38**	**1.34**	**-2.98**	**1.29**	**-4.11**
郑　州　市	Zhengzhou	1.35	1.32	-2.22	1.27	-4.01
开　封　市	Kaifeng	1.24	1.22	-1.61	1.17	-4.13
洛　阳　市	Luoyang	1.55	1.50	-3.10	1.44	-4.30
平 顶 山 市	Pingdingshan	2.32	2.23	-3.89	2.13	-4.10
安　阳　市	Anyang	2.79	2.70	-3.28	2.60	-4.01
鹤　壁　市	Hebi	1.79	1.71	-4.19	1.64	-4.16
新　乡　市	Xinxiang	1.75	1.68	-3.80	1.60	-5.03
焦　作　市	Jiaozhuo	2.29	2.20	-4.10	2.11	-4.11
濮　阳　市	Puyang	1.95	1.88	-3.59	1.79	-4.50
许　昌　市	Xuchang	1.37	1.33	-3.05	1.27	-4.27
漯　河　市	Luohe	1.23	1.22	-0.89	1.18	-3.15
三 门 峡 市	Sanmenxia	1.89	1.87	-1.13	1.80	-3.70
南　阳　市	Nanyang	1.36	1.34	-1.48	1.28	-4.15
商　丘　市	Shangqiu	1.43	1.41	-1.40	1.36	-4.03
信　阳　市	Xinyang	1.37	1.32	-3.36	1.27	-4.22
周　口　市	Zhoukou	1.24	1.21	-3.15	1.16	-4.19
驻 马 店 市	Zhumadian	1.25	1.24	-1.10	1.19	-4.05
济　源　市	Jiyuan	2.64	2.61	-1.20	2.53	-3.15

7-10 各市单位GDP电耗

Electricity Consumption for GDP by City

单位：千瓦时/万元 (kw.h/10 000yuan)

市	City	2005	2006 指标值 Index	2006 比上年升降(±%) Change(±%)	2007 指标值 Index	2007 比上年升降(±%) Change(±%)
全省	**Total**	**1277.70**	**1257.50**	**-1.58**	**1302.24**	**3.55**
郑州市	Zhengzhou	1510.20	1398.90	-7.37	1504.29	7.53
开封市	Kaifeng	822.30	777.15	-5.49	777.96	0.10
洛阳市	Luoyang	1575.60	1721.27	9.25	1814.52	5.42
平顶山市	Pingdingshan	1401.00	1328.00	-5.21	1456.29	9.66
安阳市	Anyang	1695.00	1592.61	-6.04	1555.85	-2.31
鹤壁市	Hebi	1108.40	1104.06	-0.39	1164.64	5.49
新乡市	Xinxiang	1402.60	1392.88	-0.69	1362.41	-2.19
焦作市	Jiaozhuo	2191.00	1989.35	-9.20	2121.95	6.67
濮阳市	Puyang	1055.30	982.34	-6.91	886.02	-9.81
许昌市	Xuchang	660.00	656.14	-0.59	627.78	-4.32
漯河市	Luohe	777.30	773.57	-0.48	775.45	0.24
三门峡市	Sanmenxia	2062.40	2123.78	2.98	2146.74	1.08
南阳市	Nanyang	806.90	801.94	-0.61	847.75	5.71
商丘市	Shangqiu	1549.10	1414.68	-8.68	1533.16	8.38
信阳市	Xinyang	742.10	761.32	2.59	702.79	-7.69
周口市	Zhoukou	486.90	490.35	0.71	509.87	3.98
驻马店市	Zhumadian	747.70	793.66	6.15	828.94	4.45
济源市	Jiyuan	2023.40	1971.43	-2.57	1980.13	0.44

7-11 各市单位工业增加值能耗

Energy Consumption for Add-value of Industry by City

单位：吨标准煤/万元 (ton of SCE/10 000yuan)

市	City	2005	2006 指标值 Index	2006 比上年升降(±%) Change(±%)	2007 指标值 Index	2007 比上年升降(±%) Change(±%)
全省	**Total**	**4.02**	**3.78**	**-5.93**	**3.45**	**-7.08**
郑州市	Zhengzhou	2.71	2.53	-6.22	2.38	-5.96
开封市	Kaifeng	2.39	2.27	-4.92	2.09	-7.82
洛阳市	Luoyang	3.29	3.05	-7.23	2.83	-7.27
平顶山市	Pingdingshan	3.96	3.76	-5.10	3.49	-7.16
安阳市	Anyang	5.36	5.04	-5.90	4.76	-5.66
鹤壁市	Hebi	3.57	3.25	-9.09	2.97	-8.50
新乡市	Xinxiang	3.69	3.45	-6.25	3.14	-9.08
焦作市	Jiaozhuo	4.64	4.10	-11.27	3.78	-7.77
濮阳市	Puyang	3.00	2.87	-3.97	2.68	-6.70
许昌市	Xuchang	2.78	2.61	-6.01	2.42	-7.11
漯河市	Luohe	1.73	1.66	-3.82	1.54	-6.90
三门峡市	Sanmenxia	3.58	3.45	-3.29	3.25	-5.82
南阳市	Nanyang	2.46	2.36	-4.07	2.18	-7.56
商丘市	Shangqiu	3.54	3.38	-4.82	3.12	-7.64
信阳市	Xinyang	4.22	3.89	-8.01	3.56	-8.42
周口市	Zhoukou	2.32	2.09	-10.05	1.91	-8.55
驻马店市	Zhumadian	2.98	2.87	-3.02	2.63	-8.34
济源市	Jiyuan	5.85	5.53	-5.48	5.26	-4.89

7-12 规模以上工业企业分品种能源购进、消费及库存(2007年)

Purchase, Consume, and Stock of Energy in above Designated Size Industrial Enterprises by Catalog (2007)

项 目	Item	年初库存 Stock of Year Beginning	购进量 Purchase Capacity 实物量 Material Object Capacity	金额(亿元) Amount of Money (10 000 yuan)	消费量 Total Energy Consump-tion	工业生产消费 Consump-tin of Industry Production	非工业生产消费 Consumptin of Industry Nonindustry Production	年末库存 Stock of Year End
原煤(万吨)	Coal (10 000tons)	1064.83	21358.14	808.60	23714.53	23626.33	89.60	848.53
洗精煤(万吨)	Clean Coal (10 000tons)	40.21	1264.40	86.86	1518.85	1518.83	0.03	34.59
其他洗煤(万吨)	Other Clean Coal (10 000tons)	1.37	84.71	2.39	129.32	129.27	0.06	1.18
煤制品(万吨)	Coal Products (10 000tons)	3.43	65.74	3.15	66.93	66.15	0.78	7.83
焦炭(万吨)	Coke (10 000tons)	44.97	1182.59	123.20	1437.05	1436.02	1.03	28.41
其他焦化产品(万吨)	Other Coking Products (10 000 tons)	0.26	4.34	0.50	10.06	10.06		1.08
焦炉煤气(亿立方米)	Coking Gas (100 million cu.m)		1.24	0.46	14.57	14.36	0.21	
高炉煤气(亿立方米)	Blast furnace Gas (100 million cu.m)		0.06	0.01	157.54	157.54		
其他煤气(亿立方米)	Other Gas (100 million cu.m)		20.97	12.83	34.84	34.64	0.20	
天然气(亿立方米)	Natural Gas (100 million cu.m)		23.66	31.37	27.11	26.90	0.21	
液化天然气(亿立方米)	Liquefied Gas (100 million cu.m)	0.00	0.16	0.06	0.18	0.18	0.00	0.00
原油(万吨)	Crude Oil (10 000 tons)	31.78	514.43	221.13	694.04	694.04	0.00	12.18
汽油(万吨)	Gasoline (10 000 tons)	0.31	36.69	20.45	37.63	29.52	8.12	0.53
煤油(吨)	Kerosene (ton)	0.05	2.34	1.37	2.31	2.30	0.02	0.02
柴油(万吨)	Diesel Fuel Oil (10 000 tons)	2.45	77.08	41.39	81.66	74.01	7.65	2.71
燃料油(万吨)	Fuel Oil (10 000 tons)	5.68	49.03	12.81	62.78	62.44	0.34	5.73
液化石油气(万吨)	Liquefied Petroleum Gas (10 000 tons)	0.10	7.66	4.11	7.75	7.74	0.01	0.06
炼厂干气(万吨)	Net Gas of Plant (10 000 tons)		2.73	0.81	28.07	28.07		
其他石油制品(万吨)	Other Petroleum Products (10 000 tons)	7.30	219.57	78.63	232.93	232.93	0.00	9.84
热力(万百万千焦)	Heat (10 billion kilo-joule)		5702.43	17.61	10586.47	10173.54	412.93	
电力(亿千瓦时)	Power (100 millin kwh)		1285.07	643.86	1640.15	1625.14	15.00	
其他燃料(万吨标准煤)	Other Fuel (10 000 tons of SCE)	0.19	106.18	7.25	114.07	114.06	0.01	0.77

7-13 规模以上工业企业分行业主要能源消费量(2007年)

行业	Sector	能源消耗总量(万吨标准煤) Total Energy Consumption (10 000 tons of SCE)	原煤(万吨) Coal (10 000 tons)
总计	**Total**	**13832.39**	**23714.53**
采矿业	**Mining**	**1023.11**	**6944.99**
煤炭开采和洗选业	Mining and Washing of Coal	191.55	6868.38
石油和天然气开采业	Extraction of Petroleum and Natural Gas	28.08	33.99
黑色金属矿采选业	Mining of Ferrous Metal Ores	50.89	5.76
有色金属矿采选业	Mining of Non-ferrous Metal Ores	24.14	20.04
非金属矿采选业	Mining and Processing of Nonmetal Ores	0.06	16.78
其他采选业	Mining of Other Ores n.e.c	8367.95	0.04
制造业	**Manufaturing**	**221.73**	**8048.37**
农副食品加工业	Processing of Food From Agricultural Products	249.05	225.54
食品制造业	Manufacture of Foods	147.64	292.55
饮料制造业	Manufacture of Beverage	8.49	183.57
烟草制品业	Manufacture of Tobacco	185.96	5.18
纺织业	Manufacture of Textile	8.84	156.80
纺织服装、鞋、帽制造业	Manufacture of Textile Wearing Apparel, Footware, and Caps	33.72	8.40
皮革、毛皮、羽毛(绒)及其制品业	Manufacture of Leather, Fur, Feather and Its Products	50.35	34.68
木材加工及木、竹、藤、棕、草制品业	Processing of Timbers, Manufacture of Wood, Bamboo, Rattan, Palm, and Straw Products	5.21	58.41
家具制造业	Manufacture of Furniture	424.53	4.86
造纸及纸制品业	Manufacture of Paper and Paper Products	8.16	467.08
印刷业和记录媒介的复制	Printing,Reproduction of Recording Media	0.68	6.90
文教体育用品制造业	Manufacture of Articles for Culture, Education and Sport Activity	350.64	0.64
石油加工、炼焦业及核燃料加工业	Processing of Petroleum ,Coking, Processing of Nucleus Fuel	1539.64	1587.84
化学原料及化学制品制造业	Manufacture of Chemical Raw Material and Chemical Products	100.37	1550.27
医药制造业	Manufacture of Medicines	119.21	85.38
化学纤维制造业	Manufacture of Chemical Fiber	81.58	88.47
橡胶制品业	Manufacture of Rubber	31.23	77.05
塑料制品业	Manufacture of Plastic	1490.40	22.87
非金属矿物制品业	Manufacture of Non-metallic Mineral Products	1586.59	1504.51
黑色金属冶练及压延加工业	Manufacture and Processing of Ferrous Metals	1194.14	371.07
有色金属冶练及压延加工业	Manufacture and Processing of Non-ferrous Metals	60.69	1017.09
金属制品业	Manufacture of Metal Products	124.57	45.01
通用设备制造业	Manufacture of General Purpose Machinery	115.47	72.92
专用设备制造业	Manufacture of Special Purpose Machinery	101.26	80.23
交通运输设备制造业	Manufacture of Transport Equipment	64.57	33.43
电气机械及器材制造业	Manufacture of Electrical Machinery and Equipment	34.44	25.73
通信设备、计算机及其它电子设备制造业	Manufacture of Communication Equipment , Computer and Other Electronic Equipment	6.28	6.83
仪器仪表及文化、办公用 机械制造业	Manufacture of Measuring Instrument and M-Achinery for Cultural Activity and Office Work	21.15	4.43
工艺品及其他制造业	Manufacture of Artwork,Other Manufacture n.e.c	1.36	28.89
废弃资源和废旧材料回收加工业	Recycling and Disposal of Waste	4146.62	1.74
电力、燃气、及水的生产和供应业	**Production and Supply of Electric Power 、Gas and Water**	**4092.20**	**8721.18**
电力、热力的生产和供应业	Production and Supply of Electric Power and Heat Power	48.79	8555.64
煤气生产和供应业	Production and Distribution of Gas	5.62	165.34
水的生产和供应业	Production and Distribution of Water		0.20

Consumption of Main Energy Sources in above Designated Size Industrial Enterprises by Industrial Sector (2007)

焦炭 (万吨) Gas (10 000 tons)	原油 (万吨) Crude Oil (10 000 tons)	柴油 (万吨) Diesel Fuel Oil (10 000 tons)	燃料油 (万吨) Fuel Oil (10 000 tons)	热力 (万百万千焦) Heat (10 billion Kilo Joule)	电力 (亿千瓦时) Electricity (100 million kwh)
1437.05	**694.04**	**81.66**	**62.78**	**10586.47**	**1640.15**
45.10	**162.57**	**39.77**	**11.20**	**375.81**	**187.86**
27.31	0.00	6.26	0.01	72.56	131.58
	162.56	24.33	11.18	303.25	26.56
16.53		1.25			4.84
1.25		5.13	0.01		20.10
		2.81			4.75
					0.03
1384.69	**530.98**	**36.36**	**48.88**	**9758.01**	**1090.50**
0.69	0.01	3.63	0.24	126.64	38.63
1.93		2.64	0.02	956.58	20.78
0.10		0.47	0.00	38.27	13.58
		0.09		74.09	1.61
0.22		0.79	0.00	140.22	54.45
0.04		0.10		5.68	1.68
0.35		0.20		46.73	3.09
0.17		0.48		6.67	6.05
		0.04			1.32
1.57	0.01	2.02	0.03	1038.84	42.55
		0.15		2.87	2.21
		0.08			0.13
	530.90	0.39	2.14	952.08	12.51
42.64	0.00	1.77	1.02	1779.28	168.28
1.25		1.58	0.00	196.37	16.78
5.97		0.22	0.02	204.45	12.79
6.74		0.31	0.01	276.91	7.66
0.63		0.35		0.19	10.86
68.07		5.36	20.73	73.01	167.56
1010.52		2.60	9.76	118.28	151.27
116.44	0.00	3.60	12.95	3373.33	270.24
14.99		0.53	0.03	0.84	9.35
31.20	0.01	1.98	0.07	53.52	25.33
20.45	0.00	3.25	1.81	153.90	20.19
58.48	0.03	2.62	0.01	18.50	13.41
1.99	0.02	0.38	0.02	45.40	7.99
		0.15		1.71	5.52
0.16		0.11	0.00	1.45	2.26
0.04		0.46		72.21	2.41
0.06					0.04
7.26	**0.49**	**5.53**	**2.70**	**452.65**	**361.79**
7.26	0.49	5.40	2.70	452.14	354.06
		0.06			3.40
0.00		0.07		0.51	4.32

7-14 规模以上工业分部门主要能源消费量(2007年)
Consumption of Main Energy Sources in above Designated Size Industrial Enterprises by Industrial Sector (2007)

部门	Sector	能源消耗总量(万吨标准煤) Total Energy Consumption (10 000 tons of SCE)	原煤(万吨) Coal (10 000 tons)	焦炭(万吨) Gas (10 000 tons)	原油(万吨) Crude Oil (10 000 tons)	柴油(万吨) Diesel Fuel Oil (10 000 tons)	燃料油(万吨) Fuel Oil (10 000 tons)	热力(万百万千焦) Heat (10 billion Kilo Joule)	电力(亿千瓦时) Electricity (100 million kwh)
全省总计	**Total**	**13832.39**	**23714.53**	**1437.05**	**694.04**	**81.66**	**62.78**	**10586.47**	**1640.15**
煤炭	Coal	1023.11	6868.38	27.31		6.26	0.01	72.56	131.58
石油石化	Petroleum	277.60	80.78		693.46	24.45	13.33	1255.33	35.77
冶金	Metallurgy	2298.52	2403.38	1080.51		5.39	10.22	123.97	195.78
有色	coloured Coherer	1245.03	1037.13	117.69		8.73	12.95	3373.33	290.34
建材	Construction material	981.82	1015.10	5.71		7.08	20.19	57.97	105.68
化工	Chymic Industry	1613.68	1618.62	48.74		2.06	1.04	2056.18	175.42
轻工	Light Industry	1297.44	1314.83	26.86	0.02	10.21	0.29	2282.32	142.54
烟草	Smokables	8.49	5.18			0.09		74.09	1.61
纺织	Weave	314.02	253.67	6.24		1.11	0.03	350.35	68.92
医药	Medication	100.84	85.50	1.25		1.58	0.00	196.37	17.09
机械	Machine	368.57	205.86	111.33	0.06	8.30	1.90	272.78	66.11
电子	Electron	34.44	6.83			0.15		1.71	5.52
电力	Electric power	4012.47	8390.11	7.26	0.49	5.31	2.70	452.14	351.04
其他	Other	256.36	429.17	4.14		0.93	0.12	17.36	52.77

7-15 各市规模以上工业企业分品种主要能源消费量(2007年)

Consumption of Main Energy Sources in above Designated Size Industrial Enterprises by Industrial Sector and City (2007)

市	City	能源消耗总量(万吨标准煤) Total Energy Consumption (10 000 tons of SCE)	原煤(万吨) Coal (10 000 tons)	焦炭(万吨) Gas (10 000 tons)	原油(万吨) Crude Oil (10 000 tons)	柴油(万吨) Diesel Fuel Oil (10 000 tons)	燃料油(万吨) Fuel Oil (10 000 tons)	热力(万百万千焦) Heat (10 billion Kilo Joule)	电力(亿千瓦时) Electricity (100 million kwh)
全省	**Total**	**13832.39**	**23714.53**	**1437.05**	**694.04**	**81.66**	**62.78**	**10586.47**	**1640.15**
郑州市	Zhengzhou	1977.68	2566.54	66.60	0.02	5.27	13.03	2099.87	323.50
开封市	Kaifeng	259.95	347.61	19.75		1.48	0.01	0.62	27.12
洛阳市	Luoyang	1470.73	2328.96	62.60	530.90	6.64	18.86	1458.01	240.19
平顶山市	Pingdingshan	1107.84	4090.63	98.29	0.37	4.93	9.85	868.04	99.85
安阳市	Anyang	1436.90	2180.66	690.98	0.00	2.37	0.02	17.99	109.94
鹤壁市	Hebi	414.85	1106.51	9.76		3.96		63.22	36.73
新乡市	Xinxiang	850.92	1242.51	12.24		1.30	0.06		81.32
焦作市	Jiaozhuo	1286.46	2295.30	59.53	0.00	2.81	1.10	686.64	168.66
濮阳市	Puyang	602.37	321.78	23.37	92.64	21.26	0.81	1248.75	39.14
许昌市	Xuchang	704.36	1350.62	69.93	0.03	6.98	0.01	1039.34	34.61
漯河市	Luohe	299.62	307.29	3.07	0.01	3.70	0.03	450.38	34.51
三门峡市	Sanmenxia	737.19	1348.87	6.26		5.89	2.64	1761.67	94.45
南阳市	Nanyang	678.10	726.88	67.56	70.00	6.96	10.38	100.68	107.14
商丘市	Shangqiu	537.95	1744.75	2.39	0.06	1.11	5.02	4.38	108.28
信阳市	Xinyang	403.53	403.47	100.99		4.38	0.01		37.07
周口市	Zhoukou	243.59	320.50	3.34		0.62		528.20	25.71
驻马店市	Zhumadian	339.87	469.59	27.48	0.01	1.44	0.31	113.74	36.60
济源市	Jiyuan	480.47	562.04	112.92		0.56	0.63	144.93	35.33

7-16 主要耗能工业企业单位产品能源消耗情况

Energy Consumption per Unit of Product in Main Enterprises that Consume much Energy

单位：千克标准煤/吨 (kg SEC/ton)

指标名称	Item	2006	2007
吨原煤综合能耗	Overall Energy Consumption per ton of Machining Coal	14.91	13.89
铁矿采矿工序单位能耗	Energy Consumption per Uint of Mining of Iron ore	4.54	4.28
铁矿选矿工序单位能耗	Energy Consumption per Uint of Milling run Iron ore	5.95	5.89
每百米印染布用标准煤量(千克标准煤/百米)	SEC Consumption per 100m of Printing and Dyeing Cloth (kg SEC/100m)	30.22	24.52
机制纸及纸板综合能耗	Overall Energy Consumption of Machinemade Paper and Paperboard	451.31	410.07
每吨机制纸浆综合能耗	Overall Energy Consumption per ton of Machinemade Paper pulp	273.16	243.31
炼焦工序单位能耗	Energy Consumption per Unit of Coking plant	173.03	146.05
原油(原料油)加工单位综合能耗	Overall Energy Consumption of Machining Base oil	71.76	72.07
烧碱生产综合能耗	Overall Energy Consumption of Manufacturing Caustic Soda	550.83	484.97
单位烧碱生产综合能耗(离子膜法30%)	Overall Energy Consumption per Unit of Manufacturing Caustic Soda(Ion Film 30%)	310.19	310.43
单位烧碱生产综合能耗(隔膜法30%)	Overall Energy Consumption per Unit of Manufacturing Caustic Soda(Partition Film 30%)	876.72	842.35
单位烧碱生产综合能耗(隔膜法42%)	Overall Energy Consumption per Unit of Manufacturing Caustic Soda(Partition Film 42%)	1550.96	1523.83
单位纯碱生产综合能耗	Overall Energy Consumption per Unit of Manufacturing Sodium carbonate	483.62	415.27
单位电石生产综合能耗	Overall Energy Consumption per Unit of Manufacturing Calcium carbide	1084.59	1027.89
单位乙烯生产综合能耗	Overall Energy Consumption per Unit of Manufacturing Ethylene	934.99	933.59
单位合成氨生产综合能耗	Overall Energy Consumption per Unit of Manufacturing Compound ammonia	1429.32	1245.49
每吨粘胶纤维用标准煤量(短纤)	SEC Consumption per ton of Pectic-fibre(short fibre)	1210.97	1214.22
每吨粘胶纤维用标准煤量(长丝)	SEC Consumption per ton of Pectic-fibre(long silk)	4348.01	3907.01
每吨锦纶用标准煤量	SEC Consumption per ton of Sateen	867.91	844.95
每吨涤纶用标准煤量(短纤)	SEC Consumption per ton of Terylene(short fibre)	132.12	80.26
每吨涤纶用标准煤量(长丝)	SEC Consumption per ton of Terylene(long silk)	296.78	305.68
每吨水泥熟料综合能耗	Energy Consumption per ton of Cement Ripe-material	136.23	129.25
每吨水泥综合能耗	Energy Consumption per ton of Cement	108.12	98.28
每重量箱平板玻璃综合能耗	Energy Consumption per weight case of Plate Glass	20.55	20.98
每重量箱浮法平板玻璃综合能耗(千克标准煤/重量箱)	Energy Consumption per weight case of Float glass(kg SEC/weight case)	20.07	19.10
吨钢综合能耗	Energy Consumption per ton of Steel	512.02	497.86
单位粗铜综合能耗	Energy Consumption per Unit of Crude Copper	1757.29	1917.02
单位铜冶炼综合能耗	Energy Consumption per Unit of Coking plant	299.97	301.71
单位氧化铝综合能耗	Energy Consumption per Unit of Coking plant	815.14	706.84
单位电解铝综合能耗	Energy Consumption per Unit of Coking plant	1873.34	1724.02
单位粗铅综合能耗	Energy Consumption per Unit of Coking plant	623.18	622.36
单位铅冶炼综合能耗	Energy Consumption per Unit of Coking plant	559.42	595.54
单位精锌(电锌)综合能耗	Energy Consumption per Unit of Coking plant	1254.96	1193.55
吨铜加工材消耗能源量	Energy Consumption per ton of Machining Cuprum	411.92	404.18
吨铝加工材消耗能源量	Energy Consumption per ton of Machining Aluminium	325.02	301.90
火力发电标准煤耗(克标准煤/千瓦时)	SEC Consumption of Firepower Generate Electricity	364.16	349.15

7-17 主要耗能工业企业单位产品电力消耗情况

Electric Power Consumption per Unit of Product in Main Enterprises that Consume much Energy

单位：千瓦时/吨 (kwh/ton)

指标名称	Item	2006	2007
吨原煤生产耗电	Electric Power Consumption per ton of Machining Coal	34.46	33.25
选煤电力单耗	Electric Power Consumption per ton of Milling run Coal	7.25	7.39
每吨粘胶纤维用电量(短纤)	Electric Power Consumption per ton of Pectic-fibre(short fibre)	951.11	835.62
每吨粘胶纤维用电量(长丝)	Electric Power Consumption per ton of Pectic-fibre(long silk)	7344.86	6712.55
每吨锦纶用电量	Electric Power Consumption per ton of Sateen	2939.09	2891.27
每吨涤纶用电量(短纤)	Electric Power Consumption per ton of Terylene(short fibre)	199.51	182.01
每吨涤纶用电量(长丝)	Electric Power Consumption per ton of Terylene(long silk)	584.30	630.19
每吨纱(线)混合数生产用电量	Electric Power Consumption per ton of Gauze and Line	2070.52	2083.82
机制纸及纸板耗电	Electric Power Consumption per ton of Machinemade Paper and Paperboard	435.95	389.93
每吨机制纸浆耗电	Electric Power Consumption per ton of Machinemade Paper pulp	276.53	238.02
原油加工单位耗电	Electric Power Consumption per ton of Machining Base oil	69.25	68.36
单位烧碱生产耗交流电(离子膜法30%)	Electric Power Consumption per ton of Manufacturing Caustic Soda (Ion Film 30%)	2185.61	2213.34
单位烧碱生产耗交流电(隔膜法30%)	Electric Power Consumption per ton of Manufacturing Caustic Soda (Partition Film 30%)	2402.01	2363.04
单位烧碱生产耗交流电(隔膜法42%)	Electric Power Consumption per ton of Manufacturing Caustic Soda (Partition Film 42%)	2377.29	2353.99
单位纯碱耗电	Electric Power Consumption per ton of Manufacturing Sodium carbonate	270.80	300.26
单位电石生产电力消耗	Electric Power Consumption per ton of Manufacturing Calcium carbide	3317.42	2950.22
单位乙烯生产耗电	Electric Power Consumption per ton of Manufacturing Ethylene	194.16	188.18
单位合成氨耗电	Electric Power Consumption per ton of Manufacturing Compound ammonia	1345.84	1255.88
吨水泥熟料综合电耗	Overall Electric Power Consumption per ton of Cement Ripe-material	78.60	75.18
吨水泥综合电耗	Overall Electric Power Consumption per ton of Cement	90.91	88.03
每重量箱平板玻璃耗电(千瓦时/重量箱)	Electric Power Consumption per ton of Plate Glass(kwh/weight case)	11.70	10.20
吨钢耗电	Electric Power Consumption per ton of Steel	392.08	397.66
电炉炼钢综合电力消耗	Electric Power Consumption per ton of Electric Cooker Ferroalloy-making	270.46	406.99
电炉铁合金单位电耗	Overall Electric Power Consumption per ton of Electric Cooker Steel-making	7593.56	7277.45
轧钢工序单位电力消耗	Electric Power Consumption per ton of Steel rolling	112.24	103.12
铜电解直流电单耗	DC Electric Power Consumption per ton of Electrolyse Cuprum	219.50	217.29
单位铝锭综合交流电耗	Overall Alternating Current Electric Power Consumption per ton of Aluminium	14743.45	14592.66
析出铅直流电单耗	DC Electric Power Consumption per ton of Separate out Aluminium	157.54	157.40
析出锌(湿法)直流电单耗	DC Electric Power Consumption per ton of Separate out Zn	3140.02	3100.17
吨铜加工材消耗电量	Electric Power Consumption per ton of Machining Cuprum	1345.69	1189.95
吨铝加工材消耗电量	Electric Power Consumption per ton of Machining Aluminium	452.49	449.10
发电厂用电率(%)	Electro-rate of Power plant(%)	7.68	7.35

7-18 各市公路运输能源消费量(2007年)

Energy Consumption of Highways Traffic by city(2007)

注：本表按总运营车辆44.28万辆的0.368%抽样推算。

Data in this table are Calculate on 0.368% sample of All Commerial 44.28 thousand vehicles

单位：吨 (ton)

市	City	能源消费折合标准煤 Energy Consumption amount to SEC	按百公里耗油计算 Account by per 100 km Oil Consumption #载客汽车 Passenger Service Vehicles	#载货汽车 Freight Vehicle	#汽油车 Vehicle consum gasoline	#柴油车 Vehicle consum diesel oil
全省	**Total**	**7017388**	**897850**	**6119538**	**356061**	**6661327**
郑州市	Zhengzhou	752512	139675	612836	48099	704412
开封市	Kaifeng	272265	45289	226976	52439	219826
洛阳市	Luoyang	419096	73081	346015	37336	381760
平顶山市	Pingdingshan	488486	32116	456370	14984	473502
安阳市	Anyang	427601	32505	395097	29796	397805
鹤壁市	Hebi	180882	16412	164470	6080	174803
新乡市	Xinxiang	317686	32164	285522	17089	300597
焦作市	Jiaozhuo	554885	20785	534100	23631	531255
濮阳市	Puyang	281081	26301	254780	5489	275592
许昌市	Xuchang	284566	45188	239379	3115	281451
漯河市	Luohe	114741	19373	95368	387	114355
三门峡市	Sanmenxia	129519	19346	110172	11343	118176
南阳市	Nanyang	326636	69407	257229	13018	313618
商丘市	Shangqiu	963473	94548	868925	31085	932388
信阳市	Xinyang	473380	82287	391093	15038	458342
周口市	Zhoukou	419039	84187	334851		419039
驻马店市	Zhumadian	393814	72762	321052	41880	351934
济源市	Jiyuan	158522	8061	150461	258	158264

市	City	能源消费折合标准煤 Energy Consumption amount to SEC	按加油费用计算 Account by Oil Cost #载客汽车 Passenger Service Vehicles	#载货汽车 Freight Vehicle	#汽油车 Vehicle consum gasoline	#柴油车 Vehicle consum diesel oil
全省	**Total**	**7447581**	**938948**	**6508632**	**394965**	**7052615**
郑州市	Zhengzhou	833428	155986	677442	54243	779185
开封市	Kaifeng	297325	47845	249480	58733	238592
洛阳市	Luoyang	445430	79642	365788	42589	402841
平顶山市	Pingdingshan	498827	33381	465445	16176	482650
安阳市	Anyang	422559	33693	388865	32460	390099
鹤壁市	Hebi	200317	17678	182640	6799	193518
新乡市	Xinxiang	342319	34421	307898	18249	324070
焦作市	Jiaozhuo	562614	21593	541022	24995	537620
濮阳市	Puyang	296691	27424	269267	6230	290461
许昌市	Xuchang	301034	47415	253620	3298	297737
漯河市	Luohe	118546	20145	98401	408	118138
三门峡市	Sanmenxia	136563	20092	116471	13072	123491
南阳市	Nanyang	337894	71014	266879	14963	322931
商丘市	Shangqiu	1083835	107612	976222	36219	1047615
信阳市	Xinyang	499757	74953	424804	16423	483334
周口市	Zhoukou	459734	91691	368043		459734
驻马店市	Zhumadian	410380	79639	330741	45779	364601
济源市	Jiyuan	151748	8149	143599	279	151469

7-19 成品油批发企业能源商品购进、销售与库存(2007年)

Purchases, Sales and Inventory energy Commodity of Wholesale Finished Product oil Enterprises(2007)

单位：吨 (ton)

能源品种	energy name	年初库存量 Inventory (year-early)	本年购进量 Total Purchases	#购自省外 From Other Province	本年销售量 Total Sales	#售予批发和零售企业 To Wholesale and Retail	年末库存量 Inventory (year-end)
汽油	Gasoline	148385	4760075	653495	4774951	3260699	122140
#93″	93″	57726	2620194	261188	2726690	1686374	74482
柴油	Diesel oil	178737	11722160	4237505	11689654	6726666	230289
#0″	0″	72686	8681914	2993312	8723823	4946094	103154
煤油	Kerosene	547	6527	3150	5956	3344	1206
燃料油	Elding oil	6454	508672	63496	510489	58138	4646
润滑油	Lubricating oil	26198	203672	73273	217892	67909	12128

7-20 成品油零售企业能源商品销售与库存(2007年)

Sales and Inventory energy Commodity of Retail Finished Product oil Trades (2007)

单位：吨 (ton)

能源品种	energy name	年初库存量 Inventory (year-early)	本年销售量 Total Sales	年末库存量 Inventory (year-end)
汽油	Gasoline	252874	3326417	169293
#93″	93″	179098	2177047	96372
柴油	Diesel oil	214132	5349494	133036
#0″	0″	129058	3976881	57703
煤油	Kerosene	632	19308	334
燃料油	Elding oil	1633	20480	1031
润滑油	Lubricating oil	2701	23390	2640

主要统计指标解释

能源生产总量 指一定时期内全国一次能源生产量的总和。该指标是观察全国能源生产水平、规模、构成和发展速度的总量指标。一次能源生产量包括原煤、原油、天然气、水电、核能及其他动力能(如风能、地热能等)发电量，不包括低热值燃料生产量、生物质能、太阳能等的利用和由一次能源加工转换而成的二次能源产量。

能源消费总量 指一定时期内全国物质生产部门、非物质生产部门和生活消费的各种能源的总和。该指标是观察能源消费水平、构成和增长速度的总量指标。能源消费总量包括原煤和原油及其制品、天然气、电力，不包括低热值燃料、生物质能和太阳能等的利用。能源消费总量分为终端能源消费量、能源加工转换损失量和能源损失量三部分。

能源生产弹性系数 研究能源生产增长速度与国民经济增长速度之间关系的指标。计算公式为：

能源生产弹性系数=能源生产总量年平均增长速度/国民经济年平均增长速度

国民经济年平均增长速度，可根据不同的目的或需要，用国民生产总值、国内生产总值等指标来计算，本年鉴是采用国内生产总值指标计算的。

能源消费弹性系数 反映能源消费增长速度与国民经济增长速度之间比例关系的指标。计算公式为：

能源消费弹性系数=能源消费量年平均增长速度/国民经济年平均增长速度

能源加工转换效率 指一定时期内能源经过加工、转换后，产出的各种能源产品的数量与同期内投入加工转换的各种能源数量的比率。该指标是观察能源加工转换装置和生产工艺先进与落后、管理水平高低等的重要指标。计算公式为：

能源加工转换效率=能源加工转换产出量/能源加工转换投入量?00%

单位GDP能耗 指一定时期内，一个国家或地区每生产一个单位的国内生产总值所消耗的能源。计算公式为：

单位GDP能耗=能源消耗总量/GDP

单位GDP电耗 指一定时期内，一个国家或地区每生产一个单位的国内生产总值所消耗的电力。计算公式为：

单位GDP电耗=全社会用电量/GDP

单位工业增加值能耗 指一定时期内，一个国家或地区每生产一个单位的工业增加值所消耗的能源。计算公式为：

单位工业增加值能耗=工业能源消耗量/工业增加值

Explanatory Notes on Main Statistical Indicators

Total Energy Production refers to the total production of primary energy by all energy producing enterprises in the country in a given period of time. It is a comprehensive indicator to show the capacity, scale, composition and development of energy production of the country. The production of primary energy includes that of coal, crude oil, natural gas, hydro-power and electricity generated by nuclear energy and other means such as wind power and geothermal power. However, it excludes the production of fuels of low calorific value, bio-energy, solar energy and the secondary energy converted from the primary energy.

Total Domestic Energy Consumption refers to the total consumption of energy of various kinds by material production sectors, non material production sectors and households in the country in a given period of time. It is a comprehensive indicator to show the scale, composition and development of energy consumption. The total energy consumption includes that of coal, crude oil and their products, natural gas and electricity; however, it excludes the consumption of fuel of low calorific value, bio-energy and solar energy. Total domestic energy consumption can be divided into three parts: final energy consumption, loss during the process of energy conversion, and energy loss.

Elasticity Ratio of Energy Production the indicator to show the relationship between the growth rate of energy production and the growth rate of the national economy. The formula is:

Elasticity Ratio of Energy Production = Average Annual Growth Rate of Energy Production / Average Annual Growth Rate of National Economy

The average annual growth rate of the national economy can be shown by the gross national product, gross domestic product and other indicators, depending upon the purposes or needs. The gross domestic product is used in calculation of the ratio in this chapter.

Elasticity Ratio of Energy Consumption the indicator to show the relationship between the growth rate of energy consumption and the growth rate of the national economy. The formula is:

Elasticity Ratio of Energy Consumption = Average Annual Growth Rate of Energy Consumption / Average Annual Growth Rate of National Economy

Efficiency of Energy Processing and Conversion refers to the ratio of the total output of energy products of various kinds after processing and conversion and the total input of energy of various kinds for processing and conversion in the same reference period. It is an important indicator to show the current conditions of energy processing and conversion equipment, production technique and management. The formula is:

Efficiency of Energy Processing & Conversion = (Output of Energy After Processing & Conversion / Input of Energy for Processing & Conversion)×100%

Energy Consumption per Unit of GDP refers to the energy consumption per unit of gross domestic production in a country or the gross region production in a region in the same reference period. The formula is:

Energy Consumption per Unit of GDP = Total Energy Consumption / Gross Domestic Production

Electricity Consumption per Unit of GDP refers to the electricity consumption per unit of gross domestic production in a country or the gross region production in a region in the same reference period. The formula is:

Electricity Consumption per Unit of GDP = Total Electricity Consumption / Gross Domestic Production

Energy Consumption per Unit of Industrial Value-added refers to the energy consumption per unit of industrial value-added in a country or region in the same reference period. The formula is:

Energy Consumption per Unit of Industrial Value-added = Total Energy Consumption / Industrial Value-added

财政
Government Finance

● 资料整理：张树琼

【简要说明】

一、主要内容

本篇包括地方财政收支和预算外资金收支资料。

二、资料来源

资料来源于河南省财政厅的财政总决算，由河南省统计局国民经济核算处编辑整理。

8-1 历年地方财政收支总额

Total Financial Revenue and Expenditure of the Local Government over the Years

单位：亿元 (100 million yuan)

年 份 Year	财政收入 Financial Revenue	#税收收入 Taxes	财政支出 Financial Expenditures	#农林水事务 Farming Forestry Water Conservancy Operating	#科学技术 Technology	# 教科文卫 Culture Education Science & Health Care
1978	33.73	23.04	27.67	4.20	0.43	5.77
1979	33.68	23.62	29.86	5.28	0.53	7.05
1980	31.86	24.86	26.74	4.66	0.59	8.31
1981	34.23	29.73	25.84	4.25	0.61	8.84
1982	33.49	30.96	29.81	4.57	0.67	9.83
1983	36.49	30.69	30.06	4.73	0.91	10.45
1984	39.26	34.54	36.79	4.86	1.08	11.83
1985	48.93	44.57	49.51	5.01	1.16	13.93
1986	54.92	49.71	69.20	5.92	1.31	15.78
1987	63.15	56.10	65.26	6.90	1.18	16.67
1988	70.98	65.09	76.22	8.64	1.35	19.47
1989	80.97	75.50	87.67	10.85	1.49	22.76
1990	83.59	78.85	89.53	10.74	1.53	24.54
1991	91.36	84.61	97.88	12.18	1.70	26.99
1992	104.03	95.41	116.49	13.29	1.93	33.22
1993	139.20	126.36	147.73	14.34	2.01	39.28
1994	(171.38)					
	93.35	81.77	169.62	15.09	2.54	50.64
1995	124.63	103.45	207.28	17.59	3.24	58.30
1996	162.06	126.63	255.29	21.12	3.75	69.49
1997	192.63	152.09	290.84	23.47	4.52	75.43
1998	208.20	160.60	323.63	25.71	5.05	82.89
1999	223.35	176.12	384.32	28.39	6.01	95.57
2000	246.47	195.04	445.53	34.19	6.86	108.46
2001	267.75	226.70	508.58	36.94	7.25	131.35
2002	296.72	242.24	629.18	44.77	7.95	166.56
2003	338.05	264.40	716.60	47.92	9.06	188.27
2004	428.78	307.12	879.96	65.99	10.40	220.81
2005	537.65	365.67	1116.04	82.28	13.85	270.22
2006	679.17	471.80	1440.09	(99.12)	(18.84)	(344.21)
				111.34	17.37	362.82
2007	862.08	625.02	1870.61	152.51	25.23	523.51

注：1、财政收入1993年以前为分税制前老口径,1994年以后为分税制后新口径,括号内为分税制前老口径。
2、1994年以后的财政收支均为地方财政一般预算收支。
3、2007年起，财政收支项目按新科目列支。2006年财政支出括号内数据为按老科目列支。

a)Before 1993,government revenue is old statement before distributive taxation.The date in parentheses is statement before distributive taxation .
b)Financial revenue and expenditure refer to Ordinary budget financial revenue and expenditure of local government since 1994(the same to next).
c)Item of Financial revenue and expenditure based on new system since 2007.Data of financial expenditure Parenthesos are based on old system in 2006.

8-2 地方财政一般预算收入(2007年)

Ordinary Budget Financial Revenue of the Local Government(2007)

单位：万元 (10 000 yuan)

项 目	Item	绝对数 Absolute Value	比重(%) Proportion (%)	增长(%) Growth Rate(%)
收入合计	**Total Revenue**	**8620804**	**100.0**	**26.9**
税收收入	Tax Revenue	6250156	72.5	32.5
增值税	Value-added Tax	1299605	15.1	22.8
营业税	Sales Tax	1842366	21.4	28.5
企业所得税	Enterprises' Income Tax	1030612	12.0	46.8
企业所得税退税	Drawback of Enterprise Income Tax	-1384		63.6
个人所得税	Individual Income Tax	302578	3.5	25.8
资源税	Resources Tax	213059	2.5	28.4
城市维护建设税	Tax on Urban Maintenance and Construction	428733	5.0	22.4
房产税	Tax on Real Estates	156560	1.8	11.7
印花税	Stamp Tax	78004	0.9	34.7
城镇土地使用税	Tax on the Use of Urban Land	182303	2.1	91.9
土地增值税	Land Value Added Tax	149975	1.7	226.8
车船税	Tax on Vehicles and Ships	17043	0.2	46.5
耕地占用税	Tax on The Occupancy of Cultivated Land	171054	2.0	56.9
契税	Contract Tax	350698	4.1	30.0
烟叶税及其他	Tax on Tobacco leaf and others	28950	0.3	-17.7
非税收入	Non-Tax Revenue	2370648	27.5	14.3
专项收入	Expert Project Income	548857	6.4	48.9
行政事业性收费收入	Income from Adiministrative Fees	837913	9.7	4.9
罚没收入	Penalty and Confiscator Income	479368	5.6	24.2
国有资本经营收入	Stated-owned Assets Profit	316818	3.7	-18.2
国有资源(资产)有偿使用收入	Revenue from using Stated-owned Assets Profit	103971	1.2	118.5
其他收入	Other	83721	1.0	-2.0

8-3 各级地方财政一般预算收入(2007年)

Ordinary Budget Financial Revenue of the Local Government by Rating (2007)

单位：万元 (10 000 yuan)

项目	Item	合计 Total	省级 Province	市级 City	县市级 County	乡镇级 Town & Township
收入合计	**Total Revenue**	**8620804**	**755214**	**3235380**	**3312314**	**1317896**
税收收入	Tax Revenue	6250156	295772	2499385	2263098	1191901
增值税	Value-added Tax	1299605	48426	524641	448180	278358
营业税	Sales Tax	1842366	38128	798321	657887	348030
企业所得税	Enterprises' Income Tax	1030612	208195	403882	292549	125986
企业所得税退税	Drawback of Enterprise Income Tax	-1384		-50	-1334	
个人所得税	Individual Income Tax	302578		137632	112227	52719
资源税	Resources Tax	213059		22145	80710	110204
城市维护建设税	Tax on Urban Maintenance and Construction	428733	1023	197760	169925	60025
房产税	Tax on Real Estates	156560		43093	87438	26029
印花税	Stamp Tax	78004		23480	33144	21380
城镇土地使用税	Tax on the Use of Urban Land	182303		53370	90413	38520
土地增值税	Land Value Added Tax	149975		36692	91123	22160
车船税	Tax on Vehicles and Ships	17043		7653	5221	4169
耕地占用税	Tax on The Occupancy of Cultivated Land	171054		13677	104777	52600
契税	Contract Tax	350698		237087	86402	27209
烟叶税	Tax on Tobacco leaf	28947		2	4436	24509
其他税收收入	Others	3				3
非税收入	Non-Tax Revenue	2370648	459442	735995	1049216	125995
专项收入	Expert Project Income	548857	220320	164748	153418	10371
行政事业性收费收入	Income from Adiministrative Fees	837913	187659	260046	309480	80728
罚没收入	Penalty and Confiscator Income	479368	43670	105142	320996	9560
国有资本经营收入	Stated-owned Assets Profit	316818	513	147096	162552	6657
国有资源(资产)有偿使用收入	Revenue from using Stated-owned Assets Profit	103971	5314	44338	49542	4777
其他收入	Other	83721	1966	14625	53228	13902

8-4 地方财政一般预算支出(2007年)

Ordinary Budget Financial Expenditure of the Local Government (2007)

单位：万元 (10 000 yuan)

项 目	Item	绝对数 Absolute Value	比重(%) Proportion (%)	增长(%) Growth Rate(%)
支出合计	**Total Expenditure**	**18706135**	**100.0**	**29.9**
一般公共服务	Commonly Public servings	3557104	19.0	31.2
国防	National Defense	13169	0.1	-55.3
公共安全	Public security	1196850	6.4	26.1
教育	Education	3661231	19.6	41.2
科学技术	Technology	252287	1.3	45.3
文化体育与传媒	Culture Sport and Medium	333802	1.8	52.0
社会保障和就业	Social Security and Obtain employment	2812238	15.0	34.1
医疗卫生	Medical Treatment and Public Health	987788	5.3	53.7
环境保护	Environment Protection	429188	2.3	76.7
城乡社区事务	Urban and Rural Area Community Operating	1112654	5.9	36.0
农林水事务	Farming Forestry and Water Conservancy Operating	1525128	8.2	37.0
交通运输	Traffic and Transport	402964	2.2	26.5
工业商业金融等事务	Industry Business and finance Operating	1549053	8.3	4.1
其他支出	Others	872679	4.7	-13.2

8-5 各级地方财政一般预算支出(2007年)

Ordinary Budget Financial Expenditure of the Local Government by Rating (2007)

单位：万元 (10 000 yuan)

项 目	Item	合计 Total	省级 Province	市级 City	县市级 County	乡镇级 Town & Township
支出合计	**Total Expenditure**	**18706135**	**3230667**	**4531655**	**9418899**	**1524914**
一般公共服务	Commonly Public servings	3557104	641932	673502	1511744	729926
国防	National Defense	13169	7607	1199	4340	23
公共安全	Public security	1196850	176145	464136	552530	4039
教育	Education	3661231	388007	622139	2557136	93949
科学技术	Technology	252287	50383	77376	115156	9372
文化体育与传媒	Culture Sport and Medium	333802	69134	122960	124014	17694
社会保障和就业	Social Security and Obtain employment	2812238	605556	831249	1210969	164464
医疗卫生	Medical Treatment and Public Health	987788	143987	195030	635965	12806
环境保护	Environment Protection	429188	14695	71048	335455	7990
城乡社区事务	Urban and Rural Area Community Operating	1112654	2197	437421	564318	108718
农林水事务	Farming Forestry and Water Conservancy Operating	1525128	289369	209986	823119	202654
交通运输	Traffic and Transport	402964	91009	54722	248145	9088
工业商业金融等事务	Industry Business and finance Operating	1549053	639556	494415	379511	35571
其他支出	Others	872679	111090	276472	356497	128620

8-6 各市财政一般预算收入(2007年)

Ordinary Budget Financial Revenue of the Local Government by City(2007)

单位：万元 (10 000 yuan)

市 City	收入合计 Total Revenue	税收收入 Tax Revenue	#增值税 Value-added Tax	#营业税 Operation Tax	#企业所得税 Corporate Income Tax	#个人所得税 Individual Income Tax
郑州市 Zhengzhou	2195183	1760221	231170	644316	331307	90108
开封市 Kaifeng	203160	137225	24268	49790	7982	10108
洛阳市 Luoyang	1001745	738601	163344	176863	140630	35973
平顶山市 Pingdingshan	501028	389471	101787	105252	51259	14350
安阳市 Anyang	424749	309499	102069	76049	23402	14006
鹤壁市 Hebi	140021	89166	23187	23310	5743	4440
新乡市 Xinxiang	411351	294757	69014	85437	40133	14313
焦作市 Jiaozuo	465258	346248	90294	77709	36628	12199
濮阳市 Puyang	231540	174008	54544	43975	8513	9569
许昌市 Xuchang	337625	272473	49371	73947	41493	10379
漯河市 Luohe	181789	132691	32122	34024	19193	8588
三门峡市 Sanmenxia	293586	229315	69923	45969	27769	12972
南阳市 Nanyang	448269	321458	77677	112306	21162	17415
商丘市 Shangqiu	267114	202795	44928	62005	22891	11499
信阳市 Xinyang	203629	144119	21836	64878	4480	10396
周口市 Zhoukou	196481	132299	21599	50233	4593	10369
驻马店市 Zhumadian	212669	156736	29826	57057	9367	11945
济源市 Jiyuan	150393	123302	44220	21118	25872	3949

市 City	#城市维护建设税 Tax on Town Maintenance and Construction	#耕地占用税 Tax on Occupation of Cultivated Land	#契税 Deed Tax	非税收入 Non-Tax Revenue	#专项收入 Expert Project Income	#行政事业性收费收入 Income from Adiministrative Fees
郑州市 Zhengzhou	102061	23014	124590	434962	66697	144876
开封市 Kaifeng	7824	6834	13162	65935	6669	27549
洛阳市 Luoyang	51539	34220	33997	263144	45458	80443
平顶山市 Pingdingshan	31053	8256	10808	111557	28258	38169
安阳市 Anyang	35965	8156	16004	115250	26673	38939
鹤壁市 Hebi	6407	4041	7068	50855	5554	14750
新乡市 Xinxiang	15747	12959	18808	116594	13836	37798
焦作市 Jiaozuo	28149	4795	19974	119010	21918	26893
濮阳市 Puyang	16026	3047	12283	57532	12052	24813
许昌市 Xuchang	27343	10158	10054	65152	17489	21968
漯河市 Luohe	13124	690	4392	49098	7308	12254
三门峡市 Sanmenxia	15061	4838	7789	64271	14127	15839
南阳市 Nanyang	26657	12219	16675	126811	22124	51797
商丘市 Shangqiu	13147	11919	13475	64319	11328	27183
信阳市 Xinyang	7284	3184	19212	59510	5590	35007
周口市 Zhoukou	6132	10691	13523	64182	6307	26688
驻马店市 Zhumadian	13475	8051	6933	55933	7724	20592
济源市 Jiyuan	10716	3982	1951	27091	9425	4696

8-7 各市财政一般预算支出(2007年)

Ordinary Budget Financial Expenditure of the Local Government by City (2007)

单位：万元 (10 000yuan)

市 City	支出合计 Payout	一般公共服务 Commonly Public servings	公共安全 Public security	教育 Education	科学技术 Technology	文化体育与传媒 Culture Sport and Medium
郑州市 Zhengzhou	2404585	453550	182730	424217	41155	48637
开封市 Kaifeng	600355	137935	39605	114789	6721	7878
洛阳市 Luoyang	1462287	232765	97510	278412	23785	41801
平顶山市 Pingdingshan	848493	187178	61553	155792	11480	15002
安阳市 Anyang	803390	163196	69028	198475	13457	15360
鹤壁市 Hebi	275606	47279	18810	50469	2913	4711
新乡市 Xinxiang	841912	167230	60632	182602	14296	8442
焦作市 Jiaozuo	750338	163036	48088	128792	12588	20203
濮阳市 Puyang	544546	109768	37945	135583	7023	8028
许昌市 Xuchang	636764	154790	42250	132412	8676	11227
漯河市 Luohe	394357	80879	23983	70517	2917	6591
三门峡市 Sanmenxia	512481	91704	32959	97958	6495	7438
南阳市 Nanyang	1391551	220579	79214	287155	17355	13537
商丘市 Shangqiu	938035	151495	52328	261034	7011	19679
信阳市 Xinyang	950874	182513	50493	246181	6852	9657
周口市 Zhoukou	1010399	193280	56634	273564	7659	12226
驻马店市 Zhumadian	909533	143500	56531	200376	9700	10261
济源市 Jiyuan	194400	34495	10412	34896	1821	3990

市 City	社会保障和就业 Social Security and Obtain employment	医疗卫生 Medical Treatment and Public Health	环境保护 Environment Protection	城乡社区事务 Urban and Rural Area Community Operating	农林水事务 Farming Forestry and Water Conservancy Operating	其他支出 Other Expenditure
郑州市 Zhengzhou	306692	111605	30163	305401	153132	347303
开封市 Kaifeng	133927	34647	17802	19680	48119	39252
洛阳市 Luoyang	146890	67048	48335	108663	109363	307715
平顶山市 Pingdingshan	125549	50804	22176	65823	63162	89974
安阳市 Anyang	83689	54037	19233	51875	58570	76470
鹤壁市 Hebi	42040	14372	8983	17905	26290	41834
新乡市 Xinxiang	102274	48301	25071	50028	65941	117095
焦作市 Jiaozuo	83968	37428	20323	71683	49768	114461
濮阳市 Puyang	94638	33230	9759	25938	51663	30971
许昌市 Xuchang	72591	29896	16175	54911	43887	69949
漯河市 Luohe	59881	21931	6158	27319	28574	65607
三门峡市 Sanmenxia	67779	26974	21862	39184	45299	74829
南阳市 Nanyang	261222	80031	43523	51224	124979	212732
商丘市 Shangqiu	162170	60470	24408	42922	76611	79907
信阳市 Xinyang	139437	56333	34446	39557	99789	85616
周口市 Zhoukou	146810	61345	24286	68331	80599	85665
驻马店市 Zhumadian	155409	47685	35946	49653	92820	107652
济源市 Jiyuan	21716	7664	5844	20360	17193	36009

8-8 地方预算外财政专户资金收支情况(2007年)

Extra-Budgetary Revenue and Expenditure of the Local Government (2007)

单位：亿元 (100 million yuan)

项　　目	Item	金额 Fund
收入合计	**Total Revenue**	**276.69**
彩票资金收入	Lottery fund Revenue	7.31
行政事业性收费收入	Revenue of Administrative and Institutional Units	245.28
国有资源(资产)有偿使用收入	Revenue from using Stated-owned Assets Profit	2.82
其他收入	Others	21.28
支出合计	**Total Expenditure**	**267.60**
一般公共服务	Commonly Public servings	19.12
外交	Foreign Affairs	0.00
国防	National Defense	0.00
公共安全	Public security	3.82
教育	Education	108.51
科学技术	Technology	0.96
文化体育与传媒	Culture Sport and Medium	14.77
社会保障和就业	Social Security and Obtain employment	4.25
医疗卫生	Medical Treatment and Public Health	7.75
环境保护	Environment Protection	3.85
城乡社区事务	Urban and Rural Area Community Operating	19.52
农林水事务	Farming Forestry and Water Conservancy Operating	3.39
交通运输	Traffic and Transport	73.94
工业商业金融等事务	Industry Business and finance Operating	1.88
其他支出	Others	5.84

主要统计指标解释

财政收入 指国家财政参与社会产品分配所取得的收入，是实现国家职能的财力保证。财政一般预算收入主要包括税收收入和非税收入。

（1）税收收入：包括增值税、消费税、营业税、企业所得税、企业所得税退税、个人所得税、资源税、固定资产投资方向调节税、城市维护建设税、房产税、印花税、城镇土地使用税、土地增值税、车船使用和牌照税、船舶吨税、车辆购置税（费）、屠宰税、筵席税、关税、农业（烟叶）特产税、耕地占用税、契税、其他税收收入。

（2）非税收入：包括专项收入、彩票公益金收入、行政事业性收费收入、罚没收入、国有资本经营收入、国有资源（资产）有偿使用收入、其他收入。

财政支出 指国家财政将筹集起来的资金进行分配使用，以满足经济建设和各项事业的需要。一般预算支出分为以下15大类：

（1）一般公共服务：包括人大事务、政协事务、政府办公厅（室）及相关机构事务、发展与改革事务、统计信息事务、财政事务、税收事务、审计事务、海关事务、人事事务、纪检监察事务、人口与计划生育事务、商贸事务、知识产权事务、工商行政管理事务、食品和药品监督管理事务、质量技术监督与检验检疫事务、国土资源事务、海洋管理事务、测绘事务、地震事务、气象事务、民族事务、宗教事务、港澳台侨事务、档案事务、共产党事务、民主党派及工商联事务、群众团体事务、彩票发行事务、国债事务、债券投资、其他一般公共服务支出。

（2）外交：包括外交管理事务、驻外机构、对外援助、国际组织、对外合作与交流、对外宣传、边界勘界联检、其他外交支出。

（3）国防：包括现役部队及国防后备力量、国防动员、其他国防支出。

（4）公共安全：包括武装警察、公安、国家安全、检察、法院、司法、监狱、劳教、国家保密、其他公共安全支出。

（5）教育：包括教育管理事务、普通教育、职业教育、成人教育、广播电视教育、留学教育、特殊教育、教师进修及干部继续教育、教育附加及教育基金支出、其他教育支出。

（6）科学技术：包括科学技术管理事务、基础研究、应用研究、技术研究与开发、科技条件与服务、社会科学、科学技术普及、科技交流与合作、其他科学技术支出。

（7）文化体育与传媒：包括文化、文物、体育、广播影视、新闻出版、其他文化体育与传媒支出。

（8）社会保障和就业：包括社会保障和就业管理事务、民政管理事务、补充全国社会保障基金、行政事业单位离退休、企业关闭破产补助、就业补助、抚恤、退役安置、社会福利、残疾人事业、城市居民最低生活保障、其他城镇社会救济、农村社会救济、自然灾害生活救助、红十字事业、其他社会保障和就业支出。

（9）医疗卫生：包括医疗卫生管理事务、医疗服务、社区卫生服务、医疗保障、疾病预防控制、卫生监督、妇幼保健、农村卫生、中医药、其他医疗卫生支出。

（10）环境保护：包括环境保护管理事务、环境监测与监察、污染防治、自然生态保护、天然林保护、退耕还林、风沙荒漠治理、退牧还草、已垦草原退耕还草、其他环境保护支出。

（11）城乡社区事务：包括城乡社区管理事务、城乡社区规划与管理、城乡社区公共设施、城乡社区住宅、城乡社区环境卫生、建设市场管理与监督、政府住房基金支出、土地有偿使用支出、城镇公用事业附加支出、其他城乡社区事务支出。

（12）农林水事务：包括农业、林业、水利、南水北调、扶贫、农业综合开发、其他农林水事务支出。

（13）交通运输：包括公路水路运输、铁路运输、民用航空运输、其他交通运输支出。

（14）工业商业金融等事务：包括采掘业、制造业、建筑业、电力、信息产业、旅游业、涉外发展、粮油事务、商业流通事务、物资储备、金融业、烟草事务、安全生产、国有资产监管、中小企业事务、其他工业商业金融等事务支出。

（15）其他支出：包括预备费、年初预留、其他支出。

Explanatory Notes on Main Statistical Indicators

Government Revenue refers to income for the government finance through participating in the distribution of social products. It is the financial guarantee to ensure government functioning. Now it includes Tax Revenue and Non-Tax Revenue:

(1) Tax Revenue: Including Value-added tax, consumption tax, business tax, enterprise income tax, enterprise income tax rebate, personal income tax, resources tax , regulatory taxes on investment in fixed assets, urban maintenance and construction taxes, property taxes, stamp duty, tax on using urban land, land value-added tax, tax on using Vehicles and Ships, tax on using licence , Ship tons of tax, vehicle purchase tax (charges),tax on Slaughtering, banquet tax, customs, agriculture (tobacco) specialty tax, land tax, contract taxes and other tax revenue.

(2) Non-Tax Revenue: Including Special revenue, the Community Chest lottery income, administrative fees income, confiscated income, the state capital operating revenue, compensation income of using state-owned resources (assets), other income.

Government Expenditure refers to the distribution and use of the funds which the government finance has raised, so as to meet the needs of economic construction and various causes. It includes the following main items:

(1) Commonly Public servings :including affairs of People's Congress, affairs of Committee of People's Political Consultative Conference, the Government Office (room) and related organizations affairs, development and reform Affairs, statistical information Affairs, financial services, revenue Affairs, audit Affairs, customs affairs, personnel affairs, the discipline inspection and supervision Affairs, population and family planning Affairs, commerce and trade Affairs, intellectual property Affairs, administration affairs of industrial and commercial, supervision and administration Affairs of food and drug, quality of technical supervision and inspection and quarantine Affairs, land and natural resources Affairs, marine management Affairs, surveying and mapping Affairs, seismic Affairs, meteorological Affairs, ethical affairs, religion Affairs, Hong Kong, Macao and Taiwan affairs, file Affairs, the Communist Party affairs, other parties and the Federation of Industry and Commerce Services Mass organizations Affairs, Lottery Affairs, Treasury Affairs, bond investment, the other general public Affairs expenditure

(2) Foreign Affairs: including Management of foreign affairs, foreign institutions, foreign aid, international organizations, foreign cooperation and exchanges, foreign propaganda, border delimitation of the seizure, other diplomatic expenditure。

(3) National Defense: including Active-duty troops and reserve forces of national defense, national defense mobilization, and other defense expenditure.

(4) Public security: including Armed police, public security, national security, prosecution, courts, judiciary, prisons, detention, the State Secrets, other public safety expenditures .

(5) Education: including Education and management Affairs, general education, vocational education, adult education, radio and television education, studying abroad education, special education, teacher education and continuing education of cadres, education surcharge and education fund, other educational expenses.

(6) Science and technology : including Science and technology management Affairs, basic research, applied research, technology research and development, conditions and service of science and technology, social science, science and technology popularization , Science and technology exchanges and cooperation, and other science and technology expenditure.

(7) Culture Sport and Medium : including Culture, heritage, sports, radio, television, press, publishing, sports and other cultural and media expenditure.

(8) Social Security and Obtain employment: including Social security and Obtain employment Affairs, civil administration Management Affairs, added the National Social Security Fund, retired from administrative institutions, subsidies for shutdown and

bankruptcy enterprises, employment subsidies, pension, placement of retirement, social welfare, handicapped Affairs, the minimum living guarantee for urban residents, other urban social relief, rural social relief, living relief for natural disaster, the Red Cross Affairs, other social security expenditure and employment expenditure.

(9) Medical Treatment and Public Health: including Medical and health management affairs, medical services, community health services, health ensure, disease prevention and control, sanitation surveillance, health care of female and child, rural sanitation, Chinese traditional medicine, other medical and health expenditure.

(10) Environment Protection : including Environmental management affairs, environmental monitoring and surveillance, pollution control, natural ecological protection, natural forests protection, returning farmland to forests, desertification and sandstorms control, returning farmland to grassland, other environmental protection expenditure

(11) Urban and Rural Area Community Operating :Including The management of urban and rural communities affairs, planning and management of urban and rural community, public facilities in rural and urban communities, residential of rural and urban communities, sanitation of urban and rural communities, management and supervision of marketable construction, the Government Housing Fund expenditures, expenditures of using land, additional expenditures of urban public utilities, other expenses of urban and rural community affairs.

(12) Farming Forestry and Water Conservancy Operating : including Agriculture, forestry, water conservancy, moving water from north to south, poverty alleviation, agricultural development, and other expenditures of agriculture, forestry, water affairs

(13) Traffic and Transport : including Highway and waterway transport, rail transport, air transport, and other transport expenses.

(14) Industry Business and finance Operating :Mining, manufacturing, construction, electricity, the information industry, tourism, foreign-related development, grain and oil services, commercial circulation services, material reserves, the financial industry, tobacco affairs, production safety, state-owned assets supervision, the SME affairs, other industrial business Services such as financial expenditures.

(15) Other expenditures: including preparation expenditures, obligate at the beginning of the year, and other expenditures.

物价指数
Price Indices

资料整理：拓福星　芦松林

【简要说明】

一、主要内容

本篇包括居民消费价格指数，商品零售价格指数，农业生产资料价格指数，农产品生产价格指数，工业品出厂价格指数，原材料、燃料和动力购进价格指数，固定资产投资价格指数和房地产价格指数等资料。

二、资料来源

价格指数编制由国家统计局河南调查总队组织实施。由省、市及抽选出的市、县城市社会经济调查队依据统一制定的价格统计调查制度向基层采集原始数据汇总后得到。

居民消费、商品零售价格指数采用抽样调查和重点调查相结合的方法取得，即在全省选择不同经济区域和分布合理的地区，以及有代表性的商品作为样本，对其市场价格进行定期调查，以样本推断总体。由国家统计局河南调查总队消费价格调查处编辑整理。

工业品出厂价格指数采用重点调查与典型调查相结合的调查方法。重点调查对象为全部国有企业和年销售收入500万元以上的非国有工业企业;典型调查对象为年销售收入500万元以下的非国有工业企业。由国家统计局河南调查总队生产投资价格调查处编辑整理。

固定资产投资价格指数采用重点调查与典型调查相结合的方法。由国家统计局河南调查总队生产投资价格调查处编辑整理。

房地产价格指数采用重点调查与典型调查相结合的方法。目前河南省开展房地产价格调查的城市只有郑州市、洛阳市和平顶山市。由国家统计局河南调查总队生产投资价格调查处编辑整理。

9-1 历年各种物价总指数

General Price Indices over the Years

(上年=100)　　　　(preceding year=100)

年 份 Year	居民消费价格总指数 General Consumer Price Index	城市 Urban Areas	农村 Rural Areas	商品零售价格总指数 General Retail Price Index	农业生产资料价格总指数 General Price Index of Agricultural Means of Production	工业品出厂价格指数 Ex-Factory Price Indices of Industrial Products	原材料、燃料及动力购进价格指数 Indices of Purchasing Prices of Raw Materials, Fuels and Power	固定资产投资价格指数 Price Indices of Investment In Fixed Assets
1957				102.3	100.7			
1962	96.4	86.1	100.8	100.5	99.2			
1965	97.0	96.3	97.3	96.8	95.7			
1970	99.0	99.8	98.5	98.8	99.9			
1975	100.1	100.2	100.1	100.2	100.0			
1978	100.1	100.0	100.1	100.1	97.9			
1980	104.6	106.0	103.8	104.9	100.1			
1985	104.6	106.5	103.6	105.4	103.0			
1990	100.7	100.5	100.9	100.1	98.3	105.5	105.5	
1991	102.3	105.1	100.0	102.0	100.1	104.3	104.4	109.4
1992	105.4	107.7	102.9	105.0	101.2	106.2	110.0	119.8
1993	110.4	110.6	110.3	108.3	109.2	118.1	133.0	126.7
1994	125.2	127.4	123.5	120.6	124.4	124.1	122.0	106.0
1995	116.5	116.9	116.3	114.9	125.8	115.0	114.1	105.9
1996	110.5	109.5	110.9	107.9	107.9	104.1	106.0	103.9
1997	103.5	102.4	103.9	100.6	99.3	100.6	100.6	102.9
1998	97.5	97.9	97.1	96.6	94.2	95.3	94.8	98.7
1999	96.9	96.6	97.1	96.2	95.7	95.4	94.3	98.0
2000	99.2	99.1	99.2	98.5	99.6	104.0	105.1	102.9
2001	100.7	100.7	100.7	99.8	99.1	100.5	101.9	100.4
2002	100.1	99.8	100.6	99.2	100.8	98.6	97.6	98.7
2003	101.6	101.7	101.4	101.3	101.9	105.0	107.8	103.8
2004	105.4	105.4	105.4	105.7	111.4	110.2	115.7	110.1
2005	102.1	102.1	102.1	101.7	107.9	106.1	108.3	101.4
2006	101.3	101.2	101.5	100.9	101.2	104.3	105.3	101.6
2007	105.4	105.4	105.5	104.4	106.1	105.2	106.4	104.6

9-2 历年各种物价总指数

General Price Indices over the Years

(1978年＝100)

(1978 year =100)

年份 Year	居民消费价格总指数 General Consumer Price Index	城市 Urban Areas	农村 Rural Areas	商品零售价格总指数 General Retail Price Index	农业生产资料价格总指数 General Price Index of Agricultural Means of Production	工业品出厂价格指数 Ex-Factory Price Indices of Industrial Products	原材料、燃料及动力购进价格指数 Purchasing Price Indices of Raw, Fuels and Power	固定资产投资价格指数 Purchasing Price Indices of Investment In Fixed Assets
1978	100.0	100.0	100.0	100.0	100.0			
1979	100.4	100.3	100.4	100.4	100.0			
1980	105.0	106.3	104.2	105.3	100.1			
1981	106.5	108.9	105.0	107.0	101.4			
1982	108.0	110.8	106.3	108.6	103.5			
1983	109.7	114.0	107.3	110.5	109.4			
1984	110.6	116.6	107.4	111.5	116.1			
1985	115.7	124.1	111.2	117.5	119.6			
1986	122.0	132.6	116.0	123.3	125.7			
1987	129.7	142.9	122.2	131.1	143.8			
1988	154.9	173.6	144.3	156.9	175.1			
1989	183.9	199.5	176.0	186.3	204.6	119.7	130.0	
1990	185.1	200.5	177.6	186.5	201.1	126.3	137.2	
1991	189.4	210.7	177.6	190.2	201.3	131.7	143.2	109.4
1992	199.6	227.0	182.8	199.7	203.7	139.9	157.5	131.1
1993	220.4	251.0	201.6	216.3	222.4	165.2	209.5	166.1
1994	275.9	319.8	249.0	260.8	276.7	205.0	255.6	176.0
1995	321.4	373.8	289.5	299.7	348.1	235.8	291.6	186.4
1996	355.2	409.3	321.1	323.4	375.6	245.4	309.1	193.7
1997	367.6	419.2	333.6	325.0	373.0	246.9	310.9	199.3
1998	358.4	410.4	323.9	314.0	351.3	235.3	294.8	196.7
1999	347.3	396.4	314.6	302.0	336.2	224.5	278.0	192.8
2000	344.6	392.9	312.0	297.5	334.9	233.5	292.2	198.4
2001	347.0	395.6	314.2	296.9	331.9	234.6	297.7	199.1
2002	347.3	394.8	316.1	294.5	334.5	231.4	290.5	196.6
2003	352.9	401.5	320.5	298.4	340.9	243.0	313.0	204.0
2004	371.9	423.2	337.8	315.4	379.7	267.9	362.0	224.6
2005	379.7	432.1	344.9	320.7	409.7	284.1	392.0	227.8
2006	384.7	437.3	350.1	323.6	414.7	296.3	412.7	231.3
2007	405.5	460.9	369.4	337.8	440.0	311.8	439.2	242.0

注：工业品出厂价格和原材料燃料动力购进价格指数以1988年=100，固定资产投资价格指数以1990年=100.

a)Ex-Factory Price Indices of Indices of Industrial Products and Indices of Purchasing Prices of Raw Materials,Fuels and Power are Calculated as the Year 1988=100, Prices Indices of Investment in Fixed Assets is Calculated as the Year 1990=100.

9-3 居民消费价格指数

Consumer Price Indices

(上年=100) (preceding year=100)

项　目	Item	2006 全省 The Whole Province	2006 城市 Urban Indices	2006 农村 Rural Indices	2007 全省 The Whole Province	2007 城市 Urban Indices	2007 农村 Rural Indices
总 指 数	**General Consumer Price Index**	**101.3**	**101.2**	**101.5**	**105.4**	**105.4**	**105.5**
食品	**Food**	**101.7**	**101.9**	**101.3**	**114.8**	**114.2**	**115.9**
粮食	Grain	101.7	101.7	101.8	108.6	108.7	108.2
淀粉	Starches	95.0	95.6	92.6	108.6	107.9	111.4
干豆类及豆制品	Bean and Its Products	99.4	99.0	100.2	109.2	107.7	112.4
油脂	Oil or Fat	99.9	100.0	99.8	124.7	122.6	127.3
肉禽及其制品	Meal, Poultry and Their Products	96.3	96.5	95.9	137.7	136.6	139.4
蛋类	Eggs	96.1	95.3	96.9	121.3	125.4	117.5
水产品类	Aquatic Products	99.7	99.3	100.7	107.9	107.5	109.4
菜类	Vegetables	110.4	110.1	110.9	107.6	106.4	110.4
#鲜菜	Fresh Vegetables	110.7	110.4	111.6	106.0	105.1	108.8
调味品	Flavoring	102.7	102.8	102.5	107.6	108.5	107.0
糖类	Carbohydrate	111.0	109.4	112.2	101.4	102.5	100.6
茶及饮料	Tea and Beverages	100.3	100.3	100.3	101.2	101.3	100.8
干鲜瓜果类	Dried and Fresh Melons and Fruits	115.6	113.2	123.5	103.0	104.6	98.0
#鲜果	Fresh Fruits	120.5	118.2	125.5	97.4	97.7	96.7
糕点饼干面包	Cake and Biscuit	100.3	100.4	100.2	103.5	104.1	102.8
奶及奶制品	Milk and Its Products	100.1	100.1	100.4	101.7	101.5	102.3
在外用膳食品	Food Dining out	100.7	101.3	100.0	107.6	109.1	105.5
其它食品及加工服务	Other Food Processing Service	101.8	102.1	101.3	106.4	109.3	102.1
烟酒及用品	**Tobacco,Liquor and Article for Use**	**100.7**	**100.5**	**100.8**	**101.7**	**102.8**	**101.0**
烟草	Tobacco	100.3	100.0	100.5	100.4	100.0	100.6
酒	Liquor	101.3	101.2	101.3	104.1	107.0	101.7
吸烟饮酒用品	Article for use of Smoking and Drinking	100.0	100.0	99.9	99.8	100.3	98.8
衣着类	**Clothing**	**98.7**	**98.1**	**99.7**	**99.5**	**98.7**	**101.0**
服装	Garments	98.5	98.0	99.4	99.2	98.3	100.9
衣着材料	Clothing Material	100.2	100.2	100.3	101.2	102.8	99.6
鞋袜帽	Shoes,Socks and Hats	98.8	97.9	100.0	100.2	99.2	101.6
衣着加工服务	Tailoring and Laundering Service	102.6	103.6	101.6	100.6	100.2	101.0
家庭设备用品及维修服务	**Household Facilities and Articles**	**101.2**	**101.4**	**101.0**	**102.5**	**102.3**	**102.7**
耐用消费品	Durable Consumer Goods	101.7	101.9	101.1	103.0	103.1	102.7
室内装饰品	Interior Decorations	99.3	99.1	99.7	99.9	99.7	100.3
床上用品	Bed Articles	100.0	99.4	101.4	99.8	98.2	103.1
家庭日用杂品	Daily Use Household Articles	100.3	100.0	100.8	101.6	100.9	102.6
家庭服务及加工维修服务	Household and Machining Service	104.1	105.8	101.4	106.8	108.6	103.8
医疗保健和个人用品	**Medicine and Medical Articles**	**100.1**	**99.3**	**101.2**	**101.1**	**100.2**	**102.5**
医疗保健	Medicine and Medical Service	99.0	98.0	100.5	100.6	99.3	102.6
个人用品及服务	Personal Article and Service	102.5	102.3	102.9	102.3	102.2	102.3
交通和通讯	**Means of Transportation and Communication**	**99.6**	**99.1**	**100.4**	**98.9**	**98.2**	**100.1**
交通	Transportation	103.5	103.2	103.9	101.5	100.9	102.3
通信	Communication	96.4	96.5	96.3	96.8	96.5	97.4
娱乐、教育、文化用品及服务	**Recreation, Education and Culture Articles**	**100.1**	**100.5**	**99.5**	**100.7**	**101.4**	**99.7**
文娱用耐用消费品及服务	Recreational Durable Consumer Goods and Service	94.8	95.0	94.5	96.0	96.0	95.9
教育	Education	100.8	101.4	100.2	101.8	103.3	100.1
文化娱乐用品	Cultural and Recreational Articles	100.3	100.2	100.4	100.6	100.4	101.1
旅游及外出	Tourism	103.2	103.5	100.5	101.7	101.7	101.7
居住	**Residence**	**105.4**	**105.4**	**105.4**	**104.4**	**105.7**	**103.0**
建房及装修材料	Housing and Building Decoration Materials	105.0	105.0	105.0	105.6	108.7	104.4
租房	Rent	101.9	101.8	102.2	103.2	103.5	102.6
自由住房	Housing Uncontrolled	105.3	106.2	100.6	110.1	111.0	104.8
水、电、燃料	Water, Electricity and Fuels	106.2	105.6	107.0	100.7	100.9	100.4

9-4 分类商品零售价格指数

Retail Price Indices by Category

(上年=100) (preceding year=100)

项 目	Item	2001	2002	2003	2004	2005	2006	2007
商品零售价格总指数	**Retail Price Index of commodities**	**99.8**	**99.2**	**101.3**	**105.7**	**101.7**	**100.9**	**104.4**
食品类	Food	100.8	100.3	105.2	114.8	103.2	102.1	115.4
饮料、烟酒类	Beverage and cigarette and alcohol	99.1	99.3	99.8	102.5	100.6	100.7	101.7
服装、鞋帽类	Clothing and shoe and cap	99.2	98.1	98.2	98.1	98.4	98.8	99.8
纺织品类	Textile product	99.3	98.5	100.0	100.6	99.8	100.2	100.9
家用电器及音像器材	Household appliance and audio-video material	95.5	94.7	95.7	94.9	97.2	98.7	99.7
文化办公用品类	Office supplies	99.4	98.9	97.3	97.6	98.4	98.6	98.6
日用品类	Articles in everyday use	99.6	98.6	98.1	99.7	99.9	100.1	101.4
体育娱乐用品类	Sport and entertainment goods	99.4	98.8	99.3	99.5	99.6	99.8	99.5
交通、通信用品类	Transportation and communication material	95.2	94.4	93.4	95.1	94.7	91.1	90.0
家具	Furniture	98.4	97.8	97.8	98.4	99.1	99.6	102.4
化妆品类	Cosmetics	98.5	99.7	99.6	98.4	99.6	99.9	100.1
金银珠宝类	Gold and sliver and jewellery	94.0	100.5	109.3	110.6	103.0	119.2	107.2
中西药品及医疗保健用品类	Chinese traditional medicine and western medicine and health product	98.6	97.2	104.0	98.0	96.0	98.2	100.6
书报杂志及电子出版物类	Book and newspaper and megazine and E-journal	105.1	99.5	100.3	100.8	99.7	99.7	98.9
燃料类	Fuel	107.2	107.7	108.9	119.4	118.2	111.2	102.6
建筑材料及五金电料类	Architectural and hardware material	99.9	100.0	100.4	106.3	102.1	102.8	105.5

9-5 农业生产资料价格指数

Price Indices of Means of Agricultural Production

(上年=100) (preceding year=100)

项 目	Item	2001	2002	2003	2004	2005	2006	2007
农业生产资料价格总指数	**Price Indices of Means of Agricultural Production**	**99.1**	**100.8**	**101.9**	**111.4**	**107.9**	**101.2**	**106.1**
农用手工工具	Small farm tool	98.3	99.6	102.0	103.9	103.0	100.2	102.2
饲料	Feed	108.8	101.6	103.4	114.2	101.3	99.1	108.4
产品畜	Production Livestock	104.9	102.6	104.0	123.2	108.0	89.1	132.1
半机械化农具	Semi-mechanized farm machinery	97.3	97.3	96.1	104.4	104.2	99.4	101.6
机械化农具	Mechanized farm machinery	96.6	97.5	99.3	103.3	101.9	101.8	101.2
化学肥料	Chemical fertilizer	100.5	103.7	102.4	116.8	110.7	99.4	105.3
农药及农药机械	Pesticide and device in pesticide	99.4	99.2	98.6	102.7	107.0	103.9	102.7
化学农药	Chemical pesticide	99.4	99.4	98.5	102.6	107.1	103.6	102.8
农药器械	Device in pesticide	98.6	97.9	100.5	104.9	104.4	105.2	101.9
农用机油	Agricultural oil	94.4	96.8	111.7	110.1	110.9	113.2	104.2
其他农业生产资料	Other agricultural production goods	98.8	100.7	96.0	107.8	114.2	106.2	103.2
农用种子	Farm seed	98.2	106.7	94.0	110.6	117.6	104.8	101.8
其他	Others	99.5	95.1	99.7	102.8	106.7	109.3	106.3
农业生产服务	Service for agriculture						104.1	104.7

9–6 农产品生产价格指数

Indices of Producers′ Prices for Farm Products

(上年=100) (preceding year=100)

类别	Type	2001	2002	2003	2004	2005	2006	2007
农产品生产价格指数	**Indices of Producers' Prices for Farm Products**		**99.7**	**111.8**	**122.0**	**100.7**	**100.9**	**118.5**
农业产品	**Farm Crops**	**105.2**	**98.4**	**116.3**	**118.4**	**99.8**	**101.7**	**111.7**
粮食	Grain	121.0	93.0	107.3	131.1	96.5	101.1	109.9
小麦	Wheat	124.3	90.8	105.8	138.2	97.4	99.7	106.1
稻谷	Rice	102.6	103.9	108.2	135.2	97.5	106.8	105.3
玉米	Corn	117.9	97.5	110.1	115.6	94.4	102.1	119.0
薯类	Tubers	94.4	72.7	109.5	108.1	111.5	94.3	114.5
豆类	Beans	93.9	109.1	118.9	119.9	88.8	97.7	119.3
油料	Oil- bearing Crops	94.8	102.7	130.1	118.9	97.0	100.1	129.8
花生	Peanuts	92.4	105.1	132.9	120.9	97.1	101.4	129.8
油菜籽	Rapeseeds	103.2	102.6	119.9	114.5	87.3	92.7	112.2
芝麻	Sesame	101.6	90.1	125.4	112.3	105.0	92.9	114.7
棉花(籽棉)	Cotton	85.0	124.4	139.6	97.4	100.4	105.2	105.1
烟草	Tobacco	114.9	111.4	115.7	95.1	104.3	104.9	108.6
蔬菜	Vegetables	101.6	91.7	101.9	109.9	111.3	115.1	101.7
水果	Fruits	85.2	105.2	106.4	112.2	118.0	121.3	139.9
林业产品	**Forestry Production**		**88.9**	**103.5**	**103.8**	**104.9**	**104.4**	**107.2**
牧业(畜产品)	**Animal Husbandry Production**		**102.3**	**105.2**	**129.3**	**102.0**	**95.1**	**130.7**
牛	Cattle	126.8	117.2	97.2	104.2	112.6	106.1	108.1
羊	Sheep and Goats	112.8	109.7	104.2	102.8	116.7	106.0	114.4
猪	Hogs	95.8	93.9	106.8	147.5	96.4	88.4	139.4
家禽	Poultry				116.1	102.5	100.0	115.4
肉禽	Poultry Meat	109.5	108.7	108.0	114.4	98.8	103.2	111.5
禽蛋	Poultry Eggs	118.7	104.6	101.2	117.2	104.9	98.0	117.9
渔业	**Fishery Production**	**89.2**	**99.6**	**103.4**	**109.3**	**103.0**	**104.7**	**109.3**

9-7 各市居民消费价格指数(2007年)

Consumer Price Indices by City (2007)

各市指数均为市政府所在城市市区数(下表同)。

Price Indices of every city refers to the figures of urban of the cities (next table is the same as).

(上年=100) (preceding year=100)

市 City	居民消费价格总指数 Consumer Price Index	食品 Food	烟酒及用品 Tobacco, Liquor and Articles	衣着 Clothing	家庭设备用品及维修服务 Household Facilities, Articles and Repair Service	医疗保健和个人用品 Medicines, Health care Services and Personal Articles	交通和通讯 Transportation and Communication	娱乐教育文化用品及服务 Recreation, Education & Culture Articles	居住 Residence
全 省 Total	**105.4**	**114.8**	**101.7**	**99.5**	**102.5**	**101.1**	**98.9**	**100.7**	**104.4**
郑 州 市 Zhengzhou	105.6	114.1	105.2	100.8	103.4	97.6	97.1	101.2	107.2
开 封 市 Kaifeng	104.7	113.7	101.2	98.1	104.2	101.1	94.5	99.4	102.9
洛 阳 市 Luoyang	105.6	115.3	100.3	99.3	101.5	100.2	99.1	101.0	104.2
平 顶 山 市 Pingdingshan	104.8	115.1	102.8	96.3	102.7	97.1	98.9	101.0	103.0
安 阳 市 Anyang	105.8	112.8	104.6	106.4	100.8	99.2	100.5	99.1	106.3
鹤 壁 市 Hebi	103.7	113.9	100.7	90.1	101.0	98.3	99.2	101.5	103.5
新 乡 市 Xinxiang	105.1	112.8	101.3	90.2	103.2	103.4	97.1	106.0	105.8
焦 作 市 Jiaozuo	103.9	111.3	101.7	92.3	102.7	102.0	96.4	98.8	105.5
濮 阳 市 Puyang	106.0	115.7	101.4	98.7	104.5	101.1	98.8	99.2	104.5
许 昌 市 Xuchang	104.8	113.9	99.7	93.4	101.1	101.9	98.0	104.1	103.8
漯 河 市 Luohe	104.8	111.2	101.8	99.0	100.0	100.7	98.4	104.3	105.2
三 门 峡 市 Sanmenxia	106.2	117.4	99.4	94.9	103.6	103.2	97.0	100.3	106.6
南 阳 市 Nanyang	105.3	116.4	100.9	102.1	102.4	99.6	98.4	99.0	101.2
商 丘 市 Sangqiu	104.7	111.4	101.6	99.5	101.1	103.6	99.5	100.8	102.4
信 阳 市 Xinyang	106.0	113.5	101.9	96.9	103.2	100.3	97.5	106.3	106.0
周 口 市 Zhoukou	105.2	114.1	101.4	98.9	101.4	100.6	98.4	100.5	105.0
驻 马 店 市 Zhumadian	104.9	113.0	103.4	97.5	101.5	101.1	98.3	102.3	103.8
济 源 市 Jiyuan	105.6	114.7	102.6	98.6	103.7	98.6	100.7	102.3	104.0

9–8 各市商品零售价格指数(2007年)

Retail Price Indices by City (2007)

(上年=100) (preceding year=100)

市 City	商品零售价格总指数 General Index	食品类 Food	饮料烟酒 Beverage and cigarette	服装鞋帽类 Clothing, Shoes and Hats	纺织品类 Drygoods	家用电器及音像器材类 Household appliance and audio-video material	文化办公用品类 Cultural and Office supplies	日用品 Articles for Daily Use	体育娱乐用品类 Sport and entertainment goods
全 省 Total	**104.4**	**115.4**	**101.7**	**99.8**	**100.9**	**99.7**	**98.6**	**101.4**	**99.5**
郑 州 市 Zhengzhou	102.7	114.0	104.5	100.9	102.3	100.9	98.1	100.6	99.7
开 封 市 Kaifeng	103.9	114.9	101.2	97.7	100.5	97.6	95.0	102.1	97.3
洛 阳 市 Luoyang	104.4	116.5	100.7	99.5	100.6	99.1	99.6	101.2	99.8
平顶山市 Pingdingshan	103.2	116.5	102.9	95.8	100.4	100.9	96.8	100.8	97.6
安 阳 市 Anyang	104.6	113.0	103.9	106.4	100.0	97.3	101.2	100.9	100.0
鹤 壁 市 Hebi	102.1	114.9	100.7	89.1	94.3	98.5	97.6	99.4	100.0
新 乡 市 Xinxiang	102.2	113.2	101.7	90.7	92.2	95.9	94.0	99.7	99.4
焦 作 市 Jiaozuo	102.4	112.2	101.6	92.3	91.6	96.8	96.8	100.7	97.5
濮 阳 市 Puyang	105.6	116.3	102.5	99.7	102.9	99.4	98.0	107.4	95.3
许 昌 市 Xuchang	102.3	114.1	100.4	92.8	100.2	97.1	92.1	101.7	99.0
漯 河 市 Luohe	104.1	112.9	101.9	99.0	100.4	98.5	100.2	100.3	100.0
三门峡市 Sanmenxia	104.3	117.8	99.6	95.4	99.4	100.2	97.9	101.1	96.9
南 阳 市 Nanyang	104.3	115.4	101.0	102.2	101.3	99.0	99.3	100.4	98.5
商 丘 市 Sangqiu	103.9	112.3	101.1	99.9	99.0	101.2	97.5	100.3	99.7
信 阳 市 Xinyang	104.3	113.5	101.3	97.2	100.0	99.4	98.8	100.3	99.6
周 口 市 Zhoukou	103.9	114.5	100.9	99.1	99.9	102.2	100.0	99.7	99.2
驻马店市 Zhumadian	102.8	112.4	103.4	97.0	102.2	97.6	92.9	103.0	96.5
济 源 市 Jiyuan	104.5	115.8	102.5	98.5	97.8	99.4	96.6	102.3	98.7

市 City	交通、通信用品 Traffic& Communication Goods	家具 Furniture	化妆品 Cosmetics	金银珠宝类 Gold、sliver and jewellery	中、西药品及医疗保健用品 Chinese traditional medicine and western medicine and health product	书报杂志及电子出版物类 Book& newspaper、megazine and e-publication	燃料类 Fuels	建筑材料及五金电料类 Architectural and hardware material
全 省 Total	**90.0**	**102.4**	**100.1**	**107.2**	**100.6**	**98.9**	**102.6**	**105.5**
郑 州 市 Zhengzhou	86.2	107.6	100.4	105.2	94.1	98.3	102.0	107.3
开 封 市 Kaifeng	89.9	103.7	99.8	107.3	101.0	98.1	102.3	108.3
洛 阳 市 Luoyang	92.0	100.9	99.2	108.2	99.7	98.2	103.8	103.3
平顶山市 Pingdingshan	89.7	98.9	100.1	107.6	92.3	98.0	102.3	105.3
安 阳 市 Anyang	99.0	97.7	99.4	110.3	96.5	99.2	104.2	102.0
鹤 壁 市 Hebi	94.3	98.0	101.9	105.9	94.5	99.7	102.5	103.4
新 乡 市 Xinxiang	87.5	109.0	97.9	110.7	102.4	99.8	102.7	106.6
焦 作 市 Jiaozuo	88.9	103.2	99.5	107.2	100.7	97.3	102.6	109.0
濮 阳 市 Puyang	95.4	104.9	108.1	108.7	99.0	98.9	101.4	113.4
许 昌 市 Xuchang	85.2	99.9	104.6	106.5	100.7	98.4	102.8	104.7
漯 河 市 Luohe	91.0	100.0	100.0	102.1	102.0	94.6	101.8	113.4
三门峡市 Sanmenxia	92.4	103.0	99.4	107.9	103.0	99.9	103.3	107.7
南 阳 市 Nanyang	93.4	100.0	95.5	108.5	99.4	101.8	104.0	100.0
商 丘 市 Sangqiu	91.0	99.2	101.0	105.7	104.6	99.2	103.4	104.7
信 阳 市 Xinyang	92.2	110.8	98.9	104.6	100.3	101.6	104.6	111.8
周 口 市 Zhoukou	90.4	100.0	100.0	103.7	100.2	100.1	103.1	100.7
驻马店市 Zhumadian	88.1	98.8	101.7	107.1	99.8	100.0	103.2	104.4
济 源 市 Jiyuan	96.6	98.6	87.4	127.5	100.0	98.9	103.5	103.2

9–9 工业品出厂价格指数
Ex-Factory Price Indices of Industrial Products

(上年=100) (preceding year=100)

类 别	Type	1990	1995	2000	2002	2005	2006	2007
全部工业品	**Total Industry Products**	**105.5**	**115.0**	**104.0**	**98.6**	**106.1**	**104.3**	**105.2**
按轻、重工业分	**Grouped by Light & Heavy Industry**							
轻工业	Light Industry	105.3	119.9	99.6	96.8	102.6	101.3	105.7
以农产品为原料	Using Farm Products as Raw Materials	106.5	120.8	99.6	96.7	101.1	100.8	107.0
以非农产品为原料	Using Non-Farm Products as Raw Materials	101.8	116.0	99.5	97.3	104.4	101.9	103.9
重工业	Heavy Industry	105.5	110.9	106.5	99.7	109.2	106.7	104.9
采掘工业	Mining & Quarrying Industry	108.5	108.8	116.3	109.5	125.6	112.4	105.1
原料工业	Raw Materials Industry	107.1	106.5	108.8	98.2	107.1	107.9	105.1
加工工业	Manufacturing Industry	102.8	117.2	99.6	97.3	104.2	101.6	104.5
按部类分	**Grouped by Division**							
生产资料	Means of Production	105.4	114.3	106.0	98.8	107.3	105.3	104.5
采掘工业	Mining & Quarrying Industry	108.5	108.8	115.3	109.7	123.6	110.9	105.4
原料工业	Raw Materials Industry	106.8	112.0	108.2	97.8	106.3	108.3	105.0
加工工业	Manufacturing Industry	103.1	119.2	100.2	96.3	103.3	101.5	103.9
生活资料	Consumer Goods	105.4	116.2	98.0	98.2	101.9	100.7	107.7
食品类	Food	102.7	115.4	94.3	99.2	102.1	100.3	109.8
衣着类	Clothing	112.1	118.0	104.0	96.2	102.8	101.7	100.8
一般日用品类	Articles for Daily Use	100.0	116.8	101.0	96.0	101.7	101.6	101.9
耐用消费品类	Durable Consumer Goods	96.2	107.1	97.9	96.1	99.7	103.0	102.8
按工业部门分	**Grouped by Sector**							
冶金工业	Metallurgical Industry	116.4	103.9	109.6	96.0	104.8	107.4	108.4
电力工业	Power Industry	102.3	105.9	105.4	100.2	105.0	105.7	101.7
煤炭及冶炼工业	Coal and Smelt Industry	103.5	108.9	96.9	123.8	124.5	107.0	106.3
石油工业	Petroleum Industry	114.8	104.3	146.8	92.4	125.8	119.2	100.9
化学工业	Chemical Industry	106.8	124.8	100.6	98.7	106.4	100.5	105.1
机械工业	Machine Buiding Industry	100.8	112.2	99.0	95.9	101.5	101.7	103.0
建筑材料工业	Building Materials Industry	96.8	110.8	100.4	98.7	108.4	103.5	104.5
森林工业	Timber Industry	95.7	108.9	101.4	97.4	99.5	101.4	106.5
食品工业	Food Industry	102.4	115.4	94.3	99.1	101.9	100.0	109.5
纺织工业	Textile Industry	109.1	119.3	107.7	90.2	95.4	101.6	101.0
缝纫工业	Tailoring Industry	130.9	129.1	105.7	98.7	103.3	101.4	100.5
皮革工业	Leather Industry	99.9	126.8	100.9	99.0	104.0	101.0	102.1
造纸工业	Paper Industry	98.4	140.5	101.2	98.6	102.3	103.8	102.8
文教艺术用品工业	Cultural,Educational & Handicrafts Articles	97.7	100.4	97.6	99.8	101.7	104.4	101.8
其他工业	Others	100.9	144.7	100.5	101.9	101.9	101.4	104.1

9-10 原材料、燃料及动力购进价格指数

Indices of Purchasing Prices of Raw Materials, Fuels and Power

(上年=100) (preceding year=100)

类 别	Type	1990	1995	2000	2002	2005	2006	2007
总指数	**General Index**	**105.5**	**114.1**	**105.1**	**97.6**	**108.3**	**105.3**	**106.4**
燃料、动力类	Fuels and Motive Power	105.1	109.2	107.9	106.2	115.2	107.7	107.5
黑色金属材料类	Ferrous Metals Materials	107.7	95.0	102.2	98.7	106.0	95.4	111.7
#钢材	Steel Products		95.7	104.2	97.2	106.7	95.9	106.1
有色金属材料和电线类	Nonferrous Metals Materials and Electric Wire	98.6	126.7	111.6	94.4	115.4	136.9	114.8
化工原料类	Chemical Raw Materials	89.9	123.8	111.2	97.5	107.5	104.0	111.8
木材及纸浆类	Logging and Paper Pulp	111.5	108.3	100.6	99.1	103.1	102.7	104.7
建筑材料及非金属矿类	Building Materials and Nonmetal Minerals	104.3		99.6	99.7	114.9	103.9	101.0
其他工业原材料及半成品类	Others Industry Materials & Semi Finished Articles			99.9	94.9	112.5	102.4	105.7
农副产品类	Farm Products	106.2	135.1	98.2	95.8	102.5	100.4	103.6
纺织原料类	Textile Raw Materials	123.6	116.3	107.4	88.9	100.6	99.1	103.7

9-11 固定资产投资价格指数

Price Indices of Investment In Fixed Assets

(上年=100) (preceding year=100)

类 别	Type	1995	2000	2002	2005	2006	2007
固定资产投资价格指数	**Price Indices of Investment In Fixed Assets**	**105.9**	**102.9**	**98.7**	**101.4**	**101.6**	**104.6**
建筑安装工程	Construction and Installation	103.8	105.0	99.5	101.3	101.5	106.3
设备、工器具购置	Purchase of Equipments and Instruments	111.3	99.0	95.9	101.5	101.5	101.4
其他费用	Other Expenses	104.0	100.4	100.2	101.9	101.7	101.9

9-12 郑州市、洛阳市、平顶山市房屋销售价格指数
Selling Price Indices of Real Estate in zhengzhou,luoyang and pingdingshan

(上年=100) (preceding year=100)

项 目	Item	2006			2007		
		郑州市 zhengzhou	洛阳市 luoyang	平顶山市 pingdingshan	郑州市 zhengzhou	洛阳市 luoyang	平顶山市 pingdingshan
房屋销售价格指数	**Selling Price Indices of Houses**	**105.7**	**102.7**	**103.8**	**106.3**	**103.5**	**105.1**
商品房	Commercial Houses	104.7	102.9	104.0	105.9	103.8	105.2
住宅	Residential Buildings	104.8	103.2	103.8	105.8	104.2	105.3
经济适用房	Economically Affordable Housing	101.7	101.2	103.4	101.3	100.4	106.1
普通住宅	General Residential Buildings	104.9	103.5	103.9	105.9	104.5	105.3
多层住宅	Multilayer Buildings	105.2	102.4	103.8	105.1	105.4	105.3
高层住宅	High-grade Buildings	104.2	103.7	103.9	106.3	104.1	105.1
高档住宅	Luxury Residential Buildings	105.4	104.1	104.4	107.4	106.0	106.3
别墅	Villas	104.3	104.1	110.9	106.8	106.0	105.8
高档公寓	High-grade Apartment	106.5		104.3	108.0		106.3
非住宅	Non-Residential Buildings	104.7	101.1	104.4	106.4	102.3	105.0
办公楼	Office Buildings	105.0	101.4		106.4	101.4	
写字楼	High-grade Office Buildings	105.0	101.4		106.4	101.7	
普通办公用房	General Office Buildings		101.3			101.4	
商业娱乐用房	Business and Entertainment Buildings	104.8	101.1	104.4	106.5	102.4	105.0
其它用房	Other Buildings	101.5	103.5		103.7	104.8	104.7
二手房	Second-hand House	111.9	101.6	102.3	109.6	101.9	104.2
住宅	Residential Buildings	111.9	101.7	102.4	109.6	102.1	104.2
高层住宅	High-layer Buildings			103.7			
多层住宅	Multilayer Buildings	111.9	101.7	102.4	109.6	102.1	104.2
非住宅	Non-Residential Buildings		101.3	102.2		100.9	104.5

9-13 全国70个大中城市房地产价格指数

Price Indices of Real Estate in 70 Large and Medium-sized Cities

(上年=100) (preceding year=100)

		房屋销售 Selling Price Indices of Houses		土地交易 Transactions Price Indices of Land		房屋租赁 Renting Price Indices of Houses		物业管理 Property Management Price Indices	
		2006	2007	2006	2007	2006	2007	2006	2007
全　国	**China**	**105.5**	**107.6**	**105.8**	**112.3**	**101.4**	**102.6**	**100.3**	**100.5**
北　京	Beijing	108.8	111.4	105.2	109.4	102.9	102.7	100.8	100.1
天　津	Tianjin	106.7	106.9	103.9	122.1	100.2	100.3	100.0	100.0
石家庄	Shijiazhuang	104.3	107.6	100.3	101.6	100.5	100.6	100.0	100.0
太　原	Taiyuan	103.9	104.4	102.6	102.2	105.4	105.6	101.6	102.6
呼和浩特	Hohhot	109.5	104.4	112.8	108.7	105.6	105.4	100.0	100.0
沈　阳	Shenyang	106.6	106.1	107.3	106.6	102.3	101.8	100.5	100.2
大　连	Dalian	110.9	107.2	103.8		99.7	99.8	100.9	100.3
长　春	Changchun	101.6	106.4	112.1	100.7	100.3	100.0	100.0	99.5
哈尔滨	Harbin	103.3	106.8	106.7	108.2	102.7	100.2	100.0	100.0
上　海	Shanghai	98.7	103.4	101.2	107.9	104.0	105.1	100.0	100.0
南　京	Nanjing	104.3	106.6	103.0	103.9	100.4	101.8	100.3	101.4
杭　州	Hangzhou	102.7	107.2	107.1	155.2	101.1	102.7	100.1	100.4
宁　波	Ningbo	102.2	108.6	109.2	138.3	103.4	103.8	102.3	102.3
合　肥	Hefei	101.3	101.8	101.4	104.1	101.7	100.6	100.0	100.0
福　州	Fuzhou	106.7	106.8	107.9	117.1	101.7	102.6	100.0	100.1
厦　门	Xiamen	107.0	107.0	108.3	111.3	102.5	103.8	100.1	100.0
南　昌	Nanchang	106.2	106.8	105.1	103.9	101.3	101.3	100.4	101.8
济　南	Jinan	104.3	105.2	104.9	105.0	101.2	101.2	100.1	100.1
青　岛	Qingdao	106.9	106.5	103.2	101.8	110.1	108.3	99.8	100.4
郑　州	**Zhengzhou**	**105.7**	**106.3**	**104.0**	**105.3**	**100.5**	**100.9**	**100.1**	**100.6**
武　汉	Wuhan	103.0	105.2	101.5	100.9	100.3	100.3	100.0	100.1
长　沙	Changsha	105.3	108.4	118.6	122.1	102.8	102.5	100.0	100.1
广　州	Guangzhou	106.2	106.6	100.0	100.0	102.2	102.8	100.5	100.5
深　圳	Shenzhen	112.3	116.3	100.3	100.1	102.5	104.8	100.0	100.2
南　宁	Nanning	104.1	107.6	102.6	121.5	103.6	99.6	100.1	100.0
海　口	Haikou	102.8	106.6	115.1	118.5	100.7	100.6	100.0	100.0
重　庆	Chongqing	103.0	106.9	100.6	109.7	102.8	104.2	100.7	99.7
成　都	Chengdu	107.1	107.6	106.2	110.2	101.1	100.9	100.4	100.2
贵　阳	Guiyang	104.4	106.9	101.6	109.9	101.7	101.1	103.1	100.2
昆　明	Kunming	101.3	103.5	100.6	101.3	100.1	100.4	100.0	100.0
西　安	Xi'an	103.6	106.4	104.5	106.8	101.2	106.4	100.2	100.7
兰　州	Lanzhou	104.7	106.0	100.0	100.0	99.7	100.3	100.2	102.0
西　宁	Xining	102.8	103.8	102.5	103.2	101.1	104.2	100.0	100.8
银　川	Yinchuan	102.3	103.9	103.1	105.7	101.7	101.3	100.0	99.8
乌鲁木齐	Urumqi	101.2	109.0	100.2	102.6	100.3	100.8	100.1	100.1

9-13 续表 continued

(上年=100) (preceding year=100)

地区	Region	房屋销售 Selling Price Indices of Houses		土地交易 Transactions Price Indices of Land		房屋租赁 Renting Price Indices of Houses		物业管理 Property Management Price Indices	
		2006	2007	2006	2007	2006	2007	2006	2007
唐　山	Tangshan	106.5	106.4	105.8	107.8	101.3	102.3	100.0	100.0
秦皇岛	Qinghuangdao	105.5	105.8	98.8	111.1	102.3	101.0	100.1	100.3
包　头	Baotou	107.5	105.5	104.2	106.0	101.6	103.2	113.3	100.3
丹　东	Dandong	103.0	102.5	104.9	104.5	101.4	100.5	100.0	100.0
锦　州	Jinzhou	100.9	103.6	101.5	104.5	100.5	101.6	100.0	103.2
吉　林	Jilin	104.0	104.9	131.0	131.0	100.2	100.3	100.0	100.0
牡丹江	Mudaojiang	102.4	105.4	99.6	117.0	100.9	102.5	100.0	96.9
无　锡	Wuxi	103.9	105.9	105.6	117.3	99.5	105.5	99.9	100.0
扬　州	Yangzhou	104.2	105.5	104.2	102.9	100.8	101.4	100.0	100.0
徐　州	Xuzhou	105.5	106.2	104.8	105.7	104.4	101.3	105.8	101.3
温　州	Wenzhou	100.7	107.0	105.6	145.3	101.2	109.9	99.2	99.9
金　华	Jinhua	100.7	101.1	107.2	108.6	100.2	100.1	100.6	100.0
蚌　埠	Bengbu	104.3	108.9	105.9	106.8	100.1	100.5	100.0	100.0
安　庆	Anqing	105.8	104.8	105.6	106.0	104.9	102.8	103.5	100.0
泉　州	Quanzhou	105.8	106.7	110.8	117.1	101.5	106.3	99.9	100.2
九　江	Jiujiang	105.2	106.0	104.8	106.1	101.6	102.2	100.0	100.1
赣　州	Ganzhou	105.3	105.9	104.9	105.3	101.3	100.9	101.7	103.3
烟　台	Yantai	105.5	106.2	105.1	104.6	100.2	101.4	100.0	100.2
济　宁	Jining	105.4	105.0	103.2	103.9	101.5	101.9	100.0	100.1
洛　阳	**Luoyang**	**102.7**	**103.5**	**109.2**	**109.6**	**100.2**	**100.1**	**100.1**	**100.0**
平顶山	**Pingdingshan**	**103.8**	**105.1**	**108.4**	**110.8**	**101.7**	**104.5**	**100.5**	**102.0**
宜　昌	Yichang	105.3	106.4	106.6	104.3	100.3	101.8	100.5	103.3
襄　樊	Xiangfan	105.6	107.4	108.6	110.6	100.4	100.0	110.3	103.0
岳　阳	Yueyang	104.1	107.1	105.7	109.7	101.0	104.4	100.0	99.9
常　德	Changde	103.6	106.7	117.7	122.6	100.8	100.3	100.7	100.1
惠　州	Huizhou	103.4	108.1	100.0	100.0	99.2	102.3	100.2	103.8
湛　江	Zhanjiang	104.4	105.3	100.0	100.0	100.0	103.4	100.0	100.2
韶　关	Shaoguan	104.9	106.5	112.8	113.3	101.1	103.5	100.0	100.0
桂　林	Guilin	103.7	104.4	106.1	112.2	101.9	102.6	100.2	100.6
北　海	Beihai	101.2	113.3	106.9	139.5	99.1	102.2	100.0	108.8
三　亚	Sanya	101.9	103.4	102.8	100.8	103.2	103.9	100.0	100.0
泸　州	Luzhou	107.1	106.7	115.8	115.8	98.5	100.8	104.2	100.2
南　充	Nanchong	106.6	107.0	108.4	126.9	101.6	103.1	100.0	100.2
遵　义	Zunyi	102.5	103.1	102.4	104.7	101.2	101.8	100.2	99.8
大　理	Dali	104.5	107.0	102.8	102.7	100.0	100.4	100.1	100.0

主要统计指标解释

商品零售价格指数 是反映城乡商品零售价格变动趋势的一种经济指数。零售物价的调整变动直接影响到城乡居民的生活支出和国家的财政收入，影响居民购买力和市场供需平衡，影响消费与积累的比例。因此，计算零售价格指数，可以从一个侧面对上述经济活动进行观察和分析。

居民消费价格指数 是反映一定时期内城乡居民所购买的生活消费品价格和服务项目价格变动趋势和程度的相对数，是对城市居民消费价格指数和农村居民消费价格指数进行综合汇总计算的结果。利用居民消费价格指数，可以观察和分析消费品的零售价格和服务价格变动对城乡居民实际生活费支出的影响程度。

城市居民消费价格指数 是反映城市居民家庭所购买的生活消费品价格和服务项目价格变动趋势和程度的相对数。城市居民消费价格指数可以观察和分析消费品的零售价格和服务项目价格变动对职工货币工资的影响，作为研究职工生活和确定工资政策的依据。

农村居民消费价格指数 是反映农村居民家庭所购买的生活消费品价格和服务项目价格变动趋势和程度的相对数。农村居民消费价格指数可以观察农村消费品的零售价格和服务项目价格变动对农村居民生活消费支出的影响，直接反映农民生活水平的实际变化情况，为分析和研究农村居民生活问题提供依据。

农业生产资料价格指数 是反映工业、商业及其他单位和个人向农民出售农业生产资料价格变动趋势和变动程度的相对数。编制农业生产资料价格指数，目的在于掌握农业生产资料的平均价格水平，为国家制定经济政策提供依据；同时，为研究市场流通和国民经济核算提供参考依据。

工业品出厂价格指数 是反映全部工业产品出厂价格总水平的变动趋势和程度的相对数，包括工业企业售给本企业以外所有单位的各种产品和直接售给居民用于生活消费的产品。通过工业品出厂价格指数能观察出厂价格变动对工业总产值的影响。

固定资产投资价格指数 是反映固定资产投资额价格变动趋势和程度的相对数。固定资产投资额是由建筑安装工程投资完成额、设备、工器具购置投资完成额和其他费用投资完成额三部分组成的。编制固定资产投资价格指数应首先分别编制上述三部分投资的价格指数，然后采用加权算术平均法求出固定资产投资价格总指数。

编制固定资产投资价格指数可以准确地反映固定资产投资中涉及的各类商品和取费项目价格变动趋势和变动幅度，消除按现价计算的固定资产投资指标中的价格变动因素，真实地反映固定资产投资的规模、速度、结构和效益，为国家科学地制定、检查固定资产投资计划并提高宏观调控水平，为完善国民经济核算体系提供科学的、可靠的依据。

原材料、燃料和动力购进价格指数 是反映工业企业作为生产投入，而从物资交易市场和能源、原材料生产企业购买原材料、燃料和动力产品时，所支付的价格水平变动趋势和程度的统计指标，是扣除工业企业物质消耗成本中的价格变动影响的重要依据。

Explanatory Notes on Main Statistical Indicators

Retail Price Index reflects the general change in retail prices of commodities. The change and adjustment in retail prices directly affect the living expenditure of urban and rural residents, government revenue, purchasing power of residents and the equilibrium of market supply and demand, and the ratio of consumption to accumulation. Therefore, the calculation of retail price index is useful to analyze the changes of the above economic activities.

Consumer Price Index reflects the trend and degree of changes in prices of consumer goods and services purchased by urban and rural residents, and is a composite index derived from the urban consumer price index and the rural consumer price index. Consumer price index can be used to analyze the impact of consumer price change on actual expenditure for living cost of urban and rural residents.

Urban Consumer Price Index reflects the trend and degree of changes in prices of consumer goods and services purchased by urban households. It can be used to observe and analyze the impact of price changes in consumer goods and services on money wages of staff and workers, and provide basis for policymaking concerning the living cost and wages of staff and workers.

Rural Consumer Price Index reflects the trend and degree of changes in prices of consumer goods and services purchased by rural households. It can be used to observe the impact of change in retail prices of consumer goods and service prices in rural areas on living expenditure of rural households, and to show the changes in the living standard of peasants. It provides basis for analysis and research on condition of life in rural areas.

Price Indices of Means of Agricultural Production reflect the trend and degree of changes in prices of means of agricultural production bought by farmers from industry, commerce, other units of nature person. Compilation of these indices helps to command the mean prices of means of agricultural production, providing basis for economic decision-making of the Nation, research in market circulation and national account statistics.

Ex-factory Price Index of Industrial Products reflects the trend and degree of changes in general ex-factory prices of all industrial products, including sales of industrial products by an industrial enterprise to all units outside the enterprise, as well as sales of consumer goods to residents. It can be used to analyze the impact of ex-factory prices on gross industrial output value.

Price Index of Investment in Fixed Assets reflects the trend and degree of changes in prices of investment in fixed assets. The investment in fixed assets consists of three components, namely the investment in construction and installation, the investment in purchases of equipment and instrument, and the investment in other items. Price index of investment in fixed assets is calculated as the weighted arithmetic mean of the price indices of the three components of investment in fixed assets. Removing the factor of price change in the aggregates of investment at current prices, this indicator shows the changes in the prices of commodities and fees involved in the investment of fixed assets, and can be used to observe the actual size, growth, structure, and efficiency of investment in fixed assets and provides reliable and scientific data for government planning, management, decision making, and further improving the current national accounting system.

Indices of Purchasing Prices of Raw Materials, Fuels and Power reflect changes in the level and degree of prices paid by industrial enterprises when they purchase production input such as raw materials, fuels and power from the market or from other energy or raw materials producing enterprises. These indices provide important basis for measuring the material consumption of industrial enterprises after removing influence of price changes.

人民生活
People's Livelihood

◉ 资料整理：叶辉敏 党元生

【简要说明】

一、主要内容

本篇资料反映全省人民生活现状及变化情况，包括居民家庭情况、收入、消费等资料，分为城镇居民生活和农村居民生活两部分。

二、资料来源

城镇居民生活状况的数据来源于城镇住户调查，该调查采用抽样调查的方法，在2001年以前调查对象为全省非农业住户，2002年以后改为全省城市市区和县城关镇区住户。采用固定样本户连续记帐的调查方式，调查网点实行样本轮换制度，每三年为一个周期。调查户是按“二阶段”、“划类选点”、“等距抽样”随机抽选的。全省共抽选出调查市、县23个，调查户2460户。由国家统计局河南调查总队编辑整理。

农村居民生活状况的数据来源于农村住户调查，该调查采用抽样调查的方法，调查网点分布在全省420个村，每个村抽取10个农户，共抽取了4200个样本农户，采用调查户常年记账与一次性调查相结合的调查方式。调查网点实行样本轮换制度，每四年为一个周期。由国家统计局河南调查总队编辑整理。

10-1 历年城乡居民家庭人均收支及恩格尔系数

Per Capita Income 、Expenditures and Engel's Coefficient in Urban and Rural Areas over the year

指数以上年为100，按可比价格计算。

Indices are preceding year=100, while tempos are calculated at comparable prices.

单位:元 (yuan)

年份 Year	城镇居民家庭人均 Per Capita Annual Income and Expenditures of Urban Household: 可支配收入 Disposable Income	可支配收入指数 Disposable Income Index	消费支出 Consumptive Expenditures	#食品 Food	恩格尔系数(%) Engel's Coefficient (%)	农村居民家庭人均 Per Capita Annual Income and Expenditures of Rural Household: 纯收入 Net Income	纯收入指数 Index of Net Income	生活消费支出 Expenditures of Living	#食品 Food	恩格尔系数(%) Engel's Coefficient (%)
1978			274.00	163.00	59.5	104.71		81.70		
1979						133.56		110.83	67.32	60.7
1980			335.02	192.66	57.5	160.78		135.51	78.49	57.9
1981			363.23	205.18	56.5	215.57		165.57	89.08	53.8
1982			382.47	214.17	56.0	216.74		177.90	101.18	56.9
1983			405.00	232.07	57.3	272.00		196.35	113.71	57.9
1984			431.68	244.37	56.6	301.17		219.64	122.46	55.8
1985			556.72	277.74	49.9	328.78		260.19	145.83	56.0
1986			653.83	333.59	51.0	333.64	99.7	292.48	159.88	54.7
1987			711.27	379.57	53.4	377.72	110.1	309.90	164.03	52.9
1988			896.55	465.99	52.0	401.32	98.2	346.73	179.42	51.7
1989			963.97	533.19	55.3	457.06	102.5	390.05	199.99	51.3
1990			1067.67	585.27	54.8	526.95	105.5	437.73	240.93	55.0
1991			1199.95	644.26	53.7	539.29	102.3	454.68	242.83	53.4
1992	1608.03		1342.58	716.99	53.4	588.48	104.9	472.61	264.02	55.9
1993	1962.75	110.4	1609.26	798.78	49.6	695.85	109.0	564.93	334.52	59.2
1994	2618.55	104.7	2155.15	1074.18	49.8	909.81	103.4	731.78	426.17	58.2
1995	3299.46	107.8	2673.95	1338.93	50.1	1231.97	109.5	929.39	544.26	58.6
1996	3755.44	103.9	3009.35	1439.32	47.8	1579.19	113.8	1206.43	670.89	55.6
1997	4093.62	106.4	3378.02	1506.25	44.6	1733.89	107.4	1270.52	693.09	54.6
1998	4219.42	105.3	3415.65	1454.99	42.6	1864.05	106.5	1240.30	700.78	56.5
1999	4532.36	111.2	3497.53	1427.65	40.8	1948.36	106.4	1163.98	617.46	53.0
2000	4766.26	106.1	3830.71	1386.76	36.2	1985.82	103.9	1315.83	654.13	49.7
2001	5267.42	108.8	4110.17	1424.90	34.7	2097.86	104.9	1375.60	668.77	48.6
2002	6245.40	114.2	4504.68	1517.04	33.7	2215.74	105.1	1451.51	697.02	48.0
2003	6926.12	109.0	4941.60	1662.30	33.6	2235.68	99.6	1508.67	726.57	48.2
2004	7704.90	105.5	5294.19	1855.44	35.0	2553.15	108.1	1664.09	808.27	48.6
2005	8667.97	110.2	6038.02	2067.51	34.2	2870.58	107.5	1891.57	858.97	45.4
2006	9810.26	111.9	6685.18	2215.32	33.1	3261.03	112.1	2229.28	911.48	40.9
2007	11477.05	111.0	7826.72	2707.44	34.6	3851.60	112.2	2676.41	1017.43	38.0

10-2 各市城乡居民家庭人均收支情况(2007年)
Per Capita Income and Expenditures in Urban and Rural Areas by City(2007)

单位：元 (yuan)

市 City	城镇居民家庭人均 Per Capita (Urban) Residents				农村居民家庭人均 Per Capita (Rural) Residents			
	可支配收入 Disposable Income	消费性支出 Consumption Expenditures	#食品 Food	恩格尔系数(%) Angle modulus(%)	纯收入 Net Income	生活消费支出 living Expenditures	#食品 Food	恩格尔系数(%) Angle modulus(%)
全　　省 Average	**11477**	**7827**	**2707**	**34.6**	**3852**	**2676**	**1017**	**38.0**
郑　州　市 Zhengzhou	13692	8716	3014	34.6	6594	3916	1210	30.9
开　封　市 Kaifeng	9769	7434	2764	37.2	3763	2193	827	37.7
洛　阳　市 Luoyang	12770	8833	3032	34.3	4038	2957	1094	37.0
平顶山市 Pingdingshan	11715	8261	2849	34.5	3733	2257	954	42.3
安　阳　市 Anyang	11796	8053	2859	35.5	4493	2809	922	32.8
鹤　壁　市 Hebi	10912	6944	2243	32.3	4827	2506	1053	42.0
新　乡　市 Xinxiang	11236	7933	2628	33.1	4355	3008	1036	34.4
焦　作　市 Jiaozuo	11488	8129	2621	32.2	5326	3182	1038	32.6
濮　阳　市 Puyang	11042	7478	2440	32.6	3460	2008	810	40.3
许　昌　市 Xvchang	10741	7511	2582	34.4	5046	2882	971	33.7
漯　河　市 Luohe	10732	7460	2559	34.3	4567	2524	891	35.3
三门峡市 Sanmenxia	10710	8008	2429	30.3	4033	2824	1135	40.2
南　阳　市 Nanyang	10713	7276	2460	33.8	4014	2837	1136	40.0
商　丘　市 Shangqiu	10166	6401	2408	37.6	3248	2124	809	38.1
信　阳　市 Xinyang	9477	6735	2623	38.9	3737	2783	1405	50.5
周　口　市 Zhoukou	8955	6722	2451	36.5	3122	2314	916	39.6
驻马店市 Zhumadian	9762	6835	2362	34.6	3410	2465	1117	45.3
济　源　市 Jiyuan	11945	7444	2121	28.5	5346	3297	1157	35.1

10-3 城镇居民家庭基本情况

Basic Conditions of Urban Households

项 目	Item	2000	2001	2002	2003	2004	2005	2006	2007
调查市县数(个)	Number of Cities Surveyed (Entries)	27	27	23	23	23	23	23	23
调查户数(户)	Number of Households Surveyed (household)	2820	2920	2551	2444	2414	2408	2459	2459
家庭人口数(人)	Household Size (person)	9105	9279	7831	7405	7242	7152	7229	7130
平均每户家庭人口数(人)	Average Household Size (person)	3.23	3.18	3.07	3.03	3.00	2.97	2.94	2.90
就业人口数(人)	Number of Person Employed (person)	4690	4678	3877	3715	3693	3864	3762	3762
平均每户就业人口数(人)	Average Employed Persons Per Household (person)	1.66	1.60	1.52	1.52	1.53	1.53	1.53	1.53
平均每一就业者负担人数(人)	Number of Persons Supported by Each Laborer (person)	1.94	1.98	2.02	1.99	1.96	1.94	1.92	1.90
平均每人全年总收入(元)	Per Capita Annual total Income (yuan)			6516	7245	8073	9146	10339	12083
#可支配收入	Per Capita Disposable Income	4766	5267	6245	6926	7705	8668	9810	11477
工资性收入	Wage Income			4289	4758	5322	6095	6861	8059
经营净收入	Net Income from Operations			302	363	429	661	770	819
财产性收入	Property Income			75	85	126	96	130	160
转移性收入	Transfer Income			1850	2040	2196	2294	2578	3045
平均每人全年总支出(元)	Per Capita Annual total Expenditures (yuan)			5745	6466	6734	7831	8722	10039
#消费支出	Consumption Expenditures	3831	4110	4505	4942	5294	6038	6685	7827
现住房总建筑面积(平方米)	Total Covered Area of Present House (sq.m)			214715	212506	216752	219075	227974	230228
平均每户建筑面积(平方米)	Per Household Covered Area(sq.m)			84.18	86.96	89.79	90.98	92.71	93.64
平均每人建筑面积(平方米)	Per Capita Covered Area (sq.m)			27.42	28.89	30.03	30.84	31.75	32.29

注：1.平均每一就业者负担人数包括就业者本人(下同)。
2.人均建筑面积是按家庭常住人口计算的。
a)Number of Dependents of per Laborer Contained himself.(The same as in following table)
b)Per Capita Floor space of Residential Building is Calculated by persons Living in it continuously.

10-4 按收入等级分的城镇居民家庭生活基本情况(2007年)
Basic Conditions of Urban Households Life by Level of Income (2007)

项目	Item	总平均 Average	最低收入户 Lowest Income Households	#更低户 Difficult Households	低收入户 Low Income Households	较低收入户 Lower Middle Income Households
调查户数(户)	Number of Households Surveyed (household)	2459	247	124	247	493
比重(%)	Proportion(%)	100.0	10.0	5.0	10.0	20.1
平均每户	Per Household					
家庭人口数(人)	Average Household Size(person)	2.90	3.21	3.05	3.25	3.15
就业人口数(人)	Average Employed Persons Per Household (person)	1.53	1.40	1.25	1.59	1.67
平均每一就业者负担人数(人)	Number of Persons Supported by Each Laborer (person)	1.90	2.29	2.44	2.04	1.89
平均每人全年	Per Capita Annual					
总收入(元)	Total Income (yuan)	12083	4497	3619	6767	9028
#可支配收入	Disposable Income	11477	4253	3467	6425	8591
消费支出(元)	Expenditures of Consumption(yuan)	7827	3771	3206	5085	6371

项目	Item	中间收入户 Middle Income Households	较高收入户 Upper Middle Income Households	高收入户 High Income Households	最高收入户 Highest Income Households
调查户数(户)	Number of Households Surveyed (household)	493	492	245	243
比重(%)	Proportion(%)	20.0	20.0	10.0	9.9
平均每户	Per Household				
家庭人口数(人)	Average Household Size(person)	2.93	2.70	2.49	2.29
就业人口数(人)	Average Employed Persons Per Household (person)	1.56	1.49	1.44	1.44
平均每一就业者负担人数(人)	Number of Persons Supported by Each Laborer (person)	1.88	1.81	1.73	1.59
平均每人全年	Per Capita Annual				
总收入(元)	Total Income (yuan)	11802	15177	19685	27711
#可支配收入	Disposable Income	11217	14384	18605	26475
消费支出(元)	Expenditures of Consumption(yuan)	8027	9678	11130	14814

10–5 城镇居民家庭就业情况

Employment conditions of Urban households

项目	Item	2000	2002	2003	2004	2005	2006	2007
调查户数(户)	**Number of Households Surveyed (household)**	**2820**	**2551**	**2444**	**2414**	**2408**	**2459**	**2459**
平均每户家庭人口数(人)	**Average Household Size (person)**	**3.23**	**3.07**	**3.03**	**3.00**	**2.97**	**2.94**	**2.90**
有收入者人数	Number of person having income	2.14	2.11	2.12	2.12	2.07	2.09	2.10
就业人口数	Number of Person Employed	1.66	1.52	1.52	1.53	1.53	1.53	1.53
国有经济单位	State-Owned Units	1.27	1.15	1.15	1.17	1.11	1.10	1.07
城镇集体经济单位	Collective-Owned Units	0.16	0.12	0.11	0.10	0.09	0.08	0.07
其他各种经济类型单位	Other economic units	0.02	0.03	0.03	0.04	0.07	0.06	0.07
城镇个体经营者	Person employed by himself in town	0.14	0.10	0.11	0.11	0.13	0.13	0.14
城镇个体被雇人员	Employed person in town	0.04	0.06	0.07	0.07	0.08	0.10	0.11
离退休再就业人员	Retired and resigned person reemployed	0.03	0.03	0.03	0.03	0.03	0.03	0.03
其他就业人员	Person employed in other way	0.01	0.02	0.02	0.02	0.02	0.03	0.03
离退休人数	Number of retired and resigned person	0.47	0.55	0.54	0.55	0.51	0.52	0.54
其他有收入者人数	Number of other person having income	0.01	0.04	0.05	0.05	0.04	0.03	0.02
无收入者人数	Number of person having no income	1.09	0.96	0.91	0.88	0.90	0.85	0.80
非家庭人口在家用餐人次数	**frequncy of non-family member eating at home**		**7.72**	**8.35**	**7.59**	**5.38**	**4.66**	**3.30**
家庭人口在外用餐人次数	**frequncy of family member eating out**		**13.30**	**14.51**	**15.00**	**16.76**	**16.27**	**14.89**

10–6 各市城镇居民人均可支配收入

Per Capita Disposable Income of Urban Residents By City

单位：元 (yuan)

市	City	2000	2001	2002	2003	2004	2005	2006	2007
郑州市	Zhengzhou	5934.81	6633.36	7494.72	8346.25	9363.66	10639.84	11822.14	13692.22
开封市	Kaifeng	4088.61	4925.68	5503.20	6184.41	6602.87	7220.32	8286.14	9769.46
洛阳市	Luoyang	5201.14	5770.21	6847.80	7640.46	8622.18	9719.55	10982.25	12769.51
平顶山市	Pingdingshan	4789.66	5270.12	6095.76	6692.93	7630.69	8723.21	9897.47	11714.85
安阳市	Anyang	4501.63	4837.92	5987.16	7071.60	7903.09	8822.45	10008.79	11796.35
鹤壁市	Hebi	3945.89	4438.40	5295.36	5977.04	6793.46	7898.46	9088.70	10912.29
新乡市	Xinxiang	4700.05	4966.59	5641.92	6231.05	7145.55	8312.13	9455.00	11235.61
焦作市	Jiaozuo	4007.59	4509.48	5518.08	6605.01	7286.10	8429.70	9627.53	11487.76
濮阳市	Puyang	4089.68	4512.41	5874.96	6327.18	7091.42	7971.84	8963.19	11042.01
许昌市	Xvchang	4410.48	4785.53	5673.12	6172.32	6959.00	7768.66	8890.86	10740.71
漯河市	Luohe	4633.13	5262.67	5916.24	6398.37	7063.49	7922.81	9033.66	10732.25
三门峡市	Sanmenxia	5245.11	5572.69	6230.64	6696.09	7232.25	8071.40	9072.06	10710.25
南阳市	Nanyang	4429.54	4751.75	5659.32	6107.99	6919.42	7830.69	8913.30	10713.03
商丘市	Shangqiu		4406.30	5151.48	5552.05	6321.78	7246.58	8345.61	10165.92
信阳市	Xinyang	4037.02	4321.86	4874.64	5251.02	5935.28	6762.39	7759.24	9477.45
周口市	Zhoukou	3645.51	3945.98	4590.36	5004.27	5641.97	6355.61	7218.19	8955.23
驻马店市	Zhumadian	4406.54	4718.27	5302.92	5675.77	6179.47	6899.75	7901.13	9762.10
济源市	Jiyuan	4723.44	5462.80	6010.92	6796.77	7828.03	9017.26	10298.24	11945.37

10-7 城镇居民家庭平均每人全年现金收入情况(2007年)

单位：元

项目	Item	总平均 Average	最低收入户 Lowest Income Households	#更低户 Difficult Households
家庭总收入	**Total Household Income**	**12082.99**	**4496.76**	**3619.48**
#可支配收入	Disposable Income	11477.05	4253.42	3466.71
工资性收入	Wage Income	8058.81	2805.83	2028.75
工资及补贴收入	Wage Income and Surplus Income	7905.54	2694.09	1937.03
其他劳动收入	Other Earned Income	153.26	111.74	91.72
经营净收入	Net Income from Operations	819.34	736.20	656.65
财产性收入	Property Income	159.63	56.15	71.35
#利息	Interest	26.01	1.09	1.91
股息与红利收入	Dividend Income	49.45	1.14	
保险收益	Insurance Income	3.97		
其他投资收入	Other Investment Income	25.08		
出租房屋收入	Income from Renting Room	52.82	53.25	68.07
转移性收入	Transfer Income	3045.21	898.59	862.73
#养老金或离退休金	Pension	2634.71	579.32	533.69
社会救济收入	Income from Social Relief	11.48	62.46	94.56
辞退金	Severance pay	0.02	0.18	0.36
赔偿收入	Compensation money	0.17		
保险收入	Insurance Income	16.83	20.06	13.30
#失业保险金	Unemployment insurance expense	10.23	20.06	13.30
赡养收入	Income of Alimony	143.17	110.92	110.05
捐赠收入	Income of Presentation	187.37	84.16	72.72
亲友搭伙费	Food expenditure from kinsfolk			
提取住房公积金	Drawaing of Accumulated Fund for House	4.93		
记帐补贴	Subsidy for taking accounts	37.92	34.12	37.79
出售财物收入	**Income from Selling Property**	**39.27**	**2.39**	**3.75**
借贷收入	**Income of Borrow Money and Loan**	**2180.65**	**766.31**	**766.56**
#提取储蓄存款	Drawing Money from Banks	1951.65	680.48	631.72
借入款	Borrow Money	141.60	80.64	134.84
收回借出款	Retrieval of loan	18.60	4.67	
收回储蓄性保险本金	Retrieval of Saving Insurance Pricipal	5.04		
兑售有价证券	Cashing in and selling bonds	14.02		
收回投资本金	Retrieval of Investment Pricipal	1.84		
住房贷款	House Loan	41.59		

Per Capita Annual Cash Income of Urban Households (2007)

(yuan)

低收入户 Low Income Households	较低收入户 Lower Middle Income Households	中间收入户 Middle Income Households	较高收入户 Upper Middle Income Households	高收入户 High Income Households	最高收入户 Highest Income Households	#更高收入户 Higher Income Household
6767.21	**9027.56**	**11801.96**	**15177.27**	**19685.45**	**27711.02**	**32093.62**
6424.56	8590.93	11217.35	14383.69	18605.46	26474.78	30799.82
4701.25	6183.47	7893.05	10282.72	13140.53	17496.63	18546.95
4598.57	6058.88	7779.37	10083.26	13085.37	16992.94	17855.82
102.68	124.59	113.67	199.46	55.16	503.69	691.13
534.91	754.11	820.43	762.80	728.17	1888.12	2767.12
66.00	69.36	163.06	161.38	242.79	668.58	956.84
10.30	11.12	19.88	46.65	56.46	71.30	67.48
15.68	16.60	52.65	39.59	27.42	333.06	522.08
1.14	0.76	2.95	8.65	16.44	2.25	
8.53	8.26	21.57	16.52	46.84	155.80	222.24
29.45	30.17	63.10	47.60	93.89	100.38	145.04
1465.05	2020.62	2925.43	3970.37	5573.96	7657.70	9822.72
1210.87	1772.28	2632.36	3440.33	4785.00	6723.00	8430.75
18.64	2.56	1.94	2.21	1.64	3.10	
	0.53	0.16			0.22	0.48
10.56	14.18	4.74	14.91	0.89	87.61	38.69
10.43	11.49	4.72	11.25		13.87	24.73
44.02	78.98	108.92	193.21	422.17	218.05	311.70
141.88	107.82	135.70	268.67	290.61	510.12	882.95
		3.28			60.15	104.95
34.36	36.62	35.83	39.45	43.80	49.82	49.37
3.07	**3.40**	**16.26**	**77.70**	**11.81**	**273.30**	**67.65**
705.86	**1579.31**	**1917.19**	**2843.96**	**3683.92**	**6282.00**	**5748.30**
659.19	1277.48	1843.07	2365.62	3489.64	5898.05	5444.91
29.31	133.03	45.57	339.53	156.08	206.34	14.30
9.15	14.29	8.63	42.86	29.71	24.97	21.65
		3.49	14.99		22.44	36.16
	11.30	16.21	8.71		93.19	201.16
	0.61				24.00	30.13
	125.21		71.45		6.11	

10-8 各市城镇居民家庭平均每人全年可支配收入情况(2007年)

Per Capita Annual Disposable Income of Urban Households by City(2007)

单位：元 (yuan)

项 目	Item	总平均 Average	最低收入户 Lowest Income Households	#更低户 Difficult Households	低收入户 Low Income Households
郑州市	Zhengzhou	**13692.22**	**5012.48**	**4076.46**	**7372.27**
开封市	Kaifeng	9769.46	3374.27	3016.66	4698.57
洛阳市	Luoyang	12769.51	5028.25	3965.53	6907.45
平顶山市	Pingdingshan	11714.85	3900.19	3055.47	5239.94
安阳市	Anyang	11796.35	4406.88	3524.14	6509.84
鹤壁市	Hebi	10912.29	3722.79	3184.00	5592.16
新乡市	Xinxiang	11235.61	3550.05	3040.48	5090.36
焦作市	Jiaozuo	11487.76	4793.70	3860.22	6540.95
濮阳市	Puyang	11042.01	4253.97	3595.05	5676.28
许昌市	Xvchang	10740.71	4651.86	3889.00	6452.57
漯河市	Luohe	10732.25	4216.99	3748.81	5723.92
三门峡市	Sanmenxia	10710.25	4512.23	3825.67	6321.62
南阳市	Nanyang	10713.03	4893.52	4294.48	6567.66
商丘市	Shangqiu	10165.92	4418.55	3585.88	6271.58
信阳市	Xinyang	9477.45	3751.95	3353.23	5279.99
周口市	Zhoukou	8955.23	3903.20	3241.95	5739.19
驻马店市	Zhumadian	9762.10	4212.87	3531.19	5912.11
济源市	Jiyuan	11945.37	5015.96	4710.40	6509.74

项 目	Item	较低收入户 Lower Middle Income Households	中间收入户 Middle Income Households	较高收入户 Upper Middle Income Households	高收入户 High Income Households	最高收入户 Highest Income Households	#更高收入户 Higher Income Household
郑州市	Zhengzhou	**9657.20**	**12039.42**	**15186.07**	**19365.01**	**27498.68**	**31872.71**
开封市	Kaifeng	6311.50	8532.91	11944.44	14842.77	20512.63	23027.09
洛阳市	Luoyang	8659.22	10770.46	13398.99	16591.84	24067.66	28331.66
平顶山市	Pingdingshan	7251.13	9443.79	12096.47	14908.38	22893.01	27118.37
安阳市	Anyang	8102.46	10037.94	12558.61	15891.77	22870.19	26792.59
鹤壁市	Hebi	7343.52	9720.59	12274.33	16060.32	23280.23	27859.08
新乡市	Xinxiang	6807.44	8997.39	12783.07	17097.61	27378.07	32478.78
焦作市	Jiaozuo	8089.66	10176.00	12781.97	15815.24	22103.28	24127.24
濮阳市	Puyang	6982.68	8256.74	10467.82	13779.33	23766.33	28573.84
许昌市	Xvchang	7836.90	9806.20	11881.97	14391.42	21808.18	24894.88
漯河市	Luohe	7605.66	9482.03	11727.61	14476.04	21518.32	24279.40
三门峡市	Sanmenxia	8258.75	9996.00	12934.45	15834.11	20881.85	22726.59
南阳市	Nanyang	7770.00	9440.95	11279.17	13832.09	21600.78	25333.29
商丘市	Shangqiu	7465.78	9278.53	12113.09	15517.54	21089.31	23817.86
信阳市	Xinyang	6975.74	9084.79	11340.70	14279.65	19590.78	22179.69
周口市	Zhoukou	7039.75	8398.16	10067.83	12260.89	17890.67	20670.62
驻马店市	Zhumadian	7198.58	8755.45	10553.77	13669.83	20512.03	24362.64
济源市	Jiyuan	9372.28	11795.08	13641.21	18293.21	29065.88	33570.56

10-9 城镇居民家庭平均每人全年消费性支出

Per Capita Annual Consumption Expenditures of Urban Households

单位：元　　　　(yuan)

项　目	Item	2000	2001	2002	2003	2004	2005	2006	2007
消费性支出	**Consumption Expenditures**	**3830.71**	**4110.17**	**4504.68**	**4941.60**	**5294.19**	**6038.02**	**6685.18**	**7826.72**
#服务性消费支出	Consumption Expenditure of Service			1134.48	1224.56	1341.58	1564.35	1679.28	1879.27
食品	**Food**	**1386.76**	**1424.90**	**1517.04**	**1662.30**	**1855.44**	**2067.51**	**2215.32**	**2707.44**
#粮食	Grain	219.78	201.59	191.52	200.32	233.72	228.78	236.70	276.80
淀粉及薯类	Starches and Tubers	23.45	19.35	16.56	19.87	20.88	24.75	26.43	34.08
干豆类及豆制品	Beans and Bean Products	26.43	28.45	24.72	27.74	31.19	32.70	32.86	40.59
油脂类	Oil and Fats	55.61	57.82	50.76	63.48	71.80	66.05	69.38	93.93
肉禽及制品	Meat,Poultry and Related Products	264.88	291.72	293.88	317.96	354.01	371.16	362.51	485.25
蛋类	Eggs	67.48	67.69	63.00	65.96	73.57	76.06	71.76	98.56
水产品类	Aquatic Products	34.76	41.62	37.44	39.28	39.93	43.54	47.61	58.13
蔬菜类	Vegetables	138.55	142.62	168.60	189.63	210.97	217.28	245.65	299.83
调味品	Condiments	26.50	26.41	27.00	29.04	29.21	29.48	32.51	38.94
糖类	Sugar	16.42	19.13	15.12	15.51	15.54	17.16	19.61	22.42
烟草类	Tobacco	87.18	71.81	74.04	75.92	76.21	96.56	106.49	127.33
酒和饮料	Liquor and Beverages	110.75	93.85	97.92	102.39	97.67	119.60	128.63	154.54
干鲜瓜果	Dried and Fresh Melons and Fruits	74.92	85.62	109.80	111.50	132.83	146.95	168.51	213.18
糕点类	Cake	31.07	29.13	35.52	42.15	45.29	48.58	52.14	63.43
奶及奶制品	Milk and dairy Products	43.28	50.90	66.36	91.96	106.23	115.26	123.22	145.11
食品加工服务费	Food Processing Service Fees	1.29	0.83	0.60	0.80	0.56	0.36	0.46	0.84
在外用餐	Dining Out	127.27	159.09	210.72	229.79	275.29	391.46	444.70	491.28
衣着	**Clothing**	**460.99**	**484.16**	**570.48**	**602.64**	**650.30**	**806.39**	**919.31**	**1053.13**
#服装	Garments	314.99	330.59	420.00	435.93	474.43	595.33	671.27	771.35
衣着材料	Clothing Materials	28.10	24.53	14.40	13.70	10.69	9.96	8.45	9.57
鞋类及其他衣着	Shoes and Other Clothing	108.48	120.79	129.96	147.40	159.59	196.05	233.87	266.35
衣着加工服务费	Tailoring and Laundering Service Fees	9.42	8.25	6.00	5.61	5.60	5.04	5.71	5.86
家庭设备、用品及服务	**Household Facilities, Articles and Service**	**312.97**	**333.24**	**324.48**	**345.68**	**332.06**	**376.27**	**431.02**	**549.14**
#耐用消费品	Durable Consumer Goods	187.41	201.03	191.04	196.16	181.12	190.08	230.19	288.01
室内装饰品	Interior Decorations	11.15	14.55	13.68	9.95	9.93	13.65	15.68	14.70
床上用品	Bed Articles	20.37	18.99	25.20	27.52	28.20	37.74	43.25	49.84
家庭日用杂品	Household Articles for Daily Use	59.40	63.58	76.20	91.96	92.51	106.87	118.19	164.11
家具材料	Furniture Materials	3.75	2.20	2.52	1.86	2.76	4.37	3.35	13.06
家庭服务	Household Services	30.88	32.89	15.72	18.22	17.54	23.58	20.35	19.43
医疗保健	**Medicine and medical Service**	**280.78**	**298.74**	**389.64**	**443.27**	**436.53**	**472.31**	**520.57**	**626.55**
#药品费	Expenses for Medical Care	213.39	235.67	253.44	301.66	289.50	303.43	321.51	382.30
交通和通信	**transportation and communications**	**246.24**	**299.89**	**477.60**	**533.86**	**569.85**	**636.57**	**762.08**	**858.33**
交通	transportation	94.36	91.91	143.64	127.15	168.17	177.07	259.45	320.64
通信	Communication	151.89	207.98	333.84	406.72	401.68	459.50	502.64	537.69
教育文化娱乐服务	**Recreation,education and Cultural services**	**407.26**	**427.88**	**586.32**	**629.91**	**694.56**	**805.08**	**847.12**	**936.55**
文化娱乐用品	Recreation Durable Consumer Goods	100.19	89.76	172.44	188.07	167.30	208.65	231.62	235.78
文化娱乐服务	Recreation	72.87	84.26	134.52	109.06	156.95	174.70	192.24	245.50
教育	Educations	234.20	253.86	279.48	332.79	370.30	421.72	423.26	455.28
居住	**Residence**	**547.19**	**650.25**	**499.44**	**566.30**	**578.60**	**651.98**	**737.00**	**795.39**
住房	Housing	341.08	379.92	180.24	187.85	162.64	160.15	173.09	215.00
水电燃料及其他	water,Electricity and Fuels			297.96	350.65	388.35	457.65	525.51	523.76
居住服务费	Service Fee for Residence			21.36	27.80	27.61	34.18	38.40	56.64
杂项商品和服务	**Miscellaneous and Services**	**188.52**	**191.10**	**139.80**	**157.63**	**176.84**	**221.91**	**252.76**	**300.19**
杂项商品	Miscellaneous			88.08	98.30	110.00	147.57	166.01	187.00
服务	Services			51.72	59.33	66.84	74.34	86.75	113.19

10-10 城镇居民家庭平均每人全年现金支出情况(2007年)

单位：元

项　目	Item	总平均 Average	最低收入户 Lowest Income Households	#更低户 Difficult Households
家庭总支出	**Total Household Expenditure**	**10039.21**	**4328.07**	**3601.16**
消费性支出	**Consumption Expenditures**	**7826.72**	**3770.62**	**3205.94**
#服务性消费支出	Consumption Expenditure of Service	1879.27	869.94	717.30
食品	Food	2707.44	1606.46	1385.16
#粮食	Foodstuff	276.80	198.03	180.86
肉	Meat	365.00	230.24	196.25
衣着	Clothing	1053.13	482.36	404.06
家庭设备、用品及服务	Household Facilities,Articles and Service	549.14	149.98	120.58
医疗保健	Medicine and medical Service	626.55	262.80	283.24
交通和通信	Transport, Post and Communication Services	858.33	333.80	274.32
教育文化娱乐服务	Recreation,education and Cultural services	936.55	449.40	324.82
居住	Residence	795.39	384.03	332.43
杂项商品和服务	Miscellaneous and Services	300.19	101.79	81.33
购房与建房支出	**Expenditure of Buying and Building House**	**454.64**	**1.23**	
转移性支出	**Transfer Expenditure**	**1211.07**	**348.53**	**280.16**
交纳所得税	Paid-Tax	29.42	1.59	0.03
捐赠支出	Donation Expenditure	734.77	238.71	189.30
购买彩票	Buying Lottery	5.05	0.60	0.85
赡养支出	Support Expenditure	376.52	98.71	84.96
#在外就学子女费用	Expenditure of Children Studying far from Home	245.86	64.51	72.49
各种非储蓄性保险支出	All Kinds of non Saving Insurance Expenditure	28.81	4.35	2.94
#车辆保险支出	Expenditure of Car Insurance	2.85		
其他转移性支出	Other Transfer Expenditure	36.50	4.58	2.09
财产性支出	**Property Expenditure**	**8.17**	**0.05**	**0.11**
#非生产性贷款利息支出	Interest Expenditure of Non-Productive Loans	4.48	0.05	0.11
社会保障支出	**Expenditure of Social Protection**	**538.60**	**207.63**	**114.95**
个人交纳的养老基金	Pension Fund Paid by Oneself	218.83	128.40	80.10
个人交纳的住房公积金	House Accumulated Fund Paid by Oneself	215.94	42.58	9.97
个人交纳的医疗基金	Medical Fund Paid by Oneself	83.66	29.52	21.13
个人交纳的失业基金	Unemployment Fund Paid by Oneself	18.12	7.05	3.75
其他社会保障支出	Expenditure of Other Social Protection	2.04	0.08	
借贷支出	**Expenditure on Loan**	**3855.49**	**769.34**	**585.53**
#存入储蓄款	Savings Deposits	3438.59	646.83	550.17
借出款	Lending Money	52.92	54.93	
归还借款	Money of Repaying	81.43	13.60	18.00
储蓄性保险支出	Expenditure on Saving Insurance	95.83	23.15	14.82
购买有价证券	Purchase of Valuable Securites	81.42	26.01	
其他投资支出	Expenditure of Other Investment	6.65	0.61	
归还住房贷款	Repayment of House Loan	87.49	4.22	2.55

Per Capita Annual Cash Expenditures of Urban Households (2007)

(yuan)

低收入户 Low Income Households	较低收入户 Lower Middle Income Households	中间收入户 Middle Income Households	较高收入户 Upper Middle Income Households	高收入户 High Income Households	最高收入户 Highest Income Households	#更高收入户 Higher Income Household
5971.97	**7887.82**	**10046.16**	**12500.76**	**15404.02**	**20890.54**	**22351.67**
5084.98	**6371.22**	**8027.15**	**9678.00**	**11130.19**	**14814.30**	**15837.06**
1133.13	1454.42	1953.94	2413.46	2701.24	3663.11	4036.60
2012.92	2364.09	2740.78	3190.12	3689.60	4371.42	4727.94
222.94	250.73	282.44	315.82	348.45	385.21	392.98
281.68	335.55	374.88	423.99	474.48	522.09	555.98
638.28	859.77	1070.82	1335.72	1536.76	2000.49	2309.48
305.77	398.23	633.29	690.26	818.56	1202.96	1231.30
401.54	485.75	648.40	757.25	1069.90	1163.69	1258.97
470.47	713.71	807.43	1129.44	1121.11	2002.96	1754.85
549.45	743.80	966.17	1229.96	1289.93	1779.59	1818.00
557.83	600.24	880.16	897.93	1191.12	1554.21	1817.47
148.73	205.63	280.10	447.32	413.23	738.99	919.04
	284.12	**350.65**	**689.27**	**1335.52**	**1214.64**	**1194.68**
566.41	**835.24**	**1133.28**	**1403.72**	**1955.99**	**3820.66**	**4255.69**
2.77	5.68	19.00	33.97	68.84	169.31	209.70
342.25	563.97	728.00	911.28	1196.73	1813.68	2304.21
2.31	2.79	5.19	6.07	10.63	15.02	3.46
201.23	223.45	328.88	348.81	586.32	1593.57	1518.86
166.31	118.94	215.25	195.25	362.19	1173.05	1027.48
6.82	19.47	28.58	52.84	18.81	86.76	101.52
0.09	0.50	3.83	3.92		17.41	14.60
11.04	19.88	23.64	50.75	74.66	142.31	117.95
15.05	**2.91**	**5.30**	**9.60**	**14.98**	**23.83**	**29.50**
0.54	0.48	4.92	3.78	13.49	21.54	26.26
305.53	**394.33**	**529.78**	**720.16**	**967.34**	**1017.11**	**1034.74**
177.16	171.95	227.23	275.86	329.81	293.53	243.84
69.66	140.35	192.76	310.85	460.16	538.02	597.69
45.45	64.23	91.09	107.25	148.86	145.14	145.85
9.87	15.95	16.02	24.50	27.98	35.96	47.22
3.40	1.86	2.68	1.70	0.54	4.45	0.14
1289.41	**2386.49**	**3366.03**	**5006.35**	**7320.08**	**12521.94**	**14524.27**
1224.27	2117.22	3006.08	4422.60	6848.44	10880.58	12658.61
7.07	42.84	55.96	40.92	76.26	153.81	133.80
18.85	49.42	86.84	117.11	35.02	347.83	597.85
30.58	87.56	98.29	105.32	102.84	315.15	358.25
0.32	50.22	9.31	213.76	18.74	344.71	365.82
0.37	0.15	8.89	10.19	33.53	2.00	
6.08	35.71	95.13	66.28	167.36	470.88	409.01

10–11 各市城镇居民家庭消费支出情况(2007年)

单位：元

市 City	消费性支出 Consumption Expenditures	#服务性消费支出 Consumption Expenditure of Service	食品 Food	衣着 Clothing	家庭设备用品及服务 Household Facilities, Articles and Service
全省 Average	**7826.72**	**1879.27**	**2707.44**	**1053.13**	**549.14**
郑州市 Zhengzhou	8715.85	1973.24	3014.05	1167.92	596.96
开封市 Kaifeng	7434.20	1959.40	2763.58	836.01	533.82
洛阳市 Luoyang	8833.38	2418.89	3031.56	1102.38	637.93
平顶山市 Pingdingshan	8260.90	2085.67	2849.12	1166.27	601.09
安阳市 Anyang	8052.68	1753.27	2858.85	1023.79	578.60
鹤壁市 Hebi	6944.06	1737.56	2242.77	845.70	525.24
新乡市 Xinxiang	7932.59	1924.15	2627.64	1120.90	591.38
焦作市 Jiaozuo	8129.29	1821.25	2621.04	915.47	626.30
濮阳市 Puyang	7478.05	1824.63	2440.00	1100.45	517.00
许昌市 Xvchang	7511.31	1819.00	2581.57	931.34	628.83
漯河市 Luohe	7460.05	2017.71	2558.58	1177.65	509.77
三门峡市 Sanmenxia	8007.63	1975.60	2429.02	1112.93	611.07
南阳市 Nanyang	7275.99	1724.50	2459.56	1112.80	439.35
商丘市 Shangqiu	6401.22	1375.30	2407.91	983.29	464.55
信阳市 Xinyang	6734.55	1410.40	2623.03	870.28	570.32
周口市 Zhoukou	6722.07	1481.60	2450.96	1032.03	572.67
驻马店市 Zhumadian	6835.13	1626.92	2362.35	936.39	411.07
济源市 Jiyuan	7443.80	2232.89	2120.63	884.85	572.04

Per Capita Consumption Expenditures of Urban Households by City (2007)

(yuan)

医疗保健 Medicine and medical Service	交通和通信 transportation and communications	教育文化娱乐服务 Recreation, education and Cultural services	居住 Residence	杂项商品和服务 Miscellaneous and Services
626.55	**858.33**	**936.55**	**795.39**	**300.19**
782.42	950.94	1111.44	808.06	284.06
612.87	736.59	797.98	659.34	494.01
657.32	1024.59	1186.01	897.24	296.35
585.58	1121.98	1017.98	605.84	313.04
882.88	816.25	831.92	669.09	391.29
584.36	727.95	899.57	923.00	195.46
489.17	899.38	998.33	909.48	296.31
739.87	937.33	1037.09	957.27	294.91
510.56	752.98	937.44	974.71	244.91
604.68	776.31	925.48	758.16	304.94
431.78	745.96	966.67	826.21	243.43
542.84	1014.65	933.07	1103.95	260.09
512.21	823.25	935.11	753.57	240.07
349.55	690.08	662.86	640.19	202.80
429.13	693.02	645.55	691.33	211.89
387.55	620.19	740.07	668.00	250.61
647.08	729.38	814.63	642.37	291.84
565.01	802.69	1225.42	1049.77	223.39

10-12 按收入等级分的城镇居民家庭平均每人全年消费性支出(2007年)

单位:元

项目	Item	总平均 Average	最低收入户 Lowest Income Households	#更低户 Difficult Households
消费性支出	**Expenditures of Consumption**	**7826.72**	**3770.62**	**3205.94**
食品	**Food**	**2707.44**	**1606.46**	**1385.16**
#粮食	Grain	276.80	198.03	180.86
油脂类	Oil and Fats	93.93	68.29	59.64
肉禽及制品	Meat,Poultry and Related Products	485.25	317.62	270.71
蛋类	Eggs	98.56	71.06	63.23
水产品	Aquatic Products	58.13	37.06	32.60
菜类	Vegetables	299.83	197.51	171.03
烟草类	Tobacco	127.33	75.47	56.96
酒和饮料	Liquor and Beverages	154.54	90.69	74.46
奶及奶制品	Milk and dairy Products	145.11	81.86	73.47
衣着	**Clothing**	**1053.13**	**482.36**	**404.06**
#服装	Garments	771.35	348.71	294.45
家庭设备、用品及服务	**Household Facilities, Articles and Service**	**549.14**	**149.98**	**120.58**
耐用消费品	Durable Consumer Goods	288.01	49.99	40.98
室内装饰品	Interior Decorations	14.70	1.17	0.81
床上用品	Bed Articles	49.84	13.27	8.64
家庭日用杂品	Household Articles for Daily Use	164.11	79.33	66.41
家具材料	furniture material	13.06	2.08	
家庭服务	household service	19.43	4.15	3.74
医疗保健	**Medicine and medical Service**	**626.55**	**262.80**	**283.24**
#药品费	Expenses for medical care	382.30	156.77	161.14
交通和通信	**transportation and communications**	**858.33**	**333.80**	**274.32**
交通	transportation	320.64	95.66	79.90
通信	Communication	537.69	238.14	194.42
教育文化娱乐服务	**Recreation,Education and Cultural services**	**936.55**	**449.40**	**324.82**
文化娱乐用品	Recreation and Cultural Articles	235.78	65.14	44.42
文化娱乐服务	Recreation and Cultural Services	245.50	59.34	37.27
教育	Educations	455.28	324.93	243.13
居住	**Residence**	**795.39**	**384.03**	**332.43**
住房	Housing	215.00	46.18	30.36
水电燃料及其他	water,Electricity and Fuels	523.76	318.19	285.18
居住服务费	Service Fee for Residence	56.64	19.66	16.89
杂项商品和服务	**Miscellaneous Commodities and Services**	**300.19**	**101.79**	**81.33**

Per Capita Annual Consumption Expenditures of Urban Households by Level of Income (2007)

(yuan)

低收入户 Low Income Households	较低收入户 Lower Middle Income Households	中间收入户 Middle Income Households	较高收入户 Upper Middle Income Households	高收入户 High Income Households	最高收入户 Highest Income Households	#更高收入户 Higher Income Household
5084.98	**6371.22**	**8027.15**	**9678.00**	**11130.19**	**14814.30**	**15837.06**
2012.92	**2364.09**	**2740.78**	**3190.12**	**3689.60**	**4371.42**	**4727.94**
222.94	250.73	282.44	315.82	348.45	385.21	392.98
78.28	85.89	97.09	105.65	116.04	124.78	130.56
375.36	445.68	496.85	559.81	636.55	682.13	724.18
82.67	92.85	99.98	110.75	121.12	128.91	132.03
42.85	50.58	57.73	66.74	87.27	89.20	93.13
234.04	270.47	306.06	342.90	393.71	441.21	466.71
108.95	112.17	121.65	143.88	178.08	210.05	227.40
116.56	135.03	152.98	179.60	213.23	261.41	296.16
114.49	123.50	149.13	176.17	192.78	226.58	225.35
638.28	**859.77**	**1070.82**	**1335.72**	**1536.76**	**2000.49**	**2309.48**
458.60	620.46	785.30	981.20	1122.72	1510.09	1737.69
305.77	**398.23**	**633.29**	**690.26**	**818.56**	**1202.96**	**1231.30**
130.66	190.54	362.13	361.41	429.56	703.42	720.54
16.85	9.35	15.15	12.43	20.79	48.63	55.10
26.66	37.27	45.84	68.34	84.24	115.10	121.62
120.52	140.81	155.34	211.98	240.17	269.88	261.98
2.23	5.26	34.82	10.46	13.93	18.37	1.62
8.86	15.00	20.02	25.63	29.87	47.56	70.44
401.54	**485.75**	**648.40**	**757.25**	**1069.90**	**1163.69**	**1258.97**
266.21	304.34	394.18	457.26	650.47	674.66	754.16
470.47	**713.71**	**807.43**	**1129.44**	**1121.11**	**2002.96**	**1754.85**
133.08	265.05	245.75	474.78	313.76	1015.52	760.33
337.38	448.66	561.68	654.66	807.35	987.44	994.52
549.45	**743.80**	**966.17**	**1229.96**	**1289.93**	**1779.59**	**1818.00**
102.33	171.54	241.43	307.89	407.44	555.14	535.52
77.55	172.21	251.51	375.15	442.03	500.08	578.30
369.57	400.05	473.23	546.92	440.47	724.37	704.18
557.83	**600.24**	**880.16**	**897.93**	**1191.12**	**1554.21**	**1817.47**
144.06	100.25	282.48	225.43	370.14	588.47	772.00
378.18	441.35	535.37	611.04	729.16	885.83	961.04
35.59	58.64	62.30	61.46	91.81	79.91	84.43
148.73	**205.63**	**280.10**	**447.32**	**413.23**	**738.99**	**919.04**

10－13 按收入等级分的城镇居民家庭平均每人全年消费性支出(2007年)

单位:元

项　　目　　Item	总平均 Average	最低收入户 Lowest Income Households	#更低户 Difficult Households	低收入户 Low Income Households
郑州市 Zhengzhou	8715.85	4181.93	3456.03	5812.67
开封市 Kaifeng	7434.20	3143.01	3342.55	4323.01
洛阳市 Luoyang	8833.38	5022.37	4158.52	4977.18
平顶山市 Pingdingshan	8260.90	4768.82	3725.08	4976.78
安阳市 Anyang	8052.68	3552.49	3077.77	5042.70
鹤壁市 Hebi	6944.06	3309.34	3077.06	4234.22
新乡市 Xinxiang	7932.59	3186.71	2792.34	4057.64
焦作市 Jiaozuo	8129.29	4458.55	3939.51	4995.49
濮阳市 Puyang	7478.05	3572.33	2708.78	4712.53
许昌市 Xvchang	7511.31	3822.69	3367.78	4709.25
漯河市 Luohe	7460.05	3354.94	2810.43	4418.92
三门峡市 Sanmenxia	8007.63	3744.52	3277.94	5100.05
南阳市 Nanyang	7275.99	4010.99	4017.23	4892.75
商丘市 Shangqiu	6401.22	3783.81	2625.21	3963.93
信阳市 Xinyang	6734.55	2928.10	2825.44	4319.52
周口市 Zhoukou	6722.07	3184.44	2681.20	4537.97
驻马店市 Zhumadian	6835.13	3654.12	3591.28	5206.42
济源市 Jiyuan	7443.80	3476.54	3345.00	5033.37

Per Capita Annual Consumption Expenditures of Urban Households by Level of Income (2007)

(yuan)

较低收入户 Lower Middle Income Households	中间收入户 Middle Income Households	较高收入户 Upper Middle Income Households	高收入户 High Income Households	最高收入户 Highest Income Households	#更高收入户 Higher Income Household
7840.91	8340.82	9404.11	10780.94	13755.67	14471.42
5534.69	6705.16	10541.74	9261.31	11986.57	12755.34
6642.13	8285.01	10150.99	10493.57	13165.37	14909.09
6012.43	7227.57	8775.72	9991.44	12951.12	15618.44
5977.40	6735.81	8880.58	10472.40	14236.39	17807.28
5259.62	6242.78	7949.45	10743.20	11386.87	11242.15
5693.72	6827.75	9949.13	10744.07	14769.26	15064.93
5748.11	7439.58	9199.21	9669.24	15229.53	17454.95
4767.69	6272.77	6707.40	8247.79	16058.99	21147.61
5287.73	8060.82	8840.23	9895.73	11089.71	11950.19
5625.05	6342.71	8815.93	9523.29	13316.45	17281.44
6883.92	7247.88	10667.25	10485.75	13317.54	13130.12
5679.85	6658.85	7731.31	9832.35	12531.19	14173.24
4903.83	5992.25	7397.71	9414.93	12100.94	13290.33
5448.76	6709.60	8078.94	10007.88	11543.62	12501.48
5426.83	6640.87	7536.74	8743.10	12389.14	15171.10
5853.26	6629.45	6752.79	8061.42	12641.00	13696.87
6274.67	7765.04	9145.24	7477.88	16571.42	17573.42

10-14　城镇居民家庭平均每人全年购买的主要商品数量和平均每百户年末主要耐用消费品拥有量

Per Capita Annual Purchases of Major Commodities In Urban Households and Per 100 Urban Households Annual Purchase of Durable Consumer Goods

商品名称	Item	2000	2001	2002	2003	2004	2005	2006	2007
平均每人购买主要商品	**Per capita Annual Purchase of Major Commodities**								
大米(千克)	Rice(kg)	24.3	23.3	19.1	19.9	19.0	19.2	18.5	21.0
面粉(千克)	Flour(kg)	37.8	32.8	26.6	28.2	27.7	23.7	22.7	25.1
鲜菜(千克)	Fresh vegetables (kg)	114.1	124.9	137.9	135.0	145.3	132.6	136.7	149.3
食用植物油(千克)	Edible Vegetables Oil (kg)	6.9	7.7	7.1	7.7	7.8	7.3	7.5	7.9
猪肉(千克)	Pork (kg)	12.4	12.8	14.0	14.2	12.8	13.0	13.5	12.1
牛羊肉(千克)	Beef and Mutton (kg)	2.5	2.4	2.3	2.6	2.9	2.5	2.7	2.9
鲜蛋(千克)	Fresh Eggs (kg)	15.8	15.1	13.2	14.2	13.2	12.9	13.0	14.4
鱼(千克)	Fish and Shrimp (kg)	3.6	4.3	3.5	3.8	3.3	3.3	3.6	4.5
白酒(千克)	Liquor (kg)	2.8	2.5	2.3	2.5	2.1	2.4	2.3	2.3
啤酒(千克)	Beer kg)	6.6	5.5	4.4	3.9	3.6	3.5	3.7	4.2
茶叶(千克)	tea (kg)	0.1	0.1	0.1	0.1	0.1	0.1	0.1	0.2
鲜瓜果(千克)	Fresh Melons and Fruits (kg)	52.4	66.6	60.6	55.4	58.0	58.1	63.7	64.8
鲜奶(千克)	Fresh Milk (kg)	6.4	7.2	10.3	14.2	15.1	15.0	15.3	16.8
服装(件)	Clothing (piece)	6.3	6.6	7.4	7.5	7.6	7.9	8.0	8.4
平均每百户年末拥有主要耐用消费品	**Per 100 Urban Households Annual Purchase of Durable Consumer Goods**								
摩托车(辆)	Motorcycle (unit)	19.5	20.5	23.6	25.7	26.9	28.1	27.7	24.9
助力车(辆)	Aided Power Bike (Unit)			3.0	4.8	9.1	15.6	21.9	27.6
家用汽车(辆)	Domestic Car (Unit)	0.1	0.1	0.3	0.5	0.8	1.6	1.6	2.0
洗衣机(台)	Washing Machine (unit)	87.9	89.7	94.7	95.9	97.1	98.2	99.1	98.0
电冰箱(台)	Refrigerator (unit)	71.8	74.8	82.8	83.7	84.6	86.3	87.2	90.7
彩色电视机(台)	Color TV Set (unit)	108.0	112.1	121.1	124.2	125.2	124.6	127.2	126.9
家用电脑(台)	Computer(unit)	5.7	8.2	15.3	19.2	22.1	31.8	35.0	40.3
组合音响(套)	Hi-Fi Stereo Component System (set)	13.3	14.1	16.9	18.4	19.0	18.0	18.0	18.2
摄像机(架)	Pickup Camera (unit)	0.7	1.0	1.5	1.6	2.1	3.1	3.4	4.2
照相机(架)	Camera (unit)	27.2	27.9	34.6	37.0	37.9	38.9	39.1	38.0
钢琴(架)	Piano (unit)	0.9	0.8	1.5	2.0	2.0	2.1	1.8	1.6
其他中高档乐器(件)	Medium and High-Grade Musical Instrument (unit)	3.3	3.5	6.4	7.4	7.9	6.5	6.7	6.0
微波炉(台)	Oven(unit)	6.3	8.3	16.1	20.4	23.9	30.4	32.0	33.6
空调器(台)	Air Conditioner (unit)	34.5	42.2	62.5	73.1	81.8	93.6	100.6	105.7
淋浴热水器(台)	Shower (unit)	24.3	26.3	37.6	41.5	45.6	50.6	53.6	59.6
消毒碗柜(台)	Antiseptic Cupboard (Unit)			4.5	5.8	6.0	9.0	8.8	6.6
洗碗机(台)	Dish Washing Machine (Unit)			0.3	0.3	0.4	0.6	0.6	0.5
健身器(件)	Healthy Equipment(unit)	1.9	2.4	3.5	3.4	3.0	3.1	3.3	3.4
普通电话(部)	Telephone (Unit)			94.7	95.1	94.9	90.9	89.7	84.7
移动电话(台)	Hand Telephone (unit)	12.2	17.8	45.1	66.3	87.5	125.5	138.0	150.7

10-15 各市城镇居民家庭平均每人主要食品消费量(2007年)

Per Capita Consumption of Major Food in Rural Households by City(2007)

单位：千克 (kg)

市	City	大米面粉 Rice and Flour	鲜菜 Fresh Vegetables	食用植物油 Edible Vegetable Oil	猪牛羊肉 Pork, Beef and Mutton	鸡鸭 Chicken and Duck	鲜蛋 Fresh Eggs	鱼虾 Fish and Shrimp	鲜奶 Fresh Milk	酒 Liquor
郑州市	Zhengzhou	39.77	155.32	7.96	15.84	4.74	14.09	5.10	21.00	6.81
开封市	Kaifeng	53.05	150.33	8.18	13.26	3.81	12.70	5.65	19.48	15.48
洛阳市	Luoyang	39.36	143.97	7.39	15.80	3.04	11.70	4.84	24.10	5.17
平顶山市	Pingdingshan	37.41	145.30	7.35	15.18	4.19	12.84	4.69	13.15	3.73
安阳市	Anyang	73.68	160.11	9.23	17.40	2.24	21.43	3.12	23.10	9.29
鹤壁市	Hebi	29.61	120.28	6.23	11.65	2.59	13.97	2.47	14.16	7.27
新乡市	Xinxiang	37.89	130.25	6.04	13.83	3.98	14.44	3.25	13.96	5.62
焦作市	Jiaozuo	49.30	154.69	8.09	15.82	3.99	16.45	3.70	22.88	8.02
濮阳市	Puyang	81.42	285.32	16.13	20.08	7.77	26.84	8.38	27.52	20.00
许昌市	Xvchang	45.23	138.94	7.36	13.26	5.06	12.56	3.20	14.27	3.69
漯河市	Luohe	38.03	167.04	7.04	11.94	7.69	14.89	3.81	7.08	3.85
三门峡市	Sanmenxia	42.17	133.54	7.20	11.53	1.90	12.23	2.84	14.35	3.50
南阳市	Nanyang	50.60	155.13	9.14	15.71	4.50	16.14	4.39	25.08	6.74
商丘市	Shangqiu	49.18	132.29	6.36	12.63	6.89	18.11	5.42	18.60	5.05
信阳市	Xinyang	67.26	138.39	10.23	23.04	12.45	10.06	9.97	4.22	10.42
周口市	Zhoukou	54.87	133.68	8.10	10.51	7.52	13.54	5.67	4.10	11.57
驻马店市	Zhumadian	52.79	135.21	8.30	15.62	8.65	11.58	6.51	11.48	7.32
济源市	Jiyuan	34.48	110.68	3.90	8.40	4.03	41.95	1.07	4.70	1.98

10-16 按收入等级分的城镇居民家庭平均每人全年购买的主要商品数量和平均每百户年末主要耐用消费品拥有量(2007年)

Per Capita Annual Purchases of Major Commodities In Urban Households and Per 100 Urban Households Annual Purchase of Durable Consumer Goods by Income Level(2007)

商品名称	Item	最低收入户 Lowest Income House-holds	#更低户 Difficult Households	低收入户 Low Income House-holds	较低收入户 Lower Middle Income House-holds	中间收入户 Middle Income House-holds	较高收入户 Upper Middle Income House-holds	高收入户 High Income House-holds	最高收入户 Highest Income House-holds
平均每人购买主要商品	**Per Capital Purchases of Major Commodities**								
大米(千克)	Rice(kg)	16.27	13.38	17.45	18.87	21.77	22.97	27.35	26.58
面粉(千克)	Flour(kg)	21.78	19.30	21.62	23.39	25.63	27.15	29.51	30.34
鲜菜(千克)	Fresh vegetables (kg)	106.98	94.77	121.83	135.69	152.67	167.49	186.71	210.65
食用植物油(千克)	Edible Vegetables Oil (kg)	6.08	5.27	6.70	7.32	8.28	8.76	9.38	10.27
猪肉(千克)	Pork (kg)	8.16	6.84	9.38	10.93	12.51	13.81	15.48	17.36
牛羊肉(千克)	Beef and Mutton (kg)	1.93	1.58	2.52	2.81	2.88	3.29	3.48	3.52
鸡(千克)	Poultry (kg)	4.11	3.60	4.44	4.66	4.79	5.37	5.38	5.93
鲜蛋(千克)	Fresh Eggs (kg)	10.59	9.27	11.89	13.52	14.74	16.18	17.41	19.34
鱼(千克)	Fish and Shrimp (kg)	3.44	3.17	3.71	4.10	4.34	4.87	6.12	5.96
白酒(千克)	Liquor (kg)	1.57	1.39	1.83	2.09	2.30	2.56	2.95	3.27
啤酒(千克)	Beer (kg)	2.98	2.94	3.24	3.92	4.22	5.05	5.18	5.12
鲜瓜果(千克)	Fresh Melons and Fruits (kg)	42.99	38.26	49.49	56.31	67.17	76.64	83.68	95.31
鲜奶(千克)	Fresh Milk (kg)	8.34	7.13	11.74	14.56	18.06	20.08	24.13	25.90
服装(件)	Clothing (piece)	4.50	3.95	5.44	6.99	8.54	10.52	11.94	14.87
平均每百户年末拥有主要耐用消费品	**Per 100 Urban Households Annual Purchase of Durable Consumer Goods**								
摩托车(辆)	Motorcycle (unit)	19.30	15.61	23.81	29.30	28.43	26.01	18.45	19.23
助力车(辆)	Aided Power Bike (Unit)	11.30	6.32	20.43	28.77	30.81	29.42	33.83	35.28
家用汽车(辆)	Domestic Car (Unit)	0.28			1.17	2.03	3.01	3.29	4.59
洗衣机(台)	Washing Machine (unit)	85.55	81.25	97.47	96.45	100.50	101.61	99.59	101.56
电冰箱(台)	Refrigerator (unit)	67.74	54.90	82.14	88.70	95.47	97.08	98.78	100.12
彩色电视机(台)	Color TV Set (unit)	115.63	108.47	121.16	126.07	129.42	128.81	129.73	136.44
家用电脑(台)	Computer(unit)	13.55	7.83	24.01	33.04	43.88	50.66	51.27	66.01
组合音响(套)	Hi-Fi Stereo Component System (set)	6.60	3.99	11.78	16.96	20.82	20.21	22.66	27.48
摄像机(架)	Pickup Camera (unit)	1.40		0.41	2.77	2.59	6.85	6.74	10.39
照相机(架)	Camera (unit)	17.15	10.59	27.07	29.56	38.42	43.21	54.36	65.66
钢琴(架)	Piano (unit)	0.28	0.54	1.79	1.05	2.06	1.53	1.89	3.08
其他中高档乐器(件)	Medium and High-Grade Musical Instrument (unit)	2.57		2.62	4.77	4.79	8.42	10.07	10.21
微波炉(台)	Oven(unit)	8.49	2.99	14.66	22.17	37.29	45.03	44.65	67.30
空调器(台)	Air Conditioner (unit)	51.53	29.32	73.60	93.39	104.18	124.91	136.22	165.66
淋浴热水器(台)	Shower (unit)	29.93	20.19	40.73	54.58	60.36	69.96	73.88	89.19
消毒碗柜(台)	Antiseptic Cupboard (Unit)	1.05	0.39	3.41	5.56	4.12	9.59	9.73	14.70
洗碗机(台)	Dish Washing Machine (Unit)				0.05	0.82	1.31	0.49	0.69
健身器(件)	Healthy Equipment(unit)	1.73	1.59	0.44	1.34	2.29	3.75	7.01	11.00
普通电话(部)	Telephone (Unit)	75.02	70.39	78.49	82.38	86.54	89.47	88.29	91.16
移动电话(台)	Hand Telephone (unit)	95.98	77.93	124.83	156.21	160.04	162.56	165.30	172.52

10-17　城镇居民家庭居住情况(2007年)

Living Conditions of Urban Households(2007)

项　　目	Item	全省 Total 调查户数(户) Number of Households Surveyed (household)	全省 Total 比重(%) Proportion (%)	城市 City 调查户数(户) Number of Households Surveyed (household)	城市 City 比重(%) Proportion (%)	县城 County Towns 调查户数(户) Number of Households Surveyed (household)	县城 County Towns 比重(%) Proportion (%)
总　计	**Total**	**2459**	**100.0**	**1909**	**100.0**	**550**	**100.0**
房屋产权	**House Ownership**						
租赁公房	Renting of Publicly-Funded House	70	2.8	48	2.5	20	3.6
租赁私房	Renting of Private House	45	1.8	30	1.6	13	2.4
原有私房	Original Private House	337	13.7	74	3.9	203	37.0
房改私房	Private House Obtained from House Reform	1221	49.7	1251	65.5	67	12.2
商品房	Commercial House	677	27.5	405	21.2	234	42.5
其他	Others	98	4.0	102	5.3	13	2.4
住宅建筑式样	**Architectural Style of Dwelling**						
单栋住宅	Building	4	0.2			3	0.6
四居室	Four-Room House	73	3.0	68	3.6	9	1.6
三居室	Three-Room House	1028	41.8	846	44.3	197	35.9
二居室	Two-Room House	853	34.7	842	44.1	68	12.4
一居室	One-Room House	38	1.5	35	1.9	4	0.8
普通楼房	Ordinary Multi-Storey Building	152	6.2	71	3.7	66	12.1
平房及其他	A Single-Storey House and Others	311	12.7	47	2.5	202	36.8
饮水情况	**Condition of Drinking Water**						
自来水	Tap Water	2007	81.6	1568	82.1	442	80.4
矿泉水	Mineral Water	114	4.6	122	6.4	3	0.5
纯净水	Purified Water	266	10.8	214	11.2	55	10.0
井、河水	Well Water、River Water	71	2.9	5	0.3	50	9.1
用水情况	**By Tap Water Facilities**						
独用自来水	Tap Water Owner Per Household	2355	95.8	1891	99.0	484	88.1
公用自来水	Public Tap Water	23	1.0	11	0.6	10	1.8
井、河水	Well Water、River Water	80	3.3	7	0.4	55	10.1
卫生设备	**By Health Facilities**						
无卫生设备	Without Toilet Room	76	3.1	16	0.8	47	8.5
有厕所浴室	Bathroom and Toilet Room Owned by Household	1788	72.7	1458	76.4	352	64.0
有厕所无浴室	Toilet Room Owned by Household and Without bathroom	503	20.4	390	20.4	113	20.5
公用	Public Toilet Room	93	3.8	46	2.4	39	7.0
取暖设备	**By Heating Facilities**						
空调设备	Air Conditioner Owned	444	18.1	371	19.5	81	14.7
暖气	Warm Gas	747	30.4	767	40.2	39	7.1
其他	Other	1254	51.0	754	39.5	430	78.2
炊用燃料使用情况	**By Fuel Types**						
管道煤气	Pipeline gas	970	39.4	1046	54.8	17	3.1
液化石油气	LPG	831	33.8	627	32.8	198	36.0
煤	Coal	617	25.1	204	10.7	325	59.1
其他	Others	42	1.7	32	1.7	9	1.7

10-18 农村居民家庭基本情况

Basic Conditions of Rural Households

项　目	Item	2000	2001	2002	2003	2004	2005	2006	2007
调查户数(户)	Number of Households Surveyed(household)	4200	4200	4200	4200	4200	4200	4200	4200
调查户常住人口(人)	Number of Residents Surveyed (person)	17376	17363	17376	17256	17259	17591	17470	17404
平均每户中(人)	Average Number of Permanent								
常住人口	Residents per Household (person)	4.1	4.1	4.1	4.1	4.1	4.2	4.1	4.1
整、半劳动力	Average Number of Able-bodied and								
	Semi-ablebodied Laborers per Household (person)	2.7	2.6	2.7	2.7	2.8	2.9	2.9	2.9
劳动力占常住人口比重(%)	Percentage of Laborers to Residents Surveyed(%)	64.3	63.5	64.9	66.4	67.0	68.5	68.9	69.6
每个劳动力负担人口(人)	Average Number of Persons Supported by								
	a Laborer (person)	1.6	1.6	1.5	1.5	1.5	1.5	1.5	1.4
平均每百个常住人口中(人)	Among Per 100 Permanent Residents (person)								
学龄前人数	Preschool	5.9	5.7	5.2	5.0	4.9	6.4	6.1	6.2
7-15岁人数	Age 7-15	23.1	22.2	20.8	19.0	16.6	14.7	12.9	11.8
#在校人数	Student Enrollment	22.1	21.2	19.7	18.2	16.1	14.2	12.8	11.7
入学率(%)	Enrolled rote (%)	95.4	95.3	94.8	95.5	96.6	96.9	98.7	98.7
16-60岁人数	Age 16-60	66.0	67.0	68.8	70.4	72.6	72.6	74.1	74.5
61岁以上人数	Age 61 and over	4.9	5.1	5.2	5.6	5.8	6.2	6.9	7.4
平均每百个家庭中(户)	Among Per 100 household (household)								
单身或夫妇	Conjugality or bachelordom	4.5	4.5	4.7	5.4	6.0	6.2	6.6	6.9
夫妇与一个孩子	Conjugality and a child	18.3	19.3	18.6	18.1	17.9	16.1	15.4	15.0
夫妇与两个孩子	Conjugality and two children	34.9	33.5	33.5	35.3	34.8	36.1	35.9	36.2
夫妇与三个以上孩子	Conjugality and three or more than three children	20.4	17.9	17.5	18.4	17.7	14.7	13.8	13.2
单亲与孩子	Parent and children	1.7	1.9	2.0	1.9	2.3	1.4	1.7	1.8
三代同堂	Household with three generations persons	17.6	17.8	18.5	17.5	17.3	21.2	22.5	23.6
其他	Others	2.6	5.2	5.3	3.5	4.1	4.3	4.1	3.3
每百个就业劳动力文化程度(人)	Among Per 100 Laborers (person)(by cultur level)								
不识字或识字很少	Illiterate or Semiliterate	6.1	6.6	6.6	6.6	6.1	6.6	6.6	5.9
小学程度	Primary School	23.3	22.4	21.6	21.4	22.4	18.5	17.0	16.6
初中程度	Junior Secondary School	57.6	57.8	57.5	58.5	58.1	61.2	61.9	61.5
高中程度	Senior Secondary School	11.0	10.9	11.9	10.9	10.9	10.5	11.1	12.3
中专	Specialized Secondary School	1.7	1.9	1.9	2.1	2.0	2.1	2.4	2.6
大专及以上	College and Higher Level	0.4	0.4	0.5	0.4	0.5	1.0	1.0	1.1
每百个就业劳动力主要就业地点(人)	Among Per 100 Laborers (person)(by working place)								
乡内	Native place	88.3	84.9	82.9	83.2	82.7	79.9	78.1	77.4
县内乡外	Native county(other countryside)	2.9	3.4	3.9	2.1	2.0	2.5	2.8	2.6
省内县外	Native province(other county)	3.0	3.9	4.0	4.2	3.7	4.4	4.6	5.0
国内省外	Other province	5.9	7.9	9.2	10.3	11.5	13.2	14.5	15.0
国外	Foreign country		0.0	0.0	0.1	0.0	0.0	0.0	0.0

10-18 续表 continued

项 目	Item	2000	2001	2002	2003	2004	2005	2006	2007
每百个就业劳动力从事的主要行业(人)	Among Per 100 Laborers (person)(by Industry)								
第一产业	Primary Industry	80.8	78.5	75.1	73.0	72.5	66.7	63.8	61.9
第二产业	Secondary Industry	8.7	9.2	11.5	12.4	13.9	17.3	19.1	20.4
第三产业	Tertiary Industry	10.4	12.4	13.4	14.3	13.7	16.0	17.2	17.7
每个劳动力年内从事行业时间(月)	Working houses Per 100 Laborers(months)								
从事农业的时间	Agricultural			6.2	5.9	5.0	4.7	4.4	4.1
从事非农业的时间	Un-Agricultural			3.0	3.0	2.9	3.3	3.6	3.8
平均每百人经营耕地面积(公顷)	Per 100 Capita Area of Cultivated Land Under Management (hectare)	10.0	10.3	10.2	9.7	10.1	10.2	10.6	10.9
平均每百人经营山地面积(公顷)	Average Hilly Area Run by Per 100 Capita (hectare)	0.1	0.2	0.1	0.0	0.1	0.1	0.3	0.2
平均每人年内新建购住房面积(平方米)	Per 100 Capita Floor Space of House newly Built Within the year (sq.m)	0.9	1.3	1.1	1.1	0.8	1.5	1.4	2.0
#钢筋混凝土结构	Reinforced Concrete Structure	0.4	0.8	0.6	0.7	0.5	1.0	0.9	1.5
砖木结构	Brick and Wood Structure	0.5	0.5	0.5	0.4	0.2	0.5	0.5	0.5
#楼房面积(平方米)	Floor Space of Multi-floor Buildings (sq.m)	0.3	0.6	0.4	0.5	0.4	0.8	0.8	1.4
年内平均每平方米新建(购)住房价值(元)	Value of Newly Built House Per Square Metre(yuan)	232.1	224.3	231.2	241.0	289.3	324.7	341.7	403.4
平均每人年末住房面积(平方米)	Per Capita Living Floor Space (sq.m)	23.1	24.4	25.1	25.4	25.9	27.2	28.4	30.2
#砖木结构	Brick and Wood Structure	16.1	16.7	16.9	16.3	16.3	15.7	16.1	15.5
钢筋混凝土结构	Reinforced Concrete Structure	6.0	6.5	7.2	8.1	8.7	10.4	11.2	13.8
住房中有卫生设备的住户(户)	Number of Household with Sanitary Equipments in Rooms (household)	4095	4144	4161	4165	4176	4064	3994	4029
生活用电数量(度/户)	Power Consumption (kwh/household)	244	144	157	170	187	248	277	321
使用安全饮用水的住户(户)	Number of Household Drinking Safe Drinking Water (household)	2411	2542	2585	2822	2782	2949	3061	3192
住房中有取暖设备的住户(户)	Number of Household with Heating Equipments in Rooms (household)	83	79	77	62	120	159	105	128
使用液化气的住户(户)	Number of Household Using Liqified Gas (household)	16	8	14	15	19	90	237	660
使用煤炭的住户(户)	Number of Household Using Coal (household)	2139	2093	2044	2039	1998	2056	2028	1921

10–19 农村居民家庭平均每人总收入
Per Capita Total Income in Rural Households

单位：元 (yuan)

项目	Item	2000	2001	2002	2003	2004	2005	2006	2007
全年总收入	**Annual Total Income**	**2726.08**	**2916.28**	**3060.99**	**3036.19**	**3536.18**	**3945.67**	**4459.40**	**5196.83**
工资性收入	**Income of Wage**	**473.68**	**517.63**	**567.07**	**635.59**	**753.99**	**853.95**	**1022.74**	**1267.70**
在非企业组织中劳动得到的收入	Income for Working in non-enterprise organization	84.90	84.57	98.07	90.03	90.32	104.06	119.02	144.55
在本地劳动得到的收入	Income From township Enterprises	159.30	184.81	180.47	211.96	258.29	309.73	386.58	491.04
常住人口外出从业得到的收入	Income of permanent person for working in other place	229.48	248.24	288.52	333.60	405.38	440.16	517.14	632.11
家庭经营收入	**Income from Household Business Operation**	**2134.32**	**2276.36**	**2353.84**	**2267.80**	**2679.29**	**2965.64**	**3278.75**	**3721.02**
第一产业	Primary Industry	1767.23	1901.53	1950.94	1885.43	2298.51	2532.24	2764.13	3143.98
第二产业	Secondary Industry	95.85	102.90	116.34	112.80	120.84	129.81	161.07	184.69
第三产业	Tertiary Industry	271.24	271.93	286.56	269.57	259.95	303.59	353.55	392.35
财产性收入	**Property Income**	**29.15**	**23.59**	**32.45**	**38.58**	**28.22**	**35.85**	**40.37**	**52.66**
转移性收入	**Transfer Income**	**88.93**	**98.69**	**107.63**	**94.22**	**74.67**	**90.24**	**117.54**	**155.44**

10–20 农村居民家庭平均每人现金收入
Per Capita Cash Income in Rural Households

单位：元 (yuan)

项目	Item	2000	2001	2002	2003	2004	2005	2006	2007
全年现金收入	**Annual Total Cash Income**	**1854.40**	**1967.64**	**2119.74**	**2228.33**	**2563.05**	**3015.69**	**3536.62**	**4109.37**
工资性收入	**Income of Wage**	**473.42**	**512.59**	**566.10**	**632.10**	**753.27**	**850.94**	**1020.07**	**1266.80**
家庭经营现金收入	**Cash Income of Family Trade**	**1267.99**	**1339.87**	**1421.04**	**1478.34**	**1717.53**	**2046.46**	**2367.54**	**2655.45**
#出售产品的收入	Selling Products	907.91	969.98	1036.15	1112.34	1350.37	1619.63	1863.25	2100.16
出售农业产品的现金	Farming Products	545.96	578.68	607.44	600.73	711.41	895.21	1093.25	1176.21
出售林业产品的现金	Forestry Products	15.59	16.33	22.16	23.43	28.91	24.92	32.89	40.29
出售牧业产品的现金	Animal Husbandry Products	316.14	348.47	366.52	434.84	544.16	644.74	667.85	801.99
出售渔业产品的现金	Fishery Products	18.28	15.07	13.54	15.52	25.56	21.84	22.90	27.03
出售工业产品的现金	Industrial Products	4.92	7.98	24.30	35.95	39.50	32.25	44.96	53.46
出售其他产品的现金	Other products	7.02	3.45	2.19	1.87	0.83	0.61	1.40	1.18
工业加工费现金收入	From Industrial products Processing	60.65	62.81	58.95	47.91	50.19	66.97	74.74	79.49
建筑业现金收入	From Construction	30.28	32.11	33.09	28.25	31.10	29.72	41.37	51.74
交通运输、邮电业现金收入	From transportation	67.06	67.30	73.52	70.73	74.86	96.11	118.12	120.29
批发和零售贸易、餐饮业收入	Wholesale,retail and Catering Businesses	79.54	79.10	83.39	81.79	85.74	123.09	140.75	156.95
社会服务业现金收入	From Services Trade	26.76	26.69	25.50	21.42	16.66	24.57	27.82	39.63
文教卫生业现金收入	From culture,Education and Health	9.42	10.31	10.77	9.38	8.47	16.99	27.48	31.08
其他家庭经营现金收入	From Other Household Business	81.43	85.08	91.19	79.64	73.24	41.15	37.97	43.03
财产性收入	**Property Cash Income**	**27.74**	**19.66**	**30.69**	**29.85**	**20.53**	**31.88**	**37.03**	**36.81**
转移性收入	**Transfer Cash Income**	**85.25**	**95.51**	**101.91**	**88.05**	**71.72**	**86.40**	**111.98**	**150.31**

10–21　农村居民家庭平均每人总支出

Per Capita Total Expenditures in Rural Households

单位：元　　　　(yuan)

项 目	Item	2000	2001	2002	2003	2004	2005	2006	2007
全年总支出	**Annual Total Expenditure**	**2119.50**	**2251.59**	**2361.67**	**2384.39**	**2726.77**	**3106.97**	**3637.66**	**4212.56**
家庭经营费用支出	**Expenditure for Household Business**	**540.20**	**599.54**	**629.59**	**614.35**	**822.25**	**944.69**	**1054.10**	**1194.48**
第一产业	Primary Industry	470.38	522.49	535.84	539.44	724.09	841.82	919.53	1035.95
第二产业	Secondary Industry	21.43	27.17	35.97	28.05	42.36	40.72	57.10	71.76
第三产业	Tertiary Industry	48.39	49.88	57.78	46.86	55.80	62.15	77.47	86.76
购置生产性固定资产支出	**Expenditure on Purchasing Productive Fixed Assets**	**66.13**	**86.92**	**93.37**	**106.37**	**111.28**	**129.03**	**173.32**	**118.13**
税费支出	**Expenditure of Tax**	**97.40**	**101.66**	**88.33**	**76.59**	**45.71**	**3.07**	**3.42**	**3.52**
第一产业	Primary Industry		17.73	70.79	71.44	42.69	0.11		
第二产业	Secondary Industry		33.86	3.77	0.20	0.69	0.44	0.33	0.92
第三产业	Thertiary Industry		37.40	4.62	0.84	0.65	0.93	1.09	0.57
其他各项收费	Others		12.67	9.15	4.11	1.68	1.59	2.00	2.04
生活消费支出	**Living Expenditure**	**1315.83**	**1375.60**	**1451.51**	**1508.67**	**1664.09**	**1891.57**	**2229.28**	**2676.41**
食品	Food	654.13	668.77	697.02	726.57	808.27	858.97	911.48	1017.43
衣着	Clothing	86.88	89.45	93.72	96.36	108.08	132.36	159.77	189.71
居住	Residence	206.12	227.73	262.99	238.44	268.72	317.97	443.59	615.62
家庭设备、用品及服务	Household Facilities,Articles and services	69.41	66.26	64.19	63.32	63.68	82.69	105.08	136.37
交通和通讯	Transportation and Communications	56.38	74.84	77.32	100.17	121.17	159.73	220.83	269.46
文化、教育、娱乐用品及服务	Cultural,Education and Recreational Article and Services	133.08	132.70	133.51	160.94	168.04	177.66	198.58	212.36
医疗保健	Medical Articles	63.55	68.10	73.80	91.39	95.22	123.41	140.55	173.19
其他商品和服务	Other Commodities and Services	46.29	47.75	48.96	31.49	30.91	38.76	49.38	62.26
财产性支出	**Property Expenditure**	**13.30**	**3.11**	**3.07**	**2.80**	**6.01**	**4.95**	**5.76**	**5.77**
转移性支出	**Transfer Expenditure**	**86.64**	**84.75**	**95.80**	**75.60**	**77.43**	**133.65**	**171.78**	**214.26**

10–22 农村居民家庭按收入来源分组的平均每人纯收入
Per Capital Annual net income of rural household by Source

单位：元 (yuan)

项 目	Item	2000	2001	2002	2003	2004	2005	2006	2007
纯收入	**Net Income**	**1985.8**	**2097.9**	**2215.7**	**2235.7**	**2553.2**	**2870.6**	**3261.0**	**3851.6**
工资性收入	**Laborage**	**473.7**	**517.6**	**567.1**	**635.6**	**754.0**	**854.0**	**1022.7**	**1267.7**
家庭经营纯收入	**Net Income from Household Business**	**1427.2**	**1497.2**	**1548.8**	**1487.8**	**1716.7**	**1913.7**	**2108.3**	**2398.2**
农业收入	Farming	933.3	994.6	1014.9	885.0	1129.0	1260.8	1395.4	1580.6
林业收入	Forestry	23.3	25.2	33.9	41.0	28.9	30.2	35.3	38.4
牧业收入	Animal Husbandry	183.1	194.1	203.4	259.3	282.5	306.8	314.4	373.6
渔业收入	Fishery	12.3	7.9	6.4	10.1	11.4	13.0	14.9	15.7
工业收入	Industry	45.8	45.7	51.1	55.3	52.9	61.9	70.7	72.9
建筑业收入	Construction	21.8	22.1	22.4	24.2	19.8	18.8	25.2	31.0
交通、运输、邮电业收入	Transport, Post and Telecommunication Services	39.7	40.4	45.6	47.9	46.0	58.3	69.5	73.5
批发、零售贸易及餐饮业收入	Wholesale and Retail Trade and Catering Services	57.3	59.9	59.6	58.0	61.2	92.4	105.7	116.1
社会服务业收入	Social Services	24.0	22.4	20.4	18.5	13.9	20.1	21.6	30.2
文教卫生业收入	Culture, Education and Health Care	8.1	8.5	8.7	8.0	6.2	12.6	20.7	25.0
其他收入	Others	78.6	76.7	82.4	80.5	64.9	38.8	34.8	41.3
转移性和财产性收入	**Transfer Income and Property Income**	**84.9**	**83.1**	**99.9**	**112.3**	**82.5**	**103.0**	**130.0**	**185.7**

10-23 农村居民家庭按收入水平分组的基本情况(2007年)

Basic complexion of rural household by Level of Income (2007)

单位：元 (yuan)

项 目	Item	低收入户 low-income household	中低收入户 middle and low-income household	中等收入户 middle household	中高收入户 middle and high-income household	高收入户 high-income household
平均每户常住人口(人)	Average Number of Permanent Residents Per Household	4.43	4.40	4.22	4.04	3.63
平均每户整半劳动力(人)	Average Number of Full/Semi Labour Force Per Household	2.89	3.00	2.90	2.91	2.73
平均每个劳动力负担人口(人)	Average Number of Dependents per Employee (including self)	1.53	1.47	1.46	1.39	1.33
平均每人总收入（元）	Per Capita Annual Income (yuan)	2503.46	3489.09	4604.14	5742.96	10638.32
#现金收入	Cash Income	1686.71	2544.76	3561.32	4546.59	9116.02
平均每人总支出（元）	Per Capita Annual Expenditures (yuan)	2781.15	3079.63	3727.17	4420.23	7667.91
#现金支出	Cash Expenditures	2412.44	2678.60	3294.54	3981.57	7140.55
全年纯收入	Annual Net Income	1645.22	2643.10	3477.13	4473.11	7755.33
工资性收入	Income of Wage	509.76	982.68	1251.21	1643.31	2140.07
家庭经营收入	Income from Household Business Operation	1027.15	1518.52	2070.00	2612.03	5283.20
第一产业	Primary Industry	975.74	1408.26	1824.00	2296.40	3890.65
第二产业	Secondary Industry	-8.94	11.46	37.47	61.71	477.64
第三产业	Tertiary Industry	60.35	98.80	208.53	253.93	914.91
财产性收入	Property Income	28.89	33.43	41.11	60.28	109.96
转移性收入	Transfer Income	79.41	108.47	114.81	157.49	222.10
全年可支配收入	Annual Disposable Income	1553.97	2513.31	3291.89	4250.38	7359.34

10–24 农村居民家庭平均每人按纯收入水平分组的户数构成
Composition of Rural Households by Per Capita Annual Net Income

单位：% (%)

项 目	Item	2000	2001	2002	2003	2004	2005	2006	2007
600元以下的户	<600yuan	3.5	1.8	1.1	3.4	1.1	1.2	1.0	0.5
600-1000元的户	600-1000 yuan	10.3	8.6	8.0	11.7	5.3	3.3	2.2	1.8
1000-1200元的户	1000-1200 yuan	8.7	8.6	8.0	7.3	5.4	3.7	2.3	1.4
1200-1500元的户	1200-1500 yuan	17.6	14.3	13.5	12.7	10.4	7.7	5.6	2.9
1500-1800元的户	1500-1800 yuan	14.0	14.2	14.8	11.8	11.9	8.8	6.8	4.6
1800-2000元的户	1800-2000 yuan	8.1	8.6	8.2	7.4	9.0	7.1	5.0	3.5
2000-2500元的户	2000-2500 yuan	15.3	16.9	16.9	15.0	16.0	15.8	14.0	11.7
2500-3000元的户	2500-3000 yuan	8.3	9.9	9.9	10.6	13.5	14.5	15.2	12.5
3000-3500元的户	3000-3500 yuan	5.5	6.2	6.8	6.3	8.8	10.7	11.8	11.7
3500-4000元的户	3500-4000 yuan	3.0	2.8	4.0	4.0	6.4	8.3	9.5	11.3
4000-5000元的户	4000-5000 yuan	3.0	4.0	3.8	4.6	5.6	9.0	12.0	15.7
5000元以上的户	>5000 yuan	2.7	4.1	5.0	5.2	6.6	9.9	14.6	22.4

10-25 按收入等级分农村居民家庭平均每人生活消费支出（2007年）

Composition of Per Capita Consumption Expenditure of Rural Households by Level of Income (2007)

单位：元 (yuan)

		低收入户 Low Income Households	中低收入户 Lower Middle Income Households	中等收入户 Middle Income Households	中高收入户 Upper Middle Income Households	高收入户 High Income Households
生活消费支出	**Consumption Expenditure**	**1895.94**	**2141.07**	**2450.28**	**2908.42**	**4283.55**
食品	Food	837.55	912.30	990.99	1086.41	1318.57
衣着	Clothing	146.38	154.75	180.12	201.86	282.62
居住	Residence	342.55	397.34	543.75	638.97	1271.40
家庭设备用品及服务	Household Appliances and Services	95.61	105.24	118.10	141.23	239.72
交通通讯	Transport and Telecommunications	151.46	191.84	236.05	325.25	484.50
文教娱乐用品及服务	Education, Cultural and Recreation and Services	143.27	180.49	176.69	241.81	344.14
医疗保健	Health Care and Medical Services	138.14	151.28	154.17	207.21	226.87
其他商品及服务	Other Goods and Services	40.98	47.82	50.41	65.69	115.75
生活消费现金支出	**Cash Consumption Expenditure**	**1570.27**	**1789.23**	**2087.62**	**2534.75**	**3844.00**
食品	Food	555.48	613.43	682.57	776.46	926.96
衣着	Clothing	146.32	154.67	180.03	201.13	281.16
居住	Residence	299.01	344.45	489.63	575.97	1224.93
家庭设备用品及服务	Household Appliances and Services	95.60	105.24	118.10	141.23	239.69
交通通讯	Transport and Telecommunications	151.46	191.84	236.05	325.25	484.50
文教娱乐用品及服务	Education, Cultural and Recreation and Services	143.27	180.49	176.69	241.81	344.14
医疗保健	Health Care and Medical Services	138.14	151.28	154.17	207.21	226.87
其他商品及服务	Other Goods and Services	40.98	47.82	50.39	65.69	115.75

10-26 农村居民家庭平均每人主要消费品消费量和每百户主要耐用消费品年末拥有量

Per Capita Consumption of Major Goods in Rural Households and Number of Durable Consumer Goods Owned Per 100 Rural Households at the Year-end

品　　名	Item	2000	2001	2002	2003	2004	2005	2006	2007
平均每人主要消费品消费量	**Per Capita Consumption of Major Consumer Goods**								
粮食(原粮)(千克)	Grain (Unprocessed) (kg)	257.63	224.84	238.15	237.51	237.78	211.62	211.33	206.00
#稻谷	Rice	17.11	15.92	16.43	18.40	17.23	19.58	21.15	22.70
小麦	Wheat	209.28	189.16	200.00	195.54	200.36	170.48	168.86	162.33
玉米	Corn	22.17	14.83	16.18	17.02	15.04	16.86	15.55	14.90
豆类及豆制品(千克)	Beans and Bean Products (kg)	3.44	3.14	3.26	2.92	2.39	2.93	2.76	2.87
蔬菜及菜制品(千克)	Vegetables (kg)	146.54	149.11	154.50	138.19	92.39	100.75	99.63	102.06
食用油(千克)	Edible Oil (kg)	5.09	5.10	5.80	4.22	3.64	4.36	4.45	4.59
植物油	Vegetables Oil	4.77	4.84	5.46	4.03	3.52	4.25	4.32	4.50
动物油	Animal Oil	0.32	0.25	0.34	0.19	0.12	0.11	0.13	0.09
肉类及制品(千克)	Meat and Products (kg)	12.35	13.61	14.22	12.00	10.89	8.68	9.57	8.75
#猪肉	Pork	8.58	10.03	10.86	8.75	8.47	5.46	6.38	5.46
牛羊肉	Beef and Mutton	1.76	1.61	1.25	0.95	0.70	0.97	0.81	0.64
家禽	Poultry	1.72	1.69	1.77	1.81	1.24	1.57	1.60	1.76
奶及奶制品(千克)	Milk and dairy Products (kg)	0.14	0.22	0.33	0.35	0.44	0.85	1.21	1.49
蛋类及蛋制品(千克)	Eggs and Related Productions (kg)	9.73	8.96	9.30	8.01	7.49	8.48	10.10	8.94
水产品(千克)	Aquatic Products (kg)	0.96	1.11	1.09	1.35	1.27	1.30	1.39	1.48
食糖(千克)	Sugar (kg)	1.19	1.94	2.14	1.13	1.10	1.06	1.11	1.01
酒类(千克)	Liquor (kg)	4.62	5.35	5.78	4.23	4.56	5.97	6.53	6.34
平均每百户主要耐用消费品年末拥有量	**Number of Durable Consumer Goods Per 100 Urban Households**								
洗衣机(台)	Washing Machine (unit)	24.52	27.02	30.60	36.83	41.23	55.67	62.36	69.93
电冰箱(台)	Refrigerator (unit)	6.90	7.24	8.69	7.55	9.00	13.48	15.50	22.12
空调机(台)	Air-Condition (unit)	0.60	0.76	1.14	1.64	2.31	5.19	6.62	8.90
自行车(辆)	Bicycle (unit)	151.95	155.05	156.62	152.14	151.67	133.38	136.19	136.45
摩托车(辆)	Motorcycle (unit)	14.57	15.83	18.79	21.14	26.24	39.14	43.36	46.50
电话机(部)	Telephone (Set)	25.40	28.90	37.24	39.57	43.62	51.33	53.36	47.71
移动电话(部)	Mobile Phone(Set)	1.38	3.60	6.33	11.40	23.48	55.38	73.79	100.17
彩色电视机(台)	Color Television(unit)	38.21	43.40	48.86	56.00	63.12	81.69	88.76	96.83
黑白电视机(台)	Black and White TV Set(unit)	61.21	60.21	58.81	53.14	47.07	26.52	20.93	14.14
录放象机(台)	Video Recorder (unit)	1.24	1.24	1.10	1.24	1.43	0.88	0.60	0.36
影碟机(台)	album (unit)	5.50	6.67	8.14	11.62	14.38	23.07	27.24	25.40
照相机(架)	camera (unit)	1.29	1.52	1.55	1.38	1.38	2.14	1.71	1.98

10-27 各市农村居民人均纯收入

Per Capita Net Income of Rural Household by city

单位：元 (yuan)

市 City	2000	2001	2002	2003	2004	2005	2006	2007
郑州市 Zhengzhou	2912	3155	3377	3631	4183	4774	5559	6594
开封市 Kaifeng	2096	2176	2233	2047	2381	2714	3172	3763
洛阳市 Luoyang	1976	2007	2122	2277	2585	2903	3408	4038
平顶山市 Pingdingshan	1967	1995	2061	2088	2369	2688	3150	3733
安阳市 Anyang	2129	2222	2313	2431	2825	3220	3772	4493
鹤壁市 Hebi	2105	2281	2420	2554	3014	3469	4062	4827
新乡市 Xinxiang	2165	2220	2294	2409	2748	3133	3652	4355
焦作市 Jiaozuo	2564	2674	2782	2905	3374	3831	4494	5326
濮阳市 Puyang	1845	1881	1948	1948	2193	2472	2907	3460
许昌市 Xvchang	2520	2625	2743	2880	3246	3643	4269	5046
漯河市 Luohe	2303	2458	2581	2625	2964	3319	3883	4567
三门峡市 Sanmenxia	2161	2020	2113	2247	2568	2935	3435	4033
南阳市 Nanyang	1889	1940	2020	2122	2495	2894	3386	4014
商丘市 Shangqiu	1815	1832	1881	1556	2056	2346	2745	3248
信阳市 Xinyang	1916	1551	1934	2000	2396	2707	3153	3737
周口市 Zhoukou	1915	1962	1995	1582	2048	2276	2641	3122
驻马店市 Zhumadian	1905	1954	2079	1726	2226	2486	2906	3410
济源市 Jiyuan	2425	2536	2694	2878	3397	3889	4510	5346

10-28 各市农村居民家庭平均每人生活消费支出(2007年)

Per Capita Consumption Expenditure of Rural Households by City (2007)

单位：元 (yuan)

市 City	生活消费支出合计 Consumption Expenditure	食品 Food	衣着 Clothing	居住 Residence	家庭设备及服务 Household Appliances and Services	交通和通讯 Transport, and Communi-cations	文教、娱乐用品及服务 Education, Cultural and Recreation and Services	医疗保健 Health Care and Medical Services	其他商品及服务 Other Goods and Services
郑州市 Zhengzhou	3915.65	1209.82	304.84	1111.85	195.96	443.51	343.43	226.92	79.33
开封市 Kaifeng	2192.78	826.57	160.86	481.94	93.52	207.00	243.90	151.24	27.74
洛阳市 Luoyang	2957.21	1093.57	279.46	670.04	177.47	289.27	225.39	155.16	66.85
平顶山市 Pingdingshan	2257.47	954.03	195.36	367.10	120.14	211.69	175.37	185.10	48.69
安阳市 Anyang	2808.98	922.04	200.66	532.56	188.99	388.53	268.35	220.46	87.39
鹤壁市 Hebi	2505.67	1053.03	254.21	436.50	153.70	253.83	162.27	171.04	21.10
新乡市 Xinxiang	3007.50	1036.02	245.29	634.75	201.02	296.73	287.94	169.67	136.10
焦作市 Jiaozuo	3181.54	1037.66	258.38	727.05	184.84	358.16	316.87	196.38	102.20
濮阳市 Puyang	2008.29	810.07	141.07	305.02	114.54	199.34	243.70	130.25	64.28
许昌市 Xvchang	2881.50	971.44	255.04	681.69	149.49	277.02	260.43	181.11	105.28
漯河市 Luohe	2523.62	890.54	168.08	501.89	274.79	210.27	277.26	133.36	67.44
三门峡市 Sanmenxia	2824.17	1134.62	250.11	511.12	107.34	326.04	252.72	205.78	36.45
南阳市 Nanyang	2837.12	1135.90	164.79	728.45	120.66	272.13	150.63	181.71	82.85
商丘市 Shangqiu	2123.85	809.24	150.22	498.29	96.46	243.46	168.66	119.39	38.13
信阳市 Xinyang	2782.94	1405.37	137.82	542.09	126.85	251.24	172.07	105.44	42.06
周口市 Zhoukou	2314.56	916.25	134.43	568.37	114.09	192.87	201.58	142.77	43.82
驻马店市 Zhumadian	2464.65	1117.17	128.01	537.41	123.30	194.44	156.62	143.82	63.87
济源市 Jiyuan	3296.58	1157.00	240.60	735.74	189.57	351.98	338.84	176.59	106.25

10–29 各市农村居民家庭平均每人主要食品消费量(2007年)

Per Capita Consumption of Major Food in Rural Households by City(2007)

单位：千克 (kg)

市	City	粮食 Grain	蔬菜 Vegetables	食油 Edible Oil	猪牛羊肉 Pork, Beef and Mutton	家禽 Poultry	蛋类及其制品 Eggs and Related Products	水产品 Aquatic Products	食糖 Sugar	酒 Liquor
郑州市	Zhengzhou	176.32	97.08	5.36	6.36	0.44	0.13	0.81	7.44	1.06
开封市	Kaifeng	189.98	75.27	3.57	3.39	0.21	0.06	0.79	4.91	1.01
洛阳市	Luoyang	215.16	83.53	7.28	6.07	0.56	0.09	0.51	5.78	0.56
平顶山市	Pingdingshan	262.67	94.15	3.41	6.93	0.21	0.46	1.11	5.52	0.79
安阳市	Anyang	208.40	96.80	4.46	4.23	0.63	0.09	0.17	7.17	0.50
鹤壁市	Hebi	205.35	162.85	8.84	5.07	0.10	0.04	0.28	13.97	0.50
新乡市	Xinxiang	201.93	116.53	4.76	5.48	1.04	0.07	0.79	15.51	0.70
焦作市	Jiaozuo	233.55	116.51	6.67	5.18	0.45	0.12	1.29	8.40	0.66
濮阳市	Puyang	218.16	77.26	6.26	3.58	0.15	0.15	0.89	6.03	0.73
许昌市	Xvchang	189.29	140.48	4.65	4.69	0.50	0.86	1.82	4.94	0.81
漯河市	Luohe	192.95	81.48	5.19	5.37	0.30	0.08	1.50	5.87	0.97
三门峡市	Sanmenxia	259.18	104.06	6.34	3.82	0.19	0.06	0.37	3.54	0.46
南阳市	Nanyang	261.28	125.40	3.84	10.16	0.53	0.32	1.27	13.54	1.45
商丘市	Shangqiu	189.21	64.33	5.66	3.60	0.31	0.27	2.13	6.13	1.54
信阳市	Xinyang	266.17	112.98	4.55	17.65	0.26	0.47	5.05	3.84	6.29
周口市	Zhoukou	195.11	76.54	3.71	5.01	0.39	0.28	2.93	5.96	2.09
驻马店市	Zhumadian	232.47	93.21	6.93	7.80	0.24	0.22	3.55	4.83	2.17
济源市	Jiyuan	236.14	132.61	5.25	6.69	0.52	0.01	0.54	11.71	0.18

主要统计指标解释

城镇居民家庭总收入 指家庭成员得到的工薪收入、经营净收入、财产性收入、转移性收入之和，不包括出售财物收入和借贷收入。

城镇居民家庭可支配收入 指家庭成员得到可用于最终消费支出和其它非义务性支出以及储蓄的总和，即居民家庭可以用来自由支配的收入。它是家庭总收入扣除交纳的所得税、个人交纳的社会保障支出以及记账补贴后的收入。

城镇居民家庭消费性支出 指被调查的城镇居民家庭用于日常生活的全部支出，包括购买商品支出和文化生活、服务等非商品性支出。不包括罚没、丢失款和缴纳的各种税款（如个人所得税、牌照税、房产税等），也不包括个体劳动者生产经营过程中发生的各项费用。

农村居民家庭总收入 指调查期内农村住户和住户成员从各种来源渠道得到的收入总和。按收入的性质划分为工资性收入、家庭经营收入、财产性收入和转移性收入。

农村居民家庭现金收入 指农村住户和住户成员在调查期内得到以现金形态表现的收入。按来源分成工资性收入、家庭经营现金收入、财产性收入、转移性收入。

农村居民家庭纯收入 指农村住户当年从各个来源得到的总收入相应地扣除所发生的费用后的收入总和。纯收入主要用于再生产投入和当年生活消费支出，也可用于储蓄和各种非义务性支出。“农民人均纯收入”按人口平均的纯收入水平，反映的是一个地区或一个农户农村居民的平均收入水平。

农村居民家庭总支出 指农村住户用于生产、生活和再分配的全部支出。家庭经营费用支出、购置生产性固定资产支出、生产性固定资产折旧、税费支出、生活消费支出、财产性支出和转移性支出。

农村居民家庭现金支出 指农村住户用于生产、生活和再分配所支付的现金。包括家庭经营费用支出、缴纳的税费、购买生产性固定资产、生活消费、财产性和转移性支出。

农村居民家庭生活消费支出 指农村常住居民家庭用于日常生活的全部开支，是反映和研究农民家庭实际生活消费水平高低的重要指标。

恩格尔系数 指食物支出金额在消费性总支出金额中所占的比例。计算公式为：

恩格尔系数=食品支出金额／消费性总支出金额×100%。

如果城乡居民在食用方面的支出较大，恩格尔系数就高，表明人们的生活水平低；反之，随着人们生活水平的提高，城乡居民在食用方面的支出少，恩格尔系数越来越小。

Explanatory Notes on Main Statistical Indicators

Total Income of Urban Households refers to the sum of wage and salary; net business income; income from properties; and income from transfers of members of the households. Income from selling of properties and income from borrowing are not included.

Disposable Income of Urban Households refers to the actual income at the disposal of members of the households which can be used for final consumption, other non-compulsory expenditure and savings. This equals to total income minus income tax, personal contribution to social security and subsidy for keeping diaries in being a sample household.

Expenditure for Consumption of Urban Households refers to total expenditure of the sample households for consumption in daily life, including expend1ture for various commodities and expense for non-commodity items such as culture and service, etc., but excluding fines and confiscation, loss, tax payments (such as income tax, license tax, real estate tax etc.) and various expenses by individual laborers for business purposes.

Total Income of Rural Households refers to the sum of income earned from various sources by the rural households and their members during the reference period, and is classified as income from wages and salaries, income from household operations, income from properties and income from transfers.

Cash Income of Rural Households refers to income received by rural households and their members in the form of cash during the reference period. It is classified, by source of income, into income from wages and salaries, cash income from household operations, income from properties and income from transfers

Net Income of Rural Households refers to the total income of rural households from all sources minus all corresponding expenses. Net income is mainly used as input for reinvestment in production and as consumption expenditure of the year, and also used for savings and non-compulsory expenses of various forms. "Per capita net income of farmers" is the level of net income averaged by population, reflecting the average income level of rural households in a given area.

Total Expenditure of Rural Households refers to total expenses of rural households on production, consumption and redistribution, including expenditure on household operations, on purchase of productive fixed assets, depreciation of productive fixed assets, taxes and fees, expenses on household consumption, expenses on properties and expenses on transfers.

Cash Expenditure of Rural Households refers to cash expenditure by rural households for production, consumption and redistribution during the reference period, including cash expenses on household operations, taxes and fees, purchase of productive fixed assets, household consumption, and expenses on properties and transfers.

Expenditure of Rural Households for Consumption refers to total expenses of rural households on daily life, including expenses on food clothing housing, fuel, article for daily use, and expenses on cultural life and services. This indicator is used to show the actual consumption level of peasants

Engel Coefficient refers to the percentage of expenditure on food in the total consumption expenditure, using the following formula: Engel coefficient = expenditure on food /total consumption expenditure.

If the food expenditure of urban and rural households is bigger, Engel coefficient will be higher ,it means the life level of people is lower ; On the contrary, with the improving on the life level and the decreasing on the food expenditure of urban and Rural Households, Engel coefficient will be lower.

城市概况
General Survey of Cities

◎ 资料整理：王庆先 史新旺

【简要说明】

一、主要内容

本篇包括河南省城市社会经济发展和城市建设的规模及综合水平的资料。其中城市公用事业部分主要包括：城市建设、供水、供气、供热、市政设施、公共交通、城市绿化、环境卫生等资料。

二、统计范围

包括全省所有设市城市在建成区范围内所有的城市规划管理、投资、建设或经营管理相关设施的单位。

三、资料来源

省辖市主要经济指标由国家统计局河南调查总队编辑整理。省辖市和县级市城市公用事业基本情况资料由省建设厅提供，由河南省统计局社会与科技处编辑整理。

11-1 城市社会经济主要指标(2007年)

Major Social and Economic Indicators of Cities (2007)

本表价值量指标均按当年价格计算。
Data in value terms in this table are calculated at current prices.

指 标	Item	全省总计 The Province Total	省辖市市区合计 Total of Cities Zones	省辖市市区合计为全省总计% Percentage of Cities Zones to Province
土地面积(万平方公里)	Total Area (10 000 sq.km)	16.7	1.4	8.4
年末城镇失业人员(登记数)(万人)	Number of Registered Urban Unemployed Persons at the Year-end (10 000persons)	33.07	16.98	51.3
生产总值(亿元)	Gross Domestic Product (100 million yuan)	15012.46	4326.02	28.8
第一产业	Primary Industry	2217.66	196.35	8.9
第二产业	Secondary Industry	8282.83	2256.68	27.2
第三产业	Tertiary Industry	4511.97	1872.99	41.5
城镇固定资产投资额(亿元)	Total Investment in Fixed Assets of Township (100 million yuan)	6609.16	2166.43	32.8
#房地产开发投资额	Total Investment in Real Estate Development	837.11	617.08	73.7
#住宅	Residential Buildings	639.08	464.25	72.6
地方财政一般预算收入(亿元)	Total Revenue of Local Governments (100 million yuan)	862.08	444.21	51.5
地方财政一般预算支出(亿元)	Total Expenditures of Local Governments (100 million yuan)	1870.61	636.24	34.0
规模以上工业企业	Enterprises above Designated Size			
主营业务收入(亿元)	Product Sales (100 million yuan)	18936.82	6754.62	35.7
利润总额(亿元)	Total Profits (100 million yuan)	1941.51	349.10	18.0
本地电话用户数(万户)	Number of Telephone Sets (year-end) (10 000 households)	1940.00	674.52	34.8
限额以上批零贸易业商品销售总额(亿元)	Total Sales of Enterprise above Designated Size in Wholesale and Retail Sale Trades (100 million yuan)	3480.15	2592.39	74.5
当年实际使用外资金额(万美元)	Amount of Foreign Capital Actually Vtilized This Year (USD 10 000)	306162	145483	47.5
城乡居民储蓄存款年底余额(亿元)	Outstanding Amount of Savings Deposit in Urban and Rural Areas (year-end) (100 million yuan)	7812.24	3647.36	46.7
在岗职工工资总额(亿元)	Total Wages of Staff and Workers (100 million yuan)	1431.35	636.53	44.5
在校学生数(万人)	Student Enrollment (10 000 persons)			
#普通高等学校	Number of Regular Institutes of Higher Education	109.52	105.30	96.1
普通中学	Number of Regular Secondary Schools	719.83	132.42	18.4
小学	Number of Primary Schools	1018.71	159.86	15.7
医院、卫生院个数(个)	Number of Hospitals (unit)	3281	967	29.5
医院、卫生院床位数(万张)	Number of Beds in Hospitals (10 000 beds)	22.61	9.53	42.1
医生(万人)	Number of Doctors (10 000 persons)	11.59	4.94	42.6

11-2 省辖市市区社会经济主要指标(2007年)

本表价值量指标均按当年价格计算。
Data in value terms in this table are calculated at current prices.

指标	Item	郑州 Zhengzhou	开封 Kaifeng	洛阳 Luoyang	平顶山 Pingdingshan	安阳 Anyang
年底总人口(万人)	Total Population (year-end) (10 000 persons)	269.59	84.23	155.16	99.26	105.83
#非农业人口	Non-agricultural Population	202.17	59.54	111.09	76.62	70.36
年底单位从业人员数(万人)	Number of Employed Persons (year-end) (10 000 persons)	68.41	15.64	29.68	28.58	21.43
在岗职工平均人数(万人)	Staff and Workers (10 000 persons)	55.98	14.98	27.32	27.21	19.18
土地面积(平方公里)	Total Area (sq.km)	1010	362	544	459	544
#建成区土地面积	Developed Areas	321	86	145	61	73
生产总值(亿元)	Gross Domestic Product (100 million yuan)	1025.48	134.93	551.52	284.55	244.41
#第二产业	Secondary Industry	328.86	58.33	297.06	208.88	166.27
第三产业	Tertiary Industry	687.87	68.36	245.83	71.31	73.20
城镇固定资产投资完成额(亿元)	Actually Completed Investment in Fixed Assets of Urban Area(100 million yuan)	515.65	60.86	319.61	101.17	94.12
房地产开发投资额(亿元)	Investment in Real Estate Development (100 million yuan)	262.35	14.96	105.39	20.99	26.79
#住宅	Residential Buildings	196.08	8.99	83.24	14.07	17.54
地方财政一般预算收入(亿元)	Total Revenue of Local Governments (100 million yuan)	166.04	11.71	51.57	26.93	26.36
地方财政一般预算支出(亿元)	Total Expenditures of Local Governments (100 million yuan)	163.04	25.82	63.31	34.60	38.16
规模以上工业企业	Enterprises above Designated Size					
主营业务收入(亿元)	Product Sales (100 million yuan)	949.55	140.31	1098.62	673.78	542.33
利润总额(亿元)	Total Profits (100 million yuan)	48.60	1.98	9.43	31.49	18.86
本地电话用户数(万户)	Number of Telephone Sets (year-end) (10 000 households)	119.20	19.61	101.24	33.96	43.15
全年用电量(亿千瓦小时)	Annual Electricity Consumption (100 million kwh)	139.52	22.24	158.76	44.62	86.70
#工业用电	Industrial Power Consumption	81.92	14.66	136.97	40.31	78.25
居民生活用电	Urban Power Consumption	20.18	2.80	7.91	2.58	4.11
限额以上批零贸易业商品销售总额(亿元)	Total Sales of Enterprise above Designated Size in Wholesale and Retail Sale Trades (100 million yuan)	1277.84	62.40	196.84	154.20	212.11
当年实际使用外资金额(万美元)	Amount of Foreign Capital Actually Vtilized This Year (USD 10 000)	67983	3125	12537	2301	5761
城乡居民储蓄存款年底余额 (亿元)	Outstanding Amount of Savings Deposit in Urban and Rural Areas (year-end) (100 million yuan)	1240.00	156.07	420.34	216.35	159.02
在岗职工工资总额(亿元)	Total Wages of Staff and Workers (100 million yuan)	159.02	23.50	60.46	61.80	41.56
在校学生数(万人)	Student Enrollment (10 000 persons)					
普通高等学校	Number of Regular Institutes of Higher Education	46.45	6.42	7.20	4.64	3.41
中等职业学校	Number of Vocational Secondary Schools	26.95	5.13	10.99	4.42	2.95
普通中学	Number of Regular Secondary Schools	19.90	5.17	11.11	5.80	6.27
小学	Number of Primary Schools	24.01	5.84	12.27	7.09	9.35
医院、卫生院个数(个)	Number of Hospitals (unit)	110	59	80	48	84
医院、卫生院床位数(万张)	Number of Beds in Hospitals (10 000 beds)	1.94	0.51	1.12	0.60	0.61
医生(万人)	Number of Doctors (10 000 persons)	1.12	0.31	0.52	0.28	0.36

Major Social and Economic Indicators of Districts in Cities Directly Under the Province (2007)

鹤 壁 Hebi	新 乡 Xinxiang	焦 作 Jiaozuo	濮 阳 Puyang	许 昌 Xuchang	漯 河 Luohe	三门峡 Sanmenxia	南 阳 Nanyang	商 丘 Shangqiu	信 阳 Xinyang	周 口 Zhoukou	驻马店 Zhumadian
54.92	100.17	82.46	64.27	40.45	134.90	28.78	179.66	167.04	141.82	50.81	62.93
36.76	72.12	64.56	41.10	40.45	45.27	22.30	55.57	89.48	45.03	24.52	26.58
11.61	18.49	16.62	20.74	7.98	14.72	7.18	29.83	12.64	13.27	9.99	10.48
10.67	17.37	14.99	16.91	7.49	13.51	6.23	23.64	12.08	13.25	9.54	9.51
609	346	424	260	197	1020	198	1981	1600	3604	148	772
45	91	78	36	63	51	28	81	59	52	42	48
137.00	245.73	167.77	222.94	103.86	271.55	89.03	285.12	176.30	190.14	75.52	120.18
86.21	131.01	100.69	161.78	74.84	183.65	59.98	139.65	73.35	89.76	31.18	65.18
45.42	110.30	64.81	52.71	27.13	59.11	27.69	110.96	68.27	74.31	39.49	46.20
98.44	128.01	103.61	89.79	126.55	111.77	50.29	228.68	104.10	23.00	67.84	55.37
7.46	27.34	22.22	15.06	17.93	13.46	4.19	22.03	17.61	13.91	13.92	10.67
5.88	18.47	15.30	12.03	13.42	12.40	3.66	15.98	15.37	12.50	10.19	7.53
10.95	21.15	21.85	16.28	11.00	14.59	9.32	18.72	13.00	9.15	5.74	9.84
16.93	31.13	32.11	23.34	17.50	26.88	16.02	49.78	30.38	28.87	16.97	21.40
178.69	368.68	424.75	461.89	226.43	653.55	253.99	174.15	167.34	160.81	81.83	197.93
11.03	18.90	38.15	16.68	18.84	65.92	26.52	27.05	5.78	3.80	6.19	7.71
24.53	54.58	29.73	23.93	16.54	27.95	14.64	58.27	38.26	34.56	12.30	22.07
23.40	39.51	127.44	25.38	15.27	20.37	28.69	45.60	52.20	17.20	7.07	16.74
19.82	26.39	119.42	23.84	10.22	16.85	23.95	38.69	45.89	8.55	4.48	13.77
0.98	4.90	2.66	1.54	1.94	2.38	1.66	3.04	3.12	3.02	1.18	1.54
18.41	92.75	54.61	27.46	55.68	51.90	39.20	130.10	78.33	54.71	35.83	50.00
4212	6970	2616		2725	13334	10490	4375	1589	1457	1638	4370
61.39	169.66	141.10	149.01	86.27	110.66	71.72	211.86	136.77	137.62	79.53	100.01
20.75	29.15	31.09	44.91	13.89	21.39	13.50	51.80	17.74	18.73	12.86	14.41
0.70	8.92	5.11	0.91	2.48	1.73	0.85	4.61	4.61	3.70	2.04	1.51
2.18	5.18	4.23	1.83	3.40	3.91	2.27	8.08	2.95	3.66	2.95	5.05
3.93	5.73	5.11	8.45	3.18	9.27	1.95	10.91	15.09	10.12	4.47	5.96
4.92	7.88	6.86	6.45	2.83	11.41	2.63	14.87	20.13	10.25	6.31	6.76
28	72	63	39	40	49	16	103	41	70	28	19
0.27	0.67	0.47	0.41	0.29	0.43	0.20	0.78	0.35	0.37	0.22	0.27
0.15	0.32	0.23	0.23	0.14	0.16	0.09	0.36	0.19	0.17	0.16	0.14

11–3 城市建设基本情况

Basic Statistics on Urban Construction

指　　标	Item	2005	2006	2007
城市个数(个)	Number of Cities (unit)	38	38	38
建成区面积(平方公里)	Developed Areas (sq.km)	1572	1679	1775
年底供水综合生产能力（万立方米/日)	General Production Capacity of Water Supply (year-end) (10 000 cu.m/day)	1027	1024	1040
全年供水总量(万立方米)	Total Annual Volume of Water Supply (10 000 cu.m)	183436	181590	167348
#居民家庭用水量	For Residential Use		54146	51429
平均每人每天生活用水量(升)	Per Capita Daily Consumption of Tap Water for Residential Use (liter)	147.1	129.5	125.9
用水普及率(%)	Percentage of Population with Access to Tap Water (%)	91.9	93.8	92.2
公共交通标准运营车辆(标台)	Operating Standard Public Transit Vehicles (Standardized)	12514	12575	13071
平均每万人拥有公交车辆(标台)	Number of Public Transportation Vehicles per 10 000 Population (Standardized)	7.8	7.6	7.8
煤气家庭用量(万立方米)	Consumption of Coal Gas for Residential Use (10 000cu.m)	12735	12675	10746
天然气家庭用量(万立方米)	Consumption of Natural Gas for Residential Use (10 000cu.m)	18649	22549	26172
液化石油气家庭用量(吨)	Consumption of Liquefied Petroleum Gas for Residential Use (ton)	198629	207807	207091
燃气普及率(%)	Percentage of Population with Access to Gas (%)		67.2	68.9
集中供热面积(万平方米)	Heated Area (10 000 sq.m)	5361	6043	7042
道路长度(千米)	Length of Roads (km)	7090	8460	8651
道路面积(万平方米)	Area of Roads (10 000sq.m)	15653	17728	18777
排水管道长度(千米)	Length of Drainage Pipelines (km)	10201	11606	12398
建成区绿化覆盖面积(公顷)	Coverage Space of Green Areas Developed (hectare)	50822	55033	60966
建成区绿化覆盖率(%)	Coverage Rate of Green Areas Developed (%)	32.3	32.8	34.3
公园个数(个)	Number of Parks (unit)	272	235	234
公园绿地面积(公顷)	Public Green Areas (hectare)		14066	15493
人均公园绿地面积(平方米)	Per Capita Public Green Area (sq.m)		8.5	8.9
生活垃圾清运量(万吨)	Volume of Residential Garbages and Night Soil Disposal (10 000 tons)	754	723	737
生活垃圾无害化处理率(%)	Percentage of Harmless Disposal (%)	58.1	46.3	51.9

11-4 城市市区市政设施、公共交通情况(2007年)

Municipal Installation and Public Transportation in Urban Districts (2007)

城市名称	City	建成区面积(平方公里) Developed Areas (sq.km)	市区人口密度(人/平方公里) Density of cantonal Population (person /sq.km)	年底道路长度(公里) Length of Roads (year-end) (km)	年底道路面积(万平方米) Area of Roads (year-end) (10 000sq.m)	人均城市道路面积(平方米) Per Capita Area of Roads (sq.m)	年底路灯盏数(盏) Number of Street Lights (year-end) (unit)	年底实有运营车辆(辆) Operating Transit Vehicles (year-end) (unit)	全年客运总量(万人次) Number of Passengers Carried in the year (10 000 person-times)	年底实有出租汽车(辆) Operating Taxis (year-end) (unit)
郑　州	Zhenzhou	321	6249	1243	2838	10.53	61	3518	64553	10862
开　封	Kaifeng	86	9794	317	739	8.77	27	455	4028	2969
洛　阳	Luoyang	145	13006	499	1405	7.45	108	993	23845	
平顶山	Pingdingshan	61	11254	210	689	7.65		581	5088	2000
安　阳	Anyang	73	3399	405	828	12.00	25	631	6800	1357
鹤　壁	Hebi	45	4291	229	477	11.58	15	335	2408	726
新　乡	Xinxiang	91	7305	398	907	12.54		685	8808	5000
焦　作	Jiaozuo	78	8322	378	997	13.31	18	581	6754	1395
濮　阳	Puyang	36	7380	205	383	10.38	14	475	1100	2000
许　昌	Xuchang	63	4582	241	512	11.52	14	549	3160	1403
漯　河	Luohe	51	4398	319	699	14.88	18	756	5841	1231
三门峡	Sanmenxia	28	9317	128	186	6.65	7	164	3619	590
南　阳	Nanyang	81	5087	577	953	8.69	22	411	5705	1198
商　丘	Shangqiu	59	9146	340	704	7.47	22	400	4100	3889
信　阳	Xinyang	52	2540	354	620	13.39	11	199	1896	1873
周　口	Zhoukou	42	2350	387	539	22.94	76	213	2420	
驻马店	Zhumadian	48	6853	282	775	22.75		208	2300	1548
济　源	Jiyuan	27	5030	180	445	17.69	27	258	1190	766
巩　义	Gongyi	21	6272	68	206	9.12	13	106	2144	586
荥　阳	Xingyang	20	7450	100	184	12.35	5	60	900	379
新　郑	Xinzheng	19	6717	70	242	10.85	4	206	429	370
登　封	Dengfeng	19	2014	130	260	21.96	14	76	1994	367
新　密	Xinmi	19	6392	79	214	13.95	6	216	4336	436
偃　师	Yanshi	14	6667	80	108	7.71		182	440	165
汝　州	Ruzhou	25	7109	102	156	6.27	5	59	958	200
舞　钢	Wugang	14	4033	91	161	13.31	3	58	580	130
林　州	Linzhou	18	3739	110	131	9.22	6	126	620	358
卫　辉	Weihui	18	2971	72	123	9.20	5	32	290	220
辉　县	Huixian	21	7320	96	170	9.29	5	29	210	320
沁　阳	Qinyang	18	3794	139	244	18.91	7	108	201	137
孟　州	Mengzhou	14	6980	71	218	20.82	10	32		136
禹　州	Yuzhou	31	5249	101	294	10.72	7	222	1800	650
长　葛	Changge	18	7695	108	213	11.60	6	132	684	368
义　马	Yima	15	1491	94	166	9.94	2	100	762	150
灵　宝	Lingbao	17	5934	76	176	10.23	4	70	650	315
永　城	Yongcheng	23	8348	125	332	16.10	5	161	1140	500
邓　州	Dengzhou	21	5013	141	275	13.72	8	30	80	200
项　城	Xiangcheng	26	7920	106	208	8.29	3	129	800	360

11-5 城市市区供、排水情况(2007年)

Supply of Tap Water and Wastewater Discharging in Urban Districts (2007)

城市名称 City	年底供水综合生产能力(万立方米/日) General Production Capacity of Water Supply(year-end)(10 000 cu.m/day)	供水管道长度(公里) Length of Water Supply Pipelines (year-end) (km)	全年供水总量(万立方米) Total Annual Volume of Water Supply (10 000cu.m)	#居民家庭用水 For Residential Use	用水人口(万人) Number of Residents with Access to Tap Water (10 000 persons)	人均日生活用水量(升) Per Capita Daily ConSumption of Tap Water for Residential Use (liter)	用水普及率(%) Percentage of Population with Access to Tap Water (%)	排水管道长度(公里) Length of Drainage Pipelines (km)	排水管道密度(公里/平方公里) Density of Drainage Pipelines (km/sq.km)
郑　州 Zhenzhou	133.24	2211	27930.82	10856.70	269.59	156	100.0	2827	6.55
开　封 Kaifeng	62.50	892	6671.33	1562.74	84.23	64	100.0	441	5.13
洛　阳 Luoyang	93.67	1137	19227.29	7873.17	134.00	211	71.1	1133	7.82
平顶山 Pingdingshan	74.20	525	8470.27	3601.51	78.90	133	87.6	283	3.54
安　阳 Anyang	87.00	728	12201.00	1752.00	69.00	118	100.0	641	3.16
鹤　壁 Hebi	38.33	323	3923.69	1580.02	39.60	134	96.1	263	2.74
新　乡 Xinxiang	62.00	506	8900.00	1914.47	70.00	100	96.8	631	6.37
焦　作 Jiaozuo	59.50	684	7526.46	1508.00	74.90	69	100.0	613	6.81
濮　阳 Puyang	27.60	93	4783.00	1371.00	39.20	129	99.1	266	5.32
许　昌 Xuchang	30.00	416	4103.00	1083.00	43.79	97	98.5	411	4.24
漯　河 Luohe	35.00	444	10297.00	1645.00	43.45	189	92.5	429	4.02
三门峡 Sanmenxia	14.50	183	1906.00	727.00	26.10	92	93.4	151	5.03
南　阳 Nanyang	51.46	863	6289.27	1645.43	80.12	84	73.1	609	2.83
商　丘 Shangqiu	37.80	311	4615.00	2083.00	74.20	108	78.8	229	2.22
信　阳 Xinyang	26.70	1144	3662.00	1054.10	43.90	133	94.8	40	0.22
周　口 Zhoukou	16.00	233	1898.84	624.43	23.50	86	100.0	300	3.00
驻马店 Zhumadian	12.50	230	3152.40	880.00	23.27	125	68.3	383	7.71
济　源 Jiyuan	14.00	248	2907.00	716.00	25.08	123	99.7	264	5.28
巩　义 Gongyi	12.00	139	1532.59	363.00	20.00	63	88.6	158	4.39
荥　阳 Xingyang	4.20	208	816.00	481.00	13.48	117	90.5	165	8.25
新　郑 Xinzheng	4.70	215	1384.00	300.00	14.90	109	66.8	96	2.89
登　封 Dengfeng	3.45	75	551.00	225.00	9.83	108	83.0	151	2.57
新　密 Xinmi	10.50	185	989.00	606.00	13.21	171	86.1	87	3.63
偃　师 Yanshi	8.00	166	949.50	472.00	13.95	106	99.6	72	3.43
汝　州 Ruzhou	7.30	221	917.10	287.30	18.48	48	74.3	115	3.29
舞　钢 Wugang	12.80	105	3440.00	740.00	11.63	208	96.1	50	1.67
林　州 Linzhou	5.00	133	1264.00	513.00	11.60	169	81.6	108	2.84
卫　辉 Weihui	6.00	105	1894.00	491.00	10.60	184	79.3	88	1.96
辉　县 Huixian	11.00	293	2661.00	486.00	18.30	157	100.0	131	5.24
沁　阳 Qinyang	7.60	90	1110.80	296.00	12.31	81	95.4	185	5.44
孟　州 Mengzhou	11.80	106	1015.00	202.00	10.44	101	99.7	176	11.73
禹　州 Yuzhou	6.70	119	1805.00	1143.00	26.80	127	97.7	136	2.60
长　葛 Changge	11.00	73	1482.00	304.00	13.70	125	74.6	128	5.36
义　马 Yima	14.80	64	1389.50	199.00	12.10	54	72.5	48	0.43
灵　宝 Lingbao	8.20	105	1708.00	413.00	14.93	103	86.8	94	3.24
永　城 Yongcheng	2.00	165	427.50	308.00	9.98	95	48.4	140	5.67
邓　州 Dengzhou	10.30	480	1133.00	380.00	17.20	89	85.8	112	2.80
项　城 Xiangcheng	6.50	191	2415.00	742.00	23.35	99	93.0	244	7.70

11-6 城市市区燃气供应情况(2007年)

Supply of Gas in Urban Districts (2007)

城市名称	City	煤气 Coal Gas			天然气 Natural Gas			液化石油气 Liquefied Petroleum Gas			燃气普及率(%)
		供气总量(万立方米) Total Gas Supply (10 000 cu.m)	#家庭用量 Residential Use	用气人口(万人) Population with Access to Gas(10 000 persons)	供气总量(万立方米) Total Gas Supply (10 000 cu.m)	#家庭用量 Residential Use	用气人口(万人) Population with Access to Gas (10 000 persons)	供气总量(吨) Total Gas Supply (ton)	#家庭用量 Residential Use	用气人口(万人) Population with Access to Gas (10 000 persons)	Percentage of Population with Access to Gas (%)
郑　州	Zhenzhou	467.60	368.00	2.53	33040	11245	202.72	62000	46000	42.88	92.0
开　封	Kaifeng				3103	1798	35.60	8521	8521	23.00	69.6
洛　阳	Luoyang	22485.14	716.36	11.10	1711	428	15.40	22958	18180	38.33	34.4
平顶山	Pingdingshan	7329.00	4205.00	78.90	6654	52	2.67	1100	1100	4.80	95.9
安　阳	Anyang				8934	2189	51.00	8950	4150	11.12	96.6
鹤　壁	Hebi				816	302	7.00	4850	4850	19.00	63.1
新　乡	Xinxiang				4645	1350	38.72	12500	12200	31.28	96.8
焦　作	Jiaozuo				8158	3130	45.62	5281	5176	22.43	90.9
濮　阳	Puyang				1564	1389	19.90	12040	11201	18.62	90.6
许　昌	Xuchang				448	443	5.94	8478	5100	22.88	64.8
漯　河	Luohe				1064	550	7.85	11895	11127	35.90	93.1
三门峡	Sanmenxia				39	11	1.42	2789	1811	13.10	52.0
南　阳	Nanyang	1848.00	1108.00	21.24				15903	15563	48.23	63.4
商　丘	Shangqiu				368	180	3.00	14005	12016	48.50	54.7
信　阳	Xinyang				697	180	2.89	8157	7169	31.86	75.1
周　口	Zhoukou				1000	50	2.48	4100	4100	17.00	82.9
驻马店	Zhumadian				1102	345	9.86	2680	2680	9.53	56.9
济　源	Jiyuan	2608.00	2544.00	12.80	3854	132	1.28	1102	1102	4.69	74.6
巩　义	Gongyi	9545.66	376.23	3.50				1390	780	3.60	31.4
荥　阳	Xingyang	1718.00	580.00	3.90				3350	2300	8.90	85.9
新　郑	Xinzheng				706	258	3.14	1905	1050	10.50	61.2
登　封	Dengfeng				57	5	1.23	930	866	3.48	39.8
新　密	Xinmi				58	12	1.10	1900	1760	8.00	59.3
偃　师	Yanshi	27.54	27.00	0.99				1305	1305	7.03	57.3
汝　州	Ruzhou	1548.00		6.10				220	170	1.04	28.7
舞　钢	Wugang	575.00	400.00	2.87				265	255	1.69	37.7
林　州	Linzhou				380	285	4.75	1400	1366	6.00	75.7
卫　辉	Weihui				79	48	0.53	900	900	3.00	26.4
辉　县	Huixian	56.90	56.90	0.19				4450	4150	8.13	45.5
沁　阳	Qinyang				17		0.07	1542		7.98	62.4
孟　州	Mengzhou							1310	1160	4.40	42.0
禹　州	Yuzhou				2072	1500	1.05	3950	3640	13.00	51.2
长　葛	Changge				4420	126	1.68	4500	4500	10.55	66.6
义　马	Yima	300.00	205.00	4.00				1980	1965	3.00	41.9
灵　宝	Lingbao							3480	3435	10.37	60.3
永　城	Yongcheng				63	52	0.72	1420	1360	4.60	25.8
邓　州	Dengzhou							2200	2100	7.68	38.3
项　城	Xiangcheng				116	112	1.50	1983	1983	8.54	40.0

11-7 城市市区园林绿化情况(2007年)

Virescence of gardens in Urban Districts(2007)

城市名称	City	建成区绿化覆盖面积(公顷) Coverage Space of Green Areas in Developed Area(hectare)	建成区绿化覆盖率(%) Coverage Rate of Green Areas in Developed Area (%)	公园绿地面积(公顷) Public Green Area (hectare)	人均公园绿地面积(平方米) Per Capita Public Green Area (sq.m)
郑州	Zhenzhou	10836	33.8	2487	9.23
开封	Kaifeng	2156	25.1	412	4.89
洛阳	Luoyang	5543	38.3	1532	8.13
平顶山	Pingdingshan	2074	34.0	699	7.76
安阳	Anyang	2630	36.0	555	8.04
鹤壁	Hebi	1670	37.1	414	10.05
新乡	Xinxiang	3535	38.9	794	10.98
焦作	Jiaozuo	3025	38.8	709	9.47
濮阳	Puyang	1482	41.2	500	13.55
许昌	Xuchang	2682	42.6	501	11.27
漯河	Luohe	2258	44.0	799	17.01
三门峡	Sanmenxia	1189	42.5	404	14.45
南阳	Nanyang	2737	33.7	1242	11.33
商丘	Shangqiu	1774	30.3	437	4.64
信阳	Xinyang	1423	27.4	324	7.00
周口	Zhoukou	1550	36.9	251	10.68
驻马店	Zhumadian	1486	30.8	272	7.99
济源	Jiyuan	1023	38.6	223	8.87
巩义	Gongyi	813	38.7	193	8.55
荥阳	Xingyang	750	38.5	135	9.06
新郑	Xinzheng	695	37.6	134	6.01
登封	Dengfeng	563	30.4	144	12.16
新密	Xinmi	646	33.9	174	11.34
偃师	Yanshi	636	45.4	154	11.00
汝州	Ruzhou	418	16.7	170	6.83
舞钢	Wugang	526	38.0	118	9.75
林州	Linzhou	653	36.3	172	12.10
卫辉	Weihui	470	25.7		
辉县	Huixian	665	31.2	124	6.78
沁阳	Qinyang	361	20.6	90	6.98
孟州	Mengzhou	480	33.9	80	7.64
禹州	Yuzhou	1115	35.6	305	11.12
长葛	Changge	590	33.7	196	10.68
义马	Yima	480	31.7	150	8.98
灵宝	Lingbao	438	25.8	131	7.61
永城	Yongcheng	345	15.0	128	6.21
邓州	Dengzhou	325	15.5	106	5.29
项城	Xiangcheng	924	36.2	234	9.32

注：公园个数、面积含小游园。
a)Data on number parks and area of parks include samall amusement parks.

11-8 城市环境卫生情况(2007年)
Environment and Sanitation in Urban Districts(2007)

城市名称	City	污水排放量(万立方米) Domestic Sewage Discharged (10 000 cu.m)	污水处理量(万立方米) Domestic Sewage Treated (10 000 cu.m)	生活垃圾清运量(万吨) Volume of Garbage Disposal (10 000 tons)	生活垃圾处理量(万吨) Volume of Garbages Treated (10 000 tons)	垃圾无害化处理量(万吨) Volume of Garbages innocuously Treated (10 000tons)	公共厕所(个) Number of Public Lavatories (unit)	环卫车辆(辆) Number of Special Vehicles for Environmental Sanitation (unit)	保洁面积(万平方米) Area under Cleaning Program (10 000 sq.m)
郑　州	Zhenzhou	21026	19501	125	107	107	920	316	2790
开　封	Kaifeng	5337	1400	45	29		420	113	909
洛　阳	Luoyang	13459	10545	49	44	44	515	266	1319
平顶山	Pingdingshan	6776	5830	25	25		89	81	472
安　阳	Anyang	9450	7508	29	27	27	383	216	623
鹤　壁	Hebi	3000	2252	15	11	11	63	53	554
新　乡	Xinxiang	7120	4984	29	29	29	307	125	810
焦　作	Jiaozuo	6020	3639	27	27	23	216	132	747
濮　阳	Puyang	5628	1500	22			122	172	548
许　昌	Xuchang	3102	2490	20	17	17	139	71	400
漯　河	Luohe	7231	3013	22	22		245	68	488
三门峡	Sanmenxia	1830	1820	8	7	7	54	45	150
南　阳	Nanyang	4447	2131	33	25	25	415	185	958
商　丘	Shangqiu	3510	2949	27	22	22	408	114	496
信　阳	Xinyang	3937	2628	14	14	14	39	28	237
周　口	Zhoukou	1800	1314	15			95	25	460
驻马店	Zhumadian	2837	2555	18	15	15	240	47	459
济　源	Jiyuan	2297	1642	9	9	9	92	34	331
巩　义	Gongyi	1225	729	8			28	21	221
荥　阳	Xingyang	648	574	5	5	5	43	13	260
新　郑	Xinzheng	1107	950	5	5	5	40	25	180
登　封	Dengfeng	450	450	8	8	8	35	15	338
新　密	Xinmi	860	518	7	6		45	19	249
偃　师	Yanshi	780	548	9	9	9	34	8	140
汝　州	Ruzhou	732	602	8	1	1	30	27	160
舞　钢	Wugang	2620	1227	5			67	41	116
林　州	Linzhou	993	220	46			36	38	446
卫　辉	Weihui	1515		9			178	30	147
辉　县	Huixian	1200	784	8			46	28	105
沁　阳	Qinyang	888	728	9	0	0	27	26	118
孟　州	Mengzhou	1600		6	6		10	6	198
禹　州	Yuzhou	1632	1095	18			30	90	520
长　葛	Changge	1186	1032	9	9		14	37	185
义　马	Yima	991	300	7			28	26	242
灵　宝	Lingbao	1320	834	6	6	6	32	6	153
永　城	Yongcheng	360	240	9			78	30	260
邓　州	Dengzhou	815		12			70	20	236
项　城	Xiangcheng	1782	1262	12	12	0	48	28	228

主要统计指标解释

年末自来水生产能力　指年底城建部门管理的自来水厂和自备水源的社会单位取水、净化、送水、出厂输水干管等环节的实际生产能力。

年末供水管道长度　指从送水泵到用户水表之间所有管道的长度。

全年供水总量　指公用自来水厂和自备水源的社会单位全年的供水总量，包括有效供水量及损失水量。

生活用水量　指居民日常生活与公共福利设施的用水量，包括居民、饮食店、旅馆、医院、理发店、浴池、洗衣店、游泳池、商店、学校、机关、部队等单位的用水量。

城市人口用水普及率　指城市用水的非农业人口数(不包括临时人口和流动人口)与城市非农业人口总数之比。计算公式为：

用水普及率＝城市用水的非农业人口数／城市非农业人口数×100%

全年供气总量　指全年售给各类用户的全部煤气量，包括工业用量、家庭用量和其他用量。

城市用气普及率　指使用煤气(包括人工煤气、液化石油气、天然气)的城市非农业人口数(不包括临时人口和流动人口)与城市非农业人口总数之比。计算公式为：

城市煤气普及率＝城市用气的非农业人口数／城市非农业人口总数×100%

年底实有铺装道路长度　指除土路外，路面经过铺装宽度在3.5米以上的道路，包括高级、次高级道路和普通道路。

年末实有公共汽(电)车　指年底可参加营运的全部车辆数，包括营运车辆数和库存查封未参加营运的车辆。不包括非营运车辆，如架线车、油罐车、工程车、货车及其他专用车辆和借入的客运车辆。

公共绿地　指供游览休息的各种公园、动物园、植物园、陵园以及花园、游园和供游览休息用的林荫道绿地、广场绿地，不包括一般栽植的行道树及林荫道的面积。

Explanatory Notes on Main Statistical Indicators

Production Capacity of Tap Water at the Year-end refers to the actual comprehensive production capacity of the waterworks administered by the urban construction department and those owned by enterprises or institutions, taking the capacity of the main links, such as water inflow, purification, conveyance and outflow of the trunk pipelines into account.

Length of Water Supply Pipelines at the Year-end refers to the total length of all the pipelines between the water pumps and the users water meters.

Annual Volume of Water Supply refers to the total volume of water supplied by the public water-works and those owned by individual enterprises and institutions during the whole year, including both the effective water supply and loss during the water supply.

Consumption of Water for Residential Use refers to the water consumption of households for daily life and the water consumption of public welfare facilities, including the consumption of restaurants, hotels, hospitals, barber shops, public bathhouses, laundries, swimming pools, shops, schools, institutions, army units and other units.

Percentage of Urban Population with Access to Tap Water refers to the ratio of the urban non-agricultural population (excluding temporary and mobile population)with access to tap water to the total urban non-agricultural population. The formula is:

Percentage of Population with Access to Tap Water

=Urban Non-agricultural Population with Access to Tap Water ÷Urban Non-agricultural Population×100%

Volume of Gas Supply refers to the total volume of gas sold to users in a year, including the volume for industrial use, residential use and other uses.

Percentage of Urban Population with Access to Gas refers to the ratio of the urban non-agricultural population with access to gas (including gas, liquefied petroleum gas and natural gas) to the urban non-agricultural population (excluding temporary and mobile population). The formula is:

Percentage of Population with Access to Gas

=Urban Nonagricultural Population with Access to Gas÷ Urban Non-agricultural Population×100%

Length of Paved Roads at the Year-end refers to the length of roads with a paved surface, and with a width of more than 3-5 meters, including high quality, medium quality and ordinary roads.

Number of Public Vehicles (Buses and Trolley buses) at the Year-end refers to the total number of operational buses available at the year-end, including the year-end operational vehicles and vehicles in stock. Non-operational vehicles such as stringing cars, tank cars, machine shop cars, trucks and other special vehicles and the borrowed passenger vehicles are excluded.

Public Green Area refers to green areas of various parks, zoos, botanical gardens, cemeteries, amusement parks, tree-flanked boulevards green land squares for tourism and relaxing. Areas with trees planted along-side the streets and boulevards are excluded.

农业
Agriculture

资料整理: 张亚民　韩爱桃　党元生

【简要说明】

一、主要内容

本篇包括河南省及各省辖市农村基本情况、农村劳动力及农业生产条件、农林牧渔业生产、农作物受灾情况等方面的资料。

二、统计范围

包括农村各种经济组织和农户经营的农林牧渔业生产活动；各种专业性农、林、牧、渔场的农业生产活动；国家各级机关、团体、学校、部队进行的农业生产活动；集体所有制的乡、镇、村办农场的农业生产活动；以及工矿企业经营的农、林、牧、渔业生产活动。

2006、2007年农业增加值和农业、牧业生产情况已与第二次农业普查衔接。

三、资料来源

农村基层组织、乡村从业人员和农业生产基本情况等资料，由国家统计局河南调查总队整理提供，其中农林牧渔业增加值由河南省统计局农业处整理提供。农产量是国家统计局河南调查总队在全省范围内统一抽选样本调查、推算。灌溉、水库和除涝、治水、治碱资料，由河南省水利厅整理提供。受灾面积由河南省民政厅整理提供。本篇资料由国家统计局河南调查总队和河南省统计局农业处编辑整理。

12-1 农村基本情况(年底数)

Basic Statistics on Rural Areas (Year-end)

指　　标	Item	2000	2002	2005	2006	2007
农村基层组织(个)	**Rural Grassroots Units (unit)**					
乡镇	Number of Township and Town Governments	2129	2118	1907	1895	1892
#镇	Number of Town Governments	844	869	841	832	848
村民委员会	Number of Villagers' Committees	48206	47298	48064	47603	47533
农村基础设施（个）	**Social Basic Facilities In Rural Areas(unit)**					
自来水受益村数	Number of Villages with Access to Tap Water	13252	14820	17369	18584	20272
通汽车村数	Number of Villages with Highways	44593	46122	47131	47455	47754
通电话村数	Number of Villages with Telephone Communications	48062	48269	48044	48081	48058
乡村劳动力和从业人员	**Number of Rural Laborer and Employed Persons**					
乡村户数(万户)	Number of Rural Households (10 000 households)	1972	1998	2026	2025	2033
乡村劳动力资源数(万人)	Number of Rural Laborer Resource (10 000 persons)	5069	5114	5167	5187	5223
#劳动力年龄内	Within Laborer Force Age	4525	4589	4686	4702	4745
乡村从业人员(万人)	Number of Rural Employed Persons (10 000 persons)	4712	4691	4752	4777	4815
#劳动力年龄内	Within Laborer Force Age	4328	4369	4457	4471	4497
按性别分	By Sex					
男	Male	2493	2484	2517	2538	2554
女	Female	2220	2207	2235	2239	2261
按国民经济行业分	By Sector					
农业	Farming	3559	3393	3128	3039	2910
工业	Industry	354	398	544	599	682
建筑业	Construction	280	317	377	400	446
交运仓储及邮电通讯业	Transportation, Storage, Postal and Telecommunications Services	107	121	144	149	160
批零贸易及餐饮业	Wholesale, Retail Sale and Catering Trades	171	202	286	302	327
其他	Others	241	260	274	288	290

注：乡镇个数、镇个数、村民委员会个数为民政部门数据。

a)Number of Township and Town Governments,Villagers' Committees are taken from civil administration department.

12-2 各市农村基本情况(2007年底)
Basic Conditions of Rural Areas by City (End of 2007)

市 City	乡村户数(万户) Number of Rural Households (10 000 households)	乡村劳动力资源数(万人) Number of Rural Laborer Resource (10 000 persons)	#劳动力年龄内 Within Laborer Force Age	乡村从业人员(万人) Number of Rural Employed Persons (10 000 persons)	#劳动力年龄内 Within Laborer Force Age	男 Male	女 Female
郑州市 Zhengzhou	106.47	257.04	234.69	230.00	217.33	123.17	106.83
开封市 Kaifeng	95.39	259.14	235.85	241.03	225.56	125.56	114.47
洛阳市 Luoyang	125.53	324.65	301.75	303.26	289.57	160.83	142.43
平顶山市 Pingdingshan	100.89	255.88	228.09	240.69	224.21	127.59	113.10
安阳市 Anyang	117.74	301.02	272.29	280.58	260.31	150.83	129.75
鹤壁市 Hebi	27.08	70.86	63.11	63.56	59.05	34.41	29.15
新乡市 Xinxiang	106.91	262.97	235.42	237.33	222.53	128.94	108.39
焦作市 Jiaozuo	60.87	152.00	141.16	141.22	131.30	73.89	67.33
濮阳市 Puyang	72.20	197.76	176.14	182.41	169.14	99.68	82.73
许昌市 Xuchang	91.94	239.79	223.41	225.45	214.50	117.52	107.93
漯河市 Luohe	52.37	138.24	126.02	124.19	119.22	65.38	58.81
三门峡市 Sanmenxia	42.69	100.29	94.75	94.28	90.81	50.23	44.05
南阳市 Nanyang	237.95	587.69	543.21	538.31	504.66	288.49	249.82
商丘市 Shangqiu	189.03	457.69	427.01	434.66	400.37	227.97	206.69
信阳市 Xinyang	175.51	423.19	389.14	396.06	374.40	210.96	185.10
周口市 Zhoukou	233.71	615.21	569.36	578.72	529.57	303.50	275.22
驻马店市 Zhumadian	184.43	553.05	460.26	477.59	442.45	250.20	227.39
济源市 Jiyuan	12.44	30.50	26.88	27.03	24.77	14.26	12.77

市 City	农业 Farming	工业 Industry	建筑业 Construction	交通仓储及邮电运输业 Transportation, Storage, Postal and Telecommunications Services	批零贸易及餐饮业 Wholesale, Retail Sale and Catering Trades	其他 Others
郑州市 Zhengzhou	106.70	53.47	20.43	13.11	20.20	16.09
开封市 Kaifeng	171.19	26.58	17.69	5.82	10.07	9.68
洛阳市 Luoyang	168.51	49.15	28.23	13.24	23.77	20.36
平顶山市 Pingdingshan	155.06	33.31	15.26	8.52	14.16	14.38
安阳市 Anyang	154.58	36.85	46.14	10.28	18.98	13.75
鹤壁市 Hebi	32.56	9.46	7.53	3.33	5.47	5.21
新乡市 Xinxiang	139.11	35.75	30.71	7.61	13.47	10.68
焦作市 Jiaozuo	82.88	28.69	8.72	5.86	8.37	6.70
濮阳市 Puyang	116.01	19.48	18.76	5.17	13.55	9.44
许昌市 Xuchang	120.88	48.58	17.34	8.42	17.49	12.74
漯河市 Luohe	75.21	20.08	11.75	4.29	6.72	6.14
三门峡市 Sanmenxia	65.12	8.69	4.75	4.24	6.64	4.84
南阳市 Nanyang	341.31	85.15	32.91	15.64	37.78	25.52
商丘市 Shangqiu	274.68	56.03	44.87	11.25	27.26	20.57
信阳市 Xinyang	225.46	46.32	36.26	12.86	30.50	44.66
周口市 Zhoukou	357.50	73.55	58.81	16.06	38.01	34.79
驻马店市 Zhumadian	303.45	49.91	45.07	13.19	33.06	32.91
济源市 Jiyuan	13.01	4.96	2.22	2.01	2.19	2.64

12-3 历年农林牧渔业增加值

Value-Added of Farming, Forestry,Animal Husbandry and Fishery over the year

本表增加值按当年价格计算，指数按可比价格计算。
Data in this table are calculated at current prices.Indices are based on comparable prices.

年 份 Year	农林牧渔业 Farming, Forestry, Animal Husbandry and Fishery	农 业 Farming	林 业 Forestry	牧 业 Animal Husbandry	渔 业 Fishery	农林牧渔服务业 Service for Farming,Forestry, Animal Husbandry and Fishery
绝对值(亿元) Absolute value (100 million yuan)						
1985	173.43	139.96	9.19	23.07	1.21	
1990	325.77	251.82	16.61	54.08	3.26	
1992	353.91	246.24	20.56	83.11	4.00	
1993	410.45	291.90	21.80	92.49	4.26	
1994	546.68	369.15	22.94	149.75	4.84	
1995	762.99	512.10	28.55	215.85	6.49	
1996	937.64	644.25	31.04	254.70	7.65	
1997	1005.55	653.48	35.40	307.25	9.42	
1998	1068.58	690.35	37.65	329.21	11.37	
1999	1120.14	735.80	38.86	332.88	12.60	
2000	1160.22	751.03	41.72	353.77	13.70	
2001	1234.34	798.75	40.39	381.41	13.79	
2002	1246.44	722.49	37.73	431.69	15.20	39.33
2003	1239.70	673.54	42.16	466.45	16.55	41.00
2004	1692.79	956.92	46.27	624.53	19.85	45.22
2005	1892.01	1068.85	51.19	699.67	24.33	47.96
2006	1916.73	1196.84	57.72	595.05	20.21	46.91
2007	2217.65	1337.48	63.56	736.62	30.49	49.49
指数(上年=100) Index (Preceding year=100)						
1985	100.8					
1990	105.4					
1992	101.5					
1993	110.4					
1994	101.3					
1995	111.9					
1996	111.3					
1997	107.6	105.3	104.2	112.0	117.8	
1998	107.0	105.4	104.7	109.7	114.6	
1999	107.2	108.2	103.0	106.2	106.3	
2000	104.5	103.2	105.2	106.6	110.2	
2001	105.5	105.4	96.4	107.1	100.2	
2002	104.5	103.8	103.2	105.4	115.3	
2003	97.5	90.1	108.0	106.9	108.3	106.9
2004	113.2	118.8	105.5	106.8	109.9	105.0
2005	107.6	107.7	104.7	107.6	119.0	104.0
2006	107.3	107.7	107.4	106.6	118.6	102.3
2007	103.8	104.7	105.0	101.5	111.7	104.1

注：表中2006年和2007年的绝对值及2007年指数已根据第二次农业普查有关资料进行修正(下表同）。

a) Data of Absolute value in 2006、2007 and Data of Index in 2007 are Amended base on The second agricultural General Investigation of China (the same as following table).

12-4 各市农林牧渔业增加值

Value-Added of Farming, Forestry, Animal Husbandry and Fishery by City

本表按当年价格计算。

Data in this table are calculated at current prices.

单位：亿元 (100 million yuan)

市 City	农林牧渔业 Farming,Forestry, Animal Husbandry and Fishery		农业 Farming		林业 Forestry		牧业 Animal Husbandry		渔业 Fishery		农林牧渔服务业 Service for Farming, Forestry, Animal Husbandry and Fishery	
	2006	2007	2006	2007	2006	2007	2006	2007	2006	2007	2006	2007
全省 Total	**1916.73**	**2217.65**	**1196.84**	**1337.48**	**57.72**	**63.56**	**595.05**	**736.62**	**20.21**	**30.49**	**46.91**	**49.49**
郑州市 Zhengzhou	71.43	79.38	39.73	43.16	1.73	2.00	25.18	28.39	3.64	4.49	1.15	1.35
开封市 Kaifeng	123.98	135.68	82.39	86.75	2.60	3.01	33.92	40.27	0.86	0.95	4.21	4.70
洛阳市 Luoyang	124.86	144.13	75.11	85.54	12.75	15.87	29.36	33.87	1.29	1.42	6.35	7.44
平顶山市 Pingdingshan	69.31	80.64	38.21	44.39	2.47	3.43	26.41	30.31	1.26	1.41	0.96	1.10
安阳市 Anyang	94.66	111.86	70.64	80.88	2.89	3.99	19.95	24.31	0.23	0.27	0.96	2.41
鹤壁市 Hebi	29.62	36.39	12.57	16.57	0.57	0.59	15.07	17.49	0.21	0.34	1.21	1.39
新乡市 Xinxiang	91.55	110.68	56.43	68.72	2.54	2.84	30.52	35.44	1.55	1.63	0.51	2.05
焦作市 Jiaozuo	58.69	68.99	35.78	42.53	1.26	1.40	20.51	23.41	0.32	0.70	0.82	0.95
濮阳市 Puyang	61.37	72.03	37.75	44.43	1.89	2.49	20.60	23.59	0.41	0.49	0.71	1.02
许昌市 Xuchang	98.54	111.25	63.17	71.56	3.29	4.44	30.01	32.92	0.32	0.35	1.75	1.97
漯河市 Luohe	52.72	59.42	26.97	29.72	0.54	0.63	23.45	27.33	0.26	0.29	1.50	1.44
三门峡市 Sanmenxia	36.43	42.12	28.41	32.66	1.66	1.85	5.92	7.06	0.22	0.28	0.22	0.27
南阳市 Nanyang	275.29	302.04	184.29	199.61	10.55	12.19	71.12	77.70	4.15	6.94	5.18	5.60
商丘市 Shangqiu	190.30	223.95	140.69	166.27	4.78	5.86	39.01	45.17	2.82	3.21	3.01	3.45
信阳市 Xinyang	157.06	180.81	98.16	113.29	11.00	12.74	34.50	39.22	9.71	11.50	3.67	4.06
周口市 Zhoukou	209.40	242.49	150.56	175.59	4.93	6.82	47.03	52.30	1.81	2.31	5.08	5.48
驻马店市 Zhumadian	163.08	193.66	92.37	108.62	3.53	6.29	62.69	72.45	2.55	3.96	1.94	2.33
济源市 Jiyuan	9.37	11.92	4.84	5.62	1.02	1.29	3.03	4.36	0.37	0.51	0.11	0.14

12-5 历年农业生产条件

Conditions of Agriculture over the years

年 份 Year	乡村从业人员 (万人) Employed persons in Rural Area (10 000 persons)	#农、林、牧、渔业 Farming, Forestry, Animal Husbandry and Fishery	年底常用耕地面积 (千公顷) Year end Area of Plow land in use (1 000 hectares)	农用机械总动力 (万千瓦) Total Power of Agricultural Machinery (10 000 kw)	农田有效灌溉面积 (千公顷) Effective Irrigated Area (1 000 hectares)	化肥施用折纯量 (万吨) Consumption of Chemical Fertilizer by 100% Effective Component (10 000 tons)	农村用电量 (亿千瓦小时) Electricity Consumption in Rural Areas (100 million kwh)	农药施用实物量 (万吨) Consumption of Chemical Pesticides (10 000 tons)	农用塑料薄膜使用量 (万吨) Plastic Film Use for Agriculture (10 000 tons)
1978	2384	2251	7157.3	974.4	3722.67	52.54	13.25		
1979	2429	2300	7138.7	1079.3	3636.00	60.05	14.59		
1980	2505	2365	7128.1	1178.0	3536.23	72.52	17.23		
1981	2576	2457	7121.3	1262.1	3388.00	81.90	20.85		
1982	2669	2515	7109.3	1356.3	3265.33	105.50	22.76		
1983	2711	2537	7100.7	1405.9	3210.00	130.67	23.50		
1984	2819	2565	7079.3	1507.0	3278.67	140.16	25.83		
1985	2932	2558	7033.2	1590.0	3189.97	143.58	28.33		
1986	2998	2561	6998.9	1737.9	3212.71	148.73	33.30		
1987	3096	2583	6972.6	1865.9	3250.07	135.58	37.29		
1988	3212	2636	6956.4	2004.2	3358.76	150.57	40.81		
1989	3284	2706	6944.4	2153.4	3438.00	184.25	45.20		
1990	3424	2820	6933.2	2264.0	3550.09	213.18	46.93	3.31	2.75
1991	3511	2913	6920.0	2330.4	3676.59	239.74	52.06	3.88	3.15
1992	3601	2947	6887.8	2424.4	3779.72	251.13	59.58	4.76	3.45
1993	3658	2902	6871.0	2624.0	3868.33	288.21	61.10	5.44	3.84
1994	3717	2859	6830.0	2780.5	3931.30	292.47	70.54	6.53	4.87
1995	3773	2808	6805.8	3115.4	4044.19	322.21	85.07	7.56	5.32
1996	3848	2816	6786.3	4256.4	4191.05	345.33	103.66	8.33	6.17
1997	4015	2903	6773.4	4337.9	4333.06	355.31	118.27	8.49	6.95
1998	4067	2940	6834.0	4764.4	4513.86	382.80	121.21	9.10	7.49
1999	4311	3299	6825.9	5342.9	4648.78	399.85	122.54	9.61	7.94
2000	4712	3559	6875.3	5780.6	4725.31	420.71	125.80	9.55	9.19
2001	4688	3472	6907.3	6078.7	4766.00	441.73	134.61	9.85	9.41
2002	4691	3393	7262.8	6548.2	4802.36	468.83	141.36	10.20	9.86
2003	4695	3321	7187.2	6953.2	4792.22	467.89	144.59	9.87	9.88
2004	4718	3235	7177.5	7521.1	4829.10	493.16	157.69	10.12	10.16
2005	4752	3128	7201.2	7934.2	4864.12	518.14	172.15	10.51	10.84
2006	4777	3039	7202.4	8309.1	4918.80	540.43	188.82	11.16	11.84
2007	4815	2910	7201.9	8718.7	4955.84	569.68	223.43	11.80	12.66

注：2001年及以前年份年底常用耕地面积为老口径(下同)。
a)Data of cultivated area at year-end in 2001 and before is former caliber (The same as following tables).

12-6 常用耕地面积变动情况
Change of Regularly Cultivated Land

指　标	Item	2000	2002	2005	2006	2007
年底耕地总资源(千公顷)	**Total Area of Cultivated Land (1 000 hectares)**			**7926.3**	**7926.6**	**7926.1**
年底常用耕地面积(千公顷)	**Cultivated Area at Year-end (1 000 hectares)**	**6875.3**	**7262.8**	**7201.2**	**7202.4**	**7201.9**
#水田	Irrigated Fields	460.8	656.6	645.8	645.2	644.5
占年底常用耕地面积比重(%)	Percentage to Cultivated Area (%)	6.7	9.0	9.0	9.0	8.9
水浇地	Irrigated Farmland		3111.9	3092.6	3090.0	3087.3
占年底常用耕地面积比重(%)	Percentage to Cultivated Area (%)		42.8	42.9	42.9	42.9
当年增加常用耕地面积(千公顷)	**Increased Area This Year (1 000 hectares)**	**93.9**	**12.9**	**16.1**	**19.4**	**13.9**
#新开荒地	Bring Barren under Cultivation	5.5	7.8	5.9	8.5	8.2
占增加常用耕地面积比重(%)	Percentage to Increased Area (%)	5.9	60.5	36.6	43.8	59.0
园地改为耕地	Gardens Converted to Farmland		1.3	2.2	2.6	0.1
当年减少常用耕地面积(千公顷)	**Decrease in Cultivated Area This Year (1 000 hectares)**	**44.6**	**79.6**	**17.2**	**18.2**	**14.4**
#国家基建占地	State Capital Construction	12.6	6.8	9.7	15.8	12.7
占减少常用耕地面积比重(%)	Percentage to Decrease in Cultivated Area (%)	28.3	8.5	56.4	86.8	88.2
其他基建占地	Other Construction Area		4.2	3.2	0.7	1.4
占减少常用耕地面积比重(%)	Percentage to Decrease in Cultivated Area (%)	5.8	5.3	18.6	3.8	9.7
退耕还林还草占地	Farmland Converted to Pastures		61.7	1.8	1.1	0.1
占减少常用耕地面积比重(%)	Percentage to Decrease in Cultivated Area (%)	5.4	77.5	10.5	6.0	0.7
耕地改为园地	Farmland Converted to Gardens		4.5	0.6	0.6	0.2
占减少常用耕地面积比重(%)	Percentage to Decrease in Cultivated Area (%)		5.7	3.5	3.3	1.4
平均每人占有常用耕地面积(公顷/人)	**Per Capita Cultivated Area (hectares/person)**	**0.07**	**0.08**	**0.07**	**0.07**	**0.07**

12-7 各市常用耕地面积变动情况(2007年)

Change of Regularly Cultivated Land by City (2007)

单位：千公顷 (1 000 hectares)

市 City	年底耕地总资源 Year-end Cultivated Land	年底实有常用耕地面积 Cultivated Area at Year-end	#水田 Irrigated Fields	平均每人常用耕地面积(公顷) Per Capita Cultivated Area (hectares)	当年增加常用耕地面积 Increased Area This Year	#新开荒 Bring Barren under Cultivation	当年减少常用耕地面积 Decrease in Cultivated Area This Year	#国家基建占地 State Capital Cultivation
全　省 Total	**7926.1**	**7201.9**	**644.5**	**0.07**	**13.9**	**8.2**	**14.4**	**12.7**
郑　州　市 Zhengzhou	329.8	295.7	14.9	0.04	1.3	1.1	2.2	2.1
开　封　市 Kaifeng	427.9	394.0	6.8	0.08	0.5	0.2	0.5	0.5
洛　阳　市 Luoyang	424.8	356.1	3.2	0.05	1.5	1.1	1.8	1.1
平顶山市 Pingdingshan	315.4	312.9	3.1	0.06	0.4	0.3	0.4	0.3
安　阳　市 Anyang	408.5	394.6	0.1	0.07	0.5	0.3	0.4	0.4
鹤　壁　市 Hebi	105.4	96.4		0.07	0.2	0.1	0.1	
新　乡　市 Xinxiang	454.1	403.1	38.0	0.07	1.2	0.9	1.2	0.8
焦　作　市 Jiaozuo	192.5	181.7	4.4	0.05	0.8	0.6	0.8	0.7
濮　阳　市 Puyang	269.8	248.4	9.0	0.07	0.7	0.3	0.2	0.2
许　昌　市 Xuchang	344.0	325.6		0.07	1.7	0.4	1.7	1.7
漯　河　市 Luohe	188.6	165.7	0.1	0.06	0.3	0.1	0.2	0.1
三门峡市 Sanmenxia	177.9	163.2	0.0	0.07	0.6	0,2	0.6	0.5
南　阳　市 Nanyang	994.2	941.2	40.1	0.09	1.1	0.8	1.2	1.2
商　丘　市 Shangqiu	720.0	666.6		0.08	0.8	0.6	0.8	0.8
信　阳　市 Xinyang	791.3	568.6	505.1	0.07	0.3	0.2	0.3	0.3
周　口　市 Zhoukou	854.2	826.2	0.3	0.08	1.1	0.6	1.1	1.1
驻马店市 Zhumadian	886.1	827.3	19.0	0.10	0.9	0.4	0.9	0.9
济　源　市 Jiyuan	41.6	34.8	0.4	0.05				

12-8 农用机械和农产品加工机械拥有量(年底数)
Number of Agricultural Machinery and Machinery For Processing Farm Products (Year-end)

机械名称	Item	2000	2002	2005	2006	2007
农用机械总动力	Total Power of Agricultural Machinery					
(万千瓦)	(10 000 kw)	5781	6548	7934	8309	8719
#柴油发动机动力	Diesel Engines	4859	5599	6915	7275	7662
汽油发动机动力	Benzine Engines	108	69	66	60	60
电动机动力	Electric Engines	812	879	951	972	995
大中型拖拉机(台)	Large and Medium Tractors (unit)	66185	78440	110840	127730	149400
(万千瓦)	(10 000 kw)	217	254	366	437	533
小型拖拉机(万台)	Mini-Tractors (10 000 units)	224.67	249.22	298.45	309.58	323.97
(万千瓦)	(10 000 kw)	2318	2592	3120	3267	3422
大中型拖拉机配套农具	Number of Large and Medium Tractor Towing					
(万台)	Farm Machinery (10 000 units)	11.87	14.59	23.99	26.84	31.34
小型拖拉机配套农具	Number of Mini-Tractor Towing Farm					
(万台)	Machinery(10 000 units)	357.32	418.85	534.67	568.94	602.31
农用排灌机械	Drainage and Irrigation Agricultural Machinery					
(万台)	(10 000 units)	125.58	143.32	149.37	152.96	154.61
(万千瓦)	(10 000 kw)	906	999	1048	1062	1075
#柴油机(万台)	Diesel Engines (10 000 units)	47.52	50.84	53.33	54.04	54.26
(万千瓦)	(10 000 kw)	459	496	518	521	517
电动机(万台)	Electric Engines (10 000 units)	78.06	92.28	95.49	98.36	99.79
(万千瓦)	(10 000 kw)	447	502	530	541	557
机电井(万眼)	Motor-pumped Well(10 000 units)	116.79	119.68	118.04	122.68	122.94
农用水泵(万台)	Pumps (10 000 units)	175.89	188.66	203.09	205.73	207.97
节水灌溉类机械(万套)	Watersaving Irrigation Machinery (10 000 sets)	19.20	16.51	16.09	16.96	19.66
联合收割机(台)	Combine Harvesters (unit)	26900	36600	71750	84840	93200
(万千瓦)	(10 000kw)	75.49	116.58	251.67	307.77	355.80
机动脱粒机(万台)	Motorized Thresher (10 000 units)	79.15	75.38	70.39	67.48	61.80
渔用机械(万台)	Motorized Fishing Boats (10 000 units)		0.09	0.08	1.05	1.07
农用运输车(万辆)	Trucks for Agricultural Use (10 000 unit)	131.02	163.86	202.26	208.96	213.61
(万千瓦)	(10 000 kw)	1398.08	1803.31	2379.32	2470.47	2558.80

12-9 各市农用机械和农产品加工机械拥有量(2007年底)

Number of Agricultural Machinery and Machinery For Processing Farm Products by City (End of 2007)

市 City	农用机械总动力(万千瓦) Total Power of Agricultural Machinery (10 000 kw)	#柴油发动机 Diesel Engines	#汽油发动机 Benzine Engines	#电动机 Electric Engines	大中型拖拉机 Large and Medium Tractors (万台) Number (10 000 units)	(万千瓦) Capacity (10 000kw)
全省 Total	**8718.71**	**7661.82**	**59.57**	**995.34**	**14.94**	**532.81**
郑州市 Zhengzhou	431.65	337.85	17.66	76.14	0.74	27.18
开封市 Kaifeng	633.34	569.02	1.32	63.00	0.57	21.31
洛阳市 Luoyang	399.44	305.53	5.56	88.35	0.53	21.97
平顶山市 Pingdingshan	289.56	238.11	0.61	50.84	0.79	24.16
安阳市 Anyang	514.64	416.65	3.03	94.97	0.78	32.53
鹤壁市 Hebi	190.23	163.38	0.21	26.65	0.23	10.58
新乡市 Xinxiang	622.41	544.71	1.49	76.21	1.12	48.75
焦作市 Jiaozuo	353.32	300.04	0.71	52.57	0.80	32.57
濮阳市 Puyang	390.23	324.92	1.78	63.53	0.47	20.02
许昌市 Xuchang	344.05	274.40	1.01	68.64	0.49	22.66
漯河市 Luohe	237.81	220.55	0.22	15.04	0.25	12.99
三门峡市 Sanmenxia	148.93	124.05	0.98	23.91	0.19	7.38
南阳市 Nanyang	791.95	715.28	8.69	67.98	1.08	39.93
商丘市 Shangqiu	1043.88	963.73	4.89	75.26	1.57	61.12
信阳市 Xinyang	350.09	314.64	1.90	33.55	1.06	22.23
周口市 Zhoukou	933.90	878.29	3.26	52.35	1.24	45.82
驻马店市 Zhumadian	943.63	889.37	6.05	48.20	2.81	72.31
济源市 Jiyuan	99.65	81.30	0.20	18.15	0.22	9.30

市 City	小型拖拉机 Mini-Tractors (万台) Number (10 000 units)	(万千瓦) Capacity (10 000kw)	大中型拖拉机配套农具(万台) Number of Large and Medium Tractor Towing Farm Machinery (10 000 unit)	小型拖拉机配套农具(万台) Number of Mini-Tractor Towing Farm Machinery (10 000 units)	农用排灌机械 Drainage and Irrigation Agricultural Machinery (万台) Number (10 000 units)	(万千瓦) Capacity (10 000 kw)
全省 Total	**323.97**	**3422.00**	**31.34**	**602.31**	**154.61**	**1075.33**
郑州市 Zhengzhou	10.71	99.60	1.79	17.49	8.72	59.93
开封市 Kaifeng	25.44	277.27	1.22	36.18	11.42	77.88
洛阳市 Luoyang	15.65	131.34	1.06	22.88	6.88	60.88
平顶山市 Pingdingshan	8.83	100.13	1.25	16.59	6.09	44.46
安阳市 Anyang	13.27	142.42	2.23	22.85	13.14	94.49
鹤壁市 Hebi	7.59	99.76	0.64	21.27	4.16	25.99
新乡市 Xinxiang	17.77	194.97	2.44	25.49	13.81	93.04
焦作市 Jiaozuo	5.87	65.14	2.07	6.56	8.02	43.31
濮阳市 Puyang	9.63	104.31	1.31	18.92	11.29	86.44
许昌市 Xuchang	6.84	74.90	1.25	11.51	10.99	58.29
漯河市 Luohe	10.08	120.55	0.66	23.54	5.03	34.60
三门峡市 Sanmenxia	3.28	33.74	0.44	5.25	1.58	15.85
南阳市 Nanyang	58.40	502.95	2.12	123.08	8.29	61.82
商丘市 Shangqiu	24.68	292.64	3.59	38.92	18.69	128.30
信阳市 Xinyang	15.68	149.00	0.95	23.31	5.12	44.38
周口市 Zhoukou	39.02	428.83	2.08	64.49	12.45	87.88
驻马店市 Zhumadian	49.56	586.29	5.56	120.27	7.35	45.25
济源市 Jiyuan	1.67	18.16	0.68	3.71	1.58	12.54

12–9 续表 continued

市 City	#电动机 Electric Engines (万台) Number (10 000 units)	#电动机 Electric Engines (万千瓦) Capacity (10 000 kw)	农用水泵 (万台) Pumps (10 000 units)	联合收割机 Combine Harvesters (万台) Number (10 000unit)	联合收割机 Combine Harvesters (万千瓦) Capacity (10 000 kw)
全 省 Total	**99.79**	**556.79**	**207.97**	**9.32**	**355.80**
郑 州 市 Zhengzhou	6.81	46.14	10.59	0.34	13.21
开 封 市 Kaifeng	7.52	36.51	18.74	0.58	18.07
洛 阳 市 Luoyang	4.60	40.47	4.12	0.28	8.42
平 顶 山 市 Pingdingshan	4.21	24.49	7.10	0.39	14.41
安 阳 市 Anyang	10.63	67.92	16.34	0.69	16.45
鹤 壁 市 Hebi	3.08	20.13	4.45	0.37	14.41
新 乡 市 Xinxiang	9.60	43.78	16.54	0.93	40.02
焦 作 市 Jiaozuo	7.80	39.21	8.29	0.43	17.33
濮 阳 市 Puyang	6.90	45.89	10.53	0.32	13.58
许 昌 市 Xuchang	9.17	38.33	9.81	0.37	16.41
漯 河 市 Luohe	1.69	9.45	5.33	0.27	13.03
三 门 峡 市 Sanmenxia	1.06	10.90	1.53	0.09	2.84
南 阳 市 Nanyang	4.27	24.79	15.86	0.41	16.71
商 丘 市 Shangqiu	9.66	38.23	15.43	1.17	40.09
信 阳 市 Xinyang	1.59	14.90	8.07	0.47	16.15
周 口 市 Zhoukou	5.34	23.28	38.08	1.13	46.17
驻 马 店 市 Zhumadian	4.32	20.27	16.18	0.99	45.13
济 源 市 Jiyuan	1.54	12.10	0.98	0.09	3.37

市 City	节水灌溉机械(套) Watersaving Irrigation Machinery (set)	机动割晒机(万台) Motorized Harvesters (10 000 unit)	机动脱粒机(万台) Motorized Thresher (10 000 unit)	农用运输车 Trucks for Agricultural Use (万辆) Number (10 000 unit)	农用运输车 Trucks for Agricultural Use (万千瓦) Capacity (10 000 kw)
全 省 Total	**196600**	**13.58**	**61.80**	**213.61**	**2558.80**
郑 州 市 Zhengzhou	3800	0.46	3.30	9.42	105.01
开 封 市 Kaifeng	2300	0.57	6.61	17.71	189.12
洛 阳 市 Luoyang	6300	1.49	10.96	5.01	61.91
平 顶 山 市 Pingdingshan	6000	0.22	2.47	5.05	54.99
安 阳 市 Anyang	600	2.52	5.16	13.68	175.39
鹤 壁 市 Hebi	400	0.17	0.67	2.17	26.96
新 乡 市 Xinxiang	2400	0.59	1.36	16.14	174.54
焦 作 市 Jiaozuo	200	0.20	1.15	16.95	165.90
濮 阳 市 Puyang	2100	0.83	2.51	11.82	127.49
许 昌 市 Xuchang	100	0.05	1.37	8.92	98.15
漯 河 市 Luohe	2000		0.79	3.01	42.34
三 门 峡 市 Sanmenxia	2100	0.14	2.46	5.11	52.89
南 阳 市 Nanyang	29700	0.27	3.57	5.82	68.73
商 丘 市 Shangqiu	46100	2.90	8.06	35.05	387.39
信 阳 市 Xinyang	3100	0.53	0.43	4.55	53.29
周 口 市 Zhoukou	25300	2.48	7.77	22.61	256.33
驻 马 店 市 Zhumadian	63800		2.31	8.70	106.98
济 源 市 Jiyuan	300	0.16	0.85	3.66	37.82

12-10 农业机械化、能源、主要物资消耗及水利建设情况
Agricultural Mechanization, Energy Resources, Consumption of main materials and Construction of Water Conservancy

指　　标	Item	2000	2002	2005	2006	2007
农业机械化情况	**Agricultural Mechanization**					
当年实际机耕面积(千公顷)	Area Cultivated by Machine This Year (1 000 hectares)	5607	5675	5804	5880	6058
为耕地面积%	Percentage to Cultivated Area (%)	81.6	78.1	80.6	81.6	84.1
当年机械播种面积(千公顷)	Area Sown by Machine This Year (1 000 hectares)	4648	5320	5855	6212	6564
为农作物播种面积%	Percentage to Sown Area of Crops (%)	35.4	39.8	42.1	43.8	46.6
当年机械收获面积(千公顷)	Mechanical Harvest Area This Year (1 000 hectares)	4250	4430	4801	5142	5419
为农作物播种面积%	Percentage to Sown Area of Crops (%)	32.4	33.2	34.5	36.2	38.5
农村能源情况	**Agricultural Energy**					
农村用电量(亿千瓦小时)	Electricity Consumed in Rural Area (100 million kwh)	125.80	141.36	172.15	188.82	223.89
乡、村水电站数(个)	Hydropower Stations in Rural Areas (unit)	475	445	419	432	334
装机容量(万千瓦)	Generating Capacity (10 000 kw)	6.80	6.27	6.37	7.57	9.09
实际发电量(亿千瓦小时)	Electricity (100 million kwh)	0.44	0.49	1.06	1.36	1.45
农业主要物资消耗情况	**Agricultural Consumption of main materials**					
农用化肥施用折纯量(万吨)	Consumption of Chemical Fertilizer by 100% Effective Component (10 000 tons)	420.71	468.83	518.14	540.43	569.68
每公顷耕地平均施用量(千克)	Fertilizer Consumption of Per Hectare Cultivated Area (kg)	612	646	720	750	791
农用塑料薄膜使用量(万吨)	Plastic Film Use for Agriculture (10 000 tons)	9.19	9.86	10.84	11.84	12.66
农药施用实物量(万吨)	Pesticide Use (10 000 tons)	9.55	10.20	10.51	11.16	11.80
农用柴油使用量(万吨)	Diesel Oil Use for Agriculture (10 000 tons)	79.56	85.07	89.79	93.04	96.42
农田水利建设情况	**Farm Water Conservancy Condition**					
农田有效灌溉面积(千公顷)	Effective Irrigated Area (1 000 hectares)	4725	4802	4864	4918	4956
#机电灌溉面积	Mechanical and Electrical Irrigated Area	3815	3883	3917	3795	3946
有效灌溉面积占耕地面积比重(%)	Effective Irrigated Area Percentage to Cultivated Area (%)	68.7	66.1	67.5	68.3	68.8
机电灌溉面积占有效灌溉面积比重(%)	Mechanical and Electrical Irrigated Area Percentage to Effective Irrigated Area (%)	80.7	80.8	80.5	77.2	79.6
旱涝保收农田面积(千公顷)	Farmland Area of Stable Yields Despite Drought or Excessive Rain (1 000 hectares)	3693	3798	3882	3909	3962

12-11 各市农业机械化和能源情况(2007年)

Agricultural Mechanization and Energy Resources by City (2007)

市 City	农业机械化情况 Agricultural Mechanization			农村能源情况 Agricultural Energy Resources			
	机耕面积 (千公顷) Area Ploughed by Tractors (1 000 hectares)	机播面积 (千公顷) Area Sown by Machines (1 000 hectares)	机收面积 (千公顷) Area Harvested by Machines (1 000 hectares)	农村用电量 (亿千瓦小时) Electricity Consumption in Rural Areas (100 million kwh)	乡、村及村以下办水电站 Hydropower Station in Rural Areas		
					个数 Number (unit)	装机容量 (万千瓦) Generating Capacity (10 000 kw)	发电量 (万千瓦小时) Electricity (10 000 kwh)
郑州市 Zhengzhou	233.73	250.11	175.45	37.73			
开封市 Kaifeng	353.94	312.14	303.91	6.65			
洛阳市 Luoyang	282.49	289.29	185.98	17.82	46	1.16	3056
平顶山市 Pingdingshan	239.11	297.76	196.42	5.92	14	0.21	235
安阳市 Anyang	315.14	320.19	300.51	22.89	54	2.16	684
鹤壁市 Hebi	85.08	122.23	86.12	1.90	5	0.28	150
新乡市 Xinxiang	339.50	415.54	340.05	41.71	13	0.46	450
焦作市 Jiaozuo	135.61	238.42	163.87	11.31			
濮阳市 Puyang	216.44	252.49	197.80	4.60			
许昌市 Xuchang	263.64	291.51	219.60	8.07			
漯河市 Luohe	147.33	225.22	142.58	4.11			
三门峡市 Sanmenxia	87.59	71.95	51.82	2.69	52	1.59	2150
南阳市 Nanyang	904.84	732.36	613.06	15.16	46	2.05	5427
商丘市 Shangqiu	576.76	723.85	546.31	13.24			
信阳市 Xinyang	346.15	123.11	485.37	8.08	94	0.91	1955
周口市 Zhoukou	723.93	857.74	704.68	10.88			
驻马店市 Zhumadian	778.46	1008.22	686.38	9.82			
济源市 Jiyuan	28.67	32.00	18.67	1.95	10	0.26	390

12-12 各市农用物资消耗情况(2007年)

Consumption of Agricultural Materials by City (2007)

单位：吨 (ton)

市 City	农用化肥使用折纯量 Consumption of Chemical Fertilizer by 100% Effective Component	#氮肥 Nitrogenous Fertilizer	#磷肥 Phosphate Fertilizer	#钾肥 Potash Fertilizer	农用地膜使用量 Plastic Film Use for Agriculture	农用柴油使用量 Diesel Oil Use for Agriculture	农药使用量 Consumption of Chemical Pesticides
郑 州 市 Zhengzhou	227485	82684	44994	19320	3502	64852	4407
开 封 市 Kaifeng	261564	123243	53487	26613	8359	52463	6479
洛 阳 市 Luoyang	209113	83297	40203	21035	2022	37383	3625
平 顶 山 市 Pingdingshan	306084	129201	59649	22668	1524	48598	3001
安 阳 市 Anyang	337037	155908	50666	26981	1484	64430	5084
鹤 壁 市 Hebi	58164	28617	11299	3713	151	13428	1416
新 乡 市 Xinxiang	436962	216969	85873	32829	927	79504	7444
焦 作 市 Jiaozuo	207989	83283	30762	7885	769	37436	4869
濮 阳 市 Puyang	251670	117367	61065	20892	1301	33294	4415
许 昌 市 Xuchang	201704	79861	37466	19723	1496	37505	5168
漯 河 市 Luohe	139141	66024	20715	8639	1575	21929	2534
三 门 峡 市 Sanmenxia	90156	27395	12593	10981	1745	17983	2043
南 阳 市 Nanyang	759741	290686	160997	90314	11960	120484	18534
商 丘 市 Shangqiu	500988	184540	96508	85833	5690	64663	14400
信 阳 市 Xinyang	409891	235501	91309	27027	3049	59431	8858
周 口 市 Zhoukou	661173	320282	139876	59048	9559	123580	19403
驻 马 店 市 Zhumadian	624433	164376	98439	68459	4192	79779	5984
济 源 市 Jiyuan	23346	10334	4988	2561	125	8696	559

12-13 农民家庭平均每百户拥有主要生产性固定资产数量(年底数)

Number of Productive Fixed Assets Per 100 Rural Households (Year-end)

指 标	Item	2000	2002	2005	2006	2007
房屋及建筑物(平方米)	House and Building (sq.m)	638.57	1014.62	1208.12	1159.79	1373.17
汽车(辆)	Motor Vehicles(unit)	0.55	0.62	1.41	1.72	1.44
大中型拖拉机(台)	Large and Medium Tractors(unit)	3.29	2.86	5.58	5.84	7.76
小型和手扶拖拉机(台)	Mini and Walking Tractors(unit)	35.66	40.51	44.18	46.07	38.97
机动脱粒机(台)	Motorized Threshing Machines(unit)	12.40	13.02	6.51	6.31	6.21
收割机(台)	Harvesters(unit)	4.39	4.38	1.82	1.81	1.47
农用动力机械(台)	Agricultural Motorized Machinery(unit)	14.45	19.25	14.73	14.41	12.25
胶轮大车(辆)	Carts with Rubber Tires(unit)	18.95	19.31	10.88	10.69	9.17
水泵(台)	Pumps(unit)	35.48	43.06	31.98	32.32	36.08
役畜(头)	Draught Animals(unit)	25.36	22.31	12.92	10.70	9.15
产品畜(头)	Commodity Animals(unit)	25.83	49.94	31.69	25.36	32.05

12-14 水库、灌区情况
Reservoirs and Irrigated Areas

指　标	Item	2000	2002	2005	2006	2007
年底水库数(座)	**Number of Reservoirs at Year-end (unit)**	**2396**	**2346**	**2343**	**2339**	**2336**
大型水库(1亿立方米以上)	Large Reservoirs (100 million and over cu.m)	21	21	21	21	21
中型水库(1千万至1亿立方米)	Medium-sized Reservoirs (10 million - 100 million cu.m)	102	101	104	105	104
小型水库(10万至1千万立方米)	Small Reservoirs (100 thousand - 10 million cu.m)	2273	2224	2218	2213	2211
水库库容量(亿立方米)	**Capacity of Reservoirs (100 million cu.m)**	**269.60**	**268.93**	**270.59**	**272.51**	**272.43**
大型水库	Large Reservoirs	221.82	222.10	222.10	224.01	224.01
中型水库	Medium-sized Reservoirs	27.62	27.58	28.86	29.00	29.01
小型水库	Small Reservoirs	20.16	19.25	19.62	19.42	19.41
水库灌溉面积(千公顷)	**Irrigated Area by Reservoirs (1 000 hectares)**	**587.27**	**584.24**	**604.92**	**624.27**	**711.98**
#大型水库	Large Reservoirs	398.27	397.23	419.67	433.02	436.34
中型水库	Medium-sized Reservoirs	189.00	187.01	185.25	191.25	190.64
年底灌区数(处)	**Number of Irrigation Areas at Year-end (unit)**	**171**	**173**	**178**	**178**	**182**
#3.3万公顷以上	33 000 Hectares and Over	8	10	9	10	14
灌区有效灌溉面积(千公顷)	**Effective Irrigated Area (1 000 hectares)**	**1221.62**	**1284.39**	**1469.49**	**1507.64**	**1647.71**
#3.3万公顷以上	33 000 Hectares and Over	426.55	526.71	632.24	756.52	918.55

12-15 除涝、治水、堤防情况
Condition of Flood Prevention, water-control and Embankment

指　标	Item	2000	2002	2005	2006	2007
易涝面积(千公顷)	Area Liable to Flooding or Waterlogging (1 000 hectares)	2108.33	2099.23	2098.92	2100.20	2100.20
除涝面积(千公顷)	Flooded or Waterlogged Area Under Control (1 000 hectares)	1848.11	1847.30	1903.68	1914.09	1902.45
占易涝面积比重(%)	Percentage to Area Liable to Flooding or Waterlogging (%)	87.7	88.0	90.6	91.1	90.6
水土流失面积(平方公里)	Area of Soil Erosion (sq.km)	60798	60964	60970	61154	61154
水土流失治理面积(平方公里)	Area of Soil Erosion Under Control (sq.km)	38102	39458	41225	41911	42434
占水土流失面积比重(%)	Percentage to Area of Soil Erosion (%)	62.7	64.7	67.6	68.5	69.4
堤防长度(公里)	Total Length of Dikes (km)	15758	16148	16076	16171	15752
堤防保护面积(千公顷)	Area of Land Protected by Dikes (1 000 hectares)	3260.00	3266.00	3240.87	3342.47	3201.10

12-16 历年农业生产情况

Agriculture Production Over the years

年 份 Year	播种面积(千公顷) Insemination Area (1 000 hectares)	#粮食 Grain	#棉花 Cotton	#油料 Oil-bearing Crops	粮食产量(万吨) Grain Yield (10 000 tons)	#小麦 Wheat	棉花产量(万吨) Cotton Yield (10 000 tons)	油料产量(万吨) Oil-bearing Crops Yield (10 000 tons)	水果产量(万吨) Fruits Yield (10 000 tons)
1978	10966.70	9123.30	612.00	465.33	2097.40	868.18	22.42	24.16	47.11
1979	10917.00	9066.70	555.33	632.67	2134.50	969.00	19.84	36.87	52.37
1980	10788.20	8858.90	626.67	710.00	2148.68	890.37	40.62	46.20	43.55
1981	11013.00	9029.30	641.33	744.67	2314.50	1083.50	35.50	55.99	52.30
1982	11076.00	8923.30	754.00	709.33	2217.10	1220.10	32.04	44.16	46.63
1983	11326.70	9286.70	794.00	607.33	2904.00	1455.75	63.24	51.52	58.67
1984	11432.70	8996.70	1162.00	579.33	2893.50	1653.00	86.89	52.50	41.01
1985	11685.30	9029.30	814.30	793.70	2710.53	1528.23	54.73	96.18	53.33
1986	11819.50	9372.20	619.33	921.33	2545.67	1567.90	39.86	98.99	61.23
1987	11952.90	9365.20	717.33	977.33	2948.41	1626.00	57.00	136.57	77.84
1988	11930.20	9053.80	916.03	952.84	2663.00	1520.95	63.71	96.17	74.81
1989	11999.40	9262.00	836.15	915.43	3149.44	1695.13	52.72	118.48	76.75
1990	11889.70	9316.10	823.00	876.40	3303.66	1639.86	67.61	152.29	63.92
1991	12001.90	9040.40	1193.20	896.00	3010.30	1554.28	94.77	127.62	63.67
1992	11936.30	8804.70	1247.90	908.60	3109.61	1650.67	65.85	133.63	87.79
1993	12068.00	8969.00	974.00	1075.00	3639.21	1922.13	66.01	204.50	125.12
1994	12087.70	8810.90	966.70	1242.00	3253.80	1798.42	62.81	225.00	170.54
1995	12136.80	8810.00	1000.10	1271.50	3466.50	1754.18	77.00	298.00	211.66
1996	12257.40	8965.30	933.30	1181.10	3839.90	2026.76	73.57	278.46	247.26
1997	12276.74	8879.90	868.30	1208.50	3894.66	2372.35	79.00	276.66	269.26
1998	12567.05	9101.98	800.00	1235.90	4009.61	2073.53	72.84	312.13	312.60
1999	12659.90	9032.30	733.30	1316.10	4253.25	2291.46	70.73	349.25	349.42
2000	13136.91	9029.60	779.33	1492.54	4101.50	2235.95	70.38	392.55	364.73
2001	13127.70	8822.79	858.20	1443.97	4119.88	2299.71	82.77	362.49	399.12
2002	13359.80	8975.10	793.10	1537.00	4209.98	2248.39	76.49	420.68	427.01
2003	13684.40	8923.30	926.67	1569.90	3569.47	2292.50	37.67	309.91	430.38
2004	13805.69	8970.07	951.80	1554.96	4260.00	2480.93	66.67	408.75	507.07
2005	13922.60	9153.40	781.47	1605.80	4582.00	2577.69	67.70	449.60	555.69
2006	13995.39	9455.80	748.20	1489.10	5112.30	2936.50	81.00	460.07	591.78
2007	14087.84	9468.03	700.00	1497.41	5245.22	2980.21	75.00	483.98	663.49

注：本表2006、2007年数据(不包括水果产量)已与农业普查数据衔接(表12—17、18、19、20、24同)。

a)Data of this table in 2006、2007 (except Fruits Yield)are Amended base on The second agricultural General Investigation of China (the same as table 12—17、18、19、20、24).

12–17 农作物播种面积

Total Sown Areas of Farm Crops

单位：千公顷 (1 000 hectares)

指　标	Item	2006	2007
播种面积总计	**Total**	**13995.39**	**14087.84**
粮食作物	Grain	9455.80	9468.03
夏收粮食	Summer Harvest	5242.71	5246.67
秋收粮食	Autumn Harvest	4213.09	4221.36
谷物	Cereal	8604.33	8662.53
稻谷	Rice	571.33	600.00
小麦	Wheat	5208.47	5213.33
玉米	Corn	2751.67	2779.22
谷子	Millet	34.85	33.33
高粱	Sorghum	3.91	3.31
其他谷物	Others	34.24	33.32
#大麦	Barley	34.24	33.32
豆类	Beans	584.00	525.50
#大豆	Soybean	539.07	468.84
绿豆	Mung bean	40.28	52.00
红薯	Tubers	267.47	280.00
油料	Oil- bearing Crops	1489.10	1497.41
#花　生	Peanuts	919.27	947.75
油菜籽	Rapeseeds	346.87	356.44
芝　麻	Sesame	215.58	185.30
棉花	Cotton	748.20	700.00
麻类	Fiber Crops	13.63	14.88
#黄红麻	Jute and Ambary Hemp	13.41	14.75
甘蔗	Sugarcane	2.87	3.03
烟叶	Tobacco	97.47	102.34
#烤烟	Flue-cured Tobacco	96.00	100.00
药材	Medicinal Materials	92.00	96.60
花卉	Flower	69.96	73.00
蔬菜类	Vegetables	1558.62	1688.35
瓜果类	Fruits	343.70	326.83
#西瓜	Watermelon	294.07	273.28
甜瓜	Honey-dew Melon	45.94	48.24
草莓	Strawberries	3.69	5.31
其他农作物	Others	124.04	117.37
#青饲料	Succulence	25.82	25.76

12-18 主要农作物种植结构
Planting Structure of Major Farm Crops

单位：% (%)

指 标	Item	2006	2007
总播种面积	**Total sown Area**	**100.0**	**100.0**
粮食作物	Grain	67.6	67.2
夏收粮食	Summer Harvest	37.5	37.2
秋收粮食	Autumn Harvest	30.1	30.0
谷物	Cereal	61.5	61.5
稻谷	Rice	4.1	4.3
小麦	Wheat	37.2	37.0
玉米	Corn	19.7	19.7
谷子	Millet	0.3	0.3
高粱	Sorghum	0.0	0.0
其他谷物	Others	0.2	0.2
#大麦	Barley	0.2	0.2
豆类	Beans	4.2	3.7
#大豆	Soybean	3.9	3.3
绿豆	Mung bean	0.3	0.4
红薯	Tubers	1.9	2.0
油料	Oil- bearing Crops	10.6	10.6
#花　生	Peanuts	6.6	6.0
油菜籽	Rapeseeds	2.5	2.5
芝　麻	Sesame	1.5	1.3
棉花	Cotton	5.3	5.0
麻类	Fiber Crops	0.1	0.1
#黄红麻	Jute and Ambary Hemp	0.1	0.1
烟叶	Tobacco	0.7	0.7
#烤烟	Flue-cured Tobacco	0.7	0.7
药材	Medicinal Materials	0.7	0.7
花卉	Flower	0.5	0.5
蔬菜类	Vegetables	11.1	12.0
瓜果类	Fruits	2.5	2.3
#西瓜	Watermelon	2.1	1.9
甜瓜	Honey-dew Melon	0.3	0.3
其他农作物	Others	0.9	0.9
#青饲料	Succulence	0.2	0.2

12-19 主要农产品产量
Output of Major Farm Crops

单位：万吨 (10 000 tons)

指　标	Item	2006	2007
粮　食	Grain	5112.30	5245.22
夏收粮食	Summer Harvest	2950.25	2993.77
秋收粮食	Autumn Harvest	2162.05	2251.45
谷物	Cereal	4908.77	5023.42
稻　谷	Rice	404.60	436.50
小　麦	Wheat	2936.50	2980.21
玉　米	Corn	1541.80	1582.53
谷　子	Millet	11.78	10.27
高　粱	Sorghum	0.34	0.35
其他谷物	Others	13.75	13.56
#大麦	Barley	13.75	13.56
豆类	Beans	76.43	91.80
#大　豆	Soybean	67.80	85.00
绿　豆	Mung bean	6.53	5.90
红薯	Tubers	127.10	130.00
油　料	Oil- bearing Crops	460.07	483.98
#花　生	Peanuts	353.10	373.59
油菜籽	Rapeseeds	79.20	85.91
芝　麻	Sesame	25.80	22.32
棉　花	Cotton	81.00	75.00
麻　类	Fiber Crops	4.14	4.75
#黄红麻	Jute and Ambary Hemp	4.07	4.68
甘　蔗	Sugarcane	15.10	16.60
烟　叶	Tobacco	22.95	23.94
#烤烟	Flue-cured Tobacco	22.46	23.54
蔬菜类	Vegetables	5760.00	6235.49
瓜果类	Fruits	1413.81	1425.11
#西　瓜	Watermelon	1259.30	1260.12
甜　瓜	Honey-dew Melon	147.67	156.58
草　莓	Strawberries	6.83	8.41

12-20 主要农产品单位面积产量(按播种面积计算)
Output of Major Farm Crops Per Hectare by Sown Areas

单位：千克/公顷 (kg/hectare)

指 标	Item	2006	2007
粮食	Grain	5407	5540
夏收粮食	Summer Harvest	5627	5706
秋收粮食	Autumn Harvest	5132	5333
谷物	Cereal	5705	5799
稻谷	Rice	7082	7275
小麦	Wheat	5638	5717
玉米	Corn	5603	5694
谷子	Millet	3380	3081
高粱	Sorghum	869	1058
其他谷物	Others	4016	4068
#大麦	Barley	4016	4068
豆类	Beans	1309	1747
#大豆	Soybean	1258	1813
绿豆	Mung bean	1621	1475
红薯	Tubers	4752	4643
油料	Oil- bearing Crops	3090	3232
#花 生	Peanuts	3841	3942
油菜籽	Rapeseeds	2283	2410
芝 麻	Sesame	1197	1204
棉花	Cotton	1083	1071
麻类	Fiber Crops	3036	3193
#黄红麻	Jute and Ambary Hemp	3036	3170
大麻(线麻)	Hemp	3181	3500
甘蔗	Sugarcane	52674	54840
烟叶	Tobacco	2355	2339
#烤烟	Flue-cured Tobacco	2340	2354
蔬菜	Vegetables	36956	36933
瓜果类	Fruits	41135	43604

注：本表单位面积产量均按原始计量单位计算，故与表12-17、19表的计算结果略有出入。
a)Output of farm crops per hectare in this table are calculated at original computation unit,so the data is different from 12-17、19.

12−21 各市主要农作物播种面积(2007年)

Total Sown Areas of Farm Crops by City (2007)

单位：千公顷 (1 000 hectares)

市 City	农作物播种面积 Sown Area of Farm Crops	粮食作物 Grain	夏收粮食 Summer Harvest	秋收粮食 Autumn Harvest	谷物 Cereal	#稻谷 Rice	#小麦 Wheat	#玉米 Corn	豆类 legume	#大豆 Soybean
全　　省 Total	**14087.84**	**9468.03**	**5246.67**	**4221.36**	**8662.53**	**600.00**	**5213.33**	**2779.22**	**525.50**	**468.84**
郑　州　市 Zhengzhou	508.86	358.86	174.88	183.98	331.98	3.08	174.88	151.49	15.17	12.67
开　封　市 Kaifeng	797.23	435.17	280.00	155.17	403.73	8.52	280.00	114.97	19.05	18.26
洛　阳　市 Luoyang	678.46	503.99	241.19	262.80	437.09	2.11	241.18	178.87	38.73	27.86
平顶山市 Pingdingshan	542.01	403.68	202.44	201.24	356.57	1.77	202.43	152.19	22.17	18.42
安　阳　市 Anyang	732.08	525.80	298.64	227.16	507.98	0.39	298.56	200.28	10.58	9.85
鹤　壁　市 Hebi	190.16	160.91	84.67	76.24	156.82		84.67	70.13	2.80	2.13
新　乡　市 Xinxiang	764.35	592.84	328.27	264.57	560.85	45.99	327.69	184.30	23.19	22.66
焦　作　市 Jiaozuo	346.44	261.59	137.06	124.53	253.83	5.50	137.06	111.10	5.72	5.43
濮　阳　市 Puyang	485.95	367.84	211.09	156.75	347.50	43.98	211.03	91.23	13.78	13.33
许　昌　市 Xuchang	598.33	417.59	209.52	208.07	367.35	0.01	209.42	157.62	17.26	16.59
漯　河　市 Luohe	378.91	253.68	133.78	119.90	233.85	0.24	133.62	99.83	12.16	12.04
三门峡市 Sanmenxia	244.77	157.22	78.72	78.50	128.52		78.72	45.74	22.27	16.80
南　阳　市 Nanyang	1891.52	1090.66	652.49	438.17	949.07	50.86	646.25	248.79	81.53	59.25
商　丘　市 Shangqiu	1409.31	898.41	551.55	346.86	812.69	0.44	548.81	260.63	67.21	63.05
信　阳　市 Xinyang	1246.00	795.37	302.68	492.69	755.15	419.36	290.75	33.01	24.92	19.11
周　口　市 Zhoukou	1697.68	1080.51	630.33	450.19	942.16	0.51	630.16	310.86	109.28	101.88
驻马店市 Zhumadian	1614.70	1123.51	653.39	470.12	1042.14	25.30	633.85	373.50	47.35	27.14
济　源　市 Jiyuan	57.32	40.55	18.66	21.89	37.73	0.03	18.66	18.96	2.06	1.80

市 City	红薯 Tubers	油料 Oilbearing Crops	#花生 Peanuts	#油菜籽 Rapeseeds	#芝麻 Sesame	棉花 Cotton	烟叶 Flucured Tobacco	#烤烟 Tobacco	蔬菜 Vegetables
全　　省 Total	**280.00**	**1497.41**	**947.75**	**356.44**	**185.30**	**700.00**	**102.34**	**100.00**	**1688.35**
郑　州　市 Zhengzhou	11.70	55.89	42.75	11.25	1.87	7.15	0.74	0.73	71.79
开　封　市 Kaifeng	12.39	103.57	92.95	9.68	0.94	82.48			133.46
洛　阳　市 Luoyang	28.17	45.06	25.28	9.85	5.68	4.83	20.92	20.52	53.94
平顶山市 Pingdingshan	24.94	56.34	31.32	17.57	7.45	4.86	11.17	10.96	56.84
安　阳　市 Anyang	7.24	57.11	48.00	8.47	0.60	30.45			97.79
鹤　壁　市 Hebi	1.29	14.60	12.73	1.68	0.17	1.26			11.62
新　乡　市 Xinxiang	8.80	73.98	67.84	5.80	0.34	24.99			56.69
焦　作　市 Jiaozuo	2.04	19.80	17.08	2.42	0.27	7.02			43.70
濮　阳　市 Puyang	6.55	35.47	34.22	1.10	0.15	15.73			59.20
许　昌　市 Xuchang	30.98	31.57	16.36	12.26	2.95	18.13	11.11	10.74	54.33
漯　河　市 Luohe	7.67	18.74	7.78	7.53	3.36	25.23	4.35	4.27	60.87
三门峡市 Sanmenxia	6.43	17.74	5.03	7.61	1.68	3.78	17.92	17.92	27.26
南　阳　市 Nanyang	60.06	285.04	183.60	44.57	56.86	137.86	20.89	20.89	288.05
商　丘　市 Shangqiu	18.50	93.45	71.14	16.85	5.46	137.44	4.20	4.12	206.70
信　阳　市 Xinyang	15.29	213.23	47.67	151.74	13.82	15.28	1.46	1.43	134.80
周　口　市 Zhoukou	29.07	98.50	57.23	11.62	29.65	214.66	5.05	4.96	206.81
驻马店市 Zhumadian	16.32	280.16	190.41	35.91	53.82	31.36	6.97	6.84	118.75
济　源　市 Jiyuan	0.75	2.18	1.35	0.55	0.23	0.46	1.55	1.52	7.70

12–22 各市主要农产品产量(2007年)

Output of Major Farm Crops by City (2007)

单位：万吨 (10 000 tons)

市 City	粮食 Grain	夏收粮食 Summer Harvest	秋收粮食 Autumn Harvest	谷物 Cereal	#稻谷 Rice	#小麦 Wheat	#玉米 Corn	豆类 legume	#大豆 Soybean
全　　省 Total	**5245.22**	**2993.77**	**2251.45**	**5023.42**	**436.50**	**2980.21**	**1582.53**	**91.80**	**85.00**
郑　州　市 Zhengzhou	164.40	78.28	86.12	156.25	1.86	78.28	75.53	2.43	2.16
开　封　市 Kaifeng	239.02	159.84	79.19	229.84	5.55	159.84	64.33	4.14	3.98
洛　阳　市 Luoyang	228.87	107.80	121.06	207.29	1.16	107.80	93.20	7.10	5.22
平 顶 山 市 Pingdingshan	189.41	94.54	94.87	170.87	1.36	94.54	74.84	4.96	4.33
安　阳　市 Anyang	320.17	178.68	141.49	313.59	0.34	178.65	132.12	2.18	2.03
鹤　壁　市 Hebi	107.03	56.40	50.63	105.89		56.40	49.00	0.49	0.40
新　乡　市 Xinxiang	366.75	212.05	154.70	357.56	32.41	211.76	112.52	4.20	4.12
焦　作　市 Jiaozuo	192.84	102.21	90.64	189.49	4.63	102.21	82.60	1.71	1.63
濮　阳　市 Puyang	238.69	139.77	98.91	231.99	30.78	139.75	60.99	2.46	2.35
许　昌　市 Xuchang	265.12	143.65	121.47	242.97	0.00	143.60	99.23	3.15	3.04
漯　河　市 Luohe	156.47	88.26	68.21	151.79	0.26	88.20	63.26	1.71	1.69
三 门 峡 市 Sanmenxia	53.18	23.88	29.31	46.28		23.88	21.52	3.47	2.80
南　阳　市 Nanyang	550.40	333.70	216.70	503.22	32.00	331.65	138.82	14.73	10.16
商　丘　市 Shangqiu	570.19	370.10	200.10	544.89	0.39	368.69	174.38	14.99	14.00
信　阳　市 Xinyang	531.48	132.55	398.93	522.35	373.47	128.57	16.32	4.58	3.56
周　口　市 Zhoukou	685.07	452.40	232.67	643.22	0.45	452.31	190.24	25.37	23.73
驻 马 店 市 Zhumadian	606.84	398.70	208.15	587.57	15.42	378.15	185.08	7.53	4.41
济　源　市 Jiyuan	20.77	10.05	10.72	20.21	0.01	10.05	10.13	0.29	0.27

市 City	红薯 Tubers	油料 Oil-bearing Crops	#花生 Peanuts	#油菜籽 Rapeseeds	#芝麻 Sesame	棉花 Cotton	烟叶 Flue-cured Tobacco	#烤烟 Tobacco	蔬菜 Vegetables
全　　省 Total	**130.00**	**483.98**	**373.59**	**85.91**	**22.32**	**75.00**	**23.94**	**23.54**	**6235.49**
郑　州　市 Zhengzhou	5.71	18.32	16.48	1.66	0.18	0.58	0.16	0.16	260.64
开　封　市 Kaifeng	5.04	38.59	35.84	2.60	0.15	8.58			584.00
洛　阳　市 Luoyang	14.47	12.45	8.12	1.94	0.95	0.43	5.18	5.10	211.42
平 顶 山 市 Pingdingshan	13.58	13.89	9.87	3.18	0.84	0.35	2.45	2.42	236.49
安　阳　市 Anyang	4.41	23.52	22.06	1.40	0.05	3.24			484.40
鹤　壁　市 Hebi	0.65	7.13	6.92	0.20	0.01	0.10			52.37
新　乡　市 Xinxiang	4.99	28.02	26.66	1.32	0.05	2.55			240.65
焦　作　市 Jiaozuo	1.65	8.95	8.37	0.49	0.07	0.74			203.66
濮　阳　市 Puyang	4.24	15.86	15.55	0.29	0.03	1.40			203.28
许　昌　市 Xuchang	16.00	9.00	5.55	2.88	0.57	1.76	2.94	2.90	240.41
漯　河　市 Luohe	2.97	4.91	2.59	1.93	0.38	2.44	0.67	0.66	202.60
三 门 峡 市 Sanmenxia	3.43	3.00	1.22	0.96	0.17	0.27	3.21	3.21	90.61
南　阳　市 Nanyang	32.44	98.87	78.56	12.02	8.28	12.24	5.30	5.30	976.01
商　丘　市 Shangqiu	10.31	39.18	32.54	5.69	0.95	14.76	1.52	1.50	835.80
信　阳　市 Xinyang	4.55	56.71	17.59	37.45	1.68	1.52	0.28	0.27	318.90
周　口　市 Zhoukou	16.48	31.35	23.40	4.19	3.76	22.24	1.42	1.40	737.00
驻 马 店 市 Zhumadian	6.77	74.39	62.55	7.64	4.19	1.77	1.37	1.35	350.24
济　源　市 Jiyuan	0.27	0.35	0.24	0.07	0.02	0.04	0.16	0.16	27.83

12-23 各市主要农产品单位面积产量（2007年,按播种面积计算）

Output of Major Farm Crops Per Hectare by City (2007, by Sown Areas)

单位：千克/公顷 (kg/hectare)

市 City	粮食 Grain	夏收粮食 Summer Harvest	秋收粮食 Autumn Harvest	谷物 Cereal	稻谷 Rice	小麦 Wheat	玉米 Corn	豆类 Soybean	大豆 Soybean	红薯 Tubers
全　　省 Total	**5540**	**5706**	**5333**	**5799**	**7275**	**5717**	**5694**	**1747**	**1813**	**4643**
郑　州　市 Zhengzhou	4581	4476	4681	4707	6048	4476	4986	1603	1704	4880
开　封　市 Kaifeng	5493	5708	5103	5693	6512	5708	5596	2174	2177	4072
洛　阳　市 Luoyang	4541	4470	4607	4743	5512	4470	5211	1834	1874	5136
平顶山市 Pingdingshan	4692	4670	4714	4792	7671	4670	4918	2237	2348	5446
安　阳　市 Anyang	6089	5983	6229	6173	8833	5984	6597	2056	2065	6085
鹤　壁　市 Hebi	6651	6661	6641	6753		6661	6987	1732	1876	5012
新　乡　市 Xinxiang	6186	6460	5847	6375	7047	6462	6105	1813	1817	5671
焦　作　市 Jiaozuo	7372	7457	7278	7465	8414	7457	7434	2980	2992	8066
濮　阳　市 Puyang	6489	6622	6310	6676	6998	6622	6685	1783	1763	6479
许　昌　市 Xuchang	6349	6856	5838	6614	3533	6857	6296	1827	1835	5165
漯　河　市 Luohe	6168	6598	5689	6491	10748	6601	6337	1408	1403	3876
三门峡市 Sanmenxia	3383	3033	3733	3601		3033	4704	1560	1666	5340
南　阳　市 Nanyang	5046	5114	4946	5302	6292	5132	5580	1807	1715	5402
商　丘　市 Shangqiu	6347	6710	5769	6705	8933	6718	6691	2230	2220	5572
信　阳　市 Xinyang	6682	4379	8097	6917	8906	4422	4943	1837	1863	2973
周　口　市 Zhoukou	6340	7177	5168	6827	8759	7178	6120	2321	2329	5669
驻马店市 Zhumadian	5401	6102	4427	5638	6093	5966	4955	1589	1626	4150
济　源　市 Jiyuan	5122	5386	4897	5357	4048	5386	5345	1400	1480	3558

市 City	油料 Oil-bearing Crops	花生 Peanuts	油菜籽 Rapeseeds	芝麻 Sesame	棉花 Cotton	麻类 Fiber Crops	烟叶 Tobacco	烤烟 Flue-cured Tobacco	蔬菜 Vegetables	瓜果类 Melon for Fruits
全　　省 Total	**3232**	**3942**	**2410**	**1204**	**1071**	**3193**	**2339**	**2354**	**36932**	**43604**
郑　州　市 Zhengzhou	3278	3854	1473	974	807		2173	2181	36305	39741
开　封　市 Kaifeng	3726	3856	2687	1550	1040	1409			43758	44929
洛　阳　市 Luoyang	2763	3210	1971	1669	887	3500	2474	2483	39197	34631
平顶山市 Pingdingshan	2466	3151	1810	1131	726		2197	2205	41604	37086
安　阳　市 Anyang	4118	4597	1652	840	1064	100			49537	56070
鹤　壁　市 Hebi	4885	5436	1185	459	760				45072	36114
新　乡　市 Xinxiang	3788	3929	2271	1376	1022				42451	39033
焦　作　市 Jiaozuo	4520	4903	2022	2774	1049	7829			46600	53316
濮　阳　市 Puyang	4472	4543	2597	1873	888				34337	40646
许　昌　市 Xuchang	2851	3395	2348	1924	968	500	2651	2700	44248	40819
漯　河　市 Luohe	2621	3333	2559	1116	968		1536	1541	33286	34095
三门峡市 Sanmenxia	1693	2421	1262	987	726		1791	1791	33242	28404
南　阳　市 Nanyang	3469	4279	2697	1457	888	4383	2536	2536	33883	50690
商　丘　市 Shangqiu	4192	4574	3377	1731	1074	2840	3616	3629	40435	50769
信　阳　市 Xinyang	2660	3689	2468	1212	993	3233	1886	1868	23657	34288
周　口　市 Zhoukou	3182	4088	3604	1269	1036	3694	2820	2830	35636	42037
驻马店市 Zhumadian	2655	3285	2128	779	565	2835	1970	1977	29495	37775
济　源　市 Jiyuan	1592	1754	1340	952	784		1042	1046	36165	20613

12-24 蔬菜生产情况
Production of Vegetables

指 标	Item	2006 播种面积(千公顷) Sown Areas (1 000 hectares)	2006 产量(万吨) Output (10 000tons)	2007 播种面积(千公顷) Sown Areas (1 000 hectares)	2007 产量(万吨) Output (10 000tons)
蔬菜合计	**Vegetables**	**1558.62**	**5760.00**	**1688.35**	**6235.49**
叶菜类	Leaf Type for Vegetable	416.49	1606.19	435.27	1769.53
#菠菜	Spinach	67.73	174.10	70.79	191.18
芹菜	Celery	67.26	279.76	71.93	293.76
大白菜	Celery Cabbage	177.81	782.73	189.84	861.34
圆白菜	Cabbage Patch	51.10	207.65	55.39	240.69
油菜	Cole	22.02	61.75	23.58	71.01
瓜菜类	Melons for Vegetable	165.07	722.74	179.83	771.40
#黄瓜	Cucumber	118.20	523.41	125.80	544.28
块根、块茎类	Root and Stem Tuber for Vegetable	216.35	905.34	231.04	1008.53
#萝卜	Radish	124.74	524.29	133.88	570.20
胡萝卜	Carrot	50.61	207.19	57.29	234.79
茄果菜类	Eggplant and Fruit for Vegetable	212.41	805.58	229.28	912.54
#茄子	Eggplant	67.37	228.63	73.74	270.43
西红柿	Tomato	98.72	458.65	104.96	509.78
葱蒜类	Shallot and Garlic for Vegetable	219.98	784.10	232.91	828.57
#大葱	Scallion	81.87	321.84	88.22	350.88
蒜头	Garlic	127.52	409.91	127.62	416.00
菜用豆类	Legume for Vegetable	109.74	366.32	120.30	399.06
#四季豆	Kidney Bean	37.80	125.67	40.68	140.92
长豆角	Carob	65.52	214.70	71.98	227.23
水生菜类	Aquicolous Vegetable	30.51	110.66	33.53	120.61
#莲藕	Lotus	28.85	104.47	31.19	113.44
其他蔬菜	Others	188.07	459.07	226.20	425.26

12–25 各市蔬菜播种面积(2007年)

Total Sown Areas of Vegetables by City(2007)

单位：千公顷 (1000 hectare)

市 City	蔬菜 Vegetables	叶菜类 Leaf Type for Vegetable	瓜菜类 Melons for Vegetable	块根、块茎类 Root and Stem Tuber for Vegetable	茄果菜类 Eggplant and Fruit for Vegetable	葱蒜类 Shallot and Garlic for Vegetable	菜用豆类 Legume for Vegetable	水生菜类 Aquicolous Vegetable	其他蔬菜 Others
全　　省 Total	**1688.35**	**435.27**	**179.83**	**231.04**	**229.28**	**232.91**	**120.30**	**33.53**	**226.20**
郑　州　市 Zhengzhou	79.77	21.63	4.80	10.18	6.01	22.62	5.93	4.66	3.94
开　封　市 Kaifeng	145.31	29.19	8.10	20.29	12.89	54.09	5.17	1.72	13.86
洛　阳　市 Luoyang	59.94	17.71	5.64	10.31	10.59	7.17	4.35	0.47	3.70
平顶山市 Pingdingshan	63.16	21.75	5.01	13.65	6.32	6.52	4.63	0.49	4.79
安　阳　市 Anyang	108.65	25.53	9.96	8.56	19.58	14.59	7.25	0.31	22.87
鹤　壁　市 Hebi	12.91	4.71	1.52	1.72	1.76	0.57	0.89		1.74
新　乡　市 Xinxiang	62.06	21.06	8.40	8.48	8.33	5.21	4.24	0.97	5.37
焦　作　市 Jiaozuo	48.56	19.06	6.37	6.88	6.20	5.77	3.75	0.08	0.45
濮　阳　市 Puyang	65.79	18.65	9.15	6.43	6.88	5.74	2.55	0.33	16.06
许　昌　市 Xuchang	60.37	12.83	12.33	10.93	11.17	6.58	3.25	0.51	2.77
漯　河　市 Luohe	67.63	19.40	6.57	11.07	7.13	7.58	4.16	0.03	11.69
三门峡市 Sanmenxia	27.51	7.64	3.15	5.23	4.93	2.60	1.32	0.31	2.33
南　阳　市 Nanyang	320.06	58.70	19.39	36.20	24.19	26.37	23.03	11.57	120.61
商　丘　市 Shangqiu	229.67	62.74	23.98	23.28	59.26	30.04	14.05	3.94	12.38
信　阳　市 Xinyang	149.78	44.69	17.92	24.32	16.22	16.60	15.40	6.31	8.32
周　口　市 Zhoukou	229.79	53.52	39.59	30.66	35.40	31.58	22.35	3.13	13.56
驻马店市 Zhumadian	131.94	42.36	15.66	26.11	15.81	14.42	9.48	1.99	6.11
济　源　市 Jiyuan	8.55	2.46	1.27	1.41	1.58	0.74	0.87	0.03	0.19

12-26 各市蔬菜产量(2007年)

Output of Vegetables by City(2007)

单位：万吨 (10 000tons)

市 City	蔬菜 Vegetables	叶菜类 Leaf Type for Vegetable	瓜菜类 Melons for Vegetable	块根、块茎类 Root and Stem Tuber for Vegetable	茄果菜类 Eggplant and Fruit for Vegetable	葱蒜类 Shallot and Garlic for Vegetable	菜用豆类 Legume for Vegetable	水生菜类 Aquicolous Vegetable	其他蔬菜 Others
全　　省 Total	**6235.49**	**1769.53**	**771.40**	**1008.53**	**912.54**	**828.57**	**399.06**	**120.61**	**425.26**
郑　州　市 Zhengzhou	289.60	89.17	19.81	46.49	25.76	60.66	16.70	15.55	15.47
开　封　市 Kaifeng	638.96	132.16	50.02	101.27	63.09	208.28	31.08	9.60	43.46
洛　阳　市 Luoyang	234.92	72.04	27.60	40.04	43.72	23.73	13.40	0.88	13.51
平顶山市 Pingdingshan	262.77	105.80	20.75	53.71	24.64	17.92	12.87	1.32	25.76
安　阳　市 Anyang	538.22	141.91	63.04	50.77	146.93	79.57	26.59	0.19	29.22
鹤　壁　市 Hebi	58.19	22.54	6.66	8.88	9.32	1.92	2.36	0.00	6.50
新　乡　市 Xinxiang	263.40	97.55	35.52	40.18	36.74	17.81	15.61	2.98	17.01
焦　作　市 Jiaozuo	226.29	83.55	39.76	32.58	29.83	24.05	12.12	0.89	3.51
濮　阳　市 Puyang	225.87	77.76	42.40	32.02	31.03	22.86	7.35	0.70	11.75
许　昌　市 Xuchang	267.13	46.89	45.93	57.30	59.53	29.60	12.64	2.98	12.27
漯　河　市 Luohe	225.12	79.55	21.30	40.17	28.51	25.04	18.26	0.12	12.17
三门峡市 Sanmenxia	91.45	25.46	11.56	17.44	17.50	8.70	3.04	1.70	6.05
南　阳　市 Nanyang	1084.46	280.99	114.03	198.14	121.66	115.84	86.93	46.05	120.82
商　丘　市 Shangqiu	928.66	295.06	101.04	118.15	171.55	114.19	43.30	17.10	68.27
信　阳　市 Xinyang	354.33	100.75	45.94	73.53	36.42	29.90	33.07	15.48	19.24
周　口　市 Zhoukou	818.89	179.37	159.31	118.76	115.91	101.39	84.56	14.63	44.96
驻马店市 Zhumadian	389.15	124.60	46.08	85.80	47.68	37.18	22.04	3.77	21.99
济　源　市 Jiyuan	30.92	10.99	6.35	5.34	4.10	2.00	1.50	0.08	0.56

12–27 茶叶、蚕茧、水果生产情况

Production of Tea, Silkworm Cocoons and Fruit

指　标	Item	2000	2002	2005	2006	2007
面　积	**Area**					
茶园面积(千公顷)	Area of Tea Plantations (1 000 hectares)	20.68	20.70	33.09	34.95	47.08
果园面积(千公顷)	Area of Orchards (1 000 hectares)	355.90	355.80	416.63	416.34	448.50
苹果园	Apple Orchards	206.97	207.00	165.78	167.74	182.26
梨园	Pears Orchards	30.87	30.90	39.23	41.08	43.20
葡萄园	Grapes Orchards	16.75	16.80	26.17	24.97	26.20
猕猴桃园	Chinese goosebeery Orchards		3.70	6.90	7.90	7.60
桃园	Peach Orchards	29.11	29.10	60.22	64.40	76.00
柑桔园	Citrus Orchards	4.88	4.90	10.05	9.72	10.00
其他果园	Others	67.30	63.40	108.30	100.50	103.24
产　量	**Output**					
茶叶产量(吨)	Output of Tea (ton)	9163	9163	16902	20697	26068
蚕茧产量(吨)	Output of Silkworm Cocoons (ton)	15190	15190	20366	23659	24425
#桑蚕茧	Mulberry Silkworm Cocoons	12560	12560	14803	17398	18011
柞蚕茧	Tussore Silkworm Cocoons	2630	2630	5563	6261	6414
园林水果产量(万吨)	Output of garden fruit (10 000 tons)	364.73	427.01	555.69	591.79	663.49
苹果	Apples	238.90	260.36	300.62	322.79	352.33
梨	Pears	33.30	47.96	65.47	69.60	79.99
葡萄	Grapes	20.83	30.50	41.26	40.51	41.95
鲜枣	Jujube	17.78	22.50	26.81	30.13	33.47
柿	Persimmon	15.88	17.18	25.86	27.60	32.68
桃	Peach	26.63	36.27	60.10	65.01	77.48
柑桔	Citrus	2.12	2.18	3.59	3.70	3.85
其他园林水果	other garden fruit	9.29	10.06	31.98	32.45	41.74

12–28 各市果园面积(2007年)

Area of Orchard by City (2007)

单位：千公顷 (1 000 hectares)

市 City	合计 Total	#苹果园 Apple Orchards	#梨园 Pears Orchards	#葡萄园 Grapes Orchards	#柑橘园 Orange Orchards	#猕猴桃园 Chinese goosebeery Orchards	#桃园 Peach Orchards
全　　省 Total	**448.50**	**182.26**	**43.18**	**26.22**	**9.95**	**7.56**	**76.03**
郑　州　市 Zhengzhou	25.24	4.42	1.74	1.75		0.03	2.90
开　封　市 Kaifeng	22.48	13.44	1.16	1.92			3.56
洛　阳　市 Luoyang	35.00	23.00	1.00	2.00			2.00
平 顶 山 市 Pingdingshan	14.97	2.31	1.48	0.76	0.02	0.04	7.37
安　阳　市 Anyang	43.60	12.03	1.53	1.51			4.40
鹤　壁　市 Hebi	4.80	1.96	0.07	0.17			0.21
新　乡　市 Xinxiang	12.81	5.09	0.84	0.36		0.01	3.25
焦　作　市 Jiaozuo	14.26	5.52	0.87	0.89			4.47
濮　阳　市 Puyang	11.21	6.61	0.46	0.43			0.90
许　昌　市 Xuchang	7.57	3.20	0.43	1.51			1.46
漯　河　市 Luohe	5.88	0.44	0.68	2.74		0.01	1.59
三 门 峡 市 Sanmenxia	56.77	45.62	0.97	0.83			2.24
南　阳　市 Nanyang	71.38	10.67	10.81	1.68	9.64	6.87	14.30
商　丘　市 Shangqiu	46.76	29.59	9.07	3.75	0.03	0.17	2.01
信　阳　市 Xinyang	12.34	0.27	3.42	1.84	0.26	0.40	3.81
周　口　市 Zhoukou	17.61	3.49	2.90	1.92			5.05
驻 马 店 市 Zhumadian	39.53	12.34	5.07	2.11		0.03	15.88
济　源　市 Jiyuan	6.29	2.26	0.68	0.05			0.63

12-29 各市园林水果产量(2007年)

Output of garden fruit by City (2007)

单位：吨 (ton)

市 City	合计 Total	#苹果 Apples	#梨 Pears	#葡萄 Grapes	#枣 Jujube	#柿 Persimmon	#桃 Peach
全　　省 Total	**6634855**	**3523310**	**799939**	**419473**	**334740**	**326799**	**774759**
郑　州　市 Zhengzhou	267151	63303	22100	32916	67425	15250	40601
开　封　市 Kaifeng	366417	198212	26176	23699	14349	11638	78108
洛　阳　市 Luoyang	572941	346914	30224	39285	13924	44956	40296
平 顶 山 市 Pingdingshan	67631	17035	5070	4742	1512	11542	24524
安　阳　市 Anyang	480900	215131	28749	20354	105781	38451	62393
鹤　壁　市 Hebi	47583	25205	550	2694	12941	2457	2744
新　乡　市 Xinxiang	131647	57810	10579	22672	2941	11617	23929
焦　作　市 Jiaozuo	297275	181575	10730	20327	4331	6881	64722
濮　阳　市 Puyang	237820	175001	5452	14778	11435	1401	9934
许　昌　市 Xuchang	72398	26056	5794	14392	1297	1985	16358
漯　河　市 Luohe	109319	5288	7132	59519	822	2977	32094
三 门 峡 市 Sanmenxia	1344810	1093952	17878	11437	34154	72486	39039
南　阳　市 Nanyang	463261	53157	74252	14522	25800	27653	91730
商　丘　市 Shangqiu	1582898	937012	436149	67639	10521	28657	70642
信　阳　市 Xinyang	88960	2583	33737	11809	2683	13465	23975
周　口　市 Zhoukou	349576	86315	49267	40843	19993	28625	109077
驻 马 店 市 Zhumadian	106763	10976	29315	17560	4449	3532	40868
济　源　市 Jiyuan	47505	27785	6785	285	382	3226	3725

12–30 林业生产情况
Conditions of Forestry Production

指 标	Item	2000	2002	2005	2006	2007
营林情况	**Afforestation Conditions**					
当年造林面积(千公顷)	New Forest Area This Year (1 000 hectares)	241.32	266.87	186.72	170.61	50.97
按造林方式分	By Sylvicultural Mode					
人工造林	By Manpower	206.45	238.79	173.38	155.30	41.39
飞机播种造林	By Plane	34.87	28.08	13.34	15.31	9.58
按造林用途分(千公顷)	Afforestation Area by Use (1 000 hectares)					
用材林	Timber Forest	56.77	72.08	73.90	72.48	15.24
#速生丰产林面积	Speeded-up Forest	18.97		5.85	12.00	2.44
经济林	Economic Forest	69.11	43.25	39.00	18.12	3.19
防护林	Shelter Forest	113.80	148.12	72.93	79.76	32.53
封山育林面积(千公顷)	Area of Close Hillsides to Facilitate Afforestation(1 000 hectares)	475.46	423.55	385.92	300.96	336.16
零星(四旁)植树(万株)	Planting Trees Piecemeal (10 000 trees)	25806.27	23821.00	30638.85	29651.00	31520.00
育苗面积(千公顷)	Area of Tending Seedlings (1 000 hectares)	18.21	32.97	28.65	46.11	51.31
当年苗木产量(万株)	Output of Nursery Stock(10 000 trees)		207477	201169	190328	128177
幼林抚育作业面积(千公顷)	Area of Tending Growing Forest (1 000 hectares)	978.01	1059.92	1239.02	1278.59	1868.23
成林抚育面积(千公顷)	Area of Tending Forest (1 000 hectares)	694.79	751.91	959.92	1219.59	1333.33
主要林产品产量	**Output of Major Forest Products**					
生漆(吨)	Lacquer (ton)	569	833	955	1166	1394
油桐籽(吨)	Tung-oil Seeds (ton)	57054	43327	45802	53716	48602
油茶籽(吨)	Tea-oil Seeds (ton)	3270	6300	8079	8555	16995
乌桕籽(吨)	Tallow-seeds (ton)	1157	1867	2557	3887	8972
五倍子(吨)	Chinese Gall (ton)	934	1448	1709	2713	2723
核桃(吨)	Walnuts (ton)	17143	15271	25339	28889	29491
板栗(吨)	Chestnut (ton)	85650	76896	112351	139043	188298
村及村以下竹木采伐量	**Fall of Bamboo and Tree in Rural Areas**					
木材(万立方米)	Wood (10 000 cu.m)	306.00	318.00	55.94	197.97	130.99
竹材(万根)	Bamboo (10 000 units)	158.00	233.59	506.50	35.96	40.65

12–31 各市林业生产情况(2007年)

Conditions of Forestry Production by City (2007)

单位：千公顷 (1 000 hectares)

市 City	当年造林面积 Current New Forest Area	人工造林 By Manpower	飞播造林 By Plane	用材林 Timber Forest	经济林 Economic Forest	防护林 Shelter Forest
全省 Total	**50.97**	**41.39**	**9.58**	**15.24**	**3.19**	**32.53**
郑州市 Zhengzhou	1.92	1.92		0.40		1.52
开封市 Kaifeng	2.53	2.53		0.40	0.07	2.07
洛阳市 Luoyang	5.40	1.40	4.00	0.07	0.06	5.27
平顶山市 Pingdingshan	1.57	1.37	0.20	0.51	0.13	0.93
安阳市 Anyang	2.26	2.26		0.73		1.52
鹤壁市 Hebi	2.41	2.21	0.20	0.32	1.41	0.67
新乡市 Xinxiang	3.30	3.30		1.24	0.43	1.63
焦作市 Jiaozuo	3.97	2.42	1.56	0.94		3.03
濮阳市 Puyang	2.47	2.47		0.52	0.07	1.88
许昌市 Xuchang	1.77	1.77		1.61	0.06	0.10
漯河市 Luohe	1.85	1.85		0.75	0.08	1.02
三门峡市 Sanmenxia	2.82	0.53	2.28	1.00	0.05	1.77
南阳市 Nanyang	5.83	4.97	0.87	0.49	0.33	5.02
商丘市 Shangqiu	1.53	1.53		0.46	0.11	0.96
信阳市 Xinyang	4.54	4.07	0.47	2.47	0.38	1.69
周口市 Zhoukou	3.12	3.12		1.33		1.78
驻马店市 Zhumadian	3.42	3.42		2.00		1.42
济源市 Jiyuan	0.27	0.27				0.27

市 City	封山育林面积 Area of Close Hillsides to Facilitate Afforestation	零星(四旁)植树(万株) Planting Trees Piecemeal (10 000 trees)	育苗面积 Area of Tending Seedlings	当年苗木产量(万株) Output of Nursery Stock (10 000 trees)	幼林抚育作业面积 Area of Tending Growing Forest	成林抚育面积 Area of Tending Forest
全省 Total	**336.16**	**31519.77**	**51.31**	**128176.74**	**1868.23**	**1333.33**
郑州市 Zhengzhou	9.39	1220.70	3.86	16208.82	30.11	59.85
开封市 Kaifeng		1120.10	0.64	2292.92	57.45	15.53
洛阳市 Luoyang	51.77	1369.02	2.00	19074.30	21.67	101.77
平顶山市 Pingdingshan	6.20	1056.09	1.07	2742.00	21.40	41.45
安阳市 Anyang	10.83	1332.67	1.48	1816.50	55.69	116.32
鹤壁市 Hebi	16.00	261.00	0.34	1320.00	6.97	15.60
新乡市 Xinxiang	17.24	1110.00	0.82	2992.87	29.02	42.22
焦作市 Jiaozuo	8.92	165.49	0.77	1206.75	46.95	21.36
濮阳市 Puyang		233.20	0.80	2046.00	785.80	24.41
许昌市 Xuchang	1.27	1410.00	7.77	11605.00	45.06	60.10
漯河市 Luohe		1196.18	0.91	1383.87	19.87	14.10
三门峡市 Sanmenxia	49.15	1146.36	1.38	15930.20	31.57	17.06
南阳市 Nanyang	74.34	6437.00	3.77	22960.80	419.57	350.46
商丘市 Shangqiu		1749.46	2.97	4159.20	20.70	18.01
信阳市 Xinyang	70.27	2563.90	16.35	3916.15	221.51	285.33
周口市 Zhoukou		6228.30	4.37	14466.75	38.36	124.22
驻马店市 Zhumadian	10.33	2912.00	1.76	2494.60	16.53	22.12
济源市 Jiyuan	10.45	8.30	0.26	1560.00		3.43

12–32 历年牧渔业产量

Output of Animal Husbandry and Fishery over the Years

年 份 Year	肉类产量（万吨） Total Output of Meat (10 000 tons)	#猪肉 Pork	#牛肉 Beef	#羊肉 Mutton	大牲畜年底头数（万头） Number of Livestock at Year-end (10 000 units)	#役畜 Draught Animals	猪年底头数（万头） Hogs (10 000 units)	禽蛋产量（万吨） Poultry Eggs (10 000 tons)	水产品产量（万吨） Total Aquatic Products (10 000 tons)
1978	45.64				515.03	401.70	1724.90		2.47
1979	55.14				521.50	400.40	1592.30		2.30
1980	55.03	49.45	0.69	2.88	541.99	423.75	1474.24	15.86	2.91
1981	51.58				607.00	498.90	1386.50	16.31	3.00
1982	54.26				671.50	542.10	1310.70	16.75	3.25
1983	51.33				704.70	562.20	1195.70	21.41	3.78
1984	58.59				794.70	615.70	1327.00	31.38	4.89
1985	71.83	61.08	3.01	3.38	886.35	664.55	1621.74	37.15	6.37
1986	79.42	65.00	5.50	3.70	957.44	708.10	1539.41	37.32	6.61
1987	86.63	66.10	8.90	5.00	1000.82	738.44	1404.72	43.55	7.62
1988	103.75	76.87	12.24	6.48	1069.20	779.57	1586.18	50.43	9.39
1989	121.53	88.11	15.26	7.89	1111.56	794.04	1680.22	53.62	9.83
1990	134.86	97.45	18.16	8.05	1116.33	798.30	1750.32	59.58	10.48
1991	157.95	108.73	24.82	7.76	1102.10	782.25	1820.80	73.81	10.77
1992	171.66	119.23	25.67	7.96	1135.50	794.90	1959.70	79.29	11.55
1993	203.51	137.60	32.64	9.90	1211.00	843.00	2085.00	95.58	13.83
1994	253.31	165.81	44.00	12.57	1329.18	919.79	2325.17	125.28	15.84
1995	333.00	210.37	64.39	21.10	1420.45	985.76	2667.72	140.01	18.09
1996	347.72	225.63	59.45	21.72	1089.14	783.00	2229.67	154.54	20.51
1997	403.00	256.12	64.88	25.23	1420.87	857.03	2931.91	201.40	23.88
1998	461.63	297.86	76.71	28.00	1416.84	803.70	3439.66	229.34	27.02
1999	485.11	313.95	82.21	29.96	1448.42	530.60	3556.43	251.82	28.83
2000	517.00	337.88	83.00	32.00	1445.73	482.84	3787.69	270.00	32.17
2001	540.65	343.77	89.23	34.51	1435.93	479.53	3672.07	286.00	31.46
2002	570.01	366.49	89.20	37.85	1409.78	437.03	3800.00	302.00	36.22
2003	603.55	386.00	93.00	42.00	1469.45	430.00	3917.80	326.20	38.95
2004	643.00	412.37	98.33	44.06	1491.19	427.00	4152.87	347.40	42.70
2005	689.00	441.20	102.75	47.38	1508.80	412.90	4439.00	375.30	51.68
2006	584.60	391.30	82.00	23.80	1114.26	410.12	3953.30	329.50	61.43
2007	542.90	339.00	82.10	25.30	1081.93	353.76	4185.50	336.70	74.74

注：本表2006、2007年数据（不包括水产品产量）已与农业普查数据衔接（33、34、35同）。

a) Data in 2006、2007 (except Aquatic Product) are Amended base on The second agricultural General Investigation of China（the same as table 33, 34,35）.

12–33 畜牧业生产情况
Production of Animal Husbandry

指 标	Item	2006	2007
牲畜年底头数	**Number of Livestock at Year-end**		
大牲畜(万头)	Large Animals (10 000 units)	1114.26	1081.93
#役畜	Draught Animals	410.12	353.76
牛	Cattle's	1051.90	1030.80
黄牛	Scalpers	964.37	932.15
良种及改良乳牛	Milk Cows of Fine Breed and Improved Varieties	40.43	57.53
水牛	Buffalos	49.99	41.14
马	Horses	16.63	15.71
驴	Donkeys	31.23	26.89
骡	Mules	11.76	8.60
猪(万头)	Hogs (10 000 units)	3953.30	4185.50
羊(万只)	Sheep and Goats (10 000 units)	1913.90	1940.90
山羊	Goats	1734.80	1758.67
绵羊	Sheep	179.10	182.23
家禽(万只)	Poultry (10 000 units)	55690.60	56149.10
家兔(万只)	Feeded Rabbit(10 000 units)	3110.09	2760.27
畜产品产量	**Output of Livestock Products**		
猪牛羊出栏头(只)数	Slaughtered Fattened Hogs,Cattle and Sheep		
猪(万头)	Hogs (10 000 units)	5254.40	4488.80
牛(万头)	Cattle (10 000 units)	547.00	547.50
羊(万只)	Sheep and Goats (10 000 units)	2105.30	2140.40
肉类总产量(万吨)	Total Output of Meat (10 000 tons)	584.60	542.90
#猪牛羊肉	Pork, Beef and Mutton	497.10	446.40
猪肉	Pork	391.30	339.00
牛肉	Beef	82.00	82.10
羊肉	Mutton	23.80	25.30
禽肉	Meat of Poultry	76.60	85.50
兔肉	Meat of Rabbit	6.18	9.04
其他畜产品产量	Output of Other Livestock Products		
奶类产量（万吨）	Output of Milk (10 000 tons)	154.07	223.54
#牛奶	Cow Milk	147.68	207.08
山羊毛(吨)	Goat Wool (ton)	3175	5833
绵羊毛(吨)	Sheep Wool (ton)	11920	11731
#细羊毛	Fine Wool	963	1124
羊绒(吨)	Cashmere (ton)	489	592
蜂蜜(吨)	Honey (ton)	50260	91317
禽蛋(万吨)	Poultry Eggs (10 000 tons)	329.50	336.70

12–34 各市牲畜饲养情况(2007年底)

Number of Livestock by City (End of 2007)

市 City	大牲畜年底头数(万头) Number of Large Animals (year-end) (10 000 units)	#役畜 Draught Animals	牛(万头) Cattle's (10 000 units)	#黄牛 Scalpers	马(万头) Horses (10 000 units)	驴(万头) Donkeys (10 000 heads)
全省 Total	**1081.93**	**353.76**	**1030.80**	**932.15**	**15.71**	**26.89**
郑州市 Zhengzhou	27.30	13.54	24.73	17.16	0.49	1.30
开封市 Kaifeng	57.38	9.51	54.29	50.78	0.79	1.70
洛阳市 Luoyang	67.42	29.82	66.23	56.88	0.27	0.69
平顶山市 Pingdingshan	83.98	18.81	80.35	75.15	1.43	1.62
安阳市 Anyang	28.37	6.16	24.11	22.80	0.62	3.17
鹤壁市 Hebi	5.36	2.49	4.45	2.66	0.37	0.28
新乡市 Xinxiang	51.21	4.62	44.98	40.25	1.80	3.11
焦作市 Jiaozuo	26.00	0.22	25.87	21.86	0.02	0.11
濮阳市 Puyang	27.74	1.89	22.74	21.63	1.63	2.62
许昌市 Xuchang	52.71	16.65	49.09	48.20	0.93	1.83
漯河市 Luohe	14.00	3.21	13.03	9.91	0.35	0.33
三门峡市 Sanmenxia	40.73	17.97	40.72	39.52		
南阳市 Nanyang	168.05	78.48	160.83	153.67	2.66	3.92
商丘市 Shangqiu	92.53	5.99	90.25	85.34	0.72	1.17
信阳市 Xinyang	73.18	49.24	73.00	34.99	0.02	0.14
周口市 Zhoukou	105.11	24.91	103.97	101.46	0.35	0.50
驻马店市 Zhumadian	157.42	68.51	148.65	147.00	3.26	4.40
济源市 Jiyuan	3.44	1.74	3.44	2.89		

市 City	骡(万头) Mules (10 000 units)	猪年底头数(万头) Hogs (year-end) (10 000 units)	羊年底只数(万只) Sheep and Goats (year-end) (10 000 units)	#山羊 Goats	家禽(万只) Poultry (10 000 units)	兔(万只) Rabbits (10 000 units)
全省 Total	**8.60**	**4185.50**	**1940.90**	**1758.67**	**56149.10**	**2760.27**
郑州市 Zhengzhou	0.78	146.63	46.83	42.82	2703.46	76.59
开封市 Kaifeng	0.60	290.00	159.01	153.36	2902.24	332.18
洛阳市 Luoyang	0.23	178.81	72.51	46.50	1896.17	299.57
平顶山市 Pingdingshan	0.58	236.88	105.25	83.00	2829.46	60.09
安阳市 Anyang	0.47	163.57	66.42	58.51	3457.24	145.00
鹤壁市 Hebi	0.26	67.65	30.02	26.40	2650.00	36.62
新乡市 Xinxiang	1.32	230.05	67.81	49.50	3550.82	123.71
焦作市 Jiaozuo		134.03	39.04	4.24	2664.35	68.75
濮阳市 Puyang	0.75	126.95	73.82	57.87	2945.59	216.24
许昌市 Xuchang	0.86	235.00	82.75	78.00	2538.45	83.44
漯河市 Luohe	0.29	173.64	20.89	20.26	1762.59	211.92
三门峡市 Sanmenxia	0.01	59.60	29.00	19.50	729.19	13.59
南阳市 Nanyang	0.64	498.22	277.68	270.00	5531.62	278.98
商丘市 Shangqiu	0.39	312.74	314.57	314.28	4685.39	52.48
信阳市 Xinyang	0.02	271.66	79.81	79.81	5340.38	36.42
周口市 Zhoukou	0.29	436.93	256.67	256.19	4220.07	144.51
驻马店市 Zhumadian	1.11	590.00	197.95	195.70	5360.54	391.15
济源市 Jiyuan		36.63	5.04	2.73	206.65	32.75

注：全省数系抽样调查评估数，不等于市加总(下表同)。

a)Data of whole province are reekoned and estimated by sampling investigation .So proviacial figure isn't egual to the figure totalized by city. (The same as next table).

12-35 各市畜产品产量(2007年)

Output of Livestock Products by City (2007)

市	City	猪牛羊出栏头(只)数 Slaughtered Fattened Hogs,Cattle and Sheep 猪(万头) Hogs (10 000 heads)	牛(万头) Cattle (10 000 heads)	羊(万只) Sheep and Goats (10 000 units)	肉类总产量 (万吨) Total Output of Meat (10 000 tons)	#猪肉 Pork	#牛肉 Beef	#羊肉 Mutton
全省	**Total**	**4488.80**	**547.50**	**2140.40**	**542.90**	**339.00**	**82.10**	**25.30**
郑州市	Zhengzhou	172.50	13.41	55.41	20.44	12.79	2.01	0.71
开封市	Kaifeng	270.25	36.00	190.00	31.16	20.44	5.16	2.28
洛阳市	Luoyang	175.80	34.13	70.00	20.59	12.99	4.74	0.71
平顶山市	Pingdingshan	258.09	33.83	110.00	30.67	19.01	5.12	1.20
安阳市	Anyang	155.50	8.00	60.00	17.53	11.57	0.95	0.67
鹤壁市	Hebi	84.60	2.20	38.23	20.07	6.22	0.35	0.50
新乡市	Xinxiang	269.20	23.54	90.00	29.02	19.04	3.41	1.05
焦作市	Jiaozuo	131.65	17.00	39.00	16.27	9.65	2.50	0.44
濮阳市	Puyang	123.52	10.11	88.11	17.02	9.50	1.52	1.04
许昌市	Xuchang	302.31	24.22	98.00	31.73	22.70	3.53	1.22
漯河市	Luohe	272.65	8.50	24.81	23.02	18.64	1.18	0.30
三门峡市	Sanmenxia	57.50	15.00	25.00	6.66	4.00	1.90	0.25
南阳市	Nanyang	482.59	90.00	318.52	59.71	36.07	13.06	3.66
商丘市	Shangqiu	338.90	60.00	330.82	45.00	25.66	9.66	3.95
信阳市	Xinyang	302.00	25.62	93.23	48.28	24.56	3.85	0.97
周口市	Zhoukou	472.50	69.00	303.17	56.60	37.52	10.25	3.56
驻马店市	Zhumadian	605.00	73.07	202.11	67.20	45.50	10.65	2.35
济源市	Jiyuan	40.50	1.80	4.47	3.49	2.70	0.28	0.06

市	City	奶类总产量 (吨) Total Output of Milk (ton)	#牛奶 Cow Milk	蜂蜜 (吨) Honey (ton)	禽蛋 (吨) Poultry Eggs(ton)	绵羊毛 (吨) Sheep Wool (ton)	#细羊毛 Fine Wool	山羊毛 (吨) Goat Wool (ton)
全省	**Total**	**2235438**	**2070787**	**91317**	**3367000**	**11731**	**1124**	**5833**
郑州市	Zhengzhou	359165	313304	2326	180650	380	223	136
开封市	Kaifeng	173600	164502	4148	217196	2058		
洛阳市	Luoyang	354550	308550	5236	120000	1388	192	244
平顶山市	Pingdingshan	127947	127694	1266	126027	2391	93	2461
安阳市	Anyang	52440	52440	564	247513	421	5	42
鹤壁市	Hebi	64153	64153	5359	124175	50	43	106
新乡市	Xinxiang	183806	177932	26	291987	384	264	106
焦作市	Jiaozuo	142923	142020	329	247431	1047	10	52
濮阳市	Puyang	47010	47010	8	238131	1064		
许昌市	Xuchang	45958	44136	2162	194053	1079	129	340
漯河市	Luohe	106700	106453	32	103487	21		
三门峡市	Sanmenxia	25336	24770	1608	41123	888	3	735
南阳市	Nanyang	223367	170148	25742	275000	383	55	1557
商丘市	Shangqiu	174054	174054	956	236003			
信阳市	Xinyang	4587	4587	5113	205428			
周口市	Zhoukou	85529	84721	683	208303	12	12	
驻马店市	Zhumadian	44648	44648	35465	278701	128	95	16
济源市	Jiyuan	19665	19665	294	23500	37		38

12-36 渔业生产情况
Basic Indicators of Fishery

指 标	Item	2006	2007
水产品产量(吨)	**Output of Aquatic Products (ton)**	**614314**	**747376**
内陆水域捕捞	Fish for Catch Inland Waters	37819	45473
鱼类	Fish	28757	34288
虾蟹类	Shrimps, Prawns and Crabs	8127	9952
贝类及其他	Seashell and others	935	1233
内陆水域养殖	Breed Aquatics Inland Waters	576495	701903
鱼类	Fish	564188	682053
虾蟹类	Shrimps, Prawns and Crabs	8096	14240
贝类及其他	Seashell and others	4211	5610
养殖面积(千公顷)	**Area of Breed (1 000 hectares)**	**233.85**	**244.03**
池塘面积	Pond	106.52	113.81
湖泊面积	Lake	4.09	4.36
水库面积	Reservoir	115.35	116.99
河沟面积	Dyke	7.01	7.89
其他面积	Others	0.88	0.98

12-37 各市渔业生产情况(2007年)
Basic Indicators of Fishery by City (2007)

市	City	水产品产量 (吨) Total Aquatic Products (ton)	天然生产 Naturally Grown	人工养殖 Artificially Breed	鱼类 Fish	虾蟹类 Shrimps, Prawns and Crabs	贝类及其他 Seashell and others	养殖面积 (公顷) Area of Breed (hectares)
全 省	**Total**	**747376**	**45473**	**701903**	**716341**	**24192**	**6843**	**244033**
郑州市	Zhengzhou	115442	37	115405	115059	203	180	8310
开封市	Kaifeng	30991	449	30542	30723	77	191	4852
洛阳市	Luoyang	29169	1820	27349	29045	108	16	29345
平顶山市	Pingdingshan	28913	180	28733	28393	457	63	12874
安阳市	Anyang	8032	171	7861	7915	10	107	2415
鹤壁市	Hebi	7100	285	6815	7038	40	22	852
新乡市	Xinxiang	33785	255	33530	33778		7	3301
焦作市	Jiaozuo	13848	47	13801	13819	3	26	1758
濮阳市	Puyang	8359	450	7909	8059	300		1727
许昌市	Xuchang	6600	400	6200	6420	120	60	2480
漯河市	Luohe	6374	330	6044	6260	67	47	1971
三门峡市	Sanmenxia	5120	1508	3612	5059	25	36	3114
南阳市	Nanyang	85263	4948	80315	80174	3870	1219	46483
商丘市	Shangqiu	61602	2257	59345	60294	1071	237	10578
信阳市	Xinyang	173374	12813	160561	155681	14267	3426	65997
周口市	Zhoukou	48849	5889	42960	48218	444	187	14452
驻马店市	Zhumadian	74555	11634	62921	70508	3030	1017	33284
济源市	Jiyuan	10000	2000	8000	9898	100	2	240

12-38 各市农作物受灾情况(2007年)

Areas Covered by Natural Disaster by City (2007)

单位：千公顷 (1 000 hectares)

市 City	受灾面积 Areas Covered	#绝收面积 No Harvest	水灾 Flood	#绝收 No Harvest
全 省 Total	**2577.68**	**343.30**	**1352.70**	**248.59**
郑 州 市 Zhengzhou	9.85	0.79	9.85	0.79
开 封 市 Kaifeng	128.36	4.59	13.00	1.48
洛 阳 市 Luoyang	195.38	34.80	11.73	2.02
平 顶 山 市 Pingdingshan	258.38	11.08	66.44	4.86
安 阳 市 Anyang	81.42	10.87	27.14	3.04
鹤 壁 市 Hebi	13.54	1.55		
新 乡 市 Xinxiang	88.06	6.36	44.34	4.16
焦 作 市 Jiaozuo	93.60	4.84	15.94	2.12
濮 阳 市 Puyang	32.03	7.51	12.17	1.57
许 昌 市 Xuchang	19.54	1.88	6.13	0.06
漯 河 市 Luohe	129.66	15.78	78.09	15.78
三 门 峡 市 Sanmenxia	109.00	28.72	23.53	8.75
南 阳 市 Nanyang	533.43	49.63	282.39	47.06
商 丘 市 Shangqiu	168.34	18.78	86.67	16.38
信 阳 市 Xinyang	109.98	29.61	107.60	29.61
周 口 市 Zhoukou	122.76	14.80	101.66	11.10
驻 马 店 市 Zhumadian	469.50	99.82	463.07	99.82
济 源 市 Jiyuan	14.86	1.88	2.95	

市 City	旱灾 Drought	#绝收 No Harvest	病虫害 Dieases and Insect	#绝收 No Harvest
全 省 Total	**754.65**	**62.71**	**244.14**	**4.24**
郑 州 市 Zhengzhou				
开 封 市 Kaifeng	41.60	0.53	24.52	0.11
洛 阳 市 Luoyang	158.58	26.94	11.27	1.25
平 顶 山 市 Pingdingshan	111.69	6.18	80.25	0.04
安 阳 市 Anyang	39.88	6.18	3.16	0.45
鹤 壁 市 Hebi	5.55	1.12	3.45	0.09
新 乡 市 Xinxiang	17.28	0.71	11.92	0.07
焦 作 市 Jiaozuo	21.64	0.45	25.95	2.23
濮 阳 市 Puyang				
许 昌 市 Xuchang				
漯 河 市 Luohe			51.57	
三 门 峡 市 Sanmenxia	70.20	16.62	0.80	
南 阳 市 Nanyang	244.64	2.09		
商 丘 市 Shangqiu	31.68		31.26	
信 阳 市 Xinyang				
周 口 市 Zhoukou				
驻 马 店 市 Zhumadian				
济 源 市 Jiyuan	11.91	1.88		

主要统计指标解释

农林牧渔业增加值 农林牧渔业增加值是指农、林、牧、渔业生产及农林牧渔服务业提供服务活动所增加的价值，为农林牧渔业现价总产值扣除农林牧渔业现价中间投入后的余额，是农、林、牧、渔及其服务业各单位生产经营对社会所作的贡献。从宏观上来说，农林牧渔业增加值是计算国内生产总值的基础；从微观上来说，农林牧渔业增加值能客观反映农林牧渔业各生产单位或行业的投入、产出、效益、速度和收入等情况。

粮食产量 指全社会的产量。包括国有经济经营的、集体统一经营的和农民家庭经营的粮食产量，还包括工矿企业办的农场和其他生产单位的产量。粮食除包括稻谷、小麦、玉米、高粱、谷子及其他杂粮外，还包括薯类和豆类。其产量计算方法，豆类按去豆荚后的干豆计算；薯类(包括甘薯和马铃薯，不包括芋头和木薯)1963 年以前按每 4 公斤鲜薯折 1 公斤粮食计算，从 1964 年开始改为按 5 公斤鲜薯折 1 公斤粮食计算。城市郊区作为蔬菜的薯类(如马铃薯等)按鲜品计算，并且不作粮食统计。其他粮食一律按脱粒后的原粮计算。

油料产量 指全部油料作物的生产量。包括花生、油菜籽、芝麻、向日葵籽、胡麻籽（亚麻籽）和其他油料。不包括大豆、木本油料和野生油料。花生以带壳干花生计算。

水产品产量 指人工养殖的水产品和天然生长的水产品的捕捞量。包括海水的鱼类、虾蟹类、贝类和藻类以及内陆水域的鱼类、虾蟹类和贝类，不包括淡水生植物。

猪、牛、羊肉产量 指当年出栏并已屠宰、除去头蹄下水后带骨肉(即胴体重)的重量。

期初(末)畜禽存栏头(只)数 指报告期初(末)农村各种合作经济组织和国营农场、农民个人、机关、团体、学校、工矿企业、部队等单位以及城镇居民饲养的大牲畜、猪、羊、家禽等畜禽的存栏数。

常用耕地 是指耕地总资源中专门种植农作物并经常进行耕种、能够正常收获的土地。包括当年实际耕种的熟地；弃耕、休闲不满三年，随时可以复耕的地；开荒利用三年以上的地。不包括临时种植农作物的坡度在 25 度以上的陡坡地；在河套、湖畔、库区临时开发的成片或零星土地；也不包括已列为国家和省（区、市）退耕计划但临时耕种的土地。

农作物播种面积 指实际播种或移植有农作物的面积。凡是实际种植有农作物的面积，不论种植在耕地上还是种植在非耕地上，均包括在农作物播种面积中。在播种季节基本结束后，因遭灾而重新改种和补种的农作物面积，也包括在内。

有效灌溉面积 指具有一定的水源，地块比较平整，灌溉工程或设备已经配套，在一般年景下当年能够进行正常灌溉的耕地面积。

农用化肥施用量 指本年内实际用于农业生产的化肥数量，包括氮肥、磷肥、钾肥和复合肥。化肥施用量要求按折纯量计算数量。折纯量是指把氮肥、磷肥、钾肥分别按含氮、含五氧化二磷、含氧化钾的百分之一百成份进行折算后的数量。复合肥按其所含主要成分折算。

农业机械总动力 指主要用于农、林、牧、渔业的各种动力机械的动力总和。包括耕作机械、排灌机械、收获机械、农用运输机械、植物保护机械、牧业机械、林业机械、渔业机械和其他农业机械〔内燃机按引擎马力折成瓦(特)计算、电动机按功率折成瓦(特)计算〕。不包括专门用于乡镇、村、组办工业、基本建设、非农业运输、科学试验和教学等非农业生产方面用的动力机械与作业机械。

农林牧渔业劳动力 指全社会直接参加农林牧渔业生产活动的劳动力。

乡村从业人员 指乡村人口中劳动年龄在 16 周岁以上实际参加生产经营活动并取得实物或货币收入的人员，包括劳动年龄内经常参加劳动的人员，也包括超过劳动年龄但经常参加劳动的人员，但不包括户口在家的在外学生、现役军人和丧失劳动能力的人，也不包括待业人员和家务劳动者。从业人员按从事主业时间最长(时间相同按收入)分为农业从业人员、工业从业人员、建筑从业人员、交运仓储及邮电业从业人员、批零贸易及餐饮业从业人员、其它从业人员。

Explanatory Notes on Main Statistical Indicators

Value Added of Farming, Forestry, Animal Husbandry and Fishery refers to new increasing value through farming, forestry, animal husbandry and fishery and services for farming, forestry, animal husbandry and fishery minus their intermediate consumption. That is the devotion to the society of the unit. It□s a base to calculat GDP in macroscopic. It reflects input and output. results, rate and income of the units in microscopic.

Grain Yield refers to the yield in the whole country including grains produced by state farms, collective units, industrial enterprises and mines. Grain includes rice, wheat, corn, sorghum, millet and other miscellaneous grains as well as tubers and beans. Output of beans refers to dry beans without pods. The output of tubers (sweet potatoes and potatoes, not including taros and cassava) was converted into that of grain at the ratio 4:1, i.e. 4 kilograms of fresh tubers was equivalent to 1 kilogram of grain up to 1963.Since 1964 the ratio for conversion has been 5:1. Tubers supplied as vegetables (such as potatoes) in cities and suburbs are calculated as fresh vegetables and their output is not included in the output of grain. Output of all other grains refers to husked grain.

Yield of Oil-bearing Crops refers to the total yield of oil-bearing crops of various kinds, including peanuts, (dry, in shell) rapeseeds, sesame, sunflower seeds, flax seeds, and other oil-bearing crops. Soybeans, oil-bearing woody plants, and wild oil-bearing crops are not included.

Output of Aquatic Products refers to catches of both artificially cultured and naturally grown aquatic products, including fish, shrimps, crabs and shellfish in sea and inland water as well as seaweed. not included Freshwater plants.

Output of Pork, Beef, and Mutton refers to the meat of slaughtered hogs, cattle, sheep and goats with head, feet, and offal taken away.

Number of Livestock or Poultry in Stock at Beginning (or End) refers to the total number of large animals, pigs, sheep, fowls, etc. raised by rural cooperative organizations, state farms, rural individuals, government agencies, schools, industrial and mining enterprises, army, and urban residents at the beginning (or end) of the reference period.

Regularly Cultivated Land refers to farmland among the total land resources which is exclusively used for farming and is under regular cultivation with harvest in normal years. Included are currently cultivated land, land that has been abandoned or put in idle for less than 3 years and could be re-used for cultivation at any time, and new-claimed land that has been put into cultivation for more than 3 years. Excluded under this category are steep slope land over 25 degrees under temporary cultivation, land (large or small plots) that is claimed along river bends, lake sides or banks of reservoirs, as well as land that has been designated under the "Green for Grain" programs of the state and provincial governments but is still temporarily under cultivation.

Sown Area of Crops refers to area of land sown or transplanted with crops regardless of being in cultivated area or non cultivated area. Area of land re-sown due to natural disasters is also included.

Irrigated Area refers to areas that are effectively irrigated, i.e. level land, which has water source and complete sets of irrigation facilities to lift and move adequate water for irrigation purpose under normal conditions.

Consumption of Chemical Fertilizers in Agriculture refers to the quantity of chemical fertilizers applied in agriculture in the year, including nitrogenous fertilizer, phosphate fertilizer, potash fertilizer, and compound fertilizer. The consumption of chemical fertilizers is required in calculation to convert the gross weight into weight containing 100% effective component (e.g. 100% nitrogen content in nitrogenous fertilizer, 100% phosphorous-pent oxide contents in phosphate fertilizer, 100% potassium oxide contents in potash fertilizer). Compound fertilizer is converted with its major component.

Total Power of Farm Machinery refers to total mechanical power of machinery used in farming, forestry, animal husbandry, and fishery, including equipment of ploughing, irrigation and drainage, harvesting, transport, plant protection, stock breeding, forestry and fishery. The power of internal combustion engines is required to convert horsepower into watts and the power of electric motors is required to be converted into watts. Machinery employed for non agricultural purposes, such as the machines used in township run and village-run industry, construction, non agricultural transport, scientific experiments and teaching, is excluded.

Labour Force Engaged in Farming, Forestry, Farming of animals and Fishing refers to the total laborers who are directly engaged in production of farming, forestry, animal husbandry and fishery.

Rural Employed Persons refer to rural labor forces aged over 16 years old who are engaged in real production and management activities and receive payment in kind or wages, including those covered within the age frame and regularly participating in production activities, and t hose who are out of the range of age frame and also participating in product ion activities regularly. Excluding students studying in other places with their permanent residence registered in local areas, servicemen and persons incapable of working; also excluding those who are waiting for jobs and those engaged in household work. Persons employed are classified as rural employed persons; industrial employed persons; const ruction industry employ ed persons; transport, storage and telecommunications industries employed persons; whole sales and retail sales trade and catering industry employed per sons and other s according to the longest period of persons engaged in major activities (or using income indicator when periods are the same).

工业
Industry

● 资料整理：董　军　李　鑫　田晓更
宗瑞生　赵　钰

【简要说明】

一、主要内容

本篇包括河南省工业企业单位数，工业增加值，规模以上主要工业产品产量和生产能力，规模以上工业主要经济效益指标，规模以下工业，个体工业以及工业企业集团的资料。

二、统计范围

工业统计调查范围为河南省全部工业法人企业和个体工业单位。1997年以前，我国工业的统计范围按隶属关系划分，分为乡及乡以上独立核算工业企业和非独立核算生产单位、村办工业、城镇合作工业、农村合作工业、城镇个体工业、农村个体工业六大部分，（其中，1984年以前不包括村办工业）。1998年至2005年，工业统计调查对象由按隶属关系划分，改变为按企业规模划分，分为全部国有及年主营业务收入在500万元及以上非国有工业企业(简称规模以上工业)和年主营业务收入在500万元以下非国有工业企业(简称规模以下工业)及个体工业三部分。2006年年报起，规模以上工业企业统计范围由全部国有及年主营业务收入在500万元及以上非国有工业企业改为年主营业务收入在500万元及以上的工业法人企业。

三、资料来源

年主营业务收入500万元及以上的工业法人企业实行全数调查，由河南省统计局工业交通处整理提供；年主营业务收入500万元以下的工业企业实行目录抽样调查，个体工业经营户实行整群抽样调查，省级数据由国家统计局河南调查总队整理提供，省级以下数据由河南省统计局工业调查处提供。

13-1 历年全部工业企业单位数

Number of All Industrial Enterprises Over the years

单位：个 (unit)

年 份 Year	合计 Total	公有制企业 Public-owned	非公有制企业 Non-public owned	规模以上 Enterprises above Designated Size	规模以下 Enterprises Below Designated size	个体经营单位 Individual Owned Industry	轻工业 Enterprises of Light Industry	重工业 Enterprises of Heavy Industry
1987	745809	130892	614917	19338	111588	614883	484455	261354
1988	816947	134248	682699	19464	114839	682644	512498	304449
1989	860749	133956	726793	20220	113783	726746	563667	297082
1990	810810	122440	688370	20213	102278	688319	513154	297656
1991	850574	102279	748295	20211	82118	748245	527649	322925
1992	914056	111115	802941	20538	90712	802806	497965	416091
1993	1035544	127796	907748	21556	106831	907157	449909	585635
1994	1165607	123621	1041986	24285	100883	1040439	527725	637882
1995	736838	148865	587973	27321	123638	585879	495920	240918
1996	712423	104002	608421	29277	77322	605824	456575	255848
1997	636441	70927	565514	29223	46240	560978	419283	217158
1998	683145	51625	631520	10450	71160	601535	449036	234109
1999	702639	50606	652033	9922	70875	621842	467970	234669
2000	695891	49274	646617	9930	71239	614722	469150	226741
2001	689513	47300	642213	9720	71686	608107	451625	237888
2002	669834	34430	635404	9671	72418	587745	440655	229179
2003	706186	29572	676614	9091	69915	627180	437705	268481
2004	697459	20338	677121	9782	70953	616724	437925	259534
2005	700860	11813	689047	10867	64625	625368	467315	233545
2006	708482	11770	696712	11895	67542	629045	471901	236581
2007	794459	10163	784296	13518	75134	705807	528553	265906

13-2 各市全部工业企业单位数(2007年)

Number of All Industrial Enterprises by City (2007)

单位：个

市 City	合计 Total	规模以上 Enterprises Above Designated size	国有控股 State holds the majority of shares	集体控股 Collective holds the majority of shares	私人控股 Private holds the majority of shares	港澳台控股 Hong Kong,Macao and Taiwan holds the majority of shares	外商控股 Foreign holds the majority of shares	规模以下企业 Enterprises Below Designated size
全 省 Total	**794459**	**13518**	**1023**	**1586**	**10528**	**179**	**202**	**75134**
郑州市 Zhengzhou	53272	2079	150	306	1534	40	49	6899
开封市 Kaifeng	34704	676	34	79	551	10	2	3837
洛阳市 Luoyang	56302	1144	170	102	844	10	18	5478
平顶山市 Pingdingshan	43296	634	57	103	466	7	1	3393
安阳市 Anyang	33633	632	41	63	517	3	8	4958
鹤壁市 Hebi	7737	338	18	85	224	5	6	983
新乡市 Xinxiang	40594	812	67	131	588	9	17	3773
焦作市 Jiaozuo	32341	892	36	49	776	15	16	3619
濮阳市 Puyang	20376	529	45	52	419	6	7	3056
许昌市 Xuchang	48393	999	31	60	893	5	10	5328
漯河市 Luohe	16026	513	18	32	442	15	6	1681
三门峡市 Sanmenxia	13252	528	57	173	279	7	12	1890
南阳市 Nanyang	117832	1159	120	127	877	20	15	11091
商丘市 Shangqiu	55008	450	35	32	366	5	12	5590
信阳市 Xinyang	50123	582	38	50	488	4	2	3909
周口市 Zhoukou	62032	593	35	48	503	4	3	4920
驻马店市 Zhumadian	43539	780	57	80	614	11	18	4352
济源市 Jiyuan	8482	178	14	14	147	3		647

市 City	个体经营单位 Individual Owned Industry	#大型企业 Large-sized Enterprises	#中型企业 Medium-sized Enterprises	#小型企业 Small Enterprises	轻工业 Enterprises of Light Industry	重工业 Enterprises of Heavy Industry	公有制企业 Public-owned	非公有制企业 Non-public owned
全 省 Total	**705807**	**153**	**1334**	**87165**	**528553**	**265906**	**10163**	**784296**
郑州市 Zhengzhou	44294	24	229	8725	18944	34328	1722	51550
开封市 Kaifeng	30191	5	55	4453	20149	14555	793	33911
洛阳市 Luoyang	49680	17	123	6482	34445	21857	959	55343
平顶山市 Pingdingshan	39269	8	61	3958	8228	35068	428	42868
安阳市 Anyang	28043	10	91	5489	21622	12011	440	33193
鹤壁市 Hebi	6416	3	30	1288	4608	3129	294	7443
新乡市 Xinxiang	36009	13	129	4443	25627	14982	1027	39582
焦作市 Jiaozuo	27830	10	131	4370	22063	10278	329	32012
濮阳市 Puyang	16791	5	45	3535	13648	6728	294	20082
许昌市 Xuchang	42066	7	64	6256	29129	19264	471	47922
漯河市 Luohe	13832	7	45	2142	10211	5815	176	15850
三门峡市 Sanmenxia	10834	6	49	2363	5830	7422	661	12591
南阳市 Nanyang	105582	14	93	12143	97011	20821	1088	116744
商丘市 Shangqiu	48968	5	46	5989	33166	21842	400	54608
信阳市 Xinyang	45632	3	48	4440	39291	10832	993	49130
周口市 Zhoukou	56519	8	36	5469	46979	15053	353	61679
驻马店市 Zhumadian	38407	4	39	5089	30055	13484	935	42604
济源市 Jiyuan	7657	4	20	801	4843	3639	127	8355

13-3 工业企业增加值
Value-added of Industrial Enterprises

本表按当年价格计算。
The data in this table are calculated at current prices.
单位：亿元 (100 million yuan)

项目	Item	2000	2002	2005	2006	2007
全部工业总计	**Total**	**2045.15**	**2508.73**	**4896.01**	**6031.21**	**7508.34**
按注册类型分	By Registration status					
内资企业	Domestic Funded Enterprises	1956.78	2410.91	4711.14	5781.00	7168.60
国有	State-owned	466.07	504.15	643.48	593.84	653.97
集体	Collective-owned	443.34	418.84	446.90	452.93	431.52
股份合作	Cooperative	34.61	40.04	75.85	78.83	90.33
联营	Joint Ownership	10.30	9.04	13.30	19.38	21.30
有限责任公司	Limited Liability Corporations	160.22	240.11	860.57	1295.63	1749.30
股份有限公司	Share Holding Enterprises	98.23	175.43	351.71	490.83	601.55
私营	Private	188.09	350.10	1241.15	1662.01	2339.02
其他(含个体)	Other	555.92	673.20	1078.18	1187.57	1281.61
港澳台商投资	Enterprises with Funds from Hong Kong,Macao and Taiwan	58.33	58.02	90.94	107.48	145.50
外商投资	Foreign Funded	30.04	39.80	93.94	142.73	194.24
按所有制分	By Proprietorial System					
公有制	Public-owned			1864.00	2099.32	2384.84
非公有制	Non-Public-owned			3032.01	3931.90	5123.50
按轻重工业分	Grouped by Light & Heavy Industry					
轻工业	Enterprises of Light Industry	766.91	974.49	1709.30	2074.10	2594.58
重工业	Enterprises of Heavy Industry	1278.24	1534.24	3186.71	3957.11	4913.75
按企业规模分	Grouped by Size of Enterprises					
大型企业	Large Enterprises	471.24	590.64	992.00	1282.71	1732.47
中型企业	Medium-sized Enterprises	147.29	191.39	748.41	953.24	1501.41
小型企业及个体	Small Enterprises Individual	1426.62	1726.70	3155.60	3795.26	4274.46
规模以上工业总计	**Enterprises above Designated Size**	**1154.39**	**1430.75**	**3200.23**	**4150.60**	**5438.06**
按注册类型分	By Registration status					
内资企业	Domestic Funded Enterprises	1068.67	1335.30	3018.37	3903.71	5102.00
国有	State-owned	461.61	495.99	643.40	593.76	651.94
集体	Collective-owned	263.75	285.67	363.84	360.63	365.32
股份合作	Cooperative	24.07	30.23	67.75	69.44	83.03
联营	Joint Ownership	6.97	6.46	10.43	16.09	18.32
有限责任公司	Limited Liability Corporations	156.75	230.86	830.68	1262.81	1706.06
股份有限公司	Share-holding Corporation Ltd	95.96	172.57	345.07	483.74	594.02
私营	Private	59.51	113.18	739.10	1100.05	1657.91
其他	Other	0.05	0.35	18.11	17.19	25.40
港澳台商投资	Enterprises with Funds from Hong Kong, Macao and Taiwan	56.84	56.67	89.42	105.70	143.59
外商投资	Foreign Funded	28.88	38.78	92.44	141.19	192.47
按所有制分	By Proprietorial System					
公有制	Public-owned			1772.81	1998.28	2294.77
非公有制	Non-Public-owned			1427.42	2152.32	3143.29
按轻重工业分	Grouped by Light & Heavy Industry					
轻工业	Enterprises of Light Industry	366.74	439.70	929.47	1212.55	1643.84
重工业	Enterprises of Heavy Industry	787.65	991.05	2270.76	2938.05	3794.22
按企业规模分	Grouped by Size of Enterprises					
大型企业	Large Enterprises	471.24	590.64	992.00	1282.71	1732.47
中型企业	Medium-sized Enterprises	147.29	191.39	748.41	953.24	1501.41
小型企业	Small Enterprises	535.86	648.72	1459.82	1914.65	2204.18
规模以下工业总计	**Enterprises Below Designated size**	**335.20**	**406.37**	**654.71**	**732.05**	**829.27**
内资企业	Domestic Funded Enterprises	332.55	404.00	651.70	728.73	825.59
国有企业	State-owned	4.46	8.16	0.07	0.08	2.03
集体企业	Collective-owned	179.59	133.17	83.06	92.30	66.20
股份合作企业	Cooperative	10.54	9.81	8.10	9.39	7.30
联营企业	Joint Ownership	3.33	2.58	2.87	3.29	2.98
有限责任公司	Limited Liability Corporations	3.47	9.25	29.89	32.82	43.24
股份有限公司	Share Holding Enterprises	2.27	2.86	6.64	7.09	7.53
私营企业	Private Enterprises	128.58	236.92	502.06	561.96	681.11
其他企业	Other Enterprises	0.30	1.24	19.00	21.82	15.20
港澳台商投资企业	Enterprises with Funds from Hong Kong, Macao and Taiwan	1.49	1.35	1.52	1.78	1.91
外商投资企业	Foreign Funded Enterprises	1.16	1.02	1.50	1.54	1.77
按轻重工业分	Grouped by Light & Heavy Industry					
轻工业	Enterprises of Light Industry	120.43	146.06	219.54	247.35	281.46
重工业	Enterprises of Heavy Industry	214.77	260.31	435.18	484.70	547.81
城乡个体工业	**Individual Owned Industry**	**555.56**	**671.61**	**1041.07**	**1148.56**	**1241.01**
轻工业	Enterprises of Light Industry	279.74	388.73	560.29	614.20	669.28
重工业	Enterprises of Heavy Industry	275.82	282.88	480.78	534.36	571.72

13–4 工业企业增加值指数
Indices of Value-added of Industrial Enterprises

本表按可比价格计算。
The data in this table are calculated at comparable prices.

(上年=100) (Preceding Year=100)

项　目	Item	2000	2002	2005	2006	2007
全部工业总计	**Total**	**111.6**	**112.3**	**118.7**	**118.7**	**119.6**
按注册类型分	By Registration status					
内资企业	Domestic Funded Enterprises	111.7	112.3	118.9	118.7	119.5
国有	State-owned	114.3	112.5	109.5	114.6	117.3
集体	Collective-owned	109.4	99.3	124.5	121.3	111.9
股份合作	Cooperative	110.3	106.5	127.7	129.2	128.7
联营	Joint Ownership	104.4	99.4	116.6	124.3	109.9
有限责任公司	Limited Liability Corporations	108.4	121.4	119.6	117.9	126.8
股份有限公司	Share Holding Enterprises	112.7	111.3	115.7	122.3	117.3
私营	Private	119.8	146.4	131.0	124.9	124.2
其他	Other	110.2	110.1	111.2	110.0	107.9
港澳台商投资	Enterprises with Funds from Hong Kong,Macao and Taiwan	113.3	109.0	110.4	116.8	122.7
外商投资	Foreign Funded	103.7	116.5	114.7	120.3	127.4
按所有制分	By Proprietorial System					
公有制	Public-owned			113.7	117.6	117.2
非公有制	Non-Public-owned			121.9	119.6	121.0
按轻重工业分	Grouped by Light & Heavy Industry					
轻工业	Enterprises of Light Industry	108.0	113.8	118.8	117.8	118.9
重工业	Enterprises of Heavy Industry	113.9	111.8	118.5	119.2	120.3
按企业规模分	Grouped by Size of Enterprises					
大型企业	Large Enterprises	116.0	112.3	114.3	118.7	123.2
中型企业	Medium-sized Enterprises	103.0	111.4	112.5	117.5	128.4
小型企业及个体	Small Enterprises Individual	111.1	112.5	121.9	119.5	115.7
规模以上工业总计	**Enterprises above Designated Size**	**111.6**	**114.2**	**123.3**	**123.4**	**124.2**
按注册类型分	By Registration status					
内资企业	Domestic Funded Enterprises	111.6	114.3	124.0	123.7	124.1
国有	State-owned	114.6	112.8	109.5	114.9	117.3
集体	Collective-owned	106.7	112.1	128.8	124.8	112.7
股份合作	Cooperative	111.1	113.5	130.3	131.7	130.9
联营	Joint Ownership	93.6	106.7	120.7	127.1	109.6
有限责任公司	Limited Liability Corporations	108.3	118.0	119.9	118.4	127.2
股份有限公司	Share-holding Corporation Ltd	112.8	111.3	115.8	122.9	117.4
私营	Private	122.2	125.4	148.5	133.7	129.3
其他	Other	102.0	161.5	164.1	146.0	125.4
港澳台商投资	Enterprises with Funds from Hong Kong, Macao and Taiwan	113.9	109.6	110.8	117.1	122.8
外商投资	Foreign Funded	106.4	117.6	115.2	120.8	127.5
按所有制分	By Proprietorial System					
公有制	Public-owned			114.0	118.3	117.3
非公有制	Non-Public-owned			137.0	129.1	129.8
按轻重工业分	Grouped by Light & Heavy Industry					
轻工业	Enterprises of Light Industry	106.2	110.8	128.8	124.6	125.0
重工业	Enterprises of Heavy Industry	114.2	115.7	121.0	122.8	123.9
按企业规模分	Grouped by Size of Enterprises					
大型企业	Large Enterprises	116.0	112.3	114.3	119.0	123.2
中型企业	Medium-sized Enterprises	103.0	111.4	112.5	117.8	128.4
小型企业	Small Enterprises	110.4	116.8	138.0	130.8	122.2
规模以下工业总计	**Enterprises Below Designated size**	**113.7**	**109.7**	**111.0**	**111.3**	**112.6**
内资企业	Domestic Funded Enterprises	114.6	110.0	111.1	111.3	112.6
国有企业	State-owned	81.3	99.1	119.5	109.4	116.2
集体企业	Collective-owned	113.3	71.9	108.8	110.6	107.7
股份合作企业	Cooperative	108.6	84.8	109.7	115.4	107.6
联营企业	Joint Ownership	127.1	81.1	103.9	113.8	111.6
有限责任公司	Limited Liability Corporations	110.9	206.0	111.5	109.3	111.9
股份有限公司	Share Holding Enterprises	108.5	110.2	109.6	106.2	110.3
私营企业	Private Enterprises	118.6	156.5	111.7	111.4	113.2
其他企业	Other Enterprises	144.9	285.9	106.9	114.3	115.8
港澳台商投资企业	Enterprises with Funds from Hong Kong, Macao and Taiwan	90.3	85.4	92.5	116.7	116.8
外商投资企业	Foreign Funded Enterprises	36.4	76.1	91.4	102.6	114.2
按轻重工业分	Grouped by Light & Heavy Industry					
轻工业	Enterprises of Light Industry	105.9	109.9	111.5	112.2	112.5
重工业	Enterprises of Heavy Industry	118.5	109.7	110.7	110.9	112.7
城乡个体工业	**Individual Owned Industry**	**110.2**	**109.9**	**110.7**	**109.8**	**107.5**
轻工业	Enterprises of Light Industry	111.2	118.5	107.7	109.1	108.4
重工业	Enterprises of Heavy Industry	109.3	100.0	114.6	110.6	106.4

13-5 各市工业增加值及指数

Value-added and the Indices of Value-added of the Industry by City

本表增加值按当年价格计算，指数按可比价格计算。
Data in this table are calculated at current prices.Indices are based on comparable prices.

市 City	工业增加值(亿元) Value Added of Industry (100 milliom yuan)				
	2000	2002	2005	2006	2007
全省 Total	**2045.15**	**2508.73**	**4896.01**	**6031.21**	**7508.34**
郑州市 Zhengzhou	309.90	378.58	759.73	944.02	1170.27
开封市 Kaifeng	67.11	79.76	147.16	179.65	219.74
洛阳市 Luoyang	196.82	245.03	566.07	706.66	864.62
平顶山市 Pingdingshan	128.91	155.95	316.20	392.21	487.54
安阳市 Anyang	109.87	139.26	284.08	335.51	440.74
鹤壁市 Hebi	36.06	46.32	103.68	126.46	164.23
新乡市 Xinxiang	98.83	123.34	233.97	285.84	361.69
焦作市 Jiaozuo	103.71	134.11	333.42	418.24	528.54
濮阳市 Puyang	95.58	105.91	213.77	265.12	311.20
许昌市 Xuchang	140.04	185.82	344.89	425.26	517.59
漯河市 Luohe	81.45	103.11	189.46	231.27	280.18
三门峡市 Sanmenxia	73.82	91.99	188.16	246.44	324.35
南阳市 Nanyang	211.49	249.72	468.18	546.55	641.40
商丘市 Shangqiu	69.64	86.89	183.19	221.40	275.96
信阳市 Xinyang	65.99	84.89	153.24	185.57	231.28
周口市 Zhoukou	106.16	129.20	206.30	244.43	301.89
驻马店市 Zhumadian	94.82	112.88	172.48	204.30	247.91
济源市 Jiyuan	27.82	39.28	90.06	118.53	151.99

市 City	工业增加值指数(上年=100) Value-Added Indices of Industry (preceding year = 100)				
	2000	2002	2005	2006	2007
全省 Total	**111.6**	**112.3**	**118.7**	**118.7**	**119.6**
郑州市 Zhengzhou	110.2	110.2	120.8	119.7	120.9
开封市 Kaifeng	111.7	109.7	117.8	116.6	116.8
洛阳市 Luoyang	111.6	112.0	118.9	120.9	121.3
平顶山市 Pingdingshan	108.1	110.9	118.7	118.8	119.0
安阳市 Anyang	114.7	116.4	119.5	120.5	123.9
鹤壁市 Hebi	112.3	114.2	122.1	122.5	126.1
新乡市 Xinxiang	111.7	111.7	120.7	120.1	123.6
焦作市 Jiaozuo	107.8	114.5	122.7	120.3	120.8
濮阳市 Puyang	113.5	110.5	119.0	120.5	118.7
许昌市 Xuchang	112.8	114.1	117.5	118.2	118.0
漯河市 Luohe	114.3	113.1	120.2	119.5	118.6
三门峡市 Sanmenxia	108.2	113.5	117.9	122.1	124.2
南阳市 Nanyang	107.3	109.9	116.5	116.7	116.3
商丘市 Shangqiu	111.8	116.6	118.5	118.2	118.2
信阳市 Xinyang	109.2	113.4	118.9	117.2	119.2
周口市 Zhoukou	117.9	112.9	116.1	116.8	117.8
驻马店市 Zhumadian	113.4	110.2	116.5	116.3	118.3
济源市 Jiyuan	127.4	118.4	126.4	120.1	121.7

13-6 分行业工业增加值(2007年)

Value-added of the Industry by Sector (2007)

本表按当年价格计算。
Data in this table are calculated at current prices.

行 业	Sector	增加值(亿元) Value Added of Industry (100 million yuan)	指数 (上年=100) Indices (preceding year=100)
总 计	**Total**	**7508.34**	**119.6**
煤炭开采和洗选业	Mining and Washing of Coal	493.49	110.3
石油和天然气开采业	Extraction of Petroleum and Natural Gas	127.22	109.6
黑色金属矿采选业	Mining of Ferrous Metal Ores	38.15	130.7
有色金属矿采选业	Mining of Non-ferrous Metal Ores	192.26	134.6
非金属矿采选业	Mining and Processing of Nonmetal Ores	184.84	118.6
其他采选业	Mining of Other Ores n.e.c	0.71	82.1
农副食品加工业	Processing of Food From Agricultural Products	742.11	124.7
食品制造业	Manufacture of Foods	230.22	125.8
饮料制造业	Manufacture of Beverage	123.55	137.3
烟草制品业	Manufacture of Tobacco	104.25	112.1
纺织业	Manufacture of Textile	242.71	127.4
纺织服装、鞋、帽制造业	Manufacture of Textile Wearing Apparel, Footware, and Caps	109.83	122.8
皮革、毛皮、羽毛(绒)及其制品业	Manufacture of Leather, Fur, Feather and Its Products	103.77	130.7
木材加工及木、竹、藤、棕、草制品业	Processing of Timbers, Manufacture of Wood, Bamboo, Rattan, Palm, and Straw Products	196.95	121.1
家具制造业	Manufacture of Furniture	98.54	115.2
造纸及纸制品业	Manufacture of Paper and Paper Products	166.83	126.1
印刷业和记录媒介的复制	Printing,Reproduction of Recording Media	47.84	119.9
文教体育用品制造业	Manufacture of Articles for Culture,Education and Sport Activity	7.26	150.2
石油加工、炼焦业及核燃料加工业	Processing of Petroleum ,Coking,Processing of Nucleus Fuel	136.51	101.2
化学原料及化学制品制造业	Manufacture of Chemical Raw Material and Chemical Products	336.95	125.1
医药制造业	Manufacture of Medicines	123.82	142.4
化学纤维制造业	Manufacture of Chemical Fiber	19.74	90.2
橡胶制品业	Manufacture of Rubber	61.96	131.1
塑料制品业	Manufacture of Plastic	112.59	118.2
非金属矿物制品业	Manufacture of Non-metallic Mineral Products	913.83	127.1
黑色金属冶练及压延加工业	Manufacture and Processing of Ferrous Metals	415.01	165.3
有色金属冶练及压延加工业	Manufacture and Processing of Non-ferrous Metals	414.52	132.7
金属制品业	Manufacture of Metal Products	150.59	118.9
通用设备制造业	Manufacture of General Purpose Machinery	299.12	132.1
专用设备制造业	Manufacture of Special Purpose Machinery	239.11	124.1
交通运输设备制造业	Manufacture of Transport Equipment	168.38	130.5
电气机械及器材制造业	Manufacture of Electrical Machinery and Equipment	147.23	119.2
通信设备、计算机及其他电子设备制造业	Manufacture of Communication Equipment , Computer and Other Electronic Equipment	38.41	110.5
仪器仪表及文化、办公用 机械制造业	Manufacture of Measuring Instrument and Machinery for Cultural Activity and Office Work	44.59	141.6
工艺品及其他制造业	Manufacture of Artwork, Other Manufacture n.e.c	207.78	116.8
废弃资源和废旧材料回收加工业	Recycling and Disposal of Waste	32.40	116.1
电力、热力的生产和供应业	Production and Supply of Electric Power and Heat Power	415.60	112.2
煤气生产和供应业	Production and Distribution of Gas	9.53	167.9
水的生产和供应业	Production and Distribution of Water	10.13	114.4

13-7 各市全部工业增加值(一)(2007年)

Value-added of All Industry Enterprises by City (1) (2007)

本表按当年价格计算。

Data in this table are calculated at current prices.

市	City	全部工业 Total		规模以上 Enterprises Above Designated size		规模以下企业 Enterprises Below Designated size		城乡个体 Individual Owned Industry	
		增加值(亿元) Value Added of Industry (100 million yuan)	指数(上年=100) Indices (preceding year=100)	增加值(亿元) Value Added of Industry (100 million yuan)	指数(上年=100) Indices (preceding year=100)	增加值(亿元) Value Added of Industry (100 million yuan)	指数(上年=100) Indices (preceding year=100)	增加值(亿元) Value Added of Industry (100 million yuan)	指数(上年=100) Indices (preceding year=100)
全 省	**Total**	**7508.34**	**119.6**	**5438.06**	**124.2**	**829.27**	**112.6**	**1241.01**	**107.5**
郑 州 市	Zhengzhou	1170.27	120.9	923.79	124.3	80.29	105.9	165.81	111.3
开 封 市	Kaifeng	219.74	116.8	131.06	122.2	41.33	110.9	47.35	108.7
洛 阳 市	Luoyang	864.62	121.3	620.75	126.5	70.94	106.2	172.93	111.3
平 顶 山 市	Pingdingshan	487.54	119.0	338.83	123.5	33.22	104.3	115.49	111.5
安 阳 市	Anyang	440.74	123.9	360.00	127.5	47.17	109.7	33.57	110.3
鹤 壁 市	Hebi	164.23	126.1	139.74	126.9	13.54	105.1	10.94	116.2
新 乡 市	Xinxiang	361.69	123.6	291.18	127.5	34.12	109.6	36.39	108.8
焦 作 市	Jiaozhuo	528.54	120.8	425.92	123.9	40.32	110.4	62.30	108.8
濮 阳 市	Puyang	311.20	118.7	263.32	120.5	30.55	109.1	17.32	111.5
许 昌 市	Xuchang	517.59	118.0	355.50	122.2	66.27	113.1	95.82	107.6
漯 河 市	Luohe	280.18	118.6	220.91	121.4	14.73	109.4	44.54	109.0
三 门 峡 市	Sanmenxia	324.35	124.2	265.24	128.1	17.24	106.9	41.87	110.0
南 阳 市	Nanyang	641.40	116.3	351.31	123.0	104.14	111.3	185.87	107.9
商 丘 市	Shangqiu	275.96	118.2	183.89	123.2	45.58	107.7	46.49	111.0
信 阳 市	Xinyang	231.28	119.2	135.87	127.2	42.82	111.5	52.60	107.9
周 口 市	Zhoukou	301.89	117.8	171.81	122.5	50.70	113.3	79.38	111.4
驻 马 店 市	Zhumadian	247.91	118.3	135.09	126.6	56.02	109.4	56.80	109.9
济 源 市	Jiyuan	151.99	121.7	123.25	125.1	9.18	108.4	19.56	109.0

13-8 各市全部工业增加值(二)(2007年)

Value-added of All Industry Enterprises by City (2) (2007)

本表按当年价格计算。
Data in this table are calculated at current prices.

单位：亿元 (100 million yuan)

市	City	合计 Total	公有制企业 Public-owned	非公有制企业 Non-public owned	#大型企业 Large-sized Enterprises	#中型企业 Medium-sized Enterprises	#小型企业 Small Enterprises
全省	**Total**	**7508.34**	**2384.84**	**5123.50**	**1732.47**	**1501.41**	**3033.45**
郑州市	Zhengzhou	1169.85	305.50	864.36	166.37	296.65	541.02
开封市	Kaifeng	219.74	41.54	178.20	7.47	38.87	126.04
洛阳市	Luoyang	864.62	412.51	452.12	272.37	190.81	228.51
平顶山市	Pingdingshan	487.54	215.88	271.66	170.22	70.01	131.82
安阳市	Anyang	440.74	128.24	312.49	133.11	145.19	128.87
鹤壁市	Hebi	164.22	72.98	91.24	31.92	28.79	92.58
新乡市	Xinxiang	361.68	133.35	228.33	85.79	123.70	115.79
焦作市	Jiaozuo	528.54	109.10	419.44	84.53	158.58	223.12
濮阳市	Puyang	311.18	143.05	168.14	101.08	56.10	136.68
许昌市	Xuchang	517.59	105.98	411.62	58.99	91.41	271.37
漯河市	Luohe	280.17	87.91	192.26	82.44	62.54	90.65
三门峡市	Sanmenxia	324.35	165.31	159.05	53.64	78.31	150.53
南阳市	Nanyang	641.33	157.10	484.23	101.08	81.62	272.76
商丘市	Shangqiu	275.96	112.76	163.20	86.06	44.15	99.26
信阳市	Xinyang	231.28	48.05	183.24	35.56	41.29	101.83
周口市	Zhoukou	301.89	60.09	241.79	70.51	26.02	125.98
驻马店市	Zhumadian	247.91	49.63	198.27	24.12	35.66	131.33
济源市	Jiyuan	151.99	47.00	105.00	59.59	31.95	40.88

市	City	轻工业 Enterprises of Light Industry	重工业 Enterprises of Heavy Industry	国有控股 State holds the majority of shares	集体控股 Collective holds the majority of shares	私人控股 Private holds the majority of shares	港澳台控股 Hong Kong,Macao and Taiwan holds the majority of shares	外商控股 Foreign holds the majority of shares
全省	**Total**	**2594.58**	**4913.75**	**1790.77**	**582.49**	**4877.10**	**104.22**	**153.77**
郑州市	Zhengzhou	259.97	909.89	189.02	116.48	791.13	38.97	34.29
开封市	Kaifeng	96.83	122.91	13.91	27.62	176.16	1.76	0.28
洛阳市	Luoyang	166.62	698.00	373.17	39.33	431.32	3.03	17.76
平顶山市	Pingdingshan	75.81	411.73	186.71	29.17	256.94	9.40	5.32
安阳市	Anyang	103.17	337.56	113.81	14.44	308.32	0.46	3.71
鹤壁市	Hebi	54.77	109.45	38.12	34.87	87.07	2.70	1.47
新乡市	Xinxiang	162.89	198.78	53.73	79.61	209.86	2.86	15.63
焦作市	Jiaozuo	192.93	335.61	89.05	20.05	396.04	9.50	13.90
濮阳市	Puyang	115.43	195.75	125.82	17.24	163.67	2.29	2.17
许昌市	Xuchang	197.46	320.14	76.83	29.15	399.59	3.34	8.69
漯河市	Luohe	188.23	91.94	56.77	31.11	179.87	9.26	3.17
三门峡市	Sanmenxia	23.50	300.86	96.51	68.80	124.76	5.50	28.78
南阳市	Nanyang	362.75	278.58	119.26	40.55	469.55	4.98	6.98
商丘市	Shangqiu	114.35	161.63	96.64	16.11	161.02	0.93	1.27
信阳市	Xinyang	110.27	121.01	26.96	21.10	182.68	0.38	0.17
周口市	Zhoukou	218.83	83.06	46.73	13.37	240.16	0.98	0.65
驻马店市	Zhumadian	119.03	128.88	27.35	22.29	184.93	1.43	11.91
济源市	Jiyuan	17.09	134.91	42.47	4.53	98.12	6.88	

13-9 按控股经济分规模以上工业企业单位数、增加值(2007年)

Number、the Indices of Value-added and value-added of Industrial Enterprises Above Designated Size by Proprietarily System(2007)

本表产值按当年价格计算，指数按可比价格计算。
Gross output value of industry are calculated at current prices, Indices are based on comparable prices.

项　目	Item	单位数 (个) Number of Enterprises (unit)	工业增加值 (亿元) Value Added of Industry (100 million yuan)	工业增加值指数 (上年=100) Indices of Value Added of Industry (Preceding year=100)
总　计	**Total**	**13518**	**5438.06**	**124.2**
国有控股	State-holding	1023	1777.24	118.0
集体控股	Collective-holding	1586	517.53	115.2
私人控股	Private-holding	10528	2888.99	129.7
港澳台控股	Hong Kong, Macao and Taiwan-holding	179	100.54	128.0
外商控股	Foreign-holding	202	153.77	132.6

13-10 “十一五”时期做大做强的六大优势产业单位数及增加值(2007年)

Number and Value-Added of Six Prominent Industries which Develop both in Scale and Profit in the "11th Five Years Plan" (2007)

单位：亿元　　(100 million yuan)

行业	Sector	单位数(个) Number of Enterprises (unit)	工业增加值 Value-added of Industrial Enterprises
合　计	**Total**	**7834**	**2790.51**
食品	**Food**	**2238**	**747.93**
农副食品加工业	Processing of Food From Agricultural Products	1488	384.87
食品制造业	Manufacture of Foods	419	160.18
饮料制造业	Manufacture of Beverages	313	98.81
烟草制品业	Manufacture of Tobacco	18	104.08
有色金属	**Non-ferrous Metals**	**702**	**560.50**
有色金属矿采选业	Mining of Processing of Non-ferrous Metal Ores	290	160.34
有色金属冶炼及压延加工业	Smelting and Pressing of Non-ferrous Metals	412	400.16
化工	**Chemical Engineering**	**1084**	**474.80**
石油加工、炼焦及核燃料加工业	Processing of Petroleum, Coking, Processing of Nuclear Fuel	78	130.30
化学原料及化学制品制造业	Manufacture of Raw Chemical Materials and Chemical Products	866	293.81
橡胶制品业	Manufacture of Rubber	140	50.69
汽车及零部件	**Automobile and Parts**	**287**	**110.23**
汽车制造	Manufacture of Automobile	233	95.98
摩托车制造	Manufacture of Motorcycle	54	14.25
装备制造业	**Manufacture of Equipment**	**2461**	**647.81**
金属制品业	Manufacture of Metal Products	412	77.64
通用设备制造业	Manufacture of General Purpose Machinery	841	211.73
专用设备制造业	Manufacture of Special Purpose Machinery	664	172.12
交通运输设备制造业 (不包括汽车制造、摩托车制造)	Manufacture of Transport Equipment (Manufacture of Automobile and Motorcycle are excluded)	70	18.30
电气机械及器材制造业	Manufacture of Electrical Machinery and Equipment	385	130.13
仪器仪表及文化、办公用机械制造业	Manufacture of Measuring Instrument and Machinery for Cultural Activity and Office Work	89	37.89
纺织服装	**Textile Wearing Apparel**	**1062**	**249.24**
纺织业	Manufacture of Textile	851	195.92
纺织服装、鞋、帽制造业	Manufacture of Textile Wearing Apparel, Footware, and Caps	178	34.35
化学纤维制造业	Manufacture of Chemical Fibers	33	18.97

13-11 规模以上工业企业单位数、增加值(2007年)

本表产值按当年价格计算，指数按可比价格计算。
Gross output value of industry are calculated at current prices, Indices are based on comparable prices.

行 业	Sector	合计 单位数 (个) Number of Enterprises (unit)	合计 工业增加值 (亿元) Value-Added of Industry (100 million yuan)
总 计	**Total**	**13518**	**5438.06**
按轻重工业分	**Grouped by Light & Heavy Industry**		
轻工业	Enterprises of Light Industry	5491	1643.84
以农产品为原料	Using Farm Products as Raw Materials	4205	1293.00
以非农产品为原料	Using Non-Farm Products as Raw Materials	1286	350.84
重工业	Heavy Industry	8027	3794.22
采掘工业	Mining and Quarrying	1307	800.61
原料工业	Raw Materials Industry	2101	1686.54
加工工业	Manufacturing Industry	4619	1307.07
按企业规模分	**Grouped by Size of Enterprises**		
大型企业	Large Enterprises	153	1732.47
中型企业	Medium-sized Enterprises	1334	1501.41
小型企业	Small Enterprises	12031	2204.18
按行业分	**By Sector**		
煤炭开采和洗选业	Mining and Washing of Coal	696	438.36
石油和天然气开采业	Extraction of Petroleum and Natural Gas	6	127.19
黑色金属矿采选业	Mining of Ferrous Metal Ores	103	20.49
有色金属矿采选业	Mining of Non-ferrous Metal Ores	290	160.34
非金属矿采选业	Mining and Processing of Nonmetal Ores	211	53.98
其他采矿业	Mining of Other Ores n.e.c	1	0.26
农副食品加工业	Processing of Food From Agricultural Products	1488	384.87
食品制造业	Manufacture of Foods	419	160.18
饮料制造业	Manufacture of Beverage	313	98.81
烟草制品业	Manufacture of Tobacco	18	104.08
纺织业	Manufacture of Textile	851	195.92
纺织服装、鞋、帽制造业	Manufacture of Textile Wearing Apparel, Footware, and Caps	178	34.35
皮革、毛皮、羽毛(绒)及其制品业	Manufacture of Leather, Fur, Feather and Its Products	219	77.32
木材加工及木、竹、藤、棕、草制品业	Processing of Timbers, Manufacture of Wood, Bamboo, Rattan, Palm, and Straw Products	376	57.77
家具制造业	Manufacture of Furniture	125	24.08
造纸及纸制品业	Manufacture of Paper and Paper Products	387	143.85
印刷业和记录媒介的复制	Printing,Reproduction of Recording Media	141	30.59
文教体育用品制造业	Manufacture of Articles for Culture,Education and Sport Activity	28	3.67
石油加工、炼焦及核燃料加工业	Processing of Petroleum ,Coking,Processing of Nucleus Fuel	78	130.30
化学原料及化学制品制造业	Manufacture of Chemical Raw Material and Chemical Products	866	293.81
医药制造业	Manufacture of Medicines	325	112.95
化学纤维制造业	Manufacture of Chemical Fibers	33	18.97
橡胶制品业	Manufacture of Rubber	140	50.69
塑料制品业	Manufacture of Plastic	333	74.00
非金属矿物制品业	Manufacture of Non-metallic Mineral Products	1822	546.32
黑色金属冶炼及压延加工业	Manufacture and Processing of Ferrous Metals	264	405.32
有色金属冶炼及压延加工业	Manufacture and Processing of Non-ferrous Metals	386	400.16
金属制品业	Manufacture of Metal Products	412	77.64
通用设备制造业	Manufacture of General Purpose Machinery	841	211.73
专用设备制造业	Manufacture of Special Purpose Machinery	664	172.12
交通运输设备制造业	Manufacture of Transport Equipment	357	128.53
电气机械及器材制造业	Manufacture of Electrical Machinery and Equipment	385	130.13
通信设备、计算机及其他电子设备制造业	Manufacture of Communication Equipment , Computer and Other Electronic Equipment	89	35.14
仪器仪表及文化、办公用机械制造业	Manufacture of Measuring Instrument and Machinery for Cultural Activity and Office Work	113	37.89
工艺品及其他制造业	Manufacture of Artwork, Other Manufacture n.e.c	207	63.96
废弃资源和废旧材料回收加工业	Recycling and Disposal of Waste	9	4.94
电力、热力的生产和供应业	Production and Supply of Electric Power and Heat Power	270	412.38
燃气生产和供应业	Production and Distribution of Gas	23	8.78
水的生产和供应业	Production and Distribution of Water	51	6.19

Number、Value-added of Industrial Enterprises above Designated Size by Industrial Sector(2007)

工业增加值指数(上年=100) Indices of Value-Added of Industry (100 million yuan)	公有制企业 Public-owned		#国有控股 State-holding		非公有制企业 Non-Public-owned	
	单位数(个) Number of Enterprises (unit)	工业增加值(亿元) Value-Added of Industry (100 million yuan)	单位数(个) Number of Enterprises (unit)	工业增加值(亿元) Value-Added of Industry (100 million yuan)	单位数(个) Number of Enterprises (unit)	工业增加值(亿元) Value-Added of Industry (100 million yuan)
124.2	**2609**	**2294.77**	**1023**	**1777.24**	**10909**	**3143.29**
125.0	736	461.49	283	294.52	4755	1182.35
124.3	548	396.59	190	261.02	3657	896.41
127.5	188	64.90	93	33.51	1098	285.93
123.9	1873	1833.27	740	1482.71	6154	1960.95
112.9	550	568.26	99	421.52	757	232.35
127.2	525	903.79	317	820.77	1576	782.75
127.1	798	361.22	324	240.42	3821	945.85
123.2	95	1356.70	84	1282.34	58	375.76
128.4	553	527.08	407	395.05	781	974.33
122.2	1961	410.98	532	99.85	10070	1793.20
108.9	342	328.34	56	244.85	354	110.02
105.1	5	127.03	4	127.03	1	0.15
114.1	12	4.00	2	2.45	91	16.50
124.9	156	102.05	28	45.68	134	58.29
144.8	35	6.83	9	1.50	176	47.14
103.6					1	0.26
116.7	163	96.20	62	58.71	1325	288.66
130.2	41	44.52	11	29.85	378	115.66
140.8	46	24.40	18	12.05	267	74.40
113.5	17	103.91	12	102.51	1	0.16
128.6	115	40.93	44	25.39	736	155.00
137.4	21	6.51	6	0.72	157	27.84
135.3	16	13.05	2	5.88	203	64.27
125.7	26	5.99	3	1.63	350	51.79
121.9	7	1.36	1	0.03	118	22.73
126.2	68	36.86	8	13.00	319	106.98
114.7	31	9.89	17	1.61	110	20.70
142.2	1	0.33			27	3.34
115.7	13	69.56	4	67.54	65	60.74
126.1	187	114.91	86	88.89	679	178.90
124.4	51	31.85	28	11.03	274	81.10
97.4	8	13.54	4	13.13	25	5.43
145.5	16	19.35	6	15.18	124	31.34
109.6	42	17.13	8	8.70	291	56.87
130.3	317	114.17	103	55.22	1505	432.15
140.0	36	137.06	9	122.61	228	268.26
128.3	59	205.86	25	185.75	327	194.30
128.5	64	13.82	16	5.00	348	63.82
131.2	140	60.96	44	37.69	701	150.77
122.3	122	63.49	51	47.26	542	108.63
135.5	71	25.53	45	21.25	286	103.00
116.0	59	41.28	26	36.29	326	88.85
118.5	18	18.94	15	10.53	71	16.20
137.8	23	12.84	16	8.54	90	25.05
124.7	18	11.50	2	6.91	189	52.47
149.6		0.31		0.31	9	4.63
121.3	204	358.10	194	350.18	66	54.28
127.7	12	6.63	12	6.63	11	2.16
101.5	47	5.74	46	5.69	4	0.45

13-12 各市规模以上工业企业单位数和增加值(2007年)

Number、Value-added of Industrial Enterprises above Designated Size by City (2007)

市	City	合计 Total 单位数(个) Number of Enterprises (unit)	工业增加值(亿元) Value Added of Industry (100 million yuan)	工业增加值指数(上年=100) Indices of Value Added of Industry (Preceding year=100)	公有制企业 Public-owned 单位数(个) Number of Enterprises (unit)	工业增加值(亿元) Value Added of Industry (100 million yuan)	工业增加值指数(上年=100) Indices of Value Added of Industry (Preceding year=100)
全省	**Total**	**13518**	**5438.06**	**124.2**	**2609**	**2294.77**	**117.3**
郑州市	Zhengzhou	2079	923.79	124.3	456	288.20	106.3
开封市	Kaifeng	676	131.06	122.2	113	35.65	105.4
洛阳市	Luoyang	1144	620.75	126.5	272	404.90	124.1
平顶山市	Pingdingshan	634	338.83	123.5	160	213.49	125.3
安阳市	Anyang	632	360.00	127.5	104	123.72	118.3
鹤壁市	Hebi	338	139.74	126.9	103	69.75	118.5
新乡市	Xinxiang	812	291.18	127.5	198	125.92	127.3
焦作市	Jiaozhuo	892	425.92	123.9	85	106.91	114.5
濮阳市	Puyang	529	263.32	120.5	97	140.71	105.6
许昌市	Xuchang	999	355.50	122.2	91	98.68	117.0
漯河市	Luohe	513	220.91	121.4	50	86.84	114.3
三门峡市	Sanmenxia	528	265.24	128.1	230	160.44	126.8
南阳市	Nanyang	1159	351.31	123.0	247	145.04	113.3
商丘市	Shangqiu	450	183.89	123.2	67	109.51	116.8
信阳市	Xinyang	582	135.87	127.2	88	38.30	111.6
周口市	Zhoukou	593	171.81	122.5	83	57.39	116.3
驻马店市	Zhumadian	780	135.09	126.6	137	39.85	116.4
济源市	Jiyuan	178	123.25	125.1	28	45.70	118.8

市	City	#国有控股 State-holding 单位数(个) Number of Enterprises (unit)	工业增加值(亿元) Value Added of Industry (100 million yuan)	工业增加值指数(上年=100) Indices of Value Added of Industry (Preceding year=100)	非公有制企业 Non-Public-owned 单位数(个) Number of Enterprises (unit)	工业增加值(亿元) Value Added of Industry (100 million yuan)	工业增加值指数(上年=100) Indices of Value Added of Industry (Preceding year=100)
全省	**Total**	**1023**	**1777.24**	**118.0**	**10909**	**3143.29**	**129.8**
郑州市	Zhengzhou	150	188.35	109.3	1623	635.56	134.6
开封市	Kaifeng	34	13.91	100.5	563	95.41	130.1
洛阳市	Luoyang	170	372.74	124.9	872	215.85	131.7
平顶山市	Pingdingshan	57	186.71	125.9	474	125.34	120.5
安阳市	Anyang	41	113.71	119.8	528	236.27	132.9
鹤壁市	Hebi	18	38.12	124.3	235	69.99	136.5
新乡市	Xinxiang	67	53.45	125.5	614	165.25	127.7
焦作市	Jiaozhuo	36	88.99	112.4	807	319.00	127.4
濮阳市	Puyang	45	125.64	103.5	432	122.61	143.5
许昌市	Xuchang	31	76.77	111.8	908	256.82	124.4
漯河市	Luohe	18	56.74	112.1	463	134.06	126.4
三门峡市	Sanmenxia	57	96.44	129.6	298	104.81	130.2
南阳市	Nanyang	120	118.89	113.0	912	206.28	131.0
商丘市	Shangqiu	35	96.55	118.0	383	74.38	133.9
信阳市	Xinyang	38	26.85	106.4	494	97.57	134.6
周口市	Zhoukou	35	46.67	115.4	510	114.42	125.8
驻马店市	Zhumadian	57	27.30	114.4	643	95.24	131.5
济源市	Jiyuan	14	42.42	119.5	150	77.55	129.2

13-13 各市规模以上工业增加值(2007年)

value-added of Enterprises Above Designated Size by City (2007)

本表按当年价格计算。

Data in this table are calculated at current prices.

单位：亿元　　　　(100 million yuan)

市	City	合计 Total	轻工业 Enterprises of Light Industry	重工业 Enterprises of Heavy Industry	#大型企业 Large-sized Enterprises	#中型企业 Medium-sized Enterprises	国有控股 State holds the majority of shares	集体控股 ollective hol the majority of shares	私人控股 Private holds the majority of shares	港澳台控股 Hong Kong, Macao and Taiwan holds the majority of shares	外商控股 Foreign holds the majority of shares
全　　省	**Total**	**5438.06**	**1643.84**	**3794.22**	**1732.47**	**1501.41**	**1777.24**	**517.53**	**2888.99**	**100.54**	**153.77**
郑 州 市	Zhengzhou	923.79	196.09	727.67	166.37	296.65	188.35	99.85	563.39	37.91	34.29
开 封 市	Kaifeng	131.06	58.98	72.08	7.47	38.87	13.91	21.74	93.54	1.59	0.28
洛 阳 市	Luoyang	620.75	67.87	552.88	272.37	190.81	372.74	32.16	195.28	2.81	17.76
平顶山市	Pingdingshan	338.83	40.64	298.19	170.22	70.01	186.71	26.78	110.71	9.31	5.32
安 阳 市	Anyang	360.00	71.49	288.50	133.11	145.19	113.71	10.02	232.30	0.26	3.71
鹤 壁 市	Hebi	139.74	47.57	92.17	31.92	28.79	38.12	31.64	65.97	2.55	1.47
新 乡 市	Xinxiang	291.18	134.23	156.93	85.79	123.70	53.45	72.46	147.04	2.60	15.63
焦 作 市	Jiaozhuo	425.92	143.67	282.25	84.53	158.58	88.99	17.92	295.74	9.37	13.90
濮 阳 市	Puyang	263.32	90.22	173.09	101.08	56.10	125.64	15.08	118.20	2.23	2.17
许 昌 市	Xuchang	355.50	126.04	229.46	58.99	91.41	76.77	21.91	244.95	3.18	8.69
漯 河 市	Luohe	220.91	155.41	65.49	82.44	62.54	56.74	30.10	121.79	9.11	3.17
三门峡市	Sanmenxia	265.24	17.32	247.93	53.64	78.31	96.44	64.00	70.59	5.43	28.78
南 阳 市	Nanyang	351.31	147.39	203.93	101.08	81.62	118.89	26.15	194.73	4.56	6.98
商 丘 市	Shangqiu	183.89	71.68	112.22	86.06	44.15	96.55	12.96	72.26	0.86	1.27
信 阳 市	Xinyang	135.87	53.84	82.02	35.56	41.29	26.85	11.45	97.02	0.38	0.17
周 口 市	Zhoukou	171.81	134.85	36.97	70.51	26.02	46.67	10.72	113.35	0.42	0.65
驻马店市	Zhumadian	135.09	60.89	74.20	24.12	35.66	27.30	12.55	82.00	1.33	11.91
济 源 市	Jiyuan	123.25	5.69	117.56	59.59	31.95	42.42	3.28	70.67	6.88	

13-14 规模以上“三资”及大中型工业企业分行业单位数和增加值(2007年)

Number, Value-added of Industrial Enterprises with Hong Kong, Macao, Taiwan and Foreign Funds and Large and Medium-sized Industrial Enterprises Above Designated Size by Sector (2007)

行业	Sector	三资企业 Joint-venture、Cooperation with Foreign Investment and Sole Foreign Investment		大中型企业 Large and Medium-sized Industry	
		单位数 (个) Number of Enterprises (unit)	工业增加值 (亿元) Value Added of Industry (100 million yuan)	单位数 (个) Number of Enterprises (unit)	工业增加值 (亿元) Value Added of Industry (100 million yuan)
总计	**Total**	**520**	**336.06**	**1487**	**3233.87**
按轻重工业分	**Grouped by Light & Heavy Industry**				
轻工业	Enterprises of Light Industry	292	140.13	496	819.07
以农产品为原料	Using Farm Products as Raw Materials	199	96.77	385	669.86
以非农产品为原料	Using Non-Farm Products as Raw Materials	93	43.36	111	149.21
重工业	Heavy Industry	228	195.94	991	2414.81
采掘工业	Mining and Quarrying	2	3.39	124	485.08
原料工业	Raw Materials Industry	86	120.33	427	1300.56
加工工业	Manufacturing Industry	140	72.21	440	629.17
按企业规模分	**Grouped by Size of Enterprises**				
大型企业	Large Enterprises	13	84.34	153	1732.47
中型企业	Medium-sized Enterprises	100	147.62	1334	1501.41
小型企业	Small Enterprises	407	104.10		
按行业分	**By Sector**				
煤炭开采和洗选业	Mining and Washing of Coal			86	278.96
石油和天然气开采业	Extraction of Petroleum and Natural Gas			5	127.03
黑色金属矿采选业	Mining of Ferrous Metal Ores		1.39	2	3.92
有色金属矿采选业	Mining of Non-ferrous Metal Ores	1	1.95	25	66.66
非金属矿采选业	Mining and Processing of Nonmetal Ores	1	0.05	6	8.51
其他采矿业	Mining of Other Ores n.e.c				
农副食品加工业	Processing of Food From Agricultural Products	40	19.53	61	139.37
食品制造业	Manufacture of Foods	37	21.47	44	97.25
饮料制造业	Manufacture of Beverage	17	10.47	45	60.64
烟草制品业	Manufacture of Tobacco	1	1.41	15	103.67
纺织业	Manufacture of Textile	27	5.24	115	93.28
纺织服装、鞋、帽制造业	Manufacture of Textile Wearing Apparel, Footware, and Caps	19	2.26	10	12.20
皮革、毛皮、羽毛(绒)及其制品业	Manufacture of Leather, Fur, Feather and Its Products	24	23.08	14	35.51
木材加工及木、竹、藤、棕、草制品业	Processing of Timbers, Manufacture of Wood, Bamboo, Rattan, Palm, and Straw Products	11	1.62	10	7.46
家具制造业	Manufacture of Furniture	7	1.35	1	3.28
造纸及纸制品业	Manufacture of Paper and Paper Products	13	6.14	58	84.12
印刷业和记录媒介的复制	Printing,Reproduction of Recording Media	8	1.89	9	12.69
文教体育用品制造业	Manufacture of Articles for Culture,Education and Sport Activity	3	0.40		0.18
石油加工、炼焦及核燃料加工业	Processing of Petroleum ,Coking,Processing of Nucleus Fuel	6	12.84	18	101.65
化学原料及化学制品制造业	Manufacture of Chemical Raw Material and Chemical Products	25	6.61	105	169.92
医药制造业	Manufacture of Medicines	24	7.24	42	58.68
化学纤维制造业	Manufacture of Chemical Fibers	1	0.11	5	16.26
橡胶制品业	Manufacture of Rubber	2	1.49	17	33.21
塑料制品业	Manufacture of Plastic	12	4.48	14	24.32
非金属矿物制品业	Manufacture of Non-metallic Mineral Products	50	22.68	156	209.69
黑色金属冶炼及压延加工业	Manufacture and Processing of Ferrous Metals	5	11.23	51	348.59
有色金属冶炼及压延加工业	Manufacture and Processing of Non-ferrous Metals	15	44.61	60	308.65
金属制品业	Manufacture of Metal Products	4	0.57	20	18.55
通用设备制造业	Manufacture of General Purpose Machinery	16	6.53	75	96.57
专用设备制造业	Manufacture of Special Purpose Machinery	14	5.73	72	88.25
交通运输设备制造业	Manufacture of Transport Equipment	23	22.05	58	93.98
电气机械及器材制造业	Manufacture of Electrical Machinery and Equipment	13	12.31	36	74.99
通信设备、计算机及其他电子设备制造业	Manufacture of Communication Equipment , Computer and Other Electronic Equipment	17	12.29	17	27.05
仪器仪表及文化、办公用机械制造业	Manufacture of Measuring Instrument and Machinery for Cultural Activity and Office Work	13	8.35	15	23.20
工艺品及其他制造业	Manufacture of Artwork, Other Manufacture n.e.c	35	15.95	8	19.01
废弃资源和废旧材料回收加工业	Recycling and Disposal of Waste				0.31
电力、热力的生产和供应业	Production and Supply of Electric Power and Heat Power	28	41.30	194	378.33
燃气生产和供应业	Production and Distribution of Gas	6	0.95	8	4.03
水的生产和供应业	Production and Distribution of Water	2	0.49	10	3.91

13-15 各市规模以上“三资”及大中型工业企业单位数和增加值(2007年)

Number, Value-added of Industrial Enterprises with Hong Kong, Macao, Taiwan and Foreign Funds and Large and Medium-sized Industrial Enterprises Above Designated Size by City(2007)

市	City	三资企业 Joint-venture、Cooperation with Foreign Investment and Sole Foreign Investment			大中型企业 Large and Medium-sized Industry		
		单位数（个） Number of Enterprises (unit)	工业增加值（亿元） Value Added of Industry (100 million yuan)	工业增加值指数（上年=100） Indices of Value Added of Industry (Preceding year=100)	单位数（个） Number of Enterprises (unit)	工业增加值（亿元） Value Added of Industry (100 million yuan)	工业增加值指数（上年=100） Indices of Value Added of Industry (Preceding year=100)
全省	**Total**	**520**	**336.06**	**125.4**	**1487**	**3233.87**	**125.6**
郑州市	Zhengzhou	138	87.62	132.7	253	463.02	123.0
开封市	Kaifeng	19	4.05	84.8	60	46.34	119.3
洛阳市	Luoyang	34	23.51	181.1	140	463.18	128.1
平顶山市	Pingdingshan	18	25.81	105.9	69	240.23	121.8
安阳市	Anyang	18	9.47	83.0	101	278.30	130.2
鹤壁市	Hebi	11	4.07	115.4	33	60.70	134.4
新乡市	Xinxiang	30	21.61	110.8	142	209.49	132.3
焦作市	Jiaozhuo	39	25.36	115.4	141	243.11	123.3
濮阳市	Puyang	16	4.79	192.6	50	157.18	111.3
许昌市	Xuchang	38	19.89	127.3	71	150.40	118.8
漯河市	Luohe	29	13.86	112.5	52	144.98	125.9
三门峡市	Sanmenxia	19	32.96	151.8	55	131.95	132.7
南阳市	Nanyang	44	14.18	119.6	107	182.70	121.4
商丘市	Shangqiu	18	2.38	134.1	51	130.21	123.9
信阳市	Xinyang	8	1.10	181.0	51	76.85	141.1
周口市	Zhoukou	15	26.67	136.9	44	96.54	130.8
驻马店市	Zhumadian	18	10.42	130.5	43	59.78	127.4
济源市	Jiyuan	8	8.30	112.3	24	91.55	128.1

13–16 历年主要工业产品产量

Output of Major Industrial Products Over the Years

年份 year	纱 (万吨) Yarn (10 000 tons)	卷烟 (万箱) Cigarettes (10 000 cases)	农用化肥 (万吨) Chemical Fertilizers (10 000 tons)	原煤 (万吨) Coal (10 000 tons)	原油 (万吨) Crude Oil (10 000 tons)	发电量 (亿千瓦小时) Electricity (100 million kwh)	粗 钢 (万吨) Steel (10 000 tons)	平板玻璃 (万重量箱) Plate Glass (10 000 weight cases)
1978	16.28	161.70	51.92	5845	167.44	130.68	54.22	184.20
1979	18.88	187.70	55.65	5838	225.72	145.50	59.18	231.71
1980	20.17	231.60	65.06	5625	230.89	159.45	64.50	294.61
1981	22.90	258.80	65.57	5825	369.23	171.17	55.78	284.16
1982	23.27	277.90	75.35	5968	448.32	177.97	63.88	343.90
1983	22.43	254.30	89.06	6402	541.21	187.88	77.08	402.13
1984	21.22	290.40	99.01	6934	639.59	198.72	86.68	485.03
1985	22.92	316.20	81.43	7857	793.31	209.34	97.26	595.73
1986	26.01	329.20	80.29	7949	880.78	231.63	103.99	665.07
1987	28.46	326.30	111.62	8062	932.04	259.33	118.09	769.16
1988	30.65	323.30	129.28	8245	979.07	286.57	138.95	877.52
1989	32.58	285.56	131.84	8858	953.15	302.82	159.00	981.57
1990	31.45	291.49	140.58	9080	882.06	319.14	168.98	904.80
1991	31.95	293.68	156.50	8973	848.32	356.49	186.12	1014.20
1992	37.45	298.71	169.78	9027	810.13	405.17	212.87	1132.95
1993	47.65	297.51	164.84	9279	764.07	440.65	239.39	1299.13
1994	35.20	295.51	189.70	9618	688.25	485.46	241.30	1604.21
1995	41.03	298.30	219.19	10334	601.96	547.71	280.98	2127.41
1996	42.70	290.95	241.09	10781	587.19	593.99	309.87	1832.36
1997	49.59	290.28	237.89	10520	587.13	630.83	334.16	1546.18
1998	47.06	275.77	267.89	9406	587.60	631.05	366.58	2165.02
1999	52.85	287.67	252.72	8012	565.40	658.97	392.03	2137.14
2000	61.06	294.23	258.56	7578	562.18	694.93	404.84	2425.41
2001	67.64	291.56	280.13	8448	566.57	791.05	530.98	2794.30
2002	81.33	282.62	308.30	9921	568.06	909.68	672.22	2920.37
2003	86.91	285.50	307.70	11871	547.60	1025.10	851.75	2978.20
2004	106.37	1434.73	345.03	14445	523.41	1185.58	974.73	3346.34
2005	138.80	1430.19	396.64	18761	507.16	1414.68	1226.62	3894.92
2006	188.36	1484.44	440.87	18532	492.06	1590.25	1740.84	3463.84
2007	246.66	1552.10	523.98	18917	485.08	1910.97	2264.65	3588.17

注：2004年以后卷烟产量计量单位改为"亿支"。
a) unit of cigarette is "100 million rolls" since 2004.

13-17 主要工业产品产量

Output of Major Industrial Products

产品名称	Item	2000	2002	2005	2006	2007
自行车(万辆)	Bicycles (10 000 units)	35.74	12.35	11.05	26.24	68.92
电视机(万台)	Television Set (10 000 units)	90.91	125.83	177.00	164.00	102.04
家用电冰箱(万台)	Household Refrigerators (10 000 units)	107.97	128.67	249.00	266.76	293.78
化学纤维(吨)	Chemical Fiber (ton)	186297	354044	397266	448667	471552
纱(万吨)	Yarn (10 000 tons)	61.06	81.33	138.80	188.36	246.66
布(亿米)	Cloth (100 million m)	11.09	13.02	16.03	18.79	26.06
丝(吨)	Silk (ton)	1075.00	753.00	5264.40	552.60	105.80
丝织品(万米)	Silk-knit Goods (10 000 m)	1759.00	1046.00	569.70	506.00	435.60
呢绒(万米)	Woolen Piece Goods (10 000 m)	184.90	216.00	529.40	1138.00	1208.60
毛线(吨)	Knitting Wool (ton)	12115	12555	16207	21878	25787
服装(万件)	Garments (10 000 sets)	6502	7469	20138	20659	26581
原盐(万吨)	Salt (10 000 tons)	59.38	68.05	109.95	172.91	191.65
卷烟(亿支)	Cigarettes (100 million rolls)	294.23	282.62	1430.19	1484.44	1552.10
饮料酒(万千升)	Alcoholic Beverages (10 million litre)	141.45	137.43	227.53	283.07	387.68
罐头(吨)	Canned Food (ton)	24615	21226	31270	36032	37505
畜肉制品(万吨)	Raise Meat Products(10 000 tons)		46.67	88.39	106.02	117.90
液体乳(吨)	Liquid Milk(ton)		75837	309129	511062	620154
配、混合饲料(万吨)	Mixed Feed (10 000 tons)	185.03	250.90	475.20	637.95	829.60
机制纸及纸板(万吨)	Machine-made Paper and Paperboard (10 000 tons)	290.06	355.05	562.18	784.32	989.71
合成洗涤剂(万吨)	Synthetic Detergents (10 000 tons)	19.03	17.47	16.33	24.01	27.67
日用精铝制品(吨)	Fine Aluminium Products Daily-use (ton)	16527	12537	23089	27144	14933
日用陶瓷器(万件)	Household Ceramics (10 000 pcs)	38070	34794	32569	51356	107561
日用玻璃制品(万吨)	Daily-use Glassware (10 000 ton)	26.99	24.20	71.66	89.37	149.32
塑料制品(万吨)	Plastic Products (10 000 tons)	46.88	59.73	103.95	122.75	121.69
#农用薄膜	Plastic Film for Farm Use	9.28	10.14	15.14	14.87	9.39
火柴(万件)	Match (10 000 units)	150.87	113.49	182.44	191.07	248.49
肥皂(吨)	Soap (ton)	13283	23832	11707	16912	11489
干电池(折手电池)(万只)	Dry battery (10 000 units)	35752	49966	77895	70493	49312
原煤(万吨)	Coal (10 000 tons)	7578	9921	18761	18532	18917
原油(万吨)	Crude Oil (10 000 tons)	562.18	568.06	507.16	492.06	485.08
原油加工量(万吨)	Volume of Crude Oil Processing (10 000 tons)	573.65	562.42	553.58	667.74	676.41
汽油(不包括溶剂油)(万吨)	Gasoline (10 000 tons)	136.86	129.49	127.03	140.86	157.83
柴油(万吨)	Diesel Oil (10 000 tons)	213.42	202.79	218.97	265.47	243.96
润滑油(吨)	Lubricating Oil (ton)	42783	80877	101431	82646	88872
天然气(万立方米)	Natural Gas (10 000 cu.m)	149465	193602	201432	186782	157607
发电量(亿千瓦小时)	Electricity (100 million kwh)	694.93	909.68	1414.68	1590.25	1910.97

注：卷烟产量2000、2002年计量单位为“万箱”，饮料酒2005年以前计量单位为“万吨”。

a) unit of cigarette is “10 000 cases” in 2000、2002，unit of Alcoholic Beverages is “10 000 tons"before 2005.

13–17 续表 contiuned

产品名称	Item	2000	2002	2005	2006	2007
铁矿石(原矿量)(万吨)	Iron ore (10 000 tons)	154.66	193.57	281.32	441.02	556.19
生铁(万吨)	Pig Iron (10 000 tons)	508.88	604.56	973.00	1460.75	1925.40
粗钢(万吨)	Steel (10 000 tons)	404.84	672.22	1226.62	1740.84	2264.65
成品钢材(万吨)	Steel Products (10 000 tons)	405.62	593.60	1337.40	1772.99	2474.97
铁合金(万吨)	Ferroalloy (10 000 tons)	14.27	13.03	54.98	69.87	105.33
焦炭(万吨)	Coke (10 000 tons)	355.22	427.51	1317.27	1545.72	1938.00
十种有色金属(万吨)	10 Nonferrous Metal (10 000 tons)	70.92	145.26	294.86	323.81	438.96
铜材(万吨)	Copper Products (10 000 tons)	11.69	14.86	25.74	34.49	40.71
原铝(万吨)	Aluminium (10 000 tons)	41.53	100.85	193.96	201.85	315.99
氧化铝(万吨)	Alumina (10 000 tons)	144.42	214.99	353.35	524.47	750.53
硫铁矿(生产量)(万吨)	Sulfur-iron ore (Output) (10 000 tons)	23.26	6.60	9.90	10.34	12.95
硫酸(万吨)	Sulfuric Acid (10 000 tons)	75.01	82.74	124.76	127.15	155.40
浓硝酸(吨)	Concentrated Nitric Acid (ton)	38451	54089	110114	101404	154508
纯碱(万吨)	Soda Ash (10 000 tons)	33.65	73.53	118.65	169.46	200.44
烧碱(万吨)	Caustic Soda (10 000 tons)	37.62	43.82	67.84	82.34	107.69
电石(折合量)(万吨)	Calcium Carbide (10 000 tons)	9.88	8.87	21.98	16.89	20.49
纯苯(吨)	Pure Benzene (ton)	47545	53681	106730	131603	131548
冰醋酸(吨)	Glacial Acetic Acid (ton)	11123	6759	10025	8900	9111
合成氨(万吨)	Synthetic Ammonia (10 000 tons)	316.55	372.02	515.71	549.59	600.92
农用化肥(折纯量)(万吨)	Chemical Fertilizers (10 000 tons)	258.56	308.30	396.64	440.87	523.98
化学农药原药(吨)	Chemical Pesticide (ton)	21008	25797	47476	52795	76865
油漆(吨)	Paint (ton)	50637	42677	66199	73704	113086
染料(吨)	Dyestuff (ton)	9033	12931	4344	8092	23437
化学药品原药(吨)	Chemical Raw Medicine (ton)	13832	22215	68544	86284	131051
橡胶轮胎外胎(万条)	Tires (10 000 units)	555.51	600.62	851.81	1217.28	2017.99
塑料(万吨)	Plastics (10 000 tons)	38.20	50.94	69.63	85.44	113.58
人造板(万立方米)	Artificial Board (10 000 cu.m)	64.66	70.52	316.47	719.78	1072.94
水泥(万吨)	Cement (10 000 tons)	3723	4481	6211	7414	9271
平板玻璃(万重量箱)	Plate Glass (10 000 weight cases)	2425	2920	3895	3464	3588
发电设备(万千瓦)	Power Generating Equipment (10 000kw)	17.18	19.99	115.68	79.39	71.27
交流电动机(万千瓦)	Alternating Eguipment (10 000 Kw)	152.74	207.46	429.35	551.56	852.92
金属切削机床(台)	Metal-cutting Machine Tools (unit)	1197	2235	8701	6600	7387
汽车(辆)	Motor Vehicles (unit)	7903	15939	36352	48461	71310
大中型拖拉机(台)	Large and Medium Tractors (unit)	7059	7075	29548	49461	53330
小型拖拉机(万台)	Small-size Tractor (10 000 units)	42.01	42.26	53.39	48.01	54.35
内燃机(商品量)(万千瓦)	Internal Combustion Engines (10 000 kw)	547	369	498	601	525
彩色显象管玻壳(万只)	Chromatron Glass-shell (10 000 units)		2189	3650	3877	2495
电话单机(部)	Telephone(unit)		36633	62573	217798	118792

13-18 主要工业产品生产能力

Production Capacity of Major Industrial Products

产品	Item	2005	2006	2007
原煤(万吨)	Coal (10 000 tons)	20766.93	20451.22	22682.80
天然原油(万吨)	Crude Oil (10 000 tons)	496.29	488.47	486.30
发电设备容量总计(万千瓦)	Total Generating Capacity of Power Generating Equipment (10 000 kw)	3200.00	3584.90	3607.70
成品糖(用原糖生产成品糖)(万吨)	Refined Sugar (10 000 tons)	2.69	2.69	2.69
卷烟(亿支)	Cigarettes (100 million pieces)	1752.18	2013.19	2529.90
化学纤维(万吨)	Chemical Fiber (10 000 tons)	45.52	49.94	61.00
棉纺锭(环锭纺)(万锭)	Cotton Spinning Spindle (10 000 spingdles)	1145.84	1441.09	1150.78
气流纺锭(转杯纺)(万头)	Slipstream Spinning Spindle (10 000 units)	17.13	28.05	33.60
棉布织机(万台)	Cotton Loom (10 000 units)	5.28	5.19	8.60
焦炭(万吨)	Coke (10 000 tons)	1670.70	1763.50	2056.60
农用氮、磷、钾化学肥料总(万吨)	Chemical Fertilizers (10 000 tons)	641.70	751.37	733.60
水泥(万吨)	Cement (10 000 tons)	7790.20	9649.40	12913.91
平板玻璃(万重量箱)	Plate Glass (10 000 weight cases)	4196.78	4277.34	3704.01
生铁(万吨)	Pig Iron (10 000 tons)	1411.10	1778.86	2322.32
粗钢(万吨)	Crude Steel (10 000 tons)	1563.10	2210.00	2884.22
钢材(万吨)	Rolled Steel (10 000 tons)	1621.89	2186.58	3100.10
金属切削机床(台)	Metal-cutting Machine Tools (set)	8983.00	5941.00	10417.00
汽车(万辆)	Motor Vehicles (10 000 units)	9.04	12.60	16.60
家用洗衣机(万台)	Home Washing Machines (10 000 sets)	15.50	17.70	20.70
家用电冰箱(万台)	Home Refrigerators (10 000 sets)	330.00	300.00	550.00
房间空气调节器(万台)	Air Conditioners (10 000 sets)	108.10	100.00	100.03
微型电子计算机(万台)	Micro-Cpmputers (10 000 sets)	0.50	0.50	0.50
彩色电视机(万台)	Color Television Sets (10 000 sets)	180.00	228.00	228.00

13-19 各市主要工业产品产量(2007年)
Output of Major Industrial Products by City (2007)

市	City	化学纤维(吨) Chemical Fiber (ton)	纱(万吨) Yarn (10 000 tons)	布(万米) Cloth (10 000m)	服装(万件) Garments (10 000 sets)	卷烟(亿支) Cigarettes (100 millin rolls)	饮料酒(千升) Alcoholic Beverages (1 000 litre)	液体乳(吨) Liquid Milk (ton)
全 省	**Total**	**471552**	**246.66**	**260600**	**26581**	**1552**	**3876770**	**620154**
郑州市	Zhengzhou	14486	11.12	26034	5681	477	289696	93232
开封市	Kaifeng		23.72	11680	339		72181	18377
洛阳市	Luoyang	137626	5.04	13277	2963	110	119706	58906
平顶山市	Pingdingshan	95853	8.98	5992	1817		38618	5997
安阳市	Anyang	912	14.21	8698	1593	236	453181	
鹤壁市	Hebi		3.48	19177	1533		51339	
新乡市	Xinxiang	185232	31.38	53383	318		157092	2789
焦作市	Jiaozhuo	2704	6.30	6986	416		896861	159017
濮阳市	Puyang		4.02	665	142		22115	11055
许昌市	Xuchang	21108	30.71	63948	409	380	12699	
漯河市	Luohe	1591	2.61	2779	261	136	398279	103776
三门峡市	Sanmenxia		1.58	2040	8		48354	11830
南阳市	Nanyang	3565	59.28	32804	2558	126	251990	7787
商丘市	Shangqiu	4672	12.32	816	6933		354719	113050
信阳市	Xinyang	2217	1.84	508	304		174981	
周口市	Zhoukou		22.81	8280	323		418306	15458
驻马店市	Zhumadian		6.08	2953	985	87	116654	1422
济源市	Jiyuan	1587	1.20	581				17459

市	City	畜肉制品(吨) Raise Meat Products (ton)	速冻米面食品(吨) Quick-frozen Rice and Wheat Flour foods (ton)	机制纸及纸板(万吨) Machinemade Paper and Paperboard (10 000 tons)	焦炭(吨) Synthetic Detergents (ton)	十种有色金属(万吨) Ten Kinds of Nonferrous Metals (10 000 tons)	原煤(万吨) Coal (10 000 tons)	发电量(亿千瓦小时) Electricity (100 million kwh)
全 省	**Total**	**1179027**	**1361235**	**989.71**	**19380038**	**438.96**	**18917**	**1910.97**
郑州市	Zhengzhou	129	702190	273.44		69.08	6707	254.33
开封市	Kaifeng		28752	28.53		0.30		26.45
洛阳市	Luoyang	8947		1.95		114.58	457	416.91
平顶山市	Pingdingshan	13661		5.63	5195318		4858	141.80
安阳市	Anyang	26147	14321	15.89	7839067	23.64	308	60.94
鹤壁市	Hebi	46724		1.23		9.09	842	75.43
新乡市	Xinxiang	477	51010	183.26		1.39	71	126.85
焦作市	Jiaozhuo	39151	25175	151.10		56.70	528	154.99
濮阳市	Puyang			25.09				29.19
许昌市	Xuchang			112.01	4277015	3.10	1891	69.54
漯河市	Luohe	886396	353838	74.50	11492		7	2.52
三门峡市	Sanmenxia			0.11	2750	31.37	1635	174.32
南阳市	Nanyang	76		14.41		7.62		66.16
商丘市	Shangqiu	6655	170896	76.97		47.89	1378	84.29
信阳市	Xinyang	7131						48.72
周口市	Zhoukou	143533	4783	2.08				18.41
驻马店市	Zhumadian		80	22.94				40.58
济源市	Jiyuan		10190	0.58	2054396	74.20	234	119.54

13-19 续表 continued

市	City	生铁 (万吨) Pig Iron (10 000 tons)	粗钢 (万吨) Steel (10 000 tons)	成品钢材 (万吨) Steel Products (10 000 tons)	硫酸 (万吨) Sulfuric Acid (10 000 tons)	烧碱 (万吨) Caustic Soda (10 000 tons)	原铝 (万吨) Aluminum (10 000 tons)	合成氨 (万吨) Synthetic Ammonia (10 000 tons)
全 省	**Total**	**1925.40**	**2264.65**	**2474.97**	**155.40**	**107.69**	**315.99**	**600.92**
郑 州 市	Zhengzhou	13.06	12.21	326.12	10.30	9.05	67.04	44.52
开 封 市	Kaifeng		1.68	6.34	10.31	8.74		19.23
洛 阳 市	Luoyang	22.01	56.34	188.46	8.34		112.12	15.84
平 顶 山 市	Pingdingshan	106.85	233.01	219.20		21.38		24.27
安 阳 市	Anyang	1145.94	1407.70	956.07	0.27		10.96	35.31
鹤 壁 市	Hebi			0.84	0.91	0.03		0.09
新 乡 市	Xinxiang	4.04		51.41	6.20	2.50		121.79
焦 作 市	Jiaozhuo		4.91	35.74	23.93	27.92	47.58	39.93
濮 阳 市	Puyang	31.41		0.60				22.55
许 昌 市	Xuchang						2.23	0.98
漯 河 市	Luohe			89.47		2.86		13.13
三 门 峡 市	Sanmenxia	9.43		21.31	43.72	7.97	21.64	16.31
南 阳 市	Nanyang	147.51	122.61	124.95		7.41	6.54	49.97
商 丘 市	Shangqiu			52.58	3.10		47.89	
信 阳 市	Xinyang	228.29	161.57	122.55		1.16		48.92
周 口 市	Zhoukou			0.14	4.16			27.34
驻 马 店 市	Zhumadian		14.44	57.41				119.19
济 源 市	Jiyuan	216.86	250.19	221.78	44.16	18.66		1.54

市	City	农用化肥(折纯量) (万吨) Synthetic Ammonia (10 000 tons)	化学农药(原药) (吨) Chemical Pesticide (ton)	塑料制品 (万吨) Plastics (10 000 tons)	人造板 (万立方米) Artificial Board (10 000 cu.m)	水泥 (万吨) Cement (10 000 tons)	平板玻璃 (万重量箱) Plate Glass (10 000 weight cases)	小型拖拉机 (台) Small Tractors (unit)
全 省	**Total**	**523.98**	**76865**	**121.69**	**1072.94**	**9271.20**	**3588.17**	**543468**
郑 州 市	Zhengzhou	18.74	12361	11.70	10.16	2108.69		16280
开 封 市	Kaifeng	17.70	3050	4.51	106.31	54.40		383321
洛 阳 市	Luoyang	18.13		7.21	14.38	491.36	1879.14	105182
平 顶 山 市	Pingdingshan	19.25	62	3.50	19.40	793.66		
安 阳 市	Anyang	22.55	8810	4.25	19.67	677.29		1227
鹤 壁 市	Hebi	5.39	19565	2.99		453.95		
新 乡 市	Xinxiang	99.25		3.63	79.38	1042.06		14495
焦 作 市	Jiaozhuo	49.68	14990	3.58	26.08	384.03	314.47	1590
濮 阳 市	Puyang	12.60	3615	15.54	9.49	8.31		
许 昌 市	Xuchang	1.85	3727	2.75	116.09	135.37		2910
漯 河 市	Luohe	47.20	1641	26.93	219.56	46.40		253
三 门 峡 市	Sanmenxia	16.28		5.03	38.13	471.24	483.87	
南 阳 市	Nanyang	33.58		13.32	148.74	1218.88	15.05	
商 丘 市	Shangqiu	8.29	8262	0.50	47.74	195.72	552.18	
信 阳 市	Xinyang	62.57		0.36	62.13	412.48		17100
周 口 市	Zhoukou	24.62	782	4.34	49.29	251.09		1110
驻 马 店 市	Zhumadian	58.39		11.02	106.38	364.43	90.01	
济 源 市	Jiyuan	7.88		0.54		161.88	253.44	

13-20　规模以上工业企业主要财务指标(2007年)

单位：亿元

指　　标	Item	合计 Total	公有制企业 Public-owned	#国有控股 State-holding
资产总计	Total Assets	13788.00	8024.97	7243.07
流动资产合计	Circulating Funds	5728.17	2959.32	2577.60
#应收帐款净额	Accounts Receivable	1073.52	536.23	450.50
#存货	Stock	1494.47	800.85	711.19
#产成品	Finished Products	506.21	230.58	191.42
流动资产年平均余额	Annual Average Balance of Circulating Funds	5334.86	2754.66	2385.83
固定资产合计	Fixed Assets	6605.55	4199.03	3864.74
固定资产原价	Original Value of Fixed Assets	8539.78	5693.71	5256.96
累计折旧	Accumulative Depreciation	2699.36	2046.22	1918.52
#本年折旧	Depreciation in this Year	464.34	296.82	267.98
固定资产净值	Net Value of Fixed Assets	5840.42	3647.49	3338.44
固定资产净值年平均余额	Annual Average Balance of Net Value of Fixed Assets	5515.26	3399.84	3098.86
负债合计	Total Liabilities	7970.01	5103.76	4709.43
#流动负债合计	Liquid Liabilities	5947.16	3638.74	3314.02
#应付账款	Accounts payable	1389.63	808.76	723.04
长期负债合计	Long-term Liabilities	1843.55	1381.78	1320.32
所有者权益合计	Creditors' Equity	5810.81	2914.04	2526.46
#实收资本	Paid-in Capitals	2844.03	1400.98	1177.86
主营业务收入	Income from principal operations	18936.82	8028.33	6390.08
主营业务成本	Main business costs	15478.08	6669.52	5344.27
主营业务税金及附加	Sales Tax and Extra Charges	269.22	159.02	142.01
其他业务收入	Other operating income	356.23	205.43	187.58
其他业务利润	Other operating Profits	117.65	41.36	34.93
营业费用	Expenses of Sales	478.18	137.08	90.15
管理费用	Overhead Cost	570.42	362.82	327.93
财务费用	Financial Expenses	230.83	129.77	114.75
#利息支出	Interest expense	214.16	124.77	111.59
投资收益	Investment income	49.88	27.88	24.73
补贴收入	Income subsidies	42.24	22.09	18.57
营业外收入	Income from other operations	63.71	27.06	20.86
利润总额	Total Profits	1941.51	602.78	403.08
#应交所得税	Income Tax Payable	305.00	141.25	118.33
亏损企业亏损总额	Total Lossing of Lossmaking EnterPrises	56.45	47.72	46.03
利税总额	Total Pre-tax Profits	3023.05	1103.24	831.00
本年应付工资总额	Total Wags Payable	627.33	376.83	331.95
#主营业务应付工资总额	Wags Payable for principal operations	531.62	309.93	271.06
本年应付福利费总额	Total Welfares Payable	54.24	30.97	26.81
#主营业务应付福利费总额	Welfares Payable for principal operations	47.01	27.27	23.53
本年应交增值税	Value Added Tax Payable	812.31	341.44	285.91

Main Indicators on Economic Benefit of Industrial Enterprises above Designated Size (2007)

(100 million yuan)

非公有制企业 Non-public owned	#外商及港澳台投资 Enterprises with Funds from Hong Kong,Macao and Taiwan	#大型 Large-sized Enterprises	#中型 Medium-Sized Enterprises	轻工业 Enterprises of Light Industry	重工业 Enterprises of Heavy Industry
5763.03	833.75	5646.41	4624.67	3107.41	10680.59
2768.85	371.82	2306.77	1773.15	1494.68	4233.49
537.29	75.28	396.37	333.35	247.28	826.24
693.62	109.60	662.41	455.52	451.75	1042.72
275.63	31.92	211.25	138.98	159.25	346.96
2580.20	343.14	2129.15	1641.76	1445.82	3889.04
2406.52	405.99	2607.06	2417.23	1296.86	5308.69
2846.07	540.29	3500.02	3195.79	1599.75	6940.03
653.14	165.77	1329.27	1002.67	421.33	2278.03
167.52	25.88	178.65	177.77	92.57	371.77
2192.93	374.52	2170.75	2193.12	1178.42	4662.00
2115.42	364.29	2004.09	2102.24	1144.83	4370.43
2866.25	464.03	3552.40	2732.69	1536.92	6433.09
2308.42	364.63	2727.97	1944.79	1232.00	4715.16
580.87	101.64	613.30	439.88	236.50	1153.13
461.77	89.02	791.13	722.74	245.79	1597.76
2896.77	369.73	2094.01	1891.98	1570.49	4240.32
1443.05	206.46	840.86	920.05	847.01	1997.02
10908.49	928.77	5714.81	5499.51	5610.49	13326.33
8808.56	733.28	4763.35	4509.03	4497.88	10980.20
110.20	6.73	68.43	108.03	126.10	143.12
150.80	28.19	183.75	99.09	97.42	258.81
76.29	6.15	36.98	31.03	43.60	74.05
341.10	32.52	108.55	125.97	185.16	293.02
207.60	22.20	245.46	174.86	126.50	443.92
101.06	12.73	83.63	80.77	59.67	171.16
89.39	13.18	80.45	78.77	53.50	160.66
22.00	1.20	18.75	17.81	11.69	38.19
20.15	0.88	15.47	15.51	15.77	26.47
36.65	2.65	18.98	21.55	21.78	41.93
1338.73	124.26	460.19	546.03	612.04	1329.47
163.75	10.96	108.44	77.91	82.81	222.19
8.73	1.81	23.29	21.35	9.05	47.40
1919.81	171.04	757.36	918.92	953.87	2069.18
250.50	21.50	272.18	175.25	156.27	471.06
221.69	17.72	240.26	133.20	130.03	401.59
23.27	1.44	22.28	15.46	13.26	40.98
19.74	1.31	20.07	13.38	10.76	36.25
470.87	40.06	228.75	264.86	215.73	596.58

13-21 规模以上工业企业分行业主要财务指标(2007年)

单位：亿元

行　业	Sector	资产总计 Total Assets	流动资产合计 Total Working Capitals	流动资产年平均余额 Annual Average Balance of Working Capitals
总　计	**Total**	**13788.00**	**5728.17**	**5334.86**
按轻重工业分	**Grouped by Light & Heavy Industry**			
轻工业	**Enterprises of Light Industry**	**3107.41**	**1494.68**	**1445.83**
以农产品为原料	Using Farm Products as Raw Materials	2259.64	1112.30	1065.62
以非农产品为原料	Using Non-Farm Products as Raw Materials	847.77	382.38	380.21
重工业	**Heavy Industry**	**10680.59**	**4233.49**	**3889.03**
采掘工业	Mining and Quarrying	2394.62	779.35	715.57
原料工业	Raw Materials Industry	5169.55	1791.33	1622.27
加工工业	Manufacturing Industry	3116.42	1662.81	1551.19
按企业规模分	**Grouped by Size of Enterprises**			
大型企业	Large Enterprises	5646.41	2306.77	2129.15
中型企业	Medium-sized Enterprises	4624.67	1773.15	1641.76
小型企业	Small Enterprises	3516.92	1648.25	1563.95
按行业分	**Grouped by Sector**			
煤炭开采和洗选业	Mining and Washing of Coal	1528.81	504.13	461.40
石油和天然气开采业	Extraction of Petroleum and Natural Gas	581.00	132.02	122.29
黑色金属矿采选业	Mining of Ferrous Metal Ores	39.19	20.38	18.25
有色金属矿采选业	Mining of Non-ferrous Metal Ores	204.11	104.21	94.98
非金属矿采选业	Mining and Processing of Nonmetal Ores	41.38	18.53	18.57
其他采矿业	Mining of Other Ores n.e.c	0.13	0.08	0.08
农副食品加工业	Processing of Food From Agricultural Products	545.33	272.41	255.52
食品制造业	Manufacture of Foods	316.82	160.50	153.26
饮料制造业	Manufacture of Beverage	218.55	97.29	90.87
烟草制品业	Manufacture of Tobacco	148.90	95.32	96.95
纺织业	Manufacture of Textile	459.94	228.70	221.07
纺织服装、鞋、帽制造业	Manufacture of Textile Wearing Apparel, Footware, and Caps	53.34	30.65	29.60
皮革、毛皮、羽毛(绒)及其制品业	Manufacture of Leather, Fur, Feather and Its Products	94.16	57.56	55.53
木材加工及木、竹、藤、棕、草制品业	Processing of Timbers, Manufacture of Wood, Bamboo, Rattan, Palm, and Straw Products	74.26	34.39	32.32
家具制造业	Manufacture of Furniture	19.43	8.52	8.48
造纸及纸制品业	Manufacture of Paper and Paper Products	264.47	96.98	94.71
印刷业和记录媒介的复制	Printing,Reproduction of Recording Media	45.91	21.80	21.70
文教体育用品制造业	Manufacture of Articles for Culture,Education and Sport Activity	4.25	2.10	2.20
石油加工、炼焦及核燃料加工业	Processing of Petroleum ,Coking,Processing of Nucleus Fuel	182.82	78.24	77.16
化学原料及化学制品制造业	Manufacture of Chemical Raw Material and Chemical Products	726.62	307.22	286.74
医药制造业	Manufacture of Medicines	272.39	117.27	114.88
化学纤维制造业	Manufacture of Chemical Fibers	165.64	65.39	67.86
橡胶制品业	Manufacture of Rubber	84.01	36.60	35.25
塑料制品业	Manufacture of Plastic	105.92	50.98	49.09
非金属矿物制品业	Manufacture of Non-metallic Mineral Products	995.30	439.99	412.37
黑色金属冶炼及压延加工业	Manufacture and Processing of Ferrous Metals	770.47	346.52	302.58
有色金属冶炼及压延加工业	Manufacture and Processing of Non-ferrous Metals	1168.41	564.84	492.12
金属制品业	Manufacture of Metal Products	129.19	71.70	64.15
通用设备制造业	Manufacture of General Purpose Machinery	416.82	232.26	221.06
专用设备制造业	Manufacture of Special Purpose Machinery	514.60	314.40	285.90
交通运输设备制造业	Manufacture of Transport Equipment	428.61	242.08	214.86
电气机械及器材制造业	Manufacture of Electrical Machinery and Equipment	429.99	266.61	258.39
通信设备、计算机及其他电子设备制造业	Manufacture of Communication Equipment , Computer and Other Electronic Equipment	115.50	60.50	56.31
仪器仪表及文化、办公用机械制造业	Manufacture of Measuring Instrument and Machinery for Cultural Activity and Office Work	95.07	61.37	56.27
工艺品及其他制造业	Manufacture of Artwork, Other Manufacture n.e.c	67.88	41.89	39.91
废弃资源和废旧材料回收加工业	Recycling and Disposal of Waste	2.50	1.64	1.66
电力、热力的生产和供应业	Production and Supply of Electric Power and Heat Power	2316.12	502.48	476.26
燃气生产和供应业	Production and Distribution of Gas	82.94	26.45	25.86
水的生产和供应业	Production and Distribution of Water	77.22	14.17	18.40

Main Indicators on Economic Benefit of Industrial Enterprises above Designated Size by Industrial Sector (2007)

(100 million yuan)

固定资产合计 Fixed Assets	固定资产原价 Original Value of Fixed Assets	固定资产净值年平均余额 Annual Average Balance of Net Value of Fixed Assets	流动负债合计 Liquid Liabilities	长期负债合计 Long-term Liabilities	所有者权益合计 Creditors' Equities	实收资本 Paid-in Capitals	主营业务收入 Revenue from Principal Business	主营业务成本 Cost of Pricipal Business	利润总额 Total Profits	利税总额 Total Pre-tax Profits
6605.55	**8539.78**	**5515.26**	**5947.16**	**1843.55**	**5810.81**	**2844.03**	**18936.82**	**15478.08**	**1941.51**	**3023.05**
1296.87	**1599.74**	**1144.83**	**1232.00**	**245.79**	**1570.49**	**847.01**	**5610.50**	**4497.87**	**612.04**	**953.87**
924.10	1151.07	832.71	908.80	166.09	1135.96	615.36	4372.16	3505.72	482.10	763.45
372.77	448.67	312.12	323.20	79.70	434.53	231.65	1238.34	992.15	129.94	190.42
5308.68	**6940.04**	**4370.43**	**4715.16**	**1597.76**	**4240.32**	**1997.02**	**13326.32**	**10980.21**	**1329.47**	**2069.18**
1275.61	1604.64	906.09	943.03	400.14	1036.06	473.10	2526.41	1912.36	326.74	506.39
2971.20	3992.97	2544.34	2246.40	970.71	1877.13	845.40	6134.14	5285.63	521.35	845.06
1061.87	1342.43	920.00	1525.73	226.91	1327.13	678.52	4665.77	3782.22	481.38	717.73
2607.06	3500.02	2004.09	2727.97	791.13	2094.01	840.86	5714.81	4763.35	460.19	757.36
2417.23	3195.79	2102.24	1944.79	722.74	1891.98	920.05	5499.51	4509.03	546.03	918.92
1581.26	1843.97	1408.93	1274.40	329.68	1824.82	1083.12	7722.50	6205.70	935.29	1346.77
832.86	885.41	571.77	558.91	335.34	622.02	330.90	1380.99	1032.12	181.44	283.75
330.92	590.51	236.14	293.17	35.76	252.06	67.23	423.20	318.84	24.45	73.76
16.26	17.99	13.97	17.14	2.78	18.51	8.63	67.44	54.05	8.13	12.69
78.47	91.06	67.81	66.05	24.20	113.07	48.16	527.74	407.78	96.87	111.75
17.06	19.60	16.35	7.73	2.01	30.36	18.17	126.26	98.85	15.81	24.34
0.05	0.07	0.06	0.03	0.05	0.05	0.01	0.78	0.73	0.04	0.09
207.10	246.44	185.54	202.14	30.36	304.13	177.79	1581.24	1340.65	159.66	210.49
114.77	147.76	107.78	136.84	34.96	141.51	64.61	535.68	424.43	66.15	92.55
96.77	110.13	83.06	97.33	20.91	96.27	55.11	331.95	260.23	37.59	60.10
49.60	83.18	45.06	76.99	6.97	64.94	32.88	187.05	77.12	18.11	110.69
186.08	229.05	168.78	186.60	39.25	222.94	119.46	693.29	575.15	64.33	100.02
20.11	21.97	18.36	22.09	1.72	28.66	18.22	86.59	70.98	9.30	13.11
30.31	37.23	27.00	36.81	2.06	52.79	41.95	215.72	171.54	37.71	49.64
32.95	35.51	30.47	17.83	3.98	46.99	27.31	192.72	152.40	23.95	34.20
10.33	12.02	8.19	4.08	0.62	14.61	9.75	89.24	66.81	9.74	14.52
149.16	179.00	131.52	81.54	25.79	144.92	70.54	494.00	389.12	63.41	89.44
19.47	30.01	19.18	17.35	1.41	26.00	14.00	69.07	54.15	7.39	11.49
1.45	1.65	1.65	1.36	0.07	2.36	1.77	10.89	8.45	1.13	1.78
95.35	158.75	77.24	117.51	16.00	48.41	45.78	478.58	438.63	14.14	36.22
346.71	450.90	265.76	306.04	88.85	322.37	168.78	987.89	822.23	100.22	149.54
115.14	149.22	101.01	108.77	12.74	144.92	76.51	317.58	248.17	36.23	51.96
87.01	93.48	69.62	84.59	22.09	56.79	23.08	135.41	119.89	6.52	10.67
42.46	51.06	38.02	36.37	7.91	38.34	19.82	195.60	161.37	19.37	27.90
41.55	48.44	37.46	33.00	8.96	62.63	41.43	226.03	186.03	26.76	37.85
446.53	529.34	378.23	394.21	103.34	481.08	266.39	1703.27	1333.92	209.98	321.67
338.15	449.84	279.47	371.44	71.09	300.73	86.07	1349.45	1177.88	114.77	184.17
526.73	610.80	422.66	588.12	116.88	461.72	161.02	1673.97	1407.39	200.43	281.87
45.15	53.86	40.16	55.08	5.97	64.86	36.25	264.46	218.86	28.96	40.97
138.04	162.47	119.00	183.10	50.44	178.88	98.65	657.90	534.81	68.61	104.19
150.87	206.64	134.67	290.08	29.27	191.03	111.67	784.80	650.44	68.72	100.12
97.07	134.58	85.02	229.83	29.90	165.73	75.54	580.78	476.41	53.53	78.54
92.84	109.84	79.46	235.10	17.93	175.85	73.21	492.34	397.23	46.87	64.34
42.04	78.01	41.89	60.19	5.42	44.39	33.60	92.84	77.41	3.69	7.25
23.80	31.22	20.65	44.14	3.16	46.65	18.90	94.26	70.81	11.63	16.67
20.51	24.79	19.15	21.09	4.88	38.19	18.62	178.89	142.41	17.72	29.19
0.72	0.68	0.69	1.22	0.02	1.07	0.43	17.59	16.76	0.68	1.07
1653.74	2324.04	1483.97	907.50	647.87	733.74	348.34	1627.18	1443.04	84.28	177.69
50.88	60.08	41.44	34.75	12.52	35.67	14.65	48.51	38.94	4.02	6.56
56.54	73.15	47.00	21.04	20.07	35.57	18.80	15.64	12.05	-0.83	0.20

13–22 各市规模以上工业企业主要财务指标(2007年)

单位：亿元

年份 year 市 City	资产总计 Total Assets	流动资产合计 Total Working Capitals	流动资产年平均余额 Annual Average Balance of Working Capitals	固定资产合计 Fixed Assets	固定资产原价 Original Value of Fixed Assets	固定资产净值年平均余额 Annual Average Balance of Net Value of Fixed Assets
1998	4813.59	2079.40	1990.58	2414.34	2961.01	1953.89
1999	5090.87	2171.23	2072.50	2519.67	3190.65	2025.53
2000	5234.71	2216.51	2168.87	2615.61	3447.82	2207.10
2001	5633.03	2341.71	2283.02	2791.78	3779.65	2458.14
2002	5987.80	2484.30	2446.27	2994.13	4129.69	2571.78
2003	6575.13	2790.32	2617.74	3262.85	4558.10	2783.97
2004	8142.33	3389.87	3289.54	4033.14	5432.51	3563.92
2005	9158.03	3801.11	3750.85	4612.12	5955.47	3788.63
2006	11026.18	4528.04	4340.51	5551.16	7319.19	4685.48
2007	13788.00	5728.17	5334.86	6605.55	8539.78	5515.26
郑州市 Zhengzhou	2184.54	950.66	869.74	979.88	1277.40	843.76
开封市 Kaifeng	317.97	143.27	136.94	148.06	177.23	123.40
洛阳市 Luoyang	1880.62	781.24	718.06	936.19	1245.76	797.84
平顶山市 Pingdingshan	1220.19	502.97	470.54	583.71	672.53	414.31
安阳市 Anyang	824.45	363.45	322.03	376.32	542.08	329.51
鹤壁市 Hebi	271.59	116.70	105.70	132.10	168.13	97.03
新乡市 Xinxiang	842.43	361.56	339.56	413.61	531.92	345.30
焦作市 Jiaozuo	810.81	346.16	340.87	413.32	533.67	344.01
濮阳市 Puyang	753.55	229.38	211.97	380.43	768.36	336.50
许昌市 Xuchang	752.20	357.55	354.52	282.65	335.11	243.55
漯河市 Luohe	407.67	196.25	172.69	149.19	199.23	144.21
三门峡市 Sanmenxia	768.39	291.73	271.57	423.60	503.42	364.53
南阳市 Nanyang	771.02	333.42	327.50	385.85	445.94	284.26
商丘市 Shangqiu	545.45	178.55	145.50	265.90	281.53	209.37
信阳市 Xinyang	260.49	96.96	91.62	136.18	167.70	123.40
周口市 Zhoukou	406.29	201.87	198.21	157.27	187.06	140.64
驻马店市 Zhumadian	329.72	129.99	128.57	173.09	201.96	155.96
济源市 Jiyuan	440.62	146.46	129.27	268.20	300.75	217.68

Main Indicators on Economic Benefit of Industrial Enterprises above Designated Size by City (2007)

(100 million yuan)

流动负债合计 Liquid Liabilities	长期负债合计 Long-term Liabilities	所有者权益合计 Creditors' Equities	实收资本 Paid-in Capitals	主营业务收入 Revenue from Principal Business	主营业务成本 Cost of Pricipal Business	利润总额 Total Profits	利税总额 Total Pre-tax Profits
2156.27	1060.38	1576.01	1049.08	2774.43	2278.26	71.21	251.73
2221.69	1094.59	1733.73	1113.01	2889.61	2391.14	79.58	269.43
2295.92	1155.40	1757.36	1174.90	3297.78	2708.84	139.97	343.68
2447.42	1177.42	1933.43	1284.72	3642.32	3015.28	141.62	363.93
2680.24	1142.00	2162.72	1482.79	4159.57	3438.38	183.85	440.01
3076.44	1132.24	2348.06	1586.27	5284.81	4399.48	255.91	558.98
3624.24	1341.95	3058.44	1956.75	7283.63	6078.52	403.65	794.78
4166.77	1337.91	3518.83	2069.64	10114.21	8441.39	643.39	1205.65
4861.97	1632.07	4343.45	2477.56	13809.07	11463.04	1141.80	1907.06
5947.16	1843.55	5810.81	2844.03	18936.82	15478.08	1941.51	3023.05
994.58	256.80	907.41	440.09	3252.20	2618.08	376.87	590.88
113.32	31.09	165.85	106.03	478.17	386.53	56.92	82.23
870.88	281.65	714.45	332.01	2087.54	1753.26	177.77	283.90
523.59	206.12	468.46	237.56	1138.06	935.59	90.03	157.13
391.68	107.65	321.34	93.29	1331.39	1129.08	126.46	212.37
128.25	36.37	104.85	60.80	389.45	316.24	25.50	42.92
406.53	78.60	349.68	198.57	965.58	813.90	85.42	122.96
353.25	119.97	324.15	188.69	1465.27	1156.57	193.33	292.31
340.01	73.64	338.65	181.90	913.95	725.20	90.63	142.56
298.82	67.49	376.64	175.62	1209.29	938.36	151.19	256.84
140.30	36.64	208.26	74.54	945.50	786.01	106.95	140.97
337.93	144.57	276.64	154.28	1042.97	854.92	123.37	162.18
345.21	70.68	339.69	160.05	1135.54	902.42	90.39	168.74
169.30	157.63	212.72	92.17	650.83	537.69	60.78	88.55
80.77	43.91	129.76	86.62	434.86	370.16	27.50	47.14
147.20	42.84	208.41	127.59	547.43	425.54	93.51	124.53
139.29	43.99	142.67	88.35	483.59	414.27	34.56	54.63
166.25	43.91	221.18	45.87	465.20	414.26	30.33	51.93

13-23 规模以上国有控股工业企业主要财务指标(2007年)

单位：亿元

行 业	Sector	资产总计 Total Assets	流动资产合计 Total Working Capitals	流动资产年平均余额 Annual Average Balance of Working Capitals
总 计	**Total**	**7243.07**	**2577.60**	**2385.83**
按轻重工业分	**Grouped by Light & Heavy Industry**			
轻工业	Enterprises of Light Industry	878.89	406.09	410.88
以农产品为原料	Using Farm Products as Raw Materials	604.49	300.49	295.76
以非农产品为原料	Using Non-Farm Products as Raw Materials	274.40	105.60	115.12
重工业	Heavy Industry	6364.18	2171.51	1974.95
采掘工业	Mining and Quarrying	1956.64	586.37	535.80
原料工业	Raw Materials Industry	3262.13	973.55	864.86
加工工业	Manufacturing Industry	1145.41	611.59	574.29
按企业规模分	**Grouped by Size of Enterprises**			
大型企业	Large Enterprises	4479.87	1746.48	1599.51
中型企业	Medium-sized Enterprises	2305.94	679.75	644.29
小型企业	Small Enterprises	457.27	151.37	142.02
按行业分	**Grouped by Sector**			
煤炭开采和洗选业	Mining and Washing of Coal	1293.10	415.82	378.89
石油和天然气开采业	Extraction of Petroleum and Natural Gas	579.99	131.25	121.90
黑色金属矿采选业	Mining of Ferrous Metal Ores	7.76	3.62	1.88
有色金属矿采选业	Mining of Non-ferrous Metal Ores	73.60	34.47	31.95
非金属矿采选业	Mining and Processing of Nonmetal Ores	2.19	1.21	1.18
其他采矿业	Mining of Other Ores n.e.c			
农副食品加工业	Processing of Food From Agricultural Products	123.06	59.52	56.86
食品制造业	Manufacture of Foods	81.59	42.01	41.82
饮料制造业	Manufacture of Beverage	50.54	21.62	22.37
烟草制品业	Manufacture of Tobacco	145.24	92.90	94.43
纺织业	Manufacture of Textile	96.52	41.55	42.54
纺织服装、鞋、帽制造业	Manufacture of Textile Wearing Apparel, Footware, and Caps	0.60	0.31	0.34
皮革、毛皮、羽毛(绒)及其制品业	Manufacture of Leather, Fur, Feather and Its Products	2.19	1.35	1.58
木材加工及木、竹、藤、棕、草制品业	Processing of Timbers, Manufacture of Wood, Bamboo, Rattan, Palm, and Straw Products	3.38	1.11	1.12
家具制造业	Manufacture of Furniture	0.07	0.06	0.06
造纸及纸制品业	Manufacture of Paper and Paper Products	47.46	20.52	16.89
印刷业和记录媒介的复制	Printing,Reproduction of Recording Media	7.66	2.29	2.65
文教体育用品制造业	Manufacture of Articles for Culture,Education and Sport Activity			
石油加工、炼焦及核燃料加工业	Processing of Petroleum ,Coking,Processing of Nucleus Fuel	89.23	28.15	29.10
化学原料及化学制品制造业	Manufacture of Chemical Raw Material and Chemical Products	269.91	99.65	96.52
医药制造业	Manufacture of Medicines	31.60	13.41	14.37
化学纤维制造业	Manufacture of Chemical Fibers	158.09	62.01	64.81
橡胶制品业	Manufacture of Rubber	36.13	16.33	15.48
塑料制品业	Manufacture of Plastic	3.19	1.52	1.58
非金属矿物制品业	Manufacture of Non-metallic Mineral Products	245.74	78.82	80.88
黑色金属冶炼及压延加工业	Manufacture and Processing of Ferrous Metals	398.13	169.89	136.92
有色金属冶炼及压延加工业	Manufacture and Processing of Non-ferrous Metals	586.05	285.10	235.99
金属制品业	Manufacture of Metal Products	9.23	6.74	6.13
通用设备制造业	Manufacture of General Purpose Machinery	118.22	69.44	65.59
专用设备制造业	Manufacture of Special Purpose Machinery	263.53	168.29	150.78
交通运输设备制造业	Manufacture of Transport Equipment	113.64	72.85	61.94
电气机械及器材制造业	Manufacture of Electrical Machinery and Equipment	237.71	149.84	148.69
通信设备、计算机及其他电子设备制造业	Manufacture of Communication Equipment , Computer and Other Electronic Equipment	62.68	28.32	29.99
仪器仪表及文化、办公用机械制造业	Manufacture of Measuring Instrument and Machinery for Cultural Activity and Office Work	36.51	22.01	17.97
工艺品及其他制造业	Manufacture of Artwork, Other Manufacture n.e.c	0.52	0.29	0.33
废弃资源和废旧材料回收加工业	Recycling and Disposal of Waste			
电力、热力的生产和供应业	Production and Supply of Electric Power and Heat Power	1926.44	400.93	375.65
燃气生产和供应业	Production and Distribution of Gas	67.33	20.85	18.95
水的生产和供应业	Production and Distribution of Water	74.23	13.56	17.71

Main Indicators on Economic Benefit of State-holding Industrial Enterprises above Designated Size(2007)

(100 million yuan)

固定资产合计 Fixed Assets	固定资产原价 Original Value of Fixed Assets	固定资产净值年平均余额 Annual Average Balance of Net Value of Fixed Assets	流动负债合计 Liquid Liabilities	长期负债合计 Long-term Liabilities	所有者权益合计 Creditors' Equities	实收资本 Paid-in Capitals	主营业务收入 Revenue from Principal Business	主营业务成本 Cost of Pricipal Business	利润总额 Total Profits	利税总额 Total Pre-tax Profits
3864.74	**5256.96**	**3098.86**	**3314.02**	**1320.32**	**2526.46**	**1177.86**	**6390.08**	**5344.27**	**403.08**	**831.00**
376.53	494.50	314.87	424.84	111.33	333.99	164.61	1025.01	815.59	57.28	176.21
235.44	334.18	204.44	303.84	64.97	227.64	108.36	851.76	663.78	53.85	167.41
141.09	160.32	110.43	121.00	46.36	106.35	56.25	173.25	151.81	3.43	8.80
3488.20	4762.45	2783.99	2889.17	1208.99	2192.47	1013.25	5365.07	4528.68	345.80	654.78
1069.86	1374.04	720.86	828.10	367.21	752.16	347.03	1510.00	1167.60	128.09	248.24
2040.97	2850.27	1724.83	1385.64	737.80	1081.97	456.88	3022.72	2663.71	182.26	341.80
377.37	538.14	338.30	675.43	103.98	358.34	209.34	832.35	697.37	35.45	64.74
2147.89	2906.26	1619.14	2163.56	680.20	1604.91	668.35	4214.40	3507.65	307.54	542.23
1452.47	2032.28	1271.87	944.01	516.30	815.71	411.46	1831.26	1539.24	79.46	255.01
264.37	318.42	207.86	206.45	123.83	105.84	98.06	344.42	297.38	16.08	33.76
703.89	740.92	458.09	497.15	320.39	466.75	266.04	930.23	714.93	88.58	154.28
330.71	590.16	235.94	292.57	35.75	251.67	67.06	421.53	317.51	24.22	73.45
4.14	5.75	3.55	4.41	0.12	3.23	1.05	5.89	4.35	0.74	1.39
30.23	36.00	22.45	32.99	10.90	29.53	11.97	148.51	127.61	14.21	18.50
0.89	1.21	0.83	0.98	0.06	0.98	0.91	3.84	3.19	0.34	0.61
39.87	57.38	32.37	59.77	11.61	51.21	26.36	382.25	347.96	20.04	27.81
24.93	35.98	24.30	47.94	15.25	18.35	8.79	66.14	49.97	7.28	12.49
25.78	27.63	21.39	31.26	8.13	10.94	7.75	48.63	39.35	2.06	4.40
48.52	81.39	44.10	74.68	6.93	63.63	32.46	182.85	74.09	17.72	110.04
39.26	56.45	31.65	46.02	11.34	35.98	16.80	76.21	69.61	-0.22	2.26
0.29	0.41	0.39	0.55	0.04	0.02	0.12	1.52	1.26	0.01	0.05
0.62	1.33	0.56	1.02		1.06	0.94	4.31	3.46	0.35	0.51
2.17	1.04	0.74	0.37	0.06	0.66	0.11	3.33	3.01	0.13	0.14
0.01	0.09	0.01	0.10		-0.03	0.09	0.12	0.10		
23.90	25.39	19.42	16.10	12.75	18.61	6.37	41.17	36.45	2.75	4.60
3.68	7.55	4.13	1.95	0.28	5.24	2.22	4.13	3.45	-0.02	0.28
58.73	118.12	45.42	77.40	8.71	3.12	16.93	267.99	266.65	-14.68	-4.77
141.70	215.28	95.17	130.11	41.29	96.95	73.52	217.09	188.13	11.61	20.48
15.00	18.99	12.86	17.04	0.91	11.68	10.63	31.57	27.39	0.54	1.28
83.36	87.76	65.89	79.86	21.63	54.60	21.24	115.81	103.48	4.86	8.25
18.45	25.93	16.88	21.07	4.92	10.14	3.39	64.23	56.06	1.42	3.76
1.12	2.21	0.95	1.10	0.26	1.81	0.97	3.00	2.55	0.25	0.33
132.02	157.77	109.96	117.56	41.32	80.38	76.94	129.10	107.14	4.40	13.78
176.44	267.26	144.01	184.39	47.42	140.77	27.38	420.61	367.71	22.34	44.30
268.58	321.59	210.38	286.47	79.52	219.52	73.15	683.86	562.77	90.85	128.16
1.69	3.10	1.68	5.65	0.53	3.04	2.26	9.90	7.99	0.69	1.09
39.33	50.76	35.03	54.19	29.53	32.57	22.08	72.84	61.51	2.26	5.45
70.20	109.20	63.17	178.10	14.78	70.59	51.91	279.44	239.19	12.66	19.26
24.19	34.68	23.73	60.11	10.36	41.73	21.81	79.11	64.52	4.27	6.48
32.53	33.24	24.98	146.83	9.34	81.25	20.82	125.73	100.57	9.15	13.89
26.09	62.80	30.26	42.07	2.14	18.44	16.34	32.25	27.09	-1.84	-0.20
12.54	18.14	11.00	17.58	2.12	16.70	6.31	24.20	19.09	1.07	1.53
0.15	0.26	0.13	0.35	0.03	0.13	0.16	6.41	6.43	0.18	0.49
1386.90	1940.52	1226.96	738.29	541.29	622.84	255.12	1454.36	1297.76	73.34	152.50
42.42	50.17	35.60	28.07	11.09	28.17	10.06	37.07	30.29	2.51	4.15
54.40	70.48	44.88	19.91	19.54	34.24	17.79	14.84	11.64	-0.99	-0.01

13-24 各市规模以上国有控股工业企业主要财务指标(2007年)

单位：亿元

市 City	资产总计 Total Assets	流动资产合计 Total Working Capitals	流动资产年平均余额 Annual Average Balance of Working Capitals	固定资产合计 Fixed Assets	固定资产原价 Original Value of Fixed Assets	固定资产净值年平均余额 Annual Average Balance of Net Value of Fixed Assets
全　省 Total	**7243.07**	**2577.60**	**2385.83**	**3864.74**	**5256.96**	**3098.86**
郑州市 Zhengzhou	829.16	320.50	284.77	418.88	582.61	351.88
开封市 Kaifeng	93.92	32.97	32.45	52.84	66.17	40.64
洛阳市 Luoyang	1399.15	550.63	508.30	726.37	1009.34	624.12
平顶山市 Pingdingshan	852.86	333.48	320.91	428.30	478.89	278.94
安阳市 Anyang	448.71	177.51	146.69	223.16	362.04	197.53
鹤壁市 Hebi	155.82	56.59	50.44	88.13	115.86	55.42
新乡市 Xinxiang	299.09	101.33	91.54	174.89	226.17	138.21
焦作市 Jiaozuo	314.28	98.90	102.44	202.75	268.15	158.95
濮阳市 Puyang	609.15	154.64	139.09	319.60	698.19	276.60
许昌市 Xuchang	294.14	127.87	126.32	107.16	129.87	84.01
漯河市 Luohe	132.76	56.92	53.42	50.03	68.92	43.25
三门峡市 Sanmenxia	412.10	138.76	131.93	238.79	309.45	206.99
南阳市 Nanyang	386.24	125.35	125.89	241.35	267.54	156.72
商丘市 Shangqiu	416.51	124.48	99.71	212.18	224.62	161.41
信阳市 Xinyang	81.57	18.55	19.80	58.92	72.14	48.65
周口市 Zhoukou	132.42	65.45	65.80	52.70	71.21	45.20
驻马店市 Zhumadian	102.90	24.88	24.85	67.12	85.36	64.44
济源市 Jiyuan	282.31	68.79	61.47	201.56	220.43	165.91

Main Indicators on Economic Benefit of State-holding Industrial Enterprises above Designated Size by City(2007)

(100 million yuan)

流动负债合计 Liquid Liabilities	长期负债合计 Long-term Liabilities	所有者权益合计 Creditors' Equities	实收资本 Paid-in Capitals	主营业务收入 Revenue from Principal Business	主营业务成本 Cost of Pricipal Business	利润总额 Total Profits	利税总额 Total Pre-tax Profits
3314.02	**1320.32**	**2526.46**	**1177.86**	**6390.08**	**5344.27**	**403.08**	**831.00**
410.65	163.65	240.01	165.61	664.81	540.35	42.72	105.56
51.11	21.21	21.21	21.22	55.76	49.72	0.43	3.45
652.70	228.21	507.00	214.37	1293.06	1105.83	86.80	153.90
377.30	161.96	294.03	148.69	695.24	587.40	30.78	68.70
217.33	77.14	154.21	38.15	427.59	370.97	17.30	52.44
71.57	33.47	50.70	37.48	92.84	64.59	2.12	9.20
166.91	48.24	80.91	45.20	187.98	157.54	11.77	20.85
140.81	69.10	104.24	59.31	347.03	290.54	34.96	55.24
310.80	67.55	230.28	99.44	426.73	347.89	13.71	50.84
141.59	40.76	109.90	51.22	203.53	146.84	23.62	54.92
55.77	14.27	62.52	25.51	351.87	311.84	20.69	36.96
189.81	89.33	125.03	73.71	431.37	375.68	25.47	43.89
171.13	46.79	165.49	66.54	385.17	299.89	24.44	59.78
128.37	146.58	136.93	59.09	349.09	282.13	40.06	57.23
24.26	31.47	24.95	17.51	89.69	80.04	2.95	7.47
67.36	22.68	38.18	15.27	140.78	119.09	11.01	17.82
55.96	21.43	24.31	18.86	88.60	73.14	4.16	13.44
80.57	36.48	156.55	20.68	158.92	140.80	10.09	19.32

13-25 集体控股工业企业主要财务指标(2007年)

单位：亿元

行 业	Sector	资产总计 Total Assets	流动资产合计 Total Working Capitals	流动资产年平均余额 Annual Average Balance of Working Capitals
总 计	**Total**	**781.90**	**381.73**	**368.83**
按轻重工业分	**Grouped by Light & Heavy Industry**			
轻工业	**Enterprises of Light Industry**	**267.75**	**114.34**	**112.81**
以农产品为原料	Using Farm Products as Raw Materials	213.51	94.08	91.43
以非农产品为原料	Using Non-Farm Products as Raw Materials	54.24	20.26	21.38
重工业	**Heavy Industry**	**514.16**	**267.39**	**256.03**
采掘工业	Mining and Quarrying	140.22	60.32	55.75
原料工业	Raw Materials Industry	180.69	88.13	87.47
加工工业	Manufacturing Industry	193.25	118.94	112.81
按企业规模分	**Grouped by Size of Enterprises**			
大型企业	Large Enterprises	171.92	69.08	73.89
中型企业	Medium-sized Enterprises	247.14	129.77	120.24
小型企业	Small Enterprises	362.85	182.88	174.71
按行业分	**Grouped by Sector**			
煤炭开采和洗选业	Mining and Washing of Coal	81.65	30.20	26.78
石油和天然气开采业	Extraction of Petroleum and Natural Gas	0.88	0.69	0.32
黑色金属矿采选业	Mining of Ferrous Metal Ores	1.45	0.43	0.47
有色金属矿采选业	Mining of Non-ferrous Metal Ores	50.70	25.87	25.01
非金属矿采选业	Mining and Processing of Nonmetal Ores	5.55	3.12	3.16
其他采矿业	Mining of Other Ores n.e.c			
农副食品加工业	Processing of Food From Agricultural Products	42.87	21.66	18.92
食品制造业	Manufacture of Foods	36.85	16.15	16.37
饮料制造业	Manufacture of Beverage	18.20	9.63	8.98
烟草制品业	Manufacture of Tobacco	3.10	2.06	2.16
纺织业	Manufacture of Textile	31.95	16.59	14.11
纺织服装、鞋、帽制造业	Manufacture of Textile Wearing Apparel, Footware, and Caps	3.10	1.50	1.60
皮革、毛皮、羽毛(绒)及其制品业	Manufacture of Leather, Fur, Feather and Its Products	6.41	4.84	4.75
木材加工及木、竹、藤、棕、草制品业	Processing of Timbers, Manufacture of Wood, Bamboo, Rattan, Palm, and Straw Products	4.68	1.62	1.60
家具制造业	Manufacture of Furniture	1.56	0.64	0.58
造纸及纸制品业	Manufacture of Paper and Paper Products	46.89	9.66	13.06
印刷业和记录媒介的复制	Printing,Reproduction of Recording Media	8.24	3.82	3.69
文教体育用品制造业	Manufacture of Articles for Culture,Education and Sport Activity	0.11	0.10	0.10
石油加工、炼焦及核燃料加工业	Processing of Petroleum ,Coking,Processing of Nucleus Fuel	4.82	3.09	3.10
化学原料及化学制品制造业	Manufacture of Chemical Raw Material and Chemical Products	39.27	20.04	18.81
医药制造业	Manufacture of Medicines	45.65	13.59	14.93
化学纤维制造业	Manufacture of Chemical Fibers	0.57	0.41	0.36
橡胶制品业	Manufacture of Rubber	4.31	2.36	2.02
塑料制品业	Manufacture of Plastic	9.29	5.53	5.43
非金属矿物制品业	Manufacture of Non-metallic Mineral Products	80.67	41.38	39.42
黑色金属冶炼及压延加工业	Manufacture and Processing of Ferrous Metals	19.51	10.72	10.58
有色金属冶炼及压延加工业	Manufacture and Processing of Non-ferrous Metals	55.86	34.79	36.07
金属制品业	Manufacture of Metal Products	17.79	10.04	9.82
通用设备制造业	Manufacture of General Purpose Machinery	45.31	28.89	26.28
专用设备制造业	Manufacture of Special Purpose Machinery	31.96	20.31	20.06
交通运输设备制造业	Manufacture of Transport Equipment	11.30	8.24	7.74
电气机械及器材制造业	Manufacture of Electrical Machinery and Equipment	12.14	8.91	8.24
通信设备、计算机及其他电子设备制造业	Manufacture of Communication Equipment , Computer and Other Electronic Equipment	8.37	6.07	6.11
仪器仪表及文化、办公用机械制造业	Manufacture of Measuring Instrument and Machinery for Cultural Activity and Office Work	1.26	0.73	0.83
工艺品及其他制造业	Manufacture of Artwork, Other Manufacture n.e.c	6.38	3.87	3.63
废弃资源和废旧材料回收加工业	Recycling and Disposal of Waste			
电力、热力的生产和供应业	Production and Supply of Electric Power and Heat Power	43.02	14.14	13.68
燃气生产和供应业	Production and Distribution of Gas			
水的生产和供应业	Production and Distribution of Water	0.24	0.05	0.05

Main Economic Indicators of Collective Ownership Industrial Enterprises (2007)

(100 million yuan)

固定资产合计 Fixed Assets	固定资产原价 Original Value of Fixed Assets	固定资产净值年平均余额 Annual Average Balance of Net Value of Fixed Assets	流动负债合计 Liquid Liabilities	长期负债合计 Long-term Liabilities	所有者权益合计 Creditors' Equities	实收资本 Paid-in Capitals	主营业务收入 Revenue from Principal Business	主营业务成本 Cost of Pricipal Business	利润总额 Total Profits	利税总额 Total Pre-tax Profits
334.29	**436.75**	**300.97**	**324.73**	**61.46**	**387.57**	**223.12**	**1638.26**	**1325.26**	**199.70**	**272.24**
130.06	**182.82**	**120.16**	**87.00**	**21.13**	**156.03**	**96.69**	**511.13**	**411.72**	**60.23**	**83.72**
101.92	139.64	94.19	73.07	17.74	119.49	72.37	409.82	329.28	48.51	67.05
28.14	43.18	25.97	13.93	3.39	36.54	24.32	101.31	82.44	11.72	16.67
204.22	**253.94**	**180.82**	**237.73**	**40.34**	**231.54**	**126.43**	**1127.12**	**913.54**	**139.48**	**188.52**
68.82	78.07	64.11	32.01	12.54	93.80	45.30	439.28	334.27	77.01	95.61
76.00	97.78	65.27	106.79	16.92	56.17	28.09	308.61	265.29	25.92	38.66
59.40	78.09	51.44	98.93	10.88	81.57	53.04	379.23	313.98	36.55	54.25
86.88	127.44	76.86	74.77	16.69	78.48	49.70	214.26	174.82	22.72	30.09
92.58	121.19	82.82	118.54	19.03	108.44	60.11	412.61	341.99	40.95	60.71
154.83	188.12	141.29	131.43	25.74	200.66	113.31	1011.39	808.44	136.03	181.44
42.86	49.02	38.85	17.81	3.78	58.63	22.76	190.79	133.99	40.55	56.09
0.14	0.28	0.14	0.58		0.30	0.07	1.12	0.96	0.11	0.18
0.93	1.05	0.91	0.64	0.07	0.63	0.28	5.22	4.41	0.38	0.80
22.86	25.49	22.40	11.31	8.29	30.97	19.62	229.71	185.38	34.62	36.36
2.03	2.22	1.80	1.67	0.40	3.27	2.57	12.44	9.54	1.35	2.18
15.20	18.88	14.92	17.78	2.80	20.47	12.05	107.61	91.03	10.39	14.14
18.90	28.14	17.74	10.17	8.18	18.33	7.66	80.02	62.81	9.23	12.29
6.19	7.77	5.81	8.93	0.87	8.19	4.57	30.07	22.99	3.09	5.23
0.90	1.63	0.84	1.93		1.16	0.40	3.88	2.79	0.39	0.63
12.95	15.97	12.09	11.47	3.42	16.94	10.97	52.18	43.21	5.23	7.71
1.30	1.54	1.16	1.04	0.25	1.79	0.77	5.18	4.47	0.44	0.66
1.34	1.93	1.33	2.35	0.29	3.49	2.08	21.39	17.37	2.82	4.07
2.57	2.70	2.31	0.44	0.08	4.02	2.66	14.22	11.38	1.52	2.10
0.75	0.96	0.75	0.45		1.09	0.43	5.42	4.62	0.39	0.55
36.89	53.11	32.66	11.12	1.44	34.32	26.24	77.52	60.48	13.35	17.19
3.95	5.99	3.74	3.24	0.17	4.83	2.87	13.30	10.44	1.76	2.24
0.01	0.01	0.01	0.05		0.06	0.06	0.38	0.26	0.09	0.12
1.72	1.97	1.26	2.98	0.12	1.72	1.51	9.98	8.85	0.24	0.70
17.33	23.53	15.40	20.41	2.98	15.72	7.12	88.42	76.28	6.95	11.55
25.32	38.03	23.19	10.59	2.28	32.37	20.41	55.49	42.57	8.21	11.66
0.16	0.21	0.20	0.36	0.08	0.13	0.14	1.78	1.40	0.16	0.25
1.41	1.95	1.02	1.63		2.68	0.90	14.02	11.37	2.26	3.08
2.77	3.85	2.81	3.96	0.56	4.48	3.35	22.75	17.99	2.79	3.72
32.16	40.84	26.06	33.46	6.68	39.58	23.33	171.58	136.69	20.36	29.90
7.23	8.11	6.89	10.42	0.27	8.39	2.91	52.99	44.69	6.99	8.09
13.64	17.08	11.11	41.78	1.29	12.78	4.76	111.35	102.27	5.30	8.16
7.21	8.64	6.80	9.47	1.82	6.40	5.47	34.24	29.39	3.30	4.52
13.04	16.51	10.83	24.19	3.47	17.36	10.07	70.81	59.67	6.28	9.61
8.91	10.87	7.17	16.94	1.11	13.82	7.79	71.08	60.31	5.68	8.45
2.69	5.00	2.40	8.63	0.18	2.37	2.14	16.20	13.20	1.40	2.17
2.67	4.37	2.59	8.14	1.11	2.89	5.10	19.15	16.37	0.88	1.59
0.93	2.14	0.95	2.25	0.04	6.07	4.55	11.26	9.79	0.67	1.07
0.41	0.42	0.32	0.52	0.11	0.51	0.22	2.31	1.67	0.31	0.47
1.57	2.26	1.33	1.87	0.70	3.33	1.77	13.52	10.78	0.87	1.73
25.26	34.11	23.06	26.12	8.60	8.30	5.42	20.79	15.80	1.33	2.98
0.10	0.15	0.10	0.02		0.21	0.09	0.09	0.06	0.02	0.02

13-26 各市集体控股工业企业主要财务指标(2007年)

单位：亿元

市 City	资产总计 Total Assets	流动资产合计 Total Working Capitals	流动资产年平均余额 Annual Average Balance of Working Capitals	固定资产合计 Fixed Assets	固定资产原价 Original Value of Fixed Assets	固定资产净值年平均余额 Annual Average Balance of Net Value of Fixed Assets
全 省 Total	**781.90**	**381.73**	**368.83**	**334.29**	**436.75**	**300.97**
郑 州 市 Zhengzhou	136.33	58.71	57.14	65.12	78.53	55.52
开 封 市 Kaifeng	34.52	20.03	19.36	12.18	17.21	12.01
洛 阳 市 Luoyang	50.97	25.93	24.52	21.32	26.78	19.71
平 顶 山 市 Pingdingshan	30.39	18.23	15.36	9.79	11.43	8.17
安 阳 市 Anyang	20.25	11.75	11.76	6.47	9.71	5.64
鹤 壁 市 Hebi	38.77	20.88	19.56	12.24	15.33	11.81
新 乡 市 Xinxiang	168.48	69.01	72.66	87.18	123.73	75.29
焦 作 市 Jiaozuo	28.32	16.30	15.71	10.89	15.36	8.62
濮 阳 市 Puyang	21.01	13.63	13.22	5.62	6.81	5.59
许 昌 市 Xuchang	22.62	10.25	9.50	10.14	13.62	9.59
漯 河 市 Luohe	42.05	20.50	19.74	19.18	29.22	19.01
三 门 峡 市 Sanmenxia	67.75	32.89	32.12	32.29	36.03	31.73
南 阳 市 Nanyang	42.88	23.51	22.70	14.00	20.24	13.13
商 丘 市 Shangqiu	15.00	8.99	6.33	4.53	5.17	3.63
信 阳 市 Xinyang	20.51	10.72	10.47	5.69	6.44	5.39
周 口 市 Zhoukou	24.25	12.65	11.66	9.15	10.73	8.12
驻 马 店 市 Zhumadian	14.50	6.82	6.11	6.41	7.79	6.08
济 源 市 Jiyuan	3.30	0.94	0.91	2.07	2.63	1.95

Main Indicators on Economic Benefit of Collective-owned Industrial Enterprises by City (2007)

(100 million yuan)

流动负债合计 Liquid Liabilities	长期负债合计 Long-term Liabilities	所有者权益合计 Creditors' Equities	实收资本 Paid-in Capitals	主营业务收入 Revenue from Principal Business	主营业务成本 Cost of Pricipal Business	利润总额 Total Profits	利税总额 Total Pre-tax Profits
324.73	**61.46**	**387.57**	**223.12**	**1638.26**	**1325.26**	**199.70**	**272.24**
49.99	7.35	77.94	34.53	288.10	216.63	52.65	71.95
11.43	2.31	20.54	13.60	76.45	61.10	10.16	13.65
32.76	2.10	15.98	8.59	94.68	85.90	3.90	7.61
14.88	2.10	12.61	5.71	73.21	61.73	6.04	9.23
12.25	2.08	5.89	4.34	35.63	30.71	2.68	3.88
16.87	1.06	19.10	7.53	86.02	72.81	7.14	10.04
76.33	10.68	81.33	59.17	225.58	193.82	21.04	29.09
13.45	2.93	11.65	5.55	60.58	47.90	9.20	14.30
8.32	1.06	11.61	10.54	46.20	35.36	6.85	8.48
9.09	1.06	12.26	5.84	58.49	43.10	7.65	13.45
12.20	8.91	20.93	7.27	96.69	75.26	12.60	15.04
19.15	10.21	38.12	24.20	253.75	204.44	37.79	40.36
20.93	3.69	16.38	9.24	80.31	65.72	6.01	10.81
7.73	1.97	4.85	2.48	37.62	32.33	2.87	4.30
6.02	1.39	12.52	7.12	30.41	22.30	3.11	5.00
7.66	1.12	15.28	10.29	35.51	25.69	5.53	8.89
4.65	1.33	8.42	5.86	45.50	38.94	3.27	4.45
1.02	0.11	2.17	1.24	13.54	11.53	1.20	1.72

13–27 规模以上工业企业主要经济效益指标(2007年)

行业	Sector	合计 总资产贡献率(%) Ratio of Total Assets to Industrial Output Value (%)	成本费用利润率(%) Ratio of Profits to Industrial Cost (%)	资产负债率(%) Assets-Liability Ratio (%)	产品销售率(%) Proportion of Products Sold (%)	流动资产周转次数(次/年) Number of Times of Annual of Turnover Working Capitals (times/year)
总计	**Total**	**23.5**	**11.6**	**57.8**	**98.3**	**3.5**
按轻重工业分	**Grouped by Light & Heavy Industry**					
轻工业	Light Industry	32.4	12.6	49.5	98.2	3.9
以农产品为原料	Using Farm Products as Raw Materials	35.6	12.8	49.7	98.2	4.1
以非农产品为原料	Using Non-Farm Products as Raw Materials	23.7	11.9	48.7	98.0	3.2
重工业	Heavy Industry	20.9	11.2	60.2	98.3	3.4
采掘工业	Mining and Quarrying	22.1	15.4	56.7	99.1	3.5
原料工业	Raw Materials Industry	18.2	9.3	63.5	98.3	3.8
加工工业	Manufacturing Industry	24.4	11.6	57.4	98.0	3.0
按企业规模分	**Grouped by Size of Enterprises**					
大型企业	Large Enterprises	14.8	8.8	62.9	98.1	2.7
中型企业	Medium-sized Enterprises	21.6	11.2	59.1	98.3	3.3
小型企业	Small Enterprises	39.8	14.0	47.9	98.4	4.9

行业	Sector	国有控股 State-owned and State-holding 总资产贡献率(%) Ratio of Total Assets to Industrial Output Value (%)	成本费用利润率(%) Ratio of Profits to Industrial Cost (%)	资产负债率(%) Assets-Liability Ratio (%)	产品销售率(%) Proportion of Products Sold (%)	流动资产周转次数(次/年) Number of Times of Annual of Turnover Circulating Funds (times/year)
总计	**Total**	**13.0**	**6.9**	**65.0**	**98.5**	**2.7**
按轻重工业分	**Grouped by Light & Heavy Industry**					
轻工业	Light Industry	21.8	6.4	62.0	98.0	2.5
以农产品为原料	Using Farm Products as Raw Materials	29.6	7.4	62.3	98.1	2.9
以非农产品为原料	Using Non-Farm Products as Raw Materials	4.5	2.0	61.2	97.3	1.5
重工业	Heavy Industry	11.8	6.9	65.4	98.6	2.7
采掘工业	Mining and Quarrying	13.6	9.7	61.6	99.6	2.8
原料工业	Raw Materials Industry	12.4	6.4	66.6	98.1	3.5
加工工业	Manufacturing Industry	7.1	4.4	68.7	98.8	1.4
按企业规模分	**Grouped by Size of Enterprises**					
大型企业	Large Enterprises	13.4	8.0	64.2	98.1	2.6
中型企业	Medium-sized Enterprises	13.0	4.7	64.6	99.2	2.8
小型企业	Small Enterprises	9.0	4.9	75.3	98.5	2.4

Main Economic Beneficial Indicators of Industrial Enterprises above Designated Size (2007)

Total	公有制				Public-owned	
全员劳动生产率 (元/人.年) Overall Labour Productivity of Industrial Enterpreses (yuan/person.year)	总资产贡献率 (%) Ratio of Total Assets to Industrial Output Value (%)	成本费用利润率 (%) Ratio of Profits to Industrial Cost (%)	资产负债率 (%) Assets-Liability Ratio (%)	产品销售率 (%) Proportion of Products Sold (%)	流动资产周转次数 (次/年) Number of Times of Annual of Turnover Working Capitals (times/year)	全员劳动生产率 (元/人.年) Over Labour Productivity of Industrial Enterpreses (yuan/person.year)
142201	**15.3**	**8.3**	**63.6**	**98.4**	**2.9**	**137865**
120773	24.4	8.7	57.3	98.0	2.9	124795
126443	30.6	9.4	57.6	98.1	3.3	142198
103645	9.0	5.8	56.5	97.7	2.0	71400
154042	13.8	8.2	64.7	98.5	2.9	141598
108162	17.3	12.2	59.7	99.5	3.3	96185
247693	13.0	6.7	66.7	98.1	3.5	254017
125438	10.3	6.3	67.1	98.2	1.8	103769
161130	13.7	8.2	63.8	98.1	2.6	155710
137542	14.3	5.8	63.8	98.8	2.9	113718
132982	27.8	12.8	61.8	98.7	4.3	124691

	非公有制企业				Non-public-owned	
全员劳动生产率 (元/人.年) Over Labour Productivity of Industrial Enterpreses (yuan/person.year)	总资产贡献率 (%) Ratio of Total Assets to Industrial Output Value (%)	成本费用利润率 (%) Ratio of Profits to Industrial Cost (%)	资产负债率 (%) Assets-Liability Ratio (%)	产品销售率 (%) Proportion of Products Sold (%)	流动资产周转次数 (次/年) Number of Times of Annual of Turnover Circulating Funds (times/year)	全员劳动生产率 (元/人.年) Over Labour Productivity of Industrial Enterpreses (yuan/person.year)
137963	**34.8**	**14.2**	**49.7**	**98.2**	**4.2**	**145530**
132251	37.0	14.0	44.9	98.2	4.4	119260
164369	38.4	14.1	45.3	98.2	4.6	120518
52436	32.9	13.8	43.9	98.1	3.9	115482
139156	33.7	14.2	52.2	98.2	4.1	167818
83239	55.7	27.5	36.2	97.9	4.7	155522
264253	28.6	12.6	57.2	98.5	4.2	240771
96750	35.0	13.6	50.1	98.0	4.0	136290
155397	20.3	11.1	58.7	98.2	2.8	184289
111911	30.6	15.1	53.3	97.9	3.7	155123
90773	43.4	14.3	43.7	98.4	5.1	135041

13-28 分行业规模以上工业企业主要经济效益指标(2007年)

行业	Sector	总资产贡献率(%) Ratio of Total Assets to Industrial Output Value (%)
总 计	**Total**	**23.5**
煤炭开采和洗选业	Mining and Washing of Coal	19.6
石油和天然气开采业	Extraction of Petroleum and Natural Gas	13.3
黑色金属矿采选业	Mining of Ferrous Metal Ores	34.1
有色金属矿采选业	Mining of Non-ferrous Metal Ores	56.1
非金属矿采选业	Mining and Processing of Nonmetal Ores	60.4
其他采矿业	Mining of Other Ores n.e.c	71.3
农副食品加工业	Processing of Food From Agricultural Products	40.2
食品制造业	Manufacture of Foods	31.7
饮料制造业	Manufacture of Beverage	29.5
烟草制品业	Manufacture of Tobacco	75.9
纺织业	Manufacture of Textile	23.9
纺织服装、鞋、帽制造业	Manufacture of Textile Wearing Apparel, Footware, and Caps	25.6
皮革、毛皮、羽毛(绒)及其制品业	Manufacture of Leather, Fur, Feather and Its Products	54.0
木材加工及木、竹、藤、棕、草制品业	Processing of Timbers, Manufacture of Wood, Bamboo, Rattan, Palm, and Straw Products	47.9
家具制造业	Manufacture of Furniture	80.0
造纸及纸制品业	Manufacture of Paper and Paper Products	35.3
印刷业和记录媒介的复制	Printing,Reproduction of Recording Media	26.1
文教体育用品制造业	Manufacture of Articles for Culture,Education and Sport Activity	44.5
石油加工、炼焦及核燃料加工业	Processing of Petroleum ,Coking,Processing of Nucleus Fuel	22.2
化学原料及化学制品制造业	Manufacture of Chemical Raw Material and Chemical Products	21.9
医药制造业	Manufacture of Medicines	20.6
化学纤维制造业	Manufacture of Chemical Fibers	8.2
橡胶制品业	Manufacture of Rubber	35.4
塑料制品业	Manufacture of Plastic	36.8
非金属矿物制品业	Manufacture of Non-metallic Mineral Products	33.9
黑色金属冶炼及压延加工业	Manufacture and Processing of Ferrous Metals	24.9
有色金属冶炼及压延加工业	Manufacture and Processing of Non-ferrous Metals	25.7
金属制品业	Manufacture of Metal Products	33.0
通用设备制造业	Manufacture of General Purpose Machinery	26.0
专用设备制造业	Manufacture of Special Purpose Machinery	20.7
交通运输设备制造业	Manufacture of Transport Equipment	19.1
电气机械及器材制造业	Manufacture of Electrical Machinery and Equipment	16.4
通信设备、计算机及其他电子设备制造业	Manufacture of Communication Equipment , Computer and Other Electronic Equipment	8.4
仪器仪表及文化、办公用机械制造业	Manufacture of Measuring Instrument and Machinery for Cultural Activity and Office Work	18.6
工艺品及其他制造业	Manufacture of Artwork, Other Manufacture n.e.c	45.4
废弃资源和废旧材料回收加工业	Recycling and Disposal of Waste	44.8
电力、热力的生产和供应业	Production and Supply of Electric Power and Heat Power	10.1
燃气生产和供应业	Production and Distribution of Gas	8.6
水的生产和供应业	Production and Distribution of Water	1.1

Main Economic Beneficial Indicators of Industrial Enterprises above Designated Size by Sector(2007)

成本费用利润率 (%) Ratio of Profits to Industrial Cost (%)	资产负债率 (%) Assets-Liability Ratio (%)	产品销售率 (%) Proportion of Products Sold (%)	流动资产周转次数 (次/年) Number of Times of Annual of Turnover Working Capitals (times/year)	全员劳动生产率 (元/人.年) Over Labour Productivity of Industrial Enterpreses (yuan/person.year)
11.6	**57.8**	**98.3**	**3.5**	**142201**
15.5	59.3	98.9	3.0	79126
6.9	56.6	99.9	3.5	155487
14.1	52.8	98.7	3.7	145341
22.5	44.6	99.1	5.6	270845
14.8	26.6	98.9	6.8	174680
4.9	61.5	96.8	9.7	127600
11.3	44.2	98.4	6.2	166177
14.1	55.3	96.8	3.5	114580
13.0	56.0	97.4	3.7	129330
18.1	56.4	99.7	1.9	671467
10.4	51.5	98.5	3.1	68649
12.2	46.3	98.3	2.9	73391
21.2	43.9	98.7	3.9	173357
14.6	36.7	98.9	6.0	98591
12.8	24.8	98.6	10.5	94809
15.3	45.2	99.1	5.2	148911
12.4	43.4	98.1	3.2	152948
12.2	44.5	97.8	4.9	104757
3.1	73.5	99.0	6.2	510990
11.3	55.6	98.3	3.4	156033
12.9	46.8	97.9	2.8	121718
5.0	65.7	96.2	2.0	66784
11.2	54.4	99.5	5.5	146506
13.5	40.9	98.6	4.6	125420
14.2	51.7	98.4	4.1	141535
9.3	60.0	98.1	4.5	317651
13.7	60.5	98.7	3.4	310683
12.4	49.8	98.1	4.1	135030
11.7	57.1	98.2	3.0	118751
9.6	62.9	97.8	2.7	94621
10.2	61.1	97.3	2.7	104577
10.5	59.1	97.0	1.9	145889
4.1	61.6	96.7	1.6	143425
14.3	50.9	97.4	1.7	128875
11.4	43.7	98.0	4.5	109341
4.0	57.3	99.1	10.6	617768
5.4	68.3	97.7	3.4	219818
9.2	57.0	99.6	1.9	64578
-4.8	53.9	97.3	0.8	25164

13-29 分行业规模以上国有控股工业企业主要经济效益指标(2007年)

行 业	Sector	总资产贡献率(%) Ratio of Total Assets to Industrial Output Value (%)
总 计	**Total**	**13.0**
煤炭开采和洗选业	Mining and Washing of Coal	12.9
石油和天然气开采业	Extraction of Petroleum and Natural Gas	13.3
黑色金属矿采选业	Mining of Ferrous Metal Ores	18.7
有色金属矿采选业	Mining of Non-ferrous Metal Ores	26.2
非金属矿采选业	Mining and Processing of Nonmetal Ores	29.0
其他采矿业	Mining of Other Ores n.e.c	
农副食品加工业	Processing of Food From Agricultural Products	23.4
食品制造业	Manufacture of Foods	18.7
饮料制造业	Manufacture of Beverage	12.6
烟草制品业	Manufacture of Tobacco	77.3
纺织业	Manufacture of Textile	4.3
纺织服装、鞋、帽制造业	Manufacture of Textile Wearing Apparel, Footware, and Caps	11.2
皮革、毛皮、羽毛(绒)及其制品业	Manufacture of Leather, Fur, Feather and Its Products	23.5
木材加工及木、竹、藤、棕、草制品业	Processing of Timbers, Manufacture of Wood, Bamboo, Rattan, Palm, and Straw Products	6.8
家具制造业	Manufacture of Furniture	4.9
造纸及纸制品业	Manufacture of Paper and Paper Products	12.3
印刷业和记录媒介的复制	Printing,Reproduction of Recording Media	3.8
文教体育用品制造业	Manufacture of Articles for Culture,Education and Sport Activity	
石油加工、炼焦及核燃料加工业	Processing of Petroleum ,Coking,Processing of Nucleus Fuel	-2.3
化学原料及化学制品制造业	Manufacture of Chemical Raw Material and Chemical Products	8.5
医药制造业	Manufacture of Medicines	4.7
化学纤维制造业	Manufacture of Chemical Fibers	7.0
橡胶制品业	Manufacture of Rubber	13.2
塑料制品业	Manufacture of Plastic	10.8
非金属矿物制品业	Manufacture of Non-metallic Mineral Products	7.4
黑色金属冶炼及压延加工业	Manufacture and Processing of Ferrous Metals	12.0
有色金属冶炼及压延加工业	Manufacture and Processing of Non-ferrous Metals	23.1
金属制品业	Manufacture of Metal Products	12.6
通用设备制造业	Manufacture of General Purpose Machinery	5.1
专用设备制造业	Manufacture of Special Purpose Machinery	8.6
交通运输设备制造业	Manufacture of Transport Equipment	6.9
电气机械及器材制造业	Manufacture of Electrical Machinery and Equipment	7.5
通信设备、计算机及其他电子设备制造业	Manufacture of Communication Equipment , Computer and Other Electronic Equipment	2.7
仪器仪表及文化、办公用机械制造业	Manufacture of Measuring Instrument and Machinery for Cultural Activity and Office Work	5.1
工艺品及其他制造业	Manufacture of Artwork, Other Manufacture n.e.c	96.7
废弃资源和废旧材料回收加工业	Recycling and Disposal of Waste	
电力、热力的生产和供应业	Production and Supply of Electric Power and Heat Power	10.3
燃气生产和供应业	Production and Distribution of Gas	6.7
水的生产和供应业	Production and Distribution of Water	0.9

Main Indicators on Economic Benefit of State-holding Industrial Enterprises above Designated Size by Sector(2007)

成本费用利润率 (%) Ratio of Profits to Industrial Cost (%)	资产负债率 (%) Assets-Liability Ratio (%)	产品销售率 (%) Proportion of Products Sold (%)	流动资产周转次数 (次/年) Number of Times of Annual of Turnover Working Capitals (times/year)	全员劳动生产率 (元/人.年) Over Labour Productivity of Industrial Enterpreses (yuan/person.year)
6.9	**65.0**	**98.5**	**2.7**	**137963**
10.7	63.9	99.1	2.5	61305
6.9	56.6	99.9	3.5	156639
14.9	58.4	97.4	3.1	153434
10.5	59.9	101.3	4.6	197753
9.5	55.5	97.3	3.3	124797
5.5	58.4	99.0	6.7	140788
12.5	77.5	91.0	1.6	158800
4.5	78.4	97.4	2.2	109566
18.4	56.2	99.8	1.9	826676
-0.3	62.7	99.1	1.8	53343
1.0	97.5	101.8	4.5	120118
9.1	51.5	99.5	2.7	279950
4.2	80.5	98.9	3.0	233314
-2.9	139.7	104.6	2.0	65217
7.1	60.8	102.1	2.4	168890
-0.4	31.6	98.7	1.6	50455
-5.3	96.5	100.1	9.2	1107191
5.7	64.1	99.1	2.2	169319
1.8	63.0	96.6	2.2	82285
4.3	65.5	95.8	1.8	54045
2.3	71.9	101.0	4.1	176511
9.0	43.2	99.0	1.9	543864
3.4	67.3	99.1	1.6	102446
5.7	62.8	97.3	3.1	256505
15.4	62.5	98.4	2.9	333483
7.5	67.0	104.7	1.6	138863
3.2	72.5	101.8	1.1	105580
4.7	73.2	99.0	1.9	68490
5.6	63.3	97.8	1.3	60889
7.5	65.8	94.9	0.8	187036
-5.2	70.6	100.2	1.1	112004
4.6	54.3	100.8	1.3	79841
2.7	75.6	100.0	19.7	3453529
5.3	67.7	97.6	3.9	227095
7.4	58.2	99.7	2.0	58635
-6.0	53.9	97.2	0.8	23901

13-30 分行业规模以上非公有制工业企业主要经济效益指标(2007年)

行业	Sector	总资产贡献率(%) Ratio of Total Assets to Industrial Output Value (%)
总　计	**Total**	**34.8**
煤炭开采和洗选业	Mining and Washing of Coal	48.6
石油和天然气开采业	Extraction of Petroleum and Natural Gas	103.6
黑色金属矿采选业	Mining of Ferrous Metal Ores	37.0
有色金属矿采选业	Mining of Non-ferrous Metal Ores	72.1
非金属矿采选业	Mining and Processing of Nonmetal Ores	65.7
其他采矿业	Mining of Other Ores n.e.c	71.3
农副食品加工业	Processing of Food From Agricultural Products	46.2
食品制造业	Manufacture of Foods	35.7
饮料制造业	Manufacture of Beverage	35.0
烟草制品业	Manufacture of Tobacco	7.4
纺织业	Manufacture of Textile	29.4
纺织服装、鞋、帽制造业	Manufacture of Textile Wearing Apparel, Footware, and Caps	25.9
皮革、毛皮、羽毛(绒)及其制品业	Manufacture of Leather, Fur, Feather and Its Products	54.1
木材加工及木、竹、藤、棕、草制品业	Processing of Timbers, Manufacture of Wood, Bamboo, Rattan, Palm, and Straw Products	50.2
家具制造业	Manufacture of Furniture	84.0
造纸及纸制品业	Manufacture of Paper and Paper Products	41.2
印刷业和记录媒介的复制	Printing,Reproduction of Recording Media	31.3
文教体育用品制造业	Manufacture of Articles for Culture,Education and Sport Activity	42.9
石油加工、炼焦及核燃料加工业	Processing of Petroleum ,Coking,Processing of Nucleus Fuel	47.1
化学原料及化学制品制造业	Manufacture of Chemical Raw Material and Chemical Products	29.7
医药制造业	Manufacture of Medicines	21.8
化学纤维制造业	Manufacture of Chemical Fibers	32.0
橡胶制品业	Manufacture of Rubber	50.1
塑料制品业	Manufacture of Plastic	37.2
非金属矿物制品业	Manufacture of Non-metallic Mineral Products	43.0
黑色金属冶炼及压延加工业	Manufacture and Processing of Ferrous Metals	38.6
有色金属冶炼及压延加工业	Manufacture and Processing of Non-ferrous Metals	29.3
金属制品业	Manufacture of Metal Products	35.9
通用设备制造业	Manufacture of General Purpose Machinery	36.4
专用设备制造业	Manufacture of Special Purpose Machinery	34.2
交通运输设备制造业	Manufacture of Transport Equipment	23.5
电气机械及器材制造业	Manufacture of Electrical Machinery and Equipment	28.3
通信设备、计算机及其他电子设备制造业	Manufacture of Communication Equipment , Computer and Other Electronic Equipment	15.5
仪器仪表及文化、办公用机械制造业	Manufacture of Measuring Instrument and Machinery for Cultural Activity and Office Work	26.8
工艺品及其他制造业	Manufacture of Artwork, Other Manufacture n.e.c	46.6
废弃资源和废旧材料回收加工业	Recycling and Disposal of Waste	44.8
电力、热力的生产和供应业	Production and Supply of Electric Power and Heat Power	8.9
燃气生产和供应业	Production and Distribution of Gas	16.6
水的生产和供应业	Production and Distribution of Water	7.2

Main Indicators on Economic Benefit of Non-Public-Owned Industrial Enterprises by Sector(2007)

成本费用利润率 (%) Ratio of Profits to Industrial Cost (%)	资产负债率 (%) Assets-Liability Ratio (%)	产品销售率 (%) Proportion of Products Sold (%)	流动资产周转次数 (次/年) Number of Times of Annual of Turnover Working Capitals (times/year)	全员劳动生产率 (元/人.年) Over Labour Productivity of Industrial Enterpreses (yuan/person.year)
14.2	**49.7**	**98.2**	**4.2**	**145530**
26.3	37.3	98.3	4.7	115441
30.2	24.2	97.0	7.9	153865
14.6	51.1	98.8	3.5	161722
47.1	34.2	96.1	3.9	303576
15.3	22.4	98.9	7.7	193207
4.9	61.5	96.8	9.7	127602
13.6	38.7	98.5	6.1	168023
14.6	47.2	97.7	4.1	115087
14.9	48.5	97.2	4.3	135035
1.0	73.2	95.5	0.9	81819
12.0	48.7	98.4	3.4	74054
12.7	45.9	98.2	2.9	65039
22.1	43.6	98.7	3.9	166498
15.0	36.1	98.8	5.9	100947
13.2	23.9	98.5	10.7	97120
15.1	45.9	98.7	5.8	149003
12.8	46.9	97.6	3.4	159262
11.7	44.6	97.8	5.0	98265
16.3	50.9	97.8	4.5	357286
13.7	49.8	98.5	4.0	149336
13.5	48.3	98.1	2.7	123258
9.5	70.5	98.4	6.6	142898
15.6	41.4	98.7	6.6	137450
13.5	39.7	98.8	4.8	108736
15.5	46.0	98.4	4.8	152166
10.8	57.0	98.3	5.6	362025
13.6	56.4	98.8	4.0	294843
12.9	45.8	97.8	4.6	137552
13.4	49.1	97.8	4.0	124914
13.3	51.3	97.2	3.8	109837
11.0	59.6	97.4	3.3	126225
12.0	49.1	97.6	3.4	135033
11.0	55.3	97.8	2.4	129577
18.3	48.6	96.2	1.8	141505
12.1	43.0	97.7	4.4	106859
4.0	57.3	99.1	10.6	579062
6.7	70.4	98.8	1.7	200292
15.7	51.9	99.3	1.7	93778
26.4	59.4	100	1.1	64546

13-31 各市规模以上工业企业主要经济效益指标(2007年)
Main Economic Beneficial Indicators of Industrial Enterprises above Designated Size by City(2007)

年份 市	Year City	总资产贡献率 (%) Ratio of Total Assets to Industrial Output Value (%)	成本费用利润率 (%) Ratio of Profits to Industrial Cost (%)	资产负债率 (%) Assets-Liability Ratio (%)	产品销售率 (%) Proportion of Products Sold (%)	流动资产周转次数 (次/年) Number of Times of Annual of of Turnover Working Capitals (times/year)	全员劳动生产率 (元/人.年) Over Labour Productivity of Industrial Enterpreses (yuan/person.year)
	1998	7.6	2.7	67.3	97.2	1.4	25496
	1999	7.3	2.8	65.9	97.8	1.4	27753
	2000	8.6	4.5	66.4	98.0	1.5	33643
	2001	8.1	4.1	65.7	97.9	1.6	37827
	2002	9.4	4.7	63.9	98.3	1.7	44368
	2003	10.7	5.2	64.3	98.5	2.0	55278
	2004	23.0	6.0	62.4	98.4	2.2	76834
	2005	15.7	6.9	61.6	98.4	2.7	88950
	2006	20.7	9.1	60.3	97.0	3.2	111021
	2007	23.5	11.6	57.8	98.3	3.5	142201
郑州市	Zhengzhou	28.3	13.2	58.5	98.4	3.7	160520
开封市	Kaifeng	27.2	13.8	47.8	98.4	3.5	93149
洛阳市	Luoyang	16.7	9.4	61.6	96.9	2.9	187481
平顶山市	Pingdingshan	14.1	8.7	61.6	97.6	2.4	109229
安阳市	Anyang	27.1	10.6	61.0	98.3	4.1	165364
鹤壁市	Hebi	17.9	7.3	61.4	97.1	3.7	120156
新乡市	Xinxiang	16.1	9.7	58.5	98.3	2.8	118844
焦作市	Jiaozuo	37.6	15.3	60.0	99.2	4.3	144355
濮阳市	Puyang	19.7	11.6	55.1	98.9	4.3	179735
许昌市	Xuchang	36.0	14.6	49.9	97.8	3.4	150063
漯河市	Luohe	36.4	12.7	48.9	98.8	5.5	138584
三门峡市	Sanmenxia	23.1	13.5	64.0	99.5	3.8	162129
南阳市	Nanyang	24.0	9.0	55.9	98.5	3.5	117028
商丘市	Shangqiu	17.8	10.6	61.0	97.2	4.5	161877
信阳市	Xinyang	20.4	6.8	50.2	98.2	4.7	104995
周口市	Zhoukou	32.4	20.6	48.7	98.2	2.8	123873
驻马店市	Zhumadian	18.1	7.8	56.7	99.3	3.8	89521
济源市	Jiyuan	13.5	6.9	49.8	99.4	3.6	238464

13-32 各市规模以上国有控股工业企业主要经济效益指标(2007年)

Main Indicators on Economic Benefit of State-Holding Industrial Enterprises by City (2007)

市	City	总资产贡献率 (%) Ratio of Total Assets to Industrial Output Value (%)	成本费用利润率 (%) Ratio of Profits to Industrial Cost (%)	资产负债率 (%) Assets-Liability Ratio (%)	产品销售率 (%) Proportion of Products Sold (%)	流动资产周转次数 (次/年) Number of Times of Annual of Turnover Working Capitals (times/year)	全员劳动生产率 (元/人.年) Over Labour Productivity of Industrial Enterpreses (yuan/person.year)
全　　省	**Total**	**13.0**	**6.9**	**65.0**	**98.5**	**2.7**	**137963**
郑　州　市	Zhengzhou	14.0	7.0	71.1	99.9	2.3	112246
开　封　市	Kaifeng	5.4	0.8	77.4	98.7	1.7	57958
洛　阳　市	Luoyang	12.6	7.3	63.3	96.9	2.5	204800
平顶山市	Pingdingshan	9.3	4.6	65.5	97.8	2.2	93543
安　阳　市	Anyang	12.8	4.3	65.6	98.0	2.9	181059
鹤　壁　市	Hebi	8.2	2.6	67.5	99.1	1.8	66753
新　乡　市	Xinxiang	9.0	6.7	72.9	97.9	2.1	97367
焦　作　市	Jiaozuo	18.9	11.1	66.8	99.0	3.4	139240
濮　阳　市	Puyang	9.2	3.6	62.2	99.8	3.1	153781
许　昌　市	Xuchang	20.6	13.7	62.6	99.2	1.6	216862
漯　河　市	Luohe	28.9	6.3	52.9	100.4	6.6	156308
三门峡市	Sanmenxia	12.5	6.3	69.7	99.7	3.3	113194
南　阳　市	Nanyang	17.4	7.2	57.2	99.3	3.1	123205
商　丘　市	Shangqiu	15.3	13.1	67.1	97.9	3.5	200306
信　阳　市	Xinyang	12.3	3.4	69.4	99.2	4.5	116725
周　口　市	Zhoukou	15.8	8.5	71.2	95.2	2.1	138091
驻马店市	Zhumadian	15.4	5.2	76.4	99.7	3.6	116657
济　源　市	Jiyuan	8.8	6.7	44.5	99.5	2.6	338385

13–33 各市规模以上非公有制工业企业主要经济效益指标(2007年)

Main Economic Beneficial Indicators of Non-Public-Owned Industrial Enterprises by City (2007)

市	City	总资产贡献率 (%) Ratio of Total Assets to Industrial Output Value (%)	成本费用利润率 (%) Ratio of Profits to Industrial Cost (%)	资产负债率 (%) Assets-Liability Ratio (%)	产品销售率 (%) Proportion of Products Sold (%)	流动资产周转次数 (次/年) Number of Times of Annual of Turnover Working Capitals (times/year)	全员劳动生产率 (元/人.年) Over Labour Productivity of Industrial Enterpreses (yuan/person.year)
全　省	**Total**	**34.8**	**14.2**	**49.7**	**98.2**	**4.2**	**145530**
郑州市	Zhengzhou	35.2	14.0	51.6	98.0	4.4	189981
开封市	Kaifeng	35.5	15.9	34.5	98.2	4.1	97159
洛阳市	Luoyang	30.0	14.4	55.5	97.2	3.8	161930
平顶山市	Pingdingshan	24.8	17.1	52.0	97.5	2.8	142756
安阳市	Anyang	45.5	14.1	54.6	98.4	5.3	174629
鹤壁市	Hebi	32.5	8.5	54.5	97.1	5.9	169049
新乡市	Xinxiang	20.7	10.5	50.0	98.0	3.1	113031
焦作市	Jiaozuo	49.4	16.7	55.5	99.2	4.7	146690
濮阳市	Puyang	68.1	19.6	21.6	98.4	7.4	218938
许昌市	Xuchang	45.2	14.8	41.6	97.5	4.3	139347
漯河市	Luohe	39.9	17.3	46.4	98.3	5.0	136661
三门峡市	Sanmenxia	29.1	20.5	60.7	99.2	3.3	198873
南阳市	Nanyang	31.1	10.1	53.8	98.2	3.7	119442
商丘市	Shangqiu	25.2	7.6	37.7	96.6	6.7	134754
信阳市	Xinyang	23.8	7.4	41.7	98.1	5.1	109997
周口市	Zhoukou	40.6	26.0	37.9	99.2	3.1	129288
驻马店市	Zhumadian	18.4	8.5	48.2	99.4	3.6	91753
济源市	Jiyuan	21.3	7.0	59.7	99.3	4.4	213038

13-34 规模以下工业主要指标(2007年)

Main Indicators of Industrial Enterprises below Designated Size (2007)

项 目	Item	企业单位数(个) Number of Enterprises (unit)	工业增加值(万元) Value Added of Industry (10 000 yuan)	增加值指数(上年=100) Indices of Value Added of Industry (Preceding year=100)	平均从业人员(万人) Number of Employed persons (10 000 persons)
规模以下工业企业合计	**Enterprises Below Designated size**	**75134**	**8292684**	**112.6**	**218.22**
按登记注册类型分	By Registration status				
内资企业	Domestic Funded Enterprises	74784	8255872	112.6	216.24
国有企业	State-owned Industry	234	20328	116.2	1.90
集体企业	Collective-owned Industry	5782	662041	107.7	18.05
股份合作企业	Cooperative Enterprises	714	72971	107.6	2.62
联营企业	Joint Ownership Enterprises	263	29762	111.6	0.84
#集体联营	Collective Joint Ownership Enterprises	127	14397	106.7	0.35
有限责任公司	Limited Liability Corporations	4151	432392	111.9	14.51
#国有独资公司	Sole State-funded Corporations	10	962	135.6	0.04
股份有限公司	Share Holding Enterprises	693	75310	110.3	2.65
私营企业	Private Enterprises	61335	6811058	113.2	172.03
其他企业	Other Enterprises	1612	152010	115.8	3.64
港澳台商投资企业	Enterprises with Funds from Hong Kong, Macao and Taiwan	152	19101	116.8	1.16
外商投资企业	Foreign Funded Enterprises	198	17711	114.2	0.82
按控股经济分	**By Holding status**				
公有制	Public-owned	7554	842806	108.1	25.55
国有及国有控股	State-owned and State-holding	793	79522	113.3	4.10
集体及集体控股	Collective-owned and Collective-holding	6761	763284	107.6	21.45
非公有制	Non-Public-owned	67580	7449878	113.2	192.67
按轻重工业分	Grouped by Light & Heavy Industry				
轻工业	Enterprises of Light Industry	26854	2814619	112.5	93.81
以农产品为原料	Using Farm Products as Raw Materials	20070	2138540	112.0	75.59
以非农产品为原料	Using Non-Farm Products as Raw Materials	6784	676079	114.4	18.22
重工业	Heavy Industry	48280	5478065	112.7	124.41
采掘工业	Mining and Quarrying	5284	730045	112.6	13.39
原料工业	Raw Materials Industry	8362	987958	412.5	19.18
加工工业	Manufacturing Industry	34634	3760062	112.8	91.84
城乡个体工业单位合计	**Individual Owned Industry**	**705807**	**12410060**	**107.5**	**370.46**
按轻重工业分	Grouped by Light & Heavy Industry				
轻工业	Enterprises of Light Industry	496208	6692817	108.4	197.25
以农产品为原料	Using Farm Products as Raw Materials	421992	5197693	107.8	155.85
以非农产品为原料	Using Non-Farm Products as Raw Materials	74216	1495124	110.2	41.40
重工业	Heavy Industry	209599	5717243	106.4	173.21
采掘工业	Mining and Quarrying	29776	1630516	105.6	39.10
原料工业	Raw Materials Industry	60441	1342625	105.3	39.50
加工工业	Manufacturing Industry	119382	2744102	107.4	94.61

注：该表数据为抽样调查推算数据(下同)。

a) The data in this table are calculated on the basis of sample survey (the following table is the same).

13-35 规模以下工业企业分行业主要指标(2007年)

Main Indicators of Industrial Enterprises below Designated Size by Industrial Sector (2007)

行 业	Sector	单位数 (个) Number of Enterprises (unit)	工业增加值 (万元) Value Added of Industry (10000 yuan)	平均从业人员 (万人) Number of Employed persons (10 000 persons)
总 计	**Total**	**75134**	**8292684**	**218.22**
煤炭开采和洗选业	Mining and Washing of Coal	536	157049	2.77
石油和天然气开采业	Extraction of Petroleum and Natural Gas	9	291	0.01
黑色金属矿采选业	Mining of Ferrous Metal Ores	916	117029	2.21
有色金属矿采选业	Mining of Non-ferrous Metal Ores	669	96229	2.08
非金属矿采选业	Mining and Processing of Nonmetal Ores	3116	357307	6.25
其他采选业	Mining of Other Ores n.e.c	38	2140	0.06
农副食品加工业	Processing of Food From Agricultural Products	8089	834228	41.46
食品制造业	Manufacture of Foods	2286	226169	5.61
饮料制造业	Manufacture of Beverage	1390	155653	3.17
烟草制品业	Manufacture of Tobacco	10	860	0.02
纺织业	Manufacture of Textile	1691	189663	6.94
纺织服装、鞋、帽制造业	Manufacture of Textile Wearing Apparel, Footware, and Caps	976	98584	3.84
皮革、毛皮、羽毛(绒)及其制品业	Manufacture of Leather, Fur, Feather and Its Products	804	92927	2.23
木材加工及木、竹、藤、棕、草制品业	Processing of Timbers, Manufacture of Wood, Bamboo, Rattan, Palm, and Straw Products	4426	523142	9.95
家具制造业	Manufacture of Furniture	2082	213410	3.43
造纸及纸制品业	Manufacture of Paper and Paper Products	1314	152035	3.74
印刷业和记录媒介的复制	Printing,Reproduction of Recording Media	1307	118222	2.89
文教体育用品制造业	Manufacture of Articles for Culture,Education and Sport Activity	160	14448	0.72
石油加工、炼焦业及核燃料加工业	Processing of Petroleum ,Coking,Processing of Nucleus Fuel	198	25253	0.42
化学原料及化学制品制造业	Manufacture of Chemical Raw Material and Chemical Products	2998	315697	7.30
医药制造业	Manufacture of Medicines	431	44464	1.40
化学纤维制造业	Manufacture of Chemical Fiber	66	6512	0.14
橡胶制品业	Manufacture of Rubber	472	57395	1.38
塑料制品业	Manufacture of Plastic	2270	232503	5.31
非金属矿物制品业	Manufacture of Non-metallic Mineral Products	21278	2431246	60.34
黑色金属冶练及压延加工业	Manufacture and Processing of Ferrous Metals	587	63978	1.54
有色金属冶练及压延加工业	Manufacture and Processing of Non-ferrous Metals	588	65482	1.36
金属制品业	Manufacture of Metal Products	2345	215241	5.25
通用设备制造业	Manufacture of General Purpose Machinery	4348	481021	10.45
专用设备制造业	Manufacture of Special Purpose Machinery	2967	304442	7.39
交通运输设备制造业	Manufacture of Transport Equipment	1640	157983	3.95
电气机械及器材制造业	Manufacture of Electrical Machinery and Equipment	1292	126026	3.53
通信设备、计算机及其他电子设备制造业	Manufacture of Communication Equipment , Computer and Other Electronic Equipment	261	23390	0.85
仪器仪表及文化、办公用机械制造业	Manufacture of Measuring Instrument and Machinery for Cultural Activity and Office Work	381	32064	1.03
工艺品及其他制造业	Manufacture of Artwork, Other Manufacture n.e.c	2400	265294	7.15
废弃资源和废旧材料回收加工业	Recycling and Disposal of Waste	217	27780	0.41
电力、热力的生产和供应业	Production and Supply of Electric Power and Heat Power	221	30609	0.41
煤气生产和供应业	Production and Distribution of Gas	51	6035	0.13
水的生产和供应业	Production and Distribution of Water	304	30886	1.08

13-36 各市规模以下工业企业单位数(2007年)

Number of Industrial Enterprises below Designated Size by City (2007)

单位：个 (unit)

市	City	合计 Total	公有制企业 Public-owned	国有控股 States-owned and State-holding	集体控股 Collective-owned and Collective-holding	非公有制企业 Non-public owned	#外商及港澳台投资 Enterprises with Funds from Hong Kong,Macao and Taiwan	轻工业 Enterprises of Light Industry	重工业 Enterprises of Heavy Industry
全　　省	**Total**	**75134**	**7554**	**793**	**6761**	**67580**	**350**	**26854**	**48280**
郑 州 市	Zhengzhou	6899	1266	66	1200	5633	133	1913	4986
开 封 市	Kaifeng	3837	680		680	3157	18	1575	2262
洛 阳 市	Luoyang	5478	687	38	649	4791	23	1405	4073
平顶山市	Pingdingshan	3393	268		268	3125	13	699	2694
安 阳 市	Anyang	4958	336	16	320	4622	8	1547	3411
鹤 壁 市	Hebi	983	191		191	792	7	283	700
新 乡 市	Xinxiang	3788	829	30	799	2959	28	1473	2315
焦 作 市	Jiaozuo	3619	244	9	235	3375	16	1557	2062
濮 阳 市	Puyang	3056	197	16	181	2859	7	1285	1771
许 昌 市	Xuchang	5328	380	8	372	4948	21	1996	3332
漯 河 市	Luohe	1681	126	5	121	1555	13	793	888
三门峡市	Sanmenxia	1890	431	431		1459	11	450	1440
南 阳 市	Nanyang	11091	841	47	794	10250	42	4374	6717
商 丘 市	Shangqiu	5590	333	8	325	5257	11	2143	3447
信 阳 市	Xinyang	3909	905	13	892	3004	3	1390	2519
周 口 市	Zhoukou	4920	270	6	264	4650	24	2648	2272
驻马店市	Zhumadian	4352	798	4	794	3554	8	1587	2765
济 源 市	Jiyuan	647	99	6	93	548		183	464

13-37 各市规模以下工业企业增加值(2007年)
Value-added of Industrial Enterprises below Designated Size by City (2007)

本表按当年价格计算。
Data in this table are calculated at current prices.
单位：亿元 (100 million yuan)

市 City	合计 Total	公有制企业 Public-owned	国有控股 States-owned and State-holding	集体控股 Collective-owned and Collective-holding	非公有制企业 Non-public owned	#外商及港澳台投资 Enterprises with Funds from Hong Kong,Macao and Taiwan	轻工业 Enterprises of Light Industry	重工业 Enterprises of Heavy Industry
全　省 Total	**829.27**	**84.28**	**7.95**	**76.33**	**744.99**	**3.68**	**281.46**	**547.81**
郑州市 Zhengzhou	80.29	17.30	0.67	16.63	62.99	1.06	17.59	62.71
开封市 Kaifeng	41.33	5.88		5.88	35.44	0.17	13.50	27.82
洛阳市 Luoyang	70.94	7.61	0.44	7.17	63.34	0.22	15.19	55.75
平顶山市 Pingdingshan	33.22	2.39		2.39	30.83	0.09	8.04	25.18
安阳市 Anyang	47.17	4.52	0.10	4.42	42.65	0.20	12.96	34.21
鹤壁市 Hebi	13.54	3.23		3.23	10.31	0.15	2.61	10.93
新乡市 Xinxiang	34.12	7.43	0.28	7.15	26.69	0.26	11.60	22.52
焦作市 Jiaozuo	40.32	2.19	0.06	2.13	38.13	0.13	15.61	24.71
濮阳市 Puyang	30.55	2.34	0.18	2.16	28.21	0.06	12.93	17.62
许昌市 Xuchang	66.27	7.30	0.06	7.24	58.98	0.16	23.19	43.08
漯河市 Luohe	14.73	1.04	0.03	1.01	13.69	0.15	6.64	8.09
三门峡市 Sanmenxia	17.24	4.87	0.07	4.80	12.37	0.07	3.46	13.78
南阳市 Nanyang	104.14	14.77	0.37	14.40	89.37	0.42	41.86	62.28
商丘市 Shangqiu	45.58	3.25	0.09	3.15	42.41	0.07	18.42	27.17
信阳市 Xinyang	42.82	9.75	0.11	9.65	33.07		17.03	25.79
周口市 Zhoukou	50.70	2.70	0.05	2.65	48.00	0.56	25.24	25.46
驻马店市 Zhumadian	56.02	9.79	0.05	9.74	46.23	0.10	19.71	36.30
济源市 Jiyuan	9.18	1.29	0.05	1.25	7.89		2.50	6.68

13−38 各市规模以下工业企业主要指标(2007年)

Main Indicators of Industrial Enterprises below Designated Size by City (2007)

市 City	单位数 (个) Number of Enterprises (unit)	工业增加值 (万元) Value Added of Industry (10 000 yuan)	工业增加值指数 (上年=100) Indices of Value Added of Industry (Preceding year=100)	平均从业人员 (万人) Number of Employed persons (10 000 persons)
全　　省 Total	**75134**	**8292684**	**112.6**	**218.22**
郑 州 市 Zhengzhou	6899	802948	105.9	18.85
开 封 市 Kaifeng	3837	413255	110.9	11.05
洛 阳 市 Luoyang	5478	709419	106.2	16.32
平 顶 山 市 Pingdingshan	3393	332216	104.3	9.33
安 阳 市 Anyang	4958	471700	109.7	13.65
鹤 壁 市 Hebi	983	135400	105.1	3.26
新 乡 市 Xinxiang	3788	341206	109.6	11.12
焦 作 市 Jiaozuo	3619	403233	110.4	11.55
濮 阳 市 Puyang	3056	305454	109.1	7.44
许 昌 市 Xuchang	5328	662709	113.1	12.80
漯 河 市 Luohe	1681	147300	109.4	4.72
三 门 峡 市 Sanmenxia	1890	172395	106.9	4.22
南 阳 市 Nanyang	11091	1041400	111.3	30.36
商 丘 市 Shangqiu	5590	455838	107.7	18.45
信 阳 市 Xinyang	3909	428198	111.5	8.17
周 口 市 Zhoukou	4920	506988	113.3	12.77
驻 马 店 市 Zhumadian	4352	560173	109.4	18.80
济 源 市 Jiyuan	647	91785	108.4	1.74

13-39 个体工业分行业主要指标(2007年)

Main Indicators of Individual Industrial Enterprises(2007)

行 业	Sector	单位数 (个) Number of Enterprises (unit)	工业增加值 (万元) Value Added of Industry (10000 yuan)	平均从业人员 (万人) Number of Employed persons (10 000 persons)
总 计	**Total**	**705807**	**12410060**	**370.46**
煤炭开采和洗选业	Mining and Washing of Coal	2369	394289	7.14
石油和天然气开采业	Extraction of Petroleum and Natural Gas			
黑色金属矿采选业	Mining of Ferrous Metal Ores	1613	59564	2.63
有色金属矿采选业	Mining of Non-ferrous Metal Ores	5719	222927	5.19
非金属矿采选业	Mining and Processing of Nonmetal Ores	19875	951316	24.09
其他采选业	Mining of Other Ores n.e.c	198	2416	0.05
农副食品加工业	Processing of Food From Agricultural Products	263181	2738221	79.79
食品制造业	Manufacture of Foods	52002	474247	14.02
饮料制造业	Manufacture of Beverage	6272	91803	3.99
烟草制品业	Manufacture of Tobacco	222	897	0.03
纺织业	Manufacture of Textile	12434	278227	11.79
纺织服装、鞋、帽制造业	Manufacture of Textile Wearing Apparel, Footware, and Caps	33699	656236	18.22
皮革、毛皮、羽毛(绒)及其制品业	Manufacture of Leather, Fur, Feather and Its Products	7442	171554	4.56
木材加工及木、竹、藤、棕、草制品业	Processing of Timbers, Manufacture of Wood, Bamboo, Rattan, Palm, and Straw Products	55562	868655	29.67
家具制造业	Manufacture of Furniture	30772	531159	16.65
造纸及纸制品业	Manufacture of Paper and Paper Products	4416	77786	2.80
印刷业和记录媒介的复制	Printing,Reproduction of Recording Media	2951	54275	1.58
文教体育用品制造业	Manufacture of Articles for Culture,Education and Sport Activity	1025	21505	0.98
石油加工、炼焦业及核燃料加工业	Processing of Petroleum ,Coking,Processing of Nucleus Fuel	609	36870	1.28
化学原料及化学制品制造业	Manufacture of Chemical Raw Material and Chemical Products	4695	115704	3.59
医药制造业	Manufacture of Medicines	2193	64160	2.05
化学纤维制造业	Manufacture of Chemical Fiber	49	1244	0.05
橡胶制品业	Manufacture of Rubber	1400	55343	2.55
塑料制品业	Manufacture of Plastic	5460	153451	5.31
非金属矿物制品业	Manufacture of Non-metallic Mineral Products	31453	1243777	49.74
黑色金属冶练及压延加工业	Manufacture and Processing of Ferrous Metals	1103	32888	1.25
有色金属冶练及压延加工业	Manufacture and Processing of Non-ferrous Metals	1905	78076	1.64
金属制品业	Manufacture of Metal Products	30064	514218	14.04
通用设备制造业	Manufacture of General Purpose Machinery	17279	392802	11.06
专用设备制造业	Manufacture of Special Purpose Machinery	29612	365530	9.92
交通运输设备制造业	Manufacture of Transport Equipment	10167	240583	5.74
电气机械及器材制造业	Manufacture of Electrical Machinery and Equipment	1321	44909	1.72
通信设备、计算机及其他电子设备制造业	Manufacture of Communication Equipment , Computer and Other Electronic Equipment	172	9345	0.29
仪器仪表及文化、办公用机械制造业	Manufacture of Measuring Instrument and Machinery for Cultural Activity and Office Work	1118	34907	1.93
工艺品及其他制造业	Manufacture of Artwork, Other Manufacture n.e.c	61487	1172851	31.13
废弃资源和废旧材料回收加工业	Recycling and Disposal of Waste	5163	246753	3.76
电力、热力的生产和供应业	Production and Supply of Electric Power and Heat Power	111	1649	0.03
煤气生产和供应业	Production and Distribution of Gas	127	1461	0.04
水的生产和供应业	Production and Distribution of Water	567	8462	0.16

13-40 各市城乡个体工业单位主要指标(2007年)

Main Indicators of Individual Industrial Enterprises by City (2007)

市	City	单位数 (个) Number of Enterprises (unit)	轻工业 Enterprises of Light Industry	重工业 Enterprises of Heavy Industry	工业增加值 (亿元) Value Added of Industry (100 million yuan)	轻工业 Enterprises of Light Industry	重工业 Enterprises of Heavy Industry	工业增加值指数 (上年=100) Indices of Value Added of Industry (Preceding year=100)	平均从业人员 (万人) Number of Employed persons (10 000 persons)
全　　省	**Total**	**705807**	**496208**	**209599**	**1241.01**	**669.28**	**571.72**	**107.5**	**370.46**
郑　州　市	Zhengzhou	44294	16529	27765	165.81	46.29	119.51	111.3	43.09
开　封　市	Kaifeng	30191	18272	11919	47.35	24.35	23.01	108.7	11.48
洛　阳　市	Luoyang	49680	32765	16915	172.93	83.56	89.37	111.3	33.97
平顶山市	Pingdingshan	39269	7369	31900	115.49	27.13	88.36	111.5	25.08
安　阳　市	Anyang	28043	19845	8198	33.57	18.72	14.85	110.3	13.65
鹤　壁　市	Hebi	6416	4207	2209	10.94	4.59	6.35	116.2	2.82
新　乡　市	Xinxiang	36009	23782	12227	36.39	17.06	19.33	108.8	11.65
焦　作　市	Jiaozuo	27830	20120	7710	62.30	33.65	28.65	108.8	14.34
濮　阳　市	Puyang	16791	12070	4721	17.32	12.28	5.04	111.5	6.70
许　昌　市	Xuchang	42066	26747	15319	95.82	48.22	47.60	107.6	27.69
漯　河　市	Luohe	13832	9108	4724	44.54	26.17	18.37	109.0	14.29
三门峡市	Sanmenxia	10834	5305	5529	41.87	2.72	39.15	110.0	7.32
南　阳　市	Nanyang	105582	85788	19794	185.87	138.49	47.38	107.9	53.48
商　丘　市	Shangqiu	48968	30727	18241	46.49	24.25	22.24	111.0	26.18
信　阳　市	Xinyang	45632	37577	8055	52.60	39.40	13.20	107.9	15.83
周　口　市	Zhoukou	56519	43931	12588	79.38	58.74	20.63	111.4	28.88
驻马店市	Zhumadian	38407	28061	10346	56.80	38.42	18.38	109.9	23.69
济　源　市	Jiyuan	7657	4630	3027	19.56	8.90	10.66	109.0	5.33

13-41 年资产和营业收入三亿以上企业集团按类型分组的主要经济指标(2007年)

单位：万元

分类	Item	企业集团数(个) Number of Enterprise Groups (unit)	从业人员数(人) Number of Employed Persons (person)	
			绝对数 Absolute Value	比上年增长(%) Increase Rate Compared with Preceding year (%)
总　计	**Total**	**190**	**1307319**	**1.1**
按集团审批部门分	**By Department of Approving Enterprise Groups**			
#国务院	The State Council	3	44839	-4.7
国务院主管部门	Departments Managed by the State Council	14	294339	-2.1
省级人民政府	Province Level Government	28	352786	2.1
省级政府主管部门	Departments Managed by the Province Level Government	39	186813	1.0
按母公司控股情况分	**By Share Hold Status of Parent Company**			
国有控股	State-holding	95	934331	-0.4
集体控股	Collective-holding	19	72644	0.1
私人控股	Private-holding	66	238547	8.6
港澳台商控股	Hong Kong ,Macao and Taiwan-holding	2	43314	-2.2
外商控股	Foreign-holding	8	18483	-1.5
按集团主营行业分	**By Major Business of Enterprise Groups**			
第二产业	Secondary Industry	134	1091790	1.3
工业	Industry	124	998706	-0.2
采矿业	Mining	13	433021	1.5
制造业	Manufacturing	105	527901	-2.6
电力、燃气及水的生产和供应业	Production and distribution of electricity,gas and water	6	37784	18.2
建筑业	Construction	10	93084	20.8
第三产业	Tertiary Industry	56	215529	0.1
#交通运输、仓储和邮政业	Traffic,transport, storage and post	5	14792	-16.0
批发和零售业	Wholesale and Retail Trade	4	7920	39.0
房地产业	Real estate	2	1681	-0.9
科学研究、技术服务和地质勘查业	Scientific research, technical service and geologic perambulation	1	1552	16.8
文化、体育和娱乐业	Cultural、sports and Recreation	1	8162	-1.4
按母公司登记注册类型分	**By Registration Status of Parent Company**			
国有企业	State-owned Enterprises	10	82716	-4.1
公司制企业小计	Sub-Total of Enterprise with Cooperative System	172	1196768	1.5
国有独资企业	Exclusively State-owned Corporations	33	267343	0.9
其他有限责任公司	Other Limited Liability Corporations	89	721678	1.5
股份有限公司	Share-holding Corporations	37	128413	3.4
中外合资企业	Joint-venture Enterprises	7	16139	7.6
外商投资股份有限公司	Share-holding Corporations include forign Fund	5	20709	2.1
港澳台合资企业	Joint Ventures Funded by Hongkong, Macao & Taiwan	1	42486	-2.2
其他	Other	8	27835	0.2

Main Economic Indicators of Enterprise Groups with Annual Revenue from Business and Total Assets above 300 Million Yuan by Type (2007)

(10 000 yuan)

年末资产总计 Total Assets (The year end)		固定资产 Original Values of Fixed Assets		流动资产年平均余额 Annual Average Balance of Working Capitals		年末负债合计 Total Liabilities (The year end)	
绝对数 Absolute Value	比上年增长(%) Increase Rate Compared with Preceding year(%)	绝对数 Absolute Value	比上年增长(%) Increase Rate Compared with Preceding year(%)	绝对数 Absolute Value	比上年增长(%) Increase Rate Compared with Preceding year(%)	绝对数 Absolute Value	比上年增长(%) Increase Rate Compared with Preceding year(%)
71733604	**23.7**	**33804957**	**14.7**	**29595936**	**27.1**	**46492862**	**23.8**
2431128	7.6	1121107	-24.7	1223415	21.5	1658742	14.8
10718982	37.2	4718750	29.3	4898535	36.9	7431006	49.0
20466351	28.7	10258403	21.1	7592494	46.2	13331170	31.8
12513879	20.1	5844395	14.4	4964636	24.2	8190805	20.6
54879624	23.7	26940605	13.3	22033492	26.4	36097485	23.8
3737541	15.6	1726462	13.0	1709829	30.2	2446798	15.2
10040518	23.5	3570819	23.9	4606397	25.7	6260730	27.2
1275117	32.2	522107	4.6	634328	51.3	661916	38.9
1800804	37.2	1044964	30.7	611890	33.1	1025933	15.7
53054540	27.7	23526225	16.4	22373822	28.2	33986483	29.1
49675489	27.1	22897316	16.5	19781190	27.2	31210782	28.1
15135507	41.3	7885756	32.4	4700045	45.4	9674735	50.5
30072601	20.6	12111539	8.3	13635307	23.7	18635615	18.2
4467381	29.9	2900021	15.3	1445838	11.9	2900432	34.2
3379051	37.3	628909	13.9	2592632	36.3	2775701	41.5
18679064	13.5	10278732	10.8	7222114	23.8	12506379	11.2
4798697	12.5	3020624	16.7	1385382	166.3	3117849	12.8
542051	0.2	81560	6.5	364776	9.3	470692	4.2
587559	60.0	20913	15.8	327517	69.2	406381	62.6
146888	28.3	23812	-1.7	46108	-27.0	16486	53.6
128451	2.1	57705	-0.4	46163	41.2	49514	-17.4
5770545	25.0	3253294	15.6	2169260	7.3	3676152	23.6
64487377	23.5	29934921	14.8	26757252	28.9	41823587	23.7
21014213	23.5	10051336	16.2	8310924	35.8	13782878	24.4
31344757	24.7	14388816	16.8	13109315	27.5	20701209	30.5
8723126	19.3	3731759	2.2	3769594	21.8	5315895	6.2
1904943	31.3	974953	21.7	796511	36.7	1306043	13.0
750969	16.5	283386	59.6	409617	-0.7	426016	1.6
749369	12.1	504671	4.1	361291	38.2	291546	7.1
1475682	27.7	616742	6.3	669424	31.4	993123	25.4

13-41 续表

单位：万元

分类	Item	营业收入 Revenue from Business	
		绝对数 Absolute Value	比上年增长(%) Increase Rate Compared with Preceding year(%)
总　计	**Total**	**71409502**	**28.4**
按集团审批部门分	**By Department of Approving Enterprise Groups**		
#国务院	The State Council	2393703	14.7
国务院主管部门	Departments Managed by the State Council	9613578	31.1
省级人民政府	Province Level Government	18399141	39.3
省级政府主管部门	Departments Managed by the Province Level Government	12671076	33.2
按母公司控股情况分	**By Share Hold Status of Parent Company**		
国有控股	State-holding	50027503	27.6
集体控股	Collective-holding	4832063	26.7
私人控股	Private-holding	11270318	24.2
港澳台商控股	Hong Kong ,Macao and Taiwan-holding	3205719	30.6
外商控股	Foreign-holding	2073899	94.5
按集团主营行业分	**By Major Business of Enterprise Groups**		
第二产业	Secondary Industry	53914834	32.0
工业	Industry	50025562	34.3
采矿业	Mining	13340587	53.3
制造业	Manufacturing	32722728	26.7
电力、燃气及水的生产和供应业	Production and distribution of electricity,gas and water	3962247	45.4
建筑业	Construction	3889272	8.2
第三产业	Tertiary Industry	17494668	18.5
#交通运输、仓储和邮政业	Traffic,transport, storage and post	619142	47.3
批发和零售业	Wholesale and Retail Trade	817327	30.1
房地产业	Real estate	228161	41.9
科学研究、技术服务和地质勘查业	Scientific research, technical service and geologic perambulation	38495	23.4
文化、体育和娱乐业	Cultural、sports and Recreation	123104	33.6
按母公司登记注册类型分	**By Registration Status of Parent Company**		
国有企业	State-owned Enterprises	5304815	19.9
公司制企业小计	Sub-Total of Enterprise with Cooperative System	64272212	29.4
国有独资企业	Exclusively State-owned Corporations	17442236	34.7
其他有限责任公司	Other Limited Liability Corporations	29065724	30.1
股份有限公司	Share-holding Corporations	11530254	14.7
中外合资企业	Joint-venture Enterprises	2136335	83.5
外商投资股份有限公司	Share-holding Corporations include forign Fund	1064264	27.3
港澳台合资企业	Joint Ventures Funded by Hongkong, Macao & Taiwan	3033399	31.0
其他	Other	1832475	19.4

continued

(10 000 yuan)

营业成本 Costs of Principal Business		利润总额 Total Profits		应交所得税 Income Tax Payable		研究开发费用 Funds for Resench and Deveplpment	
绝对数 Absolute Value	比上年增长(%) Increase Rate Compared with Preceding year(%)	绝对数 Absolute Value	比上年增长(%) Increase Rate Compared with Preceding year(%)	绝对数 Absolute Value	比上年增长(%) Increase Rate Compared with Preceding year(%)	绝对数 Absolute Value	比上年增长(%) Increase Rate Compared with Preceding year(%)
58917665	**30.8**	**4682134**	**42.4**	**1355717**	**30.9**	**683762**	**37.9**
1993699	16.5	37492	-5.3	16527	46.7	24007	68.8
7918934	36.0	428896	94.5	149899	64.2	136403	44.6
15031328	38.6	1206593	41.9	272546	48.7	237000	119.4
10796333	36.8	950960	60.6	243074	49.1	61718	-16.0
40938821	31.0	3191364	35.9	1029920	27.6	483377	25.5
4159796	27.7	294778	43.7	64185	16.2	20580	167.1
9535888	26.7	783957	49.5	177469	45.4	142393	46.6
2800657	31.9	206250	52.5	46028	35.6	34854	1244.7
1482503	63.5	205785	177.0	38115	121.3	2558	-20.1
44850316	33.6	3675030	57.9	960718	48.9	577581	54.4
41368099	35.7	3590646	57.7	942394	48.6	571130	52.9
10431616	57.9	925337	79.3	295399	64.6	193529	47.7
27595576	28.2	2210511	54.2	571907	41.8	376990	56.5
3340907	41.9	454798	38.6	75088	45.6	611	-59.4
3482217	13.0	84384	69.8	18324	70.4	6451	895.5
14067349	22.5	1007104	4.8	394999	1.1	106181	-12.8
425707	58.3	27707	-62.4	25347	58.6	63	21.2
775229	30.7	9013	57.3	3652	43.9	380	-100.0
152532	33.6	40149	99.2	12550	94.2		-100.0
24346	54.3	3665	18.2	1513	-10.6	1961	58.4
77732	46.5	12235	106.6	4183	68.1		
4284252	24.0	536471	10.6	88854	-18.8	63655	30.3
53208120	31.9	4043717	47.2	1239659	36.3	618375	38.6
14006220	37.0	1007837	45.8	348961	79.8	161824	94.1
24138739	34.1	1687629	59.6	516374	54.1	313964	22.0
9855138	17.3	916095	18.7	293602	-11.5	98526	2.5
1619755	69.0	172729	190.6	36245	229.1	7578	43.5
900393	24.6	81049	82.5	8448	-12.0	1629	20.8
2687875	33.0	178378	44.8	36029	28.0	34854	1244.7
1425293	12.2	101946	83.9	27204	60.9	1732	88.3

主要统计指标解释

工业 指从事自然资源的开采，对采掘品和农产品进行加工和再加工的物质生产部门。具体包括：(1) 对自然资源的开采，如采矿、晒盐、森林采伐等（不包括禽兽捕猎和水产捕捞）；(2) 对农副产品的加工、再加工，如粮油加工、食品加工、轧花、缫丝、纺织、制革等；(3) 对采掘品的加工、再加工，如炼铁、炼钢、化工生产、石油加工、机器制造、木材加工等，以及电力、自来水、煤气的生产和供应等；(4) 对工业品的修理、翻新，如机器设备的修理、交通运输工具（包括小卧车的修理等。1984 年以前农村的村及村以下办工业归属农业，1984 年以后划归工业。

本年鉴中涉及的企业登记注册类型：

(1) 国有企业　指企业全部资产归国家所有，并按《中华人民共和国企业法人登记管理条例》规定登记注册的非公司制的经济组织。不包括有限责任公司中的国有独资公司。

(2) 集体企业　指企业资产归集体所有，并按《中华人民共和国企业法人登记管理条例》规定登记注册的经济组织。

(3) 股份合作企业　指以合作制为基础，由企业职工共同出资入股，吸收一定比例的社会资产投资组建，实行自主经营，自负盈亏，共同劳动，民主管理，按劳分配与按股份红相结合的一种集体经济组织。

(4) 联营企业　指两个及两个以上相同或不同所有制性质的企业法人或事业单位法人，按自愿、平等、互利的原则，共同投资组成的经济组织。联营企业包括国有联营企业、集体联营企业、国有与集体联营企业和其他联营企业。

(5) 有限责任公司　指根据《中华人民共和国公司登记管理条例》规定登记注册，由两个以上、五十个以下的股东共同出资，每个股东以其所认缴的出资额对公司承担有限责任，公司以其全部资产对其债务承担责任的经济组织。有限责任公司包括国有独资公司以及其他有限责任公司。

(6) 股份有限公司　指根据《中华人民共和国公司登记管理条例》规定登记注册，其全部注册资本由等额股份构成并通过发行股票筹集资本，股东以其认购的股份对公司承担有限责任，公司以其全部资产对其债务承担责任的经济组织。

(7) 私营企业　指由自然人投资设立或由自然人控股，以雇佣劳动为基础的营利性经济组织。包括按照《公司法》、《合伙企业法》、《私营企业暂行条例》以及《个人独资企业法》规定登记注册的私营有限责任公司、私营股份有限公司、私营合伙企业和私营独资企业。

(8) 其他内资企业　指上述第 1 条至第 7 条之外的其他内资经济组织。

(9) 与港澳台商合资经营企业　指港澳台地区投资者与内地企业依照《中华人民共和国中外合资经营企业法》及有关法律的规定，按合同规定的比例投资设立、分享利润和分担风险的企业。

(10) 与港澳台商合作经营企业　指港澳台地区投资者与内地企业依照《中华人民共和国中外合作经营企业法》及有关法律的规定，依照合作合同的约定进行投资或提供条件设立、分配利润和分担风险的企业。

(11) 港澳台商独资经营企业　指依照《中华人民共和国外资企业法》及有关法律的规定，在内地由港澳台地区投资者全额投资设立的企业。

(12) 港澳台商投资股份有限公司　指根据国家有关规定，经原外经贸部依法批准设立，其中港、澳、台商的股本占公司注册资本的比例达 25% 以上的股份有限公司。凡其中港、澳、台商的股本占公司注册资本的比例小于 25%的，属于内资企业中的股份有限公司。

(13) 中外合资经营企业　指外国企业或外国人与中国内地企业依照《中华人民共和国中外合资经营企业法》及有关法律的规定，按合同规定的比例投资设立、分享利润和分担风险的企业。

(14) 中外合作经营企业　指外国企业或外国人与中国内地企业依照《中华人民共和国中外合作经营企业法》及有关法律的规定，依照合作合同的约定进行投资或提供条件设立、分配利润和分担风险的企业。

(15) 外资企业　指依照《中华人民共和国外资企业法》及有关法律的规定，在中国内地由外国投资者全额投资设立的企业。

(16) 外商投资股份有限公司　指根据国家有关规定，经原外经贸部依法批准设立，其中外资的股本占公司注册资本的比例达 25% 以上的股份有限公司。凡其中外资股本占公司注册资本的比例小于 25%的，属于内资企业中的股份有限公司。

国有控股企业　是对混合所有制经济的企业进行的“国有控股”分类。它是指这些企业的全部资产中国有资产（股份）相对其他所有者中的任何一个所有者占资（股）最多的企业。该分组反映了国有经济控股情况。

轻工业　指主要提供生活消费品和制作手工工具的工业。

重工业　指为国民经济各部门提供物质技术基础的主要生产资料的工业。

工业增加值　是指工业行业在报告期内以货币表现的工业生产活动的最终成果。

实收资本　指企业实际收到的投资人投入的资本。按投资主体可分为国家资本、集体资本、法人资本、个人资本、港澳台资本和外商资本等。

资产合计　指企业拥有或控制的能以货币计量的经济资源。包括各种财产、债权和其他权利。资产按其流动性划分为流动资产、长期投资、固定资产、无形及递延资产和其他资产。

(1) 流动资产　指企业可以在一年内或者超过一年的一个生产周期内变现或耗用的资产合计。包括现金及各种存款、短期投资、应收及预付款项、存货等。

(2) 固定资产　指企业固定资产净值、固定资产清理、在建工程、待处理固定资产损失所占用的资金合计。

(3) 无形资产　指企业长期使用而没有实物形态的资产。包括专利权、非专利技术、商标权、著作权、土地使用权、商誉等。

负债合计　指企业承担的能以货币计量，将以资产或劳务偿付的债务。负债一般按偿还期长短分为流动负债和长期负债、递延税项等。

(1) 流动负债　指企业在一年内或者超过一年的一个营业周期内需要偿还的债务合计，其中包括短期借款、应付及预收款项、应付工资、应交税金和应交利润等。

(2) 长期负债　指企业在一年以上或者超过一年的一个营业周期以上需要偿还的债务合计，其中包括长期借款、应付债务、长期应付款项等。

所有者权益　指企业投资人对企业净资产的所有权。企业净资产等于企业全部资产减去全部负债后的余额，其中包括投资者对企业的最初投入，以及资本公积金、盈余公积金和未分配利润，对股份制企业即为股东权益。

固定资产原价　指企业在建造、购置、安装、改建、扩建、技术改造某项固定资产时所支出的全部货币总额。它一般包括买价、包装费、运杂费和安装费等。

固定资产净值　是指固定资产原价减去历年已提折旧额后的净额。

流动资产　是指可以在一年或者超过一年的一个营业周期内变现或者耗用的资产，包括现金及各种存款、短期投资、应收及预付货款、存货等。

产品销售收入　指企业销售产品和提供劳务等主要经营业务取得的收入总额。

产品销售成本　指企业销售产品和提供劳务等主要经营业务的实际成本。

产品销售税金及附加　指企业销售产品和提供工业性劳务等主要经营业务应负担的城市维护建设税、消费税、资源税和教育费附加。

应交增值税　指企业在报告期内应交纳的增值税额。

总资产贡献率　反映企业全部资产的获利能力，是企业经营业绩和管理水平的集中体现，是评价和考核企业盈利能力的核心指标。计算公式为：

总资产贡献率=(利润总额+税金总额+利息支出)/平均资产总额*100%

资产负债率　该指标既反映企业经营风险的大小，也反映企业利用债权人提供的资金从事经营活动的能力。计算公式为：

资产负债率=负债总额/资产总额*100%

工业成本费用利润率 指在一定时期内实现的利润与成本费用之比，是反映工业生产成本及费用投入的经济效益指标，同时也是反映降低成本的经济效益的指标。计算公式为：

工业成本费用利润率(%)=利润总额/成本及费用总额*100%

工业增加值率 指在一定时期内工业增加值占同期工业总产值的比重，反映降低中间消耗的经济效益。计算公式为：

工业增加值率(%)=工业增加值(现价)/工业总产值*100%

流动资产周转次数 指在一定时期内流动资产完成的周转次数，反映流动资产的周转速度。计算公式为：

流动资产周转次数=产品销售收入/全部流动资产平均余额

产品销售率 指报告期工业销售产值与同期全部工业总产值之比，是反映工业产品已实现销售的程度，分析工业产销衔接情况，研究工业产品满足社会需求程度的指标。计算公式为：

产品销售率(%)=工业销售产值/工业总产值(现价)*100%

全员劳动生产率 指根据产品的价值量指标计算的平均每一个就业人员在单位时间内的产品生产量。是考核企业经济活动的重要指标，是企业生产技术水平、经营管理水平、职工技术熟练程度和劳动积极性的综合表现。目前我国的全员劳动生产率是将工业企业的工业增加值除以同一时期全部就业人员的平均人数来计算的。计算公式为：

全员劳动生产率(%)=工业增加值/全部就业人员平均人数*100%

企业集团 是指以资本为主要纽带的母子公司为主体,以集团章程为共同行为规范的母公司、子公司、参股公司及其他成员企业或机构共同组成的具有一定规模的企业法人联合体。企业集不具有企业法人资格。企业集团由母公司、子公司、参股公司以及其他成员单位组建而成。事业位法人、社会团体法人也可以成为企业集团成员。

Explanatory Notes on Main Statistical Indicators

Industry refers to the material production sector which is engaged in extraction of natural resources and processing and reprocessing of minerals and agricultural products, including (1) extraction of natural resources, such as mining, salt production, logging (but not including hunting and fishing); (2) processing and reprocessing of farm and sideline produces, such as rice husking, flour milling, wine making, oil pressing, cotton ginning, silk reeling, spinning and weaving, and leather making; (3) manufacture of industrial products, such as steel making, iron smelting, chemicals manufacturing, petroleum processing, machine building, timber processing; water and gas production and electricity generation and supply; (4) repairing of industrial products such as the repairing of machinery and means of transport (including cars). Prior to 1984, the rural industry run by villages and cooperative organizations under village was classified into agriculture. Since 1984, it has been grouped into industry.

Types of enterprise registration involved in this yearbook are as the following:

(1) State-owned Enterprises refer to non-corporation economic units where the entire assets are owned by the state and which have registered in accordance with the Regulation of the People's Republic of China on the Management of Registration of Corporate Enterprises. Excluded from this category are sole state-funded corporations in the limited liability corporations.

(2) Collective-owned Enterprises refer to economic units where the assets are owned collectively and which have registered in accordance with the Regulation of the People's Republic of China on the Management of Registration of Corporate Enterprises.

(3) Cooperative Enterprises refer to a form of collective economic units (enterprises) where capitals come mainly from employees as their shares, with certain proportion of capital from the outside, where production is organized on the basis of independent operation, independent accounting for profits and losses, joint work, democratic management, and a distribution system that integrates remuneration according to work with dividend according to capital share.

(4) Joint Ownership Enterprises refer to economic units established by two or more corporate enterprises or corporate institutions of the same or different ownership, through joint investment on the basis of equality, voluntary participation and mutual benefits. They include state joint ownership enterprises, collective joint ownership enterprises, joint state-collective enterprises, other joint ownership enterprises.

(5) Limited Liability Corporations refer to economic units established with investment from 2-50 investors and registered in accordance with the Regulation of the People's Republic of China on the Management of Registration of Corporations, each investor bearing limited liability to the corporation depending on its share of investment, and the corporation bearing liability to its debt to the maximum of its total assets. Limited liability corporations include exclusive state-funded limited liability corporations and other limited liability corporations.

(6) Share holding Corporations Ltd. refer to economic units registered in accordance with the Regulation of the People's Republic of China on the Management of Registration of Corporations, with total registered capitals divided into equal shares and raised through issuing stocks. Each investor bears limited liability to the corporation depending on the holding of shares, and the corporation bears liability to its debt to the maximum of its total assets.

(7) Private Enterprises refer to profit-making economic units invested and established by natural persons, or controlled by natural persons using employed labor. Included in this category are private limited liability corporations, private share-holding corporations Ltd., private partnership enterprises and private-funded enterprises registered in accordance with the Corporation Law, Partnership Enterprises Law and Interim Regulations on Private Enterprise.

(8) Other Domestic-funded Enterprises refer to domestic-funded economic units other than those mentioned above.

(9) Joint-venture Enterprises with Funds from Hong Kong, Macao and Taiwan refer to enterprises jointly established by invertors from Hong Kong, Macao and Taiwan with enterprises in the mainland of China in accordance with the Law of the People's Republic of China on Sino-foreign Joint Venture Enterprises and other relevant laws, where the share of investment, profits and risks is stipulated in the contract.

(10) Cooperative Enterprises with Funds from Hong Kong Macau and Taiwan established by investors from Hong Kong, Macau and Taiwan with enterprises in the mainland of China in accordance with the Law of the People's Republic of China on Sino-foreign Cooperative Enterprises and other relevant laws, where the investment or provision of facilities, and the share of profits and risks is stipulated in the cooperative contract.

(11) Enterprises with Sole (exclusive) Investment from Hong Kong, Macau and Taiwan refer to enterprises established in the mainland of China with exclusive investment from investors from Hong Kong, Macau and Taiwan in accordance with the Law of the People's Republic of China on Foreign-Funded Enterprises and other relevant laws.

(12) Share-holding Corporations Ltd. with Investment from Hong Kong, Macau and Taiwan refer to share-holding corporations Ltd. established with the approval from the former Ministry of Foreign Trade and Economic Relations in line with relevant state regulations, where the share of investment from Hong Kong, Macau or Taiwan businessmen exceeds 25% of the total registered capital of the corporation. In case the share of investment from Hong Kong, Macau or Taiwan is less than 25% of the total registered capital, the enterprise is to be classified as domestic-funded share-holding corporation Ltd.

(13) Joint-venture Enterprises with Foreign Investment refer to enterprises jointly established by foreign enterprises or foreigners with enterprises in the mainland of China in accordance with the Law of the People's Republic of China on Sino-foreign Joint Venture Enterprises and other relevant laws, where the share of investment, profits and risks is stipulated in the contract.

(14) Cooperation Enterprises with Foreign Investment refer to enterprises jointly established by foreign enterprises or foreigners with enterprises in the mainland of China in accordance with the Law of the People's Republic of China on Sino-foreign Cooperative Enterprises and other relevant laws, where the investment or provision of facilities, and the share of profits and risks is stipulated in the cooperative contract.

(15) Enterprises with Sole (exclusive) Foreign Investment refer to enterprises established in the mainland of China with exclusive investment from foreign investors in accordance with the Law of the People's Republic of China on Foreign-Funded Enterprises and other relevant laws.

(16) Share-holding Corporations Ltd. with Foreign Investment refer to share-holding corporations Ltd. established with the approval from the Ministry of Foreign Trade and Economic Relations in line with relevant state regulations, where the share of investment from foreign investors exceeds 25% of the total registered capital of the corporation. In case the share of foreign investment is less than 25% of the total registered capital, the enterprise is to be classified as domestic-funded share-holding corporation Ltd.

State-holding Enterprises refer to a classification of enterprises of mixed ownership. It means the state-owned asset of total assets is more than that of other owners. The classification shows the status of share held by state-owned economy.

Light Industry refers to the industry, which produces consumer goods and hand tools.

Heavy Industry refers to the industry which produces capital goods, and provides various sectors of the national economy with necessary material and technical basis.

Value-added of Industry refers to the final results of industrial production of the industrial trade in money terms during the reference period.

Capital Obtained refers to capital actually received by the enterprise from investors. It can be further classified by investors as state capital, collective capital, corporate capital, individual capital, capital from Hong Kong, Macau and Taiwan and foreign capital.

Total Assets refer to all economic resources, owned or controlled by enterprises, that could be measured in monetary terms, including properties, creditors equity and other economic rights of all forms. Classified by the degree of equitability, total assets include circulating assets, long term investment, fixed assets, intangible assets and deferred assets, and other assets.

(1)Circulating assets (working capital) refer to assets which can be cashed in or spent or consumed in an operating cycle of one year or over one year, including cash, all kinds of deposits, short term investment, receivables, advance payment, stock, etc.

(2)Fixed assets refer to the net value of fixed assets, clearance of fixed assets, project under construction, fixed assets losses in suspense. These are corporations fund holdings.

(3)Intangible assets refer to the assets without material form used by enterprises over a long time, such as patents, non-patent technologies, trade marks, copyright, land use right, business reputation, etc.

Total Liabilities refer to the debts, measured in monetary terms, that enterprises are responsible for repayment in the form of cash, assets or labour. Classified by terms of repayment, liability include liquid liabilities and long-term liabilities.

(1)Liquid liabilities (also called quick liabilities or immediate liabilities) refer to enterprises' total debt payable within an operating cycle of one year or over one year, including short term loans, payable and advance payments, wages payable, taxes payable and profit payable, etc.

(2)Long term liabilities refers to total debt payable within an operating cycle of one year or over one year, including long-term loans, payable liabilities, long-term payable, etc.

Creditors' Equity refers to investors ownership of net assets of the enterprise. It is equal to the total assets of the enterprise minus its total liabilities, including the primary input from investors, capital accumulation fund, surplus accumulation fund and undistributed profit. It is the shareholder's equity in share-holding companies.

Original Value of Fixed Assets refers to the original value of all fixed assets owned by industrial enterprises, calculated at the cost paid at the time of purchase, installation, reconstruction, expansion, and technical innovation and transformation of the said assets, which includes expenses on purchase, package, transportation, and installation, etc.

Net Value of Fixed Assets is obtained by deducting depreciation over years from the original value of fixed assets.

Working Capital (Circulating Assets) refers to assets which can be cashed in or spent or consumed in an operating cycle of one year or over one year, which includes cash, various deposits, short term investment, and receivable payments, and advance payments, stock, etc.

Sales Revenue of Industrial Products refers to the revenue from the sales of products by industrial enterprises and the revenue from services provided and etc.

Sales Cost of Industrial Products refers to the actual cost of products of industrial enterprises and industrial services provided, etc..

Tax and Extra Charges on Sales of Products refer to the tax on city maintenance and construction, consumption tax, resources tax and extra charges for education, which should be borne by the enterprises in selling products and providing industrial services.

Value-added Tax Payable refers to the amount of the value added tax which should be paid by the enterprises in the reporting period.

Ratio of Profits, Taxes and Interests to Average Assets reflects the profit-making capability of all assets of the enterprise and is a key indicator manifesting the performance and management and evaluating the profit-making potential of the enterprise. It is calculated as follows:

Ratio of profits, taxes and interests to average assets (%) = [(Total profits + total Taxes + interest payment) / average assets]×100%

Ratio of Debts to Assets reflect both the operation risk and the capability of the enterprise in making use of the capital from the creditors. It is calculated as follows:

Ratio of debts to assets (%) = (Total debts / total assets)×100%

Ratio of Profits to Total Industrial Costs refers to the ratio of profits realized in a given period to the total costs in the same period, which reflects the economic efficiency of input cost and is calculated as follows:

Ratio of Profits to Total Industrial Cost(%)=(Total Profits/ Total Costs)×100%

Value-added Rate of Industry refers to the ratio of value added of industry in a given period to the gross output value in the same period, which reflects the economic efficiency of cutting down the intermediate input and is calculated as follows:

Value-added Rate of Industry(%)=[Value-added of Industry (at current prices)] / [Gross Output Value (at Current Prices)]×100%

Turnover of Working Capital refers to the number of times of turnover of working capital in a given period of time, which reflects the speed of the turnover of working capital and is calculated as follows:

Turnover of Working Capital(%)=(Sales Revenue of Products) / (Average Balance of Total Working Capital)×100%

Ratio of Sales to Gross Output Value refers to the sales of industrial products to the gross industrial output value during the reference period, and is important in reflecting the linkage between production and sales and the extent of the needs of the society that has been met by the supply of industrial products. It is calculated as follows:

Ratio of Sales to Gross Output Value=[Industrial sales / Gross industrial output value (at current prices)] ×100%

Overall Labour Productivity of Industrial Enterprises refers to the average output per employed person in industrial enterprises in value terms. At present, the value added and the average number of staff and workers of an industrial enterprises in a given period are used to calculate the overall labour productivity. The formula used is:

Overall Labour Productivity=(Value Added of Industry) / (Average Number of Staff and Workers)

Enterprise Group refers to a group of companies linked up by capital and regulated by a group charter of business behavior. It is a federation, considerable in size, of enterprise legal persons such as parent and child companies, share- holding companies, and/or other kinds of enterprises or institutions. An enterprise group, however, does not have the legal person status. Institution and social group legal persons may also become members of an enterprise group.

建筑业
Construction

◉ 资料整理：孔令惠

【简要说明】

一、主要内容

本篇包括河南省建筑业企业的企业个数、从业人员数、建筑业总产值、房屋建筑面积、资产、利润、税金、劳动生产率等资料。

二、统计范围

从2002年起，由原具有建筑业资质等级四级及四级以上的独立核算建筑业企业，调整为具有建筑业资质的总承包和专业承包独立核算建筑业企业。其中，劳务分包建筑企业生产经营情况范围为具有建筑业资质的独立核算劳务分包企业。

三、资料来源

建筑业资料采取全面调查的方法，由河南省统计局固定资产投资处编辑整理。

14–1　历年建筑业企业主要统计指标

Main Indicators of Construction Enterprises Over the Years

年份 Year	单位数（个）Number of Enterprise (unit)	建筑业总产值（亿元）Gross Output Value of Construction (100 million yuan)	从业人员（万人）Number of Person Employed (10 000persons)	房屋建筑面积(万平方米) Floor Spece of Buildings (10 000 sq.m) 施工 Under Construction	竣工 Completed	资产（亿元）Asset (100 million yuan)	利润（亿元）Profit (100 million yuan)	税金（亿元）Tax (100 million yuan)	劳动生产率（按总产值计算）（元/人.年）Overall Labor Productivity by Total Output (yuan/person.year)
1978			24.03						
1979			25.91						
1980			27.74						
1981			28.23						
1982			28.01						
1983	249	13.30	27.97	1050.00	608.40		0.90	0.26	4749
1984	264	19.53	34.50	1177.00	647.10		1.10	0.38	5762
1985	375	26.09	38.20	1287.70	607.90		1.39	0.58	7435
1986	383	29.20	37.60	1324.70	659.70		1.09	0.45	
1987	412	31.56	38.74	1482.90	731.30		1.16	0.68	8429
1988	442	36.81	39.88	1829.20	674.90		1.10	0.91	9720
1989	403	39.26	36.49	1355.50	594.60		0.64	0.95	10759
1990	393	41.05	35.49	1264.50	609.70		1.02	1.14	11985
1991	493	53.91		1614.72	701.61		0.98	1.67	13098
1992	511	70.33		1934.10	878.60		1.27	2.04	16060
1993	979	101.26		2476.25	1015.03	108.10	1.10	2.74	19549
1994	1332	145.52		2966.28	1322.53	147.44	1.47	3.99	24100
1995	1384	182.07		3386.46	1533.55	186.59	2.07	5.18	27121
1996	2278	271.56		5335.91	2726.45	255.43	4.02	8.32	27910
1997	1975	294.69		4984.41	2447.91	274.48	2.60	8.63	31485
1998	2027	304.96	93.79	5061.35	2418.40	305.48	2.11	9.23	35619
1999	1936	316.99	79.77	5016.55	2584.82	324.54	3.72	9.51	40279
2000	1983	357.34	79.90	5308.29	2629.33	356.53	3.09	11.76	45237
2001	1824	452.49	84.01	6295.47	3146.07	437.70	5.86	14.40	52002
2002	1926	536.73	92.65	7118.44	3630.82	562.05	7.53	16.93	57930
2003	1905	634.52	93.44	8026.07	3433.59	656.32	9.40	20.36	65943
2004	2556	817.13	107.66	9086.52	4186.89	828.57	19.05	27.65	83239
2005	2842	1066.15	125.03	10813.15	4787.12	926.11	25.54	37.01	83308
2006	2834	1530.95	141.37	14472.92	6530.01	1130.11	37.10	50.78	108464
2007	3110	2151.72	176.43	19015.67	9177.80	1484.90	57.43	74.30	123272

注：本表不包括劳务分包企业(下同)。
a)Construction Enterprises in this table exclude Work Subcontractors Enterprises(the same as following tables).

14–2 建筑业企业主要经济指标
Main Indicators of Construction Enterprises

指　标	Item	2006	2007	2007年比上年增长(%) Growth Rate of 2007 to 2006 (%)
企业单位数　(个)	Number of Construction Enterprises (unit)	2834	3110	9.7
从业人员　(万人)	Number of Employed Persons (10 000 persons)	141.37	176.43	24.8
固定资产原价　(亿元)	Original Value of Fixed Assets Owned (100 million yuan)	375.49	448.29	19.4
固定资产合计　(亿元)	Net Value of Fixed Assets Owned (100 million yuan)	290.23	343.95	18.5
自有施工机械设备年末总台数　(万台)	Total Number of Machinery and Equipment Owned (10 000 sets)	50.95	61.51	20.7
自有施工机械设备年末净值　(亿元)	Net Value of Machinery and Equipment Owned (100 million yuan)	133.54	159.46	19.4
自有施工机械设备年末总功率　(万千瓦)	Total Power of Machinery and Equipment Owned (10 000 kw)	748.84	941.53	25.7
建筑业总产值　(亿元)	Gross Output Value of Construction (100 million yuan)	1530.95	2151.72	40.5
全员劳动生产率	Overall Labor Productivity			
按总产值计算　(元/人)	In Terms of Gross Output Value (yuan/person)	108464	123272	13.7
房屋建筑施工面积（万平方米）	Floor Space of Buildings under Construction (10 000 sq.m)	14472.92	19015.67	31.4
房屋建筑竣工面积（万平方米）	Floor Space of Buildings Completed (10 000 sq.m)	6530.01	9177.80	40.5
技术装备率　(元/人)	Value of Machines per Laborer (yuan/person)	9446	9038	-4.3
动力装备率　(千瓦/人)	Power of Machines per Laborer (kw/person)	5.30	5.34	0.7
工程结算收入(亿元)	Revenue of Project Settlement Accounts (100 million yuan)	1430.23	1990.20	39.2
工程结算成本(亿元)	Costs of Project Settlement Accounts (100 million yuan)	1269.23	1756.31	38.4
工程结算税金及附加(亿元)	Taxes and Extra Charges on Project Settle Accounts (100 million yuan)	47.33	69.89	47.7
管理费用中的税金(亿元)	Taxes in Management Expenses (100 million yuan)	3.46	4.41	27.6
本年固定资产折旧(亿元)	Depreciation of Fixed Assets (100 million yuan)	20.93	27.14	29.6
主营业务应付工资(亿元)	Wages Payable from Principal Business (100 million yuan)	175.21	247.83	41.4
主营业务应付福利费(亿元)	Welfare Expenses Payable from Principal Business (100 million yuan)	16.85	19.21	14.0
住房公积金及住房补贴(亿元)	Housing Provident Funds and Housing Subsidies (100 million yuan)	2.51	3.37	34.5
利润总额　(亿元)	Total Profits (100 million yuan)	37.10	57.43	54.8
税金总额　(亿元)	Total Tax (100 million yuan)	50.78	74.30	46.3
产值利润率　(%)	Ratio of Profit to Gross Output Value (%)	2.4	2.7	
产值利税率　(%)	Ratio of Pre-tax Profit to Gross Output Value (%)	5.7	6.1	

14—3 建筑业企业房屋建筑竣工面积及竣工价值

Floor space and Value of Building completed of Construction Enterprises

指标	Item	2006 竣工面积(万平方米) Floor space Building completed (10 000 sq.m)	2006 竣工价值(万元) Value of Hoor Space (10 000 yuan)	2007 竣工面积(万平方米) Floor space Building completed (10 000 sq.m)	2007 竣工价值(万元) Value of Hoor Space (10 000 yuan)
竣工房屋	**Buildings Completed**	**6530.01**	**4798118**	**9177.80**	**7070642**
厂房、仓库	Factory Building	667.78	594448	912.70	846514
住宅	Residential Building	3970.52	2678378	6017.68	4337128
办公用房	Official Building	666.10	567975	868.55	764583
批发和零售用房	Houses for wholesale and retail	121.73	87888	126.19	106329
住宿和餐饮用房	Houses for accommodation and dining	120.60	85541	104.75	76729
居民服务业用房	Houses for inhabitant service	85.62	56604	63.30	54537
教育用房	Houses for education	382.34	290830	466.95	365173
文化、体育和娱乐用房	Houses for culture and sports and amusement	89.87	91339	100.03	83326
卫生医疗用房	Houses for public health and medical	99.70	77749	108.83	103316
科研用房	Houses for scientific research	14.31	13469	24.27	25414
其他用房	Houses for other uses	311.45	253896	384.55	307594

14-4 建筑业企业生产情况(2007年)

指标	Item	合计 Total	内资 Domestic Funded	港澳台商投资 Funded from Hong Kong, Macao and Taiwan	外商投资 Foreign Funded
企业个数(个)	Number of Enterprises(unit)	3110	3103	4	3
签订的合同额(亿元)	Contract Value Signed(100 million yuan)	3325.04	3324.15	0.43	0.46
上年结转合同额	Contract Value on Hand Last Year	1083.12	1082.98	0.01	0.13
本年新签合同额	Contract Value Newly Signed this Year	2241.93	2241.17	0.42	0.34
承包工程完成情况(亿元)	Conditions Finished of Contracted Projects(100 million yuan)				
直接从建设单位承揽	Contracted Directly from Fabricative Units				
工程完成的产值	Output Value Finished of Projects	2142.53	2141.77	0.43	0.33
自行完成施工产值	Output Value Self-Finished of Buildings Under Construction	2122.34	2121.58	0.43	0.33
分包出去工程的产值	Output Value of Projects Subcontracted	20.18	20.18		
从建设单位以外承揽	Contracted Directly Exceptant Fabricative Units				
工程完成的产值	Output Value Finished of Projects	29.38	29.38		
建筑业总产值(亿元)	Gross Output Value of Construction (100 million yuan)	2151.72	2150.96	0.43	0.33
建筑工程	Construction	1841.99	1841.33	0.38	0.28
安装工程	Installation	229.11	229.01	0.05	0.06
其他	Others	80.62	80.62		
#装修装饰	Building Decoration	81.98	81.44	0.21	0.33
建筑业竣工产值(亿元)	Buildings Completed Output Value of Construction(100 million yuan)	1405.40	1404.93	0.17	0.30
从业人员(万人)	Number of Persons Engaged(10 000 persons)	176.43	176.40	0.01	0.02
#工程技术人员	Engineering	23.66	23.65	0.01	0.00
计算劳动生产率的平均人数(万人)	Staff and Workers Annual Average (10 000 persons)	174.55	174.51	0.04	0.01
全员劳动生产率	Overall Labor Productivity				
按总产值计算(元/人)	In Terms of Gross Output Value(yuan/person)	123272	123260	115016	395690
房屋建筑施工面积(万平方米)	Floor Space of Buildings Under Construction (10 000 sq.m)	19015.67	19013.29	2.38	
#本年新开工	Beginning Projects This Year	12150.84	12150.84		
#投标承包面积	Floor Space of Enter a bid Contract	16918.78	16916.40	2.38	
#本年新开工	Beginning Projects This Year	11007.09	11007.09		
房屋建筑竣工面积(万平方米)	Floor Space of Buildings Completed (10 000 sq.m)	9177.80	9177.80		
房屋竣工率(%)	Rate of Floor Space of Buildings Completed(%)	48.3	48.3		
施工工程招投标承包面按房屋施工面积计算(%)	Rate of Enter a bid Contract Calculated by Floor Space of Buildings Completed(%)	89.0	89.0	100.0	
自有施工机械设备年末总台数(台)	Number of Machinery and Equipment Owned(set)	615124	614960	11	153
自有施工机械设备年末净值(亿元)	Net Value of Machinery and Equipment Owned(100 million yuan)	159.46	159.43	0.01	0.02
自有施工机械设备年末总功率(万千瓦)	Total Power of Machinery and Equipment(10 000kw)	941.53	941.50	0.01	0.02
技术装备率(元/人)	Valve of Machinery Per Laborer(yuan/person)	9038	9038	9694	9108
动力装备率(千瓦/人)	Power of Machinery per Laborer(kw/person)	5.34	5.34	0.87	0.78

Main Indicators on Construction Enterprises(2007)

#国有控股 State-holding	#集体控股 Collective-holding	#私人控股 Private-holding	房屋和土木工程建筑业 Floor Space Civil Engineering	建筑安装业 Building Installation	建筑装饰业 Building Decoration	其他建筑业 Others	公有制 Public-owned	非公有制 Non-public owned
408	487	2206	1702	450	746	212	895	2215
1561.41	368.92	1392.70	2812.43	382.97	50.47	79.17	1930.33	1394.71
647.32	86.47	349.12	927.77	126.60	7.51	21.23	733.78	349.33
914.09	282.45	1043.58	1884.66	256.36	42.97	57.94	1196.55	1045.38
842.82	304.94	993.17	1757.13	287.28	40.19	57.93	1147.76	994.77
828.66	304.20	987.88	1750.61	274.32	40.07	57.34	1132.86	989.49
14.16	0.74	5.29	6.52	12.96	0.12	0.59	14.90	5.29
16.47	3.93	8.97	19.11	6.37	0.92	2.98	20.41	8.97
845.14	308.13	996.85	1769.72	280.69	40.99	60.31	1153.27	998.46
695.53	274.65	870.39	1653.03	132.56	25.24	31.17	970.18	871.81
118.41	23.33	87.23	89.10	114.16	7.59	18.26	141.74	87.37
31.20	10.15	39.23	27.59	33.97	8.17	10.89	41.35	39.27
13.46	14.30	53.64	48.76	3.49	27.61	2.11	27.76	54.21
458.45	233.83	712.47	1152.36	189.03	28.98	35.03	692.28	713.11
42.58	31.15	102.46	147.16	19.18	4.76	5.33	73.72	102.71
6.59	3.65	13.35	18.90	2.72	0.98	1.06	10.24	13.42
45.18	30.14	99.04	145.16	19.49	4.54	5.36	75.32	99.23
187065	102227	100649	121914	144039	90278	112489	153115	100620
2535.94	3581.56	12892.89	17685.30	1161.17		169.19	6117.50	12898.17
1458.46	2452.93	8238.65	11330.12	709.65		111.06	3911.39	8239.45
2380.62	3088.46	11444.42	15826.20	992.81		99.78	5469.08	11449.70
1361.03	2169.39	7475.86	10318.24	599.03		89.82	3530.43	7476.66
898.59	2019.78	6257.26	8490.03	633.07		54.70	2918.36	6259.44
35.4	56.4	48.5	48.0	54.5		32.3	47.7	48.5
93.9	86.2	88.8	89.5	85.5		59.0	89.4	88.8
117990	104529	392338	481123	68179	27913	37909	222519	392605
61.29	22.40	75.62	134.32	15.97	2.66	6.52	83.69	75.77
337.20	140.97	462.57	765.01	109.90	22.13	44.48	478.17	463.35
14396	7192	7381	9127	8325	5597	12219	11352	7377
7.92	4.53	4.51	5.20	5.73	4.65	8.34	6.49	4.51

14-5 建筑业企业主要财务指标(2007年)

单位：万元

指 标	Item	合 计 Total	内资 Domestic Funded	港澳台商投资 Funded from Hong Kong, Macao and Taiwan	外商投资 Foreign Funded
年末资产负债	**Year-end Assets and Liabilities**				
资产总计	Total Assets	14849013	14834633	9987	4394
流动资产合计	Total Circulating Funds	10514462	10501826	8806	3830
#存货	Stock	2828294	2826507	372	1415
长期投资	Long-term Investment	311118	310878		240
固定资产合计	Total Fixed Assets	3439483	3437997	1181	305
固定资产原价	Original Value of Fixed Assets	4482933	4480399	1643	891
#生产经营用	Used by Production	3681265	3678956	1643	666
累计折旧	Total Depreciation Drawn Accumulated	1411925	1410876	462	586
#本年折旧	Draw Depreciation This Year	271354	271172	91	92
在建工程	Under Construction Project	189382	189382		
无形及递延资产合计	Total Intangible and Deferred Assets	500849	500848		1
#无形资产	Intangible Assets	443082	443081		1
负债合计	Total Liabilities	9086488	9078513	5794	2181
流动负债	Liquid Liabilities	8745166	8737191	5794	2181
长期负债	Long-term Liabilities	341322	341322		
所有者权益合计	Total Creditors Equity	5762526	5756120	4193	2213
#实收资本	Capitals Hold	4580310	4572268	5441	2601
#国家	State	671168	671168		
集体	Collective owned	379044	379044		
法人	Institutional Units	1446764	1443581	2538	645
损益及分配	**Loss-profit and Allocation**				
工程结算收入	Revenue of Project Settlement Accounts	19901954	19891325	7167	3462
工程结算成本	Costs of Project Settlement Accounts	17563116	17555652	4322	3142
工程结算税金及附加	Taxes and Extra Charges on Project Settle Accounts	698909	698526	276	107
工程结算利润	Profits of Project Settlement Accounts	1498375	1495595	2567	212
其他业务收入	Other Revenue from Business	272569	272569		
其他业务利润	Other Profit from Business	47233	47233		
管理费用	Management Fee	813672	811410	1997	266
#税金	Taxes	44050	44022	5	24
财产保险费	Premium of Property	9228	9217	1	10
财务费用	Financial Expenses	118240	118197	43	-1
#利息支出	Expenses of Interest	68905	68918	-14	0
营业利润	Profits of Business	613696	613221	528	-53
利润总额	Total Profits	574318	573934	438	-53
利税总额	Total Pre-Tax Profits	1317278	1316482	719	77
劳动、失业保险费	Labor and Unemployment Insurance	126576	126551	19	6
工资、福利费	**Wages,Welfare**				
本年应付工资总额	Payable Total Wages This Year	2548348	2547533	669	145
#主营业务应付工资总额	Wage for Principal Operations	2478342	2477527	669	145
本年应付福利费总额	Payable Total Welfare This Year	198558	198554	1	4
#主营业务应付福利费总额	Welfare for Principal Operations	192051	192047	1	4
亏损企业个数(个)	**Number of Loss-Making Enterprises(unit)**	**450**	**448**		**2**
应收工程款	Year-end Projects Arrearage	1565174	1564303	6	865
#竣工工程	Completed Arrearage	622062	621216		846

Main Economic Indicators on Construction Enterprises by Registration Status(2007)

(10 000 yuan)

#国有控股 State-holding	#集体控股 Collective-holding	#私人控股 Private-holding	房屋和土木工程建筑业 Floor Space Civil Engineering	建筑安装业 Building Installation	建筑装饰业 Building Decoration	其他建筑业 Others	公有制 Public-owned	非公有制 Non-public owned
7328927	1702755	5798205	11776906	2054689	453503	563916	9031681	5817332
5640798	1072689	3785329	8309987	1506278	338644	359553	6713487	3800976
1349962	291792	1184753	2288943	382789	75411	81150	1641754	1186540
136158	35431	139241	244121	46124	5863	15010	171589	139529
1323917	505679	1606761	2709933	454741	101716	173093	1829596	1609887
1891739	642944	1943798	3512240	630702	117196	222795	2534683	1948250
1638066	498974	1539999	2865026	530126	91315	194798	2137040	1544225
727099	191993	491507	1110001	208642	31438	61844	919092	492833
137232	35754	98158		42563	6598	18683	172986	98369
81457	28031	79894	161251	18921	4306	4904	109488	79894
176769	80837	243194	437942	42774	4437	15695	257606	243243
150455	73023	219555	388902	38557	2968	12655	223478	219604
5681292	887229	2507585	7416669	1283227	131802	254789	6568521	2517967
5519021	829872	2385892	7109681	1262482	125814	247189	6348892	2396274
162271	57358	121693	306988	20746	5988	7600	219629	121693
1647635	815525	3290620	4360237	771462	321700	309127	2463160	3299365
1306367	624948	2638293	3435921	663688	284055	196646	1931315	2648995
668763	204	2202	456641	187974	1034	25519	668966	2202
4148	367460	7437	304364	58590	5415	10677	371608	7437
621062	236193	583666	1189500	156316	61349	39600	857255	589509
8252226	2669742	8961215	16398739	2556533	396528	550154	10921968	8979986
7371620	2307915	7869049	14552083	2242400	318085	450549	9679535	7883581
270015	106388	321842	587171	78854	15774	17111	376403	322506
584285	222097	688423	1149105	218539	55267	75465	806382	691993
167934	34465	70170	149775	82431	5411	34952	202399	70170
17758	8133	21342	28052	15221	857	3103	25891	21342
365848	108726	336432	576885	156834	32688	47266	474574	339098
10897	9640	23481	34503	5132	1918	2497	20537	23513
4633	710	3747	7812	697	317	403	5342	3886
62613	15179	40414	106978	6875	2506	1880	77792	40448
44956	5603	18363	64356	2229	1172	1148	50558	18346
173583	106325	332920	493295	70051	20930	29421	279908	333788
166551	88158	318833	463962	64670	17494	28192	254709	319609
447463	204186	664156	1085637	148656	35185	47800	651650	665628
88672	10432	27438	82836	23084	806	19850	99104	27472
781781	391090	1374022	2134210	299896	51515	62727	1172871	1375477
758105	378963	1339826	2079037	289924	49464	59918	1137068	1341273
44845	38942	114731	165133	22858	4958	5609	83787	114771
43011	37947	111056	160046	21963	4710	5332	80959	111093
63	**55**	**330**	**175**	**79**	**162**	**34**	**118**	**332**
873982	168795	521279	1284967	180570	46545	53092	1042777	522397
254952	76356	289908	476269	85986	32304	27504	331307	290755

14–6 劳务分包建筑企业生产经营情况(2007年)

Main Indicators on Construction Enterprises of Work Subcontractors (2007)

指　标	Item	合　计 Total	#内资 Domestic Funded	#国有控股 State-holding	#集体控股 Collective-holding	#私人控股 Private-holding
企业数(个)	Number of Construction Enterprises (unit)	489	489	17	50	422
#有工作量企业	Have Workload	431	431	16	49	366
年末从业人员(人)	Number of Employed Persons at the Year-end (penson)	87803	87803	2122	13935	71746
#管理人员	Manager in Employed Persons at the Year-end	7648	7648	212	1346	6090
#工程技术人员	Technologist in Employed Persons at the Year-end	10803	10803	237	2092	8474
#现场施工工人	Builder in Employed Persons at the Year-end	69175	69175	1115	10535	57525
计算劳动生产率的平均人数(人)	Staff and Workers Annual Average (person)	85621	85621	1954	14714	68953
建筑业总产值(万元)	Gross Output Value of Construction (10 000 yuan)	236704	236704	3307	54558	178838
#装饰装修产值	Output Value of Fitment	10451	10451	15	2072	8364
营业收入合计(万元)	Total Income (10 000 yuan)	195368	195368	4292	30319	160757
#主营业务收入	Income form Principal Operations	188771	188771	3143	28349	157279
税金(万元)	Taxes (10 000 yuan)	4717	4717	303	828	3586
利润总额(万元)	Total profits (10 000yuan)	7400	7400	-687	2773	5315
从业人员劳动报酬(万元)	Labour Reward of Employed Persons(10 000 yuan)	113655	113655	1765	19146	92745
劳动、失业保险费(万元)	Premium of Unemployment and Labour (10 000 yuan)	1042	1042	251	72	718
全部从业人员年平均人数(人)	Average Number of Employed Persons (penson)	87851	87851	2073	15503	70275
住房公积金(万元)	Housing Provident Funds(10 000 yuan)	2970	2970	45	875	2051

指　标	Item	房屋和土木工程建筑业 Floor Space Civil Engineering	建筑安装业 Building Instal-lation	建筑装饰业 Building Decora-tion	其他建筑业 Others	公有制 Public-owned	非公有制 Non-public owned
企业数(个)	Number of Construction Enterprises (unit)	264	68	19	138	67	422
#有工作量企业	Have Workload	223	65	18	125	65	366
年末从业人员(人)	Number of Employed Persons at the Year-end (penson)	42703	6239	4109	34752	16057	71746
#管理人员	Manager in Employed Persons at the Year-end	3211	660	261	3516	1558	6090
#工程技术人员	Technologist in Employed Persons at the Year-end	4860	763	325	4855	2329	8474
#现场施工工人	Builder in Employed Persons at the Year-end	35277	4229	3530	26139	11650	57525
计算劳动生产率的平均人数(人)	Staff and Workers Annual Average (person)	39778	5761	4365	35717	16668	68953
建筑业总产值(万元)	Gross Output Value of Construction (10 000 yuan)	100078	26323	6845	103458	57865	178838
#装饰装修产值	Output Value of Fitment	4925	463	850	4213	2087	8364
营业收入合计(万元)	Total Income (10 000 yuan)	90522	19731	6492	78623	34611	160757
#主营业务收入	Income form Principal Operations	89525	15849	6477	76919	31492	157279
税金(万元)	Taxes (10 000 yuan)	2649	870	241	958	1131	3586
利润总额(万元)	Total profits (10 000yuan)	2837	662	227	3675	2086	5315
从业人员劳动报酬(万元)	Labour Reward of Employed Persons(10 000 yuan)	50397	5042	4201	54016	20911	92745
劳动、失业保险费(万元)	Premium of Unemployment and Labour (10 000 yuan)	375	313	88	265	324	718
全部从业人员年平均人数(人)	Average Number of Employed Persons (penson)	41479	5748	4349	36275	17576	70275
住房公积金(万元)	Housing Provident Funds (10 000 yuan)	783	67	27	2093	920	2051

14-7 各市建筑业企业总产值

Total Output Value of Construction by City

单位:万元 (10 000 yuan)

市 City	2000	2001	2002	2003	2004	2005	2006	2007
全 省 Total	**3573425**	**4524908**	**5367328**	**6345217**	**8171347**	**10661498**	**15309498**	**21517230**
郑 州 市 Zhengzhou	1059254	1316926	1436205	1735897	2252900	2993864	4012651	5836579
开 封 市 Kaifeng	107743	155938	140953	216818	281913	351569	484985	627599
洛 阳 市 Luoyang	501774	676520	751856	809781	1250002	1685428	2535928	3561158
平 顶 山 市 Pingdingshan	154805	155272	188901	217439	275125	311804	459839	644565
安 阳 市 Anyang	286786	392714	471534	554887	593539	717771	1284439	1758436
鹤 壁 市 Hebi	36471	40791	48820	54727	64636	63442	146817	164771
新 乡 市 Xinxiang	268406	324429	401031	456791	579548	794361	1212415	1568600
焦 作 市 Jiaozuo	93120	93722	123724	157234	258329	362613	387161	622314
濮 阳 市 Puyang	234483	282449	316301	396107	427475	468383	689471	919801
许 昌 市 Xuchang	96943	105858	142811	168810	184747	212766	290583	383620
漯 河 市 Luohe	37262	35589	47120	60145	99263	100951	123796	137130
三 门 峡 市 Sanmenxia	75482	101243	102042	147404	203479	262487	368492	456007
南 阳 市 Nanyang	212922	232032	361483	414154	529537	757030	982220	1393452
商 丘 市 Shangqiu	94243	105249	204313	250158	270809	437557	604045	806202
信 阳 市 Xinyang	147813	234584	255090	272916	382226	433377	719211	1082826
周 口 市 Zhoukou	97303	172734	226085	262433	297753	405954	550031	872513
驻 马 店 市 Zhumadian	60858	90493	115500	129192	162119	231364	372459	575022
济 源 市 Jiyuan	7757	8369	33559	40324	57946	70776	84956	106633

14-8 各市建筑业企业利税总额

Total Pre-Tax Profits of Construction Enterprises by City

单位:万元 (10 000 yuan)

市 City	2000	2001	2002	2003	2004	2005	2006	2007
全 省 Total	**148547**	**202656**	**244595**	**297621**	**466646**	**625512**	**878828**	**1317278**
郑 州 市 Zhengzhou	35374	48080	42456	64818	92322	136720	197232	334113
开 封 市 Kaifeng	3581	7357	6976	6554	11874	18134	23936	30658
洛 阳 市 Luoyang	6407	28006	33774	40775	63238	96068	113924	180636
平 顶 山 市 Pingdingshan	5962	5690	5286	5199	12702	19443	18319	29181
安 阳 市 Anyang	15184	14486	18394	23607	26394	29358	67976	80971
鹤 壁 市 Hebi	1296	-657	1740	1888	2426	1649	6678	10073
新 乡 市 Xinxiang	15297	16730	23559	24901	30685	56331	85163	122016
焦 作 市 Jiaozuo	2673	2592	4330	3173	15159	17570	16786	37657
濮 阳 市 Puyang	11834	15134	12481	24794	46114	24647	46455	61218
许 昌 市 Xuchang	6812	6702	7820	8973	6522	8436	12303	19024
漯 河 市 Luohe	2363	1730	1931	2715	4891	5093	7529	11635
三 门 峡 市 Sanmenxia	2626	5795	6187	5551	8524	12422	15867	24739
南 阳 市 Nanyang	10156	11805	21695	22171	31471	45817	57350	100115
商 丘 市 Shangqiu	8610	5703	9485	16925	29302	33083	53087	44481
信 阳 市 Xinyang	7246	12821	11880	14293	46537	44549	68659	100986
周 口 市 Zhoukou	9263	14910	23481	20953	23549	38970	52574	82538
驻 马 店 市 Zhumadian	3624	5405	11091	7759	10280	30310	30180	36596
济 源 市 Jiyuan	241	367	2029	2572	4656	6915	4812	10642

14–9 各市建筑业企业利润总额

Total Profits of Construction Enterprises by City

单位:万元 (10 000 yuan)

市 City	2000	2001	2002	2003	2004	2005	2006	2007
全　省 Total	**30936**	**58629**	**75288**	**94049**	**190817**	**255460**	**371010**	**574318**
郑　州　市 Zhengzhou	3508	8341	1663	14921	23585	40921	72203	150382
开　封　市 Kaifeng	418	359	1468	-267	3640	6952	8640	11326
洛　阳　市 Luoyang	-8040	8118	8765	11915	20438	39499	33803	67391
平 顶 山 市 Pingdingshan	528	123	-1136	-2390	3846	7813	2352	7144
安　阳　市 Anyang	1411	4043	3888	4939	8573	6107	25317	22011
鹤　壁　市 Hebi	-57	-1953	600	33	942	-388	1311	4518
新　乡　市 Xinxiang	4511	5090	10146	10657	10677	23368	42176	66068
焦　作　市 Jiaozuo	88	62	444	-1385	3824	6175	6112	17725
濮　阳　市 Puyang	5261	7201	5192	11833	26627	11735	22153	27416
许　昌　市 Xuchang	4307	2983	3495	4897	2349	2563	2862	5965
漯　河　市 Luohe	1454	743	175	1032	1929	2394	3318	4533
三 门 峡 市 Sanmenxia	710	1930	2004	857	1252	2950	4018	7805
南　阳　市 Nanyang	3271	4265	11266	9389	12319	20315	25869	42888
商　丘　市 Shangqiu	5148	2180	3214	8465	19884	17363	29298	21198
信　阳　市 Xinyang	2725	6149	3805	5770	32266	24434	35692	51230
周　口　市 Zhoukou	4782	7257	14336	9455	11070	23148	34881	44471
驻 马 店 市 Zhumadian	895	1575	4979	2602	4905	15027	18842	15430
济　源　市 Jiyuan	17	163	984	1326	2694	5086	2164	6818

14-10 各市建筑业企业主要指标(2007年)

Main Indicators of Construction Enterprises by City (2007)

市 City	企业个数(个) Number of Enterprises (unit)	从业人员(人) Number of Persons Engaged (person)	计算劳动生产率的平均人数(人) Staff and Workers Annual Average (person)	签定的合同额(万元) Contract Value Signed (10 000yuan)	总产值(万元) Gross Output Value (10 000yuan)
全　　省 Total	**3110**	**1764336**	**1745511**	**33250417**	**21517230**
郑　州　市 Zhengzhou	771	408097	382733	9762875	5836579
开　封　市 Kaifeng	109	58434	56874	889727	627599
洛　阳　市 Luoyang	312	249961	271574	7120107	3561158
平顶山市 Pingdingshan	169	54606	53168	1018544	644565
安　阳　市 Anyang	153	169845	169361	1978342	1758436
鹤　壁　市 Hebi	37	20708	21166	199958	164771
新　乡　市 Xinxiang	237	155558	150413	2682577	1568600
焦　作　市 Jiaozuo	111	44157	43550	940185	622314
濮　阳　市 Puyang	138	69753	73371	1061533	919801
许　昌　市 Xuchang	88	44756	42527	483126	383620
漯　河　市 Luohe	51	27423	24623	196621	137130
三门峡市 Sanmenxia	87	30225	28570	857042	456007
南　阳　市 Nanyang	255	131743	131434	1880061	1393452
商　丘　市 Shangqiu	89	65080	63042	1023358	806202
信　阳　市 Xinyang	192	105020	101638	1289020	1082826
周　口　市 Zhoukou	130	62065	61657	1029232	872513
驻马店市 Zhumadian	135	59009	60409	711365	575022
济　源　市 Jiyuan	46	7896	9401	126746	106633

市 City	竣工产值(万元) Buildings Completed Output Value (10 000yuan)	房屋建筑施工面积(万平方米) Floor Space of Buildings Under Construction (10 000 sq.m)	房屋建筑竣工面积(万平方米) Floor Space of Buildings Completed (10 000 sq.m)	自有施工机械设备年末总功率(千瓦) Total Power of Machinery and Equipment Owned (kw)	自有施工机械设备年末净值(万元) Net Value of Machinery and Equipment Owned (10 000 yuan)
全　　省 Total	**14053956**	**19015.67**	**9177.80**	**9415287**	**1594638**
郑　州　市 Zhengzhou	3575414	5454.21	1958.23	2383431	368041
开　封　市 Kaifeng	443128	617.41	324.98	264027	45998
洛　阳　市 Luoyang	1934268	2269.79	819.67	1205232	207538
平顶山市 Pingdingshan	279905	641.47	222.71	259417	33056
安　阳　市 Anyang	1275698	1812.04	1222.07	841657	175691
鹤　壁　市 Hebi	98070	210.09	113.51	124748	18994
新　乡　市 Xinxiang	883045	1313.61	704.49	838336	125673
焦　作　市 Jiaozuo	382664	565.09	302.52	160157	21055
濮　阳　市 Puyang	736941	555.51	306.82	535335	105400
许　昌　市 Xuchang	321362	578.67	324.86	175413	42874
漯　河　市 Luohe	114400	309.72	150.96	92730	13427
三门峡市 Sanmenxia	407052	361.15	179.28	443253	64832
南　阳　市 Nanyang	1003077	1234.48	587.73	394768	92902
商　丘　市 Shangqiu	489055	624.51	423.28	313768	52929
信　阳　市 Xinyang	927813	1055.76	720.26	465847	92369
周　口　市 Zhoukou	745056	705.01	477.07	408738	60382
驻马店市 Zhumadian	341899	597.49	258.81	453394	56080
济　源　市 Jiyuan	95109	109.68	80.56	55036	17399

14-11 各市建筑业企业个数(2007年)

Number of Construction Enterprises by City (2007)

单位：个 (unit)

市 City	企业个数 Number of Enterprises	内资 Domestic Funded	港澳台商投资 Funded from Hong Kong, Macao and Taiwan	外商投资 Foreign Funded	公有制 Public-owned	非公有制 Non-public owned
全　　省 Total	**3110**	**3103**	**4**	**3**	**895**	**2215**
郑　州　市 Zhengzhou	771	765	4	2	117	654
开　封　市 Kaifeng	109	109			33	76
洛　阳　市 Luoyang	312	311		1	86	226
平顶山市 Pingdingshan	169	169			51	118
安　阳　市 Anyang	153	153			49	104
鹤　壁　市 Hebi	37	37			11	26
新　乡　市 Xinxiang	237	237			56	181
焦　作　市 Jiaozuo	111	111			35	76
濮　阳　市 Puyang	138	138			41	97
许　昌　市 Xuchang	88	88			25	63
漯　河　市 Luohe	51	51			21	30
三门峡市 Sanmenxia	87	87			16	71
南　阳　市 Nanyang	255	255			87	168
商　丘　市 Shangqiu	89	89			52	37
信　阳　市 Xinyang	192	192			73	119
周　口　市 Zhoukou	130	130			73	57
驻马店市 Zhumadian	135	135			64	71
济　源　市 Jiyuan	46	46			5	41

市 City	#国有控股 State-holding	#集体控股 Collective-holding	#私人控股 Private-holding	#房屋和土木工程建筑业 Floor Space Civil Engineering	#建筑安装业 Building Installation	#建筑装饰业 Building Decoration
全　　省 Total	**408**	**487**	**2206**	**1702**	**450**	**746**
郑　州　市 Zhengzhou	73	44	647	248	200	232
开　封　市 Kaifeng	13	20	76	77	15	11
洛　阳　市 Luoyang	36	50	225	169	41	83
平顶山市 Pingdingshan	24	27	118	94	16	55
安　阳　市 Anyang	21	28	104	105	16	26
鹤　壁　市 Hebi	6	5	26	29	5	2
新　乡　市 Xinxiang	21	35	181	156	27	31
焦　作　市 Jiaozuo	10	25	76	48	17	43
濮　阳　市 Puyang	17	24	97	58	32	37
许　昌　市 Xuchang	6	19	63	54	6	21
漯　河　市 Luohe	5	16	30	41	2	5
三门峡市 Sanmenxia	10	6	71	63	5	16
南　阳　市 Nanyang	31	56	168	135	20	89
商　丘　市 Shangqiu	19	33	37	67	8	8
信　阳　市 Xinyang	30	43	119	130	11	46
周　口　市 Zhoukou	49	24	57	101	9	13
驻马店市 Zhumadian	34	30	70	109	11	13
济　源　市 Jiyuan	3	2	41	18	9	15

14-12 各市建筑业企业总产值(2007年)

Total Output Value of Construction Enterprises by City (2007)

单位：万元 (10 000 yuan)

市 City	总产值 Gross Output Value	内资 Domestic Funded	港澳台商投资 Funded from Hong Kong, Macao and Taiwan	外商投资 Foreign Funded	公有制 Public-owned	非公有制 Non-public owned
全　　省 Total	**21517230**	**21509604**	**4302**	**3324**	**11532670**	**9984560**
郑　州　市 Zhengzhou	5836579	5828954	4302	3324	2601901	3234679
开　封　市 Kaifeng	627599	627599			318385	309215
洛　阳　市 Luoyang	3561158	3561158			2525479	1035680
平 顶 山 市 Pingdingshan	644565	644565			442368	202198
安　阳　市 Anyang	1758436	1758436			642935	1115501
鹤　壁　市 Hebi	164771	164771			50062	114710
新　乡　市 Xinxiang	1568600	1568600			546175	1022424
焦　作　市 Jiaozuo	622314	622314			379084	243230
濮　阳　市 Puyang	919801	919801			588001	331800
许　昌　市 Xuchang	383620	383620			130520	253100
漯　河　市 Luohe	137130	137130			79682	57448
三 门 峡 市 Sanmenxia	456007	456007			278407	177600
南　阳　市 Nanyang	1393452	1393452			841040	552412
商　丘　市 Shangqiu	806202	806202			681353	124849
信　阳　市 Xinyang	1082826	1082826			586747	496079
周　口　市 Zhoukou	872513	872513			469783	402730
驻 马 店 市 Zhumadian	575022	575022			344032	230991
济　源　市 Jiyuan	106633	106633			26717	79916

市 City	#国有控股 State-holding	#集体控股 Collective-holding	#私人控股 Private-holding	#房屋和土木工程建筑业 Floor Space Civil Engineering	#建筑安装业 Building Installation	#建筑装饰业 Building Decoration
全　　省 Total	**8451351**	**3081319**	**9968476**	**17697240**	**2806923**	**409934**
郑　州　市 Zhengzhou	2278552	323348	3221135	4153548	1309692	170199
开　封　市 Kaifeng	221241	97144	309215	571986	45422	2809
洛　阳　市 Luoyang	2351280	174199	1035680	3001720	479835	26047
平 顶 山 市 Pingdingshan	383686	58681	202198	536423	26694	14840
安　阳　市 Anyang	162942	479993	1115501	1644558	92581	11450
鹤　壁　市 Hebi	30251	19811	114710	154351	7503	1839
新　乡　市 Xinxiang	452121	94055	1022424	1380810	69147	11287
焦　作　市 Jiaozuo	178780	200304	243230	565601	42251	9158
濮　阳　市 Puyang	340208	247794	331800	638350	193370	48034
许　昌　市 Xuchang	32839	97682	253100	326510	15969	25809
漯　河　市 Luohe	9701	69982	57448	129838	3102	304
三 门 峡 市 Sanmenxia	263262	15145	177600	447152	3510	2776
南　阳　市 Nanyang	444568	396472	552412	1108311	226870	34200
商　丘　市 Shangqiu	454895	226458	124849	659852	130795	11955
信　阳　市 Xinyang	266412	320335	496079	1020742	46630	13147
周　口　市 Zhoukou	323266	146517	402730	767195	55847	19313
驻 马 店 市 Zhumadian	231122	112909	228451	504646	48249	4476
济　源　市 Jiyuan	26226	491	79916	85646	9459	2292

14-13 各市建筑业企业实收资本(2007年)
Paid-up Capitals of Construction Enterprises by City (2007)

单位：万元 (10 000 yuan)

市 City	实收资本 Capitals Hold Value	内资 Domestic Funded	港澳台商投资 Funded from Hong Kong, Macao and Taiwan	外商投资 Foreign Funded	公有制 Public-owned	非公有制 Non-public owned
全省 Total	**4580310**	**4572268**	**5441**	**2601**	**1931315**	**2648995**
郑州市 Zhengzhou	1389894	1382853	5441	1601	463882	926013
开封市 Kaifeng	161095	161095			54890	106205
洛阳市 Luoyang	591951	590951		1000	332964	258987
平顶山市 Pingdingshan	147970	147970			69116	78855
安阳市 Anyang	288794	288794			96050	192744
鹤壁市 Hebi	58705	58705			12819	45886
新乡市 Xinxiang	339484	339484			95367	244117
焦作市 Jiaozuo	98375	98375			57083	41292
濮阳市 Puyang	218085	218085			100721	117364
许昌市 Xuchang	109013	109013			37680	71332
漯河市 Luohe	50919	50919			24873	26047
三门峡市 Sanmenxia	122527	122527			56634	65893
南阳市 Nanyang	262761	262761			109068	153693
商丘市 Shangqiu	164592	164592			114764	49828
信阳市 Xinyang	214534	214534			112415	102118
周口市 Zhoukou	165985	165985			94217	71767
驻马店市 Zhumadian	151245	151245			91732	59514
济源市 Jiyuan	44383	44383			7042	37341

市 City	#国有控股 State-holding	#集体控股 Collective-holding	#私人控股 Private-holding	#房屋和土木工程建筑业 Floor Space Civil Engineering	#建筑安装业 Building Installation	#建筑装饰业 Building Decoration
全省 Total	**1306367**	**624948**	**2638293**	**3435921**	**663688**	**284055**
郑州市 Zhengzhou	383247	80635	916971	882073	289828	137615
开封市 Kaifeng	20644	34246	106205	138634	17555	1795
洛阳市 Luoyang	281449	51516	257987	402212	151055	20770
平顶山市 Pingdingshan	53303	15813	78855	119018	9268	13429
安阳市 Anyang	41910	54140	192744	262369	17209	5177
鹤壁市 Hebi	8209	4610	45886	54159	2786	760
新乡市 Xinxiang	66487	28880	244117	261664	21202	9197
焦作市 Jiaozuo	17182	39901	41292	68773	18653	8750
濮阳市 Puyang	51782	48940	117364	143613	39539	25043
许昌市 Xuchang	11311	26370	71332	84605	5710	15492
漯河市 Luohe	4702	20171	26047	46968	1925	469
三门峡市 Sanmenxia	52173	4461	65893	116094	2560	2846
南阳市 Nanyang	51859	57209	153693	205782	29778	20859
商丘市 Shangqiu	62027	52737	49828	130788	29591	2267
信阳市 Xinyang	56731	55685	102118	193562	11457	7611
周口市 Zhoukou	71497	22721	71767	150086	5189	6448
驻马店市 Zhumadian	65751	25981	58854	139212	6378	3655
济源市 Jiyuan	6108	934	37341	36309	4004	1873

14-14 各市建筑业企业资产总计(2007年)

Total Assets of Construction Enterprises by City (2007)

单位：万元　　　　(10 000yuan)

市 City	资产合计 Total Assets	内资 Domestic Funded	港澳台商投资 Funded from Hong Kong, Macao and Taiwan	外商投资 Foreign Funded	公有制 Public-owned	非公有制 Non-public owned
全　　省 Total	**14849013**	**14834633**	**9987**	**4394**	**9031681**	**5817332**
郑　州　市 Zhengzhou	4465926	4452633	9987	3307	2552661	1913266
开　封　市 Kaifeng	446936	446936			208116	238820
洛　阳　市 Luoyang	2917121	2916034		1087	2288596	628525
平 顶 山 市 Pingdingshan	610745	610745			457567	153179
安　阳　市 Anyang	712604	712604			312832	399772
鹤　壁　市 Hebi	155489	155489			48916	106573
新　乡　市 Xinxiang	1107737	1107737			479106	628632
焦　作　市 Jiaozuo	372905	372905			274133	98772
濮　阳　市 Puyang	586163	586163			374778	211386
许　昌　市 Xuchang	305648	305648			97342	208307
漯　河　市 Luohe	116051	116051			46034	70017
三 门 峡 市 Sanmenxia	438581	438581			287303	151278
南　阳　市 Nanyang	700772	700772			415572	285200
商　丘　市 Shangqiu	505936	505936			421228	84708
信　阳　市 Xinyang	538633	538633			312888	225745
周　口　市 Zhoukou	389506	389506			229275	160231
驻 马 店 市 Zhumadian	368904	368904			203168	165736
济　源　市 Jiyuan	109357	109357			22170	87187

市 City	#国有控股 State-holding	#集体控股 Collective-holding	#私人控股 Private-holding	#房屋和土木工程建筑业 Floor Space Civil Engineering	#建筑安装业 Building Installation	#建筑装饰业 Building Decoration
全　　省 Total	**7328927**	**1702755**	**5798205**	**11776906**	**2054689**	**453503**
郑　州　市 Zhengzhou	2313931	238730	1896325	3123128	887587	212490
开　封　市 Kaifeng	135562	72554	238820	379256	59428	3815
洛　阳　市 Luoyang	2150997	137599	627438	2417206	396936	31671
平 顶 山 市 Pingdingshan	406277	51290	153179	524980	22562	21286
安　阳　市 Anyang	102849	209983	399772	651672	37461	6916
鹤　壁　市 Hebi	29875	19041	106573	145504	6148	766
新　乡　市 Xinxiang	415899	63207	628632	904952	88416	14574
焦　作　市 Jiaozuo	158504	115629	98772	301544	50418	13668
濮　阳　市 Puyang	235941	138837	211386	384893	140939	37531
许　昌　市 Xuchang	43506	53835	208307	261509	15447	21242
漯　河　市 Luohe	15166	30868	70017	109980	2617	644
三 门 峡 市 Sanmenxia	278104	9199	151278	427680	4994	4308
南　阳　市 Nanyang	227813	187758	285200	525804	129722	35919
商　丘　市 Shangqiu	305639	115588	84708	373354	123199	2677
信　阳　市 Xinyang	153179	159709	225745	495373	28601	10186
周　口　市 Zhoukou	187042	42233	160231	329479	26117	26810
驻 马 店 市 Zhumadian	149027	54141	164636	337954	19595	4557
济　源　市 Jiyuan	19615	2555	87187	82639	14503	4445

14-15 各市建筑业企业负债合计(2007年)

Total Liabilities of Construction Enterprises by City (2007)

单位：万元 (10 000 yuan)

市 City	负债合计 Total Liabilities	内资 Domestic Funded	港澳台商投资 Funded from Hong Kong, Macao and Taiwan	外商投资 Foreign Funded	公有制 Public-owned	非公有制 Non-public owned
全　　省 Total	**9086488**	**9078513**	**5794**	**2181**	**6568521**	**2517967**
郑　州　市 Zhengzhou	2832393	2824778	5794	1821	1983088	849305
开　封　市 Kaifeng	232843	232843			124140	108703
洛　阳　市 Luoyang	2206768	2206408		360	1881753	325015
平顶山　市 Pingdingshan	459168	459168			399665	59503
安　阳　市 Anyang	347724	347724			199755	147970
鹤　壁　市 Hebi	82455	82455			26425	56031
新　乡　市 Xinxiang	624288	624288			361904	262384
焦　作　市 Jiaozuo	256451	256451			215078	41373
濮　阳　市 Puyang	304960	304960			243141	61819
许　昌　市 Xuchang	155096	155096			36882	118214
漯　河　市 Luohe	46487	46487			14815	31672
三门峡　市 Sanmenxia	305005	305005			230719	74286
南　阳　市 Nanyang	366568	366568			265353	101216
商　丘　市 Shangqiu	278025	278025			257565	20460
信　阳　市 Xinyang	222268	222268			138631	83636
周　口　市 Zhoukou	141268	141268			88074	53194
驻马店　市 Zhumadian	171424	171424			89323	82100
济　源　市 Jiyuan	53298	53298			12211	41087

市 City	#国有控股 State-holding	#集体控股 Collective-holding	#私人控股 Private-holding	#房屋和土木工程建筑业 Floor Space Civil Engineering	#建筑安装业 Building Installation	#建筑装饰业 Building Decoration
全　　省 Total	**5681292**	**887229**	**2507585**	**7416669**	**1283227**	**131802**
郑　州　市 Zhengzhou	1842747	140342	839703	2082077	578120	69306
开　封　市 Kaifeng	92642	31498	108703	196282	33290	2160
洛　阳　市 Luoyang	1804046	77707	324655	1932568	231158	9257
平顶山　市 Pingdingshan	365074	34591	59503	407213	9740	7522
安　阳　市 Anyang	54203	145552	147970	318771	16644	1230
鹤　壁　市 Hebi	22233	4191	56031	77538	2855	339
新　乡　市 Xinxiang	331872	30032	262384	539278	50045	3564
焦　作　市 Jiaozuo	143357	71722	41373	225257	24378	2472
濮　阳　市 Puyang	173767	69374	61819	195203	95464	5155
许　昌　市 Xuchang	17668	19215	118214	135862	9892	5253
漯　河　市 Luohe	9018	5798	31672	45078	594	143
三门峡　市 Sanmenxia	228113	2606	74286	301099	2454	1124
南　阳　市 Nanyang	157340	108013	101216	263107	93531	7446
商　丘　市 Shangqiu	220038	37527	20460	183436	90320	214
信　阳　市 Xinyang	65585	73047	83636	205193	14512	1542
周　口　市 Zhoukou	75727	12347	53194	116325	10452	12345
驻马店　市 Zhumadian	67145	22179	81681	155495	10661	685
济　源　市 Jiyuan	10720	1491	41087	36888	9118	2047

14-16 各市建筑业企业工程结算收入(2007年)

Revenue of Project Settlement Accounts of Construction Enterprises by City (2007)

单位：万元　　(10 000 yuan)

市 City	工程结算收入 Revenue of Project Settlement Accounts	内资 Domestic Funded	港澳台商投资 Funded from Hong Kong, Macao and Taiwan	外商投资 Foreign Funded	公有制 Public-owned	非公有制 Non-public owned
全　省 Total	**19901954**	**19891325**	**7167**	**3462**	**10921968**	**8979986**
郑州市 Zhengzhou	5213025	5202534	7167	3324	2362047	2850979
开封市 Kaifeng	566234	566234			276675	289558
洛阳市 Luoyang	3545415	3545277		138	2641736	903679
平顶山市 Pingdingshan	628716	628716			436769	191947
安阳市 Anyang	1468497	1468497			528595	939903
鹤壁市 Hebi	151229	151229			46762	104467
新乡市 Xinxiang	1566081	1566081			522762	1043319
焦作市 Jiaozuo	519979	519979			349197	170782
濮阳市 Puyang	908382	908382			582985	325397
许昌市 Xuchang	356917	356917			119160	237757
漯河市 Luohe	131529	131529			77109	54419
三门峡市 Sanmenxia	482514	482514			319973	162541
南阳市 Nanyang	1314541	1314541			791630	522910
商丘市 Shangqiu	742175	742175			621371	120804
信阳市 Xinyang	947854	947854			503742	444111
周口市 Zhoukou	798357	798357			440174	358183
驻马店市 Zhumadian	455778	455778			274559	181219
济源市 Jiyuan	104732	104732			26720	78012

市 City	#国有控股 State-holding	#集体控股 Collective-holding	#私人控股 Private-holding	#房屋和土木工程建筑业 Floor Space Civil Engineering	#建筑安装业 Building Installation	#建筑装饰业 Building Decoration
全　省 Total	**8252226**	**2669742**	**8961215**	**16398739**	**2556533**	**396528**
郑州市 Zhengzhou	2103287	258760	2834885	3692647	1162747	166522
开封市 Kaifeng	194484	82191	289558	519788	39750	2672
洛阳市 Luoyang	2483512	158225	903541	3000019	475106	23851
平顶山市 Pingdingshan	377577	59192	191947	524020	20027	17499
安阳市 Anyang	147712	380883	939903	1384044	65290	11010
鹤壁市 Hebi	29363	17399	104467	141992	7508	718
新乡市 Xinxiang	429121	93641	1043319	1386535	70973	11133
焦作市 Jiaozuo	170606	178590	170782	465562	40332	8931
濮阳市 Puyang	354603	228382	325397	630767	194014	43385
许昌市 Xuchang	31430	87731	237757	298639	17566	25374
漯河市 Luohe	8878	68232	54419	124403	3102	282
三门峡市 Sanmenxia	304537	15437	162541	473507	3670	3389
南阳市 Nanyang	428421	363210	522910	1030976	227420	34715
商丘市 Shangqiu	429842	191530	120804	628201	98289	11958
信阳市 Xinyang	239850	263892	444111	891107	42158	12382
周口市 Zhoukou	314073	126101	358183	706251	52924	15818
驻马店市 Zhumadian	179000	95559	178679	416763	26381	4082
济源市 Jiyuan	25931	789	78012	83521	9278	2810

14-17 各市建筑业企业利润总额(2007年)

Total Profits of Construction Enterprises by City (2007)

单位：万元 (10 000 yuan)

市 City	利润总额 Total Profits	内资 Domestic Funded	港澳台商投资 Funded from Hong Kong, Macao and Taiwan	外商投资 Foreign Funded	公有制 Public-owned	非公有制 Non-public owned
全省 Total	**574318**	**573934**	**438**	**-53**	**254709**	**319609**
郑州市 Zhengzhou	150382	149956	438	-11	41918	108464
开封市 Kaifeng	11326	11326			7585	3741
洛阳市 Luoyang	67391	67433		-42	45615	21776
平顶山市 Pingdingshan	7144	7144			1184	5960
安阳市 Anyang	22011	22011			7050	14961
鹤壁市 Hebi	4518	4518			2535	1983
新乡市 Xinxiang	66068	66068			13162	52906
焦作市 Jiaozuo	17725	17725			4413	13312
濮阳市 Puyang	27416	27416			15256	12160
许昌市 Xuchang	5965	5965			4588	1377
漯河市 Luohe	4533	4533			1918	2615
三门峡市 Sanmenxia	7805	7805			2283	5522
南阳市 Nanyang	42888	42888			23936	18953
商丘市 Shangqiu	21198	21198			17640	3557
信阳市 Xinyang	51230	51230			26635	24595
周口市 Zhoukou	44471	44471			26159	18312
驻马店市 Zhumadian	15430	15430			9757	5673
济源市 Jiyuan	6818	6818			3077	3741

市 City	#国有控股 State-holding	#集体控股 Collective-holding	#私人控股 Private-holding	#房屋和土木工程建筑业 Floor Space Civil Engineering	#建筑安装业 Building Installation	#建筑装饰业 Building Decoration
全省 Total	**166551**	**88158**	**318833**	**463962**	**64670**	**17494**
郑州市 Zhengzhou	39720	2197	107702	108882	28625	8582
开封市 Kaifeng	2641	4945	3741	10896	120	97
洛阳市 Luoyang	41567	4049	21818	55501	7141	1204
平顶山市 Pingdingshan	319	864	5960	5262	433	388
安阳市 Anyang	2683	4366	14961	18997	2338	382
鹤壁市 Hebi	77	2458	1983	4361	234	-85
新乡市 Xinxiang	8694	4468	52906	48740	5429	992
焦作市 Jiaozuo	2360	2053	13312	14509	2214	334
濮阳市 Puyang	7644	7611	12160	17801	4165	2626
许昌市 Xuchang	501	4087	1377	5786	1023	-1482
漯河市 Luohe	29	1889	2615	4260	-2	9
三门峡市 Sanmenxia	923	1360	5522	7283	183	206
南阳市 Nanyang	12613	11323	18953	35916	4345	1208
商丘市 Shangqiu	10302	7339	3557	19767	948	135
信阳市 Xinyang	10957	15679	24595	48310	1698	1147
周口市 Zhoukou	16662	9497	18312	36884	5307	1267
驻马店市 Zhumadian	5688	4069	5617	15106	-205	258
济源市 Jiyuan	3173	-95	3741	5703	677	227

14–18　各市建筑业企业利税总额(2007年)

Total Pre-tax Profits of Construction Enterprises by City (2007)

单位：万元　　　　(10 000 yuan)

市 City	利税总额 Total Pre-tax Profits	内资 Domestic Funded	港澳台商投资 Funded from Hong Kong, Macao and Taiwan	外商投资 Foreign Funded	公有制 Public-owned	非公有制 Non-public owned
全　省 Total	**1317278**	**1316482**	**719**	**77**	**651650**	**665628**
郑　州　市 Zhengzhou	334113	333281	719	113	125704	208409
开　封　市 Kaifeng	30658	30658			16654	14004
洛　阳　市 Luoyang	180636	180672		-36	130414	50221
平顶山　市 Pingdingshan	29181	29181			15982	13199
安　阳　市 Anyang	80971	80971			32518	48453
鹤　壁　市 Hebi	10073	10073			4020	6053
新　乡　市 Xinxiang	122016	122016			30089	91927
焦　作　市 Jiaozuo	37657	37657			16379	21278
濮　阳　市 Puyang	61218	61218			31724	29494
许　昌　市 Xuchang	19024	19024			9216	9808
漯　河　市 Luohe	11635	11635			5764	5871
三门峡　市 Sanmenxia	24739	24739			12169	12570
南　阳　市 Nanyang	100115	100115			54378	45737
商　丘　市 Shangqiu	44481	44481			36460	8021
信　阳　市 Xinyang	100986	100986			56372	44614
周　口　市 Zhoukou	82538	82538			47107	35431
驻马店　市 Zhumadian	36596	36596			22656	13939
济　源　市 Jiyuan	10642	10642			4044	6597

市 City	#国有控股 State-holding	#集体控股 Collective-holding	#私人控股 Private-holding	#房屋和土木工程建筑业 Floor Space Civil Engineering	#建筑安装业 Building Installation	#建筑装饰业 Building Decoration
全　省 Total	**447463**	**204186**	**664156**	**1085637**	**148656**	**35185**
郑　州　市 Zhengzhou	111159	14545	207042	241876	67475	14656
开　封　市 Kaifeng	8834	7821	14004	28276	1867	176
洛　阳　市 Luoyang	118634	11780	50257	150989	22011	2312
平顶山　市 Pingdingshan	13127	2855	13199	24050	1163	1115
安　阳　市 Anyang	10762	21756	48453	75041	4463	822
鹤　壁　市 Hebi	978	3042	6053	9712	392	-61
新　乡　市 Xinxiang	21471	8618	91927	97094	7912	1445
焦　作　市 Jiaozuo	7872	8507	21278	32424	3608	802
濮　阳　市 Puyang	14814	16910	29494	44195	8639	4360
许　昌　市 Xuchang	1598	7618	9808	16831	1597	-533
漯　河　市 Luohe	523	5242	5871	10955	160	28
三门峡　市 Sanmenxia	10137	2032	12570	23776	377	329
南　阳　市 Nanyang	29525	24853	45737	82254	11689	3963
商　丘　市 Shangqiu	21748	14712	8021	39297	4283	448
信　阳　市 Xinyang	27099	29273	44614	94948	3762	2128
周　口　市 Zhoukou	31402	15706	35431	70258	7775	2208
驻马店　市 Zhumadian	13655	9002	13798	34935	519	567
济　源　市 Jiyuan	4128	-84	6597	8727	967	422

主要统计指标解释

建筑业统计单位 指从事房屋、构筑物建造和设备安装活动的法人企业。建筑业法人企业应同时具备的条件是：① 依法成立，有自己的名称、组织机构和场所，能够承担民事责任；②独立拥有和使用资产，承担负债，有权与其他单位签订合同；③独立核算盈亏，能够编制资产负债表。

房屋建筑施工面积 指在报告期内施工的全部房屋建筑面积，包括本期新开工的房屋面积、上期施工跨入本期继续施工的房屋面积、上期停缓建在本期恢复施工的房屋面积、本期竣工的房屋面积及本期施工后又停缓建的房屋面积。

房屋建筑竣工面积 指在报告期内房屋建筑按照设计要求全部完工，达到了住人和使用条件，经验收鉴定合格，正式移交使用单位的房屋建筑面积。

自有机械设备年末总台数 指归本企业所有，属于本企业固定资产的生产性机械设备年末总台数。包括施工机械、生产设备、运输设备以及其他设备。

自有机械设备年末总功率 指本企业自有施工机械、生产设备、运输设备以及其他设备等列为在册固定资产的生产性机械设备年末总功率，按设定能力或查定能力计算。包括机械本身的动力和为该机械服务的单独动力设备，如电动机等。计算单位用千瓦，动力换算可按 1 马力＝0.735 千瓦折合成千瓦数。电焊机、变压器、锅炉不计算动力。

工程结算收入 指企业承包工程实现的工程价款结算收入，以及向发包单位收取的除工程价款以外的按规定列作营业收入的各种款项，如临时设施费、劳动保险费、施工机械调迁费等以及向发包单位收取的各种索赔款。

工程结算利润 指已结算工程实现的利润，如亏损以“－”号表示。计算公式为：

工程结算利润＝工程结算收入－工程结算成本－工程结算税金及附加－经营费用

Explanatory Notes on Main Statistical Indicators

Statistical Unit in Construction refers to corporate enterprise engaged in the construction of buildings and structures and in the installation of equipment. A corporate construction enterprise should meet the following 3 requirements:①being set up in line with relevant legal basis, having its full name, organization and location, and capable of taking civil liabilities;②independently possessing and using its assets and assuming its liabilities, and entitled to sign contracts with other institutions; and ③ making independent accounts of its profits and losses, and capable of compiling its own balance sheet

Floor Space of Buildings Under Construction refers to floor space of buildings under construction during the reference period, including newly started buildings, buildings started earlier and continued during the reference period, and buildings suspended earlier but restarted during the reference period, buildings completed during the reference period, and buildings under construction and then suspended during the reference period.

Floor Space of Buildings Completed refers to the floor space of buildings that are completed in the reference period in accordance with the requirements of the design, up to the standard for putting them into use, and have been checked and accepted by concerned departments as qualified ones.

Total Number of Machinery and Equipment Owned by the End of Year refers to the number of machines and equipment owned by the enterprises, and listed as the fixed assets of the enterprises by the end of the year, including machinery and equipment for construction, production and transportation.

Total Power of Machinery and Equipment Owned by the End of Year refers to the total power of machinery and equipment owned by the enterprises, and listed as the fixed assets of the enterprises by the end of the year, including machinery and equipment for construction, production and transportation. The power of the machinery is calculated on basis of the designed or verified capacity, covering the power of the machinery/equipment and the separate power equipment serving the machinery/equipment (such as electric motors), but excluding welders, transformers and boilers. The unit used for the calculation of power is kilowatt, with horsepower converted to kilowatt by 1 horsepower＝0.735 kilowatt.

Income from Settlement of Projects refers to the income received by the construction enterprise from the contracted project through settlement procedures, and other charges of Operating income in addition to the value of the project, such as temporary facility fee, labour insurance premium, moving cost of construction equipment, as well as various types of claims to the contract.

Profit from Settlement of Projects refers to profit realized through settled projects. It is calculated with the following formula:

Profit from Settlement of Projects＝Income from Settlement of Projects－Settled Cost－Settled Taxes and Other Cost- Operating expenses

交通运输、邮电通信业

Transport, Postal and Telecommunications Services

● 资料整理：刘秋香

〖简要说明〗

一、主要内容

本篇包括河南省交通运输业资料，邮政、通信业资料。其中交通运输业资料主要包括：五种运输方式的线路里程、运输设备拥有量、货物运输量和旅客运输量。邮电通信业资料主要包括：全省邮政局(所)及邮路情况，邮电通信设备拥有量，邮电业务完成情况，邮电通信发展水平等资料。

二、统计范围

铁路包括国家铁路和合资铁路。公路里程包括全省范围内所有国道、省道、县道、乡道(含村道)、专用公路。民用车辆拥有量包括辖区内全部登记注册民用车辆。公路客货运输量包括从事公路运输的全部企事业单位、私人(包括个体联户)完成的运输量。民航包括民航企业。邮电通讯包括省邮政局、省邮政公司、省通信管理局及所有从事邮电通信运营的企业。

三、资料来源

铁路资料由省地方铁路局、郑州铁路局、武汉铁路局、济南铁路局、北京铁路局提供；公路资料由省交通厅提供；民用车辆资料由省公安厅、省农机局和各省辖市统计局提供。航空资料由省民航局和南方航空公司河南分公司提供；邮电通信业资料由河南省邮政局、省邮政公司和省通信管理局提供。由河南省地方经济社会调查队服务业调查处编辑整理。

15-1 历年交通运输基本情况

Basic Conditions of Transport Over the years

年份 Year	铁路里程（公里） Length of Railways (km)	公路里程（公里） Length of ways (km)	民用汽车拥有量(辆) Number of Civil Motor Vehicles Owned (unit)	客运量（万人） Passenger Traffic (10000 persons)	#铁路 Railway	#公路 Highway	#水运 Waterway	货运量（万吨） Freight Traffic (10000 tons)	#铁路 Railway	#公路 Highway	#水运 Waterway
1978	3212	31549	62965	11177	4319	6781	45	18206	6722	11321	133
1979	3216	36155	73453	12784	4513	8218	53	17535	6693	10728	112
1980	3192	36423	84815	15092	4860	10151	81	17048	6758	10183	106
1981	3460	36478	101303	17559	4752	12724	83	16403	6614	9705	84
1982	3401	36912	112794	20129	4680	15373	76	19847	6934	12794	119
1983	3305	37196	122147	23050	5060	17907	82	21579	7142	14308	129
1984	3342	37704	140967	25985	5474	20412	97	23908	7456	16296	155
1985	3248	38840	178248	36576	5723	30729	121	35642	8101	27340	201
1986	3344	39286	184217	43590	5659	37822	105	36436	8384	27799	217
1987	3409	39713	215966	46140	5524	40510	100	39539	8632	30670	237
1988	3358	40622	249182	54667	6073	48421	168	38357	8772	29282	303
1989	3546	41170	286114	52328	5476	46634	211	38245	9089	28811	345
1990	3536	43150	307914	53567	4429	48977	150	38111	9038	28818	255
1991	3384	44199	333841	53836	4223	49494	119	39923	9193	30486	244
1992	3486	45049	343214	58114	4271	53703	106	44018	9343	34404	271
1993	3456	46487	384016	61285	4602	56511	146	47347	9811	37182	354
1994	3350	47704	452291	62686	4563	57996	81	50988	9974	40428	395
1995	3382	49707	469337	61964	4288	57522	82	53582	10373	42692	324
1996	3426	50907	514094	66490	3818	62464	129	55920	10594	44800	382
1997	3428	55016	603453	69863	3843	65786	152	56113	9996	45542	433
1998	3461	57172	680875	74182	4133	69917	55	58150	9416	48250	342
1999	3354	60330	765891	78009	4366	73493	76	59218	9657	49208	352
2000	3354	64453	847289	83912	4727	79017	91	60678	10172	50133	372
2001	3319	69041	924636	85412	4980	80259	95	65191	11196	53596	398
2002	3347	71741	1058193	90334	5085	85078	86	68397	12148	55743	505
2003	3410	73831	1197516	81323	4864	76301	63	69689	12925	56100	663
2004	3752	75718	1461670	91013	5695	85016	84	73796	14732	58147	915
2005	4000	79506	2060094	98099	5842	91920	97	78827	14806	62684	1334
2006	3988	236351	2529386	108060	6313	101345	105	86608	15190	69898	1516
2007	3989	238676	2926945	122557	6585	115460	160	101410	16010	83537	1858

注：2006年起，公路里程包括村道(15-3同）。

a)Length of ways include county ways since 2006(the same as table 15-3).

15-2 历年旅客和货物周转量、邮电业务总量

Passenger-Kilometers and Freight Ton-Kilometers, Business Volume of Post and Telecommunication Services over the Years

年 份 Year	旅客周转量（亿人公里） Passenger-Kilometers (100 million passenger-km)	#铁路 Railways	#公路 Highways	#水运 Waterways	货物周转量（亿吨公里） Freight Ton-Kilometers (100 million ton-km)	#铁路 Railways	#公路 Highways	#水运 Waterways	邮电业务总量（万元） Business Volume of Post and Telecommunications Service (10 000 yuan)	邮政 business Volume of Post	电信 Business Volume of Telecommunications
1949	6.46	6.45	0.01		16.53	16.00	0.21	0.32	161		
1952	15.62	15.26	0.36		39.12	36.56	0.88	1.68	502		
1957	33.23	30.85	2.33	0.05	112.68	106.68	3.13	2.87	1193		
1962	90.02	82.01	7.98	0.03	131.21	125.02	4.08	2.11	2084		
1965	46.46	37.79	8.65	0.02	227.88	219.56	6.07	2.25	2300		
1970	80.54	64.74	15.66	0.14	332.55	322.03	8.74	1.78	3502		
1975	105.23	82.18	22.90	0.15	390.80	372.67	16.29	1.84	4902		
1978	123.22	92.62	30.47	0.13	508.53	484.91	21.57	2.05	7120		
1979	140.25	105.73	34.37	0.15	528.92	507.48	19.77	1.67	7540		
1980	163.98	122.40	41.35	0.23	547.65	525.31	21.01	1.33	8062		
1981	176.99	126.76	49.98	0.25	563.45	537.75	24.45	1.25	8390		
1982	195.70	135.60	59.87	0.23	617.77	578.55	37.41	1.81	8666		
1983	226.31	155.09	70.96	0.26	674.22	624.37	47.86	1.99	9024		
1984	253.11	171.10	81.71	0.30	702.70	643.53	55.88	3.29	9647		
1985	323.50	209.77	113.36	0.37	838.22	728.25	105.72	4.25	11057		
1986	358.20	228.54	129.34	0.32	881.90	777.12	99.73	5.05	11977		
1987	400.06	249.01	150.75	0.30	1020.81	880.94	133.83	6.04	14675		
1988	484.77	290.16	194.24	0.37	1079.26	932.37	139.64	7.25	18349		
1989	488.56	280.00	208.16	0.40	1157.63	1007.00	142.70	7.93	22805		
1990	423.46	229.90	193.10	0.46	1169.44	1001.79	160.66	6.99	48983		
1991	459.53	249.52	209.64	0.37	1199.31	1022.17	170.03	7.11	59324		
1992	511.40	275.46	235.56	0.38	1302.34	1085.18	209.03	8.13	80685		
1993	538.45	295.85	242.15	0.45	1337.03	1099.61	227.37	10.05	122245		
1994	566.29	305.35	260.74	0.20	1432.97	1164.43	258.41	9.60	188902		
1995	573.85	304.66	262.11	0.24	1538.82	1233.74	295.18	9.32	302583		
1996	584.25	285.72	289.65	0.35	1603.52	1263.13	326.16	10.26	461609		
1997	620.28	296.80	314.26	0.38	1547.18	1179.62	352.74	10.92	643107		
1998	640.16	310.79	320.93	0.21	1452.74	1083.35	355.48	9.93	1035556		
1999	689.89	339.15	342.56	0.30	1432.08	1058.12	363.56	10.29	1384139		
2000	740.98	378.80	353.78	0.30	1476.51	1101.74	363.94	10.69	1869359	117999	1751360
2001	779.93	401.77	369.41	0.32	1573.28	1185.36	375.78	12.01	1740235	210508	1529727
2002	820.83	421.00	390.00	0.27	1649.22	1234.77	398.87	15.43	2201977	236549	1965428
2003	822.92	462.10	350.02	0.19	1891.73	1463.20	405.20	23.22	3035707	264200	2771507
2004	963.09	542.00	395.40	0.45	2107.26	1650.00	422.02	34.93	4359263	282726	4076537
2005	1000.70	535.43	437.84	0.53	2282.60	1759.77	467.00	55.49	5565060	318093	5246967
2006	1113.77	586.88	492.72	0.55	2415.89	1810.80	538.76	65.85	7214687	365236	6849451
2007	1264.10	620.68	601.81	0.78	2729.30	1962.93	681.85	83.95	9331635	412016	8919619

注：邮电业务总量2001年以来为2000年不变价，1990-2000年按1990年不变价格计算，以前年度按1980年不变价格计算。(15、17表同)
a)The business volume of post and telecommunications services since 2001 is calculated at 2000 constant prices.1990~2000 is calculated at 1990 constant prices.Figures for previous years are calculated at 1980 constant prices .(the same as in table 15、17)

15-3 铁路、公路、内河通车通航里程(年底数)

Length of Railways, Highways and Navigable Inland Waterways(Year-end)

单位：公里 (km)

指 标	Item	2000	2002	2005	2006	2007
铁 路	**Length of Railways**	**3354**	**3347**	**4000**	**3988**	**3989**
#电气化	Electrified Railways			1309	1548	1548
中央铁路	National Railways	2043	2107	2788	2832	2833
地方铁路	Local Railways	1311	1240	1212	1156	1156
公 路	**Length of Highways**	**64453**	**71741**	**79506**	**236351**	**238676**
#晴雨通车	All-weather Highways	55770	66179	74194	154456	146471
#高级、次高级路面	Senior and Second-senior	46917	53860	63474	123925	142165
#高速公路	Expressways	505	1231	2678	3439	4556
内 河	**Length of Navigable Inland Waterways**	**1104**	**1587**	**1439**	**1439**	**1439**

注:铁路通车里程为正线里程；铁路电气化里程为郑州铁路局全局数据。2006年以前年份晴雨通车里程为晴通雨阻里程。

a)Length of railways refers to trunk lines.Length of electrified railways refers to data of Zhengzhou Railway Administration.All-weather Highways is Opening in sunny and Obstruction in rainy before 2006.

15-4 交通运输工具拥有量(年底数)

Possession of Means of Transportation(Year-end)

指 标	Item	2000	2002	2005	2006	2007
铁路	**Railways**					
国家铁路	National Railways					
内燃机车(台)	Diesel Locomotives(unit)	951	985	446	441	458
电力机车(台)	Electric Locomotives(unit)	981	1140	570	603	613
客车(辆)	Passenger Coaches(unit)	4981	5262	1860	1898	2045
地方铁路	Number of Locomotives					
内燃机车(台)	Diesel Locomotives(unit)	85	95	106	102	102
客车(辆)	Passenger Coaches(unit)	80	70	60	56	54
货车(辆)	Freight Cars(unit)	1476	1461	1219	1230	1230
公路	**Highways**					
载货汽车(辆)	Ordinary Trucks(unit)	363723	445026	491669	518814	571633
#大型	Large	212965	143201	136946	139814	154265
中型	Middle				116783	136506
小型	Small	150758	175006	199410	224905	254374
载客汽车(辆)	Buses and Cars(unit)	456068	589708	988796	1212850	1463799
#大型	Large	32771	40598	46187	47678	52819
中型	Middle				71342	75174
小型	Small	423297	317191	672144	886256	1123247
内河	**Inland Rivers**					
机动船(艘)	Motor Vessels (unit)	3314	3345	4687	4493	4957
驳船(艘)	Barges (unit)	418	441	431	194	193

注：由于郑州铁路局调整，2005年以后的数据与以前年不可比。

a)Because of The Change of ZhengZhou Railways Administration, Data since 2005 could not be Compared with former Years.

15-5 各市公路线路里程(2007年底)

Length of Highways by City (End of 2007)

单位：公里 (km)

市	City	总计 Total	等级公路 Expressway and Class Ⅰ to Ⅳ Highway	高速 Express-way	一级 First Class	二级 Second Class	三级 Third Class	四级 Four Class
全省	Total	**238676**	**164909**	**4556**	**541**	**22931**	**14636**	**122245**
郑州市	Zhengzhou	12163	9689	409	79	1658	1587	5956
开封市	Kaifeng	8501	6162	265		1100	271	4526
洛阳市	Luoyang	17404	11674	220	8	1559	1738	8149
平顶山市	Pingdingshan	13005	11757	280	99	1717	621	9041
安阳市	Anyang	11186	8146	175	14	1227	964	5767
鹤壁市	Hebi	4282	3948	75	18	450	231	3175
新乡市	Xinxiang	12483	9481	283	40	1823	610	6725
焦作市	Jiaozuo	7104	5503	193	38	1542	739	2992
濮阳市	Puyang	5740	5044	61		817	352	3815
许昌市	Xuchang	8882	5518	263	109	950	480	3716
漯河市	Luohe	5009	3662	111		565	331	2655
三门峡市	Sanmenxia	9231	6129	166	22	419	501	5021
南阳市	Nanyang	36500	25023	504		2393	2139	19987
商丘市	Shangqiu	22260	12278	303	72	1556	875	9471
信阳市	Xinyang	23843	15833	405		1585	1152	12692
周口市	Zhoukou	20750	12430	447		1553	902	9528
驻马店市	Zhumadian	18324	11116	375	14	1658	793	8276
济源市	Jiyuan	2009	1515	22	29	359	350	755

市	City	等外公路 Highway Below Class Ⅳ	有铺装路面里程 paved Highway	沥青混凝土 Bitumen	水泥混凝土 concrete	简易铺装路面里程 Simply Paved Highway	未铺装路面里程 Unpaved Highway	#晴雨通车里程 All-weather Highway
全省	Total	**73767**	**81335**	**29984**	**51351**	**60830**	**96511**	**146471**
郑州市	Zhengzhou	2474	4448	2101	2347	5096	2618	9557
开封市	Kaifeng	2339	4097	3951	146	2065	2339	6146
洛阳市	Luoyang	5730	9282	1943	7339	902	7220	10177
平顶山市	Pingdingshan	1247	6626	1133	5492	512	5867	7138
安阳市	Anyang	3040	5120	1395	3725	610	5456	5731
鹤壁市	Hebi	334	1611	530	1081	1676	995	4168
新乡市	Xinxiang	3003	4724	1775	2949	4665	3094	9389
焦作市	Jiaozuo	1601	3540	933	2607	1900	1664	5468
濮阳市	Puyang	697	2349	1483	865	2626	766	4976
许昌市	Xuchang	3364	1292	802	490	4193	3397	5485
漯河市	Luohe	1346	939	412	527	2725	1344	3664
三门峡市	Sanmenxia	3102	4273	974	3300	615	4343	5113
南阳市	Nanyang	11477	14076	2940	11136	5245	17179	19436
商丘市	Shangqiu	9982	2210	1755	455	10000	10050	12219
信阳市	Xinyang	8010	7567	2333	5234	3660	12617	14247
周口市	Zhoukou	8320	2717	2554	163	9003	9030	11712
驻马店市	Zhumadian	7208	5590	2562	3027	4727	8007	10346
济源市	Jiyuan	494	875	408	467	611	523	1501

15-6 各种民用车辆拥有量(2007年底)

Possession of Civil Vehicles (End of 2007)

单位：辆 (unit)

指 标	Item	总计 Total	营运 Commerial	非营运 Non-commerial	#进口 Imports	#私人 Private-owned	#新注册 Newly-registered	报废 Abandoned
合 计	**Total**	**11498196**	**1032154**	**7203638**	**35954**	**6658088**	**603246**	**42895**
汽车	Vehicles	2926945	909331	2017614	31913	2092178	379805	17041
载客汽车	Passenger Service Vehicles	1463799	133434	1330365	28595	1034379	259930	6148
大型	Big-size	52819	41601	11218	237	7697	5034	995
中型	Medium-size	75174	30399	44775	1334	29261	4566	686
小型	Small-size	1123247	54063	1069184	25463	823200	245176	3887
微型	mini	212559	7371	205188	1561	174221	5154	580
#轿车	Saloon Cars	598139	36400	547426	13754	430303	130862	2555
载货汽车	Freight vehicle	571633	391072	180561	2773	270910	54872	4405
重型	Heavy Duty	154265	126167	28098	1013	42580	10700	1350
中型	Medium-Duty	136506	123741	12765	228	58339	13622	485
轻型	Light-Duty	254374	132805	121569	1515	150412	29434	1786
微型	Mini	26488	8359	18129	17	19579	1116	784
#普通载货	Cargo Vehicle	234670	161814	72856	1161	123315	19829	826
其他汽车	Others	891513	384825	506688	545	786889	62055	6488
#三轮	Tricycle	625124	236546	388578	22	607032	34088	4897
低速货车	Low-speed truck	198632	103372	95260	34	166108	13326	1428
电车	Buses	166	121	45				
摩托车	Motorcycle	5219426	47108	5172318	3953	4536400	213406	23990
普通	Standard	5056262	37727	5018535	3926	4420359	203023	19376
轻便	Light	163164	9381	153783	27	116041	10383	4614
拖拉机	Tractors	3262404						866
#大中型	Large and Medium	148883						301
小型	Small	3113521						565
挂车	Combination Vehicle	84653	73748	10905	88	17136	12697	971
其他类型车	Others	4602	1846	2756		4391	286	27

注：2007年拖拉机为农机部门数据；民用车辆总计与以前年份不可比。

Data of Tractors in come from Agricultural machinery Administration before 2007;Number of Civil Vehicles is not comparable with the previous years.

15-7 各市民用车辆拥有量(2007年底)

Possession of Civil Vehicles by City (End of 2007)

单位：辆 (unit)

市 City	民用汽车 Civil Vehicles	载客汽车 Buses and Cars	#大型 Large	#轿车 Sedan	载货汽车 Ordinary Trucks	#重型 Heavy	#普通载货 Ordinary Trucks
全 省 Total	**2926945**	**1463799**	**52819**	**598139**	**571633**	**154265**	**234670**
郑 州 市 Zhengzhou	543159	360107	9348	202177	81377	20613	29638
开 封 市 Kaifeng	124273	54336	1997	31621	16599	3695	7986
洛 阳 市 Luoyang	237737	134459	4335	64262	57958	17635	35965
平 顶 山 市 Pingdingshan	146899	80809	3342	37238	29100	12420	18308
安 阳 市 Anyang	209339	88767	2164		30072	7945	
鹤 壁 市 Hebi	46218	28044	1113		9948	2127	
新 乡 市 Xinxiang	183621	98267	2958	44316	34009	7813	22715
焦 作 市 Jiaozuo	142159	69688	2380		37254	15456	
濮 阳 市 Puyang	149453	79495	2618	35897	28160	6820	17468
许 昌 市 Xuchang	131499	72015	2161		31813	7430	
漯 河 市 Luohe	68440	31682	715	17693	12528	2415	12528
三 门 峡 市 Sanmenxia	130470	55230	1446	51420	21686	3189	18497
南 阳 市 Nanyang	189292	82524	3746	43494	36679	9967	22007
商 丘 市 Shangqiu	89195	43747	4739	35777	41152	11601	21951
信 阳 市 Xinyang	159715	53993	3375		33366	4374	
周 口 市 Zhoukou	243187	65422	3919	24821	42591	13698	23024
驻 马 店 市 Zhumadian	99410	46490	2057		19906	3798	
济 源 市 Jiyuan	32879	18724	406	9423	7435	3269	4583

市 City	其他汽车 Other	#新注册 Newly-registered	拖拉机 Tractors	载货挂车 Trailer	摩托车 Motors	机动车驾驶员(人) Number of Motor Drivers (Person)	#汽车 Automobile Drivers
全 省 Total	**891513**	**379805**	**3262404**	**84653**	**5219426**	**10104239**	**5787137**
郑 州 市 Zhengzhou	101675	92127	114500	4468	517125	1258428	1132040
开 封 市 Kaifeng	53338	17415	260100	2284	156645	412528	298872
洛 阳 市 Luoyang	45320	35413	161800	2884	398881	761245	432206
平 顶 山 市 Pingdingshan	36990	18139	96230	4468	216275	472379	361011
安 阳 市 Anyang	90500	20625	140420	7535	224399	518759	212959
鹤 壁 市 Hebi	8226	8334	78180	827	98450	170357	144441
新 乡 市 Xinxiang	51345	24815	188900	2876	251009	417838	340517
焦 作 市 Jiaozuo	35217	19288	66789	8318	312710	523711	400221
濮 阳 市 Puyang	41798	15350	101000	3827	188925	501014	57573
许 昌 市 Xuchang	27671	20954	73600	3231	311935	380005	180062
漯 河 市 Luohe	24230	8882	95100	2107	132310	252553	203896
三 门 峡 市 Sanmenxia	53554	19767	34740	892	225606	384768	155871
南 阳 市 Nanyang	70089	26246	594760	2066	695571	1551844	557752
商 丘 市 Shangqiu	4296	954	262540	8927	274593	484681	79682
信 阳 市 Xinyang	72356	15864	48600	3946	460472	636535	314141
周 口 市 Zhoukou	135174	29953	402600	21485	410013	726362	501776
驻 马 店 市 Zhumadian	33014	547	523700	3811	276873	542854	329101
济 源 市 Jiyuan	6720	5132	18845	701	67634	108378	85016

15-8 各市私人车辆拥有量(2007年底)

Possession of Private Vehicles by City (End of 2007)

单位：辆 (unit)

市 City	民用汽车 Civil Vehicles	载客汽车 Buses and Cars	载货汽车 Ordinary Trucks	其他汽车 Other Special Vehicles	摩托车 Motors	#普通 Bicycle Motor
全　省 Total	**2092178**	**1034379**	**270910**	**786889**	**4536400**	**4420359**
郑州市 Zhengzhou	402932	266988	40095	95849	511727	499550
开封市 Kaifeng	97428	39520	7513	50395	155681	147156
洛阳市 Luoyang	151922	86773	25162	39987	388736	383816
平顶山市 Pingdingshan	97441	52560	12521	32360	173726	165039
安阳市 Anyang	165773	65547	13616	86610	222970	213120
鹤壁市 Hebi	33223	18838	6700	7685	79474	76934
新乡市 Xinxiang	134770	72396	16266	46108	245778	239690
焦作市 Jiaozuo	89651	49960	11989	27702	62911	62101
濮阳市 Puyang	116729	62793	15244	38692	187853	185118
许昌市 Xuchang	82792	48521	13870	20401	194958	193936
漯河市 Luohe	47102	21228	4513	21361	104018	102928
三门峡市 Sanmenxia	108077	50684	15134	42259	190389	190389
南阳市 Nanyang	119115	53383	12389	53343	588295	577741
商丘市 Shangqiu	50206	29262	20699	245	240296	207325
信阳市 Xinyang	125349	32072	23013	70264	443886	439101
周口市 Zhoukou	181362	41624	21100	118638	405951	401312
驻马店市 Zhumadian	65705	28612	8120	28973	272551	269087
济源市 Jiyuan	22601	13618	2966	6017	67200	66016

15–9 客货运量及周转量

Passenger and Freight Traffic, Turnover Volume

指　标	Item	2006	2007
运输量	**Traffic Volume**		
客运量(万人)	Passenger Traffic(10 000 persons)	108060	122557
铁路	Railways	6313	6585
国家铁路	National Railways	6253	6527
地方铁路	Local Railways	60	58
公路	Highways	101345	115460
水运	Waterways	105	160
民用航空	Civil Aviation	297	352
货运量(万吨)	Freight Traffic(10 000 tons)	86608	101410
#铁路	Railways	15190	16010
国家铁路	National Railways	12900	13554
地方铁路	Local Railways	2290	2456
公路	Highways	69898	83537
水运	Waterways	1516	1858
民用航空	Civil Aviation	4	5
周转量	**Turnover Volume**		
旅客周转量(百万人公里)	Passenger-Kilometers (million person-km)	111377	126410
铁路	Railways	58688	62068
国家铁路	National Railways	58632	62028
地方铁路	Local Railways	57	40
公路	Highways	49272	60181
水运	Waterways	55	78
民用航空	Civil Aviation	3361	4083
货物周转量(百万吨公里)	Freight Ton-Kilometers (million ton-km)	241589	272930
铁路	Railways	181080	196293
国家铁路	National Railways	178545	193479
地方铁路	Local Railways	2535	2814
公路	Highways	53876	68185
水运	Waterways	6585	8395
民用航空	Civil Aviation	48	57

15-10 各市公路客货运输量(2007年)

Passenger and Freight Traffic of Highway by City(2007)

市	City	客运量 (万人) Passenger Traffic (10 000 persons)	旅客周转量 (亿人公里) Passenger-Kilometers (100 million person-km)	货运量 (万吨) Freight Traffic (10 000 tons)	货物周转量 (亿吨公里) Freight Ton-Kilometers (100 million ton-km)
全省	**Total**	**115460**	**601.81**	**83537**	**681.85**
郑州市	Zhengzhou	13385	73.64	8434	61.87
开封市	Kaifeng	5705	38.06	5257	42.31
洛阳市	Luoyang	9815	48.22	6500	58.30
平顶山市	Pingdingshan	6439	27.24	3848	32.54
安阳市	Anyang	6592	41.02	5395	46.86
鹤壁市	Hebi	1502	7.21	1276	9.54
新乡市	Xinxiang	5529	33.83	6709	66.09
焦作市	Jiaozuo	4531	17.19	5298	44.39
濮阳市	Puyang	3026	22.48	2373	32.79
许昌市	Xuchang	3534	14.15	2713	24.60
漯河市	Luohe	3977	16.42	1927	16.44
三门峡市	Sanmenxia	7628	24.13	5183	27.02
南阳市	Nanyang	10005	57.31	7935	52.30
商丘市	Shangqiu	5656	34.32	4092	31.47
信阳市	Xinyang	8282	59.90	4912	36.57
周口市	Zhoukou	7706	39.49	3575	35.36
驻马店市	Zhumadian	9689	40.83	6000	45.90
济源市	Jiyuan	2459	6.37	2110	17.50

15-11 铁路主要站客货发送量(2007年)

Number of Passengers and Volume of Freight Dispatched from Principal Railway Stations (2007)

车站名称	Name	旅客发送量 (万人) Number of Passengers Dispatched (10 000 persons)	车站名称	Name	货物发送量 (万吨) Volume of Freight Dispatched (10 000 tons)
郑州	Zhengzhou	2207	郑州东	Eastern zhengzhou	256
巩义	Gongyi	115	上街	Shangjie	197
开封	Kaifeng	216	巩义	Gongyi	171
洛阳	Luoyang	539	新密	Xinmi	450
洛阳东	Eastern luoyang	27	新郑	Xinzheng	138
偃师	Yanshi	43	洛阳东	Eastern luoyang	124
平顶山西	Western pingdingshan	38	平顶山西	Western pingdingshan	280
安阳	Anyang	267	安阳西	Western anyang	363
鹤壁	Hebi	21	鹤壁北	Northern hebi	382
新乡	Xinxiang	393	新乡	Xinxiang	142
焦作	Jiaozuo	78	焦作北	Northern jiaozuo	158
许昌	Xuchang	150	月山	Yueshan	110
三门峡	Sanmenxia	105	许昌	Xuchang	161
三门峡西	Western sanmenxia	48	三门峡	Sanmenxia	140
南阳	Nanyang	209	商丘	Shangqiu	108
商丘	Shangqiu	407	济源	Jiyuan	230
商丘南	Southern shangqiu	38			

注：本表为郑州铁路局辖区内主要站数据。

a)Stations in this table are main Principal in popedom of zhengzhou Railways Administration.

15-12 铁路、公路分货类运输量(2007年)

Freight Traffic of Railway and Highway by Category (2007)

货 类	Type of Freight	铁路 Railways 运输量(万吨) Traffic Volume (10 000 tons)	铁路 Railways 货物周转量(万吨公里) Freight Ton-Kilometers (10 000 ton-km)
煤	Coal	24289	7059726
石油	Petroleum	1688	512844
焦炭	Coke	3650	1034775
金属矿石	Metal Ores	4460	1330163
钢铁及有色金属	Steel and Iron,	6233	2058773
非金属矿石	Nonmetal Ores	1478	371742
磷矿石	Phosphorus Ores	395	148036
矿建材料	Mineral Building Materials	738	214566
水泥	Cement	78	28700
木材	Timber	453	133284
粮食	Grain	3044	799533
棉花	Cotton	274	118421
化肥和农药	Chemical Fertilizers and Pesticides	2745	973485
盐	Salt	233	50122
化工品	Chemical Products	1672	501290
工业机械	Industry Machinery	238	73084
电子电气	Electronic and Electric	46	15760
金属制品	Metal Products	105	40963
农业机具	Agriculture Implements	3	671
鲜活易腐货物	Fresh, Live and Perishable Goods	284	100197
农副土特产品	Agriculture Products	174	54576
饮食烟草	Diet and Tobaccos	603	196099
纺织品	Textile Products	22	8007
文教用品	Cultural and Educational Products	188	64027
医药品	Medicine Products	35	13688
零担	Fragmentary Freight	35	13475
集装箱	Container	2247	775987

货 类	Type of Freight	公路 Highways 运输量(万吨) Traffic Volume (10 000 tons)	公路 Highways 货物周转量(万吨公里) Freight Ton-Kilometers (10 000 ton-km)
煤炭	Coal and coke	16817	1610820
石油	Petroleum	2113	209106
金属矿石	Metal Ores	5252	485367
钢铁	Steel and Iron	6191	508533
矿建材料	Mineral Building Materials	7685	589340
水泥	Cement	7865	579405
木材	Timber	2502	232811
非金属矿石	Nonmetal Ores	1963	149259
化肥及农药	Chemical Fertilizers and Pesticides	3372	251968
盐	Salt	1038	80007
粮食	Grain	8939	639971
机械、设备、电器	Machinery, Equipment and Electrical Appliances	2318	335365
化工原料及制品	Chemical Raw Materials and Chemical Finished Products	1602	141248
有色金属	Nonferrous Metals	1001	71182
轻工、医药产品	Light Industry and Medicine Products	2402	202942
农林牧渔业产品	Agriculture, Forestry, Animal Husbandry and Fishery Products	2408	198800

注：铁路为郑州铁路局全局数，公路为交通系统数。

a)Freight Traffic of railway refers to data of Zhengzhou Railways Administration, highway refers to data of transportation department.

15−13 民航基本情况

Main Indicators of Civil Aviation

指 标	Item	2006	2007
航线条数(条)	Number of Civil Aviation Routes(unit)	42	57
#国际	International Routes	4	6
国内	Domestic Routes	37	50
地区	Regional Routes	1	1
航线里程(公里)	Length of Civil Aviation Routs(km)	105878	143899
#国际	International Routes	15756	21193
国内	Domestic Routes	86846	119430
地区	Regional Routes	3276	3276
飞机班次(班次)	Number of Flight	29775	34695
#国际	International Routes	1100	1090
国内	Domestic Routes	28095	33605
民用机场数(个)	Number of Civil Airports (unit)	3	3
#可降737以上机型	Airports Serving Boeing 737 and above	3	3
民用飞机架数(架)	Number of Civil Aircraft (unit)	17	19
通航国家和地区(个)	Navigable Country or Region (unit)	3	4
#通航城市	Navigable City	3	6
客运量(万人)	Passenger Traffic (10 000 persons)	297	352
旅客周转量(百万人公里)	Passenger-tons (million person-km)	3361	4084
货邮运量(吨)	Freight Traffic (ton)	39150	46086
货邮周转量(万吨公里)	Freight Ton-kilometers (10 000 ton-km)	4818	5678

注：本表数据除民用机场数外，其余均为南航河南分公司数据。

Data in this table come from Henan branch of China Southern Airlines Company Limited except Number of Civil Airports.

15−14 邮电通信水平

Level of Post and Telecommunication

指 标	Item	2006	2007
平均每一邮电局所服务面积(平方公里)	Average Area Served Every Post Office (sq.km)	64	64
平均每一邮电局所服务人口(万人)	Average People Served by Every Post Office (10 000 persons)	3.7	3.8
平均每人发函件数(件)	Average Number of Letters Mailed per Capita (piece)	2.5	2.3
平均每百人订有报刊数(份)	Average Number of Newspaper and Magazine Subscribed per 100 Persons (piece)	7.2	7.7
固定电话普及率(部/百人)	Popularization Rate of Telephone (sets/100 persons)	20.8	19.8
移动电话普及率(部/百人)	Popularization Rate of Mobile Telephone (sets/100 persons)	24.1	29.7
城市固定电话普及率(部/百人)	Popularization Rate of Telephone in Urban Areas (sets/100 persons)	43.5	38.4
平均每千人拥有公用电话数(部)	Per 1 000 Persons Public Telephone(set)	18.6	18.8
已通固定电话的乡(镇)比重(%)	Percentage of Townships with Telephone(%)	100	100
移动电话(GSM)网络覆盖县(市)	Number of County(city) Covered by GSM (unit)	109	109
移动电话(CDMA)网络覆盖县(市)	Number of County(city) Covered by CDMA (unit)	109	109
移动电话漫游国家和地区(个)	Number of country (Territory) Roamed through Mobile Telephone(unit)	216	216
数据通信网覆盖地(市)	Number of Region(city) Covered by Data Traffic (unit)	18	18

15-15 邮电通信行业基本情况(年底数)
Basic Conditions of Post and Telecommunications Services(Year-end)

指　　标	Item	2006	2007
局所及通信网络	**Offices and Network**		
邮政局所(处)	Number of Post Offices(unit)	2612	2599
邮路总长度(公里)	Length of Postal Routes(km)	93787	102630
#汽车邮路总长度	Length of Postal Routes and Rural	57507	61059
铁路邮路总长度	Delivery Routes	5656	7080
农村投递线路总长度(公里)	Rural Delivery Routes(km)	191480	192717
长途业务电路(路)	Long Distance Telephone Lines(line)	3241290	7217253
长途电话业务电路(路)	Long-distance Call Lines(line)	2080332	3679989
数据通信网长途电路(路)	Long-distance Lines of Data Traffic Network (line)	2605368	6654420
邮电业务总量(万元)	**Business Volume of Post and Telecommunications Service (10 000 yuan)**	**7214687**	**9331635**
邮政业务总量(万元)	Business Volume of Post (10 000 yuan)	365236	412016
电信业务总量(万元)	Business Volume of Telecommunication Services (10 000 yuan)	6849451	8919619
函件(万件)	Number of Letters (10 000 pcs)	23030	21515
包裹(万件)	Number of Parcels (10 000 pcs)	405	367
特快专递(万件)	Pieces of Express Mail Services (10 000 pcs)	1136	1248
报刊期发数(万份)	Newspapers and Magazines Circulation (10 000 copies)	707	759
集邮业务(万枚)	Philately (10 000 units)	7038	6883
长途电话(万次)	Number of Long-distance Calls (10 000 times)	289676	413782
移动电话用户期末数(万户)	Number of Mobile Telephones Subscribers at Year-end (10 000 subscribers)	2351	2915
本地电话用户(万户)	Number of Local Telephone Subscribers of at Year-end (10 000 subscribers)	2028	1940
#城市	Number of Urban Telephone Subscribers	1267	1224
住宅电话用户(万户)	Number of Residential Telephone Subscribers (10 000 subscribers)	1682.30	1664.85
#城市	Number of Urban Telephone Subscribers	958.30	976.15
公用电话(万户)	Number of Public Telephone (10 000 Subscribers)	181.68	191.53
分组交换用户(户)	Number of Subscribers of Group Exchange(subscriber)	2019	1409
数字数据用户(户)	Number of Digital and Data Subscribers(subscriber)	17076	16169
国际互联网用户(万户)	Number of Subscribers of Internet Service (10 000 Subscribers)	326.87	403.26
电信主要通信能力	**Major Capacity of Telecommunication Services**		
长途电话交换机容量(路端)	Capacity of Long-distance Call Exchanges(unit)	747502	822924
局用电话交换机容量(万门)	Capacity of Office switching Telephone Machine(10 000 units)	1376	1372
用户交换机容量(万门)	Capacity of Consumer switching Telephone Machine(10 000 units)	61	59
移动电话交换机容量(万户)	Capacity of Mobile Telephone Exchanges(10 000 subscribers)	2936	4093
长途电信线路	**Long Distance Telephone Lines**		
长途光缆线路长度(公里)	Length of Optical Cable Lines(km)	33536	34927
数字微波线路长度(公里)	Length of Digital Lines(km)	575	500

15-16 各市邮电通信网(2007年底)

Network of Post and Telecommunications by City (End of 2007)

市 City	邮政局所(处) Number of Post Offices (unit)	邮路总长度(公里) Length of Postal Routes (km)	农村投递线路总长度(公里) Rural Delivery Routes (km)	长途电话交换机容量(路端) Capacity of Long-distance Telephone Exchanges (unit)	局用电话交换机容量(万门) Capacity of Office Telephone Exchanges (10 000 lines)	移动电话交换机容量(万户) Capacity of Mobile Telephone Exchanges (10 000 subscribers)
全　　省 Total	**2599**	**102630**	**192717**	**822924**	**1372.44**	**4093**
郑　州　市 Zhengzhou	264	5294	15720	390212	224.96	540
开　封　市 Kaifeng	117	1826	8688	32140	55.86	153
洛　阳　市 Luoyang	189	4286	13471	40892	168.96	225
平 顶 山 市 Pingdingshan	137	2282	8188	30954	68.22	200
安　阳　市 Anyang	117	1610	8858	24676	67.43	195
鹤　壁　市 Hebi	28	427	2887	8957	22.12	58
新　乡　市 Xinxiang	154	2750	10085	26431	80.40	215
焦　作　市 Jiaozuo	122	1225	7647	19371	78.57	188
濮　阳　市 Puyang	102	1361	6234	13633	35.74	155
许　昌　市 Xuchang	119	1458	8342	16359	56.72	160
漯　河　市 Luohe	59	732	3726	12542	26.41	80
三 门 峡 市 Sanmenxia	80	1429	8292	15092	35.03	90
南　阳　市 Nanyang	275	5515	27964	36956	193.92	265
商　丘　市 Shangqiu	200	2845	16783	37439	62.50	230
信　阳　市 Xinyang	228	4426	15248	35244	62.69	198
周　口　市 Zhoukou	188	3243	16365	32955	51.57	225
驻 马 店 市 Zhumadian	194	3413	12985	33251	65.70	165
济　源　市 Jiyuan	25	420	1234	820	15.64	

注：本表全省合计包括郑州邮区中心局数据。

Data of Total include Data of Center situation in zhengzhou postal district.

15−17 各市邮政和电信业务量(2007年)

市 City	邮电业务总量(亿元) Business Volume of Post and Telecommunications Service (100 million yuan)	邮政业务总量 business Volume of Post	电信业务总量 Business Volume of Telecommunications	函件(万件) Number of Letters (10 000 pcs)	包裹(万件) Number of Parcels (10 000 pcs)	特快专递(万件) Pieces of Express Mail Services (10 000 pcs)	订销报刊期发数(万份) Magazine Subscriptions (10 000 pcs)	集邮业务(万枚) Stamps for Collection (10 000 units)
全　省 Total	**933.16**	**41.20**	**891.96**	**21515.17**	**366.91**	**1247.53**	**759.45**	**6882.75**
郑州市 Zhengzhou	194.35	5.80	188.55	7744.07	98.07	287.80	118.35	1680.32
开封市 Kaifeng	37.66	1.61	36.05	877.51	14.75	50.02	30.21	249.79
洛阳市 Luoyang	73.01	2.80	70.21	1511.05	29.35	72.78	65.11	800.88
平顶山市 Pingdingshan	51.37	2.00	49.37	758.99	10.85	43.72	41.93	239.08
安阳市 Anyang	47.91	2.72	45.19	893.09	19.70	41.82	49.17	498.38
鹤壁市 Hebi	14.06	0.45	13.61	316.61	3.97	12.74	12.65	227.69
新乡市 Xinxiang	59.92	3.34	56.58	1497.01	39.34	90.78	53.16	449.69
焦作市 Jiaozuo	47.88	1.69	46.19	740.88	13.60	36.00	41.57	318.77
濮阳市 Puyang	32.97	1.31	31.66	651.35	15.61	37.78	23.41	234.49
许昌市 Xuchang	46.74	1.61	45.13	999.86	12.85	40.42	24.55	376.33
漯河市 Luohe	24.14	0.93	23.21	226.63	7.53	27.30	20.34	183.42
三门峡市 Sanmenxia	26.98	1.16	25.82	505.69	7.37	17.56	20.64	259.86
南阳市 Nanyang	71.51	3.41	68.10	1633.13	24.05	127.29	72.20	557.17
商丘市 Shangqiu	55.87	2.71	53.16	738.02	13.73	98.56	34.23	229.64
信阳市 Xinyang	42.61	2.35	40.26	616.37	15.17	70.51	59.10	154.91
周口市 Zhoukou	53.42	2.86	50.56	566.29	27.57	99.18	34.84	203.40
驻马店市 Zhumadian	49.88	3.12	46.76	809.18	11.21	84.19	45.70	158.92
济源市 Jiyuan	1.74	0.43	1.31	429.44	2.19	9.08	12.27	60.00

Business Volume of Post and Telecommunications by City (2007)

长途电话 (万次) Number of distance Calls (10 000 times)	移动电话用户 (万户) Number of Mobile Telephones Subscribers (10 000 subscribers)	本地电话用户 (万户) Number of Local Telephone Subscribers at Year-end (10 000 subscribers)	#城市电话用户 Number of Urban Telephone Subscribers	住宅电话用户 (万户) Number of Household Telephone Subscribers (10 000 subscribers)	公用电话 (万户) Number of Public Telephone (10 000 subscribers)	分组交换用户 (户) Number of Packet Switching users (subscriber)	数字数据用户 (户) Number of Digital and Data Users (subscriber)	国际互联网用户 (万户) Number of Subscribers of Internet Services (10 000 subscribers)
413781.85	**2914.54**	**1940.47**	**1224.02**	**1664.85**	**191.53**	**1409**	**16169**	**403.26**
106294.04	569.87	340.07	298.85	236.97	51.37	527	3521	93.95
16902.95	139.72	83.69	57.13	77.26	10.66	11	408	19.39
27774.70	234.90	186.85	138.14	163.16	15.12	185	2057	35.23
21500.07	160.97	81.10	57.74	70.71	12.68	24	616	22.17
20875.27	149.90	129.33	70.73	117.87	7.48	32	352	28.91
6862.69	47.84	38.72	28.55	35.46	4.73		286	9.82
23646.22	170.49	156.27	93.26	143.78	12.07	64	704	33.58
20022.13	152.62	81.24	52.86	70.60	9.68	20	630	19.85
14326.06	102.92	55.48	35.89	49.99	4.73	19	568	9.85
22286.95	141.23	82.71	47.62	66.73	8.35	4	671	22.09
11895.86	83.82	44.46	30.75	37.58	5.16	36	314	10.63
12052.60	100.91	48.42	35.21	45.11	6.21	93	432	13.88
22423.76	221.77	172.24	70.91	144.36	12.19	98	1371	20.65
22839.51	164.89	107.61	50.05	94.11	9.19	82	425	13.10
18654.57	137.64	100.09	46.42	92.84	7.95	78	1195	13.51
20674.27	173.39	107.73	42.17	101.98	6.31	125	857	15.56
18037.37	161.67	106.28	56.34	99.23	6.80	11	1234	17.97
1081.18		18.18	11.42	17.10	0.84		528	3.12

主要统计指标解释

铁路营业里程　又称营业长度（包括正式营业和临时营业里程），指办理客货运输业务的铁路正线总长度。凡是全线或部分建成双线及以上的线路，以第一线的实际长度计算；复线、站线、段管线、岔线和特殊用途线以及不计算运费的联络线都不计算营业里程。铁路营业里程是反映铁路运输业基础设施发展水平的重要指标，也是计算客货周转量、运输密度和机车车辆运用效率等指标的基础资料。

铁路电气化里程　指在全部铁路营业里程中已安装了供电线路及设备，可以供电力机车牵引列车运行的区段的总里程。

公路里程　指在一定时期内实际达到《公路工程[WTBZ]技术标准JTJ01－88》规定的等级公路，并经公路主管部门正式验收交付使用的公路里程数。包括大中城市的郊区公路以及通过小城镇街道部分的公路里程和桥梁、渡口的长度，不包括大中城市的街道、厂矿、林区生产用道和农业生产用道的里程。两条或多条公路共同经由同一路段，只计算一次，不得重复计算里程长度。它是反映公路建设发展规模的重要指标，也是计算运输网密度等指标的基础资料。

内河航道里程　也称内河通航里程，指在一定时期内，能通航运输船舶及排筏的天然河流、湖泊水库、运河及通航渠道的长度。包括全年季节性通航累计三个月以上的航道，不包括仅供零散流放竹、木排的河道。它是反映内河水运网规模、水平和发展情况的主要指标。

货（客）运量　指在一定时期内，各种运输工具实际运送的货物（旅客）数量。它是反映运输业为国民经济和人民生活服务的数量指标，也是制定和检查运输生产计划、研究运输发展规模和速度的重要指标。货运按吨计算，客运按人计算。货物不论运输距离长短、货物类别，均按实际重量统计。旅客不论行程远近或票价多少，均按一人一次客运量统计；半价票、小孩票也按一人统计。

货物（旅客）周转量　指在一定时期内，由各种运输工具运送的货物（旅客）数量与其相应运输距离的乘积之总和。它是反映运输业生产总成果的重要指标，也是编制和检查运输生产计划，计算运输效率、劳动生产率以及核算运输单位成本的主要基础资料。计算货物周转量通常按发出站与到达站之间的最短距离，也就是计费距离计算。计算公式为：

货物（旅客）周转量＝Σ货物（旅客）运输量×运输距离

民用汽车拥有量　指报告期末，在公安交通管理部门按照《机动车注册登记工作规范》，已注册登记领有民用车辆牌照的全部汽车数量。汽车拥有量统计的主要分类：根据汽车结构分为载客汽车、载货汽车以及其他汽车；根据汽车所有者的不同分为个人（私人）汽车、单位汽车；根据汽车的使用性质分为营运汽车、非营运汽车和特种汽车；根据汽车大小规格不同载客汽车分为大型、中型、小型和微型，载客汽车分为重型、中型、轻型和微型。

邮电业务总量　指以价值量形式表现的邮电通信企业为社会提供各类邮电通信服务的总数量。邮电业务量按专业分类包括函件、包件、汇票、报刊发行、邮政快件、特快专递、邮政储蓄、集邮、公众电报、用户电报、传真、长途电话、出租电路、无线寻呼、移动电话、分组交换数据通信、出租代维等。计算方法为各类产品乘以相应的平均单价（不变价）之和，再加上出租电路和设备、代用户维护电话交换机和线路等的服务收入。它综合反映了一定时期邮电业务发展的总成果，是研究邮电业务量构成和发展趋势的重要指标。计算公式为：

邮电业务总量＝Σ（各类邮电业务量×不变单价）＋ 出租代维及其他业务收入

移动电话用户　是指通过移动电话交换机进入移动电话网、占用移动电话号码的电话用户。用户数量以报告期末在移动电话营业部门实际办理登记手续进入移动电话网的户数进行计算，一部移动电话统计为一户。

本地电话用户　指接入本地电信运营商固定电话网上的电话用户。包括：住宅用户、单位用户、公用电话用户等。按电话用户位置又分为市内电话用户和农村电话用户。1997 年以前，“市内电话用户”是指接入县城及县以上城市的电话网上的电话用户；“农村电话用户”是指接入县邮电局农话台及县以下农村电话交换点，以县城为中心(除市话用户外)联通县、乡(镇)、行政村、村民小组的用户。从 1997 年起，电话用户数分组调整为以用户所在区域划分为“城市电话用户”和“乡村电话用户”，与过去的按市内电话和农村电话划分方法不同。而电话用户总数、电话机总部数统计范围不变。

城市电话用户 指直辖市、省辖市、地级市、县级市的市区、市郊区及县城（包括县人民政府所在地的县城关区或行政建制相当于县人民政府所在地的镇）范围内接入局用交换机的电话用户数，包括分布在农村地区的独立工矿区、林区、驻军等接入局用交换机的电话用户数。

乡村电话用户 指县城关区以下的集镇和农村接入局用交换机的电话用户数。

住宅电话用户 是指安装在居民住宅或农民家里并按照住宅电话用户登记注册和收费的电话用户。包括私人付费、单位付费和按规定免费安装的住宅电话用户。

局用交换机容量 是指安装在本地电信运营商内用于接续本地固定电话的电话交换机容量，有倍增设备按倍增后的数量计数。包括现用和备用的人工或自动交换机的全部容量。

Explanatory Notes on Main Statistical Indicators

Length of Railways in Operation refers to the total length of the trunk line under passenger and freight transportation (including both full operation and temporary operation). The calculation is based on the actual length of the first line even if this line has a full or partial double track or more tracks, excluding double tracks, station sidings, tracks under the charge of stations, branch lines, special-purpose lines and the non-payable connecting lines. The length of railways in operation is an important indicator to show the development of the infrastructure for the railway transport, and also the essential data to calculate volume of passenger freight transport, traffic density and utilization efficiency of the locomotives and carriages.

Length of Electrified Railways refers to the length of the section of railways in operation in which the power supply lines and other equipment are installed for the running of electrified locomotives. The proportion of the length of electrified railways to the total length of railways in operation is an important indicator to show the modernization of railways.

Length of Highways refers to the length of highways which are built in conformity with the grades specified by the highway engineering standard formulated by the Ministry of Communications, and have been formally checked and accepted by the departments of highways and put into use. The length of highways includes that of the suburb highways at large and medium-sized cities, highways passing through streets at small cities and towns, and also the length of bridges and ferries. It does not include the length of streets in big and medium-sized cities and highways built for the production purpose at factories, mines, forest areas and agricultural areas. If two or more highways go the same section of the way, the length of the section is only calculated for once and no duplication is allowed. The length of highways is an important indicator to show the development of the highway construction and to provide essential information to calculate the transport network density.

Length of Navigable Inland Waterways an indicator reflecting the size and development of inland water network, it refers to the length of the natural rivers, lakes, reservoirs, canals, and ditches open to navigation during a given period, which enables the transport by ships and rafts. It includes the channels open to navigation for over an accumulative 3 months in a year, yet this does not include the river courses which are only used to float odd logs and bamboo rafts.

Freight (Passenger) Traffic refers to the volume of freight (passenger) transported with various means. Freight transport is calculated in tons and passenger traffic is calculated in the number of persons. Despite the type of freight and travelling distance, the freight transport is calculated in the actual weight of the goods: and despite the travelling distance and ticket price, the passenger traffic is calculated by the principle that one person can be counted only once in one travel. The passenger who travel with a half price ticket or a child ticket is also calculated as one person. The freight (passenger) traffic provides a quantitative measure to show how the transport industry serves the national economy and people, and is also an important indicator for planning the transport industry and for studying the development scale and speed of the transport industry.

Freight Ton-kilometers (Passenger-kilometers) refer to the sum of the products of the volume of transported cargo (passengers) multiplying by the transport distance, usually using ton-kilometer and passenger-kilometer as units for measurement. Normally, the shortest distance between the departure station and the destination station (i.e., the payable distance) is the basis to calculate the freight ton-kilometers. This is an important indicator to show the total results of the transport industry, to prepare and examine the transport plan and to measure the efficiency, the labour productivity and the unit cost of transport.

The formula is as follows:

Freight Ton-kilometers (Passenger-kilometers) =∑{Freight (Passenger) Traffic x Distance of Transportation}

Measuring unit: ton-kilometer (person-kilometer)

Possession of civil Motor Vehicles refer to the total numbers of vehicles that are registered and received vehicles' license tags according to the Work Standard for Motor Vehicles Registration formulated by transport management office under department of public security at the end of reference period. They are divided into following categories according to the structure of motor vehicles: passenger vehicles, trucks and others; and private vehicles and vehicles for units use according to ownerships; working vehicles, non-working vehicles and special motor vehicles according to kind of usage; large passenger vehicles; medium passenger vehicles and small passenger vehicles, heavy trucks, light-heavy trucks and light trucks according to sizes of vehicles.

Business Volume of Post and Telecommunications refers to the total amount of post and telecommunications services, expressed in value terms, provided by the post and telecommunications departments for the society. Post and telecommunication services can be classified as letters, parcels, remittance, issue of newspapers and magazines, fast mail service, express mail service, savings deposits, stamps for collection, public and individual telegraph service, facsimiles, long-distance telephone service, leasing of telephone lines, urban paging service, mobile telephone service, data transfer and transmission, etc. The accounting approach is to multiply the service products of all types with their average unit price (constant price) to get sum of business value, plus income from other services such as leasing of telephone lines and equipment, maintenance of telephone switchboards and lines on behalf of customers. This indicator reflects the overall results of post and telecommunications service during a given period, and is important to study the composition of business service and the development of post and telecommunications service.

The formula is as follows:

Business Volume of Post and Telecommunications=∑(Transaction of Post and Telecommunication Service x Constant Price) + Income from Leasing, Maintenance and other Services

Mobile Telephone Subscribers refer to the persons who own mobile telephone numbers and are connected with the mobile telephone communication network through the mobile telephone switchboards. The number of subscribers is calculated by the subscribers who have completed registration at mobile communication business centers and entered into the mobile telephone network. One mobile telephone is taken as a subscriber.

Local Telephone Subscribers refer to subscribers that are connected to the local telecommunication service provider through fix line network, including household subscribers, institutional subscribers and public telephones. They are also classified as city subscribers and rural subscribers according to locations. Before 1997, city subscribers referred to those connected to city telephone networks in county towns and cities, while village subscribers referred to those connected to village telephone stations at and below counties. Since 1997, the classification of telephone subscribers was modified on the basis of physical location of the subscribers as urban telephone subscribers and rural telephone subscribers, which is different from the previous classification of categorizing local telephones and rural telephones, while the definition of total subscribers and total number of telephones remain unchanged.

Urban Telephone Subscribers refer to subscribers telephone subscribers, located at municipalities, cities under the jurisdiction of province, cities at prefectural level, downtown and suburb of city at county level town and county towns (including country towns where county government located, and towns of county level according to the administrative organizational system), that are connected to the public line telephone network, including rural mineral area, forest area, military area.

Rural Telephone Subscribers refer to telephone subscribers, located at towns under county town and country, that are connected to the public line telephone network.

Household Telephone Subscribers refer to telephone sets installed in the dwelling units of urban or rural residents, and registered as residence subscribers for payment, including 3 types of payment for the service: private payment, public payment and free service.

Capacity of Office Telephone Exchanges refers to the capacity (measured in gate) of telephone exchanges installed in the offices of local telecommunication service providers for communication between fixed telephones. It includes the capacity of both manual and automatic exchanges in use and for stand-by purpose. Equipment with expansion function is to be counted by the expanded capacity.

国内贸易
Domestic Trade

● 资料整理：赵清贤

【简要说明】

一、主要内容

本篇包括河南省商品市场状况和批发零售业、住宿餐饮业经营情况以及主要财务状况。

二、统计范围

社会消费品零售总额不包括农业生产资料、居民购买住房；不包括各种经济类型的制造业法人企业、产业活动单位和个体工业直接售给城乡居民（包括本企业职工）和社会集团的商品；不包括农民在田间地头出售的农产品。

限额以上批发和零售业、住宿和餐饮业企业统计限额标准：批发业，年销售额1800万元及以上；零售业，年销售额450万元及以上；住宿业，有星级标志的宾馆、饭店；餐饮业，年营业额180万元及以上。

三、资料来源

限额以上批发和零售业、住宿和餐饮业企业采用全面调查的方法取得资料；限额以下批发零售和餐饮企业采用抽样调查方法取得资料，限额以下住宿业企业采用全面调查方法取得资料；批发零售和住宿餐饮业个体经营户资料采用抽样调查方法取得。由省统计局贸易外经处编辑整理。

16-1　历年社会消费品零售总额

Total Retail Sale of Consumer Goods Over the Years

单位：亿元　　(100 million yuan)

年 份	社会消费品零售总额 Total Retail Sales of Consumer Goods	#批发和零售业 Wholesale and Retail Trades	住宿和餐饮业 Hotels and Catering Serbices	市 City	县 County	县以下 Under County Level
1978	71.79					
1979	80.44					
1980	96.04					
1981	106.86					
1982	113.82					
1983	123.05					
1984	146.85					
1985	180.59					
1986	198.32					
1987	225.28					
1988	283.25					
1989	310.85					
1990	314.31	283.78	16.42	140.85	76.21	97.25
1991	368.92	332.88	19.81	169.33	89.98	109.61
1992	470.30	427.64	27.85	223.49	111.41	135.40
1993	577.96	524.17	34.77	284.03	133.36	160.57
1994	790.17	696.31	60.37	391.68	174.66	223.83
1995	957.76	823.67	87.06	468.74	208.27	280.75
1996	1194.76	1045.79	115.26	591.94	239.75	363.07
1997	1427.53	1211.04	172.19	701.87	307.68	417.98
1998	1565.88	1339.39	177.10	762.22	340.23	463.43
1999	1691.20	1445.48	191.09	825.90	363.91	501.39
2000	1869.80	1586.69	219.35	914.90	399.02	555.88
2001	2071.93	1743.90	258.65	1022.13	435.98	613.82
2002	2292.75	1906.72	312.70	1152.53	471.44	668.78
2003	2539.33	2103.25	359.08	1292.22	517.21	729.90
2004	2938.26	2468.73	402.21	1544.91	586.51	806.84
2005	3358.43	2821.76	467.78	1805.21	657.42	895.80
2006	3880.47	3221.62	588.67	2119.87	753.56	1007.04
2007	4597.54	3754.31	764.35	2539.25	896.90	1161.40

16-2 社会消费品零售总额
Total Retail Sale of Consumer Goods

单位：亿元 (100 million yuan)

指　标	Item	1990	1995	2000	2005	2006	2007
社会消费品零售总额	**Total Retail Sale of Consumer Goods**	**314.31**	**957.76**	**1869.80**	**3358.43**	**3880.47**	**4597.54**
按销售地区分	By Location of Establishments						
市的零售额	City	140.85	468.74	914.90	1805.21	2119.87	2539.25
县的零售额	County	76.21	208.27	399.02	657.42	753.56	896.90
县以下的零售额	Under County Level	97.25	280.75	555.88	895.80	1007.04	1161.40
按行业分	By Sector						
批发和零售业	Wholesale and Retail Trade	283.78	823.67	1586.69	2821.76	3221.62	3754.31
限额以上	Above Designed Size				651.71	820.88	1039.99
限额以下	Below Designed Size				300.38	361.44	412.54
个体户	Outside Market				1869.67	2039.3	2301.78
住宿和餐饮业	Accommodation and Catering Trade	16.42	87.06	219.35	467.78	588.67	764.35
限额以上	Above Designed Size				47.8	63.26	82.85
限额以下	Below Designed Size				39.11	49.04	61.38
个体户	Outside Market				380.87	476.37	620.12
其它	Others	14.11	47.03	63.76	68.89	70.19	78.88

16-3 各市社会消费品零售总额(2007年)

Total Retail Sale of Consumer Goods by City(2007)

单位：万元 (10 000 yuan)

市 City	社会消费品零售总额 Total Retail Sales of Consumer Goods	市 City	县 County	县以下 Under County Level	批发和零售业 Wholesale and Retail Sale Trade	住宿和餐饮业 Accommodation and Catering	其他 Others
郑州市 Zhengzhou	9787214	6901117	440824	2445273	7966766	1645932	174516
开封市 Kaifeng	2091084	1172853	535558	382673	1685723	369338	36023
洛阳市 Luoyang	4679061	2566411	925979	1186671	3958405	682348	38308
平顶山市 Pingdingshan	1990930	1268128	355056	367746	1601657	368160	21113
安阳市 Anyang	1985717	1166640	207754	611323	1643414	323013	19290
鹤壁市 Hebi	549810	268827	176901	104082	448238	91451	10121
新乡市 Xinxiang	2245042	1202065	446078	596899	1939199	263472	42371
焦作市 Jiaozuo	1803808	968219	440832	394757	1505312	281144	17352
濮阳市 Puyang	1355000	477387	492161	385452	1069390	268461	17149
许昌市 Xuchang	2007511	1220245	209266	578000	1558289	412568	36654
漯河市 Luohe	1278616	827424	293682	157510	1032868	221997	23751
三门峡市 Sanmenxia	1172731	641310	200718	330703	1000936	151950	19845
南阳市 Nanyang	4621499	1432073	1541343	1648083	3860467	676332	84700
商丘市 Shangqiu	2341196	1052543	625626	663027	1912812	386702	41682
信阳市 Xinyang	2540480	727104	964754	848622	2014478	468622	57380
周口市 Zhoukou	2790604	609354	978578	1202672	2222025	514521	54058
驻马店市 Zhumadian	2200156	413276	877662	909218	1826699	343020	30437
济源市 Jiyuan	403916	286682		117234	308768	86845	8303

16–4 按登记注册类型分批发和零售业、住宿和餐饮业基本情况(2007年)

Basic Conditions of Enterprises in Wholesale and Retail Trades, Hotels and Catering Services by Types of Registration (2007)

指　标	Item	单位数 (个) (unit)	法人单位 Number of Corporation	产业单位 Number of Active	从业人员 (人) Persons Employed (person)
批发和零售业	**Wholesale and Retail Sale trades**	**32925**	**31728**	**1197**	**928244**
限额以上企业	Above Designated Size	4828	4610	218	380968
按注册登记类型	By Registration				
内资企业	Domestic-Funded Enterprises	4799	4593	206	375949
港澳台投资企业	Enterprises With Investment from Hong Kong, Macao and Taiwan	9	6	3	3271
外商投资企业	Enterprises With Foreign Investment	20	11	9	1748
按国民经济行业	By Sector				
批发业	Wholesale Trade	1354	1265	89	128844
零售业	Retail trade	3474	3345	129	252124
限额以下企业	Below Designated Size	28097	27118	979	547276
按注册登记类型	By Registration				
内资企业	Domestic-Funded Enterprises	28007	27075	932	545508
港澳台投资企业	Enterprises With Investment from Hong Kong, Macao and Taiwan	42	13	29	880
外商投资企业	Enterprises With Foreign Investment	48	30	18	888
按国民经济行业	By Sector				
批发业	Wholesale Trade	15533	15197	336	294124
零售业	Retail trade	12564	11921	643	253152
住宿和餐饮企业	**Hotels and Catering Services**	**6358**	**5565**	**793**	**247519**
限额以上企业	Above Designated Size	1768	1623	145	139389
按注册登记类型	By Registration				
内资企业	Domestic-Funded Enterprises	1725	1588	137	129758
港澳台投资企业	Enterprises With Investment from Hong Kong, Macao and Taiwan	18	17	1	5009
外商投资企业	Enterprises With Foreign Investment	25	18	7	4622
按国民经济行业	By Sector				
住宿业	Hotels Services	509	456	53	76220
餐饮业	Catering Services	1259	1167	92	63169
限额以下企业	Below Designated Size	4590	3942	648	108130
按注册登记类型	By Registration				
内资企业	Domestic-Funded Enterprises	4576	3928	648	107659
港澳台投资企业	Enterprises With Investment from Hong Kong, Macao and Taiwan	9	9		167
外商投资企业	Enterprises With Foreign Investment	5	5		304
按国民经济行业	By Sector				
住宿业	Hotels Services	1911	1564	347	60780
餐饮业	Catering Services	2679	2378	301	47350

16-5 各市批发和零售、住宿和餐饮业企业单位数(2007年)

Number of Corporation in Wholesale and Retail Sale, Hotels and Catering Services by City (2007)

单位：个 (unit)

市 City	批发业 Wholesale Trade	#限额以上 Above Designated Size	零售业 Retail Sale	#限额以上 Above Designated Size	住宿业 Accommodation	#限额以上 Above Designated Size	餐饮业 Catering Trade	#限额以上 Above Designated Size
郑　州　市 Zhengzhou	5817	374	3270	423	426	114	574	230
开　封　市 Kaifeng	646	67	1036	239	129	31	280	125
洛　阳　市 Luoyang	1617	143	1410	344	249	60	233	75
平 顶 山 市 Pingdingshan	645	70	883	189	188	34	347	102
安　阳　市 Anyang	1154	121	979	156	130	20	268	77
鹤　壁　市 Hebi	171	22	227	61	44	10	48	16
新　乡　市 Xinxiang	1072	95	1035	158	101	22	193	36
焦　作　市 Jiaozuo	614	62	578	177	113	29	65	33
濮　阳　市 Puyang	302		405		39		97	
许　昌　市 Xuchang	603	53	491	120	91	16	230	81
漯　河　市 Luohe	331	26	498	88	43	7	104	46
三 门 峡 市 Sanmenxia	416	29	560	126	143	21	139	34
南　阳　市 Nanyang	1151	98	1565	391	272	35	689	156
商　丘　市 Shangqiu	422	27	526	168	48		56	
信　阳　市 Xinyang	540	27	782	197	131	32	185	73
周　口　市 Zhoukou	624	30	422	183	95	15	105	43
驻 马 店 市 Zhumadian	590	64	1178	311	138	31	232	77
济　源　市 Jiyuan	141	15	78	28	19	11	3	2

16–6 批发和零售企业商品购、销、存总额(2007年)
Total Purchases,Sales and Inventory of Enterprise of Wholesale and Retail Trades(2007)

单位：亿元 (100 million yuan)

指标	Item	购进总额 Total Purchases	#进口 Total Imports	销售总额 Total Sales	批发 Wholesale trade	#出口 Total Exports	零售 Retail Trade	年末库存额 Inventory (year-end)
总计	**Total**	**3245.71**	**40.07**	**4718.52**	**3192.76**	**76.87**	**1525.76**	**297.21**
限额以上	**Above Designated Size**	**3245.71**	**40.07**	**3480.15**	**2366.93**	**76.87**	**1113.22**	**297.21**
批发业	Wholesale	2304.82	39.33	2489.55	2246.83	76.75	242.72	193.02
按登记注册类型分	By Registration							
内资企业	Domestic-Funded Enterprises	2293.40	39.33	2477.96	2235.23	76.75	242.72	192.66
国有企业	State-owned Enterprises	718.52	32.45	779.11	725.69	30.42	53.42	106.43
集体企业	Collective-owned Enterprises	112.97		120.81	108.81	0.61	12.00	7.59
股份合作企业	Cooperative Enterprises	13.75		13.66	12.49		1.16	0.61
联营企业	Joint Ownership Enterprises	15.56		16.19	14.77	0.18	1.42	2.01
有限责任公司	Limited Liability Corporations	428.25	1.77	444.95	419.20	36.00	25.76	28.38
股份有限公司	Share-holding Corporations Ltd.	694.59		769.94	637.36	2.00	132.58	26.87
私营企业	Private Enterprises	302.93	5.11	325.76	310.28	7.55	15.48	20.37
其他企业	Others	6.83		7.53	6.62		0.91	0.40
港、澳、台商投资企业	Enterprises With Investment from Hong Kong, Macao and Taiwan	2.60		2.55	2.55			0.05
外商投资企业	Enterprises With Foreign Investment	8.83		9.05	9.05			0.32
按行业分	By Sector							
农畜产品批发	Wholesale of agricultural or livestock products	102.04	0.40	115.82	112.36	3.80	3.46	53.58
食品、饮料及烟草制品批发	Wholesale of foods, beverage and tobaccos	417.42	1.97	491.93	482.09	11.43	9.84	54.43
纺织、服装及日用品批发	Wholesale of textile, clothes and commodities	51.65	4.75	56.67	54.16	26.69	2.51	4.17
文化、体育用品及器材批发	Wholesale of cultural and sports goods and equipment	31.77		27.76	26.36	3.02	1.40	3.89
医药及医疗器材批发	Wholesale of medicine and medical devices	135.15		133.89	126.23		7.66	10.93
矿产品、建材及化工产品批发	Wholesale of minerals products, building materials and chemical products	1320.75	31.34	1411.06	1214.36	19.05	196.70	48.45
机械设备、五金交电及电子产品批发	Wholesale of mechanical equipment, hardware and electronic products	219.63	0.81	222.53	202.45	12.40	20.07	15.38
其他批发	Other wholesales	26.41	0.05	29.89	28.82	0.36	1.07	2.19
零售业	Retail Trade	940.88	0.75	990.60	120.10	0.12	870.49	104.19
按登记注册类型分	By Registration							
内资企业	Domestic-Funded Enterprises	898.44	0.74	945.03	119.70	0.12	825.33	100.24
国有企业	State-owned Enterprises	144.92	0.32	148.30	26.36	0.12	121.94	13.63
集体企业	Collective-owned Enterprises	136.33		141.06	30.30		110.77	15.16
股份合作企业	Cooperative Enterprises	13.53		15.83	2.07		13.77	1.50
联营企业	Joint Ownership Enterprises	2.44		2.59	0.63		1.96	0.18
有限责任公司	Limited Liability Corporations	221.94	0.21	233.86	28.00		205.85	26.42
股份有限公司	Share-holding Corporations Ltd.	67.14		75.78	13.77		62.01	6.42
私营企业	Private Enterprises	305.71	0.20	319.76	18.19		301.57	36.12
其他企业	Others	6.42		7.85	0.39		7.46	0.81
港、澳、台商投资企业	Enterprises With Investment from Hong Kong, Macao and Taiwan	27.52		30.03			30.03	2.22
外商投资企业	Enterprises With Foreign Investment	14.92	0.01	15.54	0.41		15.13	1.73
按行业分	By Sector							
综合零售	Integrated retail	328.51		352.29	31.17		321.13	42.18
食品、饮料及烟草制品专门零售	Special retails of foods, beverage and tobaccos	33.17		36.37	7.96		28.40	5.70
纺织、服装及日用品专门零售	Special retail of textile, clothing and domestic commodities	36.76		38.92	3.79		35.13	3.93
文化、体育用品及器材专门零售	Special retail of cultural and sports goods and equipment	26.74	0.32	26.44	2.59	0.12	23.85	5.65
医药及医疗器材专门零售	Special retail of medicine and medical devices	42.38		42.99	8.24		34.75	7.10
汽车、摩托车、燃料及零配件专门零	Special retail of automobiles, motorcycles, fuels and their accessories	348.82	0.27	359.57	52.20		307.37	23.94
家用电器及电子产品专门零售	Special retail of household electrical appliances and electronic products	82.56	0.14	86.63	6.54		80.09	10.32
五金、家具及室内装修材料专门零售	Special retail of hardware, furniture and indoor decoration materials	26.70	0.01	30.61	5.03		25.58	3.86
无店铺及其他零售	Retail without shops and other retail	15.24		16.77	2.58		14.19	1.51
限额以下企业	**Below Designated Size**			**1238.37**	**825.83**		**412.54**	

16-7 限额以上批发和零售企业商品分类销售总额

Total Sales of Enterprises above Designated Size of Wholesale and Retail Trade by Category of Main Commodities

单位：亿元 (100 million yuan)

指　　标	Item	2006	批发 Wholesale Trade	零售 Retail Trade	2007	批发 Wholesale Trade	零售 Retail Trade
食品、饮料、烟酒类	Food, Beverages, Tobacco and Liquor	545.72	437.38	108.34	620.74	475.85	144.90
粮油类	Grain and oils	64.32	49.96	14.36	71.10	53.14	17.96
肉禽蛋类	Meat, Poultry and Eggs	37.95	16.56	21.40	37.87	15.38	22.50
其他食品类	Other Food	51.91	16.92	35.00	58.08	18.23	39.85
饮料类	Beverages	15.53	2.31	13.22	19.91	1.74	18.17
烟酒类	Tobacco and Liquor	376.00	351.63	24.37	433.78	387.36	46.42
服装鞋帽、针、纺织品类	Clothing, Shoes, Hats and Textiles	98.56	25.14	73.42	128.08	26.95	101.13
服装类	Clothing	55.74	8.98	46.77	77.30	8.15	69.15
鞋帽类	Shoes and Hats	16.09	0.99	15.09	21.26	2.86	18.41
针、纺织品类	Knitwear and Textiles	26.73	15.17	11.56	29.52	15.95	13.57
化妆品类	Cosmetics	13.81	1.03	12.77	15.85	0.56	15.29
金银珠宝类	Gold, Silver and Jewelry	7.54		7.53	9.41		9.41
日用品类	Articles for Daily Use	33.55	6.12	27.43	47.34	11.54	35.80
#洗涤用品类	Washing Articles	9.84	0.45	9.39	15.39	4.09	11.31
儿童玩具类	Children Toys	2.28	0.17	2.12	2.87	0.26	2.61
五金、电料类	Hardware and Electrical Materials	13.92	2.18	11.74	17.03	2.83	14.21
体育、娱乐用品类	Sports and Recreation Articles	6.36	1.15	5.22	6.80	2.15	4.65
书报杂志类	Newspapers and Magazines	53.23	26.29	26.95	46.95	24.31	22.64
电子出版物及音像制品类	E-journal and Video Products	2.49	0.57	1.92	1.96	0.65	1.31
家用电器和音像器材类	Household Appliances and Video Appliances	102.52	36.36	66.15	117.83	34.59	83.24
中西药品类	Traditional Chinese and Western Medicines	131.93	105.32	26.62	166.69	131.26	35.44
#西药	Western Medicines	100.71	80.64	20.07	120.44	97.89	22.55
中草药及中成药	Traditional Chinese Medicines	17.65	12.02	5.62	22.08	12.90	9.18
文化办公用品类	Cultural and Official Goods	32.85	19.39	13.46	34.23	17.51	16.71
家俱类	Furniture	8.39	1.41	6.98	11.37	1.06	10.31
通讯器材类	Communication Appliances	34.57	15.05	19.52	28.39	9.80	18.59
煤炭及制品类	Coal and Related Products	90.95	85.83	5.12	100.15	93.12	7.02
木材及制品类	Wood and Wooden Products	3.51	3.51		5.62	5.62	
石油及制品类	Petroleum and Related Products	870.45	675.97	194.48	992.23	715.44	276.78
化工材料及制品类	Raw Chemical Materials	70.39	67.50	2.89	90.04	86.99	3.05
#化肥类	Fertilizer	37.44	37.44		46.63	46.63	
金属材料类	Metal Materials	163.30	160.58	2.72	191.86	188.08	3.78
建筑及装潢材料类	Building and Decoration Materials	13.83	11.87	1.96	8.86	5.32	3.54
机电产品及设备类	Mechanical and Electrical Products	100.97	92.20	8.77	76.36	67.17	9.19
#农机类	Agricultural Machinery	33.43	33.43		21.73	21.73	
汽车类	Automobile	197.18	29.27	167.91	231.86	30.03	201.83
种子饲料类	Seed and Feedstuff	7.77	7.77		10.77	10.77	
棉麻类	Cotton, Hemp	28.92	28.92		40.29	40.29	
其他类	Others	109.83	80.85	28.98	144.62	123.47	21.15

16-8 限额以上批发和零售企业商品销售、库存(2007年)

Total Sales and Inventory of Enterprises above Designated Size in Wholesale and Retail Trades (2007)

指　标	Item	销售总量 Total Sales	批发 Wholesale trade	零售 Retail Trade	年末库存额 Inventory (year-end)
粮食(吨)	Grain (ton)	3283801	2895816	387985	3765226
食用植物油(吨)	Edible Vegetable Oil (ton)	147933	86820	61113	11578
肉及肉制品(吨)	Meat and meat product(ton)	198369	99635	98734	1848
卷烟(万支)	Cigarettes (10 000 units)	19065935	18149098	916837	526486
酒(吨)	Wine(ton)	173894	20682	153212	13772
#白酒	Distillate spirits	75565	9288	66277	9903
啤酒	Beer	74130	5701	68429	2583
棉花(吨)	Cotton (ton)	302590	298447	4143	34317
布(百米)	Cloth (100 meter)	600997	260956	340041	72228
各种服装(百件)	Clothing of all kinds(100 pieces)	1196626	496866	699760	114937
#童装	Children's garments	373041	217832	155209	19259
鞋(百双)	Shoes (100 pairs)	413892	34426	379466	62609
照相机(台)	Camera(unit)	148407	11890	136517	7781
#数码照相机	Digital camera	105973	4308	101665	6302
彩色电视机(台)	Colour Television Set (unit)	2395434	1507927	887507	73267
组合音响(台)	Hi-Fi Stereo Component System (unit)	66177	475	65702	5945
摄像机(台)	Pickup Camera (unit)	19931	581	19350	2352
影碟机(台)	Video Disc Player (unit)	222450	5693	216757	15754
家用电冰箱(台)	Household Refrigerator (unit)	715363	245431	469932	37535
家用洗衣机(台)	Household Washing Machine (unit)	631285	82757	548528	54763
房间空调器(台)	Room Air Conditioner (unit)	907470	300611	606859	61694
微波炉(台)	Micro-oven (unit)	136022	8574	127448	11643
微型计算机(台)	Personal Computer (unit)	248622	160244	88378	17215
热水器(台)	Water heater(unit)	149796	15093	134703	8268
普通电话机(部)	Telephone (unit)	114046	3561	110485	7086
移动电话机(部)	Hand Telephone (unit)	2388933	1060040	1328893	113894
化学肥料(吨)	Chemical Fertilizers (ton)	2823964	2764552	59412	94025
化学农药(吨)	Chemical Pesticide (ton)	25374	23631	1743	2329
农用塑料薄膜(吨)	Farming Pellicle (ton)	9220	7991	1229	576
煤炭(吨)	Coal (ton)	19875304	18811735	1063569	269844
木材(立方米)	Wood (cu.m)	390507	386476	4031	40783
汽油(吨)	Gasoline (ton)	5142079	3389406	1752673	167943
煤油(吨)	Kerosene (ton)	231482	75824	155658	10182
柴油(吨)	Diesel Oil (ton)	11371909	9524399	1847510	278549
钢材(吨)	Steel Products (ton)	3284062	3228317	55745	105806
铜(吨)	Copper (ton)	14965	14965		45
铝(吨)	Aluminum (ton)	99343	99343		1864
水泥(吨)	Cement (ton)	51850	33656	18194	1689
汽车(辆)	Motor Vehicles (unit)	269038	49701	219337	18735
#轿车	Car	151665	6688	144977	11481
摩托车(辆)	Motor (unit)	292571	162267	130304	17030
拖拉机(台)	Tractors (unit)	27398	25140	2258	774

16–9 各市限额以上批发和零售企业商品购、销、存总额(2007年)

Total Purchases, Sales and Inventory above Designated Size of Wholesale and Retail Trades by City(2007)

单位：万元 (10 000 yuan)

	购进总额 Total Purchases	#进口 Total Imports	销售总额 Total Sales	批发 Wholesale trade	#出口 Total Exports	零售 Retail Trade	年末库存额 Inventory (year-end)
郑州市 Zhengzhou	13195314	75240	13907865	10465946	511107	3441919	867681
开封市 Kaifeng	949409	1001	1061009	511628		549381	105398
洛阳市 Luoyang	2227352	6218	2511383	1453926	85458	1057457	185829
平顶山市 Pingdingshan	2071214		2099208	1719329		379879	237198
安阳市 Anyang	2265829	306375	2528670	2032168	84143	496503	155229
鹤壁市 Hebi	232896		266667	181160		85508	21732
新乡市 Xinxiang	1281231	360	1361980	875116	5899	486864	134415
焦作市 Jiaozuo	980114		1157861	497008	2338	660853	89068
濮阳市 Puyang	608204	95	647963	320784	104	327179	79957
许昌市 Xuchang	718835		984492	634985	19220	349506	83440
漯河市 Luohe	617626	6810	699036	447800	47910	251236	47159
三门峡市 Sanmenxia	648307		830045	548160		281885	90087
南阳市 Nanyang	2191792		2294428	1396569	9747	897859	393536
商丘市 Shangqiu	1326201		1253370	806207		447163	96710
信阳市 Xinyang	794103		989701	456238		533463	82125
周口市 Zhoukou	693064		744269	398746		345523	178372
驻马店市 Zhumadian	1156155	4606	1204008	752254	2734	451754	103691
济源市 Jiyuan	312216	33	317017	226235		90782	15489

16-10 各市限额以上批发和零售企业商品分类批发总额(2007年)
Total Wholesale Value of Enterprises above Designated Size of Wholesales and Retail Trades by City and Sort(2007)

单位：万元 (10 000 yuan)

市 City	食品饮料烟酒类 Food,Beverages Tobaccos and wine	日用品类 Articles for Daily Use	纺织服装鞋帽类 Textiles, Garments, Footwear and Hats	文化体育用品类 Cultural and Sports	家用电器类 Household Appliances	中西药品类 Medical Treatment Use	书报杂志类 Newspapers and Magazines
郑州市 Zhengzhou	508650	82546	245861	175759	208503	687896	211109
开封市 Kaifeng	256503	5171	463		798	4358	2796
洛阳市 Luoyang	265423	1161	20322	71	16067	92691	1
平顶山市 Pingdingshan	197107	1771				5877	310
安阳市 Anyang	186103	5301	96	19	8042	117769	2481
鹤壁市 Hebi	53195		7			1574	69
新乡市 Xinxiang	209562	1294	5535	393	15632	91049	3440
焦作市 Jiaozuo	117505	73	475	4106	10041	9576	195
濮阳市 Puyang	141672	1141				4057	3191
许昌市 Xuchang	315728			1007		36211	1237
漯河市 Luohe	194902	2218			32514	5738	210
三门峡市 Sanmenxia	142555	1029		1	8243	14736	1245
南阳市 Nanyang	551493	9747	19231	2213	39076	55938	8174
商丘市 Shangqiu	388873	3065		51	164	124898	
信阳市 Xinyang	267412	903	16823	123	14285	14712	4777
周口市 Zhoukou	252874		112	356	30	14881	1970
驻马店市 Zhumadian	378402	1124	178	157		25500	4639
济源市 Jiyuan	23822		355			1517	

16-11 各市限额以上批发和零售企业商品分类零售总额(2007年)
Retail Trades Value of Enterprises above Designated Size in Wholesales and Retail Trades by City and Sort(2007)

单位：万元 (10 000 yuan)

市 City	食品饮料烟酒类 Food,Beverages Tobaccos and wine	日用品类 Articles for Daily Use	服装、鞋帽针纺织类 Clothing,shoes and Hats,Knitwear and Textiles	文化体育用品类 Cultural and Sports	家用电器和音像器材类 Household and Video Appliances	中西药品类 Medical Treatment Use	书报杂志类 Newspapers and Magazines
郑州市 Zhengzhou	286435	101805	350053	95116	264873	41810	30665
开封市 Kaifeng	50974	16030	25597	10324	52018	27263	5852
洛阳市 Luoyang	101853	36862	87051	24475	73282	21653	19600
平顶山市 Pingdingshan	62842	12951	25262	10872	26809	41544	8741
安阳市 Anyang	67870	22661	36179	7778	48612	46922	8790
鹤壁市 Hebi	3560	1715	2829	232	5328	1150	3189
新乡市 Xinxiang	78408	12258	39014	4435	39840	15740	10473
焦作市 Jiaozuo	79728	17370	51465	5250	58847	26174	16237
濮阳市 Puyang	37188	9791	20600	5165	9831	4712	6458
许昌市 Xuchang	46851	4035	24652	971	37603	9594	8967
漯河市 Luohe	35471	8371	9269	4481	21862	3361	4820
三门峡市 Sanmenxia	94144	29083	42017	4175	21171	16999	5901
南阳市 Nanyang	121989	27122	55520	11816	67459	49781	15732
商丘市 Shangqiu	60025	7175	18274	4374	12207	6665	17664
信阳市 Xinyang	61216	13143	35005	3671	30529	11009	20690
周口市 Zhoukou	56934	9295	30778	4648	19153	12057	18269
驻马店市 Zhumadian	52954	15049	42973	4880	27724	15288	21876
济源市 Jiyuan	25109	6015	10280	1892	8236	1633	2012

16-12 星级住宿和限额以上餐饮企业基本情况(2007年)
Basic Conditions of Star-rated Hotels and Catering Services (2007)

指标	Item	年末餐饮营业面积(万平方米) Business acreage (10 000 sq.m)	年末床位数(万个) Number of beds (10 000 units)	年末餐位数(万位) Number of seats for dining (10 000 units)
限额以上企业	Above Designated Size	334.35	14.59	54.84
星级住宿业	Star-rated Hotels	194.51	12.17	22.65
按注册登记类型	By Registration			
内资企业	Domestic-Funded Enterprises	187.50	11.33	21.35
港澳台投资企业	Enterprises With Investment from Hong Kong, Macao and Taiwan	3.00	0.46	0.73
外商投资企业	Enterprises With Foreign Investment	4.00	0.38	0.56
按国民经济行业	By Sector			
旅游饭店	Tour Restaurant	194.51	12.17	22.65
一般旅馆	Common Restaurant			
其他住宿服务	Other Accommodation Service			
餐饮业	Catering Trade	139.84	2.42	32.19
按注册登记类型	By Registration			
内资企业	Domestic-Funded Enterprises	135.78	2.34	31.08
港澳台投资企业	Enterprises With Investment from Hong Kong, Macao and Taiwan	1.74	0.05	0.37
外商投资企业	Enterprises With Foreign Investment	2.32	0.03	0.74
按国民经济行业	By Sector			
正餐服务业	Dinner Service	126.40	2.25	28.81
快餐服务业	Snack Service	6.66	0.10	2.14
饮料及冷饮服务业	Veverage and Cold Drink	0.86		0.22
其他餐饮服务业	Other Catering Service	5.92	0.07	1.02

16-13 各市星级住宿和限额以上餐饮企业基本情况(2007年)

Basic Conditions of Star-rated Hotels and Catering Services by City (2007)

市 City	星级住宿业 Star-rated Hotels			餐饮业 Catering Services		
	年末餐饮营业面积(万平方米) business acreage (10 000 sq.m)	年末床位数(万个) Number of beds (10 000 units)	年末餐位数(万位) Number of seats for dining (10 000 units)	年末餐饮营业面积(万平方米) business acreage (10 000 sq.m)	年末床位数(万个) Number of beds (10 000 units)	年末餐位数(万位) Number of seats for dining (10 000 units)
郑 州 市 Zhengzhou	29.21	3.17	4.56	31.46	0.33	7.47
开 封 市 Kaifeng	6.67	0.75	1.14	17.09	0.24	2.65
洛 阳 市 Luoyang	11.41	1.18	2.08	10.17	0.18	2.89
平 顶 山 市 Pingdingshan	5.22	0.64	1.41	9.18	0.05	2.39
安 阳 市 Anyang	2.25	0.38	0.54	8.04	0.06	1.90
鹤 壁 市 Hebi	1.88	0.15	0.34	1.61	0.01	0.51
新 乡 市 Xinxiang	4.84	0.48	1.05	3.93	0.10	0.83
焦 作 市 Jiaozuo	8.49	0.76	1.46	3.72	0.07	0.90
濮 阳 市 Puyang	2.62	0.17	0.28	2.27	0.05	0.58
许 昌 市 Xuchang	11.79	0.42	1.23	5.59	0.15	1.87
漯 河 市 Luohe	1.70	0.14	0.24	4.06	0.13	0.86
三 门 峡 市 Sanmenxia	2.24	0.41	0.78	4.27	0.05	0.81
南 阳 市 Nanyang	86.36	0.90	2.75	10.39	0.30	2.61
商 丘 市 Shangqiu	2.94	0.31	0.58	9.73	0.34	1.84
信 阳 市 Xinyang	5.36	0.54	1.21	5.49	0.12	1.31
周 口 市 Zhoukou	3.20	0.40	1.11	6.99	0.02	2.15
驻 马 店 市 Zhumadian	5.04	0.62	1.24	2.92	0.24	0.90
济 源 市 Jiyuan	3.30	0.77	0.66	4.05		0.16

16-14 住宿和餐饮企业经营情况(2007年)

Management of Hotels and Catering Services (2007)

单位：万元 (10 000 yuan)

指　标	Item	营业总收入 Total Business Revenue	客房收入 guest room Revenue	餐费收入 meal Revenue	商品销售收入 Total Retail Sales of Consumer Goods	其他收入 other Revenue
总　计	**Total**	**2002735**	**446734**	**1390693**	**90180**	**75129**
限额以上企业	Above Designated Size	1200559	274067	799005	68025	59463
星级住宿业	Star-rated Hotels	543967	235272	233166	31308	44221
按注册登记类型	By Registration					
内资企业	Domestic-Funded Enterprises	481742	205565	210714	27501	37962
港澳台投资企业	Enterprises With Investment from Hong Kong, Macao and Taiwan	37302	19500	12863	1067	3872
外商投资企业	Enterprises With Foreign Investment	24923	10208	9589	2740	2387
按国民经济行业	By Sector					
旅游饭店	Tour Restaurant	543967	235272	233166	31308	44221
一般旅馆	common Restaurant					
其他住宿服务	Other Accommodation Service					
餐饮业	Catering Trade	656592	38794	565839	36717	15242
按注册登记类型	By Registration					
内资企业	Domestic-Funded Enterprises	611309	36628	529415	34750	10516
港澳台投资企业	Enterprises With Investment from Hong Kong, Macao and Taiwan	16434	1400	10816	1542	2677
外商投资企业	Enterprises With Foreign Investment	28849	767	25608	425	2049
按国民经济行业	By Sector					
正餐服务业	Dinner Service	566065	34966	486217	32505	12378
快餐服务业	Snack Service	56698	2072	50245	2279	2102
饮料及冷饮服务业	Veverage and Cold Drink	5844		5844		
其他餐饮服务业	Other Catering Service	27985	1757	23534	1933	762
限额以下企业	Below Designated Size	802176	172667	591688	22155	15666
星级外住宿业	Star-rated Hotels	345995	161399	159569	12194	12833
餐饮业	Catering Trade	456181	11268	432119	9961	2833

16-15 各市限额以上星级住宿和餐饮业企业经营情况(2007年)

Management of Enterprises above Designated Size of Star-rated Hotels and Catering Services by City (2007)

单位：万元 (10 000 yuan)

市 City	营业总收入 Total Business Revenue	客房收入 Guest room Revenue	餐费收入 Meal Revenue	商品销售收入 Total Retail Sales of Consumer Goods	其他收入 Other Revenue
郑州市 Zhengzhou	388826	97083	228462	32931	30350
开封市 Kaifeng	90805	12642	73168	2894	2101
洛阳市 Luoyang	97035	24049	64446	3054	5486
平顶山市 Pingdingshan	63754	12911	44079	4514	2250
安阳市 Anyang	60022	12928	42612	1699	2784
鹤壁市 Hebi	12905	2810	8262	1018	815
新乡市 Xinxiang	33212	7892	22253	2202	865
焦作市 Jiaozuo	45958	10081	32181	2401	1294
濮阳市 Puyang	22696	5048	14553	225	2869
许昌市 Xuchang	57102	12173	40962	1778	2189
漯河市 Luohe	20574	4046	15851	598	80
三门峡市 Sanmenxia	29462	8057	17450	2494	1461
南阳市 Nanyang	94695	21780	66199	4180	2537
商丘市 Shangqiu	38450	8942	27203	1103	1201
信阳市 Xinyang	58203	13494	40528	3544	636
周口市 Zhoukou	35019	4042	27647	2588	742
驻马店市 Zhumadian	50123	13124	34461	800	1738
济源市 Jiyuan	8709	3137	5445	64	63

16-16 各市限额以上星级住宿企业经营情况(2007年)

Business of Star-rated Hotels above Designated Sized by City (2007)

单位：万元 (10 000 yuan)

市 city	营业额 Total Business Revenue	客房收入 guest room Revenue	餐费收入 meal Revenue	商品销售收入 Total Retail Sales of Consumer Goods	其他收入 other Revenue
郑州市 Zhengzhou	197787	90511	63670	18955	24651
开封市 Kaifeng	23021	9208	11365	813	1636
洛阳市 Luoyang	50134	22207	21293	1685	4949
平顶山市 Pingdingshan	29449	12404	12920	2048	2078
安阳市 Anyang	20576	12423	6711	262	1180
鹤壁市 Hebi	7427	2766	3204	792	665
新乡市 Xinxiang	16920	6477	9649	350	445
焦作市 Jiaozuo	29101	8478	18436	1039	1149
濮阳市 Puyang	8486	4738	3529	89	131
许昌市 Xuchang	22060	8900	10878	762	1520
漯河市 Luohe	4593	2221	2298	47	28
三门峡市 Sanmenxia	16498	7718	6307	1090	1383
南阳市 Nanyang	37913	15899	17920	1918	2176
商丘市 Shangqiu	7345	3277	3515	164	390
信阳市 Xinyang	22378	10168	11678	165	366
周口市 Zhoukou	13029	3723	8354	595	357
驻马店市 Zhumadian	29072	11019	16527	471	1056
济源市 Jiyuan	8178	3137	4915	64	63

16-17 各市限额以上餐饮企业经营情况(2007年)

Business of Catering Services above Designated Size by City (2007)

单位：万元　　(10 000 yuan)

市 city	营业额 Total Business Revenue	客房收入 guest room Revenue	餐费收入 meal Revenue	商品销售收入 Total Retail Sales of Consumer Goods	其他收入 other Revenue
郑　州　市 Zhengzhou	191039	6572	164792	13976	5699
开　封　市 Kaifeng	67784	3434	61804	2081	465
洛　阳　市 Luoyang	46901	1841	43153	1369	537
平 顶 山 市 Pingdingshan	34305	507	31160	2466	173
安　阳　市 Anyang	39446	504	35900	1437	1605
鹤　壁　市 Hebi	5478	44	5058	226	150
新　乡　市 Xinxiang	16293	1416	12604	1852	421
焦　作　市 Jiaozuo	16856	1603	13746	1362	145
濮　阳　市 Puyang	14210	311	11025	137	2738
许　昌　市 Xuchang	35042	3273	30084	1016	669
漯　河　市 Luohe	15981	1825	13553	551	53
三 门 峡 市 Sanmenxia	12965	339	11144	1404	79
南　阳　市 Nanyang	56782	5881	48278	2262	361
商　丘　市 Shangqiu	31105	5666	23688	939	812
信　阳　市 Xinyang	35825	3326	28851	3378	270
周　口　市 Zhoukou	21990	319	19293	1993	385
驻 马 店 市 Zhumadian	21051	2106	17935	329	682
济　源　市 Jiyuan	531		531		

16-18 个体批发和零售业、住宿和餐饮业经营情况(2007年)

Management of Individual Enterprises in Wholesale and Retail Trades, Hotels and Catering Trades (2007)

指　标	Item	户数(户) Number of Households (household)	从业人员(万人) Persons Employed (10 000 persons)	营业收入(亿元) Business Revenue (100 million yuan)	销售总额(亿元) Total Sales (100 million yuan)	批发额 Wholesale Trade	零售额 Retail Trade
批发和零售业	**Wholesale and Retail trades**	**1092458**	**218.88**		**2923.16**	**621.38**	**2301.78**
市	City	362792	83.82		1311.21	229.42	1081.79
县	County	152470	58.27		635.26	135.49	499.77
县以下	Under County Level	577196	76.80		976.69	256.47	720.22
批发业	Wholesale Trade	181632	39.87		748.36	497.45	250.91
零售业	Retail Trade	910826	179.01		2174.80	123.93	2050.87
住宿和餐饮业	**Accommodation and Catering Trade**	**205719**	**79.24**	**620.12**			**620.12**
市	City	78568	39.78	319.80			319.80
县	County	36582	18.15	132.45			132.45
县以下	Under County Level	90569	21.31	167.87			167.87

16-19 限额以上批发和零售企业批发业主要财务指标(2007年)

单位：万元

指标	Item	批发业 Wholesale	#国有及国有控股 State-owned Enterprises
年末资产负债	**Assets and Liability(year-end)**		
流动资产合计	Circulating Funds	5819729	3555853
#存货	Inventory	2237026	1732704
固定资产原价	Original Value of Fixed Assets	2216606	1802149
累计折旧	Accumulated Depreciation	559223	436484
#本年折旧	Depreciation of Deducted This Year	76396	59269
资产合计	Total Assets	8690294	5764695
负债合计	Total Liabilities	6577388	4102757
所有者权益合计	Total Creditors'Equity	2112906	1661938
#实收资本	Actual Capital	1412090	973350
#国家	State	774095	768390
港澳台	Funds from Hong Kong,Macao and Taiwan	105	
外商	Sole Foreign Funds	2254	
损益及分配	**Profit and Loss Apportionment**		
营业收入合计	Sales Revenue	21478043	13999727
#主营业务收入	Main Sales Revenue	21354333	13890106
主营业务成本	Cost of Sales	19689595	12561615
主营业务税金及附加	Main Sales Tax and Extra Changes	35597	20510
主营业务利润	Main Operating Profits	1628440	1307548
其他业务利润	Other Profits	47137	35697
营业费用	Operating Expenses	590687	423127
管理费用	Management Expenses	476677	390850
#税　金	Taxes	15477	11633
差旅费	Travel expense	14973	9733
工会经费	Trade union outlays	4237	3792
财务费用	Financial Expenses	107232	79221
#利息支出	Profit Paying	87946	68582
营业利润	Management Profits	511614	459854
利润总额	Total Profits	576002	518117
应缴所得税	Income tax payable	177790	167094
劳动、失业保险费	Labor and unemployment premium	36075	33358
住房公积金和住房补贴	Housing accumulation fund and allowance	15514	14935
工资福利及增值税	**Wages,Welfare Expenses and Value Added Taxes**		
本年应付工资总额	Total Wages Payable This Year	266106	200783
本年应付福利费总额	Total Welfare Expenses payable This Year	25452	20049
本年应缴增值税	Increment Value Tax Payable This Year	237563	203627

Main Economic Indicators of Wholesale Enterprises in Wholesale and Retail Trades above Designated Size(2007)

(10 000 yuan)

#内资企业 Domestic-Funded Enterprises	#国有企业 State-Owned Enterprises	#集体企业 Collective-owned Enterprises	#股份合作企业 Coopera-tive Enterprises	#联营企业 Joint Ownership Enterprises	#股份有限企业 Share-holding Corporations Enterprises	#有限责任公司 Limited Liability Corporations
5796035	2518184	518012	7425	55759	678090	1175752
2234282	1357137	129900	1248	17554	281047	249763
2216336	858502	118961	2552	5978	935289	172358
559064	234844	36943	620	1376	180644	50061
76350	30903	2417	122	165	27536	8359
8666489	3445349	731166	9378	73792	1943034	1403361
6555005	2367333	709480	6153	48477	1417111	1210863
2111484	1078015	21686	3225	25315	525923	192498
1409393	440258	91900	3531	23175	443488	193776
774095	284991	4471		20275	419107	32391
105		105				
182						177
21406107	6378786	988236	87305	107175	6864652	3965107
21282497	6352015	986667	87305	106791	6785462	3955586
19625653	5476834	949235	85240	104427	6352894	3793627
35597	13098	2584	171	255	6923	4095
1620546	861711	34796	1895	2109	425645	157613
47080	28749	1938	13	335	1419	10668
585681	222832	11557	1226	1108	186097	88369
474706	287569	13111	336	1380	81863	54668
15427	7310	691	16	20	3681	1911
14831	6652	613	54	22	2086	3122
4232	3044	63	2	3	563	408
107280	58593	4653	21	612	15118	15938
87947	49458	3388	-3	281	14523	9932
510593	323848	7506	325	-655	151401	9901
575045	394338	5769	439	1736	123975	28653
177777	142383	1001	55	150	20612	8737
36053	26810	708	3	67	4682	2896
15504	12225	96	2	15	2197	763
265426	154660	26129	356	461	36762	28570
25410	14221	645	40	30	4156	4242
236330	120558	2722	250	28	74506	22748

16-20 限额以上批发和零售企业零售业主要财务指标(2007年)

单位：万元

指 标	Item	零售业 Retail Sale	#国有及国有控股 State-owned Enterprises
年末资产负债	**Assets and Liability(year-end)**		
流动资产合计	Circulating Funds	2752952	566398
#存货	Inventory	743583	138868
固定资产原价	Original Value of Fixed Assets	1177086	437166
累计折旧	Accumulated Depreciation	289278	121176
#本年折旧	Depreciation of Deducted This Year	53364	17381
资产合计	Total Assets	4253724	1075431
负债合计	Total Liabilities	3544651	1167764
所有者权益合计	Total Creditors'Equity	709073	-92333
#实收资本	Actual Capital	872433	160732
#国家	State	106628	95116
港澳台	Funds from Hong Kong,Macao and Taiwan	45710	
外商	Sole Foreign Funds	10597	
损益及分配	**Profit and Loss Apportionment**		
营业收入合计	Sales Revenue	7641979	1526645
#主营业务收入	Main Sales Revenue	7575384	1510752
主营业务成本	Cost of Sales	6938602	1370061
主营业务税金及附加	Main Sales Tax and Extra Changes	36082	6282
主营业务利润	Main Operating Profits	599192	134354
其他业务利润	Other Profits	131658	29206
营业费用	Operating Expenses	323460	69142
管理费用	Management Expenses	264616	74737
#税 金	Taxes	11412	3170
差旅费	travel expense	7717	1712
工会经费	trade union outlays	1780	635
财务费用	Financial Expenses	33608	8369
#利息支出	Profit Paying	18619	5421
营业利润	Management Profits	119545	12953
利润总额	Total Profits	125789	19272
应缴所得税	Income tax payable	27015	3601
劳动、失业保险费	Labor and unemployment premium	15448	7898
住房公积金和住房补贴	Housing accumulation fund and allowance	2965	1439
工资福利及增值税	**Wages,Welfare Expenses and Value Added Taxes**		
本年应付工资总额	Total Wages Payable This Year	213269	55000
本年应付福利费总额	Total Welfare Expenses payable This Year	16224	3609
本年应缴增值税	Increment Value Tax Payable This Year	67500	14484

Main Economic Indicators of Retail Enterprises in Wholesale and Retail Trades above Designated Size(2007)

(10 000 yuan)

#内资企业 Domestic-Funded Enterprises	#国有企业 State-Owned Enterprises	#集体企业 Collective-owned Enterprises	#股份合作企业 Coopera-tive Enterprises	#联营企业 Joint Ownership Enterprises	#股份有限企业 Share-holding Corporations Ltd	#有限责任公司 Limited Liability Corporations	#港澳台商投资企业 Enterprises With Investment from Hong Kong, Macao and Taiwan
2643250	319837	341446	45979	5967	191691	722438	93098
726279	91563	70314	9853	2832	55060	192778	8019
1081630	288156	162057	17297	3332	124997	220906	79172
268614	78110	37235	4954	537	31368	60495	16865
48657	12439	4851	551	75	5321	12197	2842
4015638	654883	573930	73864	9329	363194	974859	205004
3364167	683420	442357	58520	5251	358781	830996	157988
651471	-28537	131573	15344	4078	4414	143863	47016
812350	105272	134980	13436	3645	58034	178020	47142
104136	76629	4176	439	21	9616	12329	1962
530		330					45180
1718						912	
7376672	970598	1158339	123707	12897	556766	1860057	221725
7311529	961569	1153643	123662	12897	548570	1834354	221374
6713249	861633	1090913	111523	11388	500652	1684868	188655
35775	5080	5751	1475	91	1699	6284	189
560997	94802	56892	10665	1417	46209	142564	32529
113732	11533	2950	2023	10	11834	41567	16958
313300	45329	22258	4402	264	22566	102814	4657
244756	54588	20699	4723	262	21282	57810	17569
10898	2456	1185	287	26	687	1970	505
7371	1450	459	185	4	252	1676	336
1702	526	127	35		85	502	72
32906	4502	3598	1372	108	2855	9210	512
18013	2780	1469	937	0	1780	5589	444
94146	3320	15119	4407	792	12726	15342	26749
99469	5884	11441	5349	377	12782	19952	27213
18178	1168	680	526	3	917	6841	8834
15123	6480	1548	235		978	3646	244
2858	1302	93	12		67	466	63
207374	42738	32397	3372	333	12985	52811	4369
15747	3032	1135	228	4	1046	4285	400
61160	10122	3008	855	21	4923	18066	5451

16-21 限额以上餐饮企业主要财务指标(2007年)

单位：万元

指　　标	Item	餐饮业 Catering Trade	#国有及国有控股 State-owned Enterprises
年末资产负债	**Assets and Liability(year-end)**		
流动资产合计	Circulating Funds	146948	9627
#存货	Inventory	25859	960
固定资产原价	Original Value of Fixed Assets	274918	19281
累计折旧	Accumulated Depreciation	53429	3472
#本年折旧	Depreciation of Deducted This Year	12109	552
资产合计	Total Assets	447738	37302
负债合计	Total Liabilities	245887	25309
所有者权益合计	Total Creditors'Equity	201851	11993
#实收资本	Actual Capital	211472	8512
#国家	State	3995	3289
港澳台	Funds from Hong Kong,Macao and Taiwan	24507	
外商	Sole Foreign Funds	9632	
损益及分配	**Profit and Loss Apportionment**		
营业收入	Sales Revenue	599895	29486
#主营业务收入	Main Sales Revenue	591813	29471
主营业务成本	Cost of Sales	380259	21300
主营业务税金及附加	Main Sales Tax and Extra Changes	24513	846
主营业务利润	Main Operating Profits	186054	7325
其他业务利润	Other Operating Profits	3440	137
营业费用	Operating Expenses	94572	4358
管理费用	Management Expenses	47616	3572
#税金	Taxes	3390	170
差旅费	Travel expense	995	38
工会经费	Trade union outlays	338	23
财务费用	Financial Expenses	6418	274
#利息支出	Profit Paying	2890	134
营业利润	Management Profits	43084	-723
利润总额	Total Profits	39893	-591
应缴所得税	Income tax payable	5906	108
劳动、失业保险费	Labor and unemployment premium	1655	298
住房公积金和住房补贴	Housing accumulation fund and allowance	312	13
工资福利	**Wages,Welfare Expenses**		
本年应付工资总额	Total Wages Payable This Year	58395	3188
本年应付福利费总额	Total Welfare Expenses payable This Year	3694	323

Main Economic Indicators of Enterprises in Catering Services above Designated Size(2007)

(10 000 yuan)

内资企业 Domestic-Funded Enterprises	#国有企业 State-Owned Enterprises	#集体企业 Collective-owned Enterprises	#私营企业 Private Enterprises	港澳台商投资企业 Enterprises With Investment from Hong Kong, Macao and Taiwan	外商投资企业 Enterprises With Foreign Investment
133018	6802	4907	95351	6754	7177
22698	771	1050	17053	1640	1522
233458	16983	14940	167166	20925	20535
43496	2787	3660	28989	5612	4321
9934	476	704	6955	568	1608
383954	31065	18167	271649	37509	26275
213909	20644	9610	142182	16437	15540
170045	10421	8557	129467	21072	10735
171075	7038	9995	123733	30554	9842
3995	3272	450	256		
1209		20	1189	23299	
36			36		9596
548141	18714	24771	413918	21344	30410
542731	18699	24451	409541	20710	28372
359301	13181	16850	270984	10094	10863
21955	547	849	16936	1162	1396
160488	4972	6752	120732	9454	16112
1643	137	68	1341	34	1763
73941	2993	4046	50690	8822	11809
42961	2810	2122	30984	1024	3631
3318	141	159	2575	37	35
817	28	36	623	43	135
307	13	8	234	19	12
5755	159	174	4321	389	274
2607	36	59	1959	15	269
41670	-835	490	38096	-748	2161
38236	-632	241	34890	-1265	2923
5170	71	137	4207	68	669
1251	228	46	676	16	388
205	11	6	175	16	91
53600	2264	3483	36879	1692	3103
3344	264	170	2166	29	321

16-22 限额以上住宿企业主要财务指标(2007年)

单位：万元

指标	Item	住宿业 Accommodation Trade	#国有及国有控股 State-owned Enterprises
年末资产负债	**Assets and Liability(year-end)**		
流动资产合计	Circulating Funds	381121	162356
#存货	Inventory	35617	17914
固定资产原价	Original Value of Fixed Assets	1109543	629581
累计折旧	Accumulated Depreciation	369341	243971
#本年折旧	Depreciation of Deducted This Year	51646	27817
资产合计	Total Assets	1324167	642105
负债合计	Total Liabilities	941108	429764
所有者权益合计	Total Creditors'Equity	383059	212341
#实收资本	Actual Capital	791303	310633
#国家	State	220070	201034
港澳台	Funds from Hong Kong,Macao and Taiwan	88121	18825
外商	Sole Foreign Funds	2850	
损益及分配	**Profit and Loss Apportionment**		
营业收入	Sales Revenue	494257	260721
#主营业务收入	Main Sales Revenue	486657	255874
主营业务成本	Cost of Sales	191474	93866
主营业务税金及附加	Main Sales Tax and Extra Changes	24800	13363
主营业务利润	Main Operating Profits	269334	147966
其他业务利润	Other Operating Profits	2506	1179
营业费用	Operating Expenses	147859	79023
管理费用	Management Expenses	129015	73191
#税金	Taxes	4709	2820
差旅费	travel expense	1847	1144
工会经费	Trade union outlays	647	459
财务费用	Financial Expenses	19717	8567
#利息支出	Profit Paying	12301	5993
营业利润	Management Profits	-22305	-9976
利润总额	Total Profits	-22460	-11873
应缴所得税	Income tax payable	2482	1326
劳动、失业保险费	Labor and unemployment premium	6435	4955
住房公积金和住房补贴	Housing accumulation fund and allowance	1254	1076
工资福利	**Wages,Welfare Expenses**		
本年应付工资总额	Total Wages Payable This Year	78745	41749
本年应付福利费总额	Total Welfare Expenses payable This Year	7148	3971

Main Economic Indicators of Enterprises in Hotels above Designated Size(2007)

(10 000 yuan)

内资企业 Domestic-Funded Enterprises	#国有企业 State-Owned Enterprises	#集体企业 Collective-owned Enterprises	#私营企业 private Enterprises	港澳台商投资企业 Enterprises With Investment from Hong Kong, Macao and Taiwan	外商投资企业 Enterprises With Foreign Investment
280212	102185	35523	69512	33482	67427
26470	10276	3054	5648	7586	1561
892458	458919	86724	157545	151652	65433
295998	175475	19309	42460	51161	22182
42366	19434	3129	10760	6964	2316
1049624	443955	122853	205181	153137	121406
715098	268245	84963	151701	136523	89486
334526	175710	37890	53480	16614	31920
650526	230093	65825	63931	79385	61391
203615	183113	1562	4191	10655	5800
1736			1608	47373	39012
					2850
432933	181947	39645	87653	36842	24483
425682	178162	39357	86147	36794	24181
180448	74335	20168	39993	5209	5817
21941	9466	1857	4214	1801	1058
222504	94359	17198	41939	29784	17047
2424	543	245	519	26	56
125854	53052	8673	23296	12957	9048
103599	48306	6913	20338	15415	10001
4091	2184	298	593	383	236
1607	524	84	463	146	94
615	374	32	71	32	1
13753	2984	1488	4128	3538	2426
8422	1374	832	2150	1982	1897
-16092	-8456	505	-5003	-2100	-4113
-16917	-10311	40	-3077	-2119	-3423
2286	586	281	406	196	0
5059	3150	284	254	1116	260
1133	753	69	70	114	7
69733	30218	5776	14426	4252	4760
6737	3031	398	1130	346	64

16-23 各市限额以上批发和零售企业主要财务指标(2007年)

Main Economic Indicators of Enterprises in Wholesale and Retail Trades above Designated Size by City (2007)

单位：万元 (10 000 yuan)

市 City	流动资产合计 Circulating Funds	#存货 Inventory	固定资产原价 Fixed Asset	资产总计 Original Values of Fixed Asset	所有者权益 Total Assets	#实收资本 Actual Capital	营业收入 Net Value of Sales Revenue
郑州市 Zhengzhou	3031017	764464	1264575	4751456	1233825	1063059	11454529
开封市 Kaifeng	279083	99669	148063	514028	192026	100047	919669
洛阳市 Luoyang	540597	136385	180688	739504	154931	133588	1949102
平顶山市 Pingdingshan	510432	240180	169006	698390	148085	121183	1735812
安阳市 Anyang	484299	141362	130184	629147	18927	69847	2175165
鹤壁市 Hebi	130294	42656	44819	172710	24199	12685	232357
新乡市 Xinxiang	383802	175130	134131	515182	100849	67084	1208346
焦作市 Jiaozuo	223726	91288	127286	381581	133521	66104	823552
濮阳市 Puyang	190050	64892	74469	258061	88299	36536	558512
许昌市 Xuchang	237392	67005	95244	363459	82558	60824	858416
漯河市 Luohe	142952	63870	60602	208289	52415	41421	633690
三门峡市 Sanmenxia	192362	72509	90698	296184	111829	64478	699195
南阳市 Nanyang	756967	398719	219082	1001445	182823	164243	1814546
商丘市 Shangqiu	401059	120757	219232	680306	82593	45320	1209009
信阳市 Xinyang	182332	73993	124846	322989	78850	47162	732002
周口市 Zhoukou	495891	327921	132008	805326	102675	62668	694181
驻马店市 Zhumadian	349980	85038	155702	540625	22403	120324	1129526
济源市 Jiyuan	40446	14772	23059	65335	11172	7950	292414

市 City	主营业务收入 Main Sales Revenue	主营业务成本 Cost of Main Sales	主营业务税金及附加 Main Sales Tax and Extra Changes	主营业务利润 Profits of Main Sales	管理费用 Management Expenses	利润总额 Total Profits	应缴增值税 Increment Value Tax Payable
郑州市 Zhengzhou	11411765	10611687	15868	783932	250284	212736	122163
开封市 Kaifeng	911868	819417	5519	86858	22553	34607	9408
洛阳市 Luoyang	1945988	1762289	8066	175619	59194	26375	15892
平顶山市 Pingdingshan	1728705	1620661	2740	105305	39051	37302	13902
安阳市 Anyang	2172416	2053705	3848	114862	31981	36937	10307
鹤壁市 Hebi	231860	209279	883	21698	8208	6806	3572
新乡市 Xinxiang	1205141	1108606	3917	92504	33618	32962	8374
焦作市 Jiaozuo	822036	739924	1936	80177	21053	32581	11572
濮阳市 Puyang	549342	512171	2127	35044	10701	12678	22249
许昌市 Xuchang	855126	756074	5196	93856	31343	44626	10424
漯河市 Luohe	633303	571199	1238	60866	16807	24787	8345
三门峡市 Sanmenxia	698006	626865	2133	69009	24557	30572	8883
南阳市 Nanyang	1802742	1654538	5603	142601	56850	46058	16049
商丘市 Shangqiu	1203480	1116778	2009	84693	31998	28821	11877
信阳市 Xinyang	728926	648071	3726	77130	29223	24670	9436
周口市 Zhoukou	612976	517968	3624	90979	34865	30169	8001
驻马店市 Zhumadian	1122946	1028701	2750	91495	31865	30727	12058
济源市 Jiyuan	291794	270265	497	21032	7143	8377	2552

16-24 各市限额以上住宿和餐饮企业主要财务指标(2007年)

Main Economic Indicators of Enterprises in Hotels and Catering Services above Designated Size by City(2007)

单位：万元 (10 000 yuan)

市 City	流动资产合计 Circulating Funds	#存货 Inventory	固定资产原价 Original Values of Fixed Asset	资产总计 Total Assets	所有者权益 Total Creditors' Equity	#实收资本 Actual Capital	主营业务收入 Main Sales Revenue
郑州市 Zhengzhou	203970	20184	494502	606835	199686	282563	353406
开封市 Kaifeng	20217	3395	70291	93553	25412	31284	81400
洛阳市 Luoyang	49799	5359	125823	159026	58487	92689	87468
平顶山市 Pingdingshan	26688	3250	61384	76372	17921	24676	56604
安阳市 Anyang	14425	1350	51752	59976	24116	19887	52250
鹤壁市 Hebi	3301	562	12097	14216	2437	13782	11940
新乡市 Xinxiang	16184	2484	34028	59019	22637	20692	30468
焦作市 Jiaozuo	34476	5041	57175	81958	18918	31185	40920
濮阳市 Puyang	9653	2361	26745	41472	28731	30099	18047
许昌市 Xuchang	23597	3205	57104	82017	18014	24743	48400
漯河市 Luohe	6838	1023	31681	34828	20088	14912	18427
三门峡市 Sanmenxia	7687	1350	29648	30872	6352	10546	24538
南阳市 Nanyang	35668	3643	124425	154125	50893	90119	82677
商丘市 Shangqiu	20641	2615	50739	59267	26506	32831	36207
信阳市 Xinyang	25304	2013	59332	93437	28472	40801	54827
周口市 Zhoukou	10175	1012	28123	32807	19541	18401	32421
驻马店市 Zhumadian	11450	1666	56367	69923	19581	23143	46574
济源市 Jiyuan	9807	1363	16172	27601	391	202923	8003

市 City	主营业务成本 Cost of main Sales	主营业务税金及附加 main sales tax and Extra Charges	主营业务利润 Operating Profits	营业费用 Operating Expenses	管理费用 Manage-ment	财务费用 Finance Charge	利润总额 Total Profits
郑州市 Zhengzhou	144989	17843	190575	108506	78707	8510	-3625
开封市 Kaifeng	53518	3056	24613	14462	6885	762	1812
洛阳市 Luoyang	43470	5190	38808	21672	17367	2682	-2170
平顶山市 Pingdingshan	32724	2791	21089	13532	7653	1613	-1422
安阳市 Anyang	32125	2145	17970	5984	6971	-1298	4841
鹤壁市 Hebi	7740	477	3723	2039	2157	579	-1024
新乡市 Xinxiang	16168	1404	12384	6630	4399	1346	977
焦作市 Jiaozuo	25165	1015	14739	7563	5929	1760	2098
濮阳市 Puyang	10656	800	6511	3668	1897	491	898
许昌市 Xuchang	26098	2222	20080	7247	8257	2094	2290
漯河市 Luohe	10866	651	6445	2950	2913	297	734
三门峡市 Sanmenxia	11460	1454	11624	6712	4380	418	210
南阳市 Nanyang	51611	4035	26533	14569	10526	1976	617
商丘市 Shangqiu	20324	1647	14236	6889	4537	526	3032
信阳市 Xinyang	34721	2096	18011	8484	6292	2437	1378
周口市 Zhoukou	19258	989	12173	1762	3249	725	5922
驻马店市 Zhumadian	31738	1256	13579	7264	3260	1021	2399
济源市 Jiyuan	3991	414	3599	2659	1507	307	-798

16–25 限额以上连锁店(公司)单位数(2007年)

Number of Chain Stores (Company) above Designated Size (2007)

单位：个 (unit)

指标名称	Indicators	连锁总店 Head Offices of Chain Store	连锁门店数 Number of Chain Stores	直营店 Under Direct Management	加盟店 Through License Arrangement
总计	**Total**	**243**	**11987**	**5329**	**6658**
批发业	**Wholesale**	**43**	**4950**	**2936**	**2014**
#国有及国有控股	State-owned and State-holding				
百货商店	Department Store				
专业店	Professional Shop	37	4347	2714	1633
便利店	Neighbourhood Market	1	66	1	65
其他	Others	5	537	221	316
零售业	**Retal Trade**	**150**	**6502**	**1999**	**4503**
#国有及国有控股	State-owned and State-holding	23	913	665	248
#外商及港澳台商投资	Funds from Foreign, Hong Kong, Macao and Taiwan	4	25	25	
百货商店	Department Store	19	1240	75	1165
超级市场	Supermarket	39	1295	500	795
专业店	Professional Shop	55	1870	976	894
专卖店	Regie Shop	19	633	286	347
便利店	Neighbourhood Market	10	767	119	648
其他	Others	8	697	43	654
餐饮业	**Catering Services**	**47**	**528**	**388**	**140**
正餐	Restaurant	25	80	54	26
快餐	Snack Counter	20	187	73	114
咖啡店	Cafe	2	261	261	
其他餐饮	Others				
住宿业	**Hotels**	**3**	**7**	**6**	**1**
星级宾馆	State-ranking	3	7	6	1
其他	Others				

16–26 限额以上连锁店(公司)基本情况

Conditions of Enterprises above Designated Size of Chain Stores(Companies)

指标名称	Item	2006 营业面积(平方米) Operational Area(sq.m)	从业人数(人) Employed Persons(person)	床位数(个) Number of Beds(unit)	餐位数(个) Number of Dining-seat(unit)
总计	**Total**	**4243408**	**71761**	**2025**	**21123**
批发业	**Wholesale**	**2341970**	**11901**		
#国有及国有控股	State-owned and State-holding	2230781	8243		
百货商店	Department Store	9050	322		
专业店	Professional Shop	2064110	9618		
便利店	Neighbourhood Market	67180	680		
其他	Others	201630	1281		
零售业	**Retal Trade**	**1775679**	**55207**		
#国有及国有控股	State-owned and State-holding	469002	8075		
#外商及港澳台商投资	Funds from Foreign, Hong Kong, Macao and Taiwan	450	37		
百货商店	Department Store	197335	5627		
超级市场	Supermarket	694815	21044		
专业店	Professional Shop	435317	7531		
专卖店	Regie Shop	133599	7741		
便利店	Neighbourhood Market	203144	8756		
其他	Others	111469	4508		
餐饮业	**Catering Services**	**44559**	**3418**		**18104**
正餐	Restaurant	19390	1156		7418
快餐	Snack Counter	13595	881		7346
咖啡店	Cafe	8784	1031		3170
其他餐饮	Others	2790	350		170
住宿业	**Hotels**	**81200**	**1235**	**2025**	**3019**
星级宾馆	State-ranking	45400	833	565	2765
其他	Others	35800	402	1460	254

指标名称	Item	2007 营业面积(平方米) Operational Area(sq.m)	从业人数(人) Employed Persons(person)	床位数(个) Number of Beds(unit)	餐位数(个) Number of Dining-seat(unit)
总计	**Total**	**7155339**	**83474**	**491**	**39690**
批发业	**Wholesale**	**5224535**	**22446**		
#国有及国有控股	State-owned and State-holding				
百货商店	Department Store				
专业店	Professional Shop	4856990	20617		
便利店	Neighbourhood Market	6200	150		
其他	Others	361345	1679		
零售业	**Retal Trade**	**1789895**	**53287**		
#国有及国有控股	State-owned and State-holding	328950	5826		
#外商及港澳台商投资	Funds from Foreign, Hong Kong, Macao and Taiwan	77890	993		
百货商店	Department Store	241665	5968		
超级市场	Supermarket	894918	23628		
专业店	Professional Shop	433267	10334		
专卖店	Regie Shop	85319	5649		
便利店	Neighbourhood Market	94141	5292		
其他	Others	40585	2416		
餐饮业	**Catering Services**	**94009**	**6966**		**36675**
正餐	Restaurant	49150	2046		16473
快餐	Snack Counter	43159	4828		19873
咖啡店	Cafe	1700	92		329
其他餐饮	Others				
住宿业	**Hotels**	**46900**	**775**	**491**	**3015**
星级宾馆	State-ranking	46900	775	491	3015
其他	Others				

16-27 限额以上连锁店(公司)商品购进和配送情况
Conditions of Purchase and Delivery of Enterprises above Designated Size of Chain Stores(Companies)

单位：万元　　　　(10 000 yuan)

指标名称	Item	2006 商品购进总额 Total Purchases	2006 统一配送商品购进额 Centralized Pruchase and Delivery	2006 自有配送中心配送商品购进额 Self Centralized Purchase and Delivery	2006 非自有配送中心配送商品购进额 Non-self Centralized Purchase and Delivery
总计	**Total**	**3999473**	**3316432**	**2968058**	**348375**
批发业	**Wholesale**	**2441080**	**2168461**	**1962440**	**206021**
#国有及国有控股	State-owned and State-holding	2151643	1898455	1706929	191526
百货商店	Department Store	2451	1350	1350	
专业店	Professional Shop	2332214	2068687	1865861	202826
便利店	Neighbourhood Market	38226	31261	28885	2376
其他	Others	68189	67164	66345	819
零售业	**Retal Trade**	**1535375**	**1129453**	**992692**	**136761**
#国有及国有控股	State-owned and State-holding	566013	417284	378731	38553
#外商及港澳台商投资	Funds from Foreign, Hong Kong, Macao and Taiwan	1633	1633	1633	
百货商店	Department Store	142517	109568	78997	30571
超级市场	Supermarket	343837	238461	211330	27132
专业店	Professional Shop	456953	353585	299220	54365
专卖店	Regie Shop	161856	144063	134437	9627
便利店	Neighbourhood Market	247989	240617	239163	1454
其他	Others	182223	43159	29546	13613
餐饮业	**Catering Services**	**22850**	**18518**	**12926**	**5592**
正餐	Restaurant	4040	245	245	
快餐	Snack Counter	5809	5809	217	5592
咖啡店	Cafe	12464	12464	12464	
其他餐饮	Others	538			
住宿业	**Hotels**	**168**			
星级宾馆	State-ranking				
其他	Others	168			

指标名称	Item	2007 商品购进总额 Total Purchases	2007 统一配送商品购进额 Centralized Pruchase and Delivery	2007 自有配送中心配送商品购进额 Self Centralized Purchase and Delivery	2007 非自有配送中心配送商品购进额 Non-self Centralized Purchase and Delivery
总计	**Total**	**5599396**	**3739691**	**2781044**	**149293**
批发业	**Wholesale**	**3680687**	**2546092**	**1890255**	**64643**
#国有及国有控股	State-owned and State-holding				
百货商店	Department Store				
专业店	Professional Shop	3529027	2411148	1801216	60331
便利店	Neighbourhood Market	9535			
其他	Others	119127	119127	77533	
零售业	**Retal Trade**	**1871309**	**1164351**	**869224**	**78553**
#国有及国有控股	State-owned and State-holding	470042	83950	78640	729
#外商及港澳台商投资	Funds from Foreign, Hong Kong, Macao and Taiwan	219128	215123	215123	
百货商店	Department Store	297939	266673	233878	1230
超级市场	Supermarket	599998	392883	230434	32868
专业店	Professional Shop	713623	330803	287581	23312
专卖店	Regie Shop	170587	135813	99937	14133
便利店	Neighbourhood Market	32533	21212	9261	360
其他	Others	56629	16968	8134	6650
餐饮业	**Catering Services**	**46422**	**29247**	**21565**	**6097**
正餐	Restaurant	8507	1829	1727	102
快餐	Snack Counter	37685	27375	19838	5995
咖啡店	Cafe	230	43		
其他餐饮	Others				
住宿业	**Hotels**	**979**			
星级宾馆	State-ranking	979			
其他	Others				

16-28 限额以上连锁店(公司)商品销售情况
Conditions of Sale of Enterprises above Designated Size of Chain Stores(Companies)

单位：万元 (10 000yuan)

指标名称	Item	2006 商品销售额 Total Sale Value	2006 零售额 Retail Sale	2007 商品销售额 Total Sale Value	2007 零售额 Retail Sale
总计	**Total**	**4727194**	**3083858**	**6005060**	**4604841**
批发业	**Wholesale**	**2773275**	**1588875**	**4240737**	**2980533**
#国有及国有控股	State-owned and State-holding	2465053	1398098		
百货商店	Department Store	1519	819		
专业店	Professional Shop	2662869	1483196	4086684	2894405
便利店	Neighbourhood Market	40627	38471	9953	5918
其他	Others	68260	66390	144101	80210
零售业	**Retal Trade**	**1953919**	**1494983**	**1764323**	**1624308**
#国有及国有控股	State-owned and State-holding	727382	424802	352382	287143
#外商及港澳台商投资	Funds from Foreign, Hong Kong, Macao and Taiwan	1490	1490	225032	225032
百货商店	Department Store	163534	158917	305229	299863
超级市场	Supermarket	347367	331216	568520	557858
专业店	Professional Shop	641112	396906	568917	468472
专卖店	Regie Shop	239227	207107	222142	200594
便利店	Neighbourhood Market	221876	151202	31739	30209
其他	Others	340803	249635	67776	67312

16-29 亿元以上商品交易市场情况(2007年)
Statistics on Commodity Exchange Market of Turnover above 100 million yuan(2007)

类别	Type	摊位数量(个) Number of Booths (Unit)	总成交额(亿元) Total Turnover (100 million yuan)
总计	**Total**	**97746**	**990.39**
食品、饮料、烟酒类	Food,Beverages and Tobacco	25788	277.03
食品类	Food	21040	226.45
#粮油类	Grain,Edible Oil,Fruits,Vegetables	3687	28.12
肉禽蛋类	Meat,Poultry and Eggs	2092	21.38
水产品类	Aquatic Products	1666	40.22
蔬菜类	Vegetables	8666	91.66
干鲜果品类	Dried and Fresh Melons and Fruits	3298	28.62
饮料类	Beverages	2275	23.86
烟酒类	Tobacco and Liquor	2473	26.73
服装、鞋帽、针纺织品类	Garments,Footwears,Hats,Kintwear and Textiles	33214	146.77
服装类	Clothing	18729	82.53
鞋帽类	Shoes and Hats	6498	31.56
针、纺织品类	Knitwear and Textiles	7987	32.68
化妆品类	Cosmetics	2037	18.30
金银珠宝类	Gold,Silver and Fewelry	328	3.32
日用品类	Articles for Daily Use	4454	51.48
#洗涤用品类	Washing Articles	1261	3.79
儿童玩具类	Childern toys	684	4.53
五金、电料类	Hardware and Electrical Materials	2807	41.65
体育、娱乐用品类	Sports & Recreation Articles	998	11.48
书报杂志类)	Newspapers and Magazines	252	0.89
电子出版物及音像制品类	E-journals and Video Products	830	16.10
家用电器和音像器材类	Household Appliances and Video Appliances	1409	30.55
中西药品类	Traditional Chinese and Western Medicines	2793	12.85
#西药类	Western Medicines	124	0.24
中草药及中成药类	Traditional Chinese l Medicines	2628	12.31
文化办公用品类	Cultural and Official Appliances	3490	32.09
家具类	Furniture	1875	27.10
通讯器材类	Communication Appliances	648	9.91
煤炭及制品类	Coal and Related Products	59	0.08
木材及制品类	Wood and Wooden Products	657	15.56
石油及制品类	Petroleum and Related Products	88	1.18
化工材料及制品类	Chemical Materials and Related Products	622	9.48
#化肥类	Fertilizers	276	1.03
金属材料类	Metals Materials	1337	82.01
建筑及装潢材料类	Building and Decoration Materials	6320	67.60
机电产品及设备类	Mechanical & Electrical Products	715	10.81
#农机类	Agricultural Machineries	37	0.13
汽车类	Automobiles	2914	76.27
种子饲料类	Seeds and Feedstuff	101	0.14
棉麻类	Cotton and Hemp	150	7.02
其他类	Others	3860	40.72

主要统计指标解释

社会消费品零售总额　指批发和零售业、住宿和餐饮业、新闻出版业、邮政业和其他服务业等，售予城乡居民用于生活消费的商品和社会集团用于公共消费的商品之总量。社会消费品零售总额包括：

一、批发和零售业企业（单位）：

1.售予城乡居民的各种生活消费品；

2.售予入境旅游的外国人、华侨、港澳台同胞的各类商品；

3.售予行政事业单位、社会团体、军队和武警等机构的商品，以及以零售方式售予各类企业的商品。具体包括：用于非生产和社会交往的办公用品，如通讯设备、计算器具和设备、电讯网络设备、文印设备、音像视听器材和设备、纸张、本册、文具及装订文印材料、家具、日用电器、针纺织品、清洁卫生用品、文体用品、奖品、纪念品、礼品等；供内部人员乘坐的交通工具和燃料；用于办公设施修缮的各类配件、材料、工具等；用于取暖和防暑降温的设备、燃料、材料及食品等；专用于教学的用品和设备；非营利医疗机构的中、西药品、中药材和医疗设备器材；非专用的劳动保护用品；不对外营业的内部食堂用的餐具、炊具、设备、清洁卫生工具和食品、燃料等；军队、武警用于其人员生活的衣着品和个人用品；其他各类非生产性设备和用品。

二、住宿和餐饮业出售的主食、菜肴、烟酒饮料和其他商品。

三、新闻出版业、邮政业售予城乡居民、企事业单位、军队和武警等机构的书报杂志、音像制品、邮品等。

四、其他服务业出售的食品、烟酒饮料、服装鞋帽、日常生活用品、医药保健用品、艺术品、工艺美术品、玩具、殡葬用品以及其他消费品。

批发和零售业商品购、销、存总额　指各种登记注册类型的批发、零售业企业(单位)以本企业(单位)为总体的，从国内、国外市场购进的商品总量，销售和出口的商品总量、库存商品总量等情况。该指标可以反映商品流转过程中商品的购进、销售、库存之间的比例关系和存在的问题。

商品购进总额　指从本企业(单位)以外的单位和个人购进(包括从境外直接进口)作为转卖或加工后转卖的商品总额。它反映批发和零售业从国内、国外市场上购进商品的总量。商品购进总额包括：(1)从工农业生产者购进的商品；(2)从出版社、报社的出版发行部门购进的图书、杂志和报纸；(3)从各种登记注册类型的批发和零售企业(单位)购进的商品；(4)从其他单位购进的商品，如从机关、团体、企业等单位购进的剩余物资，从餐饮业、服务业购进的商品，从海关、市场管理部门购进的缉私和没收的商品，从居民手中收购的废旧商品等；(5)从国(境)外直接进口的商品。不包括企业(单位)为自身经营用和未通过买卖行为而收入的商品以及销售退回、商品升溢等。

商品销售总额　指对本企业(单位)以外的单位和个人出售(包括对境外直接出口)的商品总额。它反映批发和零售业在国内市场上销售商品以及出口商品的总量。商品销售总额包括：(1)售给城乡居民和社会集团消费用的商品；(2)售给工业、农业、建筑业、运输邮电业、批发和零售业、住宿和餐饮业、服务业等作为生产、经营使用的商品；(3)售给批发和零售业作为转卖或加工后转卖的商品；(4)对国(境)外直接出口的商品。不包括出售本企业(单位)自用的废旧包装用品；未通过买卖行为付出的商品；经本单位介绍，由买卖双方直接结算，本单位只收取手续费的业务；购货退出的商品以及商品损耗和损失等。

年末库存总额　指报告期末各种登记注册类型的批发和零售企业(单位)已取得所有权的商品。它反映批发和零售企业(单位)的商品库存情况和对市场商品供应的保证程度。期末库存包括：(1)存放在批发和零售业经营单位(如门市部、批发站、经营处)仓库、货场、货柜和货架中的商品；(2)挑选、整理、包装中的商品；(3)已记入购进而尚未运到本单位的商品，即发货单或银行承兑凭证已到而货未到的部分；(4)寄放他处的商品，如因购货方拒绝承付而暂时存放在购货方的商品和已办完加工成品收回手续而未提回的商品；(5)委托其他单位代销(未作销售或调出)尚未售出的商品；(6)代其他单位购进尚未交付的商品。不包括所有权不属于本单位的商品、拨付除批发和零售业以外的其他行业所属独立核算加工厂等加工生产尚未收回成品的商品、代国家物资储备部门保管的商品等。

库存总额采用的计算价格是：农副产品采购单位按购进价计算；批发单位按进货价计算；零售单位按核算价格计算，即按什么价格核算就按什么价格计算。

住宿和餐饮业经营情况

1．营业额：指住宿和餐饮业法人企业、产业活动单位在经营活动中，因提供服务或销售商品等取得的收入。包括：客房收入、餐费收入、商品销售收入和其他收入。

2．客房收入：指住宿和餐饮法人企业、产业活动单位在经营活动中因提供住宿服务取得的客房收入。

3．餐费收入：指住宿和餐饮法人企业、产业活动单位因为顾客提供就餐服务取得的餐费收入。包括：经烹饪、调制加工后出售的各种食品，如主食、炒菜、凉拌菜等的收入。

4．商品销售收入：指住宿和餐饮法人企业、产业活动单位伴随服务而出售商品所取得的收入。

5．其他收入：指营业收入中除客房收入、餐费收入、商品销售收入以外的其他收入。包括娱乐、健身和商务服务等。

Explanatory Notes on Main Statistical Indicators

Total Retail Sales of Consumer Goods refer to the sum of retail sales of commodities sold by wholesale, retail, catering, publishing, post and telecommunications and other service industries to urban and rural households for private consumption and to social institutions for public consumption. Retail sales of consumer goods include:

1) Sales by wholesale and retail units:

a) of consumer goods sold to urban and rural households

b) of commodities sold to foreigners, overseas Chinese and Chinese compatriots from Hong Kong, Macao and Taiwan visiting in China

c) of commodities sold to government agencies, institutions, social organizations, military and armed police units, and commodities sold to enterprises in the form of retail sales. More specifically, they include: office facilities and articles for non-production purposes such as communications equipment, computing equipment and instruments, TV and network equipment, printing and copying equipment, audio-visual equipment and instruments, paper, notebooks, stationeries, furniture, electric appliances, knitwear, sanitation and cleaning articles, cultural and sport articles, articles for prizes, souvenirs, etc.; transport vehicles and fuels for employees; materials, spare parts and tools for the maintenance of office facilities; equipment, fuels, materials and food for winter heating or summer cooling purposes; articles and equipment for teaching purpose; Chinese and western medicines and medical equipment and facilities purchased by non profit-making medical institutes; non-specialized work safety articles; cooking utensils, tableware, equipment, cleaning articles, food and fuels purchased by internal cafeterias; clothes and personal articles purchased by military or armed police units for their officials and soldiers; and other equipment and articles for non-production purposes.

2) Sales of stable food, cooked dishes, beverages, tobaccos and other articles by catering units.

3) Sales of books, newspapers, magazines, audio-visual products and post products by publishing, post and telecommunications departments to urban and rural households and to enterprises, institutions, military and armed police units.

4) Sales of food, beverages, tobaccos, clothing, hats, footwear, articles for daily use, medicines, medical and health articles, work of art, handicrafts, toys, funeral articles and other articles by other service industries.

Purchase, Sales and Stock of Commodities by Wholesale and Retail Trades refer to the total volume of commodities purchased, total volume of sales and exports, and the stock of commodities by wholesale and retail enterprises (establishments) of different status of registration from domestic and overseas markets. This indictor reflects the relationship among purchase, sales and stock of commodities in the circulation of goods and reveals the existing problems.

Total Purchases of Commodities refer to the total value of purchases of commodities by the enterprises (establishments) from other establishments or individuals (including direct import from abroad) for the purpose of re-selling, either with or without further processing of the commodities purchased. This indicator is used to show the total value of purchases of commodities by wholesale and retail establishments from domestic and overseas markets. The total purchases include: (1) agricultural and industrial products purchased from producers; (2) books, magazines and newspapers purchased from distribution departments of the publishers; (3) commodities purchased from wholesale and retail establishments of different status of registration; (4) commodities purchased from other units, such as surplus materials purchased from government agencies, enterprises or institutions, commodities purchased from catering and service establishments, confiscated goods purchased from customs authorities or market management agencies, second-hand goods and wastes purchased from residents; and (5) commodities directly imported from abroad. Excluded are commodities purchased by enterprises (establishments) for use in their own business operation, commodities obtained without buying or selling procedures, rejected commodities, etc.

Total Sales of Commodities refer to value of commodities sold by the establishments to other establishments and individuals (including direct export). This indicator is used to show the total value of sales of commodities at domestic markets and export. The total sales include: (1) commodities sold to urban and rural residents and social groups for their consumption; (2) commodities sold to establishments in industry, agriculture, construction, transportation, post and telecommunications, wholesale and retail trades, catering trade and public utility for their production and operation; (3) commodities sold to wholesale and retail establishments for re selling, with or without further processing; and (4)commodities for direct export to other countries. Excluded are selling of waste packaging materials used by the establishments (units) themselves, commodities transferred without buying or selling procedures, commission income from brokerage in transactions whose settlement is directly handled by buyers and sellers, rejected commodities in the purchase, loss in commodities, etc.

Commodity Stock of Wholesale and Retail Enterprises refers to total commodities possessed by wholesale and retail enterprises (units) of various types of registration status at the end of the reference period, which reflects the commodity stock level of various wholesale and retail enterprises and the potential for market supply. It includes: (1) commodities located in storage, garages, counters, and shelves of operating units (such as sale stores, wholesale centers, and operating offices) of wholesale and retail enterprises; (2) commodities in the process of selecting, sorting, and packing; (3) commodities not arrived but recorded as purchase in the account, i.e. commodities not arrived but payment receipts for the commodities from the sellers or the banks arrived; (4) commodities deposited in other places rather than places mentioned above, for instance: commodities in the hold of purchasers temporarily due to the refusal of payment and commodities not taken back after going through the formalities; (5) commodities entrusted to other units to sell but not sold yet; (6) commodities purchased for other units but not delivered yet. Commodities not included as stock are those not owned by the enterprises (units), those allocated to financially independent factories rather than wholesale and retail enterprises for processing but not taken back yet, and finally those put in stock by wholesale and retail enterprises on behalf of the state material reserves units.

For the calculation of the value of commodities stock, the value is calculated at purchasing prices in agricultural goods purchasing units and wholesale units, and at the accounting prices in retail units.

Operation of Hotels and Catering Trade

1.Business income: refer to the total turnover of hotels and restaurants that obtain by service offering or commodity sales. It includes room income, catering service income, commodity sales and other income.

2.Room income: refer to the turnover of hotels and restaurants that obtain by offering accommodation service.

3.Catering service income: refer to the turnover of hotels and restaurants that obtain by offering catering service for customers, including sales of various foods which are sold after cooking and processing, such as staple food, cooked dishes, cold and dressed dishes and so on.

4.Commodity sales: refer to the turnover of hotels and restaurants that obtain by selling commodities.

5.Other income: refer to the part of business income except for room income, catering service income and commodity sales, such as entertainment, exercise and commercial service and so on.

对外贸易和旅游
Foreign Trade, Economic Cooperation and Tourism

● 资料整理：张亚珂

【简要说明】

一、主要内容

本篇包括河南对外贸易资料，利用外资资料，对外经济合作和旅游等资料。

二、统计范围

对外贸易统计的范围是全省各进、出口贸易公司和有进出口经营权的生产企业、外商及港澳台商投资企业、科研机构等辖区内全部有进出口经营权的企业；利用外资统计的范围是辖区内全部外商投资企业、港澳台商投资企业和有外商其他投资的单位；对外经济合作统计范围是经各级商务部门批准的从事对外承包和劳务合作业务并具有法人地位的对外承包劳务企业。对外直接投资统计范围是境内投资主体通过直接投资在境外设立的各类公司型企业和非公司型企业。

三、资料来源

对外贸易、外商投资企业的登记注册情况、对外经济合作和对外直接投资资料采用全面调查方法。对外贸易资料1991年及以前年度为有关部门统计数据，1992年及以后为海关进出口统计数字，由郑州海关提供；利用外资资料由河南省商务厅提供，其中，外商投资企业的登记注册情况资料由河南省工商行政管理局提供；对外经济合作资料和对外直接投资资料由河南省商务厅提供。国际、国内旅游收入和国内出游人数等指标采取抽样调查方法，其余指标均为全面调查统计取得。旅游资料由河南省旅游局等有关部门提供。本篇资料由河南省统计局贸易外经处编辑整理。

17-1 历年进出口总额

Total Value of Imports and Exports over the Years

年份 Year	美元(万美元) USD (10 000 dollors) 进出口总额 Total Imports & Exports	出口总额 Total Exports	进口总额 Total Imports	顺差 Balance	人民币(万元) RMB (10 000 yuan) 进出口总额 Total Imports & Exports	出口总额 Total Exports	进口总额 Total Imports	顺差 Balance
1957	1387	1387		1387	3412	3412		3412
1962	1326	1309	17	1292	3262	3220	42	3178
1965	2008	1914	94	1820				
1970	3700	3328	372	2956				
1975	6342	5438	904	4534	11796	10115	1681	8434
1978	11843	10231	1612	8619	19896	17188	2708	14480
1979	15406	13422	1984	11438	23879	20804	3075	17729
1980	22644	20448	2196	18252	33966	30672	3294	27378
1981	28487	24948	3539	21409	42855	37531	5324	32207
1982	28761	25471	3290	22181	54358	48140	6218	41922
1983	30418	27963	2455	25508	60228	55367	4861	50506
1984	38203	34174	4029	30145	89013	79625	9388	70237
1985	44991	36710	8281	28429	167367	136561	30806	105755
1986	50671	45263	5408	39855	188496	168378	20118	148260
1987	74732	65434	9298	56136	278003	243414	34589	208825
1988	84961	75052	9909	65143	316055	279193	36862	242331
1989	98539	81897	16642	65255	335157	304657	30500	274157
1990	100385	86689	13696	72993	481848	416107	65741	350366
1991	121489	104297	17192	87105	643892	552774	91118	461656
1992	116194	81632	34562	47070	633257	444894	188363	256532
1993	131423	75546	55877	19669	756996	435145	321852	113293
1994	163193	102242	60951	41291	1398564	876214	522350	353864
1995	222918	135759	87159	48600	1861365	1133588	727778	405810
1996	196855	124001	72854	51147	1631928	1027968	603960	424009
1997	189699	128663	61036	67627	1572604	1066616	505988	560628
1998	173196	118675	54521	64154	1435795	983816	451979	531837
1999	175044	112889	62155	50734	1449364	934721	514643	420078
2000	227486	149338	78148	71190	1883584	1236519	647065	589453
2001	279256	171548	107708	63840	2311339	1419864	891475	528389
2002	320351	211876	108475	103401	2652506	1754333	898173	856160
2003	471640	298041	173599	124442	3905179	2467779	1437400	1030380
2004	661346	417610	243736	173874	5475945	3457811	2018134	1439677
2005	773604	510093	263511	246582	6265419	4131243	2134176	1997067
2006	979594	663497	316097	347400	7809094	5289240	2519853	2769387
2007	1280493	839145	441347	397798	9803869	6424771	3379098	3045673

本表1991年及以前年度为有关部门统计数据，从1992年开始为海关进出口数据。

a)Data before 1991 were obtained from the Department concerned, and the data since 1992 have been obtained from the customs statistics.

17–2 各种分组的进出口总额

Total Value of Imports and Exports by Group

单位:万美元 (USD 10 000)

项 目	Item	进出口总额 Total Value of Imports and Exports		#出口总额 Exports Trade	
		2006	2007	2006	2007
合 计	**Total**	**979594**	**1280493**	**663497**	**839145**
按贸易方式分	**By trade system**				
一般贸易	General trade	681384	989974	470542	675454
援助物资	Aid material	352	804	340	744
加工贸易	Processing trade	263403	248782	171343	146583
#来料加工贸易	Trade of processing with customer's materials	3584	19415	2221	9697
进料加工贸易	Trade of processing with imported materials	259819	229367	169123	136886
对外承包工程出口	Export of contract foreign projects	19036	13836	19036	13836
三资企业投资设备进口	Import of Machines Invested by Joint-venture、Cooperation with Foreign Investment and Sole Foreign Investment Enterprises	8623	11000		
保税仓库进出境货物	Bonded warehouse	5653	4245	2450	2196
其他贸易方式	Other trade system	1143	11852	-214	332
按注册类型分	**By Registration**				
国有企业	State-owned enterprises	458657	550031	308618	350984
外商投资企业	Foreign Investment	183835	258546	110177	143796
合作	Cooperative Operation	19318	16132	11945	4071
合资	Joint Ventures	134720	179103	76130	100379
独资	Proprietorship	29798	63311	22103	39347
集体企业	Collcetive enterprise	239610	306162	166941	210578
其他企业	Others	97492	165754	77761	133787

17-3 出口总额(2007年)

Total Value of Exports(2007)

单位：万美元 (USD 10 000)

类　　别	Categories of Commodities	进出口总额 Total Imports & Exports	#出口 Exports
总　计	**Total**	**1280493**	**839145**
活动物；动物产品	Live Animals & Animal Products	10580	9490
植物产品	Vegetables; Fruits and Cereals	39318	10169
动、植物油、脂及其分解产品；精制的食用油脂；动、植物蜡	Animal and Vegetable Oils; Fats and Wax; Refined Edible Oils and Fats	1340	976
食品；饮料、酒及醋；烟草及烟草代用品的制品	Food; Beverages; Liquor and Vinegar; Tobacco and Tobacco Substitutes	26755	25889
矿产品	Minerals	157448	17627
化学工业及相关工业的产品	Chemicals and Related Products	125118	91482
塑料及其制品；橡胶及其制品	Plastics and Related Products;Rubber and Related Products	74138	37737
生皮、皮革、毛皮及其制品；鞍具及挽具；旅行用品及其制品	Raw Hides; Leather; Furs and Related Products; Saddle; Travel Articles;Handbags	42549	26275
木及木制品;木炭软木及软木制品；稻草、秸秆、针茅及制品	Wood and Wooden Products; Charcoal; Cork and Related Products; Straws; Plaited Products	7875	7680
木浆及其他纤维状纤维素浆；纸及纸制品	Paper Pulp and Cellulose Pulp; Paper and Waste Paper	11017	3612
纺织原料及纺织制品	Textile Materials and Products	106588	93639
鞋帽伞杖鞭及其零件；已加工的羽毛及其制品人造花人发制品	Footwear; Headgear; Umbrellas; Canes; Whips; Processed Feather; Artificial Flowers; Wigs	72440	61703
石料石膏水泥石棉及类似材料的制品；陶瓷、玻璃及其制品	Gypsum; Cement; Asbestos; Mica; Ceramic Glass and Accessories	26760	25857
天然或养殖珍珠、宝石或半宝石、贵金属及其制品仿首饰、硬币	Natural or Cultivated Pearls; Precious or Semi-Precious Stones; Jewelry of Precious Metal or Rolled Precious Metal; Artificial Jewelry; Coins	27520	27225
贱金属及其制品	Base Metals and Related Products	291185	233229
机器、机械、电气设备及其零件,录音机及电视图象及附件	Machinery ,Mechanism , Electric Equipment Products and Accessories;dictaphone、television image and Accessories	175680	102424
车辆、航空器、船舶及有关运输设备	Locomotives; Vehicles; Aircraft; Ship and Related Transportation Equipment	53554	45035
光学、照相、电影、计量、检验、医疗或外科用仪器及设备和附件	Optical; Photographic; Film; Measuring and Checking and Medical Instruments and Equipment and Accessories	15975	4676
杂项制品	Miscellaneous Manufactured Articles	14599	14378
艺术品、收藏品、及古物	Works of Art,Collection Pieces and Antiques	31	19
特殊交易品及未分类商品	Trading Products Special and Not Otherwise Classified	23	23

17-4 我省向一些国家(地区)进出口总额(2007年)

Total Value of Imports and Exports To Related Countries and Regions(2007)

单位：万美元 (USD 10 000)

国家(地区)名称	Country (Region)	进出口总额 Total Imports & Exports	#出口 Exports
合　计	**Total**	**1280493**	**839145**
亚洲	**Asia**	**566086**	**385946**
日本	Japan	103805	47382
韩国	Corea	85515	73449
香港	Hong Kong, China	72798	62452
印度	India	64389	32226
台湾省	TaiWan	37642	22861
马来西亚	Malaysia	26225	9800
非洲	**Africa**	**65933**	**54431**
南非	South Africa	16260	8696
尼日利亚	Nigeria	9803	9768
欧洲	**Europe**	**262074**	**189734**
德国	Federal Republic of Germany	49021	27896
荷兰	Netherlands	36505	30358
俄罗斯	Russia	30059	18123
比利时	Belgium	23575	19367
意大利	Italy	23530	17529
拉丁美洲	**Latin America**	**100209**	**46525**
巴西	Brazil	34815	11035
秘鲁	Peru	16077	1398
智利	Chile	12954	3931
北美洲	**North America**	**203125**	**148840**
美国	United States	176465	136258
加拿大	Canada	26658	12579
大洋洲	**Oceania**	**83066**	**13669**
澳大利亚	Australia	78976	11674
新西兰	New Zealand	3487	1392

17-5 各市进出口总额

Total Value of Imports and Exports by City

单位：万美元 (USD 10 000)

市	City	2006 进出口总额 Total Imports & Exports	2006 #出口 Exports	2007 进出口总额 Total Imports & Exports	2007 #出口 Exports
全省	**Total**	**979594**	**663497**	**1280493**	**839145**
郑州市	Zhengzhou	245633	174763	317939	218486
开封市	Kaifeng	13541	7561	11581	9212
洛阳市	Luoyang	104061	78075	136815	104614
平顶山市	Pingdingshan	44461	27250	43813	31690
安阳市	Anyang	76858	37413	129799	63003
鹤壁市	Hebi	10005	8863	14120	12217
新乡市	Xinxiang	96896	63231	138354	85745
焦作市	Jiaozuo	96974	59897	120747	74468
濮阳市	Puyang	31743	27174	25747	23552
许昌市	Xuchang	57242	45796	77373	61427
漯河市	Luohe	17183	9804	15767	9051
三门峡市	Sanmenxia	16346	15199	18738	17719
南阳市	Nanyang	40365	33815	59444	49888
商丘市	Shangqiu	10704	9648	10223	6053
信阳市	Xinyang	8701	3854	14817	5231
周口市	Zhoukou	27188	13578	24277	10201
驻马店市	Zhumadian	9581	8067	11485	9456
济源市	Jiyuan	72234	39925	109454	47133

17–6 进出口值分别居前20位商品(2007年)

The 20 Most Import and Export Value Merchandises(2007)

单位：万美元 (USD 10 000)

位次 Seat	进口值居前20位的商品 Import Products	金额 fund	位次 Seat	出口值居前20位的商品 Export Products	金额 fund
	合　计	297161		合　计	332624
1	铅矿砂及其精矿	59730	1	人发制品	50440
2	未锻轧的精炼铜阴极及阴极型材	44727	2	带有螺纹或翅片的精炼铜管，外径≤25mm	34332
3	平均粒度≥0.8mm,<6.3mm未烧结铁矿砂及其精矿	38099	3	车辆用新的充气橡胶轮胎	27389
4	黄大豆	26847	4	纯度≥99.99%未锻造银	17152
5	氧化铝	18305	5	其他热轧铁或非合金钢非卷材，厚>50mm	16465
6	技术分类天然橡胶(TSNR)	17327	6	未锻轧的精炼铅	15965
7	已烧结的铁矿砂及其精矿	17237	7	其他热轧铁或非合金钢非卷材,10<厚≤20mm	15663
8	带毛的绵羊或羔羊生皮	12821	8	其他热轧铁或非合金钢非卷材,20<厚≤50mm	14354
9	经加工的人发及发品材料	10583	9	人造刚玉	14035
10	未梳的棉花	10160	10	柴油机客车，座位≥30座	13925
11	平均粒度≥6.3mm未烧结铁矿砂及其精矿	6150	11	已焙烧的钼矿砂及其精矿	13903
12	锌矿砂及其精矿	5615	12	其他毛皮制品	13887
13	3000≥排量>1000ml车用往复式活塞发	5435	13	钼铁	12751
14	其他主要或专用于装配封装半导体器件和集成电路的设备	4150	14	其他青霉素和有其结构的青霉素衍生物及其盐	11660
15	其他未硫化的初级形状复合橡胶	4068	15	铝合金矩形板、片，厚度超过0.35mm	11637
16	其他车辆用柴油机	3761	16	聚酰胺-6,6纺制的高强力纱	11399
17	未列名具有独立功能的机器及机械器具	3439	17	粘胶纤维单纱,未加捻或捻度每米不超过120转	9944
18	化学木浆、溶解级	3042	18	含铝量低于99.95%未锻轧非合金铝	9764
19	初级形状的偏二氯乙烯聚合物	2872	19	其他矩形截面的半制普通钢铁,C<0.25%	9478
20	己二酸及其盐和酯	2793	20	其他苹果汁	8481

17-7 历年外商和港澳台商直接投资情况

Foreign,Hong Kong, Macao and Taiwan's Direct Investments Over the years

单位：万美元 (USD 10 000)

年份 Year	签订协议(合同) New Agerrment Signed 个数 Number of Projects(unit)	金额 Value	实际利用外资额 Actually Used Investment by forign Enterprise Used	#独资经营 Foreign Investment Enterprises	#合资经营 Joint Ventures Enterprises	#合作经营 Cooperative Operation Enterprises
1985	29	6870	565		541	24
1986	14	2724	605		542	63
1987	31	12562	467	31	244	192
1988	38	1986	6436		6268	168
1989	36	1681	4266	37	4199	30
1990	50	2107	1049	75	708	266
1991	154	12716	3791	294	3214	283
1992	1053	88327	10691	717	9655	319
1993	1727	157768	34197	5190	27338	1669
1994	1011	79168	42488	7168	32008	3312
1995	815	86748	47981	5064	42121	796
1996	478	92166	52566	7543	36831	8192
1997	423	86799	64735	14096	30159	20480
1998	353	57333	61794	6198	36356	19240
1999	264	61832	49527	8185	32317	9025
2000	237	69921	53999	4459	27292	6248
2001	224	62188	35861	9510	20685	5666
2002	290	101964	45165	9860	29592	5713
2003	324	182560	56149	16628	32970	5911
2004	478	205383	87367	39866	36071	11430
2005	472	235176	122960	48312	54698	10267
2006	497	336788	184526	89313	81926	8702
2007	516	483538	306162	150935	97847	18572

17–8 外商和港澳台商在豫直接投资(2007年)

Direct Investment of Foreign, Hong Kong, Macao and Taiwan Businessmen in Henan(2007)

项 目	Item	新签协议 New Agreement Signed 合同个数(个) Number of Contracts (unit)	投资额(万美元) Investments Value (USD 10 000)	实际投资(万美元) Actually Investments (USD 10 000)
总 计	**Total**	**516**	**483538**	**306162**
按登记注册类型分	**By Registration**			
#合资经营	Joint Ventures Enterprises	153	111641	97847
合作经营	Cooperative Operation Enterprises	25	31424	18572
独资	Foreign Investment Enterprises	271	337222	150935
股份有限公司	Foreign Investment Share Enterprises	2	3251	38808
按国民经济行业分	**By Sector**			
#农、林、牧、渔业	Farming, Forestry, Animal Husbandry and Fishery	6	11672	5637
采矿业	Mining	9	2559	43357
制造业	Manufacturing	259	274274	142235
电力、燃气及水的生产和供应业	Production and distribution of electricity,gas and water	14	13908	33490
建筑业	Construction	10	19094	1185
交通运输、仓储及邮政业	Traffic,transport, storage and post	6	13522	5607
信息传输、计算机服务和软件业	Information transfer, computer services and software	5	173	7
批发和零售业	Wholesale and retail trade	17	5946	1052
住宿和餐饮业	Accommodation and Restaurants	15	3926	4171
房地产业	Real estate	40	79160	55089
租赁和商务服务业	Tenancy and business services	114	43291	2455
科学研究、技术服务和地质勘查业	Scientific Research, Technical Service and Geologic Perambulation	10	979	1414
水利、环境和公共设施管理业	Management of Water Conservancy, Environment and Public Establishment	8	16124	9354
居民服务和其他服务业	Resident Services and Other Services	2	-1534	10
按地区、国别分	**by Country or Territory**			
香港	Hong Kong, China	195	276635	166415
澳门	Macao, China	5	1937	2235
台湾	Taiwan	32	18211	11623
日本	Japan	13	2416	2235
新加坡	Singapore	14	18900	13343
德国	Federal Republic of Germany	6	578	7972
美国	United States	47	13614	1897
泰国	Thailand	2	225	2719
意大利	Italy	4	759	2250
澳大利亚	Australia	10	1376	1783
其他	Others	188	148887	93690

17-9 各市外商和港澳台商在豫直接投资金额

Direct Investment of Foreign, Hong Kong, Macao and Taiwan Businessmen in Henan By City

单位：万美元 (USD 10 000)

市	City	新签协议(合同)金额 Value of New Agreement (Contract) Signed		实际利用外资 Foreign Capital Actually Used	
		2006	2007	2006	2007
全省	**Total**	**336788**	**483538**	**184526**	**306162**
郑州市	Zhengzhou	101903	175090	61396	100112
开封市	Kaifeng	15242	25134	3148	5207
洛阳市	Luoyang	35254	53823	21197	63673
平顶山市	Pingdingshan	15893	14998	5809	9090
安阳市	Anyang	9167	12277	4756	7460
鹤壁市	Hebi	9921	11985	3970	5512
新乡市	Xinxiang	20400	37524	10013	12605
焦作市	Jiaozuo	8244	7339	12141	15884
濮阳市	Puyang	9678	3072	4632	6017
许昌市	Xuchang	15204	16404	6508	8817
漯河市	Luohe	15153	32788	9506	17068
三门峡市	Sanmenxia	20678	29589	13824	18706
南阳市	Nanyang	14520	18117	6704	8419
商丘市	Shangqiu	8101	9897	3108	4459
信阳市	Xinyang	11395	8377	4583	6021
周口市	Zhoukou	12843	8647	6015	7273
驻马店市	Zhumadian	10070	14723	4409	5764
济源市	Jiyuan	3122	3754	2807	4075

17-10 外商和港澳台商投资企业(单位)注册登记情况

Registration Status of Foreign , Hong Kong, Macao and Taiwan Funded Enterprises

指标	Item	2000	2002	2005	2006	2007
年底实有企业数(户)	**Number of Registered Enterprise in the Year-end (unit)**	**3004**	**2437**	**2877**	**2813**	**2983**
中外合资	Joint-venture Enterprises	2215	1644	1717	1618	1632
中外合作	Cooperation Enterprises	225	222	292	249	257
外商独资	Enterprises with Sole Foreign Investment	561	567	860	934	1082
中外股份公司	Share-holding Corporations	3	4	8	12	12
投资总额(万美元)	**Total Investments (USD 10 000)**	**1135854**	**1181568**	**2064078**	**2332153**	**2565636**
注册资本(万美元)	**Registered Capital (USD 10 000)**	**733653**	**704018**	**1122871**	**1230015**	**1373872**
#外方	Capital Invested by Foreign Partner	424649	435199	753384	839642	944032
本年登记企业数(户)	**Number of Registered Enterprise in the Year (unit)**	**217**	**248**	**420**	**372**	**286**
中外合资	Joint-venture Enterprises	121	108	212	164	123
中外合作	Cooperation Enterprises	26	39	39	26	20
外商独资	Enterprises with Sole Foreign Investment	69	101	169	182	143
中外股份公司	Share-holding Corporations	1				
本年投资总额(万美元)	**Total Investments in the Year (USD 10 000)**	**116716**	**189964**	**401029**	**342784**	**325687**
本年注册资本(万美元)	**Registered Capital ih the Year(USD 10 000)**	**92915**	**88727**	**201757**	**188428**	**179494**
#外方	Capital Invested Foreign Partner	81293	72562	152789	149556	136931
本年注销企业数(户)	**Number of Logouted Enterprise in the Year (unit)**	**28**	**59**	**30**	**47**	**11**
累计注销企业数(户)	**Total Number of Logouted Enterprise (unit)**	**480**	**586**	**687**	**737**	**749**

17-11 外商和港澳台商投资企业登记注册情况(2007年)

项 目	Item	年末实有企业数(个) Real Number of Enterprises by the end of the year (unit)	#投资总额1000~3000万美元 Total Value of Investment from 10 to 30 million Dollars
总 计	**Total**	**2983**	**382**
按登记注册类型分	**By Registration**		
与外商和港澳台商合资经营	Joint Ventures Enterprises	1632	173
与外商和港澳台商合作经营	Cooperative Operation Enterprises	257	77
外商和港澳台商独资	Foreign Investment Enterprises	1082	126
外商和港澳台商投资股份有限公司	Foreign Investment Share Enterprises	12	6
按国民经济行业分	**By Sector**		
农、林、牧、渔业	Farming, Forestry, Animal Husbandry and Fishery	86	11
采矿业	Mining	37	1
制造业	Manufacturing	2014	209
电力、燃气及水的生产和供应业	Production and distribution of electricity,gas and water	111	43
建筑业	Construction	81	12
交通运输、仓储及邮政业	Traffic,transport, storage and post	24	8
信息传输、计算机服务和软件业	Information transfer, computer services and software	23	
批发和零售业	Wholesale and retail trade	42	6
住宿和餐饮业	Accommodation and Restaurants	70	13
金融业	Finance	1	
房地产业	Real estate	280	49
租赁和商务服务业	Tenancy and business services	65	9
科学研究、技术服务和地质勘查业	Scientific Research, Technical Service and Geologic Perambulation	44	5
水利、环境和公共设施管理业	Management of Water Conservancy, Environment and Public Establishment	17	6
居民服务和其他服务业	Resident Services and Other Services	34	3
教育	Education		
卫生、社会保障和社会福利业	Sanitation, Social Security and Social Welfare	3	
文化、体育和娱乐业	Culture, Sports and Entertainment	26	3
其他各类行业	Other Sectors	25	4
按地区、国别分	**by Country or Territory**		
香港	Hong Kong, China	1224	200
澳门	Macao, China	26	4
台湾	Taiwan	348	13
日本	Japan	125	3
新加坡	Singapore	100	25
德国	Federal Republic of Germany	30	2
美国	United States	349	36
泰国	Thailand	38	6
意大利	Italy	23	2
澳大利亚	Australia	63	
其他	Others	657	91

Registration Status of Foreign , Hong Kong, Macao and Taiwan Funded Enterprises (2007)

#投资总额 3000万美元以上 Total Value of Investment above 30 million Dollars	年末实有企业投资总额（万美元） Realized Investment in the year-end (USD 10 000)	本年登记企业数（个） Registered Enterprises in the year (unit)	本年注册企业投资总额（万美元） Total Value of Investment by Registered Enterprises This Year (USD 10 000)	累计注销企业数（个） Accumulative total of deregistered enterprises (unit)	本年注销企业数（个） Number of Cancelled Enterprises This Year (unit)
144	**2565636**	**286**	**325687**	**749**	**11**
62	1212725	123	115060	637	8
27	412973	20	48634	52	1
50	870201	143	161992	60	2
5	69738				
	27646	4	1017	9	
3	55589	3	1301	6	
65	1209339	165	173887	591	8
27	534749	12	5087	9	
3	51752	8	20317	21	
4	40768	1	635	2	
1	54319	3	166		
3	37624	9	8749	1	
2	51845	3	911	25	
	213			1	
16	261054	27	39864	48	
13	118542	22	63927	5	2
	12833	19	4565	2	1
1	23159	3	2733		
	5683	4	605	12	
				2	
	1210	1	929	3	
	9749			4	
6	69563	2	995	8	
85	1343070	128	213800	365	7
	10050	6	3027	5	
3	85619	18	17284	70	
1	31473	6	1016	27	
5	105154	7	14925	2	
1	16212	3	684	9	
10	221428	32	21638	42	1
3	34727			10	
	8484	3	770	2	
1	13884	6	618	8	
35	695536	77	51925	209	3

17-12 外商和港澳台商在豫直接投资企业经营情况（2007年）

单位：万元

指标	Item	资产总额 Total Assets	所有者权益 Creditors' Equities
合　　计	**Total**	**31718561**	**8530867**
按登记注册类型分	**By Registration**		
港澳台商投资企业	Enterprises with funds from Hong Kong, Macao and Taiwan	20276198	4164547
合资经营	Joint Ventures Enterprises	17644202	3059532
合作经营	Cooperative Operation Enterprises	439968	181060
港澳台商独资	Foreign Investment Enterprises	1599192	614978
股份有限公司	Foreign Investment Share Enterprises	592836	308977
外商投资经济	Enterprises with funds from foreign	11442363	4366320
合资经营	Joint Ventures Enterprises	7374694	2784520
合作经营	Cooperative Operation Enterprises	994612	409989
港澳台商独资	Foreign Investment Enterprises	2668487	968377
股份有限公司	Foreign Investment Share Enterprises	404570	203434
按国民经济行业分组	**By Sector**		
农、林、牧、渔业	Farming, Forestry, Animal Husbandry and Fishery	28494	22040
采矿业	Mining	478651	343895
制造业	Manufacturing	13215135	4943051
电力、燃气及水的生产和供应业	Production and distribution of electricity,gas and water	3718655	1288464
建筑业	Construction	150504	28188
交通运输、仓储及邮政业	Traffic,transport, storage and post	123603	91136
信息传输、计算机服务和软件业	Information transfer, computer services and software	181165	141816
批发和零售业	Wholesale and retail trade	322988	88311
住宿和餐饮业	Accommodation and Restaurants	346603	88029
金融业	Finance	3765	317
房地产业	Real estate	12976726	1397868
租赁和商务服务业	Tenancy and business services	79734	40438
科学研究、技术服务和地质勘查业	Scientific Research, Technical Service and Geologic Perambulation	801	746
水利、环境和公共设施管理业	Management of Water Conservancy, Environment and Public Establishment	69229	44238
居民服务和其他服务业	Resident Services and Other Services	18619	11023
教育	Education	305	241
卫生、社会保障和社会福利业	Sanitation, Social Security and Social Welfare	2472	1724
文化、体育和娱乐业	Culture, Sports and Entertainment	1116	-657
按地区、国别分	**by Country or Territory**		
香　　港	Hong Kong, China	20870793	4478862
日　　本	Japan	977834	363288
澳　　门	Macao, China	166945	10141
新 加 坡	Singapore	676909	241138
韩　　国	Corea	899254	167350
泰　　国	Thailand	170730	69012
英　　国	England	1854723	973636
加 拿 大	Canada	489072	191373
美　　国	United States	1660246	519162
澳大利亚	Australia	160734	57095
其　　他	Others	3791321	1459810

Business Status of Enterprises Directly Invest in Henan from Foreign, Hong Kong, Macao and Taiwan (2007)

(10 000 yuan)

主营业务收入 Revenue from Principal Business	主营业务成本 Cost of Pricipal Business	主营业务利润 Profits of Pricipal Business	营业利润 Profits of Business	利润总额 Total Profits	期末从业人员(人) Employed Persons (person)
16861415	**13832280**	**2912851**	**1745343**	**1718457**	**337081**
7168909	5810631	1309314	830027	838366	140933
5438380	4460911	946966	659476	663832	94858
188272	118203	64296	14733	14887	7437
862268	623184	230011	120263	125224	29388
679989	608333	68041	35555	34423	9250
9692506	8021649	1603538	915316	880091	196148
6375362	5250991	1082014	676320	627898	101271
620550	497534	120498	71629	70992	10255
2422243	2069325	330888	130559	145779	26440
274351	203799	70138	36808	35422	58182
9463	4752	4710	2042	2070	328
542725	388315	151753	130441	130855	4194
13455553	11267904	2126785	1342264	1333817	284514
1543294	1289388	251987	126152	116973	21183
28232	22628	4798	-1556	-1673	1683
82724	48489	29260	7842	8891	2383
157870	46239	106998	70234	69149	1103
411359	362712	48267	29159	28650	3778
105837	28222	72043	-3389	-4479	9956
			-334	-334	2
466138	335161	98426	40107	32168	4819
5750	177	5267	-102	-92	462
302	230	49	14	14	89
20350	16914	2929	-51	-53	578
30019	20126	8870	2687	2672	1829
82	48	34	19	19	32
1421	867	512	-112	-116	83
296	108	163	-74	-74	65
6937547	5615760	1271826	758057	772526	177641
875371	733441	123149	73024	74947	17295
10841	4939	5430	-2154	-1383	1141
954877	824636	127996	77992	66812	11318
1051393	1124839	-73684	-178831	-179501	5989
240527	209490	27536	9929	9895	4655
1618187	1127908	488932	424348	423913	17821
518601	409445	102518	70707	76940	7340
926668	738546	173572	74954	59780	22056
259301	230694	28538	19993	22933	4252
3468102	2812582	637038	417324	391595	67573

17-13 外商和港澳台商投资企业登记注册情况(2007年)

Registration Status of Foreign , Hong Kong, Macao and Taiwan Funded Enterprises (2007)

市 City	年末实有企业数(个) Real Number of Enterprises by the end of the year (unit)	#投资总额1000~3000万美元 Total Value of Investment from 10 to 30 million Dollars	#投资总额3000万美元以上 Total Value of Investment above 30 million Dollars	年末实有企业投资总额(万美元) Realized Investment in the year-end (USD 10 000)	本年登记企业数(个) Registered Enterprises in the year (unit)	本年注册企业投资总额(万美元) Total Value of Investment by Registered Enterprises This Year (USD 10 000)	累计注销企业数(个) Accumulative total of deregistered enterprises (unit)	本年注销企业数(个) Number of Cancelled Enterprises This Year (unit)
全　省 Total	**2983**	**382**	**144**	**2565636**	**1373872**	**286**	**749**	**11**
河南省(省级) Provincial	**383**	**43**	**35**	**652154**	**331844**		**72**	
郑州市 Zhengzhou	662	90	30	500243	283961	83	244	5
开封市 Kaifeng	143	17	9	84928	60594	18	7	
洛阳市 Luoyang	197	29	16	215400	114220	30	49	2
平顶山市 Pingdingshan	127	9	7	163118	60748	5	5	
安阳市 Anyang	74	16	4	80510	40013	15	7	
鹤壁市 Hebi	76	4	2	35798	23707	6	2	
新乡市 Xinxiang	193	30	4	109002	61241	25	14	3
焦作市 Jiaozuo	166	20	9	142338	75835	12	50	
濮阳市 Puyang	103	17	1	49249	33564	9	126	1
许昌市 Xuchang	108	12	1	45966	26959	15	11	
漯河市 Luohe	126	8	6	82699	45241	4	14	
三门峡市 Sanmenxia	37	3	6	86381	35195	3	12	
南阳市 Nanyang	262	31	5	112783	63600	20	13	
商丘市 Shangqiu	53	6	2	28228	15528	8	7	
信阳市 Xinyang	71	11	3	64530	35601	11	1	
周口市 Zhoukou	84	18	2	54446	33209	6	115	
驻马店市 Zhumadian	99	11	1	39381	23732	12		
济源市 Jiyuan	19	7	1	18481	9079	4		

17-14 对外国和港澳台地区投资

Investment to Foreign, Hong Kong, Macao and Taiwan

项　目	Item	2000	2002	2005	2006	2007
新签协议(合同)个数(个)	Number of New Agreements (Contracts) Signed (unit)	9	6	33	37	35
中方新签协议(合同)投资额(万美元)	Investments of New Agreement (Contract) Signed by China (USD 10 000)	1118	23	3491	4793	14454
中方实际投资(万美元)	Actually Investments by China (USD 10 000)	350	23	7800	8666	3516
年末已建成投产(开业)企业数(个)	Number of Business Completed and Put into Use in the Year-end (unit)	117	71	157	160	200

注：中方实际投资额从2003年始包括民营企业和个体户对外国和港澳台地区投资。

a)Actually Investments by China Include civil enterprises and individual enterprises Investment since 2003.

17-15 对外承包工程和劳务合作

Contracted Projects and Labor Cooperation with Foreign Countries or Regions

指　标	Item	2000	2002	2005	2006	2007
签订合同数(个)	Number of Contracts Signed (unit)	175	88	171	162	180
签订合同金额(万美元)	Contracted Value (USD 10 000)	22445	32125	65855	88079	104179
营业额(万美元)	Value of Business (USD 10 000)	10870	15358	49929	78217	100345
派出人员(人次)	Person Send Abroad (person-times)	8562	4180	10496	24699	18852
年底在外人员(人)	Number of Abroad Person at Year-end (person)	11857	12663	15807	22306	28360

17-16 旅游事业基本情况

Basic Condition of International Tourism

项　目	Item	2000	2002	2005	2006	2007
旅游设施	**Tourist Facilities**					
饭店(个)	Number of Tourist Hotel (unit)	197	310	360	455	492
床位(张)	Number of Bed (unit)	37000	73125	102911	115403	105120
接待入境游客人数(人次)	**Number of International Tourists Received (person-times)**	**325018**	**410120**	**600529**	**757401**	**880885**
外国人	Foreigners	182134	254453	347329	453997	555640
香港同胞	Compatriots from Hongkong	40714	61127	102984	120836	136455
澳门同胞	Compatriots from Macao	24711	21944	46489	53671	46740
台湾同胞	Compatriots from Taiwan	77459	72596	103727	128897	142050
旅游创汇收入(万美元)	**Income of International Tourists Received (USD 10 000)**	**12390**	**14549**	**21604**	**27376**	**31801**

注：1.本表接待国际旅游者人数包括不过夜人数(下表同)。
2.接待国际旅游者收入为旅游部门抽样调查数。3.2005年开始饭店和床位为星级饭店年报数据。

a)Number of international tourists received before 1999 exclude persons who didn't stay for night.but They were included after 2000 (The following table is the same).

b)Data on the income of international tourists received are obtained from sample surry by tourism administration.

c)Numbers of Hotels and Beds were Obtained from Stara-Ranked Hotels Annual Report since 2005.

17–17 各市入境旅游情况(2007年)

Basic Condition of International Tourism by City (2007)

市 City	星级饭店数 (个) Total Number of Star-rated Hotel (unit)	接待入境游客人数 (人次) Number of International Tourists Received (person-times)	旅游创汇收入 (万美元) Income of International Tourists Received (USD 10 000)
全省 Total	**492**	**880885**	**31801**
郑州市 Zhengzhou	117	261887	10884
开封市 Kaifeng	29	126508	3023
洛阳市 Luoyang	62	261995	9537
平顶山市 Pingdingshan	26	5861	230
安阳市 Anyang	26	30109	759
鹤壁市 Hebi	8	4201	129
新乡市 Xinxiang	22	7318	194
焦作市 Jiaozuo	26	98581	4293
濮阳市 Puyang	16	13200	517
许昌市 Xuchang	17	5314	141
漯河市 Luohe	9	4084	177
三门峡市 Sanmenxia	23	27386	652
南阳市 Nanyang	37	8205	425
商丘市 Shangqiu	12	5888	132
信阳市 Xinyang	19	3093	186
周口市 Zhoukou	11	8300	232
驻马店市 Zhumadian	23	4500	183
济源市 Jiyuan	9	5900	132

17-18 接待国内游客人数和收入

Number and Income of Civil Tourists Received

本表为抽样调查数。
Date in this table are obtained from the Sample Survey.

项 目	Item	2006	省内游客 Local Tourists	省外游客 Non-local Tourists	2007	省内游客 Local Tourists	省外游客 Non-local Tourists
接待国内游客人数（万人次）	Number of Civil Tourists Received (10 000 person-times)	13063	7551	5512	17003	9862	7141
#一日游	Number of One Day Tour	1654	968	686	3147	1825	1322
接待国内游客收入（亿元）	Income of Civil Tourists Received (100 million yuan)	1018	588	430	1327	770	557

17-19 各市国内旅游基本情况（2007年）

Basic statistics of internal-tour by City (2007)

市	City	总人次数(万人次) Number of person-time (10 000 person-times)	总花费(亿元) Total Cost (100 million yuan)	人均花费(元) Per capita Cost (yuan)
全 省	**Total**	**17003**	**1327**	**1003**
郑 州 市	Zhengzhou	3951	303	1036
开 封 市	Kaifeng	1184	87	1149
洛 阳 市	Luoyang	2231	187	1127
平 顶 山 市	Pingdingshan	536	35	880
安 阳 市	Anyang	850	58	1008
鹤 壁 市	Hebi	233	14	881
新 乡 市	Xinxiang	650	38	979
焦 作 市	Jiaozuo	1118	69	1016
濮 阳 市	Puyang	473	30	874
许 昌 市	Xuchang	374	19	783
漯 河 市	Luohe	245	14	889
三 门 峡 市	Sanmenxia	823	48	878
南 阳 市	Nanyang	776	49	1089
商 丘 市	Shangqiu	443	26	946
信 阳 市	Xinyang	754	35	909
周 口 市	Zhoukou	399	26	903
驻 马 店 市	Zhumadian	504	28	939
济 源 市	Jiyuan	128	9	862

主要统计指标解释

进出口总额 海关进出口总额指实际进出我国国境的货物总金额。包括对外贸易实际进出口货物，来料加工装配进出口货物，国家间、联合国及国际组织无偿援助物资和赠送品，华侨、港澳台同胞和外籍华人捐赠品，租赁期满归承租人所有的租赁货物，进料加工进出口货物，边境地方贸易及边境地区小额贸易进出口货物(边民互市贸易除外)，中外合资企业、中外合作经营企业、外商独资经营企业进出口货物和公用物品，到、离岸价格在规定限额以上的进出口货样和广告品(无商业价值、无使用价值和免费提供出口的除外)，从保税仓库提取在中国境内销售的进口货物，以及其他进出口货物。进出口总额用以观察一个国家在对外贸易方面的总规模。我国规定出口货物按离岸价格统计，进口货物按到岸价格统计。

利用外资 指我国各级政府、部门、企业和其他经济组织通过对外借款、吸收外商直接投资以及用其他方式筹措的境外现汇、设备、技术等。

外商直接投资 指外国企业和经济组织或个人(包括华侨、港澳台胞以及我国在境外注册的企业)按我国有关政策、法规，用现汇、实物、技术等在我国境内开办外商独资企业、与我国境内的企业或经济组织共同举办中外合资经营企业、合作经营企业或合作开发资源的投资(包括外商投资收益的再投资)，以及经政府有关部门批准的项目投资总额内企业从境外借入的资金。

外商其他投资 指除对外借款和外商直接投资以外的各种利用外资的形式。包括企业在境内外股票市场公开发行的以外币计价的股票（目前主要是在香港证券市场发行的H股和在境内证券市场发行的B股）发行价总额，国际租赁进口设备的应付款，补偿贸易中外商提供的进口设备、技术、物料的价款，加工装配贸易中外商提供的进口设备、物料的价款。

对外承包工程 指各对外承包公司以招标议标承包方式承揽的下列业务：⑴承包国外工程建设项目，⑵承包我国对外经援项目，⑶承包我国驻外机构的工程建设项目，⑷承包我国境内利用外资进行建设的工程项目，⑸与外国承包公司合营或联合承包工程项目时我国公司分包部分，⑹对外承包兼营的房屋开发业务。对外承包工程的营业额是以货币表现的本期内完成的对外承包工程的工作量，包括以前年度签订的合同和本年度新签订的合同在报告期内完成的工作量。

对外劳务合作 指以收取工资的形式向业主或承包商提供技术和劳动服务的活动。我国对外承包公司在境外开办的合营企业，中国公司同时又提供劳务的，其劳务部分也纳入劳务合作统计。劳务合作营业额按报告期内向雇主提交的结算数(包括工资、加班费和奖金等)统计。

旅游人数

(1)入境旅游人数：指报告期内来我国观光、度假、探亲访友、就医疗养、购物、参加会议或从事经济、文化、体育、宗教活动的外国人、港澳台同胞等入境游客。统计时，外国人、港澳台同胞每入境一次统计1人次。

(2)出境人数：指中国（大陆）居民因公或因私出境前往其他国家、中国香港特别行政区、澳门特别行政区和台湾省观光、度假、探亲访友、就医疗养、购物、参加会议或从事经济、文化、体育、宗教活动的人数，即出境游客。统计时，按每出境一次统计1人次。

(3)国内旅游人数：指在报告期内在中国（大陆）观光游览、度假、探亲访友、就医疗养、购物、参加会议或从事经济、文化、体育、宗教活动的中国（大陆）居民人数，其出游的目的不是通过所从事的活动谋取报酬。统计时，国内游客按每出游一次统计1人次。

国际旅游(外汇)收入 指入境游客在中国（大陆）境内旅行、游览过程中用于交通、参观游览、住宿、餐饮、购物、娱乐等全部花费。

国内旅游收入 指国内游客在国内旅行、游览过程中用于交通、参观游览、住宿、餐饮、购物、娱乐等全部花费。

星级饭店 指设备、设施、服务符合《旅游饭店星级的划分与评定》(GB/T14308-2003)，通过相关旅游管理部门评定，并取得星级饭店称号的饭店（含预备星级饭店）。

Explanatory Notes on Main Statistical Indicators

Total Imports and Exports at Customs refer to the value of commodities imported into and exported from the boundary of China. They include the actual imports and exports through foreign trade, imported and exported goods under the processing and assembling trades and materials, supplies and gifts as aid given gratis between governments and by the United Nations and other international organizations, and contributions donated by overseas Chinese, compatriots in Hong Kong and Macao and Chinese with foreign citizenship, leasing commodities owned by tenant at the expiration of leasing period, the imported and exported commodities processed with imported materials, commodities trading in border areas(excluding mutual exchange goods), the imported and exported commodities and articles for public use of the Sino-foreign joint ventures, cooperative enterprises and ventures exclusively with foreign own investment. Also included are import or export of samples and advertising goods for whose CIF or FOB value are beyond the permitted ceiling (excluding goods of no trading or use value and free commodities for export), imported goods sold in China from bonded warehouses and other imported or exported goods. The indicator of the total imports and exports at customs can be used to observe the total size of external trade in a country. In accordance with the stipulation of the Chinese government, imports are calculated at CIF, while exports are calculated at FOB

Utilization of Foreign Capital refers to remittance, equipment and technology financed from abroad, by loans, foreign direct investment and other forms undertaken by the Chinese governments at all levels, by various departments, enterprises and other economic units.

Direct Investment by Foreign Entrepreneurs refers to the investments inside China by foreign enterprises and economic organizations or individuals (including overseas Chinese, compatriots from Hong Kong and Macao, and Chinese enterprises registered abroad), following the relevant policies and laws of China, for the establishment of ventures exclusively with foreign own investment, Sino-foreign joint ventures and cooperative enterprises or for co-operative exploration of resources with enterprises or economic organizations in China. It includes the re investment of the foreign entrepreneurs with the profits gained from the investment and the funds that enterprises borrow from abroad in the total investment of projects which are approved by the relevant department of the government.

Other Investment by Foreign Entrepreneurs refers to all forms of utilization of foreign capitals other than foreign borrowings and foreign direct investment. It includes the total value of stock shares in foreign currencies issued by enterprises at domestic or foreign stock exchanges (now mainly consisting of H shares issued at Hong Kong Security Market and B shares issued at domestic security markets), rent payable for the imported equipment through international leasing arrangement, cost of imported equipment, technology and materials provided by foreign counterparts in compensation trade and processing and assembly trade.

Contracted Projects with Foreign Countries refer to projects undertaken by Chinese contractors (project contracting companies) through bidding process. They include: (1) overseas civil engineering construction projects financed by foreign investors; (2) overseas projects financed by the Chinese government through its foreign aid programs; (3) construction projects of Chinese diplomatic missions, trade offices and other institutions stationed abroad; (4) construction projects in China financed by foreign investment; (5)sub-contracted projects to be taken by Chinese contractors through a joint umbrella project with foreign contractor's); (6)housing development projects. The business income from international contracted projects is the work volume of contracted projects completed during the reference period, expressed in monetary terms, including completed work on projects signed in previous years.

Service Cooperation with Foreign Countries refers to the activities of providing technology and labor services to employers or contractors in the forms of receiving salaries and wages. Labor services providing by contractual joint ventures of Chinese international contracting corporations should be included in the statistics of service co-operation with foreign countries. The business income of labor service co-operation is the income in the form of wages and salaries, overtime pay, bonuses and other remuneration received from the employers during the reference period.

Number of Tourists

(1) Visitor arrivals refer to the number of foreigners, Chinese compatriots from Hong Kong, Macao and Taiwan Chinese (mainland) who come to China (mainland) for sight-seeing, vacation, visiting relatives, medical treatment, shopping, attending conference, or to engage in economic, cultural, sports and religious activities. In compiling statistics, each time of entering China is counted as one person-time.

(2) Number of Chinese residents going abroad refer to the number of Chinese (mainland) residents going to other countries, Hong Kong Special Administrative region, Macao Special Administrative region and Taiwan for on official or private purposes, for sight-seeing, vacation, visiting relatives, medical treatment, shopping, attending conference, or to engage in economic, cultural, sports and religious activities. In compiling statistics, each time of leaving is counted as one person-time.

(3) Number of domestic tourists refers to the number Of Chinese (mainland) residents who travel within China (mainland) for sight-seeing, vacation, visiting relatives, medical treatment, shopping, attending conference, or to engage in economic, cultural, sports and religious activities. In compiling statistics, each time of traveling is counted as one person-time.

Foreign Exchange Earnings from International Tourism refer to the total expenditure of foreigners, overseas Chinese, Chinese compatriots from Hong Kong, Macao and Taiwan during their stay in the mainland of China on transportation, sighting, accommodation, food, shopping and entertainment.,

Income from Domestic Tourism refer to expenditure of domestic tourists on transportation, sighting, accommodation, food, shopping and entertainment while they travel.

Star-rated Hotels refer to hotels rated with stars as assessed by the relevant tourism authorities according to GB/T14308-2003 standard with reference to their infrastructure, facilities and service levels.

金融业
Financial Intermediation

● 资料整理：张树琼

【简要说明】

一、主要内容

本篇包括金融机构、证券业、保险业和国债发行情况资料。

二、资料来源

金融机构和国债发行情况资料来源于中国人民银行郑州中心支行。证券业资料来源于河南证监局。保险业资料来源于河南保监局。本篇资料由河南省统计局国民经济核算处编辑整理。

18-1 历年金融机构和保险业主要指标

Main Indicators of Banking and Insurance over the Years

单位：亿元 (100million yuan)

年 份 Year	各项存款年底余额 Total Saving Deposit Balance	#企业存款 Deposits by Enterprises	各项贷款年底余额 Total Loan Balance	#工业贷款 Industrial Loans	#商业贷款 Commercial Loans	#农业贷款 Agricultural Loans	城乡居民储蓄存款年底余额 Urban and Rural Savings Deposits	#城镇居民 Urban Savings Deposits	保险公司保费收入 Premium Income of Insarance Companies	保险公司赔款及给付 Claim & Payment of Insarance Companies
1978	45.71	12.26	99.99	31.15	60.47	8.37	9.81	6.24		
1979	52.00	14.15	108.14	34.78	64.05	9.31	12.97	8.32		
1980	57.77	17.51	125.01	38.09	74.74	7.83	19.44	11.83		
1981	68.45	19.10	146.42	44.05	89.25	7.75	26.90	15.54		
1982	74.08	21.96	153.73	47.06	90.37	8.35	32.83	19.49		
1983	88.10	26.47	174.83	49.21	106.88	7.72	45.59	25.94		
1984	136.84	53.38	229.88	64.53	127.15	9.72	64.35	36.37		
1985	146.42	59.13	284.91	73.25	155.77	17.78	84.23	49.56		
1986	184.66	69.64	350.21	98.17	176.67	22.47	115.03	69.70		
1987	231.71	85.54	392.32	115.10	190.21	14.80	167.88	103.91		
1988	270.67	92.01	447.99	130.78	212.11	18.60	209.33	137.45		
1989	329.01	88.79	511.90	155.03	237.68	23.37	276.34	193.73		
1990	593.96	120.86	773.04	201.27	295.80	88.42	376.12	270.07	6.57	3.18
1991	754.03	149.68	945.90	229.13	359.13	110.77	484.84	351.85	8.47	4.49
1992	936.04	204.60	1127.26	263.22	409.43	126.07	595.39	446.76	13.65	5.46
1993	1143.66	275.80	1366.98	310.27	438.17	103.00	766.57	594.46	18.48	7.55
1994	1602.95	381.45	1704.82	351.26	550.16	127.03	1085.80	836.07	21.03	11.89
1995	2131.69	524.66	2170.17	417.29	658.84	168.56	1456.35	1116.74	25.57	11.47
1996	2707.65	700.86	2665.41	503.51	807.27	220.84	1855.28	1416.87	26.87	15.23
1997	3271.76	861.43	3320.89	672.28	1018.44	287.63	2243.00	1687.32	34.84	16.02
1998	3772.51	907.25	3878.53	732.31	1011.79	410.57	2657.23	1997.48	44.92	17.78
1999	4198.10	990.69	4179.51	753.71	1175.41	465.47	2940.08	2239.62	47.89	15.83
2000	4753.41	1207.41	4356.94	729.39	1120.63	500.67	3182.08	2373.86	55.77	17.30
2001	5530.16	1398.27	4885.73	789.73	1212.11	572.58	3634.50	2746.66	69.57	21.85
2002	6451.59	1566.27	5553.58	922.12	1185.53	682.47	4202.57	3218.22	126.22	22.68
2003	7618.03	1827.48	6422.66	1091.07	1135.91	805.13	4919.09	3796.30	162.98	27.53
2004	8631.79	1988.23	7092.31	1124.86	1124.22	939.80	5607.30	4338.79	202.05	33.84
2005	10003.96	2138.70	7434.53	943.16	1036.49	1062.96	6488.55	5000.44	213.55	38.16
2006	11492.55	2584.95	8567.33	1229.51	1156.17	1167.14	7367.37	5627.71	252.31	50.98
2007	12576.42	3012.85	9545.48	1356.31	1289.11	1285.26	7812.24	5849.02	323.56	100.88

注：1. 各项存款、贷款年底余额1989年及以前为国家银行口径，1990年以后为金融机构口径。

2. 城乡居民储蓄存款年底余额1986年以前为国家银行口径，1986-1989年含城市、农村信用社，1990年开始为金融机构口径。

a)The balance of various Deposits and loans before 1998 is measured by statistics of state-owned banks,otherwise,after 1990,it is evaluated by datum from financial institutions.

b)The balance of Urban and rural saving deposits is measured by statistics of state-owned banks before 1986, between 1986 to 1989,it includes both rural and urban credit cooperatives,but after 1989, it is evaluated by datum from financial institations.

18-2 金融机构信贷收支情况(年底数)

Deposits and Loans of Financial Institutions (Year-end)

单位：亿元 (100 million yuan)

项　目	Item	2000	2005	2006	2007
资金来源总计	**Funds Sources**	**4531.20**	**10143.15**	**11350.12**	**11509.31**
各项存款	Total Deposits	4753.41	10003.96	11492.55	12576.42
企业存款	Deposits by Enterprises	1207.41	2138.7	2584.95	3012.85
财政存款	Fiscal Deposits	46.58	130.97	170.69	229.57
机关团体部队存款	Deposits of Government Departments, Organizations and Army	63.30	245.07	300.16	374.99
储蓄存款	Savings Deposits	3182.08	6488.55	7367.37	7812.24
农业存款	Agricultural Deposits	61.19	137.22	189.22	260.55
委托存款	Consignment Deposits	-6.89	10.39	13.52	55.01
其他存款	Other Deposits	199.74	853.06	866.64	831.21
应付及暂收款	Account Payable and Deposit Received		147.26	194.80	286.36
同业往来	Interbanks Account		49.46	50.72	152.67
各项准备	Reserves		109.03	148.68	189.86
所有者权益	Creditors' Equity	-143.29	57.62	89.93	307.20
其他	Others	-78.92	-224.18	-626.56	-2003.20
资金运用总计	**All Uses**	**4531.20**	**10143.15**	**11350.12**	**11509.31**
各项贷款	Loans	4356.94	7434.53	8567.33	9545.48
短期贷款	Short-term Loan	3114.58	4088.16	4731.54	5213.08
工业贷款	Industrial Loans	729.39	943.16	1229.51	1356.31
商业贷款	Commercial Loans	1120.63	1036.49	1156.17	1289.11
建筑业贷款	Construction Loans	28.53	57.31	77.74	69.33
农业贷款	Agricultural Loans	500.67	1062.96	1167.14	1285.26
乡镇企业贷款	Loans to Township Enterprises	288.50	315.82	212.67	222.23
三资企业贷款	Loans to Sino-foreign Joint Venture and Cooperative Enterprises and Foreign-funded Enterprises	52.42	37.56	40.19	30.01
私营企业及个体贷款	Loans to Private Enterprises and Individuals	12.55	23.39	32.12	39.38
其他短期贷款	Other Call Loan	381.89	611.47	816.00	921.45
中长期贷款	Medium-term & Long-term Loans	1057.50	2736.63	3259.9	3800.96
委托贷款	Consignment Loans	13.05	4.98	5.92	33.16
其他贷款	Others	171.08	604.76	569.97	498.28
有价证券及投资	Securities & Investment	71.42	269.5	355.94	412.18
应收及预付款	Account Receivable and Payment Collected in Advance		87.37	85.08	74.35
外汇占款	Purchase of Foreign Exchanges	0.52	0.93	1.90	2.18
其他	Others	102.32	2350.82	2339.87	1475.12

18-3 各市金融机构存款年底余额

Deposits of Financial Institutions by City

单位：亿元 (100million yuan)

市	City	2006	#企业存款 Deposits of Enterprises	#财政存款 Treasury Deposits	#农业存款 Agricultural Deposits	2007	#企业存款 Deposits of Enterprises	#财政存款 Treasury Deposits	#农业存款 Agricultural Deposits
郑州市	Zhengzhou	3559.94	1223.85	43.99	44.34	3938.18	1519.12	81.68	60.88
开封市	Kaifeng	359.01	53.32	3.99	2.21	384.43	55.21	5.06	4.57
洛阳市	Luoyang	1058.91	246.68	14.75	20.79	1164.89	296.99	17.41	24.93
平顶山市	Pingdingshan	598.35	136.92	15.11	23.27	647.14	125.16	13.08	28.17
安阳市	Anyang	574.72	97.75	7.43	11.98	627.84	112.38	10.28	16.07
鹤壁市	Hebi	157.90	30.36	6.64	3.73	171.50	31.81	7.18	4.41
新乡市	Xinxiang	619.17	106.15	8.51	14.31	652.59	112.78	8.71	16.88
焦作市	Jiaozuo	448.78	86.10	7.04	5.05	462.69	86.00	4.86	7.66
濮阳市	Puyang	341.40	49.22	6.25	1.92	364.03	60.41	9.25	1.87
许昌市	Xuchang	404.75	61.20	4.52	5.53	439.34	74.04	6.79	7.73
漯河市	Luohe	231.35	42.20	1.80	1.76	237.37	47.39	1.43	2.35
三门峡市	Sanmenxia	317.64	62.35	5.19	4.98	354.57	66.19	10.19	7.37
南阳市	Nanyang	720.16	115.47	10.62	17.22	786.98	114.71	10.82	28.21
商丘市	Shangqiu	453.83	45.88	10.79	5.59	502.84	57.12	12.46	8.70
信阳市	Xinyang	526.62	69.03	6.26	9.61	608.97	85.15	10.09	15.50
周口市	Zhoukou	506.78	42.16	5.34	5.38	558.40	55.35	4.15	7.64
驻马店市	Zhumadian	480.09	55.68	12.01	6.78	551.38	67.35	15.62	12.35
济源市	Jiyuan	86.50	14.19	0.46	4.78	92.11	13.93	1.06	5.26

18-4 各市金融机构贷款年底余额

Loans of Financial Institution by City

单位：亿元 (100million yuan)

市	City	2006	#工业贷款 Industrial Loans	#商业贷款 Commercial Loans	#农业贷款 Agricultural Loans	2007	#工业贷款 Industrial Loans	#商业贷款 Commercial Loans	#农业贷款 Agricultural Loans
郑州市	Zhengzhou	2722.86	426.81	148.39	108.89	2939.90	494.84	199.65	113.68
开封市	Kaifeng	229.48	15.15	70.41	27.72	249.11	15.55	69.57	29.41
洛阳市	Luoyang	547.91	132.27	36.31	57.74	614.82	146.97	34.24	72.72
平顶山市	Pingdingshan	333.00	49.11	32.23	65.39	406.29	51.56	36.40	76.38
安阳市	Anyang	331.91	62.29	48.98	82.54	389.34	71.47	62.32	91.53
鹤壁市	Hebi	117.71	14.44	19.09	34.98	143.88	17.91	24.68	36.92
新乡市	Xinxiang	414.68	64.03	71.25	79.13	460.97	74.02	73.27	86.68
焦作市	Jiaozuo	300.56	49.13	38.26	60.91	334.18	51.07	46.14	76.53
濮阳市	Puyang	177.26	23.22	40.16	26.55	176.31	23.30	38.79	29.01
许昌市	Xuchang	303.39	88.42	57.74	53.76	351.14	91.77	60.87	60.68
漯河市	Luohe	220.28	38.43	54.73	32.31	231.14	28.08	66.23	39.27
三门峡市	Sanmenxia	198.82	50.92	16.55	40.69	215.29	46.80	17.59	44.89
南阳市	Nanyang	495.01	64.22	101.20	158.08	565.51	67.07	110.88	163.96
商丘市	Shangqiu	352.77	36.58	121.23	80.01	411.34	43.27	116.32	84.00
信阳市	Xinyang	313.95	21.53	65.24	84.99	359.27	24.52	80.39	89.92
周口市	Zhoukou	410.90	55.16	136.97	87.55	455.88	56.32	144.78	98.76
驻马店市	Zhumadian	292.47	21.24	93.01	73.22	333.87	25.21	102.92	78.11
济源市	Jiyuan	63.31	16.55	4.43	12.69	80.99	26.65	4.34	14.52

18-5 国有独资商业银行信贷收支情况(年底数)

Deposits and Loans of State-Owned Commercial Banks (Year-end)

单位：亿元 (100million yuan)

项　　目	Item	2006 绝对数 Absolute Value	2006 比重(%) Proportion (%)	2007 绝对数 Absolute Value	2007 比重(%) Proportion (%)
资金来源总计	**All Sources**	**6029.75**	**100.0**	**6483.26**	**100.0**
各项存款	Deposits	5743.17	95.2	6004.93	92.6
企业存款	Deposits of Enterprises	1349.69	22.4	1543.43	23.8
储蓄存款	Savings Deposits	3781.58	62.7	3820.21	58.9
农业存款	Agricultural Deposits	1.42		1.26	
其他存款	Other Deposits	610.49	10.1	640.03	9.9
应付及暂收款	Account Payable and Deposit Received	90.81	1.5	139.35	2.1
同业往来	Interbanks Account	114.65	1.9	214.23	3.3
各项准备	Reserves	85.98	1.4	95.90	1.5
所有者权益	Creditors' Equity	-137.80		-5.80	
其他	Others	132.94	2.2	34.65	0.5
资金运用总计	**All Uses**	**6029.75**	**100.0**	**6483.26**	**100.0**
各项贷款	Loans	3480.76	57.7	3732.19	57.6
短期贷款	Short-term Loans	1395.62	23.1	1469.84	22.7
工业贷款	Industrial Loans	792.35	13.1	859.72	13.3
商业贷款	Commercial Loans	160.98	2.7	167.42	2.6
建筑业贷款	Construction Loans	32.79	0.5	25.90	0.4
农业贷款	Agricultural Loans	66.99	1.1	63.08	1.0
三资企业贷款	Loans to Sino-foreign Joint Venture and Cooperative Enterprises and Foreign-funded Enterprises	30.75	0.5	22.67	0.3
私营企业及个体贷款	Loans to Private Enterprises and Individuals	8.57	0.1	4.45	0.1
其他短期贷款	Other Short-term Loans	303.19	5.0	326.60	5.0
中长期贷款	Medium-term & Long-term Loans	1724.55	28.6	1955.12	30.2
其他贷款	Others	360.59	6.0	307.23	4.7
有价证券及投资	Securities & Investment	39.62	0.7	68.57	1.1
存放中央银行准备金存款	Reserve Deposits Leaving in Central Bank	69.61	1.2	74.05	1.1
库存现金	Storage Cash	38.27	0.6	51.75	0.8
外汇占款	Purchase of Foreign Exchanges	1.42		1.48	
其他	Others	2400.07	39.8	2555.22	39.4

18–6 股份制商业银行信贷收支情况(年底数)

Deposits and Loans of Stock-holding System Commercial Banks(Year-end)

单位：亿元 (100million yuan)

项　目	Item	2006 绝对数 Absolute Value	2006 比重(%) Proportion (%)	2007 绝对数 Absolute Value	2007 比重(%) Proportion (%)
资金来源总计	**All Sources**	**1719.62**	**100.0**	**1998.67**	**100.0**
各项存款	Deposits	1578.27	91.8	1758.22	88.0
企业存款	Deposits of Enterprises	751.17	43.7	912.42	45.7
储蓄存款	Savings Deposits	414.55	24.1	458.11	22.9
农业存款	Agricultural Deposits	0.35		0.14	
其他存款	Other Deposits	412.20	24.0	387.55	19.4
应付及暂收款	Account Payable and Deposit Received	18.31	1.1	27.59	1.4
同业往来	Interbanks Account	27.01	1.6	58.50	2.9
各项准备	Reserves	17.46	1.0	24.88	1.2
所有者权益	Creditors' Equity	17.38	1.0	26.01	1.3
其他	Others	61.19	3.6	103.47	5.2
资金运用总计	**All Uses**	**1719.62**	**100.0**	**1998.67**	**100.0**
各项贷款	Loans	1245.72	72.4	1404.65	70.3
短期贷款	Short-term Loans	626.12	36.4	698.76	35.0
工业贷款	Industrial Loans	318.49	18.5	362.4	18.1
商业贷款	Commercial Loans	30.44	1.8	32.56	1.6
建筑业贷款	Construction Loans	19.97	1.2	22.87	1.1
农业贷款	Agricultural Loans	0.64		1.24	0.1
三资企业贷款	Loans to Sino-foreign Joint Venture and Cooperative Enterprises and Foreign-funded Enterprises	8.40	0.5	6.88	0.3
私营企业及个体贷款	Loans to Private Enterprises and Individuals	2.59	0.2	7.32	0.4
其他短期贷款	Other Short-term Loans	245.59	14.3	265.49	13.3
中长期贷款	Medium-term & Long-term Loans	522.83	30.4	662.69	33.2
其他贷款	Others	96.77	5.6	43.20	2.2
有价证券及投资	Securities & Investment	51.17	3.0	48.83	2.4
存放中央银行准备金存款	Reserve Deposits Leaving in Central Bank	53.88	3.1	69.54	3.5
库存现金	Storage Cash	7.61	0.4	13.27	0.7
外汇占款	Purchase of Foreign Exchanges	0.46		0.21	
其他	Others	360.78	21.0	462.17	23.1

18-7 城市商业银行信贷收支情况(年底数)

Deposits and Loans of Urban Commercial Banks (Year-end)

单位：亿元 (100million yuan)

项目	Item	2006 绝对数 Absolute Value	2006 比重(%) Proportion (%)	2007 绝对数 Absolute Value	2007 比重(%) Proportion (%)
资金来源总计	**All Sources**	**629.70**	**100.0**	**799.64**	**100.0**
各项存款	Deposits	601.90	95.6	734.87	91.9
企业存款	Deposits of Enterprises	234.63	37.3	307.83	38.5
储蓄存款	Savings Deposits	280.95	44.6	321.20	40.2
农业存款	Agricultural Deposits	1.00	0.2	0.88	0.1
其他存款	Other Deposits	85.32	13.5	104.96	13.1
应付及暂收款	Account Payable and Deposit Received	10.07	1.6	15.87	2.0
同业往来	Interbanks Account	9.24	1.5	4.86	0.6
各项准备	Reserves	8.98	1.4	12.42	1.6
所有者权益	Creditors' Equity	38.95	6.2	46.56	5.8
其他	Others	-39.44		-14.94	
资金运用总计	**All Uses**	**629.70**	**100.0**	**799.64**	**100.0**
各项贷款	Loans	373.93	59.4	457.68	57.2
短期贷款	Short-term Loans	188.32	29.9	226.68	28.3
工业贷款	Industrial Loans	61.07	9.7	79.89	10.0
商业贷款	Commercial Loans	38.92	6.2	36.77	4.6
建筑业贷款	Construction Loans	16.43	2.6	13.02	1.6
农业贷款	Agricultural Loans	0.30		0.42	0.1
乡镇企事业贷款	Loans to Township Enterprises	0.18		0.25	
三资企业贷款	Loans to Sino-foreign Joint Venture and Cooperative Enterprises and Foreign-funded Enterprises	1.01	0.2	0.47	0.1
私营企业及个体贷款	Loans to Private Enterprises and Individuals	4.97	0.8	9.55	1.2
其他短期贷款	Other Short-term Loans	65.44	10.4	86.31	10.8
中长期贷款	Medium-term & Long-term Loans	120.31	19.1	146.78	18.4
其他贷款	Others	65.30	10.4	84.22	10.5
有价证券及投资	Securities & Investment	136.20	21.6	167.42	20.9
存放中央银行准备金存款	Reserve Deposits Leaving in Central Bank	88.36	14.0	146.69	18.3
库存现金	Storage Cash	4.56	0.7	7.43	0.9
其他	Others	26.65	4.2	20.42	2.6

18-8 城市信用社信贷收支情况（年底数）

Deposits and Loans of Urban Credit Cooperatives (Year-end)

单位：亿元 (100million yuan)

项　　目	Item	2006 绝对数 Absolute Value	2006 比重(%) Proportion (%)	2007 绝对数 Absolute Value	2007 比重(%) Proportion (%)
资金来源总计	**All Sources**	**358.82**	**100.0**	**364.36**	**100.0**
各项存款	Deposits	336.42	93.8	338.99	93.0
企业存款	Deposits of Enterprises	84.00	23.4	90.78	24.9
储蓄存款	Savings Deposits	223.15	62.2	221.64	60.8
农业存款	Agricultural Deposits	0.05		0.06	
其他存款	Other Deposits	29.22	8.1	26.51	7.3
应付及暂收款	Account Payable and Deposit Received	9.89	2.8	10.56	2.9
向中央银行借款	Borrow Money from Central Bank	2.98	0.8	2.59	0.7
同业往来	Interbanks account	0.34	0.1	6.61	1.8
各项准备	reserves	4.51	1.3	6.95	1.9
所有者权益	Creditors' Equity	10.86	3.0	17.50	4.8
其他	Others	-6.18		-18.84	
资金运用总计	**All Uses**	**358.82**	**100.0**	**364.36**	**100.0**
各项贷款	Loans	221.50	61.7	220.35	60.5
短期贷款	Short-term Loans	131.46	36.6	130.78	35.9
工业贷款	Industrial Loans	51.71	14.4	44.28	12.2
商业贷款	Commercial Loans	14.81	4.1	13.80	3.8
建筑业贷款	Construction Loans	7.77	2.2	6.75	1.9
农业贷款	Agricultural Loans	0.05		0.07	
乡镇企业贷款	Loans to Township Enterprises	0.66	0.2	0.66	0.2
三资企业贷款	Loans to Sino-foreign Joint Venture and Cooperative Enterprises and Foreign-funded Enterprises	0.03			
私营企业及个体贷款	Loans to Private Enterprises and Individuals	8.28	2.3	9.92	2.7
其他短期贷款	Other Short-term Loans	48.15	13.4	55.30	15.2
中长期贷款	Medium-term & Long-term Loans	66.04	18.4	64.82	17.8
其他贷款	Overdue Loans	24.00	6.7	24.75	6.8
有价证券及投资	Securities and Investment	44.65	12.4	31.32	8.6
存放中央银行准备金存款	Reserve Deposits Leaving in Central Bank	53.18	14.8	75.25	20.7
库存现金	Storage Cash	2.43	0.7	3.64	1.0
其他	Others	37.06	10.3	33.80	9.3

18–9 农村信用社信贷收支情况(年底数)

Deposits and Loans of Rural Credit Cooperatives (Year-end)

单位：亿元 (100million yuan)

项 目	Item	2006		2007	
		绝对数 Absolute Value	比重(%) Proportion (%)	绝对数 Absolute Value	比重(%) Proportion (%)
资金来源总计	**All Sources**	**1994.48**	**100.0**	**2410.81**	**100.0**
各项存款	Deposits	2023.30	101.4	2325.38	96.5
企业存款	Deposits of Enterprises	65.14	3.3	54.23	2.2
储蓄存款	Savings Deposits	1739.66	87.2	1963.22	81.4
农业存款	Agricultural Deposits	186.40	9.3	258.21	10.7
其他存款	Other Deposits	32.10	1.6	49.72	2.1
应付及暂收款	Account Payable and Deposit Received	56.58	2.8	73.38	3.0
向中央银行借款	Borrow Money from Central Bank	76.20	3.8	31.68	1.3
同业往来	Interbanks account	58.58	2.9	44.54	1.8
各项准备	Reserves	29.88	1.5	48.79	2.0
所有者权益	Creditors' Equity	116.50	5.8	169.71	7.0
其他	Others	-366.56		-282.67	
资金运用总计	**All Uses**	**1994.48**	**100.0**	**2410.81**	**100.0**
各项贷款	Loans	1521.37	76.3	1720.87	71.4
短期贷款	Short-term Loans	1409.13	70.7	1539.55	63.9
#农业贷款	Agricultural Loans	1099.17	55.1	1217.28	50.5
乡镇企业贷款	Loans to Township Enterprises	211.83	10.6	221.32	9.2
中长期贷款	Medium-term & Long-term Loans	91.11	4.6	143.27	5.9
其他贷款	Others	21.13	1.1	38.05	1.6
有价证券及投资	Securities & Investment	80.86	4.1	87.91	3.6
存放中央银行准备金存款	Reserve Deposits Leaving in Central Bank	219.21	11.0	370.24	15.4
同业往来	Intercourse between Banks	110.53	5.5	131.27	5.4
库存现金	Storage Cash	33.45	1.7	37.50	1.6
其他	Others	29.06	1.5	63.02	2.6

18-10 信托投资公司信贷收支情况(年底数)

Deposits and Loans of Financial Trust Investment Agencies (Year-end)

单位：亿元 (100million yuan)

项　目	Item	2006		2007	
		绝对数 Absolute Value	比重(%) Proportion (%)	绝对数 Absolute Value	比重(%) Proportion (%)
资金来源总计	**All Sources**	**11.83**	**100.0**	**12.64**	**100.0**
各项存款	Deposits	3.30	27.9	0.80	6.3
应付及暂收款	Account Payable and Deposit Received	1.03	8.7	1.67	13.2
各项准备	Reserves	1.51	12.8	0.53	4.2
所有者权益	Creditors' Equity	10.18	86.1	12.06	95.4
其他	Others	-4.19		-2.42	
资金运用总计	**All Uses**	**11.83**	**100.0**	**12.64**	**100.0**
各项贷款	Loans	5.01	42.3	2.78	22.0
委托贷款	Commission Loans	1.43	12.1		
信托贷款	Credit Loans				
抵押贷款	Mortgage Loans	0.11	0.9	0.07	0.6
融资租赁	Circulating Funds Tenancy	0.01	0.1		
其他贷款	Other Loans	3.46	29.2	2.71	21.4
投资	Investment	5.31	44.9	7.65	60.5
外汇占款	Purchase of Foreign Exchanges	0.02	0.2	0.40	3.2
其他	Others	1.49	12.6	1.81	14.3

18-11　金融机构现金收支情况

Cash Receipts and Expenditure of Financial Institutions

单位：亿元　　(100million yuan)

项　目	Item	2006	2007
收入合计	**Total Income**	**37491.52**	**46771.61**
商品销售收入	Income from Commodity Sales	2656.55	2705.95
服务业收入	Income from Service Trade	1146.67	1212.61
行政税费收入	Income from administration Taxes	163.46	231.67
城乡个体经营收入	Income from Urban and Rural Individual Business	999.97	1177.14
储蓄存款收入	Income from Savings Deposits	29392.18	37155.44
其他金融性公司收入	Income from Other Financial Company	103.63	82.33
居民归还贷款收入	Income from Repayment of Loans by Residents	850.38	985.16
汇兑收入	Income from Remittances	257.38	578.16
有价证券及其他投资性收入	Income from Securities and other Investment Income	38.48	38.16
其他收入	Other Income	1882.82	2604.98
支出合计	**Total Expenditure**	**37302.15**	**46450.20**
工资性及个人其他支出	Wages and Individual other Expenditure	1181.79	1278.50
农副产品采购支出	Purchases of Agricultural and Sideline Products	995.74	1005.26
工矿及其他产品采购支出	Purchases of Industrial and Mineral Products	732.48	811.59
行政企业管理与经营费支出	Government and Enterprises Management and running Expenditur	1229.08	1396.66
城乡个体经营支出	Expenditure for Individual Business	1418.68	1595.84
储蓄存款支出	Expenditure for Savings Deposits	28666.95	36257.44
其他金融性公司支出	Expenditure for Other Financial Company	85.31	126.67
居民提取贷款支出	Expenditure for Loans by Residents	898.32	976.75
汇兑支出	Expenditure for Remittances	215.68	522.12
有价证券支出	Expenditure for Securities	22.99	35.89
其他支出	Other Expenditure	1855.14	2443.48
投放(+)、回笼(-)	**Monetary Issues(+) Cash Withdrawn(-)**	**-189.37**	**-321.41**

18-12 城乡居民储蓄存款年底余额
Residents' Saving Deposits of Financial Institutions in Urban and Rural Areas(Year-end)

单位：亿元　　(100million yuan)

项　目	Item	2006		2007	
		绝对数 Absolute Value	比重(%) Proportion (%)	绝对数 Absolute Value	比重(%) Proportion (%)
总 计	**Total**	**7367.37**	**100.0**	**7812.24**	**100.0**
#定期储蓄	Fixed Deposits	5007.95	68.0	5059.95	64.8
城镇居民储蓄	Saving Deposits of Urban Residents	5627.71	76.4	5849.02	74.9
#定期储蓄	Fixed Deposits	3705.32	50.3	3617.93	46.3
农村居民储蓄	Saving Deposits of Rural Residents	1739.66	23.6	1963.22	25.1
#定期储蓄	Fixed Deposits	1302.63	17.7	1442.02	18.5

18−13 各市城乡居民储蓄存款年底余额
Residents' Saving Deposits of Financial Institutions in Urban and Rural Areas by City(Year-end)

单位：亿元　　(100million yuan)

市	City	2006	定期 Fixed Deposits	活期 Current Deposits	2007	定期 Fixed Deposits	活期 Current Deposits
郑州市	Zhengzhou	1620.72	1052.48	568.25	1658.71	985.02	673.69
开封市	Kaifeng	279.74	189.26	90.48	292.89	188.98	103.91
洛阳市	Luoyang	665.02	452.41	212.61	695.02	446.86	248.16
平顶山市	Pingdingshan	380.25	229.88	150.37	425.13	249.98	175.15
安阳市	Anyang	419.19	308.74	110.45	442.69	311.73	130.96
鹤壁市	Hebi	110.03	70.12	39.91	116.88	75.97	40.91
新乡市	Xinxiang	435.46	304.55	130.91	452.54	306.80	145.74
焦作市	Jiaozuo	308.93	227.06	81.88	321.27	227.11	94.16
濮阳市	Puyang	269.94	190.69	79.24	274.39	186.68	87.71
许昌市	Xuchang	296.47	200.84	95.63	319.06	208.21	110.85
漯河市	Luohe	168.39	119.24	49.15	170.42	114.80	55.62
三门峡市	Sanmenxia	227.61	152.04	75.57	246.59	156.38	90.21
南阳市	Nanyang	532.87	365.09	167.78	578.50	384.00	194.50
商丘市	Shangqiu	352.66	217.93	134.72	387.98	229.06	158.92
信阳市	Xinyang	416.63	307.54	109.09	469.65	339.69	129.96
周口市	Zhoukou	437.89	302.96	134.94	471.46	313.46	158.00
驻马店市	Zhumadian	383.83	282.88	100.95	425.21	302.92	122.29
济源市	Jiyuan	61.71	35.22	26.49	63.86	33.32	30.54

18-14 各市凭证式国库券发行情况

Issuance of National Debt by City

单位：万元 (10 000 yuan)

市 City	2000	2001	2002	2003	2004	2005	2006	2007
全　　省 Total	**485000**	**365700**	**328900**	**439978**	**514630**	**460969**	**538669**	**432787**
郑　州　市 Zhengzhou	160330	126160	135264	224993	206636	190559	182749	162122
开　封　市 Kaifeng	23266	9500	10504	37050	13973	18625	27500	16700
洛　阳　市 Luoyang	79250	70300	54341	38227	89702	68155	75090	58420
平 顶 山 市 Pingdingshan	21000	11150	16462	17582	14178	13410	19250	14140
安　阳　市 Anyang	30500	12100	8690	13265	12260	16682	17830	16130
鹤　壁　市 Hebi	2880	1950	2202	2780	7927	3360	10290	8150
新　乡　市 Xinxiang	30737	18800	13078	15875	18342	24089	29550	18060
焦　作　市 Jiaozuo	25021	12800	9850	9925	10306	11699	16850	17180
濮　阳　市 Puyang	35300	37820	24566	17095	50250	35975	55380	23460
许　昌　市 Xuchang	14600	9100	8741	8660	12519	10770	12620	11040
漯　河　市 Luohe	3296	1550	1665	2940	5505	6080	10170	8760
三 门 峡 市 Sanmenxia	11710	9900	8560	7555	14262	9690	10460	9255
南　阳　市 Nanyang	8000	12870	7924	7422	11686	17220	21990	19320
商　丘　市 Shangqiu	6515	3100	2829	3851	5700	4505	8290	10600
信　阳　市 Xinyang	8275	9250	8932	11688	13515	9900	14650	12400
周　口　市 Zhoukou	8800	7050	5197	4720	6783	5575	9970	11200
驻 马 店 市 Zhumadian	11600	8250	6754	13600	16955	9125	10170	10270
济　源　市 Jiyuan	3920	4050	3341	2750	4131	5550	5860	5580

18-15 证券市场情况

Basic Statistics on Securities Market

指　标	Item	2006	2007
年末河南A股上市公司数量(家)	Number of Henan Listed Companies in A Share Market at the Year-end(unit)	33	36
#本年上市公司数量	Number of Listed Companies for this Year	2	3
年末河南H股上市公司数量(家)	Number of Henan Listed Companies in H Share Market at the Year-end(unit)	6	8
#本年上市公司数量	Number of Listed Companied for this Year	1	2
本年A股发行、配股募集资金(亿元)	Capital Avaliable from Issuing and Alloting of A Share (100 million yuan)	37.50	21.20
年末A股上市公司流通股市价总值(亿元)	Total Negotiable Market Capotalization of Companies Listed in A Share Market at the Year-edn(100 million yuan)	460.20	3397.79
股票成交量(亿元)	Total Stock Turnover (100 million yuan)	4208.00	23028.52
证券交易印花税(亿元)	Stamp Taxes of Stock Trade (100 million yuan)	4	38
投资者开户数(万户)	Total Investors (10 000 households)	149.46	239.10
#机构	Institutions	0.08	0.17
个人	Individuals	149.38	238.93
证券营业部个数(个)	Number of Business Departments of Security Companies (unit)	68	74
#外省证券公司设本省营业部	Number of Local Business Departments of Security Companies from Strange Provinces	52	53

18–16 河南A股股票发行情况(1993–2007年)
Issuance of A Shares(1993-2007)

股票名称 Name of Stocks	证券代码 Code of Stocks	发行日期 Issued Time	发行数量(万股) Total Issued Capital (10 000 shares)	发行价格(元/股) Issued Prices (yuan/share)	募集资金(万元) Collected Capitalization (10 000yuan)	实际募集资金(万元) Actual Capitalization Collected (10 000yuan)
中原环保	000544	1993-10-25	4500	3.50	15750	15075
神马实业	600810	1993-11-03	4950	4.68	23166	23166
洛阳玻璃	600876	1995-09-28	5000	5.03	25150	23900
焦作万方	000612	1996-09-09	3201	6.80	21767	21127
ST冰熊	600753	1996-09-16	2000	5.18	10360	9760
思达高科	000676	1996-12-03	1250	5.20	6500	6000
许继电气	000400	1997-04-02	5000	9.24	46200	44700
银鸽投资	600069	1997-04-16	4000	4.62	18480	17810
宇通客车	600066	1997-04-23	3500	9.75	34125	33075
郑州煤电	600121	1997-10-28	8000	5.50	44000	42520
豫能控股	001896	1997-11-10	8000	3.36	26880	25920
莲花味精	600186	1998-06-15	10000	7.01	70100	68000
S双汇	000895	1998-09-16	5000	6.24	31200	30046
黄河旋风	600172	1998-10-19	4000	6.40	25600	24721
S*ST春都	000885	1998-12-02	6000	7.08	42480	40980
安彩高科	600207	1999-06-21	18000	7.20	129600	127623
神火股份	000933	1999-07-23	7000	7.50	52500	51170
太龙药业	600222	1999-08-13	3500	6.52	22820	21823
新乡化纤	000949	1999-08-18	7500	7.80	58500	56752
中原油气	000956	1999-09-10	17000	4.89	83130	80580
羚锐股份	600285	2000-09-14	4000	8.30	33200	32030
天方药业	600253	2000-12-06	6000	7.75	46500	44820
平高电气	600312	2001-01-15	6000	12.45	74700	72787
安阳钢铁	600569	2001-08-01	27500	6.80	187000	182925
中孚实业	600595	2002-06-12	5000	8.30	41500	39939
豫光金铅	600531	2002-07-15	4500	7.34	33030	31502
瑞贝卡	600439	2003-06-25	2400	10.40	24960	23956
中原高速	600020	2003-07-24	28000	6.36	178080	172754
风神股份	600469	2003-09-29	7500	4.30	32250	30533
华兰生物	002007	2004-06-10	2200	15.74	34628	32985
轴研科技	002046	2005-5-11	2500	6.39	15975	14784
平煤天安	601666	2006-11-08	37000	8.16	301920	294892
新野纺织	002087	2006-11-17	8000	5.19	41520	38821
恒星科技	002132	2007-04-13	4100	8.00	32800	30200
中航光电	002179	2007-10-18	3000	16.19	48570	46231
利达光电	002189	2007-11-15	5000	5.10	25500	23512

18-17 保险业务情况

Major Indicators of Insurance Business

单位：万元 (10 000 yuan)

项　　目	Item	2005	2006	2007
保费收入	**Premium Income**	**2135505**	**2523106**	**3235621**
财产保险	Property Insurance	368970	476181	647687
#机动车辆险	Motor Vehicle Insurance	289504	399160	538271
企业财产险	Enterprise Property Insurance	46168	41440	52030
家庭财产险	Family Property Insurance	5255	3810	1916
人寿保险	Life Insurance	1766535	2046925	2587934
寿险	Life Insurance	1595658	1854461	2386260
健康险	Health Insurance	120218	133789	132658
意外伤害险	Accident Insurance	50659	58675	69015
赔款及给付	**Claim and Payment**	**381601**	**509782**	**1008777**
财产保险	Property Insurance	204400	231549	338994
#机动车辆险	Motor Vehicle Insurance	158417	189390	289728
企业财产险	Enterprise Property Insurance	25731	23945	28708
家庭财产险	Family Property Insurance	535	396	536
人寿保险	Life Insurance	177201	278233	669783
寿险	Life Insurance	104526	197318	600394
健康险	Health Insurance	55398	60553	44116
意外伤害险	Accident Insurance	17278	20362	25273

18-18 各市国内保险业务主要指标(2007年)

Major Indicators of Domestic Insurance Business by City(2007)

单位：万元 (10 000 yuan)

市 City	保费收入 Premium Income	财产保险 Property Insurance	#机动车辆险 Motor Vehicle Insurance	#企业财产险 Enterprise Property Insurance	#家庭财产险 Family Property Insurance	人寿保险 Life Insurance	寿险 Life Insurance	健康险 Health Insurance	意外伤害险 Accident Insurance
郑州市 Zhengzhou	607660	179498	142975	16617	22	428162	377960	37887	12315
开封市 Kaifeng	102885	18576	15133	767	101	84308	78416	4108	1784
洛阳市 Luoyang	285229	61546	49848	5240	227	223683	208618	11827	3238
平顶山市 Pingdingshan	147390	33179	25919	3030	207	114211	106704	4710	2797
安阳市 Anyang	171943	34247	27779	2962	81	137697	128887	6250	2560
鹤壁市 Hebi	45673	9560	7577	640	58	36113	34418	997	697
新乡市 Xinxiang	167879	34233	27292	2321	145	133646	123751	7346	2549
焦作市 Jiaozuo	172321	32692	25579	2809	160	139629	130492	6702	2435
濮阳市 Puyang	137009	26464	22662	1079	119	110545	105053	3804	1688
许昌市 Xuchang	140613	35918	30809	1733	127	104695	99880	2842	1973
漯河市 Luohe	77741	15319	11447	1236	113	62422	59106	2496	820
三门峡市 Sanmenxia	89969	18189	14315	1735	83	71780	67340	3023	1416
南阳市 Nanyang	210095	44536	33515	4757	236	165559	152859	8716	3984
商丘市 Shangqiu	121681	27724	23441	1098	118	93958	89747	2374	1836
信阳市 Xinyang	154705	28470	24301	1107	44	126235	121227	3159	1849
周口市 Zhoukou	142191	34838	29494	1385	22	107353	102207	3426	1720
驻马店市 Zhumadian	126993	25571	20570	1400	41	101422	96571	2886	1965
济源市 Jiyuan	309336	3226	2214	539	0	306110	285463	17874	2774

市 City	赔款及给付 Claim and Payment	财产保险 Property Insurance	#机动车辆险 Motor Vehicle Insurance	#企业财产险 Enterprise Property Insurance	#家庭财产险 Family Property Insurance	人寿保险 Life Insurance	寿险 Life Insurance	健康险 Health Insurance	意外伤害险 Accident Insurance
郑州市 Zhengzhou	174898	84022	68753	6271	56	90876	76438	10823	3615
开封市 Kaifeng	35819	9572	8053	227	37	26247	24030	1713	504
洛阳市 Luoyang	112804	29597	25353	2109	49	83207	76419	5498	1290
平顶山市 Pingdingshan	55317	17675	14904	1227	45	37642	35378	1376	887
安阳市 Anyang	85130	19367	16337	1208	27	65763	62931	1818	1014
鹤壁市 Hebi	20922	5038	4168	180	10	15883	15008	624	252
新乡市 Xinxiang	63174	16688	13918	1234	26	46485	43918	1978	590
焦作市 Jiaozuo	58083	20661	16550	2282	44	37422	34313	2471	638
濮阳市 Puyang	46295	14537	11263	2170	19	31758	30033	942	782
许昌市 Xuchang	43395	21176	18908	870	25	22218	20594	953	672
漯河市 Luohe	25495	9336	6010	1839	15	16159	15029	874	257
三门峡市 Sanmenxia	31275	12053	9056	2094	75	19221	17188	1458	575
南阳市 Nanyang	77998	22592	18319	2385	37	55407	50376	3801	1229
商丘市 Shangqiu	45796	14433	12335	1019	16	31364	29578	1033	753
信阳市 Xinyang	43561	17175	15486	638	21	26386	21840	3917	630
周口市 Zhoukou	45727	17951	15859	1183	10	27776	26201	1082	493
驻马店市 Zhumadian	34110	13851	11708	1038	15	20259	18178	1515	566
济源市 Jiyuan	5609	1247	839	280		4362	2490	1279	593

主要统计指标解释

信贷资金 指金融机构以信用方式积聚和分配的货币资金。金融机构信贷资金的来源有各项存款、对国际金融机构负债、流通中货币、银行自有资金及当年结益等；信贷资金的运用有各项贷款、黄金占款、外汇占款、财政借款及在国际金融机构中的资产等。

存款 指企业、机关、团体或居民根据资金必须收回的原则，把货币资金存入银行或其他信用机构保管并取得一定利息的一种信用活动形式。根据存款对象的不同可划分为企业存款、财政存款、机关团体存款、基本建设存款、城镇储蓄存款、农村存款等科目。它是银行信贷资金的主要来源。

贷款 指银行或其他信用机构根据资金必须归还的原则，按一定利率，为企业、个人等提供资金的一种信用活动形式。我国银行贷款分为短期贷款、委托及信托类贷款、其他贷款等。

保险公司 在中国境内的、经过保险监督部门批准设立，并依法登记注册的各类商业保险公司。

证券 由债券购买者承购的或因销售产品而拥有的，可在金融市场上交易并代表一定债权的书面证明。包括政府债券、金融债券、企业债券、商业票据、股票、支付固定收入但不提供法人企业残余价值分享权的优先股等。

股票 指股票购买者及直接投资者对其投资企业净资产所拥有的权益。股票是股份公司签发的证明股东投资并按其所持股份享有权益和承担义务的权益性证券。

保费 指投保人为取得保险人在约定范围内所承担赔偿责任而支付给保险人的费用。

赔款 指保险人根据保险合同的规定，向被保险人支付的赔偿保险责任损失的金额。

给付 包括死伤医疗给付和满期给付。死伤医疗给付是指保险人根据人寿保险及长期健康保险合同的规定，因被保险人在保险期内发生保险责任范围内的保险事故支付给被保险人（或受益人）的金额。满期给付是指被保险人生存期满，保险人按人寿保险合同规定支付给被保险人的满期保险金额。

房地产业
Real Estate

◉ 资料整理：秦红娟

【简要说明】

一、主要内容

本篇包括房地产开发与经营活动的规模、结构及资金来源等资料。

二、统计范围

房地产开发统计范围包括：各种登记注册类型的房地产开发公司、商品房建设公司及其他房地产开发单位统一开发（包括统代建，拆迁还建）的各种房屋建筑物和配套的服务设施、土地开发工程，如道路、给水、排水、供电、供热、通讯、平整场地等基础设施工程，还包括实际从事房地产开发或经营活动的附营房地产开发单位。凡从事房地产开发与经营活动的单位，均按单位进行统计。

三、资料来源

采取全面统计报表的方法，由河南省统计局固定资产投资统计处编辑整理。

19-1 历年房地产开发企业主要指标

Main Indicators of Enterprises for Real Estate Development over the years

年份 year	企业个数（个） Number of Enterprises (unit)	本年完成投资额（亿元） Investment Completed This Year (100 million yuan)	#住宅 Residential Buildings	房屋建筑面积竣工率（%） Rate of Floor Space of Buildings Completed (%)	商品房销售面积（万平方米） Floor Space of Selling House (10 000 sq.m)	#住宅 Residential Buildings	商品房销售额（亿元） Sales of Selling House (100 million yuan)	#住宅 Residential Buildings
1990		3.43	2.80					
1991		4.07	3.25	42.2	83.16		2.99	
1992		8.78	6.27	35.1	103.36		4.83	
1993		25.27		31.2	100.20		6.41	
1994	896	49.61	35.22	39.3	225.04	198.19	16.43	9.58
1995	880	62.56	39.38	64.0	660.29	484.53	26.14	20.86
1996	731	54.84	30.49	37.1	255.82	215.27	22.75	18.55
1997	509	51.75	27.15	35.5	220.49	201.65	20.26	17.69
1998	655	58.10	32.09	33.3	279.61	262.94	27.32	24.70
1999	677	70.41	42.94	33.2	297.10	275.28	30.37	26.41
2000	1020	77.87	50.37	36.0	509.21	438.41	64.18	50.51
2001	938	102.84	75.87	32.6	529.21	483.77	65.59	56.55
2002	1108	138.36	101.31	35.9	639.94	584.74	88.29	75.50
2003	1430	185.56	135.10	31.3	862.71	795.78	120.75	103.60
2004	1774	258.82	174.81	28.8	1055.37	948.61	165.91	136.76
2005	1906	388.52	271.62	28.0	1724.82	1539.60	322.01	255.37
2006	2100	581.95	432.64	24.0	2409.33	2190.99	484.72	403.72
2007	2586	837.11	639.08	26.4	3928.04	3569.18	885.16	742.83

注：商品房销售面积、销售额2005年开始采用新口径，与以前不可比，新口径包括期房销售和现房销售。(下同)

a)Figures on Floor Space and Sales of selling House are Accounted in New Caliber in 2005, So they are different from former years. New Caliber Include marketable housing and futures marketable housing (the same as following tables).

19-2 房地产开发企业(单位)个数和从业人员数

Number of Employed Persons and Enterprises for Real Estate Development

指 标	Item	2006	2007
企业个数（个）	**Number of Enterprises(unit)**	**2100**	**2586**
国有控股	State-holding	237	255
集体控股	Collective-holding	160	210
私人控股	Private-holding	1614	2025
港澳台控股	Hong Kong, Macao and Taiwan-holding	47	50
外资控股	Foreign-holding	42	46
从业人数（人）	**number of Employed Persons(person)**	**54611**	**74652**
国有控股	State-holding	6881	10419
集体控股	Collective-holding	3538	5813
私人控股	Private-holding	40271	54651
港澳台控股	Hong Kong, Macao and Taiwan-holding	2296	1948
外资控股	Foreign-holding	1625	1821

19-3 各市房地产开发企业(单位)个数(2007年)

Number of Enterprises for Real Estate Development by City(2007)

单位：个 (unit)

市	City	企业(单位)个数 Enterprises Number	一级 First Class	二级 Second Class	三级 Third Class	四级 Fourth Class	暂定 Provisional	其他 Others
全省	**Total**	**2586**	**15**	**202**	**707**	**492**	**1139**	**31**
郑州市	Zhengzhou	599	3	58	197	57	277	7
开封市	Kaifeng	91		4	13	51	23	
洛阳市	Luoyang	276	3	16	130	39	88	
平顶山市	Pingdingshan	142	1	8	14	48	70	1
安阳市	Anyang	147	1	13	41	6	86	
鹤壁市	Hebi	35	1	2	6	5	21	
新乡市	Xinxiang	171	1	21	49	23	73	4
焦作市	Jiaozuo	106	2	9	31	8	54	2
濮阳市	Puyang	58		9	21	10	17	1
许昌市	Xuchang	128		9	32	26	61	
漯河市	Luohe	51		8	19	9	15	
三门峡市	Sanmenxia	51		1	3	20	25	2
南阳市	Nanyang	303		14	33	82	174	
商丘市	Shangqiu	63		8	20	10	22	3
信阳市	Xinyang	153	3	5	39	63	40	3
周口市	Zhoukou	103		7	31	18	40	7
驻马店市	Zhumadian	82		7	18	17	39	1
济源市	Jiyuan	27		3	10		14	

19-4 各市房地产开发企业从业人员(2007年)

Number of Employed Persons in Enterprises for Real Estate Development(2007)

单位：人 (person)

市 City	从业人员 Number of Employed Persons	一级 First Class	二级 Second Class	三级 Third Class	四级 Fourth Class	暂定 Provisional	其他 Others
全省 Total	**74652**	**1043**	**11365**	**21080**	**11812**	**28117**	**1235**
郑州市 Zhengzhou	18189	368	3440	5408	1209	7544	220
开封市 Kaifeng	1884		137	319	792	636	
洛阳市 Luoyang	6487	174	618	2903	693	2099	
平顶山市 Pingdingshan	3900	165	377	696	917	1737	8
安阳市 Anyang	3070	57	503	864	81	1565	
鹤壁市 Hebi	1006	110	90	139	78	589	
新乡市 Xinxiang	4283	32	857	1247	463	1552	132
焦作市 Jiaozuo	2641	49	439	821	122	1175	35
濮阳市 Puyang	2216		451	587	170	496	512
许昌市 Xuchang	2947		391	785	715	1056	
漯河市 Luohe	3401		782	710	207	1702	
三门峡市 Sanmenxia	846		26	15	283	507	15
南阳市 Nanyang	7359		761	2659	1758	2181	
商丘市 Shangqiu	2978		488	959	656	821	54
信阳市 Xinyang	4255	88	163	934	2303	730	37
周口市 Zhoukou	2778		488	770	375	949	196
驻马店市 Zhumadian	5759		1271	1037	990	2435	26
济源市 Jiyuan	653		83	227		343	

19-5 房地产开发投资额

Completed Investment in Real Estate Development

单位：亿元 (100 million yuan)

项 目	Item	2000	2001	2002	2003	2004	2005	2006	2007
投资总额	**Total Investment**	**77.87**	**102.84**	**138.36**	**185.56**	**258.82**	**388.52**	**581.95**	**837.11**
国有控股	State-holding							52.21	80.83
集体控股	Collective-holding							40.29	61.75
私人控股	Private-holding							436.30	632.77
港澳台控股	Hong Kong, Macao and Taiwan-holding							22.81	27.69
外资控股	Foreign-holding							30.34	34.07
#商品房建设投资额	Investment in Commercial Buildings	57.63	71.32	103.66	142.53	197.80	280.18	420.56	641.58
土地开发投资额	Investment in Land Development	7.21	13.58	9.19	18.06	22.14	27.73	2.50	0.90
按构成分	**Grouped by Use of Composition**								
建筑、安装工程	Construction and Installation	57.36	74.33	100.58	130.55	170.46	283.87	432.62	672.47
设备、工器具购置	Purchase of Equipment and Instruments	1.03	1.00	1.42	1.61	1.92	2.84	5.01	9.22
其他费用	Others	19.49	27.51	36.37	53.39	86.45	101.81	144.32	155.42
#土地购置费	Total Value of Land Purchased	13.93	20.92	26.93	38.55	59.36	74.81	104.46	109.09
按工程用途分	**By Use of Projects**								
住宅	Residential Buildings	50.37	75.87	101.31	135.10	174.81	271.62	432.64	639.08
#140平方米以上	Over 140 sq.m								73.56
90平方米以下	Under 90 sq.m								135.43
#经济适用房	Economically Affordable Housing	16.61	18.55	16.83	21.53	20.69	23.55	32.56	45.78
办公楼	Office Buildings	4.41	3.55	2.51	5.30	5.93	14.05	19.04	30.80
商业营业用房	Houses for Bussiness Use	5.38	13.13	16.32	23.54	42.60	67.79	79.44	106.28
其他	Other	17.71	10.28	18.22	21.62	35.48	35.06	50.84	60.95
按资金来源分	**Grouped by Source of Funds**								
国家预算内资金	State Budgetary Appropriation	0.02	0.01			0.17			
国内贷款	Domestic Loans	17.33	24.50	35.83	39.78	39.50	60.75	71.49	92.75
利用外资	Foreign Investment	0.70	0.35	0.26	1.08	4.17	2.10	7.10	9.46
#外商直接投资	Foreign Direct Investment	0.66	0.35	0.22	0.89	3.80	1.45	6.84	8.15
自筹资金	Self-raising Funds	25.87	36.95	52.22	76.45	130.58	180.91	305.30	460.70
其他资金	Others	33.95	41.02	50.04	68.24	84.40	144.76	198.07	274.20
新增固定资产	**Newly Increased Fixed Assets**	**48.60**	**56.64**	**85.44**	**108.83**	**136.62**	**189.47**	**241.20**	**443.45**

19–6 房地产开发企业(单位)建设房屋建筑面积和造价

Floor Space and Cost of Buildings Developed by Enterprises for Real Estate Development

市 City	施工房屋面积(万平方米) Floor Space Under Construction (10 000 sq.m)	竣工房屋面积(万平方米) Floor Space Completed (10 000 sq.m)	房屋建筑面积竣工率(%) Rate of Floor Space of Buildings Completed(%)	竣工房屋价值(亿元) Value of Buildings Completed(100 million yuan)	竣工房屋造价(元/平方米) Cost of Buildings Completed (yuan/sq.m)
1997	1042.19	370.26	35.5	32.10	867
1998	1175.96	392.03	33.3	28.41	725
1999	1339.60	444.87	33.2	34.05	765
2000	1657.53	597.21	36.0	40.49	678
2001	1976.84	644.40	32.6	45.74	710
2002	2484.01	892.32	35.9	67.83	760
2003	3210.26	1005.52	31.3	86.33	859
2004	3940.64	1135.32	28.8	100.94	889
2005	4902.98	1370.94	28.0	144.72	1056
2006	7017.17	1681.42	24.0	184.87	1099
2007	10550.90	2785.48	26.4	326.78	1173
郑州市 Zhengzhou	3684.36	665.41	18.1	95.74	1439
开封市 Kaifeng	194.61	49.24	25.3	5.53	1123
洛阳市 Luoyang	1199.24	362.27	30.2	46.05	1271
平顶山市 Pingdingshan	380.80	81.35	21.4	7.01	862
安阳市 Anyang	505.39	167.12	33.1	16.86	1009
鹤壁市 Hebi	146.34	34.94	23.9	4.61	1320
新乡市 Xinxiang	646.90	178.93	27.7	17.80	995
焦作市 Jiaozuo	468.67	121.81	26.0	14.74	1210
濮阳市 Puyang	132.21	32.29	24.4	2.88	892
许昌市 Xuchang	426.91	178.97	41.9	19.30	1078
漯河市 Luohe	189.31	64.93	34.3	10.37	1597
三门峡市 Sanmenxia	125.17	45.32	36.2	5.40	1192
南阳市 Nanyang	503.00	135.74	27.0	11.63	857
商丘市 Shangqiu	436.72	44.79	10.3	5.00	1116
信阳市 Xinyang	621.23	310.29	49.9	36.19	1166
周口市 Zhoukou	358.42	184.19	51.4	16.33	887
驻马店市 Zhumadian	401.13	105.14	26.2	8.33	792
济源市 Jiyuan	130.49	22.76	17.4	3.01	1323

19-7 房地产开发企业开发情况

Operating Statistics of Enterprises for Real Estate Development

项目	Item	2000	2001	2002	2003	2004	2005	2006	2007
本年购置土地面积(万平方米)	Land Space Purchased This year (10 000sq.m)	503.89	893.78	759.22	1081.79	1517.84	2015.82	1561.89	1576.08
本年完成开发土地面积(万平方米)	Land Space Developed This year (10 000sq.m)	239.14	342.41	424.78	553.71	589.55	973.21	1794.09	1202.62
本年待开发的土地面积(万平方米)	Land Space Needed to Development This year(10 000sq.m)	305.45	390.77	455.16	363.07	444.99	763.50	907.60	1062.03
房屋建筑面积(万平方米)	Floor Space of Building Construction (10 000 sq.m)								
施工面积	Floor Space Under Construction	1657.53	1976.84	2484.01	3210.26	3940.64	4902.98	7017.17	10550.90
#住宅	Residential Buildings	1382.10	1643.47	2088.38	2741.22	3304.50	3895.44	5610.20	8628.93
竣工面积	Floor Space Completed	597.21	644.40	892.32	1005.52	1135.32	1370.94	1681.42	2785.48
#住宅	Residential Buildings	532.30	569.53	787.61	887.64	967.60	1151.39	1406.98	2338.23
商品房屋竣工价值(亿元)	Value of Buildings Completed (100 million yuan)	40.49	45.74	67.83	86.33	100.94	144.72	184.87	326.78
商品房屋竣工造价(元/平方米)	Cost of Buildings Completed (yuan/sq.m)	678	710	760	859	889	1056	1099	1173
商品房屋销售建筑面积(万平方米)	Floor Space of Selling House (10 000 sq.m)	509.21	529.21	639.94	862.71	1055.37	1724.82	2409.33	3928.04
#现房销售面积	Sale Space of marketable housing						791.21	905.36	1451.76
期房销售面积	Sale Space of futures marketable housing						933.61	1503.97	2476.28
商品房屋销售额(亿元)	Total Sales of Commerical Houses (100 million yuan)	64.18	65.59	88.29	120.75	165.91	322.01	484.72	885.16
#现房销售额	Sale of marketable housing						128.95	150.18	261.39
期房销售额	Sale of futures marketable housing						193.06	334.54	623.76
商品住宅销售套数(万套)	Total Flats Saled of Residential Buildeins (10 000 sets)							18.09	29.73
#现房销售套数	Sale of marketable housing							6.18	10.07
期房销售套数	Sale of futures marketable housing							11.91	19.66
房屋空置面积(万平方米)	Area of Land Lying Idle (10 000 sq.m)	238.40	201.29	325.51	356.11	309.36	307.30	270.97	259.81

19-8 房地产开发企业施工、销售和空置情况(2007年)

项　　目	Item	合计 Total	商品住宅 Commercially Residential Buildings
房屋施工面积(万平方米)	Floor Space of Buildings under Construction (10 000 sq.m)	10550.90	8628.93
#新开工	Started This Year	5078.38	4303.69
房屋竣工面积(万平方米)	Floor Space of Buildings Completed (10 000 sq.m)	2785.48	2338.23
#不可销售面积	Floor Space Cannot be Solded	75.71	36.87
商品住宅竣工套数(万套)	Total Flats of Residential Buildings Completed (10 000 sets)		18.67
竣工房屋价值(亿元)	Value of Buildings Completed (100 million yuan)	326.78	254.52
出租房屋面积(万平方米)	Space of Buildings Leased (10 000 sq.m)	46.91	0.64
商品房销售面积(万平方米)	Floor Space Sold (10 000 sq.m)	3928.04	3569.18
#现房销售	Sale of marketable housing	1451.76	1286.69
期房销售	Sale of futures marketable housing	2476.28	2282.49
商品房销售额(亿元)	Total Sale of Commercial Buildings (100 million yuan)	885.16	742.83
#现房销售	Sale of marketable housing	261.39	204.61
期房销售	Sale of futures marketable housing	623.76	538.22
商品住宅销售套数(万套)	Total Flats Saled of Residential Buildings (10 000 sets)		29.73
#现房销售	Sale of marketable housing		10.07
期房销售	Sale of futures marketable housing		19.66
现房平均销售价格(元/平方米)	Average Price of marketable housing per sq.m (yuan/sq.m)	1801	1590
期房平均销售价格(元/平方米)	Average Price of futures marketable housing per sq.m (yuan/sq.m)	2519	2358
空置面积(万平方米)	Floor Space of Buildings Emptied(10 000 sq.m)	259.81	145.86
#空置1-3年	1-3Years Emptied	148.78	72.00
空置3年以上	Over 3 Years Emptied	16.39	6.00

Situation of Construction，Sale and Buildings Emptied of Real Estate Enterprises(2007)

				办公楼	商业	其他
#90平方米以下 Under 90 sq.m	#140平方米以上 Over 140 sq.m	#经济适用房 Economically Affordable Housing	#别墅、高档公寓 Villas, Highgrade Apartments	Office Buildings	营用房 House for Business Use	Others
1699.81	793.89	679.06	589.89	366.08	1224.42	331.48
984.60	275.22	315.93	254.60	113.05	511.95	149.69
294.56	272.97	233.99	136.10	62.82	305.52	78.92
6.32	1.32	16.42	0.20	3.74	9.60	25.50
3.88	1.58	2.02	0.95			
35.48	34.11	22.42	21.41	9.74	52.50	10.03
0.16		0.04		7.00	33.65	5.62
551.05	337.97	292.77	146.68	64.88	260.22	33.75
157.13	99.36	142.85	52.02	21.87	124.74	18.46
393.92	238.61	149.92	94.66	43.01	135.49	15.30
141.17	87.37	41.72	50.56	23.29	114.34	4.70
25.27	18.96	20.46	11.95	5.38	48.71	2.69
115.89	68.41	21.27	38.61	17.92	65.63	2.00
7.63	1.99	2.51	1.09			
1.96	0.60	1.19	0.31			
5.67	1.39	1.32	0.78			
1608	1908	1432	2297	2458	3905	1459
2942	2867	1419	4079	4166	4844	1310
24.10	12.91	5.04	13.39	12.17	81.54	20.24
14.76	8.15	0.98	7.84	8.76	53.85	14.17
1.71	0.83		1.02	1.02	8.09	1.29

19-9 各市房地产开发投资情况(2007年)

Development and Investment Completed for Real Estate by City (2007)

市 City	投资总额(亿元) Total Investment (100 million yuan)	住宅 Residential Buildings	#90平方米以下 Under 90 sq.m	#140平方米以上 Over 140 sq.m	#经济适用房 Economically Affordable Housing
全省 Total	**837.11**	**639.08**	**135.43**	**73.56**	**45.78**
郑州市 Zhengzhou	298.76	225.26	71.47	36.07	17.58
开封市 Kaifeng	15.03	9.62	2.54	1.92	1.13
洛阳市 Luoyang	110.10	86.58	11.36	5.77	5.51
平顶山市 Pingdingshan	24.76	16.93	3.53	2.70	0.42
安阳市 Anyang	35.45	24.94	1.21	6.42	2.21
鹤壁市 Hebi	9.68	7.57	2.14	0.56	
新乡市 Xinxiang	51.33	39.18	3.51	2.13	1.55
焦作市 Jiaozuo	36.43	27.46	2.25	2.08	0.43
濮阳市 Puyang	17.21	13.90	1.83	0.31	2.67
许昌市 Xuchang	29.98	23.26	3.03	2.20	5.73
漯河市 Luohe	15.08	13.86	3.16	0.87	1.72
三门峡市 Sanmenxia	7.43	5.87	1.35	0.82	1.28
南阳市 Nanyang	32.36	24.80	6.39	2.20	1.18
商丘市 Shangqiu	26.63	22.60	6.35	2.60	0.67
信阳市 Xinyang	55.86	43.24	6.05	1.43	
周口市 Zhoukou	34.06	26.67	4.31	3.53	2.10
驻马店市 Zhumadian	28.02	21.30	4.66	0.64	0.58
济源市 Jiyuan	8.96	6.05	0.30	1.31	1.02

市 City	办公楼 Office Buildings	商业营业用房 Houses for Business Use	其他 Other	土地开发面积(万平方米) Area of Land Under Development (10 000 sq.m)	土地开发投资额(万元) Land Development (10 000 yuan)
全省 Total	**30.80**	**106.28**	**60.95**	**1202.62**	**8966**
郑州市 Zhengzhou	22.98	35.22	15.30	280.96	1655
开封市 Kaifeng	0.05	2.08	3.28	16.82	239
洛阳市 Luoyang	2.62	12.46	8.43	87.40	952
平顶山市 Pingdingshan	0.74	2.56	4.52	67.08	706
安阳市 Anyang	0.03	6.64	3.84	34.55	311
鹤壁市 Hebi	0.44	1.49	0.18	18.01	204
新乡市 Xinxiang	0.64	7.57	3.93	11.88	154
焦作市 Jiaozuo	0.15	5.97	2.84	28.83	189
濮阳市 Puyang	0.01	0.30	3.01	23.53	198
许昌市 Xuchang	0.42	4.09	2.21	83.22	361
漯河市 Luohe		1.05	0.16	30.98	289
三门峡市 Sanmenxia	0.44	0.57	0.54	16.27	179
南阳市 Nanyang	0.34	5.06	2.17	37.50	331
商丘市 Shangqiu	0.09	3.20	0.74	16.08	94
信阳市 Xinyang	0.70	7.01	4.91	126.51	1151
周口市 Zhoukou	0.49	5.32	1.58	82.72	651
驻马店市 Zhumadian	0.60	3.45	2.68	204.10	962
济源市 Jiyuan	0.06	2.23	0.63	36.18	340

19-10 各市房地产开发施工房屋面积(2007年)

Floor Space of Buildings under Construction by City (2007)

市	City	施工房屋面积(万平方米) Floor Space of Buildings under Construction (10 000 sq.m)	住宅 Residential Buildings	#90平方米以下 Under 90 sq.m	#140平方米以上 Over 140 sq.m	#经济适用房 Economically Affordable Housing	办公楼 Office Buildings	商业营业用房 Houses for Business Use	其他 Others
全省	**Total**	**10550.90**	**8628.93**	**1699.81**	**793.89**	**679.06**	**366.08**	**1224.42**	**331.48**
郑州市	Zhengzhou	3684.36	2817.41	853.78	308.28	203.94	250.60	434.99	181.37
开封市	Kaifeng	194.61	161.79	46.74	14.20	55.12	0.73	22.53	9.56
洛阳市	Luoyang	1199.24	939.92	127.34	79.61	63.51	37.59	171.34	50.40
平顶山市	Pingdingshan	380.80	311.81	51.58	45.70	30.37	11.75	43.14	14.10
安阳市	Anyang	505.39	448.69	20.06	91.86	48.70	1.45	44.63	10.62
鹤壁市	Hebi	146.34	120.82	29.56	14.74		6.49	18.98	0.05
新乡市	Xinxiang	646.90	534.92	52.96	23.91	29.42	20.24	87.63	4.11
焦作市	Jiaozuo	468.67	373.50	35.81	35.31	1.09	2.50	85.96	6.71
濮阳市	Puyang	132.21	125.02	16.75	3.29	7.86		4.67	2.52
许昌市	Xuchang	426.91	390.70	70.72	21.69	93.64	9.60	23.95	2.65
漯河市	Luohe	189.31	164.78	38.77	7.91	26.02		24.53	
三门峡市	Sanmenxia	125.17	98.82	22.71	14.65	20.59	3.25	11.30	11.79
南阳市	Nanyang	503.00	410.27	96.77	44.39	28.01	3.98	72.09	16.66
商丘市	Shangqiu	436.72	397.40	74.36	16.41	8.18	1.18	37.59	0.55
信阳市	Xinyang	621.23	548.93	77.28	22.12		5.81	55.22	11.28
周口市	Zhoukou	358.42	323.58	43.25	8.81	17.68	1.58	30.93	2.33
驻马店市	Zhumadian	401.13	352.45	39.17	13.01	14.97	8.70	34.81	5.17
济源市	Jiyuan	130.49	108.11	2.21	28.00	29.95	0.66	20.12	1.60

19-11 各市房地产开发竣工房屋面积(2007年)

Floor Space of Buildings Completed by City (2007)

市	City	竣工房屋面积(万平方米) Floor Space of Buildings Completed (10 000 sq.m)	住宅 Residential Buildings	#90平方米以下 Under 90 sq.m	#140平方米以上 Over 140 sq.m	#经济适用房 Economically Affordable Housing	办公楼 Office Buildings	商业营业用房 Houses for Business Use	其他 Others
全省	**Total**	**2785.48**	**2338.23**	**294.56**	**272.97**	**233.99**	**62.82**	**305.52**	**78.92**
郑州市	Zhengzhou	665.41	538.57	88.78	112.00	45.45	34.41	56.25	36.18
开封市	Kaifeng	49.24	42.70	9.09		17.61		3.74	2.80
洛阳市	Luoyang	362.27	292.52	45.03	27.70	29.61	10.31	44.79	14.65
平顶山市	Pingdingshan	81.35	71.20	6.98	12.39	15.06	0.16	9.84	0.14
安阳市	Anyang	167.12	157.21	3.61	48.15	21.11	0.25	7.36	2.30
鹤壁市	Hebi	34.94	26.33	1.06	4.25		1.04	7.57	
新乡市	Xinxiang	178.93	161.53	15.77	13.78	16.88	2.72	13.76	0.92
焦作市	Jiaozuo	121.81	95.69	3.00	4.52	1.09	2.46	22.85	0.81
濮阳市	Puyang	32.29	29.31	6.28		4.21		0.46	2.52
许昌市	Xuchang	178.97	166.42	23.52	5.44	50.08		12.53	0.01
漯河市	Luohe	64.93	44.28	4.01	5.19	7.37		20.64	
三门峡市	Sanmenxia	45.32	32.61	3.01	6.50	3.30	2.46	6.73	3.51
南阳市	Nanyang	135.74	103.12	13.86	20.21	8.63	1.17	28.01	3.44
商丘市	Shangqiu	44.79	35.51	8.25	4.00		0.18	8.94	0.17
信阳市	Xinyang	310.29	263.63	43.54	4.59		5.40	34.56	6.70
周口市	Zhoukou	184.19	172.98	8.40	1.82	5.73		8.92	2.29
驻马店市	Zhumadian	105.14	89.23	10.35	0.09	3.47	2.24	11.18	2.48
济源市	Jiyuan	22.76	15.39	0.02	2.34	4.40		7.37	

19-12 各市房地产开发竣工房屋价值(2007年)

Value of Buildings Completed by City (2007)

市	City	竣工房屋价值(万元) Value of Buildings Completed (10 000yuan)	住宅 Residential Buildings	#90平方米以下 Under 90 sq.m	#140平方米以上 Over 140 sq.m	#经济适用房 Economically Affordable Housing	办公楼 Office Buildings	商业营业用房 Houses for Business Use	其他 Others
全　　省	**Total**	**3267798**	**2545156**	**354840**	**341087**	**224205**	**97384**	**524994**	**100264**
郑州市	Zhengzhou	957413	735877	156079	158964	47730	60000	109334	52202
开封市	Kaifeng	55277	41417	8441		13296		11508	2352
洛阳市	Luoyang	460527	351263	46581	36908	25795	13826	75726	19712
平顶山市	Pingdingshan	70113	60742	5027	15601	11105	196	9031	144
安阳市	Anyang	168569	151254	3635	51830	18746	209	12930	4176
鹤壁市	Hebi	46135	26944	1020	4879		979	18212	
新乡市	Xinxiang	177975	157657	15839	16675	14162	2690	16824	804
焦作市	Jiaozuo	147404	103297	2574	4314	1100	4510	38907	690
濮阳市	Puyang	28849	27005	4456		2150		600	1244
许昌市	Xuchang	192961	177855	21687	7568	60442		15097	9
漯河市	Luohe	103730	55330	6040	6014	9906		48400	
三门峡市	Sanmenxia	53960	33182	4137	6943	2904	2926	15584	2268
南阳市	Nanyang	116325	88800	12692	16956	7414	800	23224	3501
商丘市	Shangqiu	50044	37553	6736	3600		227	11928	336
信阳市	Xinyang	361866	267331	45911	7190		9720	75015	9800
周口市	Zhoukou	163297	145911	7237	1687	3825		15847	1539
驻马店市	Zhumadian	83296	69949	6737	76	1890	1301	10559	1487
济源市	Jiyuan	30057	13789	11	1882	3740		16268	

19-13 房地产开发企业房屋销售情况

Selling of Enterprises for Real Estate Development

指　标	Item	2000	2001	2002	2003	2004	2005	2006	2007
商品房屋销售额(亿元)	**Total Sales of Commerical Houses**								
	(100 million yuan)	**64.18**	**65.59**	**88.29**	**120.75**	**165.91**	**322.01**	**484.72**	**885.16**
商品住宅	Commercially Residential Buildings	50.51	56.55	75.50	103.60	136.76	255.37	403.72	742.83
#90平方米以下	Under 90 sq.m							32.48	141.17
140平方米以上	Over 140 sq.m								87.37
#经济适用房	Economically Affordable Housing	16.51	16.82	13.64	15.32	16.38	21.00	31.08	41.72
别墅、高档公寓	Villas and Good Apartments	4.94	4.88	7.00	2.83	4.67	24.19	32.43	50.56
办公楼	Office Buildings	1.10	1.68	1.42	2.00	2.37	7.60	6.76	23.29
商业营业用房	Houses for Bussiness Use	11.52	6.77	10.43	14.29	26.13	58.32	72.70	114.34
其他房屋	Others	1.04	0.60	0.93	0.86	0.65	0.72	1.53	4.70
商品房屋销售面积(万平方米)	**Floor Space of Selling House**								
	(10 000 sq.m)	**509.21**	**529.21**	**639.94**	**862.71**	**1055.37**	**1724.82**	**2409.33**	**3928.04**
商品住宅	Commercially Residential Buildings	438.41	483.77	584.74	795.78	948.61	1539.60	2190.99	3569.18
#90平方米以下	Under 90 sq.m							151.02	551.05
140平方米以上	Over 140 sq.m								337.97
#经济适用房	Economically Affordable Housing	173.77	184.13	145.57	168.39	157.19	181.11	256.51	292.77
别墅、高档公寓	Villas and Good Apartments	23.44	25.50	28.57	14.08	24.87	94.85	115.25	146.68
办公楼	Office Buildings	5.52	9.04	5.51	9.62	9.38	24.86	19.57	64.88
商业营业用房	Houses for Bussiness Use	59.02	30.17	41.02	51.84	91.46	154.91	188.65	260.22
其他房屋	Others	6.26	6.23	8.67	5.47	5.92	5.45	10.12	33.75
房屋销售价格(元/平方米)	**Selling Price of House(yuan/sq.m)**	**1260**	**1239**	**1380**	**1400**	**1572**	**1867**	**2012**	**2253**
商品住宅	Commercially Residential Buildings	1152	1145	1291	1302	1442	1659	1843	2081
#90平方米以下	Under 90 sq.m							2150	2562
140平方米以上	Over 140 sq.m								2585
#经济适用房	Economically Affordable Housing	950	914	937	910	1042	1159	1212	1425
别墅、高档公寓	Villas and Good Apartments	2107	1915	2450	2013	1879	2550	2814	3447
办公楼	Office Buildings	1996	1861	2574	2082	2530	3058	3456	3590
商业营业用房	Houses for Bussiness Use	1952	2242	2543	2756	2856	3765	3854	4394
其他房屋	Others	1668	960	1078	1570	1099	1326	1515	1392

19-14 各市房地产开发商品房屋销售面积(2007年)
Floor Space of Commercial Houses Sold by City (2007)

单位：万平方米 (10 000sq.m)

市 City	商品房屋销售面积 Floor Space Sold of Commercial House	现房 marketable housing	期房 futures marketable housing	住宅 Residential Buildings	#90平方米以下 Under 90 sq.m	#经济适用房 Economically Affordable Housing	办公楼 Office Buildings	商业营业用房 Houses for Business Use	其他 Others
全省 Total	**3928.04**	**1451.76**	**2476.28**	**3569.18**	**551.05**	**292.77**	**64.88**	**260.22**	**33.75**
郑州市 Zhengzhou	1097.90	157.44	940.45	1005.20	243.87	59.44	37.30	50.76	4.64
开封市 Kaifeng	68.14	28.96	39.17	62.15	7.06	16.65	0.10	5.16	0.73
洛阳市 Luoyang	439.71	152.11	287.61	395.36	52.52	23.02	10.21	24.89	9.26
平顶山市 Pingdingshan	92.90	31.71	61.19	83.51	8.85	6.58	1.18	8.20	
安阳市 Anyang	229.79	76.10	153.69	221.87	4.85	21.64	1.15	5.82	0.95
鹤壁市 Hebi	51.29	11.83	39.46	47.79	3.34			3.50	
新乡市 Xinxiang	215.73	107.01	108.72	203.54	16.30	12.85	1.31	10.85	0.04
焦作市 Jiaozuo	172.94	31.53	141.41	140.06	4.68		0.52	32.35	
濮阳市 Puyang	83.61	23.57	60.04	81.07	12.06	15.76		0.30	2.24
许昌市 Xuchang	227.81	141.64	86.17	218.04	28.26	66.43		9.41	0.36
漯河市 Luohe	139.10	42.28	96.82	119.71	30.72	17.32		19.40	
三门峡市 Sanmenxia	37.05	8.46	28.58	34.30	3.74	3.30		1.17	1.57
南阳市 Nanyang	215.17	92.42	122.75	187.02	30.97	23.15	2.21	21.25	4.69
商丘市 Shangqiu	100.07	61.94	38.13	96.99	16.97	1.81		3.08	
信阳市 Xinyang	308.25	238.62	69.63	262.87	42.42		5.40	34.44	5.54
周口市 Zhoukou	194.02	165.14	28.88	188.44	17.23	8.52		5.43	0.15
驻马店市 Zhumadian	211.78	71.59	140.19	181.50	25.92	13.52	5.40	21.31	3.58
济源市 Jiyuan	42.79	9.39	33.40	39.80	1.31	2.77	0.11	2.89	

19-15 各市房地产开发商品房屋销售额(2007年)
Total Sales of Commercial Houses by City (2007)

单位：万元 (10 000 yuan)

市 City	商品房屋销售额 Total Sales of Commerical Houses	现房 marketable housing	期房 futures marketable housing	住宅 Residential Buildings	#90平方米以下 Under 90 sq.m	#经济适用房 Economically Affordable Housing	办公楼 Office Buildings	商业营业用房 Houses for Business Use	其他 Others
全省 Total	**8851551**	**2613917**	**6237634**	**7428259**	**1411654**	**417248**	**232913**	**1143406**	**46973**
郑州市 Zhengzhou	3923433	393871	3529562	3345469	922255	105862	176237	393767	7960
开封市 Kaifeng	162033	57630	104403	133797	13344	20903	230	27004	1002
洛阳市 Luoyang	1039197	346953	692244	868525	110448	41119	22874	132740	15058
平顶山市 Pingdingshan	152617	47558	105059	120747	15124	6936	2550	29320	
安阳市 Anyang	375951	127254	248697	336968	7658	27505	2474	35360	1149
鹤壁市 Hebi	83147	23426	59721	69370	4653			13777	
新乡市 Xinxiang	334536	169732	164804	283003	25742	13103	3526	47958	49
焦作市 Jiaozuo	311468	56551	254917	233759	6195		1506	76203	
濮阳市 Puyang	137645	33705	103940	135523	22964	23158		1010	1112
许昌市 Xuchang	382435	263957	118478	350852	58881	101932		30650	933
漯河市 Luohe	243752	100242	143510	177029	38084	19653		66723	
三门峡市 Sanmenxia	48736	11887	36849	41875	4492	4460		5575	1286
南阳市 Nanyang	332789	114608	218181	266356	43678	25622	3674	57214	5545
商丘市 Shangqiu	189810	132924	56886	148461	26330	2684		41349	
信阳市 Xinyang	524040	407713	116327	390711	58909		11480	112964	8885
周口市 Zhoukou	249047	213110	35937	229263	19821	8186		19293	491
驻马店市 Zhumadian	287385	92693	194692	238354	31250	12950	8032	37496	3503
济源市 Jiyuan	73530	20103	53427	58197	1826	3175	330	15003	

19-16 各市房地产开发企业(单位)财务状况

Financial Conditions of Enterprises for Real Estate Development

单位：万元 (10 000 yuan)

市 City	实收资本 合计 Total Capital Hold	#国家资本金 State Capital	资产总计 Total Assets	累计折旧 Total Depreciation	#本年折旧 Depriciation This Year	负债总计 Total Liabilities	所有者权益 Owners' Equity	资产负债率(%) Assets Liabilities Ration
1995			1764785	14267	5342	1279978	484807	72.5
1996	551806		1807658	26520	7591	1387989	419669	76.8
1997	406745	28943	1740105	19949	7588	1447544	292561	83.2
1998	505463	19117	2280437	30805	8592	1910905	369532	83.8
1999	510523	15301	2173758	36403	10014	1753236	420520	80.7
2000	817805	53528	3018825	56674	12183	2338003	680822	77.4
2001	945883	39983	3442486	63638	15519	2604287	838199	75.7
2002	1150354	33706	4595641	85859	17913	3481164	1114477	75.7
2003	1455042	42641	5510446	102740	19951	4038378	1472068	73.3
2004	2202011	196274	8276947	129627	29240	5938250	2338698	71.7
2005	2318891	145206	9784926	143625	29277	6816474	2968452	69.7
2006	3014227	141764	12757587	186086	48428	8971739	3785848	70.3
2007	4432599	215382	19659483	230093	45495	13732874	5926609	69.9
郑州市 Zhengzhou	1678037	65278	9782670	109117	18647	7449560	2333110	76.2
开封市 Kaifeng	98179	2716	397591	3711	583	275384	122207	69.3
洛阳市 Luoyang	408996	22910	1685849	21033	5352	1256721	429128	74.5
平顶山市 Pingdingshan	162944	12714	508197	7763	1781	330927	177270	65.1
安阳市 Anyang	203044	9326	765129	5406	1368	575937	189192	75.3
鹤壁市 Hebi	31593		141547	646	249	107056	34491	75.6
新乡市 Xinxiang	432382	18759	1299923	15712	3449	760491	539432	58.5
焦作市 Jiaozuo	167548	575	663974	3968	840	478123	185851	72.0
濮阳市 Puyang	75655		635799	4169	529	323904	311895	50.9
许昌市 Xuchang	156252	1700	554415	4148	849	329019	225396	59.3
漯河市 Luohe	68212	22576	270104	3041	1418	149233	120871	55.3
三门峡市 Sanmenxia	38428	4734	137846	1463	414	95994	41852	69.6
南阳市 Nanyang	280318	16116	857640	9138	1919	522861	334779	61.0
商丘市 Shangqiu	115076	3450	549950	2393	587	386458	163492	70.3
信阳市 Xinyang	113019	3272	463145	7119	1083	253903	209242	54.8
周口市 Zhoukou	232987	24940	420043	28119	5149	124690	295353	29.7
驻马店市 Zhumadian	137357	644	413023	2439	992	241324	171699	58.4
济源市 Jiyuan	32572	5672	112638	708	286	71289	41349	63.3

19-17 各市房地产开发企业(单位)经营状况
Operating Statistics of Enterprises for Real Estate Development by City

单位：万元 (10 000 yuan)

市 City	主营业务总收入 Revenue from Principal Business	土地转让收入 Land Transferred	商品房屋销售收入 Commercial Houses Sold	房屋出租收入 Houses Leased	其他收入 Others	主营业务税金及附加 Operating Tax and Extra Charges	利润总额 Operating Profit
1995	296217	12144	261429	6646	15998		
1996	255167	5452	233920	3017	12778	11632	-25046
1997	253688	5168	219637	15007	13876	10766	-25754
1998	351299	13176	281049	12390	44684	14994	-24228
1999	372131	5429	305042	8766	52894	13786	-32030
2000	589976	5061	540151	2006	42758	25236	-31592
2001	795263	9742	667394	28533	89594	38027	-37939
2002	1076871	5910	922688	23136	125137	54990	-24806
2003	1456160	21772	1368253	18096	48039	76469	-33501
2004	2020881	15111	1918110	38611	49049	115015	26208
2005	2811080	61734	2675030	11543	62773	160582	176260
2006	3979391	24054	3887229	23325	44783	258454	273585
2007	6090315	45874	5939029	14200	91212	438474	632245
郑州市 Zhengzhou	2713403	36211	2642837	6095	28260	215321	430343
开封市 Kaifeng	148658	1000	143883	656	3119	10150	13727
洛阳市 Luoyang	559354	500	550894	4672	3288	43632	18871
平顶山市 Pingdingshan	143641		139213	364	4064	10666	-4159
安阳市 Anyang	186041		185188	282	571	14495	3206
鹤壁市 Hebi	63846		63516		330	3678	719
新乡市 Xinxiang	327806	225	317013	257	10311	22781	31264
焦作市 Jiaozuo	152280		151281		999	9435	8478
濮阳市 Puyang	117205		117020		185	10262	3016
许昌市 Xuchang	156970		156970			9270	12862
漯河市 Luohe	110853	260	107214		3379	7170	12551
三门峡市 Sanmenxia	47192		41017	933	5242	2881	293
南阳市 Nanyang	304398	1317	291018	293	11770	20595	15100
商丘市 Shangqiu	173287		173287			8318	-2200
信阳市 Xinyang	420236	6361	412356	200	1319	22684	40785
周口市 Zhoukou	202152		197238		4914	11851	21152
驻马店市 Zhumadian	225534		212073		13461	12139	23207
济源市 Jiyuan	37459		37011	448		3146	3030

主要统计指标解释

房地产开发投资 指房地产开发公司、商品房建设公司及其他房地产开发法人单位和附属于其他法人单位实际从事房地产开发或经营的活动单位统一开发的包括统代建、拆迁还建的住宅、厂房、仓库、饭店、宾馆、度假村、写字楼、办公楼等房屋建筑物和配套的服务设施，土地开发工程（如道路、给水、排水、供电、供热、通讯、平整场地等基础设施工程）的投资；不包括单纯的土地交易活动。

房屋建筑面积 指从房屋外墙线算起的各层平面面积的总和，包括可供使用的有效面积和房屋结构(如柱、墙)占用的面积。多层建筑按各层（包括地下室）面积总和计算。

住宅建筑面积 指施工和竣工房屋建筑面积中供居住用的施工和竣工房屋建筑面积。

施工面积 指报告期内施工的全部房屋建筑面积。包括本期新开工的面积、上期跨入本期继续施工的房屋面积、上期停缓建在本期恢复施工的房屋面积、本期竣工的房屋面积及本期施工后又停缓建的房屋面积。

竣工面积 指在报告期内房屋建筑按照设计要求已全部完工，达到住人和使用条件，经验收鉴定合格，正式移交使用单位的建筑面积。

新增固定资产 指报告期内已经完成建造和购置过程，并已交付生产或使用单位的固定资产价值。该指标是表示固定资产投资成果的价值指标，也是反映建设进度，计算固定资产投资效果的重要指标。

别墅、高档公寓 指建筑造价和销售价格明显高于一般商品住宅的商品住宅。别墅一般指地处郊区，独立成栋的商品住宅；高档公寓一般指地处市内高尚社区，高层或多层的商品住宅。别墅、高档公寓的确定标准：一是经有房地产投资计划审批权的主管部门审批建设的别墅、高档公寓开发项目；二是销售价格高于当地同等地段商品住宅平均销售价格一倍以上的别墅、公寓开发项目。该指标可以分析房地产投资结构，反映高收入家庭商品住宅的供求平衡情况。

经济适用房 指根据国家经济适用房计划安排建设的政策性住宅。经济是指房屋建筑造价和销售价格低于一般商品住宅；适用是指适合中低收入家庭购买使用。经济适用房主要是由国家统一下达投资计划，房地产公司开发，对外销售；用地一般采用行政划拨或招标投标方式，免收土地出让金；对各种经批准的收费减半征收，开发利润不超过3%；销售价格实行政府指导价。该指标可以分析房地产投资结构，反映中低收入家庭商品住宅的供求平衡情况。

商品房销售面积 指报告期内出售商品房屋的合同总面积(即双方签署的正式买卖合同中所确定的建筑面积)。由现房销售建筑面积和期房销售建筑面积两部分组成。

商品房销售额 指报告期内出售商品房屋的合同总价款(即双方签署的正式买卖合同中所确定的合同总价)。该指标与商品房销售面积同口径，由现房销售额和期房销售额两部分组成。

商品房建设投资额 是指房地产开发企业（单位）开发建设的供出售、出租用的住宅、厂房、仓库、饭店、度假村、写字楼、办公楼等房屋工程及其配套的服务设施所完成的投资额。

完成开发土地面积 指报告期内对土地进行开发并已完成七通一平等前期开发工程，具备进行房屋建筑物施工或达到出让条件的土地面积。

本年购置土地面积 指在本年内通过各种方式获得土地使用权的土地面积。

Explanatory Notes on Main Statistical Indicators

Investment in Real Estate Development It includes the investment by the real estate development companies, commercial buildings construction companies and other real estate development units of various types of ownership in the construction of house buildings, such as residential buildings, factory buildings, warehouses, hotels, guesthouses, holiday villages, office buildings, and the complementary service facilities and land development projects, such as roads,

water supply, water drainage, power supply, heating, telecommunications, land leveling and other projects of infrastructure. It excludes the activities in simple land transactions.

Floor Space of Buildings Under Construction and Completed refers to total floor space in each story of buildings calculated from the outside line of building walls, including both usable space and the space occupied by constructions like pillars or walls. The floor space of multi-story buildings includes the total floor space of each story (including basement).

Floor Space of Residential Buildings refers to the floor space of the residential buildings under construction and completed among the total space of buildings under construction and completed.

Floor Space Under Construction refers to total floor space of all buildings under construction during the reference period, including floor space of newly started buildings during the reference period, floor space of construction extended from the previous period to the current period, floor space of construction suspended during the previous period and resumed in the current period, floor space of construction completed in the current period, and floor space of construction started and then suspended in the current period.

Floor Space of Buildings Completed refers to the floor space of buildings completed in the reference period, which have come up to the designed standards and have been put into use.

Newly Increased Fixed Assets refer to the newly increased value of fixed assets, constructed or purchased, that have been transferred to the investors. This is an indicator that demonstrates the results of investment in fixed assets in monetary terms, and an important indicator to reflect the speed of construction and to calculate the efficiency of investment.

Villas, High-Grade Apartments refers to commercial houses whose construction costs and marketing prices are significantly higher than ordinary housing. Villas are independent structures generally located in the suburbs; high-grade apartments are multi-story buildings located in elegant urban neighborhoods. Criteria for villas and high-grade apartments include: 1) projects for the construction of villas or high-grade apartments have to be approved by competent departments in charge of real estate development and investment plans, and 2) prices for projects on villas or high-grade apartments are higher by over 100% compared with the average prices of ordinary commercial housing projects in similar location. This indicator helps to analyze the investment structure of the real estate industry and the demand and supply of housing for high-income households.

Economically Affordable Housing refers to housing constructed according to the state plan for economically affordable housing. Houses of this category featured in low cost in construction and low prices, and therefore are affordable to mid-income or low income households. Economically affordable housing projects are developed by real estate companies under the state investment plan, with the land provided through government allocation or tendering procedures. Developers are exempted from land utilization fees and enjoy another 50% exemption of all other legitimate fees, while their profits are limited to less than 3%, and the completed houses are sold under the government-guided prices. This indicator helps to analyze the investment structure of the real estate industry and the demand and supply of housing for mid or low income households.

Area of Commercialized Housing Sold refers to total contracted area of commercialized housing (i.e. area of floor space as designated in the formal contracts signed by both sides) during the reference time. It constitutes floor space of completed housing and floor space of future housing.

Value of Commercialized Housing Sold refers to the total contracted value (i.e. value of sales/purchase for selling/purchase of commercialized housing as designated in the contract signed by both sides) during the reference time. This indicator has the same coverage as the area of commercialized housing sold, which constitutes floor space of completed housing and floor space of housing yet to be completed

Investment in Commercial Buildings refers to the investment in residential buildings, workshops, warehouses, hotels, official buildings and related service establishment for sale or rent by real estate development enterprises.

Developed Land Area Completed refers to the land area of land development and prophase development projects completed, which can carry out construction or remise.

Purchased Land Area in Current Year refers to the land area accessible by various means in current year.

部分服务业

Part of Service Industry

● 资料整理：张旭建

【简要说明】

一、主要内容

本篇包括服务业企业、个体经营户和行政事业单位的基本情况，以及从业人员、营业收入等资料。

二、统计范围

本篇服务业企业是指全省装卸搬运和其他运输服务业、仓储业,计算机服务业、软件业，租赁和商务服务业，科学研究、技术服务和地质勘查业，水利、环境和公共设施管理业，居民服务和其他服务业，教育，卫生、社会保障和社会福利业，文化、体育和娱乐业等国民经济行业。个体经营户为全省除批发和零售、住宿和餐饮业以外的所有第三产业个体经营户。行政事业单位为全省所有行政、事业单位、社团、民办非企业单位以及村委会、居委会和城市社区。

三、资料来源

服务企业统计调查，郑州市采用抽样调查的方法，其他省辖市均采用全面调查的方法；行政事业单位，采用分层随机抽样的方法；个体经营户采用整群抽样的方法。本篇资料由省地方经济社会调查队服务业调查处编辑整理。

20-1 服务业企业分行业主要统计指标(2007年)

Main Indicators of Services Enterprises by Industry (2007)

单位：亿元 (100 million yuan)

行　业	Sector	单位数 (个) Number of Enteprises (unit)	从业人员 (万人) Number of Employed persons (10 000persons)	资产总计 Orginal Value of Assets	固定资产原价 Operating Revenue	营业收入 Tax Payable
企业总计	**Total**	**17716**	**36.91**	**1824.94**	**618.42**	**483.92**
租赁和商务服务业	Tenancy and business services	5354	10.47	967.55	316.84	143.41
教育	Education	3108	6.50	86.36	69.27	37.09
卫生和福利业	Sanitation and social welfare	2595	2.60	37.78	26.27	24.87
居民服务业	Resident services	1139	2.14	20.54	12.93	13.69
信息传输、计算机服务业	Information transfer, computer services	1834	1.49	29.22	14.54	17.05
其他服务业	others	3686	13.70	683.49	178.57	247.80

行　业	Sector	主营业务收入 Hand in Expenses	费用合计 Total Cost	营业利润 Operating Profits	利润总额 Total Profits	工资总额 Total Wages
企业总计	**Total**	**452.47**	**103.35**	**70.35**	**72.44**	**55.49**
租赁和商务服务业	Tenancy and business services	128.75	34.64	22.03	22.56	13.49
教育	Education	32.50	7.21	11.17	10.57	7.78
卫生和福利业	Sanitation and social welfare	24.14	5.23	4.15	3.80	3.78
居民服务业	Resident services	13.40	3.90	2.50	2.36	2.15
信息传输、计算机服务业	Information transfer, computer services	15.99	4.05	3.53	3.76	2.23
其他服务业	others	237.69	48.31	26.97	29.40	26.06

20-2 各市服务业企业主要统计指标(2007年)
Main Indicators of Services Enterprises by City(2007)

单位：亿元 (100 million yuan)

市 City	单位数(个) Number of Enteprised (unit)	从业人员(万人) Number of Employed persons (10 000persons)	固定资产原价 Orginal Value of permanent Assets	固定资产折旧 Depreciation of Fixed Asset	营业收入 Operating Revenue	应交税金 Tax Payable
总计 Total	**17716**	**36.91**	**618.42**	**35.97**	**483.92**	**4.74**
郑州市 Zhengzhou	8056	14.87	317.27	21.28	233.63	1.54
开封市 Kaifeng	694	1.67	15.56	1.63	20.31	0.11
洛阳市 Luoyang	1109	3.73	37.98	3.94	64.45	0.55
平顶山市 Pingdingshan	810	1.59	24.06	1.04	16.63	0.17
安阳市 Anyang	1102	1.72	20.52	1.54	20.49	0.19
鹤壁市 Hebi	174	0.53	9.83	0.35	3.58	0.02
新乡市 Xinxiang	476	1.65	26.65	1.21	24.62	0.44
焦作市 Jiaozuo	418	1.27	78.03	0.78	9.31	0.62
濮阳市 Puyang	475	2.00	7.52	0.32	6.80	0.04
许昌市 Xuchang	642	1.14	8.02	0.51	11.55	0.18
漯河市 Luohe	334	0.59	5.75	0.31	16.49	0.11
三门峡市 Sanmenxia	599	0.82	10.88	0.40	5.49	0.06
南阳市 Nanyang	899	1.77	11.11	0.78	11.80	0.20
商丘市 Shangqiu	290	0.69	5.42	0.19	5.74	0.04
信阳市 Xinyang	551	1.11	12.00	0.64	9.71	0.14
周口市 Zhoukou	197	0.38	8.96	0.11	5.60	0.04
驻马店市 Zhumadian	791	1.09	16.83	0.83	16.12	0.28
济源市 Jiyuan	99	0.29	2.03	0.11	1.59	0.01

市 City	上交费用 Hand in Expenses	费用合计 Total Expenses	营业利润 Operating Profits	工资 Wages	福利费 Welfare	保险费 Premium
总计 Total	**5.02**	**103.35**	**70.35**	**55.49**	**4.95**	**5.41**
郑州市 Zhengzhou	1.49	63.39	31.84	27.80	2.77	3.33
开封市 Kaifeng	0.19	3.61	1.63	2.10	0.20	0.05
洛阳市 Luoyang	0.47	9.14	7.71	7.87	0.60	0.90
平顶山市 Pingdingshan	0.35	2.52	4.09	1.87	0.15	0.07
安阳市 Anyang	0.31	2.67	3.20	1.92	0.16	0.08
鹤壁市 Hebi	0.03	1.01	0.10	0.54	0.05	0.04
新乡市 Xinxiang	0.15	3.20	1.86	1.89	0.16	0.21
焦作市 Jiaozuo	0.15	3.29	2.76	1.63	0.22	0.08
濮阳市 Puyang	0.04	0.90	1.51	1.27	0.05	0.10
许昌市 Xuchang	0.36	1.42	4.03	1.21	0.08	0.04
漯河市 Luohe	0.09	0.89	1.69	0.55	0.02	0.02
三门峡市 Sanmenxia	0.08	1.92	0.29	0.87	0.07	0.06
南阳市 Nanyang	0.64	2.83	1.49	2.08	0.17	0.21
商丘市 Shangqiu	0.09	0.56	1.48	0.68	0.03	0.01
信阳市 Xinyang	0.15	2.29	1.25	1.28	0.12	0.12
周口市 Zhoukou	0.03	1.49	0.91	0.43	0.01	0.01
驻马店市 Zhumadian	0.39	1.84	3.80	1.21	0.06	0.06
济源市 Jiyuan	0.02	0.36	0.70	0.29	0.03	0.02

20-3 按行业分的行政事业单位主要统计指标(2007年)

Main Indicators of administration unit by Industry(2007)

单位：亿元 (100 million yuan)

行业	Sector	单位数(个) Number of Enteprises (unit)	从业人员(万人) Number of Employed persons (10 000 persons)	年末资产 Assets of Year-end	#固定资产原价 Original Value of Fixed Assets	本年收入 Income of this Year
总　计	**Total**	**103137**	**306.68**	**4166.11**	**2547.97**	**2050.98**
交通运输、仓储和邮政业	Transport, Storage and Post	63	0.42	17.18	10.51	4.12
信息传输、计算机服务和软件业	Information Transmission, Computer Services and Software	69	0.15	2.75	1.68	1.33
租赁和商务服务业	Leasing and Business Services	1755	3.75	138.80	84.89	22.17
科学研究、技术服务和地质勘查业	Scientific Research, Technical Services and Geologic Prospecting	2613	7.86	129.35	79.11	80.40
水利、环境和公共设施管理业	Management of Water Conservancy, Environment and Public Facilities	1390	9.99	374.31	228.93	50.09
居民服务和其他服务业	Services to Households and Other Services	344	0.80	12.65	7.73	8.06
教育	Education	13315	103.74	1108.58	678.00	551.13
卫生、社会保障和社会福利业	Health, Social Security and Social Welfare	7982	33.06	439.56	268.83	306.13
文化、体育和娱乐业	Culture, Sports and Entertainment	2073	5.35	100.76	61.62	49.63
公共管理和社会组织	Public Management and Social Organizations	73533	141.57	1842.17	1126.66	977.91

行业	Sector	本年支出 Expense of this Year	#人员支出 Personal Expenditures	#公用支出 Public Expenditures	#对个人和家庭补助支出 Expenditures forIndividuals and Families	经营税金 Operation Tax
总　计	**Total**	**1977.93**	**690.86**	**822.61**	**163.36**	**3.90**
交通运输、仓储和邮政业	Transport, Storage and Post	3.98	1.39	1.65	0.33	0.01
信息传输、计算机服务和软件业	Information Transmission, Computer Services and Software	1.29	0.45	0.54	0.11	0.00
租赁和商务服务业	Leasing and Business Services	21.38	7.47	8.89	1.77	0.06
科学研究、技术服务和地质勘查业	Scientific Research, Technical Services and Geologic Prospecting	77.54	27.08	32.25	6.40	0.25
水利、环境和公共设施管理业	Management of Water Conservancy, Environment and Public Facilities	48.30	16.87	20.09	3.99	0.16
居民服务和其他服务业	Services to Households and Other Services	7.78	2.72	3.23	0.64	0.02
教育	Education	531.50	185.65	221.05	43.90	1.62
卫生、社会保障和社会福利业	Health, Social Security and Social Welfare	295.22	103.12	122.78	24.38	0.94
文化、体育和娱乐业	Culture, Sports and Entertainment	47.87	16.72	19.91	3.95	0.16
公共管理和社会组织	Public Management and Social Organizations	943.08	329.40	392.22	77.89	0.66

20–4 各市行政事业单位主要指标(2007年)

Main Indicators of administration unit by City (2007)

单位：亿元 (100 million yuan)

市 City	单位数(个) Number of Enteprises (unit)	从业人员(万人) Number of Employed Persons (10 000 persons)	年末资产 Total Assets	本年收入 Annual Income	人员支出 Personal Expenditures	公用支出 Public Expenditures	对个人和家庭的补助支出 Expenditures for Individuals and Families	经营税金 Operation Taxs
全　省 Total	**103137**	**306.68**	**4166.11**	**2050.98**	**690.86**	**822.61**	**163.36**	**3.90**
郑　州　市 Zhengzhou	7919	34.11	972.70	459.37	154.74	184.25	36.59	0.90
开　封　市 Kaifeng	4755	15.94	199.50	106.21	35.78	42.60	8.46	0.21
洛　阳　市 Luoyang	8665	21.10	489.59	219.89	74.07	88.19	17.51	0.45
平 顶 山 市 Pingdingshan	5278	16.04	185.30	101.31	34.12	40.63	8.07	0.19
安　阳　市 Anyang	6518	15.70	190.84	95.71	32.24	38.39	7.62	0.19
鹤　壁　市 Hebi	2449	4.77	60.08	31.32	10.55	12.56	2.49	0.05
新　乡　市 Xinxiang	7055	18.44	317.16	130.12	43.83	52.19	10.36	0.23
焦　作　市 Jiaozuo	3998	12.18	217.73	105.61	35.57	42.36	8.41	0.19
濮　阳　市 Puyang	5004	12.02	128.27	61.87	20.84	24.82	4.93	0.11
许　昌　市 Xuchang	3724	11.49	86.06	72.74	24.50	29.18	5.79	0.13
漯　河　市 Luohe	2712	8.66	94.32	54.09	18.22	21.70	4.31	0.10
三 门 峡 市 Sanmenxia	3792	8.05	127.83	57.57	19.39	23.09	4.59	0.10
南　阳　市 Nanyang	11392	30.67	260.79	144.03	48.52	57.77	11.47	0.27
商　丘　市 Shangqiu	7155	26.15	164.35	86.75	29.22	34.79	6.91	0.16
信　阳　市 Xinyang	8277	22.27	289.71	136.78	46.07	54.86	10.89	0.29
周　口　市 Zhoukou	6909	25.33	157.49	76.64	25.81	30.74	6.10	0.13
驻 马 店 市 Zhumadian	6463	21.17	158.61	85.84	28.91	34.43	6.84	0.16
济　源　市 Jiyuan	1072	2.58	65.77	25.13	8.47	10.08	2.00	0.03

20–5 个体服务业分行业主要统计指标(2007年)

Main Indicators of Individual Services Enterprises by Industry (2007)

单位：亿元 (100 million yuan)

行业	Sector	单位数（个）Number of Enteprises (unit)	从业人员（万人）Number of Employed persons (10 000persons)	固定资产原价 Orginal Value of Assets	资产总计 Total Assets	营业收入 Operating Revenue
个体总计	**Total**	**864951**	**180.86**	**533.98**	**696.63**	**1222.89**
租赁和商务服务业	Tenancy and business services	26648	5.99	11.78	15.53	26.97
教育	Education	7870	3.07	8.55	8.27	19.58
卫生和福利业	Sanitation and social welfare	110609	21.00	36.55	48.20	83.69
居民服务业	Resident services	128238	27.05	47.56	62.72	108.91
文化、体育和娱乐业	Culture, sports and entertainment	11724	17.67	6.21	8.19	14.21
交通运输业	Traffic and transport	427380	77.63	358.44	468.14	820.94
其他服务业	others	152482	28.45	64.89	85.57	148.58

行业	Sector	营业支出 Hand in Expenses	雇员报酬 personnel remuneration	上缴税金与费用 Tax Payable and Expenses	支付租金 Rent payable	其他支出 Other Expenses
个体总计	**Total**	**605.08**	**79.93**	**104.32**	**29.70**	**391.13**
租赁和商务服务业	Tenancy and business services	13.34	1.76	2.30	0.66	8.63
教育	Education	9.69	1.28	1.67	0.48	6.26
卫生和福利业	Sanitation and social welfare	41.41	5.47	7.14	2.03	26.77
居民服务业	Resident services	53.89	7.12	9.29	2.65	34.83
文化、体育和娱乐业	Culture, sports and entertainment	7.03	0.93	1.21	0.35	4.55
交通运输业	Traffic and transport	406.19	53.65	70.03	19.94	262.57
其他服务业	others	73.52	9.71	12.68	3.61	47.52

20–6 各市个体服务业主要经济指标(2007年)

Main Index of Individual Service Industry by City(2007)

单位：亿元 (100 million yuan)

市 City	单位数(万个) Number of Enteprised (10 000unit)	资产总计 Total Assets	固定资产原价 Orginal Value of permanent Assets	营业支出 Expend of Business	上交税费 Hand in Tax and Expenses
总计 Total	**86.50**	**696.63**	**533.98**	**605.08**	**104.32**
郑州市 Zhengzhou	9.48	87.36	74.11	79.92	11.08
开封市 Kaifeng	3.17	33.64	25.51	15.26	3.88
洛阳市 Luoyang	9.13	91.42	61.89	72.42	13.21
平顶山市 Pingdingshan	4.97	38.12	27.94	33.95	4.89
安阳市 Anyang	4.49	39.76	29.58	28.41	3.96
鹤壁市 Hebi	1.02	5.51	4.87	7.46	1.23
新乡市 Xinxiang	5.01	46.81	37.07	34.67	8.02
焦作市 Jiaozuo	5.58	47.90	40.59	70.47	10.32
濮阳市 Puyang	2.19	20.32	16.55	11.74	1.94
许昌市 Xuchang	3.72	33.34	26.08	33.88	7.07
漯河市 Luohe	1.56	8.22	4.46	3.80	1.00
三门峡市 Sanmenxia	3.00	15.19	13.19	17.04	4.09
南阳市 Nanyang	9.14	59.84	40.30	55.10	9.08
商丘市 Shangqiu	5.48	36.18	29.31	27.32	5.86
信阳市 Xinyang	6.35	41.39	32.09	37.04	5.19
周口市 Zhoukou	5.52	47.08	35.10	39.96	7.08
驻马店市 Zhumadian	4.73	32.88	26.97	26.17	5.27
济源市 Jiyuan	1.95	11.68	8.37	10.45	1.15

市 City	雇员报酬 Personnel Stipend	其他支出 other Expenses	营业收入 Operating Revenue	从业人员(万人) Number of Employed persons (10 000persons)
总计 Total	**79.93**	**391.13**	**1222.89**	**180.86**
郑州市 Zhengzhou	13.85	47.52	163.40	21.49
开封市 Kaifeng	2.48	8.20	38.21	6.88
洛阳市 Luoyang	12.96	43.69	137.80	18.70
平顶山市 Pingdingshan	4.49	21.65	63.95	11.44
安阳市 Anyang	3.78	19.93	65.61	10.03
鹤壁市 Hebi	0.47	5.63	11.39	1.74
新乡市 Xinxiang	4.54	19.05	86.51	12.34
焦作市 Jiaozuo	7.52	49.99	115.29	14.84
濮阳市 Puyang	1.37	7.71	19.34	3.90
许昌市 Xuchang	4.26	21.52	64.11	8.41
漯河市 Luohe	1.23	1.17	9.66	3.38
三门峡市 Sanmenxia	1.78	10.84	41.79	5.11
南阳市 Nanyang	6.80	38.03	110.10	20.05
商丘市 Shangqiu	2.74	17.30	72.99	10.50
信阳市 Xinyang	2.36	28.49	69.78	9.99
周口市 Zhoukou	4.92	26.80	67.61	10.43
驻马店市 Zhumadian	3.23	15.73	63.19	9.12
济源市 Jiyuan	1.14	7.89	22.16	2.49

主要统计指标解释

服务业企业 指实际存在的从事服务业活动的企业法人单位，包括：租赁和商务服务业，科学研究、技术服务和地质勘查业，水利、环境和公共设施管理业，居民服务和企业服务业，教育，卫生、社会保障和社会福利业，文化、体育和娱乐业，公共管理和社会组织，仓储业，信息传输、计算机服务和软件业等国民经济行业。

Explanatory Notes on Main Statistical Indicators

Service business enterprise refer to artificial person unit that is actually engaged in servicing business activity, include: Tenancy and business services, Scientific research, technical service and geologic perambulation, Management of water conservancy, environment and public establishment, Resident services and other services, Education, Sanitation, social security and social welfare, Culture, sports and entertainment, Public management and social organization, Traffic, transport, storage and post, Information transfer, computer services and software...etc.

文化产业
Culture

● 资料整理：赵 霞

〖简要说明〗

一、主要内容

本篇主要包括文化，文物机构，档案，广播、电视、新闻出版等方面的资料。

二、资料来源

文化机构人员，艺术表演团体，艺术表演场馆，公共图书馆，博物馆，群众艺术馆，文化馆等资料由河南省文化厅提供；档案资料由省档案局提供；文物机构资料由省文物局提供；广播、电视资料由省广电厅提供；新闻出版资料由省新闻出版局提供。本篇资料由省统计局社会与科技处编辑整理。

21-1 历年文化事业基本情况

Basic Statistics of Cultural Activities over the Years

年份 year	艺术表演团体（个）Art Performance Troupes (unit)	文化馆（个）Cultural Centers (unit)	公共图书馆（个）Public Libraries (unit)	博物馆（个）Museums (unit)	图书出版数（万册）Number of Books Published (10 000 copies)	杂志出版数（万册）Number of Magazines Published (10 000 copies)	报纸出版数（万份）Number of Newspapers Published (10 000 copies)	广播人口覆盖率（%）Listener Rating (%)	电视人口覆盖率（%）Viewer Rating (%)
1978	250	150	36	11	18169			82.0	35.0
1979	274	200	68	11	22573	1325	27710	82.0	35.0
1980	280	212	70	11	21672	1368	28849	82.0	47.0
1981	273	210	70	13	28551	1516	28858	82.0	51.0
1982	273	212	76	13	27648	3350	28868	82.0	59.0
1983	277	212	79	16	27171	4654	39496	82.0	56.0
1984	271	212	95	32	30735	8044	61642	82.0	73.0
1985	264	210	118	38	30409	10341	87875	82.0	75.0
1986	258	210	122	39	29718	10522	52630	82.0	75.0
1987	253	208	119	39	34372	9486	82517	88.0	76.0
1988	244	205	122	42	36586	13245	79795	88.0	77.0
1989	238	203	125	52	31880	8307	70008	88.0	79.0
1990	231	203	127	53	29373	8460	79742	88.0	80.0
1991	230	202	129	59	35299	10100	90283	89.0	81.0
1992	228	200	128	59	31650	11253	101479	89.0	81.0
1993	220	200	131	61	30804	10490	91800	89.0	81.0
1994	216	201	132	63	34908	8795	84287	89.0	81.0
1995	216	201	132	66	36802	10501	89642	89.0	81.0
1996	214	198	132	66	37918	9618	97065	92.0	85.0
1997	208	198	132	67	39489	10216	94416	93.2	87.5
1998	206	195	132	68	42487	10643	110111	93.2	88.0
1999	206	193	133	70	40668	10937	121602	93.0	90.0
2000	205	191	134	70	35077	10721	129104	94.0	93.0
2001	204	188	135	73	32494	10548	133189	94.5	94.0
2002	202	187	134	75	33819	12678	156095	94.5	95.0
2003	199	187	136	75	32155	11849	150889	95.5	95.0
2004	228	189	136	76	29074	9738	168661	96.0	96.0
2005	199	186	136	78	27260	9323	197896	96.4	96.2
2006	199	183	136	79	24755	8828	201574	96.5	96..4
2007	199	183	138	82	22605	8425	209779	96.9	96.9

21-2 文化机构和人员数(2007年)

Number of Institutions and Employed persons (2007)

机构类别	Category of Institution	机构数(个) Number of Institutions (unit)	#文化部门 Culture Institutions	从业人员(人) Number of Employed Persons (person)	#文化部门 Culture Institutions
文化及相关产业合计	**Culture and interrelated Industries**	**15087**	**3321**	**102574**	**41912**
艺术业	Arts	353	353	14145	14145
艺术表演团体	Arts Performance Troupes	199	199	9865	9865
话剧、儿童剧、滑稽剧团	Drama, Children's Play and Comedy Troupes	1	1	70	70
歌舞团、轻音乐团	Song and Dance, Light Music Troupes	8	8	692	692
文工团、文宣队	Cultural and Performance Troupes	2	2	54	54
戏曲剧团	Local Opera Troupes	167	167	8360	8360
曲、杂、木、皮团	Recitation and Ballad Troupes, Acrobatics and Circus Troupes, Puppet Show Troupes and Shadow Play Troupes	20	20	673	673
综合性艺术表演团体	Comprehensive Art Performing Troupes	1	1	16	16
艺术表演场馆	Arts Centers	154	154	4280	4280
图书馆业	Public Libraries	138	138	2747	2747
群众文化服务业	Mass Culture	2358	2315	10190	10047
#文化馆、群众艺术馆	Mass Art Centers and Cultural Centers	202	202	3697	3697
艺术教育事业	Culture and Education	20	20	1199	1199
文化市场经营单位	Management Unit of Culture Market	11917	194	63092	2573
文艺科研	Art Scientific and Research Institutions	21	21	204	204
文物业	Cultural Relics	243	243	6978	6978
#博物馆	Museums	82	82	2964	2964
其他文化产业	Others	37	37	4019	4019

21-3 艺术表演团体基本情况(2007年)

Basic Statistics of Arts Performance Troupes (2007)

项目	Item	演出场次(万场) Number of Performances (10 000 shows)	#到农村演出 Shows in Rural Areas	观众人数(万人次) Number of Spectators (10 000 person-times)	总收入(万元) Total Income (10 000 yuan)	#演出收入 Income from Performance
总计	**Total**	**4.33**	**3.60**	**5643.3**	**22739.9**	**6306.9**
按登记注册类型分	Grouped by Registration Status					
国有剧团	Troupes Sponsored by State-owned Units	3.85	3.20	5227.0	22317.5	6040.3
集体剧团	Troupes Sponsored by Collective Units	0.48	0.40	416.3	422.4	266.6
按剧种分	Grouped by Art Troupes					
话剧、儿童剧、滑稽剧团	Drama, Children's Play and Comedy Troupes	0.01		8.0	517.0	165.3
歌舞团、轻音乐团	Song and Dance, Light Music Troupes	0.09	0.03	192.2	4538.0	880.5
文工团、文宣队	Cultural and Performance Troupes	0.03	0.03	24.0	15.0	15.0
戏曲剧团	Local Opera Troupes	3.64	3.35	5091.4	16417.5	4876.6
曲、杂、木、皮团	Recitation and Ballad Troupes, Acrobatics and Circus Troupes, Puppet Show Troupes and Shadow Play Troupes	0.55	0.18	316.7	1217.4	349.5
综合性艺术表演团体	Comprehensive Art Performing Troupes	0.10	0.10	11.0	35.0	20.0

21-4 艺术表演场馆基本情况(2007年)

Basic Statistics of Arts Centers (2007)

项目	Item	坐席数(个) Number of Seats (unit)	演(映)出场次(千场次) Number of Performances (1000 times)	#艺术演出 Art Performance	#电影放映 Films	观众人次合计(千人次) Number of Audiences (1000 person-times)	#艺术演出 Art Performance	#电影放映 Films	总收入(万元) Total Income (10 000 yuan)
总计	**Total**	**117605**	**72**	**2**	**68**	**5319**	**1449**	**3206**	**7943.8**
按登记注册类型分	Grouped by Registration Status								
国有	Sponsored by State-owned Units	114845	71	2	67	5265	1449	3152	7722.7
其他	Others	2760	1		1	54		54	221.1
按机构类型分	Grouped by Type								
剧场	Theaters	40309	5	1	3	1771	342	911	968.6
影剧院	Showplaces	77296	67	1	65	3548	1107	2295	6975.2

21-5 公共图书馆、博物馆、文物机构基本情况

Basic Statistics on Public Libraries、Museums and Cultural Relic Agencies

指标名称	Index	2006	2007
公共图书馆(个)	**Public Libraries (unit)**	**136**	**138**
总藏量（万份）	Total Collections (10 000 volumes)	1470.3	1508.6
#图书	Books	1227.6	1255.3
报刊	Newspapers and periodicals	223.7	230.1
图书流动情况	Circulation of Books		
外借人次（万人次）	Number of Books Borrowed by the Readers(10 000person-times)	467.3	488.7
外借(万册次)	Number of Books Borrowed (10 000volume-times)	696.6	774.2
为读者服务举办各种活动次数(次)	Service Activities Provided for Readers(times)	1255	1417
参加人数(万人次)	Number of Readers Involved (10 000 person-times)	51.8	49.6
本年收入(万元)	Income of this Year (10 000yuan)	7348.4	9131.7
本年支出(万元)	Expenditures of this Year (10 000yuan)	6978.7	8871.1
本年新购图书(万册)	Number of Books Purchased During the Year(10 000 volumes)	30.8	43.4
公共用房建筑面积(万平方米)	Floor Space of Public Buildings(10 000 sq.m)	27.1	28.4
#书库	Stack Rooms	8.1	7.9
阅览室座席(万个)	Seating Capacity of Reading Rooms(10 000 seats)	1.8	1.9
博物馆(个)	**Museums (unit)**	**79**	**82**
藏品(件)	Number of Collections(piece)	647674	643562
#一级品	Grade One	1586	1750
业务活动	Operations		
展览(个)	Exhibitions(unit)	323	343
参观人数(万人次)	Number of Visitors(10 000 person-times)	721	732
本年收入(万元)	Income of this Year (10 000yuan)	11639	15882
#门票收入	Income from Tickets	3552	4855
本年支出(万元)	Expenditures of this Year (10 000yuan)	11764	15687
文物机构(个)	**Cultural Relic Agencies(unit)**	**133**	**140**
藏品(件)	Number of Collections(piece)	541016	543509
#一级品	Grade One	371	593
参观人数(万人次)	Number of Visitors(10 000 person-times)	366	437
本年收入(万元)	Income of this Year (10 000yuan)	18544	24159
#门票收入	Income from Tickets	7800	10126
本年支出(万元)	Expenditures of this Year (10 000yuan)	16375	22005

21-6 分市图书馆情况

Basic Statistics on Public Libraries by City

市地	City	2006 公共图书馆 (个) Public Libraries (unit)	2006 公共图书馆藏书量 (万册) Number of Collections in public libraries (10 000 volume)	2007 公共图书馆 (个) Public Libraries (unit)	2007 公共图书馆藏书量 (万册) Number of Collections in public libraries (10 000 volume)
合计	**Total**	**136**	**1470**	**138**	**1509**
省直	Directly under the provincial government	1	292	1	271
郑州市	Zhengzhou	7	117	8	140
开封市	Kaifeng	6	74	6	74
洛阳市	Luoyang	11	119	11	120
平顶山市	Pingdingshan	7	60	8	62
安阳市	Anyang	7	80	7	82
鹤壁市	Hebi	3	35	3	36
新乡市	Xinxiang	11	94	11	96
焦作市	Jiaozuo	7	63	7	64
濮阳市	Puyang	6	40	6	41
许昌市	Xuchang	6	43	6	58
漯河市	Luohe	4	35	4	37
三门峡市	Sanmenxia	6	63	6	65
南阳市	Nanyang	13	131	13	134
商丘市	Shangqiu	9	53	9	55
信阳市	Xinyang	11	53	11	52
周口市	Zhoukou	10	53	10	53
驻马店市	Zhumadian	10	54	10	57
济源市	Jiyuan	1	11	1	12

21−7　群众艺术馆、文化馆基本情况

Basic Statistics of Mass Art Centers and Culture Centers

项　目	Item	2006	群众艺术馆 Mass Art Centers	文化馆 Culture Centers	2007	群众艺术馆 Mass Art Centers	文化馆 Culture Centers
单位数(个)	Number of Units (unit)	202	19	183	205	22	183
举办展览(个)	Number of Holding Exhibitions (unit)	839	104	735	949	157	792
组织文艺活动次数(次)	Art Performances and Story-Telling Sessions(times)	4776	549	4227	5179	897	4282
举办培训班(班次)	Training Courses(times)	1815	322	1493	1822	474	1348
结业人员（万人次）	Number of Persons Completing Courses(10 000 person-times)	8.0	1.0	7.0	9.9	2.2	7.7
文化户(户)	Households Specializing Cultural Activuties(households)	7788	745	7043	9324	736	8588
农村集镇文化中心(个)	Cultural Centers in County Towns(unit)	3841	1940	1901	1760	66	1694
群众业余演出团体(队)（个）	Part-time Art Groups(unit)	5000	204	4796	3976	280	3696
馆办文艺团体(个)	Troups Sponsored by Centers(unit)	187	48	139	229	49	180
本年收入(万元)	Income of this Year (10 000yuan)	7291	2350	4941	10492	3013	7479
本年支出(万元)	Enpenditures of this Year (10 000yuan)	7219	2291	4928	10511	3136	7375

21−8　国家综合档案馆基本情况(2007年底)

Basic Statistics on the National comprehensive Archives (End of 2007)

分类	Item	机构数(个) Number of Institutions (unit)	馆藏档案(卷) Archives Stored (volume)	开放档案(卷) Opening Archives (volume)	利用档案(卷次) Number of Archives Used (volume-time)	馆藏资料(册) Number of Material Stored (volume)	库房面积(平方米) Areas of Storerooms (sq.m)
总　计	**Total**	**178**	**7887327**	**1782649**	**289475**	**2478535**	**215913**
省　级	Province Level	1	351802	132696	3362	67626	13822
市　级	City Level	19	1650977	177646	33638	601927	57230
县　级	County Level	158	5884548	1472307	252475	1808982	144861

21—9 广播电视业经营情况
Basic Statistics on Radio and Television Operation

单位：万元 (10 000yuan)

指标名称	Index	2006	2007
从业人员(人)	Number of Employed Persons (person)	39967	40804
总收入	Total Income	270577	327358
#行政事业单位收入	Income of Agencies and Institutions	205276	250217
企业主营业务收入	Revenue form Principal Business	63670	77141
事业企业单位实际创收收入	Actual Income of Institutions and Enterprises	221071	265401
#广告收入	From Advertisement	136104	161311
有线广播电视收视费收入	From Cablecasting	51399	58961
付费数字电视收入	From Charge Numberal TV	403	608
资产总额	Total Assets	828204	875003

21-10 广播电视业基本情况
Basic Statistics on Radio and Television Stations

指标名称	Index	2006	2007
广播电台情况	**Broadcasting stations**		
广播电台(座)	Number of broadcasting stations (set)	18	18
中短波转播发射台(座)	Medium and short wave Relaying launch pad(set)	30	30
公共广播节目数(套)	Number of Public Radio Programs (set)	146	147
广播综合人口覆盖率(%)	Listener Rating(%)	96.51	96.94
全年广播节目播出时间(时：分)	Annual Broadcasting Hours of Radio Program(hour:minute)	591605:11	599233:05
全年制作广播节目时间(小时)	Annual Execution Hours of Radio Programs(hour)	296168	282592
被中央台采用节目(条)	Number of Programs Adopted by CCTV Hours(item)	990	1035
电视台情况	**TV stations**		
电视台(座)	Number of TV stations (set)	18	18
电视转播发射台(座)	Television Transmission Stations and Relaying Stations (set)	153	153
公共节目套数(套)	Number of Public Programs (set)	164	165
电视综合人口覆盖率(%)	Viewer Rating(%)	96.42	96.87
全年电视节目播出时间(时：分)	Annual Broadcasting Hours of TV Programs(hour:minute)	810247:23	829522:24
全年制作电视节目时间(小时)	Annual Execution Hours of TV Programs(hour)	131498	128835
被中央台采用节目数(条)	Number of Programs Adopted by CCTV Hours(item)	1740	2139
有线电视用户(户)	Consumers of CATV(households)	5056984	5447566
#数字电视用户	Numberal TV	318208	437845
#付费数字电视用户	Charge Numberal TV	42904	51988
有线电视入户率(%)	Consumer of CATV Rating(%)	18.3	19.5

21-11 新闻出版业主要指标
Main Indicators of News and Print Stations

指标名称	Item	2006	2007
机构和人员情况	**Agencies and Employed Persons**		
机构数(个)	Agencies(unit)	17458	17361
从业人员(人)	Employed Persons(penson)	204165	212219
出版情况	**Publishing**		
图书出版	Publishing of Books		
图书种数(种)	Sort of Books(sort)	3883	4115
图书总印数(万册)	Total Printed Copies of Books(10 000volumes)	24755	22605
图书总印张(万印张)	Total Printed Sheets of Books(10 000 sheets)	144938	146137
图书定价总金额(万元)	Total Priced Value of Books(10 000 yuan)	152016	146980
杂志期刊	Magazine		
杂志种数(种)	Sort of Magazine(sort)	242	242
杂志总印数(万册)	Total Printed Copies of Magazine(10 000 volumes)	8828	8425
杂志总印张(万印张)	Total Printed Sheets of Magazine(10 000 sheets)	37745	38990
杂志定价总金额(万元)	Total Priced Value of Magazine(10 000 yuan)	35306	35729
报纸出版	Publishing of Newspaper		
报纸种数(种)	Sort of Newspaper(sort)	123	123
报纸总印数(万册)	Total Printed Copies of Newspaper(10 000 volumes)	201574	209779
报纸总印张(万印张)	Total Printed Sheets of Newspaper(10 000 sheets)	626110	529909
报纸定价总金额(万元)	Total Priced Value of Newspaper(10 000 yuan)	113774	116258
音像出版物出版	Publishing of Sound and image		
音像出版种数(种)	Sort of Sound and Image(sort)	379	380
音像出版数量(万盒)	Publishing of Sound and Image(10 000 cases)	132	349
音像发行数量(万盒)	Total Issuance of Sound and Image(10 000 cases)	86	319
音像发行金额(万元)	Total Issuance Value of Newspaper(10 000 yuan)	426	3899
印刷企业单位数(个)	Number of Enterprises of Printing(unit)	7461	6588
出版物发行情况	**Issuance of Publication**		
出版物购进数量(万册/张/份/盒)	Number of Publication Bought(10 000 volumes/paper/cases)	125696	134739
出版物购进金额(万元)	Total Bought Value (10 000yuan)	793053	892232
出版物销售数量(万册/张/份/盒)	Volume of Saling Printing(10 000 volumes/paper/cases)	128213	137045
出版物销售金额(万元)	Total Sales of Publication(10 000 yuan)	855200	896869
出版物库存数量(万册/张/份/盒)	Storage of Publication(10 000 volumes/paper/cases)	42708	45125
出版物库存金额(万元)	Inventory Publication(10 000 yuan)	312427	353667

21-12 分市图书发行网点、人数情况(2007年)

Number of Spots and Employed persons by City(2007)

市	City	网点数(个) Number of Spots (unit)	#国有新华书店 State-owned Xinhua Bookstores	从业人数(人) Number of Employed Persons (person)	#国有新华书店 State-owned Xinhua Bookstores
合计	**Total**	**10382**	**1155**	**51493**	**13941**
省直	Directly under the provincial government	5	5	392	392
郑州市	Zhengzhou	1734	46	9867	803
开封市	Kaifeng	528	69	2656	903
洛阳市	Luoyang	985	110	4301	838
平顶山市	Pingdingshan	509	37	2767	831
安阳市	Anyang	649	37	2692	518
鹤壁市	Hebi	195	27	934	274
新乡市	Xinxiang	693	43	3436	945
焦作市	Jiaozuo	383	45	1815	550
濮阳市	Puyang	386	40	1999	454
许昌市	Xuchang	542	66	2437	690
漯河市	Luohe	202	29	1070	355
三门峡市	Sanmenxia	252	51	938	306
南阳市	Nanyang	920	135	4165	1660
商丘市	Shangqiu	567	93	3395	1469
信阳市	Xinyang	478	86	2485	1116
周口市	Zhoukou	643	83	3322	1065
驻马店市	Zhumadian	589	140	2359	686
济源市	Jiyuan	122	13	463	86

主要统计指标解释

文化事业机构　指从事专业文化工作和为专业文化工作服务的独立建制的单位。不包括这些单位另外举办独立核算的其他机构和各部门的业余文化组织。

艺术表演团体　指从事戏曲、音乐、舞蹈、杂技等专业艺术表演，有独立帐户的单位，不包括半工半艺、半农半艺和民间职业剧团。

电影放映单位　指具有放映机器设备、固定或不固定的放映场所与专职或兼职的放映技术人员，经有关部门登记批准，经常为一定的观众对象放映电影的机构。包括经批准对外开放进行营业，并与电影发行放映管理机构分帐的专用放映单位和军委系统租片单位。

艺术表演观众人数（人次）　指售票、包场演出或民族地区免费演出的艺术表演观众人次数，不包括彩排审查和内部观摩演出的观看人次数。

Explanatory Notes on Main Statistical Indicators

Cultural Institutions refer to units which have their own organizational system and independent accounting system and specialize in or serve cultural development. They exclude other establishments run by these cultural institutions and amateur cultural groups established by various departments.

Art Troupe refers to the troupe which is engaged in drama, opera, music, dance, acrobatics or other art performance, opens independent accounts with banks and has self-supporting accounting system; excluding the troupes which are engaged partly in industrial or agricultural activities, partly in art performance and the professional troupes organized by the people.

Film Projection Units refer to units with film projection equipment, full or part time projectionists, permanent or non permanent places, approved by related administrative departments to show films regularly for certain groups of audience, including those film projection units which have been approved to give commercial shows and run business with independent accounting system as well as those film-renting units of the military system.

Number of Spectators at Art Performance refers to the number of attendants at commercial shows, completely booked shows or free shows given in minority national areas, and does not include the number of spectators at rehearsals for examination and internal shows for study.

科技
Science and Technology

资料整理：张永安

【简要说明】

一、主要内容

本篇包括独立核算的科研机构、高校及工业企业的科技活动人员、科技活动经费筹集及支出、研究与试验发展（R&D）活动、科技成果及科技项目等资料、专利申请和授权资料、技术市场技术合同成交资料、高技术产业资料、测绘及质量监督等方面的资料。

二、统计范围

科技活动统计范围包括全社会有科技活动的企事业单位，具体包括独立核算的科研机构、普通高等学校、工业企业、建筑企业、运输和通信企业、农业、地质水利企事业单位和卫生机构、软件开发单位及综合技术服务机构等。高技术产业统计范围包括年销售收入500万元以上的工业企业。

三、资料来源

工业企业、独立核算的科研机构、高校的科技活动资料通过全数调查取得，建筑企业、运输和通信企业、农业、地质水利企事业单位和卫生机构、软件开发单位及综合技术服务机构等资料通过五年为一周期的滚动调查取得。工业企业、建筑企业、运输和通信企业、农业、地质水利企事业单位、卫生机构、软件开发单位及综合技术服务机构等调查资料由河南省统计局提供。独立核算的科研机构资料、技术市场资料、专利资料由省科技厅提供；高校科技活动资料由省教育厅提供。测绘资料由省测绘局提供。质量监督资料由省质量技术监督局提供。本篇资料由省统计局社会与科技处编辑整理。

22-1 科技活动概况

Basic Statistics on Scientific Research and Technological Activities

指标	Item	2000	2002	2005	2006	2007
有科技活动的单位数(个)	Number of Units Having S&T (unit)	1946	1757	2396	2137	2291
科技活动人员(人)	Number of Persons Engaged in S&T Acitvities (person)	151766	143210	158075	177226	192173
#科学家和工程师	Scientists and Engineers	91341	90789	95783	108580	122223
科技活动经费情况	**Funds for S&T**					
当年科技活动经费筹集总额(万元)	Funding in current year(10 000 yuan)	601169	662485	1270691	1799791	2348504
#政府资金	Govement Funds	134211	154968	259370	298722	350774
企业资金	Self-raised Funds by Enterprises	362734	409950	887156	1300821	1751665
事业单位资金	Funds Self-raised by Institutions	27379	40057	33919	69104	68266
金融机构贷款	Loans From Finance Institutions	60819	42098	68617	103674	156336
当年科技活动经费支出总额(万元)	Expenditure on S&T in current year(10 000 yuan)	620323	701489	1329098	1888708	2338766
内部支出	Intramural Expenditure	581197	644968	1253719	1786323	2208114
经常费支出	Regularity Expenses	464837	526275	1074199	1475412	1945156
#人员劳务费	Labor Expenses	129985	163087	230879	316742	348057
科研基建支出	Expenses on Capital Construction for S&T	215865	118693	179520	310911	262959
#固定资产购建	Expenses on Fixed Assets	213044	202832	476915	683151	797527
外部支出	External Expenses	39126	56521	75379	102385	130652
研究与实验发展(R&D)情况	**Situation on R&D**					
有R&D活动的单位数(个)	Number of Institutions for R&D (unit)	1017	982	1107	1109	1169
R&D人员折合全时人员(人年)	Number of Persons for R&D Anounted to Full-time (person-year)	34629	41492	50888	58716	64888
#科学家和工程师	Scientists and Engineers	25931	30082	39008	46767	48519
#基础研究	Basic Research	1742	1657	1839	2082	1810
应用研究	Applied Research	6917	5784	6972	9555	7337
试验发展	Experimental Development	25970	34051	42077	47080	55741
R&D经费内部支出(万元)	Intramural Expenditures on R&D (10 000 yuan)	248024	293151	556090	798414	1011302
#经常费支出	Regularity Expenses	214670	271521	530058	733992	958729
#人员劳务费	Labor Expenses	55056	84050	116993	162586	190507
#基础研究	Basic Research	5499	3894	11866	17017	14836
应用研究	Applied Research	22373	35323	56859	101685	71001
试验发展	Experimental Development	232304	232304	461332	615290	872892
科研基建支出	Expenses on Capital Construction for S&T		21630	26033	64422	52573
#固定资产购建	Expenses on Fixed Assets	76610	62583	146393	233787	280713
R&D经费外部支出(万元)	External Expenses on R&D(10 000 yuan)	15050	31148	39913	47729	59761
科技成果情况	**Achievements in S&T**					
专利申请数(件)	Total Applications Examined(piece)	1027	1154	2604	3761	4866
#发明专利申请数	Creation Inventions	515	498	880	1377	1719
拥有发明专利数(件)	Hoding Creation Inventions (Piece)	829	821	1611	1969	2692
发表科技论文(篇)	Scientific and Technological Treatise Published(paper)	21610	22137	36783	44922	47880
出版科技著作(种)	Scientific and Technological Books Publiced(type)	1689	1875	2071	2363	2696
科技项目(课题)情况	**Situation on Projects for S&T**					
项目(课题)数(项)	Number of Projects for S&T (item)	7904	8470	16069	18904	24395
项目(课题)参加人员折合全时当量(人年)	Full-time Equivalent of R&D Attendee to Problem (person-year)	34541	40946	67710	81395	88452
#科学家和工程师	Scientists and Engineers	26259	30083	51462	61740	65398
项目(课题)实际经费支出(万元)	Factual Expenditure for Problem (10 000 yuan)	240917	306365	879857	1272475	1672864
科技活动机构情况	**Situation on S&T Institution**					
机构数(个)	Number of Institutions (unit)	1331	1151	1498	1432	1531
机构从事科技活动人员(人)	S&T Personnel in Intitutions (Person)	58692	60953	65416	69876	78460
#科学家和工程师	Scientists and Engineers	34684	38291	40395	43075	49525
机构科技经费内部支出(万元)	Intramural Expenditure for S&T in Institutions (10 000 yuan)	326030	383368	615041	813675	1090815
#R&D经费	Expenditures for R&D	166171	197636	138000	167813	183933
机构年末固定资产原价(万元)	Original Value of Fixed Assets in Institution at the year-end(10 000 yuan)	1884254	1797421	901526	763366	1087412
#仪器设备	Instruments for S&T	556355	599644	580877	783750	1054894

22-2 科技活动概况(2007年)

Basic Statistics on Scientific Research and Technological Activities(2007)

指 标	Item	总计 Total	#科学研究与技术开发机构 Institution for Scientific Research and Technological Empolder	#全日制普通高等学校 Full-time Regular Institutions of Higher Edcation	#大中型工业企业 Large and Medium-sized Industrial Enterprises
有科技活动的单位数(个)	Number of Units Having S&T Activities (unit)	2291	261	99	591
科技活动人员(人)	Number of Persons Engaged in S&T Activities (person)	192173	20467	13320	121383
#科学家和工程师	Scientists and Engineers	122223	13291	12003	72424
科技活动经费情况	**Funds for S&T**				
当年科技活动经费	Funding for S&T				
筹集总额(万元)	Activities in current year(10 000 yuan)	2348504	341714	85451	1711501
#政府资金	Govement Funds	350774	241501	44303	54127
企业资金	Self-raised Funds by Enterprises	1751665	43675	30572	1510202
事业单位资金	Funds Self-raised by Institutions	68266	54633	9701	
金融机构贷款	Loans From Finance Institutions	156336	114		137515
国外资金	Funds from Abroad	416	6	63	92
当年科技活动经费	Expenditures on S&T in current year(10 000 yuan)				
支出总额(万元)		2338766	315569	79548	1683291
内部支出	Intramural Expenditure	2208114	307820	76610	1576236
经常费支出	Regularity Expenses	1945156	246750	71939	1445118
#人员劳务费	Labor Expenses	348057	59063	10030	234995
科研基建支出	Expenses on Capital Construction for S&T Activities	262959	61070	4671	131118
#固定资产购建	Expenses on Fixed Assets	797527	81415	20320	573393
#设备购置	Equipment Purchase	668652	60947	8566	515484
外部支出	External Expenses	130652	7749	2938	107055
研究与实验发展(R&D)情况	**Situation on R&D**				
有R&D活动的单位数(个)	Number of Institutions for R&D (unit)	1169	61	99	368
R&D人员折合全时人员	Number of Persons for R&D Anounted				
(人年)	to Full-time(person-year)	64888	10611	4852	40162
#科学家和工程师	Scientists and Engineers	48519	7361	4827	28898
#全时人员	Full-time Persons	50547	9814	1351	32281
#基础研究	Basic Research	1810	239	1465	
应用研究	Applied Research	7337	2678	2249	953
试验发展	Experimental Development	55741	7685	1138	39209

22-2 续表 continued

指　标	Item	总计 Total	#科学研究与技术开发机构 Institutions for Scientific Research and Technological Empolder	#全日制普通高等学校 Full-time Regular Institutions of Higher Edcation	#大中型工业企业 Large and Medium-size Industrial Enterprises
R&D经费内部支出(万元)	Intramural Expenditures on R&D Activities (10 000 yuan)	1011302	162005	52937	720738
经常费支出	Regularity Expenses	958729	122539	48662	714487
#人员劳务费	Labor Expenses	190507	31443	7909	133284
#基础研究	Basic Research	14836	2871	11554	
应用研究	Applied Research	71001	28599	26948	11872
试验发展	Experimental Development	872892	91069	10160	702615
科研基建支出	Expenses on Capital Construction for S&T	52573	39466	4275	6251
#固定资产购建	Expenses on Fixed Assets	280713	44695	15733	195334
#设备购置	Equipment Purchase	250539	27713	6839	192818
R&D经费外部支出(万元)	External Expenses on R&D Activities (10 000 yuan)	59761	3313	1814	49556
科技成果情况	**Achievements in S&T**				
专利申请数(件)	Total Applications Examined(piece)	4866	417	700	2915
#发明专利申请数	Creation Inventions	1719	252	338	761
拥有发明专利数(件)	Hoding Creation Inventions (Picec)	2692	398	902	831
发表科技论文(篇)	Scientific and Technological Treatise Published (paper)	47880	3930	38415	
出版科技著作(种)	Scientific and Technological Books Publiced(type)	2696	144	2108	
科技项目(课题)情况	**Projects for S&T**				
项目(课题)数(项)	Number of Projects for S&T (item)	24395	1429	10314	8496
项目(课题)参加人员折合全时当量(人年)	Full-time Equivalent of R&D Attendee to Problem (person-year)	88452	10308	5212	58681
#科学家和工程师	Scientists and Engineers	65398	7735	5179	41446
项目(课题)实际经费支出(万元)	Factual Expenditure for Problem (10 000 yuan)	1672864	132144	60332	1332012
科技活动机构情况	**Situation on S&T Institution**				
机构数(个)	Number of Institutions (unit)	1531	262	112	618
机构从事科技活动人员(人)	S&T Personnel in Intitutions (Person)	78460	20467	2009	45527
#科学家和工程师	Scientists and Engineers	49525	13291	1076	28401
机构科技经费内部支出(万元)	Intramural Expenditure on S&T Activities in Institutions (10 000 yuan)	1090815	307820	17748	709736
#R&D经费	Expenditure on R&D	183933	162005	13536	
机构年末固定资产原价(万元)	Original Value of Fixed Assets in Institution at the year-end(10 000 yuan)	1087412	833825	65332	
#仪器设备	Instruments for S&T	1054894	301012	45413	546960

22-3 科技活动人员情况(2007年)

Basic Statistics on Personnel Engaged in S&T Activities(2007)

指标	Item	单位数(个) Number of Institutions (unit)	#有科技活动的单位数 Number of Institutions having S&T Activities	科技活动人员(人) Personnel Engaged in S&T Activities (person)	#科学家和工程师 Scientists and Engineers
总计	**Total**	**15664**	**2291**	**192173**	**122223**
按数据来源分组	**Grouped by Data Source**				
科研单位	Scientific and Technological Sector	262	261	20467	13291
科研机构	Scientific and Technological Institutions	128	127	15577	10009
转制企业	System-transformed Enterprises	35	35	3222	2712
#转制工业企业	System-transformed Industrial Enterprises	18	18	1602	1365
综合技术服务机构	Comprehensive Technical Service Institutions	99	99	1668	570
高等院校	Institutions of Higer Education	132	99	13320	12003
理工农医院校	Schools of Science, Engineering, Agriculture and Medicine	50	50	6304	5007
人文社科院校	Schools of Humanity and Social Science	82	49	7016	6996
大中型工业企业	Large and Medium-sized Industrial Enterprises	1885	591	121383	72424
规模以上小型工业企业	Small-sized Industrial Enterprises above Designated Size	11567	776	16948	10318
软件开发单位	Software Development Sector	180	53	1098	940
其他	Others	1638	511	18957	13247
#企业	Enterprises	1116	308	11219	7890
#规模以下小型工业企业	Small-sized Industrial Enterprises below Designated Size	478	190	5513	4184
建筑业企业	Construction Enterprises	282	47	3751	2183
按隶属关系分组	**Grouped by Administrative Relationship**				
中央	Central	283	138	36086	24550
地方	Local	15381	2153	156087	97673

22-4 各市科技活动人员情况(2007年)

Basic Statistics on Personnel Engaged in S&T Activities by City(2007)

市	City	单位数(个) Number of Institutions (unit)	#有科技活动的单位数 Number of Institutions having S&T Activities	科技活动人员(人) Personnel Engaged in S&T Activities (person)	#科学家和工程师 Scientists and Engineers
全省	**Total**	**15664**	**2291**	**192173**	**122223**
郑州市	Zhengzhou	2755	580	52038	34573
开封市	Kaifeng	764	142	5255	3408
洛阳市	Luoyang	1402	222	21895	15142
平顶山市	Pingdingshan	713	92	14605	7878
安阳市	Anyang	750	89	11912	7121
鹤壁市	Hebi	376	36	3652	1730
新乡市	Xinxiang	932	179	14739	9563
焦作市	Jiaozuo	973	182	12447	7727
濮阳市	Puyang	597	78	6338	3882
许昌市	Xuchang	1068	92	9133	7075
漯河市	Luohe	548	29	4122	2664
三门峡市	Sanmenxia	580	62	3797	2278
南阳市	Nanyang	1267	154	13035	8085
商丘市	Shangqiu	497	48	3218	2320
信阳市	Xinyang	696	55	2240	1399
周口市	Zhoukou	681	53	5186	3215
驻马店市	Zhumadian	874	169	4608	2329
济源市	Jiyuan	191	29	3953	1834

22–5 科技活动经费筹集情况(2007年)

Funding for Scientific and Technological Activities(2007)

单位：万元 (10 000 yuan)

指　标	Item	合计 Total	#政府资金 Government Funds	#企业资金 Self-raised Funds by Enterprises	#事业单位资金 institutiona Funds	#金融机构贷款 loans From Finance Institutions
总　　计	**Total**	**2348504**	**350774**	**1751665**	**68266**	**156336**
按数据来源分组	**Grouped by Data Source**					
科研单位	Scientific and Technological Sector	341714	241501	43675	54633	114
科研机构	Scientific and Technological Institutions	285731	215180	15846	54042	1
转制企业	System-transformed Enterprises	47627	18829	27715		
#转制工业企业	System-transformed Industrial Enterprises	27779	11639	15449		
综合技术服务机构	Comprehensive Technical Service Institutions	8356	7492	114	591	113
高等院校	Institutions of Higer Education	85451	44303	30572	9701	
理工农医院校	Schools of Science, Engineering, Agriculture and Medicine	78632	38501	30273	9114	
人文社科院校	Schools of humanities and Social Science	6819	5802	299	587	
大中型工业企业	Large and Medium-sized Industrial Enterprises	1711501	54127	1510202		137515
规模以上小型工业企业	Small-sized Industrial Enterprises above Designated Size	131652	5898	107340		11504
软件开发单位	Software Development Sector	4374	150	3340		67
其他	Others	73813	4796	56536	3931	7137
#企业	Enterprises	66036	1800	56220	184	6900
#规模以下小型工业企业	Small-sized Industrial Enterprises below Designated Size	45033	1076	39614	34	3818
建筑业企业	Construction Enterprises	12772	173	9622		2977
按隶属关系分组	**Grouped by Administrative Relationship**					
中央	Central	532729	195650	289319	42864	3969
地方	Local	1815776	155123	1462347	25402	152368

22–6 各市科技活动经费筹集情况(2007年)
Funding for Scientific and Technological Activities by City(2007)

单位：万元 (10 000 yuan)

市 City	合计 Total	政府资金 Government Funds	企业资金 Self-raised Funds by Enterprises	事业单位资金 institutiona Funds	金融机构贷款 loans From Finance Institutions	国外资金 Foreign Funds	其他资金 Others
全 省 Total	**2348504**	**350774**	**1751665**	**68266**	**156336**	**416**	**21049**
郑 州 市 Zhengzhou	582701	167078	355444	33133	23204	27	3817
开 封 市 Kaifeng	52363	8473	39258	4044	59	90	443
洛 阳 市 Luoyang	360711	83656	202205	18384	55514	32	919
平 顶 山 市 Pingdingshan	152967	4860	147414	322	90		281
安 阳 市 Anyang	224767	18509	201706	2414	1822	138	180
鹤 壁 市 Hebi	30829	2589	20215	29	5182		2817
新 乡 市 Xinxiang	181016	33917	122804	6051	16896	56	1294
焦 作 市 Jiaozuo	177641	5558	140820	1491	25592		4180
濮 阳 市 Puyang	25662	2303	19903	68	3205		183
许 昌 市 Xuchang	102190	3095	94666	179	2992		1259
漯 河 市 Luohe	46345	883	45054	11	50		347
三 门 峡 市 Sanmenxia	34764	739	32825	107	694		398
南 阳 市 Nanyang	125476	7658	104201	898	12228	20	475
商 丘 市 Shangqiu	39801	1531	36462	193	1600		16
信 阳 市 Xinyang	22918	2144	17191	581	2679		323
周 口 市 Zhoukou	35499	1947	32863	50	100		539
驻 马 店 市 Zhumadian	52019	5001	39374	192	4259	5	3190
济 源 市 Jiyuan	100839	840	99262	125	173	48	392

22-7 科技活动经费支出情况(2007年)

Statistics on Appropriation Expenditure for Science and Technology(2007)

单位：万元 (10 000 yuan)

指标	Item	合计 Total Intramural Expenditures	内部支出 Intramural Expenditure	经常费支出 Work Expenditure	科研基建支出 Scientific Research and Infrastructure Investment
总计	**Total**	**2338766**	**2208114**	**1945156**	**262959**
按数据来源分组	**Grouped by Data Source**				
科研单位	Scientific and Technological Sector	315569	307820	246750	61070
科研机构	Scientific and Technological Institutions	265539	258600	198549	60051
转制企业	System-transformed Enterprises	43059	42644	41968	676
#转制工业企业	System-transformed Industrial Enterprises	25596	25595	25325	270
综合技术服务机构	Comprehensive Technical Service Institutions	6971	6576	6233	343
高等院校	Institutions of Higer Education	79548	76610	71939	4671
理工农医院校	Schools of Science, Engineering, Agriculture and Medicine	72846	69909	65380	4529
人文社科院校	Schools of humanities and Social Science	6702	6701	6559	142
大中型工业企业	Large and Medium-sized Industrial Enterprises	1683291	1576236	1445118	131118
规模以上小型工业企业	Small-sized Industrial Enterprises above Designated Size	169377	163445	127979	35466
软件开发单位	Software Development Sector	3987	3700	3567	133
其他	Others	86995	80303	49802	30501
#企业	Enterprises	77150	70540	40859	29681
#规模以下小型工业企业	Small-sized Industrial Enterprises below Designated Size	59558	53656	24149	29507
建筑业企业	Construction Enterprises	11567	11256	11256	
按隶属关系分组	**Grouped by Administrative Relationship**				
中央	Central	525295	502194	424712	77482
地方	Local	1813471	1705918	1520443	185476

指标	Item	#固定资产购建 Investment in Fixed Assents	#设备购置 Purchase of Equipment	外部支出 Exterior Expenditure
总计	**Total**	**797527**	**668652**	**130652**
按数据来源分组	**Grouped by Data Source**			
科研单位	Scientific and Technological Sector	81415	60947	7749
科研机构	Scientific and Technological Institutions	77901	57851	6939
转制企业	System-transformed Enterprises	2938	2772	415
#转制工业企业	System-transformed Industrial Enterprises	1131	1131	1
综合技术服务机构	Comprehensive Technical Service Institutions	576	324	395
高等院校	Institutions of Higer Education	20320	8566	2938
理工农医院校	Schools of Science, Engineering, Agriculture and Medicine	18624	7932	2937
人文社科院校	Schools of humanities and Social Science	1696	634	1
大中型工业企业	Large and Medium-sized Industrial Enterprises	573393	515484	107055
规模以上小型工业企业	Small-sized Industrial Enterprises above Designated Size	78261	61137	5932
软件开发单位	Software Development Sector	858	787	286
其他	Others	43280	21730	6692
#企业	Enterprises	40318	19170	6610
#规模以下小型工业企业	Small-sized Industrial Enterprises below Designated Size	33185	12176	5902
建筑业企业	Construction Enterprises	5956	5956	311
按隶属关系分组	**Grouped by Administrative Relationship**			
中央	Central	151147	127844	23101
地方	Local	646378	540808	107552

22-8 各市科技活动经费支出情况(2007年)

Statistics on Appropriation Expenditure for Science and Technology by City(2007)

单位：万元 (10 000 yuan)

市 City	合计 Total	内部支出 Internal Expenditures	经常费支出 Frequently Expenditure	#人员劳务费 Work Expenditure
全 省 Total	**2338766**	**2208114**	**1945156**	**348057**
郑 州 市 Zhengzhou	590272	552997	460609	92894
开 封 市 Kaifeng	51346	51033	47778	5189
洛 阳 市 Luoyang	326190	316139	275935	54962
平 顶 山 市 Pingdingshan	160431	153790	149781	31448
安 阳 市 Anyang	172672	147246	123433	12145
鹤 壁 市 Hebi	30377	29515	26725	4601
新 乡 市 Xinxiang	199817	194641	160465	25024
焦 作 市 Jiaozuo	182157	176327	159265	17694
濮 阳 市 Puyang	32169	28722	27219	11072
许 昌 市 Xuchang	118806	116972	103850	21513
漯 河 市 Luohe	48050	45812	43574	10969
三 门 峡 市 Sanmenxia	37785	36469	34093	4321
南 阳 市 Nanyang	132972	128472	120976	22473
商 丘 市 Shangqiu	41363	39096	37363	6621
信 阳 市 Xinyang	18201	18047	17382	2629
周 口 市 Zhoukou	47788	33577	23480	10707
驻 马 店 市 Zhumadian	45218	44286	40965	8611
济 源 市 Jiyuan	103154	94976	92266	5190

市 City	科研基建支出 Research and Infrastructure Investment	#固定资产购建 Investment in Fixed Assents	#设备购置 Purchase of Equipment	外部支出 Exterior Expenditure
全 省 Total	**262959**	**797527**	**668652**	**130652**
郑 州 市 Zhengzhou	92388	193929	142777	37274
开 封 市 Kaifeng	3255	24241	20310	313
洛 阳 市 Luoyang	40204	98180	83715	10051
平 顶 山 市 Pingdingshan	4009	49250	47841	6641
安 阳 市 Anyang	23813	60182	48211	25426
鹤 壁 市 Hebi	2790	14267	12176	862
新 乡 市 Xinxiang	34176	78467	61384	5176
焦 作 市 Jiaozuo	17062	103502	96828	5831
濮 阳 市 Puyang	1504	5695	4964	3447
许 昌 市 Xuchang	13122	41814	34868	1834
漯 河 市 Luohe	2238	7665	6150	2238
三 门 峡 市 Sanmenxia	2376	19222	18232	1315
南 阳 市 Nanyang	7496	40314	35888	4500
商 丘 市 Shangqiu	1733	11842	10438	2268
信 阳 市 Xinyang	665	6771	6470	154
周 口 市 Zhoukou	10097	16625	15364	14212
驻 马 店 市 Zhumadian	3321	14318	13610	932
济 源 市 Jiyuan	2710	11243	9428	8178

22-9 研究与实验发展(R&D)情况（2007年）

Research and Experimental Development(2007)

指标	Item	有R&D活动的单位数（个） Number of (R&D) Enterprises (unit)	R&D人员折合全时人员(人年) R&D Person Amount to Full-time Person (person-year)	#科学家和工程师 Scientists and Engineers
总计	**Total**	**1169**	**64888**	**48519**
按数据来源分组	**Grouped by Data Source**			
科研单位	Scientific and Technological Sector	61	10611	7361
科研机构	Scientific and Technological Institutions	42	9457	6326
转制企业	System-transformed Enterprises	14	1109	1005
#转制工业企业	System-transformed Industrial Enterprises	7	691	610
综合技术服务机构	Comprehensive Technical Service Institutions	5	45	30
高等院校	Institutions of Higer Education	99	4852	4827
理工农医院校	Schools of Science, Engineering, Agriculture and Medicine	50	3281	3261
人文社科院校	Schools of humanities and Social Science	49	1571	1566
大中型工业企业	Large and Medium-sized Industrial Enterprises	368	40162	28898
规模以上小型工业企业	Small-sized Industrial Enterprises above Designated Size	325	4374	3090
软件开发单位	Software Development Sector	19	256	249
其他	Others	297	4633	4094
#企业	Enterprises	139	2226	2055
#规模以下小型工业企业	Small-sized Industrial Enterprises below Designated Size	72	744	626
建筑业企业	Construction Enterprises	23	661	661
按隶属关系分组	**Grouped by Administrative Relationship**			
中央	Central	94	18551.6	13712
地方	Local	1075	46336	34806

指标	Item	#全时人员 Full-time Person	基础研究 Basic Research	应用研究 Applied Research	实验发展 Experimental Development
总计	**Total**	**50547**	**1810**	**7337**	**55741**
按数据来源分组	**Grouped by Data Source**				
科研单位	Scientific and Technological Sector	9814	239	2687	7685
科研机构	Scientific and Technological Institutions	8781	239	2605	6613
转制企业	System-transformed Enterprises	998		69	1040
#转制工业企业	System-transformed Industrial Enterprises	618		47	644
综合技术服务机构	Comprehensive Technical Service Institutions	35		13	32
高等院校	Institutions of Higer Education	1351	1465	2249	1138
理工农医院校	Schools of Science, Engineering, Agriculture and Medicine	1312	905	1893	483
人文社科院校	Schools of humanities and Social Science	39	560	356	655
大中型工业企业	Large and Medium-sized Industrial Enterprises	32281		953	39209
规模以上小型工业企业	Small-sized Industrial Enterprises above Designated Size	3479		116	4258
软件开发单位	Software Development Sector	228			256
其他	Others	3394	105	1332	3195
#企业	Enterprises	1657	12	130	2084
#规模以下小型工业企业	Small-sized Industrial Enterprises below Designated Size	579		15	728
建筑业企业	Construction Enterprises	412	5		656
按隶属关系分组	**Grouped by Administrative Relationship**				
中央	Central	16518	226	3126	15200
地方	Local	34029	1585	4210	40541

22-9 续表　Continued

指　标	Item	R&D经费内部支出（万元） Intramural Expenditure for R&D (10 000 yuan)	经常费支出 Frequently Expendi-ture	#人员劳务费 Work Expendi-ture	基础研究 Basic Research	应用研究 Applied Research
总　计	**Total**	**1011302**	**958729**	**190507**	**14836**	**71001**
按数据来源分组	**Grouped by Data Source**					
科研单位	Scientific and Technological Sector	162005	122539	31443	2871	28599
科研机构	Scientific and Technological Institutions	146824	107713	23377	2871	27881
转制企业	System-transformed Enterprises	14548	14236	7722		520
#转制工业企业	System-transformed Industrial Enterprises	8596	8364	4938		391
综合技术服务机构	Comprehensive Technical Service Institutions	633	590	344		198
高等院校	Institutions of Higer Education	52937	48662	7909	11554	26948
理工农医院校	Schools of Science, Engineering, Agriculture and Medicine	46236	42103	4658	8277	25652
人文社科院校	Schools of humanities and Social Science	6701	6559	3251	3277	1296
大中型工业企业	Large and Medium-sized Industrial Enterprises	720738	714487	133284		11872
规模以上小型工业企业	Small-sized Industrial Enterprises above Designated Size	51817	50586	9554		552
软件开发单位	Software Development Sector	1442	1437	806		
其他	Others	22363	21018	7512	412	3030
#企业	Enterprises	16617	15312	4493	19	635
#规模以下小型工业企业	Small-sized Industrial Enterprises below Designated Size	11443	10145	2225		35
建筑业企业	Construction Enterprises	2551	2551	1205		
按隶属关系分组	**Grouped by Administrative Relationship**					
中央	Central	272636	232238	58104	2444	35827
地方	Local	738667	726492	132403	12392	35175

指　标	Item	实验发展 Experimental Development	科研基建支出 Scientific Research and Infrastruc-ture Investment	#固定资产购建 Invest-ment in Fixed Assents	#设备购置 Purchase of Equip-ment	R&D经费外部支出（万元） Exterior Expendi-ture for R&D (10 000 yuan)
总　计	**Total**	**872892**	**52573**	**280713**	**250539**	**59761**
按数据来源分组	**Grouped by Data Source**					
科研单位	Scientific and Technological Sector	91069	39466	44695	27713	3313
科研机构	Scientific and Technological Institutions	76961	39111	43175	26224	3297
转制企业	System-transformed Enterprises	13716	312	1451	1451	
#转制工业企业	System-transformed Industrial Enterprises	7973	232	859	859	
综合技术服务机构	Comprehensive Technical Service Institutions	392	43	69	38	16
高等院校	Institutions of Higer Education	10160	4275	15733	6839	1814
理工农医院校	Schools of Science, Engineering, Agriculture and Medicine	8174	4133	14037	6205	1813
人文社科院校	Schools of humanities and Social Science	1986	142	1696	634	1
大中型工业企业	Large and Medium-sized Industrial Enterprises	702615	6251	195334	192818	49556
规模以上小型工业企业	Small-sized Industrial Enterprises above Designated Size	50034	1231	18733	17926	2880
软件开发单位	Software Development Sector	1437	5	279	279	116
其他	Others	17576	1346	5939	4963	2082
#企业	Enterprises	14659	1305	4732	3777	2029
#规模以下小型工业企业	Small-sized Industrial Enterprises below Designated Size	10110	1298	3378	2428	1842
建筑业企业	Construction Enterprises	2551		875	875	62
按隶属关系分组	**Grouped by Administrative Relationship**					
中央	Central	193967	40398	62709	45651	11425
地方	Local	678925	12175	218004	204887	48335

22-10 各市研究与实验发展(R&D)情况（2007年）

Research and Experimental Development by City(2007)

市 City	有R&D活动的单位数(个) Number of (R&D) Enterprises (unit)	R&D人员折合全时人员(人年) R&D Person Amount to Full-time Person (person-year)	#科学家和工程师 Scientists and Engineers
全　省 Total	**1169**	**64888**	**48519**
郑州市 Zhengzhou	353	20332	14815
开封市 Kaifeng	36	1051	833
洛阳市 Luoyang	93	9388	7541
平顶山市 Pingdingshan	52	6190	3729
安阳市 Anyang	39	2461	2016
鹤壁市 Hebi	19	386	311
新乡市 Xinxiang	92	4786	3712
焦作市 Jiaozuo	99	3144	2499
濮阳市 Puyang	41	1877	1623
许昌市 Xuchang	60	3727	3175
漯河市 Luohe	16	1449	1093
三门峡市 Sanmenxia	29	456	308
南阳市 Nanyang	53	5739	4063
商丘市 Shangqiu	17	558	501
信阳市 Xinyang	25	334	294
周口市 Zhoukou	20	967	670
驻马店市 Zhumadian	110	1233	891
济源市 Jiyuan	15	805	446

市 City	#全时人员 Full-time Person	基础研究 Basic Research	应用研究 Applied Research	实验发展 Experimental Development
全　省 Total	**50547**	**1810**	**7337**	**55741**
郑州市 Zhengzhou	14802	806	2973	16553
开封市 Kaifeng	634	191	351	510
洛阳市 Luoyang	8062	138	1212	8037
平顶山市 Pingdingshan	5525	3	185	6002
安阳市 Anyang	1606	82	259	2120
鹤壁市 Hebi	295	6	31	350
新乡市 Xinxiang	3863	251	855	3680
焦作市 Jiaozuo	2213	28	99	3017
濮阳市 Puyang	1660		478	1399
许昌市 Xuchang	2662	25	231	3471
漯河市 Luohe	898		26	1423
三门峡市 Sanmenxia	283		14	442
南阳市 Nanyang	5212	110	179	5451
商丘市 Shangqiu	400	59	67	433
信阳市 Xinyang	180	72	83	180
周口市 Zhoukou	807	24	214	730
驻马店市 Zhumadian	873	17	76	1140
济源市 Jiyuan	576		5	801

22-10 续表 Continued

市 City	R&D经费内部支出(万元) Intramural Expenditure for R&D (10 000 yuan)	经常费支出 Frequently Expenditure	#人员劳务费 Work Expenditure	基础研究 Basic Research	应用研究 Applied Research
全 省 Total	**1011302**	**958729**	**190507**	**14836**	**71001**
郑 州 市 Zhengzhou	264667	244110	54019	6058	25952
开 封 市 Kaifeng	15205	12488	1711	2501	5842
洛 阳 市 Luoyang	161905	143055	29475	1307	11629
平 顶 山 市 Pingdingshan	79928	79695	15039	6	824
安 阳 市 Anyang	29608	28878	4918	518	1135
鹤 壁 市 Hebi	4247	4200	928		140
新 乡 市 Xinxiang	83566	77413	11809	2750	12761
焦 作 市 Jiaozuo	88466	87878	11574	605	4476
濮 阳 市 Puyang	19889	19821	8630		4611
许 昌 市 Xuchang	70343	69393	15550	56	460
漯 河 市 Luohe	40948	40752	9856		87
三 门 峡 市 Sanmenxia	11874	11752	1675	1	39
南 阳 市 Nanyang	69244	68710	13789	295	721
商 丘 市 Shangqiu	6135	6089	1625	155	288
信 阳 市 Xinyang	3231	3225	510	455	452
周 口 市 Zhoukou	11304	10743	2993	67	1251
驻 马 店 市 Zhumadian	19100	18995	3756	64	322
济 源 市 Jiyuan	31648	31539	2653		13

市 City	实验发展 Experimental Development	科研基建支出 Scientific Research and Infrastructure Investment	#固定资产购建 Investment in Fixed Assents	#设备购置 Purchase of Equipment	R&D经费外部支出(万元) Exterior Expenditure for R&D (10 000 yuan)
全 省 Total	**872892**	**52573**	**280713**	**250539**	**59761**
郑 州 市 Zhengzhou	212100	20559	66543	54894	22176
开 封 市 Kaifeng	4144	2718	4944	1424	179
洛 阳 市 Luoyang	130119	18850	36597	28481	3765
平 顶 山 市 Pingdingshan	78865	232	19061	18931	4071
安 阳 市 Anyang	27226	731	12009	11358	3342
鹤 壁 市 Hebi	4060	47	1242	1205	232
新 乡 市 Xinxiang	61902	6154	25145	21530	1857
焦 作 市 Jiaozuo	82797	586	47937	46888	4175
濮 阳 市 Puyang	15210	68	2923	2888	2208
许 昌 市 Xuchang	68877	950	19407	18909	1472
漯 河 市 Luohe	40665	196	5112	4966	2135
三 门 峡 市 Sanmenxia	11712	122	3190	3166	316
南 阳 市 Nanyang	67694	535	17898	17541	3170
商 丘 市 Shangqiu	5646	45	1610	1540	332
信 阳 市 Xinyang	2318	6	1134	1006	26
周 口 市 Zhoukou	9426	561	4848	4822	7673
驻 马 店 市 Zhumadian	18609	105	6956	6902	354
济 源 市 Jiyuan	31526	109	4156	4090	2278

22-11 科技成果情况(2007年)

Statistics on Achievements for Scientific and Technological Research(2007)

指　标	Item	专利申请数(项) Number of Patent Applications (item)	#发明专利申请数 Number of Invention Applications	拥有发明专利数(项) Number of Inventions (item)	发表科技论文(篇) Scientific Papers Published (paper)	出版科技著作(种) Science and Technology Workers Published (type)
总　计	**Total**	**4866**	**1719**	**2692**	**47880**	**2696**
按数据来源分组	**Grouped by Data Source**					
科研单位	Scientific and Technological Sector	417	252	398	3930	144
科研机构	Scientific and Technological Institutions	240	173	286	3203	115
转制企业	System-transformed Enterprises	127	73	64	411	18
#转制工业企业	System-transformed Industrial Enterprises	77	46	52	226	3
综合技术服务机构	Comprehensive Technical Service Institutions	50	6	48	316	11
高等院校	Institutions of Higer Education	700	338	902	38415	2108
理工农医院校	Schools of Science, Engineering, Agriculture and Medicine	700	338	902	24714	923
人文社科院校	Schools of humanities and Social Science				13701	1185
大中型工业企业	Large and Medium-sized Industrial Enterprises	2915	761	831		
规模以上小型工业企业	Small-sized Industrial Enterprises above Designated Size	598	233	359		
软件开发单位	Software Development Sector	10	2	13		
其他	Others	226	133	189	5535	444
#企业	Enterprises	107	55	87	307	33
#规模以下小型工业企业	Small-sized Industrial Enterprises below Designated Size	62	34	50		
建筑业企业	Construction Enterprises	17	4			

22-12 各市科技成果情况(2007年)
Statistics on Achievements for Scientific and Technological Research by City(2007)

市 City	专利申请数 (项) Number of Patent Applications (item)	#发明专利申请数 Number of Invention Applications	拥有发明专利数 (项) Number of Inventions (item)	发表科技论文 (篇) Scientific Papers Published (paper)	出版科技著作(种) Science and Technology Workers Published (type)
全　省 Total	**4866**	**1719**	**2692**	**47880**	**2696**
郑　州　市 Zhengzhou	1817	574	1277	22348	1060
开　封　市 Kaifeng	119	71	197	4398	394
洛　阳　市 Luoyang	770	369	390	3059	179
平　顶　山　市 Pingdingshan	88	37	19	1318	81
安　阳　市 Anyang	106	67	82	1538	123
鹤　壁　市 Hebi	39	11	15	185	24
新　乡　市 Xinxiang	500	139	173	5216	219
焦　作　市 Jiaozuo	247	109	121	2429	95
濮　阳　市 Puyang	74	26	39	194	12
许　昌　市 Xuchang	368	74	81	662	74
漯　河　市 Luohe	107	16	23	62	5
三　门　峡　市 Sanmenxia	30	19	18	106	22
南　阳　市 Nanyang	329	122	121	2696	207
商　丘　市 Shangqiu	75	12	29	1486	90
信　阳　市 Xinyang	27	9	3	1004	61
周　口　市 Zhoukou	57	16	45	229	19
驻　马　店　市 Zhumadian	80	38	34	936	31
济　源　市 Jiyuan	33	10	25	14	

22-13 科技项目(课题)情况(2007年)

Statistics on Scientific and Technological Projects(Topics) (2007)

指　标	Item	项目(课题)数(项) Number of Projects (item)	项目(课题)参加人员折合全时当量(人年) Amount to Full-time Person (person-year)	#科学家和工程师 Scientists and Engineers	项目(课题)实际经费支出(万元) Expenditures (10 000 yuan)
总　计	**Total**	**24395**	**88452**	**65398**	**1672864**
按数据来源分组	**Grouped by Data Source**				
科研单位	Scientific and Technological Sector	1429	10308	7762	132144
科研机构	Scientific and Technological Institutions	1083	8209	6054	114053
转制企业	System-transformed Enterprises	194	1724	1462	16480
#转制工业企业	System-transformed Industrial Enterprises	102	744	635	8245
综合技术服务机构	Comprehensive Technical Service Institutions	152	375	246	1611
高等院校	Institutions of Higer Education	10314	5212	5179	60332
理工农医院校	Schools of Science, Engineering, Agriculture and Medicine	5690	3783	3755	59081
人文社科院校	Schools of humanities and Social Science	4624	1429	1424	1251
大中型工业企业	Large and Medium-sized Industrial Enterprises	8496	58681	41446	1332012
规模以上小型工业企业	Small-sized Industrial Enterprises above Designated Size	2869	7972	5856	107571
软件开发单位	Software Development Sector	100	531	465	2772
其他	Others	1187	5748	4690	38033
#企业	Enterprises	612	3914	3199	32664
#规模以下小型工业企业	Small-sized Industrial Enterprises below Designated Size	258	1637	1379	18100
建筑业企业	Construction Enterprises	228	1656	1261	11037
按活动类型分组	**By Type**				
基础研究	Fundational Research	3609	1755	1658	11373
应用研究	Applied Research	4730	6096	5350	67563
实验发展	Experimental Development	8667	46099	33745	839883
研究与实验发展成果应用	Applying in R&D Results	6749	33242	23665	741166
科技服务	Service in Science and Technology	640	1262	980	12879
按学科分组	**By Course**				
自然科学	Natural Sciences	1261	1415	1272	17216
农业科学	Agricultural Sciences	1486	3251	2311	17698
医药科学	Medical Sciences	1883	2253	2077	9490
工程与技术科学	Engineering and Technology	14974	79809	58092	1626279
人文与社会科学	Humanities and Social Sciences	4791	1722	1646	2181

22-14 各市科技项目(课题)情况(2007年)
Statistics on Scientific and Technological Projects(Topics) by City (2007)

市 City	项目(课题)数(项) Number of Projects (item)	项目(课题)参加人员折合全时当量(人年) Amount to Full-time Person (person-year)	#科学家和工程师 Scientists and Engineers	项目(课题)实际经费支出(万元) Expenditures (10 000 yuan)
全 省 Total	**24395**	**88452**	**65398**	**1672864**
郑州市 Zhengzhou	8281	22746	16435	364923
开封市 Kaifeng	1138	2386	1744	46265
洛阳市 Luoyang	2042	10824	9363	219337
平顶山市 Pingdingshan	939	10759	6600	146841
安阳市 Anyang	832	3915	3129	111985
鹤壁市 Hebi	313	1703	1274	25274
新乡市 Xinxiang	2362	8141	6396	145367
焦作市 Jiaozuo	2119	5015	3709	146430
濮阳市 Puyang	449	2778	2359	24996
许昌市 Xuchang	717	3270	2778	92712
漯河市 Luohe	169	1896	1345	42746
三门峡市 Sanmenxia	438	1208	891	33399
南阳市 Nanyang	1061	7191	4668	115898
商丘市 Shangqiu	450	1038	866	36223
信阳市 Xinyang	480	848	701	15447
周口市 Zhoukou	176	1440	991	15247
驻马店市 Zhumadian	2017	1612	1114	23265
济源市 Jiyuan	412	1681	1034	66516

22-15 科技活动机构情况(2007年)

Basic Statistics on Institutions Having S&T Activities(2007)

指标	Item	机构数(个) Number of Institutions (unit)	机构从事科技活动人员(人) Staff and Workers (person)	#科学家和工程师 Scientists and Engineers	机构科技经费内部支出(万元) Expenditure for Science and Technology (10 000 yuan)	#R&D经费 Expenditure for R&D	机构年末固定资产原价(万元) Original Value of Fixed Assets (10 000 yuan)	#仪器设备 Instrument and Equipment
总计	**Total**	**1531**	**78460**	**49525**	**1090815**	**183933**	**1087412**	**1054894**
按数据来源分组	**Grouped by Data Source**							
科研单位	Scientific and Technological Sectors	262	20467	13291	307820	162005	833825	301012
科研机构	Scientific and Technological Institutions	128	15577	10009	258600	146824	748612	275435
转制企业	System-transformed Enterprises	35	3222	2712	42644	14548	71944	22463
#转制工业企业	System-transformed Industrial Enterprises	18	1602	1365	25595	8596	54130	19578
综合技术服务机构	Comprehensive Technical Service Institutions	99	1668	570	6576	633	13269	3114
高等院校	Institutions of Higer Education	112	2009	1076	17748	13536	65332	45413
理工农医院校	Schools of Science, Engineering, Agriculture and Medicine	74	1612	794	17549	13413	64845	45177
人文社科院校	Schools of Humanity and Social Science	38	397	282	199	123	487	236
大中型工业企业	Large and Medium-sized Industrial Enterprises	618	45527	28401	709736			546960
规模以上小型工业企业	Small-sized Industrial Enterprises above Designated Size	335	5628	3684	37631			39137
其他	Others	204	4829	3073	17880	8392	188255	122372
#企业	Enterprises	124	3398	2170	15199	6820	185542	121163
#规模以下小型工业企业	Small-sized Industrial Enterprises below Designated Size	77	1767	1530	11461	5406	170315	120900
建筑业企业	Construction Enterprises	20	661					
按学科分组	**By Course**							
自然科学	Natural Sciences	43	876	685	10634	3438	22738	13859
农业科学	Agricultural Sciences	198	5588	2877	45621	11779	76013	24814
医药科学	Medical Sciences	67	1811	1305	11221	4858	40367	12245
工程与技术科学	Engineering and Technology	1156	68960	43722	1012364	162682	934518	997021
人文与社会科学	Humanities and Social Sciences	67	1225	936	10978	1178	13778	6956

22-16 各市科技活动机构情况(2007年)

Basic Statistics on Institutions Having S&T Activities by City (2007)

市 City	机构数(个) Number of Institutions (unit)	机构从事科技活动人员(人) Staff and Workers (person)	#科学家和工程师 Scientists and Engineers	机构科技经费内部支出(万元) Expenditure for Science and Technology (10 000 yuan)	#R&D经费 Expenditure for R&d	机构年末固定资产原价(万元) Original Value of Fixed Assets (10 000 yuan)	#仪器设备 Instrument and Equipment
全　　省 Total	**1531**	**78460**	**49525**	**1090815**	**183933**	**1087412**	**1054894**
郑　州　市 Zhengzhou	445	21898	14928	331477	85257	581946	378941
开　封　市 Kaifeng	49	1338	825	16684	1341	17773	14974
洛　阳　市 Luoyang	96	10513	7139	169711	70908	344216	168791
平 顶 山 市 Pingdingshan	38	3704	1888	45757	615	530	28242
安　阳　市 Anyang	74	2710	1655	45420	672	13208	35569
鹤　壁　市 Hebi	24	1486	711	9623		717	6596
新　乡　市 Xinxiang	141	6723	4081	95119	18289	91878	61965
焦　作　市 Jiaozuo	104	3933	2323	41664	2438	7237	39298
濮　阳　市 Puyang	52	3444	2210	15875	215	3093	23141
许　昌　市 Xuchang	71	4373	3285	82707	2936	7686	112384
漯　河　市 Luohe	41	3529	2302	42196	263	1705	11721
三 门 峡 市 Sanmenxia	37	1069	728	10840	14	781	4549
南　阳　市 Nanyang	126	6468	3914	70533	470	6706	54822
商　丘　市 Shangqiu	33	800	465	9229	71	992	5094
信　阳　市 Xinyang	49	996	482	6268	79	3317	24486
周　口　市 Zhoukou	34	1415	865	16842	22	1763	34217
驻 马 店 市 Zhumadian	90	2120	1032	14634	343	2711	39540
济　源　市 Jiyuan	27	1941	692	66239		1154	10570

22-17 规模以上工业企业科技活动情况(2007年)(一)

Basic Statistics on Scientific and Technological Activities in Enterprises above Designated Size (2007)(1)

单位：人 (person)

类别	Item	企业科技活动人员 S&T personnel in Enterprises	#高、中级职称人员 Senior & Medium	#研究与实验发展人员 Research and Experiment Development Persons	企业办科技机构人员 Number of personnel in Institutions for S&T in Enterprises	#博士毕业 Doctor	#硕士毕业 Master
总计	**Total**	**138331**	**51807**	**63035**	**51155**	**725**	**2853**
按企业规模分组	**By Size**						
大型企业	Large-sized	83886	34577	41736	29362	310	1405
中型企业	Medium-sized	37497	12035	14512	16165	266	1109
小型企业	Small-sized	16948	5195	6787	5628	149	339
按工业行业大类分组	**By Sector**						
#煤炭开采和洗选业	Mining and Washing of Coal	19210	8711	9579	3271	29	121
石油和天然气开采业	Extraction of Petroleum and Natural Gas	3799	2418	2475	3040	33	160
黑色金属矿采选业	Mining of Ferrous Metal Ores	84	25	53	7		
有色金属矿采选业	Mining of Non-ferrous Metal Ores	966	337	270	346	4	10
非金属矿采选业	Mining and Processing of Nonmetal Ores	137	15	28	36		
农副食品加工业	Processing of Food From Agricultural Products	5303	1370	2865	3414	57	142
食品制造业	Manufacture of Foods	5810	1482	1732	1375	37	140
饮料制造业	Manufacture of Beverage	2281	508	1017	622	21	59
烟草制品业	Manufacture of Tobacco	497	158	359	100	5	6
纺织业	Manufacture of Textile	4234	830	1033	1192	5	26
皮革、毛皮、羽毛(绒)及其制品业	Manufacture of Leather, Fur, Feather and Its Products	471	59	104	308	5	15
木材加工及木、竹、藤、棕、草制品业	Processing of Timbers, Manufacture of Wood, Bamboo, Rattan, Palm, and Straw Products	182	35	53	17		1
造纸及纸制品业	Manufacture of Paper and Paper Products	963	259	346	394	7	10
印刷业和记录媒介的复制	Printing,Reproduction of Recording Media	460	79	168	199	3	44
石油加工、炼焦及核燃料加工业	Processing of Petroleum ,Coking,Processing of Nucleus Fuel	277	167	145	141	2	6
化学原料及化学制品制造业	Manufacture of Chemical Raw Material and Chemical Products	6968	2736	2549	2199	50	118
医药制造业	Manufacture of Medicines	6013	1862	2949	3471	72	260
化学纤维制造业	Manufacture of Chemical Fiber	1375	480	872	174	2	18
橡胶制品业	Manufacture of Rubber	1118	302	373	458	3	14
塑料制品业	Manufacture of Plastic	817	178	320	180	4	14
非金属矿物制品业	Manufacture of Non-metallic Mineral Products	8901	3138	4008	3152	96	192
黑色金属冶炼及压延加工业	Manufacture and Processing of Ferrous Metals	9339	3189	3027	2953	12	61
有色金属冶炼及压延加工业	Manufacture and Processing of Non-ferrous Metals	7780	3161	4008	2414	39	151
金属制品业	Manufacture of Metal Products	1052	345	475	341	1	7
通用设备制造业	Manufacture of General Purpose Machinery	8623	3591	3489	2908	23	122
专用设备制造业	Manufacture of Special Purpose Machinery	12043	5683	6804	5638	38	268
交通运输设备制造业	Manufacture of Transport Equipment	8877	2970	4010	3956	43	150
电气机械及器材制造业	Manufacture of Electrical Machinery and Equipment	8812	3557	4514	4562	76	350
通信设备、计算机及其他电子设备制造业	Manufacture of Communication Equipment , Computer and Other Electronic Equipment	3950	1437	1895	1506	23	134
仪器仪表及文化、办公用机械制造业	Manufacture of Measuring Instrument and Machinery for Cultural Activity and Office Work	3377	949	1429	1558	16	154
工艺品及其他制造业	Manufacture of Artwork, Other Manufacture n.e.c	370	128	273	321	3	27
电力、热力的生产和供应业	Production and Supply of Electric Power and Heat Power	3286	1466	1523	594	13	54
燃气生产和供应业	Production and Distribution of Gas	102	26	15	8		
水的生产和供应业	Production and Distribution of Water	303	73	113	51	1	3

22-18 规模以上工业企业科技活动情况(2007年)(二)

单位：万元

类 别	Item	当年科技活动经费筹集总额 Funds of S&T Activities in Current Year	#企业自筹 Self-raised by Enterprises
总 计	**Total**	**1843153**	**1617542**
按企业规模分组	**By Size**		
大型企业	Large-sized	1256102	1170098
中型企业	Medium-sized	455399	340104
小型企业	Small-sized	131652	107340
按工业行业大类分组	**By Industrial Branch**		
煤炭开采和洗选业	Mining and Washing of Coal	172986	162606
石油和天然气开采业	Extraction of Petroleum and Natural Gas	18472	18472
黑色金属矿采选业	Mining of Ferrous Metal Ores	842	842
有色金属矿采选业	Mining of Non-ferrous Metal Ores	9371	8877
非金属矿采选业	Mining and Processing of Nonmetal Ores	810	607
农副食品加工业	Processing of Food From Agricultural Products	58310	50673
食品制造业	Manufacture of Foods	49943	45048
饮料制造业	Manufacture of Beverage	31058	26080
烟草制品业	Manufacture of Tobacco	11062	10992
纺织业	Manufacture of Textile	16062	15839
纺织服装、鞋、帽制造业	Manufacture of Textile Wearing Apparel, Footware, and Caps	2248	2066
皮革、毛皮、羽毛(绒)及其制品业	Manufacture of Leather, Fur, Feather and Its Products	6630	6436
木材加工及木、竹、藤、棕、草制品业	Processing of Timbers, Manufacture of Wood, Bamboo, Rattan, Palm, and Straw Products	2154	2140
家具制造业	Manufacture of Furniture	392	377
造纸及纸制品业	Manufacture of Paper and Paper Products	32804	15576
印刷业和记录媒介的复制	Printing,Reproduction of Recording Media	2967	2604
文教体育用品制造业	Manufacture of Articles for Culture,Education and Sport Activity	192	182
石油加工、炼焦及核燃料加工业	Processing of Petroleum ,Coking,Processing of Nucleus Fuel	2825	2625
化学原料及化学制品制造业	Manufacture of Chemical Raw Material and Chemical Products	112544	98971
医药制造业	Manufacture of Medicines	77698	62944
化学纤维制造业	Manufacture of Chemical Fiber	36574	33342
橡胶制品业	Manufacture of Rubber	29065	28673
塑料制品业	Manufacture of Plastic	4048	3490
非金属矿物制品业	Manufacture of Non-metallic Mineral Products	99810	87636
黑色金属冶炼及压延加工业	Manufacture and Processing of Ferrous Metals	285425	279230
有色金属冶炼及压延加工业	Manufacture and Processing of Non-ferrous Metals	166361	151606
金属制品业	Manufacture of Metal Products	8727	8581
通用设备制造业	Manufacture of General Purpose Machinery	79303	69907
专用设备制造业	Manufacture of Special Purpose Machinery	154420	146266
交通运输设备制造业	Manufacture of Transport Equipment	101701	80709
电气机械及器材制造业	Manufacture of Electrical Machinery and Equipment	100585	90926
通信设备、计算机及其他电子设备制造业	Manufacture of Communication Equipment , Computer and Other Electronic Equipment	66710	28598
仪器仪表及文化、办公用机械制造业	Manufacture of Measuring Instrument and Machinery for Cultural Activity and Office Work	26844	19603
工艺品及其他制造业	Manufacture of Artwork, Other Manufacture n.e.c		
废弃资源和废旧材料回收加工业	Recycling and Disposal of Waste		
电力、热力的生产和供应业	Production and Supply of Electric Power and Heat Power	64326	46189
燃气生产和供应业	Production and Distribution of Gas	4252	4246
水的生产和供应业	Production and Distribution of Water	2046	1336

Basic Statistics on Scientific and Technological Activities in Enterprises above Designated Size (2007)(2)

(10 000 yuan)

#金 融 贷 款 Finance Loans	#政府部门资金 Government Allocation	当年科技活动经费支出总额 Expenditure for S&T Activities of 2000	#内 部 支 出 Intramural Expenditure	#新产品开发 New Products Development	#研究与实验发展 Research and Experiment Development
149019	**60025**	**1852668**	**1739681**	**850080**	**772555**
44452	40143	1254093	1166287	551428	573628
93063	13983	429198	409949	225446	147110
11504	5898	169377	163445	73206	51817
1000	8380	180309	172917	33156	50940
		22281	19698	919	15665
		988	888		653
480	5	10288	9658	933	7265
100		1206	1202	525	304
4124	2581	57607	55325	43643	40645
340	1243	59155	54282	12810	17837
3038	1707	31933	30653	16091	22392
	50	12054	11814	7202	10010
121	100	21384	20767	12019	3825
150		2280	2280	1549	629
132	60	5806	5806	4228	4472
13		2345	2325	2081	1992
		403	403	302	112
16370	658	31068	29888	5906	7044
283	70	2835	2766	1609	1489
		199	199	192	
200		8525	7286	541	4401
2746	4600	116339	112249	38596	36622
9599	3814	87158	79849	45614	29792
1500	1732	38918	36703	18278	27589
	392	29401	27611	11583	25512
10	348	6131	5234	3029	1714
9196	2313	105595	104220	63237	45420
50	5808	222551	187171	87260	39068
12700	1578	172633	165028	57048	68942
11	55	9667	9161	5920	5638
6159	2527	93238	90068	55336	45755
2568	5389	162656	156269	94678	97045
13820	7012	115649	107576	73846	59609
6643	2994	110181	107008	79058	59250
36003	2109	49039	47819	39335	13072
5333	1748	29438	28539	21060	13707
		2135	2135	1902	1745
16300	1729	48731	42372	9572	12055
	6	439	439	35	36
	710	21066	2075	989	308

22-19 规模以上工业企业科技活动情况(2007年)(三)
Basic Statistics on Scientific and Technological Activities in Enterprises above Designated Size (2007) (3)

类 别	Item	新产品产值 (万元) Gross Output Value of new Products (10 000 yuan)	新产品销售收入 (万元) Sales Revenue of New Products (10 000 yuan)	企业办科技机构 (个) Number of Institutions of S&T in Enterprises (unit)	专利申请数 (项) Total Patent Applications (item)	拥有发明专利数 (项) Patent Owned (item)
总 计	**Total**	**11937381**	**11691530**	**953**	**3513**	**1190**
按企业规模分组	**By Size**					
大型企业	Large-sized	8448167	8423028	235	1436	414
中型企业	Medium-sized	2924857	2703572	383	1479	417
小型企业	Small-sized	564358	564930	335	598	359
按工业行业大类分组	**By Industrial Branch**					
#煤炭开采和洗选业	Mining and Washing of Coal	128221	107940	27	87	30
石油和天然气开采业	Extraction of Petroleum and Natural Gas	3676	10562	8	28	3
有色金属矿采选业	Mining of Non-ferrous Metal Ores	14020	13320	6	7	3
非金属矿采选业	Mining and Processing of Nonmetal Ores	355	305	6		
农副食品加工业	Processing of Food From Agricultural Products	555535	537485	59	146	25
食品制造业	Manufacture of Foods	263887	243748	31	243	63
饮料制造业	Manufacture of Beverage	326446	325519	31	43	12
烟草制品业	Manufacture of Tobacco	48134	52514	2	18	10
纺织业	Manufacture of Textile	165257	158098	35	20	1
皮革、毛皮、羽毛(绒)及其制品业	Manufacture of Leather, Fur, Feather and Its Products	36759	31908	8	12	8
木材加工及木、竹、藤、棕、草制品业	Processing of Timbers, Manufacture of Wood, Bamboo, Rattan, Palm, and Straw Products	7730	7113	6		
造纸及纸制品业	Manufacture of Paper and Paper Products	104878	99787	17	16	10
印刷业和记录媒介的复制	Printing,Reproduction of Recording Media	33203	28990	6	12	3
石油加工、炼焦及核燃料加工业	Processing of Petroleum ,Coking,Processing of Nucleus Fuel	5500	8780	5	4	
化学原料及化学制品制造业	Manufacture of Chemical Raw Material and Chemical Products	553683	539387	72	82	52
医药制造业	Manufacture of Medicines	297787	289477	90	266	108
化学纤维制造业	Manufacture of Chemical Fiber	371397	343477	4	11	11
橡胶制品业	Manufacture of Rubber	238142	98464	15	67	18
塑料制品业	Manufacture of Plastic	35978	32973	11	5	10
非金属矿物制品业	Manufacture of Non-metallic Mineral Products	523621	527157	76	295	156
黑色金属冶炼及压延加工业	Manufacture and Processing of Ferrous Metals	1596793	1615965	19	69	18
有色金属冶炼及压延加工业	Manufacture and Processing of Non-ferrous Metals	2203386	2211962	41	326	134
金属制品业	Manufacture of Metal Products	56216	64255	14	21	10
通用设备制造业	Manufacture of General Purpose Machinery	431657	405264	76	349	153
专用设备制造业	Manufacture of Special Purpose Machinery	1186122	1056489	78	382	153
交通运输设备制造业	Manufacture of Transport Equipment	1370131	1311048	56	279	57
电气机械及器材制造业	Manufacture of Electrical Machinery and Equipment	816242	1048546	54	395	50
通信设备、计算机及其他电子设备制造业	Manufacture of Communication Equipment , Computer and Other Electronic Equipment	234657	224288	32	75	22
仪器仪表及文化、办公用机械制造业	Manufacture of Measuring Instrument and Machinery for Cultural Activity and Office Work	163309	159056	34	173	44
工艺品及其他制造业	Manufacture of Artwork, Other Manufacture n.e.c	69532	65590	11	11	
电力、热力的生产和供应业	Production and Supply of Electric Power and Heat Power	57388	49915	9	67	14
燃气生产和供应业	Production and Distribution of Gas	190		1		10

22-20 规模以上工业企业科技活动情况(2007年)(四)

Basic Statistics on Scientific and Technological Activities in Enterprises above Designated Size (2007)(4)

类别	Item	科技活动项目数(项) Projects for S&T Activities (item)	#新产品研究开发项目数 Number of Project for New Products R&D	项目人员合计(人) Total Personnel of Projects (person)	项目经费支出合计(万元) Expenditure of Projects (10 000 yuan)
总计	**Total**	**5138**	**3192**	**80311**	**1358159**
按企业规模分组	**By Size**				
大型企业	Large-sized	2752	1461	47548	925852
中型企业	Medium-sized	1482	1028	21944	334076
小型企业	Small-sized	904	703	10819	98231
按工业行业大类分组	**By Industrial Branch**				
#煤炭开采和洗选业	Mining and Washing of Coal	655	111	12956	164016
石油和天然气开采业	Extraction of Petroleum and Natural Gas	178	8	1757	18311
黑色金属矿采选业	Mining of Ferrous Metal Ores	3		36	650
有色金属矿采选业	Mining of Non-ferrous Metal Ores	34	11	452	8621
非金属矿采选业	Mining and Processing of Nonmetal Ores	3	2	53	700
农副食品加工业	Processing of Food From Agricultural Products	185	147	3457	50108
食品制造业	Manufacture of Foods	111	73	2201	29773
饮料制造业	Manufacture of Beverage	97	72	1792	28577
烟草制品业	Manufacture of Tobacco	41	19	464	10491
纺织业	Manufacture of Textile	81	52	2756	14715
皮革、毛皮、羽毛(绒)及其制品业	Manufacture of Leather, Fur, Feather and Its Products	12	10	128	4305
木材加工及木、竹、藤、棕、草制品业	Processing of Timbers, Manufacture of Wood, Bamboo, Rattan, Palm, and Straw Products	9	8	116	2046
造纸及纸制品业	Manufacture of Paper and Paper Products	49	22	649	17238
印刷业和记录媒介的复制	Printing,Reproduction of Recording Media	17	8	386	2582
石油加工、炼焦及核燃料加工业	Processing of Petroleum ,Coking,Processing of Nucleus Fuel	38	12	263	4859
化学原料及化学制品制造业	Manufacture of Chemical Raw Material and Chemical Products	228	103	3312	88672
医药制造业	Manufacture of Medicines	266	219	3724	55078
化学纤维制造业	Manufacture of Chemical Fiber	57	28	871	32675
橡胶制品业	Manufacture of Rubber	27	24	433	2494
塑料制品业	Manufacture of Plastic	25	19	522	3488
非金属矿物制品业	Manufacture of Non-metallic Mineral Products	270	197	5271	86948
黑色金属冶炼及压延加工业	Manufacture and Processing of Ferrous Metals	255	125	5293	134689
有色金属冶炼及压延加工业	Manufacture and Processing of Non-ferrous Metals	275	132	4680	145739
金属制品业	Manufacture of Metal Products	76	56	627	7742
通用设备制造业	Manufacture of General Purpose Machinery	384	307	4801	70292
专用设备制造业	Manufacture of Special Purpose Machinery	596	547	7048	101364
交通运输设备制造业	Manufacture of Transport Equipment	296	256	4864	79736
电气机械及器材制造业	Manufacture of Electrical Machinery and Equipment	338	302	4666	82936
通信设备、计算机及其他电子设备制造业	Manufacture of Communication Equipment , Computer and Other Electronic Equipment	158	128	2299	43591
仪器仪表及文化、办公用机械制造业	Manufacture of Measuring Instrument and Machinery for Cultural Activity and Office Work	129	120	1461	21220
工艺品及其他制造业	Manufacture of Artwork, Other Manufacture n.e.c	15	13	313	1907
电力、热力的生产和供应业	Production and Supply of Electric Power and Heat Power	196	47	2220	40040
燃气生产和供应业	Production and Distribution of Gas	5	1	52	190
水的生产和供应业	Production and Distribution of Water	14	1	105	415

22-21 各市规模以上工业企业科技活动情况(2007年)(一)
Basic Statistics on Scientific and Technological Activities in Enterprises above Designated Size by City(2007)(1)

单位：人 (person)

市 City	企业科技活动人员 Number of S&T personnel in Enterprises	#高、中级职称人员 Senior & Medium	#研究与实验发展人员 Research and Experiment Development Personnel	企业办科技机构人员 Number of Persons Engaged in Institutions for S&T in Enterprises	博士毕业 Doctor	硕士毕业 Master
全　省 Total	**138331**	**51807**	**63035**	**51155**	**725**	**2853**
郑　州　市 Zhengzhou	28503	9238	17838	9839	218	787
开　封　市 Kaifeng	3036	1098	501	312	1	4
洛　阳　市 Luoyang	12717	5927	5307	3909	51	260
平顶山市 Pingdingshan	13545	5440	6523	3509	17	129
安　阳　市 Anyang	10133	4357	3440	1970	27	108
鹤　壁　市 Hebi	3260	1023	537	1377	14	49
新　乡　市 Xinxiang	9568	3145	3210	4779	59	392
焦　作　市 Jiaozuo	10952	4842	4762	3666	19	86
濮　阳　市 Puyang	5630	2485	2217	2907	39	161
许　昌　市 Xuchang	7816	3009	4753	3801	76	278
漯　河　市 Luohe	3842	1009	2315	3438	18	78
三门峡市 Sanmenxia	3547	1166	1118	934	16	44
南　阳　市 Nanyang	10521	4056	5554	5359	81	242
商　丘　市 Shangqiu	2310	1330	481	473	13	30
信　阳　市 Xinyang	1089	439	114	337	4	29
周　口　市 Zhoukou	4505	1510	1281	1030	20	88
驻马店市 Zhumadian	3510	705	1919	1637	26	58
济　源　市 Jiyuan	3847	1028	1165	1878	26	30

22-22 各市规模以上工业企业科技活动情况(2007年)(二)

Basic Statistics on Scientific and Technological Activities in Enterprises above Designated Size by City(2007)(2)

单位：万元 (10 000 yuan)

市 City	当年科技活动经费筹集总额 Funds of S&T Activities in Current Year	#企业自筹 Self-raised by Enterprises	#金融贷款 Finance Loans	#政府部门资金 Government Allocation	当年科技活动经费支出总额 Expenditure for S&T Activities	#内部支出 Intramural Expenditure	#新产品开发 New Products Devel-opment	#研究与实验发展 Research and Expe-riment Dev-elopment
全　　省 Total	**1843153**	**1617542**	**149019**	**60025**	**1852668**	**1739681**	**850080**	**772555**
郑　州　市 Zhengzhou	308924	268524	20423	19155	323890	298465	154272	159069
开　封　市 Kaifeng	32767	32090	37	300	32201	31909	25212	1588
洛　阳　市 Luoyang	247301	182659	54658	9477	218895	211759	126499	89459
平顶山市 Pingdingshan	150935	147114	54	3549	158270	151645	63111	78679
安　阳　市 Anyang	209279	201407	1722	5963	158225	133747	52889	27325
鹤　壁　市 Hebi	30360	20091	5180	2279	29872	29012	7109	4189
新　乡　市 Xinxiang	135049	116055	13629	4206	158034	153805	64968	55221
焦　作　市 Jiaozuo	165298	133607	25581	1984	169446	164191	62531	82207
濮　阳　市 Puyang	23565	19391	3205	945	30389	27016	11727	19427
许　昌　市 Xuchang	97887	92286	2992	1384	114021	112198	67800	66793
漯　河　市 Luohe	44641	44531	50	60	46506	44368	38229	40254
三门峡市 Sanmenxia	33914	32612	686	289	37238	35932	2484	11810
南　阳　市 Nanyang	120473	103150	12092	4845	127723	123241	84496	67680
商　丘　市 Shangqiu	38374	36244	1600	530	39958	37700	4302	5585
信　阳　市 Xinyang	19924	16918	2620	86	15377	15236	10267	2097
周　口　市 Zhoukou	33824	32684	100	532	46520	32413	11660	11167
驻马店市 Zhumadian	50222	38933	4217	3883	43378	42498	14732	18411
济　源　市 Jiyuan	100416	99246	173	558	102725	94546	47792	31594

22–23 各市规模以上工业企业科技活动情况(2007年)(三)
Basic Statistics on Scientific and Technological Activities in Enterprises above Designated Size by City((2007)(3)

市 City	新产品产值(万元) Gross Output Value of new Products (10 000 yuan)	新产品销售收入(万元) Sales Revenue of New Products (10 000 yuan)	企业办科技机构(个) Number of Institutions of S&T in Enterprises(unit)	专利申请数(项) Total Patent Applications (item)	拥有发明专利数(项) Patent Owned (item)
全 省 Total	**11937381**	**11691530**	**953**	**3513**	**1190**
郑州市 Zhengzhou	2408508	2245153	225	1040	378
开封市 Kaifeng	181761	162921	12	24	19
洛阳市 Luoyang	1235250	1233467	45	540	174
平顶山市 Pingdingshan	709058	627385	33	81	15
安阳市 Anyang	1068225	1089477	47	85	71
鹤壁市 Hebi	121885	96918	21	39	15
新乡市 Xinxiang	1198268	1419190	106	422	103
焦作市 Jiaozuo	877584	717994	90	202	101
濮阳市 Puyang	117979	122030	33	73	38
许昌市 Xuchang	695310	691167	59	319	37
漯河市 Luohe	366171	365351	38	103	17
三门峡市 Sanmenxia	40762	39398	26	26	15
南阳市 Nanyang	1258726	1201045	76	315	90
商丘市 Shangqiu	16501	15546	19	65	19
信阳市 Xinyang	39460	39838	14	26	2
周口市 Zhoukou	153058	143123	19	54	44
驻马店市 Zhumadian	273835	315480	65	70	28
济源市 Jiyuan	1175041	1166047	25	29	24

22–24 各市规模以上工业企业科技活动情况(2007年)(四)

Basic Statistics on Scientific and Technological Activities in Enterprises above Designated Size by City(2007)(4)

市 City	科技活动项目数(项) Projects for S&T Activities (item)	#新产品研究开发项目数 Number of Project for New Products R&D	项目人员合计(人) Total Personnel of Projects (person)	项目经费支出合计(万元) Expenditure of Projects (10 000 yuan)
全　　省 Total	**5138**	**3192**	**80311**	**1358159**
郑　州　市 Zhengzhou	993	684	18487	239700
开　封　市 Kaifeng	131	110	1946	31364
洛　阳　市 Luoyang	748	590	6657	157529
平 顶 山 市 Pingdingshan	523	239	10973	144032
安　阳　市 Anyang	329	186	4958	109202
鹤　壁　市 Hebi	131	69	1853	24054
新　乡　市 Xinxiang	379	237	5940	110097
焦　作　市 Jiaozuo	348	214	4539	102877
濮　阳　市 Puyang	175	66	1814	22546
许　昌　市 Xuchang	189	156	3841	86353
漯　河　市 Luohe	141	123	2609	41971
三 门 峡 市 Sanmenxia	153	33	2081	31543
南　阳　市 Nanyang	416	269	7885	114084
商　丘　市 Shangqiu	202	19	1566	35074
信　阳　市 Xinyang	50	33	766	12847
周　口　市 Zhoukou	33	29	1352	14781
驻 马 店 市 Zhumadian	108	77	1575	16504
济　源　市 Jiyuan	89	58	1469	63601

22–25 大中型工业企业科技活动情况
Basic Statistics on Scientific and Technological Activities in Large and Medium-Sized Industrial Enterprises

单位：亿元 (100 million yuan)

指　标	Item	1997	2000	2002	2005	2006	2007
企业科技活动人员（人）	Persons Engaged in S&T of Enterprises (person)	80253	74980	73489	88610	108765	121383
#高、中级职称	Senior & Medium	25984	29398	30495	34363	40522	46612
企业办科技机构（个）	Number of Institutions for S&T in Enterprises (unit)	629	349	315	488	494	618
企业办科技机构人员（人）	Number of persons of Institutions for S&T in Enterprises (person)	21810	26994	28369	32467	36774	45527
当年科技活动经费筹集总额	Funds of S&T Activities in Current Year	15.90	27.76	31.37	76.92	120.32	171.15
#上级拨款	Appropriations from Higher Authorities	1.05	1.09	1.12	1.67	2.50	5.41
银行贷款	Bank Loans	2.81	3.20	2.24	3.78	7.78	13.75
企业自筹	Self-raised	10.81	23.02	27.32	70.73	109.46	151.02
当年科技活动经费支出总额	Expenditure for S&T Activities in Current Year	14.49	26.05	30.94	85.32	129.94	168.33
#新产品开发	New Products Development	7.18	9.69	13.89	35.99	58.59	77.69
新产品销售收入	Revenue of New Products Sales	99.78	141.93	191.82	594.94	837.71	1112.66
#出口	Exported	6.27	14.56	13.72	88.34	141.12	156.96
生产用设备原值	Original Value of Instruments by Produce	971.48	1652.59	1894.81	2494.89	2818.99	3388.08
#微电子技术控制	Micro-electronics Technic Control	53.88	112.83	132.31	233.99	274.46	321.08
技术改造支出总额	Expenditures for Technical Transformation	57.37	35.93	48.82	109.86	142.53	192.73
技术引进支出总额	Expenditures for Technical Recommendation	8.18	5.82	10.08	7.91	11.62	4.69
消化吸收支出总额	Expenditures of Technical Digesting and Absorb	0.38	0.67	0.80	1.04	8.76	6.66
购买国内技术用款	Purchass of Civil Technology	0.92	0.38	1.01	3.25	2.47	5.16
科技活动项目（项）	Number of S&T Items (item)	4235	4554	5256	5617	6681	8496

22-26 三种专利申请受理量及授权量

Three Types of Patent Application Examined and Granted

单位：项 (item)

项目	Item	2000	2001	2002	2003	2004	2005	2006	2007
申请量合计	**Total Applications Examined**	**3818**	**4092**	**4441**	**5261**	**6318**	**8981**	**11538**	**14916**
发明	Inventions	650	743	876	1025	1213	1703	2404	2875
实用新型	Utility Models	2551	2688	2780	3219	3448	4594	5376	5571
外观设计	Designs	617	661	785	1017	1657	2684	3758	6470
在三种专利申请受理量中	**In the Three Types of Patent Applications Examined**								
个人	Individuals	3209	3494	3613	3840	4558	5955	7326	9727
大专院校	Universities and Colleges	8	10	17	82	132	311	529	666
科研单位	Research Institutions	65	45	84	85	98	166	328	427
工矿企业	Industrial and Mineral Enterprises	526	525	710	1235	1517	2534	3326	4034
机关团体	Government Agencies and Organizations	10	18	17	19	13	15	29	62
授权量合计	**Total Applications Granted**	**2766**	**2582**	**2590**	**2961**	**3318**	**3748**	**5242**	**6998**
发明	Inventions	209	171	149	256	306	356	450	563
实用新型	Utility Models	2113	1896	1869	1983	2117	2304	3260	4517
外观设计	Designs	444	515	572	722	895	1088	1532	1918
在三种专利授权量中	**In the Three Types of Patent Applications Granted**								
个人	Individuals	2253	2099	2106	2139	2187	2535	3427	4363
大专院校	Universities and Colleges	14	9	10	29	27	65	145	211
科研单位	Research Institutions	64	55	42	75	47	60	98	244
工矿企业	Industrial and Mineral Enterprises	417	407	412	701	1047	1076	1560	2143
机关团体	Government Agencies and Organizations	18	12	20	17	10	12	12	37

22-27 各类技术合同情况(2007年)
Statistics on Technical Contracts(2007)

合同类别	Type	合同数(个) Number of Contracts (unit)	成交额(万元) Transaction Value (10 000 yuan)	#技术额 Technical Contract Value	实现合同数(份次) Number of Contracts Realized (share)	实现金额(万元) Contract Value Realized (10 000 yuan)	#实现技术额 Technical Contract Value Realized
总　计	**Total**	**3775**	**265174.27**	**210565.52**	**46**	**7343.35**	**1800.48**
技术开发	Technological Development	1191	128861.98	104120.59	23	1904.49	377.62
技术转让	Technological Transfer	422	22143.11	21514.62	4	317.00	317.00
技术咨询	Technological Consultation	674	14784.07	14075.87			
技术服务	Technological Services	1488	99385.10	70854.44	19	5121.86	1105.86

22-28 技术买方情况(2007年)
Statistics on Buyer of Technology(2007)

单位：个 万元　　(item/10 000yuan)

买方类别 Type of Buyer	合计 Total		机关法人 Administration Corporate		事业法人 Institution Corporate		社团法人
	合同数 Number of Contracts	成交额 Transaction Value	合同数 Number of Contracts	成交额 Transaction Value	合同数 Number of Contracts	成交额 Transaction Value	合同数 Number of Contracts
总　计 Total	**3775**	**265174**	**2**	**1241**	**954**	**19066**	**16**
机关法人 Administration Corporate	336	11239	2	1242	71	1632	
事业法人 Institution Corporate	496	15128			84	1570	
社团法人 Association Corporate	17	1106					4
企业法人 Enterprise Corporate	2870	236169			796	15846	10
自　然　人 Nature Persons	11	245					1
其他组织 Others	45	1287			3	20	1

买方类别 Type of Buyer	Association Corporate	企业法人 Enterprise Corporate		自然人 Nature Persons		其他组织 Others	
	成交额 Transaction Value	合同数 Number of Contracts	成交额 Transaction Value	合同数 Number of Contracts	成交额 Transaction Value	合同数 Number of Contracts	成交额 Transaction Value
总　计 Total	**1709**	**2614**	**235974**	**26**	**2721**	**163**	**4460**
机关法人 Administration Corporate		263	8365				
事业法人 Institution Corporate		404	13531			8	27
社团法人 Association Corporate	1076	13	31				
企业法人 Enterprise Corporate	238	1891	212945	26	2722	147	4420
自　然　人 Nature Persons	11	4	233			6	1
其他组织 Others	385	39	870			2	12

22–29 各种分组的技术成交情况(2007年)

Statistics on Transaction of Technology by Group(2007)

指　标	Item	合同数(个) Number of Contracts (unit)	成交额(万元) Transaction Value (10 000 yuan)
总计		**3775**	**265174**
受让技术所服务的社会经济目标分类	**Grouped by Social and Economic Service Objection**		
农业、林业和渔业的发展	Development of Agriculture,Forestry and Fishery	89	11128
促进工业的发展	Promoting Industrial Development	684	114461
能源的生产和合理利用	Production,Rational Utilization of Energy	505	18638
基础设施的发展	Development of Infrastructure	278	15463
环境治理与保护	Environmental Treatment and Protextion	212	10507
卫生(不包括污染)	Health Care (Pollution is Excluded)	25	4678
社会发展和社会服务	Social Development and Service	1644	72718
地球和大气层的探索与利用	Exploration and application on Earth and Atmosphere	18	298
知识的发展	Development of Knowledge	16	105
民用空间	Civil Space	19	6651
国防	National Defence	29	1884
其他	Others	256	8643
按技术领域分类	**Grouped by Technology**		
电子信息技术	Electronic Information Technology	684	59690
航空航天技术	Aeronautic and Astronautic Technology	28	5442
先进制造技术	Advanced manufacturing technology	467	62926
生物、医药和医疗器械技术	Biological ,Medical and Medical Device Technology	57	12976
新材料及其应用	New Materials and Their Application	200	11263
新能源与高效节能	New Energy, High Efficiency and Energy Saving	501	59232
环境保护与资源综合利用技术	Environmental Protetion and Resources comprehensive utilization Technology	373	15035
核应用技术	Nuclear Application Technology	101	12007
农业技术	Agriculture Technology	142	2121
现代交通	Modern Communication	1222	24482
城市建设与社会发展	City Construction and Social Development		
知识产权分类	**Grouped by Intellectual Property**		
技术秘密	Technology Secret	927	93151
专利	Patent	58	10418
计算机软件	Computer Software	173	49989
动、植物新品种	new varieties of Animal and Plants	10	1255
集成电路布图设计	IC Layout Design	3	854
生物、医药新品种	new varieties of Biology and Medicine	5	2241
未涉及知识产权	Others	2599	107266

22–30 各市技术市场交易成交项数(2007年)

Number of Business on Technological Markets by City(2007)

单位：项 (item)

市 City	技术买方 Technology Buyers	事业法人 Institution Corporate	企业法人 Enterprise Corporate	其他 Others
郑州市 Zhengzhou	2285	298	1767	220
开封市 Kaifeng	8		7	1
洛阳市 Luoyang	473	101	345	27
平顶山市 Pingdingshan	2		2	
安阳市 Anyang	27	6	20	1
鹤壁市 Hebi	5	2	3	
新乡市 Xinxiang	87	4	82	1
焦作市 Jiaozuo	520	38	401	81
濮阳市 Puyang	1		1	
许昌市 Xuchang	77	5	72	
漯河市 Luohe	92	20	54	18
三门峡市 Sanmenxia	27	9	17	1
南阳市 Nanyang	137	13	74	50
商丘市 Shangqiu	9	1	2	6
信阳市 Xinyang	10		10	
周口市 Zhoukou	2		1	1
驻马店市 Zhumadian	7		5	2
济源市 Jiyuan	6	4	2	

市 City	技术卖方 Technology Sellers	事业法人 Institution Corporate	企业法人 Enterprise Corporate	其他 Others
郑州市 Zhengzhou	2285	680	1444	161
开封市 Kaifeng	8		8	
洛阳市 Luoyang	473	1	465	7
平顶山市 Pingdingshan	2			2
安阳市 Anyang	27	5	22	
鹤壁市 Hebi	5	1	1	3
新乡市 Xinxiang	87	3	84	
焦作市 Jiaozuo	520	191	327	2
濮阳市 Puyang	1		1	
许昌市 Xuchang	77		77	
漯河市 Luohe	92		66	26
三门峡市 Sanmenxia	27		27	
南阳市 Nanyang	137	65	72	
商丘市 Shangqiu	9	2	2	5
信阳市 Xinyang	10		10	
周口市 Zhoukou	2	1	1	
驻马店市 Zhumadian	7		6	1
济源市 Jiyuan	6		6	

22-31 各市技术市场交易成交金额(2007年)

Volume of Business on Technological Markets by City(2007)

单位：万元

(10 000 yuan)

市 City	技术买方 Technology Buyers	事业法人 Institution Corporate	企业法人 Enterprise Corporate	其他 Others
郑 州 市 Zhengzhou	149487.04	8701	134210	6576
开 封 市 Kaifeng	10280.00	10250		30
洛 阳 市 Luoyang	61572.85	3000	58415	158
平 顶 山 市 Pingdingshan	3267.62		3268	
安 阳 市 Anyang	972.78	31	938	4
鹤 壁 市 Hebi	592	560	32	
新 乡 市 Xinxiang	2294.33	12	2277	6
焦 作 市 Jiaozuo	15348.52	227	11463	3658
濮 阳 市 Puyang	223.01		223	
许 昌 市 Xuchang	421.04		421	
漯 河 市 Luohe	2874.51	47	2805	22
三 门 峡 市 Sanmenxia	198.00	188	10	
南 阳 市 Nanyang	3808.94	287	2439	1083
商 丘 市 Shangqiu	2147.50	142	516	1490
信 阳 市 Xinyang	5647.23		5647.23	
周 口 市 Zhoukou	380.00		180	200
驻 马 店 市 Zhumadian	3175.00		2525	650
济 源 市 Jiyuan	2484.00	1934	550	

市 City	技术卖方 Technology Sellers	事业法人 Institution Corporate	企业法人 Enterprise Corporate	其他 Others
郑 州 市 Zhengzhou	149487.04	12742.26	135551.86	1192.92
开 封 市 Kaifeng	10280.00		10280.00	
洛 阳 市 Luoyang	61572.85	310.00	61057.00	205.85
平 顶 山 市 Pingdingshan	3267.62			3267.62
安 阳 市 Anyang	972.78	26.00	946.78	
鹤 壁 市 Hebi	591.9	470.00	90.00	31.90
新 乡 市 Xinxiang	2294.33	51.00	2243.33	
焦 作 市 Jiaozuo	15348.52	3362.18	10744.84	1241.50
濮 阳 市 Puyang	223.01		223.01	
许 昌 市 Xuchang	421.04	60.00	361.04	
漯 河 市 Luohe	2874.51		153.00	2721.51
三 门 峡 市 Sanmenxia	198.00		198.00	
南 阳 市 Nanyang	3808.94	1555.20	2253.74	
商 丘 市 Shangqiu	2147.50	310.00	516.00	1321.5
信 阳 市 Xinyang	5647.23		5647.23	
周 口 市 Zhoukou	380.00	180.00	200.00	
驻 马 店 市 Zhumadian	3175.00		3025.00	
济 源 市 Jiyuan	2484.00		2484.00	

22-32 高技术产业主要指标

Main Indicators of High Technology

指标名称	Item	2003	2004	2005	2006	2007
企业数(个)	Number of Enterprises(unit)	340	576	577	1505	1596
从业人员年平均人数(人)	Average Number of Employed Persons (person)	112344	163855	174515	188039	205100
工程技术人员(人)	Engineering (person)	14254	21117	34295	37641	40005
工业总产值(当年价格)(万元)	Industrial Output Value (in Current Price)(10 000 yuan)	2043299	2892131	3611119	5021149	6644224
增加值(万元)	Value-added (10 000 yuan)	665231	836595	1031508	1429894	1952388
主营业务收入(万元)	Revenue from Principal Business (10 000 yuan)	1913464	2775874	3285766	4643111	6095898
年末固定资产原价(万元)	Original Value of Fixed Assets at the year-end(10 000 yuan)	1397903	2103866	3245293	3829551	4009862
#微电子控制设备原价	Original Value of Microelectronic Control Equipment	76307	135273	249085	299809	285406
科技机构数(个)	Number of S&T Institutions (unit)	65	98	178	223	248
科技机构人员(人)	Personnel Engaged in Technical Institutions (person)	3116	2913	7382	10108	11913
科技机构经费内部支出(万元)	Intramural Expenditures on S&T Activities in Technical Institutions(10 000 yuan)	30453	19044	52674	65451	101678
科技活动人员(人)	Personnel Engaged in S&T Activities (person)	10447	11239	26738	30707	32873
#科学家和工程师	Scientists and Engineers	6084	6204	13814	15776	17208
R&D活动人员折合全时当量(人年)	Number of Persons for R&D Anounted to Full-time(person-year)	2252	4362	6924	7937	8229
#科学家和工程师	Scientists and Engineers	1750	3241	4732	6494	6164
科技活动经费筹集总额(万元)	Funding for S&T Activities (10 000 yuan)	59079	91084	149646	179535	263562
科技活动经费内部支出(万元)	Intramural Expenditures on S&T Activities (10 000 yuan)	46451	75054	132133	180195	250356
#R&D经费内部支出	Intramural Expenditures on R&D	26334	51766	57120	68686	98244
科技项目数(项)	Number of S&T Projects(item)	594	920	1107	1116	1215
新产品开发项目数(项)	Number of Projects for New Products (item)	260	388	579	590	729
新产品开发经费支出(万元)	Expenditures on Development of New Products (10 000 yuan)	12986	28076	56473	83125	148331
新产品产值(万元)	Output Value of New Products(10 000 yuan)	415776	605262	96993	1040623	1301225
新产品销售收入(万元)	Sales revenue of New Products(10 000 yuan)	401567	594734	951785	982841	1226557
专利申请数(件)	Number of Patent Applications(item)	95	256	248	475	652
拥有发明专利数(件)	Number of Patent Owned (item)	54	87	146	221	249
技术改造经费支出(万元)	Expenditures for Technical Renovations(10 000yuan)	39243	95478	78738	123091	112532
技术引进经费支出(万元)	Expenditures for Technology Importing (10 000 yuan)	28508	16955	4979	9674	6359
消化吸收经费支出(万元)	Expenditures on Digestion and Assimilation of Technology (10 000 yuan)	512	1332	1816	2801	2375
购买国内技术经费支出(万元)	Expenditures on Purchase of Domestic Technologies (10 000 yuan)	230	2451	5322	4858	4734
施工项目个数(个)	Number of Projects Under Construction(item)	75	193	285	346	466
#新开工项目个数	Number of Newly Started Construction Projects	50	138	205	251	346
全部建成或投产项目个数(个)	Number of Projects Completed or Put into Production(unit)	27	108	148	207	306
投资额(亿元)	Investment (100 million yuan)	8.40	44.00	53.31	89.70	141.96
新增固定资产(亿元)	Newly Increased Fixed Assets (100 million yuan)	5.10	24.35	33.51	62.37	98.83

22–33 按行业分的高技术产业基本情况(2007年)

Main Indicators of High-tech by Industry(2007)

行业	Industry	企业数(个) Number of Enterprises (unit)	从业人员年平均人数(人) Average Number of Employed Persons (person)	#工程技术人员 Engineering	年末固定资产原价(万元) Original Value of Fixed Assets (10 000 yuan)
总 计	**Total**	**1596**	**205100**	**40005**	**4009862**
#核燃料加工	Nuclear Fuel Processing	2	60	247	15189
信息化学品制造	Manufacture of Information Chemical Products	29	6926	1915	321936
医药制造业	Manufacture of Medicines	660	106726	17531	1745505
#化学药品制造	Manufacture of Chemical Medicine	190	52708	12797	1183416
中成药制造	Manufacture of Finished Traditional Chinese Herbal Medicine	96	22441	2031	264248
生物、生化制品的制造	Manufacture of Biological and Biochemical Chemical Products	80	5957	894	77818
航空航天器制造	Manufacture of Aeronautics and Aerospace Aircrafts	6	15249	4779	335663
飞机制造及修理	Manufacture and Repairing of Airplanes	4	14825	4714	326798
航天器制造	Manufacture of Spacecrafts	2	424	65	8865
电子及通信设备制造业	Manufacture of Electronic Equipment and Communication Equipment	252	29663	8095	1212522
通信设备制造	Manufacture of Communication Equipment	47	4561	2256	104369
#通信传输设备制造	Manufacture of Communication Transmitting Equipment	13	760	495	28968
通信交换设备制造	Manufacture of Communication Exchanging Equipment	8	2300	1675	62049
通信终端设备制造	Manufacture of Communication Terminal Equipment	5	112		
移动通信及终端设备制造	Mobile Communication and Manufacture Terminal Equipment	5	505	51	2777
广播电视设备制造	Manufacture of Broadcasting and TV Equipment	13	593	124	2758
电子器件制造	Manufacture of Electronic Appliances	37	5661	2890	894744
电子真空器件制造	Manufacture of Electronic Vacuum Appliances	15	4520	2818	884502
半导体分立器件制造	Manufacture of Semiconductor Discreting Appliances	4	221	22	1038
集成电路制造	Manufacture of Integrate Circuit	4	143	4	2634
光电子器件及其他电子器件制造	Manufacture of Optoelectronic Devices and Other Electron Devices	14	777	46	6569
电子元件制造	Manufacture of Electronic Components	85	12738	2264	163928
家用视听设备制造	Manufacture of Domestic TV Set and Radio Receiver	12	3405	254	29436
其他电子设备制造	Manufacture of Other Electronic Equipment	58	2705	307	17287
电子计算机及办公设备制造	Manufacture of Computers and Office Equipment	12	2869	230	18954
电子计算机整机制造	Manufacture of Entired Computer	1	62	35	135
计算机网络设备制造	Manufacture of Computer Network Equipment	4	342	4	2556
电子计算机外部设备制造	Manufacture of Computer Peripheral Equipment	4	115		
办公设备制造	Manufacture of Office Equipment	3	2350	191	16263
医疗设备及仪器仪表制造业	Manufacture of Medical Equipment and Measuring Instrument	455	39703	5937	360093
医疗设备及器械制造	Manufacture of Medical Equipment and Appliances	73	6537	341	22917
仪器仪表制造	Manufacture of Measuring Instrument	382	33166	5596	337176

22–34 各市高技术产业基本情况(2007年)

Basic Statistics on High-tech Industries by City(2007)

市 City	企业数(个) Number of Enterprises (unit)	从业人员年平均人数(人) Average Number of Employed Persons (person)	#工程技术人员 Engineering	年末固定资产原价(万元) Original Value of Fixed Assets (10 000 yuan)
全　　省 Total	**1596**	**205100**	**40005**	**4009862**
郑　州　市 Zhengzhou	415	28271	7304	441236
开　封　市 Kaifeng	83	7170	1505	92163
洛　阳　市 Luoyang	141	12677	3909	303514
平 顶 山 市 Pingdingshan	29	5083	606	46323
安　阳　市 Anyang	90	13473	3761	839073
鹤　壁　市 Hebi	45	4744	910	59154
新　乡　市 Xinxiang	115	36406	5037	777511
焦　作　市 Jiaozuo	103	11080	2173	157490
濮　阳　市 Puyang	49	3478	453	21517
许　昌　市 Xuchang	36	4295	476	71546
漯　河　市 Luohe	23	3437	193	29429
三 门 峡 市 Sanmenxia	32	3142	527	39458
南　阳　市 Nanyang	190	37909	6978	579206
商　丘　市 Shangqiu	121	7276	563	38471
信　阳　市 Xinyang	31	7856	1026	96903
周　口　市 Zhoukou	38	6209	1196	118179
驻 马 店 市 Zhumadian	43	10668	2931	283937
济　源　市 Jiyuan	12	1926	457	14752

22-35 高技术产业生产经营情况(2007年)

Basic Statistics on the production and management of High-tech (2007)

单位：万元

(10 000yuan)

指标名称	Item	工业总产值(当年价) Industrial Output Value (Current Price)	增加值 Value-added	主营业务收入 Revenue from Principal Business	利润总额 Total Profits	利税 Pre-tax Profits	出口交货值 Value of Products for Export
总　计	**Total**	**6644224**	**1952388**	**6095898**	**633018**	**912341**	**374618**
#核燃料加工	Nuclear Fuel Processing	1814	465	1628	79	107	
信息化学品制造	Manufacture of Information Chemical Products	412238	111107	397373	79040	101296	57452
医药制造业	Manufacture of Medicines	3630919	1103459	3264928	368443	527109	197358
#化学药品制造	Manufacture of Chemical Medicine	1823717	587410	1615549	185118	258639	152384
中成药制造	Manufacture of Finished Traditional Chinese Herbal Medicine	713968	202207	594308	41832	71979	15432
生物、生化制品的制造	Manufacture of Biological and Biochemical Chemical Products	244699	77645	234568	40723	54693	3596
航空航天器制造	Manufacture of Aeronautics and Aerospace Aircrafts	414141	109392	373209	34992	43497	8583
飞机制造及修理	Manufacture and Repairing of Airplanes	394891	103674	364353	34412	42910	8583
航天器制造	Manufacture of Spacecrafts	19251	5717	8856	580	587	
电子及通信设备制造业	Manufacture of Electronic Equipment and Communication Equipment	1028998	280627	923470	37079	73388	24764
通信设备制造	Manufacture of Communication Equipment	48546	11182	50855	928	3449	3318
#通信传输设备制造	Manufacture of Communication Transmitting Equipment	16036	3698	15914	2535	3397	
通信交换设备制造制造	Manufacture of Communication Exchanging Equipment	13746	3615	15897	-3495	-2528	63
通信终端设备制造	Manufacture of Communication Terminal Equipment	1108		753	-154	-150	
移动通信及终端设备制造	Mobile Communication and Manufacture Terminal Equipment	5531	1411	5891	1217	1623	3255
广播电视设备制造	Manufacture of Broadcasting and TV Equipment	5606	933	4438	140	209	431
电子器件制造	Manufacture of Electronic Appliances	298176	74239	272856	-28702	-14699	17428
电子真空器件制造	Manufacture of Electronic Vacuum Appliances	246038	61541	218082	-31869	-19182	13628
半导体分立器件制	Manufacture of Semiconductor Discreting Appliances	9562	2201	9885	1395	1849	
集成电路制造	Manufacture of Integrate Circuit	2832	694	2749	113	201	
光电子器件及其他电子器件制造	Manufacture of Optoelectronic Devices and Other Electron Devices	39744	9804	42139	1659	2433	3800
电子元件制造	Manufacture of Electronic Components	504170	152860	408030	44407	60456	3476
家用视听设备制造	Manufacture of Domestic TV Set and Radio Receiver	107233	21517	114086	12290	12579	111
其他电子设备制造	Manufacture of Other Electronic Equipment	65268	19895	73206	8016	11394	
电子计算机及办公设备制造业	Manufacture of Computers and Office Equipments	125893	44403	130727	20789	31785	
电子计算机整机制造	Manufacture of Entired Computer	1109	397	1209	203	216	
计算机网络设备制造	Manufacture of Computer Network Equipment	6277	2102	5662	191	278	
电子计算机外部设备	Manufacture of Computer Peripheral Equipment	698		685	-83	-77	
办公设备制造	Manufacture of Office Equipment	117808	41904	123171	20478	31368	
医疗设备及仪器仪表制造业	Manufacture of Medical Equipments and Measuring Instrument	1030221	302937	998264	109073	151635	86461
医疗设备及器械制造	Manufacture of Medical Equipment and Appliances	174255	50174	173845	13645	17469	1208
仪器仪表制造	Manufacture of Measuring Instrument	855966	252762	824419	95428	134167	85252

22-36 各市高技术产业生产经营情况(2007年)

Basic Statistics on the production and management of High-tech by City(2007)

单位：万元 (10 000yuan)

市 City	工业总产值(当年价) Industrial Output Value (Current Price)	增加值 Value-added	主营业务收入 Revenue from Principal Business	利润总额 Total Profits	利税 Pre-tax Profits	出口交货值 Value of Products for Export
全　省 Total	**6644224**	**1952388**	**6095898**	**633018**	**912341**	**374618**
郑　州　市 Zhengzhou	820688	241400	838389	41333	87631	30008
开　封　市 Kaifeng	142149	41338	136272	6002	10181	9429
洛　阳　市 Luoyang	449851	132922	472862	99339	124976	2521
平 顶 山 市 Pingdingshan	281286	85235	247196	41180	57143	69
安　阳　市 Anyang	466793	133410	451956	41247	67488	55933
鹤　壁　市 Hebi	179054	52971	109057	9960	16765	612
新　乡　市 Xinxiang	1166875	334392	1053531	133899	176638	108824
焦　作　市 Jiaozuo	323092	93294	289757	32594	46488	2578
濮　阳　市 Puyang	129818	38394	129768	17680	21295	
许　昌　市 Xuchang	152032	44305	150341	15481	23499	
漯　河　市 Luohe	116590	36148	103833	20241	24511	
三 门 峡 市 Sanmenxia	115769	32057	117617	3912	7633	47
南　阳　市 Nanyang	1158667	345413	1046956	66949	108240	123369
商　丘　市 Shangqiu	265726	70121	239509	8023	15147	7540
信　阳　市 Xinyang	248967	75512	154876	18128	26293	1161
周　口　市 Zhoukou	250190	75859	225460	54156	66193	2612
驻 马 店 市 Zhumadian	337502	107917	286212	17996	25083	29278
济　源　市 Jiyuan	39175	11702	42307	4897	7136	637

22-37 高技术产业科技机构情况(2007年)

Statistics on High-tech Industry Institutions(2007)

指标名称	Item	科技机构数（个）Number of Technical Institutions (unit)	科技机构人员（人）Number of Personnel Engaged in Technical Institutions (person)	科技机构经费内部支出（万元）Intramural Expenditures on S&T Activities in Technical Institutions (10 000 yuan)
总　计	**Total**	**248**	**11913**	**101678**
信息化学品制造	Manufacture of Information Chemical Products	6	420	9275
医药制造业	Manufacture of Medicines	119	4432	37929
#化学药品制造	Manufacture of Chemical Medicine	74	2982	20888
中成药制造	Manufacture of Finished Traditional Chinese Herbal Medicine	17	803	10579
生物、生化制品的制造	Manufacture of Biological and Biochemical Chemical Products	12	285	2575
航空航天器制造	Manufacture of Aeronautics and Aerospace Aircrafts	14	1454	9211
#飞机制造及修理	Manufacture and Repairing of Airplanes	14	1454	9211
电子及通信设备制造业	Manufacture of Electronic Equipment and Communication Equipment	50	3504	27152
通信设备制造	Manufacture of Communication Equipment	13	793	2941
#通信传输设备制造	Manufacture of Communication Transmitting Equipment	3	192	490
通信交换设备制造	Manufacture of Communication Exchanging Equipment	5	271	1004
雷达及配套设备制造	Manufacture of Radar and Matching Equipment	1	242	2067
广播电视设备制造	Manufacture of Broadcasting and TV Equipment	1	34	70
电子器件制造	Manufacture of Electronic Appliances	10	138	14274
电子元件制造	Manufacture of Electronic Components	16	1704	3966
家用视听设备制造	Manufacture of Domestic TV Set and Radio Receiver	1	113	1446
其他电子设备制造	Manufacture of Other Electronic Equipment	8	480	2387
电子计算机及办公设备制造业	Manufacture of Computers and Office Equipment	1	35	153
#电子计算机整机制造	Manufacture of Entired Computer	1	35	153
医疗设备及仪器仪表制造业	Manufacture of Medical Equipment and Measuring Instrument	46	1882	17682
医疗设备及器械制造	Manufacture of Medical Equipment and Appliances	6	156	1106
仪器仪表制造	Manufacture of Measuring Instrument	40	1726	16576
公共软件服务	Public Software Services	12	186	275

22-38 各市高技术产业科技机构情况(2007年)
Statistics on High-tech Industry Institutions by City (2007)

市 City	科技机构数(个) Number of Technical Institutions (unit)	科技机构人员(人) Number of Personnel Engaged in Technical Institutions (person)	科技机构经费内部支出(万元) Intramural Expenditures on S&T Activities in Technical Institutions(10 000 yuan)
全　省 Total	**248**	**11913**	**101678**
郑州市 Zhengzhou	87	3251	24026
开封市 Kaifeng	4	78	424
洛阳市 Luoyang	15	1085	13942
平顶山市 Pingdingshan	6	146	1288
安阳市 Anyang	12	497	14684
鹤壁市 Hebi	7	612	1713
新乡市 Xinxiang	27	1857	11836
焦作市 Jiaozuo	14	418	3096
濮阳市 Puyang			
许昌市 Xuchang	3	289	2447
漯河市 Luohe	1	12	32
三门峡市 Sanmenxia	5	229	284
南阳市 Nanyang	31	2166	15403
商丘市 Shangqiu	1	6	23
信阳市 Xinyang	4	44	2961
周口市 Zhoukou	13	636	4455
驻马店市 Zhumadian	12	447	4436
济源市 Jiyuan	6	140	627

22-39 高技术产业科技活动情况(2007年)

Statistics on Technical Activities of High-tech Institutions(2007)

指标名称	Item	科技活动人员(人) Number of Personnel Engaged in S&T Activities (person)	#科学家和工程师 Scientists and Engineers	科技经费筹集(万元) Funds for S&T Activities (10 000 yuan)	科技机构经费内部支出(万元) Intramural Expenditures on S&T Activities in Technical Institutions (10 000 yuan)	#R&D经费内部支出 Intramural Expenditures on R&D (10 000 yuan)
总　计	**Total**	**32873**	**17208**	**263562**	**250356**	**98244**
核燃料加工	Nuclear Fuel Processing	84	79	88	88	
信息化学品制造	Manufacture of Information Chemical Products	1088	669	15571	22524	11893
医药制造业	Manufacture of Medicines	7742	4568	88349	87742	33317
#化学药品制造	Manufacture of Chemical Medicine	4975	2753	47936	48526	18772
中成药制造	Manufacture of Finished Traditional Chinese Herbal Medicine	1247	866	27594	22558	10556
生物、生化制品的制造	Manufacture of Biological and Biochemical Chemical Products	667	451	4954	9539	1490
航空航天器制造	Manufacture of Aeronautics and Aerospace Aircrafts	8029	2559	25349	30892	15234
飞机制造及修理	Manufacture and Repairing of Airplanes	7947	2495	24563	30146	15234
航天器制造	Manufacture of Spacecrafts	82	64	786	747	
电子及通信设备制造业	Manufacture of Electronic Equipment and Communication Equipment	10096	5312	99439	72629	20583
通信设备制造	Manufacture of Communication Equipment	2539	1955	12696	5605	1371
#通信传输设备制造	Manufacture of Communication Transmitting Equipment	876	733	9880	3020	
通信交换设备制造	Manufacture of Communication Exchanging Equipment	1280	902	1262	1104	950
雷达及配套设备制造	Manufacture of Radar and Matching Equipment	242	195	2053	2067	1491
广播电视设备制造	Manufacture of Broadcasting and TV Equipment	138	52	78	70	38
电子器件制造	Manufacture of Electronic Appliances	3662	1446	29211	27894	13766
电子元件制造	Manufacture of Electronic Components	2760	1059	48035	30198	2275
家用视听设备制造	Manufacture of Domestic TV Set and Radio Receiver	115	115	2831	2817	
其他电子设备制造	Manufacture of Other Electronic Equipment	640	490	4535	3977	1642
电子计算机及办公设备制造	Manufacture of Computers and Office Equipment	69	42	817	417	264
电子计算机整机制造	Manufacture of Entired Computer	**66**	**39**	**813**	**413**	**260**
计算机网络设备制造	Manufacture of Computer Network Equipment	3	3	4	4	4
医疗设备及仪器仪表制造业	Manufacture of Medical Equipment and Measuring Instrument	4264	2704	28793	31817	15390
医疗设备及器械制造	Manufacture of Medical Equipment and Appliances	326	245	1107	2293	1406
仪器仪表制造	Manufacture of Measuring Instrument	**3938**	**2459**	**27686**	**29524**	**13984**
公共软件服务	Public Software Services	1501	1275	5157	4247	1564

22-40 各市高技术产业科技活动情况(2007年)

Statistics on Technical Activities of High-tech Institutions by City (2007)

市 City	科技活动人员(人) Number of Personnel Engaged in S&T Activities (person)	#科学家和工程师 Scientists and Engineers	科技经费筹集(万元) Funds for S&T Activities (10 000yuan)	科技活动经费内部支出(万元) Intramural Expenditures on S&T Activities in Technical Institutions (10 000yuan)	#R&D经费内部支出 Intramural Expenditure on R&D (10 000yuan)
全省 Total	**32873**	**17208**	**263562**	**250356**	**98244**
郑州市 Zhengzhou	9524	4737	49960	49203	26616
开封市 Kaifeng	498	204	3604	3715	164
洛阳市 Luoyang	5222	2774	64386	48644	12942
平顶山市 Pingdingshan	201	106	1352	1646	1291
安阳市 Anyang	4105	1563	31857	28882	12970
鹤壁市 Hebi	1225	374	2833	2735	658
新乡市 Xinxiang	4171	2397	27559	29216	6783
焦作市 Jiaozuo	981	481	10012	10300	3629
濮阳市 Puyang	52	22	145	107	80
许昌市 Xuchang	368	298	3749	5496	3016
漯河市 Luohe	109	101	848	693	410
三门峡市 Sanmenxia	590	302	715	983	399
南阳市 Nanyang	3704	2254	29993	35758	19038
商丘市 Shangqiu	16	16	143	95	35
信阳市 Xinyang	285	232	16231	11541	1342
周口市 Zhoukou	725	635	8904	10377	5048
驻马店市 Zhumadian	760	480	8820	8551	3147
济源市 Jiyuan	337	232	2452	2413	678

22-41 高技术产业新产品及专利情况(2007年)

Statistics on New Products and Patent of High-tech Industry(2007)

指标名称	Item	新产品产值(万元) Output Value of New Products (10 000 yuan)	新产品销售收入(万元) Sales Revenue of New Products (10 000 yuan)	#出口 Export	专利申请数(件) Number of Patent Applications (item)	拥有发明专利数(件) Number of Patent Owned (item)
总　计	**Total**	**1301225**	**1226557**	**211311**	**652**	**249**
#核燃料加工	Nuclear Fuel Processing	2935	3056			
信息化学品制造	Manufacture of Information Chemical Products	136472	103623	41848	11	10
医药制造业	Manufacture of Medicines	323596	310412	62372	281	115
#化学药品制造	Manufacture of Chemical Medicine	237359	239794	50046	197	77
中成药制造	Manufacture of Finished Traditional Chinese Herbal Medicine	54213	39267	9334	40	23
生物、生化制品的制造	Manufacture of Biological and Biochemical Chemical Products	18600	16865	992	9	10
航空航天器制造	Manufacture of Aeronautics and Aerospace Aircrafts	160501	151132		54	1
飞机制造及修理	Manufacture and Repairing of Airplanes	155621	146252		53	
航天器制造	Manufacture of Spacecrafts	4880	4880		1	1
电子及通信设备制造业	Manufacture of Electronic Equipment and Communication Equipment	496623	484033	51861	76	44
通信设备制造	Manufacture of Communication Equipment	5052	4909	32	5	5
#通信传输设备制造	Manufacture of Communication Transmitting Equipment					3
通信交换设备制造	Manufacture of Communication Exchanging Equipment	4599	4489	32	2	1
雷达及配套设备制造	Manufacture of Radar and Matching Equipment				5	
广播电视设备制造	Manufacture of Broadcasting and TV Equipment	1386	1358			
电子器件制造	Manufacture of Electronic Appliances	363412	353715	51117	11	11
电子元件制造	Manufacture of Electronic Components	67415	66102	712	22	23
其他电子设备制造	Manufacture of Other Electronic Equipment	25863	24049		33	5
电子计算机及办公设备制造业	Manufacture of Computers and Office Equipment				8	3
医疗设备及仪器仪表制造业	Manufacture of Medical Equipment and Measuring Instrument	181100	174301	55230	204	59
医疗设备及器械制造	Manufacture of Medical Equipment and Appliances	12169	12040	330	26	12
仪器仪表制造	Manufacture of Measuring Instrument	168931	162261	54900	178	47

22-42 各市高技术产业新产品及专利情况(2007年)

Statistics on New Products and Patent of High-tech Industry by City (2007)

市 City	新产品产值(万元) Output Value of New Products (10 000yuan)	新产品销售收入(万元) Sales Revenue of New Products (10 000yuan)	#出口 Export	专利申请数(件) Number of Patent Applications (item)	拥有发明专利数(件) Number of Patent Owned (item)
全 省 Total	**1301225**	**1226557**	**211311**	**652**	**249**
郑 州 市 Zhengzhou	194187	188620	11869	219	66
开 封 市 Kaifeng	5211	5195			
洛 阳 市 Luoyang	71812	65459	440	90	42
平 顶 山 市 Pingdingshan	13577	15060		2	
安 阳 市 Anyang	376588	370253	65860	16	15
鹤 壁 市 Hebi	17107	16435	380	5	4
新 乡 市 Xinxiang	118344	112081	380	66	6
焦 作 市 Jiaozuo	20780	20056	3851	23	3
濮 阳 市 Puyang	4044	4045		1	
许 昌 市 Xuchang	8321	7993	992	10	3
漯 河 市 Luohe	823	768			2
三 门 峡 市 Sanmenxia	4018	3418	49		
南 阳 市 Nanyang	346819	300333	115990	156	61
商 丘 市 Shangqiu	35	35		2	2
信 阳 市 Xinyang	13252	12376	1840	2	1
周 口 市 Zhoukou	25302	30328		30	23
驻 马 店 市 Zhumadian	70668	65871	9561	24	12
济 源 市 Jiyuan	10339	8230	100	6	9

22-43 高技术产业固定资产投资情况（2007年）

Investment in Fixed Assets in High-tech Industry(2007)

指标名称	Item	施工项目个数（个）Number of Projects Under Construction (item)	#新开工 Number of Newly Started Construction Projects	全部建成或投产项目个数（个）Number of Projects Completed or Put into Production (unit)	投资额（亿元）Investment (100 million yuan)	新增固定资产（亿元）Newly Increased Fixed Assets (100 million yuan)
总　计	**Total**	**466**	**346**	**306**	**141.96**	**98.83**
信息化学品制造	Manufacture of Information Chemical Products	12	8	6	17.98	9.21
医药制造业	Manufacture of Medicines	279	216	187	69.51	56.07
#化学药品制造	Manufacture of Chemical Medicine	81	64	47	24.73	17.32
中成药制造	Manufacture of Finished Traditional Chinese Herbal Medicine	54	43	32	13.44	12.75
生物、生化制品的制造	Manufacture of Biological and Biochemical Chemical Product	34	24	20	9.09	4.60
航空航天器制造	Manufacture of Aeronautics and Aerospace Aircrafts	10	2	8	4.00	4.19
飞机制造及修理	Manufacture and Repairing of Airplanes	10	2	8	4.00	4.19
电子及通信设备制造业	Manufacture of Electronic Equipment and Communication Equipment	85	58	52	29.82	13.22
通信设备制造	Manufacture of Communication Equipment	9	8	8	2.67	2.09
#通信传输设备制造	Manufacture of Communication Transmitting Equipment	2	2	2	0.20	0.20
通信交换设备制造	Manufacture of Communication Exchanging Equipment	1	1	1	0.29	0.29
移动通信及终端设备制造	Mobile Communication and Manufacture Terminal Equipment	3	3	2	1.84	1.11
广播电视设备制造	Manufacture of Broadcasting and TV Equipment	2	2	2	0.84	0.84
电子器件制造	Manufacture of Electronic Appliances	15	9	8	14.04	2.88
电子真空器件制造	Manufacture of Electronic Vacuum Appliances	1	0	0	0.14	0.00
集成电路制造	Manufacture of Integrate Circuit	7	5	4	11.59	0.49
光电子器件及其他电子器件制造	Manufacture of Optoelectronic Devices and Other Electron Devices	7	4	4	2.31	2.39
电子元件制造	Manufacture of Electronic Components	39	27	20	7.76	4.16
家用视听设备制造	Manufacture of Domestic TV Set and Radio Receiver	6	5	4	1.97	1.06
其他电子设备制造	Manufacture of Other Electronic Equipment	14	7	10	2.54	2.19
电子计算机及办公设备制造业	Manufacture of Computers and Office Equipments	7	6	5	4.14	2.66
电子计算机整机制造	Manufacture of Entired Computer	1	1	1	0.03	0.03
电子计算机外部设备制造	Manufacture of Computer Peripheral Equipment	5	4	3	3.82	2.34
医疗设备及仪器仪表制造业	Manufacture of Medical Equipments and Measuring Instrument	68	54	46	15.30	12.37
医疗设备及器械制造	Manufacture of Medical Equipment and Appliances	13	10	6	3.59	4.50
仪器仪表制造	Manufacture of Measuring Instrument	55	44	40	11.71	7.87
公共软件服务	Public Software Services	5	2	2	1.21	1.12

22-44 各市高技术产业固定资产投资情况（2007年）
Investment in Fixed Assets in High-tech Industry by City(2007)

市 City	施工项目个数(个) Number of Projects Under Construction (item)	#新开工 Number of Newly Started Construction Projects	全部建成或投产项目个数(个) Number of Projects Completed or Put into Production (unit)	投资额(亿元) Investment (100 million yuan)	新增固定资产(亿元) Newly Increased Fixed Assets (100 million yuan)
全　　省 Total	**466**	**346**	**306**	**141.96**	**98.83**
郑　州　市 Zhengzhou	69	47	49	27.60	15.08
开　封　市 Kaifeng	22	20	12	6.82	4.91
洛　阳　市 Luoyang	36	24	26	21.36	10.41
平顶山市 Pingdingshan	8	7	7	1.64	2.43
安　阳　市 Anyang	18	8	12	8.46	6.28
鹤　壁　市 Hebi	16	13	10	3.05	2.24
新　乡　市 Xinxiang	96	76	72	19.70	15.71
焦　作　市 Jiaozuo	25	16	19	9.20	8.19
濮　阳　市 Puyang	8	4	6	1.34	1.14
许　昌　市 Xuchang	26	20	20	5.28	4.72
漯　河　市 Luohe	8	6	4	2.79	3.02
三门峡市 Sanmenxia	6	2	2	0.98	0.69
南　阳　市 Nanyang	51	42	24	14.18	10.45
商　丘　市 Shangqiu	23	19	12	5.25	3.11
信　阳　市 Xinyang	13	10	7	3.28	1.60
周　口　市 Zhoukou	11	10	9	4.52	3.42
驻马店市 Zhumadian	25	19	12	5.77	4.22
济　源　市 Jiyuan	5	3	3	0.74	1.21

22—45 测绘行业持证单位人员情况(2007年，持有测绘资格证单位)

Statistics on Persons Engaged in Units Hold Certificate of Soundness by Surveying and Mapping Trades (2007)

系统名称	Department	持证单位数(个) Number of Units Hold Certificate of Soundness	甲 First	乙 Second	丙 Third	丁 Fourth	职工总数(人) Number of Staff and Workers (person)	#具有专业技术职务任职资格人数 Number of Professional Qualification Personnel	高级工程师 Senior	中级工程师 Medium	初级工程师 Jumior
总　计	**Total**	**490**	**22**	**78**	**143**	**247**	**11399**	**7235**	**852**	**2723**	**3660**
测　绘	Surveying and Mapping Department	9	4	4	1		664	484	36	151	297
地　矿	Geologic and Mining Department	22	3	9	6	4	969	749	72	255	422
水　电	Water and Electricity Department	29	5	11	11	2	1519	806	171	345	290
冶　金	Metallurgy Department	2			2		21	18	6	9	3
有色金属	Coloured Metal Department	5	1	3	1		161	136	16	62	58
建　设	construct	191	4	17	45	125	3471	2049	172	766	1111
煤　炭	Coaling Department	15		4	3	8	463	264	34	93	137
石　油	Petrol Department	9	1	4	3	1	510	262	51	117	94
化　工	Chemical Industry Department	1				1	6	6		2	4
核工业	Nucleus Industry Department	2		1	1		74	49	12	16	21
交　通	Traffic Department	9	2	5	2		688	339	102	172	65
教育科研	Science and Education Department	3		2		1	77	77	22	36	19
建材、机械	Construction Material ,mechanism	2		2			64	62	21	21	20
铁　道	Railway Department	1	1				140	67	6	24	37
国　土	Territory	116		6	35	75	1393	1006	59	325	622
其　他	Others	74	1	10	33	30	1179	861	72	329	460

22–46 各系统主要仪器设备情况(2007年持有测绘资格证单位)

Statistics on Major Instrument and Equipment (2007,Hold Certificate of Soundness)

单位：台\套 (unit\set)

系统名称	Department	水准仪 Water Level	测距仪 range finder	全站仪 Omnidirectional Instrument	GPS	全数字摄影测量系统 Digital Monitor System
总 计	**Total**	**1613**	**783**	**1597**	**971**	**124**
测绘	Surveying and Mapping Department	34	7	73	47	43
地矿	Geologic and Mining Department	101	63	146	100	10
水电	Water and Electricity Department	176	63	195	177	27
冶金	Metallurgy Department	7	1	4	1	
有色金属	Coloured Metal Department	27	3	30	25	
建设	construction	614	382	542	182	1
煤炭	Coaling Department	66	16	51	32	
石油	Petrol Department	36	20	48	93	9
化工	Chemical Industry Department	1		1		
核工业	Nucleus Industry Department	15		16	10	
交通	Traffic Department	79	33	50	42	
教育科研	Science and Education Department	36	12	26	16	15
建材	Construction Material	5		5	3	2
铁道	Railway Department	44	6	33	9	
国土	Territory	181	74	193	141	
其他	Others	191	103	184	93	17

22-47 基础地理信息按部门提供情况(2007年)

Statistics on Output of Basal Geographical Information by Departments(2007)

系统名称	Department	1:1万地形图提供量(幅) Output of Relief Map (1:10000) (unit)	1：5万地形图提供量(幅) Output of Relief Map (1:50000) (unit)	大地成果提供量(点) Geodetic Results (point)	完成测绘服务总值(万元) completed total value of mapping Service (10 000yuan)
总计	**Total**	**790**	**919**	**1491**	**57276.12**
测绘	Surveying and Mapping Department	90	51	1116	5538.10
地矿	Geologic and Mining Department	29	60	87	6378.70
水电	Water and Electricity Department	280	257	76	10605.15
冶金	Metallurgy	14	3		27.80
有色金属	Coloured Metal Department	11	4	23	731.00
建设	Construction	1		7	15150.18
煤炭	Coaling Department	17	4	29	2335.00
石油	Petrol Department	2	50	47	4196.31
化工	Chemical				201.90
核工业	Nucleus				353.40
交通	Traffic Department	179	38	62	1948.80
教育科研	Science and Education Department	13	10	6	181.80
地震	Earthquake Department				212.00
建材	Construction Material				133.00
铁道	Railway Department				1125.00
国土	Territory	15			4825.81
其他	Others	139	442	38	3332.17

22–48 质量技术监督基本情况
Basic Statistics on Quality and Technical Control

指 标	Index	2006	2007
产品质量监督检验机构(个)	Institution of Supervising and Checking on Product Quality (unit)	196	201
国家质检中心(个)	national Centers of Checking on Product Quality (unit)	17	20
省监督抽查产品(种)	Products Supervised and checked by Province (kind)	1951	395
产品抽查合格率(%)	Rate of Products Qualified (%)	79	89
行政执法人员(人)	Administration Tipstaff (person)	4628	4579
质量体系认证企业(个)	Enterprises of Quality System Attestation (unit)	5553	6184
中国名牌产品(个)	Chinese Famous Brand Products (unit)	46	61
河南名牌产品(个)	Henan Famous Brand Products (unit)	321	418
河南名牌农产品(个)	Henan Famous Brand farm Products (unit)	59	83
计量认证数(个)	Number of Measure Attestation (unit)	290	371
省级地方标准(个)	Local Standard at Province Level (unit)	489	517
企业产品标准备案(个)	Standard Recorded Archives of Products (unit)	6183	6923
无公害农产品示范基地(个)	Demonstration Area of Non Public Hazard Agricultural Products (unit)	192	192
无公害农产品标志(个)	Mark of Non Public Hazard Products (unit)	191	191
原产地域产品保护(个)	Product Protection of Orginal Producing Area (unit)	28	30

22–49 工业企业重点行业产品质量情况(2007年)
Production Quality of Important Industry Sector (2007)

单位：% (%)

行业	Sector	产品质量等级品率 Grading of Production Quality		
		等级品率 Grade rate	优等品率 Excellent	一等品率 First-class
合 计	**Average**	**90.1**	**54.2**	**42.0**
机 械	Mechanism	95.7	83.1	12.5
电 子	Electron	100.0	100.0	
冶 金	Metallurgy	88.0	41.2	57.8
化 工	Medicial	95.2	83.7	8.9
纺 织	Weave			
建 材	Construction material	93.3	68.6	29.4
有 色	Coloured	74.6		73.0
医 药	Curative	91.6	57.8	42.2

22-50　产品质量监督检查情况（2007年）

Results of Sampling Check on The Quality of Products under Supervision(2007)

项　目	Item	监督检查企业数（个）Number of Enterprises supervised and Checked (unit)	有不合格产品企业所占比例(%) Proportion of Enterprises with Products unqualified (%)	检查产品批 次(批) Check of Product Batch (batch)	批 次合格率(%) Rate of Batch-time qualified (%)
全省总计	**Total**	**28295**	**11.6**	**33645**	**89.1**
农用产品	**Agricultural products**	**1375**	**14.6**	**1873**	**88.0**
拖拉机	Tractor	50	8.0	51	92.2
农业用运输车	Conveyance for Agriculture	36	11.1	40	90.0
农用配件	Fittings Using in Agriculture	329	18.2	485	87.6
农用化肥	Chemical Fertilizers	407	8.6	514	92.4
化学农药	Chemical Pesticide	68	38.2	114	74.6
饲料	Forages	259	20.1	417	83.2
农用薄膜	Pellicle for Agriculture	11		11	100.0
其它	Others	213	8.9	239	92.1
加工食品和饮料	**Food and Beverage**	**12519**	**13.3**	**14710**	**87.3**
小麦粉，大米	Wheat Powder and Rice	3720	15.9	3938	84.5
肉制品	Meat Products	235	7.2	337	94.4
食用盐	Edible Salt	34		41	100.0
调味品	Condiment	551	8.9	762	92.0
白酒	Distilled Spirit	481	10.0	668	91.0
啤酒	Beer	64	7.8	97	93.8
黄酒，果酒	Yellow Wine and Ratafee	111	12.6	127	87.4
食用植物油	Edible Vegetable Oil	541	10.9	576	89.8
罐头	Tin	165	21.8	185	79.5
糕点，糖果	Cake	2794	7.8	3384	91.4
非酒精液体饮料	Unalcohol Drink	663	19.8	845	83.4
冷冻饮品	Freezing Drink	188	15.4	294	84.0
方便主食品	Convenience staple Food	229	7.9	326	93.9
乳制品	Dairy products	177	11.3	286	81.1
其他	Others	2566	16.5	2844	84.3
家用电器	**Household Appliances**	**6**		**14**	**100.0**
收录机，音响设备	Radiogram、acoustics	2		2	100.0
空调器	Air-condition				
电热器具	Galvanothermy				
其他	Others	4		12	100.0
轻工产品	**Light Industry Products**	**3469**	**6.7**	**4487**	**94.0**
纸	Paper	77	3.9	89	85.4
纸制品	Paper Products	127	5.5	185	95.7
家具	Furniture	634	10.3	1042	92.6
眼镜(架，片)	Spectacles(Glass&Frame)	416	2.9	505	97.6
灯泡，灯管	Bulb and lamp	3		7	100.0
铝制品，压力锅	Aluminium Products and Pressure	39		68	100.0
玻璃制品	Glasswork	33	12.1	55	92.7
日用五金	Daily Hardware	18	155.6	32	12.5
燃气灶具	Cooker				
金银首饰	Gold,Silver and other Headgear	425	4.5	512	93.6
合成洗涤剂	Synthetic Detergent	54	7.4	114	96.5
化妆品	Cosmetics	13	7.7	19	94.7
橡胶，塑料制品	Latex and Expect Products	480	10.2	520	90.6
其他	Others	1069	3.1	1238	97.2

22–50 续表 continued

项目	Item	监督检查企业数(个) Number of Enterprises supervised and Checked (unit)	有不合格产品企业所占比例(%) Proportion of Enterprises with Products unqualified (%)	检查产品批次(批) Check of Product Batch (batch)	批次合格率(%) Rate of Batch-time qualified (%)
纺织，鞋类产品	**Textile and Shoes**	**456**	**7.9**	**521**	**92.9**
布(印染色织坯布)	Cloth	34	2.9	42	97.6
服装	Costume	57	14.0	69	87.0
棉纺织	Linsey	15		15	100.0
毛织品	Woolsey	12		12	100.0
针织品	Hosiery	9	11.1	11	90.91
皮革及制品	Leather				
鞋	Shoes	177	10.2	197	90.9
丝麻织品	Silk and Hemp	5	20.0	5	80.0
其它	Others	137	5.1	158	95.6
化工产品	**Chemical Products**	**629**	**7.0**	**860**	**86.4**
涂料，油漆	Paint	156	5.8	231	96.1
染料	Dyestuff				
化学试剂	Chemical reagent	32	3.1	37	97.3
其它	Others	441	7.7	592	81.9
建材产品	**Building Raw Materials**	**5621**	**10.5**	**5977**	**89.8**
水泥	Cement	433	3.5	456	96.7
水泥预制构件	Cement Prefabricated Components	1506	4.5	1570	95.7
砖，瓦	Brick and Tile	2622	14.5	2689	85.8
油毡，油纸	Oil felt,Oil paper	42	14.3	54	88.9
平板玻璃	Plate Glass				
水暖管件	Waterpipe	164	22.6	183	79.8
卫生建筑陶瓷	Sanitation chinaware for Construction	63	20.6	119	89.1
装饰材料	Decorated stuff	39		39	100.0
石棉制品	Asbestos Products	5		6	100.0
人造扳	Man-made plank	111	9.9	117	90.6
其它	Others	574	7.7	682	91.1
机电产品	**Mechanical and Electrical Products**	**1870**	**6.0**	**2520**	**94.8**
轴承	Axletree	22		37	100.0
阀类，泵	Valves	57		96	100.0
电线，电缆	Electric Wire and Cable	183	9.8	240	91.7
通用设备	General Equipment	219	2.3	227	97.8
电动工具	Electric Tool	8		8	100.0
工业专用设备	Industry special equipment	264	10.2	358	92.2
电工仪器仪表	Electrician apparatus	3		4	100
低压电器及元件	Low-voltage Electric Elements	89	9.0	99	91.9
消防器材	Fire Equipment	238	8.8	335	93.73
安全防范设备	Safety	54	1.9	68	98.5
电动机，柴油机	Electromotor & diesel engine	22		32	100.0
汽车，摩托车	Auto,Motorcycle	142	4.9	240	96.3
自行车	Bicycle	35		56	100.0
其它	Others	534	4.9	720	94.4
冶金产品，金属制品	**Metallurgy and Metal**	**550**	**8.2**	**662**	**92.3**
线材	Wire Rod	73	5.5	96	95.8
型材	Model stuff	53	3.8	57	96.5
其它	Others	420	9.3	503	91.1
能源产品	**Resource Conducts**	**1166**	**28.6**	**1325**	**74.3**
原煤	original Coal	233	19.3	298	84.6
焦炭	Coke	12	33.3	12	66.7
汽油，柴油	Petrol and Diesel oil	277	25.3	346	79.8
其它	Others	638	33.7	663	66.8
其它	**Others**	**458**	**6.11**	**506**	**94.5**

主要统计指标解释

科技活动 指在自然科学、农业科学、医药科学、工程与技术科学、人文与社会科学领域（简称科学技术领域）中，与科技知识的产生、发展、传播和应用密切相关的有组织的活动。可分为研究与试验发展（R&D）、研究与试验发展成果应用及相关的科技服务三类活动。

科技活动人员 指直接从事科技活动、以及专门从事科技活动管理和为科技活动提供直接服务的人员。累计从事科技活动的实际工作时间占全年制度工作时间 10%及以上的人员。(1) 直接从事科技活动的人员包括：在独立核算的科学研究与技术开发机构、高等学校、各类企业及其他事业单位内设的研究室、实验室、技术开发中心及中试车间（基地）等机构中从事科技活动的研究人员、工程技术人员、技术工人及其它人员；虽不在上述机构工作，但编入科技活动项目（课题）组的人员；科技信息与文献机构中的专业技术人员；从事论文设计的研究生等。(2) 专门从事科技活动管理和为科技活动提供直接服务的人员包括：独立核算的科学研究与技术开发机构、科技信息与文献机构、高等学校、各类企业及其他事业单位主管科技工作的负责人，专门从事科技活动的计划、行政、人事、财务、物资供应、设备维护、图书资料管理等工作的各类人员，但不包括保卫、医疗保健人员、司机、食堂人员、茶炉工、水暖工、清洁工等为科技活动提供间接服务的人员。

科学家与工程师 指科技活动人员中具有高、中级技术职称（职务）的人员和不具有高、中级技术职称（职务）的大学本科及以上学历人员。

研究与试验发展（R&D） 指在科学技术领域，为增加知识总量、以及运用这些知识去创造新的应用而进行的系统的创造性的活动，包括基础研究、应用研究、试验发展三类活动。

基础研究 指为了获得关于现象和可观察事实的基本原理的新知识（揭示客观事物的本质、运动规律，获得新发现、新学说）而进行的实验性或理论性研究，它不以任何专门或特定的应用或使用为目的。其成果以科学论文和科学著作为主要形式。

应用研究 指为获得新知识而进行的创造性研究，主要针对某一特定的目的或目标。应用研究是为了确定基础研究成果可能的用途，或是为达到预定的目标探索应采取的新方法（原理性）或新途径。其成果形式以科学论文、专著、原理性模型或发明专利为主。

试验发展 指利用从基础研究、应用研究和实际经验所获得的现有知识，为产生新的产品、材料和装置，建立新的工艺、系统和服务，以及对已产生和建立的上述各项作实质性的改进而进行的系统性工作。其成果形式主要是专利、专有技术、具有新产品基本特征的产品原型或具有新装置基本特征的原始样机等。在社会科学领域，试验发展是指把通过基础研究、应用研究获得的知识转变成可以实施的计划（包括为进行检验和评估实施示范项目）的过程。人文科学领域没有对应的试验发展活动。

研究与试验发展人员 指参与研究与试验发展项目研究、管理和辅助工作的人员， 包括项目（课题）组人员， 企业科技行政管理人员和直接为项目（课题）活动提供服务的辅助人员。

研究与试验发展人员全时当量 指全时人员数加非全时人员按工作量折算为全时人员数的总和。例如：有两个全时人员和三个非全时人员（工作时间分别为20%、30%和70%），则全时当量为2+0.2+0.3+0.7=3.2人年。

科技活动经费筹集 指从各种渠道筹集到的计划用于科技活动的经费，包括政府资金、企业资金、事业单位资金、金融机构贷款、国外资金和其他资金等。

政府资金 指从各级政府部门获得的计划用于科技活动的经费，包括科学事业费、科技三项费、科研基建费、科学基金、教育等部门事业费中计划用于科技活动的经费以及政府部门预算外资金中计划用于科技活动的经费等。

企业资金 指从自有资金中提取或接受其他企业委托的、科研院所和高校等事业单位接受企业委托获得的，计划用于科研和技术开发的经费。不包括来自政府、金融机构及国外的计划用于科技活动的资金。

金融机构贷款 指从各类金融机构获得的用于科技活动的贷款。

科技活动经费内部支出 指报告年内用于科技活动的实际支出包括劳务费、科研业务费、科研管理费，非基建投资购建的固定资产、科研基建支出以及其他用于科技活动的支出。不包括生产性活动支出、归还贷款支出及转拨外单位支出。

劳务费 指以货币或实物形式直接或间接支付给从事科技活动人员的劳动报酬及各种费用。包括各种形式的工资、津贴、奖金、奖金、福利、离退休人员费用、人民助学金等。

固定资产购建费 指报告年内使用非基建投资购建的固定资产和用于科研基建投资的实际支出额，即固定资产实际支出和科研基建投资实际完成额之和。固定资产是指长期使用而不改变原有实物形态的主要物资设备、图书资料、实验材料和标本以及其他设备和家具、房屋、建筑物。

新产品 指采用新技术原理、新设计构思研制、生产的全新产品，或在结构、材质、工艺等某一方面比原有产品有明显改进，从而显著提高了产品性能或扩大了使用功能的产品。既包括政府有关部门认定并在有效期内的新产品，也包括企业自行研制开发，未经政府有关部门认定，从投产之日起一年之内的新产品。

专利 是专利权的简称，是对发明人的发明创造经审查合格后，由专利局依据专利法授予发明人和设计人对该项发明创造享有的专有权。包括发明、实用新型和外观设计。

高技术 是建立在现代科学发现基础上发明的技术，是能形成产业的新技术或尖端技术。

Explanatory Notes on Main Statistical Indicators

Scientific and Technological Activities (S&T Activities) refer to organized activities which are closely related with the creation, development, dissemination and application of the scientific and technical knowledge in the fields of natural sciences, agricultural science, medical science, engineering and technological science, humanities and social sciences (referred to as scientific and technological fields). S&T activities can be classified in to 3 categories: research and development (R&D) activities, application of R&D results, and related S&T services.

Personnel Engaged in S&T Activities refer to personnel directly engaged in S&T activities, in the management of S&T activities, and in providing direct service to S&T activities, who spend over 10% of the total working hours in a year in S&T activities. (1) Personnel directly engaged in S&T activities include researchers, engineers, technicians and other related personnel engaged in S&T activities in independent-accounting R&D institutions, institutions of higher learning, and in research institutes, laboratories, technology development centers and central experiment workshops under enterprises and institutions. Also included are people working in S&T research project teams, professional and technical personnel working in S&T information archiving institutes, and graduate students working on the design of their thesis. (2) Personnel engaged in the management of S&T activities and in providing direct service to S&T activities include senior management people responsible for S&T activities in independent-accounting R&D institutions, S&T information archiving institutes, institutions of higher learning, and in enterprises and institutions where S&T activities are undertaken. Also included are people responsible for the planning, administration, personnel management, financial management, logistics supply, equipment maintenance, information and library management that are related with S&T activities. People providing indirect services are excluded, such as security, medical service, drivers, plumbers, cleaners and those providing catering and related service.

Scientists and Engineers refer to persons engaged in S&T activities who have obtained titles of senior and middle level professional positions, and those without such position but have completed university or higher education.

Research and Development (R&D) refers to systematic and creative activities in the field of science and technology aiming at increasing the knowledge and using the knowledge for new application. R&D includes 3 categories of activities: basic research, applied research and experiments and development.

Basic Research refers to empirical or theoretical research aiming at obtaining new knowledge on the fundamental principles of phenomena of observable facts to reveal the nature and law of movement of objects and to acquire new discoveries or new theories. Basic research takes no specific or designated application as the aim of the research. Results of basic research are mainly released or disseminated in the form of scientific papers or monographs.

Applied research refers to creative research aiming at obtaining new knowledge on a specific objective or target. Purpose of the applied research is to identify the possible use of results from basic research, or to explore new (fundamental) methods or new approaches. Results of applied research are expressed in the form of scientific papers, monographs, fundamental models or invention patents.

Experiments and Development refer to systematic activities aiming at using the knowledge from basic and applied researches or from practical experience to develop new products, materials and equipment, to establish new production process, systems and services, or to make substantial improvement on the existing products, process or services. Results of experiment and development activities are embodied in patents, exclusive technology, monotype of new products or equipment. In social sciences, experiment and development activities refer to the process of converting the knowledge from basic or applied researches into feasible programmes (including conduct of demonstration projects for assessment and evaluation). There is no experiment and development activities in the science of humanities.

R&D Personnel refer to persons engaged in research, management and supporting activities of R&D, including persons in the project teams, persons engaged in the management of S&T activities of enterprises and supporting staff providing direct service to the research projects.

Full-time Equivalent of R&D Personnel refers to the sum of the full-time persons and the full-time equivalent of part-time persons converted by workload. For instance, if there are 2 full-time persons and 3 part-time workers (20%, 30% and 70% of working hours respectively on R&D activities), the full-time equivalent is 2+0.2+0.3+0.7=3.2 person-years.

Funding for S&T Activities refers to funds obtained from various sources for S&T activities, including government funds, self-raised funds by enterprises, self-raised funds by institutions, loans from financial institutions, foreign funds and other funds.

Government Funds refer to funds obtained from government agencies at all levels to be used for S&T activities, including fund for scientific undertakings, 3 kinds of fund for S&T activities, fund for capital construction for scientific researches, science fund, funds from education expenditures by education departments for S&T activities, and extra-budget fund from government agencies for S&T activities.

Self-raised Funds by Enterprises refers to self-raised funds by enterprises from their own expenditure or from other enterprises and funds received by universities or research institutions from enterprises for scientific research or technical development projects. Excluded in this category are funds from government agencies, financial institutions or from foreign institutions.

Loans from Financial Institutions refer to loans from various financial institutions for S&T activities.

Internal Expenditures on S&T activities refer to the actual expenditures on S&T activities during the reference year, including service fees, expenditure on research activities, expenditure on research management, purchase or construction of fixed assets not included in the investment for capital construction, expenditure on capital construction for scientific researches, and other expenditures on S&T activities. Not included are expenditure on production activities, repayment of loans and transfer expenditure.

Service Fees refer to direct or indirect payment, in cash or in kind, made to personnel engaged in S&T activities as remuneration and other fees. They include, in various forms, salaries, subsidies, bonus, benefits, retirement pension, stipend, etc.

Purchase or Construction of Fixed Assets refers to the fixed assets purchased or constructed using funds other than the investment in capital construction, and the actual expenditure on capital construction for scientific researches. In other words, it is the sum of the actual expenditure on fixed assets and the accomplished investment in capital construction for scientific researches. Fixed assets refer to main materials and equipment, literatures and documents in libraries, materials for experiments, specimen, instruments, furniture, buildings and constructions that can be used for a long time without changing the form and shape of those articles or constructions.

New Products refer to new products produced with new technology and new design, or products that represent noticeable improvement in terms of structure, material, or production process so as to improve significantly the character or function of the older versions. They include new products certified by relevant government agencies within the period of certification, as well as new products designed and produced by enterprises within a year without certification by government agencies.

Patent refers to an abbreviation for the patent right and refers to the exclusive right of ownership by the inventors or designers for the creation or inventions, given from the patent offices after due process of assessment and approval in accordance with the Patent Law. Patents are granted for inventions, utility models and designs.

High Technology refers to the technology invented based on the development of modern scientific discovery, that is, the new technology or advanced technology that can promote the development of new industry.

教育
Education

资料整理：史新旺

【简要说明】

一、主要内容

本篇包括研究生教育、高等教育(普通教育本专科、成人教育本专科)、中等教育(高中阶段教育和初中阶段教育)、初等教育(小学)、学前教育、特殊教育(盲聋哑和弱智儿童学校等)的学校数、在校学生数、招生数、毕业生数、教职工数和专任教师数以及教育经费等资料。

二、资料来源

教育事业统计资料由省教育厅提供；技工学校的资料由省劳动和社会保障厅提供。本篇资料由省统计局社会与科技处编辑整理。

23-1 历年各级各类学校数

Number of Schools by Level and Type over the Years

单位:所 (unit)

年份 year	小学 Primary Schools	普通中学 Regular Secondary Schools	高中 Senior Secondary Schools	初中 Junior Secondary Schools	职业中学 Vocational Secondary Schools	普通高等学校 Regular Institutions of Higher Education
1978	48772	26586	3705	22881		24
1979	34983	25826	2976	22850		24
1980	46672	12672	2431	10241	1	25
1981	45939	10304	1703	8601	6	26
1982	46542	10510	1279	9231	8	26
1983	46265	10324	1177	9147	21	32
1984	46232	9969	1102	8867	41	38
1985	41935	9459	1069	8390	390	43
1986	45250	9730	1058	8672	370	47
1987	44865	9632	1027	8605	336	47
1988	44379	9406	1003	8403	378	47
1989	43951	8961	958	8003	466	47
1990	43286	8249	920	7329	480	47
1991	42455	7369	854	6515	539	49
1992	42370	6893	789	6104	636	47
1993	42071	6644	719	5925	685	48
1994	41899	6476	661	5815	785	50
1995	41698	6367	641	5726	785	50
1996	41466	6282	635	5647	761	50
1997	41526	6142	645	5497	742	50
1998	41238	6069	643	5426	722	51
1999	41404	6120	688	5432	696	56
2000	41269	6217	761	5456	609	52
2001	39825	6384	819	5565	520	64
2002	37729	6399	854	5545	484	66
2003	36379	6363	888	5475	462	71
2004	34164	6229	909	5320	442	82
2005	33026	6207	945	5262	455	83
2006	31410	6045	955	5090	515	84
2007	30677	5864	920	4944	552	82

23-2 历年各级各类学校专任教师数

Number of Full-time Teachers by Level and Type of school over the Years

单位:万人 (10 000 persons)

年份 year	小学 Primary Schools	普通中学 Regular Secondary Schools	高中 Senior Secondary Schools	初中 Junior Secondary Schools	职业中学 Vocational Secondary Schools	普通高等学校 Regular Institutions of Higher Education
1978	42.88	29.34	4.98	24.36		0.54
1979	43.66	30.01	5.09	24.92		0.62
1980	44.72	30.13	4.48	25.65	0.00	0.68
1981	47.20	26.99	3.91	23.08	0.01	0.71
1982	41.95	22.58	3.52	19.05	0.01	0.84
1983	42.52	22.17	3.46	18.71	0.04	0.91
1984	42.81	21.86	3.41	18.45	0.02	0.97
1985	43.09	22.21	3.41	18.80	0.68	1.10
1986	43.62	22.93	3.54	19.39	0.77	1.27
1987	43.52	23.69	3.73	19.96	0.81	1.33
1988	43.79	24.01	3.79	20.22	0.88	1.38
1989	43.76	23.84	3.77	20.07	1.13	1.38
1990	44.34	24.05	3.79	20.25	1.27	1.40
1991	37.93	23.54	3.83	19.71	1.34	1.42
1992	37.55	23.49	3.76	19.73	1.51	1.45
1993	38.19	23.60	3.62	19.98	1.72	1.47
1994	38.87	23.94	3.48	20.46	2.08	1.55
1995	39.23	24.68	3.45	21.23	2.28	1.55
1996	40.02	25.48	3.51	21.97	2.44	1.64
1997	41.12	26.38	3.61	22.77	2.67	1.65
1998	42.55	27.60	3.75	23.85	2.76	1.70
1999	44.66	29.09	4.09	25.00	2.67	1.88
2000	45.93	30.86	4.57	26.29	2.49	2.02
2001	47.56	32.90	5.13	27.77	2.35	2.46
2002	49.62	35.06	6.03	29.03	2.39	2.85
2003	48.85	35.88	6.72	29.16	2.21	3.33
2004	47.85	36.55	7.6	28.95	2.23	4.18
2005	47.55	37.30	8.40	28.90	2.29	4.63
2006	47.82	37.64	9.19	28.45	2.68	5.29
2007	48.30	37.88	9.79	28.09	2.76	5.88

23-3 历年各级各类学校在校学生数

Student Enrollment by Level and Type of school over the Years

单位:万人　　(10 000 persons)

年份 year	小学 Primary Schools	普通中学 Regular Secondary Schools	高中 Senior Secondary Schools	初中 Junior Secondary Schools	职业中学 Vocational Secondary Schools	普通高等学校 Regular Institutions of Higher Education
1978	1140.26	521.62	116.38	405.24		2.73
1979	1147.88	504.04	106.42	397.62		3.38
1980	1133.75	487.27	83.75	403.52	0.02	4.59
1981	1110.65	412.31	60.66	351.65	0.27	4.93
1982	1098.47	361.41	49.25	312.16	0.51	4.63
1983	1054.04	341.32	47.82	293.50	1.11	4.80
1984	1055.08	354.20	50.87	303.33	2.28	5.33
1985	1034.97	357.46	52.27	305.19	10.89	6.85
1986	1015.67	366.96	54.66	312.30	11.92	7.50
1987	997.75	373.51	54.41	319.10	11.63	7.57
1988	980.05	362.64	52.51	310.13	11.94	7.99
1989	969.82	349.05	49.54	299.51	14.50	8.01
1990	961.15	352.56	49.26	303.30	15.61	8.04
1991	944.02	357.66	48.80	308.86	17.77	8.18
1992	936.71	359.78	46.21	313.57	20.40	8.95
1993	951.50	362.96	43.52	319.44	25.86	10.44
1994	991.06	384.80	42.51	342.29	35.74	11.71
1995	1039.56	417.86	42.91	374.95	45.86	12.24
1996	1105.58	454.48	44.02	410.46	51.18	12.79
1997	1169.96	480.21	46.68	433.53	56.84	13.60
1998	1200.06	512.51	51.13	461.38	60.10	14.64
1999	1186.97	568.86	61.06	507.8	53.75	18.55
2000	1130.63	638.14	75.15	562.99	48.27	26.24
2001	1070.73	683.38	94.73	588.65	38.71	36.91
2002	1104.59	733.35	125.55	607.80	41.52	46.80
2003	1058.61	750.51	146.42	604.09	42.32	55.72
2004	1014.06	759.42	168.75	590.67	45.93	70.28
2005	986.84	758.22	188.39	569.83	49.31	85.19
2006	997.09	742.22	201.58	540.64	59.90	97.41
2007	1018.71	719.83	212.63	507.20	66.22	109.52

23-4 历年各级各类学校招生数

New Student Enrollment by Level and Type of school over the Years

单位:万人 (10 000 persons)

年份 year	小学 Primary Schools	普通中学 Regular Secondary Schools	高中 Senior Secondary Schools	初中 Junior Secondary Schools	职业中学 Vocational Secondary Schools	普通高等学校 Regular Institutions of Higher Education
1978	254.37	234.71	53.79	180.92		1.39
1979	249.91	215.50	48.55	166.95		1.07
1980	239.12	169.65	28.69	140.96	0.02	1.25
1981	226.50	146.95	24.44	122.51	0.24	1.25
1982	219.17	124.70	18.17	106.53	0.27	1.36
1983	198.48	119.04	17.04	102.00	0.88	1.65
1984	197.99	119.69	17.40	102.29	1.36	1.89
1985	174.24	118.93	17.22	101.71	5.42	2.67
1986	190.38	123.72	17.77	105.95	5.00	2.42
1987	184.06	124.03	17.84	106.19	4.56	2.64
1988	181.53	121.80	17.09	104.71	4.95	2.72
1989	179.88	118.08	16.27	101.81	6.34	2.61
1990	172.46	122.53	16.92	105.61	6.37	2.66
1991	164.72	125.47	16.49	108.98	8.28	2.76
1992	169.53	125.38	15.28	110.10	9.53	3.38
1993	190.31	130.28	14.86	115.42	12.71	4.05
1994	220.01	144.20	13.98	130.23	16.96	4.17
1995	232.52	158.34	14.58	143.76	20.75	4.32
1996	239.94	164.89	15.12	149.77	20.48	4.49
1997	239.79	171.79	16.41	155.38	23.61	4.66
1998	217.82	189.67	18.72	170.95	23.56	5.02
1999	193.65	220.12	24.42	195.70	16.95	7.88
2000	171.11	246.46	31.48	214.98	16.83	11.69
2001	163.32	246.96	37.63	209.33	14.63	14.01
2002	185.77	253.93	50.93	203.00	17.05	16.61
2003	164.35	253.19	53.77	199.42	16.85	19.02
2004	162.49	257.45	61.33	196.12	17.40	25.74
2005	169.44	259.58	69.99	189.59	20.30	27.76
2006	176.86	233.85	67.75	166.10	28.51	33.77
2007	183.22	231.49	70.57	160.92	28.83	35.52

23-5 历年各级各类学校毕业生数

Graduates by Level and Type of school over the Years

单位:万人 (10 000 persons)

年份 year	小学 Primary Schools	普通中学 Regular Secondary Schools	高中 Senior Secondary Schools	初中 Junior Secondary Schools	职业中学 Vocational Secondary Schools	普通高等学校 Regular Institutions of Higher Education
1978	185.03	213.34	44.37	168.97		0.96
1979	179.69	204.86	50.44	154.42		0.41
1980	173.62	109.74	45.66	64.08	0.01	
1981	173.52	131.24	43.45	87.79	0.01	0.90
1982	165.80	104.44	27.36	77.08	0.02	1.65
1983	168.90	87.90	15.85	72.05	0.28	1.47
1984	166.90	86.78	14.74	72.04	0.28	1.35
1985	158.48	88.92	15.44	73.48	2.08	1.17
1986	172.97	91.60	16.70	74.90	2.52	1.75
1987	172.82	97.24	17.78	79.46	3.11	2.53
1988	167.45	99.44	18.03	81.40	3.62	2.29
1989	162.51	100.39	17.27	83.12	3.64	2.56
1990	162.60	99.36	16.70	82.66	4.17	2.61
1991	161.86	98.77	15.96	82.81	5.26	2.72
1992	162.39	99.90	15.01	84.89	4.86	2.59
1993	163.26	102.34	14.45	87.89	5.35	2.66
1994	166.48	103.90	13.98	89.92	6.16	2.93
1995	168.96	109.35	13.51	95.84	9.22	3.76
1996	165.13	115.90	13.82	102.08	12.41	3.91
1997	168.57	133.16	13.78	119.38	15.18	3.89
1998	180.67	145.88	14.93	130.95	17.23	3.96
1999	205.01	153.97	15.50	138.47	17.95	3.99
2000	225.57	162.16	17.47	144.69	18.65	4.17
2001	220.41	176.44	19.84	156.60	15.32	4.61
2002	202.55	203.04	25.78	177.26	12.57	7.12
2003	204.18	225.16	36.38	188.78	11.68	10.90
2004	203.54	240.69	42.48	198.21	11.97	13.43
2005	191.90	252.02	53.66	198.36	13.97	16.52
2006	166.71	245.24	57.36	187.88	15.40	20.21
2007	160.19	254.20	65.10	189.10	17.21	26.72

23–6 学校、教职工和专任教师情况（2007年）
Basic Statistics on Schools, Teachers and Staff and Full-time Teachers (2007)

项 目	Item	学校数(所) Number of Schools (unit)	教职工数(人) Teachers and Staff (person)	专任教师(人) Full-time Teachers (person)
高等教育	**Higher Education**			
研究生培养机构	Institutions Providing Postgraduate Programs	24	5731	5731
普通高校	Regular Institutions of Higher Education	15	5465	5465
科研机构	Research Institutions	9	266	266
普通高等学校	Regular Institutions of Higher Education	82	88217	58760
本科院校	Universities with Full Undergraduate Courses	31	53293	34015
专科院校	Colleges with Specialized Courses	51	31256	21924
#职业技术学院	Vocational and Technical Colleges	37	22301	16094
成人高等学校	Adult Institutions of Higher Education	21	8511	5513
民办的其他高等教育机构	Other Private Institutions of Higher Education	29	999	443
中等教育	**Secondary Education**			
高中阶段教育	Senior Secondary Education	2049	210559	160562
普通高中	Regular Senior Secondary Schools	920	121180	97911
中等职业教育	Vocational Secondary Education	1129	89379	62651
普通中专	Regular Specialized Secondary Schools	155	22469	13916
成人中专	Adult Specialized Secondary Schools	227	15343	10327
职业高中	Vocational Senior Secondary Schools	550	36080	27468
技工学校	Technical Schools	197	13321	9319
初中阶段教育	Junior Secondary Education	4946	313567	280995
普通初中	Regular Junior Secondary Schools	4944	313477	280912
职业初中	Vocational Junior Secondary Schools	2	90	83
成人初中	Adult Junior Secondary Schools			
初等教育	**Primary Education**	**42461**	**520580**	**490146**
普通小学	Regular Primary Schools	30677	509962	483029
成人小学	Adult Primary Schools	11784	10618	7117
#扫盲班	Literacy Courses	5782	4980	3245
工读学校	**Schools for Juvenile Delinquents**	**3**	**56**	**45**
特殊教育	**Special Education**	**121**	**3343**	**2746**
学前教育	**Pre-school Education**	**4859**	**69363**	**45006**

23-7 各级各类学历教育学生情况（2007年）

Basic Statistics on Students by Level and Type of Education (2007)

单　位：人　　(person)

项　目	Item	招生数 New Enrollment	在校学生数 Total Enrollment	毕业生数 Graduates	女学生占学生总数的比重(%) Females as % of Total
高等教育	**Students Received Higher Education**				
研究生	Postgraduates	7957	21667	5429	49.4
博　士	Doctor's Degree	273	838	183	38.2
硕　士	Master's Degree	7684	20829	5246	49.9
普通本专科	Regular Undergraduates and College Students	355208	1095195	267225	49.7
本　科	Enrolled in Full Undergraduate Courses	144131	507006	97164	47.7
专　科	Enrolled in Specialized Courses	211077	588189	170061	51.4
成人本专科	Adult Undergraduates and College Students	92817	249433	92041	50.6
本　科	Enrolled in Full Undergraduate Courses	37666	92951	26417	50.6
专　科	Enrolled in Specialized Courses	55151	156482	65624	50.6
民办的其他高等学历教育	Other Degree of Higher Education run by the local people	5776	23052	6043	46.3
在职人员攻读博士、硕士学位	Employees Enrolled in Graduate Programs Leading to Doctor or Master Degrees	3133	6024		45.2
网络本专科生	Students Enrolled in Internet-based Courses	13011	22107	1488	50.4
本　科	Enrolled in Full Undergraduate Courses	5568	10126	204	55.2
专　科	Enrolled in Specialized Courses	7443	11981	1284	46.4
学历文凭考试	Students Taking Exam Leading to Diploma		65	1114	44.6
自学考试助学班	Students Taking Unified Exams after Completing Self-learning Programs	5776	23170	5497	43.2
中等教育	**Secondary Education**				
高中阶段教育	Senior Secondary Education				
普通高中	Regular Senior Secondary Schools	705706	2126251	650962	46.6
中等职业教育	Vocational Secondary Education				
普通中专	Regular Specialized Secondary Schools	222973	577564	171236	56.3
成人中专	Adult Specialized Secondary Schools	62644	120195	46788	49.4
职业高中	Vocational Senior Secondary Schools	288014	661351	169649	48.4
技工学校	Technical Schools	99435	227688	55763	
初中阶段教育	Junior Secondary Education				
普通初中	Regular Junior Secondary Schools	1609214	5072021	1891059	47.7
职业初中	Vocational Junior Secondary Schools	244	848	2422	46.7
初等教育	**Primary Education**				
普通小学	Regular Primary Schools	1832213	10187055	1601925	46.4
成人小学	Adult Primary Schools		480719	491446	52.7
#扫盲班	Literacy Courses		95695	84113	53.7
工读学校	**Schools for Juvenile Delinquents**	**82**	**298**	**61**	
特殊教育	**Special Education**	**3043**	**21706**	**2035**	**33.1**
学前教育	**Pre-school Education**	**1204710**	**1593402**	**779464**	**43.9**

23-8 民办教育基本情况(2007年)

Basic Statistics on Non-state Education (2007)

指标	Item	学校数(所) Number of School (unit)	学生数(人) student(person) 毕业生数 Graduates	招生数 New Enroll-ment	在校生数 Total Enroll-ment	教职工数(人) Teachers and Staff (person)	#专任教师 Full-time Teachers (person)
总　计	**Total**	**5162**	**474186**	**753759**	**1970324**	**130194**	**90335**
民办高等教育	Non-state Higher Education	40	41618	63329	189995	13059	8907
普通高校	Regular Institutions of Higher Education	11	35575	57553	166943	12060	8464
民办的其他高等教育机构	Private Institutions of Higer Education	29	6043	5776	23052	999	443
民办中等教育机构	Non-state Secondary Education	923	224806	318195	817641	48248	35522
高中阶段教育	Senior Secondary Education	408	95882	184106	421166	48248	35522
民办普通高中	Private Regular Senior Secondary Schools	192	54512	79678	217939	36879	28027
民办中等职业教育	Private Vocational Secondary Education	216	41370	104428	203227	11369	7495
初中阶段教育	Junior Secondary Education	515	128924	134089	396475		
民办普通初中	Private Regular Junior Secondary School	515	128924	134089	396475		
民办普通小学	Non-state Regular Primary Schools	807	71958	78402	473757	28530	20864
民办幼儿园	Non-state Kindergartens	3392	135804	293833	488931	40357	25042

注:民办普通高中的教职工数和专任教师数包含民办普通初中数据。
a)Number of Teachers, Staff and Full-time Teachers include those of Private Regular Junior Secondary Schools.

23–9 研究生分学科毕业、招生及在学人数

Number of Graduates,New Student Enrollment, Student Enrollment of Postgraduate by Field of Study

单位：人 (person)

学 科	Subjects	1990	1995	2000	2005	2006	2007
分学科毕业生数	**Total**	**476**	**340**	**640**	**2587**	**3722**	**5429**
哲 学	Philosophy	4	6	12	43	59	100
经济学	Economics	20	9	59	102	99	175
法 学	Law	8	15	48	234	305	389
教育学	Education	18	8	11	104	157	319
文 学	Literature	59	33	65	231	315	465
历史学	History	28	12	18	86	118	161
理 学	Science	93	74	101	377	570	852
工 学	Engineering	129	101	169	737	1093	1513
农 学	Agriculture	30	14	59	139	200	274
医 学	Medicine	87	68	98	401	623	875
管理学	Administration				133	183	306
分学科招生数	**New Student Enrollment**	**334**	**469**	**1485**	**6561**	**7375**	**7957**
哲 学	Philosophy		9	30	146	164	168
经济学	Economics	10	23	54	194	245	189
法 学	Law	19	29	166	487	562	687
教育学	Education	8	8	44	415	415	516
文 学	Literature	35	59	134	565	628	732
历史学	History	13	17	52	215	219	201
理 学	Science	61	78	230	985	990	939
工 学	Engineering	92	151	416	1688	2139	2120
农 学	Agriculture	21	21	89	351	371	461
医 学	Medicine	75	74	270	1040	1034	1296
管理学	Administration				475	608	648
分学科在学人数	**Student Enrollment**	**1037**	**1307**	**3229**	**15830**	**19336**	**21667**
哲 学	Philosophy	15	23	59	309	418	451
经济学	Economics	30	71	181	468	615	615
法 学	Law	34	77	280	1195	1431	1702
教育学	Education	25	23	146	856	1122	1319
文 学	Literature	95	148	274	1328	1619	1921
历史学	History	52	51	113	489	599	641
理 学	Science	200	218	531	2426	2814	2943
工 学	Engineering	283	386	901	4335	5359	5927
农 学	Agriculture	66	56	194	829	999	1186
医 学	Medicine	237	254	550	2583	2941	3345
管理学	Administration				1012	1419	1617

23-10 普通高等学校分学科毕业生、招生及在校学生数(2007年)

Number ofGraduates,New Student Enrollment,Student Enrollment of Institutions of Higher Education by Field of Study (2007)

单位：人 (person)

学科	Subject	毕业生 Graduates	本科 Undergraduate Courses	专科 Specialized Courses	招生 New Enrollment	本科 Undergraduate Courses	专科 Specialized Courses	在校学生 Total Enrollment	本科 Undergraduate Courses	专科 Specialized Courses
总计	**Total**	**267225**	**97164**	**170061**	**355208**	**144131**	**211077**	**1095195**	**507006**	**588189**
哲学	Philosophy	52	52		70	70		232	232	
经济学	Economics	8855	4695	4160	9981	6288	3693	38806	26812	11994
法学	Law	14695	4825	9870	15629	5987	9642	49273	23505	25768
教育学	Education	21682	4421	17261	20681	5568	15113	61589	21360	40229
文学	Literature	41579	18960	22619	55901	29187	26714	175181	101098	74083
历史学	History	705	705		998	998		3395	3395	
理学	Science	10677	10337	340	15289	15269	20	53323	53095	228
工学	Engineering	96579	29884	66695	134551	44702	89849	397040	147424	249616
农学	Agriculture	7558	2818	4740	8249	3318	4931	28005	11158	16847
医学	Medicine	13979	5333	8646	26536	8376	18160	79284	33249	46035
管理学	Administration	50864	15134	35730	67323	24368	42955	209067	85678	123389

23-11 普通高等学校分学科专任教师数(2007年)

Number of Full-time Teachers by Field of Study in Regular Schools of Higher Educational (2007)

单位：人 (person)

学科	Subject	合计 Total	正高级 Senior	副高级 Sub-Senior	中级 Medidle	初级 Junior	无职称 Not Rank
总计	**Total**	**58760**	**4012**	**15132**	**20283**	**15634**	**3699**
哲学	Philosophy	2274	175	625	845	487	142
经济学	Economics	3647	210	861	1359	982	235
法学	Law	2629	142	608	963	775	141
教育学	Education	5076	264	1367	1747	1331	367
文学	Literature	11172	463	2502	3697	3675	835
历史学	History	796	69	231	306	167	23
理学	Science	8494	675	2475	2860	2081	403
工学	Engineering	15471	1116	4074	5461	3896	924
农学	Agriculture	1809	187	569	591	406	56
医学	Medicine	3946	521	1088	1194	810	333
管理学	Administration	3446	190	732	1260	1024	240

23-12 普通高等学校专任教师分学历的人数(2007年)

Number of Full-Time Teachers by Educational Level in Regular Higher Educational Institutions(2007)

单位：人 (person)

学 历	Educational Level	合计 Total	正高级 Senior	副高级 Sub-Senior	中级 Medidle	初级 Junior	无职称 Not Rank
总 计	**Total**	**58760**	**4012**	**15132**	**20283**	**15634**	**3699**
博士	Doctor	3774	1031	1362	1334	19	28
硕士	Master	17505	825	3324	6641	5727	988
本科毕业	Undergraduate	36802	2118	10330	12013	9751	2590
专科及以下	Junior Colloge and Below	679	38	116	295	137	93

23-13 普通中等专业学校分学科毕业生、招生及在校学生数(2007年)

Graduates,New Student Enrollment,Student Enrollment of Specialized Secondary Schools by Field of Study(2007)

单位：人 (person)

学 科	Subject	毕业生 Graduates	招生 New student Enrollment	高中毕业 Graduates of Senior Secondary Schools	初中毕业 Graduates of Junior Secondary Schools	在校学生 Student Enrollment
总 计	**Total**	**171236**	**222973**	**17534**	**205439**	**577564**
农林类	Agriculture and Forestry	2587	1848	111	1737	5453
资源与环境类	Resources and Environment	4097	7057	3932	3125	14581
能源类	Energy	801	1197	246	951	4056
土木水利工程类	Civil and Irrigation Engineering	6227	7082	303	6779	19819
加工制造类	Manufacturing	20524	42337	4093	38244	94824
交通运输类	Communications & Transportation	6963	6979	195	6784	18662
信息技术类	Information Technologies	36728	44479	2306	42173	115683
医药卫生类	Medical and Health	40095	38436	3498	34938	110823
商贸与旅游类	Trade and Tourism	13052	17500	141	17359	47058
财经类	Finance and Economics	11836	13879	240	13639	37073
文化艺术与体育类	Culture,Arts and Physical Education	10400	17023	1145	15878	42213
社会公共事业类	Public Affair	5077	3696	853	2843	12290
师范类	Teacher training	8486	15233	10	15223	36845
其他	Other	4363	6227	461	5766	18184

23-14 普通中等专业学校专任教师学历情况(2007年)
Number of Full-time Teachers by Educational Background in Specialized Secondary Schools(2007)

单位：人 (person)

学　历	Educational Background	合计 Total	正高级 Senior	副高级 Sub-Senior	中级 Medium	初级 Junior	无职称 Not Rank
总　计	**Total**	**13916**	**70**	**3221**	**5233**	**4169**	**1223**
博士	Doctor	8	2	3	3		
硕士	Master	642	12	248	222	117	43
本科毕业	Undergraduate	11106	39	2781	4239	3187	860
专科及以下	Junior College and Below	2160	17	189	769	865	320

23-15 技工学校数、学生数和教职工数
Number of Technical Schools,Students,Teachers and Staff

指　标	Item	1990	1995	2000	2005	2006	2007
学校数(所)	Number of Schools (unit)	168	204	193	173	184	197
在校学生数(万人)	Student Enrollment (10 000 persons)	5.64	9.32	6.75	17.27	20.42	22.77
毕业生数(万人)	Graduates(10 000 persons)	1.63	2.30	3.13	3.59	4.83	5.58
招生数(万人)	New Student Enrollment(10 000 persons)	2.00	3.39	2.79	7.26	8.15	9.94
教职工数(万人)	Teachers and Staff(10 000 persons)	1.48	1.77	1.27	1.17	1.25	1.33

23-16 成人学校基本情况(2007年)

Basic Statistics on Adult Schools (2007)

单位：人

(person)

各类学校	Various Schools	学校数(所) Number of Schools (unit)	教职工数 Teachers and Staff	#专任教师 Full-time Teachers	在校学生数 Student Enrollment	招生数 New Student Enrollment	毕业生数 Graduates
成人高等学校	**Adult Institutions of Higher Eduation**	**21**	**8511**	**5513**	**249433**	**92817**	**92041**
广播电视大学	Radio and TV Universities	1	2904	1819	11236	1510	1112
职工、农民学院	Schools of Higher Eduation for Staff,Workers and Peasants	15	2889	2049	16575	6374	3999
管理干部学院	Colleges of Mangagement Cadres	1	556	309	697	340	360
教育学院	Pedagogical Colleges	4	1499	994	15197	4460	9087
其他机构	Others		663	342	3141	1529	495
高校函授部、夜大学	Correspondence Departments or Evening Universities Run by Institutions of Higher Education				202587	78604	76988
成人中等专业学校	**Trade School for Adults**						
中学	**Secondary Schools for Adults**	**271**	**1690**	**859**	**188709**		**187117**
职工中学	Secondary Schools for Staff and Workers	2	93	86	1920		1028
农民中学	Secondary Schools for Peasants	269	1597	773	186789		186089
技术培训学校	**Technical Training Schools**	**19369**	**28641**	**17709**	**4304054**		**4765335**
职工技术培训学校	Techinical Training Schools for Staff and Workers	360	3213	2315	143324		158985
农民技术培训学校	Techinical Training Schools for Peasants	18606	22203	12651	3987967		4396990
其他培训机构	Other Training Organizations	403	3225	2743	172763		209360
成人初等学校	**Primary Schools for Adults**	**11784**	**10618**	**7117**	**480719**		**491446**
职工初等学校	Primary Schools for Staff and Workers	292	59	58	9908		8203
农民初等学校	Primary Schools for peasants	11492	10559	7059	470811		483243
#扫盲班	Literacy Courses	5782	4980	3245	95695		84113

注:其他机构、高校函授部、夜大学不计入成人高等学校总校数。

a)Number of Adult Institutions of Higher Eduation excludes those ofOther Institutions , Correspondence Departments or Evening Universities Run by Institutions of Higher Education.

23–17 普通中小学和幼儿园专任教师分学历的人数与构成

Number and Composition of Full-time Teachers in Regular Secondary Schools,Primary Schools and Kindergartens by Educational Level

单位：人 (person)

	Educational Level	2006		2007	
		绝对数 Total	构成(%) Composition (%)	绝对数 Total	构成(%) Composition (%)
高中教师	**Teachers of Senior Secondary School**	**91866**	**100.0**	**97911**	**100.0**
大学本科毕业及以上	Undergraduates and over	78242	85.2	86816	88.6
大学专科毕业	Junior Collige	13399	14.6	10946	11.2
高中阶段毕业及以下	Senior Secondary and below	225	0.2	149	0.2
初中教师	**Teachers of Junior Secondary School**	**284540**	**100.0**	**280912**	**100.0**
大学本科毕业及以上	Undergraduates and over	84843	29.8	95967	34.2
大学专科毕业	Junior Collige	187252	65.8	176263	62.7
高中阶段毕业	Senior Secondary	12252	4.3	8550	3.0
高中阶段毕业以下	Below Senior	193	0.1	132	0.1
小学教师	**Teachers of Primary School**	**478153**	**100.0**	**483029**	**100.0**
大学专科毕业及以上	Specialized secondary of Higher Education and over	267995	56.0	298459	61.8
高中阶段毕业	Senior Secondary	206183	43.1	181437	37.6
高中阶段毕业以下	Below Senior	3975	0.9	3133	0.6
幼儿园教师	**Teachers of Kindergartens**	**41563**	**100.0**	**50787**	**100.0**
大学专科毕业及以上	Junior Collige and Below	22271	53.6	29189	57.5
高中阶段毕业	Senior Secondary	17770	42.8	20059	39.5
高中阶段毕业以下	Below Senior	1522	3.7	1539	3.0

23-18 学校教育女学生和女教师数

Number of Female Students and Teachers

项　　目	Item	1990	1995	2000	2005	2006	2007
女学生数(万人)	**Number of Female Students (10 000 persons)**	**606.65**	**722.78**	**865.20**	**911.46**	**921.61**	**932.12**
普通高等学校	Regular Institutions of Higher Education	2.57	4.42	9.48	39.47	47.40	54.41
普通中等专业学校	Specialized Secondary Schools	6.48	11.20	20.24	26.42	28.54	32.50
普通中学	Regular Secondary Schools	146.71	189.68	269.98	359.26	351.75	340.88
职业中学	Vocational Secondary Schools	7.04	21.59	22.33	24.23	29.25	32.04
小　　学	Primary Schools	443.85	495.89	543.17	462.08	464.67	472.29
女学生占学生总数%	**Percentage of Female Students to Total Students(%)**	**44.9**	**47.0**	**46.1**	**47.3**	**47.3**	**47.3**
普通高等学校	Regular Institutions of Higher Education	32.0	36.1	36.1	46.3	47.7	49.7
普通中等专业学校	Specialized Secondary Schools	47.2	52.3	60.5	54.9	56.0	56.3
普通中学	Regular Secondary Schools	41.6	45.4	42.3	47.4	47.4	47.4
职业中学	Vocational Secondary Schools	45.1	47.1	46.6	49.1	49.0	48.4
小　　学	Primary Schools	46.2	47.7	48.0	46.8	46.6	46.4
女教师数(万人)	**Number of Female Teachers(10 000 persons)**	**25.24**	**26.82**	**37.35**	**46.61**	**48.00**	**49.25**
普通高等学校	Regular Institutions of Higher Education	0.40	0.49	0.72	1.89	2.25	2.56
普通中等专业学校	Specialized Secondary Schools	0.44	0.55	0.72	0.53	0.57	0.68
普通中学	Regular Secondary Schools	6.23	8.09	12.57	17.47	17.88	18.17
职业中学	Vocational Secondary Schools	0.33	0.76	0.99	1.02	1.23	1.27
小　　学	Primary Schools	17.84	16.93	22.35	25.7	26.07	26.57
女教师占教师总数%	**Percentage of Female Teachers to Total Teachers(%)**	**33.2**	**37.7**	**45.0**	**50.2**	**50.7**	**51.2**
普通高等学校	Regular Institutions of Higher Education	28.6	31.6	35.6	40.8	42.5	43.5
普通中等专业学校	Specialized Secondary Schools	35.8	39.0	43.4	48.2	48.0	48.9
普通中学	Regular Secondary Schools	25.9	32.8	40.7	46.8	47.5	48.0
职业中学	Vocational Secondary Schools	26.0	33.3	39.8	44.5	46.0	46.1
小　　学	Primary Schools	40.2	43.2	48.7	54.1	54.5	55.0

23–19 平均每万人口在校学生数、教师负担学生数及其他

Number of Students Enrollment per 10 000 persons, Student-Teacher Ration and Other

项 目	Item	1990	1995	2000	2005	2006	2007
平均每万人口在校学生数(人)	**Student Enrollment per 10 000 persons (person)**						
大学生(含研究生)	Undergraduates(include Postgraduates)	9	14	28	89	102	111
普通中专生	Specialized Secondary Schools Students	16	24	35	49	52	59
职业学生	Vocational Secondary Schools Students	18	50	51	50	61	67
普通高中生	Regular Senior Secondary Schools Students	57	47	79	194	206	217
普通初中生	Regular Junior Secondary Schools Students	351	412	593	586	553	517
小学生	Primary School Students	1111	1142	1192	1016	1021	1037
平均每个教师负担学生数(人)	**Student-Teacher Ration (person)**						
高等学校(含研究生)	Institutions of Higher Education (include Postgraduate)	5.8	8.0	13.2	17.5	18.8	17.7
普通中等专业学校	Specialized Secondary Schools	11.2	15.2	20.1	43.7	43.3	41.5
普通中学	Regular Secondary Schools	14.7	16.9	20.7	20.3	19.7	19.0
小 学	Primary Schools	21.7	26.5	24.6	20.8	20.9	21.1
入学率、巩固率、升学率 %	**Enrollment Rate,Consolidation Rate, Enter Higher School Rate(%)**						
高等教育毛入学率(%)	The Gross enrollment rate of higher education(%)			8.7	17.0	18.3	19.7
高中阶段毛入学率(%)	The Gross enrollment rate of higher stage(%)			39.2	48.3	55.6	67.7
初中适龄人口入学率(%)	Percentage of School-Age Primary Enrolled (%)		83.3	98.2	98.3	98.4	98.8
初中在校生巩固率(%)	Percentage of Student Enrollment Consolidated of Junior Secondary Schools (%)		97.0	100.3	98.3	95.3	95.5
初中毕业生升学率(%)	Percentage of Graduates of Junior Secondary Schools Entering Senior Secondary Schools (%)	31.9	45.1	41.4	60.2	60.4	68.9
小学适龄人口入学率(%)	Percentage of School-Age Children Enrolled (%)	98.8	99.2	99.8	99.7	99.9	99.9
小学在校生巩固率(%)	Percentage of Student Enrollment Consolidated of Primary (%)		99.3	100.0	99.6	95.7	98.4
小学毕业生升学率(%)	Percentage of Graduates of Primary (%) Schools Entering Junior Secondary Schools (%)	65.5	85.6	95.4	98.8	99.7	100.0
教育经费总支出(预算内、外)(亿元)	**Expenditures of Educational Funds (budgetary, fee) (100 million yuan)**			**156.94**	**355.15**	**417.95**	**549.81**
国家财政性教育经费	Government Appropriation for Education			113.44	234.10	283.87	407.73
#预算内教育经费	Budgetary			91.16	220.07	268.51	386.47
社会团体和公民个人办学经费	Funds of Social Organizations And Citizens for Running Schools			3.10	14.02	22.55	2.76
社会捐资和集资办学经费	Donation and Fund-Raising for Running Schools			6.00	0.98	0.60	0.69
学费和杂费	Operating Income			30.36	96.00	71.68	124.33
其他教育经费	Other Educational Funds			4.04	10.04	39.24	14.30
中小学学校校舍危房率(%)	**Percentage of dangerous house of Regular Secondary and Primary Schools (%)**			**0.3**	**2.9**	**3.6**	**3.4**
小学生辍学人数(万人)	**Number of Primary Discontinue their Study (10 000 persons)**			**1.86**	**5.39**	**3.36**	**2.82**
初中学生辍学人数(万人)	**Number of Junior Discontinue their Study (10 000 persons)**			**9.81**	**9.52**	**8.67**	**7.14**
小学教师学历合格率(%)	**Percentage of Up to Grade of Primary Teachers (%)**			**98.0**	**99.1**	**99.2**	**99.4**

23-20 各市普通高等学校基本情况(2007年)
Basic Statistics on Regular Institutions of Higher Education by City(2007)

单位：人 (person)

市	City	学校数(所) Number of Schools (unit)	教职工数 Teachers and Staff	#专任教师 Full-time Teachers	在校学生数 Student Enrollment	招生数 New Student Enrollment	毕业生数 Graduates
全省	**Total**	**82**	**88217**	**58760**	**1095195**	**355208**	**267225**
郑州市	Zhengzhou	39	38863	24803	495719	156011	124054
开封市	Kaifeng	3	5668	3723	64212	18431	15652
洛阳市	Luoyang	3	6127	3858	71965	21473	21813
平顶山市	Pingdingshan	4	3396	2446	46388	16898	11284
安阳市	Anyang	2	2612	2008	34071	11406	8562
鹤壁市	Hebi	1	650	423	7011	2391	1922
新乡市	Xinxiang	5	7481	4905	89194	24314	17630
焦作市	Jiaozuo	3	4179	2843	51123	17095	13478
濮阳市	Puyang	1	724	443	9116	3602	2055
许昌市	Xuchang	2	1677	1352	24784	8899	6733
漯河市	Luohe	2	1446	1028	17269	6531	3128
三门峡市	Sanmenxia	1	564	448	8542	4159	1408
南阳市	Nanyang	4	4047	2801	46114	16706	11797
商丘市	Shangqiu	5	4323	3066	49463	19197	10813
信阳市	Xinyang	3	3041	2163	37043	12159	7535
周口市	Zhoukou	2	1626	1100	20397	7853	4357
驻马店市	Zhumadian	1	1177	882	15058	5148	3639
济源市	Jiyuan	1	616	468	7726	2935	1365

23-21 各市成人教育基本情况(2007年)
Basic Statistics on Adult Education by City(2007)

单位：人 (person)

市	City	学校数(所) Number of Schools (unit)	教职工数 Teachers and Staff	#专任教师 Full-time Teachers	在校学生数 Student Enrollment	招生数 New Student Enrollment	毕业生数 Graduates
全省	**Total**	**31672**	**64803**	**41525**	**5343110**	**155461**	**5582727**
郑州市	Zhengzhou	1144	14208	8599	597634	58973	515831
开封市	Kaifeng	1041	2372	1469	136664	10150	276748
洛阳市	Luoyang	2291	4139	2670	499994	20181	506856
平顶山市	Pingdingshan	760	2023	1079	71937	9124	66663
安阳市	Anyang	100	872	682	530895	4002	620901
鹤壁市	Hebi	47	339	255	87780	442	85293
新乡市	Xinxiang	2693	6593	2639	425875	11549	403175
焦作市	Jiaozuo	541	1119	948	73382	5536	87815
濮阳市	Puyang	2491	2075	638	158469	2467	170836
许昌市	Xuchang	498	1155	460	66421	2348	64821
漯河市	Luohe	460	1909	1386	58175	1075	55763
三门峡市	Sanmenxia	994	759	349	308379	239	302675
南阳市	Nanyang	5894	7695	6230	800173	6677	771654
商丘市	Shangqiu	106	1561	822	54836	1781	69838
信阳市	Xinyang	3599	4212	3435	263884	3805	262409
周口市	Zhoukou	7598	10333	7281	883319	10313	1038601
驻马店市	Zhumadian	1399	3259	2447	317541	6344	281057
济源市	Jiyuan	16	180	136	7752	455	1791

23–22 各市成人高等教育基本情况(2007年)
Basic Statistics on Adult Education Schools by City(2007)

单位：人 (person)

市	City	学校数(所) Number of Schools (unit)	教职工数 Teachers and Staff	#专任教师 Full-time Teachers	在校学生数 Student Enrollment	招生数 New Student Enrollment	毕业生数 Graduates
全省	**Total**	**21**	**8511**	**5513**	**249433**	**92817**	**92041**
郑州市	Zhengzhou	9	6031	3770	97725	33967	32036
开封市	Kaifeng	3	731	508	20905	7168	8703
洛阳市	Luoyang	4	421	289	22715	8053	5819
平顶山市	Pingdingshan	1	279	213	14684	6217	9506
安阳市	Anyang	1	87	60	6054	2172	2429
鹤壁市	Hebi				304	58	304
新乡市	Xinxiang	1	562	386	27028	10611	8907
焦作市	Jiaozuo	1	222	151	13694	5136	3688
濮阳市	Puyang				194	65	134
许昌市	Xuchang				6397	1988	3156
漯河市	Luohe				616	374	451
三门峡市	Sanmenxia				309	72	114
南阳市	Nanyang				12465	5947	3691
商丘市	Shangqiu				4523	1297	4160
信阳市	Xinyang				5522	2261	1584
周口市	Zhoukou				9318	3730	2468
驻马店市	Zhumadian	1	178	136	6001	3354	4515
济源市	Jiyuan				979	347	376

23–23 各市普通中等专业学校基本情况(2007年)
Basic Statistics on Regular Specialized Secondary Schools by City(2007)

单位：人 (person)

市	City	学校数(所) Number of Schools (unit)	教职工数 Teachers and Staff	#专任教师 Full-time Teachers	在校学生数 Student Enrollment	招生数 New Student Enrollment	毕业生数 Graduates
全省	**Total**	**155**	**22469**	**13916**	**577564**	**222973**	**171236**
郑州市	Zhengzhou	46	6498	4269	204367	78082	63291
开封市	Kaifeng	8	1084	626	22935	7433	7957
洛阳市	Luoyang	15	2111	1274	33476	10836	11783
平顶山市	Pingdingshan	9	1387	739	22903	7680	6431
安阳市	Anyang	7	874	522	20991	7016	6571
鹤壁市	Hebi	1	47	37	7709	3687	1036
新乡市	Xinxiang	11	1163	754	21819	7189	6440
焦作市	Jiaozuo	8	1292	735	29675	12473	8518
濮阳市	Puyang	2	184	132	6397	1971	1911
许昌市	Xuchang	6	1324	714	21753	8319	4297
漯河市	Luohe				23531	9344	5845
三门峡市	Sanmenxia	8	1068	796	18943	9214	6603
南阳市	Nanyang	12	2294	1333	60023	23330	18221
商丘市	Shangqiu	4	491	317	19377	8113	6680
信阳市	Xinyang	4	589	424	13986	4808	3545
周口市	Zhoukou	4	726	398	13749	6539	4491
驻马店市	Zhumadian	8	1167	761	31926	15310	6015
济源市	Jiyuan	2	170	85	4004	1629	1601

23-24 各市技工学校基本情况(2007年)

Basic Statistics on Technical Schools by City(2007)

单位：人 (person)

市 City	学校数(所) Number of Schools (unit)	在职教职工数 Teachers and Staff	#专任教师 Full-time Teachers	在校学生数 Student Enrollment	招生数 New Student Enrollment	毕业生数 Graduates
全　　省 Total	**197**	**13321**	**9319**	**227688**	**99435**	**55763**
郑　州　市 Zhengzhou	33	2541	1918	48164	20950	11515
开　封　市 Kaifeng	18	892	586	18839	7765	3964
洛　阳　市 Luoyang	23	1450	922	37416	14639	10896
平顶山市 Pingdingshan	11	1512	971	16082	7146	4269
安　阳　市 Anyang	9	260	235	5852	2445	1352
鹤　壁　市 Hebi	4	396	269	7769	3616	2080
新　乡　市 Xinxiang	16	1027	770	24661	11009	4587
焦　作　市 Jiaozuo	6	655	395	12984	5794	3505
濮　阳　市 Puyang	4	338	199	4207	2362	699
许　昌　市 Xuchang	8	407	229	4772	1922	1160
漯　河　市 Luohe	7	553	424	7221	3817	1718
三门峡市 Sanmenxia	6	579	345	8208	3422	1548
南　阳　市 Nanyang	19	1111	819	7950	3527	1996
商　丘　市 Shangqiu	8	202	140	4977	1634	1073
信　阳　市 Xinyang	9	519	429	5512	2902	1771
周　口　市 Zhoukou	6	236	183	2363	873	819
驻马店市 Zhumadian	6	457	333	5451	3394	1862
济　源　市 Jiyuan	4	186	152	5260	2218	949

23-25 各市普通高中基本情况(2007年)

Basic Statistics on Regular Senior Secondary Schools by City(2007)

单位：人 (person)

市 City	学校数(所) Number of Schools (unit)	专任教师 Full-time Teachers	在校学生数 Student Enrollment	招生数 New Student Enrollment	毕业生数 Graduates
全　　省 Total	**920**	**97911**	**2126251**	**705706**	**650962**
郑　州　市 Zhengzhou	108	9636	183251	60745	52376
开　封　市 Kaifeng	47	4852	102556	33787	36436
洛　阳　市 Luoyang	81	6890	128817	44441	41461
平顶山市 Pingdingshan	36	4105	89266	28163	26498
安　阳　市 Anyang	47	5298	102115	35452	28900
鹤　壁　市 Hebi	18	1224	26897	9006	9269
新　乡　市 Xinxiang	73	6352	134571	44924	44550
焦　作　市 Jiaozuo	42	3547	63659	22657	19994
濮　阳　市 Puyang	34	4445	88887	29793	29156
许　昌　市 Xuchang	33	4330	98872	34801	31197
漯　河　市 Luohe	18	2370	63561	20958	18531
三门峡市 Sanmenxia	24	3124	59750	18568	19682
南　阳　市 Nanyang	86	8730	179926	57407	58848
商　丘　市 Shangqiu	41	6459	202116	69089	52506
信　阳　市 Xinyang	89	9884	203488	62405	62447
周　口　市 Zhoukou	79	8707	226377	76256	63875
驻马店市 Zhumadian	55	6864	151984	50724	49247
济　源　市 Jiyuan	9	1094	20158	6530	5989

23-26 各市职业中学基本情况(2007年)

Basic Statistics on Vocational Secondary Schools by City(2007)

单位：人 (person)

市 City	学校数(所) Number of Schools (unit)	教职工数 Teachers and Staff	#专任教师 Full-time Teachers	在校学生数 Student Enrollment	招生数 New Student Enrollment	毕业生数 Graduates
全　省 Total	**552**	**36170**	**27551**	**662199**	**288258**	**172071**
郑　州　市 Zhengzhou	47	4123	3258	50878	20057	15607
开　封　市 Kaifeng	23	1646	1265	34897	20190	10020
洛　阳　市 Luoyang	45	2888	2193	51832	23291	11721
平顶山市 Pingdingshan	10	897	755	11745	4923	4272
安　阳　市 Anyang	28	1888	1516	29843	13699	6808
鹤　壁　市 Hebi	15	677	574	13985	5150	3613
新　乡　市 Xinxiang	50	2589	2030	44929	18020	10937
焦　作　市 Jiaozuo	12	1115	871	15141	6099	4056
濮　阳　市 Puyang	23	1856	1450	43735	21407	8676
许　昌　市 Xuchang	29	1686	1248	29797	14787	5403
漯　河　市 Luohe	20	1228	823	18090	6791	2888
三门峡市 Sanmenxia	6	627	332	12676	3678	4606
南　阳　市 Nanyang	64	3940	2888	57030	19711	18380
商　丘　市 Shangqiu	48	2283	1516	45125	20499	6041
信　阳　市 Xinyang	33	2437	2032	84574	35991	17422
周　口　市 Zhoukou	49	3170	2426	59996	29783	27814
驻马店市 Zhumadian	45	2720	2044	51412	21940	11499
济　源　市 Jiyuan	5	400	330	6514	2242	2308

23-27 各市普通初中基本情况(2007年)

Basic Statistics on Regular Junior Secondary Schools by City(2007)

市 City	学校数 (所) Number of Schools (unit)	专任教师 (人) Full-time Teachers (person)	在校学生数 (人) Student Enrollment (person)	招生数 (人) New Student Enrollment (person)	毕业生数 (人) Graduates (person)	初中适龄人口入学率 (%) Percentage of School-Age Primary Enrolled (%)	初中在校生巩固率 (%) Percentage of Student Enrollment Consolidated (%)
全　省 **Total**	**4944**	**280912**	**5072021**	**1609214**	**1891059**	**98.8**	**95.5**
郑　州　市 Zhengzhou	309	20449	320719	99181	130952	99.7	94.9
开　封　市 Kaifeng	250	12667	213144	75119	95946	98.5	95.7
洛　阳　市 Luoyang	376	19161	327293	108774	115963	99.4	89.2
平顶山市 Pingdingshan	246	13433	205352	70707	86742	99.4	89.9
安　阳　市 Anyang	322	14641	230162	73438	91663	96.8	91.2
鹤　壁　市 Hebi	82	4776	81977	24759	28664	99.3	96.4
新　乡　市 Xinxiang	383	17105	240371	84464	107975	98.6	91.5
焦　作　市 Jiaozuo	223	10988	176870	55961	62345	99.6	92.2
濮　阳　市 Puyang	198	11861	230559	54418	90743	100.0	99.2
许　昌　市 Xuchang	230	13796	227716	66476	79146	97.2	98.6
漯　河　市 Luohe	106	7196	110896	35925	46038	99.0	95.7
三门峡市 Sanmenxia	137	6827	112276	33481	41171	100.0	97.5
南　阳　市 Nanyang	474	27653	428038	129189	168929	97.7	97.1
商　丘　市 Shangqiu	439	26570	570420	172996	206745	98.9	96.1
信　阳　市 Xinyang	313	22754	424513	130098	150757	99.8	99.8
周　口　市 Zhoukou	528	29102	693561	233761	227912	97.9	96.9
驻马店市 Zhumadian	295	20062	450141	151404	146307	100.0	97.1
济　源　市 Jiyuan	33	1871	28013	9063	13061	100.0	96.1

23-28 各市小学基本情况(2007年)

Basic Statistics on Primary Schools by City(2007)

市 City	学校数(所) Number of Primary Schools (unit)	教职工数(人) Teachers and Staff (person)	#专任教师 Full-time Teachers	在校学生数(人) Student Enrollment (person)	招生数(人) New Student Enrollment (person)
全　省 Total	**30677**	**509962**	**483029**	**10187055**	**1832213**
郑州市 Zhengzhou	1096	32917	30036	552018	100193
开封市 Kaifeng	1529	23358	22383	450274	81953
洛阳市 Luoyang	2315	30439	29190	629906	108267
平顶山市 Pingdingshan	1497	26059	24218	404567	76730
安阳市 Anyang	1612	26247	24701	463843	89176
鹤壁市 Hebi	460	7789	6900	170087	32275
新乡市 Xinxiang	1734	25967	24226	534037	106339
焦作市 Jiaozuo	675	17125	15803	329316	55154
濮阳市 Puyang	1312	19008	17907	413614	77772
许昌市 Xuchang	1191	24391	23131	385339	81014
漯河市 Luohe	525	12293	11847	213201	39781
三门峡市 Sanmenxia	876	11289	10621	189838	32556
南阳市 Nanyang	3917	51722	49525	933744	182742
商丘市 Shangqiu	2759	53222	51242	1117481	199369
信阳市 Xinyang	2539	43323	40975	863882	145344
周口市 Zhoukou	3992	58605	56700	1485423	248280
驻马店市 Zhumadian	2528	43472	41028	998968	165878
济源市 Jiyuan	120	2736	2596	51517	9390

市 City	毕业生数(人) Graduates (person)	小学适龄人口入学率(%) Percentage of School-Age Children Enrolled (%)	小学在校生巩固率(%) Peercentage of Student Enrollment Consolidated (%)	小学毕业生升学率(%) Percentage of Graduates of Primary Schools Entering Junior Secondary Schools (%)
全　省 Total	**1601925**	**99.9**	**98.4**	**100.5**
郑州市 Zhengzhou	96334	100.0	101.3	103.0
开封市 Kaifeng	75928	100.0	98.8	98.9
洛阳市 Luoyang	112544	100.0	95.8	96.7
平顶山市 Pingdingshan	74648	100.0	85.3	94.7
安阳市 Anyang	72251	99.6	99.6	101.6
鹤壁市 Hebi	24766	100.0	99.4	100.0
新乡市 Xinxiang	85746	100.0	96.1	98.5
焦作市 Jiaozuo	57976	100.0	98.8	97.0
濮阳市 Puyang	51277	100.0	102.6	106.1
许昌市 Xuchang	67063	99.6	97.6	99.1
漯河市 Luohe	33191	99.9	96.1	108.2
三门峡市 Sanmenxia	33669	100.0	94.6	99.4
南阳市 Nanyang	130579	99.8	98.6	99.1
商丘市 Shangqiu	153156	100.0	99.8	113.0
信阳市 Xinyang	128355	100.0	100.0	101.4
周口市 Zhoukou	243996	100.0	99.5	95.8
驻马店市 Zhumadian	151404	100.0	100.0	100.0
济源市 Jiyuan	9042	100.0	88.3	100.2

23–29 各市幼儿教育基本情况(2007年)

Basic Statistics on Kindergartens by City(2007)

市 City	机构数(所) Number of Kindergartens (unit)	班数(个) Number of Classes (unit)	教职工数(人) Teachers and Staff (person)	#专任教师 Full-time Teachers	在园(班)幼儿数(人) Student Enrollment (person)
全省 Total	**4859**	**49872**	**69363**	**45006**	**1593402**
郑州市 Zhengzhou	557	5066	12405	7212	151255
开封市 Kaifeng	131	2276	2809	1887	76063
洛阳市 Luoyang	296	3686	4396	2788	108149
平顶山市 Pingdingshan	251	1812	3970	2551	55351
安阳市 Anyang	324	2842	4899	2920	74557
鹤壁市 Hebi	126	830	1463	968	25720
新乡市 Xinxiang	433	2961	5243	3590	85437
焦作市 Jiaozuo	335	2181	4415	2871	64257
濮阳市 Puyang	113	1473	2818	1679	46740
许昌市 Xuchang	385	2207	4393	2772	65956
漯河市 Luohe	188	1300	2040	1324	41359
三门峡市 Sanmenxia	183	1607	3042	1915	43683
南阳市 Nanyang	345	5651	3790	2823	178307
商丘市 Shangqiu	180	3580	3460	2368	122907
信阳市 Xinyang	273	3668	2814	2002	131806
周口市 Zhoukou	390	4532	3332	2467	168239
驻马店市 Zhumadian	281	3705	3473	2504	139334
济源市 Jiyuan	68	495	601	365	14282

23–30 各市教育经费情况(2007年)

Basic Statistics on Educational Funds by City(2007)

单位：万元 (10 000 yuan)

市 City	合计 Total	国家财政性教育经费 Government Appropriation for Education	#预算内 Budgetary	社会团体和公民个人办学经费 Funds of Social Orgainizations and Citizens for Running Schools	社会捐资和集资办学经费 Donations and Fund-Raising for Running Schools	学费和杂费 Tuition and Miscell-aneous Fees	其他教育经费 Other Educational Funds
全省 Total	**5498099**	**4077291**	**3864738**	**27612**	**6884**	**1243324**	**142988**
省本级 Provincial Level	1110351	468374	460154	7097	991	554647	79242
郑州市 Zhengzhou	563102	491060	442104	3272	950	61617	6203
开封市 Kaifeng	178969	140208	136851	1176	184	35251	2150
洛阳市 Luoyang	365229	288179	260869	2979	291	55809	17971
平顶山市 Pingdingshan	236815	188785	174456	3445	53	42815	1717
安阳市 Anyang	240985	203219	186645	60	247	35402	2057
鹤壁市 Hebi	76779	58203	55191			14185	4391
新乡市 Xinxiang	229936	183852	174177	97	107	44344	1536
焦作市 Jiaozuo	173267	138903	125248	491	46	32912	915
濮阳市 Puyang	180186	149705	142970	3018	71	24214	3178
许昌市 Xuchang	175317	140612	132912	156	4	33102	1443
漯河市 Luohe	122901	84372	79224	477	66	27586	10400
三门峡市 Sanmenxia	128777	106047	99377		71	19379	3280
南阳市 Nanyang	399834	334373	319445	1576	851	60469	2565
商丘市 Shangqiu	348632	297651	290856	1088	2042	47366	485
信阳市 Xinyang	305681	255023	251881	171	770	46872	2845
周口市 Zhoukou	337456	284843	280844	1802	69	49941	801
驻马店市 Zhumadian	277021	227773	222054	437	35	47240	1536
济源市 Jiyuan	46861	36109	29480	270	36	10173	273

23–31 普通高等学校办学条件

Condition of running Institutions of Higher Education

指标	Item	2006	2007
占地面积(万平方米)	occupying Space (10 000 sq .m)	7182.61	7914.11
校舍建筑面积(万平方米)	Schoolhouse Building Space (10 000 sq.m)	3103.53	3527.19
一般图书(万册)	Common Books (10 000 volumes)	7095.14	8093.61
固定资产总值(亿元)	Fixed Assets (100 million yuan)	291.06	344.50
#教学、科研仪器设备值	Value of Equipment for teaching and scientific research	53.66	62.05

主要统计指标解释

普通高等学校　指按照国家规定的设置标准和审批程序批准举办，通过国家统一招生考试，招收高中毕业生为主要培养对象，实施高等教育的全日制大学、独立设置的学院和高等专科学校、短期职业大学。

成人高等学校　指按照国家有关规定审批，招收通过全国成人高教统一招生考试的具有高中毕业或同等学历的在职从业人员，利用脱产、半脱产、业余或函授等多种形式对其实施高等学历教育，培养高等教育专科或本科毕业水平的专门人才，修业年限、课程设置和总学时数均按高等学历教育要求付诸实施的学校。包括广播电视大学、职工高等学校、农民高等学校、管理干部学院、教育学院、独立设置的函授学院等。

中等专业学校　是指经县或县以上教育行政部门批准设立，招收初中毕业生实施中等专业课程教育的教学机构。

中等职业学校（职业高中、职业初中）　职业中学是指经县或县以上教育行政部门批准设立，招收小学或初中毕业生实施中等职业技术教育的教学机构。职业中学按学校性质类别可分为：独立设置的职业中学（包括：职业初中、职业高中、职业初高中合设学校）；附设有普通中学班的职业中学。

普通小学　普通小学是指由区或区以上教育行政部门批准，招收学龄儿童实施初等教育的教学机构。

幼儿园　幼儿园是指招收三周岁以上（含三周岁）学龄前幼儿，对其进行保育和教育的单位。

特殊教育学校　是指本市独立设置的招收盲聋哑和智残儿童，以及其他特殊需要的儿童、青少年进行普通或职业初、中等教育的教学机构。

小学学龄儿童入学率　指调查范围内已入小学学习的学龄儿童占校内外学龄儿童总数（包括弱智儿童，不包括盲聋哑儿童）的比重。计算公式为：

小学学龄儿童入学率 ＝ 已入学的小学学龄儿童数/校内外小学学龄儿童总数*100%

Explanatory Notes on Main Statistical Indicators

Regular Institutions of Higher Learning refer to educational establishments set up according to the government evaluation and approval procedures, enrolling graduates from senior secondary schools and providing higher education courses and training for senior professionals. They include full-time universities, colleges, high professional schools and short-term professional universities.

Institutions of Higher Learning for Adults refer to educational establishments, set up in line with relevant rules approved by the government, enrolling staff and workers with senior secondary school or equivalent education ,and providing higher education courses in many forms of full time, part time, spare time, or correspondence for adults. Professionals thus trained receive a qualification equivalent to graduates studying regular courses at regular universities, colleges and professional colleges. Institutions of higher learning for adults include Radio and TV universities, schools of high education for staff and workers and peasants, colleges for management cadres, pedagogical colleges, independent correspondence colleges.

Specialized Secondary schools Specialized Secondary schools refer to educational establishment set up according to approval and permission by educational administration department of district and above government, enrolling graduates from junior secondary schools and providing secondary professional education courses.

Secondary Vocational Schools (senior secondary schools and junior secondary schools) Secondary Vocational Schools (senior secondary schools and junior secondary schools) refer to educational establishment set up according to approval and permission by educational administration department of district and above government, enrolling graduates from primary schools and junior secondary schools and providing secondary vocational education courses.

Regular Primary Schools Regular Primary Schools refer to educational establishment set up according to approval and permission by educational administration department of district and above government, enrolling graduates from children of school age and providing primary educational courses.

Kindergartens Kindergartens refer to nursery and education establishment, enrolling children in 3 years old and above.

Special Education Schools Special Education Schools refer to educational establishments set up independently, enrolling blind, deaf, dumb, amentia or other special children, and educational establishment, providing regular or vocational junior and senior secondary education for hobbledehoy.

Enrollment Rate of Primary School Age Children refers to the proportion of school age children enrolled at schools to the total number of school age children both in and outside schools (including retarded children , but excluding blind, deaf and mute children). The formula is:

Enrollment Rate of Primary School-age Children = (Total Primary School-age Children at Schools)/ (Total Primary School age Children Both at and Outside Schools) ×100%

体育和卫生
Sports and Public Health

资料整理：史新旺

【简要说明】

一、主要内容

本篇包括体育、卫生事业的资料。体育部分主要有体育系统职工、运动员、裁判员情况、竞技体育成绩、群众体育活动等情况。卫生部分主要有卫生机构、人员、床位数、医院诊疗人次及入院人数、主要疾病死亡原因及构成、妇女儿童卫生保健等资料。

二、资料来源

体育部分的资料由省体育局提供；卫生部分的资料由省卫生厅提供。本篇资料由省统计局社会与科技处编辑整理。

24-1 历年体育、卫生事业基本情况

Basic Statistics on Public Health and Physical Education over the Years

年份 Year	运动员获团体和个人全国前六名人次(人次) Party and Individual Top Six of Country (person-time)	卫生机构数(个) Number of Health Institutions (unit)	#医院、卫生院 Hospitals & Health Centers	卫生机构床位数(万张) Number of Beds in Health Institutions (10 000 units)	#医院、卫生院 Hospitals & Health Centers	卫生技术人员数(万人) Medical and Technical Personnel (10 000 persons)	#医生 Doctors	每万人口拥有 per 10 000 Population: 卫生机构床位数(张) Number of Beds in Health Institutions (unit)	每万人口拥有 per 10 000 Population: 医生数(人) Number of Doctors (person)
1978		7356	2476	10.20	9.73	11.44	4.38	14.4	6.2
1979		7702	2501	11.23	10.63	12.89	4.79	15.6	6.7
1980	94	7831	2530	11.92	11.17	14.48	5.41	16.4	7.4
1981	135	8483	2563	12.49	11.65	16.31	6.81	16.9	9.2
1982	141	8513	2578	13.08	12.11	17.34	7.31	17.4	9.7
1983	120	8504	2611	13.77	12.74	18.38	7.82	18.0	10.2
1984	269	8583	2665	14.24	13.13	19.12	8.10	18.4	10.5
1985	256	9207	2688	14.91	13.77	19.49	8.36	19.0	10.7
1986	131	8933	2713	15.31	13.99	20.15	8.50	19.2	10.6
1987	159	8833	2730	16.90	15.42	20.44	8.49	20.7	10.4
1988	195	8865	2756	17.55	15.95	21.36	8.85	21.1	10.6
1989	195	8721	2810	17.96	16.25	21.85	9.61	21.2	11.3
1990	234	8676	2824	18.21	16.36	22.28	9.94	21.1	11.5
1991	216	8639	2834	18.49	16.56	23.03	9.93	21.1	11.3
1992	231	8375	2857	18.91	16.97	23.91	10.14	21.3	11.4
1993	115	7669	2892	18.91	17.22	24.39	10.16	21.1	11.4
1994	240	7656	2944	19.14	17.45	25.13	10.55	21.2	11.7
1995	111	7661	2965	19.23	17.54	25.50	10.57	21.1	11.6
1996	254	7253	2987	18.95	17.54	25.77	10.57	20.7	11.5
1997	247	7194	3001	18.92	17.58	26.20	10.67	20.5	11.5
1998	265	11774	2999	19.42	17.99	26.32	10.68	20.8	11.5
1999	212	11643	3014	19.71	18.26	26.66	10.89	21.0	11.6
2000	507	10764	3027	19.86	18.34	26.84	11.11	20.9	11.7
2001	290	10719	3024	19.99	18.50	27.18	11.12	20.9	11.6
2002	67	13291	3094	19.73	18.75	26.48	10.17	20.5	10.6
2003	152	13621	3149	20.37	19.28	27.87	10.64	21.1	11.0
2004	154	13821	3182	20.90	19.72	28.42	10.94	21.5	11.3
2005	119	14554	3260	21.40	20.23	28.92	11.11	21.9	11.4
2006	109	14629	3292	22.52	21.23	30.07	11.55	22.9	11.8
2007	350	11888	3281	23.95	22.61	29.79	11.59	24.3	11.7

24–2 等级运动员、裁判员人数
Number of Athletes and Referees in Grades

单位：人 (person)

人员分类	Category of Personnel	2006	#女 Female	2007	#女 Female
等级运动员人数	**Number of Athletes in Grades**	**2832**	**904**	**2166**	**725**
运动健将	Sportive Master	65	21	46	20
一级运动员	First Grades	295	87	210	83
二级运动员	Second Grades	2472	796	1910	622
等级裁判员人数	**Number of Referees in Grades**	**2327**	**627**	**3007**	**784**
国家级	National Referees	14	4	14	5
一级	First Grades	90	31	262	83
二级	Second Grades	2223	592	2731	696

24–3 河南省运动员在国际国内比赛成绩
International and Internal Achievement of Henan Athletes

项目	Item	1990	1995	2000	2005	2006	2007
荣获金牌数(枚)	Number of Golden Medals (unit)	56	59	87	97	123	114
荣获银牌数(枚)	Number of Silvern Medals (unit)	45	52	55	62	74	76
荣获铜牌数(枚)	Number of Cupreous Medals (unit)	38	36	75	66	89	104
获团体和个人全国前六名(人次)	Party and Individual Top Six of Country (person-time)	234	111	507	119	109	350

注：获团体和个人全国前六名(人次)不包含获金、银、铜牌的前三名人次，实际为第4-6名人次.
A)Party and Individual Top Six of Country exclude the Top Three of Golden, Silvern,Cupreous Medals, they are the Fourth-Sixth person-time.

24–4 群众体育活动情况
Activities of Mass Sports

项目	Item	1990	1995	2000	2005	2006	2007
运动会次数(次)	Number of Activities of Mass Sports (time)	2063	1541	4435	2369	2240	2219
#省级办	Held by Province Level	61	47	222	81	168	201
市级办	Held by City Level	528	445	4213	2288	2072	2018

24-5 全民健身活动设施情况(2007年)

Facilities of Bodybuilding Activity Joined by all the Pepole (2007)

项　　目	Item	数　量(个) Number of Facilities (unit)	占地面积(平方米) Area (sq.m)	投资金额(万元) Capital Investment (10 000 yuan)
室外全民健身公园、广场	Outdoor Bodybuilding Park and Square	7424	2902052	9336
健身路径	Route	1868	2516519	8147
小蓝板	Small Basketball Backetboard	2109	314626	833
乒乓球台	Table Tennis Table	3447	70907	356
室内全民健身中心	Intdoor Bodybuilding Center	189	96993	3447
蓝排球房	Basketball and Valleyball Gym	8	13600	1288
羽毛球房	Badminton Gym	13	4220	325
乒乓球房	Table Tennis Gym	32	11773	572
棋牌室	Chess and Card Room	89	5200	57
健身房	Bodybuilding Room	29	22800	259
游泳池	Swimming Pool	18	39400	946
青少年俱乐部	Teen-agers Club	104		

24-6 体育彩票发行情况

Issue of Sports Lottery Ticket

单位：万元　　　　(10 000 yuan)

项　　目	Item	2005	2006	2007
体育彩票销售点(个)	Sale Place of Physical Training Lottery Ticket (unit)	2665	2884	4053
体育彩票销售收入	Sale Revenue of Physical Training Lottery Ticket	171968	160770	154160
用于兑奖金额	Value of Exchanging Awards	86749	81862	78488

24–7 卫生事业发展情况
Basic Statistics on Public Health Development

项目	Item	1990	1995	2000	2005	2006	2007
卫生机构数(个)	**Number of Health Institutions (unit)**	**8676**	**7661**	**10764**	**14554**	**14629**	**11888**
#医院、卫生院	Hospitals & Health Centers	2824	2965	3027	3260	3292	3281
#医院	Hospitals	789	896	966	1172	1201	1192
疗养院、所	Sanatoriums	12	8	7	5	6	6
门诊部、所	Clinics	5142	3942	196	68	70	72
诊所、卫生所、医务室	Clics,Individual-Run Medical Units			6858	10607	10606	7409
社区卫生服务中心(站)	Community Sanitation Service Station						491
专科防治所、站	Specialized Prevention & Treatment Centers or Stations	45	44	45	32	26	22
妇幼保健所、站	Maternity and Child Care Centers	138	142	135	167	166	165
卫生机构床位数(万张)	**Number of Beds in Health Institutions(10 000 units)**	**18.21**	**19.23**	**19.86**	**21.40**	**22.52**	**23.95**
#医院、卫生院	Hospital & Health Center	16.36	17.54	18.34	20.23	21.23	22.61
#医院	Hospitals	10.80	12.10	13.26	14.97	15.82	16.74
疗养院、所	Sanatoriums	0.22	0.15	0.15	0.06	0.10	0.10
门诊部	Clinics	1.10	0.84	0.51	0.11	0.12	0.10
平均每千人口卫生机构床位数(张)	Number of Health Institutions Beds per 1 000 Population (unit)	2.11	2.11	2.09	2.19	2.29	2.43
#医院、卫生院	Hospitals & Health Centers	1.89	1.93	1.93	2.07	2.16	2.29
卫生机构人员数(万人)	**Number of Persons in Health Institutions (10 000 persons)**	**27.06**	**31.31**	**33.50**	**36.23**	**37.49**	**38.48**
#卫生技术人员	Medical Technical Personnel	22.28	25.50	26.84	28.92	30.07	29.79
#医生	Doctors	9.94	10.57	11.11	11.11	11.55	11.59
护师	Senior Nurses	2.16	3.19	3.84	7.71	8.29	9.02
平均每千人口医生数(人)	Number of Doctors per 1 000 Population (person)	1.15	1.16	1.17	1.14	1.18	1.17
孕产妇死亡率(1/10万)	**Maternity Death Rate (1/100 000)**		**55.70**	**54.15**	**44.80**	**41.21**	**28.82**

注：1.1996年及以后年度门诊部、所不含诊所、卫生保健所和医务室,与以前年度不可比(下同)。
2.1998年及以后年度卫生机构包括个体开业(下同)。
3.2002年以来医生、护士人员数为“执业医师、执业助理医师与注册护士人员数”。

a)The numbers of clinics since 1996 exclude cliniques, hygiene places and infirmaries. It cannot be compared with some relative years (the same as in following tables).
b)The number of health institutions include individuals since 1998 (the same as in the following tables).
c)Number of doctors and junior nurses since 2002 is the Number of registered doctors,deputy doctors and junior nurses.

24–8 卫生机构、床位、人员数(2007年)

Number of Health Institutions, Beds and Persons (2007)

机构类别	Type of Institutions	机构数(个) Institutions (unit)	床位数(张) Beds (unit)	人员合计(人) Total of Persons (Person)	卫生技术人员 Medical Technical Personnel	其他技术人员 Other Technical Personnel	管理人员 Managerial Personnel	工勤人员 Logistics Workers
总　计	**Total**	**11888**	**239511**	**384844**	**297854**	**21586**	**25535**	**39869**
#医院合计	**Total Number of Hospitals**	**1192**	**167443**	**225495**	**174579**	**10298**	**15863**	**24755**
综合医院	General Hospitals	822	125886	170398	132895	7221	12093	18189
中医医院	Hospitals Specialized in Traditional Chinese Medicine	182	23910	36184	27796	2008	2016	4364
中西医结合医院	Hospitals Combining Chinese and Western Medicine	7	643	777	584	30	64	99
专科医院	Specialized Hospital	181	17004	18136	13304	1039	1690	2103
口腔医院	Hospitals for Mouth Cavity Diseases Care	10	517	1352	1032	77	120	123
眼科医院	Hospital for Eye Care	12	732	991	723	69	93	106
耳鼻喉科医院	E.N.T.department hospital	3	100	166	122	22	11	11
肿瘤医院	Tumor Hospitals	14	3589	3086	2429	176	193	288
心血管病医院	Heart and Blood Vessel Trouble Hospital	4	290	369	297	15	31	26
胸科医院	Chest Hospital	2	635	495	359	42	57	37
血液病医院	Hematonosis Hospital	3	80	72	57	4	5	6
妇产(科)医院	Maternity Hospitals	9	405	858	583	84	67	124
儿童医院	Hospitals for Children	4	850	1226	968	43	92	123
精神病医院	Mental Hospitals	27	4447	3286	2298	141	333	514
传染病医院	Hospitals of Infectious Diseases	8	969	1112	814	45	108	145
皮肤病医院	Dermatosis Hospital	3	50	91	67	1	8	15
结核病医院	Tuberculosis Hospitals	1	150	135	101	12	6	16
麻风病医院	Leprosarium	1	10	48	33		4	11
职业病医院	Occupational disease Hospital	1	166	212	144	2	23	43
骨科医院	Orthopaedics Hospitals	26	1503	1826	1362	105	246	113
康复医院	Rehabilitation Hospitals	15	941	867	560	49	111	147
整形外科医院	Orthopaedics Hospitals	1	45	132	47	12	18	55
其他专科医院	Other Specialized Hospitals	37	1525	1812	1308	140	164	200
卫生院	**Heath Center**	**2089**	**58611**	**86255**	**65940**	**6982**	**5466**	**7867**
#中心乡卫生院	Center Countryside Hospitals	486	17944	26449	20510	2017	1515	2407
门诊部	**Clinics**	**72**	**1043**	**2321**	**1786**	**95**	**226**	**214**
采供血机构	**Collectting and Supply Institutions for Blood**	**20**		**1371**	**835**	**172**	**135**	**229**
妇幼保健院(所、站)	**Maternity and Child Care Centers**	**165**	**9666**	**17107**	**13384**	**788**	**1125**	**1810**
专科疾病防治院(所、站)	**Specialized Prevention & Treatment Centers or Stations**	**22**	**910**	**1440**	**995**	**106**	**125**	**214**
疾病预防控制中心(防疫站)	**Center for Disease Prevention and Control**	**185**		**18320**	**12744**	**1677**	**1343**	**2556**
卫生监督所	**Sanitation Supervision Stations**	**122**		**5362**	**3695**	**589**	**546**	**532**
诊所、医务室	**Clics,Individual-Run Medical Units**	**7409**		**17144**	**16417**			**727**
社区卫生服务中心(站)	**Community Sanitation Service Stations**	**491**	**880**	**3504**	**3173**	**86**	**158**	**87**

24–9 卫生机构各类人员

Employed Persons In Health Institutions by Types of Occupation

单位：人 (person)

人员类别	Type of Personnel	1990	1995	2000	2005	2006	2007
各类人员总计	**Total**	**270573**	**313116**	**335031**	**362263**	**374924**	**384844**
卫生技术人员	Medical Technical Personnel	222771	255006	268427	289157	300712	297854
其他技术人员	Other Technical Personnel	2256	6173	12428	23409	20054	21586
管理人员	Managerial Personnel	19856	23391	23554	20060	23229	25535
工勤人员	Logistics Workers	25690	28546	30622	29637	30929	39869
卫生技术人员	**Medical Technical Personnel**	**222771**	**255006**	**268427**	**289157**	**300712**	**297854**
医生	Doctors	99354	105688	111113	111134	115481	115900
注册护士	Registered Nurses	46391	56879	63032	77132	82850	90187
药剂人员	Pharmacists	25812	28936	28094	22432	23894	19300
检验人员	Laboratory Technicians	10244	12379	13982	13987	16035	13573
其他	Others	40970	51124	52206	64472	62452	58894
平均每千人口卫生技术人员	**Number of Medical Technical Personnel per 1 000 Population**	**2.58**	**2.80**	**2.82**	**2.96**	**3.06**	**3.02**

24-10 医院床位使用情况

Utilization of Beds in Medical Institutions

项　目	Item	1990	1995	2000	2005	2006	2007
床位周转次数(次)	Turnover of Beds (times)	15.7	15.3	18.2	23.0	23.6	25.0
床位工作日(日)	Number of Days per Bed in Use in a Year (days)	276.3	248.5	217.6	244.6	259.2	273.0
床位使用率(%)	Utilization Rate of Beds (%)	75.7	68.1	59.6	67.0	71.0	74.8
出院者平均住院日(日)	Average Stay Days in Hospital (days)	15.6	14.0	11.2	10.1	10.3	10.3

24–11 医院、卫生院诊疗人次及入院人数(2007年)

Number of Visits and Inpatients in Medical Institutions(2007)

类　别	Type of Hospital	诊疗人次(万人次) Visits (10 000 person-times)	#门、急诊 Out-patients and Emergency Patients	入院人数(万人) Inpatients (10 000 persons)	每百门、急诊次的入院人数(人) Hospital Admissions per 100 Outpatient times and Emergency Patient Times (person)
总　计	**Total**	**17205.29**	**14407.60**	**715.80**	**4.97**
#医院	Hospitals	8437.78	8163.36	410.84	5.03
非营利性医院	Non-Profitable Hospitals	8067.10	7804.95	397.23	5.09
营利性医院	Profitable Hospitals	370.68	358.41	13.62	3.80
卫生院	Hospitals	5356.76	5099.21	254.56	4.99
中心卫生院	Center Hospitals of the Region	1747.96	1674.51	81.60	4.87
乡卫生院	Contryside Hospitals	3601.19	3417.09	172.53	5.05
门诊部	Outpatient Departments	115.10	103.87	1.32	1.27
妇幼保健院(所、站)	Maternity and Child Care Centers	721.47	691.99	46.30	6.69
专科疾病防治院(所、站)	Centers or Stations for Specialized Prevention & Treatment	30.67	29.74	1.13	3.79

24-12 卫生部门医院住院病人前十位疾病构成(ICD-10)(2007年)

Percentage of 10 Main Diseases of Inpatients in City Hospitals of Health Sector(ICD-10)(2007)

顺序 No.	市	City	疾病构成(%) As % of Total
	十种疾病构成	Total	
1	损伤、中毒和外因	Injury, Poisoning & External Causes	12.84
2	呼吸系统疾病	Diseases of the Respiratory System	12.53
3	妊娠、分娩和产褥期病	Pregnancy,childbirth & the Puerperium	10.66
4	消化系统疾病	Diseases of the Digestive System	9.50
5	脑血管病	Cerebrovascular Disease	7.05
6	恶性肿瘤	Malignant Neoplasms	6.33
7	缺血性心脏病	Ischaemic Heart Disease	5.26
8	泌尿生殖系统疾病	Disease of the Genitourinary System	4.53
9	传染病和寄生虫病	Certain Infestious and Parasitic Diseases	3.07
10	神经系统疾病	Diseases of the Nervous System	2.75

顺序 No.	县	County	疾病构成(%) As % of Total
	十种疾病构成	Total	
1	妊娠、分娩和产褥期病	Pregnancy,childbirth & the Puerperium	19.35
2	呼吸系统疾病	Diseases of the Respiratory System	15.79
3	损伤、中毒和外因	Injury, Poisoning & External Causes	15.63
4	消化系统疾病	Diseases of the Digestive System	10.92
5	脑血管病	Cerebrovascular Disease	7.71
6	缺血性心脏病	Ischaemic Heart Disease	4.30
7	起源于围生期病	In the Perinatal Period	3.93
8	泌尿生殖系统疾病	Disease of the Genitourinary System	2.90
9	传染病和寄生虫病	Certain Infestious and Parasitic Diseases	2.65
10	恶性肿瘤	Malignant Neoplasms	2.60

24-13 部分市、县前十位主要疾病死亡率

Death Rate of Ten Major Diseases in Partial Cities and Counties

单位：(1/10万) (1/100 000)

死亡原因	Cause of Death	2007
合　计	**Total**	
脑血管病	Cerebrovascular Disease	133.82
恶性肿瘤	Malignant Neoplasms	131.76
心脏病	Heart Trouble	104.66
呼吸系统疾病	Diseases of the Respiratory System	57.16
损伤和中毒	Trauma and Toxicosis	50.83
内分泌、营养和代谢疾病及免疫疾病	Endocrine, Nutritional & Metabolic Diseases, immune disease	10.72
消化系统疾病	Diseases of the Digestive System	9.51
传染病和寄生虫病	Certain Infestious and Parasitic Diseases	9.20
新生儿疾病	Newborn Baby Disease	8.15
泌尿和生殖系病	Disease of the Genitourinary System	5.48
城　市	**City**	
脑血管病	Cerebrovascular Disease	99.35
恶性肿瘤	Malignant Neoplasms	97.21
心脏病	Heart Trouble	80.61
损伤和中毒	Trauma and Toxicosis	43.47
呼吸系统疾病	Diseases of the Respiratory System	39.71
内分泌、营养和代谢疾病及免疫疾病	Endocrine, Nutritional & Metabolic Diseases, immune disease	12.92
消化系统疾病	Diseases of the Digestive System	7.79
传染病和寄生虫病	Certain Infestious and Parasitic Diseases	7.62
泌尿和生殖系病	Disease of the Genitourinary System	7.02
新生儿疾病	Newborn Baby Disease	5.31
县	**County**	
脑血管病	Cerebrovascular Disease	140.86
恶性肿瘤	Malignant Neoplasms	138.81
心脏病	Heart Trouble	109.56
呼吸系统疾病	Diseases of the Respiratory System	60.72
损伤和中毒	Trauma and Toxicosis	52.34
内分泌、营养和代谢疾病及免疫疾病	Endocrine, Nutritional & Metabolic Diseases, immune disease	10.27
消化系统疾病	Diseases of the Digestive System	9.87
传染病和寄生虫病	Certain Infestious and Parasitic Diseases	9.52
新生儿疾病	Newborn Baby Disease	8.73
泌尿和生殖系病	Disease of the Genitourinary System	5.17

24-14 各市卫生事业基本情况(2007年)

Basic Statistics on Public Health by City (2007)

市 City	卫生机构数(个) Number of Health Institutions (unit)	#医院、卫生院 Hospital & Health Centers	#疗养院、所 Sanatoriums	#门诊部 Clinics	#疾病控制中心 Sanitation and Antiepidemic Agencies	#妇幼保健院(所、站) Maternity and Child Care Centers	#医学科学研究机构 Research Institutes of Medical Sciences
全 省 Total	**11888**	**3281**	**6**	**72**	**185**	**165**	**7**
郑 州 市 Zhengzhou	1464	266		21	17	13	5
开 封 市 Kaifeng	456	155			11	8	1
洛 阳 市 Luoyang	665	252	2	10	16	16	
平 顶 山 市 Pingdingshan	697	174	2	12	12	11	
安 阳 市 Anyang	1457	164		4	10	10	
鹤 壁 市 Hebi	342	52		2	7	5	
新 乡 市 Xinxiang	766	244		6	13	13	
焦 作 市 Jiaozuo	567	156			11	11	
濮 阳 市 Puyang	674	128		5	10	8	
许 昌 市 Xuchang	512	171		3	7	6	
漯 河 市 Luohe	558	86		1	6	6	
三 门 峡 市 Sanmenxia	431	122	2	3	7	5	
南 阳 市 Nanyang	615	305		1	14	13	1
商 丘 市 Shangqiu	473	229			10	9	
信 阳 市 Xinyang	592	263		2	11	10	
周 口 市 Zhoukou	1098	258		1	11	11	
驻 马 店 市 Zhumadian	455	235		1	11	9	
济 源 市 Jiyuan	66	21			1	1	

市 City	卫生机构床位数(张) Number of Beds in Health Institutions (unit)	#医院、卫生院 Hospital & Health Center	#疗养院、所 Sanatoriums	卫生机构人员数(人) Number of Persons in Health Institutions (person)	卫生技术人员数(人) Medical Technical Personnel (person)	#医生 Doctors	#注册护士 Registered Nurses
全 省 Total	**239511**	**226054**	**958**	**384844**	**297854**	**115900**	**90187**
郑 州 市 Zhengzhou	33834	31949		49903	39994	16002	15207
开 封 市 Kaifeng	12547	12043		19868	15157	5819	5109
洛 阳 市 Luoyang	21047	19429	433	29847	22964	8845	7575
平 顶 山 市 Pingdingshan	15038	13659	445	21267	15837	6085	5118
安 阳 市 Anyang	14184	13378		20481	16128	7130	4695
鹤 壁 市 Hebi	4851	4642		7835	6140	2368	1892
新 乡 市 Xinxiang	17585	16794		27373	21227	8127	6552
焦 作 市 Jiaozuo	11296	10819		17757	13671	5427	4141
濮 阳 市 Puyang	9171	8453		14631	11234	4247	3561
许 昌 市 Xuchang	9639	9151		17430	13387	5041	3568
漯 河 市 Luohe	6399	6033		12052	9402	3512	3007
三 门 峡 市 Sanmenxia	6839	6587	80	10180	8100	3320	2495
南 阳 市 Nanyang	19518	18533		34299	26483	9793	7294
商 丘 市 Shangqiu	15862	14790		27617	20667	7154	5288
信 阳 市 Xinyang	11132	10709		19003	14530	5727	3845
周 口 市 Zhoukou	14523	13785		29093	22571	9223	5285
驻 马 店 市 Zhumadian	13827	13170		23244	18173	7033	4856
济 源 市 Jiyuan	2219	2130		2964	2189	1047	699

24–15 法定报告传染病发病及死亡情况（2007年）
Incidence and Death from Infectious Diseases (2007)

病　名	Item	发病率（1/10万） Incidence Disease Rate (per100 000 persons)	死亡率（1/10万） Death Rate (per 100 000 persons)	病死率（%） Mortality Rate per 100 Infectious Disease Patients (%)
总　　计	**Total**	**382.974**	**2.375**	**0.62**
病毒性肝炎	Viral Hepatitis	223.034	0.053	0.02
痢疾	Dysentery	24.248		
伤寒副伤寒	Typhoid and Paratyphoid Fever	0.381		
艾滋病	AIDS	2.594	1.818	70.13
淋病	Gonorrhea	3.523		
梅毒	Syphilis	5.521	0.004	0.08
麻疹	Measles	10.474	0.014	0.13
百日咳	Pertussis	0.212		
流脑	Epidemic Encephalitis	0.049	0.003	6.52
猩红热	Scarlet Fever	0.909		
出血热	Hemorrhage Fever	0.228	0.003	1.40
狂犬病	Hydrophobia	0.209	0.209	100.00
布氏杆菌病	Brucellosis	0.359	0.001	0.30
乙脑	Encephalitis B	0.389	0.018	4.66
疟疾	Malaria	4.442	0.001	0.02
新生儿破伤风	Newborn Tetanus	0.048	0.003	6.67
肺结核	Pulmonary Tuberculosis	106.327	0.247	0.23

24–16 防病工作情况
Basic Condition of Disease Prevention and Cure

指　　标	Item	2005	2006	2007
传染病发病总例数（甲、乙）（万例）	**Number of Incidence from infectious disease(A、B) (10 000 persons)**	**31.8**	**34.0**	**36.0**
发病率(1/10万)	Incidence Disease Rate (1/100 000)	340.9	362.2	383.0
传染病死亡总人数(人)	Number of Death from infectious disease (person)	1066	946	2232
死亡率(1/10万)	Death Rate (1/100 000)	1.1	1.0	2.4
结核病登记病人数(千例)	Number of register of Tuberculosis (1000 persons)	94.9	86.4	86.6
登记患病率(‰)	Register sicken Rate(‰)	1.0	0.9	0.9
结核病新发病人数(千例)	Number of New Incidence from Tuberculosis (1000 persons)	38.4	37.8	37.2
登记新发病率(1/万)	Register New Incidence Disease Rate (1/10 000)	0.4	0.4	0.4
结核病死亡人数(人)	Number of Death from Tuberculosis (person)	167	155	232
死亡率(1/10万)	Death Rate (1/100 000)	0.2	0.2	0.2
“五苗”接种率(%)	Five Type of bacterins inoculability Rate (%)	98.7	98.9	98.8
乙肝疫苗全程接种率(%)	Hepatitis B Bacterins Quite inoculability Rate (%)	99.1	99.2	99.0

24—17 婴儿死亡率、新生儿死亡率、孕产妇死亡率

Infant Mortality、Mortality Rate of Newborns and Mortality Rate of Pregnant and Lying-in women

指 标	Item	2000	2005	2006	2007
婴儿死亡率(‰)	Infant Mortality(‰)	30.50	12.10	9.60	7.97
新生儿死亡率(‰)	Mortality Rate of Newborns(‰)	12.89	8.63	7.92	6.91
孕产妇死亡率(1/10万)	Mortality Rate of Pregnant and Lying-in women (1/100 000)	54.15	44.80	41.21	28.82

24—18 农村村级卫生组织情况(2007年)

Health Institutions in Rural by Village Level(2007)

指 标	Item	实有数 Real Number	比重(%) Proportion (%)
村设置的医疗点数（个）	**Medical Unit Setup in Village (unit)**	**60792**	**100.0**
村或群众集体办	Run by Village or Mass	33463	55.0
乡卫生院设点	Units are Attach to Township and Village Hospital	357	0.6
乡村医生或卫生员联合办	Associational run by Rural Doctors and Health Person	3978	6.5
个体办	Run by Private	21921	36.1
其 他	Others	1073	1.8
乡村医生和卫生员数（人）	**Number of Rural Doctors and Health Personnels (person)**	**109101**	**100.0**
乡村医生	Rural Doctors	104405	95.7
#行医方式中西医结合	Chinese Combine with Western Mdeicine	9956	9.1
卫生员数	Health Personnel	4696	4.3
#行医方式中西医结合	Chinese Combine with Western Mdeicine	952	0.9
诊疗人次数(万人次)	**Person-time of See a Doctor (10 000 person-time)**	**18066.96**	

24-19 妇女儿童卫生保健状况

Basic Statistics on Health Care of Women and Children

指 标	Item	2000	2002	2005	2006	2007
婚前医学检查率(%)	Rate of Medical Examination before Marriage(%)	43.2	44.9	1.1	1.3	1.6
城市	Urban Areas	54.3	59.7	1.9	1.4	1.6
农村	Rural Areas	38.1	39.1	0.5	1.3	1.7
出生缺陷发生率(%)	Birth-defect Rate(1/10000)	97.6	92.3	91.3	85.4	83.0
婴儿死亡率（‰）	Infant Mortality (‰)	30.5	20.2	12.1	9.6	8.0
城市	Urban Areas	9.9	11.1	9.2	8.9	8.0
农村	Rural Areas	31.1	21.6	13.4	9.9	8.0
5岁以下儿童死亡率(‰)	Mortality of Child under 5 Years Old (‰)	34.4	22.8	13.8	11.2	9.5
城市	Urban Areas	12.2	13.0	10.7	10.3	9.6
农村	Rural Areas	35.6	24.2	15.3	11.6	9.4
孕产妇死亡率（1/10万）	Mortality Rate of Pregnant and Lying-in Women (1/100 000)	54.2	54.1	44.8	41.2	28.8
城市	Urban Areas	46.1	43.7	33.3	37.6	30.9
农村	Rural Areas	57.5	58.0	49.3	42.7	28.0
全省住院分娩率(%)	Hospitalization Rate of Parturition in Province(%)	77.7	81.1	87.8	90.8	94.0
农村孕产妇住院分娩率(%)	Hospital Parturition Rate of Rural Pregnant and Lying-in Women(%)	73.9	77.7	85.0	89.0	93.0
农村高危孕产妇住院分娩率（%）	Hospital Parturition Rate of Rural High Risk Pregnant and Lying-in Women (%)	96.3	95.0	97.7	96.6	97.8
孕产妇产前医学检查率（%）	Medical Prenatal Examination Rate of Pregnant Women (%)	83.7	82.1	85.0	87.2	87.3
孕产妇系统管理率（%）	Systematic Management Rate of Pregnant and Lying-in Women (%)	70.0	67.2	67.2	66.9	71.5
城市	Urban Areas	74.8	70.3	67.6	65.6	75.3
农村	Rural Areas	68.1	66.8	67.0	67.5	70.0
5岁以下儿童中、重度营养不良患病率(%)	moderate and Serious malnutrition Rate of Children under 5 Years old (%)	6.1	4.6	3.4	2.9	2.7
城市	Urban Areas			2.4	2.0	2.0
农村	Rural Areas			4.0	3.4	3.1
7岁以下儿童保健管理率（%）	Health Care Rate of Children under 7 Years Old (%)	71.3	71.4	70.2	72.1	70.2
卡介苗疫苗接种率(%)	BCG (%)	99.3	99.8	99.4	99.5	99.6
脊髓灰质炎疫苗接种率(%)	Poliomyelitis (%)	99.4	99.0	99.2	99.1	99.1
百白破疫苗接种率(%)	DPT(%)	99.3	99.7	99.2	99.3	99.1
麻疹疫苗接种率(%)	Measles (%)	99.1	99.1	98.7	98.9	98.8
乙肝疫苗接种率（%）	Inoculation Rate of Hepatitis B Vaccine	97.6	99.6	99.1	99.2	99.0
当年报告艾滋病病毒感染例数(人)	Number of HIV Infected Persons Registered for this Year (person)	183	477	4599	3935	3978
#女性	Female	71	240	2060	1666	1807
性病年报告病例数(例)	Number of Persons Who have cypridopathy for this Year (case)	20402	23708	18453	9979	17190
#女性	Female	8227	8918	7275	3853	7787

主要统计指标解释

等级运动员人数 指经考核正式批准授予等级运动员称号的人数。运动员等级分为国际级运动健将、运动健将、一级运动员、二级运动员、三级运动员、少年级运动员。

等级裁判员人数 指经考核正式批准授予等级裁判员称号的人数。裁判员等级分为国际裁判、国家级裁判、一级裁判、二级裁判、三级裁判。

体育场 指有400米跑道（中心含足球场），有固定道牙，跑道6条以上，并有固定看台的室外田径场地。体育场按看台容纳观众人数分为：甲级25000人以上，乙级15000—25000人，丙级5000—15000人，丁级5000人以下。

体育馆 指有固定看台，可供篮球、排球、羽毛球、乒乓球、体操等项目训练比赛活动用的室内运动场地。体育馆按看台容纳观众人数分为：甲级6000人以上，乙级4000—6000人，丙级2000—4000人，丁级2000人以下。

医院 指设有固定床位，能收容病人住院并能为病人提供医疗、护理服务的医疗机构，包括县及县以上医院、农村乡卫生院和其他医院三部分。医院按所属性质不同分为卫生部门、工业及其他部门和集体经济单位三类。县及县以上医院按业务性质不同分为综合医院和专科医院。

卫生技术人员 指卫生事业机构支付工资的全部职工中现任职务为卫生技术工作的专业人员，包括中医师、西医师、中西医结合高级医师、护师、中药师、西药师、检验师、其他技师、中医士、西医士、护士、助产士、中药剂士、西药剂士、检验士、其他技士、其他中医、护理员、中药剂员、西药剂员、检验员和其他初级卫生技术人员。

医生、护士 执业医师、执业助理医师与注册护士

Explanatory Notes on Main Statistical Indicators

Number of Athletes in Grades refers to the number of athletes who have been given titles through examination. The titles of athletes include international masters of sports, masters of sports, first-grade, second-grade and third-grade sportsmen and young athletes.

Number of Referees in Grades refers to the number of referees who have been given titles after examination. They are classified as international referees, national referees and referees of the first, second and third grades.

Stadiums refer to stadiums for track and field events with six lane 400-meter tracks around soccer fields, permanent track marks and permanent bleachers. Stadiums are classified according to seating capacity. They include: Class A stadiums seating 25000 people each. Class B stadiums seating 15000 to 25000 people each. Class C stadiums seating 5000 to 15000 people each, and Class D stadiums seating fewer than 5000 people.

Gymnasiums refer to indoor sports grounds with permanent seats in which basketball, volleyball. badminton, table tennis and gymnastics competitions can be held. Gymnasiums are classified according to seating capacity. They include Class A gymnasiums seating over 6000 people. Class B gymnasiums seating 4000 to 6000 people. Class C gymnasiums seating 2000 to 4000 people, and Class D gymnasiums seating fewer than 2000 people.

Hospitals refer to medical institutions with permanent hospital beds, which are able to take in patients and provide them with medical and nursing services. Hospitals are classified into three categories: hospitals at or above the county level, hospitals of rural townships, and other hospitals. According to their ownership, hospitals can be classified into three categories: hospitals under the public health departments, hospitals under industrial and other departments and collective-owned hospitals. Hospitals at or above county level are divided into comprehensive and specialized hospitals.

Medical Technical Personnel refers to all medical staff and workers employed by medical institutions, including doctors of Chinese and Western medicine, senior doctors who integrate traditional Chinese therapeutics with Western therapeutics in practice, senior nurses, pharmacists of Chinese and Western medicine, laboratory specialists, other specialists, paramedics of Chinese and Western medicine, nurses, midwives, druggists in Chinese and Western medicine, laboratory technicians, other technicians, other practitioners of Chinese medicine, nursing attendants, pharmacological workers of Chinese and Western medicine, laboratory workers, and other primary medical personnel.

doctors and junior nurses is registered doctors, deputy doctors and junior nurses.

社会保障
Social Security

● 资料整理：史新旺

【简要说明】

一、主要内容

本篇包括社会福利企事业情况和劳动保障等资料。社会福利企事业资料包括社会福利企事业机构、人员、经费情况、优抚和社会救济情况、居民最低生活保障人数、城镇社区服务、农村社会保障网络情况和参加基本养老保险、基本医疗保险、失业保险、工伤保险、生育保险人数及社会保险基金等情况。

二、资料来源

社会福利和居民最低生活保障人数由省民政厅提供。参加社会保险人数由省统计局社会与科技处根据河南省妇女儿童监测报表整理，社会保险基金收支资料由省劳动和社会保障厅提供。本篇资料由省统计局社会与科技处和人口就业统计处编辑整理。

25-1 社会福利事业、企业单位数和工作人员

Number of Social Welfare Institutions, Enterprises and Persons Engaged

项目	Item	2006 机构（个）Number of Institutions (unit)	2006 人员（人）Number of Personnel Engaged (person)	2007 机构（个）Number of Institutions (unit)	2007 人员（人）Number of Personnel Engaged (person)
总计	**Total**	**2092**	**76244**	**1817**	**78306**
社会福利事业单位	**Social Welfare Institutions**	**494**	**9600**	**502**	**9936**
军供转运站	Army Supply transfer Stations	24	841	24	833
烈士纪念建筑物管理单位	Administration Agencies for martyrs Memorial Buildings	89	1221	90	1351
救助管理站	Collecting and Repatriating Units	36	756	37	783
殡葬事业单位	Funeral and Interment Institutions	232	5763	237	5865
军队离退休干部休养所	Convalescent Homes for Army VCSR and Retired	113	1019	114	1104
社会福利企业单位	**Social Welfare Enterprises**	**1598**	**66644**	**1315**	**68370**
民政部门办	Run by Civil Affairs Department	1248	49322	1097	56618
#假肢厂	Artificial Limb Centers	2	144	2	136
安置农场	Aftercare Farms	3	86	2	66
社会办	Run by Social Communities	350	17322	218	11752

25-2 收养性社会福利单位基本情况(2007年)

Basic Statistics on Social Welfare Institutions (2007)

项目	Item	院数（个）Number of Homes (unit)	工作人员（人）Number of Staff and Workers (person)	床位（张）Number of Beds (unit)	年底收养人数（人）Number of Persons Housed (year-end) (person)
总计	**Total**	**2721**	**15147**	**150967**	**140602**
优抚类收养性单位	**Administration Agencies for Martyrs and Adopting Institutions**	**96**	**1528**	**4301**	**3175**
优抚休养、疗养院	Convalescent Homes	5	879	1330	918
光荣院	Homes for Disabled Veterans	91	649	2971	2257
福利类收养性单位	**Adopting Social Welfare Institutions**	**2625**	**13619**	**146666**	**137427**
社会福利院	Social Welfare Homes	57	1003	4260	3860
儿童福利院	Baby Welfare Homes	8	304	1145	1104
社会福利医院	Psychopathy Welfare Homes	6	451	896	746
城镇收养性老年福利机构	Urban Elderly Welfare Homes	257	1491	14199	11440
农村收养性老年福利机构	Rural Elderly Welfare Homes	2294	10327	125910	120185
其他收养性福利机构	Other Adopting Units	3	43	256	92

25-3 由国家支出的社会福利救济主要费用情况

Basic Statistics on Social Welfare Relief Funds from Government

单位：万元 (10 000 yuan)

项 目	Item	1990	1995	2000	2004	2005	2006	2007
社会福利救济费	**Social Welfare Relief Operating Funds**	**22368**	**37113**	**77014**	**206703**	**269044**	**372004**	**477755**
抚恤事业费	Comfort and Compensate Funds	9943	17521	38108	60552	86312	112690	133273
社会救济福利事业费	Social Welfare Relief Funds	3674	6097	15338	115941	150882	238128	301046
#农村社会救济费	Rural	751	931	2208	14409	56296	101899	139293
城镇社会救济费	Urban	249	411	4920	91047	94586	108043	137454
自然灾害救济费	Natural disaster Relief Funds	8751	13495	23568	30210	31850	21185.8	43436
彩票发行额	**Circulation of lottery**				**91600**	**155000**	**177700**	**208325**

25-4 享受补助、救济人员情况

Statistics on Persons Receiving Subsidies and Relief Funds

项 目	Item	1990	1995	2000	2004	2005	2006	2007
农村散居五保户人数(万人)	Number of Persons in Rural Households with Livelihood Guaranteed in Five Aspects (10 000 persons)	26.12	24.15	21.37	16.51	43.18	38.53	36.30
社会救济总人数(万人)	Number of persons reciving relief (10 000 persons)				278.94	326.71	386.08	447.66
城镇	Urban Area				134.83	139.06	135.33	141.04
农村	Rural Area				144.11	187.65	250.75	306.62
居民最低生活保障人数(万人)	Number of persons reciving lowest cost-of-living (10 000 persons)				145.34	192.34	334.37	398.12
城镇	Urban Area				135.00	139.06	135.33	141.04
农村	Rural Area				10.34	53.28	199.04	257.08

25–5 各市城镇社区服务设施基本情况

Basic Statistics on Service Institutions in Urban Areas by City

单位：个

(unit)

市 City	2000	2001	2002	2003	2004	2005	2006	2007
全省 Total	**2367**	**2660**	**2772**	**3051**	**3804**	**3799**	**3855**	**3851**
郑州市 Zhengzhou	52	52	84	260	436	408	410	421
开封市 Kaifeng	193	193	177	184	185	119	119	116
洛阳市 Luoyang	599	599	569	552	696	693	693	689
平顶山市 Pingdingshan	54	51	104	167	512	600	611	611
安阳市 Anyang	50	52	70	104	102	102	102	103
鹤壁市 Hebi	90	90	83	90	107	107	114	103
新乡市 Xinxiang	218	328	197	200	222	219	219	219
焦作市 Jiaozuo	285	338	366	346	434	434	434	434
濮阳市 Puyang	10	14	14	16	47	47	46	46
许昌市 Xuchang	209	221	224	226	116	116	116	119
漯河市 Luohe	42	12	14	27	22	35	44	40
三门峡市 Sanmenxia	109	246	331	337	338	338	338	330
南阳市 Nanyang	221	222	222	169	166	166	166	166
商丘市 Shangqiu	14	14	87	95	98	101	101	101
信阳市 Xinyang	183	190	190	197	225	231	231	242
周口市 Zhoukou	36	36	36	45	52	37	40	40
驻马店市 Zhumadian	1	1	3	28	38	38	63	63
济源市 Jiyuan	1	1	1	8	8	8	8	8

25-6 参加保险人数
Active Contributors

单位：万人 (10 000 persons)

年份 Year	养老保险 Basic Pension Insurance	失业保险 Unemployment Insurance	医疗保险 Basic Medical Insurance	工伤保险 Work Injury Insurance	生育保险 Maternity Insurance
2000	662.68	671.00	287.00	198.00	172.00
2001	639.05	676.00	456.40	245.00	207.00
2002	645.53	670.00	537.28	218.79	204.54
2003	659.25	679.97	567.93	210.61	199.29
2004	688.70	681.60	590.19	324.72	200.66
2005	716.17	681.90	640.70	404.00	228.30
2006	762.60	682.80	704.00	432.90	238.40
2007	913.10	684.65	780.97	452.32	254.02

25-7 社会保险基金
Social Insurance Funds

单位：亿元 (100 million yuan)

年份 Year	基金收入 Revenue	基金支出 Expenses	累计结余 Balance at the Year-end
2003	187.5	151.1	145.2
2004	216.1	166.9	195.8
2005	257.1	203.2	244.2
2006	298.5	239.2	303.3
2007	415.8	334.5	412.5

25-8 各市参加基本养老保险人数

Number of People Participated in Basic Pension Insurance by City

单位：万人

(10 000 persons)

市 City	2001	2002	2003	2004	2005	2006	2007
郑州市 Zhengzhou	56.25	56.87	57.24	72.80	98.62	108.37	119.00
开封市 Kaifeng	23.66	24.35	24.10	24.60	27.10	30.50	52.67
洛阳市 Luoyang	37.95	37.43	38.50	37.70	45.08	45.07	76.86
平顶山市 Pingdingshan	21.14	22.06	22.10	22.24	22.45	23.30	35.60
安阳市 Anyang	19.97	19.73	31.68	47.68	42.99	50.00	52.48
鹤壁市 Hebi	9.21	9.15	9.25	9.25	9.37	9.91	13.24
新乡市 Xinxiang	33.30	33.50	33.70	34.83	48.90	52.00	53.69
焦作市 Jiaozuo	22.12	22.13	22.48	23.40	24.50	26.00	41.82
濮阳市 Puyang	8.59	8.66	8.70	8.90	5.50	18.50	21.01
许昌市 Xuchang	18.15	18.08	18.70	19.30	21.01	22.99	33.08
漯河市 Luohe	6.34	6.39	9.04	17.51	17.93	17.90	20.58
三门峡市 Sanmenxia	13.73	13.82	13.95	14.21	14.79	16.30	21.99
南阳市 Nanyang	29.72	29.40	35.80	29.26	47.00	31.20	68.27
商丘市 Shangqiu	18.00	17.23	17.50	17.90	18.37	20.55	34.66
信阳市 Xinyang	27.00	27.00	27.45	29.45	40.31	31.40	41.97
周口市 Zhoukou	17.43	18.08	17.57	18.68	20.71	21.35	37.29
驻马店市 Zhumadian	10.32	11.80	18.74	14.34	14.68	15.11	25.59
济源市 Jiyuan	6.60	6.70	6.40	7.08	7.28	7.73	9.71

25-9 各市参加基本医疗保险人数

Number of People Participated in Basic Medical Insurance by City

单位：万人

(10 000 persons)

市 City	2001	2002	2003	2004	2005	2006	2007
郑州市 Zhengzhou	20.95	34.17	35.35	38.20	47.00	56.30	64.96
开封市 Kaifeng	8.12	8.12	20.30	20.30	21.30	28.35	31.68
洛阳市 Luoyang	42.00	49.20	55.70	59.60	64.50	67.73	74.64
平顶山市 Pingdingshan	43.60	44.80	47.19	50.01	52.17	52.52	55.55
安阳市 Anyang	11.54	12.30	37.65	39.87	42.21	45.00	52.51
鹤壁市 Hebi	15.56	15.58	15.62	15.60	16.03	17.17	18.66
新乡市 Xinxiang	35.50	37.50	38.60	38.60	44.45	50.40	53.23
焦作市 Jiaozuo	25.92	29.27	30.61	33.44	29.40	38.60	41.65
濮阳市 Puyang	20.45	20.54	21.10	23.10	23.30	24.40	39.48
许昌市 Xuchang	22.78	26.05	26.90	27.72	27.89	28.24	31.01
漯河市 Luohe	11.20	12.30	14.60	15.90	17.60	17.60	21.42
三门峡市 Sanmenxia	23.08	19.86	19.96	21.22	22.20	23.61	27.37
南阳市 Nanyang	21.98	48.98	53.24	59.56	63.93	66.50	63.00
商丘市 Shangqiu	26.16	30.08	32.30	34.30	35.50	36.62	37.61
信阳市 Xinyang	27.64	28.40	33.00	35.62	40.30	44.58	47.80
周口市 Zhoukou	30.08	30.60	31.70	32.15	32.50	35.20	36.65
驻马店市 Zhumadian	11.79	15.44	17.50	32.06	33.34	35.80	36.01
济源市 Jiyuan	2.40	2.70	4.20	5.00	5.82	6.39	6.80

25-10 各市参加失业保险人数

Number of People Participated in Unemployment Insurance by City

单位：万人 (10 000 persons)

市	City	2001	2002	2003	2004	2005	2006	2007
郑州市	Zhengzhou	72.96	73.03	78.14	78.60	78.60	85.52	86.22
开封市	Kaifeng	41.48	38.10	38.50	38.50	36.20	36.20	36.20
洛阳市	Luoyang	59.70	60.30	56.30	51.90	60.20	59.04	59.71
平顶山市	Pingdingshan	43.86	43.91	44.01	44.20	44.20	45.53	45.55
安阳市	Anyang	35.66	35.66	37.59	38.00	38.12	39.00	39.66
鹤壁市	Hebi	17.80	17.31	17.41	17.42	17.42	15.56	15.22
新乡市	Xinxiang	44.10	44.50	45.20	45.38	45.38	36.30	45.38
焦作市	Jiaozuo	37.97	37.97	36.97	36.80	37.20	34.80	34.44
濮阳市	Puyang	26.84	26.94	27.20	27.50	19.80	19.40	29.51
许昌市	Xuchang	27.53	27.43	27.50	27.45	27.61	27.31	27.64
漯河市	Luohe	16.00	16.90	17.20	17.26	16.00	16.00	14.95
三门峡市	Sanmenxia	18.54	18.54	19.33	20.01	20.03	22.34	22.35
南阳市	Nanyang	58.97	60.73	62.30	62.08	61.90	61.70	61.49
商丘市	Shangqiu	34.18	34.12	34.20	34.20	34.20	34.20	34.86
信阳市	Xinyang	38.80	38.80	39.80	40.20	39.71	39.20	39.11
周口市	Zhoukou	38.62	38.62	39.00	39.20	38.00	38.50	38.60
驻马店市	Zhumadian	26.12	26.29	27.46	27.91	31.80	31.80	31.80
济源市	Jiyuan	6.40	7.00	6.83	6.88	6.96	7.10	7.05

25-11 各市参加工伤保险人数

Number of People Participated in Work Injury Insurance by City

单位：万人 (10 000 persons)

市	City	2001	2002	2003	2004	2005	2006	2007
郑州市	Zhengzhou	36.46	34.27	32.53	34.60	41.76	44.18	47.30
开封市	Kaifeng	16.83	16.48	15.10	18.10	20.20	21.60	22.66
洛阳市	Luoyang	27.90	26.70	25.40	25.30	37.08	38.12	41.52
平顶山市	Pingdingshan	9.60	9.70	11.00	12.10	16.80	18.66	19.74
安阳市	Anyang	19.76	20.33	16.62	18.17	24.60	26.00	28.11
鹤壁市	Hebi	7.20	7.20	7.10	9.50	9.52	9.51	6.42
新乡市	Xinxiang	18.30	20.30	21.00	22.00	31.70	36.60	36.57
焦作市	Jiaozuo	10.56	11.76	9.80	16.10	18.00	19.60	20.96
濮阳市	Puyang	8.84	12.86	4.21	4.60	4.10	4.50	11.91
许昌市	Xuchang		7.73	7.70	12.01	12.95	13.64	14.98
漯河市	Luohe	1.92	2.40	1.78	7.09	9.72	9.70	10.91
三门峡市	Sanmenxia	8.64	8.72	8.09	9.11	11.25	12.05	12.55
南阳市	Nanyang	21.77	22.00	21.90	20.71	22.50	29.50	28.77
商丘市	Shangqiu			0.52	7.00	9.72	12.06	11.36
信阳市	Xinyang	1.00	1.30	1.34	6.01	14.60	16.20	16.20
周口市	Zhoukou					13.10	14.40	14.44
驻马店市	Zhumadian	2.63	2.99	2.89	3.26	11.00	10.40	11.88
济源市	Jiyuan	3.96	3.80	1.78	3.01	4.31	4.86	5.21

25-12 各市参加生育保险人数

Number of People Participated in Maternity Insurance by City

单位：万人　　　　　(10 000 persons)

市	City	2001	2002	2003	2004	2005	2006	2007
郑州市	Zhengzhou			2.57	6.80	13.50	17.25	20.79
开封市	Kaifeng	16.51	16.48	15.10	18.60	21.00	19.34	20.02
洛阳市	Luoyang			37.20	35.30	34.05	35.02	35.52
平顶山市	Pingdingshan	13.50	14.30	14.50	15.20	16.74	16.75	15.46
安阳市	Anyang	18.58	17.13	21.18	21.19	20.49	20.00	22.07
鹤壁市	Hebi	7.20	7.20	7.10	7.20	7.21	7.20	7.51
新乡市	Xinxiang		16.10	17.80	17.80	18.20	19.00	22.74
焦作市	Jiaozuo	19.00	16.82	13.74	19.20	18.00	18.60	20.22
濮阳市	Puyang	8.84	12.86	4.40	4.60	4.63	4.80	10.51
许昌市	Xuchang	6.89	8.10	13.70	15.16	14.01	14.14	15.69
漯河市	Luohe	0.06	0.06	0.47	1.81	1.87	1.90	3.45
三门峡市	Sanmenxia	8.63	8.64	6.29	6.88	7.55	7.58	8.36
南阳市	Nanyang	12.92	14.35	19.50	19.21	18.20	17.20	19.22
商丘市	Shangqiu	12.32		0.41	2.50	2.51	3.80	4.43
信阳市	Xinyang	1.00	1.30	1.21	2.13	13.40	14.58	12.01
周口市	Zhoukou					0.83	0.87	1.90
驻马店市	Zhumadian	3.92	4.07	4.57	5.09	14.00	15.00	11.43
济源市	Jiyuan			1.49	2.30	2.80	3.01	2.70

25-13 福利彩票发行情况

Issue of Welfare Lottery Ticket

单位：万元　　　　　(10 000 yuan)

项目	Item	2005	2006	2007
福利彩票销售点(个)	Sale Place of Welfare Lottery Ticket (unit)	3173	3708	4532
福利彩票销售收入	Sale Revenue of Welfare Lottery Ticket	157659	177671	208325
用于兑奖金额	Value of Exchanging Awards	74830	69891	76373

主要统计指标解释

社会福利事业单位　指集中收养社会孤老、残、幼的机构，包括由民政部门管理的社会福利院、儿童福利院、精神病人福利院和城镇集体举办的福利院及农村集体举办的敬老院。

社会福利事业单位收养人数　包括民政部门管理和城镇、农村集体举办的社会福利事业单位中收养的老人、少年儿童、缺乏生活自理能力的残疾人员和精神病人。

社会福利企业单位　指以安置城镇有一定劳动能力的盲、聋、哑和肢体残疾人员就业为目的，享受国家减免税待遇的国有或集体企业。包括福利工厂、福利商业和服务业、假肢厂和安置农场等单位。

基本养老保险

1.（参保）职工人数：指报告期末按照国家法律、法规和有关政策规定参加基本养老保险并在社保经办机构已建立缴费记录档案的职工人数，包括中断缴费但未终止养老保险关系的职工人数，不包括只登记未建立缴费记录档案的人数。

2. 基本养老保险基金收入：指根据国家有关规定，由纳入基本养老保险范围的缴费单位和个人按国家规定的缴费基数和缴费比例缴纳的养老保险基金，以及通过其他方式取得的形成基金来源的收入。包括单位和职工个人缴纳的基本养老保险费、基本养老保险基金利息收入、上级补助收入、下级上解收入、转移收入、财政补贴和其他收入。

3.基本养老保险基金支出：指按照国家政策规定的开支范围和开支标准从养老保险基金中支付给参加基本养老保险的离休、通休、退职人员个人的养老金、丧葬抚恤补助，以及由于保险关系转移、上下级之间调剂资金等原因而发生的支出。包括离休金、退休金、退职金、各种补贴、医疗费、死亡丧葬补助费、抚恤救济费、社会保险经办机构管理费、补助下级支出、上解上级支出、转移支出、其他支出等。

4.基本养老保险基金累计结余：指截止报告期末基本养老保险基金收支相抵后的累计余额。

基本医疗保险

1.参保人数：指报告期末按国家有关规定参加基本医疗保险的人数。包括参加保险的职工人数和退休人员人数。

2.基金收入：指根据国家有关规定，由纳入基本医疗保险范围的缴费单位和个人，按国家规定的缴费基数和缴费比例缴纳的基金，以及通过其他方式取得的形成基金来源的款项，包括：单位缴纳的社会统筹基金收入、个人缴纳的个人账户基金收入、财政补贴收入、利息收入、其他收入。

3.基金支出：指按照国家政策规定的开支范围和开支标准从社会统筹基金中支付给参加基本医疗保险的职工和退休人员的医疗保险待遇支出，和从个人帐户基金中支付给参加基本医疗保险的职工和退休人员的医疗费用支出，以及其他支出。包括：住院医疗费用支出、门急诊医疗费用支出、个人账户基金支出、其他支出。

4.基金累计结余：指截止报告期末基本医疗保险的社会统筹和个人帐户基金累计结余金额。包括银行存款、财政专户、债券投资和其他。

失业保险

1.参保人数：指报告期末按照国家法律、法规和有关政策规定参加了失业保险的城镇企业事业单位的职工及地方政府规定参加失业保险的其他人员的人数。

2.失业保险基金收入：指按照规定从企业、事业及其他单位筹集的失业保险费及其他并入失业保险基金收入的总额。包括单位和个人缴纳的失业保险费、失业保险基金利息收入、上级补助收入、下级上解收入、转移收入、财政补贴和其他收入。

3.失业保险基金支出：指报告期内为保障失业人员和下岗职工基本生活、促进其再就业等支出的基金总额。包括失业救济金、医疗费、死亡丧葬补助费、抚恤救济费、转业训练费支出、失业保险经办机构管理费、补助下级支出、上解上级支出、转移支出和其他支出。

4.基金累计结余：指截止报告期末失业保险基金收支相抵后的累计余额。

参加工伤保险人数：指报告期末依据国家有关规定参加工伤保险的职工人数。

参加生育保险人数：指报告期末依据有关规定参加生育保险的职工人数。

居民最低生活保障人数：指报告期末在建立居民最低生活保障制度的地区，得到当地政府给予最低生活保障的人口数。城镇低保人数指在城镇建立居民最低生活保障制度的地区，得到当地政府给予最低生活保障的非农业人口数，包括“三无”对象和新增对象；农村低保人数指在建立农村居民最低生活保障制度的地区，得到当地政府给予最低生活保障的农业人口数。

Explanatory Notes on Main Statistical Indicators

Social Welfare Institutions refer to institutions taking care of old people without children, handicapped people and orphans. They include social welfare institutions run by civil affairs departments, children welfare institutions, social welfare institutions for mental patients, and collective-owned old peoples homes in rural areas.

Number of People Taken in by Social Welfare Institutions refers to the number of old people, children, totally dependent handicapped people and mental patients taken in by social welfare institutions run by civil affairs departments and those run by collective units in urban and rural areas.

Social Welfare Enterprises are collective owned enterprises which employ the blind, deaf-mute, and other handicapped people who are able to work in cities and towns and enjoy exemption from state taxes, including welfare plants, welfare commercial services, artificial limb plants and farms, etc.

Basic Pension Insurance 1.Number of people participated in the insurance programme: by the end of reference period, number of staff and workers participated in the insurance programme in line with national laws, regulations and related policies, who have already had payment records in social security management agencies, including those who interrupt payment but not terminate the insurance programme. Those who have no records are not included.

2. Revenue of pension insurance refer to payments made by units and individuals covered in pension insurance programs, and income from other resources according to national provision, including the premium paid by units and staff and works, interest income, subsidies from higher level agencies, income as transfer from subordinate agencies, transferred income, financial subsidies and other income.

3. Expenses of pension insurance refer to payment made to those retired and resigned people covered in pension insurance program in terms of pension or compensation within the expenditure scope and standards according to related national policies, and expenditure occurred due to shift of the insurance relationship or adjustment funds among agencies, including: pension for resigned people, pension for retired people, pension for people quitting jobs, various subsidies, medical fees, funeral subsidies, pension and alms, management fees for social security agencies, expenses on subsidies to lower subordinates, expenses as transfer to subordinate agencies, transferred expenditure and other expenditure.

4.Balance of basic pension insurance: refer to the balance of basic pension insurance at the end of the reference period after deducting expenses from revenue.

Basic Medical Care Insurance: 1.Number of people participated in the insurance programme: refer to number of people participated in the basic medical care insurance programme according to related regulation by the end of reference period, including: number of staff and workers and retired persons participated in this insurance programme.

2.Revenue of basic medical care insurance: according to national provision, payments made by units and individuals covered in basic medical care insurance programme, and income from other resources, including: income of social comprehensive funds paid by unites, income from individual accounts, financial subsidies, interest income and others.

3.Expenses of basic medical care insurance: refer to payment made to those retired and resigned people covered in basic medical care insurance within the expenses scope and standards according to related national policies, and medical care payment from individual accounts and others. Including: expenses on fee-for-service in hospital, expenses on fee-for-service in clinic, payment from individual accounts and other expenditure.

4. Balance of basic medical care insurance: refer to the balance of medical care insurance of social comprehensive funds and

individual accounts at the end of the reference period, including: bank savings, special fiscal account, investment in bonds and others.

Unemployment Insurance 1.Number of people participated in unemployment insurance programme: number of staff and workers in urban enterprises or institutions and other people according to local government regulations participated in unemployment insurance programme in line with national laws, regulations and related policies by the end of the reference period.

2.Revenue of unemployment insurance: refer to payments made by units and individuals covered in unemployment insurance programme, interest income, subsidies income from higher level agencies, income as transfer from subordinate agencies, transferred income, financial subsidies and other income.

3.Expenses of unemployment insurance: refer to dole, medical fees, funeral subsidies, pension and alms, expenses on training of veteran, management fees for unemployment insurance agencies, subsidies to lower level, expenses as transfer to subordinate agencies, transferred expenditure and other expenditure.

4.Balance of unemployment insurance: refer to the balance of unemployment revenue deducting unemployment expenses.

Number of people participated in work injury insurance number of staff and workers participated in work injury insurance programme in line with national laws, regulations and related policies.

Number of people participated in maternity insurance programme number of staff and workers participated in work maternity insurance programme in line with national laws, regulations and related policies.

Number of people participated in minimum subsistence programme Number of people receive the minimum subsistence from local government. Number of people participated in minimum subsistence in Urban area, refers to people in urban area receive the minimum subsistence from government of urban area, include newly increase and people who haven't sources of livelihood, without the ability to work, and haven't Statutory maintenance person. And Number of people participated in minimum subsistence in rural area, refers to people in rural area receive the minimum subsistence from government of rural area

环境保护
Environment Protection

⊙ 资料整理：赵　霞

【简要说明】

一、主要内容

本篇主要包括水环境，大气环境，固体废物，生态环境，自然灾害和环境污染治理投资等资料。具体内容有河南省总的水资源、用水情况以及工业废水和生活污水的排放及治理情况；废气排放及处理情况；工业固体废物的产生、处理及利用情况；耕地变动、森林资源、造林及其自然保护基本情况；自然灾害情况；环境污染治理投资等方面的资料。

二、资料来源

环境污染与治理、污染物排放及处理、工业污染治理投资情况为省环境保护局提供。水资源、城市生活垃圾清运及处理、耕地变动、森林资源、自然灾害等情况分别为省水利厅、省建设厅、省国土资源厅、省林业厅、省民政厅提供。本篇资料由省统计局社会与科技处编辑整理。

26–1 生态环境保护情况

Basic Conditions of Environmental Protection

指标名称	Item	2006	2007
人均耕地面积(亩)	Per Capita Cultivated Land (1/15 hectare)	1.22	1.21
森林面积(万公顷)	Forest Area (10 000 hectares)	270.3	270.3
森林覆盖率(%)	Forest-coverage Rate (%)	16.2	16.2
人均森林面积(公顷)	Per Capita Forest Area (hectare)	0.03	0.03
活立木蓄积量(万立方米)	Total Standing Stock Volume (10 000cu.m)	13371	13371
森林蓄积量(万立方米)	Stock Volume of the Forest(10 000cu.m)	8405	8405
当年营造林面积(万公顷)	Total Area of Plantation for This Year (10 000 hectares)	18.13	5.10
当年造林面积	Area of Afforestation for This Year	17.06	4.14
本年新封山育林面积	New Conservation Area of unstocked and open forest Land in Current Year	1.07	0.96
湿地面积(万公顷)	Area of Weslands (10 000 hectares)	110.87	110.87
自然保护区数(个)	Number of Nature Reserves (unit)	32	35
#国家级自然保护区	National-level Nature Reserves	10	11
自然保护区面积(万公顷)	Area of Nature Reserves (10 000 hectares)	74.26	75.69
国家和省级生态示范区数(个)	Number of National and provincial Demonstration Zones of Ecology(unit)	48	48
国家和省级生态示范区面积(万公顷)	Area of National and provincial Demonstration Zones of Ecology (10 000 hectares)	892	892
自然保护区面积占辖区总面积比重(%)	Percentage of Nature Reserves in the Region(%)	4.5	4.5
管理机构数(个)	Number of Management Institutions (unit)	32	37
管理人员数(人)	Number of Managemetn Persons (Person)	1626	1690
已建珍稀、濒危动物人工繁殖场数(个)	Number of Farms to Breed Rare and Endangered Animals(unit)	213	217
已建珍稀植物引种栽培场数(个)	Number of Cultivating Farms of Rare Plants(unit)	11	11

26–2 水资源情况

Water Resources

指标名称	Item	2006	2007
降水量(毫米)	Precipitation(mm)	714.7	786.9
水资源总量(亿立方米)	Total Amount of Water Resources (100 million cu.m)	321.78	465.16
#地表水资源量	Surface Water Resources	214.54	348.72
地下水资源量	Ground Water Resources	183.22	202.98
地表水与地下水资源重复量	Superposition Amount of Surface Water Resources and Ground Water Resources	75.98	86.54
用水总量(亿立方米)	Water Use (100 million cu.m)	226.98	209.28
农业用水	Agriculture	148.53	120.07
工业用水	Industry	48.32	52.82
生活用水	Consumption	26.19	31.22
生态用水	Biological Protection	3.94	5.17
废水排放总量(万吨)	Total Volume of Waste Water Discharge (10 000 tons)	278022	296467
工业废水排放量	Volume of Industrial Waste Water Discharge	130158	134344
生活污水排放量	Volume of Consumption Waste Water Discharge	147864	162123
化学需氧量(COD)排放量(吨)	Volume of COD Discharge (ton)	721114	693904
工业废水中COD排放量	COD Discharge from Industrial Waste Wate	317937	304532
生活污水中COD排放量	COD Discharge from Consumption Waste Wate	403177	389372
氨氮排放量(吨)	Volume of Ammonia Nitrogen Discharge (ton)	93627	85470
工业废水中氨氮排放量	Ammonia Nitrogen Discharge from Industrial Waste Wate	42377	30861
生活污水中氨氮排放量	Ammonia Nitrogen Discharge from Consumption Waste Wate	51250	54608
工业废水排放达标量(万吨)	Volume of Industrial Waste Wate Meeting Discharge Standards (10 000tons)	121024	126324
工业废水排放达标率(%)	Proportion of Industrial Waste Wate Meeting Discharge Standards (%)	92.98	94.03
废水治理设施数量(套)	Number of Facilities for Treatment of Waste Water(set)	3242	3393

26–3 大气环境情况

Basic Conditions of Atmosphere Environment

指标名称	Item	2006	2007
工业废气排放量(亿标立方米)	Total Volume of Industrial Waste Gas Emission (100 million cu.m)	16770	18890
燃料燃烧过程中废气排放量	Volume of Waste Gas from Process of Fuel Burning	9584	10609
生产工艺过程中废气排放量	Volume of Waste Gas from Process of Production	7186	8281
二氧化硫(SO2)排放量(万吨)	Volume of Sulphur Dioxide Emission (10 000 tons)	162.44	156.39
工业SO2排放量	Volume of Sulphur Dioxide Emission by Industry	146.43	141.02
生活SO2排放量	Volume of Sulphur Dioxide Emission by Consumption	16.01	15.37
工业SO2排放达标量(万吨)	Industrial Sulphur Dioxide Meeting Discharge Standards ((10 000 tons)	127.69	124.34
工业SO2排放达标率(%)	Proportion of Industrial Sulphur Dioxide Meeting Discharge Standards (%)	87.2	88.2
烟尘排放量(万吨)	Volume of Soot Emission ((10 000 tons)	79.67	71.27
工业烟尘排放量	Volume of Industrial Soot Emission	72.52	63.72
生活烟尘排放量	Volume of Consumption Soot Emission	7.15	7.55
工业烟尘排放达标量(万吨)	Volume of Industrial Soot Meeting Discharge Standards((10 000 tons)	64.82	58.15
工业烟尘排放达标率(%)	Proportion of Industrial Soot Meeting Discharge Standards (%)	89.4	91.3
工业粉尘排放量(万吨)	Volume of Industrial Dust Emission ((10 000 tons)	56.39	41.49
工业粉尘排放达标量(万吨)	Volume of Industrial Dust Meeting Discharge Standards ((10 000 tons)	48.89	37.85
工业粉尘排放达标率(%)	Proportion of Industrial Dust Meeting Discharge Standards (%)	86.7	91.2

26-4 固体废物的产生及利用情况

Production and Utilization of Industrial Solid Wastes

指标名称	Item	2006	2007
工业固体废物产生量(万吨)	Volume of Industrial Solid Wastes Produced (10 000 tons)	7463.62	8850.58
#危险废物产生量	Hazardous Wastes	15.23	19.51
工业固体废物排放量(万吨)	Volume of Industrial Solid Wastes Discharged (10 000 tons)	3.22	2.22
工业固体废物综合利用量(万吨)	Volume of Industrial Solid Wastes Utilized (10 000 tons)	5268.15	6048.43
#危险废物综合利用量	Hazardous Wastes	13.74	15.53
#综合利用往年贮存量	Volume of Storage of Former Years Utilized	324.86	69.33
工业固体废物综合利用率(%)	Proportion of Industrial Solid Wastes Utilized (%)	67.6	67.8
工业固体废物处置量(万吨)	Volume of Industrial Solid Wastes Treated (10 000 tons)	1830.61	2145.39
#危险废物处置量	Hazardous Wastes	1.45	2.29
工业固体废物处置率(%)	Proportion of Industrial Solid Wastes Treated (%)	24.5	24.2
“三废”综合利用产品产值(万元)	Output Value of Products Made from Utilization of Waste Gas, Waste Water& Solid Wasters (10 000yuan)	444608	517888

26-5 自然灾害情况

Conditions of Natural Disasters

指标名称	Item	2006	2007
受灾面积(千公顷)	Area Covered (1000 hectares)	1474.79	2577.68
#旱灾	Drought	267.43	754.65
洪涝灾	Waterlog	608.48	1352.70
风雹灾	Wind and Hail	322.46	165.83
雪灾低温冷冻	Disaster from Snow、Low Temperature and Frost	62.01	60.37
受灾人次(万人次)	person-time hit by a natural calamity (10 000 person-time)	1724.4	3029.2
直接经济损失(万元)	Direct Economic Losses(10 000yuan)	432580	1259366
环境污染与破坏事故次数(次)	Number of Environment Pollution and Destruction Accidents (tin	7	9
环境污染与破坏事故直接经济损失(万元	Direct Economic Losses of EnPollution and Destruction Accidents (10 000yuan)	109.7	60.0

26–6 环境污染治理投资情况
Investment in Treatment of Environment Pollution

项　目	Item	2006	2007
环境污染治理投资总额(万元)	Total Investment in Treatment of Environment Pollution (10 000 yuan)	951519	751094
#城市环境基础设施投资	Investment in Urban Environment Infrastructure	474295	412962
#燃气	Gas Supply	60877	34146
集中供热	Centralized Hezting	63679	30385
排水	Frainage Works	168668	113206
园林绿化	Gardening and Greening	159477	175908
市容环境卫生	Environmental Sanitation	21594	59317
工业污染源治理投资	Investment in the Treatment of Industrial Pollution	247335	338132
#治理废水	Treatment of Waste Water	94577	123877
治理废气	Treatment of Waste Gas	127750	184667
治理固体废物	Treatment of Solid Wastes	16627	7668
治理噪声	Treatment of Noise Pollution	529	821
治理其他	Others	7852	21099
“三同时”项目环保投资	Investment in New Construction, Expansion and Reconstruction Projects of Environment Protection	229889	392941
环境污染治理投资占GDP比重 (%)	Total Investment in the Treatment of Environment Pollution as Percent of GDP (%)	0.76	0.76
排污费收入总额(万元)	Total Fees for Discharging Waste and Fines for Pollution (10 000 yuan)	73389	79206
本年完成营林投资额(万元)	Investment Completed in Afforestation in Current Year (10 000yuan)	169836	215319
当年安排治理项目(个)	Treatment Projects arranged the Same Year (unit)	738	586
当年竣工项目(个)	Projects Completed the Same Year (unit)	672	511

主要统计指标解释

工业废水排放量 指经过企业厂区所有排放口排到企业外部的工业废水量。包括生产废水、外排的直接冷却水、超标排放的矿井地下水和与工业废水混排的厂区生活污水，不包括外排的间接冷却水（清污不分流的间接冷却水应计算在内）。

工业废水排放达标量 指各项指标都达到国家或地方排放标准的外排工业废水量，包括未经处理外排达标和经过处理后外排达标两部分。

工业废水处理量 指报告期内各种水治理设施实际处理的工业废水量，包括处理后外排和处理后回用的工业废水量和虽经处理但未达到国家或地方排放标准的废水量。

工业废气排放量 指企业厂区内燃料燃烧和生产工艺过程中产生的各种排入空气的含有污染物的气体总量，按标准状态〔273K，101325Pa〕计算。

工业二氧化硫排放量 指企业在燃料燃烧和生产工艺过程中排入大气的二氧化硫数量。

烟尘排放量 指企业厂区内燃料燃烧产生的烟气中夹带的颗粒物数量。

工业粉尘排放量 指企业在生产工艺过程中排放的颗粒物重量，如钢铁企业的耐火材料粉尘、焦化企业的筛焦系统粉尘、烧结机的粉尘、石灰窑的粉尘、建材企业的水泥粉尘等。不包括电厂排入大气的烟尘。

工业固体废物产生量 指企业在生产过程中产生的固体状、半固体状和高浓度液体状废弃物的总量，包括危险废物、冶炼废渣、粉煤灰、炉渣、煤矸石、尾矿、放射性废物和其他废物等；不包括矿山开采的剥离废石和掘进废石（煤矸石和呈酸性或碱性的废石除外）。酸性或碱性废石指采掘的废石其流经水、雨淋水的pH值小于4或pH值大于10.5者。

工业固体废物综合利用量 指通过回收、加工、循环、交换等方式，从固体废物中提取或者使其转化为可以利用的资源、能源和其他原材料的固体废物量（包括当年利用往年的工业固体废物累计贮存量），如用作农业肥料、生产建筑材料、筑路等。综合利用量由原产生固体废物的单位统计。

工业固体废物贮存量 指以综合利用或处置为目的，将固体废物暂时贮存或堆存在专设的贮存设施或专设的集中堆存场所内的数量。专设的固体废物贮存场所或贮存设施必须有防扩散、防流失、防渗漏、防止污染大气、水体的措施。

工业固体废物处置量 指将固体废物焚烧或者最终置于符合环境保护规定要求的场所，并不再回取的工业固体废物量（包括当年处置往年的工业固体废物累计贮存量）。处置方法有填埋（其中危险废物应安全填埋）、焚烧、专业贮存场（库）封场处理、深层灌注、回填矿井等。

工业固体废物排放量 指将所产生的固体废物排到固体废物污染防治设施、场所以外的数量，不包括矿山开采的剥离废石和掘进废石（煤矸石和呈酸性或碱性的废石除外）。

“三废”综合利用产品产值 指利用“三废”（废液、废气、废渣）作为主要原料生产的产品价值（现行价）；已经销售或准备销售的应计算产品价值，留作生产自用的不应计算产品价值。

“三废”综合利用产品利润 指利用“三废”（废液、废气、废渣）生产的产品，销售后所得到的利润。

环境污染治理投资 指在工业污染源治理和城市环境基础设施建设的资金投入中，用于形成固定资产的资金。

Explanatory Notes on Main Statistical Indicators

Volume of Industrial Waste Water Discharged refers to the volume of industrial waste water discharged, through all outlets, to the outside of industrial enterprises, including waste water produced, direct-cooling water, underground water from mines that does not meet the standard of discharge, and the domestic sewage mixed up with industrial waste water when discharged, but excluding discharged indirect-cooling water.

Volume of Waste Water up to the Standard for Discharge refers to the volume of discharged industrial waste water that, with or without treatment, has come up to the national or local standards for discharge.

Volume of Treated Industrial Waste Water refers to the volume of industrial waste water after being treated and purified through various water treatment facilities in the reference period, including the volume discharged or recovered after being treated. The volume of waste water that fails to meet the national or local standards after treatment is also included.

Volume of Waste Industrial Gas Emission refers to waste gas emitted from burning of fuels and from production process in the area of the factory, and is measured by 10000 standard cubic meters each year under normal condition.

Volume of Industrial Sulphur Dioxide Discharged refers to the volume of sulphur dioxide discharged to the air in the process of fuel burning or in the production process.

Volume of Industrial Soot Discharged refers to the volume of solid soot in the smoke discharged in the process of fuel burning in the area of the factory.

Industrial Dust Discharged refers to the total weight of solid dust discharged by industrial enterprises in the production process, such as dust of refractory materials from iron plants, dust from coke-screening system or from sintering machines of coking plants, dust from lime kilns, cement dust from building material enterprises, etc., but excluding smoke and dust discharged by power plants.

Volume of Industrial Solid Wastes Produced refers to the total volume of solid, semi-solid or high concentration liquid residue produced by industrial enterprises in their production process, including dangerous wastes, residues from melting, slag, powdered coal ash, gangue, chemical residues, tailings, radioactive residues and other residues, but excluding stripped or dug stones in mining (except gangue and acid or alkali stones which are stones washed or soaked by water with a pH value smaller than 4 or larger than 10.5)

Volume of Industrial Solid Wastes Utilized in a Comprehensive Way refers to the volume of solid wastes from which useful materials can be extracted or which can be changed to be utilizable resources, energy or other materials, including the volume of industrial solid wastes stored up in the previous years and utilized in the current year, such as the solid wastes utilized as fertilizers, building materials, for making roads or for other purpose. Statistical data on utilization of industrial solid wastes are collected by solid wastes producing units.

Volume of Industrial Stored up Solid Wastes refers to the volume of industrial solid wastes temporarily stored up or piled with special facilities or piled in the special sites for the purpose of utilization or treatment in future. The special facilities or special sites for storing up solid wastes should have the measures against spreading or being washed away to other places, permeating the soil or causing air pollution or water contamination.

Volume of Industrial Solid Wastes Treated refers to solid wastes disposed of in a non-recoverable place that meet the requirement of environmental protection, such as burying (The dangerous wastes should be buried safely), burning, piling in designated sites, pouring water into the deep strata, filling of old mines, etc. (including treatment of solid wastes piled up in the previous years).

Volume of Industrial Solid Wastes Discharged refers to the volume of industrial solid wastes produced and discharged at the places outside the special facilities or special sites for preventing against pollution, excluding stripped or dug stones in mining (except gangue and acid or alkali waste stones).

Output Value of Products Made from Utilization of Waste Gas, Waste Water and Industrial Solid Wastes refers to the value of products (calculated at current prices) made by industrial enterprises using recovered waste water, waste gas or solid wastes as main raw materials. Only the value of the products which have been sold or are ready to be sold should be included. The value of the products which will be used in the production of the enterprises should not be included.

Profit Obtained from Utilization of Waste Gas, Waste Water and Industrial Solid Wastes refers to profit obtained from selling or own-consumption of products made by industrial enterprises using recovered waste water, waste gas or solid wastes as main raw materials.

Investment in Environment Pollution Harnessing Projects refers to the proportion of investment in fixed assets in the total investment in harnessing industrial pollution and in the construction of urban environment infrastructure facilities.

其他社会活动
Other Social Activities

◉ 资料整理：史新旺

【简要说明】

一、主要内容

本篇主要包括公检法司、劳动争议仲裁、安全生产和妇女参政议政情况等。公检法司的资料主要包括公安机关的刑事案件立案情况和治安案件查处情况，交通、火灾事故情况，检察机关的办案情况，人民法院审理案件和收结案情况，以及律师、公证、调解工作等资料。

二、资料来源

公检法司统计资料分别由省公安厅、省高级人民法院、省人民检察院和省司法厅提供。劳动争议仲裁由省劳动和社会保障厅提供。安全生产由省安全生产监督管理局提供。妇女参政议政资料由省委组织部提供。本篇资料由省统计局社会与科技处编辑整理。

27-1 劳动仲裁委员会受理及处理案件情况(2007年)

Cases Accepted and Heard by Board of Labor Arbitration (2007)

单位：件 (case)

项 目	Item	合 计 Total	国有企业 State-owned Enterprises	集体企业 Collective-owned Enterprises	外商投资及港澳台投资企业 Foreign Funded and Hong Kong, Macao and Taiwan Funded Enterprises	私营企业 Private Enterprises	其他 Others
上期未结案件数	**Number of Cases Left Over from Last Period**	**727**	**162**	**174**	**5**	**239**	**147**
案件受理情况	**Cases Accepted**						
当期案件受理数	Number of Cases	11209	3686	1912	296	3646	1669
劳动者当事人数(人)	Number of Persons Involved (person)	25639	8435	4352	671	8320	3861
集体争议案件数	Number of Collective Labour Disputes	597	202	143	3	82	167
集体争议劳动者当事人数(人)	Number of Persons Involoved in Collective Disputes (person)	12653	4281	3031	60	1736	3545
劳动者申诉案件数	Number of Cases Applealed by Laborers	10036	3302	1708	265	3261	1500
案件处理情况	**Cases settled**						
结案件数	Number of Cases Settled	11160	3697	1630	301	3734	1798
处理方式	By Manners of Settlement						
仲裁调解	By Mediation	4338	1390	653	143	1465	687
仲裁裁决	By Arbitration Lawsuit	5438	1836	863	132	1854	753
其他方式	Others	1384	471	114	26	415	358
处理结果	By Result of Settlement						
用人单位胜诉	Won by Units	1683	557	244	45	560	277
劳动者胜诉	Lawsuit Won by Labourers	4416	1477	652	119	1491	677
双方部分胜诉	Lawsuit Partly by Both Parties	5061	1663	734	137	1683	844
本期未结案数	**Number of Cases Dissettled**	**776**	**151**	**456**		**151**	**18**
案外调解案件数	**Number of Arbitrated Cases Outside the Cases**	**1889**					

27–2 律师、公证、调解工作基本情况
Basic Statistics on Lawyers, Notarization and Mediation

项　　目	Item	1990	1995	2000	2005	2006	2007
律师工作	**Lawyers**						
律师事务所(个)	Number of Law Offices (unit)	201	439	537	553	563	587
律师(人)	Number of Lawyers (person)	2357	5047	4266	5594	5714	6475
#专职律师	Full-time Lawyers	1647	3582	3849	5323	5422	5774
兼职律师	Part-time Lawyers	710	826	193	271	292	318
聘请担任常年法律顾问的单位(家)	Number of Units with Permanent Legal Advisors (unit)	3614	10087	29691	17313	17398	13810
民事代理(件)	Agent of Civil Cases(case)	16794	20992	54576	93191	62799	62223
刑事辩护(件)	Defender of Criminal Cases (case)	9953	12970	22312	24507	27140	31309
非诉讼法律事务(件)	Agent of Non-Litigious Legal Affairs (case)						80253
解答法律询问(万件)	Agent of Legal Advisory Services (10 000 cases)	21.53	30.65	59.90	34.65	44.41	39.60
代写法律事务文书(万件)	Agent of Legal Documents Written on Behalf of Clients (10 000 cases)						5.46
公证工作	**Notarization**						
公证处(个)	Number of Notary Offices (unit)	173	178	178	178	178	178
公证人员(人)	Notarial Personnel (person)	924	963	1205	1198	1260	1276
#公证员	Notaries	615	612	692	608	591	609
助理公证员	Assistant Notaries	136	138		590	465	667
国内公证(万件)	Domestic (10 000 cases)	17.75	35.71	199.40	60.00	55.34	52.34
涉外公证(件)	Foreign (case)			49149	53000	71271	77000
挽回经济损失(亿元)	Retrieve Losses of Economy (100 million yuan)			3.40	15.00	3.11	6.50
人民调解工作	**Number of People's Mediation**						
人民调解委员会(万个)	Number of People's Mediation Commit-tees (10 000 units)	5.51	5.85	5.00	5.80	5.80	5.78
调解民间纠纷(万件)	Number of Civil Disputes Mediated (10 000 cases)						29.38

27-3 调解民间纠纷分类

Number of Civil Disputes Mediated by Types

项 目	Item	调解纠纷(件) Civil Disputes (case)		各类纠纷所占比重(%) Percentage(%)	
		2006	2007	2006	2007
总 计	**Total**	**419872**	**293875**	**100.0**	**100.0**
婚姻	Marriages	119756	68093	28.5	23.2
继承	Rights of Inheritance	29734	52307	7.1	17.8
赡抚、扶养	Family Fostering	32163	27700	7.7	9.4
房屋、宅基地	Housing and Housing Sites	60349	23841	14.4	8.1
债务	Debts	19856	19448	4.7	6.6
生产经营	Business	10049	15826	2.4	5.4
损害赔偿	Compensation for Damages	14789	9430	3.5	3.2
邻里	Neighbor Disputes	72004	38563	17.1	13.1
其他	Others	61172	38667	14.5	13.2

27-4 公安机关立案的刑事案件情况

Criminal Case of Register by Public Security Organs

案 件 类 别	Category of Cases	立 案(起) Number of Cases Registered (case)		构 成(%) Composition(%)	
		2006	2007	2006	2007
总 计	**Total**	**315562**	**384529**	**100.0**	**100.0**
杀人	Homicide	1049	843	0.3	0.2
伤害	Injury	19571	24644	6.2	6.4
抢劫	Robbery	17006	18475	5.4	4.8
强奸	Rape	3414	3670	1.1	1.0
拐卖妇女、儿童	Kidnapping and Selling People	409	482	0.1	0.1
盗窃	Larceny	202057	229383	64.0	59.7
诈骗	Fraud	11441	14958	3.6	3.9
走私	Smuggling	1			
伪造贩运假货币	Forging and Fabricating or Trafficing Bills	55	51	0.0	0.0
其他	Others	60559	92023	19.2	23.9

27–5 公安机关受理的违反《治安管理处罚法》案件情况(2007年)
Classified Cases accepted of Public Order by Public Security Organs(2007)

单位：起 (case)

案件类别	Category of Cases	受理 Number of cases Accepted to be Treated	查处 Number of Investigated and Treated
总　计	**Total**	**500394**	**405431**
扰乱公共秩序	Disturbing Work or Public Order	47341	39433
#寻衅滋事	Gang Fighting or Picking Quarrels and Making Troubles	21405	18116
防碍国家工作人员执行职务	Obstructing the Government Workers to Perform Their Duty	2454	2289
非法携带枪支弹药管制刀具	Violating Regulations on Management of Firearms	1789	939
违反危险物质管理规定	Violating Regulations on Management of Explosives	1642	1414
殴打他人	Beating Other Body	187536	175649
盗窃	Robbing Other People of Their Valuables	95005	40186
骗取、抢夺、敲榨勒索财物	Defrauding,Snatching or Extorting and Racketeering Valuables	10860	4005
哄抢公私财物	Making Stirs and Then Robbing Public or Private Valuables	232	173
伪造变造倒卖有价票证、凭证	Forging and Fraudulently Selling Bills or Certificates	131	96
卖淫、嫖娼	Prostitution or Going Whoring	2586	2611
赌博或为赌博提供条件	Gambling	5364	5372
其他	Others	145454	133264

27-6 法律援助工作基本情况
Basic Statistics on legal aid

项　　目	Item	2006	2007
机构数(个)	Number of institutions (unit)	179	179
实有人数(人)	Actual persons (person)	947	950
法律援助专职律师数(人)	Number of full time legal aid lawyers (person)	285	289
诉讼案件总数(件)	Total law case (case)	18926	21902
民事案件	Civil	12540	14962
刑事案件	Penal	5780	6453
行政案件	Administrative	606	487
非诉讼案件(件)	Unlitigant (case)	3084	4988
受援人数(人)	Recieve aid person(person)	32355	31014
咨询(来访、来电)数(人次)	Consultation persons(person-time)	249945	155577

27–7 公安机关受理的行政案件分类情况(2007年)

Classified Cases accepted of Public Order by Public Security Organs(2007)

单位：起 (case)

案件类别	Category of Cases	受理案件数 Number of cases Accepted to be Treated	查处案件数 Number of Investigated and Treated
总计	**Total**	**1945221**	**1848291**
违反户口、居民身份证管理规定	Violating Regulations on Management of Residence or Identity Cards	3403	3385
违反治安管理处罚法	Violating Regulations on Management of public security	500394	405431
其他	Others	1441424	1439475

27–8 人民检察院检察官基本情况

Basic Statistics on inquisitors

单位：人 (person)

指标	Item	2006	2007
检察官数	**Number of inquisitor**	**9259**	**9759**
#女性	female	1940	2056
检察长人数	Number of law-officer	179	183
#女性	female	6	9
副检察人数	Number of vice-law-officer	767	713
#女性	female	80	79
检察员人数	Number of fact-finder	6783	6890
#女性	female	1549	1545
助理检察员	Number of assistant fact-finder	505	859
#女性	female	131	238

27–9 检察机关直接立案侦查案件情况(2007年)

Basic Statistics on Law Case Direct Registered by Procuratorial Organ (2007)

案件分类	Case Item	受案(件) Cases Accepted (case)	立案合计 Total Number of Cases Registered				结案合计 Total number of cases settled	
			件 (case)	人 (person)	#大案(件) Large Cases (case)	#要案(人) Key Cases (Person)	件 (case)	人 (person)
总　计	**Total**	**3697**	**3097**	**3790**	**1584**	**125**	**2920**	**3590**
#贪污贿赂案件小计	**Sub-total of Cases on Corruption and Bribery**	**2457**	**2097**	**2598**	**1008**	**112**	**1954**	**2431**
#贪污	Corruption	1219	1008	1328	413	32	932	1239
贿赂	Bribery	723	594	667	312	67	544	616
挪用公款	Misappropriation of Public Funds	497	481	587	283	10	464	557
集体私分	Collective Illegal Possession	14	12	14		3	13	16
巨额财产来源不明	Unstated Source of Large Properties	4	2	2			1	1
渎职案件小计	**Sub-total of Cases on Abuse and Dereliction of Duty**	**1087**	**880**	**1016**	**513**	**13**	**850**	**990**
滥用职权	Abuse of Power	345	288	335	181	7	275	329
玩忽职守	Dereliction of Duty	540	478	554	267	5	463	536
徇私舞弊	Fraudulent Practice	199	112	125	63	1	110	123
其他	Others	3	2	2	2		2	2

27–10 检察机关审查批准、决定逮捕犯罪嫌疑人和提起公诉被告人情况(2007年)

Basic Statistics on Examined and Ratified, the Apprehension Decided of suspect and Accused Instituted Prosecution by Procuratorial Organ (2007)

案件分类	Case Item	批捕、决定逮捕合计 Total of Arrests		决定起诉合计 Total of Public Prosecutions	
		件 (case)	人 (person)	件 (case)	人 (person)
总　　计	**Total**	**39411**	**60238**	**46529**	**72603**
公安、安全、监狱机关提请小计	**Sub-total of Requests by Departments of State and Public Security and Prisons**	**38318**	**58944**	**44093**	**69559**
#危害公共安全案	Offences Against Public Security	3736	4394	5181	5920
破坏社会主义市场经济秩序案	Offences Against Socialist Economic Order	1039	1583	1101	1800
侵犯财产案	Offences Against Properties	17564	28614	19825	33268
妨害社会管理秩序案	Offences Against Social Management of Order	5903	11259	6794	13909
检察机关直接立案侦查案件小计	**Sub-total of Cases Handled by Procuratorates**	**1093**	**1294**	**2436**	**3044**
#贪污贿赂案	Offences on Corruption and Bribery	964	1127	1719	2141
渎职案	Offences on Abuse and Dereliction of Duty	105	134	625	769

27-11 法官及审理有关案件情况

Statistics on Justices and Case at Trial

指标	Item	2006	2007
法官及陪审员情况(人)	**justicer and juror(person)**		
法院法官人数	Number of justicer in court	12453	12374
#女法官	Female	2758	2741
高级法院法官人数	Number of justicer in High court	282	277
#女法官	Female	71	68
人民陪审员人数	Number of juror	4217	4206
#女法官	Female	1166	1183
审理民事案件情况(件)	**Civil Case Trial (case)**		
离婚案件数	Divorce	33128	33594
抚育、抚养赡养案件数	Upbringing and Support	5845	5933
建立少年法庭数(个)	**Number of Juvenile Court (unit)**	**88**	**88**

27-12 全省法院判处犯罪案件情况(2007)

Number of case Trial by court (2007)

指　标	Item	判处犯罪人数(人) Number of offender (person)	#女性 Female	女性所占比例(%) Proportion of Female(%)
总　计	**Total**	**57501**	**2252**	**3.9**
#引诱、容留、介绍卖淫罪	Tempt、Remain and introduce Prostitution	699	280	40.1
遗弃罪	Desertion	9	3	33.3
拐骗儿童罪	Kidnap	18	5	27.8
窝藏、包庇罪	Shelter and Screen	136	33	24.3
强迫卖淫罪	Coerce Prostitution	167	36	21.6
侮辱罪	Insult	33	7	21.2
拐卖妇女、儿童罪	Abduct and Sell Female and Chind	267	56	21.0
组织卖淫罪	Organise Prostitution	127	25	19.7
妨害作证罪	Breach of bearring witness	32	6	18.8
重婚罪	Bigamy	103	17	16.5
诈骗罪	Fenagle	1691	178	10.5
贪污罪	Corruption	939	53	5.6
盗窃罪	Larceny	18006	530	2.9

27–13 人民法院刑事一审案件收结案情况（2007年）

Basic Statistics on Criminal Case at First Trial by People's Court (2007)

单位：件 (case)

项　目	Item	收　案 Cases Accepted	结　案 Cases Settled	判决 Judg-ement	驳回 Reject	撤诉 With-drawal	其他 Other
合　　计	**Total**	**42423**	**42167**	**41441**	**8**	**30**	**688**
危害国家安全罪	Offences Against State Security	1	1	1			
危害公共安全罪	Offences Against Public Security	4657	4670	4598		2	70
破坏社会主义经济秩序罪	Offences Against Socialist Economic Order	995	963	935			28
侵犯公民人身权利、民主权利罪	Offences Against Citizens' Personal and Democratic Rights	10562	10630	10335	8	21	266
侵犯财产罪	Offences Against Properties	18415	18202	18031		6	165
妨害社会管理秩序罪	Offences Against Social Management of Order	5612	5532	5465		1	66
危害国防利益罪	Offences Against National Defense	8	10	9			1
贪污贿赂罪	Offences on Corruption and Bribery	1647	1649	1585			64
渎职罪	Offences on Dereliction of Duty	525	509	481			28

注：收案中不含旧存.
a)cases not including cases left.

27–14 人民法院民商一审案件收结案情况(2007年)(一)

Basic Statistics on Civil Case at First Trial by People's Court (2007)(1)

单位：件 (case)

项　目	Item	收　案 Cases Accepted	结　案 Cases Settled	调解 Mediation	判决 Sentence	驳回 Reject	撤诉 Withdrawal	其他 Others
合　计	**Total**	**120767**	**121366**	**43544**	**48269**	**946**	**24775**	**3832**
婚姻家庭	Marriages and Family Affairs	66214	66886	29162	23783	222	13387	332
继承	Inheritance	1162	1177	365	568	8	227	9
所有权与所有权相关权利纠纷	Dispute Between Ownship and Relevant Rights	17673	17502	4658	7754	360	4559	171
股东权纠纷	Shareholder Rights	123	112	22	42	9	36	3
特殊侵权纠纷	Dispute of Special Rights	1059	1030	248	472	35	267	8
票据、证卷权益纠纷	Disputea of Bill,Securities and Stocks	41	52	12	19	4	17	
不正当竞争纠纷	Dispute of Unfair Competition	72	99	36	46	1	14	2
人身权纠纷	Personal Rights	24357	24178	7485	11641	171	4675	206
特别程序	Special Proceedings	4019	4002	67	828	34	58	3015
其他	Other	6047	6328	1489	3116	102	1535	86

注：结案中含上年旧存。
a)Cases settled include cases turned over from the previous year.

27–15 人民法院民商一审案件收结案情况(2007年)(二)

Basic Statistics on Civil Case at First Trial by People's Court (2007)(2)

单位：件　　(case)

项　目	Item	收　案 Cases Accepted	结　案 Cases Settled	调　解 Mediation	判　决 Judgement	驳　回 Reject	撤　诉 Withdrawal	其　他 Others
合　计	**Total**	**116545**	**118759**	**32842**	**49943**	**1576**	**32447**	**1951**
买卖合同纠纷	Dispute at Sale Contract	25336	25967	7819	10026	318	7371	433
房地产开发经营合同纠纷	Dispute at Contract of Real Estate	2072	2140	519	1066	37	507	11
供用电、水、气热力合同纠纷	Dispute at Contract of Supplying Electricity, Water、Gas and Heat Power	424	428	50	110	3	258	7
借款合同纠纷	Dispute at Loan Contract	55002	56473	16396	23652	481	15294	650
租赁合同纠纷	Dispute at Lease Contract	4411	4493	1095	2090	65	1180	63
建设工程合同纠纷	Dispute at Contract of Construction Project	3338	3458	803	1682	60	826	87
运输合同纠纷	Dispute at Transport Contract	1186	1185	255	628	13	279	10
知识产权合同	Contract of Intellectual Rights	12	23	2	14		6	1
劳动争议案件	Case of Labor Dispute	4761	4726	1222	2300	272	757	175
其他合同纠纷	Others	20003	19866	4681	8375	327	5969	514

27–16 人民法院行政一审案件收结案情况（2007年）

Basic Statistics on Administrative Case at First Trial by People's Court (2007)

单位：件　　(case)

项　目	Item	收　案 Cases Accepted	结　案 Cases Settled	维　持 Affirmation of Original Judgement	驳　回 Reject	撤　诉 Withdrawal	其　他 Others
合 计	**Total**	**15033**	**15096**	**1858**	**921**	**4860**	**7457**
公　安	Public Security	1133	1118	326	49	552	191
工　商	Industry and Commerce	265	268	37	13	122	96
土　地	Land	3307	3259	509	170	1345	1235
林　业	Forest	82	77	19	13	29	16
城　建	City Construction	1721	1790	254	227	582	727
交　通	Communication	659	661	15	4	610	32
税　务	Taxes	16	13	1	1	6	5
其　他	others	7850	7910	697	444	1614	5155

27-17 妇女参政议政情况

Statistics of Female Joined and discussion politics

单位：人 (person)

指标名称	Item	2000	2002	2005	2006	2007
省人大代表	Deputy to the people's congress of Henan	950	944	939	952	950
#女性	Female	208	208	190	190	156
市人大代表	Deputy to the people's congress of City	7930	7953	7715	7722	7702
#女性	Female	1728	1699	1620	1610	1609
县人大代表	Deputy to the people's congress of County	35305	35369	37007	37007	37512
#女性	Female	7595	7583	7771	7778	7765
省政协委员	Political Consultative Committee Member of Henan	788	786	842	842	842
#女性	Female	115	130	159	154	154
市政协委员	Political Consultative Committee Member of City	5889	5872	6694	6293	6293
#女性	Female	1197	1324	1521	1441	1441
县政协委员	Political Consultative Committee Member of County	22562	24027	26293	23575	23658
#女性	Female	3643	4024	3102	2532	2598
省政府班子中女干部人数	Number of female cadre in Provincial government machine			1	1	2
省委班子中女干部人数	Number of female cadre in Provincial Party Committees machine	1	1	1	1	1
市政府班子中女干部配备率(%)	Prepare rate of female cadre in city government machine(%)	58.8	35.3	77.8	88.2	82.4
市委班子中女干部配备率(%)	Prepare rate of female cadre in City Party Committees machine(%)	64.7	82.4	77.8	82.4	94.1
县政府班子中女干部配备率(%)	Prepare rate of female cadre in County government machine(%)	66.5	70.3	67.7	86.8	79.9
县委班子中女干部配备率(%)	Prepare rate of female cadre in County Party Committees machine(%)	57.0	52.5	75.3	61.6	87.4
公务员数(万人)	Number of civil servant(10 000persons)			37.4	37.6	38.1
#女性	Female			8.1	8.3	8.5
村民委员会成员中女性比重(%)	Proportion of female cadre in villagers' Committees(%)	18.6	17.6	16.6	21.1	18.7
居民委员会成员中女性比重(%)	Proportion of female cadre in residents' committee(%)	52.5	53.9	54.0	35.8	32.6

27-18 工会组织情况

Basic Statistics on Trade Unions

单位：万人 (10 000 persons)

年份	工会基层组织数(万个) Number of Grassroot Trade Unions (10 000 units)	工会组织基层单位的职工与会员人数 Membership and Staff and Workers in Grassroot Trade Unions: 职工人数 Staff and Workers	#女职工 Female	会员人数 Membership	#女会员 Female	工会专职工作人员人数 Number of Full-time Personnel of Trade Unions
2000	3.61	672.80	255.00	611.60	225.20	2.38
2001	4.86	757.84		700.10		
2002	5.68	811.02	298.59	749.51	270.99	3.28
2003	5.23	777.38	291.23	717.47	263.68	3.55
2004	5.38	785.64	297.21	734.64	266.71	3.20
2005	6.14	841.38	303.38	803.68	281.73	3.06
2006	6.94	905.50	325.51	866.43	306.15	3.36
2007	8.15	1070.20	380.30	1016.70	360.10	4.10

27-19 妇联干部情况

Cadres of the Women's Federation

单位：人 (person)

项目	Item	2005	2006	2007
干部总数	**Total Number of Cadres**	**3556**	**3843**	**3698**
#少数民族干部	Number of Ethnic Minority Cadres	68	97	91
按行政级别分	By Administration Level			
司局级	Department/Bureau Level	5	5	10
县处级	County Level	117	106	107
科以下	Section Chief and Below	3434	3732	3581
按干部年龄分	By Age Group			
35岁以下	35 and Below	2032	1948	1826
36-45岁	36-45	1115	1421	1463
46-55岁	46-55	391	445	380
56岁以上	56 and Over	18	29	29
按干部政治面貌分	By Political Status			
共产党员	Chinese Communist Party	2729	3264	3153
共青团员	Communist Youth League	277	209	223
民主党派	Democratic Parties	19	37	43
群众	Mass	531	333	279
按干部文化程度分	By Education Attainments			
博士研究生	Doctorate Degree	1		
研究生	Master Degree	42	45	71
大学本科、大专学历	University / College	3018	3309	3212
高中、中专及以下	Senior Middle School and Below	495	489	415
按行政编制分	By Organization Types			
行政编制	Administration	2644	2992	2750
事业编制	Institution	840	785	890
招聘干部	Recruitment	72	66	58
干部参加学历教育情况	**Cadres Attending the Formal Education**			
博士研究生	Doctorate Degree		2	
硕士研究生	Master Degree	44	7	19
大学、大专学历	University / College	725	542	431
干部参加非学历教育情况	**Cadres Attending the Non-formal Education**			
党校培训	Training at Party School	715	1061	975
参照公务员管理培训	Training for Civil Servant	1070	1322	1114
岗位培训	Vocational Training	1306	1145	814
干部流动情况	**Movement of Cadres**			
调入	In	163	205	127
调出	Out	133	156	107
省（区、市）妇联领导进同级	**Cadres at Provincial Level of the Same Grade**			
党委	CCP Committee		58	56
人大	People's Congress		153	153
政协	CPPCC		131	111

注：妇联干部指在妇联系统工作的专职干部。

a) Cadres of the Women's Federation refer to the full-time cadres who are working in the system of the Women's Federation.

27–20 安全生产基本情况

Basic Statistics on security production

指　标	Indicate	2006	2007
发生伤亡事故总数(起)	**Number of casualty accident(case)**	**25646**	**20760**
#道路交通事故	Traffic accident	18402	16314
工矿商贸企业	Factory、mine and trade Enterprise	297	313
矿山企业	Mine Enterprise	111	94
煤矿企业	Colliery Enterprise	58	46
非煤矿企业	Other mine Enterprise	53	48
非矿山	Factory and trade Enterprise	186	219
消防火灾	Fire	6335	3701
造成死亡总人数(人)	**Number of deaths in accident(person)**	**4965**	**4244**
#道路交通事故	Traffic accident	4046	3430
工矿商贸企业	Factory、mine and trade Enterprise	423	522
矿山企业	Mine Enterprise	197	223
煤矿企业	Colliery Enterprise	133	159
非煤矿企业	Other mine Enterprise	64	64
非矿山	Factory and trade Enterprise	226	299
消防火灾	Fire	19	20
一次死亡3–9人重大事故(起)	**Number of grave accident in which once dead 3~9 persons(case)**	**81**	**64**
#道路交通事故	Traffic accident	56	38
工矿商贸企业	Factory、mine and trade Enterprise	21	26
矿山企业	Mine Enterprise	8	9
煤矿企业	Colliery Enterprise	7	5
非煤矿企业	Other mine Enterprise	1	4
非矿山	Factory and trade Enterprise	13	17
消防火灾	Fire	3	
一次死亡3–9人重大事故中死亡人数(人)	**Number of deaths in grave accident**	**330**	**271**
#道路交通事故	Traffic accident	214	151
工矿商贸企业	Factory、mine and trade Enterprise	103	120
矿山企业	Mine Enterprise	55	39
煤矿企业	Colliery Enterprise	49	27
非煤矿企业	Other mine Enterprise	6	12
非矿山	Factory and trade Enterprise	48	81
消防火灾	Fire	9	
一次死亡10人以上特大事故(起)	**Number of the gravest accident in which once dead over 10 persons(case)**	**3**	**6**
#道路交通事故	Traffic accident		1
工矿商贸企业	Factory、mine and trade Enterprise	3	5
矿山企业	Mine Enterprise	3	5
煤矿企业	Colliery Enterprise	3	5
一次死亡10人以上特大事故中死亡人数(人)	**Number of deaths in the gravest accident(person)**	**36**	**105**
#道路交通事故	Traffic accident		11
工矿商贸企业	Factory、mine and trade Enterprise	36	94
矿山企业	Mine Enterprise	36	94
煤矿企业	Colliery Enterprise	36	94
各类伤亡事故万人死亡率	**Deaths per 10 000 persons from various accident**	**0.51**	**0.43**
亿元产值死亡率	**Deaths per 100 million production value**	**0.41**	**0.28**
煤矿百万吨死亡率	**Deaths per million tons of colliery**	**0.66**	**0.82**
国有重点煤矿	State-owned main colliery	0.39	0.44
地方国有煤矿	State and district share colliery	1.46	0.99
乡镇煤矿	Villages and towns colliery	0.76	1.27
职工伤亡人数(人)	Number of casualty of Employed Person(person)	423	522

27-21 各市交通事故发生情况

Basic Statistics on Traffic Accidents by City

市 City	2006 事故发生数(起) Number of Traffic Accidents (case)	2006 死亡人数(人) Number of Deaths (person)	2006 受伤人数(人) Number of Injuries (person)	2006 损失折款(万元) Losses Coverted into Cash (10 000 yuan)	2007 事故发生数(起) Number of Traffic Accidents (case)	2007 死亡人数(人) Number of Deaths (person)	2007 受伤人数(人) Number of Injuries (person)	2007 损失折款(万元) Losses Coverted into Cash (10 000 yuan)
全　省 Total	**18408**	**4046**	**19202**	**6871.36**	**16335**	**3430**	**19126**	**6489.79**
郑　州　市 Zhengzhou	2484	406	2791	1059.22	2556	371	3092	1438.75
开　封　市 Kaifeng	488	235	492	158.85	617	199	723	122.49
洛　阳　市 Luoyang	2345	281	2246	1308.47	2029	204	2290	822.15
平顶山市 Pingdingshan	894	215	912	331.77	713	221	792	365.22
安　阳　市 Anyang	1499	239	1722	190.05	962	186	1115	226.36
鹤　壁　市 Hebi	320	60	397	82.05	284	60	350	54.47
新　乡　市 Xinxiang	2201	289	1939	627.63	1755	226	1683	502.96
焦　作　市 Jiaozuo	611	208	644	115.22	453	169	601	127.97
濮　阳　市 Puyang	429	105	471	90.70	617	90	774	98.87
许　昌　市 Xuchang	1171	371	1159	381.20	1464	248	1962	293.45
漯　河　市 Luohe	332	117	396	91.82	278	100	413	90.12
三门峡市 Sanmenxia	694	155	782	493.64	558	132	682	375.89
南　阳　市 Nanyang	1225	329	1420	274.06	1063	313	1241	261.62
商　丘　市 Shangqiu	742	175	734	538.13	721	176	789	453.33
信　阳　市 Xinyang	1086	310	957	264.03	805	268	799	485.93
周　口　市 Zhoukou	878	200	1010	205.62	586	158	793	113.48
驻马店市 Zhumadian	635	210	701	220.01	514	174	561	184.32
济　源　市 Jiyuan	302	79	354	118.11	300	77	379	84.02
高速支队 High-speed Unit	72	62	75	320.79	60	58	87	388.40

27–22 火灾事故发生情况(2007年)

Basic Statistics on Fires (2007)

项　　目	Item	合计 Total	#一般 Ordinary
发生(起)	Fires (case)	3701	3701
死亡(人)	Deaths (person)	20	20
受伤(人)	Injuries (person)	11	11
损失折款(万元)	Losses Converted into Cash (10 000 yuan)	2116.94	2116.94
平均每起事故损失(元)	Average Loss per Fire (yuan)	5719.91	5719.91

27–23 各市火灾事故发生情况

Basic Statistics on Fires by City

市 City	2006				2007			
	事故发生数(起) Number of Traffic Accidents (case)	死亡人数(人) Number of Deaths (person)	受伤人数(人) Number of Injuries (person)	损失折款(万元) Losses Coverted into Cash (10 000 yuan)	事故发生数(起) Number of Traffic Accidents (case)	死亡人数(人) Number of Deaths (person)	受伤人数(人) Number of Injuries (person)	损失折款(万元) Losses Coverted into Cash (10 000 yuan)
全　省 Total	**6343**	**32**	**33**	**2211.20**	**3701**	**20**	**11**	**2116.94**
郑州市 Zhengzhou	1300	5	6	471.80	1198	3	4	536.93
开封市 Kaifeng	281	2		22.80	223	2	3	115.25
洛阳市 Luoyang	344		1	104.60	262	2		86.01
平顶山市 Pingdingshan	368	2		180.00	116	2		105.45
安阳市 Anyang	292	3		122.00	127			118.06
鹤壁市 Hebi	303		3	45.40	114	1		82.77
新乡市 Xinxiang	285	3		96.70	153			116.92
焦作市 Jiaozuo	233	3		34.70	54			5.69
濮阳市 Puyang	338		1	98.90	235			111.38
许昌市 Xuchang	116	4	1	54.90	67			30.12
漯河市 Luohe	66		3	65.50	44			65.17
三门峡市 Sanmenxia	140			54.60	91			14.58
南阳市 Nanyang	328	2		65.70	91	3		65.24
商丘市 Shangqiu	235			66.60	64			56.66
信阳市 Xinyang	371			134.70	164	6		62.73
周口市 Zhoukou	563	2	12	281.50	178			161.90
驻马店市 Zhumadian	435	5	2	98.90	228	1		123.91
济源市 Jiyuan	345	1	4	211.90	292		4	258.17

主要统计指标解释

律师 指受聘参加法律顾问处工作，担任法律顾问、刑（民）事代理人、刑事辩护人，办理非诉讼事件、解答法律询问，代写法律事务文书等主要从事律师业务的专职法律工作者和兼职律师。

公证人员 指在国家公证机关依法办理公证事务的司法人员，包括公证员、助理公证员和在公证处工作的其他人员。

办理公证文书 指公证处在一定时期内办结的公证文书件数。公证文书按司法部规定或批准的格式制作，包括国内公证和涉外公证两部分。国内公证分为经济合同公证和民事法律关系公证两大类。

调解人员 指在人民调解委员会担负调解民间一般民事纠纷和轻微违法行为引起纠纷的工作人员，包括调解委员会的委员和调解小组的调解员。

调解民间纠纷 指调解委员会依照法律规定，根据自愿原则，用说服教育的方法调解民间发生的有关民事权利和义务的争执，促成当事双方达到协议和谅解，解决纠纷。包括婚姻家庭纠纷，财产权益纠纷等，不包括法院受理调解的民事案件数。

受理劳动争议案件数 指劳动争议仲裁委员会根据国家有关规定，对劳动争议当事人的申请予以审查，符合受理条件而正式立案、准备处理的劳动争议案件数。

立案 指检察机关对犯罪线索进行初步调查后，认为存在职务犯罪事实并需要追究刑事责任时，依法决定作为刑事案件进行侦查的诉讼活动，是追究犯罪的开始。

大案 贪污贿赂犯罪案件指贪污、贿赂数额在5万元以上，挪用公款案在10万元以上。渎职犯罪大案一般为直接经济损失5万元以上，死亡1人以上或者重伤3人以上的案件；或虽然没有造成经济损失和伤亡，但犯罪情节恶劣或造成严重后果的案件。

要案 指县、处级以上干部的犯罪案件。

决定逮捕 指检察机关对直接受理、自行侦查的案件，认为需要逮捕犯罪嫌疑人时，依据法律作出的逮捕决定。

批准逮捕 指检察机关对公安机关、国家安全机关、监狱管理机关提出逮捕的犯罪嫌疑人进行审查，根据事实，依法作出逮捕决定。

决定起诉 指检察机关对公安机关、国家安全机关、监狱管理机关和检察机关内设机构反贪污贿赂部门移送起诉的刑事犯罪嫌疑人进行审查，根据事实，依法向人民法院提起公诉。

Explanatory Notes on Main Statistical Indicators

Lawyers are legal workers who are employed full time by legal counseling firms to act as legal advisers, agents in criminal or civil lawsuits, or defenders in criminal lawsuits, or to handle non-litigious legal affairs, to advise on matters of law or to write legal papers for others. Both full-time and part time lawyers are included.

Notary Personnel refers to judicial workers of the state notary offices handling notarization work according to law. They include notaries, assistant notaries, and other people working for notary offices.

Notarized Documents refer to the documents settled by notary offices in a year. The notary documents are drawn up in accordance with the regulations of the Ministry of Justice, including domestic documents and foreign-related documents. Domestic documents are divided into two major categories, documents on economic contracts and documents on civil legal relations.

Mediators refer to workers on peoples mediation committees responsible for mediating in civil disputes and cases of slight infraction of the law. They include members of the mediation committees and mediators of mediation groups.

Mediation of Civil Disputes refers to mediation committees work in mediating in civil disputes concerning civil rights and duties through persuasion and education in accordance with the provisions of law on a voluntary basis, so as to solve disputes by helping the parties involved come to an agreement and understanding. These disputes include divorce cases and disputes over property ownership, but exclude the civil cases to be handled by the court.

Number of Labour Dispute Cases Accepted refers to the number of cases of labour dispute submitted that, after being reviewed by the labour dispute arbitration committees in line with the relevant state regulations, are accepted and registered for treatment.

Acceptance of Case refers to the decision made by the procurators office to confirm the act of crime after initial investigation and to start legal proceedings of the case as criminal case.

Large Case In case of corruption and bribery, it refers to the case involves a bribery of over 50,000 yuan, or a misappropriation of over 100,000. In case of offence on dereliction of duty, it refers to the case that causes an economic loss of over 50,000, loss of one life, or severe injury of 3 persons; or a case that displays extremely disgusting behavior of the offender or results in grave aftermath.

Key Case refers to a case committed by government officials with a ranking of division director or county administrator.

Decision on Arrest refers to decision made by procurators office, in accordance with laws, to arrest the suspect(s) in the cases that are accepted and to be investigated by procurators office.

Approval for Arrest refers to the decision made by procurators office, in accordance with laws and relevant facts, to approve the arrest of the suspect(s) that is proposed by the public security departments, state security departments or authority of prisons .

Decision on Prosecution refers to the decision made by procurators office, in accordance with laws and relevant facts, to institute proceedings to the peoples court against the suspect(s) of criminal cases handed over by the public security departments, state security departments or authority of prisons, or by the anti-corruption departments within the procurators office .

各县(市) 主要统计指标

Main Indicators by County (City)

28-1 各县(市)人口及从业人员 (2007年)

Population and Employed Person by County and City (2007)

县 市	County and city	年末总户数(万户) Total Households (year-end) (10 000 household)	常住人口(万人) Resident population (10 000 persons)	年末总人口(万人) Population (year-end) (10 000 persons)	年平均人口(万人) Average person Per Year (10 000 persons)	从业人员(万人) Employment (10 000 persons)	第一产业 Primary Industry	第二产业 Secondary Industry	第三产业 Tertiary Industry
郑州	**市 Zhengzhou**								
中牟	县 Zhongmu	17.16	67.32	67.32	67.91	45.82	26.25	9.19	10.38
巩义	市 Gongyi	21.60	80.51	80.51	80.29	43.53	7.91	23.25	12.37
荥阳	市 Xingyang	17.32	59.89	59.89	59.79	42.74	16.68	15.13	10.93
新密	市 Xinmi	20.44	76.32	76.32	76.17	50.11	10.05	23.70	16.36
新郑	市 Xinzheng	17.99	61.95	61.95	61.85	42.46	17.31	13.78	11.37
登封	市 Dengfeng	16.86	64.87	64.87	64.68	42.55	14.53	16.36	11.66
开封	**市 Kaifeng**								
杞	县 Qixian	28.42	99.86	105.18	104.92	63.80	47.18	7.90	8.72
通许	县 Tongxu	15.86	57.65	60.11	60.01	39.66	33.87	2.56	3.23
尉氏	县 Weishi	23.28	75.21	86.80	86.58	52.51	28.78	15.59	8.14
开封	县 Kaifeng	18.37	67.58	68.44	68.26	45.42	30.53	7.72	7.17
兰考	县 Lankao	20.79	74.79	76.24	76.02	45.00	20.50	14.00	10.50
洛阳	**市 Luoyang**								
孟津	县 Mengjin	13.23	40.57	45.74	45.57	27.12	11.67	9.77	5.68
新安	县 Xinan	14.32	47.22	49.94	49.77	33.99	17.31	10.38	6.30
栾川	县 Luanchuan	9.63	32.99	32.70	32.65	22.93	10.11	5.91	6.91
嵩	县 Songxian	15.60	49.75	54.90	54.75	34.33	22.01	5.16	7.16
汝阳	县 Ruyang	11.84	38.16	42.76	42.68	28.22	16.94	5.82	5.46
宜阳	县 Yiyang	17.86	61.18	66.11	65.96	41.94	24.68	8.58	8.68
洛宁	县 Luoning	12.47	40.96	45.00	44.95	32.85	17.68	5.17	10.00
伊川	县 Yichuan	21.69	70.66	74.64	74.87	44.00	24.83	12.00	7.17
偃师	市 Yanshi	23.51	81.74	84.75	84.53	51.55	12.74	23.10	15.71
平顶山	**市 Pingdingshan**								
宝丰	县 Baofeng	14.79	47.70	49.50	49.32	33.03	17.34	5.30	10.39
叶	县 Yexian	23.70	84.70	87.42	87.13	55.62	31.64	13.45	10.52
鲁山	县 Lushan	24.24	82.82	85.47	85.20	50.14	31.46	7.62	11.06
郏	县 Jiaxian	15.74	53.99	55.74	55.56	37.40	26.61	5.29	5.51
舞钢	市 Wugang	10.22	31.38	32.52	32.42	20.93	9.18	7.31	4.44
汝州	市 Ruzhou	27.12	92.69	94.71	94.66	54.95	29.64	13.74	11.57
安阳	**市 Anyang**								
安阳	县 Anyang	25.94	92.08	93.43	93.19	58.47	26.02	20.19	12.26
汤阴	县 Tangyin	13.75	44.62	45.80	45.69	27.89	14.54	8.70	4.65
滑	县 Huaxian	36.49	113.07	125.79	125.45	86.18	50.81	20.55	14.81
内黄	县 Neihuang	18.19	67.17	71.78	71.60	47.58	28.17	9.84	9.57
林州	市 Linzhou	30.25	82.56	99.60	99.35	62.13	22.66	28.26	11.21
鹤壁	**市 Hebi**								
浚	县 Xunxian	18.66	65.76	67.44	67.28	43.28	20.10	11.08	12.10
淇	县 Qixian	8.01	24.51	25.60	25.55	17.46	8.26	4.57	4.63

28−1 续表1 continued

县 市	County and city	年末总户数（万户）Total Households (year-end) (10 000 household)	常住人口（万人）Resident population (10 000 persons)	年末总人口（万人）Population (year-end) (10 000 persons)	年平均人口（万人）Average person Per Year (10 000 persons)	从业人员（万人）Employ-ment (10 000 persons)	第一产业 Primary Industry	第二产业 Secondary Industry	第三产业 Tertiary Industry
新乡市	**Xinxiang**								
新乡县	Xinxiang	8.52	31.72	32.03	31.95	19.97	4.54	10.66	4.77
获嘉县	Huojia	11.56	38.90	40.20	40.10	23.83	11.75	7.48	4.60
原阳县	Yuanyang	16.68	64.89	65.79	65.63	36.50	19.71	9.99	6.80
延津县	Yanjin	12.13	43.09	43.73	43.62	24.95	14.73	5.37	4.85
封丘县	Fengqiu	19.69	73.38	74.33	74.15	40.81	24.61	9.46	6.74
长垣县	Changyuan	21.65	79.16	79.80	79.60	44.38	23.15	13.28	7.95
卫辉市	Weihui	13.48	48.59	49.33	49.21	26.59	16.18	5.85	4.56
辉县市	Huixian	24.59	78.41	79.36	79.15	39.01	17.73	11.17	10.11
焦作市	**Jiaozuo**								
修武县	Xiuwu	8.05	27.24	27.87	27.84	17.08	8.17	3.75	5.16
博爱县	Boai	11.84	40.63	42.96	42.89	25.25	11.84	6.83	6.58
武陟县	Wuzhi	18.43	62.80	65.25	65.13	39.42	22.86	9.58	6.99
温县	Wenxian	13.33	39.63	42.15	42.09	27.98	13.27	8.66	6.05
沁阳市	Qinyang	10.28	45.49	46.94	46.85	31.54	12.32	11.68	7.55
孟州市	Mengzhou	10.24	35.89	36.88	36.85	23.87	10.70	8.52	4.65
濮阳市	**Puyang**								
清丰县	Qingfeng	15.56	63.39	66.28	66.12	40.80	23.00	7.60	10.20
南乐县	Manle	10.88	47.74	49.42	49.30	28.34	13.48	8.92	5.94
范县	Fanxian	12.49	47.85	49.67	49.54	32.00	19.00	5.80	7.20
台前县	Taiqian	8.58	31.45	35.02	34.93	20.76	10.87	6.35	3.54
濮阳县	Puyang	26.18	104.19	107.25	106.98	65.20	33.80	21.70	9.70
许昌市	**Xuchang**								
许昌县	Xuchang	23.16	72.20	79.93	79.76	53.05	24.21	18.08	10.76
鄢陵县	Yanling	16.80	57.05	63.13	63.00	35.39	15.10	11.64	8.65
襄城县	Xiangcheng	23.21	67.20	81.31	81.14	56.30	33.51	10.10	12.69
禹州市	Yuzhou	33.14	117.62	120.83	120.57	73.97	32.19	22.69	19.09
长葛市	Changge	20.40	66.87	70.30	70.14	44.37	16.31	17.53	10.53
漯河市	**Luohe**								
舞阳县	Wuyang	16.38	52.93	56.69	56.54	34.97	23.26	5.69	6.02
临颍县	Linying	18.48	67.18	70.39	70.21	44.13	24.33	11.48	8.32
三门峡市	**Sanmenxia**								
渑池县	Mianchi	11.18	33.59	33.55	33.51	20.02	9.25	4.85	5.92
陕县	Shanxian	10.52	34.70	34.87	34.83	19.79	11.71	3.56	4.52
卢氏县	Lushi	11.73	35.14	36.48	36.43	19.48	13.44	1.99	4.05
义马市	Yima	5.40	13.83	14.15	14.13	8.43	1.11	6.02	1.30
灵宝市	Lingbao	21.56	72.19	73.50	73.42	42.65	28.74	4.90	9.01
南阳市	**Nanyang**								
南召县	Nanzhao	20.64	58.93	62.77	62.58	36.52	22.16	6.42	7.94
方城县	Fangcheng	32.78	92.04	102.26	102.01	63.67	42.73	8.84	12.10
西峡县	Xixia	15.57	41.69	44.02	43.91	30.91	17.44	6.98	6.49
镇平县	Zhenping	28.76	91.08	96.67	96.44	51.02	26.76	13.48	10.78

28-1 续表2 continued

县市 County and city	年末总户数(万户) Total Households (year-end) (10 000 household)	常住人口(万人) Resident population (10 000 persons)	年末总人口(万人) Population (year-end) (10 000 persons)	年平均人口(万人) Average person Per Year (10 000 persons)	从业人员(万人) Employment (10 000 persons)	第一产业 Primary Industry	第二产业 Secondary Industry	第三产业 Tertiary Industry
内乡县 Neixiang	22.07	60.48	64.72	64.57	34.74	17.82	8.21	8.71
淅川县 Xichuan	23.70	65.61	74.31	74.10	43.17	24.95	10.23	7.99
社旗县 Sheqi	21.04	60.60	65.12	64.96	37.21	26.19	5.04	5.98
唐河县 Tanghe	40.70	112.20	131.82	131.49	66.87	41.89	12.77	12.21
新野县 Xinye	21.88	67.29	74.87	74.67	49.10	26.81	12.08	10.21
桐柏县 Tongbai	17.00	40.80	43.85	43.81	23.99	13.54	5.00	5.45
邓州市 Dengzhou	44.78	131.45	155.11	154.75	94.25	38.01	33.10	23.14
商丘市 Shangqiu								
民权县 Minquan	25.57	77.27	85.21	84.99	47.70	29.60	10.80	7.30
睢县 Suixian	21.55	74.79	80.53	80.33	50.50	31.35	11.24	7.91
宁陵县 Ningling	21.64	54.97	59.23	59.09	36.08	20.74	9.19	6.15
柘城县 Zhecheng	27.74	83.88	94.88	94.68	63.89	35.58	13.24	15.07
虞城县 Yucheng	34.02	100.96	108.90	108.68	64.25	38.07	14.21	11.97
夏邑县 Xiayi	33.92	105.65	113.80	113.51	64.92	33.83	12.59	18.50
永城市 Yongcheng	40.36	121.88	134.56	134.28	88.92	44.80	24.18	19.94
信阳市 Xinyang								
罗山县 Luoshan	21.21	57.94	71.15	70.96	38.02	22.29	6.51	9.22
光山县 Guangshan	26.10	67.90	80.85	80.59	47.36	22.66	7.61	17.09
新县 Xinxian	12.83	28.58	33.68	33.57	21.61	7.23	3.58	10.80
商城县 Shangcheng	20.93	58.90	72.34	72.10	38.54	19.79	8.80	9.95
固始县 Gushi	50.17	128.42	158.75	158.23	93.96	43.13	22.48	28.35
潢川县 Huangchuan	22.81	66.15	79.96	79.67	47.95	28.48	7.21	12.26
淮滨县 Huaibin	19.25	56.50	67.46	67.22	42.83	19.21	11.32	12.30
息县 Xixian	26.90	76.57	93.95	93.64	55.31	32.62	6.47	16.22
周口市 Zhoukou								
扶沟县 Fugou	20.40	64.39	72.25	72.09	43.65	23.50	9.83	10.32
西华县 Xihua	25.84	80.51	89.46	89.23	54.64	27.27	10.46	16.91
商水县 Shangshui	28.62	104.22	114.68	114.36	72.61	40.17	15.64	16.80
沈丘县 Shenqiu	32.47	112.78	123.40	123.12	72.58	41.71	18.72	12.15
郸城县 Dancheng	38.60	119.55	130.80	130.51	79.56	44.23	15.23	20.10
淮阳县 Huaiyang	36.96	122.35	133.43	133.13	81.05	49.85	17.54	13.66
太康县 Taikang	38.01	125.59	137.69	137.38	83.10	54.61	15.01	13.48
鹿邑县 Luyi	29.37	106.49	116.81	116.62	68.51	41.11	14.49	12.91
项城市 Xiangcheng	34.80	107.38	117.82	117.57	69.55	30.37	23.41	15.77
驻马店市 Zhumadian								
西平县 Xiping	20.79	79.02	85.85	85.60	58.68	14.84	20.26	23.57
上蔡县 Shangcai	34.83	127.87	139.12	138.74	87.16	56.04	14.76	16.37
平舆县 Pingyu	25.05	86.70	95.98	95.73	63.05	38.62	14.82	9.61
正阳县 Zhengyang	21.19	71.20	76.53	76.31	43.70	25.50	7.37	10.83
确山县 Queshan	14.93	46.67	51.00	50.86	31.95	17.33	6.41	8.21
泌阳县 Biyang	24.31	86.42	97.07	96.95	63.21	31.50	15.75	15.96
汝南县 Runan	20.67	70.03	79.41	79.20	48.78	33.34	9.63	5.81
遂平县 Suiping	13.37	44.89	55.21	55.11	34.90	21.53	7.03	6.34
新蔡县 Xincai	26.36	92.34	104.63	104.56	69.84	38.24	16.92	14.69

28–2 各县(市)在岗职工和工资（2007年）

Number and Wages of Fully Employed Staff and Workers by County and City (2007)

县 市 County and city	在岗职工（人） Fully Employed Staff and Workers (person)	#国有单位 State-owned Units	#城镇集体单位 Urban Collective Owned Units	在岗职工工资总额（万元） Total Wages (10 000 yuan)	#国有单位 State-owned Units	#城镇集体单位 Urban Collective Owned Units	在岗职工平均工资（元） Average Wage of Staff and Workers (yuan)	#国有单位 State-owned Units	#城镇集体单位 Urban Collective Owned Units
郑州市 Zhengzhou									
中牟县 Zhongmu	51779	23245	2746	87162	45760	2774	17427	20184	11346
巩义市 Gongyi	59248	34314	2561	108515	67468	2683	18459	19775	10550
荥阳市 Xingyang	59273	24882	2177	104608	48162	2661	19651	19859	12793
新密市 Xinmi	41599	23725	1485	76781	48870	2048	18645	20774	14038
新郑市 Xinzheng	54654	20821	5815	91757	43212	11438	17363	20908	19941
登封市 Dengfeng	50872	25484	3776	89927	48274	6120	17803	19026	16216
开封市 Kaifeng									
杞县 Qixian	23558	20719	1134	31099	28590	927	13239	13822	8178
通许县 Tongxu	19043	13311	4640	24980	17263	6076	13147	13000	13122
尉氏县 Weishi	35830	18147	9988	48765	26837	13112	13692	14819	13364
开封县 Kaifeng	24426	16282	5828	27746	19689	6139	13049	13553	12295
兰考县 Lankao	22448	16371	4460	29477	21603	5773	13148	13218	12945
洛阳市 Luoyang									
孟津县 Mengjin	24092	13925	3025	42617	25335	5322	18085	18359	17780
新安县 Xinan	31679	16774	3065	57215	31457	6303	18061	18754	20564
栾川县 Luanchuan	21228	17025	2859	59854	51547	6219	29115	31414	22039
嵩县 Songxian	17604	11378	3232	30702	18677	6124	17440	16415	13375
汝阳县 Ruyang	16900	13425	2894	25699	19745	5433	15347	14708	18773
宜阳县 Yiyang	24389	11782	7154	42097	21956	12593	17261	18635	17602
洛宁县 Luoning	17006	12247	3110	26996	18960	4462	16147	15842	14381
伊川县 Yichuan	25692	24253	930	37350	35097	1660	14807	14743	17846
偃师市 Yanshi	35061	20892	5951	52251	29262	9048	15169	14133	15245
平顶山市 Pingdingshan									
宝丰县 Baofeng	23081	17367	1673	37252	29446	2457	16199	17027	14683
叶县 Yexian	25200	20328	2085	36393	29553	2366	14741	14814	11454
鲁山县 Lushan	30859	20251	996	42217	28288	1362	13772	14059	13676
郏县 Jiaxian	17875	13513	983	27609	20455	1201	15861	15595	12916
舞钢市 Wugang	38713	12940	3904	87004	24134	5380	22590	18780	13971
汝州市 Ruzhou	44186	24757	6183	67519	43798	8086	15367	17781	13155
安阳市 Anyang									
安阳县 Anyang	31960	19721	6384	53797	34867	12481	16968	17702	19550
汤阴县 Tangyin	26981	9639	4783	40495	15304	8033	15088	15914	16795
滑县 Huaxian	47893	19324	8781	64861	33307	13445	13792	17369	15737
内黄县 Neihuang	24716	13814	3961	33948	21441	5953	13818	15633	15030
林州市 Linzhou	69442	41885	14278	105405	67292	23754	15891	17162	17016
鹤壁市 Hebi									
浚县 Xunxian	23814	17604	3675	30362	22119	6486	12852	12693	17667
淇县 Qixian	19607	8597	1037	24294	12688	923	13131	15199	9872

28–2 续表1 continued

县市 County and city	在岗职工(人) Fully Employed Staff and Workers (person)	#国有单位 State-owned Units	#城镇集体单位 Urban Collective Owned Units	在岗职工工资总额(万元) Total Wages (10 000 yuan)	#国有单位 State-owned Units	#城镇集体单位 Urban Collective Owned Units	在岗职工平均工资(元) Average Wage of Staff and Workers (yuan)	#国有单位 State-owned Units	#城镇集体单位 Urban Collective Owned Units
新乡市 Xinxiang									
新乡县 Xinxiang	32486	11830	1692	49152	22342	2077	15532	19234	12407
获嘉县 Huojia	21842	13271	5687	29970	18439	7477	14134	14133	14160
原阳县 Yuanyang	28991	14947	8781	32756	16907	1065	11708	11672	11822
延津县 Yanjin	25442	17060	4060	30952	21761	4783	12534	13213	12245
封丘县 Fengqiu	24762	17643	6081	29383	21222	7289	11901	12076	11992
长垣县 Changyuan	31703	18214	4920	39568	22743	6250	12590	12572	13009
卫辉市 Weihui	37919	21886	2988	47140	32980	2724	12804	15592	9364
辉县市 Huixian	39685	24989	2763	49357	37617	1317	12777	15176	5151
焦作市 Jiaozuo									
修武县 Xiuwu	18546	9541	2920	30900	17672	5662	17532	19113	19902
博爱县 Boai	26447	13386	6295	47132	24290	12912	17951	18236	20832
武陟县 Wuzhi	37861	22009	9252	65411	38851	15733	17298	17689	17005
温县 Wenxian	21355	11670	3866	36981	20658	7130	17930	18425	19090
沁阳市 Qinyang	25279	16934	1477	45050	31620	2222	17959	18851	15082
孟州市 Mengzhou	28269	9624	3751	50139	19351	7165	18001	20299	19837
濮阳市 Puyang									
清丰县 Qingfeng	20530	16125	2104	28364	23185	2546	13957	14548	12204
南乐县 Manle	19068	9801	7784	26553	14554	10800	14078	14982	13884
范县 Fanxian	21852	13210	2019	26473	17615	1696	12152	13364	8401
台前县 Taiqian	11640	9324	2311	14349	11424	2912	12992	13031	12810
濮阳县 Puyang	33593	24589	1404	45262	33645	1557	13550	13790	11091
许昌市 Xuchang									
许昌县 Xuchang	40513	14048	5013	58384	20650	7851	14881	14808	15688
鄢陵县 Yanling	27779	18724	6497	40928	27548	10584	14852	14796	16388
襄城县 Xiangcheng	23608	18917	4680	33383	26699	6680	14255	14205	14483
禹州市 Yuzhou	61660	26642	11581	90932	36986	18733	14800	13978	16230
长葛市 Changge	44591	21756	11937	65221	33900	14545	14709	15622	12259
漯河市 Luohe									
舞阳县 Wuyang	26939	15708	2557	34084	22720	2429	12652	14464	9498
临颍县 Linying	40524	24750	9979	45104	31565	8441	11140	12754	8458
三门峡市 Sanmenxia									
渑池县 Mianchi	23102	16718	3753	37847	28118	6732	16515	16751	18644
陕县 Shanxian	23106	16449	3434	37831	28409	5423	15963	17521	16254
卢氏县 Lushi	14372	10401	3118	25660	19457	5409	18206	19207	17381
义马市 Yima	54602	6757	809	140180	14237	1048	26009	22445	13386
灵宝市 Lingbao	46649	32852	2777	74070	55414	3938	16323	17192	14254
南阳市 Nanyang									
南召县 Nanzhao	23711	17253	1754	28552	22145	1534	12096	12912	8772
方城县 Fangcheng	31591	17682	8739	39504	21865	13540	12900	12792	15924
西峡县 Xixia	31945	15665	731	54476	32444	1110	17700	20796	15192

28–2 续表2 continued

县 市 County and city	在岗职工（人） Fully Employed Staff and Workers (person)	#国有单位 State-owned Units	#城镇集体单位 Urban Collective Owned Units	在岗职工工资总额（万元） Total Wages (10 000 yuan)	#国有单位 State-owned Units	#城镇集体单位 Urban Collective Owned Units	在岗职工平均工资（元） Average Wage of Staff and Workers (yuan)	#国有单位 State-owned Units	#城镇集体单位 Urban Collective Owned Units
镇 平 县 Zhenping	41958	18511	13935	61460	30538	21101	14688	16548	15144
内 乡 县 Neixiang	31229	18624	3018	43577	30784	6771	14136	16740	23016
淅 川 县 Xichuan	39031	21891	2569	63105	46206	2192	16416	21444	8700
社 旗 县 Sheqi	23954	14053	3490	29998	20527	3347	12540	14640	9600
唐 河 县 Tanghe	37263	27700	4948	50571	43451	3465	13644	15708	7032
新 野 县 Xinye	43588	11557	10804	47497	15455	13258	11160	13488	12312
桐 柏 县 Tongbai	22330	17757	718	29545	24637	539	13428	13944	7716
邓 州 市 Dengzhou	58287	41593	6590	82761	61323	7649	14268	14832	11604
商 丘 市 Shangqiu									
民 权 县 Minquan	34121	23360	7477	52913	35728	10794	15519	15311	14438
睢 县 Suixian	26581	14964	4988	35891	22377	7110	13795	14998	14253
宁 陵 县 Ningling	29468	19038	10399	43102	28340	14721	14651	14924	14158
柘 城 县 Zhecheng	25968	18343	7447	34560	24494	9926	13326	13377	13331
虞 城 县 Yucheng	31975	22363	7326	52170	34633	15474	16426	15565	21122
夏 邑 县 Xiayi	28300	20147	7135	42844	31152	10865	15163	15496	15227
永 城 市 Yongcheng	68101	27037	10160	179002	44193	17145	26905	16493	16908
信 阳 市 Xinyang									
罗 山 县 Luoshan	32592	26846	2244	53317	46071	3027	17475	13631	12168
光 山 县 Guangshan	34716	26391	2039	52693	41928	2687	15934	13179	13319
新 县 Xinxian	18767	11912	1508	29374	18712	1819	15949	13271	17506
商 城 县 Shangcheng	30092	23010	5693	45008	36309	6818	13931	12069	13621
固 始 县 Gushi	54972	42950	7303	83460	65510	10897	15379	15033	14983
潢 川 县 Huangchuan	40990	24388	6202	63211	41954	7262	17328	11762	13461
淮 滨 县 Huaibin	38428	22234	13487	55477	36721	15276	16614	11326	12950
息 县 Xixian	35585	26449	6817	57630	43272	10689	16364	15680	15822
周 口 市 Zhoukou									
扶 沟 县 Fugou	29138	19792	7364	35080	27563	4831	12065	13951	6584
西 华 县 Xihua	39050	32386	1885	44956	38137	2421	11499	11437	11116
商 水 县 Shangshui	29621	27121	1074	38470	36772	885	13074	13658	8241
沈 丘 县 Shenqiu	39382	25678	5034	54764	38597	5743	13955	15060	11408
郸 城 县 Dancheng	45444	28658	7921	54414	35826	9379	12229	12636	12454
淮 阳 县 Huaiyang	31288	22789	7084	37501	28182	7988	12102	12493	11390
太 康 县 Taikang	37052	29475	6173	44608	38649	5010	12209	13163	8677
鹿 邑 县 Luyi	33748	27445	2955	45803	40376	2333	13694	14822	8032
项 城 市 Xiangcheng	50811	38674	9111	63432	48692	11672	12598	12703	12955
驻 马 店 市 Zhumadian									
西 平 县 Xiping	27266	17257	6451	39218	26713	9300	14423	15490	13582
上 蔡 县 Shangcai	33324	17705	14835	45910	23475	21638	13806	13283	14617
平 舆 县 Pingyu	26624	13533	12636	37036	20345	16282	13975	15168	12888
正 阳 县 Zhengyang	24414	16237	5785	31232	20965	8250	12801	12920	14275
确 山 县 Queshan	19330	15289	3859	29725	23799	5796	15384	15571	15032
泌 阳 县 Biyang	30309	20919	8446	45426	33441	10986	15007	16016	13007
汝 南 县 Runan	26770	17331	6838	37446	24424	10501	14139	14235	15518
遂 平 县 Suiping	30666	15177	5526	40143	20933	8587	13307	14127	15652
新 蔡 县 Xincai	22154	15640	5935	26955	19652	6729	12190	12583	11374

28-3 各县(市)固定资产投资、建筑业及规模以上工业主要指标（2007年）

Main Indicators on Investment in Fixed Assets、Construction and Enterprises above Designated Size Industry by County and City (2007)

县 市 County and city	全社会固定资产投资(万元) Total Investment in Fixed Assets (10 000 yuan)	#城镇 Urban Collective-Owned Units	建筑业总产值(万元) Gross Output Value of Construction (10 000 yuan)	工业增加值(亿元) Value Added of Industry (100 million yuan)	工业增加值指数(上年=100) Indices of Value Added of Industry (perceding year=year=100)	主营业务收入(亿元) Sales Revenue (100 million yuan)	利税总额(亿元) Pre-tax Profits (100 million yuan)
郑 州 市 Zhengzhou							
中 牟 县 Zhongmu	1399786	1079290	155578	43.17	131.5	166.04	28.47
巩 义 市 Gongyi	1316316	1090417	59984	165.04	128.0	636.13	95.42
荥 阳 市 Xingyang	1531854	1190920	223811	111.84	128.4	385.48	93.24
新 密 市 Xinmi	1405441	1095133	188631	125.00	126.0	384.63	98.74
新 郑 市 Xinzheng	1487236	1147606	115147	111.07	128.6	375.28	96.17
登 封 市 Dengfeng	1168834	850519	39517	110.82	126.0	360.07	76.90
开 封 市 Kaifeng							
杞 县 Qixian	304105	213438	12911	17.12	125.2	63.05	12.26
通 许 县 Tongxu	231831	137117	15499	10.60	120.1	42.20	6.83
尉 氏 县 Weishi	524132	323710	39698	42.83	126.4	144.21	40.05
开 封 县 Kaifeng	323647	227448	32318	10.53	125.9	42.53	7.47
兰 考 县 Lankao	201923	130211	23083	10.59	120.3	48.53	9.27
洛 阳 市 Luoyang							
孟 津 县 Mengjin	494504	456349	35440	21.56	133.9	62.08	7.08
新 安 县 Xinan	809648	710506	63133	80.00	134.7	249.92	34.30
栾 川 县 Luanchuan	337778	271767	73799	79.98	137.9	157.71	83.19
嵩 县 Songxian	489727	352261	12871	13.92	131.4	22.31	7.89
汝 阳 县 Ruyang	509739	395143	34039	13.05	134.5	30.42	8.55
宜 阳 县 Yiyang	596451	465904	27829	16.57	134.6	35.58	8.71
洛 宁 县 Luoning	459616	361925	7075	9.20	134.5	26.18	7.32
伊 川 县 Yichuan	811026	749630	29571	75.77	137.7	158.61	35.16
偃 师 市 Yanshi	715324	570520	26170	77.52	126.1	265.68	45.32
平顶山市 Pingdingshan							
宝 丰 县 Baofeng	433104	367623	9758	24.56	123.7	50.82	12.64
叶 县 Yexian	430928	344420	13420	22.72	157.3	84.87	17.00
鲁 山 县 Lushan	454692	389069	14296	13.84	128.7	33.67	6.52
郏 县 Jiaxian	303077	198599	30151	15.14	133.5	46.33	12.45
舞 钢 市 Wugang	419695	365683	26057	52.09	120.8	170.62	22.11
汝 州 市 Ruzhou	548373	437394	17910	30.57	135.1	77.98	18.51
安 阳 市 Anyang							
安 阳 县 Anyang	873463	711395	35005	78.74	126.3	293.53	56.03
汤 阴 县 Tangyin	450562	350174	78800	34.98	174.0	105.41	26.33
滑 县 Huaxian	402913	257127	108311	18.47	135.7	62.85	11.34
内 黄 县 Neihuang	349537	265508	45991	11.23	130.1	45.55	4.32
林 州 市 Linzhou	973807	768652	669231	76.00	130.1	283.60	56.55
鹤 壁 市 Hebi							
浚 县 Xunxian	257570	166580	8780	25.11	133.4	72.57	8.14
淇 县 Qixian	344265	261530	27213	44.05	127.5	139.47	21.23

28–3 续表1 continued

县市 County and city	全社会固定资产投资(万元) Total Investment in Fixed Assets (10 000 yuan)	#城镇 Urban Collective-Owned Units	建筑业总产值(万元) Gross Output Value of Construction (10 000 yuan)	工业增加值(亿元) Value Added of Industry (100 million yuan)	工业增加值指数(上年=100) Indices of Value Added of Industry (perceding year=year=100)	主营业务收入(亿元) Sales Revenue (100 million yuan)	利税总额(亿元) Pre-tax Profits (100 million yuan)
新乡市 Xinxiang							
新乡县 Xinxiang	813937	739155	64587	61.02	138.5	176.27	33.07
获嘉县 Huojia	285868	184348	39332	12.23	123.7	46.49	6.50
原阳县 Yuanyang	573458	462652	41661	13.13	136.6	57.58	11.89
延津县 Yanjin	429128	342392	29838	13.62	136.3	43.05	8.79
封丘县 Fengqiu	488024	415551	241106	6.25	131.1	22.14	5.05
长垣县 Changyuan	813450	723386	215784	25.30	132.2	94.06	8.35
卫辉市 Weihui	435069	365484	53784	14.78	136.6	50.34	3.99
辉县市 Huixian	911368	839530	36263	44.57	137.2	106.97	15.10
焦作市 Jiaozuo							
修武县 Xiuwu	377117	309169	22888	41.92	115.2	129.86	37.27
博爱县 Boai	675831	548739	61398	61.78	129.0	191.90	41.29
武陟县 Wuzhi	739347	591084	75794	60.13	130.2	200.20	39.10
温县 Wenxian	601343	494225	17520	45.02	128.6	161.85	32.37
沁阳市 Qinyang	766325	667468	43880	74.04	132.7	242.10	62.33
孟州市 Mengzhou	726920	622102	27474	60.81	129.5	202.22	45.47
濮阳市 Puyang							
清丰县 Qingfeng	370920	256672	10990	19.98	139.6	71.50	13.54
南乐县 Manle	250982	156993	12600	16.71	139.6	60.58	13.03
范县 Fanxian	259157	193718	12031	19.03	141.4	66.59	11.46
台前县 Taiqian	85921	62785	5370	13.17	136.5	46.41	2.33
濮阳县 Puyang	632265	532060	53269	58.85	142.8	201.97	51.40
许昌市 Xuchang							
许昌县 Xuchang	672573	520085	73581	40.91	126.7	143.74	25.95
鄢陵县 Yanling	474285	356433	49685	27.04	127.4	99.27	23.01
襄城县 Xiangcheng	454900	328140	8626	48.01	127.3	143.13	38.08
禹州市 Yuzhou	975393	763323	15328	94.54	127.0	270.49	55.42
长葛市 Changge	809197	627247	32763	83.36	126.4	326.24	65.71
漯河市 Luohe							
舞阳县 Wuyang	358942	281540	11397	20.62	134.1	70.00	17.89
临颍县 Linying	402567	352940	15989	60.45	113.5	221.95	30.04
三门峡市 Sanmenxia							
渑池县 Mianchi	567532	491519	21232	50.02	128.6	159.07	35.83
陕县 Shanxian	486751	393409	43840	16.32	122.5	44.86	5.28
卢氏县 Lushi	168000	133092	19304	3.41	122.0	11.16	1.79
义马市 Yima	507649	503397	42353	50.42	126.1	138.49	24.70
灵宝市 Lingbao	652542	530362	40450	93.57	119.6	434.97	56.94
南阳市 Nanyang							
南召县 Nanzhao	340319	242462	19876	21.79	117.1	73.56	5.31
方城县 Fangcheng	404253	298002	23949	13.36	123.2	42.14	6.24
西峡县 Xixia	713138	637109	62229	34.00	136.7	95.37	17.46
镇平县 Zhenping	654032	436857	25247	35.36	126.0	81.88	14.91

28-3 续表2 continued

县市 County and city	全社会固定资产投资(万元) Total Investment in Fixed Assets (10 000 yuan)	#城镇 Urban Collective-Owned Units	建筑业总产值(万元) Gross Output Value of Construction (10 000 yuan)	工业增加值(亿元) Value Added of Industry (100 million yuan)	工业增加值指数(上年=100) Indices of Value Added of Industry (perceding year=year=100)	主营业务收入(亿元) Sales Revenue (100 million yuan)	利税总额(亿元) Pre-tax Profits (100 million yuan)
内乡县 Neixiang	448940	375072	49255	8.94	119.1	22.01	1.58
淅川县 Xichuan	787672	678239	70787	22.08	136.8	70.06	9.35
社旗县 Sheqi	229220	141642	37305	7.67	122.0	28.19	2.25
唐河县 Tanghe	559519	310749	152612	27.09	135.2	87.31	15.58
新野县 Xinye	542788	452740	46023	36.78	128.0	149.00	25.22
桐柏县 Tongbai	529441	459791	35594	29.16	122.0	87.74	21.65
邓州市 Dengzhou	581532	442062	108266	31.22	128.8	96.80	11.85
商丘市 Shangqiu							
民权县 Minquan	429897	347561	33271	10.22	131.7	33.77	4.60
睢县 Suixian	368835	257163	30119	10.70	138.0	37.08	1.91
宁陵县 Ningling	194903	123958	19482	6.15	132.5	24.03	3.85
柘城县 Zhecheng	326453	248582	26252	7.04	138.7	26.27	5.02
虞城县 Yucheng	442250	300938	39227	13.36	142.7	30.02	6.08
夏邑县 Xiayi	293424	217768	93438	10.17	125.2	32.75	2.78
永城市 Yongcheng	777390	676948	124197	87.30	119.4	299.97	52.19
信阳市 Xinyang							
罗山县 Luoshan	546996	462262	92565	6.46	135.3	25.95	4.10
光山县 Guangshan	507296	401206	81024	10.91	127.7	42.45	6.98
新县 Xinxian	341476	259621	83830	6.58	129.1	14.50	2.70
商城县 Shangcheng	396412	296322	81429	6.57	129.7	22.51	2.70
固始县 Gushi	687456	523277	136793	12.46	128.0	49.02	6.58
潢川县 Huangchuan	479151	385768	74786	14.95	128.9	40.75	3.81
淮滨县 Huaibin	332846	246326	48944	9.66	132.1	24.01	3.71
息县 Xixian	495355	398489	85203	13.83	129.5	40.61	6.05
周口市 Zhoukou							
扶沟县 Fugou	365416	257378	32813	9.50	136.9	37.70	8.71
西华县 Xihua	308246	215357	63389	15.30	136.9	62.06	13.99
商水县 Shangshui	323876	194216	25767	6.40	135.7	20.17	4.31
沈丘县 Shenqiu	453121	310768	107768	12.90	138.8	45.30	15.79
郸城县 Dancheng	355873	222309	64389	24.20	131.5	63.26	14.68
淮阳县 Huaiyang	318292	206490	24112	5.10	58.8	22.96	5.22
太康县 Taikang	375079	233254	68343	8.90	131.2	29.52	3.18
鹿邑县 Luyi	605585	405193	69278	28.30	122.7	75.35	22.10
项城市 Xiangcheng	444806	308243	53319	45.00	122.6	109.27	27.54
驻马店市 Zhumadian							
西平县 Xiping	318386	209327	51007	10.02	133.1	32.19	2.77
上蔡县 Shangcai	267620	173430	29377	11.76	129.1	46.67	4.17
平舆县 Pingyu	328943	253420	50104	11.16	129.6	41.03	5.34
正阳县 Zhengyang	197431	120938	17987	5.94	128.7	19.10	3.16
确山县 Queshan	248465	176604	24790	8.52	128.8	27.05	4.93
泌阳县 Biyang	272382	187335	34876	11.05	129.4	33.71	3.99
汝南县 Runan	224668	143098	20710	7.65	129.1	21.36	3.31
遂平县 Suiping	324279	238628	28576	12.86	127.4	42.50	5.63
新蔡县 Xincai	199188	115043	20003	6.52	127.5	26.11	3.35

28-4 各县(市)生产总值和指数(2007年)

县 市	County and city	生产总值（万元） Gross Domestic Products (10 000 yuan)	第一产业 Primary Industry	第二产业 Secondary Industry	#工业 Industry	第三产业 Tertiary Industry
郑州市	**Zhengzhou**					
中牟县	Zhongmu	1533683	272362	815317	705317	446004
巩义市	Gongyi	2906804	47922	2194812	2102216	664070
荥阳市	Xingyang	2395273	128614	1604881	1522277	661778
新密市	Xinmi	2616699	58104	1794462	1714430	764133
新郑市	Xinzheng	2510647	119347	1700753	1618530	690547
登封市	Dengfeng	1908645	54603	1374716	1315833	479326
开封市	**Kaifeng**					
杞县	Qixian	942186	386905	332746	314327	222535
通许县	Tongxu	668104	226221	243739	224447	198144
尉氏县	Weishi	1210020	271820	687783	653282	250417
开封县	Kaifeng	713722	233790	244023	226261	235909
兰考县	Lankao	710944	155704	309719	295278	245521
洛阳市	**Luoyang**					
孟津县	Mengjin	731794	138901	384518	324251	208375
新安县	Xinan	1688485	139969	1296489	1207569	252027
栾川县	Luanchuan	1077744	81565	883084	859834	113095
嵩县	Songxian	629216	156963	276883	235142	195370
汝阳县	Ruyang	485175	74584	274986	236817	135605
宜阳县	Yiyang	765810	179842	337823	275995	248145
洛宁县	Luoning	521873	149596	214917	173141	157360
伊川县	Yichuan	1830086	202758	1284485	1198291	342843
偃师市	Yanshi	2677355	217358	1756099	1645200	703898
平顶山市	**Pingdingshan**					
宝丰县	Baofeng	922943	88065	506327	492661	328551
叶县	Yexian	831479	208842	414231	402275	208406
鲁山县	Lushan	531787	102804	233523	222408	195460
郏县	Jiaxian	619284	122722	343537	336168	153025
舞钢市	Wugang	863890	59049	604220	588425	200621
汝州市	Ruzhou	1635187	181367	964217	912055	489603
安阳市	**Anyang**					
安阳县	Anyang	1521014	156290	989099	938483	375625
汤阴县	Tangyin	770052	128198	461787	438956	180067
滑县	Huaxian	943349	376540	351779	307425	215030
内黄县	Neihuang	683511	284309	243096	210941	156106
林州市	Linzhou	1726399	122540	1179282	1030062	424577
鹤壁市	**Hebi**					
浚县	Xunxian	659753	200808	349730	337408	109215
淇县	Qixian	724851	109272	516270	500107	99309

Gross Domestic Product and Its indices by County and City (2007)

人均生产总值(元)(按常住人口计算) Per Capita GDP(yuan) (calculated at residents)	人均生产总值(元) Per Capita GDP (yuan)	生产总值指数(%)(上年=100) Indices of Gross Domestic Products(%) (preceding year=100)	第一产业 Primary Industry	第二产业 Secondary Industry	#工业 Industry	第三产业 Tertiary Industry	人均生产总值指数(%) Indices of Per Capita GDP (%)
22585	22585	116.9	102.6	123.8	122.7	117.9	117.8
36204	36204	120.0	100.4	122.6	123.5	111.3	119.3
40060	40060	117.4	103.5	121.8	122.5	111.9	117.2
34353	34353	119.0	102.6	122.1	121.1	113.2	118.7
40592	40592	117.3	106.8	120.7	121.5	111.8	117.1
29508	29508	119.4	94.4	122.1	123.3	115.5	119.0
9420	8980	112.2	104.0	117.2	118.0	124.4	111.7
11578	11133	112.4	103.9	113.4	114.1	123.9	111.9
15672	13976	115.5	104.3	119.1	119.9	120.3	115.0
10571	10457	112.6	104.1	116.1	117.0	117.2	117.2
9607	9353	112.9	104.8	112.0	112.5	119.3	112.3
17576	16058	118.9	105.0	122.4	126.6	121.0	118.2
35316	33925	116.7	104.2	118.2	119.3	115.1	116.0
32762	33009	129.8	105.0	135.2	135.9	115.5	129.2
12565	11493	114.9	104.5	120.1	123.1	117.5	114.3
12774	11368	117.3	103.8	123.0	126.8	119.3	116.8
12567	11611	117.0	104.5	124.4	126.0	118.0	118.6
12703	11610	114.6	104.4	126.1	127.3	112.0	114.1
25911	24444	119.9	104.7	124.6	126.1	111.0	119.6
32944	31675	114.3	104.5	114.8	115.7	116.3	113.6
19350	18715	116.6	104.0	115.9	116.1	121.5	115.7
9818	9543	117.4	104.2	131.2	132.2	109.2	116.6
6422	6242	114.2	104.2	120.2	121.0	114.2	113.5
11472	11146	113.8	104.3	119.2	119.3	110.3	113.1
27533	26650	117.8	104.3	119.5	120.0	117.5	117.0
17644	17274	117.6	104.3	117.3	118.0	123.9	117.5
16450	16322	117.8	103.2	122.2	123.2	113.4	117.2
17187	16853	130.5	101.0	149.4	151.8	119.9	129.8
8308	7520	115.6	105.1	121.7	123.8	123.9	115.0
10133	9547	111.8	104.5	116.6	118.5	118.7	111.2
20823	17378	121.1	105.1	121.8	123.9	124.4	120.5
9952	9805	119.1	104.8	128.6	129.1	115.6	118.6
29086	28374	118.5	104.9	122.8	123.0	112.0	118.0

28–4 续表1

县 市	County and city	生产总值(万元) Gross Domestic Products (10 000 yuan)	第一产业 Primary Industry	第二产业 Secondary Industry	#工业 Industry	第三产业 Tertiary Industry
新乡市	**Xinxiang**					
新乡县	Xinxiang	946944	69113	725437	682042	152394
获嘉县	Huojia	396244	83405	210946	186626	101893
原阳县	Yuanyang	519829	146036	224126	186365	149667
延津县	Yanjin	462147	118295	220118	185040	123734
封丘县	Fengqiu	465584	181580	150375	106392	133629
长垣县	Changyuan	871508	154871	377419	318027	339218
卫辉市	Weihui	537991	124307	209396	179395	204288
辉县市	Huixian	1183378	183706	741751	676941	257921
焦作市	**Jiaozuo**					
修武县	Xiuwu	715791	80177	496558	474640	139056
博爱县	Boai	1204855	114890	819510	780489	270455
武陟县	Wuzhi	1282718	169432	810280	770147	303006
温县	Wenxian	1033925	120956	685630	655902	227339
沁阳市	Qinyang	1551784	93487	1028674	991540	429623
孟州市	Mengzhou	1133202	88195	809669	767270	235338
濮阳市	**Puyang**					
清丰县	Qingfeng	611018	190049	307783	285470	113186
南乐县	Manle	535047	144219	279508	262465	111320
范县	Fanxian	453763	75435	281351	266754	96977
台前县	Taiqian	317771	44705	198568	184136	74498
濮阳县	Puyang	1114404	181397	742226	712579	190781
许昌市	**Xuchang**					
许昌县	Xuchang	1256997	218476	742463	695483	296058
鄢陵县	Yanling	1114308	321822	525837	470006	266649
襄城县	Xiangcheng	1236735	230644	708150	672579	297941
禹州市	Yuzhou	2127663	178901	1472442	1410171	476320
长葛市	Changge	1869060	140386	1340319	1284433	388355
漯河市	**Luohe**					
舞阳县	Wuyang	553911	115628	333558	317127	104725
临颍县	Linying	1090840	180669	758503	732504	151668
三门峡市	**Sanmenxia**					
渑池县	Mianchi	987593	91150	715914	694198	180529
陕县	Shanxian	584235	75863	274324	249588	234048
卢氏县	Lushi	238184	60652	68342	57021	109190
义马市	Yima	628365	4555	540730	514814	83080
灵宝市	Lingbao	1881697	176678	1230868	1201043	474151
南阳市	**Nanyang**					
南召县	Nanzhao	702292	108241	457156	425875	136895
方城县	Fangcheng	733503	230476	310554	264289	192473
西峡县	Xixia	879722	161943	545532	489882	172247

continued

人均生产总值(元)(按常住人口计算) Per Capita GDP(yuan) (calculated at residents)	人均生产总值(元) Per Capita GDP (yuan)	生产总值指数(%)(上年=100) Indices of Gross Domestic Products(%) (preceding year=100)	第一产业 Primary Industry	第二产业 Secondary Industry	#工业 Industry	第三产业 Tertiary Industry	人均生产总值指数(%) Indices of Per Capita GDP (%)
29736	29640	125.1	107.0	131.6	134.4	108.5	124.4
10128	9881	110.4	102.9	116.3	118.3	102.7	109.9
7983	7921	114.2	105.0	121.2	126.5	113.5	114.4
10674	10595	114.3	104.3	122.2	127.3	110.4	118.6
6324	6279	110.0	104.7	116.2	120.7	110.4	109.4
10979	10949	116.2	105.8	122.2	126.8	115.0	115.5
11022	10932	118.1	105.5	126.9	130.7	117.8	117.5
15050	14950	118.4	104.6	124.0	126.5	111.3	117.9
26232	25707	101.0	104.6	97.1	96.8	111.8	100.7
29494	28090	119.3	105.4	123.7	125.0	112.6	119.0
20376	19694	117.8	105.4	123.5	125.0	112.1	117.2
25958	24563	117.3	105.5	120.6	121.6	114.4	116.9
34037	33124	119.6	105.2	124.6	125.7	112.2	119.0
31463	30755	119.5	105.2	123.1	124.6	114.1	119.2
9569	9241	117.4	105.6	126.2	128.3	116.3	116.9
11182	10853	117.2	104.0	125.1	127.1	118.4	116.6
9464	9160	122.1	105.9	129.4	130.6	115.8	121.5
9829	9097	117.4	105.0	124.3	126.3	107.7	116.8
10655	10417	124.1	106.0	133.6	135.3	110.4	123.5
17549	15760	114.9	103.3	118.2	119.0	116.9	115.2
19435	17687	113.2	104.1	117.6	119.4	115.9	112.8
18507	15243	117.6	104.4	122.1	122.9	118.4	117.3
18109	17647	117.9	102.8	120.0	120.7	117.3	117.3
28003	26648	117.0	103.4	119.0	119.7	115.7	116.5
10361	9797	115.2	94.7	122.9	123.7	114.0	114.5
16297	15680	107.3	92.4	111.7	112.2	105.1	107.1
29193	29468	118.2	102.9	121.2	122.0	116.1	118.0
16662	16773	115.4	104.9	117.2	118.5	116.6	115.1
6662	6538	113.0	105.2	115.4	117.4	116.1	112.6
45028	44470	123.3	105.5	125.1	125.7	113.2	123.0
25785	25628	114.8	104.0	116.2	116.9	115.8	114.6
11907	11222	111.5	103.4	112.8	113.4	113.9	110.9
7955	7190	111.4	104.2	114.1	116.0	116.3	110.8
21080	20034	120.4	104.2	124.4	127.0	125.6	119.8

28-4 续表2

县 市 County and city	生产总值（万元）Gross Domestic Products (10 000 yuan)	第一产业 Primary Industry	第二产业 Secondary Industry	#工业 Industry	第三产业 Tertiary Industry
镇平县 Zhenping	1521841	192391	956883	887048	372567
内乡县 Neixiang	745424	205357	357804	305454	182263
淅川县 Xichuan	873847	207209	493023	438050	173615
社旗县 Sheqi	541493	187786	199679	174726	154028
唐河县 Tanghe	1349352	460282	628676	558890	260394
新野县 Xinye	1173395	262677	649995	618493	260723
桐柏县 Tongbai	709845	124437	470475	442605	114933
邓州市 Dengzhou	1678852	531715	680796	629249	466341
商丘市 Shangqiu					
民权县 Minquan	721719	247851	252674	217722	221194
睢县 Suixian	676383	263779	274810	236007	137794
宁陵县 Ningling	392305	126589	145372	129533	120344
柘城县 Zhecheng	609179	241157	169943	141135	198079
虞城县 Yucheng	919452	353416	305076	264126	260960
夏邑县 Xiayi	771543	287679	263959	232574	219905
永城市 Yongcheng	1848695	367553	1082555	983206	398587
信阳市 Xinyang					
罗山县 Luoshan	560074	154703	200267	154865	205104
光山县 Guangshan	590955	171066	236535	195371	183354
新县 Xinxian	393741	92866	166828	133190	134047
商城县 Shangcheng	535601	158607	209734	144681	167260
固始县 Gushi	1124236	406446	376966	311392	340824
潢川县 Huangchuan	798413	229985	309549	265782	258879
淮滨县 Huaibin	496026	145128	180240	157943	170658
息县 Xixian	621694	197745	246893	217166	177056
周口市 Zhoukou					
扶沟县 Fugou	505764	202434	177934	155390	125396
西华县 Xihua	680343	283761	255535	229419	141047
商水县 Shangshui	654333	278681	190029	163483	185623
沈丘县 Shenqiu	799780	227942	324924	283605	246914
郸城县 Dancheng	794373	246614	382312	358322	165447
淮阳县 Huaiyang	731078	340551	241106	209089	149421
太康县 Taikang	767006	308424	266253	233867	192329
鹿邑县 Luyi	1056647	264937	482478	439901	309232
项城市 Xiangcheng	1270640	230606	775374	742988	264660
驻马店市 Zhumadian					
西平县 Xiping	754156	236533	296485	276709	221138
上蔡县 Shangcai	783991	205775	310502	291728	267714
平舆县 Pingyu	614785	190999	245171	205788	178615
正阳县 Zhengyang	519646	266438	130787	115767	122421
确山县 Queshan	481410	144457	212654	199850	124299
泌阳县 Beiyang	649176	231407	240144	222580	177625
汝南县 Runan	542771	207131	181845	167063	153795
遂平县 Suiping	576447	148304	255853	232927	172290
新蔡县 Xincai	571850	216319	211667	186471	143864

continued

人均生产总值(元)(按常住人口计算) Per Capita GDP(yuan) (calculated at residents)	人均生产总值(元) Per Capita GDP (yuan)	生产总值指数(%)(上年=100) Indices of Gross Domestic Products(%) (preceding year=100)	第一产业 Primary Industry	第二产业 Secondary Industry	#工业 Industry	第三产业 Tertiary Industry	人均生产总值指数(%) Indices of Per Capita GDP (%)
16720	15780	112.4	103.9	113.5	114.2	113.8	111.9
12320	11544	110.5	104.7	111.0	112.2	116.5	109.9
13308	11794	117.3	104.8	120.3	122.2	123.6	116.6
8930	8336	112.2	104.7	113.2	114.7	120.4	111.7
11977	10262	112.5	104.1	118.4	120.2	116.4	111.9
17365	15715	114.5	104.1	118.9	119.6	114.6	113.9
17363	16201	114.8	104.5	116.8	117.4	118.5	114.5
12712	10849	111.1	104.1	116.5	117.5	112.8	110.6
9410	8492	112.7	104.3	117.5	118.6	118.7	112.1
9063	8420	112.4	104.4	118.1	120.7	117.1	111.8
7096	6640	114.0	104.3	118.4	119.3	119.9	113.5
7207	6434	112.5	104.0	119.5	122.2	119.3	112.1
9257	8461	114.0	104.5	122.0	124.7	118.5	113.5
7430	6797	112.0	103.9	116.0	117.5	118.5	111.4
14902	13768	115.7	103.6	117.2	118.4	125.2	115.2
9669	7893	114.7	105.4	121.4	127.3	116.1	114.0
8705	7333	112.4	105.0	116.2	119.3	115.1	111.6
13777	11729	113.6	106.1	116.0	119.9	116.2	112.9
9096	7428	112.9	105.2	114.7	120.0	119.3	112.2
8757	7105	111.9	104.6	114.5	116.8	118.9	111.1
12073	10021	112.9	105.0	117.0	120.1	116.7	112.1
8781	7379	112.7	104.5	117.8	121.0	116.9	111.9
8121	6639	113.7	104.5	118.5	121.0	119.3	112.9
7821	7016	113.0	102.8	122.9	124.9	121.7	112.7
8424	7625	114.2	103.5	125.1	126.9	118.4	113.9
6269	5722	111.9	104.5	115.0	117.8	119.8	114.0
7077	6496	116.2	104.7	119.7	120.2	122.7	115.8
6633	6087	115.1	103.6	120.6	121.0	124.0	114.8
5965	5491	103.9	104.3	92.5	91.1	134.8	103.6
6096	5583	110.5	102.7	113.3	116.7	120.6	110.2
9900	9061	112.2	103.6	116.0	116.9	114.5	112.0
11808	10808	112.5	101.8	115.6	116.9	113.3	112.3
9528	8810	112.7	104.7	116.7	117.4	116.6	112.1
6103	5651	114.5	104.5	115.8	116.5	123.1	113.9
7060	6422	116.5	104.6	117.1	119.5	129.7	115.8
7266	6810	111.3	104.7	118.4	120.3	117.8	110.6
10299	9465	114.7	105.1	116.5	117.2	123.5	114.0
7407	6696	114.2	104.9	118.4	119.5	122.3	113.8
7611	6853	113.0	104.6	117.5	118.6	119.4	112.4
12470	10461	115.0	104.5	118.1	119.2	120.4	114.5
6113	5469	111.3	103.8	114.3	115.4	119.5	110.8

28-5 各县(市)农业增加值、城乡居民收入和社会消费品零售总额(2007年)

Value Added of Agriculture, Per Capita Net Income of Rural and Urban Residents, Total Retail Sales of Consumer Goods (2007)

县 市 County and city	农林牧渔业增加值(万元) Value Added of Farming Forestry,Animal Husbandry and Fishery (10 000 yuan)	#农 业 Farming	#牧 业 Animal Husbandry	农民人均纯收入(元) Per Capita Net Income of Rural Residents (yuan)	城镇居民人均可支配收入(元) Per Capita Net Income of Urban Residents (yuan)	社会消费品零售总额(万元) Total Retail Sales of Consumer Goods (10 000yuan)
郑州市 Zhengzhou						
中牟县 Zhongmu	272362	144243	100651	5836	10003	436557
巩义市 Gongyi	47921	22907	21710	7088	11218	744231
荥阳市 Xingyang	128614	56099	64847	6549	11191	637973
新密市 Xinmi	58104	33271	19472	6485	11178	687572
新郑市 Xinzheng	119347	75373	40215	6895	11178	669411
登封市 Dengfeng	54603	26768	23326	5588	10395	543425
开封市 Kaifeng						
杞县 Qixian	386905	253582	109072	3763		247562
通许县 Tongxu	226221	157964	59672	3990		167565
尉氏县 Weishi	271820	167656	85848	4156		271338
开封县 Kaifeng	233790	152179	68976	3615	7978	202565
兰考县 Lankao	155704	90795	50140	2976	7538	192865
洛阳市 Luoyang						
孟津县 Mengjin	138901	69030	53464	3602	9660	179324
新安县 Xinan	139969	93730	24848	4125	11196	284381
栾川县 Luanchuan	81565	49311	8311	3286	10075	176774
嵩县 Songxian	156963	80741	30376	3144	9575	216973
汝阳县 Ruyang	74584	42187	12177	3373	9137	178640
宜阳县 Yiyang	179842	120285	42403	3450	9499	237361
洛宁县 Luoning	149596	77618	35733	3145	9463	174895
伊川县 Yichuan	202758	120601	70208	3929	9760	478186
偃师市 Yanshi	217358	119793	84460	6030	11151	630965
平顶山市 Pingdingshan						
宝丰县 Baofeng	88065	52199	32529	4387	8629	142481
叶县 Yexian	208842	117159	85466	3596	8117	204534
鲁山县 Lushan	102804	64902	23696	2476	8028	152620
郏县 Jiaxian	122722	77211	42794	3487		142816
舞钢市 Wugang	59049	32178	22370	3929		133351
汝州市 Ruzhou	181367	77422	82446	4271	9195	338355
安阳市 Anyang						
安阳县 Anyang	156290	95467	35618	4772	9259	282444
汤阴县 Tangyin	128198	95556	26517	4189	9216	103440
滑县 Huaxian	376540	292872	62920	4009	9002	226273
内黄县 Neihuang	284309	243726	26088	3956	8292	171990
林州市 Linzhou	122540	48842	62225	5500	9592	302439
鹤壁市 Hebi						
浚县 Xunxian	200808	114142	75158	4879	8265	153612
淇县 Qixian	109272	30048	73204	5001	9291	133189

28−5 续表1 continued

县 市 County and city	农林牧渔业增加值(万元) Value Added of Farming Forestry,Animal Husbandry and Fishery (10 000 yuan)	#农 业 Farming	#牧 业 Animal Husbandry	农民人均纯收入(元) Per Capita Net Income of Rural Residents (yuan)	城镇居民人均可支配收入(元) Per Capita Net Income of Urban Residents (yuan)	社会消费品零售总额(万元) Total Retail Sales of Consumer Goods (10 000yuan)
新 乡 市 Xinxiang						
新 乡 县 Xinxiang	69113	41045	24988	5265		117340
获 嘉 县 Huojia	83405	53431	25756	4635		118070
原 阳 县 Yuanyang	146036	96476	41855	3531		140197
延 津 县 Yanjin	118295	82807	25148	4565		125784
封 丘 县 Fengqiu	181580	128556	44319	3436		115399
长 垣 县 Changyuan	154871	100536	44119	5025	8410	209347
卫 辉 市 Weihui	124306	58500	58592	4313	7775	196189
辉 县 市 Huixian	183706	95597	81033	4384	9653	313963
焦 作 市 Jiaozuo						
修 武 县 Xiuwu	80177	33619	41676	4903	9959	130687
博 爱 县 Boai	114890	69394	39737	5489	10125	184496
武 陟 县 Wuzhi	169432	90685	70512	5389	10039	215181
温 县 Wenxian	120956	96805	22336	5386	9959	200825
沁 阳 市 Qinyang	93487	55403	33034	5604	10306	274785
孟 州 市 Mengzhou	88195	65683	19376	5498	10126	215250
濮 阳 市 Puyang						
清 丰 县 Qingfeng	190049	134307	46191	3920	8253	190146
南 乐 县 Manle	144219	79522	53096	3613	8224	145791
范 县 Fanxian	75435	36582	32883	2829	7229	172156
台 前 县 Taiqian	44705	23362	19379	2709	7113	79053
濮 阳 县 Puyang	181397	118513	54672	3576	9264	406003
许 昌 市 Xuchang						
许 昌 县 Xuchang	218476	135369	78015	5205		224646
鄢 陵 县 Yanling	321822	211980	75114	5345		174769
襄 城 县 Xiangcheng	230644	146870	71059	4608	9295	174800
禹 州 市 Yuzhou	178901	101962	67627	5646	9682	520278
长 葛 市 Changge	140386	68206	52225	5506	9642	398579
漯 河 市 Luohe						
舞 阳 县 Wuyang	115628	65879	45160	2871		231352
临 颍 县 Linying	180669	98843	76171	4802	7789	261274
三 门 峡 市 Sanmenxia						
渑 池 县 Mianchi	91150	55235	31196	4406	11035	140186
陕 县 Shanxian	75863	59768	12671	3598		121285
卢 氏 县 Lushi	60652	44958	7073	2681	9279	104462
义 马 市 Yima	4555	2490	1528	4970	10316	107937
灵 宝 市 Lingbao	176678	152827	18133	4700	10531	434560
南 阳 市 Nanyang						
南 召 县 Nanzhao	108241	62342	21013	3257	9315	243197
方 城 县 Fangcheng	230476	181544	29292	3716	9525	313441
西 峡 县 Xixia	161943	110376	25025	4267	10012	200530

28–5 续表2 continued

县 市 County and city	农林牧渔业增加值（万元）Value Added of Farming Forestry,Animal Husbandry and Fishery (10 000 yuan)	#农 业 Farming	#牧 业 Animal Husbandry	农民人均纯收入（元）Per Capita Net Income of Rural Residents (yuan)	城镇居民人均可支配收入（元）Per Capita Net Income of Urban Residents (yuan)	社会消费品零售总额（万元）Total Retail Sales of Consumer Goods (10 000yuan)
镇 平 县 Zhenping	192391	141606	40318	4493	9752	423925
内 乡 县 Neixiang	205357	112158	71864	4035	9747	248975
淅 川 县 Xichuan	207209	133290	50811	3357	9658	262941
社 旗 县 Sheqi	187786	114934	64845	3082	8424	182941
唐 河 县 Tanghe	460282	305182	138391	4460	9658	397130
新 野 县 Xinye	262677	169596	80384	4483	9990	330894
桐 柏 县 Tongbai	124437	65902	27189	2732	9163	231118
邓 州 市 Dengzhou	531715	335417	167466	4349	10217	407255
商 丘 市 Shangqiu						
民 权 县 Minquan	247851	174651	50231	2960		232033
睢 县 Suixian	263779	209686	44253	3205		170074
宁 陵 县 Ningling	126589	91885	28311	2939		136924
柘 城 县 Zhecheng	241157	183824	42929	2963		186355
虞 城 县 Yucheng	353416	256787	79959	3016	8995	197121
夏 邑 县 Xiayi	287679	211632	64338	2756	9145	227529
永 城 市 Yongcheng	367553	266496	80402	3736	10141	419007
信 阳 市 Xinyang						
罗 山 县 Luoshan	154703	99838	30961	3654	9356	191295
光 山 县 Guangshan	171066	111989	40416	3789	9210	216467
新 县 Xinxian	92866	37355	12253	3989	9125	131848
商 城 县 Shangcheng	158607	82921	38935	3576	9223	183008
固 始 县 Gushi	406446	261849	104848	3852	9220	439185
潢 川 县 Huangchuan	229985	152480	53962	3968	9301	243828
淮 滨 县 Huaibin	145128	89294	38038	3079	8376	166953
息 县 Xixian	197745	139856	31412	3229	9042	233613
周 口 市 Zhoukou						
扶 沟 县 Fugou	202434	157646	32618	3232	7818	178380
西 华 县 Xihua	283761	192469	61139	3400	9200	287016
商 水 县 Shangshui	278681	203054	63532	2884	7925	208216
沈 丘 县 Shenqiu	227942	154848	65108	3020	8609	254360
郸 城 县 Dancheng	246614	189046	43427	3261	8625	211426
淮 阳 县 Huaiyang	340551	234285	69759	2844	8165	302840
太 康 县 Taikang	308425	204123	81807	3202	8037	304773
鹿 邑 县 Luyi	264937	199355	53586	3603	8934	326358
项 城 市 Xiangcheng	230606	180954	43013	3696	9162	347816
驻 马 店 市 Zhumadian						
西 平 县 Xiping	236533	138305	90677	3909	9132	378181
上 蔡 县 Shangcai	205775	128155	65479	3370	9133	223765
平 舆 县 Pingyu	191000	107221	51098	3317	9041	154433
正 阳 县 Zhengyang	266438	172111	83963	3319	8233	175339
确 山 县 Queshan	144457	71388	59348	3369	9154	128606
泌 阳 县 Biyang	231407	138156	77825	3259	9147	185496
汝 南 县 Runan	207131	121522	69502	3412	8281	183269
遂 平 县 Suiping	148305	73292	68406	3733	9159	168456
新 蔡 县 Xincai	216319	113787	94775	3084	8257	162432

28-6 各县(市)农业生产条件(2007年)
Agricultural Conditions by County and City (2007)

县 市 County and city	乡村从业人员数(万人) Rural Employed Persons (10 000 persons)	#农林牧渔业 Farming, Forestry, Animal Husbandry & Fishery	耕地面积(千公顷) Cultivated Areas (1 000 hectares)	农用机械总动力(万千瓦) Total Agricultural Machinery Power (10 000kw)	农田有效灌溉面积(千公顷) Effective Irrigated Area (1 000 hectares)	化肥施用折纯量(吨) Consumption of Chemical Fertilizers (ton)	农村用电量(万千瓦小时) Electricity Consumed in Rural Areas (10 000 kwh)	农药使用量(吨) Consumption of Agricultural Chemical (ton)	地膜使用量(吨) Consumption of Plastic Film (ton)
郑州市 Zhengzhou									
中牟县 Zhongmu	37.72	26.00	61.63	93.26	57.82	51043	21864	1470	2382
巩义市 Gongyi	31.42	7.85	34.02	51.04	15.33	35635	114244	603	87
荥阳市 Xingyang	30.70	16.41	41.80	72.30	27.72	30496	29372	569	173
新密市 Xinmi	31.39	9.90	46.04	43.67	16.97	28687	68566	249	119
新郑市 Xinzheng	31.35	17.07	42.70	72.95	30.37	36081	38603	677	405
登封市 Dengfeng	32.58	14.39	37.01	50.47	13.43	17250	51534	307	115
开封市 Kaifeng									
杞县 Qixian	59.65	45.36	88.50	152.45	72.62	64100	12479	1839	2457
通许县 Tongxu	33.17	28.83	53.19	85.28	48.13	33800	4243	1663	1162
尉氏县 Weishi	47.20	28.60	84.51	112.99	73.44	41355	16545	909	2067
开封县 Kaifeng	41.95	30.49	75.68	151.41	56.51	56509	11493	654	1369
兰考县 Lankao	43.66	27.53	68.04	82.62	50.18	55823	16317	834	750
洛阳市 Luoyang									
孟津县 Mengjin	22.29	11.59	37.15	31.27	13.43	17761	14689	405	253
新安县 Xinan	27.95	17.27	32.23	36.21	5.65	18660	3800	334	80
栾川县 Luanchuan	18.03	10.06	8.79	26.18	3.26	7387	5548	48	89
嵩县 Songxian	30.94	21.93	31.32	44.43	9.02	20230	6838	208	73
汝阳县 Ruyang	24.70	16.24	24.29	33.56	13.61	17357	10494	262	148
宜阳县 Yiyang	37.02	24.49	59.03	42.35	13.20	36889	24760	700	593
洛宁县 Luoning	27.15	17.61	41.74	32.67	9.62	21347	6364	340	291
伊川县 Yichuan	42.42	24.79	58.43	66.56	24.00	24097	33926	306	195
偃师市 Yanshi	43.56	12.64	50.27	72.10	35.06	32943	40033	737	212
平顶山市 Pingdingshan									
宝丰县 Baofeng	26.08	17.32	41.50	27.58	23.87	41636	7139	243	120
叶县 Yexian	52.17	31.61	80.15	49.15	48.56	81461	9121	423	418
鲁山县 Lushan	46.38	31.43	47.40	25.50	27.68	29120	10146	329	106
郏县 Jiaxian	35.03	26.60	45.88	41.17	28.78	36486	5823	663	334
舞钢市 Wugang	16.26	9.15	21.44	22.12	9.39	15891	2058	739	257
汝州市 Ruzhou	48.99	29.60	60.79	106.57	45.98	92397	18365	501	178
安阳市 Anyang									
安阳县 Anyang	54.31	25.98	69.06	57.19	49.19	49213	98754	1041	65
汤阴县 Tangyin	24.92	14.50	44.62	50.23	39.04	38219	13206	535	224
滑县 Huaxian	79.60	50.78	127.44	233.16	99.14	136500	34610	1546	366
内黄县 Neihuang	44.10	28.10	68.55	90.86	58.25	59420	16116	1138	713
林州市 Linzhou	53.02	22.56	55.34	42.85	34.72	38815	51443	306	29
鹤壁市 Hebi									
浚县 Xunxian	37.17	19.70	62.00	140.59	53.37	39295	7434	940	103
淇县 Qixian	14.13	8.21	20.36	23.66	20.53	6515	3141	269	10

28–6 续表1 continued

县 市	County and city	乡村从业人员数（万人）Rural Employed Persons (10 000 persons)	#农林牧渔业 Farming, Forestry, Animal Husbandry & Fishery	耕地面积（千公顷）Cultivated Areas (1 000 hectares)	农用机械总动力（万千瓦）Total Agricultural Machinery Power (10 000kw)	农田有效灌溉面积（千公顷）Effective Irrigated Area (1 000 hectares)	化肥施用折纯量（吨）Consumption of Chemical Fertilizers (ton)	农村用电量（万千瓦小时）Electricity Consumed in Rural Areas (10 000 kwh)	农药使用量（吨）Consumption of Agricultural Chemical (ton)	地膜使用量（吨）Consumption of Plastic Film (ton)
新乡市	**Xinxiang**									
新乡县	Xinxiang	15.97	4.48	23.38	40.09	21.03	27462	102299	353	23
获嘉县	Huojia	20.76	11.73	30.91	57.48	29.10	27322	12798	523	79
原阳县	Yuanyang	32.79	19.57	70.22	113.31	49.14	40398	35684	856	103
延津县	Yanjin	20.19	14.65	47.49	75.33	33.95	108728	8024	661	59
封丘县	Fengqiu	37.57	24.53	66.35	94.80	53.41	37720	8301	1254	180
长垣县	Changyuan	39.29	22.78	63.46	99.20	42.61	49397	29607	865	139
卫辉市	Weihui	21.51	16.15	39.42	49.65	30.57	43273	10038	751	158
辉县市	Huixian	33.49	17.72	54.41	65.68	50.53	68917	177698	746	65
焦作市	**Jiaozuo**									
修武县	Xiuwu	12.80	8.13	24.21	41.63	20.76	15181	7933	414	13
博爱县	Boai	19.99	11.68	21.99	33.08	20.08	36505	18182	508	219
武陟县	Wuzhi	33.07	22.61	40.46	107.69	38.35	46876	14337	1267	80
温县	Wenxian	22.33	13.20	26.33	45.82	24.85	21162	23190	426	127
沁阳市	Qinyang	23.93	12.22	30.19	54.54	28.35	29174	18911	750	113
孟州市	Mengzhou	19.17	10.63	25.43	39.95	22.80	47936	19946	1291	184
濮阳市	**Puyang**									
清丰县	Qingfeng	37.51	24.22	56.69	71.81	52.52	60964	10610	831	211
南乐县	Manle	26.34	13.45	37.51	68.70	30.35	51327	11998	716	384
范县	Fanxian	25.86	18.50	35.10	70.93	31.48	27962	5041	429	53
台前县	Taiqian	19.75	10.95	17.04	30.30	14.98	6332	6358	152	67
濮阳县	Puyang	59.41	40.77	88.53	119.59	68.48	90338	5999	1928	130
许昌市	**Xuchang**									
许昌县	Xuchang	47.73	24.15	74.91	72.55	55.34	40113	14297	1422	304
鄢陵县	Yanling	30.39	14.92	62.98	70.37	52.85	40549	6116	1732	465
襄城县	Xiangcheng	51.55	33.48	58.27	72.32	39.38	36888	10977	637	210
禹州市	Yuzhou	60.33	32.06	80.85	74.75	42.31	38171	18168	550	272
长葛市	Changge	35.45	16.27	43.77	48.92	39.86	40269	20152	686	128
漯河市	**Luohe**									
舞阳县	Wuyang	31.59	23.17	45.00	56.56	41.20	31597	6064	617	227
临颍县	Linying	38.76	24.29	51.65	92.22	40.38	26304	16990	547	663
三门峡市	**Sanmenxia**									
渑池县	Mianchi	16.65	8.90	41.40	29.26	6.38	18399	4581	251	458
陕县	Shanxian	16.91	11.81	27.71	30.40	13.78	19019	5887	639	326
卢氏县	Lushi	17.63	13.59	35.42	16.96	4.04	11325	2450	183	423
义马市	Yima	2.36	0.98	3.24	2.94	0.78	885	1161	26	34
灵宝市	Lingbao	36.10	27.69	50.42	64.28	24.19	37444	10146	855	481
南阳市	**Nanyang**									
南召县	Nanzhao	31.84	22.08	26.92	23.81	15.13	14617	3500	320	547
方城县	Fangcheng	59.19	42.65	105.32	42.38	35.03	82109	9601	1069	2015
西峡县	Xixia	24.65	17.38	15.92	9.35	6.94	27133	15103	550	544

28–6 续表2 continued

县市 County and city	乡村从业人员数（万人）Rural Employed Persons (10 000 persons)	#农林牧渔业 Farming, Forestry, Animal Husbandry & Fishery	耕地面积（千公顷）Cultivated Areas (1 000 hectares)	农用机械总动力（万千瓦）Total Agricultural Machinery Power (10 000kw)	农田有效灌溉面积（千公顷）Effective Irrigated Area (1 000 hectares)	化肥施用折纯量（吨）Consumption of Chemical Fertilizers (ton)	农村用电量（万千瓦小时）Electricity Consumed in Rural Areas (10 000 kwh)	农药使用量（吨）Consumption of Agricultural Chemical (ton)	地膜使用量（吨）Consumption of Plastic Film (ton)
镇平县 Zhenping	46.81	26.75	75.18	42.79	44.60	41716	9156	841	548
内乡县 Neixiang	30.18	17.76	55.37	36.23	20.78	25701	10600	609	505
淅川县 Xichuan	37.67	24.85	57.56	37.59	16.47	42746	22312	532	533
社旗县 Sheqi	34.59	26.08	79.78	33.40	28.41	62800	5121	1026	574
唐河县 Tanghe	60.91	41.83	141.13	130.74	52.82	107531	12447	3807	1241
新野县 Xinye	41.76	26.67	65.91	130.84	48.98	98603	16453	3015	2074
桐柏县 Tongbai	20.61	13.46	39.38	44.64	22.74	41551	5912	465	572
邓州市 Dengzhou	86.04	38.00	161.57	151.62	86.36	113100	23000	4800	2300
商丘市 Shangqiu									
民权县 Minquan	45.05	29.34	74.31	105.90	59.36	47349	11188	1941	1037
睢县 Suixian	46.01	31.25	63.19	100.21	56.57	42471	6274	1295	561
宁陵县 Ningling	33.10	20.73	48.65	84.22	42.56	34709	6630	1066	416
柘城县 Zhecheng	46.56	30.27	70.80	103.98	58.53	43695	10636	1164	750
虞城县 Yucheng	61.75	40.07	93.54	162.43	86.38	94155	20923	3622	726
夏邑县 Xiayi	58.30	29.88	93.82	156.01	89.20	78988	21701	1428	290
永城市 Yongcheng	79.49	49.01	119.00	158.74	107.01	87786	38537	1523	1043
信阳市 Xinyang									
罗山县 Luoshan	34.52	21.24	59.71	44.89	59.08	29598	8516	578	232
光山县 Guangshan	41.41	22.57	55.36	23.05	50.03	32006	11986	751	91
新县 Xinxian	17.51	7.08	12.58	8.98	14.11	7105	2717	315	37
商城县 Shangcheng	34.45	16.15	38.08	18.95	29.41	17962	7258	448	195
固始县 Gushi	82.95	43.64	111.80	49.57	89.95	76716	13295	2106	869
潢川县 Huangchuan	43.21	27.79	62.19	29.03	51.60	64812	9020	906	218
淮滨县 Huaibin	36.51	19.17	57.10	45.64	27.89	81721	7240	751	459
息县 Xixian	48.53	28.28	98.79	86.62	64.68	45116	8744	1506	562
周口市 Zhoukou									
扶沟县 Fugou	36.20	25.66	78.36	99.44	71.87	34804	8668	2056	1255
西华县 Xihua	49.40	34.36	77.22	112.30	63.43	70956	8350	1834	1060
商水县 Shangshui	64.12	35.32	91.88	92.94	60.72	67601	10414	1380	406
沈丘县 Shenqiu	66.73	41.55	73.64	69.33	46.62	86869	14233	1583	365
郸城县 Dancheng	78.67	46.43	106.87	133.80	61.85	77902	9945	2348	1516
淮阳县 Huaiyang	66.91	42.69	104.28	90.28	58.38	109863	15568	3319	1495
太康县 Taikang	75.10	56.66	125.51	153.01	90.33	87480	10137	3536	2095
鹿邑县 Luyi	66.77	44.36	87.29	98.83	64.39	84423	11567	1069	384
项城市 Xiangcheng	59.41	21.19	75.32	59.73	53.47	35974	15338	1907	873
驻马店市 Zhumadian									
西平县 Xiping	51.78	14.81	78.02	85.81	52.54	67463	21981	342	251
上蔡县 Shangcai	79.27	55.08	106.13	102.68	74.61	72774	11128	720	351
平舆县 Pingyu	58.83	38.50	78.93	119.11	50.96	52972	7536	470	487
正阳县 Zhengyang	39.75	25.31	122.27	168.56	56.80	97154	4912	860	660
确山县 Queshan	27.82	17.19	68.75	84.51	39.06	55996	4813	779	504
泌阳县 Biyang	57.65	43.97	93.13	88.09	43.45	68616	6235	321	224
汝南县 Runan	46.27	34.22	79.79	84.92	59.81	75546	6892	629	688
遂平县 Suiping	29.42	21.47	62.49	67.11	41.56	50275	5538	415	204
新蔡县 Xincai	65.01	38.06	99.10	84.53	59.80	70000	7865	1200	710

28-7 各县(市)主要农作物播种面积和产量(2007年)

Sown Area and Output of Major Farm Products by County and City (2007)

县 市 County and city	总播种面积(千公顷) Total Sown Area (1 000 hectares)	#粮食 Grain	#棉花 Cotton	#油料 Oil-bearing Crops	粮食产量(吨) Output of Grain (ton)	#小麦 Wheat	棉花产量(吨) Output of Cotton (ton)	油料产量(吨) Output of Oil-bearing Crops (ton)	水果产量(吨) Output of Fruits (ton)
郑州市 Zhengzhou									
中牟县 Zhongmu	130.14	59.12	3.95	21.49	339135	149187	3980	94957	59690
巩义市 Gongyi	50.51	45.21	0.96	3.34	165534	89311	526	4392	22499
荥阳市 Xingyang	74.76	58.88	0.75	5.25	309468	159597	592	13394	33080
新密市 Xinmi	65.03	55.78	0.07	3.96	199706	94630	57	9885	11240
新郑市 Xinzheng	78.56	57.13	0.09	12.74	276040	136036	63	46067	92929
登封市 Dengfeng	61.37	50.56	0.89	4.94	196773	74669	257	4333	24672
开封市 Kaifeng									
杞县 Qixian	191.42	94.06	23.47	16.76	522181	335610	28404	76052	25268
通许县 Tongxu	123.16	53.51	11.08	7.76	310789	203269	10643	33086	56686
尉氏县 Weishi	158.62	87.04	23.35	23.07	509680	366476	22159	102704	102677
开封县 Kaifeng	163.39	95.40	12.64	32.75	518477	355689	12257	103556	83673
兰考县 Lankao	120.01	86.22	11.69	13.46	444149	282894	12041	46880	85102
洛阳市 Luoyang									
孟津县 Mengjin	60.95	50.37	0.28	4.09	225179	117444	152	10101	42510
新安县 Xinan	64.11	47.67	0.32	3.55	203249	88418	326	14834	55808
栾川县 Luanchuan	28.71	16.42	0.03	0.28	66464	21305	14	450	13612
嵩县 Songxian	72.20	48.41	0.46	4.00	204906	91781	352	8220	59700
汝阳县 Ruyang	53.47	39.89	0.30	4.33	167071	77079	185	11308	6668
宜阳县 Yiyang	119.06	81.97	1.00	13.71	354120	165535	852	49109	87881
洛宁县 Luoning	74.67	57.29	0.17	5.23	247913	121189	114	7901	233149
伊川县 Yichuan	92.12	74.86	1.78	4.62	342396	154886	2011	13065	11649
偃师市 Yanshi	85.58	67.03	0.48	4.44	372694	190743	268	8372	44000
平顶山市 Pingdingshan									
宝丰县 Baofeng	65.44	45.07	0.44	9.28	206243	116041	355	22330	10119
叶县 Yexian	144.52	108.94	0.43	16.71	569618	274400	331	45346	9340
鲁山县 Lushan	71.26	56.65	0.01	7.73	195691	95053	5	15423	16361
郏县 Jiaxian	83.76	56.94	1.30	5.49	302685	148635	952	15029	5341
舞钢市 Wugang	37.81	29.62	0.61	2.94	139304	74472	569	6555	2658
汝州市 Ruzhou	115.60	91.05	2.06	12.77	420903	207555	1298	31646	20314
安阳市 Anyang									
安阳县 Anyang	126.50	108.58	2.83	3.51	650076	288071	1776	8032	35510
汤阴县 Tangyin	85.71	61.66	5.84	3.25	380754	207678	7049	11033	22329
滑县 Huaxian	250.42	169.37	14.03	31.55	1235429	775431	15656	140173	126787
内黄县 Neihuang	134.34	74.28	4.67	13.70	425022	303435	5707	69493	233061
林州市 Linzhou	83.79	75.20	1.79	3.14	322817	124878	1299	4284	57215
鹤壁市 Hebi									
浚县 Xunxian	119.01	97.77	0.68	12.49	687134	377855	567	67339	38444
淇县 Qixian	44.47	41.94	0.08	0.88	278056	134651	88	2552	4732

28-7 续表1 continued

县 市 County and city	总播种面积(千公顷) Total Sown Area (1 000 hectares)	#粮食 Grain	#棉花 Cotton	#油料 Oil-bearing Crops	粮食产量(吨) Output of Grain (ton)	#小麦 Wheat	棉花产量(吨) Output of Cotton (ton)	油料产量(吨) Output of Oil-bearing Crops (ton)	水果产量(吨) Output of Fruits (ton)
新乡市 Xinxiang									
新乡县 Xinxiang	41.00	32.44	3.21	2.00	231490	124729	3766	9524	7200
获嘉县 Huojia	52.81	44.46	1.14	0.36	296711	139839	1158	2024	8914
原阳县 Yuanyang	133.03	113.81	1.81	10.05	661570	368737	1721	47168	25062
延津县 Yanjin	97.25	61.35	7.47	19.88	369738	264893	5772	81590	19827
封丘县 Fengqiu	122.16	87.72	5.44	11.96	560555	360924	5717	44194	16559
长垣县 Changyuan	118.45	90.02	2.30	16.63	553121	346147	2862	53504	21408
卫辉市 Weihui	67.25	52.94	2.59	4.94	324959	173380	3475	20786	10724
辉县市 Huixian	100.23	83.02	0.22	7.70	505087	250368	183	18658	17522
焦作市 Jiaozuo									
修武县 Xiuwu	38.14	33.98	0.39	1.35	214354	111745	409	4305	10369
博爱县 Boai	41.35	28.88	0.26	0.68	231163	114352	277	1931	41643
武陟县 Wuzhi	88.27	67.10	0.61	8.84	518768	281744	639	50424	24605
温县 Wenxian	53.23	35.79	1.73	3.11	289776	165579	1814	14229	19079
沁阳市 Qinyang	55.64	42.03	0.46	1.37	313019	157735	482	4387	27789
孟州市 Mengzhou	52.40	39.54	3.30	3.63	288504	152868	3461	13602	169856
濮阳市 Puyang									
清丰县 Qingfeng	107.63	72.58	1.35	11.32	501934	322897	956	57519	34906
南乐县 Manle	80.06	58.08	2.33	7.14	412729	240463	2112	33992	158269
范县 Fanxian	59.55	54.87	0.51	1.88	320265	155368	469	8863	1516
台前县 Taiqian	34.90	31.18	0.11	1.18	164015	99465	101	3741	6334
濮阳县 Puyang	163.67	128.96	10.66	7.89	847481	487908	9627	25557	5928
许昌市 Xuchang									
许昌县 Xuchang	139.03	97.04	6.69	12.88	629509	353954	6487	40448	8243
鄢陵县 Yanling	118.59	70.66	6.99	0.71	501436	287185	6887	3419	20607
襄城县 Xiangcheng	117.93	82.04	1.00	4.18	514698	286945	838	12150	26074
禹州市 Yuzhou	132.75	92.18	2.73	8.41	501056	247236	2647	17955	15212
长葛市 Changge	86.01	72.83	0.72	5.29	502675	249602	697	15845	3677
漯河市 Luohe									
舞阳县 Wuyang	94.57	73.30	4.06	6.42	460294	242089	4910	15884	10316
临颍县 Linying	126.45	69.40	12.00	3.06	385424	266946	8521	5671	757
三门峡市 Sanmenxia									
渑池县 Mianchi	72.93	43.51	0.30	10.05	150273	75339	223	19331	137079
陕县 Shanxian	40.43	26.11	0.38	1.79	98735	43355	240	2522	338295
卢氏县 Lushi	43.50	30.49	0.04	0.25	76286	35432	41	350	37008
义马市 Yima	2.47	1.42	0.01	0.13	4566	2123	6	138	570
灵宝市 Lingbao	78.72	51.73	2.94	4.79	186356	75044	2159	6375	805140
南阳市 Nanyang									
南召县 Nanzhao	62.90	38.33		9.53	195045	67471		37506	12317
方城县 Fangcheng	198.23	113.33	5.04	43.42	522469	296934	4314	152082	26328
西峡县 Xixia	36.89	24.47		1.96	105235	37117		4979	142572

28-7 续表2 continued

县市 County and city	总播种面积（千公顷）Total Sown Area (1 000 hectares)	#粮食 Grain	#棉花 Cotton	#油料 Oil-bearing Crops	粮食产量（吨）Output of Grain (ton)	#小麦 Wheat	棉花产量（吨）Output of Cotton (ton)	油料产量（吨）Output of Oil-bearing Crops (ton)	水果产量（吨）Output of Fruits (ton)
镇平县 Zhenping	140.47	96.95	6.96	18.07	502054	256117	5786	52706	7880
内乡县 Neixiang	80.03	48.48	1.75	10.45	236928	116714	1420	28374	28008
淅川县 Xichuan	126.45	60.86	1.15	33.47	253753	127671	915	93443	42723
社旗县 Sheqi	135.15	82.68	15.37	14.23	395821	246333	13169	38156	3830
唐河县 Tanghe	318.91	211.79	24.92	24.65	1101161	739044	21206	109749	73576
新野县 Xinye	144.69	57.54	21.87	23.65	319882	235455	19846	85200	17912
桐柏县 Tongbai	72.06	44.52	0.33	19.84	216218	81192	226	59551	14593
邓州市 Dengzhou	354.08	186.49	38.00	64.10	1001871	727549	34411	262350	39700
商丘市 Shangqiu									
民权县 Minquan	157.75	94.35	21.89	21.18	601239	438245	23831	98567	257061
睢县 Suixian	165.21	90.06	18.63	16.53	547395	359809	20283	70515	45111
宁陵县 Ningling	93.49	64.15	6.31	11.02	416037	282146	6951	51270	128358
柘城县 Zhecheng	140.89	90.46	8.03	3.17	598686	408209	8188	10405	56111
虞城县 Yucheng	214.05	131.37	21.72	12.80	838604	502807	23632	53081	479015
夏邑县 Xiayi	179.25	131.96	12.57	10.07	849540	492021	13044	35675	186789
永城市 Yongcheng	236.91	175.73	13.14	9.82	1087524	680522	13857	33237	290328
信阳市 Xinyang									
罗山县 Luoshan	135.08	90.00	1.35	23.23	650809	99932	1100	51907	5846
光山县 Guangshan	124.35	69.98	2.20	27.54	535204	73955	1126	72179	3790
新县 Xinxian	27.12	14.63	0.18	6.10	112922	3643	123	19507	1727
商城县 Shangcheng	79.65	46.25	0.62	17.55	330059	45757	784	45496	6649
固始县 Gushi	274.55	149.42	2.10	59.44	1116995	157765	1743	157429	36489
潢川县 Huangchuan	120.32	89.13	0.15	16.93	606336	135839	152	43283	4056
淮滨县 Huaibin	129.34	92.23	3.14	15.94	504834	230298	3394	39347	8869
息县 Xixian	202.82	151.81	4.75	20.52	853295	408131	6204	50039	11526
周口市 Zhoukou									
扶沟县 Fugou	153.40	80.05	37.18	5.86	500573	400225	39478	25895	23301
西华县 Xihua	173.53	97.32	36.77	11.66	611318	442340	37936	39767	113611
商水县 Shangshui	208.03	151.05	11.14	11.97	1003146	532788	10891	33921	30537
沈丘县 Shenqiu	151.33	112.51	7.16	7.12	694994	434085	8248	16037	30531
郸城县 Dancheng	200.40	124.32	31.18	9.90	775613	528667	32047	21153	12447
淮阳县 Huaiyang	224.09	120.14	28.30	20.77	724783	513076	29045	97310	21646
太康县 Taikang	221.30	147.89	32.85	6.80	1002607	658483	33731	24092	59701
鹿邑县 Luyi	177.92	123.94	19.10	9.63	843950	497714	20192	30008	10229
项城市 Xiangcheng	158.96	106.27	10.05	13.74	693657	455608	9881	20133	36330
驻马店市 Zhumadian									
西平县 Xiping	165.82	129.32	0.56	16.03	813783	430810	292	47489	8215
上蔡县 Shangcai	205.76	158.20	2.66	18.67	856234	424193	1424	34596	10527
平舆县 Pingyu	164.18	111.24	1.65	23.32	618712	429954	1035	33223	6675
正阳县 Zhengyang	236.58	134.42	1.79	85.35	700540	496215	955	259971	7880
确山县 Queshan	116.76	88.87	0.24	15.18	500553	283313	129	44584	2494
泌阳县 Biyang	175.60	113.72	6.89	41.53	500137	339814	3243	87932	27088
汝南县 Runan	163.73	107.66	1.81	33.94	603951	432415	1261	121587	9919
遂平县 Suiping	119.40	93.96	0.25	12.41	510532	299669	184	30587	17734
新蔡县 Xincai	189.73	127.31	15.40	24.60	663202	463102	9144	58648	11598

28-8 各县(市)牧渔业生产情况（2007年）

Statistics on Animal Husbandry and Fishery by County and City (2007)

县 市	County and city	肉类产量 (吨) Output of Meat (ton)	#猪肉 Pork	#牛肉 Beef	#羊肉 Mutton	大牲畜年底头数 (万头) Large Animals (year-end) (10 000 units)	#役畜 Drough	猪年底头数 (万头) Hogs (year-end) (10 000 units)	禽蛋产量 (吨) Poultry Eggs (ton)	水产品产量 (吨) Output of Aquatic Products (ton)
郑州市	**Zhengzhou**									
中牟县	Zhongmu	54892	31375	8330	4334	11.78	4.12	37.73	24741	60515
巩义市	Gongyi	19775	15092	1183	292	0.61	0.54	15.23	7984	1200
荥阳市	Xingyang	35603	23434	3439	514	2.56	1.25	18.74	57762	10453
新密市	Xinmi	15681	9346	1303	297	1.79	0.89	15.97	21874	715
新郑市	Xinzheng	38493	23845	872	731	3.12	1.82	29.32	33073	540
登封市	Dengfeng	20752	12598	3801	664	5.45	4.82	18.60	18329	986
开封市	**Kaifeng**									
杞县	Qixian	83061	52006	14318	6727	15.46	4.85	73.78	53835	1628
通许县	Tongxu	47212	39006	3048	1830	3.34		55.22	20818	860
尉氏县	Weishi	70586	48783	8900	6061	9.30	3.74	69.21	70109	9900
开封县	Kaifeng	59524	38025	11294	4859	13.92		53.83	34648	4914
兰考县	Lankao	38882	20328	11007	3175	12.45	0.81	29.07	27345	1305
洛阳市	**Luoyang**									
孟津县	Mengjin	18706	13591	2938	579	4.32	1.91	18.90	11271	11036
新安县	Xinan	17070	11479	2128	1062	3.30	1.46	15.81	11043	2120
栾川县	Luanchuan	6506	4390	1282	247	2.23	0.99	6.00	4924	60
嵩县	Songxian	25698	14364	8491	1086	13.43	5.94	19.98	10094	934
汝阳县	Ruyang	9430	6607	1142	271	1.75	0.77	8.80	4879	90
宜阳县	Yiyang	31937	17222	9994	1942	11.79	5.22	23.73	14440	1545
洛宁县	Luoning	22237	7640	10758	1068	13.55	6.05	9.96	11366	433
伊川县	Yichuan	33322	22384	7884	415	12.48	5.52	30.90	16565	312
偃师市	Yanshi	33062	26120	2131	303	3.13	1.38	35.64	27915	221
平顶山市	**Pingdingshan**									
宝丰县	Baofeng	30649	21093	4880	557	8.51	1.91	26.63	12935	480
叶县	Yexian	93119	57130	20224	5657	31.87	7.01	72.12	25052	7100
鲁山县	Lushan	24109	16815	3417	1036	5.36	1.18	21.23	12562	7956
郏县	Jiaxian	46384	23554	7725	1792	12.92	2.84	29.74	12119	1088
舞钢市	Wugang	31537	17208	2469	986	4.18	0.92	21.78	2113	2100
汝州市	Ruzhou	72848	47655	11154	1510	19.02	4.94	60.31	50969	1995
安阳市	**Anyang**									
安阳县	Anyang	25192	18769	1003	471	3.70	1.29	24.70	51608	1124
汤阴县	Tangyin	24176	7770	1043	665	1.68	0.59	11.08	22858	1051
滑县	Huaxian	38627	23125	4932	3728	10.74		35.94	64750	420
内黄县	Neihuang	28992	22200	286	1452	8.53	2.98	33.16	34835	402
林州市	Linzhou	49789	37296	2068	266	2.88	1.01	50.87	55613	1250
鹤壁市	**Hebi**									
浚县	Xunxian	92894	38562	1510	3986	1.83	0.87	36.48	40226	1340
淇县	Qixian	93938	17831	670	374	1.62	0.20	21.50	40979	4171

28-8 续表1 continued

县 市 County and city	肉类产量（吨）Output of Meat (ton)	#猪肉 Pork	#牛肉 Beef	#羊肉 Mutton	大牲畜年底头数（万头）Large Animals (year-end) (10 000 units)	#役畜 Drough	猪年底头数（万头）Hogs (year-end) (10 000 units)	禽蛋产量（吨）Poultry Eggs (ton)	水产品产量（吨）Output of Aquatic Products (ton)
新乡市 Xinxiang									
新乡县 Xinxiang	14113	7129	2217	310	2.15	0.01	10.29	24873	2150
获嘉县 Huojia	22831	14910	1654	112	3.02	0.04	17.94	20032	2250
原阳县 Yuanyang	26637	14829	4044	2008	6.80	1.97	21.17	32982	4700
延津县 Yanjin	23357	13238	3383	1441	4.84		17.09	24944	15000
封丘县 Fengqiu	46974	28814	7621	3640	10.48		38.09	26835	2498
长垣县 Changyuan	30258	13399	5290	1829	6.56	0.88	16.29	30836	2513
卫辉市 Weihui	46547	35228	4679	541	10.55	1.40	41.95	60334	2119
辉县市 Huixian	70800	59980	4757	401	5.61	0.31	62.72	63057	467
焦作市 Jiaozuo									
修武县 Xiuwu	28611	16702	2010	303	3.00	0.11	21.20	54391	3367
博爱县 Boai	20367	8086	7268	458	6.76		12.88	41898	200
武陟县 Wuzhi	51206	29547	5670	2200	5.85		39.30	73901	6842
温县 Wenxian	20444	14882	2690	452	3.00		19.30	27740	170
沁阳市 Qinyang	20373	11830	4681	460	3.85		19.60	27754	470
孟州市 Mengzhou	16464	11284	2358	413	2.91	0.11	14.40	15340	1345
濮阳市 Puyang									
清丰县 Qingfeng	37107	20595	1710	1073	2.95	0.35	24.30	51203	1405
南乐县 Manle	43471	24570	10020	594	14.53		35.39	51387	980
范县 Fanxian	22183	11542	1076	2781	3.20	0.72	15.43	25332	2354
台前县 Taiqian	13192	4505	465	1070	0.70	0.18	5.58	33088	800
濮阳县 Puyang	43753	27550	1590	4636	5.81	0.63	37.08	51754	2260
许昌市 Xuchang									
许昌县 Xuchang	69572	50622	8464	1773	12.89	1.84	53.46	45217	980
鄢陵县 Yanling	70895	49050	13502	1724	17.26	8.12	51.51	38623	1350
襄城县 Xiangcheng	63824	44110	8391	2431	15.28	5.59	49.54	36642	1230
禹州市 Yuzhou	64204	44307	3816	6019	5.75	0.97	40.97	32930	1260
长葛市 Changge	51009	43307	1093	264	1.47	0.11	37.60	39137	1100
漯河市 Luohe									
舞阳县 Wuyang	43129	34789	2316	1542	3.52		34.97	9448	2150
临颍县 Linying	66708	51697	4359	764	6.52	3.20	46.89	35909	992
三门峡市 Sanmenxia									
渑池县 Mianchi	25998	15304	7891	879	12.05	4.16	22.31	19234	1100
陕县 Shanxian	11830	6708	3610	469	12.83	5.25	10.87	7327	1200
卢氏县 Lushi	6076	2294	3242	255	8.15	4.58	3.42	2478	902
义马市 Yima	1817	1558	115	10	0.06	0.02	3.14	757	55
灵宝市 Lingbao	17955	12013	3749	775	6.93	3.74	16.75	8537	1463
南阳市 Nanyang									
南召县 Nanzhao	21857	13481	3770	1849	8.06	4.83	22.59	10073	14390
方城县 Fangcheng	27015	15504	3625	2821	6.30	4.54	24.98	13630	4100
西峡县 Xixia	25706	16312	4651	2364	6.55	3.51	27.49	11427	3150

28–8 续表2 continued

县 市 County and city	肉类产量 (吨) Output of Meat (ton)	#猪肉 Pork	#牛肉 Beef	#羊肉 Mutton	大牲畜年底头数 (万头) Large Animals (year-end) (10 000 units)	#役畜 Drough	猪年底头数 (万头) Hogs (year-end) (10 000 units)	禽蛋产量 (吨) Poultry Eggs (ton)	水产品产量 (吨) Output of Aquatic Products (ton)
镇平县 Zhenping	29292	17875	3719	1795	6.67	3.14	29.89	20345	5600
内乡县 Neixiang	72543	50133	10557	6430	10.84	6.38	42.48	19041	3670
淅川县 Xichuan	50936	29366	13130	2803	19.57	11.42	40.25	22883	17200
社旗县 Sheqi	51592	32292	11465	2023	14.83	8.54	38.91	15825	3903
唐河县 Tanghe	97259	56787	24627	4077	37.12	13.68	75.39	43475	6600
新野县 Xinye	39077	17307	11232	3261	14.25	6.57	31.95	22522	4300
桐柏县 Tongbai	23589	13337	5316	1464	8.73	3.18	19.25	10698	7200
邓州市 Dengzhou	119693	66093	34189	6299	30.40	10.83	101.47	60021	5650
商丘市 Shangqiu									
民权县 Minquan	46996	28416	6975	4898	8.38		39.51	31783	11500
睢县 Suixian	46751	32285	3809	3516	6.31	0.17	49.16	25555	5020
宁陵县 Ningling	26086	18511	2092	2480	3.71	0.63	28.92	10375	4800
柘城县 Zhecheng	48639	31010	10763	3176	12.30		36.81	12889	2702
虞城县 Yucheng	64562	31881	20068	6332	23.47	1.21	40.64	24418	10748
夏邑县 Xiayi	65810	35559	19153	5166	9.12	0.35	34.00	29392	5400
永城市 Yongcheng	73311	32545	23481	8079	17.01	2.21	35.09	43437	12226
信阳市 Xinyang									
罗山县 Luoshan	34612	24894	3499	386	6.97	6.00	30.17	15819	18720
光山县 Guangshan	35968	20068	3999	231	9.24	7.31	23.79	24184	18430
新县 Xinxian	19446	13048	3964	293	7.27	5.17	14.06	8330	3456
商城县 Shangcheng	37324	20955	3228	1428	6.51	4.99	17.01	20977	20634
固始县 Gushi	118069	67297	2362	3406	7.43	4.94	61.63	64231	38000
潢川县 Huangchuan	109430	27181	2244	518	10.38	9.66	30.40	21205	25600
淮滨县 Huaibin	43862	19446	7678	1794	8.02	5.64	21.02	12187	8320
息县 Xixian	35063	19864	6819	872	6.71	2.16	25.61	15549	11160
周口市 Zhoukou									
扶沟县 Fugou	34951	24111	8693	779	11.34	6.80	29.45	9830	2392
西华县 Xihua	66318	51437	6979	2999	11.71	6.10	56.16	21533	2516
商水县 Shangshui	70615	51429	9077	4050	10.04	0.66	57.86	23702	3000
沈丘县 Shenqiu	70134	43608	14155	6189	13.23		45.08	27739	5932
郸城县 Dancheng	44929	28638	8595	3567	8.50	5.81	40.12	19827	5064
淮阳县 Huaiyang	80342	51358	13580	5895	13.94	4.15	51.35	21552	21540
太康县 Taikang	84338	51508	16771	6027	15.48		62.52	36896	1426
鹿邑县 Luyi	57430	39524	9828	2489	13.53		47.47	24010	1951
项城市 Xiangcheng	42932	29325	6382	1754	5.92	1.39	40.83	18986	4413
驻马店市 Zhumadian									
西平县 Xiping	90155	69942	1064	2089	1.81	0.08	88.55	48114	3630
上蔡县 Shangcai	65000	46688	6311	2043	6.70		61.73	42362	4495
平舆县 Pingyu	48271	29421	7784	3189	13.82		43.93	20190	6831
正阳县 Zhengyang	78883	73725	875	446	2.21	0.02	93.92	15290	9657
确山县 Queshan	60855	38363	15130	2436	25.19	1.22	53.05	12479	6510
泌阳县 Biyang	71543	27157	33337	3752	51.29	43.82	35.93	22507	12001
汝南县 Runan	69310	49193	8075	4109	5.93	0.79	62.29	19095	20921
遂平县 Suiping	64222	47959	6487	1307	9.12	0.61	59.73	51096	4068
新蔡县 Xincai	87270	46598	23221	3274	39.28	21.97	62.46	35590	5392

28–9 各县(市)财政、金融主要指标（2007年）

Main Indicators of Government Finance and Financial Intermediation by County and City (2007)

单位：万元 (10 000 yuan)

县 市 County and city	财政收入 Financial Revenue of the Local Government	财政支出 Financial Expenditures of the Local Government	#教育 Education	#农林水事务 Farming Forestry Water Conservancy Operating	金融机构存款余额 Deposits of National Banking System	金融机构贷款余额 Loans of National Banking System	居民储蓄存款 Balance of Savings Deposit of Rural and Urban Residents
郑 州 市 Zhengzhou							
中 牟 县 Zhongmu	51666	100505	22897	11588	523991	293860	394685
巩 义 市 Gongyi	126126	158208	28592	9082	1173397	552364	845256
荥 阳 市 Xingyang	76106	114499	24203	11346	751980	261659	582492
新 密 市 Xinmi	86148	123606	32216	14036	1320630	458968	1104106
新 郑 市 Xinzheng	82642	130793	26485	12609	687239	423904	515540
登 封 市 Dengfeng	112057	148783	31732	15254	946962	462256	744998
开 封 市 Kaifeng							
杞 县 Qixian	17506	83566	17163	10174	360088	185948	322982
通 许 县 Tongxu	11286	51708	14345	5806	279936	122949	251439
尉 氏 县 Weishi	26516	82656	17108	10510	369386	212914	310059
开 封 县 Kaifeng	17068	61668	17494	6516	262342	130782	210997
兰 考 县 Lankao	13711	62937	16391	5706	327335	172034	272747
洛 阳 市 Luoyang							
孟 津 县 Mengjin	33621	63994	16414	7426	348984	88075	281861
新 安 县 Xinan	86077	119925	20309	10340	387690	232050	295170
栾 川 县 Luanchuan	101168	123456	30422	17565	708307	87344	446025
嵩 县 Songxian	23169	69486	17445	8594	288263	75831	216635
汝 阳 县 Ruyang	24068	61721	16614	6410	229814	77183	180033
宜 阳 县 Yiyang	26568	75378	19140	7514	285795	102866	225258
洛 宁 县 Luoning	20018	65152	15703	6682	227579	71399	150644
伊 川 县 Yichuan	81169	119439	28014	9977	502461	315390	324319
偃 师 市 Yanshi	90169	131839	23827	13373	742478	290474	626857
平 顶 山 市 Pingdingshan							
宝 丰 县 Baofeng	31972	68338	13190	7375	430575	148957	361638
叶 县 Yexian	25075	79671	17391	9098	385866	160202	313977
鲁 山 县 Lushan	29000	89023	20105	9320	486068	234045	399727
郏 县 Jiaxian	20099	60131	13345	5519	262031	99831	226695
舞 钢 市 Wugang	78286	100277	17541	10637	475592	342298	312983
汝 州 市 Ruzhou	47249	105052	25520	8404	630518	336352	472771
安 阳 市 Anyang							
安 阳 县 Anyang	62893	111276	34627	10346	833543	371520	705388
汤 阴 县 Tangyin	14614	48465	14093	5679	315574	136287	274190
滑 县 Huaxian	20282	101373	35593	12015	576143	253566	486983
内 黄 县 Neihuang	11118	60453	18232	5888	274505	137896	212812
林 州 市 Linzhou	52284	100502	32955	8529	1318217	559121	1157293
鹤 壁 市 Hebi							
浚 县 Xunxian	13496	58967	15153	5627	340734	259890	277655
淇 县 Qixian	17051	47346	9021	6196	345233	416273	277284

28-9 续表1 continued

单位：万元 (10 000 yuan)

县 市 County and city	财政收入 Financial Revenue of the Local Government	财政支出 Financial Expenditures of the Local Government	#教育 Education	#农林水事务 Farming Forestry Water Conservancy Operating	金融机构存款余额 Deposits of National Banking System	金融机构贷款余额 Loans of National Banking System	居民储蓄存款 Balance of Savings Deposit of Rural and Urban Residents
新乡市 Xinxiang							
新乡县 Xinxiang	41300	65864	15170	6356	552731	358977	410104
获嘉县 Huojia	11563	41920	11039	3942	291802	156977	246066
原阳县 Yuanyang	14486	64050	13691	5803	274671	151660	222897
延津县 Yanjin	15557	49859	12290	6188	225548	179767	172041
封丘县 Fengqiu	12008	65605	19067	6620	337506	151594	274592
长垣县 Changyuan	32288	78022	21295	8269	770229	510282	637979
卫辉市 Weihui	19672	59759	12824	4983	335226	252761	283406
辉县市 Huixian	53018	105881	22781	11633	712820	346944	581730
焦作市 Jiaozuo							
修武县 Xiuwu	30087	51386	11167	4600	272946	180398	184471
博爱县 Boai	45528	69613	13276	7074	340671	233792	309447
武陟县 Wuzhi	40016	80592	17227	8766	391097	263445	330539
温县 Wenxian	30096	64305	11508	4162	352506	228145	282308
沁阳市 Qinyang	52403	87967	14625	6939	467708	247831	399083
孟州市 Mengzhou	48596	75404	10707	6963	358463	209431	295833
濮阳市 Puyang							
清丰县 Qingfeng	12311	60568	13909	6720	287696	126258	252474
南乐县 Manle	7955	48433	11241	5915	177474	80178	150379
范县 Fanxian	12347	56689	13533	4238	264576	80791	228489
台前县 Taiqian	4683	45481	11399	4933	218483	61603	178947
濮阳县 Puyang	31416	99958	29311	11785	527341	203980	443555
许昌市 Xuchang							
许昌县 Xuchang	30569	73886	19198	7629	546810	330312	374437
鄢陵县 Yanling	18483	70223	15769	6840	365147	263146	313272
襄城县 Xiangcheng	28500	74945	20502	6417	454095	162240	399642
禹州市 Yuzhou	100039	150150	28127	7994	905683	412823	745391
长葛市 Changge	50009	92553	26183	8132	618399	474535	495111
漯河市 Luohe							
舞阳县 Wuyang	17406	56936	11620	4600	318646	209087	283069
临颍县 Linying	18441	68588	18235	6566	356581	404698	314459
三门峡市 Sanmenxia							
渑池县 Mianchi	61068	88633	18914	12110	353102	187203	274877
陕县 Shanxian	38217	68780	14282	6517	371423	364904	277901
卢氏县 Lushi	14069	54086	11013	4668	247717	78752	193715
义马市 Yima	32516	41484	8059	2647	403868	185165	243183
灵宝市 Lingbao	54488	99293	25791	12097	932618	350968	759054
南阳市 Nanyang							
南召县 Nanzhao	18501	64993	15812	9049	309237	199634	247754
方城县 Fangcheng	19330	88437	22103	9124	377642	255568	295602
西峡县 Xixia	40039	82004	19314	7789	407913	303716	285263

28-9 续表2 continued

单位：万元 (10 000 yuan)

县市	County and city	财政收入 Financial Revenue of the Local Government	财政支出 Financial Expenditures of the Local Government	#教育 Education	#农林水事务 Farming Forestry Water Conservancy Operating	金融机构存款余额 Deposits of National Banking System	金融机构贷款余额 Loans of National Banking System	居民储蓄存款 Balance of Savings Deposit of Rural and Urban Residents
镇平县	Zhenping	24736	80256	19851	8533	544205	315554	462729
内乡县	Neixiang	20008	66915	14130	9130	311342	196071	241281
淅川县	Xichuan	23096	88699	17308	13749	365559	275118	301993
社旗县	Sheqi	11071	63434	14632	6375	225614	171383	169303
唐河县	Tanghe	29139	111807	29698	11649	571579	351600	488591
新野县	Xinye	20069	68315	17674	7485	429770	307135	368407
桐柏县	Tongbai	23037	60811	17772	7700	308937	184524	246438
邓州市	Dengzhou	32086	118116	30968	12734	637174	434937	559089
商丘市	**Shangqiu**							
民权县	Minquan	8019	80008	33633	8092	320125	259168	253222
睢县	Suixian	8518	75586	21787	7738	329680	269171	282640
宁陵县	Ningling	7266	64650	19534	6637	235814	282421	198579
柘城县	Zhecheng	8038	81566	26264	6970	351648	222489	305272
虞城县	Yucheng	13568	95518	30588	6972	383332	266467	333045
夏邑县	Xiayi	8758	86908	25831	6265	557030	341644	498338
永城市	Yongcheng	82990	150039	46398	9962	930110	873731	641033
信阳市	**Xinyang**							
罗山县	Luoshan	10360	77509	19705	7916	520008	212543	438513
光山县	Guangshan	15163	78603	23767	7024	519278	272068	436982
新县	Xinxian	8810	60205	15200	6546	279635	142495	215856
商城县	Shangcheng	10798	78666	26688	10333	414826	192626	355837
固始县	Gushi	28872	132113	41375	14683	875633	433314	774166
潢川县	Huangchuan	17826	79562	24153	8454	443329	468505	361433
淮滨县	Huaibin	8081	71680	19830	5854	285862	165383	239658
息县	Xixian	12227	84084	26064	5637	592119	264614	497894
周口市	**Zhoukou**							
扶沟县	Fugou	13036	77402	19645	8692	404066	263661	363366
西华县	Xihua	11133	81502	23548	7514	407674	207602	353247
商水县	Shangshui	12096	87157	25523	6599	433104	188735	373801
沈丘县	Shenqiu	15666	95560	29969	8890	570077	414105	508815
郸城县	Dancheng	15078	94689	35013	6831	469797	311428	422662
淮阳县	Huaiyang	14019	101176	27459	8009	487583	223092	430068
太康县	Taikang	12106	104078	29639	8703	520185	236550	462471
鹿邑县	Luyi	18618	104901	30124	9970	479214	353659	420198
项城市	Xiangcheng	27310	94436	27534	8220	665597	247292	584664
驻马店市	**Zhumadian**							
西平县	Xiping	15006	87327	17639	13610	455611	199089	388911
上蔡县	Shangcai	12666	95197	28248	8502	590238	302794	528045
平舆县	Pingyu	13366	76868	29478	5551	490818	220501	430581
正阳县	Zhengyang	9119	72293	17528	7963	408018	172671	354288
确山县	Queshan	12603	57066	11485	6429	345268	119200	278592
泌阳县	Biyang	17000	94449	19082	11599	369867	194469	300493
汝南县	Runan	11826	71819	16134	8579	378327	209200	324730
遂平县	Suiping	13069	61765	11725	6987	318464	194427	268021
新蔡县	Xincai	9566	78796	19772	6881	432561	211202	378296

28-10 各县(市)教育主要指标(2007年)

Main Indicators of Education by County and City (2007)

县 市 County and city	在校学生数(人) Student Enrollment (person) 小学 Primary Schools	普通中学 Regular Secondary Schools	小学适龄人口入学率(%) Rate of School-age Children Enrollment (%)	小学在校生巩固率(%) Percentage of Primary Schools Enrollment Consolidated (%)	初中适龄人口入学率(%) Rate of Junior Enrollment (%)	初中在校生巩固率(%) Percentage of Junior Enrollment Consolidated (%)
郑州市 Zhengzhou						
中牟县 Zhongmu	59927	54906	100.0	81.8	99.4	99.9
巩义市 Gongyi	51384	54758	100.0	88.7	100.0	86.6
荥阳市 Xingyang	39011	42032	100.0	91.1	99.2	97.9
新密市 Xinmi	68210	59801	100.0	90.4	99.4	97.5
新郑市 Xinzheng	40715	46472	100.0	95.9	99.2	85.0
登封市 Dengfeng	52667	47047	100.0	103.2	100.0	97.7
开封市 Kaifeng						
杞县 Qixian	107210	69994	100.0	105.2	98.6	114.7
通许县 Tongxu	61017	42930	100.0	100.9	97.9	129.1
尉氏县 Weishi	71933	49747	100.0	85.6	98.9	94.5
开封县 Kaifeng	67621	50531	100.0	89.5	98.0	77.3
兰考县 Lankao	84126	50801	100.0	101.8	97.4	80.8
洛阳市 Luoyang						
孟津县 Mengjin	33192	34175	100.0	93.4	97.4	86.8
新安县 Xinan	49950	36257	100.0	94.1	100.0	93.5
栾川县 Luanchuan	27782	22817	100.0	95.7	98.1	91.4
嵩县 Songxian	58414	34844	100.0	98.5	99.2	90.1
汝阳县 Ruyang	49854	28611	100.0	90.9	98.7	90.6
宜阳县 Yiyang	80825	47120	100.0	85.4	100.0	82.7
洛宁县 Luoning	45870	27329	100.0	80.7	100.0	76.0
伊川县 Yichuan	84302	55177	100.0	98.1	100.0	86.5
偃师市 Yanshi	77067	58645	100.0	98.6	99.0	94.7
平顶山市 Pingdingshan						
宝丰县 Baofeng	34854	29751	100.0	85.8	100.0	94.2
叶县 Yexian	71643	53209	100.0	87.6	100.0	90.9
鲁山县 Lushan	60026	46700	100.0	83.5	95.2	68.2
郏县 Jiaxian	60488	37845	100.0	77.9	100.0	116.0
舞钢市 Wugang	21425	17275	100.0	67.1	100.0	95.8
汝州市 Ruzhou	85255	51841	100.0	91.4	100.0	75.2
安阳市 Anyang						
安阳县 Anyang	82178	60947	100.0	106.3	96.1	96.0
汤阴县 Tangyin	41529	23317	100.0	99.8	100.0	98.0
滑县 Huaxian	117123	78560	99.6	98.3	92.5	84.7
内黄县 Neihuang	56189	42942	98.6	96.6	97.2	82.4
林州市 Linzhou	73351	63789	100.0	99.7	100.0	96.4
鹤壁市 Hebi						
浚县 Xunxian	84935	52387	100.0	100.0	99.1	99.2
淇县 Qixian	35945	17144	100.0	107.6	99.4	91.5

28-10 续表 1 continued

县 市	County and city	在校学生数(人) Student Enrollment (person) 小学 Primary Schools	普通中学 Regular Secondary Schools	小学适龄人口入学率(%) Rate of School-age Children Enrollment (%)	小学在校生巩固率(%) Percentage of Primary Schools Enrollment Consolidated (%)	初中适龄人口入学率(%) Rate of Junior Enrollment (%)	初中在校生巩固率(%) Percentage of Junior Enrollment Consolidated (%)
新乡市	**Xinxiang**						
新乡县	Xinxiang	29794	18854	100.0	72.6	98.3	95.1
获嘉县	Huojia	35719	21723	100.0	94.3	99.0	84.7
原阳县	Yuanyang	80489	49679	100.0	93.0	98.5	99.5
延津县	Yanjin	45753	31523	100.0	77.6	97.8	86.5
封丘县	Fengqiu	74183	55025	100.0	104.8	98.5	93.7
长垣县	Changyuan	94646	57070	100.0	92.4	97.9	79.3
卫辉市	Weihui	45574	29903	100.0	99.9	99.3	99.5
辉县市	Huixian	49087	53893	100.0	100.7	98.5	98.1
焦作市	**Jiaozuo**						
修武县	Xiuwu	32479	22420	100.0	96.9	100.0	91.8
博爱县	Boai	42974	32528	100.0	100.2	100.0	98.1
武陟县	Wuzhi	74725	51586	100.0	103.2	100.0	89.8
温县	Wenxian	41392	29923	100.0	101.8	97.0	88.1
沁阳市	Qinyang	40671	32443	100.0	101.2	100.0	92.8
孟州市	Mengzhou	28440	20532	100.0	94.5	98.2	88.3
濮阳市	**Puyang**						
清丰县	Qingfeng	60464	43911	100.0	95.2	99.6	85.4
南乐县	Manle	51688	45654	100.0	101.4	100.0	99.8
范县	Fanxian	69941	37724	100.0	100.0	100.0	96.0
台前县	Taiqian	47395	33481	100.0	95.8	100.0	104.0
濮阳县	Puyang	119583	74199	100.0	101.0	100.0	103.1
许昌市	**Xuchang**						
许昌县	Xuchang	62215	50872	99.8	97.4	99.5	93.6
鄢陵县	Yanling	53077	42965	100.0	91.6	100.0	109.4
襄城县	Xiangcheng	69905	63308	99.7	91.4	97.5	98.3
禹州市	Yuzhou	116519	91998	99.2	102.8	98.3	97.5
长葛市	Changge	55339	45682	99.2	96.2	87.1	90.2
漯河市	**Luohe**						
舞阳县	Wuyang	35257	30109	100.0	89.6	99.4	96.1
临颍县	Linying	63815	51634	100.0	99.6	99.0	95.2
三门峡市	**Sanmenxia**						
渑池县	Mianchi	32397	23446	100.0	97.3	100.0	106.9
陕县	Shanxian	32475	23553	100.0	100.9	100.0	95.9
卢氏县	Lushi	29287	29121	100.0	82.6	100.0	102.9
义马市	Yima	11876	8887	100.0	74.4	100.0	91.1
灵宝市	Lingbao	57495	67507	100.0	97.3	100.0	92.4
南阳市	**Nanyang**						
南召县	Nanzhao	61278	33481	99.4	86.3	91.6	97.5
方城县	Fangcheng	78931	49403	99.9	97.7	95.2	93.1
西峡县	Xixia	36477	22472	99.8	95.2	96.1	95.0

28-10 续表 2 continued

县 市 County and city	在校学生数(人) Student Enrollment (person) 小学 Primary Schools	普通中学 Regular Secondary Schools	小学适龄人口入学率(%) Rate of School-age Children Enrollment (%)	小学在校生巩固率(%) Percentage of Primary Schools Enrollment Consolidated (%)	初中适龄人口入学率(%) Rate of Junior Enrollment (%)	初中在校生巩固率(%) Percentage of Junior Enrollment Consolidated (%)
镇平县 Zhenping	69415	38065	99.8	92.7	99.9	89.6
内乡县 Neixiang	53646	35039	99.3	101.4	97.0	93.4
淅川县 Xichuan	78358	48818	99.8	96.9	94.7	91.2
社旗县 Sheqi	59291	34186	99.4	98.7	93.9	95.5
唐河县 Tanghe	94180	71383	100.0	104.7	100.0	95.8
新野县 Xinye	61887	42020	100.0	92.6	100.0	101.2
桐柏县 Tongbai	38508	28024	99.1	88.2	98.5	100.0
邓州市 Dengzhou	153027	95965	100.0	104.6	99.8	107.9
商丘市 Shangqiu						
民权县 Minquan	122807	81378	100.0	102.6	98.0	92.7
睢县 Suixian	108711	79226	100.0	93.2	98.4	92.5
宁陵县 Ningling	86939	63796	100.0	94.9	99.4	113.8
柘城县 Zhecheng	126566	81863	99.9	99.9	97.4	98.7
虞城县 Yucheng	161373	98565	100.0	97.6	99.6	82.3
夏邑县 Xiayi	151201	108600	100.0	106.7	99.4	95.9
永城市 Yongcheng	158543	108168	99.9	100.0	98.8	99.9
信阳市 Xinyang						
罗山县 Luoshan	68060	54916	100.0	98.9	100.0	99.4
光山县 Guangshan	100315	76879	100.0	104.5	99.0	100.7
新县 Xinxian	35253	23852	100.0	105.2	100.0	110.7
商城县 Shangcheng	100168	68916	100.0	92.2	100.0	107.7
固始县 Gushi	150093	118130	100.0	102.0	100.0	100.1
潢川县 Huangchuan	90857	61951	100.0	102.5	98.9	98.9
淮滨县 Huaibin	104543	60468	100.0	102.5	99.9	95.3
息县 Xixian	112067	61643	100.0	100.6	100.0	101.2
周口市 Zhoukou						
扶沟县 Fugou	79576	64005	100.0	100.0	97.8	99.0
西华县 Xihua	127695	80248	100.0	100.0	97.8	96.8
商水县 Shangshui	181623	104061	100.0	97.5	97.8	89.7
沈丘县 Shenqiu	153741	98105	100.0	100.0	97.7	99.9
郸城县 Dancheng	198096	111875	100.0	100.0	97.8	97.8
淮阳县 Huaiyang	187371	107777	100.0	100.0	97.8	90.8
太康县 Taikang	167521	113308	100.0	94.5	97.8	98.1
鹿邑县 Luyi	185974	92654	100.0	99.6	97.8	98.5
项城市 Xiangcheng	140682	103249	100.0	89.2	98.1	100.0
驻马店市 Zhumadian						
西平县 Xiping	95951	65417	100.0	100.0	100.0	100.0
上蔡县 Shangcai	187515	92487	100.0	99.3	100.0	99.9
平舆县 Pingyu	129699	66935	100.0	98.5	100.0	95.4
正阳县 Zhengyang	88590	63335	100.0	104.0	100.0	90.7
确山县 Queshan	54200	26983	100.0	99.9	100.0	93.0
泌阳县 Biyang	108014	69215	100.0	100.0	100.0	98.2
汝南县 Runan	99302	53024	100.0	98.8	100.0	98.6
遂平县 Suiping	41324	35850	100.0	102.6	100.0	96.4
新蔡县 Xincai	126777	69322	100.0	100.0	100.0	98.5

28-11 各县(市)卫生主要指标(2007年)

Main Indicators of Sanitation by County and City (2007)

县 市	County and city	卫生机构床位数（张） Number of Beds in Health Institutions (unit)	卫生技术人员（人） Medical Technical Personnel (person)	执业医师（人） Medical practitioner (person)	执业助理医师（人） Assistant doctor of the operation (person)	注册护士（人） Registered Nurse (person)
郑州市	**Zhengzhou**					
中牟县	Zhongmu	1518	1780	481	216	504
巩义市	Gongyi	1864	2426	643	217	869
荥阳市	Xingyang	1178	1739	447	207	490
新密市	Xinmi	2348	2700	813	242	898
新郑市	Xinzheng	1247	1809	483	223	612
登封市	Dengfeng	2114	2465	569	215	956
开封市	**Kaifeng**					
杞县	Qixian	1133	1593	322	214	394
通许县	Tongxu	1312	1177	248	157	377
尉氏县	Weishi	1355	1434	270	269	447
开封县	Kaifeng	765	1124	248	176	301
兰考县	Lankao	1927	2106	454	347	620
洛阳市	**Luoyang**					
孟津县	Mengjin	1103	951	210	123	241
新安县	Xinan	903	1269	294	157	374
栾川县	Luanchuan	860	624	199	56	192
嵩县	Songxian	947	1151	262	155	317
汝阳县	Ruyang	859	838	247	62	261
宜阳县	Yiyang	1086	1327	282	146	334
洛宁县	Luoning	1056	1137	246	104	229
伊川县	Yichuan	1098	1593	358	204	382
偃师市	Yanshi	1068	1265	452	112	311
平顶山市	**Pingdingshan**					
宝丰县	Baofeng	1164	1461	354	192	397
叶县	Yexian	1069	1312	336	251	264
鲁山县	Lushan	1405	1450	374	214	403
郏县	Jiaxian	897	1270	292	173	303
舞钢市	Wugang	992	959	307	89	310
汝州市	Ruzhou	2909	1579	431	225	459
安阳市	**Anyang**					
安阳县	Anyang	1442	1310	390	170	242
汤阴县	Tangyin	952	1165	329	124	289
滑县	Huaxian	1694	1572	528	203	437
内黄县	Neihuang	1312	1460	391	143	362
林州市	Linzhou	2546	2614	888	325	543
鹤壁市	**Hebi**					
浚县	Xunxian	980	1353	313	153	351
淇县	Qixian	1143	1143	268	144	374

28-11 续表 1 continued

县 市	County and city	卫生机构床位数(张) Number of Beds in Health Institutions (unit)	卫生技术人员(人) Medical Technical Personnel (person)	执业医师(人) Medical practitioner (person)	执业助理医师(人) Assistant doctor of the operation (person)	注册护士(人) Registered Nurse (person)
新乡市	**Xinxiang**					
新乡县	Xinxiang	610	600	208	73	152
获嘉县	Huojia	1267	1242	372	81	336
原阳县	Yuanyang	1354	1666	398	198	507
延津县	Yanjin	1118	1257	362	174	315
封丘县	Fengqiu	1260	1731	337	204	393
长垣县	Changyuan	1329	2014	489	243	369
卫辉市	Weihui	2202	2361	643	229	763
辉县市	Huixian	1761	2091	617	272	521
焦作市	**Jiaozuo**					
修武县	Xiuwu	655	943	205	140	221
博爱县	Boai	1068	1364	414	205	294
武陟县	Wuzhi	1324	1496	341	213	296
温县	Wenxian	1127	1486	455	157	375
沁阳市	Qinyang	1024	1331	421	105	380
孟州市	Mengzhou	909	1094	340	110	282
濮阳市	**Puyang**					
清丰县	Qingfeng	914	1209	287	196	298
南乐县	Manle	876	983	236	147	233
范县	Fanxian	866	1045	206	80	318
台前县	Taiqian	545	638	151	65	177
濮阳县	Puyang	1410	1636	370	224	386
许昌市	**Xuchang**					
许昌县	Xuchang	874	1453	341	255	370
鄢陵县	Yanling	1099	1543	338	136	379
襄城县	Xiangcheng	1325	1397	248	211	274
禹州市	Yuzhou	2044	2952	782	277	643
长葛市	Changge	1374	2587	687	385	538
漯河市	**Luohe**					
舞阳县	Wuyang	1026	1474	371	222	433
临颍县	Linying	1063	1921	365	249	607
三门峡市	**Sanmenxia**					
渑池县	Mianchi	673	780	223	66	168
陕县	Shanxian	564	852	359	122	184
卢氏县	Lushi	848	790	199	143	204
义马市	Yima	1239	1527	419	91	644
灵宝市	Lingbao	1451	1822	567	238	470
南阳市	**Nanyang**					
南召县	Nanzhao	1024	1666	361	190	417
方城县	Fangcheng	1312	1899	330	296	467
西峡县	Xixia	587	886	191	141	135

28-11 续表 2 continued

县 市	County and city	卫生机构床位数（张）Number of Beds in Health Institutions (unit)	卫生技术人员（人）Medical Technical Personnel (person)	执业医师（人）Medical practitioner (person)	执业助理医师（人）Assistant doctor of the operation (person)	注册护士（人）Registered Nurse (person)
镇平县	Zhenping	1139	1851	431	289	390
内乡县	Neixiang	932	1027	299	122	311
淅川县	Xichuan	901	1447	348	184	332
社旗县	Sheqi	898	1370	317	219	260
唐河县	Tanghe	1269	2098	483	206	577
新野县	Xinye	970	1802	412	237	444
桐柏县	Tongbai	730	1276	205	166	271
邓州市	Dengzhou	1778	2090	565	206	515
商丘市	**Shangqiu**					
民权县	Minquan	1363	1281	371	143	419
睢县	Suixian	1424	1825	341	206	392
宁陵县	Ningling	995	2083	553	304	432
柘城县	Zhecheng	1574	2063	403	216	513
虞城县	Yucheng	1590	2251	451	249	341
夏邑县	Xiayi	1992	2384	572	215	566
永城市	Yongcheng	2527	3352	830	371	879
信阳市	**Xinyang**					
罗山县	Luoshan	996	1500	391	198	414
光山县	Guangshan	997	1309	467	131	302
新县	Xinxian	482	653	184	69	153
商城县	Shangcheng	837	1164	336	196	241
固始县	Gushi	1562	1981	476	230	429
潢川县	Huangchuan	853	1254	348	127	303
淮滨县	Huaibin	747	910	223	148	218
息县	Xixian	841	1156	283	214	246
周口市	**Zhoukou**					
扶沟县	Fugou	1075	1944	548	243	371
西华县	Xihua	1234	1909	524	216	389
商水县	Shangshui	1006	1725	471	219	376
沈丘县	Shenqiu	1367	1886	451	216	380
郸城县	Dancheng	1410	2259	533	403	440
淮阳县	Huaiyang	1361	2590	550	362	621
太康县	Taikang	1710	2547	797	453	518
鹿邑县	Luyi	1616	2141	392	488	357
项城市	Xiangcheng	1256	1864	519	258	447
驻马店市	**Zhumadian**					
西平县	Xiping	1273	1440	411	205	390
上蔡县	Shangcai	1294	2500	729	368	394
平舆县	Pingyu	1171	1687	427	186	425
正阳县	Zhengyang	1090	1155	329	165	293
确山县	Queshan	1081	1098	296	127	381
泌阳县	Biyang	1192	2116	399	317	383
汝南县	Runan	1210	1292	522	55	305
遂平县	Suiping	1128	1785	401	202	569
新蔡县	Xincai	1154	1373	306	214	338

全国及各省(市、区)主要统计指标

Main Indicators of the Whole Nation and 31 Provinces (Municipality,Autonomous Regions)

29–1 全国及各省市区人口、工资及投资(2007年)

Population, Wage and Investment by Provinces and Regions (2007)

地区 Region	常住人口(万人) Number of the resident population (10 000 persons)	在岗职工平均工资(元) Average Wage of Staff and Workers (yuan)	#国有经济 State-Owned Units	#城镇集体经济 Urban Collective Owned Units	城镇固定资产投资(亿元) Total Investment in Fixed Assets (100 million yuan)	#房地产 Real Estate
全国 National	**132129**	**24932**	**26620**	**15595**	**117414**	**25280**
北京 Beijing	1633	46507	50524	20379	3597	1996
天津 Tianjin	1115	34938	37654	23465	2192	505
河北 Hebei	6943	19911	20900	12443	5683	708
山西 Shanxi	3393	21525	22309	14141	2600	259
内蒙古 Inner Mongolia	2405	21884	22822	14338	4258	501
辽宁 Liaoning	4298	23202	24748	12242	6576	1498
吉林 Jilin	2730	20513	21688	11135	3347	488
黑龙江 Heilongjiang	3824	19386	19635	10779	2622	382
上海 Shanghai	1858	49310	55547	30923	4045	1308
江苏 Jiangsu	7625	27374	33411	18837	9163	2516
浙江 Zhejiang	5060	31086	48857	25462	5999	1821
安徽 Anhui	6118	22180	22428	15340	4462	892
福建 Fujian	3581	22283	28011	18853	3829	1132
江西 Jiangxi	4368	18400	19624	12574	2950	432
山东 Shandong	9367	22844	27290	15636	10153	1519
河南 Henan	**9360**	**20935**	**22345**	**15850**	**6609**	**837**
湖北 Hubei	5699	19818	21971	12921	3927	724
湖南 Hunan	6355	21534	23336	16071	3610	761
广东 Guangdong	9449	29443	36396	16328	7360	2510
广西 Guangxi	4768	21898	23369	14266	2600	537
海南 Hainan	845	19357	18937	12069	472	127
重庆 Chongqing	2816	23098	25365	15149	2938	850
四川 Sichuan	8127	21312	24365	15176	5046	1331
贵州 Guizhou	3762	20668	22106	16893	1286	248
云南 Yunnan	4514	20481	22884	14054	2443	423
西藏 Tibet	284	46098	47757	11770	229	8
陕西 Shaanxi	3748	21296	21653	11289	3169	535
甘肃 Gansu	2617	20987	22314	12979	1177	134
青海 Qinghai	552	26166	29683	13228	444	34
宁夏 Ningxia	610	26210	26687	25362	528	93
新疆 Xinjiang	2095	21434	21369	17780	1652	170
河南为全国% Henan as % of the Country	**7.1**	**84.0**	**83.9**	**101.6**	**5.6**	**3.3**
河南居全国位次 Order of Precedence of Henan in the Country	**3**	**23**	**20**	**12**	**4**	**12**

29–2 全国及各省市区生产总值(2007年)

Gross Domestic Product by Provinces and Regions (2007)

地 区 Region	生产总值(亿元) Gross Domestic Products (100 million yuan)	第一产业 Primary Industry	第二产业 Secondary Industry	第三产业 Tertiary Industry	人均生产总值(元) Per Capita GDP (yuan)	生产总值指数(上年=100) Indices of GDP (preceding year=100)	第一产业 Primary Industry	第二产业 Secondary Industry	第三产业 Tertiary Industry
全 国 National	**249530**	**28095**	**121381**	**100054**	**18934**	**111.9**	**103.7**	**113.4**	**112.6**
北 京 Beijing	9353	101	2509	6743	58204	113.3	102.2	112.7	113.8
天 津 Tianjin	5050	110	2893	2048	46122	115.2	101.4	116.5	114.3
河 北 Hebei	13710	1805	7242	4663	19877	112.8	104.0	114.1	114.1
山 西 Shanxi	5733	270	3439	2025	16945	114.4	99.8	117.1	111.9
内蒙古 Inner Mongolia	6091	762	3155	2174	25393	119.1	103.9	125.8	115.7
辽 宁 Liaoning	11023	1133	5853	4037	25729	114.5	104.0	119.7	110.3
吉 林 Jilin	5285	784	2475	2025	19383	116.1	101.2	121.2	116.4
黑龙江 Heilongjiang	7065	915	3696	2454	18478	112.0	104.1	112.0	114.8
上 海 Shanghai	12189	102	5679	6409	66367	114.3	102.0	111.5	117.1
江 苏 Jiangsu	25741	1816	14306	9619	33928	114.9	103.1	115.5	116.2
浙 江 Zhejiang	18780	986	10148	7646	37411	114.7	102.3	115.5	115.4
安 徽 Anhui	7364	1200	3289	2875	12045	113.9	103.6	119.5	112.2
福 建 Fujian	9249	1002	4549	3698	25908	115.2	103.9	118.8	114.0
江 西 Jiangxi	5500	906	2841	1754	12633	113.0	104.1	117.3	111.1
山 东 Shandong	25966	2509	14777	8680	27807	114.3	104.0	115.8	114.7
河 南 Henan	**15012**	**2218**	**8283**	**4512**	**16012**	**114.6**	**103.8**	**118.1**	**114.1**
湖 北 Hubei	9231	1378	3967	3886	16206	114.5	104.7	115.1	117.7
湖 南 Hunan	9200	1627	3916	3657	14492	114.5	104.0	118.1	115.0
广 东 Guangdong	31084	1696	15939	13450	33151	114.7	103.2	117.0	113.4
广 西 Guangxi	5956	1241	2425	2289	12555	115.1	105.5	120.7	114.6
海 南 Hainan	1223	361	364	498	14555	114.8	108.0	125.8	113.0
重 庆 Chongqing	4123	482	1892	1748	14660	115.6	109.5	120.6	112.4
四 川 Sichuan	10505	2032	4641	3832	12893	114.2	103.5	119.2	113.5
贵 州 Guizhou	2742	446	1148	1147	6915	113.7	103.3	114.0	118.0
云 南 Yunnan	4741	837	2051	1853	10540	112.5	105.5	115.2	112.6
西 藏 Tibet	342	55	98	189	12109	114.0	104.2	116.0	116.0
陕 西 Shaanxi	5466	593	2965	1909	14607	114.6	105.0	117.2	113.8
甘 肃 Gansu	2702	386	1279	1037	10346	112.3	104.0	116.8	110.5
青 海 Qinghai	784	83	418	282	14257	112.5	104.4	114.9	111.7
宁 夏 Ningxia	889	98	452	339	14649	112.7	106.5	116.1	110.4
新 疆 Xinjiang	3523	629	1648	1247	16999	112.2	107.1	112.7	114.3
河南为全国% Henan as % of the Country	**6.0**	**7.9**	**6.8**	**4.5**	**84.6**				
河南居全国位次 Order of Precedence of Henan in the Country	**5**	**2**	**5**	**8**	**17**	**11**	**20**	**10**	**15**

注：生产总值、人均生产总值按当年价格计算。生产总值指数按可比价格计算。
a)GDP and per capita GDP in this table are calculated at current prices. The indices in this table are calculated at comparable prices.

29-3 全国及各省市区物价指数（2007年）

Price Indices by Provinces and Regions (2007)

(上年=100) (Preceding Year=100)

地 区	Region	居民消费价格总指数 General Consumer Price Index	固定资产投资价格指数 Price Indices of Investment In Fixed Assets	农业生产资料价格指数 General Price Index of Agricultural Means of Production	工业品出厂价格指数 Ex-Factory Price Indices of Industrial Products	原材料、燃料及动力购进价格指数 Purchasing Price Indices of Raw, Fuels and Power
全 国	**National**	**104.8**	**103.9**	**107.7**	**103.1**	**104.4**
北 京	Beijing	102.4	102.8		99.7	105.0
天 津	Tianjin	104.2	102.6		101.5	105.7
河 北	Hebei	104.7	103.8	106.9	106.9	107.8
山 西	Shanxi	104.6	104.1	106.2	107.4	105.3
内 蒙 古	Inner Mongolia	104.6	103.8	103.0	105.6	104.8
辽 宁	Liaoning	105.1	104.3	114.2	104.4	104.8
吉 林	Jilin	104.8	103.9	106.0	102.7	105.2
黑 龙 江	Heilongjiang	105.4	104.5	109.4	105.3	105.0
上 海	Shanghai	103.2	103.5		101.2	104.1
江 苏	Jiangsu	104.3	104.9	106.9	102.6	105.0
浙 江	Zhejiang	104.2	104.4	107.3	102.4	105.3
安 徽	Anhui	105.3	105.4	106.8	103.6	105.1
福 建	Fujian	105.2	105.9	110.3	100.8	104.3
江 西	Jiangxi	104.8	105.4	106.6	106.2	107.9
山 东	Shandong	104.4	104.0	107.1	103.3	104.8
河 南	**Henan**	**105.4**	**104.6**	**106.1**	**105.2**	**106.4**
湖 北	Hubei	104.8	104.1	108.0	103.8	104.5
湖 南	Hunan	105.6	105.8	113.0	106.1	106.1
广 东	Guangdong	103.7	102.4	105.8	101.3	103.3
广 西	Guangxi	106.1	102.3	114.4	104.5	106.1
海 南	Hainan	105.0	106.1	107.1	102.7	105.0
重 庆	Chongqing	104.7	105.5		103.5	106.2
四 川	Sichuan	105.9	104.7	109.0	103.9	105.7
贵 州	Guizhou	106.4	103.5	105.1	105.0	107.5
云 南	Yunnan	105.9	104.2	107.0	105.7	108.2
西 藏	Tibet	103.4		101.0	101.1	
陕 西	Shaanxi	105.1	104.0	108.3	102.9	106.3
甘 肃	Gansu	105.5	102.8	107.1	105.5	104.3
青 海	Qinghai	106.6	104.2	108.1	104.2	104.4
宁 夏	Ningxia	105.4	103.2	112.2	103.7	107.1
新 疆	Xinjiang	105.5	104.4	106.2	106.3	103.8
河南居全国位次 Order of Precedence of Henan in the Country		9	9	22	10	6

29-4 全国及各省市区城乡居民收支(2007年)

Income and Expenditure of Urban and Rural Residents by Provinces and Regions (2007)

单位：元 (yuan)

地区	Region	城镇居民人均全部收入 Per Capita Annual Total Income in Urban Households	#可支配收入 Annual Disposable Income	城镇居民人均消费支出 Per Capita Living Expenditure of Urban Households	农民人均总收入 Per Capita Annual Total Income in Rural Households	#纯收入 Annual Net Income	农民人均生活消费支出 Per Capita Living Expenditure of Rural Households
全国	**National**	**14909**	**13786**	**9997**	**5791**	**4140**	**3224**
北京	Beijing	24576	21989	15330	11106	9440	6399
天津	Tianjin	17828	16357	12029	9395	7010	3538
河北	Hebei	12336	11690	8235	6164	4293	2787
山西	Shanxi	12468	11565	8102	4681	3666	2683
内蒙古	Inner Mongolia	12977	12378	9281	6787	3953	3256
辽宁	Liaoning	13438	12300	9430	7680	4773	3368
吉林	Jilin	11799	11286	8560	6609	4191	3065
黑龙江	Heilongjiang	10882	10245	7519	7732	4132	3117
上海	Shanghai	26102	23623	17255	10951	10145	8845
江苏	Jiangsu	17686	16378	10715	8111	6561	4786
浙江	Zhejiang	22584	20574	14091	10826	8265	6802
安徽	Anhui	12500	11474	8532	4832	3556	2754
福建	Fujian	16983	15505	11055	6775	5467	4053
江西	Jiangxi	11984	11452	7811	5347	4045	2994
山东	Shandong	15366	14265	9667	7150	4985	3622
河南	**Henan**	**12083**	**11477**	**7827**	**5197**	**3852**	**2676**
湖北	Hubei	12383	11486	8701	5366	3997	3090
湖南	Hunan	12998	12294	8991	5360	3904	3377
广东	Guangdong	19619	17699	14337	6877	5624	4202
广西	Guangxi	13183	12200	8151	4587	3224	2747
海南	Hainan	11792	10997	8293	5137	3791	2557
重庆	Chongqing	13441	12591	9890	4532	3509	2527
四川	Sichuan	12010	11098	8692	5097	3547	2747
贵州	Guizhou	11066	10678	7759	3218	2374	1914
云南	Yunnan	12296	11496	7922	4215	2634	2637
西藏	Tibet	11952	11131	7532	3701	2788	2218
陕西	Shaanxi	11482	10763	8427	3816	2645	2560
甘肃	Gansu	10860	10012	7876	3341	2329	2017
青海	Qinghai	11428	10276	7512	3664	2684	2447
宁夏	Ningxia	11793	10859	7817	5245	3181	2529
新疆	Xinjiang	11303	10313	7874	6069	3183	2351
河南为全国%	Henan as % of the Country	**81.0**	**83.3**	**78.3**	**89.7**	**93.0**	**83.0**
河南居全国位次	Order of Precedence of Henan in the Country	**19**	**18**	**25**	**19**	**17**	**21**

29-5 全国及各省市区主要农产品产量(2007年)

Output of Major Farm Products by Provinces and Regions (2007)

单位：万吨 (10 000 tons)

	粮 食 Grain	棉 花 Cotton	油 料 Oil-bearing Crops	水果 Fruits	肉类 Meat	奶类 Milk	禽蛋 Poultry Eggs
全 国 National	**50160.28**	**762.36**	**2568.74**	**10520.32**	**6865.72**	**3633.38**	**2513.43**
北 京 Beijing	102.07	0.20	2.19	86.40	47.85	62.24	15.56
天 津 Tianjin	147.15	9.31	0.46	30.20	33.76	67.21	19.36
河 北 Hebei	2841.55	72.47	138.09	1015.81	396.19	497.70	396.45
山 西 Shanxi	1007.05	11.51	13.45	279.30	58.07	83.51	47.30
内 蒙 古 Inner Mongolia	1810.69	0.36	79.44	25.22	205.02	916.06	43.02
辽 宁 Liaoning	1835.00	0.21	26.38	366.11	348.01	108.30	204.15
吉 林 Jilin	2453.78	0.05	28.70	65.43	231.67	48.00	86.26
黑 龙 江 Heilongjiang	3462.94		21.28	51.77	165.03	511.74	91.39
上 海 Shanghai	109.20	0.25	3.62	43.93	25.41	22.04	5.54
江 苏 Jiangsu	3132.24	34.75	145.08	225.74	305.63	61.66	166.09
浙 江 Zhejiang	728.64	2.57	33.00	355.87	149.64	23.71	37.87
安 徽 Anhui	2901.40	37.42	199.20	207.09	323.84	18.10	108.58
福 建 Fujian	635.06	0.07	23.30	517.29	150.44	16.66	39.69
江 西 Jiangxi	1904.00	12.76	82.67	218.16	244.67	11.28	36.37
山 东 Shandong	4148.76	100.09	328.60	1333.90	618.72	242.18	359.90
河 南 Henan	**5245.22**	**75.00**	**483.98**	**663.49**	**542.92**	**224.57**	**336.72**
湖 北 Hubei	2185.44	55.73	254.75	333.22	310.03	15.51	110.29
湖 南 Hunan	2692.20	24.42	110.11	316.40	422.72	7.67	85.62
广 东 Guangdong	1284.70		77.72	950.65	385.68	12.96	29.80
广 西 Guangxi	1396.60	0.21	33.82	690.89	329.04	6.96	16.82
海 南 Hainan	177.50		6.84	233.31	54.66	0.14	2.17
重 庆 Chongqing	1088.00	0.01	30.68	148.19	159.27	8.71	32.35
四 川 Sichuan	3027.00	1.67	204.26	474.45	564.17	65.50	145.22
贵 州 Guizhou	1100.86	0.06	69.66	60.32	150.59	4.08	10.35
云 南 Yunnan	1460.71	0.03	22.06	202.37	266.10	44.65	17.95
西 藏 Tibet	93.86		5.23	0.71	23.72	28.94	0.28
陕 西 Shaanxi	1067.91	8.98	39.15	940.23	96.02	180.26	43.29
甘 肃 Gansu	824.00	12.94	42.36	228.10	76.89	35.22	12.36
青 海 Qinghai	106.18		28.02	1.38	31.44	26.51	1.26
宁 夏 Ningxia	323.52	0.00	7.75	42.40	22.79	77.45	5.65
新 疆 Xinjiang	867.04	301.27	26.90	411.98	125.74	203.85	21.31
河南为全国% Henan as % of the Country	**10.5**	**9.8**	**18.8**	**6.3**	**7.9**	**6.2**	**13.4**
河南居全国位次 Order of Precedence of Henan in the Country	**1**	**3**	**1**	**6**	**3**	**5**	**3**

29–6 全国及各省市区规模以上工业主要统计指标(2007年)

Main Indicators of Enterprises Above Designed Size by Provinces and Regions(2007)

地区 Region	原煤(万吨) Coal (10 000 tons)	原油(万吨) Crude Oil (10 000 tons)	发电量(亿千瓦小时) Electricity (100 million kwh)	成品钢材(万吨) Steel (10 000 tons)	水泥(万吨) cement (10 000 tons)	农用化肥(万吨) Chemical Fertilizers (10 000 tons)	利润总额(亿元) Total Profits (100 million yuan)	利税总额(亿元) Total Pre-tax Profits (100 million yuan)
全国 National	**229468**	**18666**	**32087**	**56461**	**135412**	**5696**	**27155**	**45578**
北京 Beijing	633		228	1030	1167	1	696	1076
天津 Tianjin		1924	393	2839	611	22	767	1098
河北 Hebei	8390	660	1589	10475	9358	217	1270	2001
山西 Shanxi	57057		1735	2093	2263	367	570	1168
内蒙古 Inner Mongolia	34886		1852	912	2779	84	642	1051
辽宁 Liaoning	6320	1238	1113	4339	3881	89	853	1653
吉林 Jilin	3158	624	493	639	2989	21	452	780
黑龙江 Heilongjiang	7997	4170	681	405	1615	62	1277	1776
上海 Shanghai		21	738	2144	786	3	1309	2150
江苏 Jiangsu	2480	199	2674	7276	11787	260	2766	4423
浙江 Zhejiang	12		1886	1589	10546	54	1775	3006
安徽 Anhui	9112		848	1770	5192	227	360	794
福建 Fujian	1992		1038	1046	4450	63	895	1376
江西 Jiangxi	2380		470	1350	4957	54	308	608
山东 Shandong	14518	2793	2691	4959	16263	871	3391	5460
河南 Henan	**18917**	**485**	**1911**	**2475**	**9271**	**524**	**1942**	**3023**
湖北 Hubei	610	86	1572	1891	5563	494	648	1229
湖南 Hunan	4852		814	1303	5557	280	488	1119
广东 Guangdong		1261	2592	2014	9776	29	3086	5106
广西 Guangxi	598	3	632	981	4239	89	294	566
海南 Hainan		11	108	12	625	62	72	133
重庆 Chongqing	2712		352	437	2820	154	242	503
四川 Sichuan	7759	18	1183	1589	6214	375	700	1283
贵州 Guizhou	10864		1166	328	1943	322	174	403
云南 Yunnan	3739		851	788	3380	312	389	996
西藏 Tibet			15		160		7	12
陕西 Shaanxi	18313	2266	699	560	3026	112	692	1098
甘肃 Gansu	3555	83	610	598	1493	78	215	421
青海 Qinghai	896	221	297	109	437	245	136	199
宁夏 Ningxia	3730		451	41	808	86	50	105
新疆 Xinjiang	3987	2604	404	469	1456	138	692	961
河南为全国% Henan as % of the Country	**8.2**	**2.6**	**6.0**	**4.4**	**6.8**	**9.2**	**7.1**	**6.6**
河南居全国位次 Order of Precedence of Henan in the Country	**3**	**10**	**4**	**6**	**6**	**2**	**4**	**4**

29-7 全国及各省市区能耗情况(2007年)

Consumption of Energy by Provinces and Regions(2007)

地 区 Region	单位GDP能耗(吨标准煤/万元) Energy Consumption for GDP (ton of SCE/10 000yuan)		单位GDP电耗(千瓦时/万元) Electricity Consumption for GDP (kw.h/10 000yuan)		单位工业增加值能耗(吨标准煤/万元) Energy Consumption for Add-value of Industry (ton of SCE/10 000yuan)	
	指标值 Index	升降(%) Change(±%)	指标值 Index	升降(%) Change(±%)	指标值 Index	升降(%) Change(±%)
全国 National	**1.160**	**-3.66**	**1422.2**	**2.56**	**2.39**	**-5.46**
北京 Beijing	0.714	-6.04	758.25	-3.66	1.19	-10.81
天津 Tianjin	1.016	-4.90	1017.15	-0.67	1.22	-8.33
河北 Hebei	1.843	-4.02	1579.76	2.86	3.87	-7.10
山西 Shanxi	2.757	-4.52	2543.87	7.46	5.42	-7.69
内蒙古 Inner Mongolia	2.305	-4.50	2101.68	10.13	4.88	-9.22
辽宁 Liaoning	1.704	-4.01	1332.69	-2.91	2.65	-9.28
吉林 Jilin	1.520	-4.41	957.23	-3.40	2.37	-6.13
黑龙江 Heilongjiang	1.354	-4.09	908.52	-5.95	2.09	-5.90
上海 Shanghai	0.833	-4.66	914.19	-5.20	1.01	-8.49
江苏 Jiangsu	0.853	-4.28	1221.44	0.02	1.41	-7.65
浙江 Zhejiang	0.828	-4.18	1246.97	-0.03	1.30	-5.36
安徽 Anhui	1.126	-4.11	1116.40	1.90	2.63	-8.61
福建 Fujian	0.875	-3.51	1156.20	0.56	1.32	-3.83
江西 Jiangxi	0.982	-4.01	993.12	1.40	2.30	-6.64
山东 Shandong	1.175	-4.54	1068.37	-0.06	1.89	-6.48
河南 Henan	**1.285**	**-4.11**	**1302.24**	**3.55**	**3.45**	**-7.08**
湖北 Hubei	1.403	-4.06	1169.82	-1.49	3.02	-9.17
湖南 Hunan	1.313	-4.43	1082.92	1.21	2.51	-7.99
广东 Guangdong	0.747	-3.15	1156.85	-1.30	0.98	-5.28
广西 Guangxi	1.152	-3.31	1278.73	2.14	2.61	-7.82
海南 Hainan	0.898	-0.80	1000.50	3.11	2.71	-2.63
重庆 Chongqing	1.333	-4.46	1148.00	-4.10	2.41	-7.19
四川 Sichuan	1.432	-4.44	1232.10	-2.65	2.62	-7.10
贵州 Guizhou	3.062	-3.97	2662.14	1.07	4.89	-4.61
云南 Yunnan	1.641	-3.98	1704.70	2.64	3.16	-7.11
西藏 Tibet						
陕西 Shaanxi	1.361	-4.54	1340.24	-1.79	2.27	-7.81
甘肃 Gansu	2.109	-4.09	2537.33	2.02	4.29	-6.53
青海 Qinghai	3.063	-2.20	4173.16	4.12	3.47	-4.76
宁夏 Ningxia	3.954	-3.52	5706.63	3.23	8.12	-6.40
新疆 Xinjiang	2.027	-3.08	1273.90	3.38	2.78	-5.18
河南居全国位次 Order of Precedence of Henan in the Country	**18**	**16**	**11**	**4**	**8**	**14**

29–8　全国及各省市区贸易外经和财政主要指标(2007年)

Main Indicators of Internal and Foreign Trade、Government Finance by Provinces and Regions(2007)

地　区	Region	社会消费品零售总额(亿元) Total Retail Sales of Consumer Goods (100 million yuan)	进出口贸易总额(亿美元) Total Value of Imports (USD 100 million)	#出口 Total Value of Exports	财政收入(亿元) Financial Revenue of the Local Government (100 million yuan)	财政支出(亿元) Financial Expenditures of the Local Government (100 million yuan)
全　国	**National**	**89210.00**	**21738.30**	**12180.10**	**23565.04**	**38120.36**
北　京	Beijing	3800.20	1929.50	489.20	1492.64	1646.93
天　津	Tianjin	1603.70	715.20	381.50	540.12	665.69
河　北	Hebei	3986.20	255.30	170.10	789.11	1478.46
山　西	Shanxi	1914.10	115.70	65.30	597.61	1042.62
内蒙古	Inner Mongolia	1904.10	77.40	29.50	492.28	1083.57
辽　宁	Liaoning	4030.10	594.70	353.30	1081.99	1762.96
吉　林	Jilin	1999.20	103.00	38.60	320.54	883.76
黑龙江	Heilongjiang	2331.10	173.10	122.70	440.23	1187.27
上　海	Shanghai	3847.80	2829.10	1438.90	2074.48	2181.68
江　苏	Jiangsu	7838.10	3495.60	2037.00	2236.66	2506.39
浙　江	Zhejiang	6214.00	1768.30	1282.90	1649.49	1806.86
安　徽	Anhui	2403.70	159.30	88.20	543.47	1219.36
福　建	Fujian	3187.90	744.60	499.40	700.03	901.22
江　西	Jiangxi	1683.10	94.80	54.60	389.58	904.25
山　东	Shandong	8438.80	1225.00	751.30	1674.48	2262.46
河　南	**Henan**	**4597.50**	**128.00**	**83.90**	**861.45**	**1868.37**
湖　北	Hubei	4028.50	148.60	81.70	590.10	1256.41
湖　南	Hunan	3356.50	96.90	65.20	606.35	1326.57
广　东	Guangdong	10598.10	6340.70	3692.60	2785.36	3147.31
广　西	Guangxi	1897.90	92.70	51.10	418.81	973.72
海　南	Hainan	362.00	35.10	13.60	108.35	245.37
重　庆	Chongqing	1661.20	74.40	45.10	442.23	766.87
四　川	Sichuan	4015.60	143.80	86.10	850.34	1760.91
贵　州	Guizhou	821.80	22.70	14.70	284.94	787.59
云　南	Yunnan	1394.50	87.80	47.40	486.52	1133.61
西　藏	Tibet	112.00	3.90	3.30	20.14	275.37
陕　西	Shanxi	1800.90	68.90	46.70	474.48	1050.71
甘　肃	Gansu	833.30	55.00	16.60	190.60	675.12
青　海	Qinghai	208.30	6.10	3.90	56.60	281.97
宁　夏	Ningxia	233.30	15.80	10.90	80.00	241.49
新　疆	Xinjiang	847.70	137.20	115.00	286.02	795.49
河南为全国%	Henan as % of the Country	**5.2**	**0.6**	**0.7**	**3.7**	**4.9**
河南居全国位次	Order of Precedence of Henan in the Country	**5**	**16**	**15**	**8**	**5**

注：财政收支为月度执行情况汇总数，全国数据为地方级一般预算收入合计。
a)Government revenue and expenditures is collected by monthly executive instance.Data of National is the Sum of 31 Provinces.

29-9 全国及各省市区教育、卫生情况(2007年)

Main Indicator on Education and Public Health by Provinces and Regions(2007)

地 区	Region	在校学生数(万人) Student Enrollment (10 000 persons)			卫生机构数(个) Health Care Institutions (unit)	卫生机构床位数(张) Number of Beds in Health Institutions (unit)	医生数(人) Doctors (person)
		普通高等学校 Institutions of Higher Education	普通中学 Regular Secondary Schools	小学 Primary Schools			
全国	**National**	**1884.90**	**8243.30**	**10564.00**	**298408**	**3701076**	**2012914**
北京	Beijing	57.82	57.68	66.66	6210	83925	55285
天津	Tianjin	37.11	53.02	51.43	2334	44335	26045
河北	Hebei	93.05	447.10	465.44	19425	195637	108224
山西	Shanxi	48.45	262.23	333.43	9780	108742	64661
内蒙古	Inner Mongolia	28.41	148.03	158.46	9076	73900	48403
辽宁	Liaoning	77.78	222.09	245.26	14819	179952	90631
吉林	Jilin	47.02	144.68	153.67	9683	94373	56960
黑龙江	Heilongjiang	63.49	206.99	204.08	8464	126058	66984
上海	Shanghai	48.49	65.60	53.33	2678	95960	48855
江苏	Jiangsu	147.23	451.30	429.18	19116	220369	118814
浙江	Zhejiang	77.80	266.55	335.46	15669	154663	98016
安徽	Anhui	73.05	456.89	549.50	8502	139625	69132
福建	Fujian	50.95	233.71	258.29	4556	79645	40114
江西	Jiangxi	78.17	255.17	417.56	9456	94862	51828
山东	Shandong	144.04	520.31	634.01	15270	278791	147162
河南	**Henan**	**109.52**	**719.83**	**1018.71**	**11888**	**239511**	**115900**
湖北	Hubei	116.37	416.91	370.34	11093	150633	92242
湖南	Hunan	89.86	354.31	444.84	14521	172394	92527
广东	Guangdong	111.97	655.38	1017.62	16488	234179	138293
广西	Guangxi	43.43	297.45	452.48	10060	105223	58160
海南	Hainan	10.83	62.11	98.34	2330	20767	12587
重庆	Sichuan	41.37	183.44	238.45	6293	74635	38718
四川	Chongqing	91.84	505.47	696.53	21380	214512	117155
贵州	Guizhou	24.17	256.00	466.31	5956	79150	37873
云南	Yunnan	31.11	251.77	453.32	9693	119038	56586
西藏	Tibet	2.68	18.02	32.06	1322	6750	3853
陕西	Shaanxi	77.65	300.09	305.53	9708	117851	59313
甘肃	Gansu	29.60	203.66	284.63	12024	70290	35144
青海	Qinghai	3.77	32.70	53.12	1619	16050	8713
宁夏	Ningxia	6.24	41.91	70.07	1530	18927	11185
新疆	Xinjiang	21.64	152.91	205.89	7465	90329	43551
河南为全国%	Henan as % of the Country	**5.8**	**8.7**	**9.6**	**4.0**	**6.5**	**5.8**
河南居全国位次	Order of Precedence of Henan in the Country	**5**	**1**	**1**	**10**	**2**	**5**

中国统计出版社最新资料书简目

（仅供参考，以最后出书为准）

中国统计年鉴-2008
中国统计摘要-2008
国际统计年鉴-2008
2008中国发展报告
中国区域经济统计年鉴-2008
长江和珠江三角洲及港澳特别行政区统计年鉴-2008
中国社会统计年鉴-2008
中国第三产业统计年鉴-2008
中国城市统计年鉴-2007
中国劳动统计年鉴-2008
中国人口和就业统计年鉴-2008
中国工业经济统计年鉴-2008
中国建筑业统计年鉴-2008
中国房地产统计年鉴-2008
中国城市（镇）生活与价格年鉴-2008
中国商品交易市场统计年鉴-2008
中国零售和餐饮业连锁经营统计年鉴-2008
中国能源统计年鉴-2008
全国农产品成本收益资料汇编-2008
中国贸易外经统计年鉴-2008
中国基本单位统计年鉴-2008
中国民政统计年鉴-2008
中国农村统计年鉴-2008
中国农村住户调查年鉴-2008（中文）
中国农村住户调查年鉴-2008（英文）
中国县（市）社会经济调查年鉴-2008
中国农产品价格调查年鉴-2008
中国经济普查年鉴-2004
中国百强县（市）发展年鉴-2008
中国教育经费统计年鉴-2007
中国农村全面建设小康监测报告-2008
中国农村贫困监测报告-2008
中国国内生产总值核算历史资料(1952-2004)
中国季度国内生产总值核算历史资料(1992-2005)
中国高技术产业统计年鉴-2008
中国科学技术协会统计年鉴-2008
工业企业科技活动资料-2008
中国棉花年鉴-2006/2007
2004年经济普查年鉴系列
2005年中国1%人口抽样调查系列资料
第二次全国残疾人抽样调查资料系列
北京统计年鉴-2008
天津统计年鉴-2008
河北经济年鉴-2008
山西统计年鉴-2008
内蒙古统计年鉴-2008
辽宁统计年鉴-2008
吉林统计年鉴-2008

黑龙江统计年鉴-2008
上海统计年鉴-2008
江苏统计年鉴-2008
浙江统计年鉴-2008
安徽统计年鉴-2008
福建统计年鉴-2008
江西统计年鉴-2008
山东统计年鉴-2008
河南统计年鉴-2008
湖北统计年鉴-2008
湖南统计年鉴-2008
广东统计年鉴-2008
广西统计年鉴-2008
海南统计年鉴-2008
重庆统计年鉴-2008
四川统计年鉴-2008
贵州统计年鉴-2008
云南统计年鉴-2008
西藏统计年鉴-2008
陕西统计年鉴-2008
甘肃年鉴-2008
青海统计年鉴-2008
宁夏统计年鉴-2008
新疆统计年鉴-2008
新疆生产建设兵团统计年鉴-2008
石家庄统计年鉴-2008
唐山统计年鉴-2008
邯郸统计年鉴-2008
呼和浩特经济统计年鉴-2008
包头统计年鉴-2008
沈阳年鉴-2008
大连统计年鉴-2008
长春统计年鉴-2008
吉林市社会经济统计年鉴-2008
四平统计年鉴-2008
延吉统计年鉴-2008
哈尔滨统计年鉴-2008
齐齐哈尔经济统计年鉴-2008
黑龙江垦区统计年鉴-2008
上海浦东新区统计年鉴-2008
苏州统计年鉴-2008
无锡统计年鉴-2008
常州统计年鉴-2008
徐州统计年鉴-2008
南通统计年鉴-2008
盐城统计年鉴-2008
镇江统计年鉴-2008
江阴统计年鉴-2008
丹阳统计年鉴-2008

杭州统计年鉴-2008
宁波统计年鉴-2008
绍兴统计年鉴-2008
台州统计年鉴-2008
舟山统计年鉴-2008
温州统计年鉴-2008
金华统计年鉴-2008
嘉兴统计年鉴-2008
湖州统计年鉴-2008
衢州统计年鉴-2008
安庆统计年鉴-2008
福州统计年鉴-2008
福州经济技术开发区年鉴-2008
厦门经济特区年鉴-2008
南昌统计年鉴-2008
上饶经济社会统计年鉴-2008
九江统计年鉴-2008
济南统计年鉴-2008
青岛统计年鉴-2008
潍坊统计年鉴-2008
东营统计年鉴-2008
郑州统计年鉴-2008
洛阳统计年鉴-2008
三门峡统计年鉴-2008
南阳统计年鉴-2008
武汉统计年鉴-2008
宜昌统计年鉴-2008
十堰统计年鉴-2008
荆州统计年鉴-2008
黄冈统计年鉴-2008
长沙统计年鉴-2008
广州统计年鉴-2008
东莞统计年鉴-2008
惠州统计年鉴-2008
深圳统计年鉴-2008
桂林经济社会统计年鉴-2008
南宁统计年鉴-2008
柳州经济统计年鉴-2008
来宾市统计年鉴-2008
河池统计年鉴-2008
海口统计年鉴-2008
成都统计年鉴-2008
贵阳统计年鉴-2008
昆明统计年鉴-2008
西安统计年鉴-2008
庆阳年鉴-2008
银川统计年鉴-2008
乌鲁木齐统计年鉴-2008
吐鲁番统计年鉴-2008

欲购以上图书请与中国统计出版社发行部联系

电话：（010）63376907，63376908　同榀行书店电话：68783171，68783172

通讯地址：北京市西城区三里河月坛南街57号　邮政编码：100826

《河南统计年鉴2008》只读光盘（CD-ROM）介绍

《河南统计年鉴2008》只读光盘（CD-ROM）是一张信息高度密集的资料工具软件。该光盘全面反映河南省经济和社会发展情况，收录了全省和各省辖市2007年经济和社会等各方面大量的统计数据，以及历史重要年份的全省主要统计数据。

《河南统计年鉴2008》光盘（CD-ROM）设有中、英文双语版本、操作简便、功能实用。在浏览时可随时实现不同章节之间的切换。并设计了将表格转换为Excel文件的功能。

本光盘所有资料的浏览查阅和计算加工，未经许可不得用于营业性用途，否则必追究其法律责任。

Introduction to the CD-ROM

Henan Statistical Yearbook 2008 (CD-ROM)is an annual statistical publication, which covers very comprehensive data series in 2007 and some selected data series in historically important years and the most recent ten years at provincial level, and local levels of prefecture and county, and therefore, reflects various aspects of Henan's social and economic development.

Henan Statistical Yearbook 2008 (CD-ROM)is compiled in Chinese and English and is easy to use. When you browse the CD-ROM, For convenient use, all tables in the CD-ROM can be converted to Excel documents as well.

The consultation and calculation of data in this disk are not permitted for commercial purposes without written permission from the publisher.Legal responsibilities are reserved to prosecute.